SAP Business One®

SAP PRESS

SAP PRESS ist eine gemeinschaftliche Initiative von SAP SE und der Rheinwerk Verlag GmbH. Unser Ziel ist es, Ihnen als Anwendern qualifiziertes SAP-Wissen zur Verfügung zu stellen. SAP PRESS vereint das Know-how der SAP und die verlegerische Kompetenz von Rheinwerk. Die Bücher bieten Ihnen Expertenwissen zu technischen wie auch zu betriebswirtschaftlichen SAP-Themen.

Damit Sie nach weiteren Titeln Ihres Interessengebiets nicht lange suchen müssen, haben wir eine kleine Auswahl zusammengestellt.

Künstliche Intelligenz mit SAP
von Larissa Haas
238 Seiten, 2025
E-Book-Formate: PDF, EPUB, Online
ISBN 978-3-367-10817-6
www.rheinwerk-verlag.de/6103

Schrödinger programmiert KI. Das etwas andere Fachbuch
von Bernhard Wurm, Sebastian Steininger
699 Seiten, 2025, broschiert, in Farbe
ISBN 978-3-367-10901-2
www.rheinwerk-verlag.de/6128

IT-Management. Das umfassende Handbuch
von Maik Wienströer et al.
832 Seiten, 2025, gebunden
ISBN 978-3-8362-8710-4
www.rheinwerk-verlag.de/5422

Excel – Formeln und Funktionen
von Helmut Vonhoegen
1031 Seiten, 8., aktualisierte Auflage 2025, broschiert
ISBN 978-3-8421-1045-8
www.rheinwerk-verlag.de/5992

Helmut Hochberger

SAP Business One®

Rheinwerk
Publishing

Liebe Leserin, lieber Leser,

SAP-Landschaften sind komplex, und wir alle wissen, wie schnell sich Technologien und Anforderungen in der IT-Welt ändern. Genau da setzt SAP PRESS an: mit Büchern, die nicht nur Theorie vermitteln, sondern konkret im Alltag helfen.

In diesem Buch finden Sie direkt umsetzbare Ratschläge, praktische Beispiele und Lösungen für drängende Herausforderungen. Unsere Autor*innen sind Profis, die wissen, wo der Schuh drückt – und wie man Probleme effizient löst. Mit ihrer Erfahrung an Ihrer Seite können Sie Ihre SAP-Projekte gezielter angehen, fundiertere Entscheidungen treffen und die vielen Facetten von SAP besser meistern.

Ob Sie gerade erst beginnen oder schon lange im SAP-Umfeld tätig sind: Wir sind davon überzeugt, dass dieses Buch Ihnen hilfreiche Anleitungen und Tipps an die Hand gibt, um Ihre täglichen Aufgaben und Projekte erfolgreich zu meistern.

Wir freuen uns stets über Lob, aber auch über kritische Anmerkungen, die uns helfen, unsere Bücher zu verbessern. Zögern Sie also nicht, sich bei mir zu melden; Ihr Feedback ist jederzeit willkommen.

Wir wünschen Ihnen viele Aha-Momente und eine erfolgreiche Umsetzung mit diesem Buch!

Ihre Eva Tripp
Lektorat SAP PRESS

eva.tripp@rheinwerk-verlag.de
www.rheinwerk-verlag.de
Rheinwerk Verlag • Rheinwerkallee 4 • 53227 Bonn

Auf einen Blick

Wir hoffen, dass Sie Freude an diesem Buch haben und sich Ihre Erwartungen erfüllen. Falls Sie Anregungen, Wünsche und Kommentare haben, lassen Sie es uns wissen: **service@rheinwerk-verlag.de**.

Informationen zu unserem Verlag und Kontaktmöglichkeiten finden Sie auf unserer Verlagswebsite **www.rheinwerk-verlag.de**. Dort können Sie sich auch umfassend über unser aktuelles Programm informieren und unsere Bücher und E-Books bestellen.

Autor Helmut Hochberger
Lektorat Eva Tripp
Copy-Editing Petra Biedermann, Reken
Typografie & Layout Vera Brauner
Satz SatzPro, Krefeld
Herstellung Nadine Preyl
Covergestaltung Lisa Kirsch
Coverbild iStock: 1365824279 © gorodenkoff; Unsplash: Vincent Guth
Druck Beltz Grafische Betriebe, Bad Langensalza

FSC www.fsc.org MIX Papier | Fördert gute Waldnutzung FSC® C089473

Dieses Buch wurde mit mineralölfreien Farben auf FSC®-zertifiziertem Papier aus nachhaltiger Waldwirtschaft gedruckt. Hergestellt in Deutschland.

Bibliografische Information der Deutschen Nationalbibliothek:
Die Deutsche Nationalbibliothek verzeichnet diese Publikation in der Deutschen Nationalbibliografie; detaillierte bibliografische Daten sind im Internet über *http://dnb.dnb.de* abrufbar.

ISBN 978-3-8362-9284-9

6., aktualisierte und erweiterte Auflage 2026

Rheinwerk Verlag GmbH • Rheinwerkallee 4 • 53227 Bonn
service@rheinwerk-verlag.de

Inhalt

Kapitel 1

Wie können Sie mit diesem Buch arbeiten?

Dieses Buch richtet sich an alle, die mit SAP Business One arbeiten. In diesem Kapitel erfahren Sie, wie Ihnen der Einstieg in die Praxis mithilfe dieses Praxishandbuchs am schnellsten gelingt.

Eine betriebswirtschaftliche Software wie SAP Business One besteht im Grunde aus Geschäftsprozessen, die in Programmcode gegossen und mit einer benutzerfreundlichen Oberfläche versehen wurden. Das Ziel dieses Buches ist nicht nur, Ihnen die Grundlagen von SAP Business One in ihrer gesamten Breite zu vermitteln, sondern Sie lernen auch die damit verknüpften Abläufe kennen. Deshalb erklärt dieses Buch neben der Programmbedienung auch den betriebswirtschaftlichen Hintergrund der einzelnen Funktionen. Dazu werden nicht nur die Erklärungen der einzelnen Felder und Funktionen zusammengetragen, sondern auch Abläufe beschrieben, wo immer dies sinnvoll möglich ist. Das gilt besonders für die Kapitel zu Produktion, Materialbedarfsplanung und Projektmanagement. Dort erstrecken sich die Geschäftsprozesse über mehrere Teilschritte, die erst im Zusammenspiel einen nachvollziehbaren Sinn ergeben.

Als langjähriger Berater zu SAP Business One ist es mir auch in dieser 6. Auflage ein besonderes Anliegen, das Wissen auf möglichst einfache und strukturierte Weise zu vermitteln und dieses Praxishandbuch für den Einsatz im Selbststudium zu konzipieren. Welche Instrumente für diesen Zweck verwendet werden, wird im Folgenden erläutert.

1.1 Inhalt dieses Buches

Dieses Buch orientiert sich an betriebswirtschaftlichen Aufgaben und Abläufen. **Kapitel 2**, »Einführung in SAP Business One«, stellt Ihnen zunächst die Software vor.

Die Basis für die Arbeit mit SAP Business One wird in **Kapitel 3**, »Grundlegende Programmbedienung«, dargestellt. Das Wissen aus diesem Kapitel lässt sich auf alle Module und Funktionsbereiche übertragen – vorausgesetzt, Sie arbeiten mit dem klassischen Client. Alle anderen Kapitel setzen auf der grundlegenden Programmbedienung auf. Für diejenigen, die den Webclient verwenden, wird dessen Bedienung im neu hinzugekommenen **Anhang B**, »SAP Business One Webclient«, beschrieben.

Alle wichtigen Stammdatenbereiche werden anschließend in **Kapitel 4**, »Stammdaten«, behandelt. **Kapitel 5**, »Einkauf«, **Kapitel 6**, »Verkauf«, und **Kapitel 7**, »Lagerverwaltung«, sind sehr stark miteinander vernetzt und erläutern den großen Themenblock Logistik und Belegketten. Zu diesem Block gehören auch **Kapitel 8**, »Produktion«, **Kapitel 9**, »Materialbedarfsplanung«, **Kapitel 10**, »Ressourcen«, als optionale Grundlage für die Produktion, sowie **Kapitel 11**, »Rahmenverträge«.

Kapitel 12, »Finanzwesen«, und **Kapitel 13**, »Bankenabwicklung«, bilden ebenfalls eine thematisch zusammengehörige Einheit und decken das Finanzwesen ab.

Kapitel 14, »Customer Relationship Management (CRM)«, behandelt die Verwaltung von Verkaufschancen im Vertrieb sowie das Kampagnenmanagement. Eine Besonderheit stellt **Kapitel 15**, »Service«, dar. SAP Business One deckt als eines der wenigen Softwarepakete diesen Unternehmensbereich funktional ab.

Kapitel 16, »Personal«, behandelt den Bereich Human Resources in SAP Business One. **Kapitel 17** stellt das thematisch verwandte Projektmanagement vor.

Kapitel 18, »Highlights in SAP Business One«, stellt modulübergreifende Besonderheiten vor, die Ihnen die Arbeit erleichtern, darunter auch das Thema Datenschutzgrundverordnung (DSGVO).

Darüber hinaus finden Sie im **Anhang** des Buches hilfreiche Informationen zur praktischen Arbeit mit SAP Business One. **Anhang A** enthält Übersichten zu Tastaturbefehlen, Buttons und Belegkürzeln. **Anhang B** stellt die Funktionen des Webclient dar. Im neuen **Anhang C** finden Sie eine Übersicht über die Reporting-Möglichkeiten, die Sie dabei unterstützen soll, für Ihre Anforderungen die richtige Option zu wählen.

[»]

Releasestand der 6. Auflage

Die vorliegende 6. Auflage des Buches wurde vollständig an das aktuelle Release 10.0 von SAP Business One angepasst. Alle relevanten Neuerungen dieses Releases wurden aufgenommen. SAP liefert darüber hinaus über Feature Packs und Service Packs laufend weitere Funktionen aus.

In **Anhang D**, »Informationen finden«, erhalten Sie Tipps, wie Sie sich laufend über Neuerungen, aber auch ganz allgemein über weiterführende Inhalte informieren können.

SAP bietet ihren Kunden mithilfe eines umfangreichen Partnernetzwerks die Möglichkeit, die SAP-Business-One-Vollversion zu testen. Um den vollen Funktionsumfang in Echtzeit mitzuerleben, wenden Sie sich am besten direkt an einen SAP-Business-One-Partner. Wie Sie direkt Kontakt zu SAP aufnehmen können, zeigt Tabelle 1.1.

	Website	Hotline
Deutschland	*www.sap.de*	0800 534 34 24
Österreich	*www.sap.at*	0800 293 400
Schweiz	*www.sap.ch*	058 871 61 18

Tabelle 1.1: SAP-Websites und -Hotlines im deutschsprachigen Raum

1.2 An wen richtet sich dieses Buch?

Dieses Buch richtet sich an alle, die SAP Business One nutzen oder sich dafür interessieren. Es vermittelt die Grundlagen der Software praxisnah und leicht nachvollziehbar. Im Umfeld von SAP Business One lassen sich im Wesentlichen vier Rollen unterscheiden, deren Bezeichnung je nach Organisation variieren kann:

- **Basis-User**
  Basis-User arbeiten unterstützend mit SAP Business One. Zu ihren Aufgaben zählt vor allem die Datenerfassung für verschiedene Themenbereiche, etwa Adresserfassung im CRM, Serviceabrufe im Callcenter oder die manuelle Übernahme von Artikelstammdaten. In der Regel sind sie nicht in die Abwicklung von Geschäftsprozessen eingebunden.
- **User**
  User sind klassische Nutzende von SAP Business One. Sie sind voll in die Abwicklung der Geschäftsprozesse eingebunden, beschäftigen sich jedoch nicht mit Definitionen, Einstellungen oder Regeln für die Arbeit mit dem System – etwa Sachbearbeitende in der Buchhaltung oder im Einkauf.
- **Key-User**
  Key-User sind meist zugleich klassische User. Aufgrund ihrer Position oder ihres überdurchschnittlichen Fachwissens übernehmen sie zusätzliche Aufgaben: Sie verwalten Definitionen, legen Regeln für die Dateneingabe fest, konfigurieren Einstellungen und Parameter und formulieren Änderungsanforderungen.
- **Consultant**
  Consultants sind in der Regel externe Fachleute, die vor allem in der Einführungsphase eine tragende Rolle spielen. Sie analysieren die Geschäftsprozesse des Unternehmens und setzen diese in SAP Business One um – dokumentiert in einem sogenannten Blueprint. Auch das Customizing, also das Festlegen von Einstellungen und die Anpassung des Systems, sowie die Schulung der Key-User und das Coaching beim Go-live gehören zu ihren Aufgaben.

[+]

Verweis auf einen Key-User oder Consultant

Im gesamten Buch wird an den relevanten Stellen darauf hingewiesen, wenn ein Key-User oder ein Consultant zurate gezogen werden sollte oder die Aufgabe gänzlich in dessen Bereich fällt.

Neben der Differenzierung der Rollen arbeitet dieses Buch mit der Unterscheidung in Einsteigerthemen und weiterführende Themen.

- **Einsteigerthemen**
  Einsteigerthemen sind Inhalte, die sich für ein Praxishandbuch wie dieses eignen und einen guten Einstieg in SAP Business One bieten. Sie decken die Aufgaben von Basis-Usern und Usern ab sowie einen Teil der Key-User-Themen. Auf weiterführende Inhalte für Key-User weisen wir im jeweiligen Abschnitt hin.
- **Weiterführende Themen**
  Weiterführende Themen gehen über den Einstieg hinaus und werden in diesem Buch nicht behandelt. Dazu zählen alle Consultant-Themen sowie einige Key-User-Themen, die den Rahmen dieses Buchs sprengen oder spezielles Vorwissen erfordern.

[+]

Kategorisierung von Themen und Rollen

Die Abgrenzung von Themen ist naturgemäß fließend und unscharf. Die Einteilung der Rollen und Themen ist abhängig von den individuellen Gegebenheiten im Unternehmen und kann natürlich von anderen Einschätzungen abweichen.

Abbildung 1.1 zeigt eine Übersicht über die Rollen und Themen in Bezug auf SAP Business One.

Die Bereiche der Rollen sind mit einer gestrichelten Linie gekennzeichnet. Am unteren Ende ist die Einteilung des Wissensstands aufgeführt. Die Bereiche der Themen sind mit einer durchgezogenen Linie gekennzeichnet. Klar ersichtlich ist, dass die Key-User-Rolle sowohl Einsteigerthemen als auch weiterführende Themen umfasst. Vertikal sind die Module in SAP Business One eingetragen (siehe auch Abschnitt 1.3, »So arbeiten Sie mit diesem Buch«).

Diese Aufgabenverteilung ist natürlich nicht starr und kann je nach Wissensstand variieren. Es empfiehlt sich aber, Key-User zu etablieren, um die Kommunikation zwischen den Fachabteilungen und Consultants zu bündeln. Das hält die Lösung schlank und die Projektkosten niedrig.

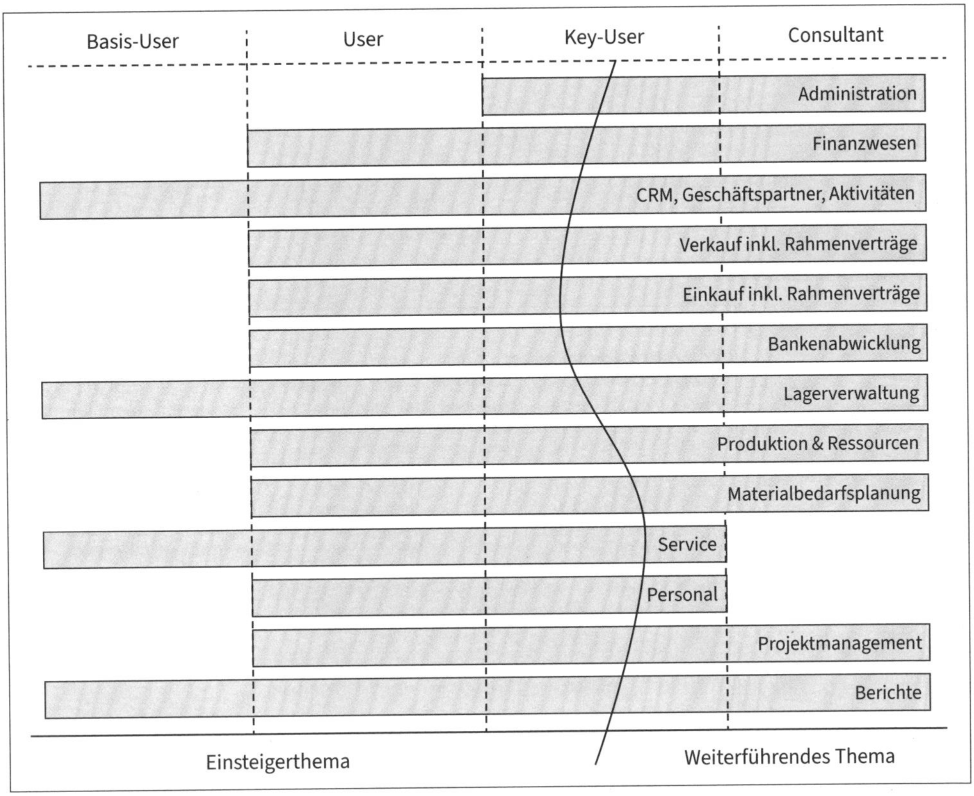

Abbildung 1.1: Portfolio – Rollen und Themen in SAP Business One

1.3 So arbeiten Sie mit diesem Buch

Um Ihren Einstieg in SAP Business One leichter und verständlicher zu gestalten, werden in diesem Buch folgende Instrumente und Elemente eingesetzt:

- **Ablaufbeschreibungen**
  Übersichtliche Ablaufbeschreibungen helfen besonders Einsteigenden, sich rasch im Programm zurechtzufinden. Im Vordergrund steht das schrittweise Vorgehen zum gewünschten Ziel. Die Funktionsbeschreibung ergänzt dies.
- **Screenshots**
  Zahlreiche Screenshots helfen Ihnen, sich rasch im Programm zu orientieren. Ziffern in den Abbildungen verweisen auf die entsprechenden Erläuterungen im Text.
- **Menüpfade**
  Menüpfade sind Ablaufschritte, die Sie zu einer Funktion oder einem Fenster führen. Menüpfade werden fett dargestellt und mit Punkten getrennt, etwa: **CRM • CRM-Bericht • Aktivitätenübersicht** (siehe Abbildung 1.2).

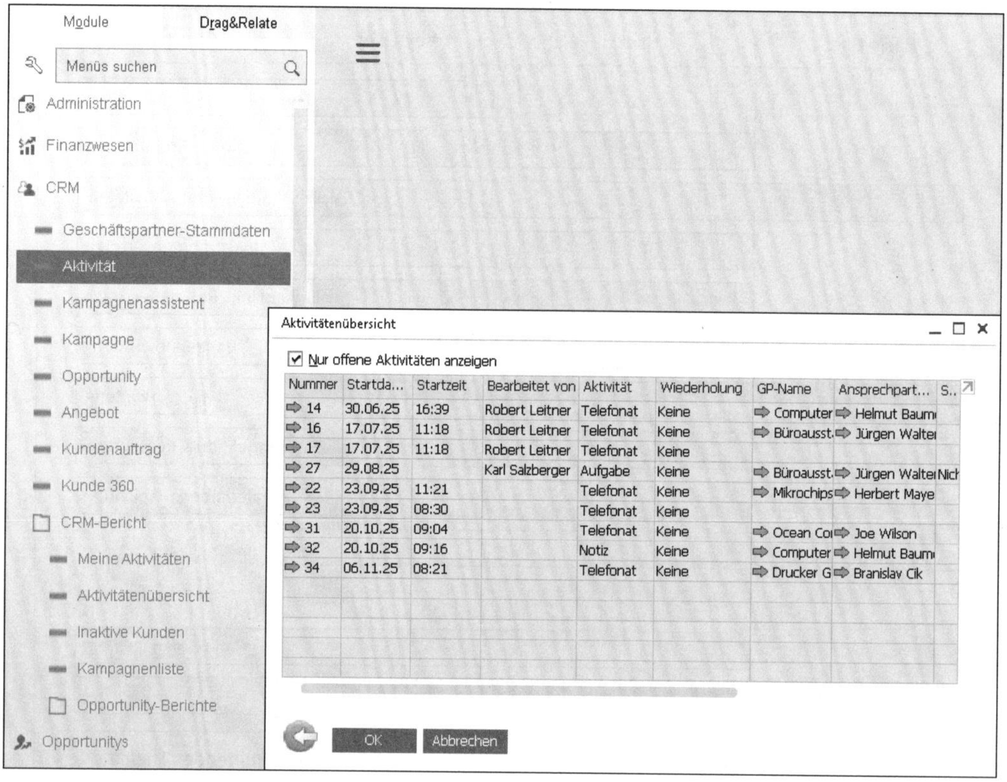

Abbildung 1.2: Beispiel für einen Menüpfad – Fenster »Meine Aktivitäten«

- **Tastaturbefehle**
  Viele Fenster und Funktionen lassen sich auch über Tastaturbefehle aufrufen. Diese sind im Text einheitlich formatiert, etwa: Drücken Sie `Strg`+`C` zum Kopieren und `Strg`+`V` zum Einfügen.
- **Übersichtsgrafiken**
  Zur besseren Illustration werden an den relevanten Stellen Übersichtsgrafiken eingesetzt (siehe als Beispiel etwa Abbildung 1.1).
- **Infokästen mit Hinweisen und Tipps**
  Besondere Informationen sind in farblich hinterlegten Infokästen hervorgehoben. Diese sind durch Symbole am Rand gekennzeichnet.

[!]

Warnhinweise

Dieses Symbol warnt Sie vor häufig begangenen Fehlern oder Problemen, die auftreten können.

Hinweise und Tipps
Mit diesem Symbol werden Tipps markiert, die Ihnen die Arbeit erleichtern werden, und Hinweise, die Ihnen z. B. helfen, weiterführende Informationen zu dem besprochenen Thema zu finden.

[+]

Beispiele
Hier wird das besprochene Thema anhand eines Beispiels erläutert und vertieft.

[zB]

- **Querverweise**
  SAP Business One ist eine hochgradig integrierte Unternehmenssoftware. Die Kapitel dieses Buchs sind daher eng miteinander vernetzt und durch Querverweise verbunden.
- **Index**
  Der Index am Ende des Buchs hilft Ihnen, Fachbegriffe und Erläuterungen zu bestimmten Arbeitsschritten schnell zu finden.
- **SAP Business One kompakt**
  Anhang A bietet Ihnen eine Übersicht über alle Buttons, Tastaturbefehle und internen Belegkürzel, die Sie in SAP Business One verwenden können. »SAP Business One kompakt« ist ein wertvolles Hilfsmittel im täglichen Umgang mit dem Programm.

Grundsätzlich folgen wir in allen Kapiteln diesem Aufbau, sodass Sie nicht das ganze Buch von Anfang an durcharbeiten müssen, wenn Sie sich gezielt mit einem für Sie relevanten Thema beschäftigen wollen. Es empfiehlt sich aber, mit Kapitel 3 und Kapitel 4 zu beginnen, da auf deren Inhalte immer wieder Bezug genommen wird.

1.4 Übungsaufgaben

Die meisten Kapitel gliedern sich in einen Informations- und einen Übungsteil. Die Übungsaufgaben am Kapitelende helfen Ihnen, das Gelernte zu festigen – besonders wichtig beim Selbststudium. Nach Bearbeitung der Übungen können Sie mit dem nächsten Kapitel fortfahren.

Die Übungsaufgaben und Beispiele basieren auf der deutschen Demodatenbank (OEC Computers Deutschland). Diese lässt sich bei der Installation von SAP Business One einrichten oder nachträglich von *help.sap.com* herunterladen (siehe Anhang D). Alternativ können Ihnen Ihr Consultant oder Cloud-Anbieter eine Demo- oder Testdatenbank bereitstellen.

Die Übungsaufgaben lassen sich auch mit jeder anderen Datenbank durcharbeiten – ersetzen Sie einfach die Angaben durch Ihre eigenen Daten. Die Lösungen finden Sie auf der Produktseite zum Buch unter *www.sap-press.de/5622* im Kasten unter **Materialien**.

1.5 Danksagung

Dieses Buch zu schreiben wäre ohne die intensive Mithilfe einer Vielzahl von Personen nicht denkbar gewesen. Einige darf ich besonders hervorheben:

- Zunächst Robert Mayerhofer, der der Spiritus Rector dieses Buches ist und seine Grundzüge entworfen hat. Er hat das Projekt mit Release 8.8 an mich übergeben, bleibt aber Ideengeber.
- Das Team des Rheinwerk Verlags, allen voran Eva Tripp, die in all den vielen Monaten unserer Zusammenarbeit nie die Contenance verloren hat – eine fast übermenschliche Leistung. Darüber hinaus war sie eine kritische und konstruktive Lektorin und unermüdliche Antreiberin.
- Ebenso bedanke ich mich bei Petra Biedermann für ihren Falkenblick, mit dem sie noch die kleinste Ungenauigkeit entdeckt hat, und für ihre akribischen Korrekturen, die mir wertvolle Einblicke in die deutsche Sprache eröffnet haben.
- Bei meinen Kollegen bei b1 consulting, die es mir ermöglicht haben, viele Wochen mit dem Schreiben dieses Buches zu verbringen.
- Und zu guten Letzt bei meiner Partnerin Andrea Todor, die unendlich viel Verständnis dafür aufgebracht hat, dass etliche Wochenenden und Abende in dieses Buch geflossen sind.

Bevor Sie sich jedoch auf die Lösungen stürzen, wünschen wir Ihnen viel Spaß und Erfolg bei der Arbeit mit diesem Buch.

Helmut Hochberger

Kapitel 2
Einführung in SAP Business One

Was versteht man eigentlich genau unter SAP Business One? Einen Überblick mit den wichtigsten Informationen zu dieser Software erhalten Sie in diesem Kapitel.

SAP Business One wird (Stand 2025) von über 82.000 Mittelstandskunden und über 7.000 Tochterunternehmen von mehr als 360 Konzernen in mehr als 170 Ländern der Welt eingesetzt. Es ist in 28 Sprachen und in 50 Lokalisierungen – also rechtlichen bzw. inhaltlichen Anpassungen an lokale Gegebenheiten – verfügbar. Insgesamt benutzen mehr als 1,2 Millionen Anwender SAP Business One. In diesem Kapitel erfahren Sie, was SAP Business One ist, wie das Gesamtkonzept von SAP aussieht, in das SAP Business One einzuordnen ist, und welche Unternehmen SAP Business One nutzen.

SAP wurde 1972 in Walldorf gegründet und ist heute einer der weltweit größten Anbieter von Unternehmenssoftware. Mit dem System R/2 (1979) und später R/3 (1993) adressierte SAP zunächst vor allem Großunternehmen. Die aktuelle Generation SAP S/4HANA richtet sich an mittelständische bis große Unternehmen und kann im eigenen Rechenzentrum oder über die Cloud betrieben werden.

SAP bietet mittlerweile für viele Unternehmensbereiche eine sehr breite Produktpalette an Produkten in verschiedenen Betriebsmodellen, z. B. im eigenen Rechenzentrum oder in der Cloud. Eine detaillierte Darstellung der einzelnen Optionen würde den Rahmen dieser Übersicht sprengen.

In diesem Buch fokussieren wir uns auf SAP Business One, das sich an Unternehmen des ambitionierten Mittelstands (kleine und mittlere Unternehmen, kurz KMU) wendet, die ihre Geschäftsprozesse mit einem Softwaresystem abbilden und steuern müssen. SAP Business One wurde speziell für KMU entwickelt und eignet sich für 5 bis 100 Nutzende. Diese Zahl entspricht nicht der Mitarbeiterzahl. Je nach Branche arbeitet ein erheblicher Teil der Belegschaft nicht mit dem ERP-System, z. B. im Einzelhandel.

SAP Business One unterstützt Unternehmen der Dienstleistungsbranche, des Groß- und Einzelhandels sowie der Fertigungsindustrie. Um die Anforderungen multinationaler Konzerne besser abzudecken, kann SAP Business One mit anderen SAP-ERP-Systemen wie SAP S/4HANA integriert werden.

Im Folgenden stellen wir die verschiedenen Benutzeroberflächen vor, die derzeit bei SAP Business One im Einsatz sind. In Abbildung 2.1 sehen Sie zunächst einen Bildausschnitt des SQL-basierten Releases 10.0 von SAP Business One mit aktiviertem Cockpit.

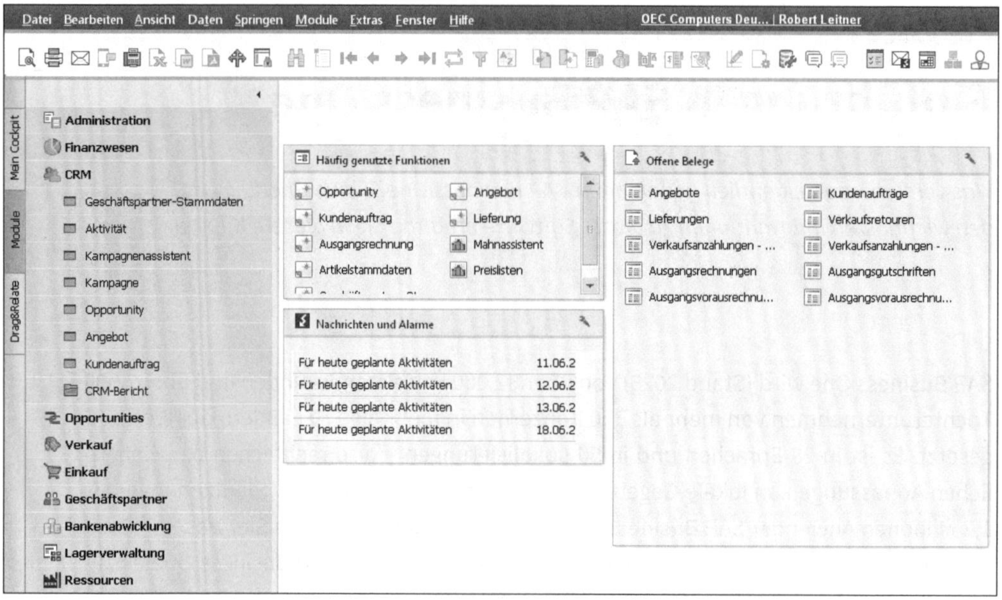

Abbildung 2.1: Design von SAP Business One 10.0 auf SQL-Basis

[+]

Verwendetes Release in diesem Buch

Dieses Buch basiert auf SAP Business One Release 10.0, Feature Pack 2502. Bei älteren oder neueren Releases können sich Unterschiede ergeben. Die Screenshots zeigen die SAP-HANA-Version mit der SAP-Fiori-Oberfläche.

In Abbildung 2.2 sehen Sie das Design des SAP-HANA-basierten Releases 10.0 von SAP Business One. Beachten Sie bitte, dass die hier dargestellten *Widgets* nur in SAP-HANA-basierten Versionen zur Verfügung stehen.

Abschließend erhalten Sie einen Ausblick auf den Webclient von Release 10.0 (siehe Abbildung 2.3). Der Webclient ist eine Neuentwicklung und wird von SAP kontinuierlich erweitert. Ein großer Teil der Funktionen des klassischen Clients steht bereits zur Verfügung, weitere folgen mit den Feature Packs. Bis zur Version 11 sollte der Funktionsumfang identisch sein. Der Webclient kann – z. B. für ausgewählte Anwenderinnen und Anwender – parallel zum traditionellen Client verwendet werden. Die Bedienung erfolgt dabei über ein Menü (links im Bild) oder über die auf dem Desktop frei anzuordnenden Kacheln.

Mehr Informationen zur Bedienung des Webclients finden Sie in Anhang B. Neben dem traditionellen Client und dem Webclient stehen Ihnen zusätzlich SAP-Fiori-Apps zur Verfügung.

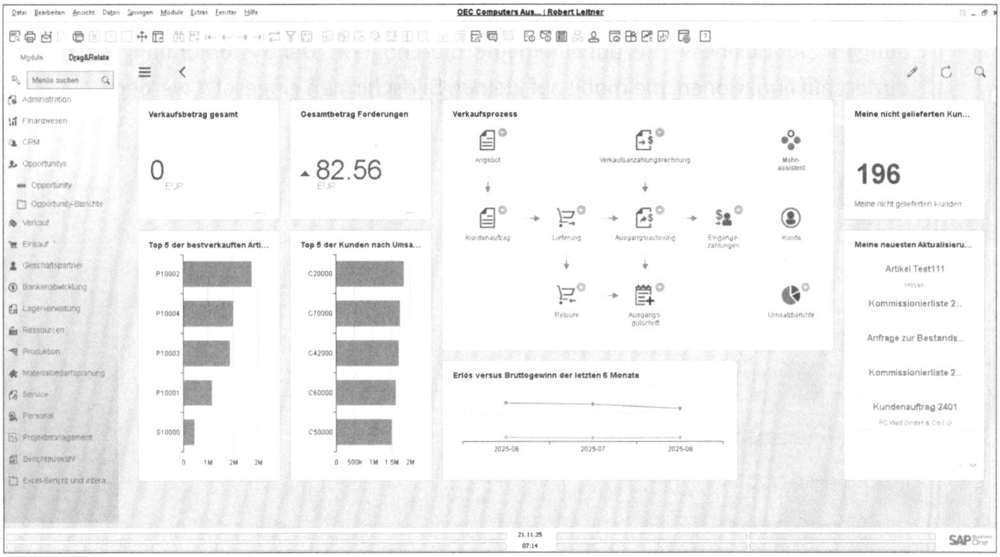

Abbildung 2.2: SAP Business One 10.0 auf Basis von SAP HANA

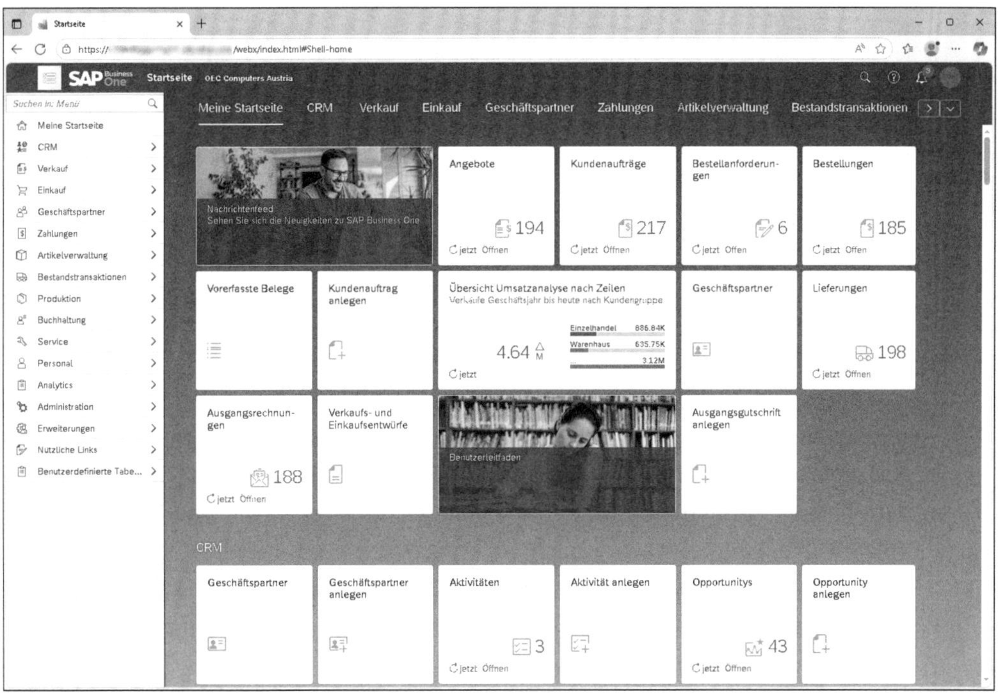

Abbildung 2.3: SAP Business One 10.0 im Webclient

Abbildung 2.4 zeigt das Hauptmenü von SAP Business One Sales, der mobilen Anwendung für SAP Business One, auf einem Android-Endgerät. Der Systemumfang ist stark reduziert auf Funktionen, die mobil auf kleinen Bildschirmen eingesetzt werden.

Abbildung 2.4: SAP Business One Sales auf einem Smartphone-Bildschirm

SAP Business One deckt als Mittelstandslösung die Zielgruppe der KMUs bis hin zum klassischen Mittelstand ab. Zusätzlich werden auch Tochterunternehmen multinationaler Konzerne adressiert. In diesen Konzernen ist SAP ERP oder bereits SAP S/4HANA im Einsatz, und die Tochterunternehmen sind über SAP Business One an das »Muttersystem« angebunden.

Die Anbindung kann dabei über das *SAP Business One Integration Framework* (B1if) erfolgen. Hier werden die Integrationsszenarien, die Mutter- und Tochterunternehmen verbinden, in der Regel vom Partner erstellt.

SAP Business One lässt sich nicht nur als ERP-Lösung, sondern auch als offene Geschäftsprozessplattform verstehen (siehe Abbildung 2.5). Das bedeutet: Die relationalen Datenbanken SAP HANA und MS SQL ermöglichen lesenden Zugriff, etwa für Reporting mit externen Tools wie MS Excel. Zusätzlich stellt SAP Schnittstellen für lesenden und schreibenden Zugriff bereit. Das sind der *Service Layer* und das *Integration Framework*. SAP-

Partner nutzen diese Schnittstellen, um Drittsysteme wie Webshops anzubinden. Auch SAP selbst bietet vorgefertigte Lösungen auf dieser Basis an, etwa die Integration der Kassenlösung *SAP Customer Checkout* (CCO).

Als weiteres Element zur Anpassung und Erweiterung steht das *Software Development Kit* (SDK) zur Verfügung, das es Partnern ermöglicht, Erweiterungen für einzelne Kunden oder ganze Branchen zu erzeugen.

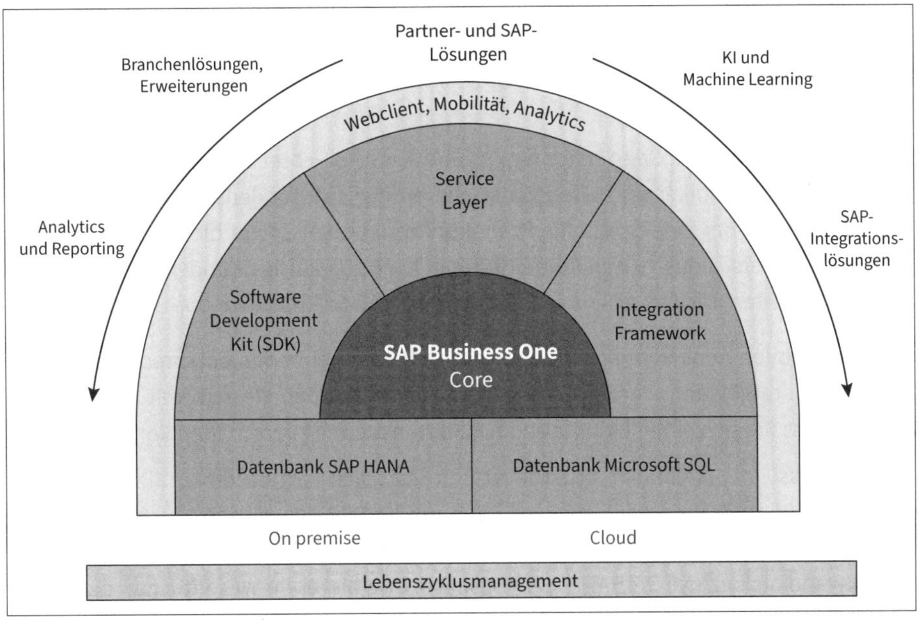

Abbildung 2.5: SAP-Business-One-Plattform (Quelle: SAP SE, eigene Übersetzung)

Die Basis bilden die Core-Funktionen von SAP Business One:

- **SAP Business One**
  SAP Business One als klassische On-Premise-Lösung wird beim Kunden vor Ort installiert (aktuell Release 10.0).
- **SAP Business One Cloud hosted by Partner**
  SAP Business One Cloud bietet im Wesentlichen den gleichen Funktionsumfang wie die lokale Version. Sie wird von zertifizierten SAP-Partnern gehostet und ist über das Internet erreichbar.
- **SAP Business One auf SAP HANA (In-Memory)**
  SAP Business One kann mit der In-Memory-Technologie SAP HANA betrieben werden. Dies stellt eine Alternative zum Betrieb auf MS SQL Server dar.
- **SAP Business One Mobile**
  Mit der App *SAP Business One Mobile* für iOS und Android greifen Sie mobil auf SAP Business One zu. Die App bietet ausgewählte Funktionen für den mobilen Einsatz: Informationen zu Geschäftspartnern, Artikeln, Bestand und Preisen sowie einfache

Transaktionen wie Angebote, Kundenaufträge und Lieferungen. Auch Genehmigungsanfragen lassen sich bearbeiten, ergänzt durch Reports und Dashboards.

Die App ist für alle mit einer Professional- oder Limited-Lizenz kostenlos. Für den externen Zugriff können Anpassungen an Ihrer IT-Infrastruktur erforderlich sein.

- **SAP Business One Sales**
  Die App *SAP Business One Sales* für iOS und Android konzentriert sich auf Vertriebsthemen: Aktivitäten, Opportunities, Angebote, Kundenaufträge und Bestandsinformationen. Sie ist in den Lizenzen Professional und Limited enthalten, kann aber auch separat lizenziert werden – etwa für Nutzende ohne vollwertige Lizenz.
- **SAP Business One Service**
  Die App *SAP Business One Service* für iOS und Android richtet sich an Servicetechnikerinnen und -techniker im Außendienst. Sie ermöglicht Kundenabfragen, Navigation zum Kunden, Barcode-Scans für Produktinformationen sowie die Bearbeitung von Service-Tickets inklusive Kundenquittierung. Auch zugehörige Kundenaufträge lassen sich bearbeiten. Die Lizenzierung entspricht der von *SAP Business One Sales*.

Alle drei mobilen Apps können zu Testzwecken kostenfrei in den entsprechenden App-Stores heruntergeladen werden. Zu Testzwecken verbinden sie sich mit einer Demofirma, sodass Sie sich einen Eindruck vom Funktionsumfang verschaffen können.

SAP Business One ist einfach strukturiert und lässt sich leicht erlernen. Die Standardfunktionen können innerhalb weniger Tage implementiert werden, auch in Tochterunternehmen multinationaler Konzerne, bei deutlich geringeren Kosten und kürzerem Zeitaufwand als bei SAP S/4HANA. SAP Business One bietet im Wesentlichen den Funktionsumfang, der in KMU benötigt wird (siehe Abbildung 2.6).

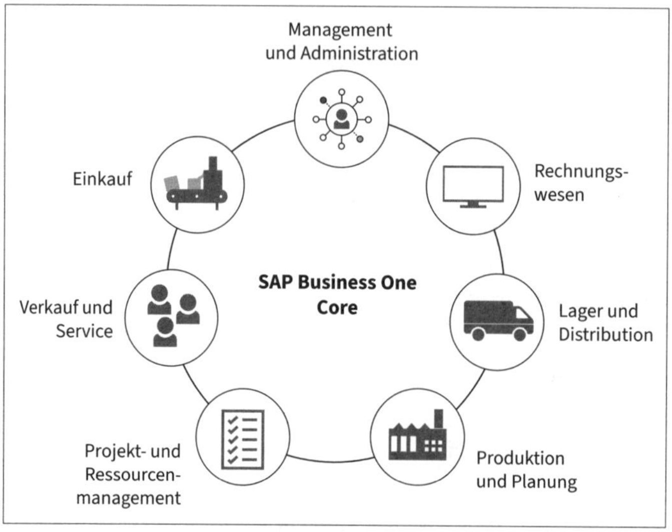

Abbildung 2.6: Hauptmodule von SAP Business One (Quelle: SAP SE, 2025, eigene Übersetzung)

Ferner weist die Software eine hohe Integration und Verzweigungsmöglichkeit innerhalb der Funktionsbereiche auf. Die große Stärke von SAP Business One liegt in der hohen Anpassungsfähigkeit. Verschiedene Instrumente ermöglichen es, Prozesse an die Anforderungen des jeweiligen Unternehmens anzupassen. Dazu gehören benutzerdefinierte Felder und Tabellen, SQL-Abfragen, SAP Business One Studio oder der Service Layer. SAP Business One wird branchenübergreifend eingesetzt – von Unternehmen mit einem Arbeitsplatz bis hin zu deutlich über hundert.

Darüber hinaus steht eine Reihe von Add-ons zur Verfügung, die das Kernprogramm ergänzen. Dazu zählen etwa die Outlook-Integration und die DATEV-Schnittstelle sowie Erweiterungen von SAP-Partnern wie Branchenlösungen oder funktionsübergreifende Erweiterungen, die in mehreren Bereichen einsetzbar sind. Auch vollwertige Branchenergänzungen aus der SAP-Programmpalette können einfach und über vorgefertigte Schnittstellen integriert werden.

Kapitel 3
Grundlegende Programmbedienung

Die Lösung SAP Business One wird von Anwendern aufgrund ihrer intuitiven Bedienbarkeit und einfachen Erlernbarkeit geschätzt. In diesem Kapitel erhalten Sie das Handwerkszeug, mit dem Sie SAP Business One nutzen können.

In diesem Kapitel legen wir den Grundstein für die Arbeit mit SAP Business One. Bei der Gestaltung der Module von SAP Business One- wurde großer Wert auf Durchgängigkeit gelegt. Damit wurde erreicht, dass elementare Vorgänge wie etwa die Suche nach oder das Hinzufügen und Duplizieren von Datensätzen sowie die Verwendung von Kontextmenüs im gesamten Programm gleichartig sind.

In diesem Kapitel werden alle grundlegenden Elemente der Programmbedienung behandelt: der Einstieg, die Auswahl von Firmen, die Arbeit mit Datensätzen, die Verwendung des Cockpits, das Wechseln des Benutzers, die Arbeit mit Fenstern, Navigation und Verzweigungen innerhalb von SAP Business One. Diese Elemente funktionieren im gesamten Programm nach demselben Muster – wenn z. B. das Arbeiten mit Datensätzen anhand des Fensters **Artikelstammdaten** erklärt wird, können Sie diese Vorgehensweise auf die anderen Fenster übertragen.

Bevor wir uns diesen Themen im Detail widmen, noch eine Abgrenzung: Wie in Kapitel 2, »Einführung in SAP Business One«, beschrieben, stehen neben der klassischen Benutzeroberfläche auch Alternativen zur Verfügung. Die mobilen Apps für Android und iOS sind intuitiv bedienbar und werden in diesem Buch nicht im Detail behandelt.

Die Weboberfläche gewinnt zunehmend an Bedeutung, da der Betrieb in der Cloud und mobiles Arbeiten immer wichtiger werden. Sie erleichtert sowohl den Cloud-Betrieb als auch die Nutzung auf verschiedenen Endgeräten. Die Bedienung im Webbrowser beschreiben wir ausführlich in Anhang B, »SAP Business One Webclient«.

3.1 Installation, Einstieg und Firmenauswahl

Wenn Sie sich für die Variante entschieden haben, SAP Business One in Ihrem Unternehmen zu installieren, steht Ihnen ein komfortabler Assistent zur Verfügung, der Sie durch den Installationsvorgang für alle Komponenten von SAP Business One führt. Das Programm muss zunächst vom *SAP Marketplace* heruntergeladen werden. Sie benötigen dafür einen *S-User*, also einen Benutzercode und ein Passwort. Dieses erhalten Sie in der Regel von Ihrem SAP-Vertriebspartner. Achten Sie darauf, dass bei Anlage des S-Users die

Option für den Download von Software aktiviert wird. Allerdings ist die Installation mittlerweile deutlich komplexer geworden, da SAP Business One um eine Reihe von Komponenten erweitert wurde:

- Das System Landscape Directory dient unter anderem zur Verwaltung von Datenbanken und Usern sowie zum Ausrollen von Add-ons.
- Die Remote Support Platform überprüft den Status des Programms und der Daten und ermöglicht bei Bedarf – nach Freigabe – den Support-Zugriff durch SAP.
- Das Cloud Control Center dient optional zur Verwaltung verschiedener Mandanten in einer Cloud-Umgebung.
- Ebenfalls optional ist das SAP Business One Integration Framework für den Import und Export von Daten in Echtzeit oder zeitgesteuert.

Daher ist es empfehlenswert, an dieser Stelle einen Consultant zurate zu ziehen, der die Installation für Sie vornimmt und die notwendige Routine mitbringt, um ein stabiles Gesamtsystem einzurichten. Sollten Sie SAP Business One noch nicht in Ihrem Unternehmen installiert haben und an einer Installation interessiert sein, wenden Sie sich direkt an SAP oder einen zertifizierten SAP-Partner in Ihrem Land.

Der Einstieg in SAP Business One unterscheidet sich je nach Betriebssystem und damit einhergehend je nach der von Ihnen gewählten Benutzeroberfläche.

Der in Abbildung 3.1 dargestellte Benutzer »manager« mit dem gleichlautenden Passwort wird standardmäßig ausgeliefert und ist ein sogenannter Superuser – d. h., er hat die maximal möglichen Berechtigungen. Er sollte aus Sicherheits- und Compliance-Gründen nach der Installation bzw. Erstanlage eines Mandanten nicht mehr verwendet werden. Sie können diesen User sperren und ihm keine Lizenz zuweisen, um eine irrtümliche Verwendung dieses Benutzers zu unterbinden.

[+]

Varianten von SAP Business One

Neben der Installation der On-Premise-Version von SAP Business One gibt es weitere Möglichkeiten, SAP Business One einzusetzen. Sie können SAP Business One auch in der Cloud-Variante nutzen. Das bedeutet, die Software wird von einem Anbieter auf seiner Hardware betrieben, und Sie greifen über das Internet darauf zu. Darüber hinaus haben Sie die Möglichkeit, SAP Business One über einen Webbrowser einzusetzen. Dadurch können Sie die Software leichter per Fernzugriff nutzen.

3.1.1 Erstmaliger Einstieg

Nach erfolgreicher Installation starten Sie SAP Business One per Doppelklick auf das SAP-Business-One-Symbol auf dem Microsoft-Windows-Desktop. Nach wenigen Sekunden erscheint das Startfenster (siehe Abbildung 3.1).

Abbildung 3.1: Startfenster von SAP Business One

Möchten Sie beim erstmaligen Einstieg die Firma ändern, klicken Sie nun auf den Button **Firma ändern**. Sie gelangen daraufhin zum Fenster **Firma auswählen** (siehe Abbildung 3.2). Im Rahmen einer SAP-Business-One-Installation können beliebig viele Firmen angelegt werden. Diese können zu einem späteren Zeitpunkt auch ergänzt oder gelöscht werden. So lässt sich die gesamte Firmenstruktur Ihres Unternehmens abbilden, und darüber hinaus können Sie auch beliebig viele Übungsfirmen anlegen.

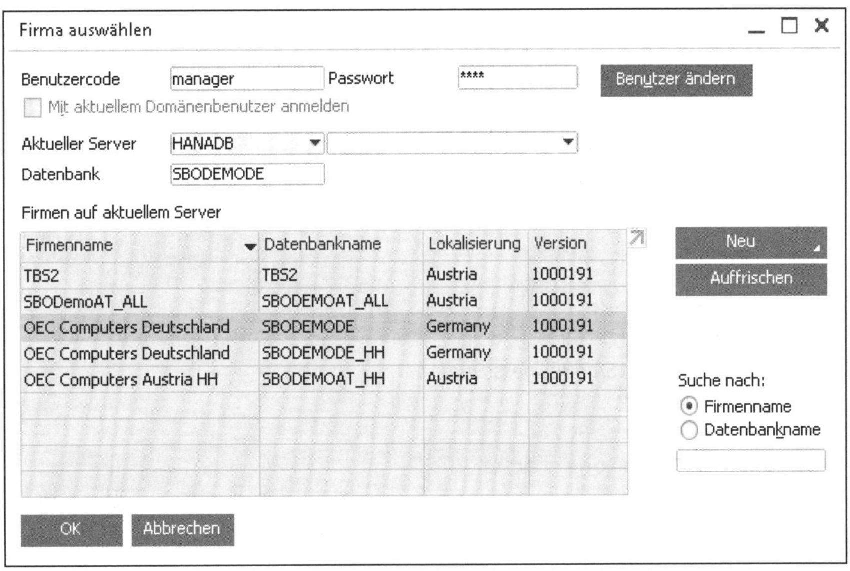

Abbildung 3.2: Firma auswählen

Aus der Firmenübersicht in Abbildung 3.2 ist ersichtlich, dass in dieser Installation mehrere Übungs- und Testfirmen zur Auswahl stehen.

Die Namen der Firmen können beliebig gewählt werden. Sie werden im Feld **Firmenname** angezeigt. Der Eintrag kann vom Benutzer gewählt und zu einem späteren Zeitpunkt geändert werden. Es empfiehlt sich, vor allen Dingen zur klaren Unterscheidung von Test- und Produktivfirmen, möglichst sprechende Namen zu wählen. Der Eintrag im Feld **Datenbankname** ist nicht veränderbar; der Eintrag im Feld **Lokalisierung** zeigt, wo die Firma ansässig und welchen gesetzlichen Vorschriften sie verpflichtet ist. Die Lokalisierung wird im Zuge der Anlage einer Firma gewählt und beeinflusst technische Details dieser Firma. Sie kann zusätzliche Felder für lokale Besonderheiten bedingen oder sogar erweiterte Funktionen und Reports generieren. Aus diesem Grund ist sie einerseits von besonderer Bedeutung und kann andererseits nach erfolgter Anlage der Firma nicht mehr geändert werden. Die Versionsnummer wird im Feld **Version** angezeigt.

Wählen Sie nun die gewünschte Firma aus, klicken Sie auf den Button **Benutzer ändern**, und füllen Sie die Felder **Benutzercode** (»manager«) und **Passwort** (»manager«). Der Benutzercode »manager« wird bei der Installation von SAP Business One automatisch mit dem gleichnamigen Passwort angelegt. Bestätigen Sie dies mit dem Button **OK.** Nun gelangen Sie zur Benutzeroberfläche von SAP Business One (siehe Abbildung 3.3).

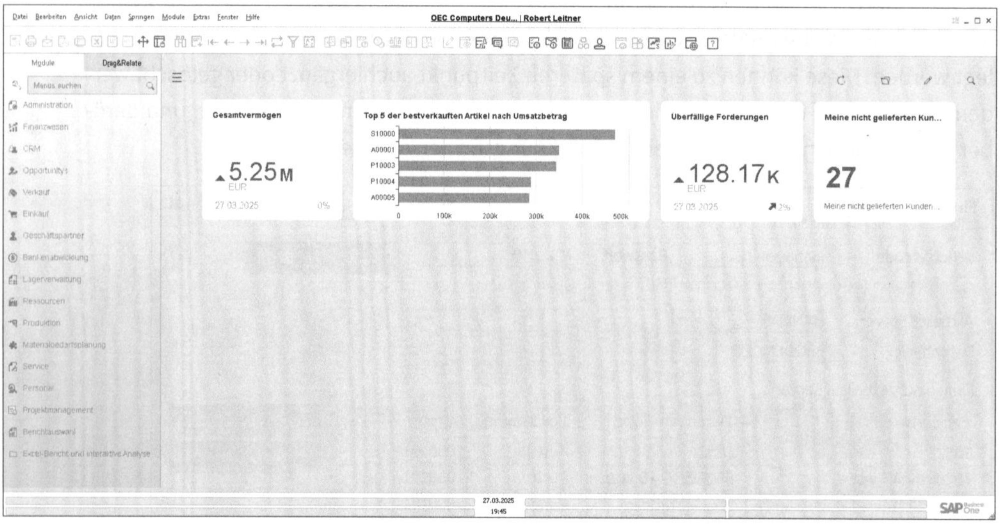

Abbildung 3.3: Oberfläche von SAP Business One

[»]

Gestaltung der Benutzeroberfläche

Je nachdem, ob Sie mit SQL- oder HANA-basierten Systemen arbeiten oder ob Sie Cockpits aktiviert oder deaktiviert haben, kann die Darstellung von Abbildung 3.3 abweichen. Mehr dazu erfahren Sie in Abschnitt 3.3, »Navigation mit dem Cockpit (SQL-basierte Installationen)«, und Abschnitt 3.4, »Navigation mit dem Cockpit (SAP-HANA-basierte Installationen)« und Abschnitt 3.8, »Allgemeine Einstellungen«.

3.1.2 Ab dem zweiten Einstieg

Der zweite Einstieg ist noch einfacher. Da sich SAP Business One die zuletzt ausgewählte Firma »merkt«, müssen lediglich die Felder **Benutzerkennung** und **Passwort** gepflegt werden (siehe Abbildung 3.1).

[+]

Zweimaliges Log-in mit demselben Benutzercode

Falls Sie sich mit einem Benutzercode einloggen, der bereits in SAP Business One angemeldet ist, erhalten Sie versionsabhängig eine Hinweismeldung. Sie können daraufhin die Anmeldung abbrechen, oder der bereits angemeldete Benutzer wird gesperrt.

Nach dem Programmeinstieg (siehe Abbildung 3.3) stehen Ihnen die folgenden Möglichkeiten zur Verfügung:

- **Firma wechseln**
  Falls Sie die Firma wechseln möchten, wählen Sie den Menüpfad **Administration • Firma auswählen**, dadurch gelangen Sie wieder zum in Abbildung 3.2 dargestellten Fenster. Darin müssen Sie, nachdem Sie die gewünschte Firma durch Anklicken gewählt haben, das Password neuerlich eingeben, um zu belegen, dass Sie Zugriff auf die gewählte Firma haben.
- **Angezeigte Firmen aktualisieren**
  Falls Sie Änderungen an einer bestehenden Firma (z. B. Änderung des Firmennamens) vorgenommen haben, klicken Sie auf den Button **Auffrischen** im rechten Bereich des Fensters **Firma auswählen** (siehe Abbildung 3.2), damit diese Änderungen auch in der Tabellenstruktur angezeigt werden.
- **Neue Firmen anlegen**
  Um eine neue Firma anzulegen, klicken Sie auf den Button **Neu** im rechten Bereich von Abbildung 3.2. Die Neuanlage einer Firma erfordert einige grundlegende Einstellungen, die nur von einem Consultant bzw. einem Key-User vorgenommen werden sollten. Darüber hinaus sind für die Firmenneuanlage der Benutzername und das Passwort des sogenannten *Site-Users* notwendig. Dieser Benutzer wird nur für spezielle technische Eingriffe verwendet und ist nicht mit »manager« oder einem Superuser zu verwechseln.
- **Benutzer wechseln**
  Falls Sie den Benutzer wechseln möchten, wählen Sie ebenfalls den Menüpfad **Administration • Firma auswählen** und klicken auf den Button **Benutzer ändern** (siehe Abbildung 3.2 im rechten oberen Bereich). Nun geben Sie Benutzercode und Passwort des gewünschten Benutzers ein. Wie Sie neue Benutzer anlegen, erfahren Sie in Abschnitt 4.2, »Benutzer«.

Ab Release 10.0 können Sie Firma und Benutzer auch wechseln, indem Sie den Hyperlink in der Mitte der obersten Menüleiste anklicken (siehe Abbildung 3.4). Auch dieser öffnet das Fenster **Firma auswählen**.

Abbildung 3.4: Hyperlink zur Auswahl der Firma

3.1.3 Log-in mit Single Sign On

SAP Business One unterstützt *Single Sign On*. Vereinfacht dargestellt wird Ihr Windows-Passwort an SAP Business One »durchgereicht«, und Sie müssen sich in SAP Business One nicht mehr separat mit Benutzername und Passwort anmelden. Voraussetzung dafür ist, dass Ihr Benutzer im *System Landscape Directory* (SLD) mit einem Windows-Konto verbunden wurde. Das ist eine Aufgabe für erfahrene Consultants. Das Thema wird hier erwähnt, da sich durch diese Einstellung der Vorgang des Einstiegs in SAP Business One verändert. Sie sehen nur noch das Bild aus Abbildung 3.5 (nur in englischer Sprache verfügbar).

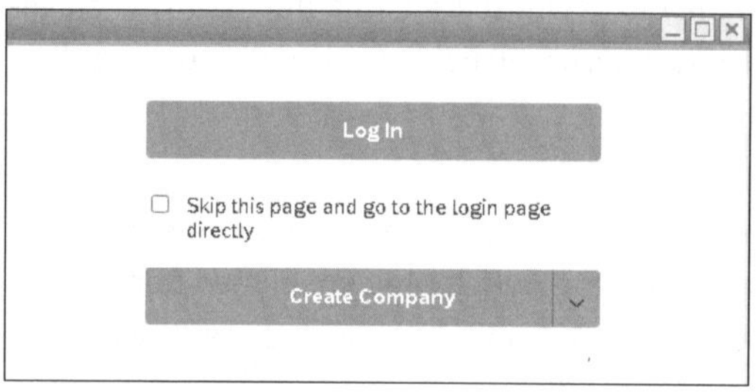

Abbildung 3.5: Einstieg bei aktiviertem Single Sign On

Nach einem Klick auf den Button **Log In** erfolgt unmittelbar der Einstieg in SAP Business One. Wollen Sie den Mandanten wechseln, stehen Ihnen die gleichen Optionen zur Verfügung wie in Abschnitt 3.1.1, »Erstmaliger Einstieg«, beschrieben. Die Darstellung des Mandantenwechsels entspricht dann Abbildung 3.6.

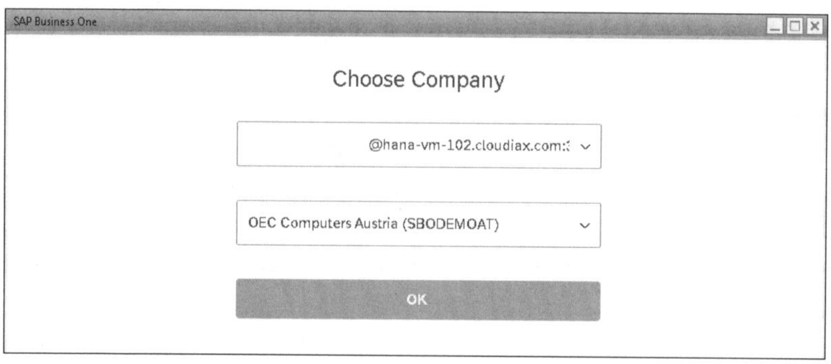

Abbildung 3.6: Mandantenwechsel bei aktiviertem Single Sign On

3.2 Navigation

SAP Business One ist in Module gegliedert, die Navigation innerhalb der Software erfolgt auf eine leicht nachvollziehbare Weise. Sie erreichen die gewünschte Funktion durch Navigieren über das Hauptmenü, das aus Modulen, Fenstern und Unterordnern besteht. Als Beispiel sehen Sie in Abbildung 3.7, dass dem Modul **Personal** ❶ das Fenster **Mitarbeiterstammdaten** ❷ und der Unterordner **Berichte Personalwesen** ❸ untergeordnet sind.

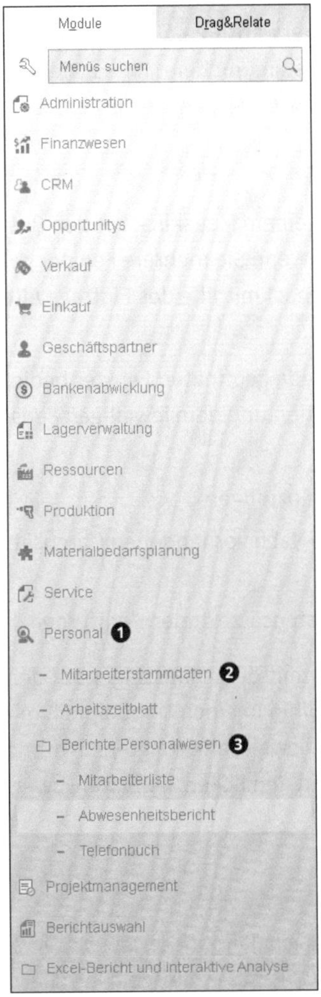

Abbildung 3.7: Über das Hauptmenü navigieren

Jedes Element kann mit einem einfachen Mausklick geöffnet werden. Ein Modul und ein Unterordner werden bei einem erneuten Klick oder beim Klick auf ein anderes Modul bzw. einen anderen Unterordner in älteren Versionen wieder geschlossen. In Release 10.0 bleibt ein Unterordner geöffnet, wenn Sie ein anderes Modul öffnen und dann wieder in das ursprüngliche Modul zurückkehren.

Fenster befinden sich direkt unter einem Modul (siehe Fenster **Mitarbeiterstammdaten** in Abbildung 3.7) oder in den hierarchisch angelegten Unterordnern (siehe Fenster **Mitarbeiterliste**) und werden ebenfalls mit einem einfachen Klick geöffnet. Ein Fenster lässt sich mehrmals öffnen.

[+]

Artikel vergleichen

Gehen Sie so vor, wenn Sie zwei Artikel vergleichen oder gegenüberstellen möchten: Öffnen Sie das Fenster **Artikelstammdaten** unter **Lagerverwaltung • Artikelstammdaten** zweifach. Suchen Sie die zu vergleichenden Artikel im **Suchen**-Modus (siehe Abschnitt 3.6.2, »Nach vorhandenen Datensätzen suchen«), und legen Sie die Fenster nebeneinander.

Sie können das jeweilige Fenster mit der Taste [Esc] oder einem Mausklick auf den Button [×] in der rechten oberen Ecke des Fensters schließen. Wenn Sie mehrere Fenster geöffnet haben, können Sie sie (mit Ausnahme des Hauptmenüs) mithilfe des Eintrags **Alle schließen** unter dem Menüpunkt **Fenster** wieder schließen.

Mit der Taste [↵] lässt sich der Button links unten im gerade geöffneten Fenster bedienen. Dieser Button kann je nach gerade ausgeführter Funktion und dem jeweiligen Fenster ein anderer sein:

- Button **Hinzufügen** (siehe Abschnitt 3.6.1, »Datensätze hinzufügen«)
- Button **Suchen** oder **Auswählen** (siehe Abschnitt 3.6.2, »Nach vorhandenen Datensätzen suchen«)
- Button **Aktualisieren** oder **OK** (siehe Abschnitt 3.6.4, »Datensätze ändern/entfernen«)

Die Größe eines Fensters können Sie anpassen, indem Sie mit dem Mauszeiger auf den Fensterrand zeigen. Der Mauszeiger verwandelt sich daraufhin in einen Doppelpfeil, mit dem Sie das Fenster bei gedrückter linker Maustaste in der jeweils angezeigten Richtung größer und kleiner ziehen können. Wenn Sie das Fenster an den Ecken »anfassen«, werden Höhe und Breite des Fensters gleichzeitig geändert.

[+]

Fenstereigenschaften

Wenn Sie ein Fenster schließen und neu aufrufen, hat es nach dem Öffnen jeweils die gleiche Position und Größe wie zuvor. Das bedeutet, SAP Business One speichert die Position und Größe für jeden Benutzer ab. Auf diese Weise können Sie die Fenster dauerhaft so justieren, wie Sie am besten damit arbeiten können und wie sie am besten zu der von Ihnen verwendeten Bildschirmauflösung passen. Justieren Sie Fenster am besten so, dass der gesamte Fensterinhalt angezeigt wird und Sie im Fenster nicht scrollen müssen.

Die gleiche Struktur der Navigation wie im Hauptmenü findet sich stufenartig unter dem Menüpunkt **Module** wieder (siehe Abbildung 3.8).

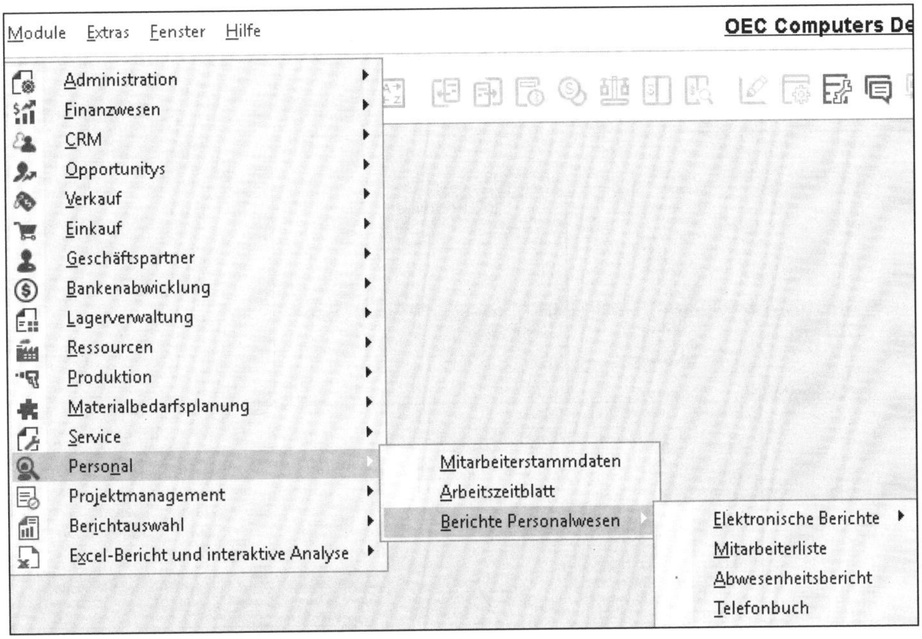

Abbildung 3.8: Über Menü »Module« navigieren

Die Fenster werden hier ebenfalls durch einen einfachen Mausklick geöffnet. Unterordner, wie **Berichte Personalwesen**, öffnen sich automatisch, wenn Sie mit dem Mauszeiger kurz auf ihnen verharren. Zusätzlich haben Sie die Möglichkeit, im Hauptmenü mit den Pfeiltasten auf der Tastatur zu navigieren.

Eine pfiffige Besonderheit in SAP Business One stellen die vielfach vorhandenen orangefarbenen Pfeile ⇨ (**Verknüpfung**) dar, die sich in beinahe jedem Fenster befinden. Diese Pfeile stehen für eine sogenannte *Drilldown-Funktion*. Das heißt, überall dort, wo sich dieser Button befindet, können Sie in ein thematisch verknüpftes Fenster verzweigen.

Jeder orangefarbene Pfeil ⇨ vor einem Feld stellt also eine *Abkürzung* zu einem thematisch eng verwandten Fenster dar. Sie ersparen sich so das zeitaufwendige Navigieren über das Hauptmenü zu diesen Fenstern. Das folgende Beispiel soll Ihnen zeigen, wie einfach und effizient diese Funktion ist (siehe Abbildung 3.9).

Für dieses Beispiel wurden Abkürzungen für die folgende Reihe von Fenstern gewählt (in Klammern sehen Sie den »konventionellen« Pfad über das Hauptmenü):

1. Öffnen Sie das Fenster **Geschäftspartner-Stammdaten** (Modul **Geschäftspartner**).
2. Klicken Sie auf den orangefarbenen Pfeil ⇨ vor dem Feld **Kontosaldo**. Sie gelangen in das Fenster **Kontensaldo** des ausgewählten Kunden (nur über Drilldown verfügbar!).

3. Klicken Sie auf einen orangefarbenen Pfeil [⇨] neben einem beliebigen Beleg (Modul **Verkauf**). Sie gelangen zu dem entsprechenden Fenster **Ausgangsrechnung**.
4. Klicken Sie auf den orangefarbenen Pfeil [⇨] neben einer beliebigen Artikelnummer in den Artikelzeilen der Ausgangsrechnung. Sie gelangen in das Fenster **Artikelstammdaten** dieses Artikels (Modul **Lagerverwaltung**).

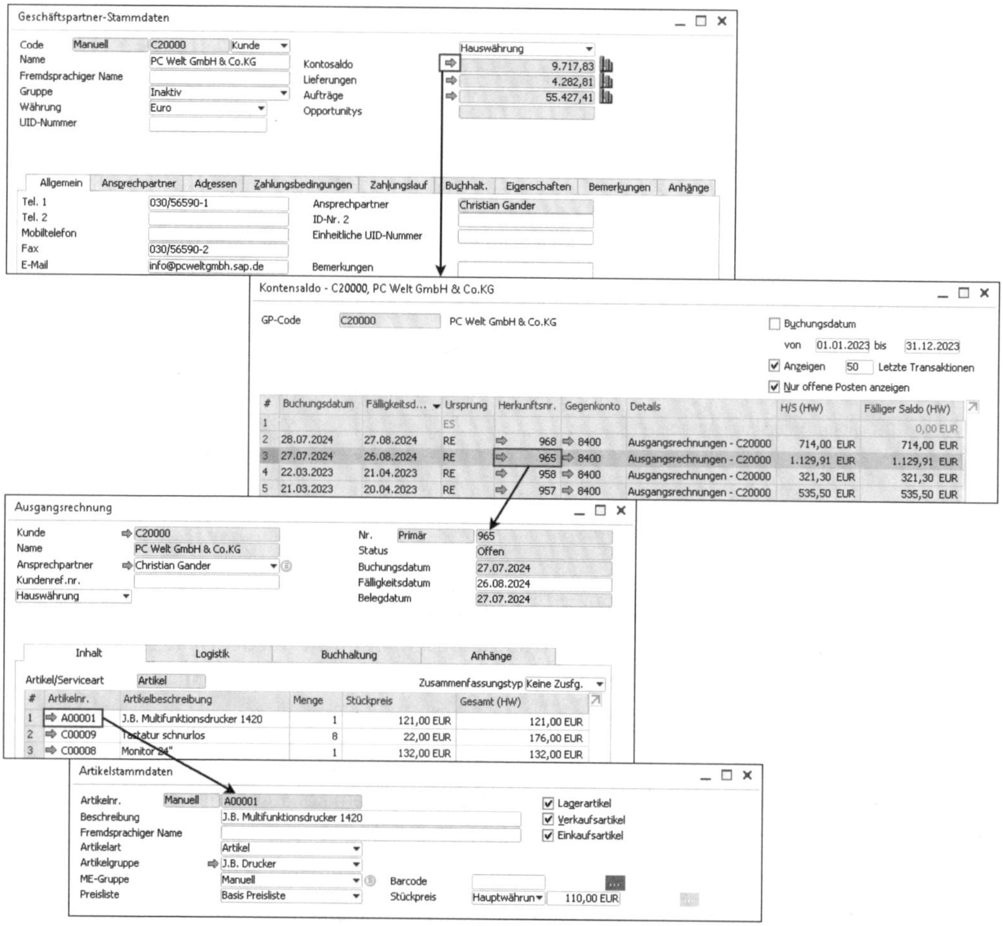

Abbildung 3.9: Drilldown – blitzschnelle Abkürzungen

Sie können sehr schnell – innerhalb weniger Sekunden – durch diese Reihe navigieren; der Aufruf dieser Fenster über das Hauptmenü hätte wesentlich mehr Zeit beansprucht.

Die Verzweigungsmöglichkeiten innerhalb von SAP Business One mithilfe der Drilldown-Funktion (orangefarbener Pfeil [⇨]) sind sehr weitläufig, und diese Technik ist nicht nur leicht erlernbar, sondern auch effizient im täglichen Gebrauch. Am Ende dieser Reihe haben Sie viele Fenster gleichzeitig geöffnet. Im Menü **Fenster** (siehe Abbildung 3.10) können Sie diese Fenster jedoch mithilfe des Eintrags **Überlappen** so anordnen, dass sie geordnet hintereinander aufgereiht erscheinen.

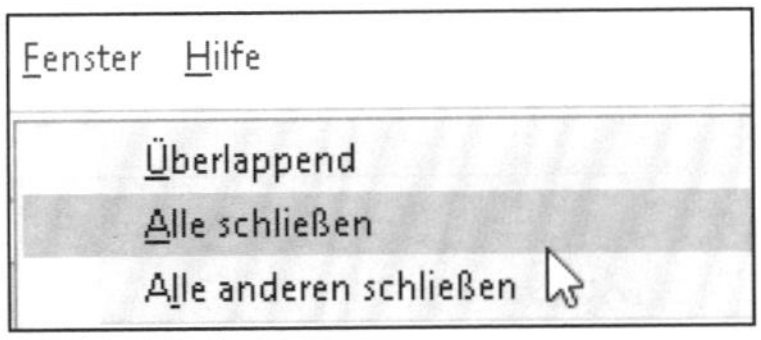

Abbildung 3.10: Schnell alle Fenster schließen oder anordnen

Mit dem Eintrag **Alle schließen** werden alle geöffneten Fenster bis auf das Hauptmenü geschlossen. Sollten Sie diesen Befehl vor dem Aktualisieren eines geänderten Datensatzes wählen, fragt SAP Business One Sie sicherheitshalber, ob Sie die vorgenommenen Änderungen speichern möchten.

Weitere Beispiele für Abkürzungen über einen orangefarbenen Pfeil [⇨] zeigt Ihnen Tabelle 3.1.

Orangefarbener Pfeil im Fenster/beim Feld	Verknüpftes Fenster
Artikelstammdaten/Hauptlieferant	Geschäftspartner
Artikelstammdaten/Bestandsdaten (Lagercode)	Lager
Geschäftspartner-Stammdaten/ Opportunities	Opportunities
Geschäftspartner-Stammdaten/ Zahlungsbedingungen	Zahlungsbedingungen
Geschäftspartner-Stammdaten/ Abstimmkonten	Sachkonten
Kundenauftrag/Geschäftspartner	Geschäftspartner-Stammdaten
Kundenauftrag/Artikelnummer	Artikelstammdaten

Tabelle 3.1: Beispiele für blitzschnelle Abkürzungen

Das Navigieren im Fenster funktioniert ähnlich wie in den meisten Microsoft-Windows-Programmen. Mit der [⇆]-Taste springen Sie zum nächsten Feld, der Cursor blinkt auf, und der Hintergrund des Feldes erscheint je nach gewähltem Farbschema alternativ zu den anderen Feldern eingefärbt. Das Springen in entgegengesetzter Richtung erfolgt über die Tastenkombination [⇧]+[⇆]. Die Sprungreihenfolge erfolgt logisch intuitiv und umfasst alle Felder eines Fensters.

Enthält das Fenster Registerkarten (ist es also in weitere »Unterfenster« unterteilt), finden Sie im Namen der Registerkarte einen unterstrichenen Buchstaben. Die Registerkarte kann mit einer Tastenkombination, bestehend aus [Alt] und dem jeweils unterstrichenen Buchstaben, angesteuert werden.

Nehmen Sie als Beispiel das Fenster **Artikelstammdaten** (Menüpfad **Lagerverwaltung • Artikelstammdaten**): Wechseln Sie im Fenster **Artikelstammdaten** zur Registerkarte **Ein-**

kaufsdaten über die Tastenkombination [Alt]+[K]. Der Cursor wird im ersten Feld dieser Registerkarte platziert (siehe Abbildung 3.11).

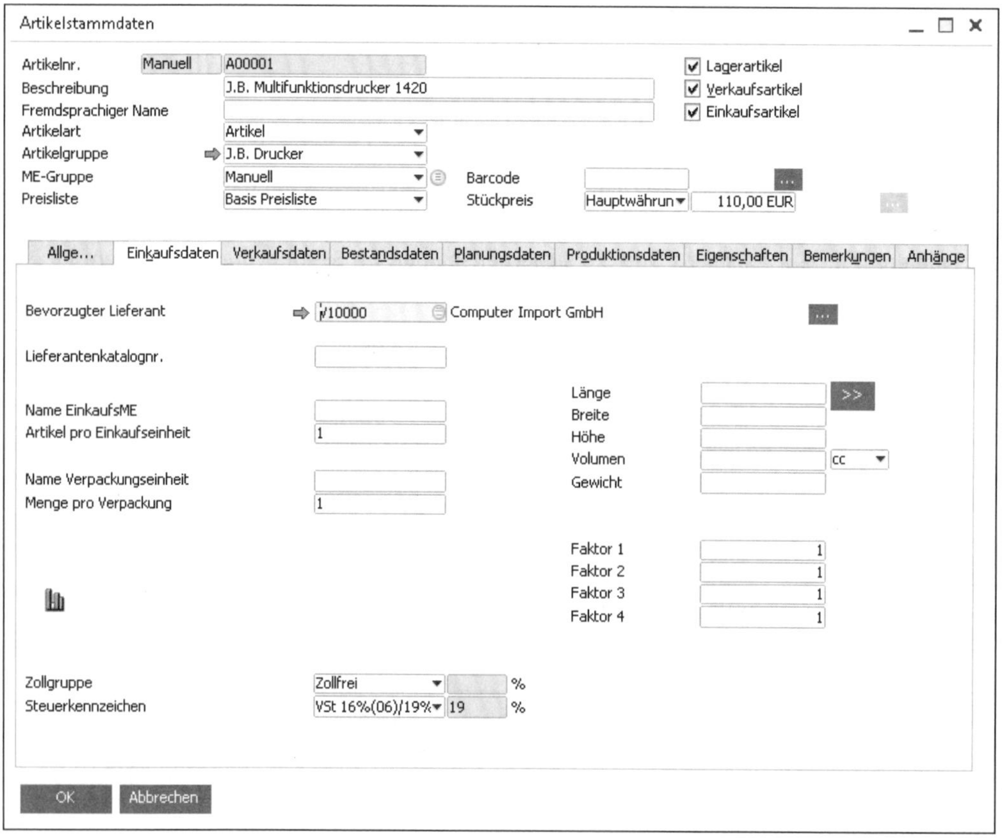

Abbildung 3.11: Registerkarte »Einkaufsdaten« mit Tastenkombination »Alt+K« ansteuern

Möchten Sie Ihren Arbeitsplatz verlassen, haben Sie die Möglichkeit, den Bildschirm zu sperren und SAP Business One vor unbefugtem Zugriff zu schützen. Wählen Sie dazu das Menü **Datei** mit dem Eintrag **Bildschirm sperren**, oder klicken Sie auf den Button (**Bildschirm sperren**) in der Symbolleiste. Der Bildschirm wird gesperrt, und Ihnen wird ein entsprechendes Fenster zur Information angezeigt (siehe Abbildung 3.12).

Alternativ kann unter **Administration • Definition • Allgemein • Benutzer** auf der Registerkarte **Serviceleistungen** pro Benutzer eine individuelle **Bildschirmsperrzeit** in Minuten angegeben werden.

Geben Sie Benutzercode und Passwort ein, um den Bildschirm wieder zu entsperren.

Abbildung 3.12: Gesperrter Bildschirm in SAP Business One

3.3 Navigation mit dem Cockpit (SQL-basierte Installationen)

Seit dem Release 8.8 von SAP Business One steht dem Benutzer das sogenannte *Cockpit* zur Verfügung. Durch die Aktivierung des Cockpits können Sie eine völlig neue Benutzeroberfläche verwenden, die Sie – innerhalb bestimmter Vorgaben – nach Ihren eigenen Wünschen gestalten können. Wie bereits beschrieben, gibt es sowohl Microsoft-SQL- als auch SAP-HANA-basierte Installationen von SAP Business One. Die Bedienung und die zur Verfügung stehenden Elemente unterscheiden sich hier zum Teil, sodass wir zunächst den Umgang mit dem Cockpit in MS-SQL-basierten Installationen beschreiben und in Abschnitt 3.4, »Navigation mit dem Cockpit (SAP-HANA-basierte Installationen)«, dann den Umgang mit der SAP-HANA-basierten Variante.

Um das Cockpit zu aktivieren, öffnen Sie das Fenster **Allgemeine Einstellungen** (unter **Administration • Systeminitialisierung**) und markieren auf der Registerkarte **Cockpit** die Option **Cockpit**. Damit ist die Voraussetzung geschaffen, dass jeder einzelne Benutzer sein Cockpit auch tatsächlich aktivieren kann. Sie aktivieren Ihr Cockpit im Menü **Extras**, Eintrag **Cockpit**, indem Sie die Checkbox **Mein Cockpit aktivieren** markieren. Daraufhin erhalten Sie eine Hinweismeldung (siehe Abbildung 3.13).

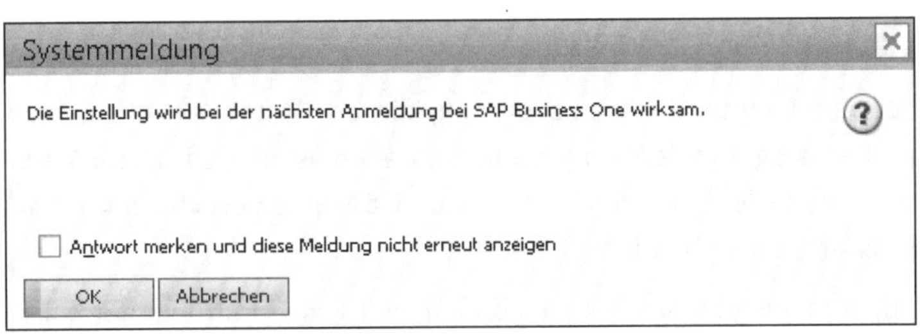

Abbildung 3.13: Hinweismeldung nach Aktivieren des Cockpits

Um die Aktivierung des Cockpits abzuschließen, müssen Sie demnach SAP Business One schließen und erneut öffnen. Auf der linken Seite der Benutzeroberfläche steht Ihnen nun ein erweitertes Hauptmenü zur Verfügung (siehe Abbildung 3.14).

Abbildung 3.14: Hauptmenü nach Aktivieren des Cockpits

In diesem Hauptmenü finden Sie drei Buttons, die um 90 Grad nach links gedreht sind:

- **Button »Mein Cockpit«**
  Klicken Sie auf diesen Button, und es werden alle vorhandenen Cockpits sowie die sogenannte *Widget-Galerie* angezeigt.
- **Button »Module«**
  Klicken Sie auf diesen Button, und das ursprüngliche Hauptmenü mit allen Modulen wird angezeigt.
- **Button »Drag & Relate«**
  Klicken Sie auf diesen Button, und Ihnen stehen die Funktionen zu Drag & Relate zur Verfügung. Wie Sie mit Drag & Relate arbeiten, beschreiben wir ausführlich in Abschnitt 18.3, »Drag & Relate«.

3.3.1 Widgets verwalten

Um ein Widget auf der Benutzeroberfläche anzuordnen, klicken Sie mit der linken Maustaste auf das gewünschte Widget in der Widget-Galerie, ziehen es mit gedrückter Maustaste an die gewünschte Stelle der Benutzeroberfläche und lassen es dort »fallen«, indem Sie die Maustaste loslassen (siehe Abbildung 3.15).

Nachdem Sie das Widget fallen gelassen haben, können Sie es wiederum mit der linken Maustaste am oberen Rand anfassen und es an eine andere Stelle ziehen. Außerdem können Sie die Größe des Widgets – genau wie die eines Fensters in SAP Business One – anpassen. Bewegen Sie dazu den Cursor an den Rand des Widgets, bis sich der Cursor in einen Doppelpfeil verwandelt, und ändern Sie die Größe sowohl vertikal als auch horizontal. Allerdings haben Widgets definierte Größenbereiche, ihre Größe kann daher nicht stufenlos verändert werden, sondern »rastet« in den möglichen Skalierungen ein. So kann das Widget **Offene Belege** z. B. nur ein- oder dreispaltig angezeigt werden, das Widget **Häufig genutzte Funktionen** zwei- oder vierspaltig.

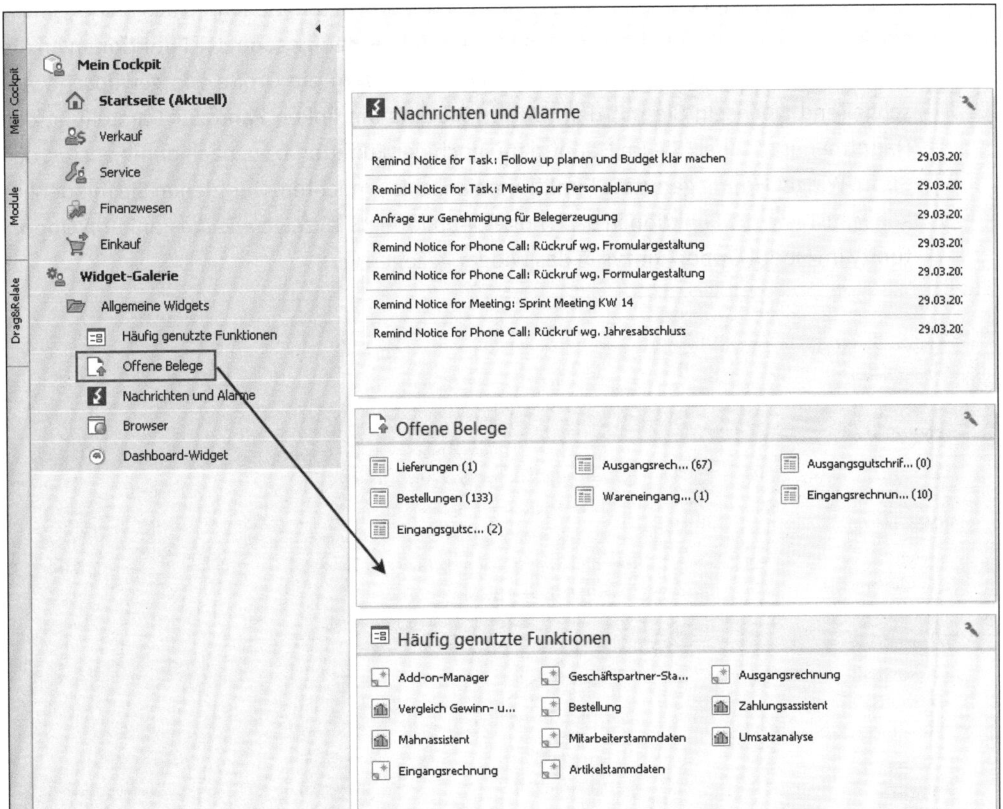

Abbildung 3.15: Widget auf der Benutzeroberfläche des Cockpits anordnen

Da jedes Widget andere Eigenschaften aufweist, beschreiben wir an dieser Stelle alle Widgets kurz. In der Widget-Galerie im linken Bereich stehen Ihnen fünf Arten von Widgets zur Verfügung:

- **Häufig genutzte Funktionen**
- **Offene Belege**
- **Nachrichten und Alarme**
- **Browser**
- **Dashboard-Widget**

[+]

Mehrfache Verwendung von Widgets

Die Widgets **Häufig genutzte Funktionen, Offene Belege** sowie **Nachrichten und Alarme** können für jedes Cockpit nur einmal auf die Benutzeroberfläche gezogen werden.

Mit dem Widget **Häufig genutzte Funktionen** haben Sie die Möglichkeit, sich auf der Benutzeroberfläche Ihr persönliches Menü von Funktionen und Berichten aus SAP Business One zusammenzustellen. Dazu ziehen Sie das Widget **Häufig genutzte Funktionen** an die gewünschte Stelle der Benutzeroberfläche und ändern die Größe wie gewünscht. Anschließend wechseln Sie mit dem Button **Module** am linken Rand zur Darstellung des Hauptmenüs. Suchen Sie im Hauptmenü nach der Funktion bzw. nach dem Fenster, das Sie im Widget **Häufig genutzte Funktionen** anzeigen möchten. Nun ziehen Sie mit der linken Maustaste die Funktion in das Widget. Abbildung 3.16 zeigt, wie die Funktion **Opportunity** im Modul **Opportunitys** in das Widget gezogen wird.

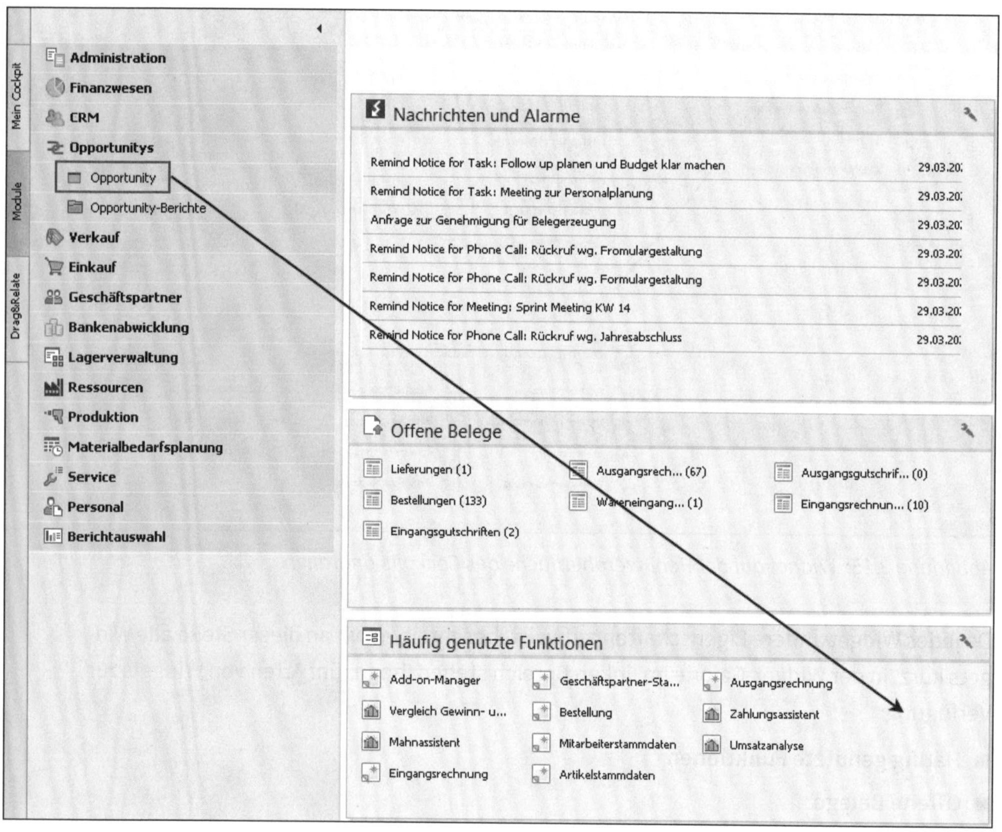

Abbildung 3.16: Funktion »Opportunity« in das Widget »Häufig genutzte Funktionen« ziehen

Lassen Sie die Funktion im Widget fallen, und der Eintrag **Opportunity** wird angezeigt. Klicken Sie nun einmal auf den Eintrag **Opportunity**, und das Fenster **Opportunity** wird geöffnet. Verfahren Sie so mit allen Funktionen und Berichten, die Sie häufig nutzen, um sich ein persönliches Menü auf der Benutzeroberfläche zusammenzustellen.

Das Widget **Offene Belege** zeigt alle Belege einer Belegstufe, die noch nicht in die nächste Belegstufe weiterverarbeitet wurden. Zum Beispiel zeigen die offenen Kundenaufträge alle Kundenaufträge, für die noch keine Lieferung oder Ausgangsrechnung erstellt wurde. Die Belegkette und der Belegstatus behandeln wir in Abschnitt 5.4, »Belegkette im Einkauf«.

Ziehen Sie also das Widget **Offene Belege** auf die Benutzeroberfläche, und ändern Sie Position und Größe nach Ihren Wünschen. Anschließend klicken Sie auf den Schraubenschlüssel-Button in der rechten oberen Ecke des Widgets und wählen den Eintrag **Einstellungen** aus dem Kontextmenü. Das Fenster **Offene Belege – Widget-Einstellungen** wird geöffnet (siehe Abbildung 3.17).

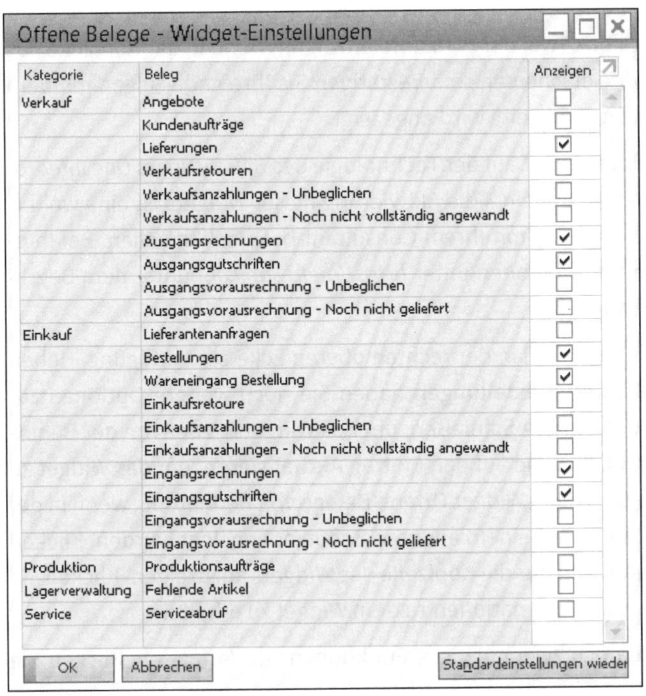

Abbildung 3.17: Einstellungen für das Widget »Offene Belege«

Aktivieren Sie nun in der Spalte **Anzeigen** alle Belegstufen, die Sie im Widget sehen möchten, und bestätigen Sie mit dem Button **OK**. Anschließend werden alle markierten Einträge im Widget angezeigt. Klicken Sie auf den gewünschten Eintrag, und das Fenster **Offene Belege** der angeklickten Belegstufe wird geöffnet.

Das Widget **Nachrichten und Alarme** ist eine kleinere Darstellung des Fensters **Übersicht Nachrichten/Alarme**, das Sie mit dem Button über die Symbolleiste aufrufen können.

Das Widget zeigt alle aktuellen Nachrichten und Alarme an, die an Ihren Benutzer adressiert sind. Dies können Nachrichten, Alarme, Anfragen zur Genehmigung, Erinnerung zur Inventur, Erinnerungen zu Aktivitäten etc. sein. Ziehen Sie also das Widget **Nachrichten und Alarme** auf die Benutzeroberfläche, und ändern Sie Position und Größe nach Ihren Wünschen. Klicken Sie doppelt auf eine angezeigte Nachricht, und das Fenster **Übersicht Nachrichten/Alarme** wird geöffnet.

Mit dem Widget **Browser** haben Sie die Möglichkeit, Inhalte von Webseiten innerhalb des Widgets anzuzeigen. Ziehen Sie also das Widget **Browser** auf die Benutzeroberfläche, und ändern Sie Position und Größe nach Ihren Wünschen. Anschließend klicken Sie auf den Schraubenschlüssel-Button in der rechten oberen Ecke des Widgets und wählen den Eintrag **Einstellungen** aus dem Kontextmenü. Das Fenster **Browser – Widget – Einstellungen** wird geöffnet. Geben Sie nun im Feld **URL** die anzuzeigende Internetadresse ein. Im Feld **Titel** können Sie eine Bezeichnung für das Browser-Widget eingeben. Darüber hinaus markieren Sie die Checkbox **Titel der Webseite anzeigen**, wenn in der Kopfzeile des Widgets der Titel der Webseite erscheinen soll. Bestätigen Sie Ihre Änderungen mit dem Button **OK**, und die gewünschte Webseite wird angezeigt.

Das Widget **Dashboard-Widget** basiert auf der Technologie des *SAP Business One Integration Frameworks*. Dieses muss aktiv sein – die Aktivierung dieser Widgets ist eine weiterführende Aufgabe, die Sie bei Bedarf mit Ihrem Consultant besprechen sollen. Bei Interesse finden Sie detaillierte Informationen unter *https://help.sap.com* unter dem Begriff »Mit Crystal Dashboards arbeiten«.

Bei allen Widgets steht der Button in der rechten oberen Ecke zur Verfügung. Neben dem bereits behandelten Eintrag **Einstellungen** haben Sie noch weitere Optionen zur Verfügung: Klicken Sie auf den Eintrag **Schließen**, um das Widget wieder von der Benutzeroberfläche zu entfernen. Klicken Sie auf den Eintrag **Aktualisieren**, um das Widget zu aktualisieren. Dies ist besonders beim Widget **Offene Belege** von Bedeutung, wenn in der Zwischenzeit neue offene Belege von einem anderen Benutzer angelegt wurden. Klicken Sie auf den Eintrag **Minimieren**, um nur die Kopfzeile des Widgets anzuzeigen. Klicken Sie auf den Eintrag **Info**, um weitere Informationen zu dem Widget zu erhalten.

Im Menü **Fenster** haben Sie noch zwei nützliche Funktionen zur Verfügung: Klicken Sie auf den Eintrag **Alle Widgets ein-/ausblenden**. Wenn die Widgets angezeigt werden, werden sie daraufhin ausgeblendet. Klicken Sie erneut auf den Eintrag, um alle Widgets wieder einzublenden. Klicken Sie auf den Eintrag **Alle Widgets automatisch anordnen**, und alle angezeigten Widgets werden abhängig von Anzahl und Größe automatisch entsprechend Ihrer Bildschirmauflösung angeordnet. Sollten Sie sehr viele Widgets verwenden, werden sie immer weiter nach unten angeordnet. Mit der Bildlaufleiste am rechten Rand können Sie nach unten scrollen.

3.3.2 Cockpits verwalten

Nachdem Sie im vorangegangenen Abschnitt erfahren haben, wie Sie Widgets in Ihrem Cockpit verwenden, zeigen wir Ihnen nun die Verwendung mehrerer Cockpits.

Sobald Sie Ihr Cockpit aktivieren, stehen Ihnen standardmäßig die folgenden fünf Cockpits zur Verfügung (siehe Abbildung 3.18):

- **Startseite** (Der Zusatz **(Aktuell)** zeigt an, welches Cockpit Sie gerade gewählt haben.)
- **Verkauf**
- **Service**
- **Finanzwesen**
- **Einkauf**

Abbildung 3.18: Übersicht über alle Cockpits

Diese Cockpits sind in SAP Business One voreingestellt und können auch nicht verändert und nicht gelöscht werden. Je nach Rolle des Benutzers und Thema kann das entsprechende Cockpit angepasst werden. Das Cockpit **Startseite** ist jenes, das nach dem Start von SAP Business One zuerst sichtbar ist. Um eines der anderen Cockpits aufzurufen, klicken Sie mit der linken Maustaste auf den entsprechenden Eintrag, und die Benutzeroberfläche des angewählten Cockpits wird angezeigt.

Um weitere Cockpits anzulegen, klicken Sie auf den Eintrag **Cockpit-Verwaltung** im Menü **Extras**, Unterordner **Cockpit**. Das Fenster **Cockpit-Verwaltung – Definition** öffnet sich daraufhin (siehe Abbildung 3.19).

Geben Sie in dem Fenster einen Namen und eine Beschreibung in den entsprechenden Feldern an, und bestätigen Sie mit dem Button **Aktualisieren** und anschließend mit dem Button **OK**. Das Cockpit wird daraufhin in der Übersicht der Cockpits angezeigt.

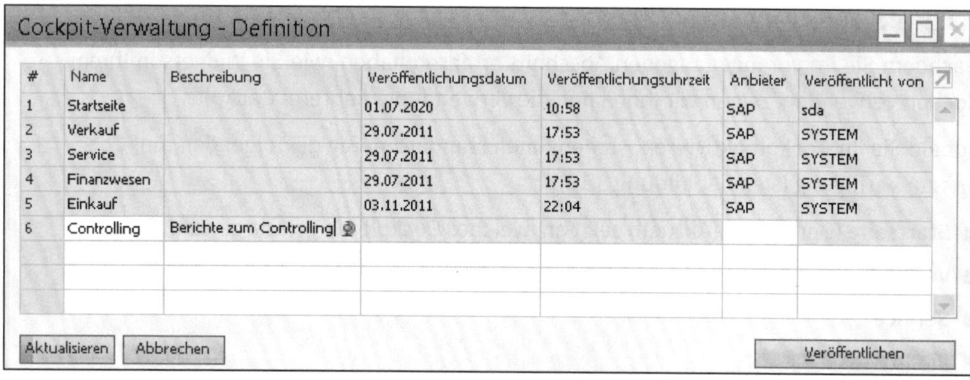
Cockpit-Verwaltung - Definition

#	Name	Beschreibung	Veröffentlichungsdatum	Veröffentlichungsuhrzeit	Anbieter	Veröffentlicht von
1	Startseite		01.07.2020	10:58	SAP	sda
2	Verkauf		29.07.2011	17:53	SAP	SYSTEM
3	Service		29.07.2011	17:53	SAP	SYSTEM
4	Finanzwesen		29.07.2011	17:53	SAP	SYSTEM
5	Einkauf		03.11.2011	22:04	SAP	SYSTEM
6	Controlling	Berichte zum Controlling				

Aktualisieren Abbrechen Veröffentlichen

Abbildung 3.19: Ein neues Cockpit »Controlling« anlegen

In dem neu angelegten Cockpit stehen Ihnen die gleichen Funktionen zur Anordnung von Widgets zur Verfügung wie in den bereits standardmäßig vorhandenen Cockpits. Wenn Sie ein von Ihnen angelegtes Cockpit wieder löschen möchten, markieren Sie den angelegten Eintrag im Fenster **Cockpit-Verwaltung – Definition**, klicken mit der rechten Maustaste und wählen den Eintrag **Entfernen** aus dem Kontextmenü. Bestätigen Sie mit dem Button **Aktualisieren** und anschließend mit dem Button **OK**.

Wenn Sie den Eindruck haben, dass Ihre Cockpits zu umfangreich und unübersichtlich geworden sind, klicken Sie auf den Eintrag **Ursprüngliche Cockpit-Vorlage anwenden** im Menü **Extras**, Unterordner **Cockpit**. Nach einer Sicherheitsabfrage von SAP Business One wird das Cockpit wieder auf den Ursprungszustand gesetzt, und all Ihre Änderungen gehen verloren.

Mit den Cockpits können Sie die Benutzeroberfläche von SAP Business One auf vielfältige Weise an Ihre Bedürfnisse anpassen, um noch effizienter mit dem System arbeiten zu können.

3.4 Navigation mit dem Cockpit (SAP-HANA-basierte Installationen)

Nachdem wir die Verwendung des Cockpits in Microsoft-SQL-basierten Installationen beschrieben haben, geht es in diesem Abschnitt nun um Cockpits in SAP-HANA-basierten Installationen.

Die im oberen Abschnitt beschriebene Handhabung von Cockpits lässt sich auch in SAP-HANA-basierten Systemen umsetzen. Allerdings verfügen diese über eine weitere Option, das **Fiori-Cockpit**, das Sie im Programmpunkt **Administration • Systeminitialisierung • Allgemeine Einstellungen** auf der Registerkarte **Cockpit** aktivieren.

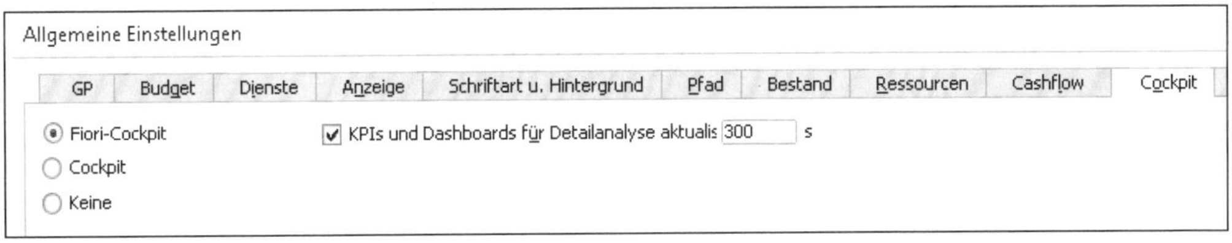

Abbildung 3.20: Fiori-Cockpit aktivieren

Neben der Aktivierung des Fiori-Cockpits können Sie hier auch einstellen, in welchem zeitlichen Abstand die im Cockpit dargestellten Werte aktualisiert werden. Die Angabe erfolgt in Sekunden. Der Standardwert von 300 Sekunden ist ein guter Vorschlag: Er sorgt dafür, dass Sie die Geschäftszahlen im Wesentlichen in Echtzeit sehen, die Vielzahl von Abfragen aber die Anzeigegeschwindigkeit nicht vermindert.

3.4.1 Fiori-Cockpits auswählen

Analog zur SQL-basierten Version verfügt die SAP-HANA-basierte Version über die folgenden vorkonfigurierten Cockpits, die sich an gängigen Aufgabengruppen orientieren:

- **Finance** (Finanzwesen)
- **Sales** (Verkauf)
- **Purchase** (Einkauf)
- **Inventory** (Bestandswesen)

Um eines der vorausgelieferten Cockpits auszuwählen, klicken Sie in der Button-Gruppe 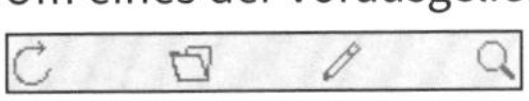 am rechten oberen Bildrand auf den Ordner-Button . Falls diese Button-Gruppe nicht sichtbar ist, wird sie gerade von der aktivierten Funktion **Company Search** 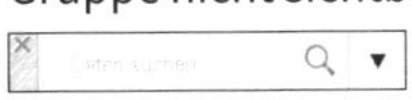 überlagert. In diesem Fall schließen Sie das Feld **Company Search** durch Klick auf das **x** in der linken oberen Ecke, dann sollte die Button-Gruppe zur Bearbeitung der Widgets am Bildschirm erscheinen.

3.4.2 Elemente des Fiori-Cockpits

SAP liefert einen großen Vorrat an Widgets aus, die, wie in Abbildung 3.21 dargestellt, in der Widget-Galerie zusammengefasst sind. Die Widgets gliedern sich in folgende Klassen:

- **Dashboards**
  grafische Darstellungen von Geschäftszahlen
- **Key Performance Indicators**
  eine Leistungskennzahl. Dieser Indikator kann sich auf unternehmensweite Größen wie Rentabilitäten oder Liquidität beziehen. Es werden je nach Einsatzgebiet der Gesamtbetrag, das Ziel für den gewählten Zeitraum sowie der Trend im Vergleich zum vorherigen Zeitraum angezeigt.

- **Business-Objekt-Anzahl**
  die Gesamtzahl an Geschäftsobjekten; wird die Zahl angeklickt, werden die darunterliegenden Objekte angezeigt.
- **Workbench**
  vollständige Geschäftsprozesse, die sowohl als Einstieg in das jeweilige Modul als auch als Informationsquelle dienen können
- **Browser**
  Ordnen Sie eine beliebige Anzahl an Webbrowsern mit voreingestellter Internetadresse an, um rasch zu häufig benötigten Informationen und Onlinewerkzeugen zu kommen.
- **Sonstige**
  Hier sind neben den schon bekannten **Häufig genutzten Funktionen** sowie **Meldungen und Alarmen** auch **Meine neuesten Aktualisierungen** verfügbar.

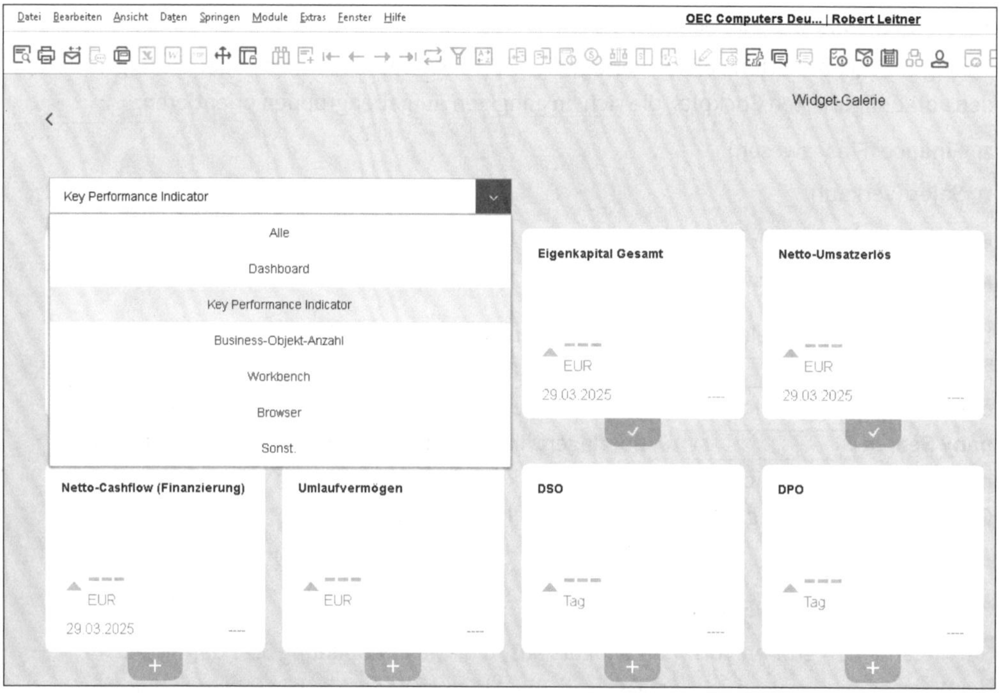

Abbildung 3.21: Widget-Galerie

Wenn Sie Ihr Cockpit bearbeiten oder auf Basis der bestehenden Cockpits neu anlegen wollen, rufen Sie die Widget-Galerie auf. Um das aktuelle Cockpit zu bearbeiten, klicken Sie in der Button-Gruppe am rechten oberen Bildschirmrand auf den Bleistift-Button. Um das zu bearbeitende Cockpit aus der Galerie auszuwählen, klicken Sie stattdessen zunächst auf den Ordner-Button.

Sie befinden sich nun im Bearbeitungsmodus des aktuellen Cockpits, alle Widgets werden ausgegraut angezeigt. Die Button-Gruppe [+ ✓ 🔍] am rechten oberen Bildrand bietet nun mit einem Plus-Button [+] die Möglichkeit, die Widget-Galerie zu öffnen. Hier können Sie das gewählte Cockpit bearbeiten, indem Sie zusätzliche Widgets hinzufügen.

In der Widget-Galerie werden jene Widgets, die bereits Bestandteil des aktuellen Cockpits sind, mit einem grün umrandeten Häkchen am unteren Rand markiert. Widgets, die noch hinzugefügt werden können, werden mit einem grau umrandeten Plus dargestellt (siehe Abbildung 3.22).

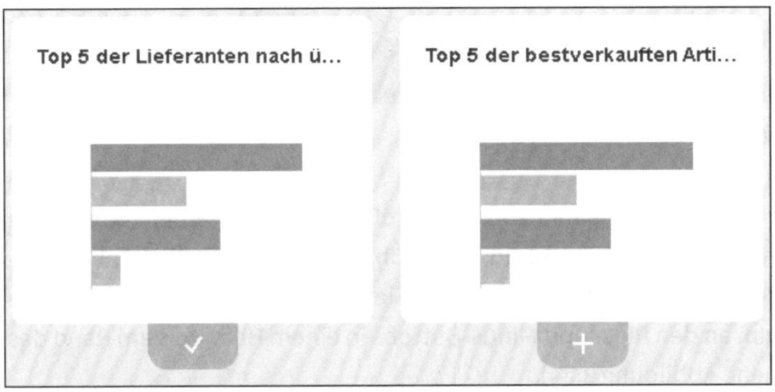

Abbildung 3.22: Vorhandene und hinzufügbare Widgets

Wollen Sie ein Widget hinzufügen, klicken Sie einfach auf den Plus-Button [+] unter dem Widget. Das Widget ist jetzt für das Hinzufügen zum aktuellen Cockpit vorgemerkt. Sie erkennen das daran, dass den Plus-Button sich in ein grün umrandetes Häkchen [✓] gewandelt hat. Wiederholen Sie den Vorgang, bis alle von Ihnen gewünschten Widgets mit dem grün umrandeten Häkchen versehen sind.

Sie verlassen die Widget-Galerie, indem Sie am linken oberen Bildrand den Pfeil-Button [<] wählen. Nun befinden Sie sich wieder im Bearbeitungsmodus des Cockpits. Hier stehen Ihnen folgende weitere Optionen zur Verfügung:

- bestehende Widgets entfernen
- die Anzeigegröße von Widgets verändern
- Widgets am Bildschirm umgruppieren
- Widgets vom Cockpit entfernen

Wenn Sie ein Widget vom aktuellen Cockpit entfernen wollen, klicken Sie es mit der linken Maustaste an und halten die Maustaste gedrückt. Bewegen Sie nun das Widget in die rechte untere Ecke, bis dort ein Mülleimer in einem roten Kreissegment erscheint (siehe Abbildung 3.23). Lassen Sie das Widget in diesem rot umrandeten Bereich fallen, indem Sie die linke Maustaste loslassen.

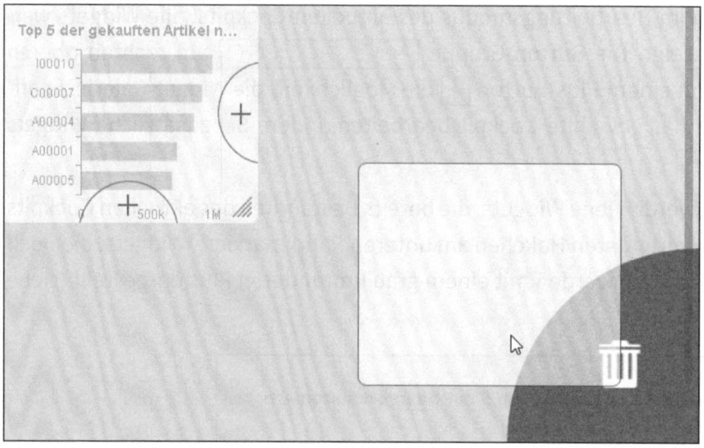

Abbildung 3.23: Widgets vom Cockpit entfernen

Nicht alle Widgets können in Bezug auf ihre Anzeigegröße verändert werden. Da z. B. die Widgets **Key Performance Indicators** und **Business-Objekt-Anzahl** nur eine Zahl anzeigen, ergäbe eine Änderung ihrer Größe keinen Sinn. Sie erkennen Widgets, deren Größe verändert werden kann, an den Plus- und Minus-Buttons in einem Halbkreis am Rand des jeweiligen Widgets (siehe Abbildung 3.24).

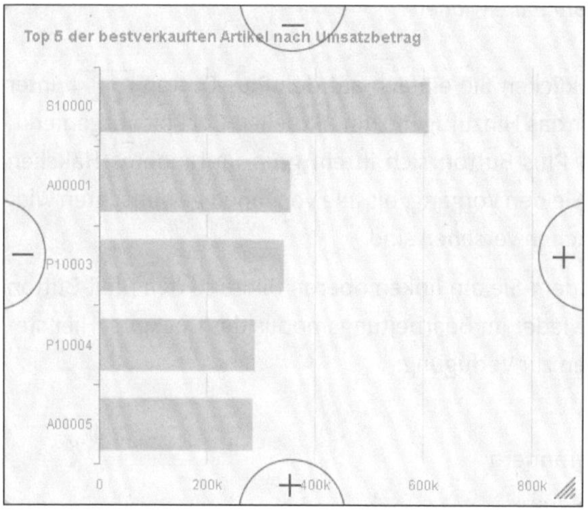

Abbildung 3.24: Anzeigegröße von Widgets verändern

Abbildung 3.24 zeigt die Maximalausprägung der möglichen Veränderungen:

- Fenster verschmälern, indem Sie auf das Minus auf der linken Widget-Seite klicken
- Fenster verbreitern, indem Sie auf das Plus auf der rechten Widget-Seite klicken
- Fenster stauchen, indem Sie auf das Minus am oberen Widget-Rand klicken
- Fenster strecken, indem Sie auf das Plus am unteren Widget-Rand klicken

Das Programm vergrößert oder verkleinert das Widget und wird entsprechend bestehende Widgets, die »im Weg sind«, verschieben; sollte Platz frei werden, wird das Programm die Widgets so arrangieren, dass der vorhandene Platz im Cockpit optimal genutzt wird.

Nachdem Sie alle gewünschten Widgets aktiviert, die nicht benötigten entfernt und die verbliebenen entsprechend Ihren Bedürfnissen in der Größe angepasst haben, kann es sinnvoll sein, die Widgets nach Wichtigkeit zu ordnen. Wichtige Widgets werden in dem Teil des Cockpits angeordnet, der immer sichtbar ist. Weniger wichtige Widgets können auch in Bereichen des Cockpits angeordnet werden, der erst über die Bildlaufleiste sichtbar wird.

Das Verschieben von Widgets wird sehr einfach per Drag and Drop realisiert. Das bedeutet, Sie klicken mit der linken Maustaste auf das Widget, das Sie verschieben wollen. Das Widget wird »aktiv«, es wird also nicht mehr ausgegraut dargestellt, sondern in der realen Färbung. In Abbildung 3.25 sehen Sie links ein aktives, verschiebbares, rechts ein beliebiges anderes, ausgegrautes und in dieser Situation nicht verschiebbares Widget.

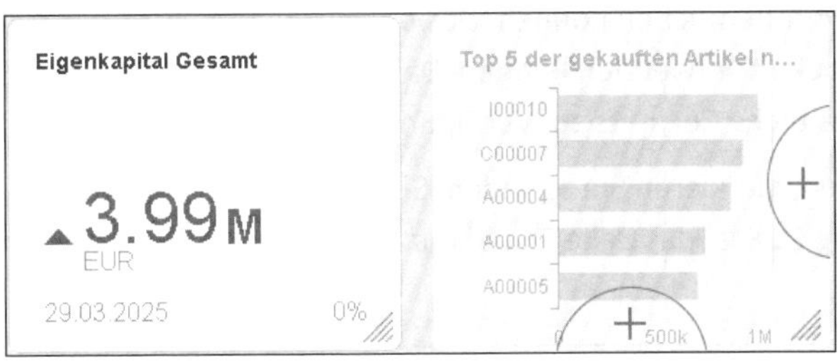

Abbildung 3.25: Verschiebbare und nicht verschiebbare Widgets

Schieben Sie nun das Widget an die gewünschte Zielposition, und lassen Sie die linke Maustaste los. Das Widget ist jetzt an der gewünschten Position, das Programm hat »für Platz gesorgt«, indem es andere Widgets verschoben hat. Wiederholen Sie den Vorgang bei Bedarf so lange, bis das Cockpit Ihren Arbeitserfordernissen entspricht.

Sie haben Widgets hinzugefügt, entfernt, verschoben oder in ihrer Größe verändert. Speichern Sie nun das Ergebnis Ihrer Arbeit, indem Sie in der rechten oberen Button-Gruppe  auf das Häkchen klicken. Sie haben nun die Möglichkeit, Ihre Arbeitsergebnisse im aktuellen Cockpit zu speichern oder ein neues Cockpit zu erzeugen (siehe Abbildung 3.26).

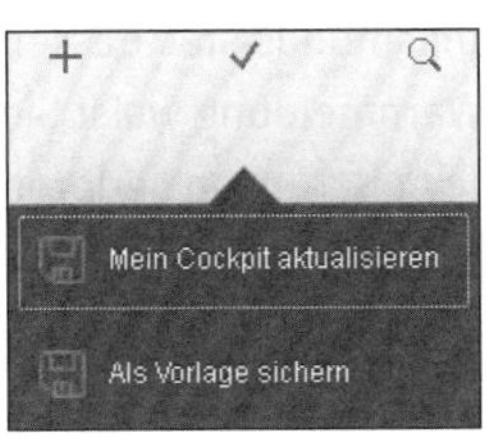

Abbildung 3.26: Cockpits speichern

Wählen Sie **Als Vorlage sichern**, und vergeben Sie für Ihr neues Cockpit wie in Abbildung 3.27 dargestellt einen sprechenden Namen.

Abbildung 3.27: Neues Cockpit sichern

Sie haben nun ein neues Cockpit kreiert, das Sie unter dem Programmpunkt **Extras • Cockpit • Cockpit-Verwaltung** veröffentlichen können. Das bedeutet, dass nicht nur Sie, sondern alle Benutzer dieses Cockpit verwenden können. Das ist sinnvoll, um Benutzern des gleichen Fachbereichs einheitliche Cockpits zur Verfügung stellen zu können.

Um ein Cockpit zu veröffentlichen, markieren Sie es, indem Sie die entsprechende Zeilennummer anklicken (in Abbildung 3.28 ist das Zeile 5) und auf den Button **Veröffentlichen** klicken.

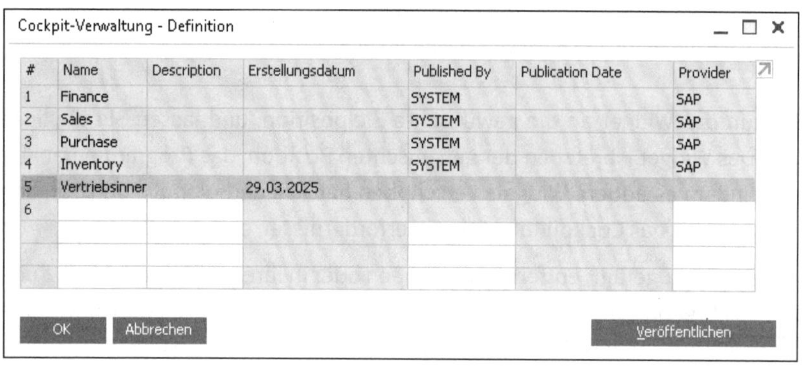

Abbildung 3.28: Cockpit veröffentlichen

Wollen Sie Ihren Entwurf verwerfen, verlassen Sie den Bearbeitungsmodus stattdessen mit dem Pfeil-Button [<] am linken oberen Bildschirmrand. Eine Warnmeldung weist Sie sicherheitshalber noch einmal darauf hin, dass auf diesem Weg alle Änderungen verloren gehen.

[+]

Mit Widgets die Arbeitsorganisation optimieren

Widgets und Cockpits mögen auf den ersten Blick eine gefällige Form sein, Informationen anzuzeigen. In der Praxis sind sie aber viel mehr! In traditionellen Systemen entscheidet der Anwender, was als Nächstes zu tun ist, und wird dabei vom ERP-System nicht oder nur marginal unterstützt. Er wählt aus dem Menü das Modul, mit dem er als Nächstes arbeiten möchte – dringende oder wichtige Anforderungen werden dabei unter Umständen übersehen. Zusammenfassend kann man sagen: Der Anwender geht zur Aufgabe.

Cockpits und ihre Widgets zeigen dem Anwender, was aktuell zu tun ist, welche Aufgabenbereiche oder Informationen sich gerade verändern und wie die Aufgaben zu priorisieren sind. Cockpits und Widgets sorgen also dafür, dass die Aufgabe zum Anwender kommt. Setzen Sie sich also mit dieser innovativen Möglichkeit von SAP Business One auseinander, und planen Sie die Cockpits entlang der Bedürfnisse Ihrer Benutzergruppen, die den einzelnen Fachbereichen entsprechen sollten.

3.4.3 Die Widgets »Workbench« und »Business-Objekt-Anzahl«

Die meisten Widgets sind selbsterklärend. Sie werden in der Praxis sehr schnell herausfinden, wie Sie damit arbeiten können. Im folgenden Abschnitt wollen wir aber einen genaueren Blick auf zwei Widgets werfen, die über umfangreichere Funktionen verfügen und mit denen Sie Geschäftsprozesse in Ihrem Unternehmen aktiv vorantreiben können.

Mit den Widgets vom Typ **Business-Objekt-Anzahl** erhalten Sie zunächst Informationen über die Menge von derzeit aktuellen Geschäftsobjekten, etwa über die Zahl der derzeit offenen Ausgangsrechnungen oder der nicht belieferten Kundenaufträge, und können unmittelbar in die Detailliste, die dem verdichteten Wert zugrunde liegt, abspringen. Von dort können Sie mit der schon bekannten Drilldown-Funktion in einzelne Transaktionen (z. B. Ausgangsrechnungen) oder Stammdaten (z. B. Kunden) weiterverzweigen.

Abbildung 3.29 stellt das Widget **Business-Objekt-Anzahl** (links im Bild) dem Widget **KPI** (rechts im Bild) gegenüber.

Abbildung 3.29: Die Widgets »Business-Objekt-Anzahl« und »KPI«

Das KPI-Widget stellt nur einen Wert in Tausendern der Hauswährung dar; wird der Mauszeiger in den Bereich des Widgets bewegt, wird noch eine kurze Erklärung zum jeweiligen

Key Performance Indicator angezeigt. In der linken unteren Ecke wird der Trend der Kennzahl angezeigt; die Kennzahl selbst ist grün dargestellt, wenn sie einen positiven Trend anzeigt, und rot, wenn dieser negativ ist. KPI-Widgets liefern also maximal verdichtete Informationen, können aber de facto nicht verwendet werden, um einen operativen Arbeitsprozess voranzutreiben, und liefern auch keine Detailinformationen.

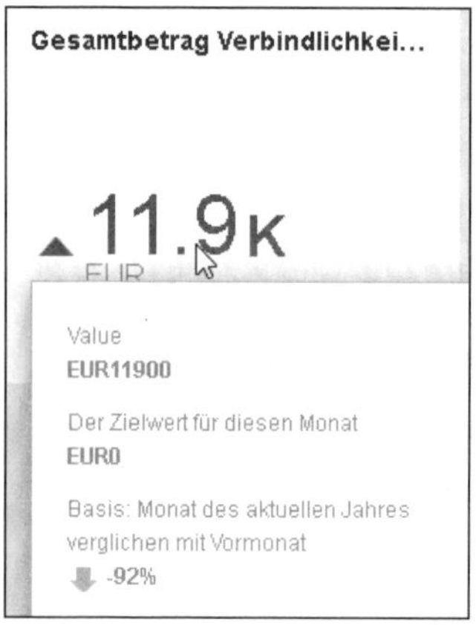

Abbildung 3.30: Detailinformation eines »KPI« Widgets

Widgets vom Typ **Business-Objekt-Anzahl** zeigen ebenfalls eine verdichtete Information an (in unserem Beispiel, dass 10 Ausgangsrechnungen offen sind), diese Zahl kann aber angeklickt werden und zeigt dann eine Detaildarstellung (in unserem Beispiel wird die Liste der offenen Ausgangsrechnungen angezeigt, wie in Abbildung 3.31 zu sehen). Mehr zu Business-Objekt-Anzahl-Widgets erfahren Sie in Abschnitt 3.4.5, »Eigene Widgets erstellen«.

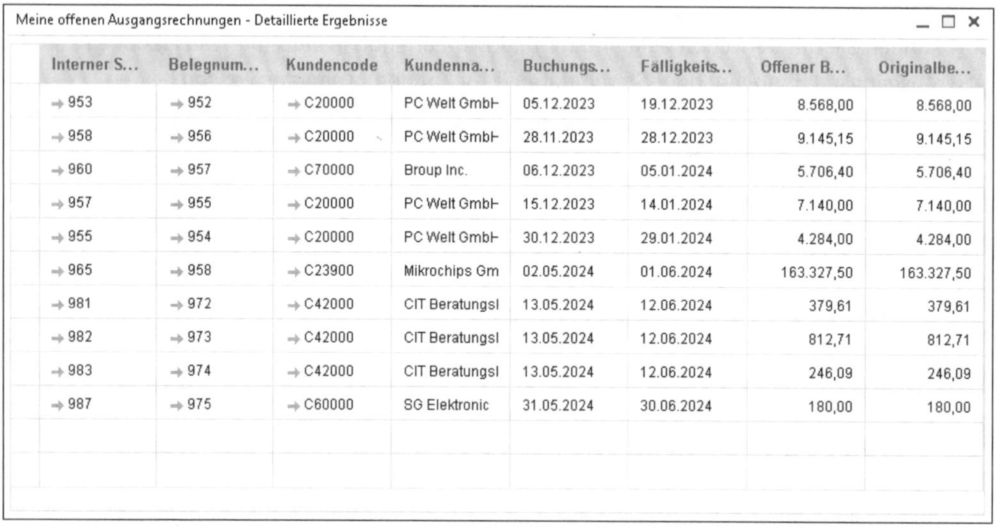
Meine offenen Ausgangsrechnungen - Detaillierte Ergebnisse

Interner S...	Belegnum...	Kundencode	Kundenna...	Buchungs...	Fälligkeits...	Offener B...	Originalbe...
953	952	C20000	PC Welt GmbH	05.12.2023	19.12.2023	8.568,00	8.568,00
958	956	C20000	PC Welt GmbH	28.11.2023	28.12.2023	9.145,15	9.145,15
960	957	C70000	Broup Inc.	06.12.2023	05.01.2024	5.706,40	5.706,40
957	955	C20000	PC Welt GmbH	15.12.2023	14.01.2024	7.140,00	7.140,00
955	954	C20000	PC Welt GmbH	30.12.2023	29.01.2024	4.284,00	4.284,00
965	958	C23900	Mikrochips Gm	02.05.2024	01.06.2024	163.327,50	163.327,50
981	972	C42000	CIT Beratungsl	13.05.2024	12.06.2024	379,61	379,61
982	973	C42000	CIT Beratungsl	13.05.2024	12.06.2024	812,71	812,71
983	974	C42000	CIT Beratungsl	13.05.2024	12.06.2024	246,09	246,09
987	975	C60000	SG Elektronic	31.05.2024	30.06.2024	180,00	180,00

Abbildung 3.31: Offene Rechnungen – aus einem Widget gestartet

Mit dem Widget vom Typ **Workbench** erhalten Sie einen Überblick über eine gesamte Prozesskette. Darüber hinaus zeigt dieses Widget den Status der einzelnen Prozessschritte und ermöglicht es Ihnen, in jeden dieser Prozessschritte direkt einzusteigen und den Geschäftsprozess weiter voranzutreiben. Die von SAP ausgelieferten Workbenches für den Verkaufs-, Einkaufs-, Bestandsführungs- und Finanzprozess sind nicht veränderbar.

In Abbildung 3.32 sehen Sie die Workbench für den Verkaufsprozess, anhand derer wir Ihnen die grundlegenden Eigenschaften von Workbenches zeigen werden.

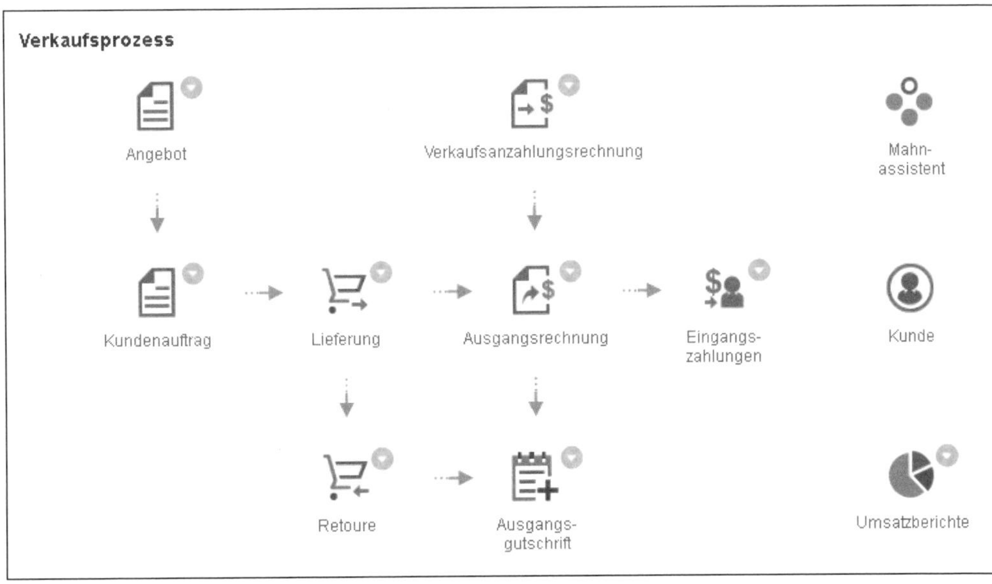

Abbildung 3.32: Workbench für den Verkaufsprozess

Im einfachsten Fall starten Sie durch einen Klick auf einen Button in der Workbench das zugehörige Programmmodul, Beispiele dafür sind **Mahnassistent** und **Kunde**. Verbergen sich hinter einem Button mehrere Optionen, dann klicken Sie auf den Pfeil-Button rechts oberhalb des Buttons, und das Programm zeigt Ihnen die Optionen dieses Buttons. Abbildung 3.33 demonstriert dieses Verhalten anhand des Buttons **Umsatzberichte**.

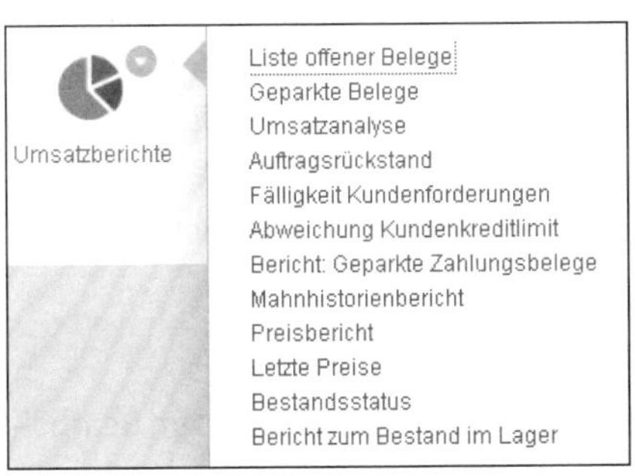

Abbildung 3.33: Optionen des Buttons »Umsatzberichte«

Je nach Kontext des Moduls hat ein Button unterschiedliche Optionen. Die Maximalausprägung sehen Sie in Abbildung 3.34 am Beispiel des Buttons **Kundenauftrag**.

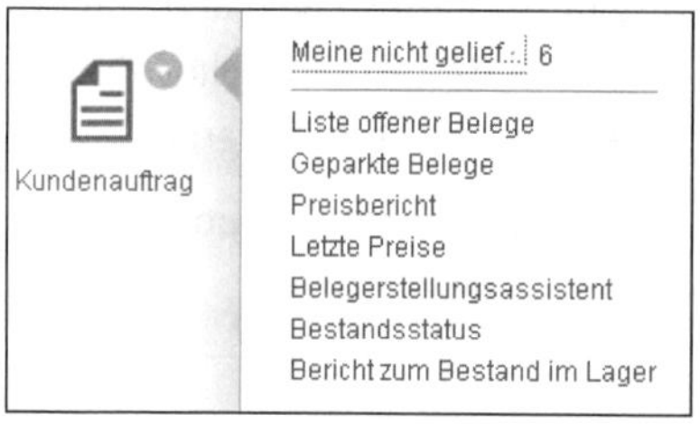

Abbildung 3.34: Optionen des Buttons »Kundenauftrag«

Während der Klick auf den Button selbst den Kundenauftrag öffnet, erlaubt sein Kontextmenü den Absprung in logisch zum Prozess gehörende Module (z. B. **Belegerstellungsassistent**) oder Auswertungen (z. B. **Bestandsstatus**). Eine Besonderheit des Kundenauftrags ist, dass sich im Kontextmenü auch ein Widget vom Typ **Business-Objekt-Anzahl** befindet, nämlich **Meine nicht gelieferten Kundenaufträge**.

Im Beispiel in Abbildung 3.34 zeigt es, dass derzeit 6 Kundenaufträge nicht beliefert wurden. Ein Klick auf den Kontextmenüeintrag öffnet die Liste dieser offenen Kundenaufträge (siehe Abbildung 3.35).

Meine nicht gelieferten Kundenaufträge - Detaillierte Ergebnisse

Interner S...	Belegnum...	Kundencode	Kundenna...	Buchungs...	Lieferdatum	Offener B...	Originalbe...
969	968	C20000	PC Welt GmbH	26.11.2023	05.01.2023	2.856,00	2.856,00
971	970	C20000	PC Welt GmbH	27.11.2023	11.12.2023	15.708,00	15.708,00
970	969	C20000	PC Welt GmbH	27.11.2023	20.12.2023	7.140,00	7.140,00
976	972	C20000	PC Welt GmbH	02.05.2024	03.05.2024	8.925,00	8.925,00
989	984	C23900	Mikrochips Gm	12.05.2024	13.05.2024	198.135,00	198.135,00
1002	992	C23900	Mikrochips Gm	17.05.2024	31.05.2024	5.697,72	5.697,72

Abbildung 3.35: Offene Kundenaufträge – aus der Workbench gestartet

3.4.4 Einstellung von Widgets in Versionen nach 10.0 SP 2411

In neueren Servicepacks der Version 10.0 von SAP Business One wurde die Anordnung der Widgets leicht überarbeitet. So ist wie in Abbildung 3.36 dargestellt die Widget-Galerie nun ständig sichtbar. Aktive Widgets werden durch einen blauen Pin gekennzeichnet, inaktive durch einen weißen Pin. Durch Anklicken des weißen Pins aktivieren Sie ein Widget für die Anzeige auf Ihrem Cockpit.

Abbildung 3.37 zeigt, wie Sie ein Widget wieder vom Cockpit entfernen.

Es wird nun nicht mehr mit Drag and Drop gearbeitet. Klicken Sie statt dessen im Bearbeitungsmodus des Cockpits auf den Button, und das Widget verschwindet vom Cockpit.

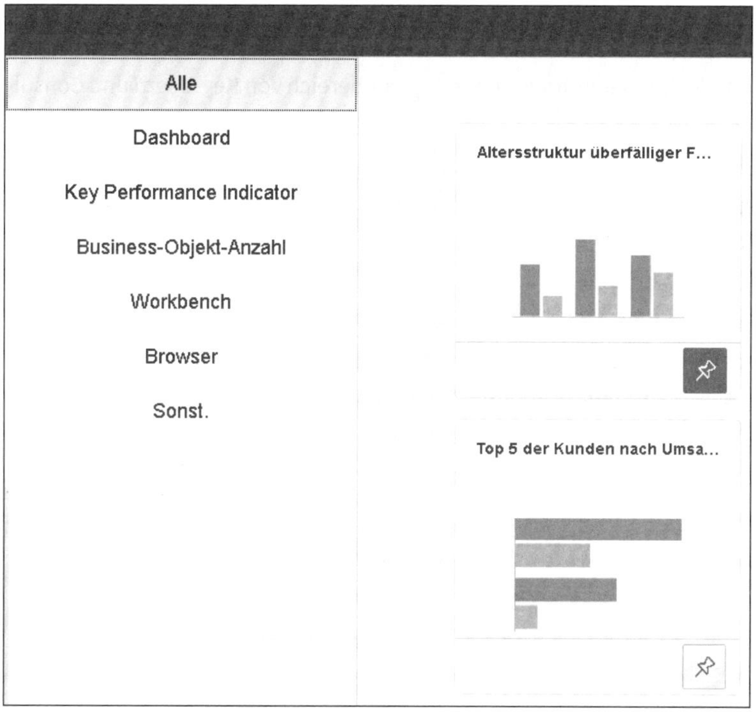

Abbildung 3.36: Widget-Galerie und aktiviertes bzw. deaktiviertes Widget

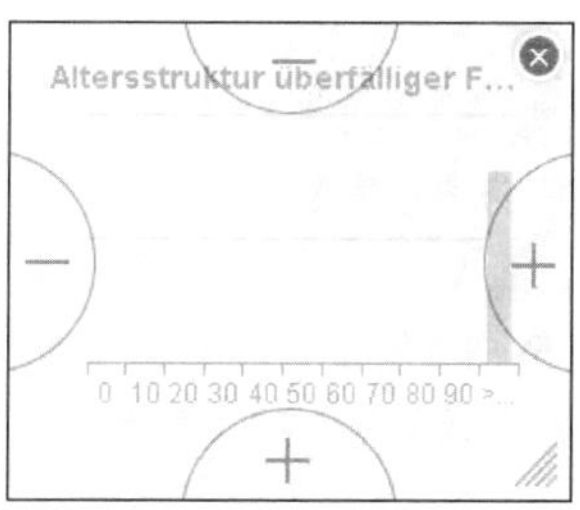

Abbildung 3.37: Widgets vom Cockpit entfernen

3.4.5 Eigene Widgets erstellen

Wie Sie gesehen haben, eigenen sich Widgets hervorragend, um schnell komprimierte Informationen zu liefern. Vor allen Dingen mit Widgets vom Typ **Business-Objekt-Anzahl** (fallweise im Programm auch *Zähl-Widgets* genannt) können Sie sehr einfach Geschäftsprozess-Schritte starten. Was aber tun Sie, wenn ein von Ihnen benötigtes Widget in der Galerie nicht vorhanden ist? Sehr einfach: Sie erstellen sich ein eigenes Widget, das geht in wenigen Schritten.

Als Grundlage für ein Zähl-Widget benötigen Sie eine Abfrage. In unserem folgenden Beispiel will ein Sachbearbeiter immer informiert sein, ob Kunden ohne UID angelegt wurden. Ist das der Fall, will er schnell zum betreffenden Kunden wechseln. (Auf die Erstellung von Abfragen gehen wir in diesem Abschnitt nur ansatzweise ein, dieses Thema gehört je nach Komplexität der Abfrage zum Aufgabenbereich von Key-Usern und Consultants.)

Um die Entstehung der Abfrage zu verdeutlichen, werden die einzelnen Schritte im Abfrageassistenten dargestellt. Sie starten den Abfrageassistenten aus dem Menüpunkt **Extras • Abfragen • Abfrageassistent**.

Nachdem Sie Schritt 1 passiert haben, wählen Sie in Schritt 2 des Assistenten die Hauptdatenquelle. In unserem Beispiel sind das die Kunden, die sich in der Tabelle OCRD befinden. SAP Business One hilft Ihnen bei der Auswahl der richtigen Tabelle, wenn Sie im Matchcode nach der Spalte **Beschreibung** sortieren und dann die Bezeichnung des gewünschten Datenbereichs eingeben. Abbildung 3.38 illustriert diesen Arbeitsschritt.

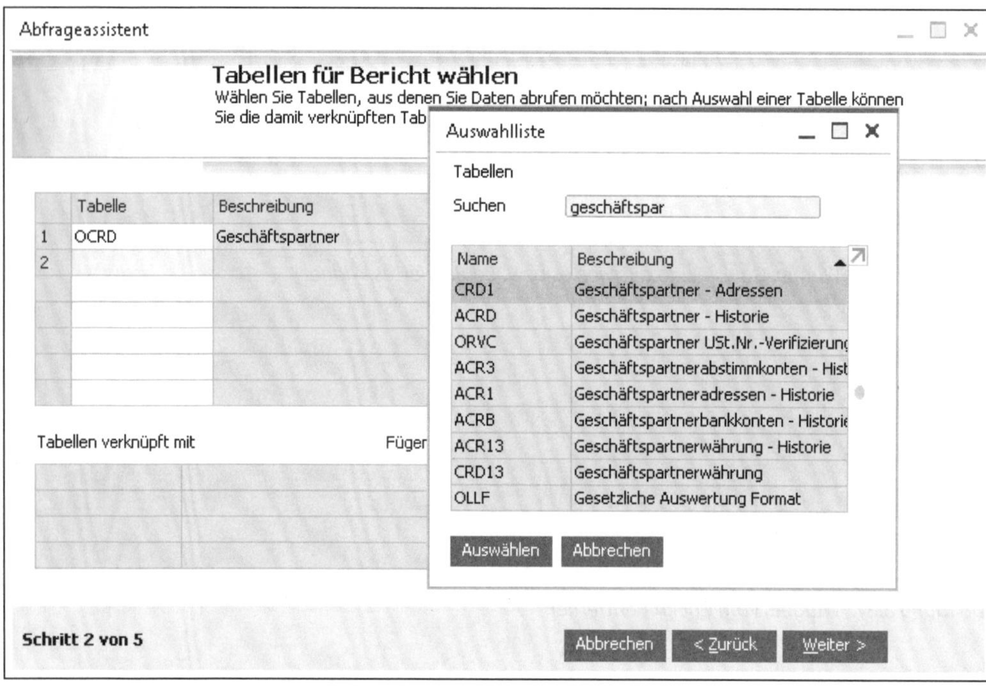

Abbildung 3.38: Datenquelle für Abfrage auswählen

Nachdem Sie den Button **Weiter** angeklickt haben, wählen Sie im nächsten Schritt die Felder aus, die in Ihrem Bericht später angezeigt werden sollen. Gehen Sie dabei analog zu Schritt 3 vor, wie in Abbildung 3.39 dargestellt.

In Schritt 4 definieren Sie *Bedingungen*, geben also vor, dass nicht alle Geschäftspartner angezeigt werden sollen, sondern nur jene, deren UID leer ist (**IS NULL**). Darüber hinaus benötigen wir eine weitere Bedingung, da wir nur die Kunden auswerten wollen, nicht aber die Lieferanten und Interessenten. Die Information, dass ein Geschäftspartner ein Kunde ist, wird von SAP Business One in der Datenbank mit einem »C« gespeichert.

Abbildung 3.39: Felder für Abfrage auswählen

Verschlüsselte Inhalte von Feldern herausfinden

In der Regel ist ein Feldinhalt klar. So ist zum Beispiel der Inhalt des Feldes **Geschäftspartner »Name«** das, was in diesem Feld steht, der Inhalt des Feldes **Website** eben die dort gespeicherte Adresse und so weiter. Das ist allerdings nicht in allen Feldern der Fall. Oft ist lediglich ein Schlüssel gespeichert, der angezeigte Inhalt befindet sich in einer anderen Datenbanktabelle oder wird vom Programm für die Bildschirmanzeige adaptiert. Da Benutzer in der Regel keinen direkten Zugriff auf die Datenbank haben, hilft eine kleine Hilfsabfrage. Erstellen Sie wie hier gerade beschrieben mit dem *Abfrageassistenten* oder dem *Abfragegenerator* eine kleine Abfrage, die das gesuchte Feld und den Schlüsselwert der Tabelle enthält. Wenn Sie die Abfrage ausführen, werden Ihnen alle Feldinhalte angezeigt, die in der Datenbank enthalten sind, und Sie haben den Schlüssel, der im Feld gespeichert ist, herausgefunden.

In unserem Beispiel würde eine Abfrage auf die Geschäftspartnertabelle den Geschäftspartner **Code** und den Geschäftspartner **Typ** umfassen. Im Ergebnis der Abfrage sehen Sie dann die verschiedenen Ausprägungen des Felds **Typ**. Durch Klick auf den gelben Pfeil neben dem Schlüsselwert **Code** können Sie in den Geschäftspartner abspringen und den Klartext der gesuchten Schlüssel finden.

In unserem Fall wäre das »C« für Kunde, »S« für Lieferant und »L« für Interessent.

Um in die zweite Zeile zu gelangen, klicken Sie mit der rechten Maustaste auf die erste Zeile. Es öffnet sich das Kontextmenü, und Sie wählen die Option **Zeile hinzufügen**. Wenn mehr als eine Bedingung abgefragt wird, müssen Sie definieren, wie die Bedingungen sich zueinander verhalten sollen, also ob beide Bedingungen zutreffen müssen (*UND-Verknüpfung*) oder ob es reicht, wenn eine der Bedingungen zutrifft (*ODER-Verknüpfung*), um einen Datensatz anzuzeigen. Wählen Sie dazu die entsprechende Option in der Spalte **Und/Oder** aus. Abbildung 3.40 stellt die gesamte Abfrage dar.

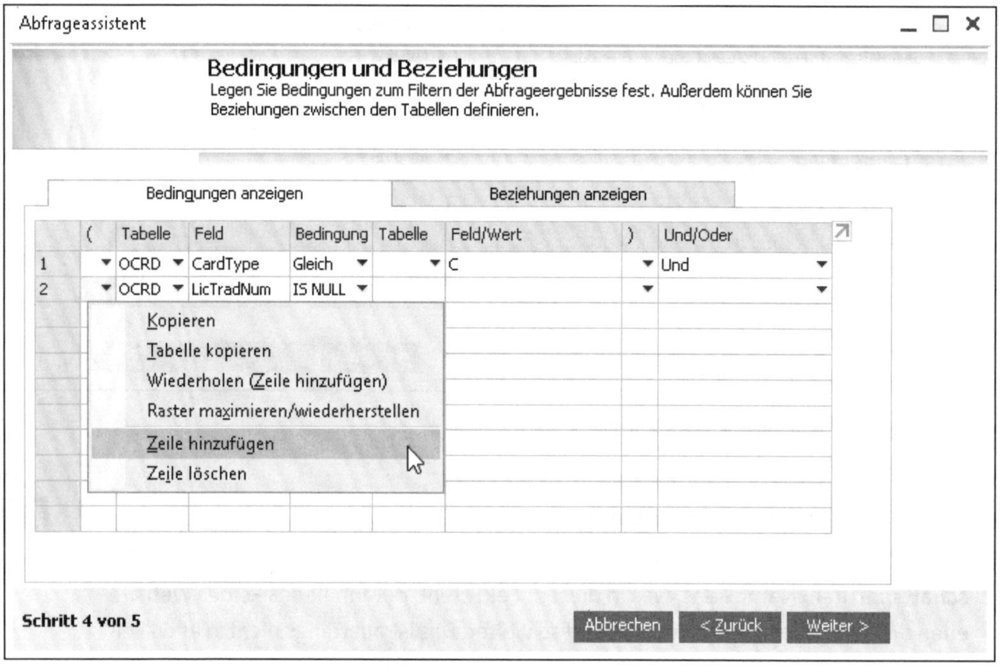

Abbildung 3.40: Bedingungen der Abfrage definieren

Im letzten Schritt wird das Ergebnis Ihrer Abfrage in Form eines SQL-Befehls dargestellt. Klicken Sie auf den Button **Beenden**.

Die Abfrage wird nun ausgeführt und das Ergebnis angezeigt. Wichtig ist nun, dass Sie die Abfrage speichern, indem Sie den Button **Speichern** anklicken. Wählen Sie die Kategorie, in der die Abfrage später wiedergefunden werden soll, und vergeben Sie für Ihre Abfrage einen Namen. Der Vorgang ist in Abbildung 3.41 zu sehen.

Nun folgen Sie dem Pfad **Extras • Cockpit • Zähl-Widget – Konfiguration**. Wie in Abbildung 3.42 gezeigt, vergeben Sie dann einen möglichst sprechenden, aber frei wählbaren Code, einen Namen und eine Beschreibung für das neue Widget. Mit dem Button **Abfrage auswählen** können Sie die soeben erstellte Abfrage mit dem Widget verbinden.

Das Ergebnis ist jetzt ein Widget des Typs **Business-Objekt-Anzahl**, das Ihnen immer einen aktuellen Überblick über alle Kunden ohne UID bietet (siehe Abbildung 3.43). Es wird nun in der Widget-Galerie angezeigt und kann wie oben beschrieben jederzeit in ein Cockpit eingebunden werden.

Abbildung 3.41: Speichern einer Abfrage

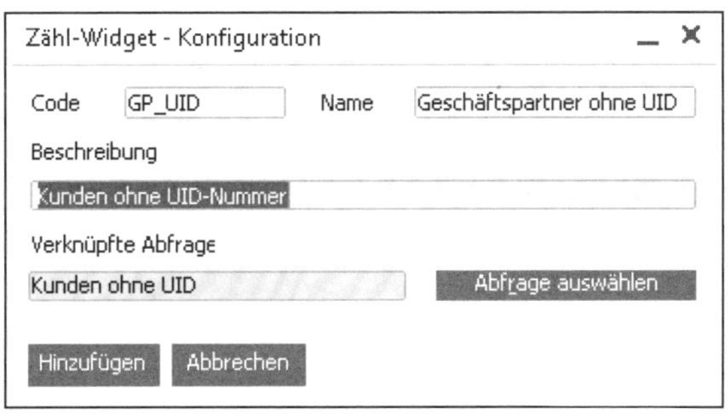

Abbildung 3.42: Zähl-Widget mit Abfrage verbinden

Abbildung 3.43: Selbst erstelltes Business-Objekt-Anzahl-Widget

3.5 Weitere Bedienelemente

In diesem Abschnitt beschreiben wir wichtige Bedienelemente, die typischerweise in SAP Business One vorkommen.

SAP Business One unterscheidet z. B. verschiedene Arten von Auswahllisten, die sich durch die komplette Programmfunktionalität ziehen, zudem erläutern wir die Kalender- und die Rechnerfunktion.

3.5.1 Dropdown-Liste

Eine Dropdown-Liste ist mit dem Button [▾] gekennzeichnet (Pfeil nach unten). Sie finden sie z. B. im Modul **Lagerverwaltung** im Fenster **Artikelstammdaten**. Abbildung 3.44 zeigt die Dropdown-Liste im Feld **Versandart** auf der Registerkarte **Allgemein**.

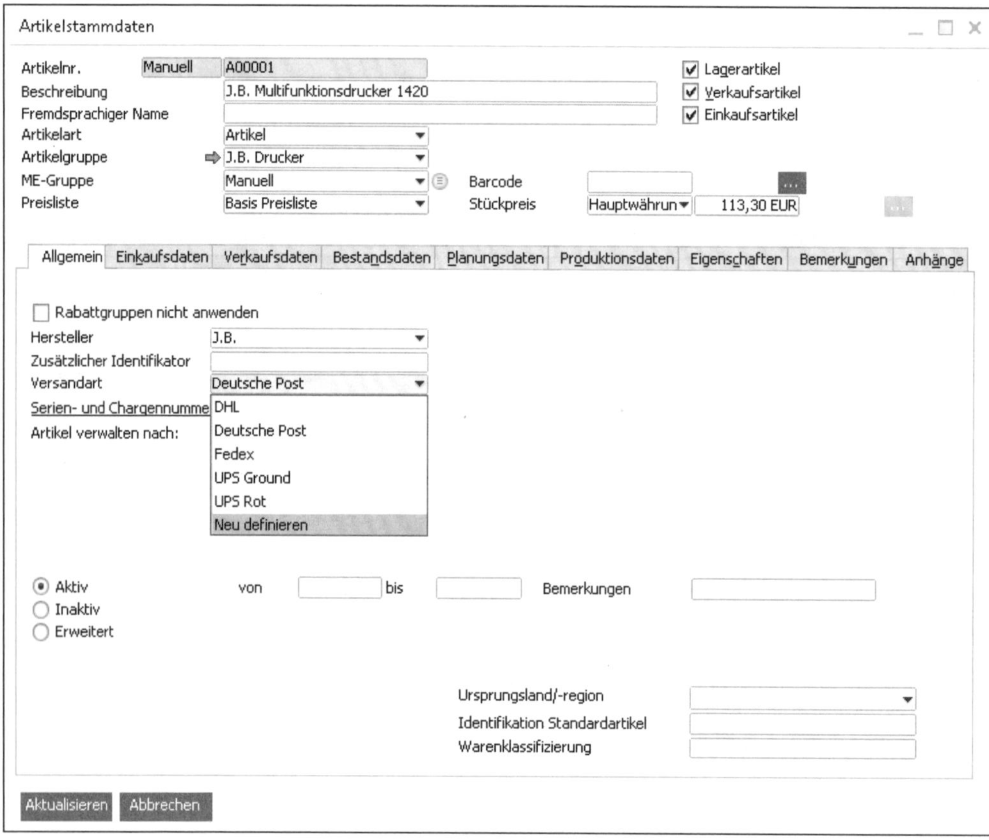

Abbildung 3.44: Dropdown-Liste »Versandart« im Fenster »Artikelstammdaten«

Wählen Sie einen Eintrag aus der Liste aus, um ihn den Artikelstammdaten zuzuordnen. Um eine neue Versandart anzulegen, wählen Sie in der Dropdown-Liste den Eintrag **Neu definieren**. Das Stammdatenfenster zum Anlegen neuer Einträge wird geöffnet.

In unserem Beispiel wird das Fenster **Versandarten – Definition** aufgerufen, das Sie auf dem herkömmlichen Weg über den Pfad **Administration • Definitionen • Lagerverwaltung • Versandarten** erreichen. Um eine neue Versandart anzulegen, geben Sie den Namen der Versandart und, falls gewünscht, die Website dazu ein (siehe Abbildung 3.45). Speichern Sie die neue Versandart dann mit dem Button **Aktualisieren**. Um sie auch sofort zuzuweisen, klicken Sie anschließend auf den Button **OK**. Das Fenster wird geschlossen und die eben angelegte neue Versandart dem Artikel zugeordnet. Speichern Sie die Änderung im Fenster **Artikelstammdaten** ebenfalls mit dem Button **Aktualisieren**.

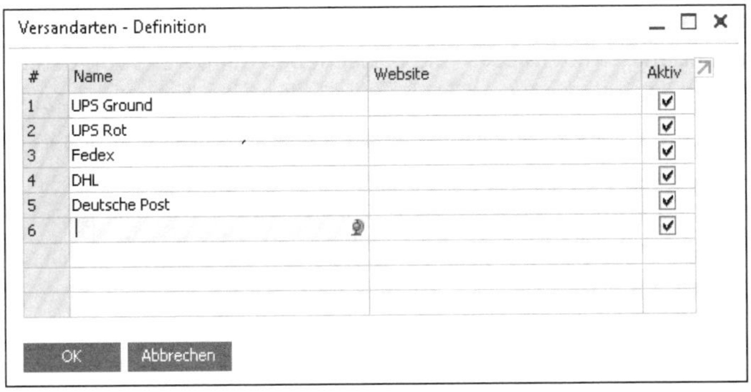

Abbildung 3.45: Versandarten direkt aus den Artikelstammdaten heraus neu definieren

3.5.2 Auswahlliste

Eine Auswahlliste ist mit dem Button [⊜] gekennzeichnet. Sie finden eine solche beispielsweise im Modul **Geschäftspartner** im Fenster **Geschäftspartner-Stammdaten** (siehe Abbildung 3.46).

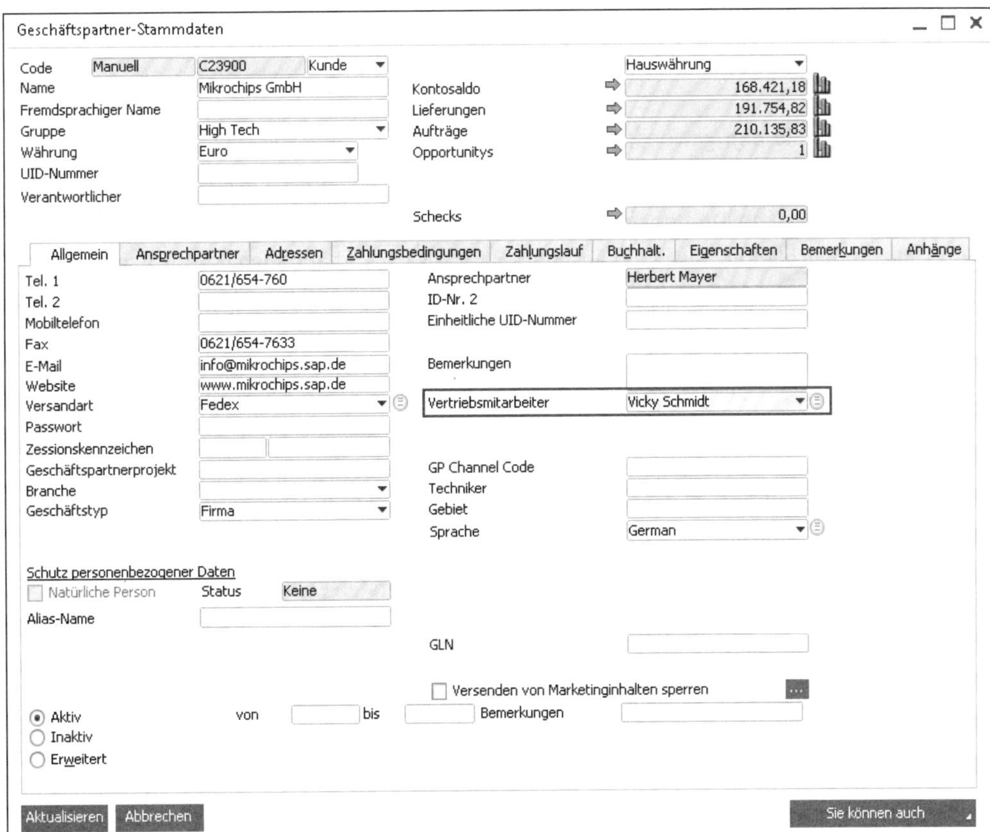

Abbildung 3.46: Auswahlliste in den Geschäftspartner-Stammdaten

Im Feld **Vertriebsmitarbeiter** können Sie Ihrem Kunden einen eigenen Vertriebsmitarbeiter zuordnen, der diesen Kunden betreut. Dieses Feld bietet neben der bereits vorgestellten Dropdown-Liste auch die Auswahlliste an. Klicken Sie mit der linken Maustaste auf diese Auswahlliste, um sie als eigenes Fenster zu öffnen (siehe Abbildung 3.47).

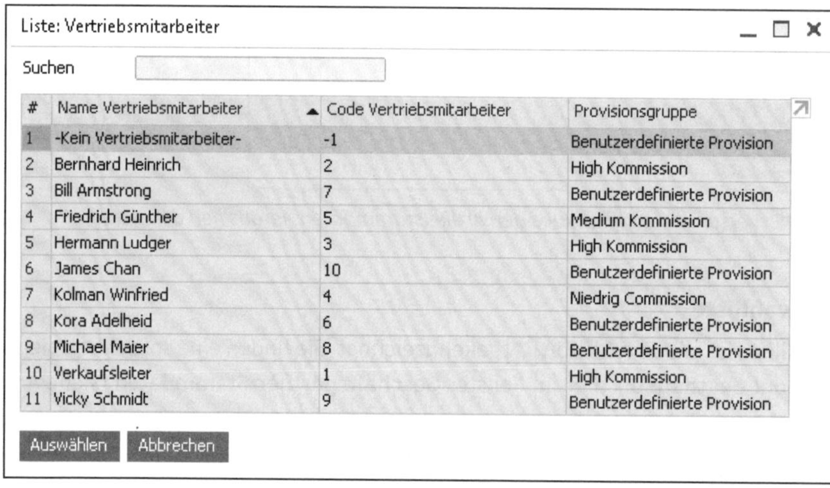

Abbildung 3.47: Auswahlliste der Vertriebsmitarbeiter

Markieren Sie den gewünschten Vertriebsmitarbeiter, und klicken Sie auf den Button **Auswählen**, um den Vertriebsmitarbeiter dem Geschäftspartner zuzuordnen.

Im Gegensatz zur Dropdown-Liste haben Sie bei der Auswahlliste weitere Sortier- und Suchmöglichkeiten, die wir in Abschnitt 3.6.2, »Nach vorhandenen Datensätzen suchen«, beschreiben werden. In der Auswahlliste können Sie allerdings keinen neuen Datensatz anlegen.

3.5.3 Listenauswahl

Eine *Listenauswahl* ist an wichtigen Stellen in Belegen platziert. Als Beispiel dient das Fenster **Bestellung – Aufgeteilt** im Modul **Einkauf**. Den oberen Teil der Bestellung sehen Sie in Abbildung 3.48.

Sobald Sie dieses Fenster öffnen, ist der Cursor im ersten Feld **Lieferant** platziert, in dem Sie den gewünschten Lieferanten für diese Bestellung auswählen können. Dazu klicken Sie entweder mit der linken Maustaste auf den Button oder drücken die -Taste, um die Listenauswahl für die Lieferanten zu öffnen, wie Sie in Abbildung 3.49 sehen.

Markieren Sie den gewünschten Lieferanten, und klicken Sie auf den Button **Auswählen**, um den Lieferanten der Bestellung zuzuordnen. Der Button wird in den dafür vorgesehenen Feldern nur angezeigt, wenn der Cursor im jeweiligen Feld platziert ist (siehe z. B. Abbildung 3.48).

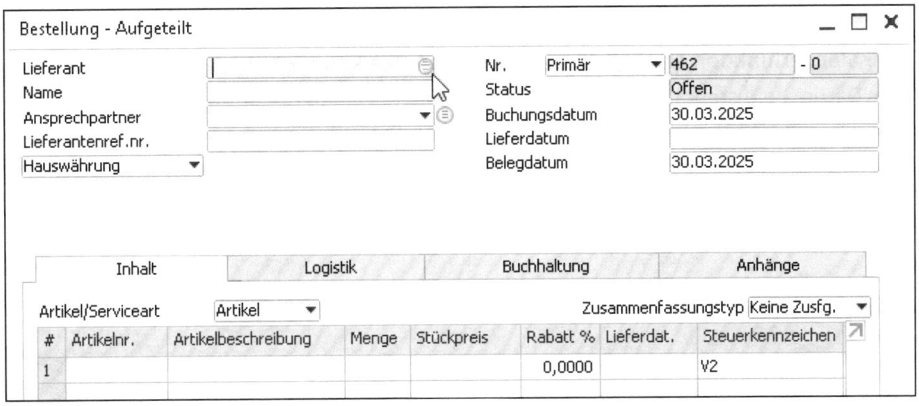

Abbildung 3.48: Listenauswahl im Fenster »Bestellung – Aufgeteilt«

Abbildung 3.49: Listenauswahl »Lieferanten« im Fenster »Bestellung«

Als Erkennungshilfe für diese Felder können Sie alle Felder mit Listenauswahl besonders kennzeichnen bzw. hervorheben. Dazu markieren Sie im Menü **Ansicht • Anzeige kennzeichnen** den Eintrag **Felder Auswahlliste**. Alle Felder, die über eine Listenauswahl verfügen, sind nun am rechten Rand speziell gekennzeichnet (siehe Markierung in Abbildung 3.50).

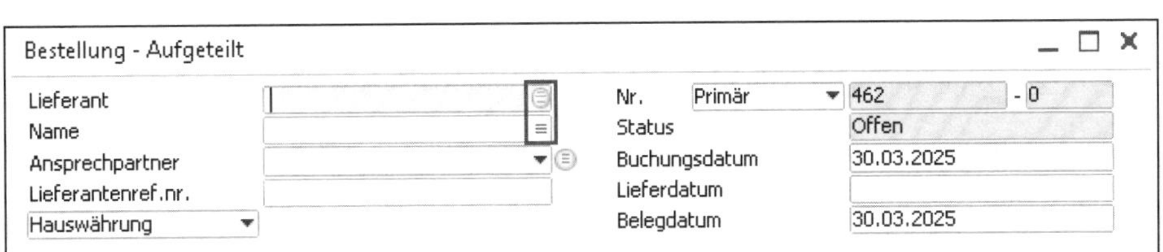

Abbildung 3.50: Listenauswahl im Fenster »Bestellung – Aufgeteilt«

3.5.4 Kalenderfunktion

Die Kalenderfunktion ermöglicht dem Benutzer eine komfortable Datumseingabe. In jedem Datumsfeld steht Ihnen ein Kalender-Button auf der rechten Seite des Feldes zur Verfügung (siehe Abbildung 3.51).

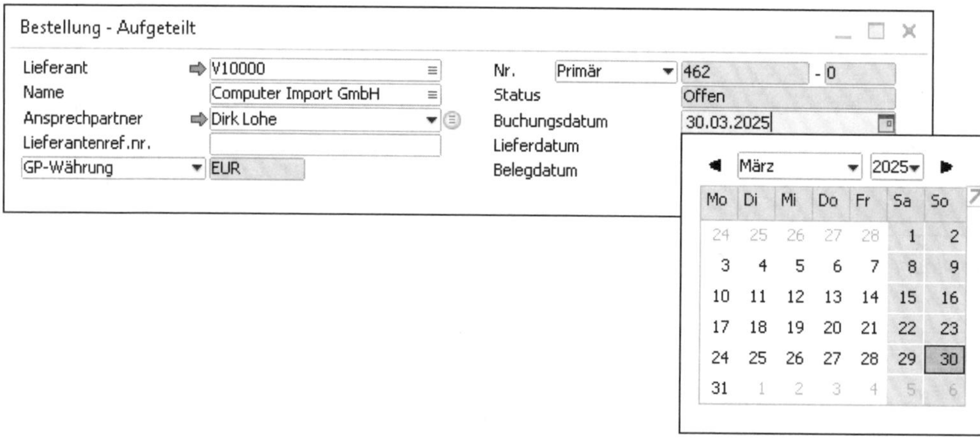

Abbildung 3.51: Kalenderfunktion zur Datumsauswahl

Wenn Sie den Kalender-Button anklicken, öffnet sich direkt unterhalb des Buttons ein Kalender. Darin können Sie sehr einfach mit den Pfeiltasten oder einer Auswahlliste das entsprechende Jahr bzw. den entsprechenden Monat auswählen; die Auswahl des Tages erfolgt einfach per Mausklick. Alternativ können Sie das Datum auch in verkürzter Form eingeben:

- Die Eingabe von zwei Ziffern interpretiert das Programm als Tag und ergänzt den aktuellen Monat und das aktuelle Jahr. Die Eingabe von »30« wird nach Drücken der ⇆-Taste zu »30.03.2025« erweitert.
- Die Eingabe von vier Ziffern interpretiert das Programm als Tag und Monat und ergänzt das aktuelle Jahr. Die Eingabe von »3004« wird nach Drücken der ⇆-Taste zu »30.04.2025«.
- Theoretisch ist auch die Eingabe von drei Ziffern möglich. So wird die Eingabe »208« als »02.08.2025« interpretiert. Die Eingabe von z. B. »123« kann vom Programm aber nicht mehr eindeutig aufgelöst werden und wird mit einer Fehlermeldung quittiert. Die dreistellige Eingabe von Datumswerten ist daher nicht praktikabel.
- Die Eingabe eines beliebigen Buchstabens in einem Datumsfeld führt nach Drücken der ⇆-Taste dazu, dass das Tagesdatum automatisch gewählt wird.

In diesem Zusammenhang ist zu erwähnen, dass bei Abfragen, in denen »Datum von bis« als Auswahlkriterium dient, das Programm schon bei der Eingabe des »Von-Datums« prüft, ob dieses kleiner als das »Bis-Datum« ist. Nicht in allen Programmteilen, aber in einigen wird das Programm so lange mit einer Fehlermeldung reagieren, bis das »Von-

Datum« kleiner als das »Bis-Datum« ist. In anderen Programmteilen wird zwar eine Fehlermeldung ausgegeben, das Programm erlaubt aber einen Sprung in das »Bis-Datum«, um einen logischen Datumsbereich darzustellen. Es ist daher gegebenenfalls sinnvoll, zunächst das »Bis-Datum« zu editieren.

3.5.5 Rechnerfunktion

Die *Rechnerfunktion* ermöglicht es dem Benutzer, in Betragsfeldern rasche Berechnungen durchzuführen und das Ergebnis in das jeweilige Feld zu übernehmen. Jedes Betragsfeld in SAP Business One ist mit dem Rechner-Button versehen. Klicken Sie auf diesen Button, und es öffnet sich ein Zusatzfenster in Form eines kleinen Taschenrechners direkt unterhalb des gewählten Betragsfeldes (siehe Abbildung 3.52).

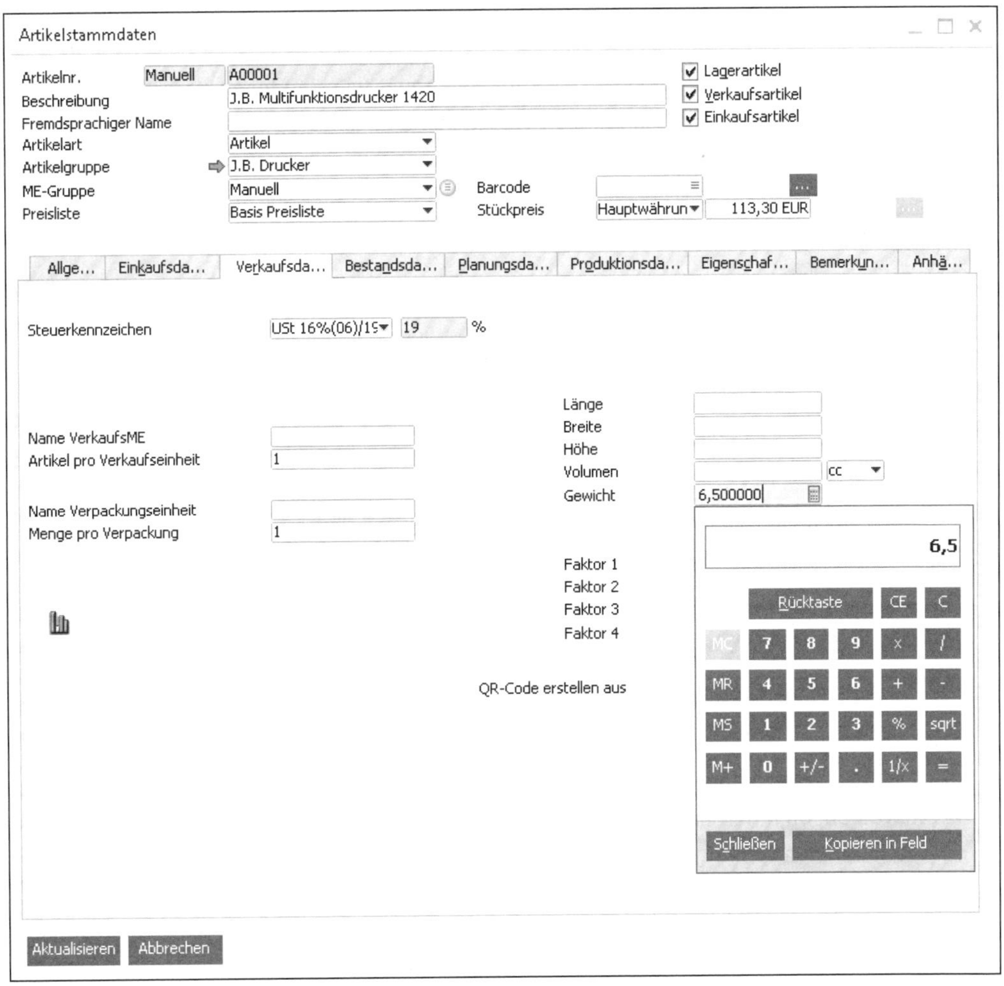

Abbildung 3.52: Rechnerfunktion in einem Betragsfeld

Der Rechner ist wie jeder herkömmliche Taschenrechner zu bedienen. Die Eingabe kann sowohl per Mausklick auf die einzelnen Tasten des Rechners als auch über die Tastatur Ihres PCs erfolgen. Klicken Sie auf dem abgebildeten Rechner auf den Button [=], oder drücken Sie die [↵]-Taste Ihrer Tastatur, um ein Ergebnis zu erhalten. Klicken Sie rechts unten auf dem Rechner auf den Button **Kopieren in Feld** oder verwenden Sie die Tastenkombination [Alt]+[K], um das Ergebnis in das Betragsfeld zu kopieren.

3.6 Mit Datensätzen arbeiten

Arbeiten mit SAP Business One bedeutet Arbeiten mit Datensätzen. Unabhängig davon, in welchem Bereich von SAP Business One Sie sich befinden, werden Sie stets auf Datensätze treffen. Das effiziente Umgehen mit diesen Datensätzen – das Hinzufügen, Suchen, Duplizieren, Entfernen und Aktualisieren – ist das Thema der folgenden Abschnitte.

In SAP Business One können Sie jedes Fenster in zwei verschiedenen Modi verwenden: Einerseits können Sie im **Hinzufügen**-Modus neue Datensätze anlegen (siehe Abschnitt 3.6.1, »Datensätze hinzufügen«), andererseits können Sie im **Suchen**-Modus nach bereits vorhandenen Datensätzen suchen (siehe Abschnitt 3.6.2, »Nach vorhandenen Datensätzen suchen«).

3.6.1 Datensätze hinzufügen

Der Button links unten im Fenster zeigt den gerade aktuellen Modus des Fensters an – **Hinzufügen** oder **Suchen**. In Tabelle 3.2 sehen Sie, wie Sie zwischen den Modi wechseln.

»Hinzufügen«-Modus	»Suchen«-Modus
[Symbol] in Symbolleiste	[Symbol] in Symbolleiste
Menü **Daten • Hinzufügen**	Menü **Daten • Suchen**
[Strg]+[A]	[Strg]+[F]

Tabelle 3.2: Zwischen »Hinzufügen«- und »Suchen«-Modus wechseln

Ein Fenster wird entweder im **Hinzufügen**- oder im **Suchen**-Modus geöffnet. Dies hängt davon ab, ob innerhalb dieses Fensters eher neue Daten angelegt werden oder ob nach vorhandenen Daten gesucht wird. Bei Stammdaten wie Artikelstammdaten, Geschäftspartner-Stammdaten etc. wird das Fenster im **Suchen**-Modus geöffnet. Bei Bewegungsdaten wie Kundenauftrag, Serviceabruf oder Journalbuchung wird es im **Hinzufügen**-Modus geöffnet.

[!]

Datenverlust beim Umschalten

Bevor Sie Daten eingeben, beachten Sie, in welchem Modus sich das Fenster gerade befindet. Beim Umschalten vom **Hinzufügen**- zum **Suchen**-Modus gehen alle gerade eingegebenen Daten verloren.

[zB]

Fenster im falschen Modus öffnen

Das Fenster für die Artikelstammdaten wird im **Suchen**-Modus geöffnet. Wenn Sie nun irrtümlich einen Artikel anlegen und alle relevanten Daten eingeben, aber erst am Schluss erkennen, dass Sie sich im falschen Modus befinden, müssen Sie die Daten nach dem Umschalten in den **Hinzufügen**-Modus nochmals eingeben.

Wie Sie einen neuen Datensatz anlegen, demonstrieren wir anhand der Artikelstammdaten. Öffnen Sie das Fenster **Artikelstammdaten** im Modul **Lagerverwaltung**. Wechseln Sie in den **Hinzufügen**-Modus. Geben Sie nun beliebige Artikeldaten ein (siehe Abbildung 3.53).

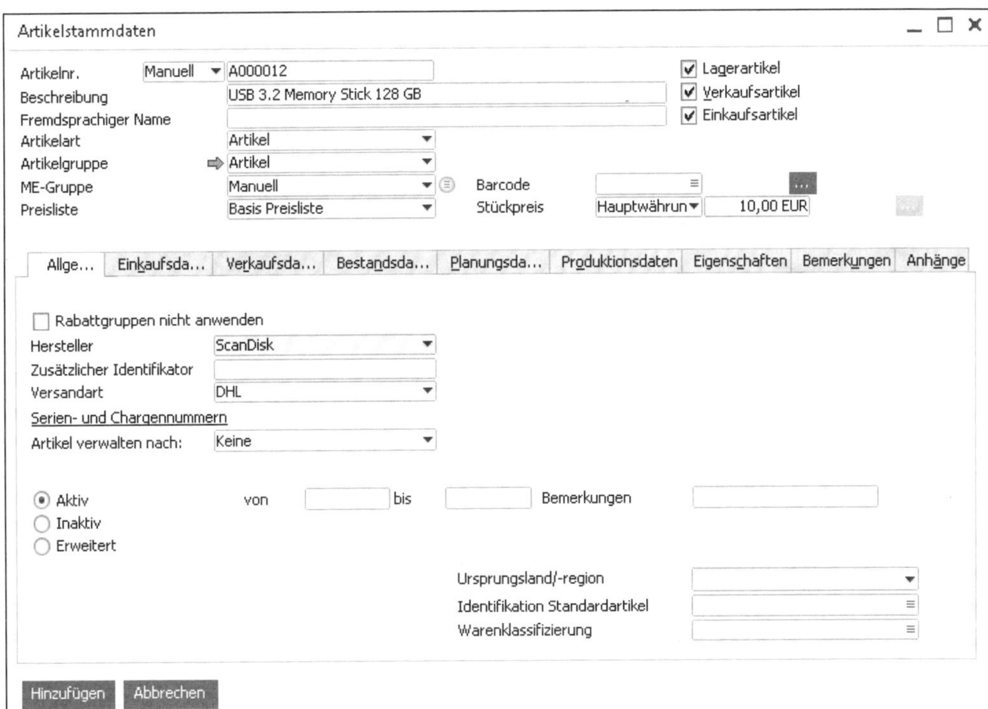

Abbildung 3.53: Neuen Datensatz anlegen – Artikelstammdaten

Für diese Übung müssen Sie nur sehr wenige Daten eingeben (Artikelnummer, Beschreibung, Artikelgruppe); die genaue Handhabung der Artikelstammdaten erläutern wir in

Abschnitt 4.6, »Artikel«. Bestätigen Sie dies mit dem Button **Hinzufügen**, nachdem Sie alle Daten eingegeben haben. SAP Business One quittiert den gespeicherten Datensatz mit der Systemmeldung **A00012 erfolgreich erstellt** (siehe Abbildung 3.54 unten) und kehrt wieder in den **Hinzufügen**-Modus zurück, wodurch Sie sofort einen weiteren Datensatz eingeben können.

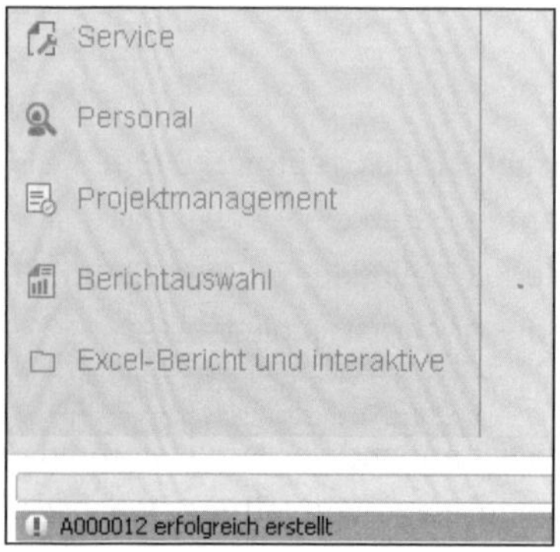

Abbildung 3.54: »Hinzufügen«-Vorgang bestätigen

Darüber hinaus können Sie jederzeit im Programmpunkt **Fenster • Protokoll Systemmeldungen** anzeigen lassen, welche Datensätze erstellt wurden (siehe Abbildung 3.55).

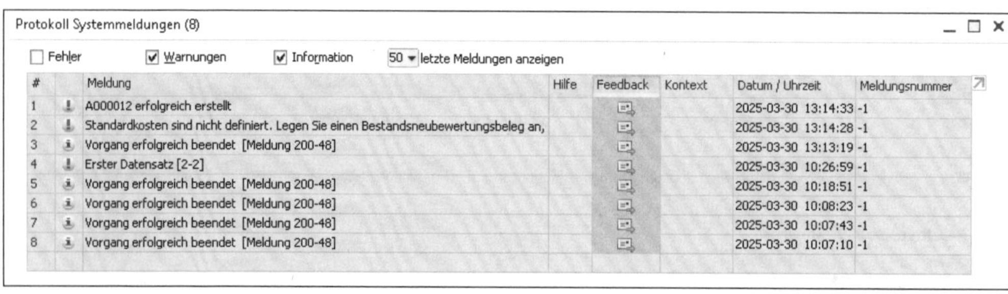

Abbildung 3.55: Systemmeldungen zeigen die Neuanlage von Datensätzen an

Um den gerade gespeicherten Datensatz wiederzufinden, müssen Sie nach ihm suchen.

3.6.2 Nach vorhandenen Datensätzen suchen

SAP Business One stellt verschiedene Instrumente zum Auffinden von vorhandenen Datensätzen zur Verfügung:

- **Suchen**-Modus
- Datensatzbuttons (erster, vorheriger, nächster, letzter Datensatz)
- Suchfeld (rechts oben)
- Tabelle filtern
- Drag & Relate

Alle diese Instrumente werden wir Ihnen in den folgenden Abschnitten ausführlicher vorstellen.

»Suchen«-Modus

Der **Suchen**-Modus ist neben dem **Hinzufügen**-Modus der zweite Modus, der in einem Fenster angewandt werden kann. Versuchen Sie nun einmal, den eben angelegten Datensatz zu finden.

Dazu wechseln Sie, wie in Abbildung 3.56 zu sehen ist, mit dem Button (**Suchen**) oder der Tastenkombination `Strg`+`F` in den **Suchen**-Modus, geben den Anfang der Artikelbezeichnung ein und klicken links unten auf den Button **Suchen** oder betätigen die `↵`-Taste.

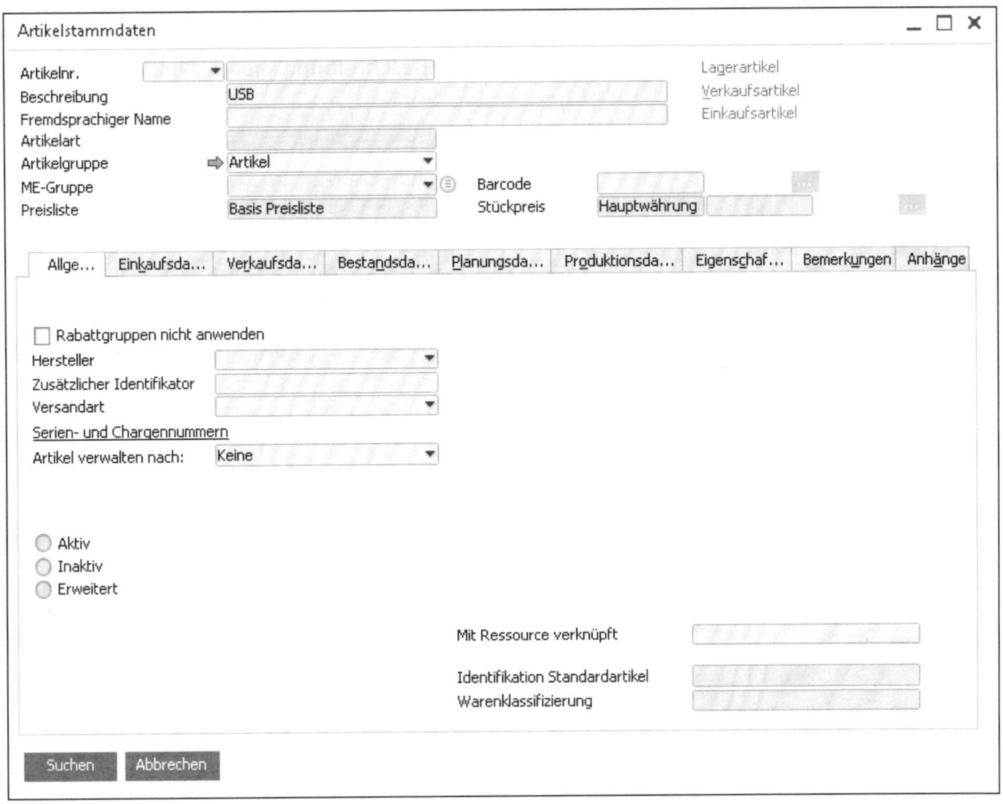

Abbildung 3.56: Artikelstammsatz suchen

Angezeigt wird der eben angelegte Artikelstammsatz »USBMemoryStick«. Falls mehrere Artikelstammsätze mit der gleichen Anfangsbezeichnung existieren, werden sie in einer nach Artikelnummern geordneten Liste angezeigt. Grundsätzlich können Sie nicht in allen zur Verfügung stehenden Feldern Suchbegriffe eingeben. Jene Felder, in die im **Suchen**-Modus keine Suchbegriffe eingegeben werden können, sind ausgegraut oder werden nicht angezeigt.

[zB]

Feld »Artikelart«

Als Beispiel dient das Feld **Artikelart** in den Artikelstammdaten. Dieses Feld kann im **Hinzufügen**-Modus per Dropdown-Auswahl gefüllt werden; im **Suchen**-Modus steht es jedoch nicht für eine Suche zur Verfügung und ist ausgegraut (siehe auch Abbildung 3.56).

Um die Suche effizienter zu gestalten, ist der Einsatz eines Jokers, nämlich des Sterns »*«, sehr hilfreich. Möchten Sie z. B. in einer weiteren Suche alle Artikelstammsätze finden, die den Begriff »drucker« an irgendeiner Stelle des Suchbegriffs enthalten, setzen Sie einen Stern »*« vor den Suchbegriff in das Feld **Beschreibung** (siehe Abbildung 3.57).

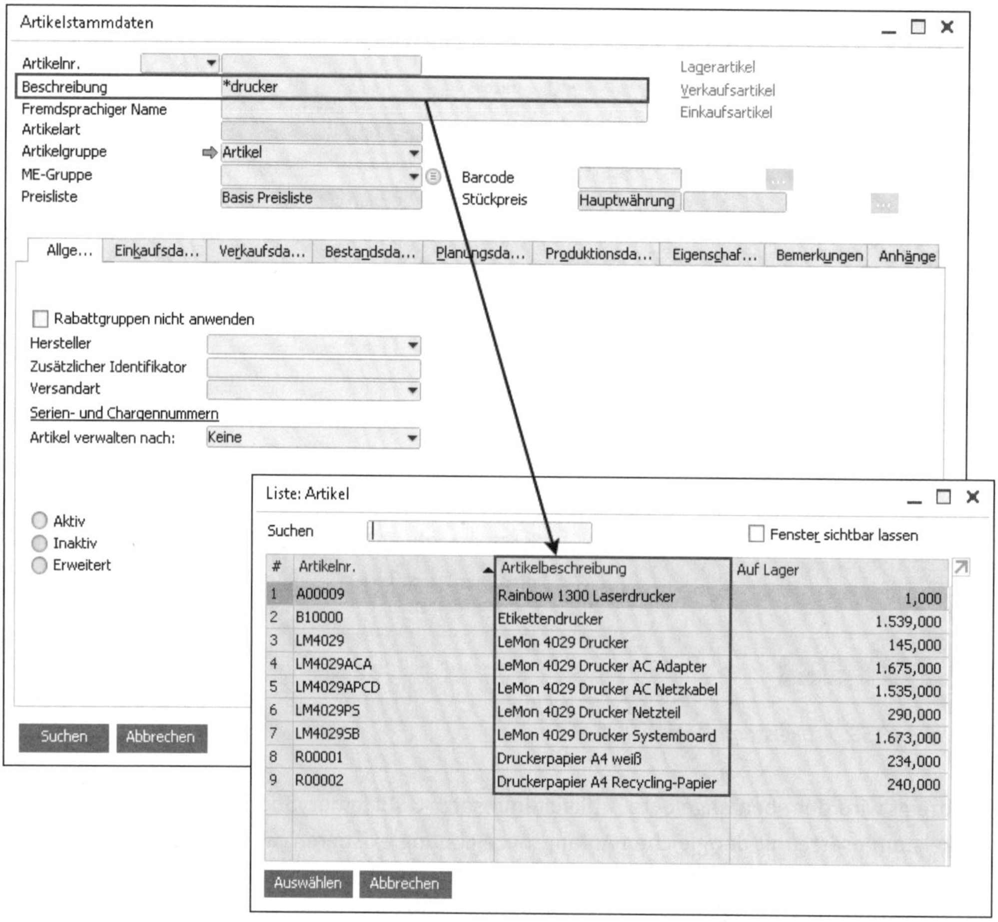

Abbildung 3.57: Suche per Joker »«*

Als Ergebnis erhalten Sie in unserem Beispiel im Fenster **Liste: Artikel** alle passenden Artikelstammsätze. Der Stern steht für eine beliebige Zeichenfolge vor und/oder hinter dem eigentlichen Suchbegriff.

Der Stern »*« hinter dem Suchbegriff wird von SAP Business One automatisch bei der Suche berücksichtigt. Sollte der gewünschte Suchbegriff am Beginn des Ergebnisses stehen, benötigen Sie also keine weitere Eingabe des Sterns »*«. Zum Beispiel liefert Ihnen der Suchbegriff »C« im Feld **Artikelnummer** alle Artikelstammsätze mit Artikelnummern, die mit »C« beginnen; ein »C« in der Mitte der Artikelnummer wird auf die Art hingegen nicht gefunden.

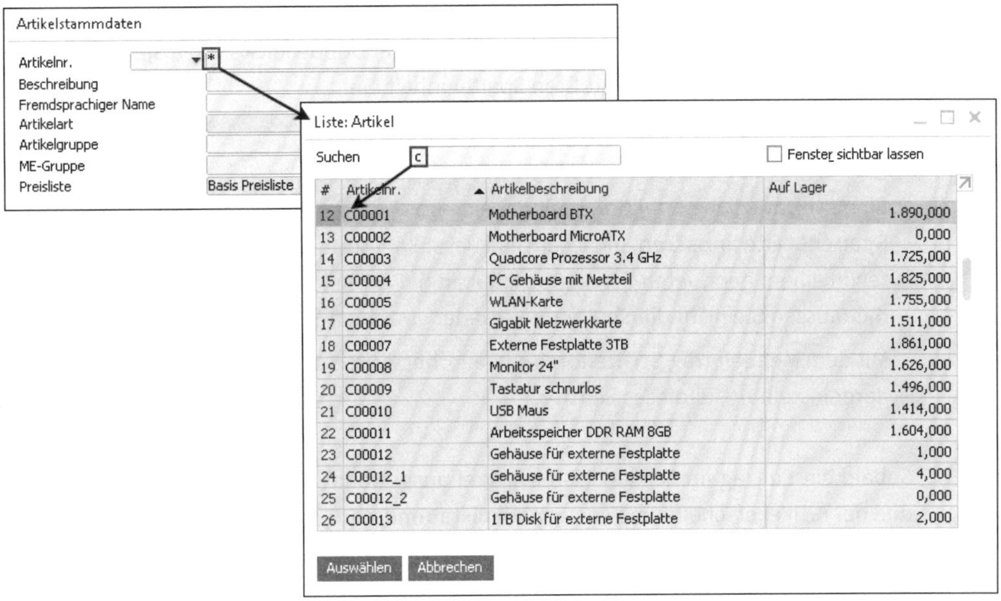

Abbildung 3.58: Feld »Suchen« in kompletter Artikelliste

Verwenden Sie keinen Suchbegriff, erhalten Sie jeweils eine Liste aller Ergebnisse des entsprechenden Fensters.

Das Ergebnisfenster – im Beispiel das Fenster **Liste: Artikel** – bietet noch weitere sehr wertvolle Funktionen im Umgang mit einer großen Anzahl von Ergebnissen. Sobald das Ergebnisfenster erscheint, ist der Cursor in dessen Feld **Suchen** positioniert. Gleichzeitig werden die Ergebnisse entsprechend der Spalte ganz links in aufsteigender alphanumerischer Reihenfolge angeordnet. Dies wird auch durch ein kleines schwarzes Dreieck in der Spaltenüberschrift **Artikelnr.** symbolisiert (siehe Abbildung 3.58). Soll in absteigender Reihenfolge sortiert werden, klicken Sie doppelt auf die Spaltenüberschrift. Dies führt dazu, dass die Sortierung umgekehrt wird und das schwarze Dreieck nach unten zeigt. Auf die gleiche Weise verfahren Sie, wenn Sie nach einer anderen Spalte sortieren möchten.

In das Feld **Suchen** können Sie nun einen Suchbegriff eingeben, nach dem in der sortierten Spalte gesucht wird. Das Suchen erfolgt in Echtzeit, d. h., sobald Sie ein Zeichen eingeben, erhalten Sie sofort den entsprechenden Eintrag, der mit diesem Zeichen beginnt (siehe Abbildung 3.58). Die Suche ist also linksbündig.

Klicken Sie dann auf den Button **Auswählen**, oder drücken Sie die Taste [↵], um den gewünschten Artikel auszuwählen.

Sie können in jedem Fenster mit Tabellenanordnung auch die Breite der einzelnen Spalten anpassen. Bewegen Sie den Mauszeiger präzise auf den Zwischenraum zwischen den Spaltenüberschriften (z. B. zwischen **Artikelnr.** und **Artikelbeschreibung**), sodass der Mauszeiger seine Form in einen Doppelpfeil ändert. Klicken Sie nun mit der linken Maustaste, und ziehen Sie den Mauszeiger in die gewünschte Richtung. Nach rechts vergrößern Sie die Spalte, nach links verkleinern Sie sie. Per Doppelklick stellen Sie die optimale Spaltenbreite abhängig vom größten Spalteninhalt ein.

[+]

Alle Spalten im Fenster optimal anpassen

Eine sehr nützliche Funktion befindet sich im Menü **Ansicht** unter dem Menüpunkt **Spaltenbreite anpassen**. In diesem Fall passt SAP Business One die Breite aller Spalten in einem geöffneten Fenster optimal an die aktuelle Größe des Fensters an. Somit müssen Sie nicht die Spaltenbreite jeder einzelnen Spalte verändern.

Mit dem Menüeintrag **Spaltenbreite wiederherstellen** erhalten Sie wieder die Standardeinstellung für dieses Fenster.

Sobald ein Eintrag im Fenster **Liste: Artikel** ausgewählt wird, wird dieses geschlossen, und der Artikel erscheint im Fenster **Artikelstammdaten**. Wenn das Fenster **Liste: Artikel** geöffnet bleiben soll, markieren Sie die Checkbox **Fenster sichtbar lassen**. Dies bewirkt, dass das Fenster **Liste: Artikel** nicht geschlossen wird und Sie einen Artikelstammsatz nach dem anderen auswählen können. Der Artikelstammsatz wird dann jeweils in einem neu geöffneten Fenster angezeigt. Diese Funktion steht für alle suchbaren Daten zur Verfügung.

Datensatzbuttons

Ein weiteres Instrument zur Navigation sind die sogenannten *Datensatzbuttons*, jene Buttons, die sich in der Symbolleiste befinden und den Knöpfen an einem CD-Player ähneln. Tabelle 3.3 gibt Ihnen eine Übersicht über die Bedeutung des jeweiligen Buttons. Mit diesen Buttons können Sie sehr einfach durch die Datensätze »blättern«.

Button	Bedeutung
[|←]	Sie springen zum ersten Datensatz.
[←]	Sie springen zum vorherigen Datensatz.
[→]	Sie springen zum nächsten Datensatz.

Tabelle 3.3: Bedeutung der Datensatzbuttons

Button	Bedeutung
→I	Sie springen zum letzten Datensatz.

Tabelle 3.3: Bedeutung der Datensatzbuttons (Forts.)

In jedem Fenster sind alle Datensätze entsprechend dem *Primärschlüssel* aufgeführt, z. B. sind die Artikelstammsätze entsprechend der Artikelnummer alphanumerisch angeordnet, die Einkaufs- und Verkaufsbelege entsprechend der Belegnummer, die Sachkonten im Kontenplan entsprechend der Kontonummer etc. In jedem Fall ist der Primärschlüssel eindeutig, was bedeutet, dass es z. B. keine zwei Artikel mit der gleichen Artikelnummer geben darf. SAP Business One lässt einen derartigen Fall von vornherein nicht zu und informiert Sie mit einer Fehlermeldung.

Numerische und alphanumerische Daten

Daten werden generell in *numerische* und *alphanumerische* Daten unterteilt. Numerische Daten bestehen aus Vorzeichen und Ziffern mit einem bestimmten Stellenwert. Alphanumerische Daten bestehen aus beliebigen Zeichen wie Buchstaben, Ziffern und Sonderzeichen. Für den Computer ist relevant, ob mit den Daten gerechnet werden kann oder nicht. Die Daten werden daher eingeteilt in numerische und alphanumerische Informationen. Bei der numerischen Information ist jede Art der Verarbeitung möglich. Mit alphanumerischen Informationen können keine Berechnungen ausgeführt werden.

Wenn Sie nun z. B. auf den Button → (**Nächster Datensatz**) klicken, springen Sie zum nächsten Datensatz in dieser Reihenfolge. Das Prinzip entspricht den Seiten eines Buches: Sie blättern zur ersten, zur vorangegangenen, zur nächsten oder zur letzten Seite. Für das Verwenden der Datensatzbuttons spielt es keine Rolle, in welchem Modus sich das Fenster befindet. Achten Sie darauf, ob geänderte Daten gespeichert werden sollen oder nicht.

Suchfeld

Eine weitere Möglichkeit, Daten und Menüpunkte zu suchen, ist das Suchfeld im rechten oberen Bereich des Stadtbilds (siehe Abbildung 3.59).

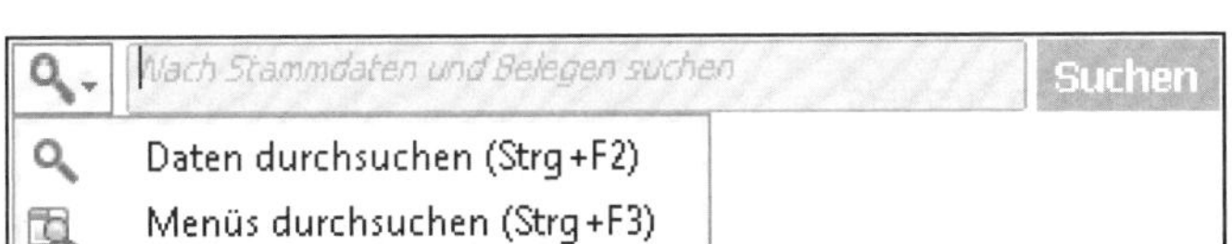

Abbildung 3.59: Suchfeld im Startbild

Wie Abbildung 3.59 zeigt, können Sie mit einem Klick auf den Button zwischen der Suche nach Daten (Tastenkombination Strg+F2) und der Suche nach Menüs (Tastenkombination Strg+F3) umschalten. Die Option **Daten durchsuchen** bezieht sich auf Stammdaten, z. B. Artikel oder Geschäftspartner, aber auch auf Belege. Die Option **Menüs durchsuchen** bezieht sich auf alle Menüpunkte bzw. Fenster, die in SAP Business One zur Verfügung stehen.

Als Beispiel verwenden wir wieder die gleiche Suche nach Artikeln wie in Abbildung 3.57. Es sollen alle Artikel angezeigt werden, die den Text »drucker« in der Bezeichnung haben. Dazu wählen Sie beim Button die Option **Daten durchsuchen** (Tastenkombination Alt+F2), geben »drucker« in das Suchfeld ein und bestätigen dies mit der Taste ↵ bzw. klicken mit der linken Maustaste auf den Button **Suchen** (siehe Abbildung 3.60).

Es öffnet sich das Fenster **Suchergebnisse**. Dieses Fenster zeigt wie erwartet im oberen Bereich alle Artikel, deren Bezeichnung den Text »drucker« enthält. Um das Fenster **Artikelstammdaten** für diesen Artikel aufzurufen, klicken Sie auf den orangefarbenen Pfeil ⇨ neben dem Suchergebnis (siehe Abbildung 3.60).

Darüber hinaus zeigt das Suchergebnis alle Geschäftspartner, die den Text »drucker« im Namen haben (siehe Abbildung 3.60, Ergebnisbereich **Geschäftspartner**). Das bedeutet, die Suche über das Suchfeld ist wesentlich zentraler, mächtiger und detaillierter als der **Suchen**-Modus in den einzelnen Fenstern.

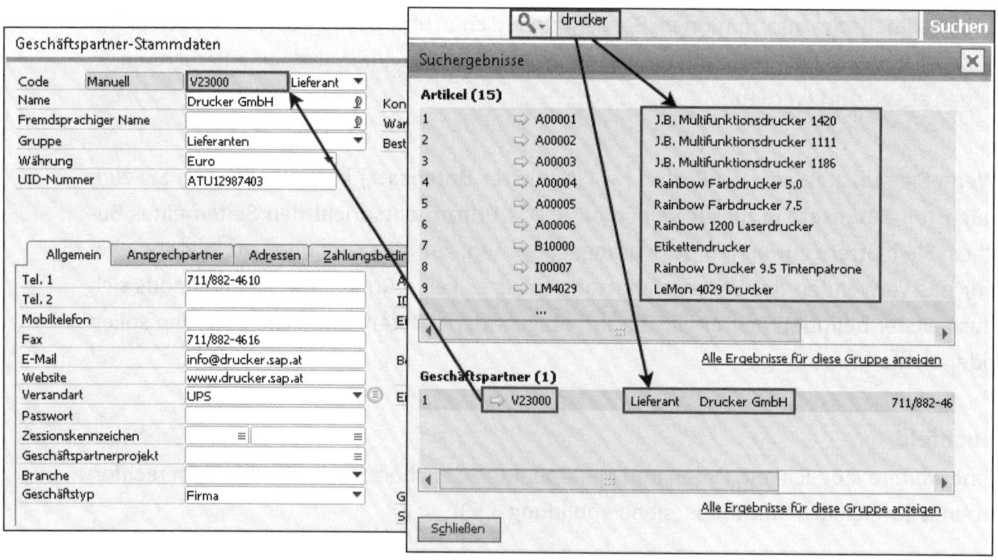

Abbildung 3.60: Daten durchsuchen im Suchfeld

Abbildung 3.61 zeigt eine umfassendere Suche mit dem Suchfeld. Sie ist das Ergebnis der numerischen Eingabe »100« in das Suchfeld.

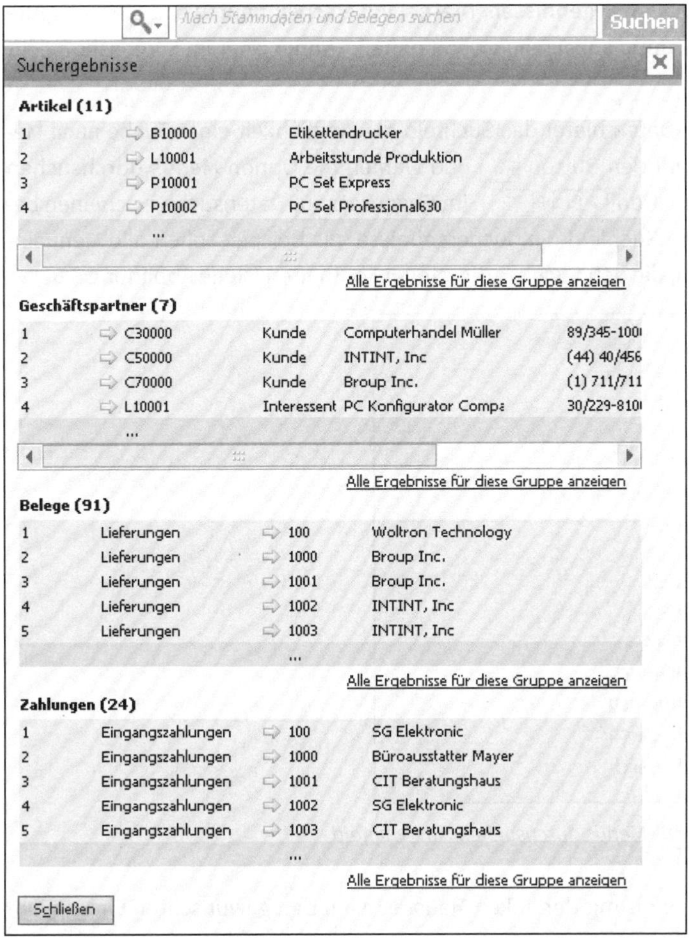

Abbildung 3.61: Daten durchsuchen nach »100«

Suche mit nur einem Ergebnis

Wenn es bei einer Suche im Suchfeld nur ein einziges Ergebnis gibt (z. B. die genaue Kunden- oder Belegnummer etc.), wird das entsprechende Fenster sofort geöffnet.

Die Nummer 100 findet sich als Bezeichnung im Ergebnisbereich **Artikel**, als Kundennummer, aber auch als Telefonnummer bei Geschäftspartnern, als Belegnummer in Lieferungen und Lagerzugängen aus der Produktion im Ergebnisbereich **Belege** und als Belegnummer bei einer Eingangs- und Ausgangszahlung (siehe jeweils Abbildung 3.61).

In Klammern bei den Ergebnisbereichen steht jeweils die Anzahl der Suchergebnisse. Werden aus Platzgründen nicht alle Ergebnisse im Ergebnisbereich angezeigt, klicken Sie auf den Link **Alle Ergebnisse für diese Gruppe anzeigen** direkt unterhalb des Ergebnisbereichs. Um zum Suchergebnis mit allen Ergebnisbereichen zurückzukehren, klicken Sie auf den Link **Zurück zu allen Ergebnissen**. Dieser Link erscheint nur, wenn Sie zuvor **Alle Ergebnisse für diese Gruppe anzeigen** gewählt haben – daher ist er im Screenshot nicht zu sehen.

Neben der Suche nach Daten bietet das Suchfeld die Möglichkeit einer Suche nach Menüs. Dazu klicken Sie auf den Button und wählen die Option **Menüs durchsuchen** (oder die Tastenkombination [Alt]+[F3]). Im Gegensatz zur Datensuche erscheinen bereits bei der Eingabe im Suchfeld die Suchergebnisse. Als Beispiel sollen alle Menüeinträge angezeigt werden, die den Suchbegriff »steuer« enthalten (siehe Abbildung 3.62).

Abbildung 3.62: Die Option »Menüs durchsuchen« im Suchfeld

Klicken Sie im Suchergebnis mit der linken Maustaste auf den gewünschten Eintrag, um den Menüpunkt zu öffnen. Alternativ können Sie auch mit den Pfeiltasten Ihrer Tastatur im Suchergebnis navigieren und den Menüpunkt mit der [↵]-Taste aufrufen.

Company Search (SAP-HANA-basierte Systeme)

Auch in SAP-HANA-basierten Systemen gibt es das Suchfeld. Hier schöpft SAP allerdings die technischen Möglichkeiten von SAP HANA aus und dehnt die Suche auf praktisch alle theoretisch sinnvollen Datenbankinhalte aus.

Der Start der Suche entspricht im Wesentlichen jener in Microsoft-SQL-basierten Systemen. Klicken Sie auf den Lupen-Button im rechten oberen Bildbereich, um das Suchfeld zu öffnen, oder geben Sie den Suchbegriff in das Feld links neben der Lupe ein, wenn das Suchfeld bereits geöffnet ist (siehe Abbildung 3.63).

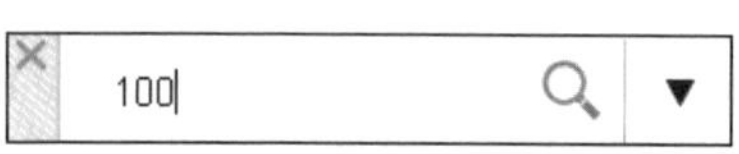

Abbildung 3.63: SAP-HANA-basiertes Suchfeld

Das Ergebnis unterscheidet sich allerdings erheblich von demjenigen SQL-basierter Systeme. Wie in Abbildung 3.64 dargestellt, werden hier 2.666 Treffer gelandet, also jeder Fund des Suchbegriffs »100«. Es handelt sich also nicht um 2.666 Datensätze, da der Begriff »100« in einem Datensatz mehrfach vorkommen kann. Jedes Vorkommen wird in der Ergebnisliste angezeigt.

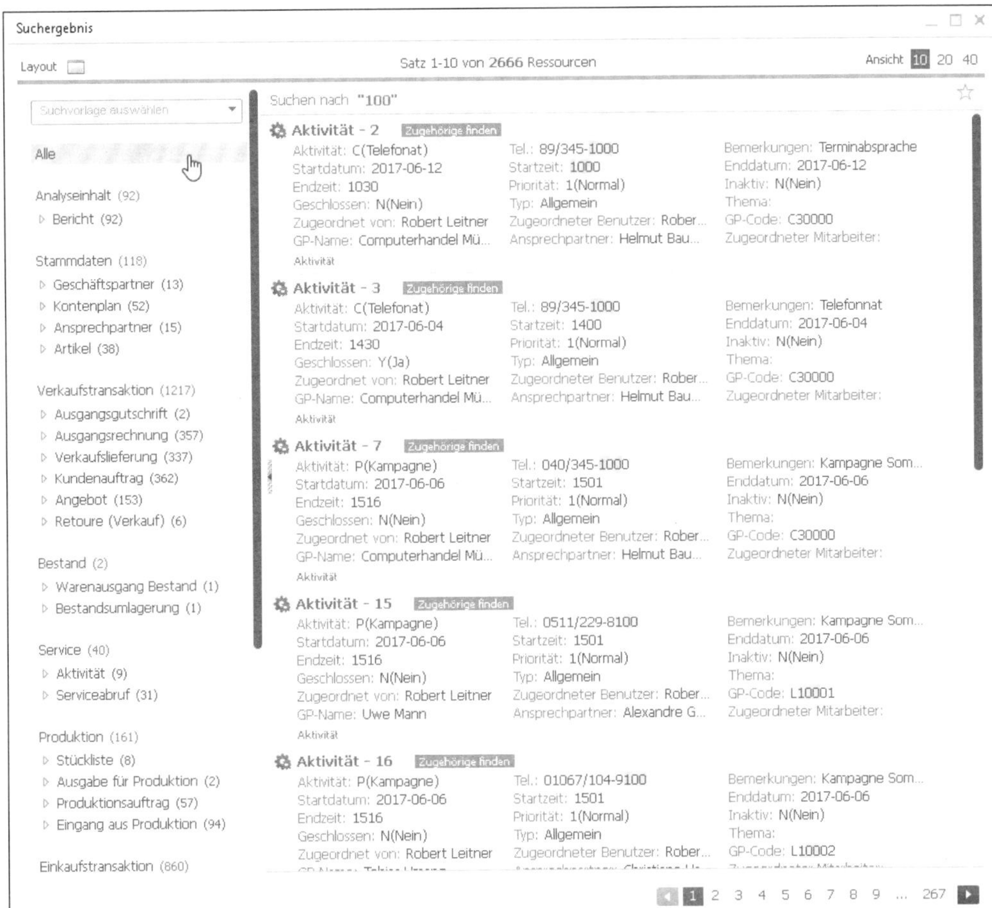

Abbildung 3.64: Gesamtergebnis einer SAP-HANA-basierten Suche

Um die Ergebnisliste zielgenauer zu gestalten, können Sie im linken Bereich eine Datengruppe auswählen, die Ihrer Suche am ehesten entspricht. Zusätzlich können Sie innerhalb der Datengruppe noch weiter filtern. In Abbildung 3.65 wurde das Suchergebnis auf **Artikel** beschränkt, hier erzeugt der Begriff »100« nur noch 38 Treffer. Diese Information wird in Klammern neben dem Begriff **Artikel** dargestellt. Sie können nun aus der Trefferliste den gewünschten Datensatz auswählen, indem Sie auf den Hyperlink klicken (die blau eingefärbten Texte, hier z. B. »Artikel A00001«).

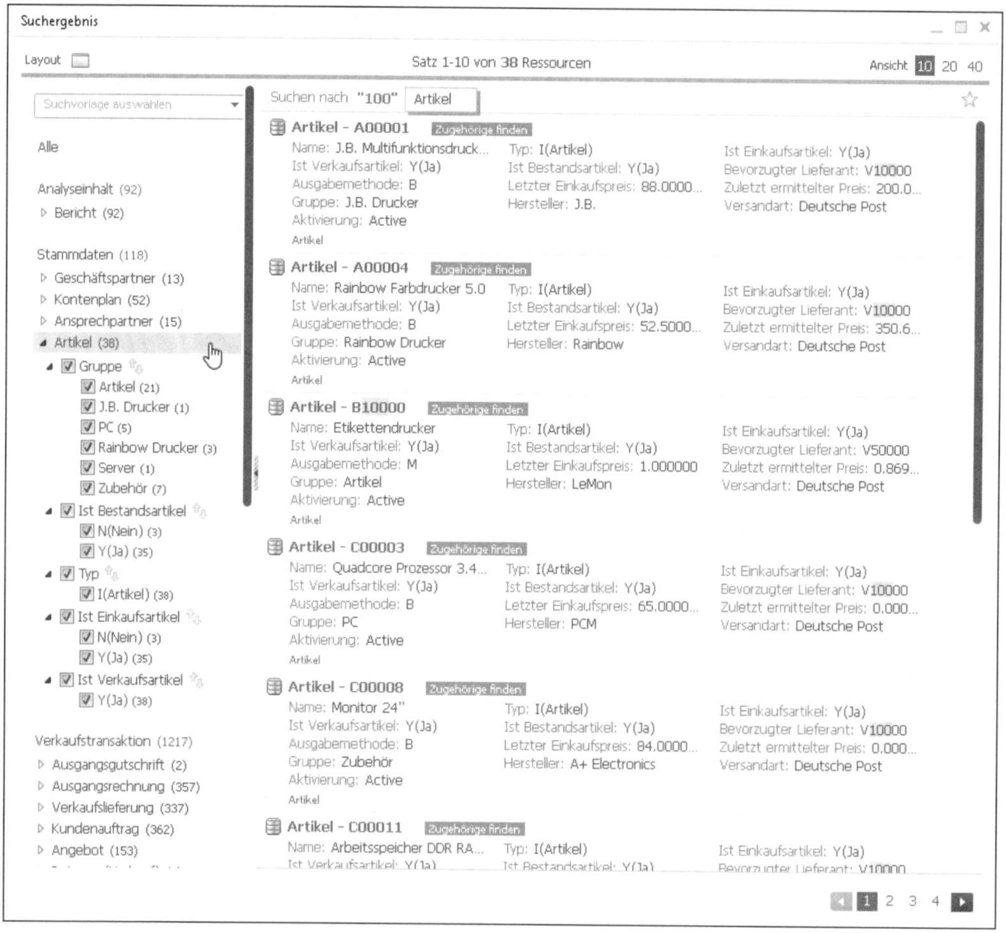

Abbildung 3.65: Teilergebnis einer SAP-HANA-basierten Suche

Besonders interessant ist die rechts neben dem Hyperlink befindliche Funktion **Zugehörige finden**. Sie zeigt Transaktionen (SAP bezeichnet diese als *Business-Objekte*), die eine unmittelbare Verbindung zum gewählten Datensatz haben. Klicken Sie hier also auf **Zugehörige finden**, erhalten Sie eine Übersicht der zum Artikel »A000001« gehörenden Business-Objekte, wie in Abbildung 3.66 dargestellt.

Das Ergebnis zeigt, dass der Artikel z. B. in 53 Bestellungen vorkommt, diese werden auch gleich als kleine Kacheln im Ergebnis angezeigt. Darüber hinaus ist der Artikel in 188 Kundenaufträgen, 69 Angeboten und einer Reihe weiterer Transaktionen enthalten. Klicken Sie in der Kachel auf die oberste Zeile, öffnen Sie das jeweilige Business-Objekt. Schließen Sie die Übersicht durch Klick auf den Button [x] in der rechten oberen Ecke. Ebenso kann das Suchergebnis geschlossen werden.

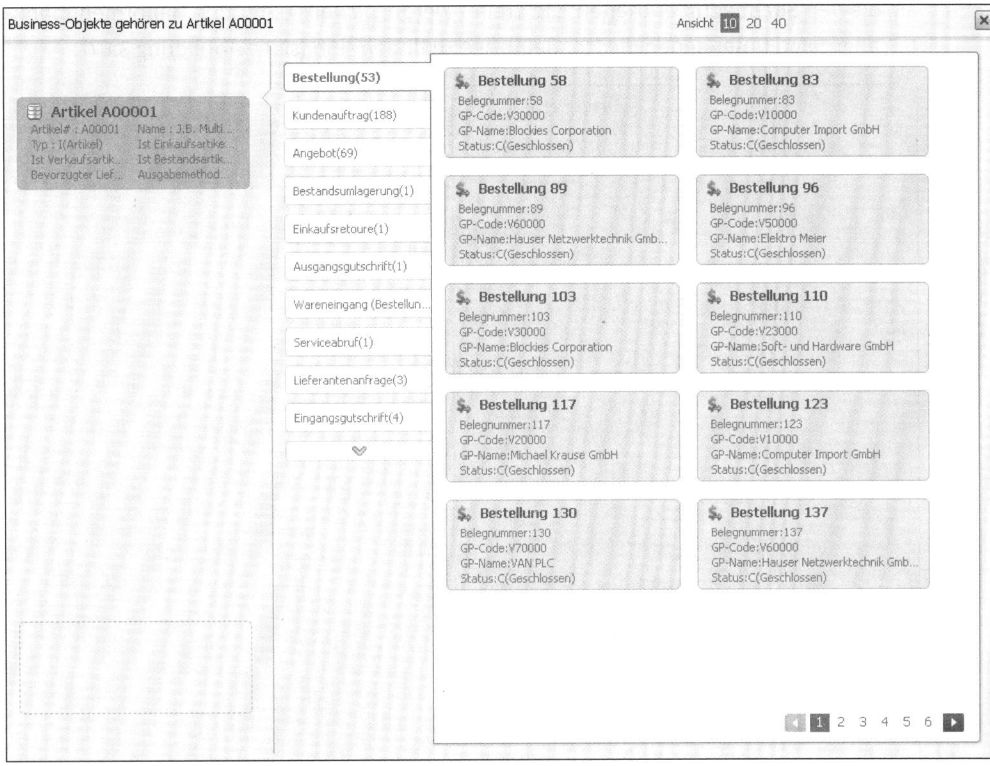

Abbildung 3.66: Zugehörige Business-Objekte anzeigen

Company Search konfigurieren

Wie Sie gesehen haben, kann die Company Search sehr rasch sehr viele Ergebnisse liefern. Oft ist weniger allerdings mehr. Sie können definieren, welche Datenbankbereiche durchsucht werden sollen und in welchen Feldern nach Ihrem Suchbegriff gesucht wird. Darüber hinaus lassen sich unterschiedliche Suchvorlagen definieren, die die Bedürfnisse verschiedener Fachbereiche jeweils individuell abdecken.

Für die Konfiguration der Suche ist ein Mindestmaß an Kenntnis der Datenbankstruktur von SAP Business One erforderlich, eine Beschreibung würde den Rahmen dieses Buches sprengen. Wenden Sie sich diesbezüglich an fortgeschrittene Key-User oder an Ihren Consultant.

Das Menü durchsuchen (SAP-HANA-basierte Systeme)

Im Unterschied zu SQL-basierten Systemen wird das Menü nicht mehr im *Suchfeld* durchsucht. Es gibt dafür nun eine eigene Eingabe, die sich unmittelbar über dem Menü befindet. Wenn Sie einen Text eingeben, zeigt SAP Business One automatisch alle Menüeinträge an, die den Suchbegriff enthalten; die Treffer werden jeweils unter den Hauptmenüpunkten angezeigt, unter denen die Menüeinträge zu finden sind (siehe Abbildung 3.67).

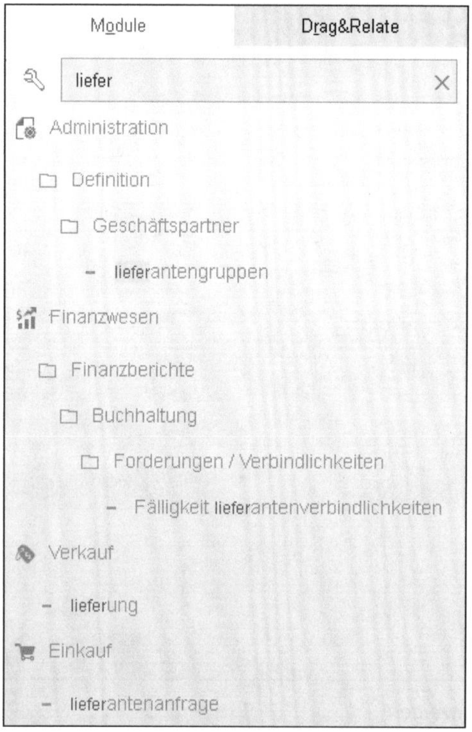

Abbildung 3.67: Menü durchsuchen

Mithilfe des Schraubenschlüssel-Buttons links oben können Sie Ihr Menü konfigurieren, d. h., Sie können nicht benötigte Menüpunkte ausblenden.

Im Folgenden beschreiben wir wieder generische Funktionen, die sowohl in SQL- als auch in SAP-HANA-basierten Versionen im Wesentlichen identisch sind.

Tabelle filtern

Mit der Funktion **Tabelle filtern** haben Sie ein weiteres Werkzeug zur Hand, mit dem Sie vorhandene Datensätze leichter auffinden können. Diese Funktion lässt sich in allen Fenstern anwenden, die tabellenartig angeordnet sind, z. B. auch im bereits bekannten Ergebnisfenster **Liste: Artikel**.

Zu diesem Zweck rufen Sie die komplette Artikelliste durch die Eingabe »*« im **Suchen**-Modus des Fensters **Artikelstammdaten** auf. Das Ergebnisfenster ist tabellenartig angeordnet, aus diesem Grund ist der Button (**Tabelle filtern**) in der Symbolleiste aktiv.

Klicken Sie auf den Button, wird das Fenster **Tabelle filtern** geöffnet (siehe oben in Abbildung 3.68). Der Button ist immer dann aktiv, wenn sich auf dem Bild eine Tabelle befindet, die sich tatsächlich filtern lässt. Für jede einzelne Spalte lassen sich Filterkriterien festlegen. Diese Filterkriterien können Sie so miteinander kombinieren, dass das Ergebnis immer weiter eingeschränkt wird und die Schnittmenge aus den einzelnen Filterkriterien der jeweiligen Zeile entsteht.

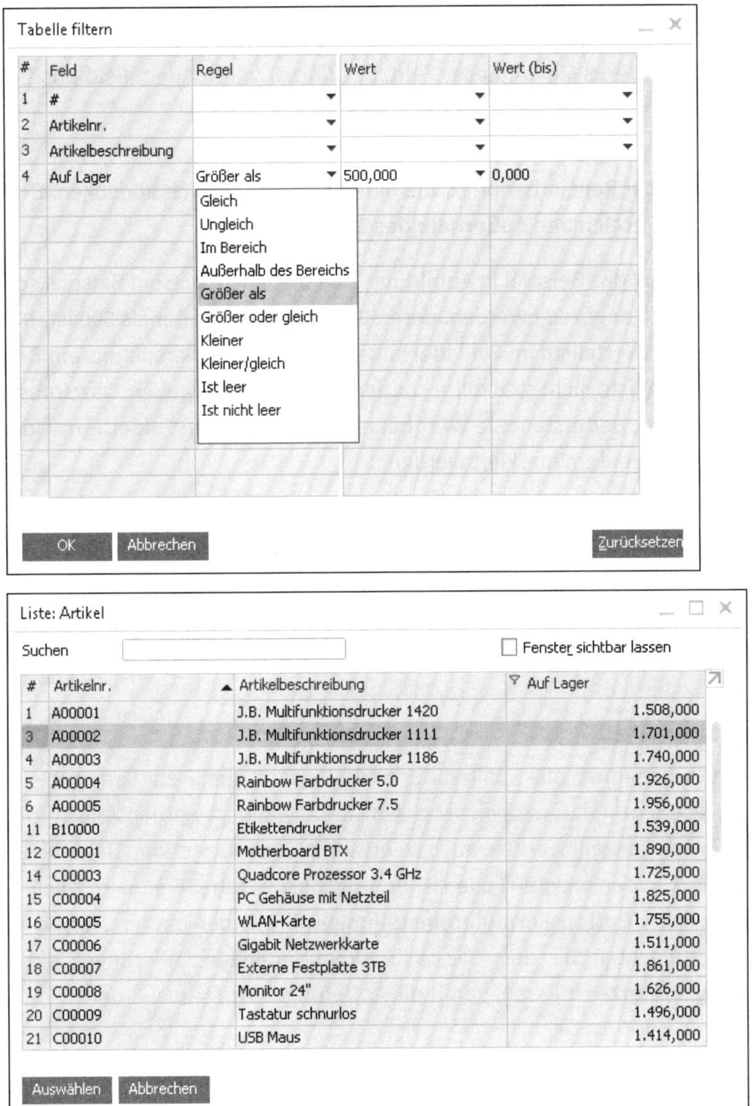

Abbildung 3.68: Tabelle filtern

Für jedes Feld können Sie eine Regel, einen Wert und einen Wert (bis) festlegen:

- **Feld »Regel«**
  Sie haben die Möglichkeit, aus zehn Regeln auszuwählen. Die Regel legt fest, auf welche Weise die Ergebnisse weiter eingeschränkt werden. Die genaue Auflistung entnehmen Sie Abbildung 3.68. Die Regeln selbst sind selbsterklärend.

- **Feld »Wert«**
  Dieser Wert richtet sich nach der ausgewählten Regel. Es handelt sich entweder um den einzugebenden Wert oder um den Startwert, z. B. bei der Regel **Im Bereich**. Klicken Sie einmal in das Feld **Wert**, können Sie in der Dropdown-Liste aus den vorhandenen Werten auswählen. Um einen selbst gewählten beliebigen Wert in das Feld einzugeben, klicken Sie ein weiteres Mal in dieses Feld. Der Cursor wird in dem Feld positioniert, und Sie können einen Wert eingeben.
- **Feld »Wert (bis)«**
  Dieser Wert wird nur bei Regeln benötigt, die einen Ergebnisbereich abdecken. Dies betrifft die Regeln **Im Bereich** und **Außerhalb des Bereichs**.

Zur Veranschaulichung soll das Beispiel in Abbildung 3.68 dienen. In diesem Beispiel sollen alle Artikelstammsätze angezeigt werden, deren Lagerbestand größer als 500 ist. Der Wert wurde nicht aus der Werteliste im Feld **Wert** ausgewählt – dies wäre in diesem Beispiel bei der langen Artikelliste nicht sinnvoll –, sondern manuell eingegeben. Dazu muss, wie bereits zuvor erläutert, der erste leere Wert bei alphanumerischen Feldern bzw. der Wert »0« bei numerischen Feldern markiert werden.

Klicken Sie auf den Button **Filtern** im Fenster **Tabelle filtern** (er rückt nach Eingabe der Filterkriterien an die Stelle des **OK**-Buttons), um den Filter anzuwenden und die gewünschten Ergebnisse im Fenster **Liste: Artikel** anzeigen zu lassen. Eine gefilterte Tabelle erkennen Sie an dem Filter-Button neben der jeweiligen Spaltenüberschrift (siehe Abbildung 3.68 – Spalte **Auf Lager**).

[+]

Filterkriterien ausweiten

Als Filterkriterien stehen Ihnen alle Spalten der zu filternden Tabelle zur Verfügung. Im Umkehrschluss bedeutet das, dass nicht nach Kriterien gefiltert werden kann, die nicht am Bildschirm dargestellt werden, auch wenn sie im auszuwertenden Datenbereich vorhanden sind. In den meisten Fällen ist es möglich, die Tabelleninhalte zu erweitern, indem Sie den Button **Formulareinstellungen** in der oberen Button-Leiste verwenden. Beachten Sie, dass Sie nach vorgenommenen Änderungen die Auswertung neuerlich starten müssen, damit die Änderungen wirksam werden.

Mit dem Button **Zurücksetzen** werden alle Filterkriterien wieder gelöscht.

Drag & Relate

Drag & Relate ist ein sehr mächtiges Werkzeug, mit dem Sie Daten aus verschiedenen Fenstern miteinander in Beziehung setzen oder rasch einfache Übersichten zu bestimmten Daten erhalten. Die volle Leistungsfähigkeit zeigt sich, wenn Sie SAP Business One bereits intensiv kennengelernt haben. Aus diesem Grund finden Sie die Erläuterungen zu Drag & Relate in Abschnitt 18.3, »Drag & Relate«.

3.6.3 Datensätze duplizieren

SAP Business One bietet die Möglichkeit, vorhandene Datensätze zu duplizieren, die gewünschten Felder zu ändern und diesen duplizierten Datensatz hinzuzufügen. Das Duplizieren eines Datensatzes erfordert folgende Schritte:

1. Suchen Sie den Datensatz, der dupliziert werden soll.
2. Klicken Sie im Menü **Daten** auf den Eintrag **Duplizieren** (Strg+D), oder wählen Sie im Kontextmenü mit der rechten Maustaste den Eintrag **Duplizieren** aus.
3. Der ursprüngliche Datensatz wird nun eins zu eins dupliziert, der Button links unten im Fenster hat die Aufschrift **Hinzufügen**.
4. Ändern Sie die gewünschten Daten.
5. Sie müssen mindestens den Primärschlüssel ändern, da zwei Datensätze nicht den gleichen Primärschlüssel haben dürfen (z. B. dürfen zwei Artikelstammsätze nicht die gleiche Artikelnummer haben).
6. Klicken Sie auf den Button **Hinzufügen**.

[+]

Duplizieren bei gleichartigen Datensätzen

Das Duplizieren von Datensätzen eignet sich besonders gut, wenn Sie viele gleichartige Datensätze wie Artikelstammdaten, Geschäftspartner oder Sachkonten anlegen müssen.

3.6.4 Datensätze ändern/entfernen

Sobald Sie in einem Fenster ein Feld eines bestehenden Datensatzes ändern, ändert sich auch der Button links unten im Fenster von **OK** in **Aktualisieren**. SAP Business One erkennt also, dass Sie im Begriff sind, den Datensatz zu ändern. Die Änderung kann nun bequem gespeichert werden: Klicken Sie auf den Button **Aktualisieren**, oder drücken Sie die Taste ↵ auf Ihrer Tastatur. Der Button links unten im Fenster trägt nun wieder die Aufschrift **OK**; alle Änderungen wurden gespeichert. Ein erneuter Klick auf den Button **OK** schließt das jeweilige Fenster.

Um einen Datensatz zu entfernen, suchen Sie den gewünschten Datensatz und wählen den Menüpfad **Daten • Entfernen** oder über die rechte Maustaste den Eintrag **Entfernen**. Bestätigen Sie den **Entfernen**-Befehl, wenn Sie damit einverstanden sind.

[«]

Verknüpfte Datensätze

Ein Datensatz kann nur entfernt werden, wenn er nicht mit anderen Datensätzen verknüpft ist.

Verwendete Artikelstammsätze

Sie können einen Artikelstammsatz nicht löschen, wenn er in einem Beleg verwendet wird. SAP Business One macht Sie mit einer Hinweismeldung darauf aufmerksam.

3.7 Rechte Maustaste – mit dem Kontextmenü arbeiten

Ein sehr sinnvolles und übersichtliches Instrument bei der Arbeit mit SAP Business One ist das *Kontextmenü*. Sie öffnen es mit der rechten Maustaste. Je nach Kontext des angeklickten Fensters enthält es unterschiedliche Einträge. Dabei zeigt es jeweils alle für das aktuelle Fenster verfügbaren Befehle. Diese müssen Sie somit nicht über das Menü oder eine Tastenkombination ansteuern.

Abbildung 3.69 zeigt Ihnen das Kontextmenü zum Fenster **Artikelstammdaten**.

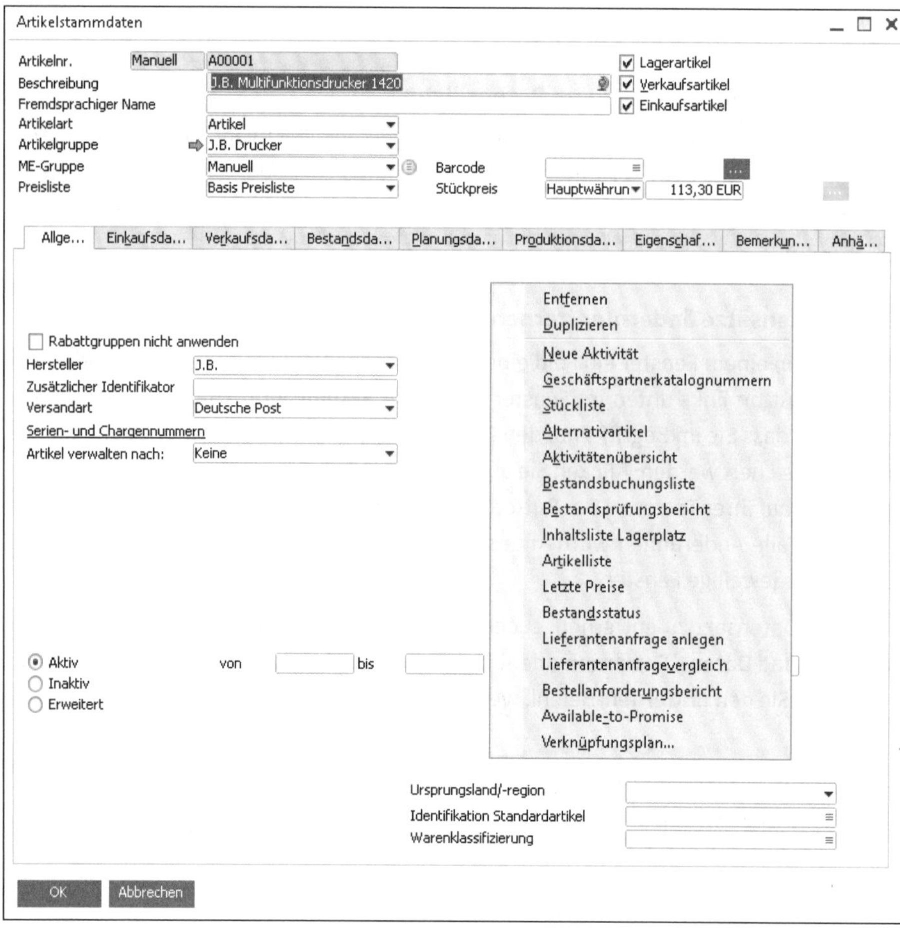

Abbildung 3.69: Kontextmenü – rechte Maustaste

Wie Sie sehen, steht eine Reihe von Befehlen für dieses Fenster zur Verfügung, unter anderem die Funktionen **Entfernen** und **Duplizieren** (siehe Abschnitt 3.6.3, »Datensätze duplizieren«, und Abschnitt 3.6.4, »Datensätze ändern/entfernen«).

Das Kontextmenü ist gerade für Einsteiger besonders hilfreich. Wenn Sie sich angewöhnen, mit dem Kontextmenü zu arbeiten, haben Sie in jedem Fenster alle relevanten Befehle zur Verfügung. Mit dieser Funktion müssen Sie sich so gut wie keine Menüpfade, Buttons oder Icons einprägen. Der Menüpunkt **Springen** zeigt Ihnen ebenfalls viele der Optionen, die Ihnen in diesem Fenster zur Verfügung stehen, nicht jedoch die Funktionen **Duplizieren** oder **Entfernen**. Diese sind im Menüpunkt **Daten** angeordnet.

Eine sehr elegante und effiziente Methode, Datensätze anzulegen, enthalten die meisten Dropdown-Listen. In beinahe allen Dropdown-Listen finden Sie an letzter Stelle den Eintrag **Neu definieren** (siehe Abbildung 3.70). Wählen Sie diesen Eintrag, um die Werte in der Dropdown-Liste beliebig zu ergänzen. Abbildung 3.70 zeigt diese Funktion anhand der Dropdown-Liste zum Feld **Hersteller** im Fenster **Artikelstammdaten**, Registerkarte **Allgemein**.

Abbildung 3.70: Artikelstammdaten – Dropdown-Liste »Hersteller«, Eintrag »Neu definieren«

Speichern Sie die Eingabe im Fenster **Hersteller** mit dem Button **Aktualisieren**, und schließen Sie das Fenster mit dem Button **OK**. Speichern Sie die Änderung im Fenster **Artikelstammdaten** mit dem Button **Aktualisieren**, und bestätigen Sie wiederum mit **OK**.

3.8 Allgemeine Einstellungen

SAP Business One enthält eine Reihe von Einstellungen, die die Arbeit mit der Benutzeroberfläche betreffen.

Über den Menüpfad **Administration • Systeminitialisierung • Allgemeine Einstellungen •** Registerkarte **Anzeigen** finden Sie alle Anzeigen und Einstellungen zu den Themen Sprache, Farbe, Zeit- und Datumsformate, Dezimalstellen und Währungsanzeige (siehe Abbildung 3.71).

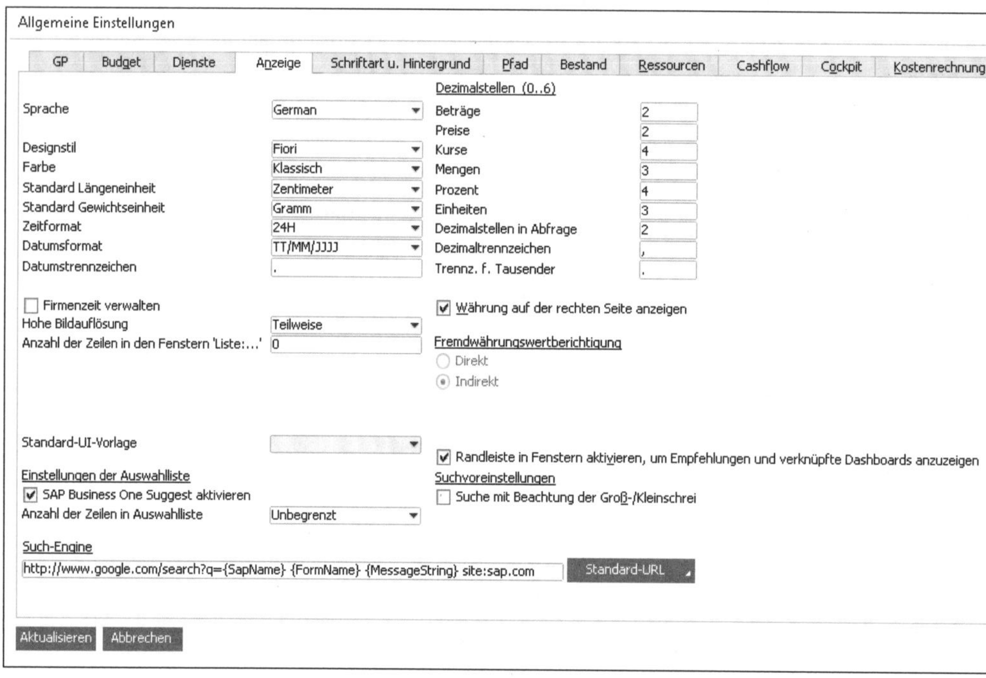

Abbildung 3.71: Fenster »Allgemeine Einstellungen«

Die Einstellungen sind größtenteils selbsterklärend, einige Felder sollen an dieser Stelle aber dennoch näher erläutert werden:

- **Feld »Sprache«**
  Wählen Sie die gewünschte Sprache aus der Werteliste aus. SAP Business One bietet derzeit 28 verschiedene Sprachen an, in denen die Benutzeroberfläche angezeigt werden kann. Wenn Sie eine andere Sprache auswählen, werden alle zu diesem Zeitpunkt geöffneten Fenster geschlossen. Alle gerade vorgenommenen Eingaben müssen gespeichert oder verworfen werden.

- **Feld »Designstil«**
  Mit dem Feld **Designstil** legen Sie das Layout der Fenster in SAP Business One fest. In diesem Buch verwenden wir einheitlich den Stil **Fiori** aus Release 9.3/10.0, es sei denn, wir beschreiben explizit Funktionen der SQL-Version. Das vorwiegend in Blau gehaltene **SAP Signature Design**, das sich ebenfalls in der Liste wiederfindet, wurde mit Release 8.8 eingeführt. Das sogenannte *klassische Design* wurde in allen Releases davor verwendet. Das bedeutet, Sie haben die Möglichkeit, Ihr bevorzugtes Design aus den vergangenen Jahren zu verwenden.

  Ist Ihr System SAP-HANA-basiert, steht Ihnen der moderne Fiori-Stil zur Verfügung. Ab Release 10.0 können Sie weitere Designs nutzen. Diese können auch benutzerspezifisch eingestellt werden (siehe Abschnitt 4.2, »Benutzer«). Dies ist in einigen Fällen auch sinnvoll, z. B. im Fall der Sprache, die oft von persönlichen Präferenzen abhängt, oder der in Abbildung 3.74 beschriebenen Schriftart, die von der Auflösung des jeweiligen Bildschirms beeinflusst wird.
- **Checkbox »Firmenzeit verwalten«**
  Aktivieren Sie diese Checkbox nur, wenn sich der Server in einer anderen Zeitzone befindet als die mit dem System arbeitenden SAP-Business-One-User. Sobald Sie die Checkbox aktivieren, erscheint sofort die Registerkarte **Zeitzone** im Fenster **Allgemeine Einstellungen**. Auf dieser Registerkarte haben Sie als Superuser die Möglichkeit, eine abweichende Zeitzone für die Firma festzulegen. Die Zeitzone des Servers wird automatisch festgelegt. Im Wesentlichen ist diese Einstellung für Konzerne mit mehreren Niederlassungen in unterschiedlichen Zeitzonen relevant.
- **Feld »Anzahl der Zeilen in den Fenstern 'Liste: ...'«**
  Geben Sie hier ein Limit an Zeilen ein, die beim Aufruf einer Auswahlliste (z. B. des Fensters **Liste: Artikel**) überprüft werden. Falls die Auswahlliste mehr Einträge enthält, als im Feld angegeben sind, erhalten Sie eine Systemmeldung wie in Abbildung 3.72. Standardmäßig ist in diesem Feld »0« eingetragen, was keiner Limitierung entspricht.

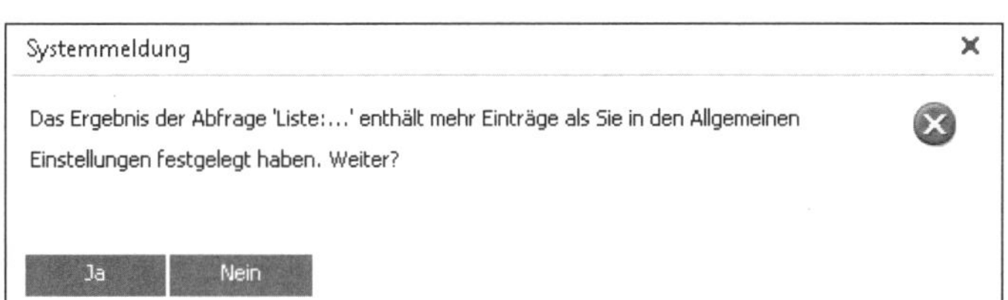

Abbildung 3.72: Systemmeldung – Anzahl der Listeneinträge überprüfen

Klicken Sie auf den Button **Ja**, um die Auswahlliste zu öffnen. Klicken Sie auf den Button **Nein**, um den Vorgang abzubrechen. Zweck dieser Funktion ist es, Auswahllisten zu blockieren, die eine Vielzahl an Einträgen enthalten. Dies gilt insbesondere für lange Auswahllisten, die die Performance des Systems zu stark beanspruchen könnten.

[zB]

Ergebnisliste beschränken

Sie starten eine Suche mit allen Artikeln und erhalten Tausende von Einträgen als Ergebnis. In den allgemeinen Einstellungen könnten Sie aber auch angeben, dass Ihnen nicht mehr als z. B. 1.000 Einträge angezeigt werden sollen. Überschreitet die Liste diese Menge, ist es zweckmäßig, die Feinheit der Suchkriterien zu erhöhen, um eine kürzere Ergebnisliste zu erhalten.

- **Checkbox »SAP Business One Suggest« aktivieren**
  SAP Business One Suggest (ab Release 8.8) ist eine Hilfe beim Suchen von Daten in Auswahllisten. Markieren Sie die Checkbox, damit diese Suchhilfe aktiviert ist. Das Beispiel aus Abbildung 3.73 verdeutlicht dies.

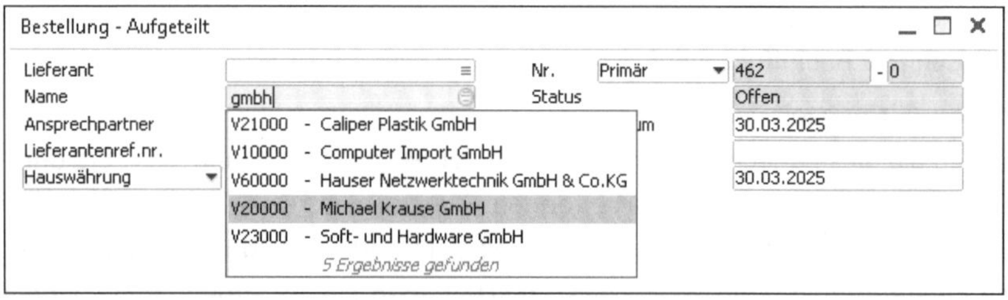

Abbildung 3.73: SAP Business One Suggest

Beim Anlegen einer Bestellung soll nach allen Geschäftspartnern gesucht werden, die den Suchbegriff »gmbh« im Namen tragen – es wird aber kein »*« als Joker eingegeben.

Geben Sie dazu den Suchbegriff »gmbh« im Fenster **Bestellung – Aufgeteilt** in das Feld **Name** ein. Es erscheint ein Ergebnisfenster unterhalb des Feldes, das alle Lieferanten mit dem gewünschten Suchbegriff enthält (siehe Abbildung 3.73). Klicken Sie auf den gewünschten Lieferanten, um ihn auszuwählen. SAP Business One Suggest kann also als schnelle und einfache Alternative zur Suchfunktion verstanden werden.

Diese Form der Suchhilfe steht in den meisten Fenstern in SAP Business One zur Verfügung.

- **Eingabefelder in der Gruppe »Dezimalstellen (0..6)«**
  Diese Felder sind grundsätzlich selbsterklärend. Sie können allerdings gravierende Auswirkungen haben. So kann beispielsweise die Erhöhung der Dezimalstellen von Preisen zwar in Ausnahmesituationen sinnvoll sein. Sie wird aber jedenfalls zumindest Herausforderungen im Bereich der Rundung von Preisen nach sich ziehen oder eine Überarbeitung der Layouts erforderlich machen. Es empfiehlt sich daher, Änderungen in diesem Bereich nur in Abstimmung mit einem Consultant oder erfahrenen Key-User durchzuführen.

- **Optionsgruppe »Fremdwährungswertberichtigung«**
  Mit dieser Einstellung legen Sie fest, auf welche Weise die Fremdwährung dargestellt werden soll.
  - **Option »Direkt«**: Wählen Sie die Option **Direkt**, wenn die Fremdwährung »führend« sein soll: 1 USD = x EUR.
  - **Option »Indirekt«**: Wählen Sie die Option **Indirekt**, wenn die Hauswährung führend sein soll: 1 EUR = x USD.

[+]

Häufigere Verwendung der Option »Indirekt«

Im deutschsprachigen Raum werden die Kurse in der Regel auf die indirekte Art publiziert. Aus diesem Grund sollten Sie ebenfalls diese Einstellung wählen.

[!]

Festlegen der Option vor Produktivstart

Mit der ersten Journalbuchung in SAP Business One lässt sich die Option nicht mehr ändern. Daher sollte die gewünschte Einstellung unbedingt in der Phase der Systeminitialisierung – vor dem Echtbetrieb – vorgenommen werden.

Auf der Registerkarte **Schriftart u. Hintergrund** haben Sie die Möglichkeit, das Aussehen der Benutzeroberfläche hinsichtlich der Schriftart und -größe zu verändern und ein Hintergrundbild einzufügen (siehe Abbildung 3.74).

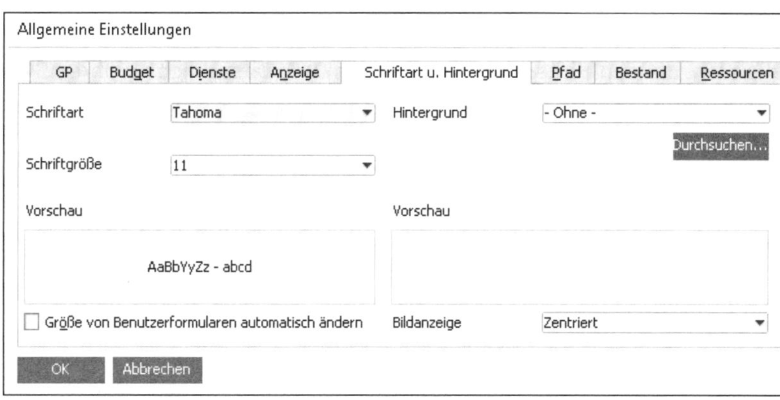

Abbildung 3.74: Schriftart und -größe einstellen

Wählen Sie die gewünschte Schriftart und -größe aus; im Bereich **Vorschau** sehen Sie das tatsächliche Aussehen Ihrer Auswahl. Klicken Sie auf den Button **Aktualisieren**, um die Schriftart und -größe zu ändern.

Den Hintergrund Ihres SAP-Business-One-Bildschirms ändern Sie im rechten Bereich der Registerkarte (siehe Abbildung 3.75).

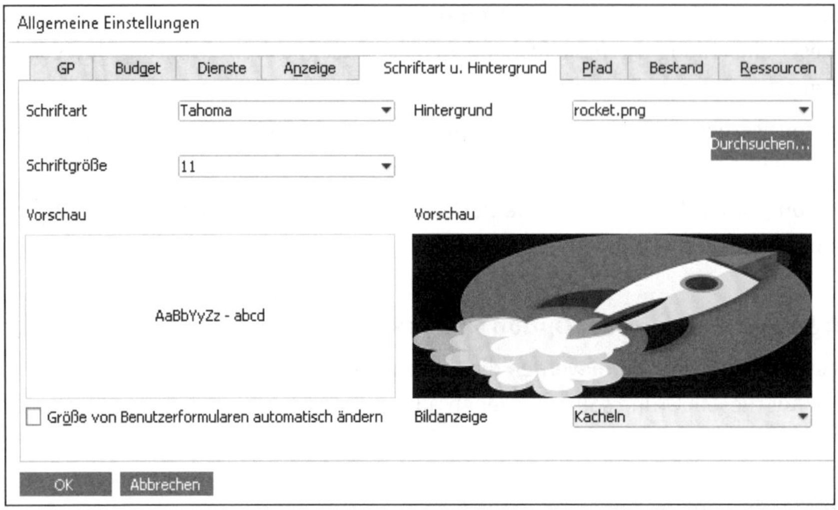

Abbildung 3.75: Hintergrund ändern

Um den Hintergrund zu ändern, klicken Sie zunächst auf den Button **Durchsuchen**. Im nun geöffneten Microsoft-Windows-Fenster können Sie ein beliebiges Bild auswählen. Im Beispiel in Abbildung 3.75 ist das Bild im Bereich **Vorschau** auf der rechten Seite zu sehen. Sobald das Bild ausgewählt wurde, erscheint es auch in der Dropdown-Liste **Hintergrund**.

Im Feld **Bildanzeige** unterhalb des Bereichs **Vorschau** stellen Sie ein, ob das Bild zentriert, als Vollbild oder gekachelt angezeigt werden soll. Klicken Sie abschließend auf den Button **Aktualisieren**, um den Hintergrund zu speichern und tatsächlich auf Ihren SAP-Business-One-Bildschirm anzuwenden.

Hintergrundgrafik oder Cockpit

Da das Cockpit praktisch die gesamte Arbeitsfläche ausfüllt und nur Platz für die Menüleisten lässt, ist bei Aktivierung des Cockpits die Verwendung einer Hintergrundgrafik ausgeschlossen. Sie kann zwar eingestellt werden, wird aber nicht angezeigt.

Sie haben nun das Grundwerkzeug für die Arbeit mit SAP Business One kennengelernt. Im Mittelpunkt standen dabei das Arbeiten mit und das Verwalten von Datensätzen sowie weitere Methoden, die eine effiziente Bedienung von SAP Business One gewährleisten.

3.9 Hilfefunktionen

SAP Business One bietet eine Reihe von *Hilfefunktionen*, die gerade für Einsteiger besonders nützlich sind. Diese erläutern wir in diesem Abschnitt, weiterführende Beschreibungen zur Recherche von aktuellen Informationen finden Sie in Anhang D.

Möchten Sie z. B. von einem Button in der Symbolleiste wissen, was sich hinter ihm verbirgt, verharren Sie mit dem Cursor für einen kurzen Moment über diesem Button, ohne dabei auf ihn zu klicken. Nach einem Augenblick erscheint die *Schnellhilfe* mit der Bezeichnung des Buttons (siehe Abbildung 3.76).

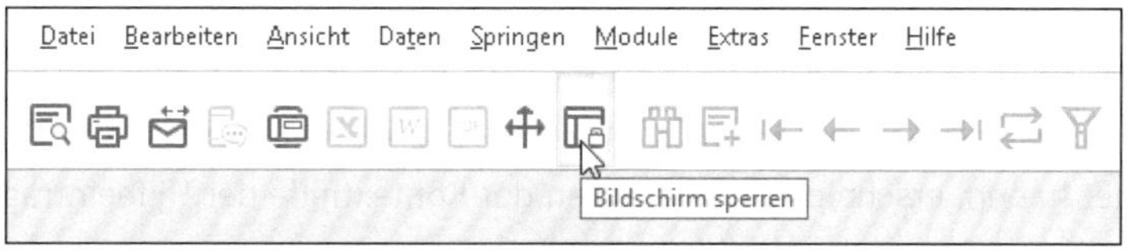

Abbildung 3.76: Schnellhilfe zum Button »Bildschirm sperren«

Die *Direkthilfe* stellt für jedes Feld in SAP Business One eine kurze und prägnante Beschreibung zur Verfügung (siehe Abbildung 3.77).

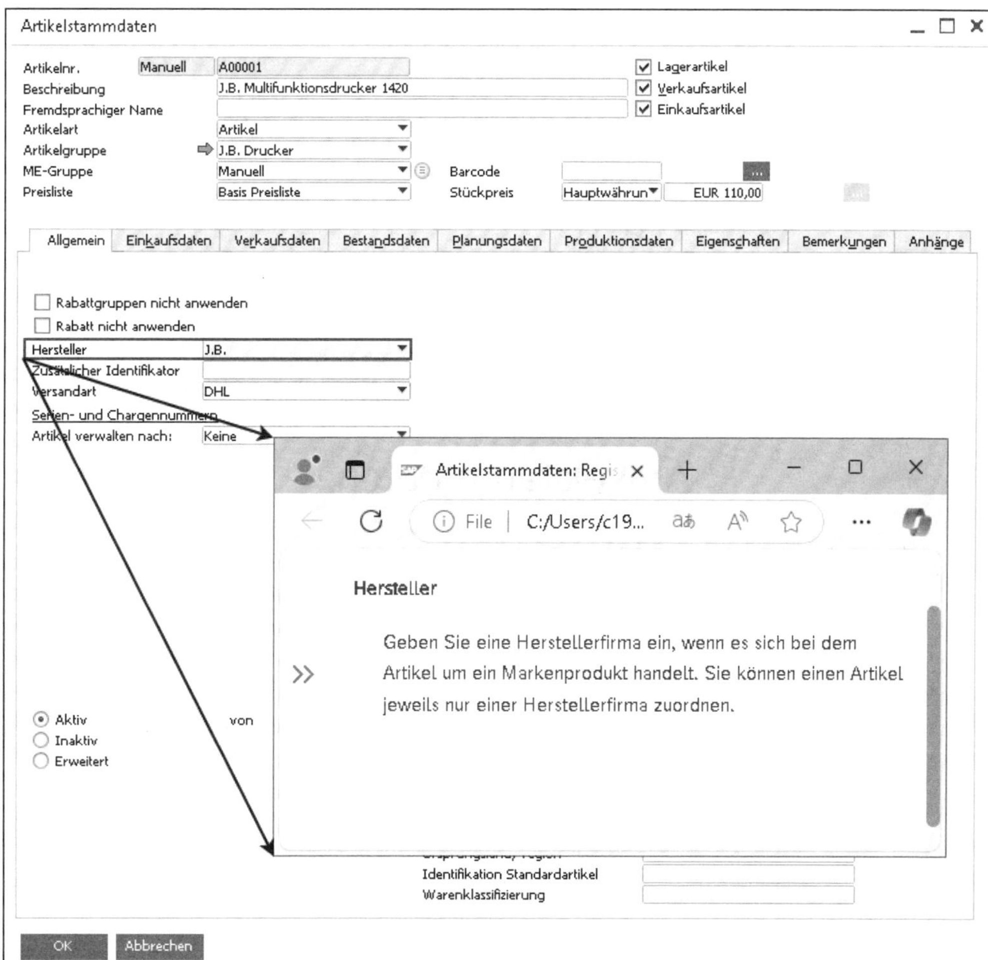

Abbildung 3.77: Direkthilfe in Artikelstammdaten aufrufen

Um die Direkthilfe aufzurufen, klicken Sie mit dem Cursor in das entsprechende Feld und verwenden die Tastenkombination [⇧]+[F1]. Oder Sie wählen den Eintrag **Direkthilfe** aus dem Menü **Hilfe**, Unterordner **Dokumentation**. Die Direkthilfe wird – wie alle weiteren Hilfeoptionen – im Standard-Browser Ihres Arbeitsplatzes angezeigt.

Die *Kontexthilfe* ist eine ausführliche Beschreibung eines Fensters. Wie der Name bereits impliziert, zeigt sie den gesamten Kontext, also nicht nur das unmittelbare Feld, sondern den Gesamtzusammenhang eines Datenobjekts: Wenn Sie z. B. das Fenster **Artikelstammdaten** geöffnet haben, erscheint beim Aufrufen der Kontexthilfe der Hilfeeintrag zum Thema **Artikelstammdaten** (siehe Abbildung 3.78).

Öffnen Sie das gewünschte Fenster, und drücken Sie die Funktionstaste [F1] auf Ihrer Tastatur, um die Kontexthilfe zu öffnen. Alternativ dazu klicken Sie auf den Eintrag **Kontexthilfe** im Menü **Hilfe • Dokumentation**.

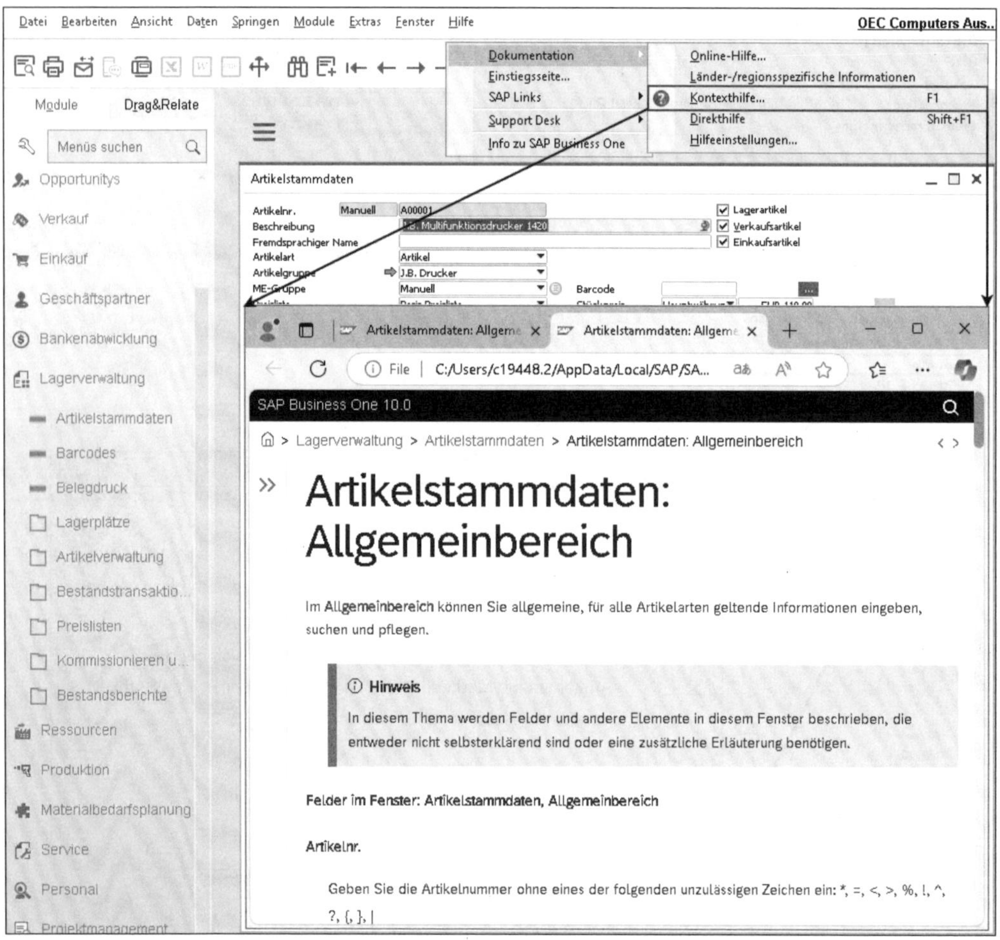

Abbildung 3.78: Kontexthilfe zum Fenster »Artikelstammdaten«

Die *Online-Hilfe* ist die klassische Programmhilfe in SAP Business One. Sie ist thematisch kategorisiert und kann sehr einfach nach Schlagwörtern durchsucht werden. Sie ist also die dritte und oberste Ebene nach der Direkthilfe und der Kontexthilfe.

Abbildung 3.79 zeigt die Online-Hilfe zum Thema **Verkauf • Verkaufsprozess in SAP Business One • Verkaufsbelege • Kundenauftrag • Kundenauftrag: Allgemeinbereich.**

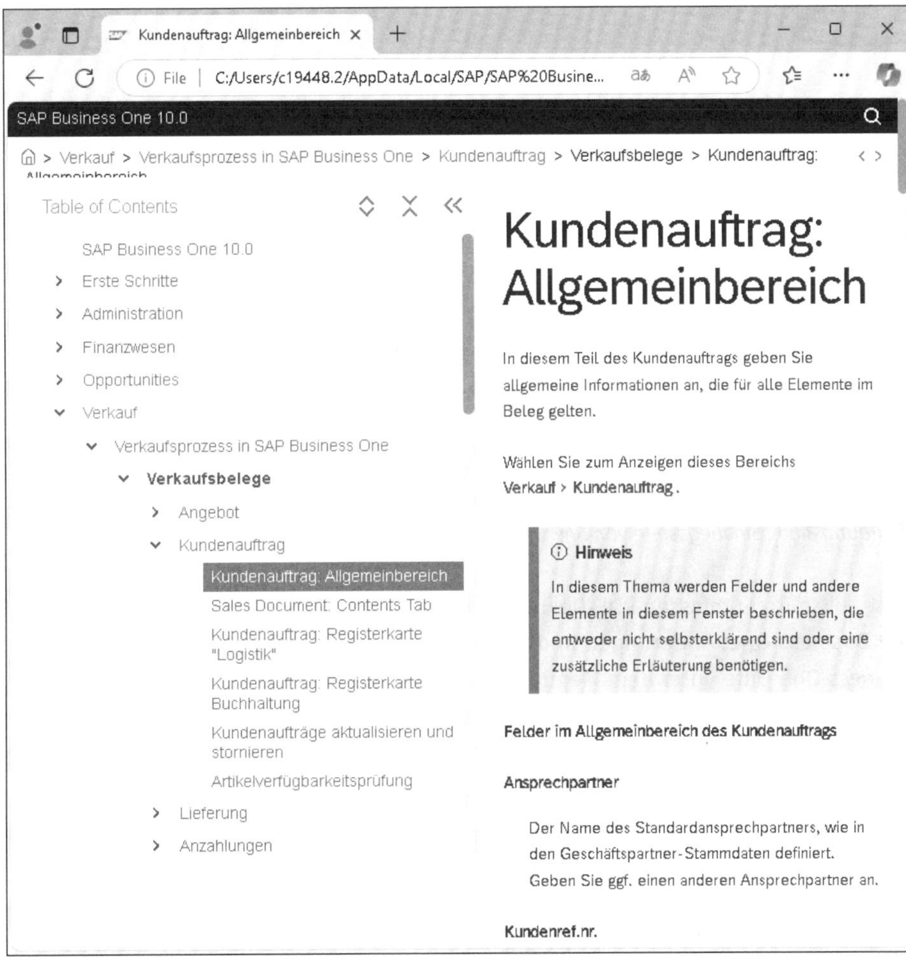

Abbildung 3.79: Online-Hilfe zum Fenster »Kundenauftrag: Allgemeinbereich«

Klicken Sie auf den Eintrag **Online-Hilfe** im Menü **Hilfe • Dokumentation**, um diese Hilfefunktion zu nutzen. Die Online-Hilfe ist lokalisierungsspezifisch. Das bedeutet, die Lokalisierung des aktuell verwendeten Mandanten wird automatisch erkannt, und der Inhalt der Online-Hilfe ist darauf abgestimmt. Um für Ihre Lokalisierung relevante Informationen zu erhalten, nutzen Sie auch den Eintrag **Länderspezifische Informationen**.

Die *Einstiegsseite* ermöglicht Ihnen einen ersten Überblick über verschiedene Hilfsmittel in SAP Business One (siehe Abbildung 3.80).

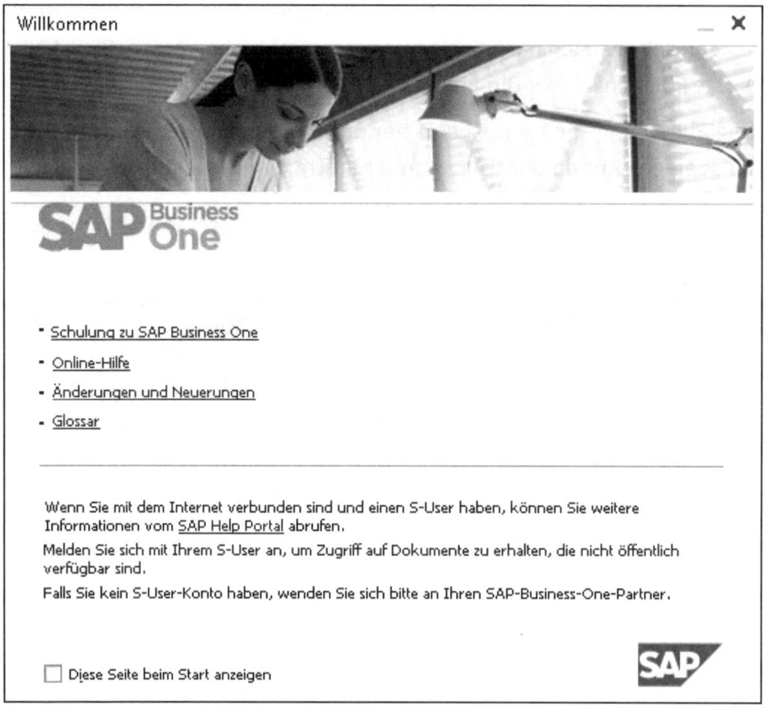

Abbildung 3.80: Einstiegsseite von SAP Business One

Diese Hilfsmittel umfassen PDF-Dokumente wie den Absprung zur Website **Schulung zu SAP Business One**, **Änderungen und Neuerungen** und das **Glossar**, die klassische SAP-Business-One-Hilfe unter dem Menüpunkt **Online-Hilfe** oder den Menüpunkt **Benutzerschulung**, mit dem Sie zu den Schulungsressourcen im SAP Service Marketplace geleitet werden.

Markieren Sie die Checkbox **Diese Seite beim Start anzeigen**, wenn die Einstiegsseite bei jedem Start von SAP Business One angezeigt werden soll. Wenn Sie die Einstiegsseite ausgeblendet haben, können Sie sie im Menü **Hilfe • Einstiegsseite...** wieder aufrufen.

3.10 Übungsaufgaben

1. Starten Sie SAP Business One, und klicken Sie im Willkommensfenster auf den Button **Firma auswählen**. Wählen Sie die Firma »OEC Computers Deutschland« aus, geben Sie als Benutzercode »conrad« ein (Benutzer »Conrad Lübke«), und lassen Sie das Passwort leer. Anschließend fordert SAP Business One Sie auf, das Passwort zu ändern. Geben Sie im Feld **Altes Kennwort** nichts ein, tippen Sie im Feld **Neues Kennwort** ein neues Passwort ein (z. B. »con2025«), und bestätigen Sie dies im Feld **Bestätigen**. Klicken Sie abschließend auf **Aktualisieren**.

2. Öffnen Sie das Fenster **Firma auswählen** (Modul **Administration**), und wechseln Sie zum Benutzer »manager« mit dem Benutzercode und Passwort »manager«.
3. Öffnen Sie den Bericht **Telefonbuch** im Modul **Personalwesen**.
4. Öffnen Sie das Fenster **Alternativartikel** im Modul **Lagerverwaltung**.
5. Schließen Sie das Fenster **Alternativartikel** mit der [Esc]-Taste.
6. Öffnen Sie das Fenster **Servicevertrag** im Modul **Service** über das Menü **Module**.
7. Öffnen Sie das Fenster **Geschäftspartner-Stammdaten** im Modul **Geschäftspartner** über das Hauptmenü. Tun Sie dies zweimal!
8. Klicken Sie auf den Button [|←] (**Erster Datensatz**), um den ersten Geschäftspartner anzuzeigen.
9. Wechseln Sie mit der Tastenkombination [Alt]+[C] auf die Registerkarte **Eigenschaften**.
10. Aktivieren Sie die dritte Eigenschaft für den Geschäftspartner, und bestätigen Sie dies mit dem Button **Aktualisieren**.
11. Schließen Sie das Fenster **Geschäftspartner-Stammdaten** mit dem Button **OK**.
12. Suchen Sie den zuvor geänderten Geschäftspartner im zweiten geöffneten Fenster **Geschäftspartner-Stammdaten** aus, und wechseln Sie auf die Registerkarte **Eigenschaften**. Demarkieren Sie alle Eigenschaften mit einem Klick auf die Spaltenüberschrift oberhalb der Checkboxen.
13. Schließen Sie das Fenster mit der Taste [Esc].
14. Öffnen Sie das Fenster **Artikelstammdaten**, und suchen Sie den Artikel »A00004 HP Color Laser Jet 5«. Um das Arbeiten mit der integrierten Drilldown-Funktion zu üben, führen Sie die folgenden Schritte aus:
    - Wechseln Sie auf die Registerkarte **Einkaufsdaten**, und klicken Sie auf den orangefarbenen Pfeil [⇨] neben dem Feld **Bevorzugter Lieferant.**
    - Klicken Sie im nun geöffneten Fenster **Geschäftspartner-Stammdaten** auf den orangefarbenen Pfeil neben dem Feld **Kontensaldo**.
    - Demarkieren Sie im nun geöffneten Fenster **Kontensaldo** die Checkboxen **Buchungsdatum von** und **Nur offene Posten anzeigen** im rechten oberen Bereich des Fensters. Klicken Sie anschließend auf den orangefarbenen Pfeil vor der Eingangsrechnung in der Spalte **Herkunft** in der ersten Zeile der Tabelle.
    - Klicken Sie im nun geöffneten Fenster **Eingangsrechnung** auf den orangefarbenen Pfeil vor dem Artikel »A00001 IBM Infoprint 1312«.
15. Versuchen Sie jetzt, vom Fenster **Artikelstammdaten** aus über die orangefarbenen Pfeile bis in das Fenster **Raten** der Zahlungsbedingung des bevorzugten Lieferanten zu gelangen (**Artikelstammdaten** • **Einkaufsdaten** • **Bevorzugter Lieferant** • Registerkarte **Zahlungsbedingungen** • Feld **Zahlungsbedingungen** • **Raten**).
16. Schließen Sie alle Fenster über das Menü **Fenster**.

Kapitel 4
Stammdaten

In SAP Business One sind die Stammdaten der Grundstein für die Abbildung aller betriebswirtschaftlichen Unternehmensprozesse. Dieses Kapitel legt ein besonderes Augenmerk auf die starke Vernetzung der Stammdaten mit den übrigen Funktionsbereichen.

In diesem Kapitel beschäftigen wir uns mit den Stammdaten in SAP Business One. Dabei stehen die beiden großen Stammdatenblöcke Geschäftspartner und Artikel im Fokus. Diese Stammdaten sind die tragenden Säulen in SAP Business One.

Die Themen Geschäftspartner und Artikel sowie die übrigen Inhalte aus dem Bereich Stammdaten behandeln wir in diesem Buch im Wesentlichen an zwei Stellen:

- zum einen im vorliegenden Kapitel, siehe z. B. Abschnitt 4.3, »Geschäftspartner«, und Abschnitt 4.6, »Artikel«
- zum anderen in dem jeweils thematisch zugehörigen Abschnitt, siehe z. B. Abschnitt 12.1, »Kontenplan«, Abschnitt 15.1, »Servicevertrag als Grundlage«, und Abschnitt 16.2, »Mitarbeiterstammdaten«

Einige Themen sind weiterführend und werden aus diesem Grund nicht in diesem Buch behandelt: z. B. Finanzberichtsvorlagen im Modul **Finanzwesen**. Andere Themen betreffen optional Funktionen, die dafür notwendigen Stammdaten erläutern wir in den jeweiligen Kapiteln: z. B. Stücklisten im Modul **Produktion** oder Prognosen im Modul **Materialbedarfsplanung**.

4.1 Was sind Stammdaten?

Eine wesentliche Unterscheidung bei einer ERP-Software ist die zwischen *Stammdaten* und *Bewegungsdaten* bzw. *Transaktionsdaten*. Stammdaten sind zustandsorientierte Daten, die der Identifizierung und Klassifizierung von Sachverhalten dienen. Diese zustandsorientierten Daten stehen über einen längeren Zeitraum zur Verfügung, wie etwa Mitarbeiter, Artikel, Geschäftspartner und Benutzer. Bewegungsdaten sind im Gegensatz dazu abwicklungsorientierte Daten, die immer wieder neu durch die betrieblichen Leistungsprozesse entstehen, wie etwa Bestellungen, Serviceabrufe, Journalbuchungen und Zahlungen.

[+]

Rat eines Key-Users oder Consultants

Die Vorgehensweise beim Anlegen von Stammdaten in SAP Business One sollte generell mit einem Key-User und gegebenenfalls einem Consultant in der Einführungsphase festgelegt werden, also noch vor Eingabe oder Import der Daten. Dies betrifft sowohl die einzugebenden Feldinhalte (welcher Inhalt z. B. in das Feld **Bemerkung** in den Artikelstammdaten eingegeben wird) als auch das Festlegen von allgemeinen Regeln (etwa Telefonnummer immer mit Landesvorwahl eingeben). Es empfiehlt sich, zu Beginn eines Projekts angemessene Zeit für diese Aufgabe einzuplanen. Das wirkt sich langfristig positiv auf die Qualität Ihrer Stammdaten aus und ermöglicht eine korrekte Erzeugung der Bewegungsdaten.

4.2 Benutzer

Jede Person, die mit SAP Business One arbeitet, muss als Benutzer (bzw. User) eingerichtet werden. Benutzer melden sich in SAP Business One mit Benutzercode und Passwort an.

Als Kunde von SAP erwerben Sie sogenannte *Named-User-Lizenzen*, d. h., jede einzelne Benutzerlizenz wird einer Person des Unternehmens zugeordnet.

Generische Benutzerkonten wie »Lager« oder »Buchhaltung« sind laut Lizenzbedingungen nicht erlaubt. Eine Ausnahme bildet der Lizenztyp **SAP Business One Indirect access by non-employees** zur Anbindung externer Systeme, etwa eines Webshops.

Nach der Installation von SAP Business One wird automatisch ein Benutzer angelegt. Dies ist der bereits in Abschnitt 3.1.1, »Erstmaliger Einstieg«, verwendete Benutzer »manager« (Benutzercode: »manager«, Passwort: »manager«). Dieser Benutzer ist zugleich ein sogenannter *Superuser*. Das bedeutet, für ihn gelten keinerlei Einschränkungen in den Benutzerberechtigungen und er verfügt über zusätzliche Berechtigungen wie z. B. die Möglichkeit, Benutzern Lizenzen zuzuweisen.

Um einen neuen Benutzer anzulegen, gehen Sie folgendermaßen vor: Öffnen Sie das Fenster **Benutzer – Definition** über **Hauptmenü • Administration • Definition • Allgemein • Benutzer** (siehe Abbildung 4.1).

Es stehen die Registerkarten **Allgemein**, **Serviceleistungen** und **Anzeigen** zur Verfügung. Die wichtigsten Einstellungen werden in der Registerkarte **Allgemein** vorgenommen.

Abbildung 4.1: Fenster »Benutzer – Definition« mit der Registerkarte »Allgemein«

4.2.1 Registerkarte »Allgemein«

Hier geben Sie alle relevanten Daten gemäß folgender Auflistung ein. Nicht alle Optionen müssen unbedingt gefüllt werden; SAP weist Sie auf fehlende Pflichtfelder beim Speichern hin:

- **Checkbox »Superuser«**
  Aktivieren Sie diese Checkbox, um aus dem Benutzer einen Superuser zu machen. Dieser hat alle Benutzerberechtigungen und darf z. B. für einen anderen Benutzer das Passwort ändern. Der Superuser kann in seinen Berechtigungen nicht von anderen Benutzern eingeschränkt werden. Dementsprechend sollten Sie mit der Zuweisung dieses Benutzers zurückhaltend sein und nur für wenige User diese Checkbox setzen.
- **Checkbox »Mobile-Benutzer«**
  Aktivieren Sie diese Checkbox, wenn Sie diesem Benutzer ermöglichen möchten, mittels einer Smartphone-App (iOS und Android) auf SAP Business One zuzugreifen.

- **Feld »Benutzercode« [Pflichtfeld]**
  Geben Sie hier das Kürzel an, mit dem sich der Benutzer am Programm anmeldet. Die Eingabe in diesem Feld ist auf 25 Zeichen beschränkt. Der Benutzercode muss einmalig sein und kann auch nach dem Deaktivieren eines Benutzers nicht erneut vergeben werden.
- **Feld »Benutzername« [Pflichtfeld]**
  Geben Sie den Vor- und Nachnamen des Benutzers ein, dieser Name kann optional auf Belege gedruckt werden.
- **Feld »Bindung an Microsoft-Windows-Konto«**
  Geben Sie hier den Benutzernamen des Microsoft-Windows-Kontos des angezeigten Benutzers ein. Damit ist der SAP-Business-One-Benutzer mit dem Microsoft-Windows-Benutzer verknüpft, sodass das Anmeldefenster in SAP Business One übersprungen werden kann und sich der Benutzer dort nicht mehr extra anmelden muss (Single Sign On, SSO).
- **Feld »Mitarbeiter«**
  Wählen Sie den für diesen Benutzer angelegten Mitarbeiter aus der Werteliste aus. Sollte dieser Benutzer noch nicht als Mitarbeiter angelegt sein, klicken Sie auf den Button [≡], um die Auswahlliste zu öffnen. Klicken Sie in der geöffneten Auswahlliste (Fenster **Liste: Mitarbeiter**) auf den Button **Neu**, um im sich dann öffnenden Fenster **Mitarbeiterstammdaten** einen neuen Mitarbeiter anzulegen. Das Anlegen eines Mitarbeiters beschreiben wir ausführlich in Abschnitt 16.2, »Mitarbeiterstammdaten«.
- **Felder »E-Mail«, »Mobiltelefon« und »Fax«**
  Hier werden die Kontaktdaten des Mitarbeiters eingetragen, alle Felder können auf Belege gedruckt werden. Darüber hinaus kann das Feld **E-Mail** für die Zusendung von Alarmen genutzt werden. Detaillierte Informationen zu den Alarmen finden Sie in Abschnitt 18.1, »Alarmfunktionen«.
- **Feld »Mobiles Gerät ID«**
  Geben Sie hier die ID (= MAC-Adresse) des Smartphones ein, mit dem Sie auf SAP Business One zugreifen möchten. Die App zum Download finden Sie im jeweiligen App Store (für iOS oder Android).
- **Dropdown-Listen »Filiale« und »Abteilung«**
  Hier können Sie eine Filiale und eine Abteilung aus der Dropdown-Liste auswählen. Diese Felder sind nur dann sinnvoll verwendbar, wenn im Programmteil **Administration • Systeminitialisierung • Firmendetails** in der Registerkarte **Basisinitialisierung** die Option **Mehrere Filialen aktivieren** angehakt wurde. Dies ist ein weiterführendes Thema; die Aktivierung kann nicht rückgängig gemacht werden, und Sie sollten Sie daher mit Ihrem Consultant besprechen.
- **Feld »Gruppen«**
  Klicken Sie auf den Button [...] (**Dem Benutzer Berechtigungsgruppen zuordnen**), und wählen Sie im nun geöffneten Fenster **Benutzergruppen** jene Gruppe aus, zu der die-

ser Benutzer gehört. SAP stellt vier Standardgruppen mit Standardberechtigungen bereit: **Finance**, **Sales**, **Purchase** und **Inventory**. Dabei kann ein Benutzer auch die Berechtigungen von mehreren Gruppen erhalten. Abschließend bestätigen Sie Ihre Auswahl mit den Buttons **Aktualisieren** und **OK**.

[+]

Arbeiten mit Gruppen

SAP hat die Bedeutung von Benutzergruppen in den letzten Versionen kontinuierlich ausgebaut. Bei einer größeren Zahl von Nutzenden empfiehlt sich diese Funktion sehr. Benutzergruppen erleichtern zudem die Erfüllung von Compliance-Anforderungen, da sich damit einfach dokumentieren lässt, wer welche Berechtigungen und welches Bildschirmlayout hat.

Die Benutzergruppen helfen Ihnen bei der Organisation von vier Themenbereichen (siehe Abbildung 4.2):

- **Berechtigung**: Wer hat welche Zugriffsrechte?
- **Alarme**: Wer wird automatisiert worüber informiert?
- **Formulareinstellungen**: Welche Felder sind in Bildschirmtabellen eingeblendet, wie ist die Reihenfolge?
- **Vorlagen für die Konfiguration der Benutzeroberfläche**: Welche Felder sind ausgeblendet, welche benutzerdefinierten Felder sind in Bildschirmmasken wo eingebaut, welche zusätzlichen Registerkarten wurden erstellt?

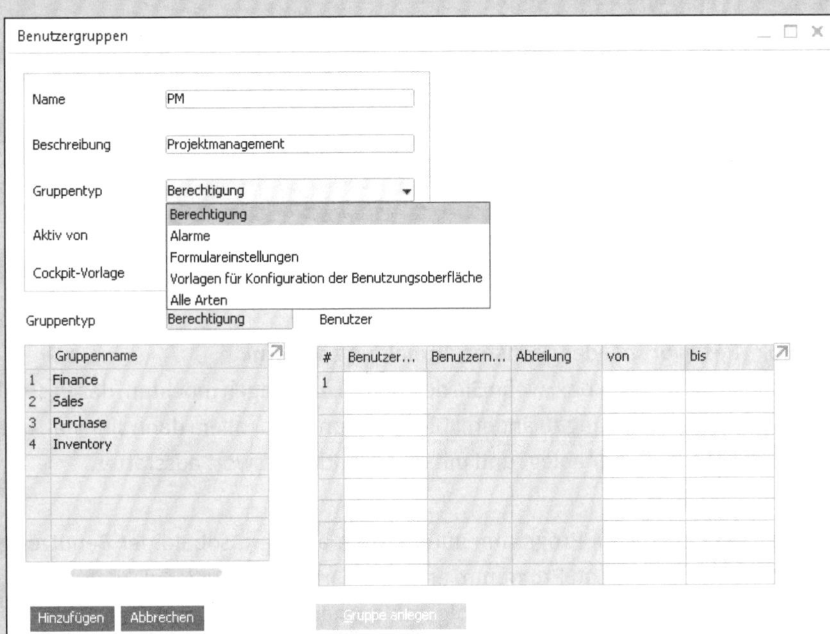

Abbildung 4.2: Definieren von Benutzergruppen

> **Alle Arten** fasst die oben beschriebenen Gruppen zu einer großen funktionalen Gruppe zusammen. Diese Option macht die Arbeit mit Benutzergruppen deutlich einfacher und übersichtlicher und ist die Empfehlung.
>
> Die Anlage erfolgt im Programmteil **Administration • Definition Allgemein • Benutzergruppen** und weicht ein wenig von der üblichen Bedienung ab: Das Fenster zeigt links die angelegten Benutzergruppen und rechts deren Mitglieder. Über den Button **Gruppe anlegen** legen Sie eine neue Gruppe an. Über das Feld **Cockpit-Vorlage** lässt sich auch das Cockpit mit definierten Gruppen verknüpfen, da es ebenfalls Zugriff auf Daten und Informationen bietet.

- **Feld »Passwort« [Pflichtfeld]**
  Das Passwort muss in seiner Länge und Komplexität den Einstellungen entsprechen, die im Programmpunkt **Administration • Definition • Allgemein • Sicherheit • Passwortverwaltung** vorgenommen wurden (siehe Abbildung 4.7).

Um ein neues Passwort einzugeben oder ein bestehendes zu ändern, klicken Sie auf den Button neben dem Feld **Passwort**, wie es in Abbildung 4.1 dargestellt ist.

Ein weiteres Fenster wird geöffnet. Geben Sie hier das Passwort ein, und wiederholen Sie die Eingabe im zweiten Feld **Bestätigen**. Im Feld **Beispielpasswort** wird anhand eines Beispiels gezeigt, wie das Passwort auszusehen hat. Klicken Sie auf den Button **Aktualisieren**, um das Passwort zu speichern.

[+]

> **Standardpasswort**
>
> Beim Anlegen eines Benutzers sollte ein Standardpasswort angegeben werden, das der Benutzer anschließend selbst ändern kann.

- **Checkbox »Passwort läuft nie ab«**
  Aktivieren Sie diese Checkbox, wenn das Passwort nicht nach einer bestimmten Zeit vom Benutzer geändert werden muss.
- **Checkbox »Passwort bei der nächsten Anmeldung ändern«**
  Aktivieren Sie diese Checkbox, wenn Sie den Benutzer zwingen möchten, das Passwort bei der nächsten Anmeldung zu ändern. Diese Option ist vor allem dann sinnvoll, wenn ein Key-User alle Benutzer anlegt und mit einem Initialpasswort ausstattet.
- **Checkbox »Gesperrt«**
  Diese Checkbox wird vom Programm automatisch aktiviert, sobald der Benutzer gesperrt ist und nicht mehr im Programm arbeiten darf. Der Benutzer wird gesperrt, sobald er die vorgesehene Anzahl von fehlgeschlagenen Anmeldeversuchen überschreitet. Die maximale Anzahl der Anmeldeversuche wird im Fenster **Passwortverwaltung**

unter **Hauptmenü • Administration • Definition • Allgemein • Sicherheit • Passwortverwaltung** festgelegt. Alternativ kann diese Checkbox auch absichtlich aktiviert sein, um diesen Benutzer für SAP Business One zu sperren, z. B. wenn er aus dem Unternehmen ausgeschieden ist

- **Checkbox »Einstellung der Integrationspakete ermöglichen«**
  Aktivieren Sie diese Checkbox, wenn Sie dem Benutzer das Arbeiten mit den Integrationspaketen von *SAP Business One Integration Framework (B1iF)* ermöglichen wollen. Das ist ein weiterführendes Thema, das unbedingt von einem Consultant bearbeitet werden sollte.
- **Checkbox »Natürliche Person«** und **Auswahlfeld »Status«**
  Diese Felde sind nur dann aktiv, wenn die Benutzer im Programmteil **Administration • Dienstprogramm • Datenschutzwerkzeuge** entsprechend definiert wurden. Mehr Informationen dazu finden Sie in Abschnitt 18.11, »Datenschutzgrundverordnung (DSGVO)«.
- **Checkbox »Kontrolle über Bearbeitung elektronischer Belege im Monitor für elektronische Belege übernehmen«**
  Aktivieren Sie diese Checkbox, wenn Sie dem Benutzer das Arbeiten mit elektronischen Dokumenten wie *Peppol*, *ZUGFeRD* oder *e-Invoices* ermöglichen wollen. Das ist ein weiterführendes Thema, das unbedingt von einem Consultant bearbeitet werden sollte.
- **Button »Formulareinstellungen kopieren«**
  Mit diesem Button können Sie alle Benutzereinstellungen von einem Benutzer auf beliebig viele andere Benutzer oder Benutzergruppen übertragen. Dies betrifft vor allem die Fenstereinstellungen, die pro Benutzer festgelegt werden können, etwa Größe, Position oder Spaltenreihenfolge, sowie die Nachrichtenpräferenzen und die **Vorschaupräferenzen Tooltip**. In Abbildung 4.3 sehen Sie, wie die Formulareinstellungen des gerade bearbeiteten Benutzers auf andere Benutzer kopiert werden. Zu diesem Zweck wählen Sie zunächst durch Aktivierung der Checkbox links neben den Benutzernamen die Zielbenutzer aus.

  Im nächsten Schritt wählen Sie durch Aktivieren der Checkboxen in der Spalte **Auswahl** die zu kopierenden **Formulare** (= Bildschirmeinstellungen) aus. Abbildung 4.4 zeigt diesen Schritt.
- **Button »Berechtigungen«**
  Mit diesem Button können Sie in neueren Feature Packs von SAP Business One direkt in die Berechtigungen abspringen, falls Sie die Berechtigungen nicht gruppen-, sondern benutzerindividuell gestalten wollen.
- **Button »Lizenzen«**
  Mit diesem Button können Sie in neueren Feature Packs von SAP Business One direkt in die Lizenzverwaltung abspringen und dem Benutzer seine Lizenz zuweisen.

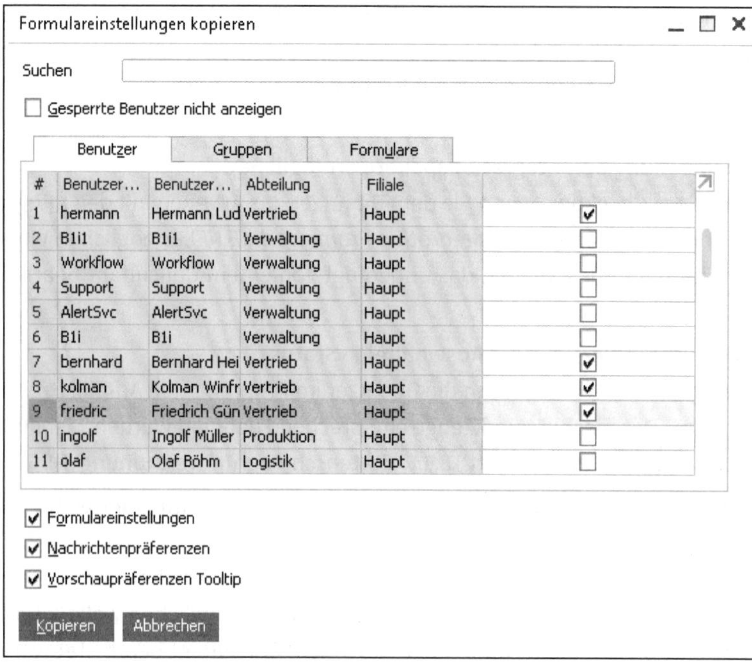

Abbildung 4.3: Kopieren von Formulareinstellungen

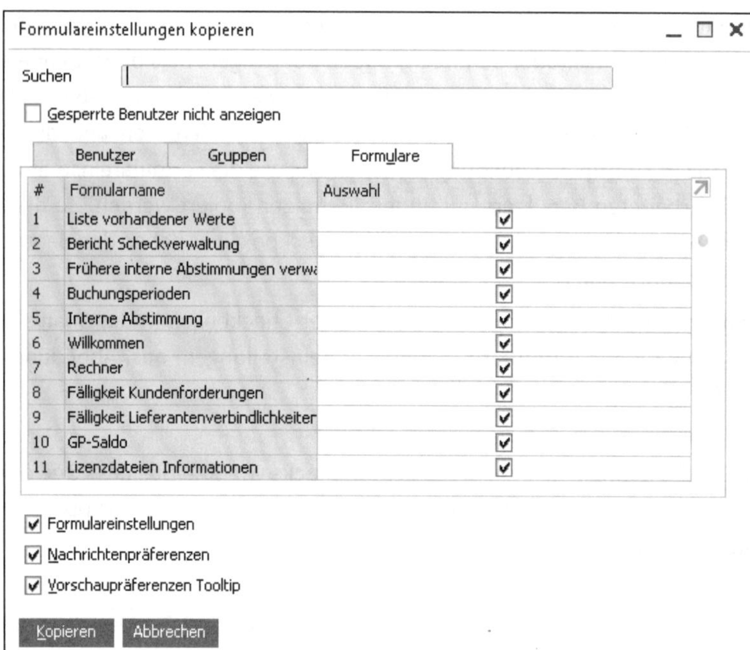

Abbildung 4.4: Wahl der zu kopierenden Formulareinstellungen

4.2.2 Registerkarte »Serviceleistungen«

Kommen wir nun zur Registerkarte **Serviceleistungen**. Hier werden Einstellungen im Zusammenhang mit Serviceleistungen und Dienstprogrammen von SAP Business One vorgenommen (siehe Abbildung 4.5).

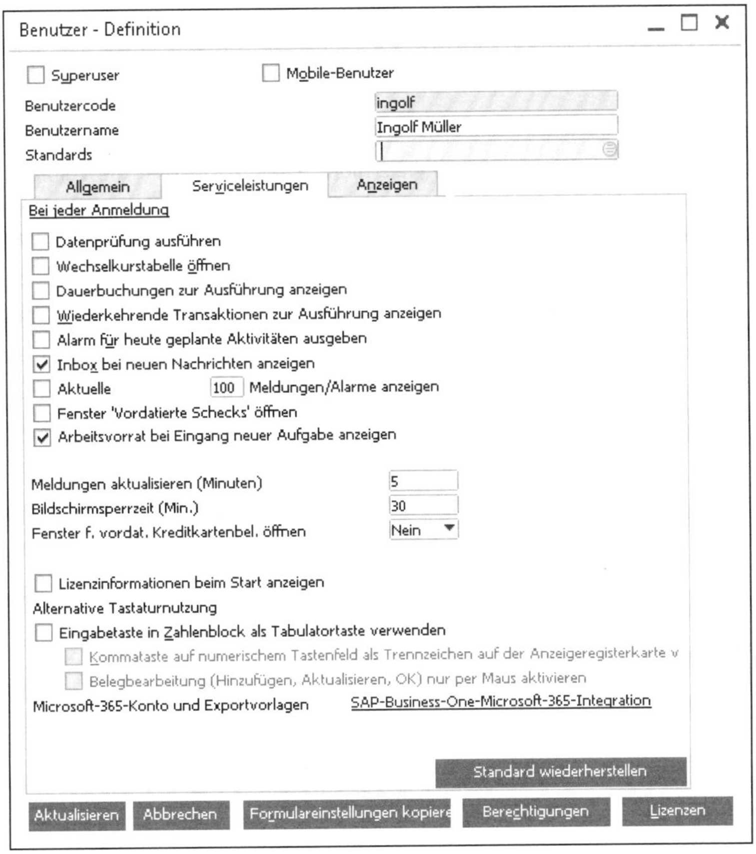

Abbildung 4.5: Fenster »Benutzer – Definition« mit der Registerkarte »Serviceleistungen«

- **Rubrik »Bei jeder Anmeldung«**
  Hier können Sie verschiedene Dienste wählen, die bei jeder Anmeldung des Benutzers ausgeführt werden sollen. Markieren Sie zum Beispiel die Checkbox **Alarm für heute geplante Aktivitäten ausgeben**, um das Fenster **Übersicht Nachrichten/Alarme** automatisch nach dem Anmelden zu öffnen. Darüber hinaus können Sie das Intervall der Aktualisierung von Meldungen und die Bildschirmsperrzeit definieren.
- **Checkbox »Lizenzinformation beim Start anzeigen«**
  Hier entscheiden Sie, ob die Lizenzinformation nach jedem Start in einem kleinen Fenster rechts unten angezeigt werden soll. Da diese Information in der Regel nicht veränderlich ist aber, Platz auf dem Bildschirm in Anspruch nimmt, empfiehlt es sich, diese Checkbox zu deaktivieren.

- **Rubrik »Alternative Tastaturnutzung«**
  Hier nehmen Sie Einstellungen zur Tastenbelegung vor. Sie könnten z. B. die [↵]-Taste des Zahlenblocks als Tabulatortaste verwenden, um dadurch die Geschwindigkeit bei der Eingabe von Zahlen zu erhöhen.
- **Link »SAP-Business-One-Microsoft-365-Integration«**
  Hier können MS Word, Excel und Outlook in SAP Business One integriert werden. Das Thema ist weiterführend und mit Ihrem Consultant zu besprechen.

Alle übrigen Einstellungen in diesem Bildschirm sind selbsterklärend bzw. in den Lokalisierungen für Deutschland, Österreich und Schweiz nicht relevant (z. B. ist die Verwendung von Schecks mittlerweile absolut unüblich, und entsprechende Einstellungen sind unnötig).

4.2.3 Registerkarte »Anzeigen«

Wie in Abbildung 4.6 dargestellt, können Sie zu guter Letzt mithilfe der Registerkarte **Anzeigen** Designstil, Farbe, Sprache, Schriftart und Schriftgröße für die Anzeige von Texten sowie das Hintergrundbild einstellen.

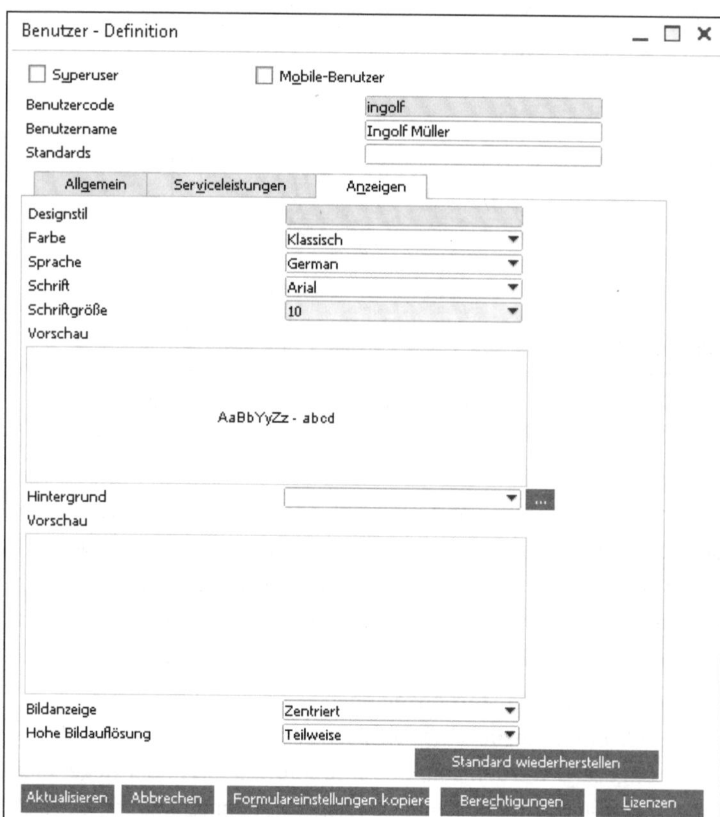

Abbildung 4.6: Fenster »Benutzer – Definition« mit der Registerkarte »Anzeigen«

Jeder Benutzer kann sich so sein eigenes Layout gestalten und es an seine individuellen Bedürfnisse anpassen. Diese Funktion ist vor allem nützlich, wenn Sie z. B. Mitarbeiter mit unterschiedlichen Muttersprachen beschäftigen, da die Anpassung der Sprache nun individuell einstellbar ist und nicht vom Administrator zugewiesen werden muss.

[«]

Persönliche Einstellungen

Die Einstellungen in diesem Bildschirm sind im Programmteil **Administration • Systeminitialisierung • Allgemeine Einstellungen** in der Registerkarte **Schriftart u. Hintergrund** vorbesetzt. Am einfachsten werden sie durch die Benutzer individualisiert, indem sie das Fenster **Benutzer – Definition** in der oberen Button-Leiste durch Klick auf den Button (**Meine persönlichen Einstellungen ...**) öffnen. Beachten Sie, dass eine Erhöhung der Schriftgröße zwar beliebt ist, aber nur dann zu einem guten Ergebnis führt, wenn die Bildschirmgröße und -auflösung entsprechend hoch ist. Bei kleinen Bildschirmen oder geringer Auflösung führt eine große Schriftart dazu, dass häufig gescrollt werden muss.

Klicken Sie auf den Button **Hinzufügen**, und der Benutzer wird angelegt. Das Fenster **Benutzer** bleibt im **Hinzufügen**-Modus, damit Sie noch weitere Benutzer anlegen können.

Um einen bestehenden Benutzer zu ändern, gehen Sie auf die gleiche Weise vor, wie wir es bereits in Abschnitt 3.6.4, »Datensätze ändern/entfernen«, demonstriert haben.

Zur Erinnerung und Übung werden diese Funktionen hier nochmals dargestellt. Öffnen Sie das Fenster **Benutzer**, und wechseln Sie über den Button (**Suchen**) in den **Suchen**-Modus. Geben Sie am besten den Benutzercode oder den Benutzernamen des gewünschten Benutzers ein. Klicken Sie auf den Button **Suchen**, um die Suche zu starten. Alternativ dazu können Sie auch einen Stern »*« in eines der Felder eingeben und auf den Button **Suchen** klicken. Sie erhalten eine Auswahlliste mit allen Benutzern.

Eine andere gute Möglichkeit besteht darin, mit den Datensatzbuttons |← ← → →| alle Benutzer durchzublättern. Die Datensatzbuttons können sowohl im **Hinzufügen**- als auch im **Suchen**-Modus verwendet werden.

Ändern Sie nun die gewünschten Daten. Der Button verwandelt sich dabei von **OK** in **Aktualisieren**, sobald Sie eine Eingabe vornehmen. Bestätigen Sie mit dem Button **Aktualisieren**, wenn Sie die Änderungen abgeschlossen haben.

Beim Ändern des Passworts wird Ihnen zusätzlich das Feld **Altes Kennwort** im Fenster **Passwort ändern** angezeigt. Geben Sie das alte Passwort ein. Danach geben Sie das neue Passwort ein und bestätigen es im untersten Feld. Falls ein Benutzer nicht für das Fenster **Benutzer** berechtigt ist, kann das Passwort über folgenden Pfad geändert werden: **Administration • Definition • Sicherheit • Allgemein • Passwort ändern**.

[+] **Superuser**

Ein Superuser hat die Möglichkeit, für alle Benutzer das Passwort zu ändern. Wählen Sie dazu den gewünschten Benutzer, lassen Sie das alte Passwort leer, und geben Sie zweimal das neue Passwort ein.

SAP Business One bietet über den Pfad **Administration • Definition • Allgemein • Sicherheit • Passwortverwaltung** eine moderne Administration der Benutzerpasswörter an (siehe Abbildung 4.7).

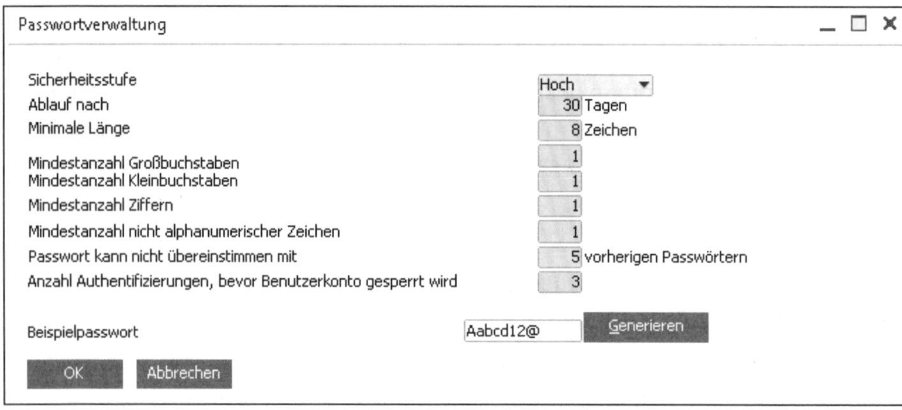

Abbildung 4.7: Fenster »Passwortverwaltung«

Die Passwortverwaltung besteht im Grunde aus einer Reihe von Vorgaben, die das vom Benutzer gewählte Passwort erfüllen muss. Im Detail handelt es sich um die folgenden Felder:

- **Dropdown-Liste »Sicherheitsstufe«**
  Die Sicherheitsstufe ist eine bereits vordefinierte Kategorie, die die Inhalte der nachfolgenden Felder bestimmt. Zur Auswahl stehen die Sicherheitsstufen **Niedrig**, **Mittel**, **Hoch** und **Benutzerdefiniert**. Bei den drei erstgenannten Stufen sind die Inhalte bereits fix definiert und können auch nicht verändert werden. In der Sicherheitsstufe **Mittel** läuft das Passwort nach 60 Tagen ab und muss erneuert werden (siehe Feld **Ablauf nach**). Wie Sie in Abbildung 4.7 sehen, ist die Sicherheitsstufe **Hoch** strenger eingestellt und erfordert bereits nach 30 Tagen ein neues Passwort. Standardmäßig ist in SAP Business One die Stufe **Niedrig** eingestellt.

[!] **Sicherheitsstufe »Benutzerdefiniert«**

Die folgenden Felder können nur eingegeben bzw. geändert werden, wenn Sie die Sicherheitsstufe **Benutzerdefiniert** auswählen. Für alle anderen Sicherheitsstufen sind die folgenden Felder bereits fix vordefiniert.

- **Feld »Ablauf nach«**
  Dieses Feld beschreibt die Anzahl der Tage, nach denen das Passwort vom Benutzer erneuert werden muss. Nach Ablauf dieser Frist erhält der Benutzer beim Einstieg eine Aufforderung, das Passwort zu ändern.
- **Felder »Minimale Länge«, »Mindestanzahl Großbuchstaben«, »Mindestanzahl Kleinbuchstaben«, »Mindestanzahl Ziffern« und »Mindestanzahl nicht alphanumerischer Zeichen«**
  Diese Felder enthalten diverse Vorgaben, die die Zusammensetzung des Passworts betreffen.
- **Feld »Passwort kann nicht übereinstimmen mit«**
  Das neue Passwort darf z. B. nicht mit den letzten drei Passwörtern übereinstimmen. Geben Sie dazu die Ziffer »3« in dieses Feld ein. Je höher die Zahl, desto höher die Sicherheitsstufe.
- **Feld »Anzahl Authentifizierungen, bevor Benutzerkonto gesperrt wird«**
  Geben Sie hier die Anzahl der Versuche ein, die einem Benutzer zur Verfügung stehen, um beim Einstieg in SAP Business One den Benutzernamen und das Passwort korrekt einzugeben. Wenn Sie hier »–1« eingeben, hat der Benutzer unendlich viele Versuche zur Verfügung.

[+]

Bestimmte Anzahl an Versuchen

Wird die festgelegte Anzahl an Versuchen überschritten, um sich an SAP Business One anzumelden, wird der Benutzer gesperrt und kann nur von einem Superuser entsperrt werden.

- **Feld »Beispielpasswort«**
  Geben Sie hier ein Beispiel an, wie das Passwort des Benutzers zusammengesetzt sein soll. Dieses Beispielpasswort dient dem Benutzer als Hilfe bei der Wahl seines eigenen Passworts. Bei einem neuen Passwort überprüft SAP Business One, ob diese Vorgabe erfüllt wurde. Klicken Sie auf den Button **Generieren**, damit SAP Business One ein Beispielpasswort entsprechend der Sicherheitsstufe automatisch erstellt.

Darüber hinaus muss der Benutzer beim erstmaligen Einstieg das initiale Beispielpasswort ändern und ein neues, selbst gewähltes Passwort eingeben. Dieses muss alle Vorgaben der Passwortverwaltung erfüllen und darf nicht mit dem Benutzernamen übereinstimmen.

[+]

Passwortverwaltung

Die Passwortverwaltung sollte nur durch einen Key-User unter Berücksichtigung der IT-Sicherheitsbestimmungen Ihres Unternehmens erfolgen.

In Abbildung 4.8 sehen Sie eine Zusammenfassung der Themen, die mit der Benutzeranlage unmittelbar in Zusammenhang stehen. Diese Themen haben direkten Einfluss auf den Prozess der Benutzeranlage.

Benutzer	
E-Mail	Windows-User (SSO)
Mitarbeiter-Infos	Lizenz
Gruppe	Berechtigung
Formular-einstellungen	Benutzer-oberfläche
Cockpits	Alarme

Abbildung 4.8: Dimensionen der Benutzeranlage

Planen Sie vorausschauend: Sammeln Sie alle Informationen für neue Benutzer (siehe Abbildung 4.8) und legen Sie die Benutzergruppen fest. So setzen Sie das System nicht nur effizient um, sondern regeln auch die Zugriffsrechte nachvollziehbar und auditfähig.

Eine einheitliche Oberfläche erleichtert darüber hinaus die Einarbeitung der Mitarbeitenden und die spätere Betreuung.

4.3 Geschäftspartner

Als Geschäftspartner werden all jene Personen, Unternehmen, Organisationen, Institutionen, Behörden etc. betrachtet, die mit dem eigenen Unternehmen in Verbindung stehen. Sie können also die Geschäftspartner-Stammdaten als eine Art Sammlung aller partnerrelevanten Daten interpretieren, die für Ihr Geschäft notwendig sind. SAP Business One bietet drei grundlegende Kategorien für Geschäftspartner-Stammdaten an:

- Interessenten
- Kunden
- Lieferanten

Die Geschäftspartner-Stammdaten können daher einerseits für laufende Kunden- und Lieferantenbeziehungen genutzt werden. Andererseits sind sie die Grundlage für Marketingaktivitäten, speziell wenn es um Neukundengewinnung geht. Das Fenster **Geschäftspartner-Stammdaten** finden Sie im Hauptmenü unter **Geschäftspartner • Geschäftspartner-Stammdaten**. Das Fenster ist unterteilt in Kopfdaten ❶, statistische Informationen ❷ und weitere thematisch gesammelte Angaben auf den Registerkarten ❸, wie in Abbildung 4.9 zu sehen ist.

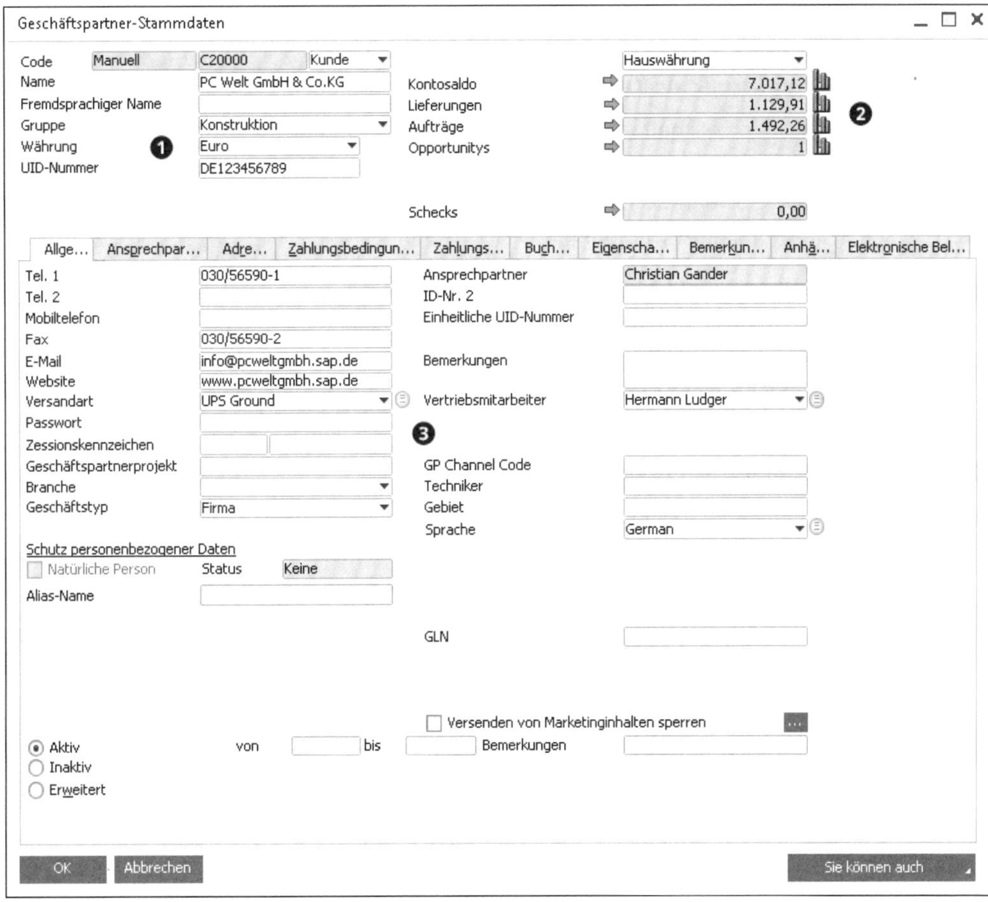

Abbildung 4.9: Aufbau der Geschäftspartner-Stammdaten

4.3.1 Geschäftspartner-Stammdaten – Kopfdaten

In den Kopfdaten des Geschäftspartners befinden sich die folgenden Felder:

- **Feld »Code« (Pflichtfeld)**
  Wählen Sie einen Code für den Geschäftspartner. Er kann sowohl Nummern als auch Buchstaben umfassen (alphanumerische Zeichenfolge) und aus maximal 15 Zeichen bestehen. Der Code des Geschäftspartners muss eindeutig sein (Primärschlüssel, siehe Abschnitt 3.6.2, »Nach vorhandenen Datensätzen suchen«). Das heißt, es darf kein zweiter Geschäftspartner und kein Sachkonto (siehe Abschnitt 12.1, »Kontenplan«) mit

demselben Code existieren. SAP Business One warnt Sie, falls Sie einen Geschäftspartner mit einem bereits existierenden Code hinzufügen möchten.

Standardmäßig steht das Dropdown-Feld links neben dem Feld **Code** auf **Manuell**. Das bedeutet, Sie können den Code für den Geschäftspartner frei vergeben. Darüber hinaus haben Sie jedoch die Möglichkeit, eine Nummernserie für den Geschäftspartner festzulegen.

[+]

Geschäftspartner als Kunde und Lieferant

Wenn Sie einen Geschäftspartner haben, der sowohl Kunde als auch Lieferant für Sie ist, legen Sie zwei Geschäftspartner mit einem jeweils unterschiedlichen Code an. Sie können diese beiden Geschäftspartner dann in der Registerkarte **Buchhalt.** des Geschäftspartnerstamms verbinden.

Der Geschäftspartnercode kann nicht mehr geändert werden, und der Geschäftspartner lässt sich auch nicht mehr löschen, sobald er in einer Transaktion wie in einem Beleg oder einer Buchung verwendet wurde.

[+]

Integration mit einer weiteren Software

Falls Sie neben SAP Business One eine weitere Software verwenden, die sich auf die Geschäftspartner von SAP Business One bezieht, achten Sie unbedingt darauf, wie Sie die Codes für die Geschäftspartner anlegen. Erfolgt ein Datenabgleich zwischen SAP Business One und der Fremdsoftware, müssen die Möglichkeiten der Zusatzsoftware hinsichtlich der Nummerierung kompatibel sein; die Länge der Nummern und der Datentyp (alphanumerisch oder numerisch) müssen zueinander passen. Darüber hinaus ist es wichtig, ein System zum *führenden System* zu machen, in dem die Neuanlage und das Update von Daten erfolgen.

- **Dropdown-Liste »Code«**
  Wählen Sie aus der Dropdown-Liste links neben dem GP-Code die Nummernserie für diesen Geschäftspartner aus (nur im Modus **Hinzufügen** möglich), falls diese nicht bereits standardmäßig eingestellt wurde. Daraufhin gibt SAP Business One die nächsthöhere Nummer vor. Die Dropdown-Liste ist nur im **Hinzufügen**-Modus aktiv und kann bei bereits angelegten Geschäftspartnern nicht verändert werden. Wie Sie eine Nummernserie für einen Geschäftspartner anlegen, beschreiben wir in Abschnitt 4.7, »Belegnummerierung«. Wenn Sie den Code für den Geschäftspartner frei vergeben möchten, wählen Sie den Eintrag **Manuell** aus der Dropdown-Liste.
- **Feld »Typ«**
  Wählen Sie einen Typ für den Geschäftspartner aus der Werteliste neben dem Geschäftspartnercode aus. Als Geschäftspartnertyp stehen **Kunde**, **Interessent** und **Lieferant** zur Verfügung:

- Der **Kunde** hat die Berechtigung für alle Verkaufsbelege (siehe Abschnitt 6.2, »Vom Angebot bis zur Eingangszahlung«), Opportunities (siehe Abschnitt 14.1, »Opportunities«) und Serviceabrufe (siehe Abschnitt 15.2, »Serviceabruf als täglicher Kundenkontakt«).
- Der **Interessent** hat – verglichen mit dem Kunden – nur eingeschränkte Berechtigungen, und zwar für die Verkaufsbelege **Angebot** und **Auftrag** sowie für **Opportunities**. Er hat keine Berechtigungen für Serviceabrufe, Lieferungen oder Ausgangsrechnungen.
- Der **Lieferant** hat die Berechtigung für alle Einkaufsbelege (siehe Abschnitt 5.4, »Belegkette im Einkauf«).

[+]

Eigene Interessentennummernkreise

Regelmäßig wird der Wunsch geäußert, für Interessenten eigene Nummernkreise zu wählen. Bedenken Sie aber, dass in der Regel aus einem Interessenten eines Tages ein Kunde werden soll. Bis dahin haben Sie aber schon Transaktionen für den Interessenten erfasst, z. B. Angebote erstellt oder Auftragsbestätigungen verfasst. Eine Änderung der Interessentennummer in eine Nummer aus dem Kundennummernkreis ist dann nicht mehr möglich.

- **Feld »Name«**
  Geben Sie hier den Namen des Geschäftspartners ein. Das Feld ist auf 100 Zeichen begrenzt.
- **Feld »Fremdsprachiger Name«**
  Der fremdsprachige Name kann als zweites Namensfeld verwendet werden. In der Regel ist ein Firmenname nicht Gegenstand von Übersetzungen, die Firma ist üblicherweise in allen Sprachen identisch. Darüber hinaus bietet SAP Business One ein übersichtliches System zur Mehrsprachenunterstützung. Dieses behandeln wir bei der Erläuterung der Registerkarte **Bemerkungen** am Ende dieses Abschnitts.

[+]

Flexible Druckgestaltung des Firmennamens

Überlegen Sie sich, wie der Firmenname Ihres Geschäftspartners auf die Belege (Angebot, Lieferschein, Rechnung, Mahnung etc.) gedruckt werden soll. Die Druckgestaltung ist sehr flexibel – es kann grundsätzlich jedes Feld gedruckt werden, das Sie beim Geschäftspartner füllen und das in die Belege »mitgenommen« wird.

[+]

Unterschiedliche Schreibweisen

Sollen Vor- und Nachname einer natürlichen Person in ein Feld geschrieben oder getrennt werden? Soll der Namenszusatz einer juristischen Person in ein Feld geschrieben oder getrennt werden? Bewährt haben sich die Analyse von Vorsystemen oder

Entwürfe in Word, die die gewünschte Anordnung und den Umfang der zu druckenden *Variablen* für Ihren Consultant nachvollziehbar machen.

- **Dropdown-Liste »Gruppe«**
  Wählen Sie eine Gruppe für den Geschäftspartner aus der Werteliste aus. Neue Geschäftspartnergruppen sollten in Absprache mit einem Key-User angelegt werden, da sie umfangreiche Auswirkungen auf die Funktionsweise des Programms und auf das Reporting haben.

  Gruppen sind grobe Kategorisierungen für Geschäftspartner und dienen zur Einteilung und Auswertung. Eine Gruppe kann anhand verschiedener Merkmale festgelegt werden; einige Anregungen dazu finden Sie in Tabelle 4.1.

Merkmal	Ausprägung
marketingtechnischer Stellenwert des Geschäftspartners	– A-Kunde – B-Kunde – C-Kunde
Segmente der Zielgruppe; Beispiel: Kosmetikhandel	– Schönheitssalons – Drogerien – Nagelstudios – Beautyfarmen – Thermen – Wellness-Hotels etc.
Unternehmensgröße	– Klein- und Mittelbetrieb – gehobenes Mittelunternehmen – Großunternehmen – multinationaler Konzern
Stufe in der Wertschöpfungskette	– Produzent – Importeur – Großhändler
Preise	– kundengruppenspezifische Rabatte – kundengruppenspezifische Preispflege
Kontierung	– Erlöskonto nach Gruppen – Profitcenter nach Gruppen

Tabelle 4.1: Geschäftspartnergruppe – diverse Beispiele

Die Gruppe sollte keine zu enge Einteilung darstellen, da Auswertungen sonst zu unübersichtlich werden. Falls Sie noch weitere Unterscheidungsmerkmale für eine genauere Einteilung benötigen, können Sie dies mit Eigenschaften oder zusätzlichen Feldern erreichen. Für das Anlegen von Zusatzfeldern sollten Sie einen Consultant zurate ziehen.

- **Dropdown-Liste »Währung«**
  Wählen Sie die Währung des Geschäftspartners aus der Werteliste aus. Falls die gewünschte Währung nicht vorhanden ist, sollte sie in Abstimmung mit dem Key-User für Finanzwesen angelegt werden. Das Anlegen einer Währung wird in Abschnitt 12.7, »Buchungen in Fremdwährung«, behandelt.

  Falls für diesen Geschäftspartner mehr als eine Währung relevant ist, wählen Sie den Eintrag **Alle Währungen**. Damit können Belege in jeder beliebigen Währung erstellt werden. Die Anzeige des Kontosaldos beim Geschäftspartner erfolgt weiterhin in der Hauswährung. Details zum Thema Währungen finden Sie ebenfalls in Abschnitt 12.7.

[+]

Währungsumstellung nach der ersten Buchung nicht mehr möglich

Falls für einen Geschäftspartner eine bestimmte Währung ausgewählt wurde, kann sie nicht mehr umgestellt werden, sobald Buchungen für diesen Geschäftspartner vorhanden sind. Stellen Sie daher nur eine bestimmte Währung ein, wenn Sie völlig ausschließen können, dass dieser Geschäftspartner in Zukunft eine andere Währung benötigt. Umgekehrt schützt die Einstellung einer definierten Währung vor unbeabsichtigten Fehleingaben. Die Landeswährung für inländische Kunden und Lieferanten ist in der Regel eine gute Wahl.

- **Feld »UID-Nummer«**
  Geben Sie hier die UID des Geschäftspartners ein. SAP Business One prüft die Richtigkeit des Länderkürzels sowie die Länge der UID und warnt Sie mit einer Hinweismeldung bei Falscheingabe.

  Die Prüfung erfolgt anhand der Einstellungen im Programmpunkt **Administration • Definition • Geschäftspartner • Länder/Regionen**. Eine Onlinevalidierung der UID über das *VIES* (*Value Added Tax Information Exchange System*) der Europäischen Kommission ist derzeit nur über Partnerlösungen z. B. auf Basis von SAP Business One Integration Framework (B1iF) oder über Partner-Add-ons möglich. Im Standard ist eine Überprüfung für die deutsche Lokalisierung in der Version 10.0 FP 2502 möglich. Die Einrichtung sollte durch Ihren Consultant erfolgen.

Die statischen Kurzinformationen zum Geschäftspartner befinden sich im rechten oberen Bereich des Fensters:

- **Dropdown-Liste zur Währungsauswahl**
  Die Anzeigen **Kontensaldo**, **Lieferungen**, **Aufträge** und **Opportunities** können sowohl in **Hauswährung** als auch in **Systemwährung** dargestellt werden. Die Systemwährung ist eine alternative Währung zur Hauswährung und wir z. B. für Reporting-Zwecke in Richtung einer Muttergesellschaft, die eine andere Hauswährung hat, benutzt.

- **Feld »Kontosaldo«**
  Dieses Feld zeigt den aktuellen Kontensaldo an (= Summe aller Ausgangsrechnungen abzüglich der von dem Kunden geleisteten Zahlungen und abzüglich der von Ihnen gewährten Gutschriften an den Kunden). Mit dem orangefarbenen Pfeil ⇨ links von den Betragsfeldern gelangen Sie zum Fenster **Kontosaldo**. Darin werden die Kontensalden unterteilt angezeigt – also alle Journalbuchungen, die für diesen Geschäftspartner angefallen sind (mehr dazu erfahren Sie in Abschnitt 12.1, »Kontenplan«).

  Mit dem Button (**Graph anzeigen**) rechts neben dem Saldo gelangen Sie zum jeweiligen Umsatzanalysebericht jedes einzelnen Kunden.

  Analog zeigt dieses Feld bei einem Lieferanten dessen aktuellen Kontensaldo (= Summe der Eingangsrechnungen abzüglich der Zahlungen und Gutschriften) bzw. den Einkaufsanalysebericht an.

- **Feld »Lieferungen« bzw. »Wareneingang«**
  Dieses Feld zeigt den aktuellen Stand der offenen Lieferungen für einen Kunden bzw. den aktuellen Stand der Wareneingänge von einem Lieferanten an. Das sind bei einem Kunden jene Lieferscheine, die bereits angelegt, aber noch nicht durch eine Rechnung, eine Retoure oder manuell abgeschlossen wurden. Dies umfasst natürlich auch teilweise offene Lieferungen.

  Mit einem Klick auf den orangefarbenen Pfeil ⇨ gelangen Sie zum Fenster **Lieferscheinsaldo** bzw. **Wareneingangssaldo**. Mit einem erneuten Klick auf den orangefarbenen Pfeil neben dem Datum gelangen Sie zur eigentlichen Lieferung bzw. zum Wareneingang.

  Der Button (**Graph anzeigen**) rechts neben dem Saldo führt Sie zum Umsatzanalysebericht jedes Kunden, basierend auf den Lieferungen bzw. dem Einkaufsanalysebericht jedes Lieferanten, basierend auf den Wareneingängen.

- **Feld »Aufträge« bzw. »Bestellungen«**
  Dieses Feld zeigt den aktuellen Stand der offenen Aufträge bei einem Kunden bzw. den aktuellen Stand der offenen Bestellungen bei einem Lieferanten an. Das sind bei einem Kunden jene Aufträge, die bereits angelegt, aber noch nicht durch eine Lieferung oder manuell abgeschlossen wurden. Dies umfasst natürlich auch teilweise offene Aufträge.

  Mit einem Klick auf den orangefarbenen Pfeil ⇨ gelangen Sie zum Fenster **Kundenauftragssaldo** bzw. **Bestellsaldo**. Mit einem erneuten Klick auf den orangefarbenen Pfeil neben dem Datum gelangen Sie zum eigentlichen Auftrag bzw. zur Bestellung. Der Graph zeigt wieder den Verkaufs- oder Einkaufsanalysebericht der jeweiligen Belegstufe.

- **Feld »Opportunities«**
  Dieses Feld zeigt die aktuelle Anzahl der offenen Opportunities (siehe auch Kapitel 14, »Customer Relationship Management (CRM)«). Mit einem Klick auf den orangefarbenen Pfeil ⇨ gelangen Sie zum Fenster **Opportunity-Bericht**, das alle offenen Oppor-

tunities anzeigt. Mit einem weiteren Klick auf den orangefarbenen Pfeil neben der Opportunity-Nummer gelangen Sie zur eigentlichen Opportunity.

- **Feld »Schecks«**
  Dieses Feld zeigt grundsätzlich die Summe der offenen Schecks, die dieser Geschäftspartner ausgestellt oder erhalten hat. Es hat in der betrieblichen Praxis de facto keine Relevanz mehr.

Im Folgenden behandeln wir nun ausführlich die Registerkarten, die Sie unter den Stammdaten des Geschäftspartners pflegen können.

4.3.2 Geschäftspartner-Stammdaten – Registerkarten

Bei den zu pflegenden Registerkarten in Bezug auf Geschäftspartner-Stammdaten handelt es sich um die folgenden:

- **Allgemein**
- **Ansprechpartner**
- **Adressen**
- **Zahlungsbedingungen**
- **Zahlungslauf**
- **Buchhalt.**
- **Eigenschaften**
- **Bemerkungen**
- **Anhänge**
- **Elektronische Belege**

Diese Registerkarten werden wir Ihnen auf den folgenden Seiten nun detailliert erläutern.

Registerkarte »Allgemein«

Auf der Registerkarte **Allgemein** können Sie in folgende Felder allgemeine Informationen zum Geschäftspartner eingeben:

- **Felder »Tel. 1«, »Tel. 2«, »Mobiltelefon«, »Fax«, »E-Mail« und »Website«**
  Geben Sie hier alle Kontaktdaten des Geschäftspartners an. Felder, die einen Inhalt haben und in denen sich der Mauszeiger in ein Telefonsymbol verwandelt zeigen an, dass die Telefonnummer direkt gewählt werden kann, wenn Sie über eine *TAPI*-fähige Telefonanlage (TAPI = *Telephony Application Programming Interface*) verfügen. Wenden Sie sich diesbezüglich an Ihren Consultant.
- **Dropdown-Liste »Versandart«**
  Wählen Sie eine Versandart aus der Werteliste aus, oder wählen Sie den Eintrag **Neu definieren**, um weitere Versandarten anzulegen. Die ausgewählte Versandart wird beim Erstellen eines Belegs automatisch auf der Registerkarte **Logistik** im Feld **Versandart** vorgeschlagen.
- **Feld »Passwort«**
  Dieses Feld ist reserviert für das Passwort des Geschäftspartners bei einer Einbindung von E-Commerce-Anwendungen.

- **Werteliste »Zessionskennzeichen«**
  Wählen Sie ein Zessionskennzeichen aus der Werteliste aus. Klicken Sie in der Werteliste auf **Neu**, um ein neues Zessionskennzeichen anzulegen. Geben Sie dazu ein Kennzeichen und eine Beschreibung an.

  Ein *Zessionskennzeichen* ist ein Hinweis darauf, dass die offene Forderung eines Kunden an einen Dritten (etwa eine Bank) abgetreten wurde. Das Zessionskennzeichen kann auf alle Belege gedruckt werden. Wahlweise wird die Bank eine Aufstellung aller zedierten Ausgangsrechnungen wünschen – diese kann z. B. mittels Abfragegenerator erzeugt werden. Mehr Informationen dazu finden Sie in Anhang C, »Möglichkeiten für Auswertungen«.
- **Werteliste »Geschäftspartnerprojekt«**
  Wählen Sie einen Projektcode, den Sie dem Geschäftspartner zuordnen möchten.

[+]

Projektcode eingeben

Die Eingabe eines Projektcodes beim Geschäftspartner ist nur dann sinnvoll, wenn nur ein einziges Projekt zugeordnet werden kann. Die Zuordnung mehrerer Projekte zum Geschäftspartner behandeln wir in Abschnitt 12.8, »Einbinden der Kostenrechnung«.

- **Dropdown-Liste »Branche«**
  Wählen Sie die Branche des Geschäftspartners aus der Werteliste aus, oder wählen Sie den Eintrag **Neu definieren**, um weitere Branchen anzulegen. Die Branche kann als Kennzeichen für individuelle Auswertungen dienen.
- **Dropdown-Liste »Geschäftstyp«**
  Wählen Sie den Geschäftstyp aus der Werteliste aus. Es stehen Ihnen die Einträge **Firma** für Unternehmen, **Privat** für Privatpersonen und **Mitarbeiter** für Mitarbeiter zur Verfügung. Auch dieses Feld hat außer jener des Auswertekennzeichens keine weitere Funktion.
- **Feld »Ansprechpartner«**
  Dieses Feld zeigt den Namen des Ansprechpartners an, der auf der Registerkarte **Ansprechpartner** als Standard gesetzt wurde.
- **Feld »ID-Nr. 2«**
  Geben Sie hier eine weitere frei wählbare ID für den Geschäftspartner an.

[+]

Creditor ID im SEPA-Zahlungsverkehr

Dieses Feld wurde bis Release 9.0 von SAP Business One für die sogenannte *Creditor ID* verwendet und musste jedem Geschäftspartner zugeordnet werden. Die Creditor ID können Sie nun zentral für Ihr Unternehmen im Fenster **Firmendetails** auf der Registerkarte **Buchhaltungsdaten** unter **Administration • Systeminitialisierung** im Feld **SEPA-Gläubiger-ID** eintragen. Die Creditor ID wird Ihnen von Ihrer Zentralbank zugeteilt.

- **Feld »Einheitliche UID-Nummer«**
  Diese UID wird verwendet, wenn Ihr Unternehmen ein Tochterunternehmen oder Teil eines Konzerns ist.
- **Feld »Bemerkungen«**
  Geben Sie hier zusätzliche Bemerkungen zum Geschäftspartner mit maximal 100 Zeichen an.
- **Dropdown-Liste »Vertriebsmitarbeiter/Einkäufer«**
  Wählen Sie den verantwortlichen Vertriebsmitarbeiter (bei Kunden und Interessenten) bzw. den zugeordneten Einkäufer (bei Lieferanten) aus. Wählen Sie **Neu definieren**, um weitere Vertriebsmitarbeiter oder Einkäufer anzulegen.
- **Werteliste »GP Channel Code«**
  Wählen Sie für den angezeigten Kunden einen Channel-Partner aus der Werteliste aus. Der Channel-Partner ist ein weiterer Geschäftspartner, mit dem eine vertriebliche Partnerschaft besteht. Der Channel-Partner kann nur für einen Kunden ausgewählt werden und wird in allen Verkaufsbelegen auf der Registerkarte **Logistik** angezeigt. Er kann daher gut als Auswertekriterium dienen, mithilfe dessen Transaktionen eines Channels zusammengefasst werden.
- **Werteliste »Techniker«**
  Wählen Sie hier den verantwortlichen Techniker für diesen Kunden aus der Werteliste aus. Der Techniker muss als Mitarbeiter angelegt und ihm muss die Rolle des Technikers zugeordnet worden sein (siehe Abschnitt 16.2, »Mitarbeiterstammdaten«). Dieser zugeordnete Techniker ist relevant für die Serviceabrufe im Modul **Service** (siehe Abschnitt 15.2, »Serviceabruf als täglicher Kundenkontakt«).

[+]

Zuordnung des Technikers

Die Zuordnung des Technikers kann nur bei Kunden erfolgen.

- **Werteliste »Gebiet«**
  Wählen Sie ein Gebiet aus der Werteliste aus, in das der Kunde eingeordnet werden kann. Ein neues Gebiet definieren Sie unter **Administration • Definitionen • Allgemein • Gebiete**.

[+]

Zuordnung zu Gebieten

Die Zuordnung zu Gebieten kann nur bei Kunden erfolgen und dient als weiteres Einteilungskriterium im Vertrieb und im Servicebereich.

- **Dropdown-Liste »Sprache«**
  Wählen Sie die Sprache des Geschäftspartners aus der Werteliste aus. Die Dropdown-Liste **Sprache** wird nur angezeigt, wenn unter **Administration • Systeminitialisierung • Firmendetails • Basisinitialisierung** die Checkbox **Mehrsprachenunterstützung** aktiviert wurde. Sie kann verwendet werden, um mehrsprachige Layouts für Marketingdokumente (Angebot, Auftragsbestätigung, Lieferschein, Rechnung etc.) zu steuern. Dies ist ein weiterführendes Thema.
- **Bereich »Schutz personenbezogener Daten«**
  Dieser Bereich dient der Einhaltung der Anforderungen der Datenschutzgrundverordnung und ist in Abschnitt 18.11, »Datenschutzgrundverordnung (DSGVO)« beschrieben.
- **Feld »Alias-Name«**
  Geben Sie einen Alias für den Geschäftspartner an.
- **Feld »GLN«**
  Geben Sie bei Bedarf eine globale Lokationsnummer ein. Sie benötigen diese global eindeutige 13-stellige Nummer, um die Unternehmen Ihrer Kunden zu identifizieren, z. B. für den Austausch von Electronic-Data-Interchange-(EDI)-Nachrichten. Auf der Registerkarte **Adressen** können Sie weitere abweichende GLN-Nummern für Lieferadressen eingeben. Die Gestaltung und der Austausch von EDI-Nachrichten wird in der Regel über *B1iF* realisiert und ist ein weiterführendes Thema.
- **Checkbox »Versenden von Marketinginhalten sperren«**
  Um diese Checkbox zu aktivieren, klicken Sie zunächst auf den Button ... (**Kommunikationsmedien**). Im nun geöffneten Fenster **Kommunikationsmedien** aktivieren Sie die Kommunikationswege zum Geschäftspartner, die Sie sperren möchten (z. B. Fax oder E-Mail). Bestätigen Sie Ihre Eingabe abschließend mit dem Button **OK**, woraufhin die Checkbox **Versenden von Marketinginhalten sperren** aktiviert wird. Der Kunde ist nun für die ausgewählten Kommunikationswege gesperrt und wird z. B. kein Fax oder keine E-Mails mehr erhalten.

  Die gleiche Einschränkung können Sie auf der Registerkarte **Ansprechpartner** für jeden einzelnen Ansprechpartner vornehmen.
- **Optionsfeld »Aktiv«**
  Legen Sie mit der Option **Aktiv** und optional den Feldern **von** und **bis** einen Zeitraum fest, innerhalb dessen der Geschäftspartner aktiv ist. Aktiv bedeutet, dass für diesen Geschäftspartner alle Einkaufs- und Verkaufsbelege erstellt werden können. Außerhalb dieses Zeitraums können dagegen nur geparkte Belege erstellt werden (siehe Abschnitt 5.3, »Wichtige Funktionen im Beleg«). Zusätzlich können Sie im Feld **Bemerkungen** einen Hinweis angeben, warum die Aktivität des Kunden begrenzt ist. Geben Sie in den Feldern **von** und **bis** keinen Zeitraum ein, ist der Kunde grundsätzlich aktiv.

  Zudem ist es möglich, nur das **Von**- oder das **Bis**-Datum zu füllen. Das bedeutet, dass der Geschäftspartner erst ab einem bestimmten Zeitpunkt (nur **Von**-Datum gefüllt) oder nur bis zu einem bestimmten Zeitpunkt (nur **Bis**-Datum gefüllt) aktiv ist.

[zB]

Begrenzter Aktivitätszeitraum

Bei einem begrenzten Aktivitätszeitraum kann es sich um einen zeitlich begrenzten Projektpartner oder einen Kunden handeln, für den aufgrund einer drohenden Insolvenz keine neuen Aufträge mehr angelegt werden sollen.

- **Optionsfeld »Inaktiv«**
  Die Checkbox **Inaktiv** hat die entsprechend gegenteilige Bedeutung. Der festgelegte Zeitraum samt Bemerkung bezieht sich auf den Zeitraum, in dem der Geschäftspartner inaktiv ist.
- **Optionsfeld »Erweitert«**
  Die Checkbox **Erweitert** bietet die Möglichkeit, sowohl einen aktiven als auch einen inaktiven Zeitraum zu definieren (jeweils von ... bis). Die Zeiträume dürfen sich dabei nicht überschneiden.

Ein Geschäftspartner hat in der Regel einen oder mehrere Ansprechpartner; in diesem Sinn ist der Geschäftspartner das Unternehmen selbst, und die Ansprechpartner sind die Mitarbeiter dieses Unternehmens.

Registerkarte »Ansprechpartner«

Auf der Registerkarte **Ansprechpartner** können Sie dementsprechend beliebig viele Ansprechpartner anlegen. In den grauen Balken auf der linken Seite der Registerkarte werden die IDs (sinnvollerweise die Namen) der Ansprechpartner angezeigt. Wenn Sie auf den gewünschten Ansprechpartner klicken, werden in den Feldern auf der rechten Seite die dazugehörigen Daten des Ansprechpartners angezeigt, wie in Abbildung 4.10 zu sehen ist.

Das Beispiel in Abbildung 4.10 zeigt auf einfache Weise den Zusammenhang zwischen Geschäftspartner und Ansprechpartner. Die »PC Welt GmbH & Co.KG« ist der eigentliche Geschäftspartner, und dieser hat zwei für unser eigenes Unternehmen relevante Ansprechpartner: »Christian Gander« und »Wolfgang Müller«. In diesem Beispiel werden gerade die Daten von Herrn Gander angezeigt.

Als letzten Eintrag im linken Bereich finden Sie **Neu definieren**. Wenn Sie auf diesen Balken klicken, können Sie einen neuen Ansprechpartner anlegen. Alle Felder im rechten Bereich sind leer und können mit Daten gefüllt werden. Im Feld **ID Ansprechpartner** sollte der Name so eingegeben werden, dass die Auswahl im linken Bereich einfach und eindeutig ist. Wenn Sie die ID auf Belege drucken wollen, also inklusive der von Ihnen gewünschten Anrede und Titel, müssen Sie diese auch gleich in der ID eingeben. Alternativ kann sich der Andruck aus Feldern im rechten Bereich zusammensetzen. Die Position des Ansprechpartners (Feld **Position**) lässt sich frei eingeben; hier empfiehlt es sich, auf eine einheitliche Schreibweise der Positionen zu achten.

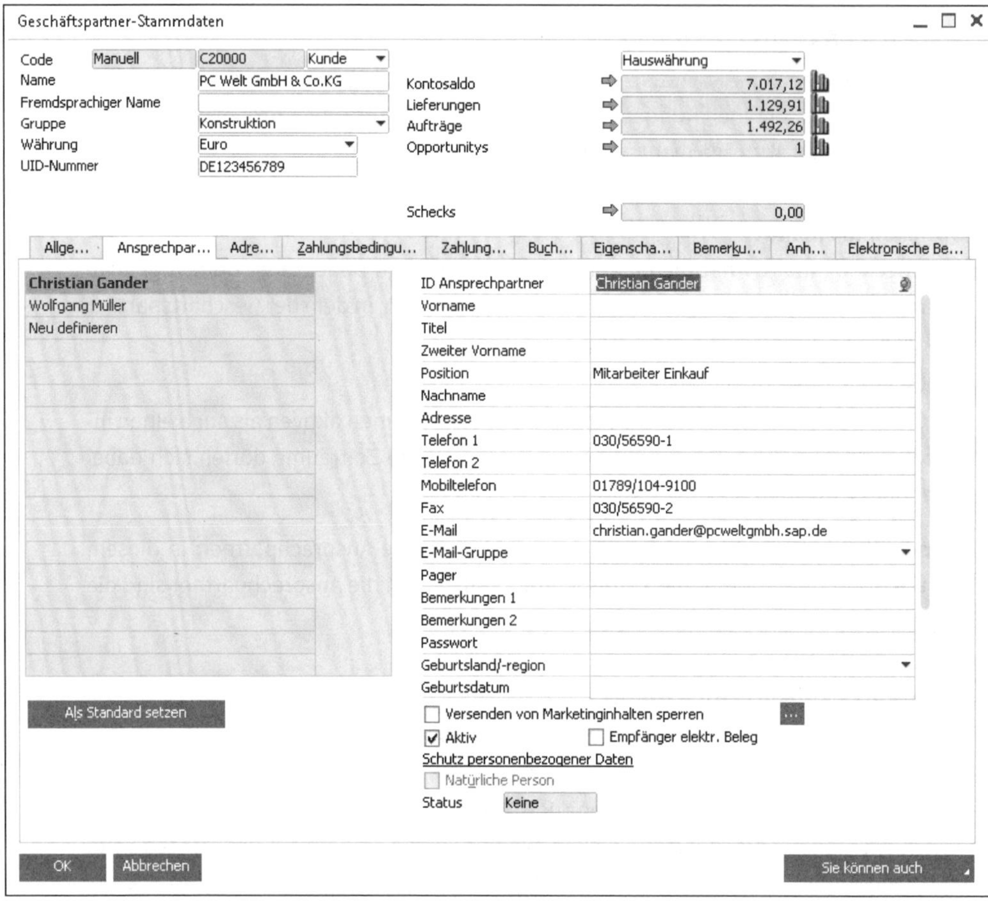

Abbildung 4.10: Ansprechpartner des Geschäftspartners

[+]

Felder mit benutzerdefinierten Werten standardisieren

Ein einfach zu handhabendes, aber mächtiges Werkzeug in SAP Business One sind die *benutzerdefinierten Werte*. Sie kommen immer dann zum Einsatz, wenn Felder entweder automatisch gefüllt oder wenn ihr Inhalt aus einer Werteliste ausgewählt werden soll. Im folgenden Beispiel standardisieren wir die Eingabemöglichkeit im Feld **Position**. Drücken Sie in dem Feld zunächst die Tastenkombination [⇧]+[F2], um aus benutzerdefinierten Werten auszuwählen. In unserem Fall erkennt das Programm, dass noch keine Werte definiert sind, und bietet uns an, ebendas zu tun. Quittieren Sie die entsprechende Frage mit **Ja**. Wählen Sie im sich nun öffnenden Fenster **Benutzerdefinierte Werte – Definition** die Option **Suche in vorhandenen benutzerdefinierten Werten**. Klicken Sie anschließend auf den Button [...]. In der sich öffnenden Tabelle **Feldwerte – Definition** geben Sie nun die gewünschten Werte ein und bestätigen jede Zeile mit [↵]. Danach speichern Sie die Tabelle durch Drücken der **OK**-Taste. Sie haben nun erfolgreich benutzerdefinierte Werte angelegt. Im entsprechenden Feld wird das mit dem Button angezeigt. Durch Klick auf diese Lupe oder durch die Tastenkombination `⇧` + `F2` öffnen Sie die Werteliste.

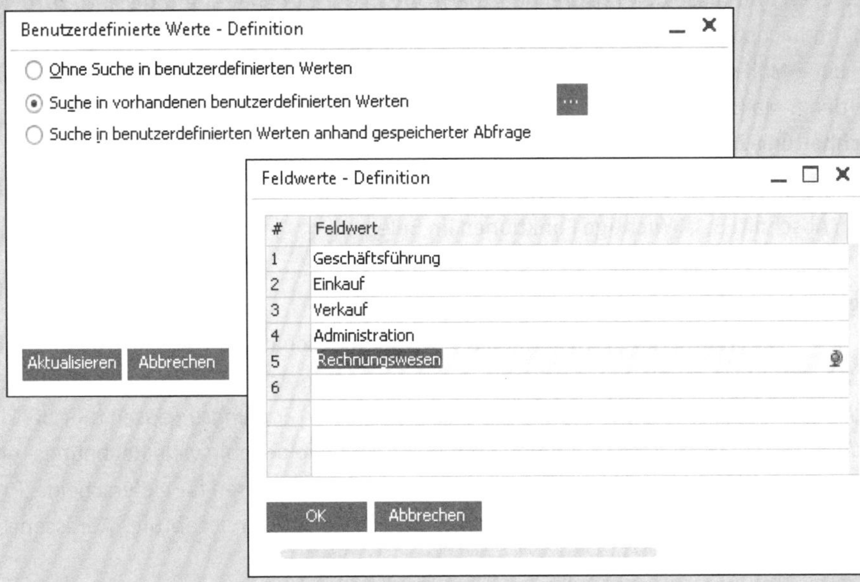

Abbildung 4.11: Benutzerdefinierte Werte anlegen

Das Feld **Passwort** ist reserviert für das Passwort des Ansprechpartners bei E-Commerce-Anwendungen.

Jeweils ein Ansprechpartner ist im linken Bereich fett dargestellt. In unserem Beispiel in Abbildung 4.10 ist dies der Mitarbeiter im Einkauf »Christian Gander«. Dieser Ansprechpartner ist der Hauptansprechpartner dieses Geschäftspartners und wird in allen Belegen, die Sie für diesen Geschäftspartner erstellen, automatisch als Ansprechpartner vorgeschlagen. Natürlich können Sie dann jeweils einen anderen Ansprechpartner auswählen. Um einen Ansprechpartner als Hauptansprechpartner zu definieren, klicken Sie auf dessen Namen im linken Bereich. Anschließend klicken Sie auf den Button **Als Standard setzen** unterhalb dieses Bereichs.

Auswahl des Hauptansprechpartners

Wählen Sie jenen Ansprechpartner als Hauptansprechpartner aus, an den die meisten Belege adressiert sind oder der Ihnen einfach als die wichtigste Person bei diesem Geschäftspartner erscheint.

In der Dropdown-Liste **E-Mail-Gruppe** hinterlegen Sie die gewünschte E-Mail-Gruppe oder klicken auf den Eintrag **Neu definieren**, um eine neue E-Mail-Gruppe anzulegen. Mit dieser E-Mail-Gruppe haben Sie die Möglichkeit, die Ansprechpartner bei Ihren Geschäftspartnern in Bezug auf den E-Mail-Versand zu klassifizieren.

Betrachten wir ein Beispiel: Sie haben die Möglichkeit, eine E-Mail-Gruppe »Buchhaltung« anzulegen und diese den Ansprechpartnern, die in der Buchhaltung tätig sind, zuzuweisen. Im nächsten Schritt könnten Sie dann einen Serienversand von Ausgangsrechnungen per E-Mail mithilfe der Belegdruck-Funktion im Modul **Verkauf** vornehmen. Als Adressat der E-Mails werden nun alle Ansprechpartner gewählt, denen die E-Mail-Gruppe **Buchhaltung** zugewiesen wurde.

(Weitere Informationen zum Serienversand von E-Mails mithilfe des Belegdrucks finden Sie in Abschnitt 5.3, »Wichtige Funktionen im Beleg«.)

Registerkarte »Adressen«

Auf der Registerkarte **Adressen** können Sie für jeden Geschäftspartner – mit bestimmten Einschränkungen – beliebig viele Adressen anlegen. Die Adressen werden unterteilt in *Rechnungsadressen* (nur bei Kunden/Interessenten) bzw. *Zahlungsadressen* (nur bei Lieferanten) und *Lieferadressen*. Für den Kunden können Sie beliebig viele Rechnungs- und Lieferadressen anlegen. Dies können abweichende Lieferadressen für Lieferscheine, Produktionsadressen für Produktionsaufträge, Standorte für Serviceabrufe, Adressen für Angebote etc. sein.

In Abbildung 4.12 erkennen Sie im linken Bereich, dass die bereits bekannte »PC Welt GmbH & Co.KG« insgesamt drei Adressen aufweist:

- Rechnungsempfänger
- Filiallager
- Zentrallager

Im linken Bereich ist die Unterteilung in die Hauptadresse (Rechnungsadresse beim Kunden und Zahlungsadresse beim Lieferanten) und die restlichen Adressen (Lieferadressen) gut zu erkennen. Bei einem Geschäftspartner können beliebig viele Rechnungs- bzw. Zahlungs- und Lieferadressen angelegt werden. Die Blöcke **Rechnungsadresse** bzw. **Zahlungsadresse** und **Lieferadresse** können Sie durch Klick auf das schwarze Dreieck ▾ komprimieren bzw. expandieren. Um Adressdaten einzugeben oder zu verändern, klicken Sie im linken Bereich auf die gewünschte Adresse und geben die dazugehörigen Daten im rechten Bereich ein. Um eine neue Adresse anzulegen, klicken Sie auf den Eintrag **Neu definieren**; dadurch werden die Felder im rechten Bereich geleert, und Sie können sie mit den relevanten Daten füllen.

Sobald Sie mehr als eine Adresse in einem der beiden Blöcke angelegt haben, können Sie die am häufigsten verwendete Adresse über den gleichnamigen Button unterhalb der Adressübersicht **Als Standard setzen**. Diese Adresse wird dann jeweils als erste Adresse in allen Belegen vorgeschlagen, kann aber auch durch eine andere angelegte Adresse ersetzt werden. Die Rechnungs- bzw. Zahlungsadresse ist in der Regel die Hauptadresse des Lieferanten, dazu können Sie jedoch beliebig viele Adressen anlegen. Für die weiteren Adressen gilt das Gleiche wie für den Kunden/Interessenten.

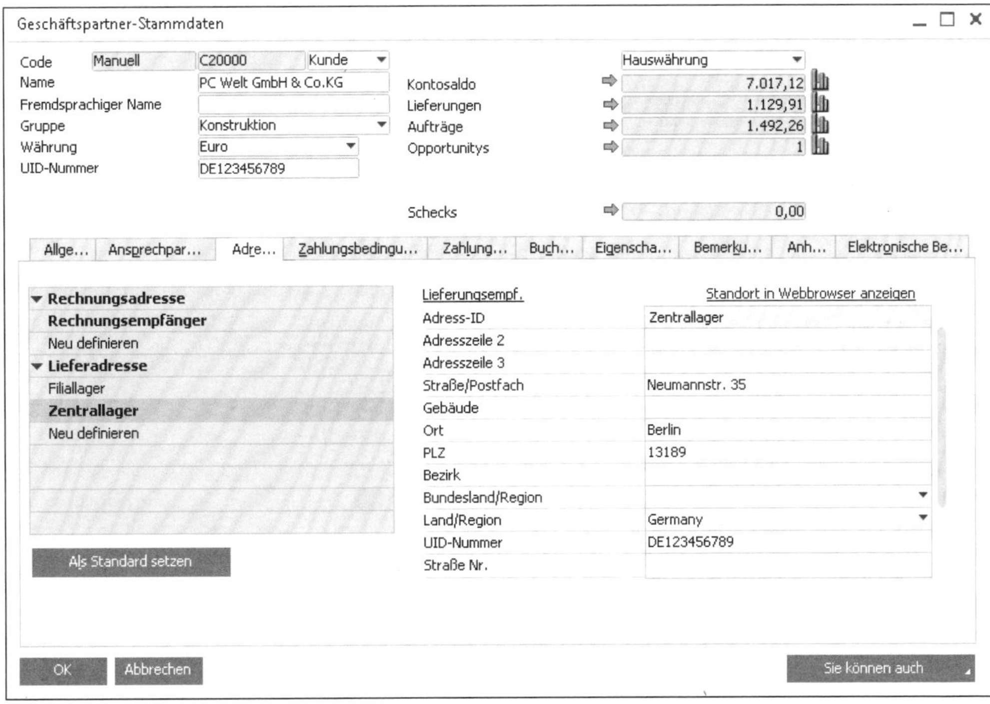

Abbildung 4.12: Adressen des Geschäftspartners (Kunde)

Das Feld **UID-Nummer** (nur beim Kunden) auf der rechten Seite können Sie verwenden, sollte die UID dieser Adresse (bzw. dieses Standorts) von der UID in den Kopfdaten des Geschäftspartners abweichen. Das kann z. B. der Fall sein, wenn eines der Lager sich in einem anderen Land als der Hauptsitz des Kunden befindet. In diesem Fall ist bei einer Lieferung in dieses Lager ein alternativer Steuercode zu wählen und eine alternative UID anzudrucken. Die Definition automatisch ermittelter Steuercodes erfolgt im Programmteil **Administration • Definition Finanzwesen • Steuer • Steuerkennzeichenermittlung** und ist ein weiterführendes Thema, das von einem Key-User oder einem Consultant bearbeitet werden sollte.

Die Rechnungs- bzw. Zahlungsadresse des Geschäftspartners hat zusätzlich eine Auswirkung auf die Finanzbuchhaltung, da für jeden Geschäftspartner ein Abstimmkonto festgelegt werden muss. Dieses Abstimmkonto unterscheidet sich unter Umständen, je nachdem, ob der Geschäftspartner aus dem Inland oder aus dem Ausland stammt. Berücksichtigen Sie das, wenn Sie das Land der Hauptadresse ändern. Darüber hinaus wird SAP Business One bei Kunden aus dem EU-Raum prüfen, ob das Länderkennzeichen der Adresse und der UID übereinstimmen. Ist das nicht der Fall, erfolgt eine entsprechende Warnung, die Änderung kann aber gespeichert werden.

Registerkarte »Zahlungsbedingungen«

Auf der Registerkarte **Zahlungsbedingungen** können Sie alle Daten angeben, die die Zahlungsinformationen des Geschäftspartners betreffen (siehe Abbildung 4.13).

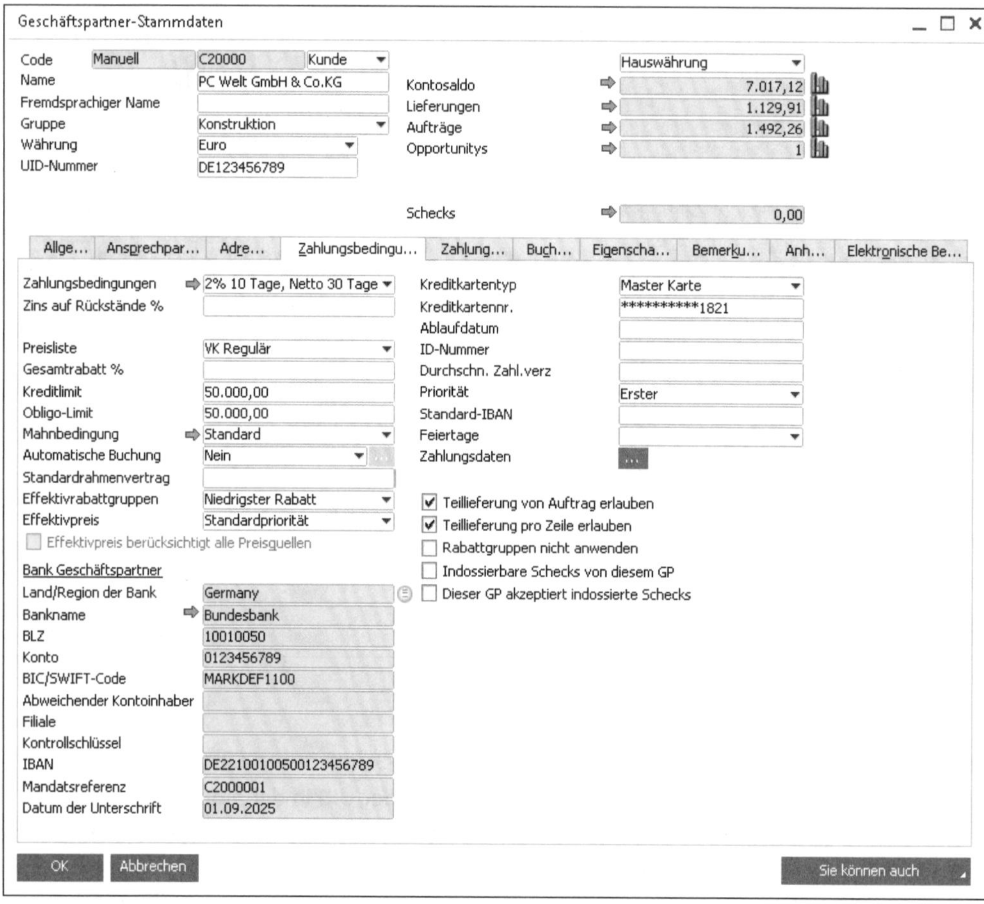

Abbildung 4.13: Geschäftspartner-Stammdaten – Registerkarte »Zahlungsbedingungen«

Führen Sie hier folgende Schritte durch, bzw. nehmen Sie die folgenden Angaben vor:

- **Zahlungsbedingungen auswählen**
  Wählen Sie eine Zahlungsbedingung aus der Werteliste aus, um sie dem Geschäftspartner zuzuweisen.
  - Um eine neue Zahlungsbedingung anzulegen, klicken Sie auf den orangefarbenen Pfeil ⇨. Sie gelangen zum Fenster **Zahlungsbedingungen – Definition**.

  In diesem Fenster können Sie die bestehende Zahlungsbedingung verändern, oder Sie wechseln in den **Hinzufügen**-Modus, um eine neue Zahlungsbedingung anzulegen. Wie Sie eine Zahlungsbedingung anlegen, erfahren Sie in Abschnitt 4.4, »Zahlungsbedingungen«.

- Die folgenden fünf Felder von **Zins auf Rückstände %** bis **Obligo-Limit** können Sie bereits in der Zahlungsbedingung definieren; sie dienen als Vorschlagswerte für die entsprechenden Felder im Fenster **Geschäftspartner-Stammdaten**. Das heißt, diese Werte können natürlich auch überschrieben werden.
- Wenn Sie nun eine andere Zahlungsbedingung auswählen, müssen Sie entscheiden, ob die zuvor genannten fünf Felder ebenfalls geändert werden sollen. SAP Business One macht Sie mit einer Hinweismeldung darauf aufmerksam (siehe Abbildung 4.14).

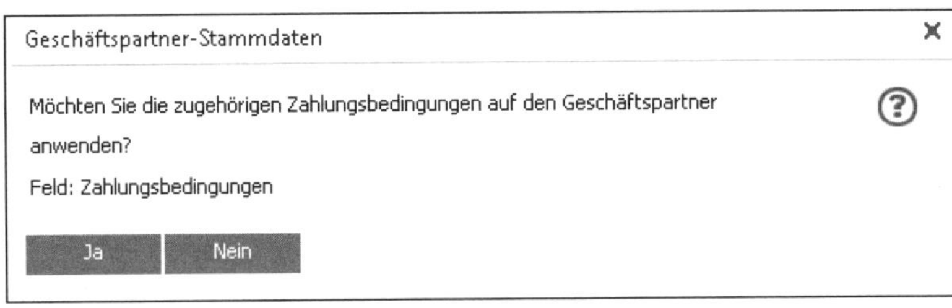

Abbildung 4.14: Hinweismeldung beim Ändern der Zahlungsbedingung

- Möchten Sie die Felder von **Zins auf Rückstände %** bis **Obligo-Limit** beibehalten, klicken Sie auf den Button **Nein**, anderenfalls auf **Ja**, damit die Felder mit den Werten aus der neu ausgewählten Zahlungsbedingung überschrieben werden.
- Eine Ausnahme bildet das Feld **Preisliste**. Ob dieses ebenfalls optional mit der Zahlungsbedingung geändert werden soll oder nicht, steuern Sie im Programmteil **Administration • Systeminitialisierung • Allgemeine Einstellungen** in der Registerkarte **GP** durch die Checkbox **Standardpreisliste in allgemeinen Einstellungen statt in Zahlungsbedingungen festlegen**.

- **Feld »Zins auf Rückstände %« (Vorschlagswert aus Zahlungsbedingung) pflegen**
  Geben Sie hier einen Zinssatz für verspätete Zahlungen von Kunden ein. Dieser Wert dient lediglich Informationszwecken, kann jedoch in eigens erstellten Abfragen z. B. für die Berechnung von Verzugszinsen verwendet werden. Es empfiehlt sich, hier einen Jahreszinssatz anzugeben. Sollen tatsächlich Verzugszinsen berechnet werden, so werden sie zentral unter **Administration • Definition Geschäftspartner • Mahnbedingungen** eingegeben.
- **Feld »Preisliste« (Vorschlagswert aus Zahlungsbedingung) pflegen**
  Wählen Sie die Preisliste für diesen Geschäftspartner aus. Die zugeordnete Preisliste ist die Grundlage für die Preisfindung in den Einkaufs- und Verkaufsbelegen. Das System der Preislisten erklären wir detailliert in Abschnitt 7.4, »Preisfindung«.
- **Feld »Gesamtrabatt %« (Vorschlagswert aus Zahlungsbedingung) pflegen**
  Dieses Feld zeigt den mit den ausgewählten Zahlungsbedingungen verknüpften Wert an. Sie können diesen Wert, falls erforderlich, überschreiben. Dieser Rabatt wird in den

Belegen automatisch als Ausgangswert für den Rabatt verwendet und kann auch dort noch geändert werden.

- **Feld »Kreditlimit« (Vorschlagswert aus Zahlungsbedingung) pflegen**
  Das Kreditlimit ist jener Wert, bis zu dem Ihr Kunde maximal offene Forderungen bei Ihrem Unternehmen haben darf. Das bedeutet: Gewähren Sie Ihrem Kunden z. B. 10.000,00 EUR Kreditlimit, geben Sie diesen Wert im Feld **Kreditlimit** ein. Sollte bei Hinzufügen eines Verkaufsbelegs dieses Kreditlimit überschritten werden (das bedeutet, die offene Forderung dieses Kunden würde nach Hinzufügen des Belegs mehr als 10.000,00 EUR betragen), zeigt SAP Business One eine Warnmeldung an.
  Für welche Belegstufen (**Auftrag**, **Lieferschein**, **Ausgangsrechnung**) beim Überschreiten des Kreditlimits gewarnt werden soll, können Sie selbst festlegen. Unter **Administration • Systeminitialisierung • Allgemeine Einstellungen • GP** können Sie bei Einschränkung der Kundenaktivitäten festlegen, ob das Kreditlimit generell überprüft werden soll, indem Sie die Checkbox **Kreditlimit** aktivieren. Rechts daneben aktivieren Sie die gewünschten Belegstufen, für die das Kreditlimit geprüft werden soll. Darüber hinaus können Sie hier definieren, ob offene Lieferscheine ebenfalls als offene Posten betrachtet werden sollen. Das Kreditlimit kann ebenfalls bereits in der Zahlungsbedingung festgelegt werden. Falls erforderlich, überschreiben Sie den Wert beim einzelnen Geschäftspartner.

[»]

Kreditlimit mit Genehmigungen überprüfen

Eine Ergänzung oder Alternative zu der hier beschriebenen Kreditlimit-Prüfung stellt die Einrichtung eines *Genehmigungsprozesses* dar. Dabei können Belege, die zu einer Überschreitung des Kreditlimits führen, zunächst geparkt und erst nach Genehmigung durch Dritte hinzugefügt werden. Alternativ können sie auch abgelehnt werden. Mehr Informationen dazu finden Sie in Abschnitt 18.2, »Genehmigungsprozess«.

- **Feld »Obligo-Limit« pflegen**
  Die Handhabung des Obligo-Limits funktioniert genauso wie beim Kreditlimit. Der einzige Unterschied besteht darin, dass bei der Überprüfung des Obligo-Limits auch die Gesamtsumme der nicht eingereichten Schecks einbezogen wird.

  Das Obligo-Limit kann ebenfalls bereits in der Zahlungsbedingung festgelegt werden. Falls erforderlich, überschreiben Sie den Wert beim einzelnen Geschäftspartner.
- **Feld »Mahnbedingung« pflegen**
  Wählen Sie eine vordefinierte Mahnbedingung aus der Werteliste aus. Um eine neue Mahnbedingung anzulegen, wählen Sie den Eintrag **Neu definieren**. Die Mahnbedingung kann generell nur einem Kunden und keinem Lieferanten zugewiesen werden. Eine detaillierte Beschreibung des Mahnwesens inklusive des Anlegens neuer Mahnbedingungen finden Sie in Abschnitt 6.4, »Mahnwesen«.

- **Feld »Automatische Buchung« pflegen**
  Wählen Sie aus der Dropdown-Liste, ob mit dem Mahnlauf keine Zinsen und Gebühren (Eintrag **Nein**), **nur Zinsen**, **nur Gebühren** oder beides (Eintrag **Zinsen und Gebühren**) gebucht werden sollen. Der Vorschlagswert dafür kommt aus der definierten Mahnbedingung und kann hier beim Kunden geändert werden.
- **Feld »Standardrahmenvertrag« pflegen**
  Wählen Sie bei Bedarf einen Standardrahmenvertrag für diesen Geschäftspartner aus der Werteliste aus. Dieser wird beim Anlegen eines Rahmenvertrags vorgeschlagen. Eine genaue Beschreibung zur Verwaltung von Rahmenverträgen finden Sie in Kapitel 11, »Rahmenverträge«.
- **Feld »Effektivrabattgruppen« pflegen**
  Wählen Sie aus der Dropdown-Liste aus, ob für diesen Kunden der **Niedrigste Rabatt**, der **Höchste Rabatt**, der **Gesamtrabatt**, der **Durchschnitt** oder ein **Rabattvielfaches** angewandt werden soll.
- **Feld »Effektivpreis« pflegen**
  Wählen Sie aus der Dropdown-Liste aus, ob dem Kunden der **niedrigste Preis**, der **höchste Preis** oder **Standardpriorität** eingeräumt wird. Wird dem Kunden z. B. der niedrigste Preis gewährt, sucht das System aus allen verschiedenen Preisfindungsarten (Sonderpreise für GP, Rabattgruppen etc.) den niedrigsten Effektivpreis und wendet diesen für den Geschäftspartner an.
- **Feldgruppe »Bank Geschäftspartner« pflegen**
  Geben Sie links unten die Bankverbindung Ihres Geschäftspartners an. Dazu gehen Sie folgende Schritte durch:
  - Klicken Sie auf den Button (**Aus Liste auswählen**) neben dem Feld **Land/Region der Bank**, um zum Fenster **Geschäftspartnerbankkonten – Definitionen** zu gelangen.
  - In diesem Fenster ist der Cursor im ersten Feld **BLZ** (Bankleitzahl) positioniert. Drücken Sie die ⇥-Taste, und die Auswahlliste der bestehenden Banken wird geöffnet. Wählen Sie eine der vorhandenen Banken aus. Sollte die Bank des Geschäftspartners nicht angelegt sein, muss sie über **Administration • Definitionen • Bankenabwicklung • Banken** neu angelegt werden. Das Anlegen einer neuen Bank wird in Abschnitt 13.1, »Stammdaten in der Bankenabwicklung«, behandelt.
  - Geben Sie die Kontonummer und, falls vorhanden, den Namen oder die Nummer der Filiale ein.
  - Geben Sie die internationale Kontonummer (IBAN, International Bank Account Number) an. Diese ist nur für Überweisungen innerhalb des SEPA-Raums relevant.
  - Geben Sie bei Bedarf einen vom Geschäftspartnernamen abweichenden Kontoinhaber ein.
  - Die Felder **Mandatsreferenz** und **Datum der Unterschrift** sind für den Fall notwendig, dass Sie Bankeinzüge bzw. Lastschriften von Ihren Kunden verarbeiten möch-

ten. Dazu geben Sie eine eindeutige Referenznummer des SEPA-Mandats sowie das Unterschriftsdatum der Einverständniserklärung des Kunden an.

- Klicken Sie auf den Button **Aktualisieren** und auf **OK**, um die eingegebenen Daten zu bestätigen. Diese erscheinen dann in den entsprechenden grau hinterlegten Feldern. Um die Daten zu ändern, klicken Sie nochmals auf den Button (**Aus Liste auswählen**) neben dem Feld **Land der Bank**.

- **Feld »Kreditkartentyp« pflegen**
  Wählen Sie den Kreditkartentyp des Kunden/Interessenten (Kreditkarten-Informationen steht nur für diese, nicht aber für Lieferanten, zur Verfügung) aus der Werteliste aus (z. B. Visa, Mastercard, American Express, Diners Club). Wählen Sie optional den Eintrag **Neu definieren**, um einen neuen Kreditkartentyp anzulegen. Für die Anlage des Kreditkartentyps geben Sie folgende Daten an:
  - **Kreditkartenname**: z. B. Visa, Diners Club, American Express, Mastercard
  - **Sachkonto**: jenes Sachkonto, auf dem die Gegenbuchung des mit der Kreditkarte bezahlten Rechnungsbetrags erfolgt
  - **Firmen-ID**: jene ID, die für die Abwicklung mit der Kreditkartenorganisation verwendet werden soll
  - **Telefon**: die Telefonnummer der Kreditkartenorganisation zur Autorisierung der Kreditkartenzahlung
- **Feld »Kreditkartennr.« pflegen**
  Geben Sie die Kreditkartennummer des Kunden ein.
- **Feld »Ablaufdatum« pflegen**
  Geben Sie hier das Ablaufdatum der Kreditkarte ein.
- **Feld »ID-Nummer« pflegen**
  Geben Sie hier die ID des Kreditkartenbesitzers an.
- **Feld »Durchschn. Zahl.verz« pflegen**
  Geben Sie hier die durchschnittliche Zahlungsverzögerung in Tagen ein. Dieser von Ihnen geschätzte Wert gibt an, um wie viele Tage nach Fälligkeitsdatum dieser Kunde durchschnittlich Ihre Ausgangsrechnungen bezahlt bzw. um wie viele Tage nach Fälligkeitsdatum Sie Ihrem Lieferanten durchschnittlich dessen Eingangsrechnungen bezahlen. Der angegebene Wert ist nur ein geschätzter Wert, jedoch wird er in der Cashflow-Analyse berücksichtigt. Die erwarteten Zahlungen werden in der Analyse entsprechend korrigiert; je genauer der Wert geschätzt wird, desto aussagekräftiger ist auch die Cashflow-Analyse.
- **Feld »Priorität« pflegen**
  Wählen Sie die Geschäftspartnerpriorität in Kundenaufträgen aus der Werteliste aus. Um neue Prioritäten anzulegen, wählen Sie den Eintrag **Neu definieren**. Diese Priorität kann im Modul **Logistik** beim Kommissionieren als Reihungs- oder Auswahlkriterium verwendet werden.

- **Feld »Standard-IBAN« pflegen**
  In diesem Feld können Sie eine IBAN eingeben, die für den elektronischen Zahlungsverkehr verwendet wird. Sollten Sie dieses Feld nicht befüllen, wird die IBAN der Bankverbindung, die beim Geschäftspartner hinterlegt ist herangezogen.
- **Feld »Feiertage« pflegen**
  Wählen Sie einen Feiertagskalender aus der Werteliste aus. Bereits vordefiniert sind die Feiertagskalender des Lokalisierungslandes der Datenbank, die Sie für Ihr Unternehmen verwenden. Das bedeutet, wenn Sie Ihren Hauptstandort in Deutschland haben, wählen Sie in der Regel beim Anlegen der Datenbank die deutsche Lokalisierung und damit den deutschen Feiertagskalender. Wenn Sie einen Geschäftspartner aus den USA haben, gilt dort naturgemäß ein anderer Feiertagskalender. Ist dieser Kalender hier zugeordnet, wird er bei der Berechnung des Fälligkeitstages von Rechnungen verwendet, sodass sichergestellt ist, dass der Fälligkeitstag nicht auf einen Feiertag oder ein Wochenende in den USA fällt. Möchten Sie, dass der Fälligkeitstag exakt berechnet wird, sollten Sie den amerikanischen Feiertagskalender ebenfalls anlegen.

  Grundsätzlich werden die Feiertagskalender von SAP mit großem Rückstand ausgeliefert. Sorgen Sie daher jährlich dafür, die Feiertagskalender auf einen aktuellen Stand zu bringen. Sie können die Feiertage im Programmteil **Administration • Systeminitialisierung • Firmendetails,** Registerkarte **Buchhaltungsdaten** im Feld **Feiertage** eingeben, indem Sie in der Auswahlliste die Option »**Neu definieren**« wählen.
- **Fenster »Zahlungsdaten« pflegen**
  Mit dem Button [...] rechts neben dem Feld **Zahlungsdaten** öffnen Sie das Fenster **Zahlungsdaten.** Darin haben Sie die Möglichkeit, fixe Kalendertage innerhalb eines Monats festzulegen, zu denen Rechnungen fällig gestellt werden.

[zB]

Fälligkeitsdatum

Sie möchten unabhängig von dem Fälligkeitsdatum, das durch die hinterlegte Zahlungsbedingung errechnet wird, das Fälligkeitsdatum jeweils am 15. und 25. des Monats fixieren. Dazu geben Sie die Werte »15« und »25« in das Fenster **Zahlungsdaten** ein.

Davon abgeleitet, ergeben sich drei Möglichkeiten:

- Liegt das Fälligkeitsdatum einer Rechnung (Ausgangsrechnung und Eingangsrechnung) zwischen dem 1. und 15. des Monats, ist die Rechnung am 15. fällig.
- Liegt das Fälligkeitsdatum einer Rechnung zwischen dem 16. und 25. des Monats, ist die Rechnung am 25. fällig.
- Liegt das Fälligkeitsdatum einer Rechnung zwischen dem 26. und dem Ende des Monats, ist die Rechnung am 15. des Folgemonats fällig.

- **Checkbox »Teillieferung von Auftrag erlauben« pflegen**
  Wenn Sie diese Checkbox aktivieren, erlauben Sie, einen Kundenauftrag dieses Kunden/Interessenten auch nur teilweise – das bedeutet nicht mit allen Zeilen – in einen Folgebeleg (Lieferschein oder Rechnung) weiterzukopieren.

[zB]

Daten kopieren und wiederverwenden

Ein bereits angelegter Kundenauftrag enthält sieben Zeilen. Ist die Checkbox **Teillieferung von Auftrag erlauben** aktiviert, können Sie für diesen Kunden z. B. auch nur vier Zeilen in einen Lieferschein weiterkopieren.

  Falls diese Checkbox nicht aktiviert ist, kann der Kundenauftrag jeweils nur vollständig in einen Folgebeleg kopiert werden (siehe Abschnitt 6.2.4, »Belegkette im Verkauf«).

- **Checkbox »Teillieferung pro Zeile erlauben« pflegen**
  Wenn Sie diese Checkbox aktivieren, erlauben Sie, dass jede Zeile eines Kundenauftrags dieses Kunden/Interessenten auch nur teilweise – das bedeutet nicht mit der gesamten Menge – in einen Folgebeleg (Lieferschein, Rechnung) weiterkopiert wird.

[zB]

Kundenauftrag teilweise kopieren

Ein bereits angelegter Kundenauftrag enthält eine Zeile mit der Menge 20 Stück. Sie können für diesen Kunden die Zeile z. B. auch nur mit einer Menge von zwölf Stück in einen Lieferschein weiterkopieren.

  Falls diese Checkbox nicht aktiviert ist, kann jede Zeile des Kundenauftrags jeweils nur vollständig in einen Folgebeleg kopiert werden (siehe ebenfalls Abschnitt 6.2.4).

- **Checkbox »Rabattgruppen nicht anwenden« pflegen**
  Aktivieren Sie diese Checkbox, wenn in SAP Business One definierte Rabattgruppen bei diesem Kunden nicht zur Anwendung kommen sollen. Eine detaillierte Beschreibung der Preisfindung in SAP Business One und der Definition von Rabattgruppen finden Sie in Abschnitt 7.4, »Preisfindung«.

Registerkarte »Zahlungslauf«

Auf der Registerkarte **Zahlungslauf** werden jene Daten angegeben, die für den Zahlungsassistenten im Modul **Bankenabwicklung** notwendig sind (siehe Abbildung 4.15).

Bei einem neu angelegten Geschäftspartner wird auf der Registerkarte **Zahlungslauf** zunächst automatisch eine Hausbank vorgeschlagen (siehe Abbildung 4.15, linker Bereich der Registerkarte).

Ein Hausbankkonto definieren Sie unter **Administration • Definitionen • Bankenabwicklung • Hausbankkonten**. Legen Sie alle Firmenbankkonten an, die Ihr Unternehmen verwendet. Anschließend können Sie das Hausbankkonto festlegen, das den Geschäftspartnern standardmäßig zugewiesen werden soll. Dies führen Sie im Fenster **Firmendetails** auf der Registerkarte **Basisinitialisierung** unter **Administration • Systeminitialisierung • Firmendetails** aus. Mehr Informationen zur Anlage von Hausbanken finden Sie in Abschnitt 13.1, »Stammdaten in der Bankenabwicklung«.

Abbildung 4.15: Geschäftspartner-Stammdaten – Registerkarte »Zahlungslauf«

Wie gewohnt können Sie im Fenster **Geschäftspartner-Stammdaten** auf der Registerkarte **Zahlungslauf** ein abweichendes Hausbankkonto auswählen. Klicken Sie dazu auf den Button [Symbol] (**Aus Struktur auswählen**) rechts neben dem Land. Im nun geöffneten Fenster klicken Sie auf das schwarze Dreieck beim entsprechenden Land und wählen das gewünschte Hausbankkonto aus.

Danach wählen Sie im rechten Bereich der Registerkarte einen Zahlweg für diesen Geschäftspartner aus, falls dieser am elektronischen Zahlungsverkehr teilnehmen soll. Dies könnte z. B. das elektronische Lastschriftverfahren für Kunden oder die Banküberweisung an Lieferanten sein. Der elektronische Zahlungsverkehr wird in Abschnitt 13.4 behandelt. Falls Ihnen mehrere Zahlwege zur Verfügung stehen, können Sie den am häufigsten verwendeten Zahlweg wiederum als Standard setzen. Dazu markieren Sie den gewünschten Zahlweg und klicken auf den Button **Als Standard setzen**.

Im linken unteren Bereich der Registerkarte stehen Ihnen noch die folgenden Felder zur Verfügung:

- **Feld »Referenzdetails«**
  Geben Sie bei Bedarf eine Referenz an. Diese Referenz ist relevant für die Bankdatei, die mittels des Zahlungsassistenten für den elektronischen Zahlungsverkehr erstellt werden kann.
- **Checkbox »Zahlungssperre«**
  Aktivieren Sie diese Checkbox, wird der Geschäftspartner bei einem Zahlungslauf nicht im Zahlungsassistenten vorgeschlagen. Alternativ können Sie in den Eingangsrechnungen auch eine Zahlungssperre auf Ebene des einzelnen Belegs in der Registerkarte **Buchhaltung** setzen.
- **Checkbox »Einzelzahlungen«**
  Aktivieren Sie diese Checkbox, erzeugt der Zahlungsassistent eine Einzelzahlung für jede einzelne Rechnung.
- **Checkbox »Einzugsermächtigung«**
  Diese Checkbox dient als Unterstützung bei der Organisation Ihrer Bankeinzüge (= Lastschriften) von Kunden und ist nur relevant, wenn dem Geschäftspartner ein Zahlweg der Art »Lastschrift« zugeordnet ist. Sie haben unter **Administration • Definitionen • Bankenabwicklung • Zahlwege** die Möglichkeit, die Checkbox **Einzugsermächtigung prüfen** für diesen Zahlweg zu aktivieren. Es werden dann im Zahlungsassistenten für diesen Lastschriftzahlweg nur jene Geschäftspartner vorgeschlagen, für die die Checkbox **Einzugsermächtigung** aktiviert ist.

[+]

Auswirkung der aktivierten Einzugsermächtigung beim GP

Ist bei einem Geschäftspartner die Checkbox **Einzugsermächtigung** aktiviert, wird er nicht mehr im Mahnassistenten vorgeschlagen.

- **Dropdown-Liste »Code f. Bankgebührenzuordnung«**
  Wählen Sie die Bankgebühr für diesen Geschäftspartner aus der Dropdown-Liste aus. Diese kann unter **Administration • Definitionen • Bankenabwicklung • Codes für Bankgebührenzuordnung** oder direkt in der Dropdown-Liste mittels **Neu definieren** erstellt werden. Die Codes sind international genormt, wobei für SEPA-Überweisungen derzeit nur SHA (Gebührenteilung) erlaubt ist.
- **Dropdown-Liste »Bankgebühr für Eingangszahlung automatisch berechnen«**
  Wenn Sie diese Checkbox aktivieren, wird beim Anlegen einer Zahlung im Fenster **Zahlungsmethoden** die Differenz zwischen Zahlungsbetrag und Fakturenbetrag automatisch als Bankgebühr vorgeschlagen. Umgekehrt führt die Eingabe eines Zahlungsbetrags, der niedriger ist als der Fakturenbetrag, dazu, dass die Differenz automatisch in das Feld **Bankgebühr** kopiert wird.

Registerkarte »Buchhalt.«

Die Registerkarte **Buchhalt.** ist in zwei weitere Registerkarten unterteilt: **Allgemein**, auf der sich alle Daten zum Thema Konsolidierung, Abstimmkonten, Anzahlung und Mahnwesen befinden, sowie **Steuer**, auf der dem Geschäftspartner der entsprechende Steuerstatus und die Steuergruppe zugeordnet werden.

Die Registerkarte **Buchhalt. • Allgemein** gliedert sich in die vier Teile **Konsolidierung, Abstimmkonto, Anzahlungsverrechnungskonto** und **Mahnwesen** sowie einige weitere thematisch passende Felder.

In der Regel ist die Belegkette im Verkauf (siehe Abschnitt 6.2.4, »Belegkette im Verkauf«) an ein und denselben Geschäftspartner geknüpft. Das bedeutet, vom Angebot bis zur Eingangszahlung wird immer derselbe Geschäftspartner verwendet. Im Rahmen der Konsolidierung können Sie nun von dieser Regel abweichen, indem Sie einen weiteren Geschäftspartner für die Ausgangsrechnung oder die Eingangszahlung einbringen.

In diesem Sinn bedeutet der Begriff *Lieferungskonsolidierung*, dass Sie einen weiteren Geschäftspartner angeben können, an den die Ausgangsrechnung gestellt wird. *Zahlungskonsolidierung* bedeutet, dass Sie einen weiteren Geschäftspartner angeben können, der die Ausgangsrechnung bezahlt.

In Tabelle 4.2 sehen Sie ein Beispiel, das der Veranschaulichung der Konsolidierung dient.

Belegstufe	Regelfall	Lieferungskonsolidierung	Zahlungskonsolidierung
Angebot	C20000 – PC Welt GmbH	C20000 – PC Welt GmbH	C20000 – PC Welt GmbH
Kundenauftrag	C20000 – PC Welt GmbH	C20000 – PC Welt GmbH	C20000 – PC Welt GmbH
Lieferung	C20000 – PC Welt GmbH	C20000 – PC Welt GmbH	C20000 – PC Welt GmbH
Ausgangs- rechnung	C20000 – PC Welt GmbH	C20000 – PC Welt GmbH *oder* C40000 – Büroausstatter Mayer	C20000 – PC Welt GmbH
Eingangs- zahlung	C20000 – PC Welt GmbH	C20000 – PC Welt GmbH C40000 – Büroausstatter Mayer	C20000 – PC Welt GmbH *oder* C40000 – Büroausstatter Mayer

Tabelle 4.2: Beispiel für Lieferungs- und Zahlungskonsolidierung

Der Regelfall ist, dass vom Angebot bis zur Eingangszahlung der Kunde »C20000 – PC Welt GmbH« als Geschäftspartner für alle Belegstufen fungiert. Bei der Lieferungskonsolidierung wird in den Geschäftspartner-Stammdaten der Kunde »C40000 – Büroausstatter Mayer« als alternativer Geschäftspartner angegeben (siehe Abbildung 4.16).

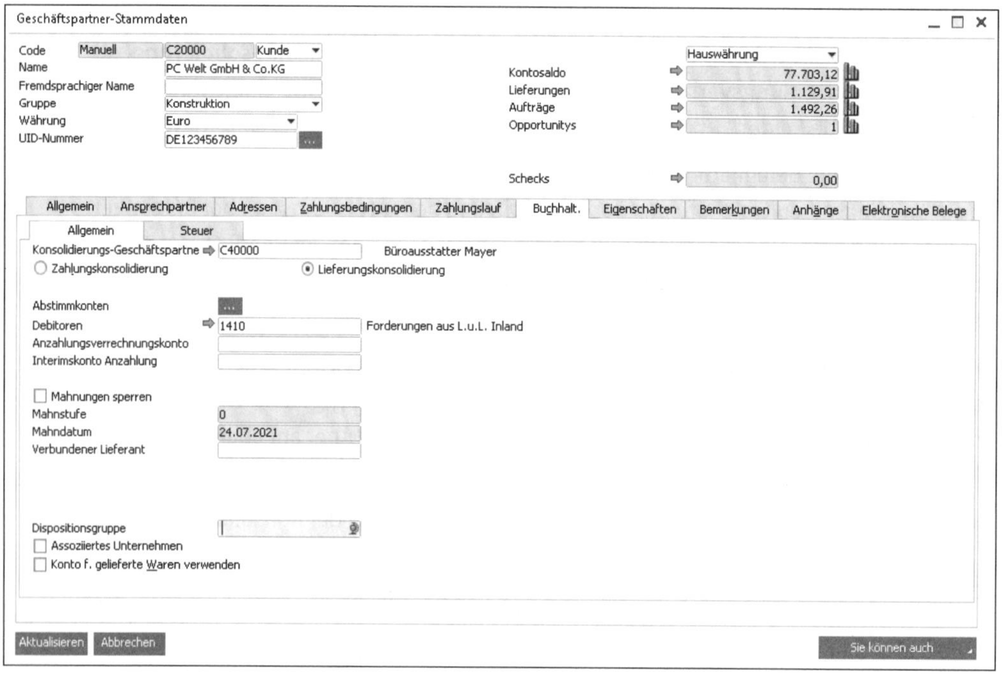

Abbildung 4.16: Beispiel für Lieferungskonsolidierung

Um einen abweichenden Geschäftspartner auszuwählen, öffnen Sie im Feld **Konsolidierungs-GP** die Auswahlliste und wählen den gewünschten Geschäftspartner aus. Zugleich müssen Sie bei den Optionsbuttons im oberen Bereich der Registerkarte **Buchhalt. • Allgemein** die Option **Lieferungskonsolidierung** auswählen.

Nun können Sie bei der Ausgangsrechnung entweder den ursprünglichen Kunden »C20000 – PC Welt GmbH & Co.KG« oder den alternativen Kunden »C40000 – Büroausstatter Mayer« verwenden. Drücken Sie in der Ausgangsrechnung den Button **Kopieren von**, werden offene Lieferscheine von »C20000« angezeigt, unabhängig davon. ob Sie für die Rechnung »C20000« oder »C40000« als Kunde gewählt haben. Die darauffolgende Eingangszahlung muss jedoch mit demselben Geschäftspartner angelegt werden, mit dem auch schon die Ausgangsrechnung erstellt wurde.

Das bedeutet, Sie haben bei der Eingangszahlung nicht nochmals die Möglichkeit, einen anderen Geschäftspartner zu verwenden. Vereinfacht gesagt: Der Kunde, der die Rechnung erhält, muss sie auch bezahlen! Im Rahmen der Zahlungskonsolidierung können Sie erst ab der Belegstufe **Eingangszahlung** auf einen anderen Geschäftspartner zurückgreifen.

In der betriebswirtschaftlichen Praxis kommt der Fall durchaus vor, dass ein Kunde Angebot, Kundenauftrag und Lieferung erhält, die Rechnung jedoch an einen anderen Kunden geht, der anschließend auch die Zahlung leistet. Gerade im Geschäftsverkehr mit Konzernen und ihren verschiedensten Rechtsformen ist dies jederzeit möglich.

Die genaue Abwicklung der einzelnen Belegstufen inklusive der Besonderheiten im Zusammenhang mit der Konsolidierung erläutern wir in Abschnitt 5.2.3, »Belegfuß«.

Darüber hinaus findet sich auf der Registerkarte **Buchhalt. • Allgemein** der Bereich **Abstimmkonten**. Ein *Abstimmkonto* ist ein Konto im Hauptbuch, das bei einer Buchung auf ein Personenkonto (Kunde oder Lieferant) automatisch mit bebucht wird. Das bedeutet, bei jeder Buchung, bei der ein Kunde oder ein Lieferant bebucht wird (z. B. bei der automatischen Buchung einer Ausgangsrechnung für diesen Kunden), wird auch automatisch das dazugehörige Abstimmkonto im Hauptbuch bebucht (siehe Abschnitt 12.1, »Kontenplan«). Insgesamt können Sie bis zu vier Arten von Abstimmkonten hinterlegen:

- **Felder »Debitoren« (Kunden) bzw. »Kreditoren« (Lieferanten)**
  Dieses Konto ist das Abstimmkonto im Hauptbuch, das bei jeder Buchung – ausgelöst durch eine Rechnung oder eine Gutschrift – automatisch mit bebucht wird. Das Konto wird automatisch bei Anlegen des Geschäftspartners zugewiesen und kann dann noch direkt beim Geschäftspartner geändert werden. Die automatische Zuweisung stammt aus der **Kontenfindung Sachkonten** unter **Administration • Definitionen • Finanzwesen • Kontenfindung Sachkonten**, in der alle automatisch zugeordneten Konten zentral festgelegt werden. Die Kontenfindung sollte von einem Key-User (in Abstimmung mit einem Consultant) eingerichtet und betreut werden.
- **Feld »Anzahlungsverrechnungskonto«**
  Geben Sie im Feld **Anzahlungsverrechnungskonto** ein abweichendes Anzahlungsverrechnungskonto an. Dieses Konto fungiert bei Buchung der Anzahlung als Gegenkonto zum Kunden- bzw. Lieferantenkonto. Standardmäßig wird bei Buchung einer Anzahlungsrechnung jenes Konto verwendet, das im Fenster **Kontofindung Sachkonten** im Feld **Anzahlungsverrechnungskonto** festgelegt wurde. Wenn Sie nun ein von diesem Konto abweichendes Konto festlegen möchten, erfolgt das im aktuellen Feld. Dieses Konto darf im Fenster **Kontenplan** nicht als Abstimmkonto gekennzeichnet sein.
- **Feld »Interimskonto Anzahlung«**
  Geben Sie in diesem Feld das Interimskonto für Anzahlungen an.

Klicken Sie nun auf den Button [...] (**Abstimmkonten definieren**) rechts neben dem Eintrag **Abstimmkonten**, um im jetzt geöffneten Fenster **Abstimmkonten – Debitoren/Kreditoren** die weiteren Abstimmkonten festzulegen:

- **Anzahlungsforderungen (Kunden) bzw. Anzahlungsverbindlichkeiten (Lieferanten)**
  In der Auswahlliste der Konten, die mit der Taste [⇆] geöffnet wird, werden nur jene Konten angezeigt, bei denen im Fenster **Kontenplan** (im Hauptmenü unter **Finanzwesen • Kontenplan**) die Checkbox **Abstimmkonto** im linken mittleren Bereich aktiviert

ist. Achtung: Das Programm nennt das zweite Abstimmkonto sowohl bei Debitoren als auch Kreditoren immer »offene Verbindlichkeiten«, lässt aber bei Debitoren korrekterweise nur Forderungskonten zu.

Auf der Registerkarte **Buchhalt. • Allgemein** finden Sie drei Elemente im unteren Bereich, die das Mahnwesen betreffen (das Anmahnen von offenen Forderungen des Kunden; siehe auch Abschnitt 6.4, »Mahnwesen«). Mit der Checkbox **Mahnungen sperren** können Sie generell den Mechanismus des Mahnwesens für diesen Kunden außer Kraft setzen. Das bedeutet, selbst wenn der Mahnassistent eine oder mehrere Mahnungen für diesen Kunden vorschlagen würde, würden diese Mahnungen durch das Aktivieren der Checkbox nicht ausgeführt. Das Feld **Mahnstufe** zeigt die laut Mahnplan höchste Mahnstufe, in der sich der Kunde mit einer Mahnung befindet. Sollte der Kunde mehrere Mahnungen erhalten, wird nur jene mit der höchsten Stufe im Feld angezeigt.

[zB]

Angezeigte Mahnstufen

Der Kunde erhält zwei Mahnungen mit den Mahnstufen 1 und 3 – in diesem Fall wird Stufe 3 als höchste Stufe in diesem Feld angezeigt. Im Feld **Mahndatum** sehen Sie jeweils das Datum der zuletzt ausgegebenen Mahnung für diesen Kunden.

- **Feld »Verbundener Lieferant/Kunde«**
  Wählen Sie in diesem Feld ein Lieferantenkonto aus, wenn Sie zu einem Geschäftspartner sowohl Kunden als auch Lieferantenbeziehungen pflegen (*debitorische Kreditoren*). Sie sehen dann im Mahnwesen und in den Fälligkeitslisten die offenen Ein- und Ausgangsrechnungen. Diese können Sie auch gegeneinander abstimmen. Siehe dazu Abschnitt 13.5, »Abstimmung von Konten«. Wenn Sie in einem Debitor einen verbundenen Lieferanten eintragen, wird im Gegenzug die Kundennummer im Feld **Verbundener Kunde** im Kreditorenstamm vom Programm automatisch eingetragen.
- **Feld »Dispositionsgruppe«**
  Dieses Textfeld hat derzeit keine erkennbare Funktion.
- **Checkbox »Assoziiertes Unternehmen«**
  Dieses Feld wurde von der *Intercompany Integration Solution* verwendet, die in dieser Form nicht mehr verfügbar ist.
- **Checkbox »Konto für gelieferte Waren verwenden«**
  Dieses Feld steht nur für den Geschäftspartnertyp Kunde zur Verfügung. Es wird verwendet, um bei den vom Lieferschein erzeugten Wareneinsatzbuchungen ein alternatives Konto zu verwenden. Dieses wird im Programmpunkt **Kontofindung Sachkonten** in der Registerkarte **Bestand** im Feld **Konto f. gelieferte Waren** definiert.

Registerkarte »Buchhalt. • Steuer«

Auf der Registerkarte **Buchhalt. • Steuer** stellen Sie den Steuerstatus und die Steuergruppe für den ausgewählten Geschäftspartner ein. Ein Geschäftspartner wird steuerlich unterschiedlich behandelt, je nachdem, ob er im Inland, innerhalb der EU oder außerhalb der EU (in einem Drittland) ansässig ist. Abhängig vom zugewiesenen Steuerstatus kann daraufhin eine Steuergruppe zugeordnet werden. Eine Übersicht über die Steuerstatus, die Geschäftspartnern zugewiesen werden können, finden Sie in Tabelle 4.3.

GP-Typ	Hauptstandort	Steuerstatus
Kunde	Inland	pflichtig
Kunde	EU	EU
Kunde	Drittland	befreit
Lieferant	Inland	pflichtig
Lieferant	EU	Erwerb
Lieferant	Drittland	befreit

Tabelle 4.3: Übersicht über die Steuerstatus

In Abbildung 4.17 sehen Sie die Definition eines inländischen Kunden im deutschen Demobestand. Hier wird über den Kunden das Steuerkennzeichen A2 **immer** gesetzt, unabhängig davon, welches Steuerkennzeichen beim Artikel gesetzt ist. Es wäre auch möglich, in diesem Fall das Steuerkennzeichen leer zu lassen. Es wird dann das Steuerkennzeichen des Artikels verwendet. Lediglich beim Steuerstatus **Erwerb** empfiehlt sich in jedem Fall die Eingabe eines Steuerkennzeichens im Kundenstamm, da das vom Artikel angelieferte Kennzeichen in diesem Fall nicht verwertbar ist.

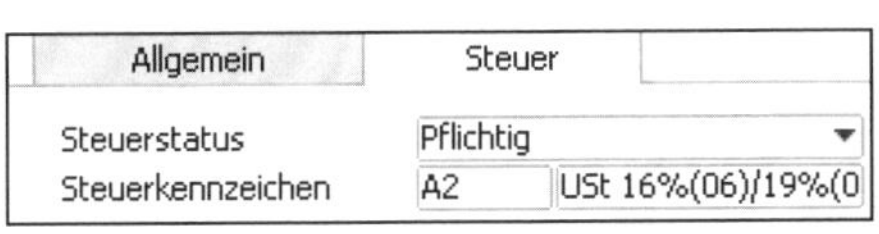

Abbildung 4.17: Registerkarte »Steuer« im Kundenstamm

Ob und welcher Steuercode bzw. welches Steuerkennzeichen zugewiesen wird, sollte von einem Key-User oder Consultant – eventuell sogar in Abstimmung mit dem Steuerberater – festgelegt werden.

Registerkarte »Eigenschaften«

Auf der Registerkarte **Eigenschaften** haben Sie die Möglichkeit, Ihre Geschäftspartner durch Eigenschaften näher zu beschreiben und zu klassifizieren. Bevor Sie beim Geschäftspartner die Eigenschaften durch Aktivieren der Checkboxen zuordnen, müssen Sie diese Eigenschaften unter **Administration • Definitionen • Geschäftspartner • Geschäftspartnereigenschaften** anlegen. Sie können maximal 64 Eigenschaften für den Geschäftspartner anlegen und zuordnen. Ein Beispiel dazu finden Sie in Abbildung 4.18.

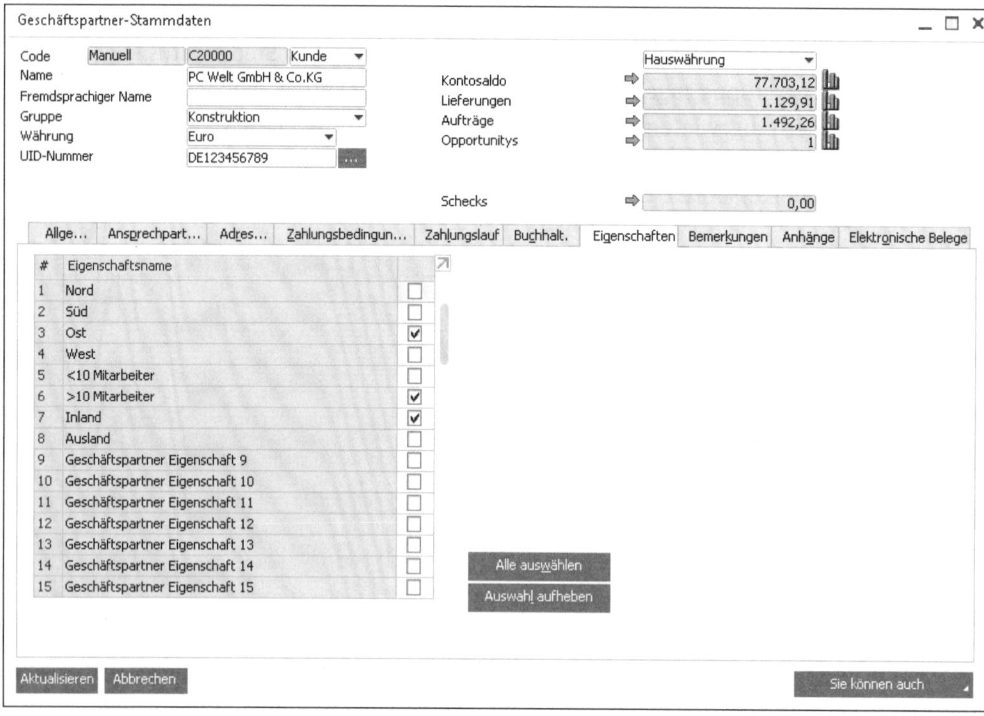

Abbildung 4.18: Geschäftspartner – Registerkarte »Eigenschaften«

Dieser Geschäftspartner ist z. B. anhand folgender Eigenschaften kategorisiert:

- mehr als 10 Mitarbeiter
- Inländischer Kunde
- zugehörig zu Gebiet »Ost«

[+]

Kategorisierung

Die beste Vorgehensweise ist somit, sich am »Reißbrett« zu überlegen, wie Sie generell Ihre Kunden, Interessenten und auch Lieferanten kategorisieren möchten. Dies sollte bereits vor der Eingabe bzw. dem Import der Geschäftspartner erfolgen. Danach müssen bei der Neuanlage einfach die relevanten Eigenschaften aktiviert werden.

Die große Stärke der Eigenschaften liegt auch darin, dass sie als Selektionskriterien bei Berichten herangezogen werden können. Ein anschauliches Beispiel ist der Umsatzanalysebericht, bei dem auch die Geschäftspartnereigenschaften als Auswahlkriterium verwendet werden können. Dies wird ausführlich in Abschnitt 6.3, »Berichte im Verkauf«, behandelt.

Die Geschäftspartnereigenschaften dienen aber auch in einigen Programmfunktionen als Auswahlkriterium. So können Sie beispielsweise Sonderpreise auf Geschäftspartner kopieren, die bestimmten Eigenschaften entsprechen. Ebenso dienen Eigenschaften als Filter für Mahn- oder Zahlungsassistenten.

Registerkarte »Bemerkungen«

Auf der Registerkarte **Bemerkungen** können Sie beliebige Langtexte und Anmerkungen zu Ihrem Geschäftspartner eingeben. Außerdem haben Sie hier die Möglichkeit, eine Bilddatei zum ausgewählten Geschäftspartner zu hinterlegen. Dazu muss jedoch unter **Administration • Systeminitialisierung • Allgemeine Einstellungen** • Registerkarte **Pfad** mit einem Doppelklick auf den Button ... (siehe in Abbildung 4.19) ein Verzeichnispfad ausgewählt werden. In diesem Verzeichnispfad speichern Sie alle Bilder ab, die Sie dann auf der Registerkarte **Einstellungen** dem Geschäftspartner zuordnen.

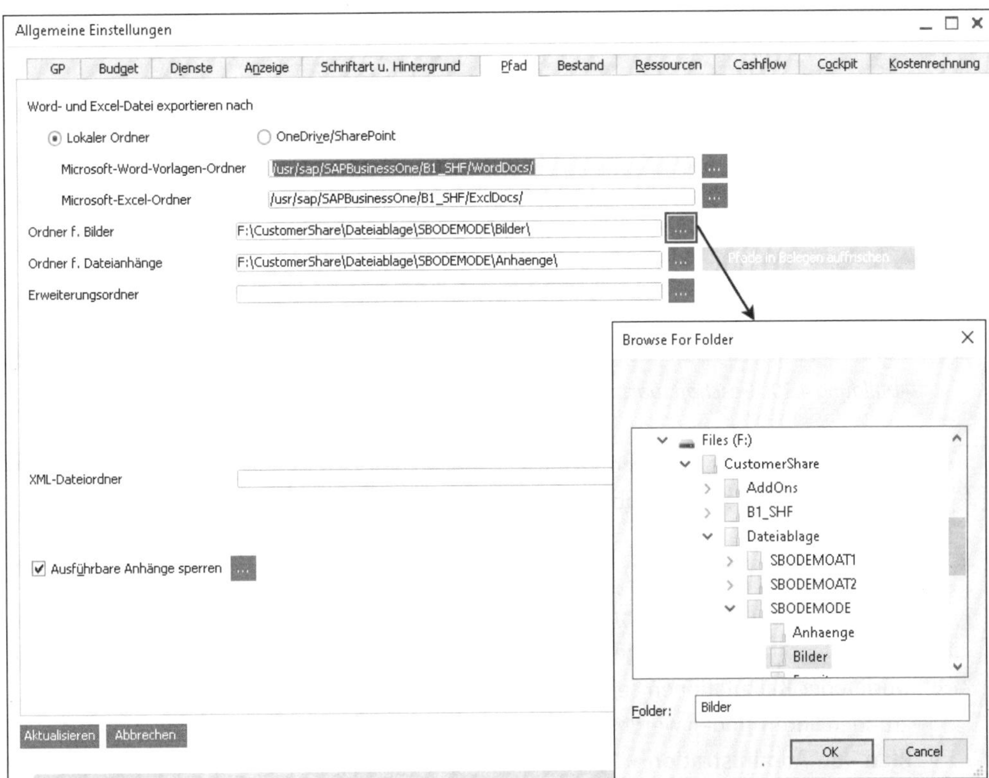

Abbildung 4.19: »Allgemeine Einstellungen« – Ordner für Bilddateien auswählen

Das eigentliche Zuordnen des Bildes zum Geschäftspartner erfolgt über das Fotoapparat-Button im rechten Bereich auf der Registerkarte **Bemerkungen** (siehe Abbildung 4.20). Anschließend erscheint das Fenster **Öffnen**, in dem Sie das gewünschte Bild auswählen, das danach für den ausgewählten Geschäftspartner angezeigt wird.

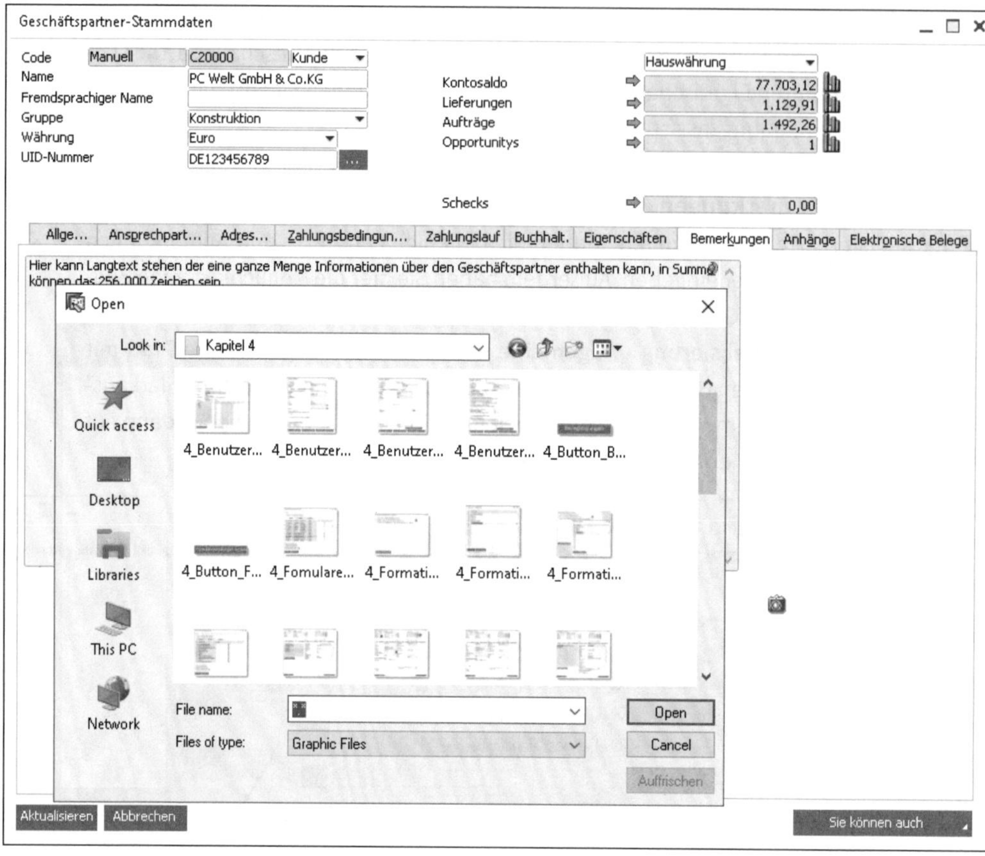

Abbildung 4.20: Geschäftspartner – Registerkarte »Bemerkungen«: Bild zuordnen

Um das Bild wieder zu entfernen, klicken Sie auf den Button mit dem durchkreuzten Fotoapparat, das erscheint, sobald Sie das Bild eingefügt haben.

Registerkarte »Anhänge«

Auf der Registerkarte **Anhänge** haben Sie die Möglichkeit, alle Arten von Dateien an den Geschäftspartner anzuhängen. Dies könnten z. B. Verträge, Vereinbarungen, Pläne, Entwürfe oder Kalkulationen sein. Optional können ausführbare Anhänge aus Sicherheitsgründen unterbunden werden. Diese Einstellung treffen Sie ebenfalls in der Registerkarte **Pfad** von **Administration • Systeminitialisierung • Allgemeine Einstellungen** im Feld **Ausführbare Anhänge sperren**. Um an den Geschäftspartner eine Datei zu hängen, klicken Sie auf den Button **Durchsuchen** (siehe Abbildung 4.21). Anschließend können Sie aus den zuletzt bearbeiteten Dateien auswählen oder durch Klick auf den obersten Eintrag, der ebenfalls **Durchsuchen** heißt, das Fenster **Öffnen aktivieren**. Wählen Sie eine Datei durch Doppelklick aus.

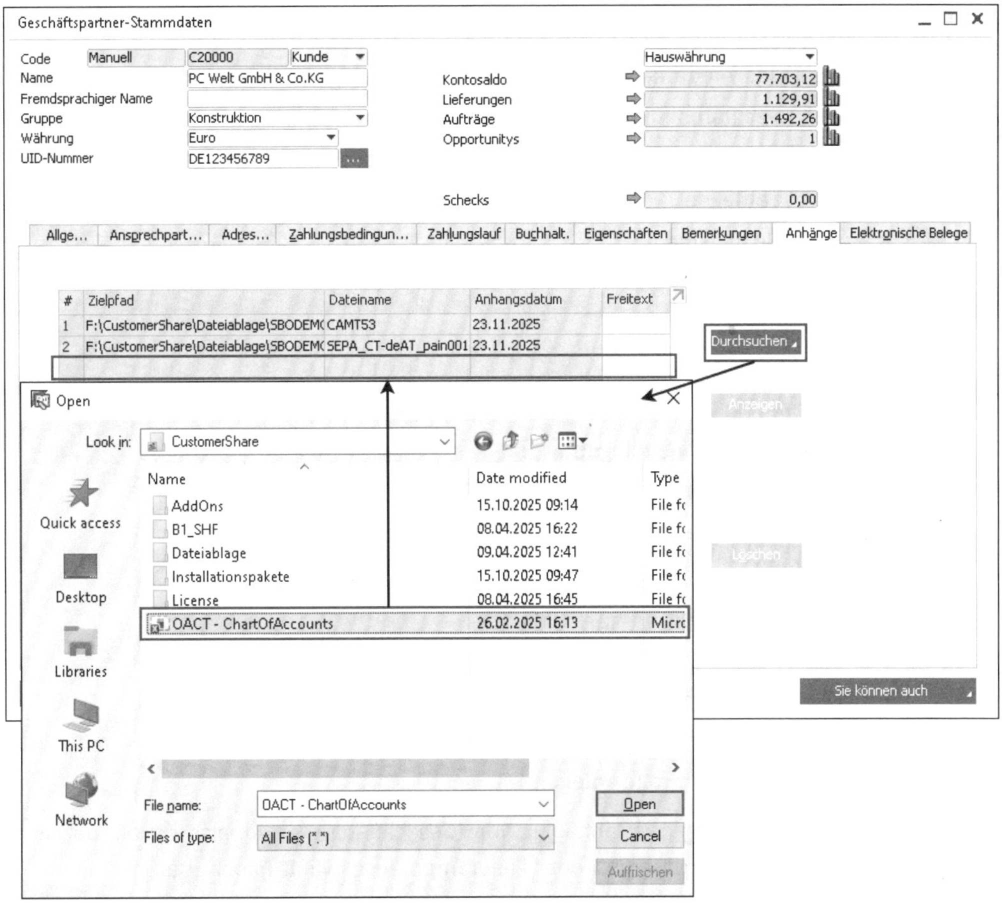

Abbildung 4.21: Datei an einen Geschäftspartner anhängen

Um die angehängte Datei zu öffnen, markieren Sie die gewünschte Datei mit der linken Maustaste und klicken auf den Button **Anzeigen**. Oder Sie klicken doppelt auf die Datei.

Um eine angehängte Datei wieder zu entfernen, markieren Sie die gewünschte Datei und klicken auf den Button **Löschen**.

[+]

Schnelle Verzweigung aus dem Geschäftspartner

Im rechten unteren Bereich des Fensters **Geschäftspartner-Stammdaten** finden Sie den Button **Sie können auch**. Klicken Sie auf diesen Button, und Sie erhalten eine Liste von Möglichkeiten, eine direkte Aktion für den ausgewählten Geschäftspartner aus dem Fenster **Geschäftspartner-Stammdaten** zu starten. Die folgenden Aktionen stehen Ihnen dabei zur Verfügung:

- **Zugehörige Serviceabrufe anzeigen**
- **Zugehörige Aktivitäten anzeigen**

- **Zugehörige Opportunities anzeigen**
- **Zugehörige wiederkehrende Transaktionen anzeigen**
- **Zugehörige Rahmenverträge für Verkauf anzeigen**
- **Zugehörige Serviceverträge anzeigen**
- **Aktivität anlegen**
- **Kunde 360 anzeigen**
- **Serviceabruf anlegen**
- **Opportunity anlegen**
- **Angebot anlegen**
- **Kundenauftrag anlegen**
- **Ausgangsrechnung anlegen**
- **Ausgangsgutschrift anlegen**
- **Retourenanfrage anlegen**
- **USt.-Nummern überprüfen (derzeit nur DE-Lokalisierung)**
- **Lieferantenanfrage anlegen**
- **Bestellung anlegen**
- **Eingangsrechnung anlegen**
- **Eingangsgutschrift anlegen**
- **Warenretourenanfrage anlegen**

Die Liste der Aktionen ist abhängig vom Geschäftspartnertyp, also davon, ob Sie einen Kunden, Interessenten oder Lieferanten ausgewählt haben. Darüber hinaus steht die Liste im vollen Umfang nur dann zur Verfügung, wenn keine Änderungen im Geschäftspartner anstehen, also wenn der äußerst linke Button **OK** ist (und nicht **Aktualisieren**).

4.4 Zahlungsbedingungen

Die Zahlungsbedingungen werden zentral unter **Administration • Definition • Geschäftspartner • Zahlungsbedingungen** definiert. Sie bestehen aus der Definition der Nettofälligkeit und der Skontobedingung, die bausteinartig zu der kompletten Zahlungsbedingung zusammengesetzt werden. Zusätzlich können Sie eine Reihe weiterer Bedingungen vordefinieren, die dann dem Geschäftspartner zugewiesen werden. Bei der Definition der Zahlungsbedingungen müssen Sie folgende Angaben vornehmen:

- **Feld »Code Zahlungsbedingungen«**
  Geben Sie in diesem Feld einen Namen für die Zahlungsbedingung an. Da der Name in der Dropdown-Liste angezeigt wird, sollten Sie anhand des Namens auf den Inhalt der

Zahlungsbedingung rückschließen können. Darüber hinaus wird die Zahlungsbedingung in der Regel auch auf Dokumenten, die an Kunden und Lieferanten gehen, gedruckt. Eine druckreife Bezeichnung ist daher zwar nicht zwingend notwendig, erleichtert aber die Aufgabenstellung. Ein Beispiel für einen aussagekräftigen Namen finden Sie in Abbildung 4.22. Diese Zahlungsbedingung hat augenscheinlich eine Skontofrist von zehn Tagen, innerhalb derer ein Skontoabzug von 2 % vom Rechnungsbetrag gewährt wird, sowie eine maximale Zahlungsfrist von 30 Tagen.

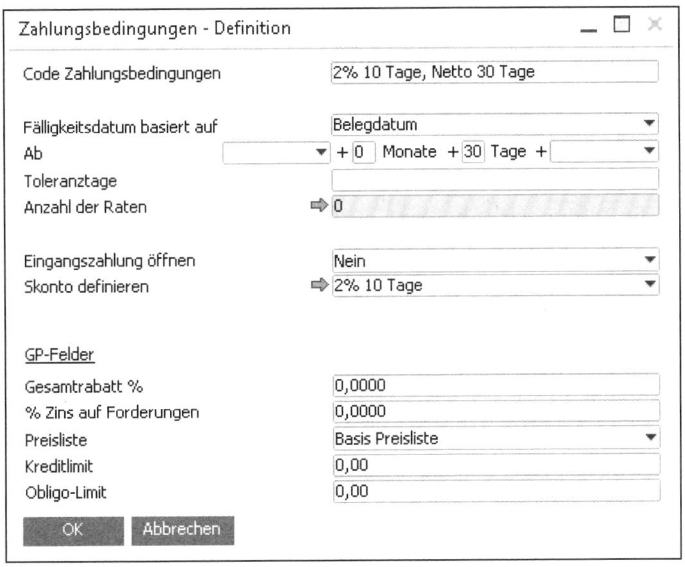

Abbildung 4.22: Zahlungsbedingungen definieren

- **Dropdown-Liste »Fälligkeitsdatum basiert auf«**
  In dieser Dropdown-Liste können Sie auswählen, von welchem Zeitpunkt/Datum aus die Fälligkeit berechnet wird. Sie können zwischen folgenden drei Möglichkeiten wählen:
  - **Belegdatum**: In der Finanzbuchhaltung wird generell zwischen Belegdatum und Buchungsdatum unterschieden. Als Belegdatum wird jenes Datum verwendet, das auf dem Beleg steht (z. B. Eingangsrechnung), bzw. das Datum der Belegerstellung oder Leistungserbringung (z. B. Ausgangsrechnung). Dieses Datum ist in der Regel maßgeblich für die Umsatzsteuer/Vorsteuer.
  - **Buchungsdatum**: Das Buchungsdatum wiederum entspricht üblicherweise dem Belegdatum. In der buchhalterischen Praxis kann es vorkommen, dass das Ende der Buchungsperiode als Buchungsdatum angenommen wird. Das bedeutet, dass z. B. alle Belege einer Woche mit dem Buchungsdatum des jeweiligen Freitags dieser Woche gebucht werden, weil nur einmal pro Woche die Kreditorenbuchhaltung durchgeführt wird. Dieses Beispiel ist nur für Eingangsrechnungen relevant, da Aus-

gangsrechnung in SAP Business One ja mit dem Zeitpunkt der Erstellung auch gebucht werden. Diese Variante würde das Buchungsdatum für die Berechnung der Fälligkeit unbrauchbar machen.

- **Systemdatum**: Das Systemdatum ist jenes Datum, das zum Zeitpunkt der Belegerstellung das Datum des Servers ist, auf dem Sie SAP Business One installiert haben.

[+]

Fälligkeitsdatum basiert auf Belegdatum

Um alle Unsicherheiten auszuschließen, sollte das Belegdatum als Basis für die Berechnung des Fälligkeitsdatums verwendet werden. Da bei der Belegerstellung automatisch das Datum des aktuellen Tages vorgeschlagen wird, ist dieses Datum sinnvoll.

- **Zeitpunkt, ab dem die Zahlungsfrist beginnt – Dropdown-Liste »Ab«**
  In der dritten Zeile geben Sie an, ab welchem Zeitpunkt die Zahlungsfrist zu laufen beginnt. Außerdem geben Sie die gesamte Zahlungsfrist an, das bedeutet, jene Frist, die die Zahlungsbedingung maximal umfasst, ohne jegliche Skontofristen. Das ist die Frist, innerhalb derer die Rechnung beglichen werden muss. Im rechten Bereich geben Sie die maximale Zahlungsfrist an. Im Beispiel in Abbildung 4.22 beträgt diese 30 Tage. Die Zahlungsfrist kann entweder in Monaten oder in Tagen angegeben werden; verwenden Sie nur eines der beiden Felder. Im linken Bereich legen Sie fest, ab wann diese 30 Tage zu laufen beginnen. Wenn Sie das Dropdown-Feld **Ab** leer lassen, beginnen die 30 Tage mit dem Belegdatum zu laufen. Alternativ können Sie als Startpunkt **Monatsbeginn**, **Monatsmitte** und **Monatsende** festlegen. Wenn Sie also möchten, dass die Zahlungsfrist von 30 Tagen immer am Ersten jedes Monats startet – unabhängig davon, auf welchen Tag des Monats das tatsächliche Belegdatum fällt –, wählen Sie die Option **Monatsbeginn**.
- **Feld »Toleranztage«**
  Das Fälligkeitsdatum in der Rechnung wird reduziert um die Anzahl der Toleranztage, die Sie in diesem Feld eingeben.

[zB]

Toleranztage

Eine Eingangsrechnung hat eine Nettofälligkeit am 30.11. Die Toleranztage sind 2. Wir der Zahlungslauf am 28.11. gestartet, wird die Rechnung bereits zur Zahlung vorgeschlagen. Sie stellen damit sicher, dass auch bei Zahlungsläufen, die nicht täglich durchgeführt werden, die Rechnungen zeitgerecht bezahlt werden. Führen Sie den Zahlungslauf nur einmal wöchentlich durch, dann sind 6 Toleranztage sinnvoll, um alle Rechnungen zu berücksichtigen, die zwar aktuell nicht fällig sind, aber bis zum nächsten Zahlungslauf schon überfällig wären.

- **Ratenzahlung – Feld »Anzahl der Raten«**
  Eine Ratenzahlung ist die Bezahlung einer Schuld in mehreren Teilbeträgen innerhalb eines festgelegten Zeitraums. Um die Regelung für die Ratenzahlung zu definieren, klicken Sie auf den orangefarbenen Pfeil neben dem Feld **Anzahl der Raten**. Im nun geöffneten Fenster legen Sie zuerst die Anzahl der Raten im ersten Feld fest, wie im Beispiel in Abbildung 4.23 gezeigt.

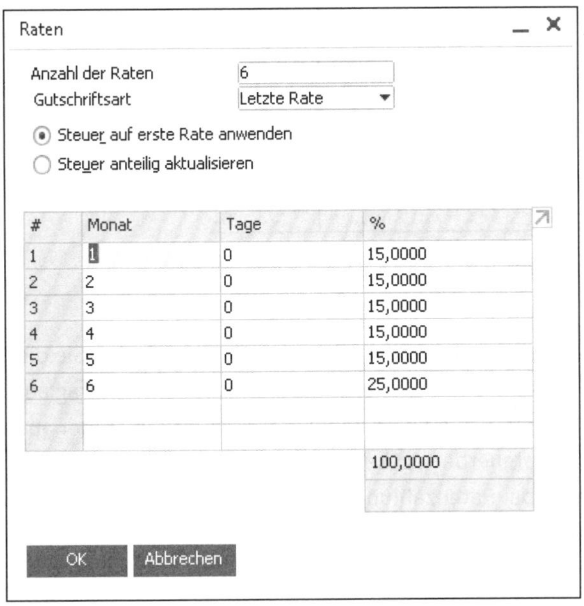

Abbildung 4.23: Ratenzahlung im Fenster »Raten« definieren

SAP Business One legt in der Tabelle pro Rate eine Zeile an, in Summe jene Anzahl von Zeilen, die Sie im Feld **Anzahl der Raten** festgelegt haben. Darüber hinaus wird in der Spalte % automatisch ein anteiliger Prozentsatz berechnet. In unserem Beispiel wäre dies bei sechs Raten ein Anteil von 16,67 % pro Rate. Allerdings haben Sie nun die Möglichkeit, diese Prozentsätze gemäß der Vereinbarung mit Ihrem Kunden oder Lieferanten abzuändern, wie dies auch im Beispiel in Abbildung 4.23 geschehen ist. Außerdem geben Sie in den entsprechenden Spalten ein, wie viele Tage bzw. Monate nach Fälligkeitsdatum die einzelnen Raten fällig werden.

In der Dropdown-Liste **Gutschriftsart** bestimmen Sie, auf welche Weise ein Gutschriftsbetrag, der auf eine Rechnung mit Ratenvereinbarung ausgestellt wird, auf die einzelnen Raten angewandt werden soll. Dies gilt nur für den Fall, dass die Gutschriftsumme kleiner als die Summe aller Raten ist! Wählen Sie die Option **Erste Rate**, damit die gewährte Gutschrift auf die erste Rate angewandt wird, dann auf die zweite Rate etc. Wählen Sie die Option **Letzte Rate**, damit die gewährte Gutschrift zuerst auf die letzte Rate angewandt wird, dann auf die vorletzte Rate etc. Wählen Sie die Option **Gleich**, damit die gewährte Gutschrift gleichmäßig auf alle Raten angewandt wird.

In Tabelle 4.4 wird die Auswirkung dieser Einstellung dargestellt. Die Annahme ist, dass eine Rechnung über 500,– EUR in 5 Raten bezahlt wird. Vor der ersten Fälligkeit werden von dieser Rechnung 100,– EUR gutgeschrieben.

Rate	Ratenhöhe	Erste Rate	Letzte Rate	Gleich
1	100,–	0,–	100,–	80,–
2	100,–	100,–	100,–	80,–
3	100,–	100,–	100,–	80,–
4	100,–	100,–	100,–	80,–
5	100,–	100,–	0,–	80,–

Tabelle 4.4: Gutschrift auf Raten anwenden

Für die Behandlung der Steuer stehen zwei Optionen zur Verfügung. Wählen Sie die Option **Steuer auf erste Rate anwenden**, damit der komplette Umsatzsteuerbetrag aus der Rechnung bei der ersten Rate dazugerechnet wird. Wählen Sie die Option **Steuer anteilig aktualisieren**, damit der Umsatzsteuerbetrag bei allen Raten anteilig dazugerechnet wird. Die Behandlung der Steuer bei Ratenzahlung wird im Fenster **Ausgangsrechnung** auf der Registerkarte **Buchhaltung** verdeutlicht (siehe Abschnitt 6.2.2, »Belegmitte«).

[+]

Haftrücklass

Mit der Funktion der Raten lässt sich auch ein Haftrücklass wie er im Baugewerbe und im Baunebengewerbe üblich ist, gut abbilden. In diesem Fall würden zwei Raten vereinbart: Die erste Rate umfasst üblicherweise einen Großteil der Forderung, der zweite Teil den Haftrücklass z. B. ein Jahr nach Rechnungslegung. Da der Haftrücklass in der Regel keine Auswirkung auf die Steuerschuld bei der Umsatzsteuer hat, wird die Steuer in diesem Fall auf die erste Rate angewendet. Es werden also ein Großteil der Forderung sowie die gesamte Umsatzsteuer mit der ersten Rate fällig.

- **Dropdown-Liste »Eingangszahlung öffnen«**
  Mit dieser Option legen Sie fest, ob nach dem Hinzufügen einer Ausgangsrechnung automatisch eine Eingangszahlung samt Quittung angelegt werden soll. Wählen Sie die Option **Nein**, wird nicht automatisch eine Eingangszahlung angelegt. Wählen Sie eine der anderen Optionen, wird automatisch eine Eingangszahlung mit der ausgewählten Zahlungsart (Barzahlung, Scheck, Kreditkarte oder Überweisung) erstellt.
- **Dropdown-Liste »Skonto definieren«**
  Ein Skonto wird betriebswirtschaftlich definiert als ein Rabatt für eine frühe Zahlung des Käufers. Der Verkäufer möchte für den Käufer einen Anreiz setzen, damit dieser

seine Zahlung früher leistet, als er es aufgrund der maximalen Zahlungsfrist tun müsste. Der Verkäufer hat dadurch zu einem früheren Zeitpunkt liquide Mittel zur Verfügung, die er seinerseits zur Bedienung anderer Zahlungen heranziehen kann. Aufgrund der zum Teil hohen Zinssätze über sehr kurze Zeiträume (z. B. 2 % Rabatt in einem Zeitraum von zehn Tagen) ist ein Skonto jedoch ein meist sehr teuer »erkaufter« verfrühter Zufluss von liquiden Mitteln. Aus Sicht des Käufers wiederum ist die Inanspruchnahme eines Skontos eine sehr gute Anlageform. Falls die angelegte Zahlungsbedingung einen Skonto hat, wählen Sie ihn aus der Werteliste aus. Sie haben nun folgende Möglichkeiten:

- Um zu überprüfen, ob der ausgewählte Skonto korrekt angelegt wurde, klicken Sie auf den orangefarbenen Pfeil links neben dem Feld.
- Um einen Skonto neu anzulegen, wählen Sie die Option **Neu definieren** aus der Werteliste aus. Geben Sie im nun geöffneten Fenster **Skonto** alle relevanten Daten ein, wie im Beispiel in Abbildung 4.24 zu sehen ist.

Geben Sie einen Code und eine Bezeichnung (Feld **Name**) an. Die Bezeichnung sollte einen Hinweis auf die verwendete Skontofrist liefern, da diese in der Auswahlliste angezeigt wird. In der Tabelle im unteren Bereich des Fensters tragen Sie jeweils ein, wie viele Tage nach Buchung der Rechnung die Skontofrist läuft. In unserem Beispiel in Abbildung 4.24 läuft eine Skontofrist mit 2 % Abzug bis zehn Tage nach der Buchung.

Abbildung 4.24: Fenster »Skonto« – Skontofristen festlegen

Pro Zeile in der Tabelle können Sie jeweils eine Skontofrist angeben. In der Regel werden Sie jedoch keine Skonti mit mehr als zwei Skontofristen anlegen. Zum Beispiel wäre die folgende Zahlungsbedingung denkbar: 2 % innerhalb von zehn Tagen, 1 % innerhalb von zwanzig Tagen oder Zahlung innerhalb von 30 Tagen ohne jeden Abzug. Eine solche Zahlungsbedingung müssten Sie dann, soweit es den Skonto betrifft, wie in Abbildung 4.25 anlegen.

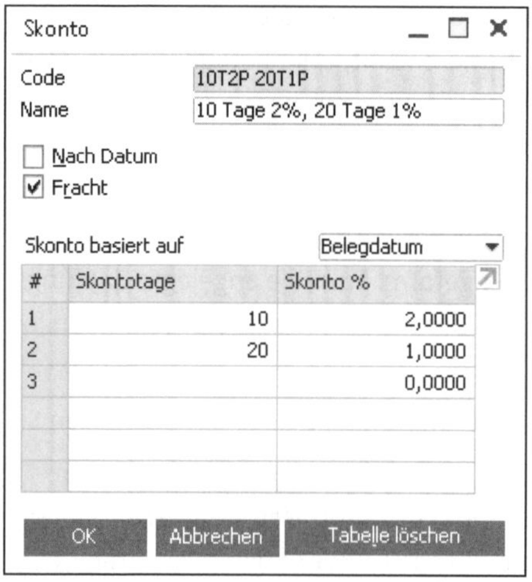

Abbildung 4.25: Fenster »Skonto« – zweistufige Skontofrist

Aktivieren Sie die Checkbox **Fracht**, damit die Frachtkosten bzw. Zusatzausgaben im Beleg bei der Skontoberechnung einbezogen werden. Wenn Sie die Checkbox **Nach Datum** aktivieren, haben Sie die Möglichkeit, die Skontofrist terminmäßig abzubilden. Anstelle der Tabellenspalte **Skontotage** stehen Ihnen die beiden Spalten **Tag** und **+Monat** zur Verfügung. Das bedeutet, die Skontofrist beginnt an einem festgelegten Tag im Monat zu laufen.

Skontofrist

Die Skontofrist soll jeweils bis zum 5. des Folgemonats laufen. In diesem Fall geben Sie im Feld **Tag** »5« und im Feld **+Monat** »1« ein.

Die Tatsache, dass in SAP Business One die Skontofristen extra, also in einem eigenen Fenster, definiert werden, bringt einen Vorteil, wenn Sie eine Vielzahl an Zahlungsbedingungen definieren müssen: Sie haben die Möglichkeit, die Skontofristen mehrfach zu verwenden, ohne sie jeweils immer neu anlegen zu müssen.

Zahlungsbedingungen

Sie haben die Zahlungsbedingung »2 % innerhalb von zehn Tagen oder 30 Tage netto« und »2 % innerhalb von zehn Tagen und 45 Tage netto«. In diesem Fall legen Sie zwei Zahlungsbedingungen an und weisen jeweils dieselbe Skontofrist zu.

Darüber hinaus können Sie im Fenster **Zahlungsbedingungen – Definition** (siehe Abbildung 4.22) folgende Felder füllen, die als Default-Werte (Vorschlagswerte) für den Geschäftspartner dienen:

- Gesamtrabatt %
- % Zins auf Forderungen
- Preisliste
- Kreditlimit
- Obligo-Limit

Diese Felder haben wir bereits in Abschnitt 4.3, »Geschäftspartner«, auf der Registerkarte **Zahlungsbedingungen** ausführlich behandelt; Näheres dazu können Sie dort nachlesen.

Grundsätzlich müssen alle Zahlungsbedingungen, die Sie Ihren Kunden gewähren bzw. die Ihnen Ihre Lieferanten gewähren, angelegt werden. Die Zuordnung dieser Zahlungsbedingungen kann auf drei Ebenen erfolgen, wobei die Zahlungsbedingung auf jeder nachfolgenden Ebene übersteuert werden kann:

- **Unternehmensstammdaten**
  Über **Administration • Systeminitialisierung • Allgemeine Einstellungen** • Registerkarte **GP** können Sie in den Feldern **Standardzahlungsbedingung für Kunde/Lieferant** einen Vorschlagswert für jeden neu anzulegenden Kunden/Lieferanten festlegen.
- **Geschäftspartner**
  Der Vorschlagswert aus den Unternehmensstammdaten wird bei der Neuanlage des Geschäftspartners automatisch hineinkopiert und kann dort geändert werden.
- **Beleg**
  Bei der Neuanlage eines Belegs werden die Zahlungsbedingungen, die dem Geschäftspartner zugeordnet wurden, in den Beleg kopiert. Bevor der Beleg hinzugefügt wird, können die Zahlungsbedingung oder einzelne Bestandteile der Zahlungsbedingung wie die maximale Zahlungsfrist verändert werden. Erst mit Hinzufügen der Ausgangsrechnung ist die Zahlungsbedingung und damit das Fälligkeitsdatum fixiert, wobei das Fälligkeitsdatum auch dann noch geändert werden kann.

Beachten Sie bei der Änderung der Zahlungsbedingungen im Beleg, dass sie optional auch eine Änderung der Preisliste, des Kredit- und des Obligo-Limits nach sich ziehen kann, die ja mit den Zahlungsbedingungen verbunden sind. Das Programm wird bei Änderung der Zahlungsbedingungen einen entsprechenden Hinweis bringen und Ihnen die Möglichkeit geben, diese Informationen zu ändern oder die ursprünglichen Einstellungen beizubehalten.

4.5 Aktivitäten

Aktivitäten sind keine Stammdaten im eigentlichen Sinn, sie sind aber primär mit Kunden, allerdings auch mit Artikeln eng verzahnt. Am besten können Sie sich Aktivitäten als vielseitige, funktionale und sehr gut auswertbare Post-its vorstellen. Sie tauchen auch in anderen Bereichen von SAP Business One auf, z. B. in Belegen oder Projekten. Wegen ihres nicht ganz klaren Charakters haben wir dieses Thema eher an den Anfang des Buches gestellt, sodass Sie Aktivitäten schon kennengelernt haben, wenn Sie in den späteren Kapiteln wieder darauf stoßen.

Jegliche Interaktion mit einem Geschäftspartner kann als *Aktivität* festgehalten werden. Das können Telefonate, Meetings, Aufgaben, Notizen oder auch interne Aktivitäten sein, die Sie mit Bezug zu Ihrem Geschäftspartner erledigen. Wie schon erwähnt, sind Aktivitäten in alle wichtigen Bereiche eingebaut und werden sehr oft im Zusammenhang mit einem anderen Element aus SAP Business One angelegt oder abgerufen, wie etwa Geschäftspartner, Ein- und Verkaufsbelege, Serviceabrufe, Opportunities oder Kalendereinträge.

Um eine neue Aktivität anzulegen, öffnen Sie das Fenster **Aktivität** über **Geschäftspartner • Aktivität** oder **CRM • Aktivität.** Sie werden im folgenden Kapitel weitere Möglichkeiten kennenlernen, Aktivitäten zu starten. Im linken oberen Bereich des Fensters geben Sie, wie in Abbildung 4.26 zu sehen ist, die Einordnung der Aktivität im gleichnamigen Feld an.

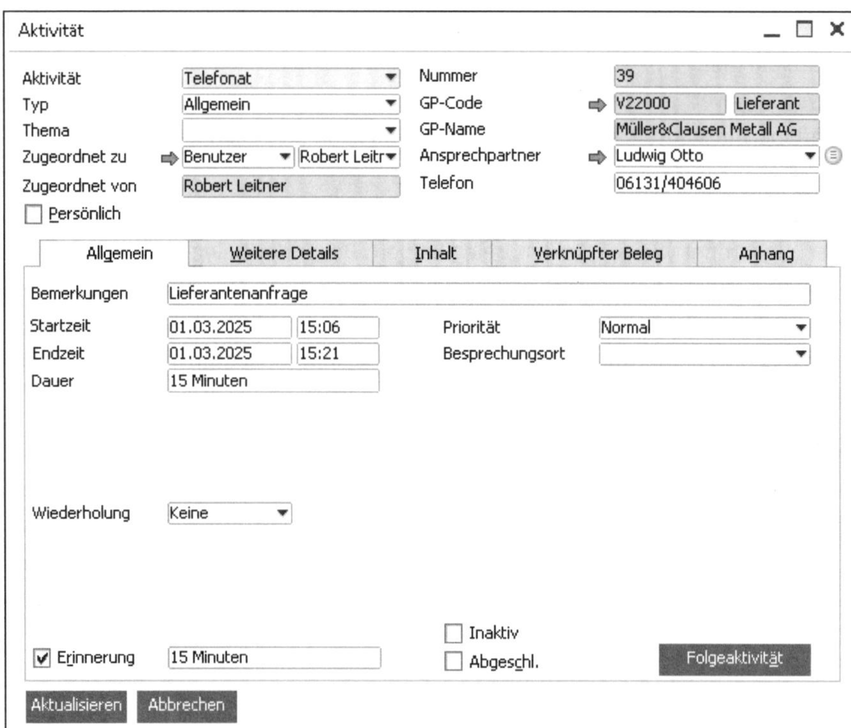

Abbildung 4.26: Fenster »Aktivität«

Die Art der Aktivität ist dabei von SAP Business One fix vorgegeben; dies kann ein **Telefonat**, eine **Besprechung**, eine **Aufgabe**, eine **Notiz**, eine **Kampagne** oder **Sonstiges** sein. Je nachdem, welche Art der Aktivität ausgewählt wurde, ändern sich die Felder auf der Registerkarte **Allgemein**. Für eine Aufgabe wird ein Status benötigt, für eine Besprechung eine Adresse etc.

Frei definierbar sind die Felder **Typ** und **Thema**. Mit diesen beiden Feldern, deren Inhalte miteinander verknüpft sind, schaffen Sie eine Feingliederung Ihrer gesamten Aktivitäten. Das bedeutet, jedes Thema wird einem Typ zugeordnet. Darüber hinaus ist es sinnvoll, die Typen so zu definieren, dass sie inhaltlich den vorgegebenen Aktivitätsarten zugeordnet werden können, obwohl sie technisch nicht miteinander verknüpft werden.

[zB]

Aktivität »Telefonat«, Typ »Nachtelefonieren«, Thema »Angebot nachverfolgen«

In diesem Beispiel ist es eindeutig, dass der Typ **Nachtelefonieren** zur Aktivität **Telefonat** gehört. Falls Sie die Typen und Themen neutral definieren möchten, könnte dies folgendermaßen aussehen: Aktivität: **Telefonat**, Typ: **Vertrieb**, Thema: **Angebot**. In diesem Fall kann der Typ **Vertrieb** auch für ein Meeting, eine Aufgabe oder eine Notiz herangezogen werden.

Um einen neuen Typ anzulegen, wählen Sie den Eintrag **Neu definieren** aus der Werteliste aus. Geben Sie den Typ im nun geöffneten Fenster ein. Auf die gleiche Weise verfahren Sie mit den Themen, wobei das Thema mit dem zu diesem Zeitpunkt ausgewählten Typ automatisch verknüpft wird.

Im Feld **Zugeordnet zu** wählen Sie aus der ersten Dropdown-Liste aus, ob die Aktivität einem Benutzer oder einem Mitarbeiter zugeordnet ist. In der zweiten Dropdown-Liste wählen Sie entsprechend der ersten Auswahl dann den gewünschten Mitarbeiter, Benutzer oder eine Empfängerliste aus. Dieser führt die Aktivität durch oder ist für sie verantwortlich. Das bedeutet, dass Sie einerseits Aktivitäten für sich selbst planen, alternativ aber auch Aufgaben an Kollegen delegieren können. Der aktive Benutzer ist immer der Vorschlagswert für neue Aktivitäten. Im rechten oberen Bereich des Fensters wird automatisch eine fortlaufende **Nummer** vergeben. Darüber hinaus können Sie die Aktivität einem Geschäftspartner und zusätzlich einem Ansprechpartner dieses Geschäftspartners zuordnen. Falls Sie dies nicht möchten und die Aktivität z. B. nur für interne Zwecke relevant ist, lassen Sie den GP-Code einfach leer. Die Aktivierung der Checkbox **Persönlich** hat in diesem Zusammenhang keine Auswirkung und führt im Übrigen auch nicht dazu, dass diese Aktivität für andere Benutzer nicht sichtbar ist.

4.5.1 Registerkarte »Allgemein«

Auf der Registerkarte **Allgemein**, deren Inhalt sich je nach der ausgewählten Aktivität ändert, geben Sie alle weiteren gewünschten Daten ein. Bei beinahe allen Aktivitätsarten, die mit einer zukünftigen Startzeit angelegt werden, können Sie sich von SAP Business One erinnern lassen. Dazu aktivieren Sie die Checkbox **Erinnerung** im linken unteren Bereich der Registerkarte **Allgemein** und geben zusätzlich die gewünschte Zeit an, an die Sie vor dem Startzeitpunkt der Aktivität erinnert werden möchten.

Darüber hinaus können Sie im Feld **Wiederholung** festlegen, ob es sich um eine wiederkehrende Aktivität handelt (siehe Abbildung 4.27). Dazu wählen Sie aus der Dropdown-Liste das Wiederholungsintervall aus, also **Täglich**, **Wöchentlich**, **Monatlich** oder **Jährlich**. Anschließend bestimmen Sie die Daten des Wiederholungsintervalls, sodass dieses Ihrer wiederkehrenden Aktivität entspricht. Das Beispiel in Abbildung 4.27 zeigt die Aufgabe »Aktuelle Lieferantenanfragen besprechen«, einen halbstündigen Termin, der jeden Freitag wiederholt wird.

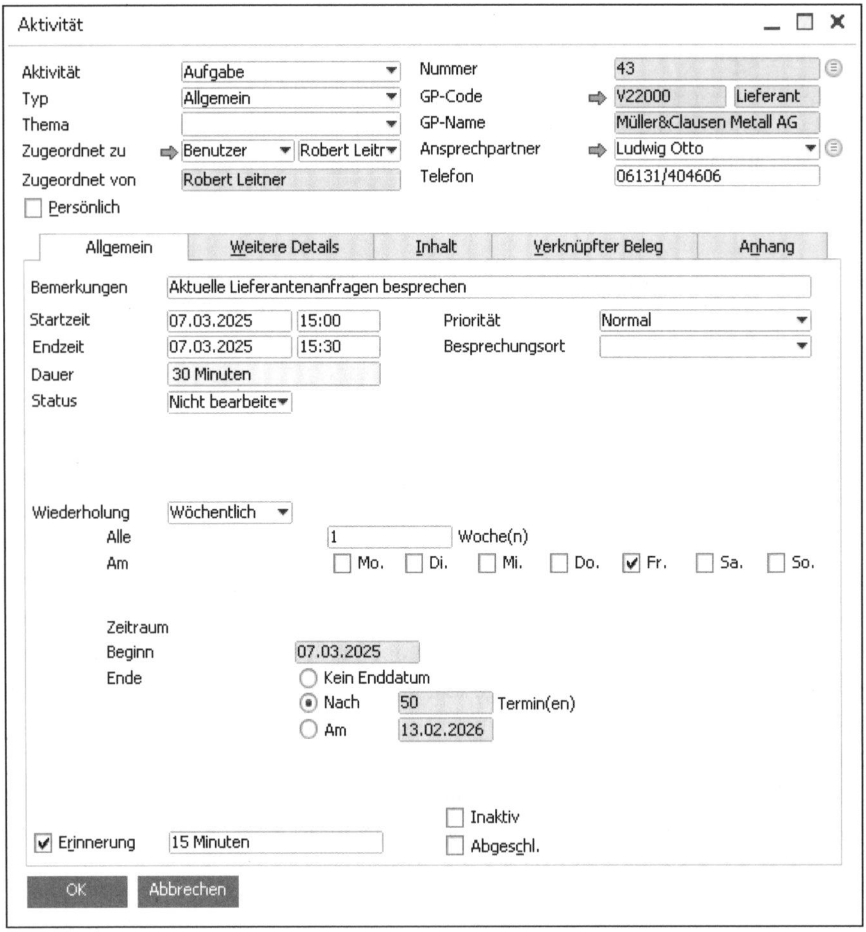

Abbildung 4.27: Aktivität wiederholen

Bei jeder Aktivität können Sie festlegen, ob sie nach Erledigung inaktiv oder abgeschlossen werden soll. Dazu stehen Ihnen die Checkboxen **Inaktiv** und **Abgeschl.** zur Verfügung (siehe z. B. Abbildung 4.27). Eine abgeschlossene Aktivität lässt sich nicht wieder reaktivieren, während eine inaktive Aktivität in den einzelnen Aktivitätsübersichten zwar nicht mehr angezeigt wird, sich aber wieder auf **aktiv** setzen lässt.

Mit dem Button **Folgeaktivität** haben Sie die Möglichkeit, eine weitere Aktivität anzulegen, die unmittelbar mit der ersten Aktivität verknüpft ist. Dieser Button steht nur bei Aktivitäten zur Verfügung, die keine wiederkehrenden Aktivitäten sind.

Erste Aktivität und Folgeaktivität

Ihre erste Aktivität ist ein Gespräch auf einer Messe, die Folgeaktivität ist, diesem Lead nachzutelefonieren. Sie können beliebig viele Folgeaktivitäten zu einer Aktivität anlegen.

4.5.2 Registerkarte »Verknüpfter Beleg«

Auf der Registerkarte **Verknüpfter Beleg** finden Sie im gleichnamigen Feld die **Vorherige Aktivität**; mit dem orangefarbenen Pfeil ⇨ können Sie diese Aktivität aufrufen. Außerdem können Sie auf dieser Registerkarte die Aktivität mit einem beliebigen Beleg oder sogar einem Artikel verknüpfen (siehe Abbildung 4.28).

Abbildung 4.28: Fenster »Aktivität« – Registerkarte »Verknüpfter Beleg«

Wählen Sie dazu die Belegart aus. Im Feld **Belegnummer** erhalten Sie mit der ⇥-Taste eine Auswahlliste aller Belege der ausgewählten Belegart aller Geschäftspartner. Möchten Sie die Auswahlliste der Belege auf den in der Aktivität ausgewählten Geschäftspartner eingrenzen, aktivieren Sie die Checkbox **Mit GP in Zusammenhang stehende Belege anzeigen**. Die Felder **Ursprungsobjekttyp** und **Ursprungsobjektnr.** werden gefüllt, wenn die Aktivität aus einem anderen Bereich wie einer Opportunity oder einem Serviceabruf heraus angelegt wurde. Mehr dazu erfahren Sie in Abschnitt 14.1.2, »Verkaufschancen verwalten«, zu einer Aktivität aus Opportunities bzw. in Abschnitt 15.2, »Serviceabruf als täglicher Kundenkontakt«, zu einer Aktivität aus dem Serviceabruf.

4.5.3 Registerkarte »Inhalt«

Auf der Registerkarte **Inhalt** können Sie beliebige Langtexte auch mit Zeilenumbrüchen eingeben.

4.5.4 Registerkarte »Anhang«

Die Registerkarte **Anhang** dient dazu, beliebige Dateien an die Aktivität anzuhängen. Klicken Sie auf den Button **Durchsuchen**, um ein **Öffnen**-Fenster in Microsoft Windows zu erhalten. Wählen Sie eine beliebige Datei aus, die sich auf Ihrem PC oder einem Netzlaufwerk befindet. Bestätigen Sie dies mit **OK**, und die Datei wird an die Aktivität angehängt. Im Hintergrund kopiert SAP Business One die ausgewählte Datei in den vordefinierten Microsoft-Windows-Ordner für Attachments, den Sie unter **Administration • Systeminitialisierung • Allgemeine Einstellungen** • Registerkarte **Pfad** unter **Verzeichnis für Dateianhänge** festlegen können. Zu der in diesem festgelegten Ordner definierten Datei wird eine Verknüpfung erstellt. Wenn Sie nun auf der Registerkarte **Anhang** die Datei markieren, können Sie sie mit dem Button **Anzeigen** öffnen. Mit dem Button **Löschen** entfernen Sie die Verknüpfung zu dieser Datei.

Die Anwendungsmöglichkeiten der Anhänge sind vielfältig; z. B. ist es in der Praxis gefragt, die komplette elektronische Geschäftskorrespondenz zu einem Kunden oder Interessenten zu archivieren. Das bedeutet, Sie sind in der Lage, alle Aktennotizen, Memos, E-Mails, Telefonmitschriften, Verträge, schriftlichen Vereinbarungen etc. als Aktivität samt Anhang in SAP Business One abzulegen und diese mit einer effizienten Strukturierung durch die Felder **Aktivität**, **Typ** und **Thema** auch rasch wieder aufzufinden.

4.5.5 Registerkarte »Weitere Details«

Die Registerkarte **Weitere Details** dient dazu, Ressourcendaten wie die Ressourcennummer, die Leistungsart und den Kostenbestandteil der Aktivität zuzuordnen. Darüber hinaus kann die Aktivität einem Finanzprojekt, einem Projektmanagementprojekt, dessen Teilprojekt oder einer Stufe hinzugefügt werden (mehr Informationen zu diesen Funktionen finden Sie in Abschnitt 17.1, »Projekte anlegen«).

Im Fenster **Aktivitäten** befindet sich der zentrale Sammelpunkt aller Aktivitäten. Die Anlage der Aktivitäten kann jedoch in den unterschiedlichsten Bereichen in SAP Business One erfolgen, wie in Abbildung 4.29 dargestellt ist. Aktivitäten vernetzen viele Bereiche in SAP Business One.

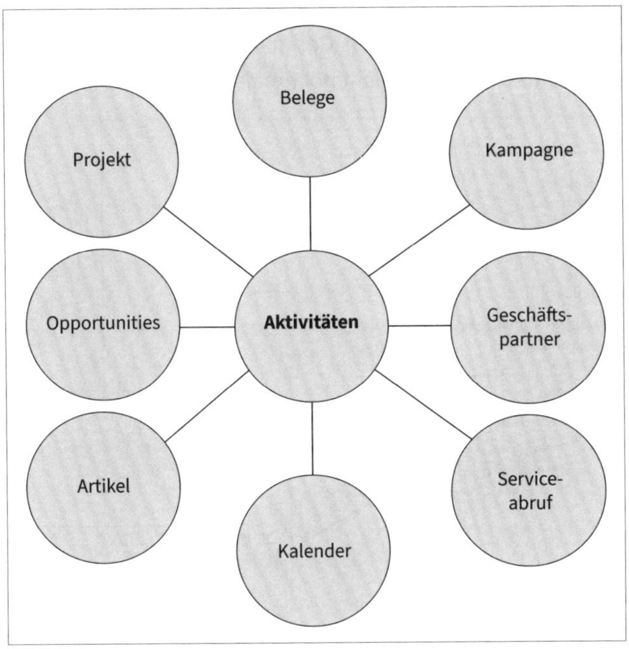

Abbildung 4.29: Aktivitäten mit anderen Funktionen vernetzen

Mithilfe der orangefarbenen Pfeile können Sie sehr schnell zwischen diesen Bereichen hin und her springen. Bei der Anlage der Aktivitäten aus den unterschiedlichen Bereichen werden viele Daten automatisch vorbelegt. Zum Beispiel wird bei einer Aktivität, die aus dem Fenster **Geschäftspartner-Stammdaten** heraus angelegt wird, automatisch der ausgewählte Geschäftspartner in die Aktivität eingefügt. Die folgende Aufstellung soll Ihnen einen Überblick über die einzelnen Bereiche liefern (einige Themen werden wird ausführlich an anderen Stellen in diesem Buch behandeln).

Aus dem Fenster **Geschäftspartner-Stammdaten** heraus können Sie sowohl bereits bestehende Aktivitäten für diesen Geschäftspartner aufrufen als auch neue Aktivitäten anlegen. Abbildung 4.30 soll beide Möglichkeiten verdeutlichen.

Wir starten im Fenster **Geschäftspartner-Stammdaten**. Mit dem Button **Sie können auch** im rechten unteren Bereich und dem Eintrag **Zugehörige Aktivitäten anzeigen** gelangen Sie zum Fenster **Aktivitätenübersicht für Geschäftspartner ...**, das alle aktiven und nicht abgeschlossenen Aktivitäten zum ausgewählten Geschäftspartner anzeigt. Mit dem orangefarbenen Pfeil in der ersten Spalte neben der Aktivitätsnummer können Sie eine bestehende Aktivität aufrufen.

Um eine neue Aktivität aus dem Geschäftspartner heraus anzulegen, stehen Ihnen zwei Möglichkeiten zur Verfügung: Klicken Sie auf den Button **Sie können auch** im Fenster **Geschäftspartner-Stammdaten** und wählen Sie den Eintrag **Aktivität anlegen** aus der Dropdown-Liste aus, oder klicken Sie auf den Button **Aktivität** im Fenster **Aktivitätenübersicht für Geschäftspartner ...** In beiden Fällen werden die Daten des zuvor im Fenster **Geschäftspartner-Stammdaten** ausgewählten Geschäftspartners automatisch im Fenster **Aktivität** vorbelegt, Sie müssen sie also nicht nochmals eingeben.

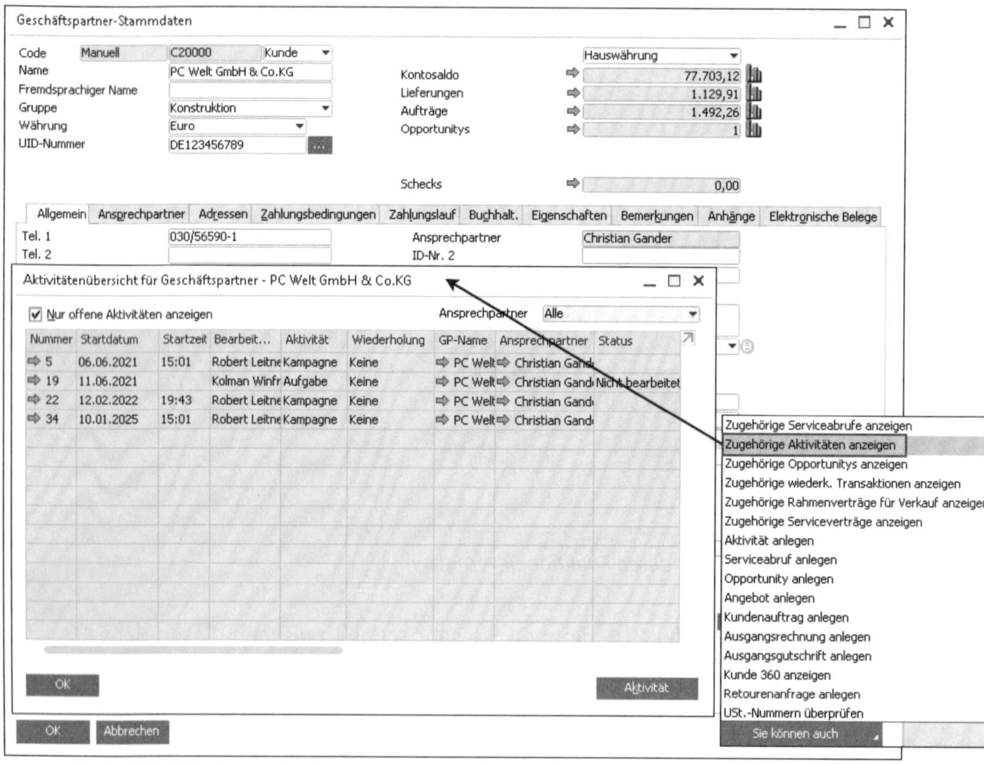

Abbildung 4.30: Aktivitäten aus dem Fenster »Geschäftspartner«

Der **Kalender** zeigt alle Aktivitäten wie Telefonate, Meetings und sonstige Aktivitäten an, die eine Startzeit und eine Endzeit haben. Klicken Sie auf den Button (**Kalender**) ganz rechts in der Symbolleiste, um den Kalender (siehe Abbildung 4.31) aufzurufen.

Im linken oberen Bereich können Sie mithilfe der Optionsbuttons zwischen den Ansichten **Monat**, **Woche**, **Arbeitswoche** und **Tag** umschalten. Um auf ein von Ihnen gewünschtes Datum zu springen, geben Sie dieses Datum in das Feld **Datum** links oben ein und klicken auf den Button **Wechseln**. Um wieder zum aktuellen Datum zurückzukehren, klicken Sie auf den Button **Heute**. Wenn Sie die Tagesansicht wählen, haben Sie zusätzlich die Möglichkeit, mit der Checkbox **Gruppenans.** mehrere Kalender nebeneinanderzulegen. Dadurch erhalten Sie eine Übersicht sowohl über die Termine Ihrer Mitarbeiter als auch über Ihre eigenen. Mit den Buttons **Telefonat** (), **Besprechung** (), **Kampagne** (), **Sonstige** (), **Aufgabe** () und **Serviceabruf** () im rechten oberen Bereich des Fensters **Kalender** können Sie die Ansicht auf genau diese Aktivitätsarten einschränken. In unserem Beispiel in Abbildung 4.31 sind alle Buttons angeklickt, das bedeutet, alle Aktivitätsarten werden angezeigt. Möchten Sie, dass z. B. keine Telefonate im Kalender angezeigt werden, klicken Sie auf den Button **Telefonat** () ganz links. Mit einem Doppelklick auf den Termin im Kalender wird die dahinterliegende Aktivität aufgerufen.

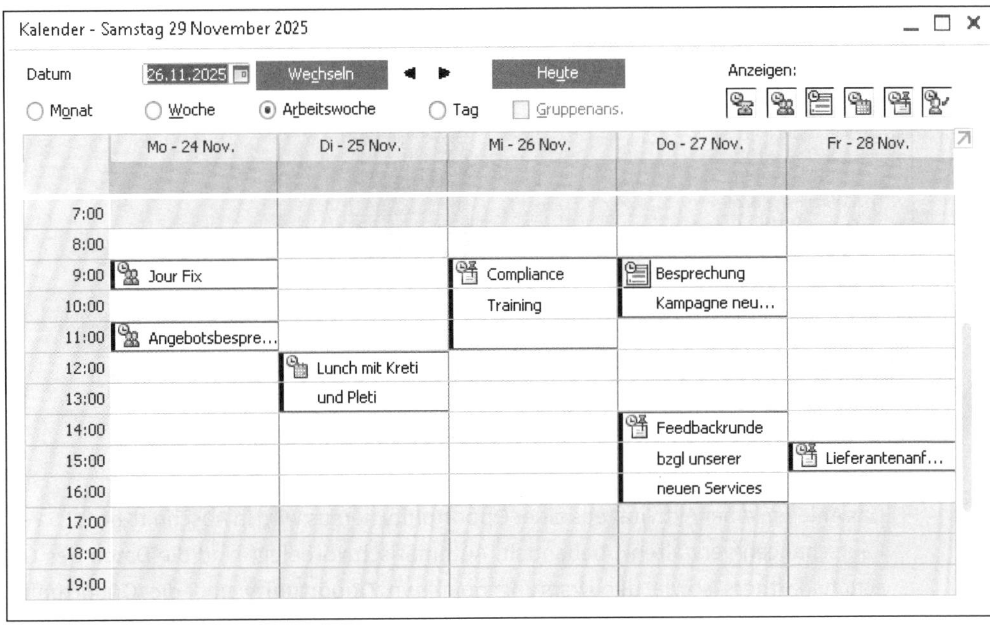

Abbildung 4.31: Kalender mit Aktivitäten

Mit dem Button (**Formulareinstellungen**) in der Symbolleiste können Sie darüber hinaus eine Reihe von Einstellungen zum Kalender vornehmen. Legen Sie allgemeine Einstellungen wie die Minuten pro Zeile auf der Registerkarte **Allgemein** fest. Nehmen Sie alle Wocheneinstellungen auf der Registerkarte **Arbeitswoche** vor. Die Benutzereinstellungen für die Gruppenansicht werden auf der Registerkarte **Benutzer** angegeben, wie in Abbildung 4.32 zu sehen ist.

Markieren Sie die Checkbox **Gruppenansicht** für jene Benutzer, deren Kalender Sie in der Gruppenansicht sehen möchten. Darüber hinaus ordnen Sie durch einen Klick auf die drei Punkte in der Spalte **Farbe** in der Zeile des gewünschten Vertriebsmitarbeiters eine Farbe zu. In dieser Farbe werden im Kalender die Termine dieses Vertriebsmitarbeiters angezeigt.

Abbildung 4.32: Benutzereinstellungen für Gruppenkalender

Aktivitäten können z. B. aus den folgenden Bereichen heraus angelegt werden:

- **Opportunity**
  Das Anlegen einer Aktivität aus einer Opportunity heraus wird in Abschnitt 14.1.2, »Verkaufschancen verwalten«, behandelt. Automatisch vorbelegt sind die Daten des Geschäftspartners sowie der Ursprungsobjekttyp **Opportunity** und die Opportunity-Nummer als Ursprungsobjektnummer auf der Registerkarte **Verknüpfter Beleg**.
- **Beleg**
  Das Anlegen einer Aktivität aus einem Beleg heraus erläutern wir in Abschnitt 5.3, »Wichtige Funktionen im Beleg«. Automatisch vorbelegt sind die Daten des Geschäftspartners sowie die Belegart und die Belegnummer auf der Registerkarte **Verknüpfter Beleg**.
- **Serviceabruf**
  Das Anlegen einer Aktivität aus einem Serviceabruf heraus zeigen wir Ihnen in Abschnitt 15.2, »Serviceabruf als täglicher Kundenkontakt«. Automatisch vorbelegt sind die Daten des Geschäftspartners sowie der Ursprungsobjekttyp **Serviceabruf** und die Serviceabrufnummer als Ursprungsobjektnummer auf der Registerkarte **Verknüpfter Beleg**.

Wie Sie sehen, ist die Aktivität in SAP Business One ein universelles Objekt, das in praktisch allen wichtigen Programmteilen verwendet wird, um Informationen zu strukturieren und leicht auffindbar zu machen. Ein gut organisierter Einsatz dieser Funktion ist in jedem Fall lohnenswert.

4.6 Artikel

In den Artikelstammdaten werden alle Waren und Dienstleistungen angelegt, die Sie im Zuge Ihres Geschäftsbetriebs einkaufen und verkaufen. Neben den physischen Waren werden auch Dienstleistungen und Serviceleistungen sowie Anlagegüter als Artikel angelegt; Dienstleistungen und Anlagegüter haben jedenfalls keine Auswirkungen auf das Lager; bei physischen Artikeln werden wir sehen, dass Sie steuern können, ob sie Relevanz für das Lager haben oder nicht. Die zentral angelegten Artikel werden in den unterschiedlichsten Modulen in SAP Business One verwendet, wie z. B. Ein- und Verkaufsbelege, Servicebereich, Materialbedarfsplanung und Produktion.

Das Fenster **Artikelstammdaten** finden Sie unter **Lagerverwaltung • Artikelstammdaten**. Wie bereits in Abschnitt 3.6, »Mit Datensätzen arbeiten«, gezeigt, gelten für dieses Fenster die gleichen Regeln der Programmbedienung wie für alle anderen Stamm- und Transaktionsdaten auch – das bedeutet, Sie können nach vorhandenen Artikeln suchen, sie aktualisieren und natürlich neue Artikel anlegen. Das Fenster **Artikelstammdaten** besteht – wie in Abbildung 4.33 zu sehen ist – aus thematisch unterschiedlichen Registerkarten, die wir im nächsten Abschnitt vorstellen.

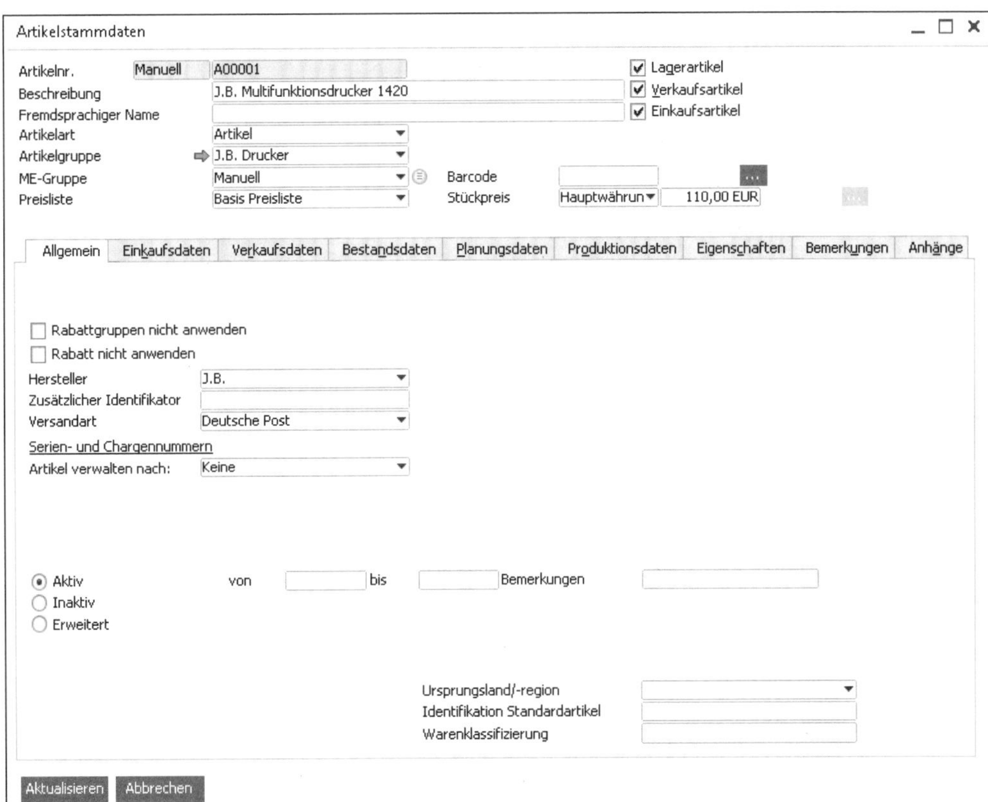

Abbildung 4.33: Fenster »Artikelstammdaten«

Im oberen Bereich des Fensters **Artikelstammdaten** finden Sie die wichtigsten Kopfdaten zum einzelnen Artikel:

- **Feld »Artikelnr.«**
  Geben Sie hier die eindeutige Nummer für diesen Artikel ein. Diese Nummer darf aus maximal 50 Ziffern und/oder Buchstaben bestehen und nur einmal vorkommen. Die Artikelnummer kann nicht mehr geändert werden, und der Artikel lässt sich auch nicht mehr löschen, sobald er in einer Transaktion wie einem Beleg oder einem Serviceabruf verwendet wurde.
- **Artikelnummernserie**
  Analog zu den Geschäftspartner-Stammdaten steht Ihnen auch bei den Artikelstammdaten eine automatische Nummerierung zur Verfügung. Die Nummernserie für den jeweiligen Artikel wählen Sie aus der Dropdown-Liste links neben dem Feld **Artikelnr.** aus. Durch die Auswahl der Nummernserie wird die Artikelnummerierung lückenlos fortgesetzt. Wählen Sie die Option **Manuell**, um eine Artikelnummer frei zu vergeben. Die Definition einer Nummernserie behandeln wir ausführlich in Abschnitt 4.7, »Belegnummerierung«.

[+]

Aussagekräftige Artikelnummern verwenden

Es ist üblich, aussagekräftige Artikelnummern zu verwenden, die einen Rückschluss auf den eigentlichen Artikel oder seine Gruppierung zulassen. Diese Usance ist in der Regel historisch bedingt, um schon anhand der Artikelnummer Selektionsmöglichkeiten zu haben. In Zeiten offener Datenbanken ist diese Option nur noch sehr bedingt relevant, und strukturierte Artikelnummern haben oft nur noch ästhetischen Wert. Falls Sie bereits bestehende Artikelnummern verwenden oder sich an eine andere Diktion halten müssen, müssen Sie auf komplexe Nummerierungssysteme ohnedies verzichten.

- **Feld »Beschreibung«**
  Geben Sie hier die Artikelbezeichnung ein. Zu diesem Zweck stehen Ihnen 100 Zeichen zur Verfügung. Dieses Feld soll nur eine Kurzbeschreibung des Artikels sein, die auch auf alle Belege gedruckt wird. Lange Artikeltexte können mit Zeilenumbruch auf der Registerkarte **Bemerkungen** eingegeben werden.
- **Feld »Fremdsprachiger Name«**
  Geben Sie die Beschreibung des Artikels in einer Fremdsprache ein. Da SAP Business One über eine Funktion verfügt, mit der Sie alle relevanten Artikeltexte in beliebig viele Sprachen übersetzen können, ist es üblich, dieses Feld nach Wunsch – etwa als zweites Feld für die Artikelbeschreibung – zu verwenden.
- **Dropdown-Liste »Artikelart«**
  Bei jedem Artikel müssen Sie eine vordefinierte Artikelart zuordnen. Folgende Optionen stehen zur Auswahl:

  - **Artikel**: Diese Option repräsentiert den klassischen Artikel und ist jeweils der Vorschlagswert.
  - **Arbeit**: Verwenden Sie diese Option, um einen Artikel »Arbeitszeit« zu definieren, der z. B. für die Verrechnung der Technikerstunden herangezogen werden kann.
  - **Reise**: Verwenden Sie diese Option, um einen Artikel »Reisekosten« zu definieren, der ebenfalls z. B. für die Weiterverrechnung der Reisekosten eines Servicetechnikers genutzt werden kann.

  Die Artikelarten **Arbeit** und **Reise** haben naturgemäß keine Auswirkung auf die Lagerhaltung.

- **Dropdown-Liste »Artikelgruppe«**
  Wählen Sie die Artikelgruppe aus der Werteliste aus. Artikelgruppen sind Kategorisierungen, die zur Einteilung oder Auswertung von Artikeldaten dienen, aber auch der Schlüssel für zahlreiche Funktionen sind. Die Artikelgruppe kann anhand verschiedener Merkmale festgelegt werden.

  Neue Artikelgruppen sollten in Absprache mit einem Key-User angelegt werden, da sie Auswirkungen auf Artikelstatistiken, optional auf die Preis- und Rabattfindung, die Preispflege und auch die Finanzbuchhaltung haben. Die Artikelgruppe sollte nach Möglichkeit keine zu feine Einteilung sein, da Auswertungen sonst zu unübersichtlich werden. Falls Sie noch weitere Unterscheidungsmerkmale für eine genauere Einteilung benötigen, können Sie dies mit Eigenschaften oder zusätzlichen Feldern erreichen. Für das Anlegen von Zusatzfeldern sollten Sie einen Consultant zurate ziehen.

- **Dropdown-Liste »ME-Gruppe«**
  Wählen Sie eine Mengeneinheiten-Gruppe aus der Werteliste aus. Standardmäßig ist die Option **Manuell** ausgewählt. Mit der Auswahl der Mengeneinheiten-Gruppe können für diesen Artikel mehrere Maßeinheiten verwaltet werden. Sobald dieser Artikel in einer Transaktion, z. B. in einem Einkaufs- oder Verkaufsbeleg, verwendet wird, kann die Mengeneinheiten-Gruppe nicht mehr verändert werden.

  Die Verwaltung mehrerer Maßeinheiten beschreiben wir ausführlich in Abschnitt 7.5, »Mengeneinheiten«.

- **Feld »Barcode«**
  Klicken Sie auf den Button (**Auswahlliste**), um für diesen Artikel einen Barcode (*Europäische Artikelnummer*, EAN) aus der Liste auszuwählen. Falls für diesen Artikel keine Barcodes vorhanden sind, klicken Sie auf den Button ... (**Barcodes definieren**), um für diesen Artikel im folgenden Fenster **Barcodes** einen neuen Barcode anzulegen. Pro Mengeneinheiten-Gruppe können mehrere Barcodes definiert werden, da eine größere Mengeneinheit in der Regel einen anderen Barcode haben wird als eine kleinere Mengeneinheit. Bei mehreren Barcodes kann einer dieser Barcodes als Standard gesetzt werden. SAP Business One unterstützt die Formate EAN 13 und Code 39. Sie können jedoch auch jeden anderen Barcodetyp drucken.

- **Dropdown-Listen »Preisliste« und »Stückpreis«**
  Wählen Sie eine Preisliste aus der Werteliste aus. Preislisten werden unter **Lagerverwaltung • Preislisten • Preislisten** angelegt und gewartet und können in diesem Fenster auch mit Preisen gefüllt werden. Der Preis wird im Feld **Stückpreis** rechts neben der Preisliste angezeigt und lässt sich dort überschreiben oder – falls das Feld leer ist – auch neu eingeben. Darüber hinaus haben Sie die Möglichkeit, den Artikelpreis für insgesamt drei Währungen parallel anzugeben. In diesem Fall wählen Sie den Eintrag **Hauptwährung, Zusätzliche Währung 1** oder **Zusätzliche Währung 2** aus der Dropdown-Liste links neben dem Preis und geben den gewünschten Preis mit dem entsprechenden Währungskürzel ein, z. B. »USD 147,50«. Ist der Artikel mit einer anderen Mengeneinheit als »Manuell« definiert, können Sie mit dem Button ... ein Fenster öffnen, in dem Sie die Preise für die jeweiligen Mengeneinheiten eingeben können. Eine detaillierte Erläuterung der Preisfindung in SAP Business One finden Sie in Abschnitt 7.4, »Preisfindung«.
- **Checkboxen zum Artikeltyp**
  Die drei Checkboxen **Lagerartikel**, **Verkaufsartikel** und **Einkaufsartikel** bestimmen die Verwendung eines Artikels im Unternehmen.
  - **Lagerartikel**: Aktivieren Sie die Checkbox **Lagerartikel**, falls es sich um eine physische Ware handelt, für die Sie die Lagerbewertung führen möchten oder müssen. Sobald diese Checkbox aktiviert ist, verfolgt SAP Business One jede Lagerbewegung (Einkauf, Verkauf, Umlagerung, Inventur etc.) und bewertet diesen Artikel gemäß dem zugeordneten Lagerverfahren (gleitendes Durchschnittsverfahren, FIFO etc.). Aktivieren Sie diese Checkbox nicht, wenn Sie den ausgewählten Artikel nicht im Lager führen möchten. Dies betrifft alle Dienstleistungen, interne Leistungen, Verbrauchsmaterial, Klein- und Kleinstmaterial, bei dem die Lagerführung wertmäßig nicht ins Gewicht fällt etc. Die Checkbox **Lagerartikel** kann naturgemäß nicht bei den Artikelarten **Arbeit** und **Reise** verwendet werden. Lagerbewertungsmethoden werden ausführlich in Abschnitt 7.3 behandelt.
  - **Verkaufsartikel**: Aktivieren Sie die Checkbox **Verkaufsartikel**, falls es sich um einen Artikel handelt, der in dieser Form nur in Verkaufsbelegen verwendet wird. Das bedeutet, der Artikel wird weder eingekauft noch im Lager geführt. Dies gilt z. B. für Dienstleistungen, die Ihrem Kunden in Rechnung gestellt, aber nicht eingekauft werden. In diesem Fall muss zusätzlich die Checkbox **Lagerartikel** deaktiviert werden.
  - **Einkaufsartikel**: Aktivieren Sie die Checkbox **Einkaufsartikel**, falls es sich um einen Artikel handelt, der in dieser Form nur in Einkaufsbelegen verwendet wird. Dies trifft in der Regel nur auf Komponenten in der Produktion zu. Diese Komponenten werden im Produktionsprozess zu einem Produktionsartikel zusammengesetzt. Das bedeutet, die Komponenten gehen aus diesem Grund in dem Produktionsartikel auf und werden vom Lager genommen. Dementsprechend muss der Komponentenartikel als Lagerartikel angelegt werden. Der Produktionsartikel selbst ist wiederum als reiner Verkaufsartikel definiert, der jedoch lagergeführt wird.

In SAP Business One haben Sie die Möglichkeit der Mehrsprachenunterstützung. Diese Funktion ermöglicht es Ihnen, bestimmte Artikeldaten (Beschreibung, fremdsprachige Beschreibung, Barcode, Registerkarte **Bemerkungen**) in beliebig viele Sprachen zu übersetzen. Die übersetzten Artikeldaten werden in jener Sprache auf die Belege gedruckt, die beim Geschäftspartner auf der Registerkarte **Allgemein** ausgewählt wurde. Die Gestaltung der Drucklayouts muss diese Funktion allerdings auch verwenden. Sprechen Sie darüber mit Ihrem Consultant, da Drucklayouts ein weiterführendes Thema sind.

Die Mehrsprachenunterstützung muss generell unter **Administration • Systeminitialisierung • Firmendetails** • Registerkarte **Basisinitialisierung** aktiviert werden. Markieren Sie dazu die Checkbox **Mehrsprachenunterstützung**. Für die eigentliche Übersetzung klicken Sie mit der rechten Maustaste auf jenes Feld, das übersetzt werden soll. Wählen Sie die Option **Übersetzen** aus dem Kontextmenü aus. Es erscheint das Fenster **Übersetzungen** (siehe Abbildung 4.34), in dem Sie die fremdsprachigen Texte erfassen.

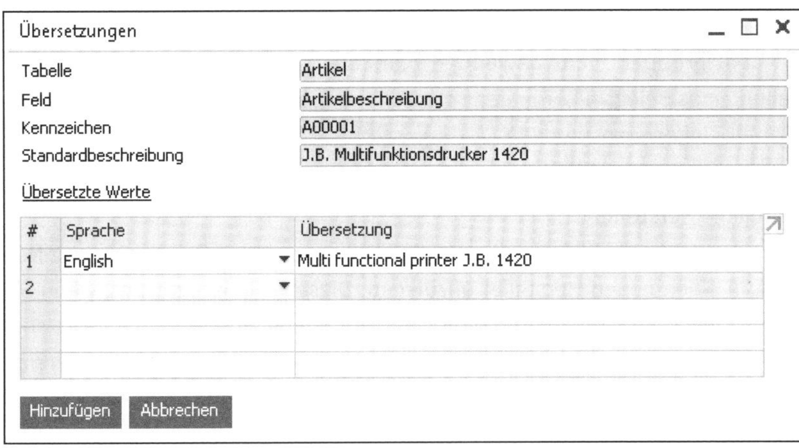

Abbildung 4.34: Fenster »Übersetzungen«

Wählen Sie die Sprache aus der Werteliste aus, und geben Sie die Übersetzung in der rechten Spalte an. Für eine weitere Sprache wählen Sie diese in der nächsten Zeile aus und geben in der rechten Spalte wiederum die Übersetzung an etc.

[+]

Übersetzbare Felder finden

SAP Business One bietet ein kleines »Gimmick«, mit dem Sie ganz einfach jene Felder erkennen, die zur Übersetzung zur Verfügung stehen. Dazu klicken Sie im Menü **Ansicht • Anzeige Kennzeichen** den Eintrag **Übersetzbare Felder** an, sodass diese Option aktiv ist. In allen Feldern, die übersetzt werden können, wird ab dieser Aktivierung auf der rechten Seite eine kleine Weltkugel angezeigt. In allen Feldern, zu denen bereits eine Übersetzung vorhanden ist, wird eine farblich ausgefüllte Weltkugel angezeigt.

4.6.1 Registerkarte »Allgemein«

Auf der Registerkarte **Allgemein** im Fenster **Artikelstammdaten** finden Sie die folgenden Felder:

- **Checkbox »Rabattgruppen nicht anwenden« und »Rabatt nicht anwenden«**
  Aktivieren Sie die Checkbox **Rabattgruppen nicht anwenden** (siehe Abbildung 4.33), werden in einem Beleg keine Rabattgruppen angewandt. Wird die Checkbox **Rabatt nicht anwenden** aktiviert, wird kein Rabatt vorgeschlagen, der beim Kunden hinterlegt ist. Dennoch haben Sie die Möglichkeit, den Rabatt in der Belegzeile von Hand zu ändern. Die Preisfindung inklusive Rabatte in SAP Business One zeigen wir ausführlich in Abschnitt 7.4, »Preisfindung«.

[zB]

Rabattgruppen nicht anwenden

Unter **Lagerverwaltung • Preislisten • Rabattgruppen** wird ein Rabatt von 10 % für die Artikelgruppe **Zubehör** definiert. Wenn Sie nun für den Artikel »USB-Maus« die Checkbox **Rabattgruppen nicht anwenden** markieren, wird der Rabatt von 10 % beim Erstellen eines Belegs nicht in der Belegzeile vorgeschlagen. Manuell kann jedoch ein Rabatt eingegeben werden.

- **Dropdown-Liste »Hersteller«**
  Wählen Sie einen Hersteller aus der Werteliste aus, oder wählen Sie den Eintrag **Neu definieren**, um einen neuen Hersteller anzulegen. Dieses Feld ist relevant, wenn Sie Rabattgruppen nach Herstellern definieren wollen (siehe Abschnitt 7.4, »Preisfindung«). Außerdem kann es verwendet werden, um im Programmpunkt **Lagerverwaltung • Preislisten • Preisaktualisierungsassistent** Preise zu pflegen.
- **Feld »Zusätzlicher Identifikator«**
  Dieses Feld ist ein weiteres Feld zur freien Verfügung mit insgesamt 16 Zeichen.
- **Dropdown-Liste »Versandart«**
  Wählen Sie eine Versandart aus der Werteliste aus, oder wählen Sie den Eintrag **Neu definieren**, um eine neue Versandart anzulegen. Dieses Feld soll die für diesen Artikel adäquate Transportform anzeigen und wird in die Belege übernommen. Es kann dann in weiterer Folge ein Auswalkriterium im Programmteil **Lagerverwaltung • Kommissionieren und Packen • Kommissionieren und Packen** sein.
- **Dropdown-Liste »Artikel verwalten nach«**
  Nehmen Sie hier folgende Einstellungen vor:
  - Wählen Sie eine Artikelverwaltungsmethode aus der Werteliste aus. Diese Methode kommt zur Anwendung, wenn der Artikel in das Lager eingeht oder es verlässt. Wählen Sie die Option **Keine**, wenn für den Artikel weder eine Seriennummer noch eine Chargennummer verwaltet wird.
  - Wählen Sie die Option **Seriennummer**, wenn dem Artikel eine eindeutige Seriennummer zugeordnet und diese verwaltet wird.

  - Wählen Sie die Option **Chargennummer**, wenn dem Artikel eine Chargennummer zugeordnet und diese verwaltet wird.

  Serien- und Chargennummern behandeln wir ausführlich in Abschnitt 7.8, »Manuelle Bestandstransaktionen«.

- **Dropdown-Liste »Managementmethode«**
  Dieses Feld ist nur aktiv, wenn für den Artikel entweder Serien- oder Chargennummern verwaltet werden. Sie haben die Möglichkeit, die Serien- bzw. Chargennummer entweder nur bei Ausgabe, also wenn der Artikel das Lager verlässt, oder bei Eingang und Ausgabe, also bei jeder Buchung zu verwalten (siehe Abbildung 4.35).

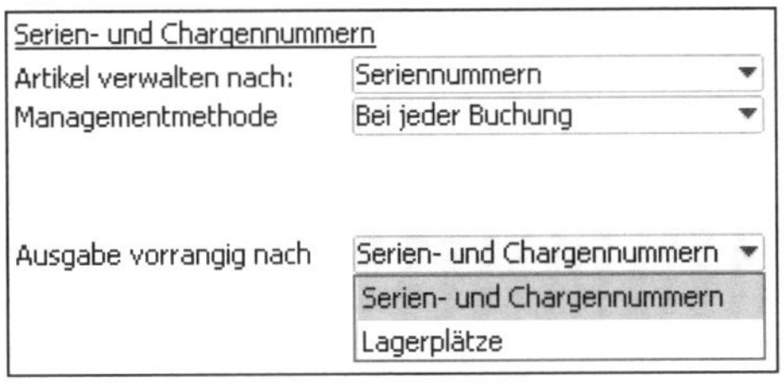

Abbildung 4.35: Optionen der Serien- und Chargennummern

- **Dropdown-Liste »Ausgabe vorrangig nach«**
  Dieses Feld ist nur aktiv, wenn für den Artikel entweder Serien- oder Chargennummern verwaltet werden und wenn zumindest für ein Lager Lagerplätze aktiviert wurden. Es steuert dann, in welcher Reihenfolge Artikel zur Kommissionierung vorgeschlagen werden.

- **Dropdown-Liste »Garantievorlage«**
  Dieses Feld ist nur aktiv, wenn für den Artikel Seriennummern verwaltet werden. Bei einem Seriennummernartikel, der im Servicemodul verwendet wird, können Sie eine Garantievorlage zuweisen. Wählen Sie eine Garantievorlage aus der Werteliste aus. Diese Thematik behandeln wir ausführlich in Abschnitt 15.1, »Servicevertrag als Grundlage«.

- **Optionsfeld »Aktiv«**
  Legen Sie hier einen Zeitraum fest, innerhalb dessen der Artikel gültig bzw. aktiv ist. Gültig bedeutet, dass dieser Artikel in allen Einkaufs- und Verkaufsbelegen verwendet werden kann. Außerhalb dieses Zeitraums steht dieser Artikel nicht zur Verfügung. Zusätzlich können Sie im Feld **Bemerkungen** einen Hinweis angeben, warum die Gültigkeit des Artikels begrenzt ist.

  Zudem ist es möglich, jeweils nur das **Von-** oder das **Bis**-Datum zu füllen. Das bedeutet, dass der Artikel erst ab einem bestimmten Zeitpunkt (nur **Von**-Datum gefüllt) oder nur bis zu einem bestimmten Zeitpunkt (nur **Bis**-Datum gefüllt) gültig ist. Zum Beispiel könnte es sich um einen Auslaufartikel handeln, der nur für einen beschränkten Zeitraum zur Verfügung steht.

- **Optionsfeld »Inaktiv«**
  Die Checkbox **Inaktiv** ist genau das Gegenteil der Checkbox **Aktiv**. Der festgelegte Zeitraum samt Bemerkung bezieht sich in diesem Fall auf den Zeitraum, in dem der Artikel inaktiv ist.
- **Optionsfeld »Erweitert«**
  Die Option **Erweitert** bietet Ihnen die Möglichkeit, sowohl einen aktiven als auch einen inaktiven Zeitraum für den Artikel zu definieren.
- **Dropdown-Liste »Ursprungsland/-region«** und die **Eingabefelder »Identifikation Standardartikel«** und **»Warenklassifizierung«**
  Diese drei Felder dienen der näheren Klassifizierung der Artikel für den Fall, dass sie in Peppol-Nachrichten enthalten sind. Sie sind mit vordefinierten, nicht im Lieferumfang von SAP Business One enthaltenen Peppol-BIS-Codelisten zu füllen. Dies ist ein weiterführendes Thema, das Sie mit Ihrem Consultant besprechen sollten.

4.6.2 Registerkarte »Einkaufsdaten«

Auf der Registerkarte **Einkaufsdaten** geben Sie alle Daten des Artikels an, die den Einkauf betreffen. Pflegen Sie die folgenden Felder:

- **Dropdown-Liste »Bevorzugter Lieferant«**
  Wählen Sie einen bevorzugten Lieferanten aus der Werteliste aus, oder klicken Sie auf den Button **Neu**, um einen neuen Lieferanten anzulegen. Der bevorzugte Lieferant ist jener Lieferant, von dem Sie den ausgewählten Artikel am ehesten beziehen. Der Lieferant wird bei einer Bestellung vorgeschlagen, die über den Beschaffungsassistenten für Kundenaufträge oder die Materialbedarfsplanung erstellt wird. Klicken Sie auf den Button ... (**Bevorzugte Lieferanten auswählen**), um für diesen Artikel mehrere bevorzugte Lieferanten zuzuweisen. Erstellen Sie über den *Erstellungsassistent für Lieferantenanfragen* diese Anfragen, werden Ihnen alle Lieferanten – nicht nur der bevorzugte Lieferant – vorgeschlagen.
- **Feld »Lieferantenkatalognr.«**
  Geben Sie die Fremdkatalognummer des Artikels ein. Diese Nummer entspricht der Artikelnummer des bevorzugten Lieferanten und kann auf den Ein- und Verkaufsbelegen angezeigt und gedruckt werden.
- **Feld »Name EinkaufsME«**
  Geben Sie den Namen der Einkaufsmengeneinheit des ausgewählten Artikels an, wie etwa Stück, Kilo, Liter, Kasten oder Box. Die Einkaufsmengeneinheit ist zugleich die kleinstmögliche Einheit, in der Sie diesen Artikel einkaufen können, und kann auf den Einkaufsbelgen angedruckt werden
- **Feld »Artikel pro Kaufeinheit«**
  Geben Sie an, wie viel Stück (= Basiseinheiten) sich in der Einkaufsmengeneinheit befinden.

Einkaufsmengeneinheit und Artikel pro Kaufeinheit

Wenn Sie z. B. Tennisbälle einkaufen, ist die Einkaufsmengeneinheit die Dose und die Anzahl der Artikel pro Kaufeinheit 3.

- **Feld »Name Verpackungseinheit«**
  Geben Sie die Verpackungseinheit des ausgewählten Artikels an, wie etwa Karton, Box, Palette oder Sack.
- **Feld »Menge pro Verpackung«**
  Geben Sie an, wie viele Kaufeinheiten sich in der Verpackungseinheit befinden. Wenn die bereits genannten Tennisbälle in Dosen zu drei Bällen in einem Karton verpackt sind und neun solcher Dosen in den Karton passen, geben Sie als Menge pro Verpackungseinheit »9« an.
- **Dropdown-Liste »Zollgruppe«**
  Wählen Sie die Zollgruppe aus der Werteliste aus, oder wählen Sie den Eintrag **Neu definieren**, um eine neue Zollgruppe anzulegen. Die Zollgruppe gilt für den Import des Artikels aus einem Drittland. Standardmäßig ist hier die Option **Zollfrei** eingestellt.
- **Felder »Länge«, »Breite«, »Höhe«, »Volumen« und »Gewicht«**
  Geben Sie die Abmessungen der Kaufeinheit des ausgewählten Artikels ein. Das Volumen wird automatisch berechnet. Bei der Eingabe des Gewichts wählen Sie zusätzlich die Gewichtseinheit aus. Diese Informationen können eingeschränkt beim Einlagern von Artikeln berücksichtigt werden, da bei der Definition von Lagerplätzen zumindest ein Maximalgewicht pro Lagerplatz definiert werden kann.

  In der Regel sind alle Abmessungen eines Artikels im Einkauf identisch mit denen des Verkaufs. Auf der Registerkarte **Verkaufsdaten** befinden sich die gleichen Felder. Mit dem Button >> (**Einheiten kopieren**) kopieren Sie alle Felder von der Registerkarte **Einkaufsdaten** in **Verkaufsdaten**.
- **Felder »Faktor 1« bis »Faktor 4«**
  Faktoren dienen dazu, ineinander verschachtelte Kaufeinheiten zu definieren. Geben Sie pro Stufe der Verschachtelung jeweils den entsprechenden Faktor ein.

Verschachtelte Einheiten durch Faktoren darstellen

Sie führen Zahnpasta in Ihrem Sortiment. Aufgrund ihrer Form werden die Tuben jeweils in Doppelpacks geliefert. Diese stecken in Kartons zu je 20 Doppelpacks. Diese Verschachtelung der Einheiten lässt sich am besten mit Faktoren darstellen. Die Faktoren müssen Sie folgendermaßen festlegen:

- **Faktor 1 = 1:** Anzahl der bestellten Kartons
- **Faktor 2 = 20:** Anzahl der Doppelpacks pro Karton
- **Faktor 3 = 2:** Anzahl der Tuben pro Doppelpack

Die Menge in Basiseinheiten (Stück oder Tube) des Kartons errechnet sich durch Multiplikation aller verwendeten Faktoren: 1 × 20 × 2 = 40 Stück.

In der Praxis hat diese Funktion kaum Relevanz; die Anforderung wird mit den Mengeneinheitengruppen (**ME-Gruppen**) besser und umfassender gelöst.

- **Dropdown-Liste »Steuerkennzeichen«**
  Wählen Sie Steuerkennzeichen aus der Werteliste aus. Weisen Sie dem Artikel das Steuerkennzeichen zu, das bei einem Einkauf im Inland verwendet werden muss. Achten Sie darauf, ob der volle oder der ermäßigte Steuersatz zu vergeben ist. Im Zweifelsfall stimmen Sie sich mit einem Key-User, Consultant oder Ihrem Steuerberater ab. Alternative Steuersätze für EU-Länder oder Drittländer werden über den Geschäftspartner definiert – der beim Geschäftspartner hinterlegte Steuersatz übersteuert in diesen Fällen den Steuersatz, der beim Artikel hinterlegt ist.

Mit dem Button (**Graph anzeigen**) im linken unteren Bereich rufen Sie die Einkaufsanalyse für den Artikel auf (siehe Abbildung 4.36).

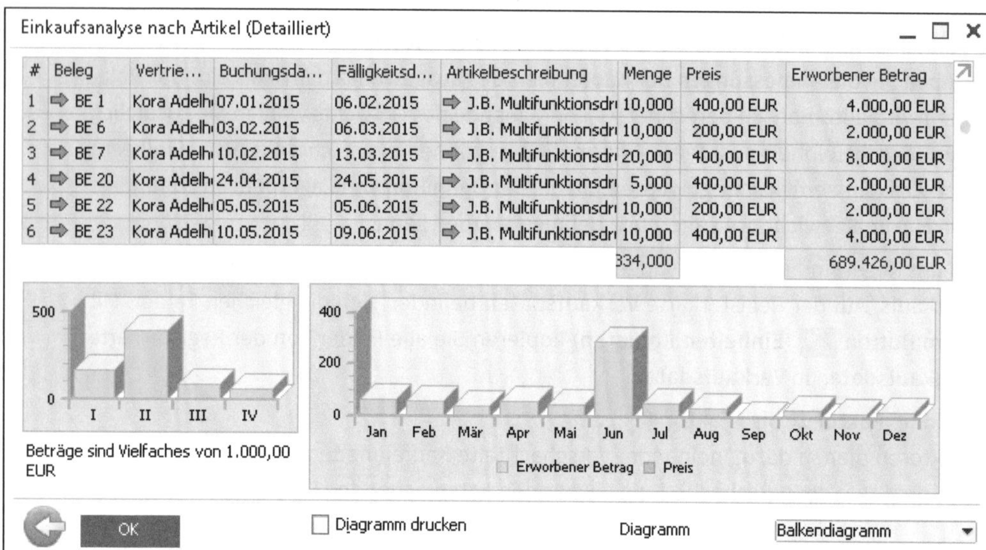

Abbildung 4.36: Einkaufsanalyse – aufgerufen aus Artikelstamm

Diese Statistik zeigt Ihnen monatliche und quartalsweise Einkaufsdaten – basierend auf den Eingangsrechnungen für diesen Artikel – an. In der Tabelle im oberen Bereich werden alle Eingangsrechnungen zu dem ausgewählten Artikel aufgelistet. Im unteren Bereich sehen Sie die quartalsweise und monatliche Verteilung der Einkaufsumsätze.

4.6.3 Registerkarte »Verkauf«

Alle Felder auf der Registerkarte **Verkaufsdaten** sind genauso zu behandeln wie die Felder auf der Registerkarte **Einkaufsdaten**.

> **Veränderung von Maßeinheiten**
>
> Die Maßeinheiten wie Volumen, Gewicht etc. ändern sich zwischen Einkauf und Verkauf nur, wenn der Artikel in irgendeiner Form weiterverarbeitet (z. B. durch Produktion) oder zerlegt wurde.

Ebenfalls im linken unteren Bereich finden Sie den Button für die **Verkaufsanalyse** dieses Artikels.

4.6.4 Registerkarte »Bestandsdaten«

Auf der Registerkarte **Bestandsdaten** stehen alle Daten, die die Lagerverwaltung des ausgewählten Artikels betreffen. In der Tabelle im unteren Bereich finden Sie eine Übersicht über alle Lager (Zeilen) und die Verfügbarkeit des ausgewählten Artikels (Spalten), wie in Abbildung 4.37 dargestellt.

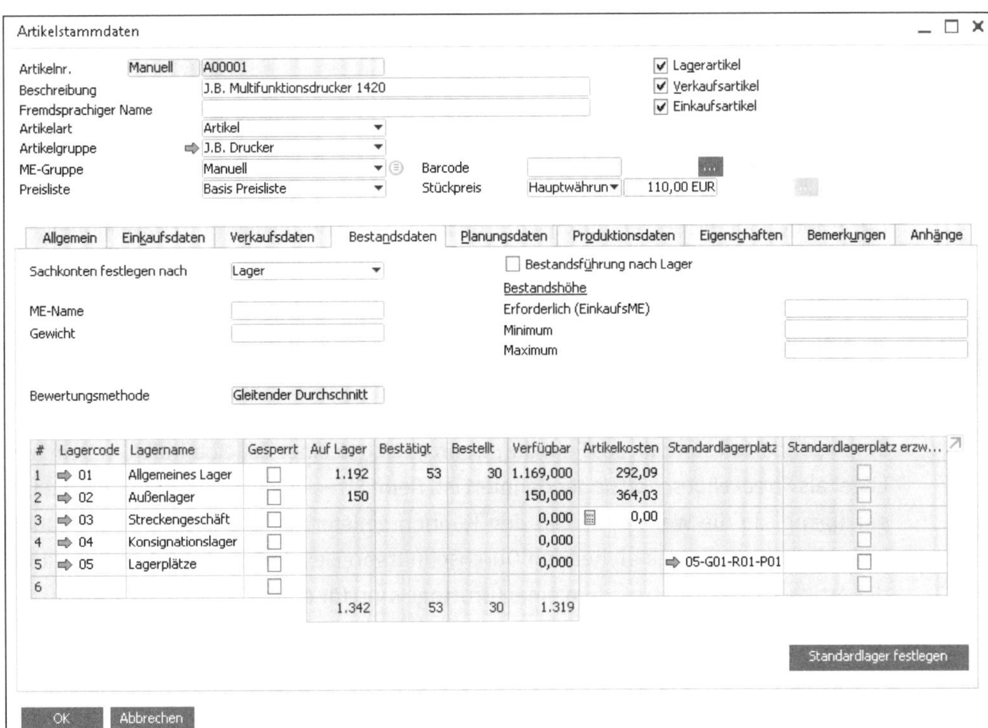

Abbildung 4.37: Fenster »Artikelstammdaten« – Registerkarte »Bestandsdaten«

Die Spalten der Tabelle haben folgende Bedeutung:

- **Feld »Lagercode«**
  Dieses Feld zeigt den Code, den Sie bei der Definition des Lagers vergeben haben (siehe Abschnitt 7.2, »Lagerverwaltung in SAP Business One«)
- **Feld »Lagername«**
  Dieses Feld zeigt die Bezeichnung, die Sie bei der Definition des Lagers vergeben haben.
- **Optionsfeld »Gesperrt«**
  Durch Aktivierung dieser Option verhindern Sie, dass der gerade bearbeitete Artikel auf dieses Lager gebucht wird. So können Sie z. B. verhindern, dass Ersatzteile, für die ein eigenes physikalisches Lager vorgesehen ist, irrtümlich auf das ebenfalls separierte Lager für Handelswaren gebucht werden.
- **Feld »Auf Lager«**
  Diese Zahl zeigt, wie viele Basiseinheiten (z. B. Stück) des Artikels sich auf Lager befinden.
- **Feld »Bestätigt«**
  Diese Zahl zeigt, wie viele Basiseinheiten des Artikels derzeit von Kunden beauftragt wurden.
- **Feld »Bestellt«**
  Diese Zahl zeigt, wie viele Basiseinheiten des Artikels bei Lieferanten bestellt wurden.
- **Feld »Verfügbar«**
  Diese Zahl zeigt den errechneten verfügbaren Bestand (= Menge auf Lager – Menge bestätigt + Menge bestellt).
- **Feld »Artikelkosten«**
  Diese Zahl zeigt die derzeit durchschnittlichen Kosten des Artikels pro Basiseinheit an. Die Artikelkosten werden gemäß der diesem Artikel zugeordneten Lagerbewertungsmethode errechnet. Das Lagerbewertungsverfahren, das diesem Artikel zugeordnet ist, finden Sie im Feld **Bewertungsmethode**. Im Beispiel Abbildung 4.37 ist der **Gleitende Durchschnitt** zugeordnet. Mehr zu Lagerbewertungsmethoden erfahren Sie in Abschnitt 7.3, »Lagerbewertungsmethoden«.

  Einen Sonderfall stellt dieses Feld dar, wenn es sich in einer Zeile befindet, in dem das Lager als *Streckengeschäftslager* definiert ist. Beim Streckengeschäft erfolgt nie ein Lagerzugang, da die Ware direkt an den Kunden geliefert wird. Es erfolgt daher auch keine Errechnung eines gleitenden Durchschnittspreises und daher keine Ermittlung der Artikelkosten. Um trotzdem einen Bruttogewinn für diese Geschäftsfälle ermitteln zu können, ist es in diesen Zeilen möglich, die Artikelkosten manuell einzugeben.
- **Feld »Standardlagerplatz«**
  In Zeilen, in denen für das Lager Lagerplätze aktiviert wurden, steht auch das Feld **Standardlagerplatz** zur Verfügung.

- **Checkbox »Standardlagerplatz erzwingen«**
  Diese Option lässt beim Zubuchen von Artikeln auf das Lager nur den definierten Standardlagerplatz zu. Bedenken Sie dabei, dass Lagerplätze in der Regel eine begrenzte Aufnahmekapazität haben und diese Einstellung organisatorisch auch umsetzbar sein muss.

Weitere Felder können Sie in der Lagertabelle über einen Klick auf den Button (**Formulareinstellungen**) einblenden. Die beschriebenen Felder sind aber die wichtigsten und sind im Auslieferumfang auch eingeblendet.

Mit dem Button **Standardlager festlegen** im rechten unteren Bereich können Sie für den ausgewählten Artikel ein Standardlager definieren. Dazu markieren Sie das gewünschte Lager mit einem einfachen Klick auf die grau hinterlegte Zeilennummer und klicken anschließend auf den Button **Standardlager festlegen**. Die Zeile erscheint nun fett. Dieses Lager wird ab jetzt automatisch in jedem Beleg vorgeschlagen, wenn dieser Artikel ausgewählt wird. Falls Sie kein Standardlager definieren, wird automatisch das erste Lager in der Liste als Standardlager verwendet. Natürlich können Sie das Standardlager im Beleg auch ändern; das neu ausgewählte Lager darf jedoch nicht gesperrt sein.

[+]

Zuerst anzulegendes Lager
Das erste angelegte Lager in der Liste sollte jenes Lager sein, das am häufigsten frequentiert oder verwendet wird (z. B. Hauptlager, allgemeines Lager).

Das Feld **Sachkonten festlegen nach** zeigt, nach welcher Methode die Buchung dieses Artikels bei Einkäufen und Verkäufen erfolgt.

[+]

Buchungsmethode
Die Buchungsmethode sollte nach Möglichkeit generell für alle Artikel gleich über **Administration • Systeminitialisierung • Allgemeine Einstellungen** • Registerkarte **Bestand** festgelegt werden. Dies muss in Absprache mit einem Key-User bzw. Consultant durchgeführt werden. Mehr dazu erfahren Sie in Abschnitt 12.2, »Buchungskreislauf«.

Im Feld **ME-Name** geben Sie an, in welcher Form der ausgewählte Artikel auf Ihrem Lager geführt oder gelagert wird (etwa Kiste, Karton, Fass oder Palette). Im Block **Bestandshöhe** auf der rechten Seite geben Sie das **Minimum**, das **Maximum** und den erforderlichen Lagerbestand für den ausgewählten Artikel im Feld **Erforderlich (EinkaufsME)** an. Die Mengen dieser drei Felder beziehen sich jeweils auf alle zur Verfügung stehenden Lager. Das bedeutet, dass z. B. für die Mindestgrenze die Bestandsmengen in allen Lagern zusammengerechnet werden. Falls Sie die Bestandshöhen für jedes Lager einzeln festlegen möchten, aktivieren Sie die Checkbox **Bestandsführung nach Lager**. In diesem Fall werden diese drei Felder zusätzlich in der Tabellenstruktur rechts neben der Spalte **Ver-**

fügbar eingeblendet und können nun pro Lager gefüllt werden. Die Hauptverwendung dieser Felder ist die eines *Bedarfsauslösers* in der **Materialbedarfsplanung** (siehe Abschnitt 9.3, »Dispositionsassistent«).

[+]

Bestandsführung nach Lager automatisch für alle Artikel

Möchten Sie die Bestandsführung nach Lager standardmäßig für alle Artikel anwenden, markieren Sie die Checkbox **Bestandsführung nach Lager** im Fenster **Belegeinstellungen** auf der Registerkarte **Allgemein** unter **Administration • Systeminitialisierung**.

Wie rigoros SAP Business One auf eine Unterschreitung des Mindestbestands reagieren soll, legen Sie unter **Administration • Systeminitialisierung • Belegeinstellungen** selbst fest. Im Block **Reaktion auf Eingang/Ausgang von außerhalb des definierten Bereichs** können Sie drei verschiedene Stufen wählen (siehe Abbildung 4.38).

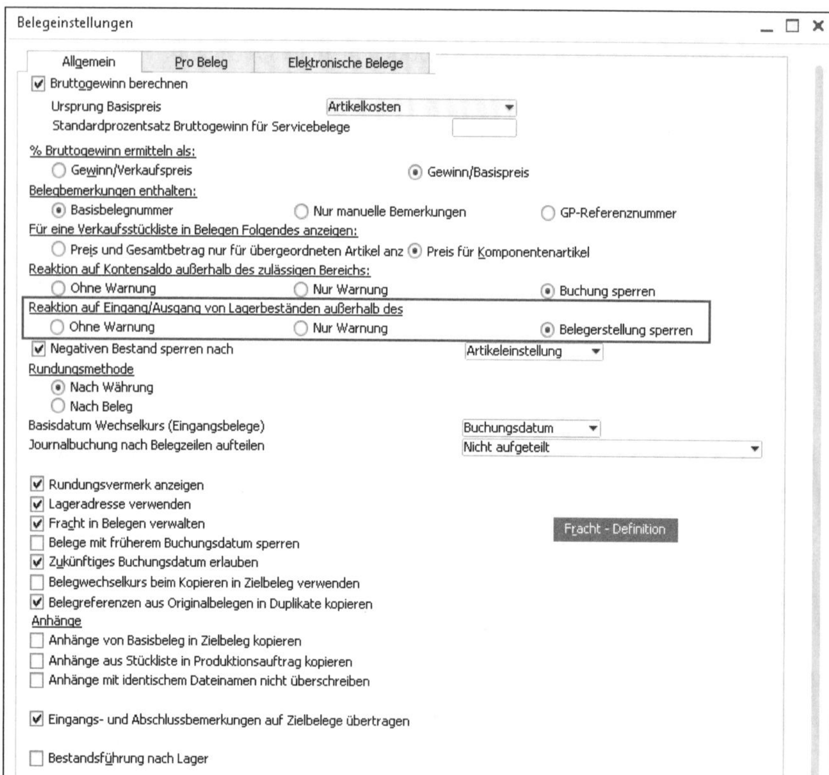

Abbildung 4.38: Belegeinstellungen – Reaktion auf Unterschreitung des Mindestbestands

Wählen Sie die Option **Ohne Warnung**, um die Unterschreitung zu ignorieren. Aktivieren Sie die Option **Nur Warnung**, und Sie erhalten bei Unterschreitung eine Warnung, die Sie aber übergehen können. Wenn Sie die Option **Belegerstellung sperren** wählen, können Sie jenen Beleg, der die Unterschreitung verursacht, nicht mehr hinzufügen. Mit den drei Optionen legen Sie gleichzeitig die Vorgehensweise bei Überschreitung des maximalen Lagerbestands fest.

Außerdem können Sie die Checkbox **Negativen Bestand sperren nach** aktivieren. Dadurch kann der Bestand nie kleiner als null werden. Diese Vorgehensweise ist zu empfehlen, da dies vor allen Dingen bei der Wahl der Bewertungsmethode **Gleitender Durchschnitt** hilft, irrationale Artikelkosten zu vermeiden Diese Artikelkosten ergeben sich aus der Formel, dies für den gleitenden Durchschnitt herangezogen wird: Lagerwert/Lagerbestand. Wird der Lagerbestand also null, kann die Berechnung nicht mehr durchgeführt werden, da eine Division durch null mathematisch ungültig ist. Wird der Lagerbestand negativ, ergäben sich negative Artikelkosten; dies wäre betriebswirtschaftlich unsinnig. In diesen beiden Fällen friert SAP Business One die letzten sinnvoll errechenbaren Artikelkosten ein. Dementsprechend erhalten Sie eine Hinweismeldung, falls Sie diese Checkbox deaktivieren.

Zusätzlich zur markierten Checkbox legen Sie in der Dropdown-Liste rechts daneben fest, wie ein negativer Bestand gewertet werden soll. Mit der Option **Firma** ist der Bestand negativ, sobald im ganzen Unternehmen, also über alle Lager hinweg, der Lagerbestand auf null steht. Mit der Option **Lager** ist der Bestand bereits negativ, wenn er im ausgewählten Lager auf null steht. Mit der Option **Artikeleinstellung** sperrt SAP Business One einen negativen Bestand pro Lager, wenn die Bestandsführung nach Lager eingeschaltet ist, sonst erfolgt die Sperre eines negativen Bestands auf Firmenebene.

[+]

Negativer Bestand

In manchen Geschäftsfeldern kann es vorkommen, dass ein negativer Bestand entsteht. Gerade wenn Sie sehr rasch und kundenorientiert arbeiten, möchten Sie soeben erhaltene Ware unmittelbar an den Kunden liefern, und es bleibt keine Zeit, einen Wareneingang auf das Lager zu erstellen, bevor der Lieferschein an den Kunden erstellt wird. In der Zeit zwischen dem zuerst erstellten Lieferschein und dem danach erstellten Wareneingang können Sie somit einen negativen Bestand für diesen Artikel haben.

SAP Business One bietet ein Prozedere, zur bewertungstechnischen Handhabung dieses Szenarios. Probieren Sie diesen Fall in einem Demomandanten aus, verfolgen Sie den Lagerwert dieses Artikels, und entscheiden Sie, ob diese Vorgehensweise für Sie in Betracht kommt. Mehr zu Lagerbewertungsmethoden erfahren Sie in Abschnitt 7.3, mehr zu Bestandsberichten in Abschnitt 7.11.

Wenn Sie einen neuen Artikel anlegen, müssen Sie zuerst die Lager hinzufügen, auf denen der Artikel liegen darf. Dies erreichen Sie einfach, indem Sie auf der Registerkarte **Bestandsdaten** in der Tabelle im unteren Bereich den Cursor in der Spalte **Lagercode** in der nächsten freien Zeile positionieren, mit der [Tab]-Taste die Auswahlliste für die Lager öffnen und das gewünschte Lager auswählen. Diesen Vorgang können Sie auch automatisieren. Das bedeutet, dass bei der Anlage eines neuen Artikels automatisch alle Lager hinzugefügt werden. Dazu aktivieren Sie unter **Administration • Systeminitialisierung • Allgemeine Einstellungen • Bestand** im unteren Bereich die Checkbox **Autom. Hinzufügen aller Lager zu neuen und vorhand. Artikeln**.

4.6.5 Registerkarte »Planungsdaten«

Alle Felder auf der Registerkarte **Planungsdaten** sind relevant für das Modul **Materialbedarfsplanung**. Sie werden in Abschnitt 9.1.2, »Vorbereitungen im Artikelstamm«, behandelt.

4.6.6 Registerkarte »Produktionsdaten«

Alle Felder auf der Registerkarte **Produktionsdaten** sind relevant für das Modul **Produktion**. Wir werden sie in Abschnitt 8.4.1, »Kopfteil der Stückliste«, erklären.

4.6.7 Registerkarte »Eigenschaften«

Auf der Registerkarte **Eigenschaften** haben Sie die Möglichkeit, Ihre Artikel mit Eigenschaften näher zu beschreiben und zu klassifizieren. Bevor Sie beim Artikel die Eigenschaften durch Aktivieren der Checkboxen zuordnen, müssen Sie sie unter **Administration • Definitionen • Lagerverwaltung • Artikeleigenschaften** anlegen. Maximal können Sie für einen Artikel 64 Eigenschaften anlegen und zuordnen. Ein Beispiel dazu finden Sie in Abbildung 4.39.

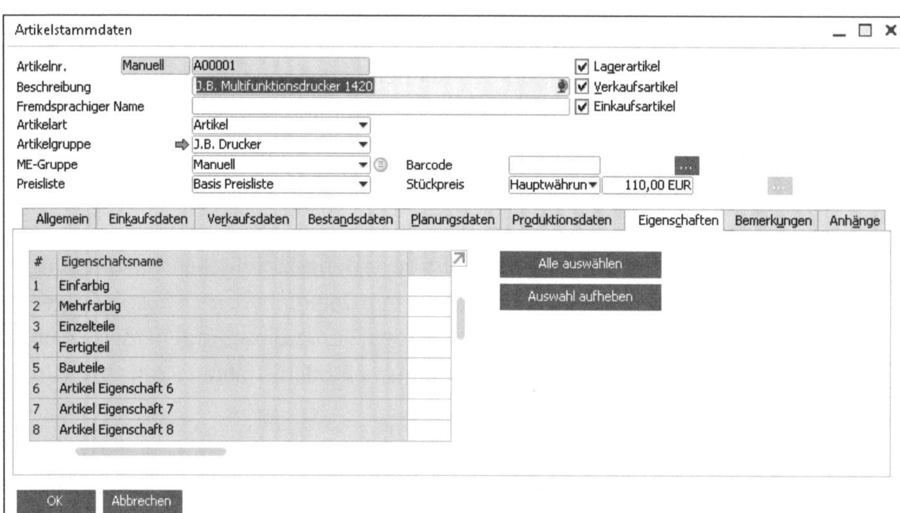

Abbildung 4.39: Fenster »Artikelstammdaten« – Registerkarte »Eigenschaften«

Kategorisierung von Artikeln

Sie sollten sich am »Reißbrett« überlegen, wie Sie Ihre Artikel kategorisieren möchten. Dies sollte bereits vor der Eingabe oder dem Import der Artikel erfolgen. Danach müssen bei der Neuanlage einfach die relevanten Eigenschaften markiert werden.

4.6.8 Registerkarte »Bemerkungen«

Auf der Registerkarte **Bemerkungen** können Sie beliebige Langtexte und Beschreibungen für einen ausgewählten Artikel eingeben. Darüber hinaus haben Sie hier die Möglichkeit, eine Bilddatei für diesen Artikel zu hinterlegen. Die Vorgehensweise bei der Auswahl des Bildes haben wir bereits bei der Beschreibung der Registerkarte **Bemerkungen** im Fenster **Geschäftspartner-Stammdaten** erläutert (siehe Abschnitt 4.3, »Geschäftspartner«).

Wie zu Geschäftspartnern können Sie auch zu Artikeln Aktivitäten erfassen. Dazu klicken Sie mit der rechten Maustaste auf das Fenster **Artikelstammdaten** und wählen den Eintrag **Neue Aktivität**. In der Aktivität wird dabei die Verknüpfung zum Artikel auf der Registerkarte **Verknüpfter Beleg** dokumentiert. Als Belegart erscheint automatisch **Artikel**, als Belegnummer erscheint die **Artikelnummer**.

Um die gesammelten Aktivitäten zum ausgewählten Artikel aufzurufen, klicken Sie ebenfalls mit der rechten Maustaste auf das Fenster **Artikelstammdaten** und wählen den Eintrag **Aktivitätenübersicht**.

Alternativartikel sind Artikel, die einen Originalartikel ersetzen können, sollte dieser nicht mehr vorrätig sein. Sowohl der Originalartikel als auch der Alternativartikel müssen in den Artikelstammdaten angelegt sein. Um einen Alternativartikel zu definieren, gehen Sie folgendermaßen vor:

1. Suchen Sie den gewünschten Originalartikel in den Artikelstammdaten.
2. Klicken Sie mit der rechten Maustaste auf das Fenster **Artikelstammdaten**, und wählen Sie den Eintrag **Alternativartikel**.
3. Im Fenster **Alternativartikel** können Sie in der Tabelle unterhalb des Originalartikels die dazugehörigen alternativen Artikel samt Übereinstimmung definieren (siehe Abbildung 4.40).

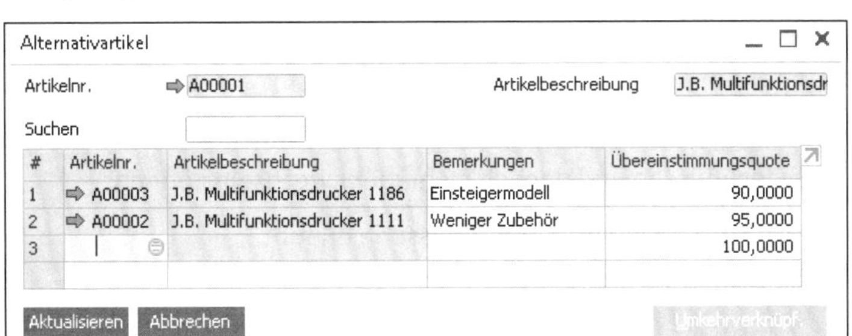

Abbildung 4.40: Alternativartikel definieren

4. Geben Sie den Artikelcode ein, oder drücken Sie die [Tab]-Taste, um die Auswahlliste zu öffnen, und wählen Sie den gewünschten Artikel aus.
5. Geben Sie eine von Ihnen geschätzte prozentuale Übereinstimmung an. Diese bestimmt die Rangordnung, falls Sie mehrere alternative Artikel zu einem Originalartikel definieren.
6. Bestätigen Sie die Zeile mit dem Button **Aktualisieren** ([Enter]-Taste), und eine weitere Zeile wird geöffnet.
7. Klicken Sie auf den Button **OK**, um das Fenster zu schließen.

Mit dem Button **Umkehrverknüpf.** können Sie den Originalartikel zum Alternativartikel machen, also die Beziehung zwischen den beiden Artikeln umkehren.

Die Verwendung von alternativen Artikeln im Beleg erläutern wir in Abschnitt 5.3, »Wichtige Funktionen im Beleg«.

4.7 Belegnummerierung

Die Definition der Belegnummerierung ist eine Aufgabe, die Sie in der Phase der Systeminitialisierung, also vor Start des Betriebs mit SAP Business One, erledigen müssen. Bevor Sie die eigentliche Belegnummerierung festlegen, sollten Sie noch die Periodenkennzeichen definieren.

Ein *Periodenkennzeichen* ist ein Hilfsmittel, mit dem SAP Business One Ihnen die Möglichkeit bietet, die gleiche Belegnummer in unterschiedlichen Geschäftsjahren zu verwenden.

[zB]

Ausgangsrechnungsnummer

Die Ausgangsrechnungsnummer 156 kann sowohl im Jahr 2025 als auch im Jahr 2026 existieren. Dazu legen Sie pro Geschäftsjahr eine eigene Belegnummerierung an, der Sie jeweils ein anderes Periodenkennzeichen zuweisen.

Periodenkennzeichen definieren Sie unter **Administration • Definitionen • Finanzwesen • Periodenkennzeichen**. Bei einer neu angelegten Firma ist der Eintrag **Vorschlag** bereits vorhanden. Diesen Wert überschreiben Sie mit dem derzeit aktuellen Geschäftsjahr (z. B. 2025) und legen darunter noch zwei bis drei weitere Einträge an (z. B. 2026 bis 2027).

Für die Belegnummerierung gibt es generell zwei Szenarien, wobei Sie sich für eines dieser Szenarien entscheiden müssen und danach nicht mehr wechseln können:

- Es ist nur eine Belegart pro Belegnummerierungsserie erlaubt.
- Es ist mehr als eine Belegart pro Serie erlaubt.

Der Unterschied liegt in der Checkbox **Mehrere Belegarten pro Serie erlauben** im Fenster **Firmendetails**, Registerkarte **Basisinitialisierung** (unter **Administration • Systeminitialisierung • Firmendetails**) begründet. Beim Anlegen Ihres Unternehmens in SAP Business One ist nur eine Belegart pro Nummerierungsserie erlaubt. Aktivieren Sie diese Checkbox, um mehrere Belegarten pro Serie zu gestatten.

[zB]

Belegnummerierungsserie

Sowohl Ausgangsrechnung als auch Gutschrift und Eingangszahlung verwenden dieselbe Belegnummerierungsserie.

[+]

Option »Mehrere Belegarten pro Serie erlauben«

Überlegen Sie sorgfältig, ob Sie die Option **Mehrere Belegarten pro Serie erlauben** verwenden möchten. Sobald Sie nach dem Markieren der Checkbox die Sicherheitsabfrage von SAP Business One bestätigen, kann die Checkbox **Mehrere Belegarten pro Serie erlauben** nicht mehr deaktiviert werden! Auf der anderen Seite kann diese Checkbox auch nicht mehr aktiviert werden, sobald der erste erstellte Beleg in SAP Business One existiert.

Anschließend erläutern wir das erste Szenario (nur eine Belegart pro Serie), danach das zweite (mehrere Belegarten pro Serie).

Die eigentliche Belegnummerierung definieren Sie unter **Administration • Systeminitialisierung • Belegnummerierung**. Im Fenster **Belegnummerierung – Definitionen** erhalten Sie eine Liste aller verfügbaren Belegarten (**Geschäftspartner – Kunde**, **Artikel**, **Ausgangsrechnungen**, **Ausgangsgutschriften**, **Lieferungen** etc.), für die Sie eine Belegnummerierung festlegen müssen, sofern Sie diese Belegart verwenden möchten. Definieren Sie für eine Belegart keine Belegnummerierung und wollen diese später doch verwenden, erhalten Sie so lange eine Fehlermeldung, bis Sie die Nummerierung nachgezogen haben.

Die Nummerierung der Stammdaten Artikel, Ressourcen und Geschäftspartner wird ebenfalls in diesem Fenster definiert und der Einfachheit halber im weiteren Verlauf ebenfalls unter der Belegart geführt, weichen allerdings ein wenig ab, da sie z. B. nicht mit einem Periodenkennzeichen verknüpft werden können.

Im Folgenden zeigen wir Ihnen am Beispiel der Ausgangsgutschriften, wie Sie eine Belegnummerierung definieren:

1. Klicken Sie doppelt auf das graue Feld links neben der gewünschten Belegart. Es öffnet sich das Fenster **Serien – Ausgangsgutschriften – Definition** (siehe Abbildung 4.41).
2. Geben Sie einen Namen für die Belegnummerierungsserie ein.

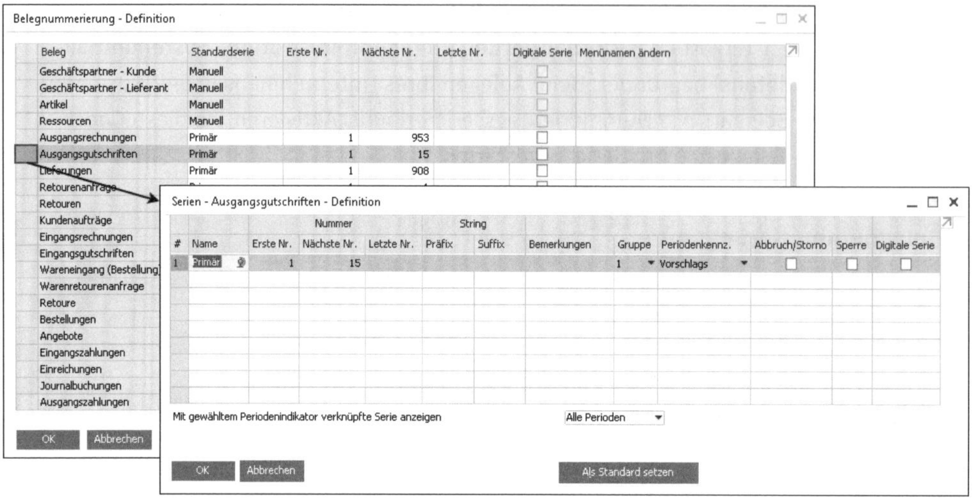

Abbildung 4.41: Belegnummerierung – Definition

[+] **Geschäftsjahr nach der Belegnummerierung benennen**

Falls Sie keine geschäftsjahresübergreifende Belegnummerierungsserie festlegen möchten (d. h., die Belegnummer läuft nach Ende des Geschäftsjahres weiter und wird nicht zurückgesetzt), hat es sich als sinnvoll erwiesen, die Bezeichnung des Geschäftsjahres als Namen für die Belegnummerierung zu verwenden.

3. Füllen Sie das Feld **Erste Nr.**, also den Startpunkt der Belegnummerierungsserie. In unserem Beispiel beginnen wir mit der Belegnummer 1. Sie müssen die Serie jedoch nicht notwendigerweise mit der Belegnummer 1 starten.
4. Das Feld **Nächste Nr.** wird automatisch mit dem Wert der nächsten zu erstellenden Belegnummer gefüllt. Sobald Sie Belege dieser Belegart erstellt haben, können Sie hier die letzte verwendete Belegnummer ablesen.
5. Das Feld **Letzte Nr.** müssen Sie nur füllen, wenn Sie zwei Serien mit dem gleichen Periodenkennzeichen definieren. SAP Business One prüft jeweils, ob sich die Serien überlappen könnten, da es nicht erlaubt ist, zweimal die gleiche Belegnummer mit dem gleichen Periodenkennzeichen zu vergeben. Ein anschauliches Beispiel dazu finden Sie in Tabelle 4.5 (überlappende Belegnummern) und in Tabelle 4.6 (nicht überlappende Belegnummern).

   In diesem Beispiel zeigt sich sehr deutlich, dass mehrere Belegnummernserien nicht nach oben offen angelegt werden dürfen, da sie sich sonst überlappen.

   Die Variante in Tabelle 4.5 würde von SAP mit einer entsprechenden Fehlermeldung abgewiesen, da es zu einer doppelten Vergabe von Belegnummern kommen könnte, spätestens wenn 149 Belege mit Serie A erstellt wurden und mindestens 1 Beleg mit Serie B.

Belegnummernserie	Erste Nummer	Letzte Nummer
Serie A	100	<leer>
Serie B	150	<leer>

Tabelle 4.5: Beispiel für überlappende Belegnummernserien

Belegnummernserie	Erste Nummer	Letzte Nummer
Serie A	100	149
Serie B	150	<leer>

Tabelle 4.6: Beispiel für nicht überlappende Belegnummernserien

6. Geben Sie ein Präfix an, also eine Bezeichnung, die vor die Belegnummer gedruckt werden kann. Diese Eingabe ist optional.
7. Geben Sie ein Suffix an, also eine Bezeichnung, die hinter die Belegnummer gedruckt werden kann. Diese Eingabe ist ebenfalls optional
8. Geben Sie – falls benötigt – eine Bemerkung zur Serie an.
9. Wählen Sie eine Gruppe aus der Werteliste aus. Die Gruppe dient zur Steuerung der Berechtigungen in SAP Business One.

»Small Accounts« und »Large Accounts«

Sie unterscheiden in Ihrem Unternehmen vertrieblich zwischen *Small Accounts* (Kleinkunden) und *Large Accounts* (Großkunden). Dazu definieren Sie eine Serie »2013SmAc« (Small Accounts) mit Gruppe 1 und einer Belegnummer von 1 bis 199. Außerdem definieren Sie eine Serie »2013LaAc« (Large Accounts) mit Gruppe 2 und einer Belegnummer von 200 bis unendlich.

Der Benutzer »Berger« betreut Small Accounts und wird dementsprechend nur für Gruppe 1 berechtigt. Der Benutzer »Möller« betreut Large Accounts und wird daher nur für Gruppe 2 berechtigt.

10. Wählen Sie ein Periodenkennzeichen aus der Werteliste aus, oder wählen Sie den Eintrag **Neu definieren**, um ein neues Periodenkennzeichen anzulegen. Indem Sie der Serie ein Periodenkennzeichen zuweisen, teilen Sie SAP Business One mit, in welches Geschäftsjahr diese Serie fällt. Der Zusammenhang wird im Programmteil **Administration • Systeminitialisierung • Buchungsperiode** hergestellt (siehe Abbildung 4.42).
11. Markieren Sie die Checkbox **Abbruch/Storno**, wenn Sie die Belegnummerierung auch in Abbruch- bzw. Stornobelegen als Nummerierung verwenden möchten.

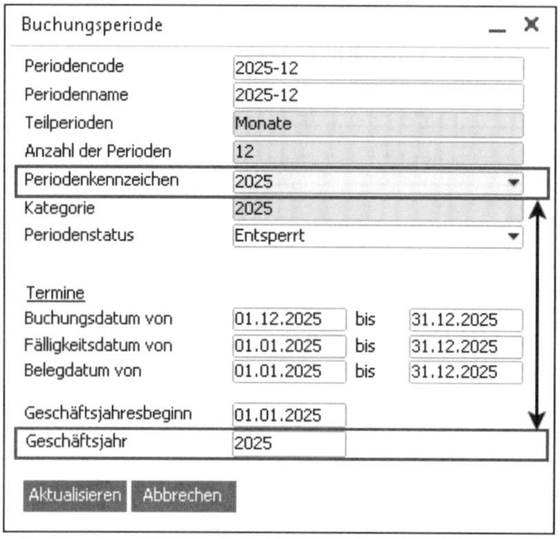

Abbildung 4.42: Verbindung von Periodenkennzeichen und Geschäftsjahr

12. Markieren Sie die Checkbox **Sperre**, um eine Serie inaktiv zu setzen. Auf diese Weise können Sie z. B. auch verhindern, dass eine Belegart überhaupt verwendet wird.

[zB]

Keine Lieferscheine während der Inventur

Während der Inventurzeit sollen keine Lieferscheine erstellt werden. Dazu sperren Sie alle Belegnummerierungsserien der Belegart **Lieferschein**.

13. Markieren Sie die Checkbox **Digitale Serie**, um eine Serie für digitale Belege bereitzustellen. Diese Serie kann später im Programmpunkt **Administration • Systeminitialisierung • Belegeinstellungen** in der Registerkarte **Elektronische Belege** im Feld **Findung Belegzuordnung** mit einem Geschäftspartner verbunden werden, um diese elektronischen Belege, wie z. B. *Peppol*, zu senden. Dieses Thema ist weiterführend und von einem Consultant umzusetzen.
14. Falls Sie eine weitere Serie anlegen möchten, klicken Sie mit der rechten Maustaste auf die vorherige Zeile und wählen den Eintrag **Zeile hinzufügen** aus dem Kontextmenü aus.
15. Falls Sie mehr als eine Serie angelegt haben, müssen Sie eine davon als Standard setzen. Das bedeutet, diese Serie wird bei Aufrufen der Belegart vorgeschlagen. Natürlich können Sie beim Erstellen eines Belegs aus allen angelegten Serien auswählen, sofern diese nicht gesperrt sind. Um eine Serie als Standard zu setzen, markieren Sie die betreffende Zeile (Klick auf das graue Rechteck ganz links) und klicken auf den Button **Als Standard setzen** im rechten unteren Bereich. Nun legen Sie noch fest, für welchen Benutzerkreis diese Serie der Standard sein soll: für Ihren eigenen Benutzer, für alle Benutzer oder für bestimmte Benutzer Ihrer Wahl (siehe Abbildung 4.43).

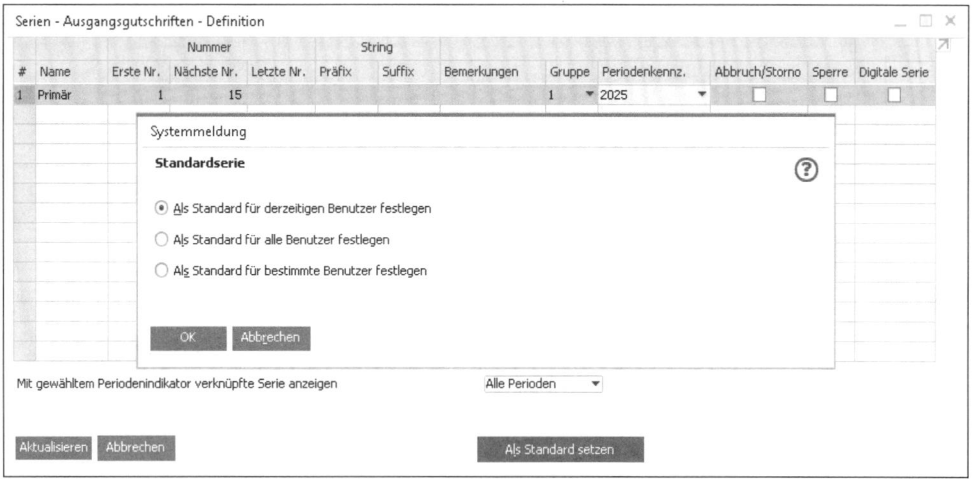

Abbildung 4.43: Belegnummerierungsserie – Button »Als Standard setzen«

16. Speichern Sie dies mit dem Button **Aktualisieren**.
17. Schließen Sie das Fenster mit dem Button **OK**. Wie Sie beim Erstellen eines Belegs aus verschiedenen Serien auswählen, erfahren Sie in Abschnitt 5.2.1, »Belegkopf«.

Bei dem Szenario »mehrere Belegarten pro Serie« ist das Hauptmenü im Modul **Administration** anders angeordnet. Es gibt nun einen zusätzlichen Ordner **Belegnummerierung** unter **Administration • Systeminitialisierung • Belegnummerierung**. Darin befinden sich die Fenster **Nummerierungsserien** und **Serien mit Beleg verbinden**.

Ersteres entspricht dem Fenster **Serien – Ausgangsgutschriften – Definition**, in dem die eigentliche Belegnummerierungsserie festgelegt wird (siehe Abbildung 4.41). Legen Sie in diesem Fenster Ihre Belegnummerierungsserien auf die gleiche Weise fest, wie wir es bereits beschrieben haben. Im zweiten Fenster, **Serien mit Beleg verbinden**, müssen Sie die im Fenster **Nummerierungsserien** festgelegten Serien noch mit den einzelnen Belegarten verbinden und – bei mehreren angelegten Serien in einem Geschäftsjahr – die Standardserie festlegen (siehe Abbildung 4.44).

Klicken Sie im Fenster **Serien mit Beleg verbinden – Definition** doppelt auf das graue Feld links neben der gewünschten Belegart. Es öffnet sich ein Fenster, in dem alle zur Verfügung stehenden Belegnummerierungsserien angezeigt werden, die Sie im Fenster **Nummerierungsserien** im ersten Schritt festgelegt haben. Markieren Sie die Checkbox auf der rechten Seite, um die Nummerierungsserie der Belegart zuzuweisen (siehe Abbildung 4.44). Anschließend markieren Sie die Zeile (per Klick auf das graue Feld ganz links) und setzen die gewünschte Nummerierungsserie als Standard, wie Sie dies schon vom ersten Szenario kennen. Bereits verwendete Serien können nicht wieder demarkiert werden.

Abbildung 4.44: Serien mit Belegarten verbinden

Klicken Sie auf die Buttons **Aktualisieren** und **OK**, um die Auswahl zu bestätigen und das Fenster zu schließen. Anschließend klicken Sie auf die Buttons **Aktualisieren** und **OK** im übergeordneten Fenster **Serien mit Beleg verbinden – Definition**, um die Änderungen zu speichern und das Fenster zu schließen.

4.8 Unternehmensstammdaten

So, wie Sie Stammdaten für Ihre Artikel oder Geschäftspartner erfassen, müssen Sie auch einige Daten zu Ihrem eigenen Unternehmen erfassen. Dies geschieht unter **Administration • Systeminitialisierung • Firmendetails**.

4.8.1 Registerkarte »Allgemein«

Auf der Registerkarte **Allgemein** können Sie in Ihrer Landessprache und auch in einer Fremdsprache die Kontaktdaten des Unternehmens angeben, wie Sie es in Abbildung 4.45 sehen. All diese Felder können auf allen Belegausdrucken gedruckt werden, und dies ist auch die Empfehlung, sodass eine Änderung etwaiger Firmendaten nicht zur Notwendigkeit führt, die Ausdrucklayouts zu überarbeiten.

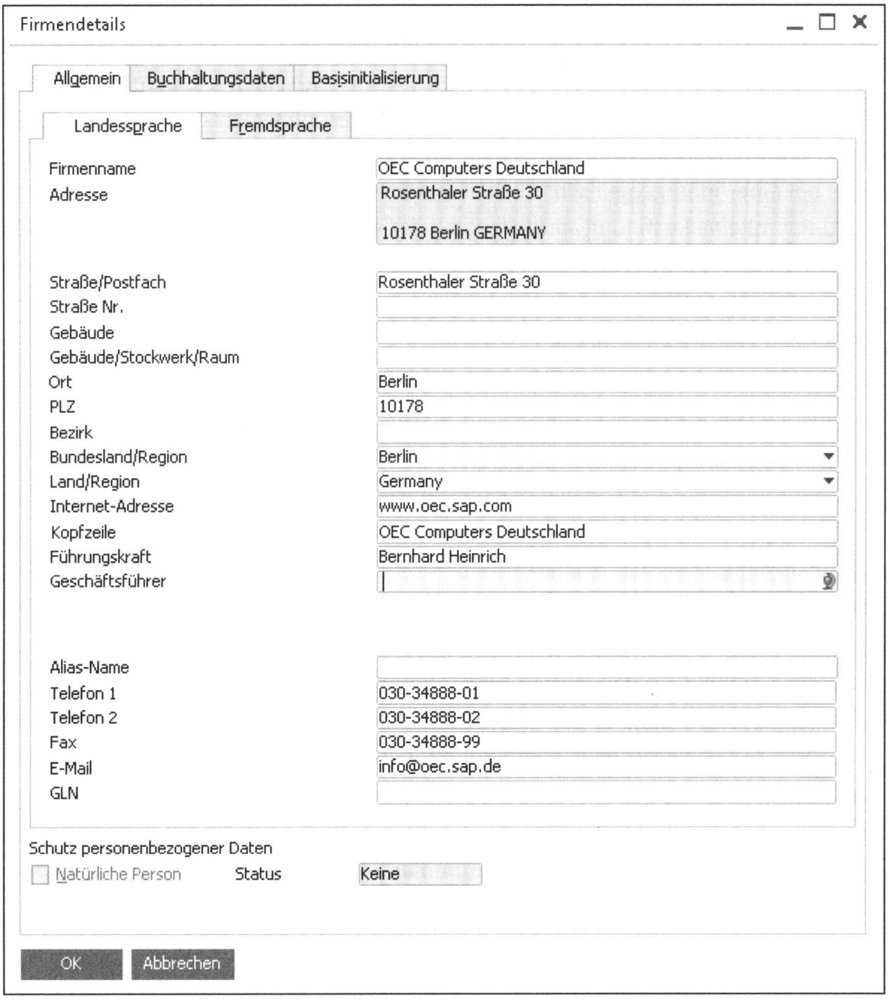

Abbildung 4.45: Fenster »Firmendetails«

4.8.2 Registerkarte »Buchhaltungsdaten«

Auf der Registerkarte **Buchhaltungsdaten** finden Sie eine Reihe von Feldern, die die steuerliche Identifikation und die Feiertage betreffen. Diese Registerkarte sollte durch einen Key-User, gegebenenfalls gemeinsam mit Ihrem Steuerberater, ausgefüllt werden.

Folgende Angaben müssen hier vorgenommen werden:

- **Feld »UID-Nummer 1, 2, 3«**
  Geben Sie hier die UID (Umsatzsteuer-Identifikationsnummer) Ihres Unternehmens ein. Die UID für Deutschland beginnt mit dem Länderkennzeichen »DE«, dem eine neunstellige Zahl folgt. Die UID für Österreich beginnt mit dem Länderkennzeichen »ATU«, dem eine achtstellige Zahl folgt. Diese landesabhängige Nomenklatur wird bei der Eingabe von SAP Business One geprüft.

  Mit der Verwendung einer UID weist sich ein Unternehmer aus (»Unternehmerkennzeichen«). Der Lieferant ist nur dann berechtigt, steuerfrei an einen Käufer in einem anderen Mitgliedsstaat zu liefern, wenn die UID des Käufers gültig ist. Zur Überprüfung der Richtigkeit von UID wurde EU-weit ein Bestätigungsverfahren eingeführt. Der Lieferant muss bei einer innergemeinschaftlichen Lieferung (Einkauf zwischen Unternehmern im EU-Raum) eine Rechnung ausstellen, auf der seine eigene UID und die des Kunden erscheinen und auf die Steuerfreiheit der Lieferung (z. B. umsatzsteuerfreie innergemeinschaftliche Lieferung) hingewiesen wird.
- **Feld »Zusätzliche Steuernummer«**
  Geben Sie hier Ihre zusätzliche Steuernummer ein. Das Finanzamt kann anhand dieser Nummer Ihr Unternehmen als Teil einer Unternehmensgruppe erkennen.
- **Feld »Finanzamtverwaltungsnr.«**
  Geben Sie hier die Nummer jenes Finanzamts ein, das für Ihre Umsatzsteuer-Voranmeldung (UVA) relevant ist.
- **Feld »Feiertage«**
  Wählen Sie hier den für Ihr Land relevanten Feiertagskalender aus der Werteliste aus. Pro Jahr müssen hier die Feiertage angelegt sein. Falls das gewünschte Jahr nicht vorhanden ist, wählen Sie den Eintrag **Neu definieren** aus der Werteliste aus. Feiertagskalender bei Geschäftspartnern finden Sie im Fenster **Geschäftspartner-Stammdaten**, Registerkarte **Zahlungsbedingungen** (siehe Abschnitt 4.3, »Geschäftspartner«).
- **Feld »DVR-Nummer«**
  Die Datenschutzbehörde vergibt an Unternehmen, die meldepflichtige Datenbanken betreiben, eine siebenstellige Registernummer, die sogenannte *Datenverarbeitungsregister-Nummer* (DVR-Nummer).
- **Checkbox »Erweiterte Steuerberichte«**
  Generiert und speichert Steuerberichte für Steuerbehörden. Nach dem Aktivieren der Checkbox können Sie zusätzlich den Periodentyp für die Berichterstellung in der Dropdown-Liste auswählen. Es stehen Ihnen die Periodentypen **Jahr**, **Quartal**, **Monat** und **Periode** zur Verfügung. Da das Aktivieren der Checkbox die Steuerberichterstattung grundlegend ändert, empfehlen wir Ihnen hierbei dringend, einen zertifizierten Steuerberaters zu konsultieren.

- **Feld »SEPA-Gläubiger-ID«**
  In diesem Feld tragen Sie die Creditor ID ein, die Ihnen von Ihrer Zentralbank zugeordnet wurde. Diese benötigen Sie, wenn Sie den elektronischen Zahlungsverkehr mittels SEPA-Standard (= *Single European Payment Area*) über den Zahlungsassistenten nutzen möchten.
- **Feld »EORI-Nummer«**
  In diesem Feld tragen Sie Ihre EORI-Nummer für die Identifizierung Ihres Unternehmens gegenüber den Zollbehörden ein. In aller Regel werden Verzollungsthemen an spezialisierte Speditionsunternehmen delegiert, und dieses Feld hat lediglich archivarischen Charakter.

Je nach Lokalisierung werden in diesem Fenster weitere Optionen und Felder angeboten. Dieses sind weiterführende Themen, die Sie am besten mit Ihrem Steuerberater und Ihrem Consultant besprechen.

Die Einstellungen und Daten auf der Registerkarte **Basisinitialisierung** erläutern wir bei den relevanten Themen in den einzelnen Abschnitten.

4.9 Berichte aus dem Bereich »Stammdaten«

An dieser Stelle finden Sie die wichtigsten Berichte aus dem Themenbereich »Stammdaten«, der Schwerpunkt liegt dabei auf Berichten zu Geschäftspartner- und Artikelstammdaten.

Im Modul **Geschäftspartner** stehen Ihnen zu den Bereichen Aktivitäten, inaktive Kunden und Mahnwesen und offene Posten eine Reihe von Berichten zur Verfügung, von denen wir hier einige beispielhaft herausgreifen:

- **Meine Aktivitäten**
  Dieser Bericht liefert eine Übersicht über die Aktivitäten des Benutzers, der diesen Bericht aufruft.
- **Aktivitätenübersicht**
  Dieser Bericht bietet eine breite Übersicht über alle Aktivitäten, die anhand zahlreicher Auswahlkriterien eingeschränkt werden können.
- **Inaktive Kunden**
  Dieser Bericht liefert eine Übersicht über alle Kunden, die nicht in den markierten Belegarten vorkommen. Der Bericht bildet also eine interessante Möglichkeit für das CRM, Kunden zu identifizieren, die mehr Betreuung benötigen, um wieder zu aktiven, kaufenden Kunden zu werden.
- **Mahnhistorienbericht**
  Dieser Bericht liefert eine historische Übersicht über alle erstellten Mahnbriefe für Kunden, die anhand zahlreicher Auswahlkriterien auch eingeschränkt werden kann. Durch die Darstellung der Zinstage pro Ausgangsrechnung erhalten Sie einen guten Über-

blick über die Zahlungsmoral; daraus lässt sich das Ausfallsrisiko und die Notwendigkeit eines straffen Außenstandsmanagements ableiten.

[+]

Übersicht über alle Telefonate eines Benutzers

Sie benötigen eine Übersicht über alle Telefonate ❶ des Benutzers ❷ Robert Leitner in einem definierten Zeitraum ❸ (siehe Abbildung 4.46).

Abbildung 4.46: Fenster »Aktivitätenübersicht« – Auswahlkriterien festlegen

- **Kampagnenliste**
  Dieser Bericht zeigt eine Auflistung aller Kampagnen für Ihr Unternehmen. Die Darstellung kann nach Artikel, Geschäftspartner, Kampagnentyp und -nummer, Status, Zeitraum und Zielgruppe eingeschränkt werden. Kampagnen beschreiben wir umfassend in Kapitel 14, »Customer Relationship Management (CRM)«.
- **Forderungen/Verbindlichkeiten**
  Diese beiden Berichte geben einen umfassenden Überblick über die Fälligkeitsstruktur der Ein- und Ausgangsrechnungen. Für beide Berichte kann eine variable Fälligkeitsstruktur eingegeben werden, z. B. Ausgangsrechnungen, die heute fällig sind, die vor 30 Tagen fällig waren, die vor 60 Tagen fällig waren, etc.

Mehr Informationen zu Berichten sowohl im Standard-Funktionsumfang als auch im Bereich der individualisieren Reports finden Sie in Anhang C.

4.10 Übungsaufgaben

1. Legen Sie sich selbst als neuen Benutzer an. Als Benutzercode verwenden Sie jeweils Ihre Initialen, als Passwort nehmen Sie Ihre Initialen und Ihr Geburtsdatum. Für die restlichen Felder (**E-Mail**, **Mobiltelefon** etc.) geben Sie jeweils Ihre tatsächlichen Daten an. Markieren Sie die Checkbox **Superuser**.
2. Öffnen Sie das Fenster **Firma auswählen**, wechseln Sie zu Ihrem neu angelegten Benutzer und anschließend wieder zurück zum Benutzer »manager«.
3. Öffnen Sie das Fenster **Geschäftspartner-Stammdaten**, und suchen Sie alle Kunden, deren **GP-Code** mit »C4« beginnt. Merken Sie sich den höchsten **GP-Code**.
4. **Geschäftspartner**: Legen Sie das Unternehmen, in dem Sie aktuell arbeiten (oder Ihr eigenes Unternehmen als Selbstständiger), als Kunden an. Berücksichtigen Sie die folgenden Informationen:
   - Geben Sie so weit wie möglich die tatsächlichen Daten (Kontaktdaten, Adressen, Ansprechpartner, Bankverbindung etc.) an. Legen Sie eine abweichende Rechnungs- und Lieferadresse an.
   - Als **GP-Code** verwenden Sie eine freie Kundennummer (z. B. »C44000«).
   - Definieren Sie die neue Kundengruppe »Sonstige« direkt aus dem Fenster **Geschäftspartner-Stammdaten** heraus.
   - Wählen Sie die Option **Alle Währungen** als Währung.
   - Legen Sie zwei Ihrer Kollegen als Vertriebsmitarbeiter direkt aus der Registerkarte **Allgemein** heraus an. Setzen Sie zusätzlich einen davon als Standard.
   - Definieren Sie die neue Versandart »Eigenversand«, und geben Sie Ihre eigene Website an.
   - Geben Sie ein Kreditlimit von 10.000,00 EUR an.
   - Ordnen Sie die Mahnbedingung **Standard** zu.
   - Legen Sie drei neue Eigenschaften an, und markieren Sie nach dem Hinzufügen die für Ihr Unternehmen relevanten Eigenschaften.
   - Geben Sie eine kurze Beschreibung des Unternehmensgegenstands auf der Registerkarte **Bemerkungen** an. Ordnen Sie zudem ein Bild dem Geschäftspartner zu.
   - Definieren Sie eine neue Zahlungsbedingung (direkt aus der Registerkarte **Zahlungsbedingung** heraus) nach folgender Angabe: Zahlung innerhalb von acht Tagen mit 3 % Skonto, innerhalb von 14 Tagen mit 2 % Skonto oder innerhalb von 45 Tagen ohne Skonto. Achten Sie auf eine aussagekräftige Beschreibung.
   - Ordnen Sie die Preisliste **Basis Preisliste** zu.
5. Klicken Sie abschließend auf den Button **Hinzufügen**, um den Geschäftspartner anzulegen.

6. Rufen Sie den eben angelegten Geschäftspartner über den Namen wieder auf, und aktivieren Sie die drei vorhin angelegten Eigenschaften.
7. Duplizieren Sie den Geschäftspartner, und definieren Sie ihn als Lieferanten. Ändern Sie die Zahlungsbedingung in »Netto 30 Tage« und die Preisliste in »Letzter Einkaufspreis«. Löschen Sie die Beschreibung und das Foto, und demarkieren Sie alle Eigenschaften auf einmal. Klicken Sie abschließend auf den Button **Hinzufügen**, um den Geschäftspartner anzulegen.
8. Rufen Sie den von Ihnen angelegten Kunden auf. Klicken Sie auf den Button **Aktivität**, um eine neue Aktivität zu erfassen.
9. Erfassen Sie ein Geschäftsessen (Meeting) zum neu angelegten Thema »Kooperation« mit der Bemerkung »Kooperationsgespräch«.
10. Geben Sie Ihren letzten persönlichen Termin mit Zeitpunkt und Dauer an.
11. Legen Sie Ihr Lieblingsrestaurant als Besprechungsort an.
12. Speichern Sie Ihre zuletzt geschriebene E-Mail, und fügen Sie sie als Dateianhang der Aktivität hinzu.
13. Erfassen Sie eine Folgeaktivität, die exakt eine Woche später stattfindet und »Nachtelefonieren Kooperationsgespräch« zum Inhalt hat. Füllen Sie die Felder entsprechend aus. Eine Erinnerung soll zwei Stunden vor diesem Termin erfolgen.
14. Legen Sie im Fenster **Artikelstammdaten** die folgenden beiden Artikel an:

    »USB-Memory-Stick, 64 GB«
    Legen Sie diesen Artikel komplett an, und berücksichtigen Sie die folgenden Informationen:

    - Zeigen Sie in einem weiteren Fenster **Artikelstammdaten** alle Artikel an, und geben Sie im ersten Fenster eine freie Artikelnummer (z. B. »A00009«) ein.
    - Geben Sie die Artikelbeschreibung wie genannt ein. Belassen Sie die Artikelart **Artikel**, und ordnen Sie die Artikelgruppe **Zubehör** zu.
    - Wählen Sie die Preisliste **Basis Preisliste**, und geben Sie einen Preis von 14,90 EUR ein.
    - Legen Sie eine Ihnen bekannte Marke für USB-Memory-Sticks als neuen Hersteller an.
    - Ordnen Sie die Versandart **Eigenversand** zu.
    - Ordnen Sie den Standardlieferanten »V10000« zu, und geben Sie als seine Katalognummer »USB64Mem« an. Geben Sie die von Ihnen geschätzte Länge, Breite und Höhe in cm an. Kopieren Sie die Maße auf die Registerkarte **Verkaufsdaten**.
    - Geben Sie als Ein- und Verkaufsmenge jeweils »Stk« an.
    - Geben Sie die Lagerbewertungsmethode **Gleitender Durchschnittspreis** an.
    - Geben Sie die Bemerkung »Leicht transportierbarer Allzweck-USB-Memory-Stick« ein.

- Klicken Sie auf den Button **Hinzufügen**, um den Artikel anzulegen. Schließen Sie danach das Fenster.
- Aktivieren Sie die Mehrsprachenunterstützung unter **Administration • Systeminitialisierung • Firmendetails •** Registerkarte **Basisinitialisierung**. Öffnen Sie anschließend das Fenster **Artikelstammdaten**, und rufen Sie den eben angelegten Artikel auf. Übersetzen Sie die Felder **Beschreibung** (»USB-Stick, transportabler Speicher«), **Lieferantenkatalognummer** (»USB64Speicher«) und **Bemerkungen** (»Leicht transportierbarer Allzweck-USB-Memory-Stick«) mithilfe des Kontextmenüs (rechte Maustaste) ins Englische.

»USB-Memory-Stick, 64 GB«

Duplizieren Sie den eben angelegten Artikel, und ändern Sie Folgendes:

- Ändern Sie die Beschreibung und die Bemerkung sowie die dazugehörenden Übersetzungen.
- Ändern Sie die Lieferantenkatalognummer in »USB64 Mem«.
- Reduzieren Sie die Abmessungen in Einkauf und Verkauf um jeweils 10 %.
- Reduzieren Sie den Preis um 5,00 EUR.

Kapitel 5
Einkauf

Beschaffungsprozesse sind ein wesentliches Element im Geschäftsbetrieb eines Unternehmens. Dieses Kapitel beschäftigt sich mit allen Aspekten des Einkaufs in SAP Business One. Besonderes Augenmerk legen wir auf die Zusammenhänge und die Weiterverarbeitung der einzelnen Belegstufen innerhalb der Belegkette.

In diesem Kapitel beschäftigen wir uns mit dem gesamten Bereich Einkauf. Wir beginnen mit einer betriebswirtschaftlichen Einordnung von Beschaffung und Einkauf. Neben der detaillierten Behandlung des Belegaufbaus (alle Einkaufsbelege folgen einem einheitlichen Aufbau) und weiterführender Funktionen im Beleg liegt der Schwerpunkt auf der Vernetzung der einzelnen Belegstufen. Dies betrifft die Weiterverarbeitung von Belegen innerhalb der Belegkette und alle Informationen, die den Überblick über offene Belege gewährleisten. Das Kapitel schließt mit der Erläuterung von Besonderheiten innerhalb der Belegkette sowie mit einer ausführlichen Behandlung der zur Verfügung stehenden Einkaufsberichte.

5.1 Betriebswirtschaftliche Aspekte des Einkaufs

Der betriebliche Leistungsbereich *Einkauf* bzw. *Beschaffung* und die damit verknüpfte Lagerhaltung haben im Wesentlichen eine technische und eine wirtschaftliche Zielsetzung.

Die *technische* Zielsetzung ist es, dafür zu sorgen, dass das im Betrieb benötigte Material in der erforderlichen Qualität und Menge zum richtigen Zeitpunkt am richtigen Ort zur Verfügung steht. Unter Material werden Rohstoffe, fremdbezogene Fertigteile, Hilfsstoffe, Betriebsstoffe und Handelswaren verstanden.

Die *wirtschaftliche* Zielsetzung besteht darin, die Beschaffung und Lagerung der Materialien unter Minimierung der Kosten zu erreichen.

Der Beschaffungsprozess gliedert sich in der Regel in vier Phasen, die in Abbildung 5.1 dargestellt sind.

Die Phasen im Beschaffungsprozess gestalten sich im Detail folgendermaßen:

1. **Beschaffungsplanung**
   Im Rahmen der Beschaffungsplanung müssen Sie die Beschaffungsprinzipien (z. B. Einzelbeschaffung, Vorratsbeschaffung, absatzsynchrone Beschaffung), den Materialbedarf, die Bestellmengen und Bestelltermine festlegen.

2. **Beschaffungsvorbereitung**
   In der Phase der Beschaffungsvorbereitung werden alle Informationen eingeholt, die für eine fundierte Beschaffungsentscheidung notwendig sind. Dies betrifft in erster Linie die Angebotseinholung und die Angebotsprüfung.
3. **Entscheidung**
   Bei der Beschaffungsentscheidung stehen die Angebotsauswahl und die abschließende Bestellung beim ausgewählten Lieferanten im Mittelpunkt.
4. **Beschaffungskontrolle**
   Die Beschaffungskontrolle umfasst in erster Linie die laufende Kontrolle der Bestellmengen und der Liefertermine und die Richtigkeit der Eingangsrechnung.

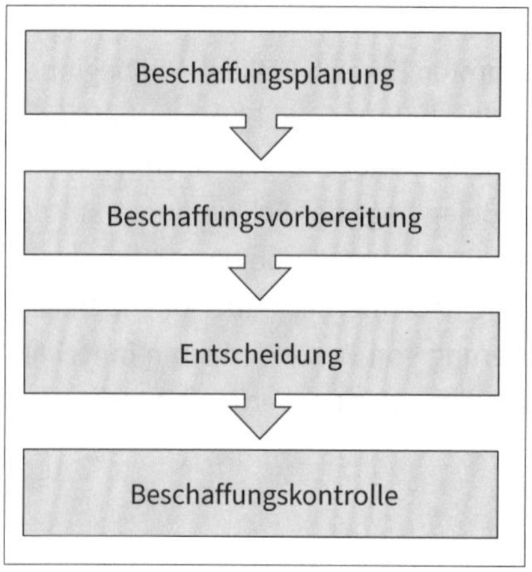

Abbildung 5.1: Phasen der Beschaffung

Das zentrale Element jedes Beschaffungsvorgangs ist und bleibt jedoch der *Beleg*, der aufgrund eines Bedarfs im Unternehmen angestoßen wird und im Idealfall bis zur Eingangsrechnung und Ausgangszahlung innerhalb des Unternehmens weiterverarbeitet wird.

5.2 Der Beleg

Das Grundkonzept einer ERP-Software (wie SAP Business One) besteht darin, eine Software für alle Unternehmensbereiche aus einem Guss bereitzustellen. Einmal eingegebene Daten stehen ohne Redundanz allen Bereichen der ERP-Software zur Verfügung. Diese starke Vernetzung aller inhaltlichen Bereiche zeigt sich gerade im Einkauf. Die einzelnen Belegstufen greifen perfekt ineinander und verwenden dieselbe Datenbasis, die zu Beginn der Kette nur einmal erstellt werden muss. Der Einkaufsprozess in SAP Business One umfasst in der Maximalausprägung folgende Belegstufen:

1. Rahmenvertrag
2. Bestellanforderung
3. Lieferantenanfrage
4. Bestellung (eventuell auftragsbezogen)
5. Wareneingang (nur für Lagerartikel!)
6. Bei Bedarf: Warenretourenanfrage und Retoure (Umkehrung des Wareneingangs, nur für Lagerartikel!)
7. Eingangsrechnung
8. bei Bedarf: Eingangsgutschrift (Umkehrung von Eingangsrechnung und Wareneingang)
9. Ausgangszahlung

Die Ausgangszahlung ist im Modul **Bankenabwicklung** angesiedelt und wird, da sie von der Handhabung im Vergleich zu den Einkaufsbelegen deutlich abweicht, ausführlich in Abschnitt 13.2, »Eingangszahlungen und Ausgangszahlungen«, behandelt. Der Aufbau aller Fenster für Einkaufs- und Verkaufsbelege ist sehr ähnlich. Der Einfachheit halber erklären wir in den folgenden Abschnitten den Beleg anhand der Belegstufe **Bestellung** (im Hauptmenü unter **Einkauf • Bestellung**), denn die Bestellung enthält alle typischen Bestandteile eines Belegfensters. Die nachfolgenden Belege werden in der Regel weiterverarbeitet und müssen nicht neu erstellt werden. Geringfügige Unterschiede der Bestellung zu anderen Belegstufen im Einkauf werden gesondert dargestellt. Die Bestellanforderung und die Lieferantenanfrage verfügen über einige Besonderheiten und werden gemeinsam mit dem Assistenten für Lieferanfragen in Abschnitt 5.5, »Bestellanforderung«, und Abschnitt 5.6, »Lieferantenanfrage«, dargestellt.

Der Rahmenvertrag hat für den Einkauf wie auch für den Verkauf Relevanz und wird in Kapitel 11, »Rahmenverträge«, beschrieben.

Abschnitt 5.4, »Belegkette im Einkauf«, zeigt die gesamte Belegkette und wie die Belege im Einkauf untereinander verknüpft sind. Grundsätzlich können Sie den Einkaufsprozess auf einer beliebigen Belegstufe beginnen und jede Belegstufe im Einkaufsprozess überspringen.

Die Programmbedienung im Belegfenster erfolgt mit der gleichen Systematik wie in Abschnitt 3.6, »Mit Datensätzen arbeiten«, dargestellt. Beim Öffnen befindet sich das Fenster im **Hinzufügen**-Modus. Sobald Sie alle Eingaben, die wir im Folgenden erläutern, vorgenommen haben, wird mit einem Klick auf den Button **Hinzufügen** der Beleg (z. B. die Bestellung) angelegt. Um bestehende Belege aufzurufen, schalten Sie mit dem Button (**Suchen**) oder der Tastenkombination Strg+F in den **Suchen**-Modus.

Wechsel in den »Suchen«-Modus

Beim Wechseln in den **Suchen**-Modus springt der Cursor automatisch in das Feld **Belegnummer**, da die Suche nach Belegen häufig anhand der Belegnummer erfolgt.

Natürlich können Sie auch mit den Datensatzbuttons (siehe Abschnitt 3.6.2, »Nach vorhandenen Datensätzen suchen«, Tabelle 3.3) durch die Belege blättern. Da der zuletzt angelegte Beleg in der Regel die höchste Belegnummer hat, gelangen Sie mit dem Button [→|] (**Letzter Datensatz**) sehr rasch zu diesem Beleg. Das funktioniert allerdings nur dann uneingeschränkt, wenn Sie nicht mit mehreren Belegnummernkreisen arbeiten (siehe Abschnitt 4.7, »Belegnummerierung«). Sobald Sie einen bestehenden Beleg ändern, ändert sich der Button im linken unteren Bereich von **OK** in **Aktualisieren**. Klicken Sie auf diesen Button, um die Änderungen zu bestätigen. Mit einem Klick auf den Button **OK** oder auf **Abbrechen** wird das Belegfenster geschlossen.

5.2.1 Belegkopf

Im Belegkopf sehen Sie die wichtigsten Informationen zur Bestellung auf einen Blick (siehe Abbildung 5.2).

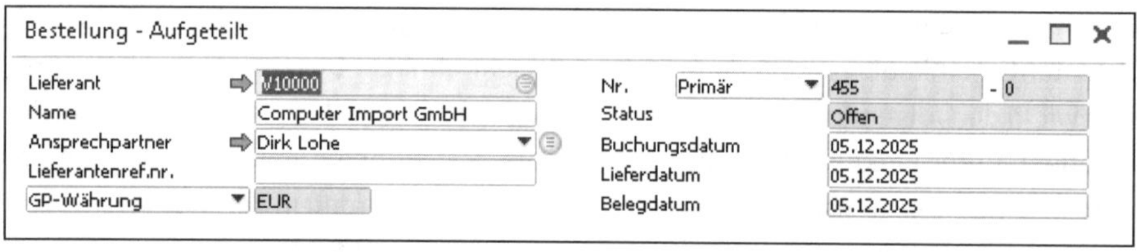

Abbildung 5.2: Fenster »Bestellung« – Belegkopf

Im Detail handelt es sich um folgende Felder:

- **Feld »Lieferant«**
  Wählen Sie hier den Lieferanten aus, an den diese Bestellung gerichtet ist. Öffnen Sie die Auswahlliste mit der [Tab]-Taste, oder klicken Sie auf den Button [≡] (**Liste: Geschäftspartner**). Bestätigen Sie den gewünschten Lieferanten mit dem Button **Auswählen**.
- **Feld »Name«**
  Der Name des Lieferanten wird automatisch aus den Geschäftspartner-Stammdaten in den Beleg kopiert. Der Name kann jedoch nur für diesen einen Beleg geändert werden und wird nicht in die Stammdaten zurückgeschrieben. Bestätigen Sie diese Eingabe mit der Tastenkombination [Strg]+[Tab]. Andernfalls würden Sie wieder die Auswahlliste öffnen, da das Programm davon ausgeht, dass Sie nun nach einem alternativen Lieferanten suchen.
- **Dropdown-Liste »Ansprechpartner«**
  Der Hauptansprechpartner dieses Lieferanten (siehe Abschnitt 4.3, »Geschäftspartner«) wird automatisch angezeigt. Falls Sie einen anderen Ansprechpartner benötigen, wählen Sie ihn aus der Werteliste aus. Üblicherweise wird der ausgewählte Geschäftspartner auch angedruckt.

- **Feld »Lieferantenref.nr.«**
  Dieses Feld dient dazu, einen Bezug zum Beleg des Lieferanten herzustellen. Zum Beispiel können Sie hier die Auftragsnummer des Lieferanten erfassen. Die Lieferantenreferenznummer wird bei der Weiterverarbeitung in die nachfolgenden Belege der Belegkette kopiert, wenn die Checkbox **Kopieren der Lieferantenreferenznr. in Zielbeleg zulassen** im Programmpunkt **Administration • Belegeinstellungen** auf der Registerkarte **Pro Beleg** aktiviert ist. Sie kann jedoch jeweils abgeändert werden.
- **Dropdown-Liste »Hauswährung«, »Systemwährung«, »GP-Währung«**
  Wählen Sie hier, in welcher Währung der Beleg angezeigt werden soll. Ihnen stehen die Optionen **Hauswährung**, **Systemwährung** und **GP-Währung** (= Währung des Geschäftspartners) zur Verfügung. Eine detaillierte Beschreibung der Fremdwährung in Belegen finden Sie in Abschnitt 12.7, »Buchungen in Fremdwährung«.
- **Dropdown-Liste »Nr.«**
  Wählen Sie hier eine Belegnummerierungsserie aus der Werteliste aus (Anlegen einer Serie: siehe Abschnitt 4.7, »Belegnummerierung«). In der Werteliste werden alle Serien angezeigt, die nicht gesperrt sind und für die der Benutzer eine Berechtigung hat. Die nächsthöhere Belegnummer wird automatisch von SAP Business One festgelegt und kann in der Bestellung nicht geändert werden. Falls Sie sich für das Szenario »Nur eine Belegart pro Serie« (siehe ebenfalls Abschnitt 4.7) entschieden haben, wird in der Auswahlliste links von der Belegnummer zusätzlich der Eintrag **Manuell** angezeigt. Wählen Sie diesen Eintrag, um die Belegnummer nicht automatisch vergeben zu lassen, sondern um sie manuell einzugeben. Sobald Sie den Eintrag **Manuell** wählen, ist das Feld **Nr.** nicht mehr ausgegraut, und eine Eingabe ist möglich. Achten Sie darauf, dass Sie keine bereits bestehende Belegnummer eingeben. SAP Business One prüft dies und weist Sie mit einer Fehlermeldung darauf hin.

[+]

Auswahl auf eine Serie beschränken

Um die Fehlerquote zu minimieren, sollte jeder Benutzer nach Möglichkeit nicht mehr als eine Serie zur Auswahl haben. In der Regel reicht eine Serie pro Geschäftsjahr aus. Sollte dennoch mehr als eine Serie angelegt sein, empfiehlt es sich, durch geschickte Zuweisung zu einer Gruppe dem Benutzer nur die Rechte für eine Serie zu geben. Geht das in Ihrem Unternehmen nicht, gehen Sie in der Schulung besonders auf diese Vorgänge ein. Eine einmal vergebene Belegnummer kann nicht mehr frei gemacht werden!

- **Feld »Status«**
  Dieses Anzeigefeld zeigt den Status des Belegs an. Folgende Status kann ein Beleg annehmen:
  - **Offen**: Diesen Status erhält ein neu angelegter Beleg. Dieser Beleg kann noch teilweise oder vollständig in einem anderen Beleg verarbeitet werden. Er kann auch ge-

ändert werden, falls er nicht Buchungen im Finanzwesen erzeugt hat. Für die Lieferantenbestellung trifft das zu; sie erzeugt keine Buchungen.

- **Offen – Gedruckt**: Gleicher Status wie zuvor, der Beleg wurde gedruckt.
- **Offen – Gemailed**: Gleicher Status wie zuvor, der Beleg wurde gemailt.
- **Storniert**: Dieser Status bedeutet, dass der Beleg manuell storniert wurde. Um einen Beleg zu stornieren, klicken Sie mit der rechten Maustaste auf eine beliebige Stelle im Belegkopf und wählen den Eintrag **Abbrechen/Stornieren** aus dem Kontextmenü aus. Diese Funktion benötigen Sie, wenn eine Bestellung falsch angelegt oder von Ihrem Unternehmen zurückgezogen wurde. Ein stornierter Beleg lässt sich nicht wieder auf den Status **Offen** setzen; er kann jedoch dupliziert werden und somit als Vorlage für einen anderen Beleg fungieren. Ein Beleg kann auch zeilenweise storniert werden (siehe dazu Abschnitt 5.2.2, »Belegmitte«).
- **Abgeschlossen**: Dieser Status bedeutet, dass der Beleg nicht mehr weiterverarbeitet werden kann. Entweder wurde er bereits durch Weiterverarbeitung in einen nachfolgenden Beleg der Belegkette abgeschlossen, oder er wurde manuell abgeschlossen. Um einen Beleg manuell zu schließen, klicken Sie mit der rechten Maustaste auf eine beliebige Stelle im Belegkopf und wählen den Eintrag **Schließen** aus dem Kontextmenü aus. Die Konsequenzen entsprechen denen beim manuellen Stornieren, der einzige Unterschied ist die Bezeichnung des Status.
- **Geparkt**: Dieser Status bedeutet, dass der Beleg geparkt wurde. Mit anderen Worten: Der Beleg wurde an die Seite gelegt, bis er später wieder hervorgeholt wird, um ihn fertigzustellen. Geparkte Belege werden z. B. verwendet, wenn noch nicht alle Informationen vorhanden sind, um den Beleg hinzuzufügen. Eine genaue Beschreibung geparkter Belege erhalten Sie in Abschnitt 5.3, »Wichtige Funktionen im Beleg«.

- **Feld »Buchungsdatum«**
  Geben Sie hier das Buchungsdatum ein. Von SAP Business One wird automatisch das Tagesdatum vorgeschlagen.
- **Feld »Lieferdatum«**
  Geben Sie hier das von Ihnen gewünschte Lieferdatum ein. Dieses sollte naturgemäß nach dem Buchungsdatum liegen, anderenfalls weist SAP Business One Sie mit einer Statusmeldung darauf hin. Das gewünschte Lieferdatum ist eine wichtige Planungsgrundlage, die in verschiedenen Auswertungen, z. B. »Available-to-Promise«, verwendet wird, um die zukünftige Bestandsentwicklung darzustellen.
- **Feld »Belegdatum«**
  Geben Sie hier das Belegdatum ein; von SAP Business One wird automatisch das Buchungsdatum in dieses Feld kopiert. Eine Gegenüberstellung von Buchungs- und Belegdatum finden Sie in Abschnitt 4.4, »Zahlungsbedingungen«.

5.2.2 Belegmitte

Die Belegmitte ist das Herzstück jedes Einkaufsbelegs. Hier erfassen Sie die einzelnen Artikelpositionen mit Mengen, Preisen und weiteren Details. Die folgenden Abschnitte erläutern die wichtigsten Felder und Funktionen der drei Registerkarten **Inhalt**, **Logistik** und **Buchhalt.**

Registerkarte »Inhalt«

Auf der Registerkarte **Inhalt** werden in der Tabellenstruktur jene Artikel zeilenweise eingetragen, die Sie bestellen sollen. Generell gilt, dass nur jene Artikel in einem Einkaufsbeleg verwendet werden können, die auch als Einkaufsartikel definiert wurden. Dazu muss im Fenster **Artikelstammdaten** (**Lagerverwaltung • Artikelstammdaten**) die Checkbox **Einkauf** aktiviert sein. Die Registerkarte **Inhalt** enthält eine Vielzahl von Feldern, die vom Benutzer ein- und ausgeblendet werden können. An dieser Stelle behandeln wir die gängigsten Felder.

Um Artikelzeilen in der Bestellung anzulegen, gehen Sie folgendermaßen vor:

1. Geben Sie die Artikelnummer (Feld **Artikelnr.**) ein, oder drücken Sie die [⇆]-Taste, um die Auswahlliste zu öffnen. Im Fenster **Liste: Artikel** können Sie mehrere Artikel auswählen, indem Sie die [Strg]-Taste halten und die linke Maustaste drücken (siehe Abbildung 5.3).

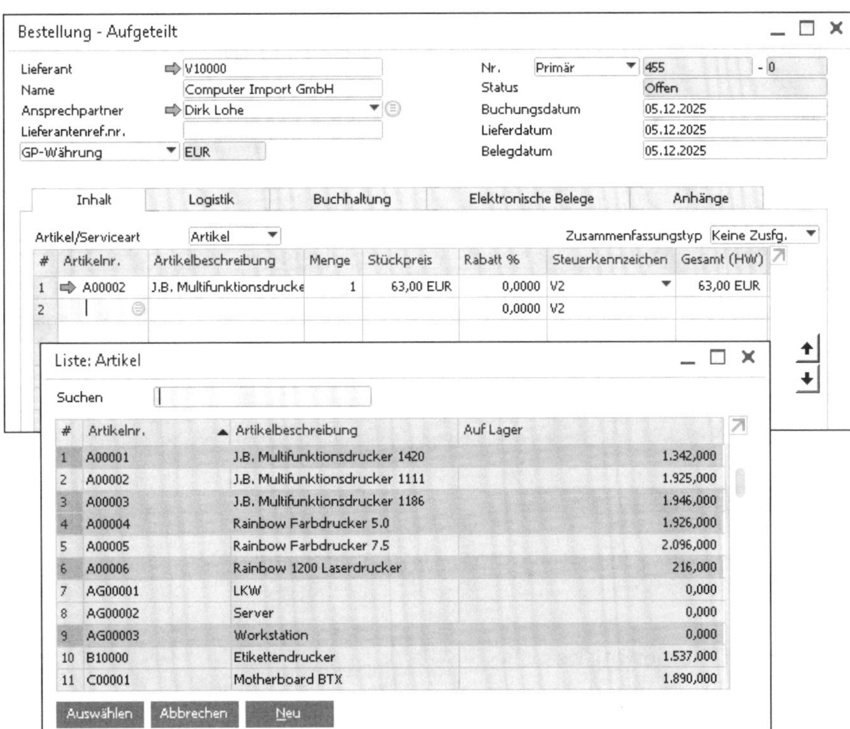

Abbildung 5.3: Fenster »Bestellung« – Artikelauswahl

Mit der Kombination [⇧]-Taste und linke Maustaste werden alle Zeilen zwischen dem ersten und dem zweiten Mausklick markiert. Bestätigen Sie die Auswahl mit dem Button **Auswählen**, und die Artikel werden in die Belegmitte der Bestellung eingefügt.

2. Die Spalte **Artikelbeschreibung** wird automatisch eingefügt, kann jedoch von Ihnen nur für diesen Beleg geändert werden. Das bedeutet, Sie können Individualtext zu jeder einzelnen Artikelbeschreibung hinzufügen. Dieser wird nicht in die Artikelstammdaten zurückgeschrieben. Allerdings müssen Sie SAP Business One »mitteilen«, dass diese Eingabe Individualtext darstellt. Sie bestätigen den Individualtext über die Tastenkombination [Strg]+[⇆].

   In einer leeren Artikelzeile haben Sie die Möglichkeit, nach der Artikelbeschreibung zu suchen. Dazu geben Sie entweder die komplette Artikelbeschreibung ein oder nur einen Teil davon und ergänzen einen Stern »*«. Es öffnet sich die Auswahlliste im Fenster **Liste: Artikel**. Der eingegebene Suchbegriff aus dem Feld **Artikelbeschreibung** erscheint im Feld **Suchen** der Auswahlliste, dadurch wird die Suche bereits eingeschränkt (siehe Abbildung 5.4). Diese Technik können Sie bei allen derartigen Suchen einsetzen.

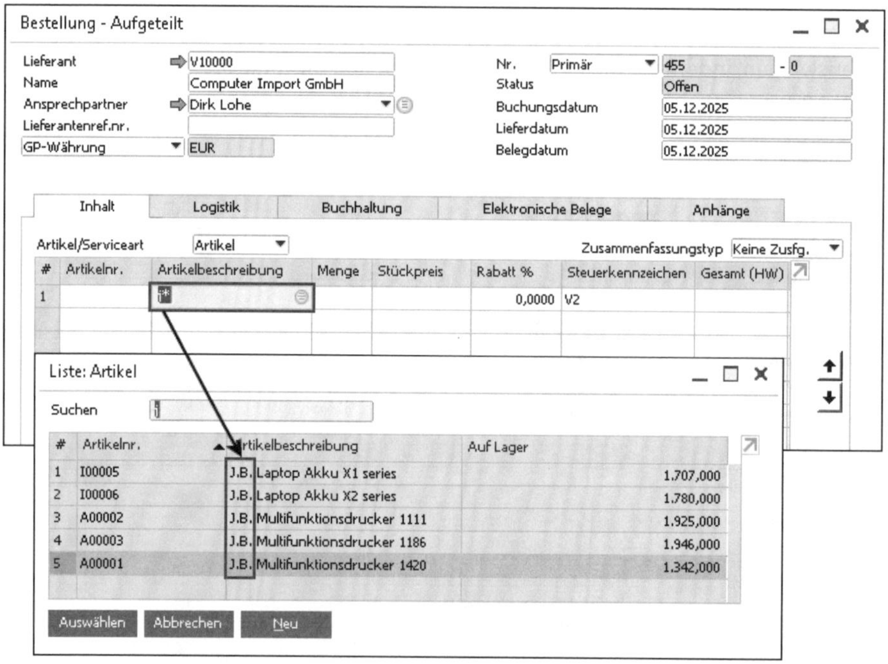

Abbildung 5.4: Fenster »Bestellung« – Suche in der Spalte »Artikelbeschreibung«

[»]

Richtige Positionierung des »*«

Beachten Sie, dass es wichtig ist, ob Sie den Stern vor oder nach dem Suchbegriff eingeben. »j*« sucht nach allen Datensätzen, bei denen der Inhalt des jeweiligen Felds mit »j« beginnt. »*j« sucht nach allen Datensätzen, die im jeweiligen Feld »j« enthalten. Groß-/Kleinschreibung ist dabei irrelevant.

3. Geben Sie die gewünschte Menge im Feld **Menge** ein.
4. Geben Sie den von Ihrem Lieferanten gewährten oder von Ihnen erwarteten Rabatt auf den Listenpreis in % im Feld **Rabatt %** ein.
5. Geben Sie den Einzelpreis, also den Preis pro Basiseinheit (z. B. Stück), im Feld **Preis nach Rabatt** an. Sollte das Feld nicht sichtbar sein, blenden Sie es mithilfe der Formulareinstellungen ein (siehe Abbildung 5.5).

   Dieser Preis wird bereits aus jener Preisliste vorgeschlagen, die dem ausgewählten Geschäftspartner zugeordnet ist, und kann bei Bedarf geändert werden. Die Preisberechnung erfolgt in beide Richtungen. Das bedeutet, wenn Sie einen Preis nach Rabatt eingeben, wird der Rabatt in Bezug zum Listenpreis zurückgerechnet. Wenn Sie einen Rabatt eingeben, wird ein Preis nach Rabatt auf Basis des Listenpreises berechnet.
6. Das **Steuerkennzeichen** wird Ihnen automatisch aus dem Artikelstamm oder anhand der steuerlichen Zuordnung des Geschäftspartners vorgeschlagen.
7. Der Gesamtpreis – Feld **Gesamt (HW)** – wird automatisch anhand von Menge, Rabatt und Preis nach Rabatt berechnet. Er lässt sich ebenfalls abändern und wird infolgedessen unter Berücksichtigung der Menge auf den Einzelpreis zurückgerechnet.

Arbeiten mit der Tabulatortaste [+]

Mit der [Tab]-Taste können Sie sehr effizient in den Belegzeilen arbeiten. Wenn Sie die letzte Belegzeile durchsprungen haben, wird automatisch eine neue Belegzeile angelegt.

Die angegebenen Felder sind eine typische Anordnung in der Belegzeile. Sie haben die Möglichkeit, eine Reihe weiterer Felder einzublenden und zusätzlich deren Anzeigereihenfolge zu bestimmen. Im Folgenden behandeln wir nur die wichtigsten weiteren Felder bzw. jene Felder, die für die weiterführende Funktionalität in diesem Buch relevant sind.

Mit dem Button (**Formulareinstellungen**) in der Symbolleiste öffnen Sie das Fenster **Formulareinstellungen**.

Auf der Registerkarte **Tabellenformat** finden Sie eine Tabelle mit allen zur Verfügung stehenden Feldern im Fenster **Formulareinstellungen – Bestellung** (siehe Abbildung 5.5). Die Anordnung von oben nach unten in der Tabelle entspricht der angezeigten Reihenfolge im Fenster **Formulareinstellungen – Bestellung** von links nach rechts.

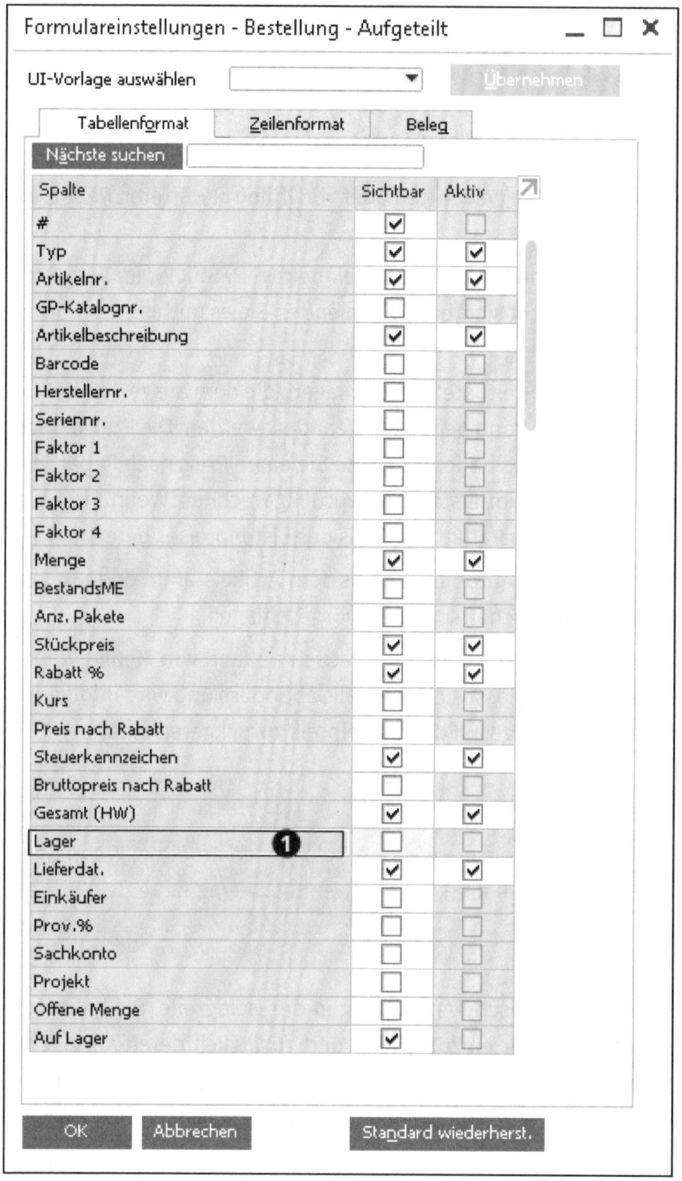

Abbildung 5.5: Fenster »Formulareinstellungen – Bestellung«

Zu jedem Feld können Sie angeben, ob es sichtbar sein soll (Markieren der Checkbox in der Spalte **Sichtbar**) und ob Sie eine Eingabe vornehmen dürfen oder nicht (Markieren der Checkbox in der Spalte **Aktiv**).

Darüber hinaus haben Sie die Möglichkeit, per Drag and Drop die Anordnung der Spalten zu verändern. Dazu klicken Sie mit der linken Maustaste auf den gewünschten Feldnamen und halten die Maustaste gedrückt (siehe ❶ in Abbildung 5.5). Nach kurzer Zeit wird ein schwarzes Rechteck sichtbar. Anschließend ziehen Sie das Feld mit nach wie vor gedrückter Maustaste an die gewünschte Stelle und lassen es dort fallen. Mit dem Button **OK** wird die Änderung wirksam. Mit dem Button **Standard wiederherst.** wird der Ausgangszustand des Fensters wiederhergestellt.

Diese Formulareinstellungen für das ausgewählte Fenster werden für jeden Benutzer abgespeichert. Das bedeutet, Sie haben die Möglichkeit, jedes Fenster so einzurichten, wie Sie es für die Arbeit mit SAP Business One als optimal empfinden. Diese Option kann ein Vorteil sein; in größeren Betrieben, in denen die gleiche Tätigkeit von mehreren Mitarbeitern erledigt wird, ist aber oft eine einheitliche Benutzeroberfläche gewünscht. Wie Sie die Formulareinstellungen in diesem Fall für mehrere Benutzer synchronisieren, erfahren Sie in Abschnitt 4.2, »Benutzer«. Bei manchen Feldern lässt sich nur die Checkbox **Sichtbar**, nicht aber **Aktiv** markieren. Diese Felder sind reine Anzeigefelder.

[zB]

Feld »Auf Lager« – ein reines Anzeigefeld

Das Feld **Auf Lager** gibt an, wie viele Basiseinheiten des ausgewählten Artikels sich derzeit auf Lager befinden. Dieser Wert darf naturgemäß in der Belegzeile nicht änderbar sein, und dieses Feld ist daher ein reines Anzeigefeld.

[+]

Funktion mit Bedacht verwenden und schulen

In der Praxis hat es sich bewährt, dem Benutzer die Funktion des Einblendens von Spalten erst zu einem späteren Zeitpunkt oder überhaupt nicht zu zeigen. Da jeder Benutzer jedes Fenster mit einer Tabellenstruktur anders darstellen kann, ist es gerade zu Beginn der Arbeit mit SAP Business One schwierig, diese Funktion einheitlich zu schulen und dafür Support zu leisten. Erst wenn die Grundfunktion beherrscht wird, ist es sinnvoll, in Absprache mit einem Key-User auch die Formulareinstellungen zu demonstrieren und zu schulen.

Um alle Felder auf einen Blick zu sehen, gleichgültig, ob sie eingeblendet sind oder nicht, klicken Sie mit der rechten Maustaste auf die gewünschte Zeile und wählen den Eintrag **Zeilendetails...** aus dem Kontextmenü. Daraufhin öffnet sich ein neues Fenster (siehe Abbildung 5.6).

Das gleiche Ergebnis erhalten Sie, wenn Sie doppelt auf die Zeilennummer dieser Zeile klicken. Mit dem Button ⬍ im linken oberen Bereich des Fensters **Zeilendetails... – Bestellung** können Sie zwischen den einzelnen Belegzeilen hin und her schalten.

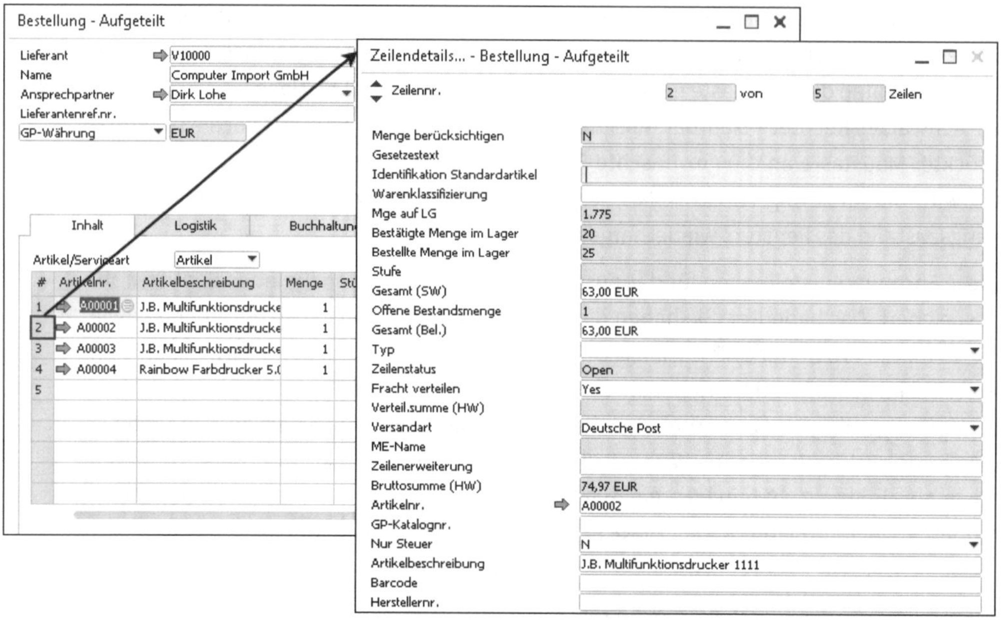

Abbildung 5.6: Belegzeile – Zeilendetails

Folgende weitere Felder im Fenster **Zeilendetails...** sind für die Belegerstellung von Bedeutung:

- **Feld »Typ«**
  SAP Business One bietet vier Typen von Belegzeilen an:
  - **Artikelzeile**: Dies ist die klassische Auswahl eines Artikels, wie Sie sie bereits kennengelernt haben.
  - **Text**: Wählen Sie diese Option, um Langtexte zwischen den klassischen Artikelzeilen einzufügen. Nachdem Sie den Eintrag **Text** ❶ aus der Werteliste ausgewählt haben, wird das Fenster **Zeilentextdetails...** geöffnet (siehe ❷ in Abbildung 5.7). Sie können es auch manuell per Doppelklick auf die Belegzeile aufrufen. Hier lässt sich beliebig langer Text mit Zeilenumbrüchen einfügen. Eine andere Möglichkeit besteht darin, vordefinierte Textbausteine einzufügen. Diese Textbausteine legen Sie generell unter **Administration • Definitionen • Allgemein • Vordefinierter Text** an. Für die Auswahl klicken Sie auf den Button **Vordefinierte Texte einfügen**, und eine Auswahlliste mit allen vordefinierten Textbausteinen wird geöffnet ❸. In Abbildung 5.7 finden Sie alle Möglichkeiten übersichtlich dargestellt.

  Falls der gewünschte Textbaustein nicht angelegt ist, klicken Sie auf den Button **Neu** ❹ im Fenster **Liste: Vordefinierter Text**, um einen neuen Textbaustein anzulegen.
  - **Zwischensumme**: Wählen Sie diese Option, um zwischen den Artikelzeilen eine Zwischensumme einzufügen. Naturgemäß ist eine Zwischensumme erst nach der zwei-

ten Zeile sinnvoll. Der Sinn besteht darin, gerade bei Belegen mit vielen Belegzeilen Blöcke zu bilden, die auch thematisch unterschiedlich sein können, z. B. einen Block für Material plus Zwischensumme, einen Block für Dienstleistungen plus Zwischensumme etc.

- **Alternativartikel**: Diese Option ist nur beim Kundenangebot verfügbar.

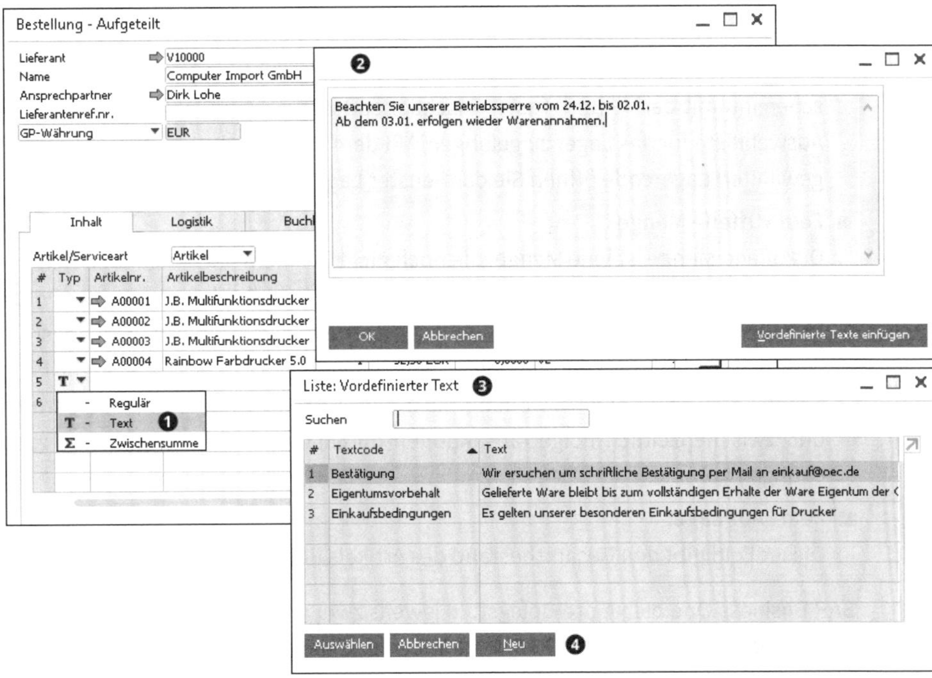

Abbildung 5.7: Bestellung – Belegzeile »Text«, »Vordefinierter Text«

- **Feld »Stückpreis«**
  Der Stückpreis ist der Preis vor Rabatt, also der unrabattierte Preis, der aus der Preisliste vorgeschlagen wird, oder – falls in der Preisliste kein Preis eingetragen wurde – der Preis, der als Erstes in der Belegzeile eingegeben wurde. Der Stückpreis bildet somit die Basis für die Rabattberechnung.

- **Feld »Bruttopreis nach Rabatt«**
  Der Bruttopreis ist der Preis nach Rabatt inklusive Umsatzsteuer. Wenn Sie den Bruttopreis eingeben, rechnet SAP Business One auf den Nettopreis (Preis nach Rabatt) zurück. Mit der Menge, dem Stückpreis (Preis vor Rabatt), dem Rabatt in %, dem Preis nach Rabatt, dem Bruttopreis nach Rabatt, dem Gesamtpreis und der Bruttosumme stehen Ihnen somit sieben Einflussfaktoren zur Preisgestaltung zur Verfügung. Preisgestaltung und -findung sind verkaufsseitig eines der wichtigsten Instrumente vor allem in der Angebotsphase und werden in Abschnitt 6.2.2, »Belegmitte«, und in Abschnitt 7.4, »Preisfindung«, näher behandelt.

- **Feld »Lager«**
  Wählen Sie das Lager für diese Artikelzeile aus. In dieses Lager werden bei Einkaufsbelegen die Artikel *hineingelegt*, bei Verkaufsbelegen werden sie aus diesem Lager *herausgenommen*. Der Vorschlagswert in diesem Feld entspricht dem Standardlager dieses Artikels auf der Registerkarte **Bestand** im Fenster **Artikelstammdaten** (siehe Abschnitt 4.6, »Artikel«). Alternativ, wenn kein Lager vorbelegt ist, könne es benutzerspezifisch vorgeschlagen werden. Dazu sind in den Benutzerstammdaten *Standards* zu definieren. Um ein anderes Lager auszuwählen, markieren Sie den Lagercode und löschen ihn mit der [Entf]-Taste. Anschließend verwenden Sie die [Tab]-Taste, um zur Auswahlliste für das Lager zu gelangen. Mit dem orangefarbenen Pfeil neben dem ausgewählten Lagercode öffnen Sie das Fenster **Lagerdefinition**.
- **Feld »Offene Menge«**
  Die offene Menge ist jene Menge, die noch nicht in einem nachfolgenden Beleg weiterverarbeitet wurde. Eine offene Menge in der Bestellung bedeutet z. B., dass diese Artikelzeile noch nicht vollständig in einem Wareneingang oder einer Eingangsrechnung verarbeitet wurde. Bei der Neuanlage einer Bestellung entspricht die offene Menge der Menge. Erst wenn eine Bestellung nach dem Hinzufügen neuerlich aufgerufen wird und zwischenzeitlich Folgetransaktionen durchgeführt wurden, kann es zu Abweichungen kommen.
- **Feld »Auf Lager«**
  Dieses Feld gibt den Gesamtbestand des Artikels über alle Lager hinweg an.

SAP Business One bietet pro Belegstufe jeweils zwei Arten von Belegen an: *Artikelbelege* und *Servicebelege*. Falls nur Dienstleistungen im Beleg vorkommen, die nicht als Artikel vom Typ **Arbeit** oder **Reise** definiert wurden, haben Sie auch die Möglichkeit, einen Servicebeleg anzulegen.

Dazu wählen Sie im Dropdown-Feld **Artikel/Serviceart** die Option **Service** aus. Alle Felder in der Belegzeile, die für angelegte Artikel aus den Artikelstammdaten (**Artikelnr.**, **Artikelbeschreibung**, **Menge**) relevant sind, werden ausgeblendet. In Servicebelegen werden stattdessen die Felder **Beschreibung** und **Sachkonto** eingeblendet (siehe Abbildung 5.8).

Im Feld **Beschreibung** geben Sie beschreibenden Text zu der bestellten Dienstleistung an, im Feld **Sachkonto** wählen Sie über die [Tab]-Taste jenes *Aufwandskonto* (Einkaufsbelege) bzw. *Erlöskonto* (Verkaufsbelege) aus dem Kontenplan aus, das für die Buchung relevant ist. Das Feld **Sachkontoname** wird mit der Auswahl des Sachkontos automatisch befüllt. Die Buchung auf Aufwands- und Erlöskonten erläutern wir in Abschnitt 12.2, »Buchungskreislauf«.

Abbildung 5.8: Fenster »Bestellung« – Servicebeleg

In einer Tabellenstruktur – wie in den Belegzeilen – stehen Ihnen einige nützliche Funktionen der Programmbedienung zur Verfügung, die Sie allesamt über die rechte Maustaste und das Kontextmenü aufrufen können:

- **Option »Zeile hinzufügen«**
  Klicken Sie mit der rechten Maustaste auf die Zeile, über der Sie eine Zeile einfügen möchten. Wählen Sie den Eintrag **Zeile hinzufügen** aus dem Kontextmenü aus, wie in Abbildung 5.9 dargestellt.
- **Option »Zeile löschen«**
  Klicken Sie mit der rechten Maustaste auf die zu löschende Zeile, und wählen Sie den Eintrag **Zeile löschen** aus dem Kontextmenü aus.
- **Option »Zeile duplizieren«**
  Klicken Sie mit der rechten Maustaste auf die zu duplizierende Zeile, und wählen Sie den Eintrag **Zeile duplizieren** aus dem Kontextmenü aus. Die duplizierte Zeile wird daraufhin unterhalb der aktuellen Zeile eingefügt.

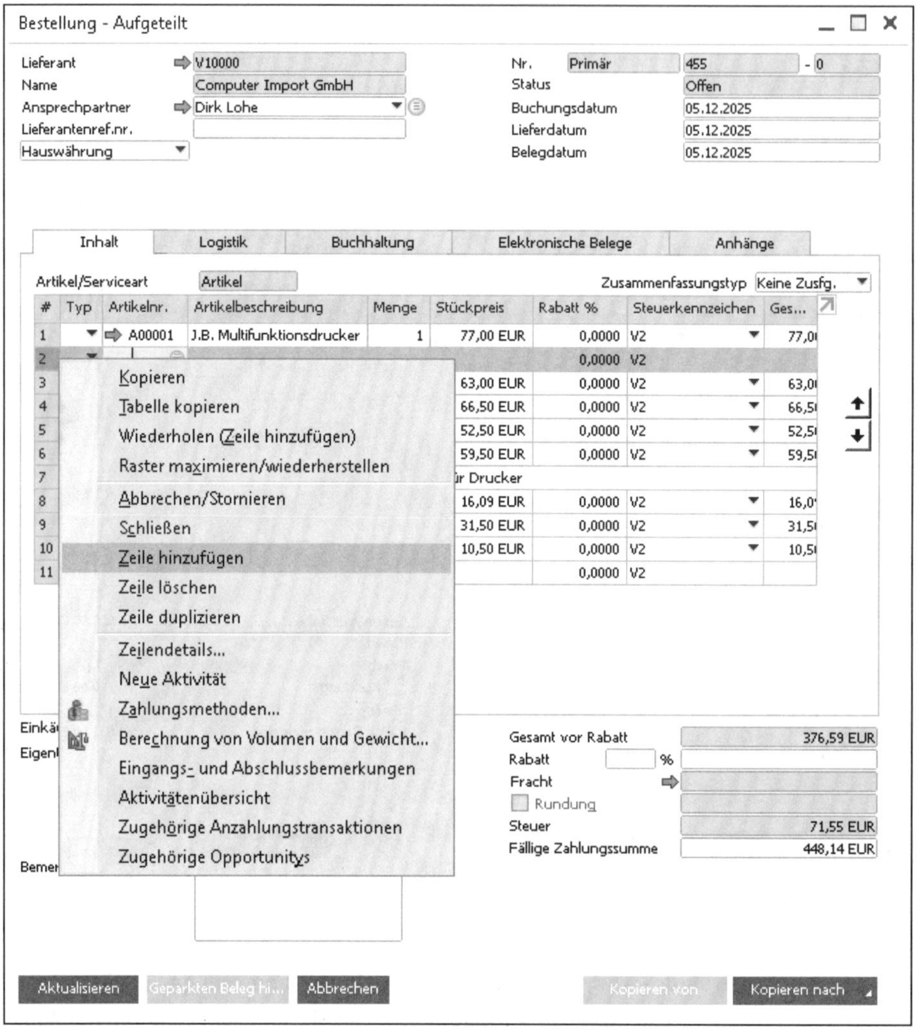

Abbildung 5.9: Fenster »Bestellung« – Zeile hinzufügen

Beachten Sie, dass einige der Funktionen aus Abbildung 5.9 nur dann zur Verfügung stehen, wenn der Beleg schon hinzugefügt wurde und nachträglich wieder aufgerufen wird. Dazu zählen z. B. **Neue Aktivität** oder **Zugehörige Opportunitys**, da nur existierende Belege mit Aktivitäten oder Opportunities verbunden werden können.

Registerkarte »Logistik«

Auf der Registerkarte **Logistik** befinden sich alle Informationen, die den Transport und Versand der Ware betreffen. Die Felder auf dieser Registerkarte unterscheiden sich ein wenig von den Verkaufsbelegen; dies wird in Abschnitt 6.2.2, »Belegmitte«, näher ausgeführt. Folgende Informationen finden Sie auf der Registerkarte **Logistik**:

- **Feld »Lieferungsempf.«**
  Dieses Feld zeigt die Lieferadresse Ihres eigenen Unternehmens, die Sie über **Administration • Systeminitialisierung • Firmendetails •** Registerkarte **Allgemein/Landessprache** definiert haben. Falls Sie für den erstellten Beleg eine andere Lieferadresse angeben möchten, tragen Sie sie direkt im Feld **Lieferungsempf.** ein. Alternativ können Sie die Adresse auch strukturiert – also gegliedert nach Straße, Ort, Postleitzahle etc. – eingeben, indem Sie den Button … (**Adresskomponenten festlegen**) betätigen. So könnten Sie auch eine abweichende GLN (Global Location Number) eingeben. Diese wäre für die Versendung der Bestellung als EDIFACT-Nachricht (Electronic Data Interchange for Administration, Commerce and Transport) wichtig. Die Erzeugung und Versendung von EDIFACT-Nachrichten ist ein weiterführendes Thema, das bei Bedarf mit Ihrem Consultant zu besprechen ist. Die Adresse wird, wenn sie manuell eingegeben wurde, nicht in die Firmendetails zurückgeschrieben, sondern nur für diese Transaktion verwendet.
- **Feld »Zahlungsadresse«**
  Dieses Feld legt fest, welche Daten des Zahlungsempfängers auf den Beleg gedruckt werden. Wählen Sie im Dropdown-Feld aus drei Optionen: keine Angabe, die Adresse des Lieferanten (Rechnungsempfänger) oder dessen Bankverbindung. Die Adress- und Bankdaten übernimmt das System aus den Geschäftspartner-Stammdaten von der Registerkarte **Zahlungsbedingungen**.
- **Feld »Versandart«**
  In diesem Feld wird die Versandart angegeben. Der Vorschlagswert stammt aus den **Geschäftspartner-Stammdaten •** Registerkarte **Allgemein** und kann im Beleg geändert werden. Sie dient dem Andruck.
- **Feld »Sprache«**
  In diesem Feld wird die Sprache des Belegs angegeben. Der Vorschlagswert stammt aus den **Geschäftspartner-Stammdaten •** Registerkarte **Allgemein** und kann im Beleg geändert werden. Anhand der Sprache kann das Layout des Belegausdrucks angepasst werden; das ist ein weiterführendes Thema.
- **Checkbox »Bestellung aufteilen«**
  Falls Sie diese Checkbox aktivieren, wird die angelegte Bestellung gemäß der Anzahl der in den Belegzeilen angegebenen Lager aufgeteilt.

  Soll diese Checkbox standardmäßig aktiviert sein, markieren Sie die Checkbox **Bestellung aufteilen** unter **Administration • Systeminitialisierung • Belegeinstellungen •** Registerkarte **pro Beleg •** Dropdown: **Eintrag Bestellung**.

Bestellung auf Haupt- und Nebenlager

Sie legen eine Bestellung an, deren Artikel auf 01 – Hauptlager und 02 – Nebenlager geliefert werden sollen. In diesem Fall wird die Bestellung nach dem Hinzufügen auf zwei separate Bestellungen aufgeteilt. Die Belegnummer der Bestellung erhält im rechten oberen Bereich des Fensters im Belegkopf zusätzlich eine *Subnummer* pro aufgeteilter Bestellung.

- **Checkbox »Genehmigt«**
  Diese Checkbox ist relevant für Genehmigungsverfahren. Mit einem Genehmigungsverfahren können Sie einen Workflow in Ihrem Unternehmen abbilden, in dem z. B. eine Bestellung, die die von Ihnen festgelegten Kriterien erfüllen soll, in SAP Business One von einem Vorgesetzten genehmigt werden muss. Jede genehmigte Bestellung wird durch die markierte Checkbox **Genehmigt** gekennzeichnet. Falls die Genehmigungsverfahren generell nicht aktiviert sind, ist jede Bestellung automatisch als genehmigt gekennzeichnet. Soll die Checkbox standardmäßig aktiviert sein, markieren Sie die Checkbox **Bestellung genehmigt** unter **Administration • Systeminitialisierung • Belegeinstellungen** • Registerkarte **pro Beleg** • Dropdown-Liste **Beleg** • Eintrag **Bestellung**. Genehmigungsverfahren behandeln wir ausführlich in Abschnitt 18.2, »Genehmigungsprozess«.

Registerkarte »Buchhalt.«

Auf der Registerkarte **Buchhalt.** befinden sich alle Informationen, die die Buchung und Bezahlung betreffen. Diese Daten werden erst relevant, wenn die Bestellung bis zur Eingangsrechnung und Ausgangszahlung weiterverarbeitet wird. Aus diesem Grund erfolgt die Beschreibung dieser Felder aus Sicht der Eingangsrechnung:

- **Feld »Journaleintrag«**
  Dieses Feld entspricht dem späteren Buchungstext in der Journalbuchung bei Buchung der Eingangsrechnung, und Sie können es vor dem Hinzufügen ändern (siehe Abschnitt 12.3, »Journalbuchungen«). Den Text können Sie im Programmteil **Administration • Definition • Allgemein • Referenzfeldverknüpfung** vorbesetzen.
- **Feld »Abstimmkonto« (nur Eingangsrechnung)**
  In diesem Feld wird das Abstimmkonto (= Sammelkonto) des Lieferanten angegeben. Der Vorschlagswert stammt aus den **Geschäftspartner-Stammdaten** • Registerkarte **Buchhalt.** und kann im Beleg geändert werden.
- **Checkbox »Zahlungssperre« (nur Eingangsrechnung)**
  Falls diese Checkbox markiert ist, wurde für diesen Lieferanten unter **Geschäftspartner-Stammdaten** • Registerkarte **Zahlungssystem** eine Zahlungssperre definiert. Alternativ kann jede einzelne Eingangsrechnung für die Zahlung gesperrt werden, wenn z. B. die zugrundliegende Lieferung mangelhaft war und reklamiert wird. Die Aktivierung der Zahlungssperre bewirkt, dass diese Faktura im Zahlungsassistenten (siehe Abschnitt 13.4, »Zahlungsassistent und elektronischer Zahlungsverkehr«) nicht vorgeschlagen wird. Manuelle Ausgangszahlungen können Sie hinzufügen, nachdem Sie eine entsprechende Warnung quittiert haben.

- **Checkbox »Max. Skonto« (nur Eingangsrechnung)**
  Dieses Feld ist für den Zahlungslauf mithilfe des Zahlungsassistenten relevant. Es ermöglicht, den Skonto im Zahlungslauf auch nach Ablauf der Fälligkeit zu berechnen.
- **Feld »Zahlungsbedingungen«**
  In diesem Feld wird die Zahlungsbedingung angegeben. Der Vorschlagswert stammt aus den **Geschäftspartner-Stammdaten** • Registerkarte **Zahlungsbedingungen** und kann im Beleg geändert werden. Mit Hinzufügen der Eingangsrechnung ist die Zahlungsbedingung fixiert, das Fälligkeitsdatum in den Kopfdaten kann jedoch manuell geändert werden. Entsprechend der Netto- oder Skontotage wird die Eingangsrechnung im Zahlungsassistenten zu Zahlung vorgeschlagen.
- **Feld »Zahlweg« (nur Eingangsrechnung)**
  Dieses Feld gibt den Zahlweg aus den **Geschäftspartner-Stammdaten** • Registerkarte **Zahlungslauf** an und ist relevant für Zahlungen mithilfe des Zahlungsassistenten.
- **Feld »Raten« (nur Eingangsrechnung)**
  Dieses Feld zeigt die Anzahl der Raten an. Der Vorschlagswert stammt aus den Zahlungsbedingungen (siehe Abschnitt 4.4). Klicken Sie auf den orangefarbenen Pfeil neben dem Feld **Raten**, um das Fenster **Raten** zu öffnen (siehe Abbildung 5.10). Vor dem Hinzufügen der Eingangsrechnung können alle Daten bezüglich der Raten – also Fälligkeit, Prozentsatz und Betrag der Raten – geändert werden.

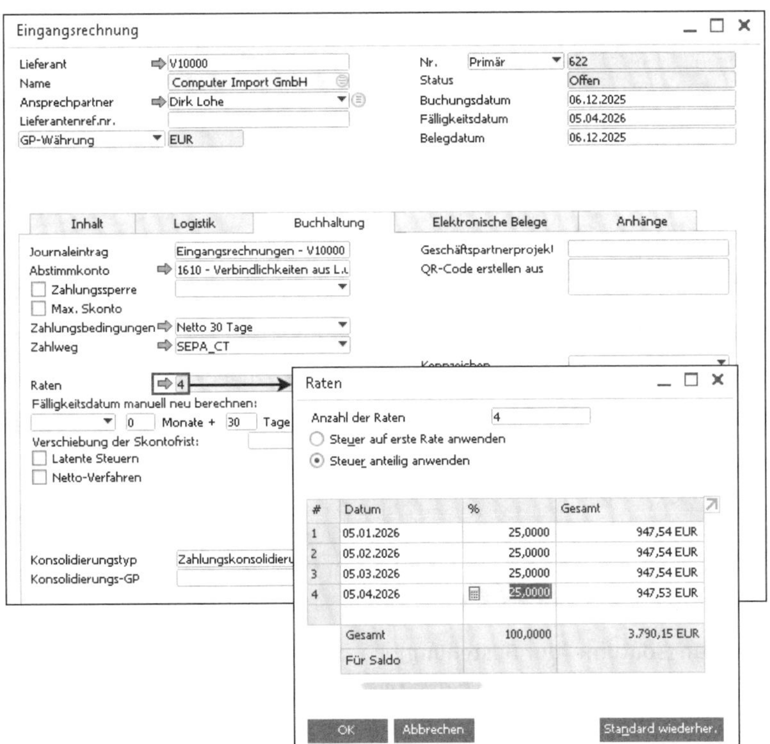

Abbildung 5.10: Eingangsrechnung – Fenster »Raten«

- **Checkbox »Latente Steuern«**
  Aktivieren Sie diese Checkbox, um die Eingangsrechnung im **Steuerabstimmungsbericht**, den Sie über **Finanzwesen • Finanzberichte • Buchhaltung • Steuer** aufrufen können, separat auszuwerten. Wie und ob latente Steuern zu behandeln sind, klären Sie mit Ihrem Steuerberater
- **Checkbox »Netto-Verfahren«**
  Aktivieren Sie diese Checkbox, wenn bei der Buchung der Eingangsrechnung bereits der Skonto berücksichtigt werden soll. Es wird also davon ausgegangen, dass innerhalb der Skontofrist bezahlt und der Skonto in Anspruch genommen wird.

[zB]

Buchung nach dem Netto-Verfahren

Die Eingangsrechnung beträgt 110,– EUR exklusive Steuer.

Die Steuer beträgt 19 %, d. h. 20,90 EUR.

Als Skonto werden 2 % vereinbart.

Im Nettoverfahren wird wie folgt gebucht:

- Bestandskonto 107,80 EUR (Der Skonto wird also bereits abgezogen.)
- Skontoverrechnungskonto 2,20 EUR
- Vorsteuer 20,90 EUR (Es wird also zunächst die gesamte Vorsteuer gebucht.)
- Gegen Lieferant 130,90 EUR (Es wird zunächst die gesamte Verbindlichkeit berücksichtigt.)

Die Korrektur der Vorsteuer und der Verbindlichkeit erfolgt bei der Ausgangszahlung, wenn der Skonto tatsächlich in Anspruch genommen wurde.

- **Feld »GP-Projekt«**
  Wählen Sie ein Projekt aus der Werteliste aus, dem die Eingangsrechnung zugeordnet werden soll, oder wählen Sie den Eintrag **Neu definieren**, um ein neues Projekt anzulegen. Mit der Auswahl eines Projekts werden mit der automatischen Buchung der Eingangsrechnung im Hintergrund die Kosten dem Projekt zugeordnet (siehe Abschnitt 12.8, »Einbinden der Kostenrechnung«).

[+]

Anlegen von Projekten

Verwaltung und Neuanlage von Projekten sollten in Abstimmung mit einem Key-User erfolgen.

- **Feld »Stornierungsdatum« (nur Bestellung)**
  Verwenden Sie dieses Datum, um festzuhalten, bis zu welchem Zeitpunkt die Bestellung ausgeführt sein sollte.

- **Feld »Erforderliches Datum« (nur Bestellung)**
  Geben Sie in diesem Informationsfeld das Datum an, zu dem die Ware den Lieferanten verlassen muss, um zum geplanten Lieferdatum bei Ihnen einzutreffen.
- **Feld »Kennzeichen«**
  In diesem Feld wird das Zessionskennzeichen angegeben. Der Vorschlagswert stammt aus den **Geschäftspartner-Stammdaten • Registerkarte Allgemein** und kann im Beleg geändert werden. De facto ist es nur für Ausgangsrechnungen relevant, kann aber auch bei Eingangsrechnungen eingegeben werden.
- **Feld »UID-Nummer«**
  In diesem Feld wird die UID des ausgewählten Lieferanten angegeben. Der Vorschlagswert stammt aus den **Geschäftspartner-Stammdaten**.

Wie Sie sehen, stammen die meisten Felder der Registerkarte **Buchhalt.** aus Vorbesetzungen, die in den Stammdaten getroffen werden. Es sollte Ziel der Parametrierung sein, dass diese Registerkarte nur in Ausnahmefällen bearbeitet werden muss.

5.2.3 Belegfuß

Alle Informationen im Belegfuß (siehe Abbildung 5.11) gelten ebenfalls für alle Belege in der Belegkette, wobei die Maximalausprägung der Felder wieder in der Eingangsrechnung dargestellt wird. Im Belegfuß sind folgende Felder enthalten:

- **Feld »Einkäufer«**
  Wählen Sie einen Einkäufer aus der Werteliste aus, oder wählen Sie den Eintrag **Neu definieren**, um einen neuen Einkäufer anzulegen. Die Einkäufer werden im selben Fenster angelegt wie die Vertriebsmitarbeiter im Verkauf und dienen dem Andruck am Beleg bzw. der Auswahl in Einkaufsberichten.
- **Feld »Eigentümer«**
  Der Eigentümer wird von SAP Business One automatisch anhand des Benutzers zugeordnet. Der Eigentümer ist relevant für das Dateneigentum und die Definition, welcher Mitarbeiter – abhängig von dessen Stellung im Unternehmen – welche Belege abrufen darf. Dies ist besonders in den Bereichen relevant, in denen die Vertraulichkeit der Daten einen hohen Stellenwert einnimmt. Das Dateneigentum zählt zu den weiterführenden Themen und wird aus diesem Grund in diesem Buch nicht behandelt. Ob Dateneigentum überhaupt aktiviert sein soll oder nicht, entscheiden Sie im Programmpunkt **Administration • Systeminitialisierung • Allgemeine Einstellungen** auf der Registerkarte **GP** mit Setzen der Checkbox **Dateneigentum aktivieren**.
- **Feld »Bemerkungen«**
  Geben Sie hier einen Bemerkungstext zu dieser Bestellung ein. Dieses Feld kann naturgemäß auch gedruckt werden. Der Inhalt der Bemerkungen wird in die nachfolgenden Belege kopiert und kann jeweils überschrieben oder gelöscht werden. Zusätzlich fin-

det sich in den nachfolgenden Belegen in der Belegkette ein Hinweis auf die Art und Nummer des Quellbelegs.

- **Feld »Gesamt vor Rabatt«**
  Dieses Feld zeigt die Summe der Spalte **Gesamt (HW)** auf der Registerkarte **Inhalt** und ist ein reines Anzeigefeld, das gedruckt werden kann.
- **Feld »Rabatt %« und das Feld für den Rabattbetrag**
  Geben Sie in dieses Feld entweder einen Rabatt in % (siehe ❶ in Abbildung 5.11) oder einen Rabattbetrag ❷ für den Gesamtbeleg an. Ein Vorschlagswert für diesen Lieferanten stammt aus den **Geschäftspartner-Stammdaten** • Registerkarte **Zahlungsbedingungen** und kann im Beleg geändert werden.

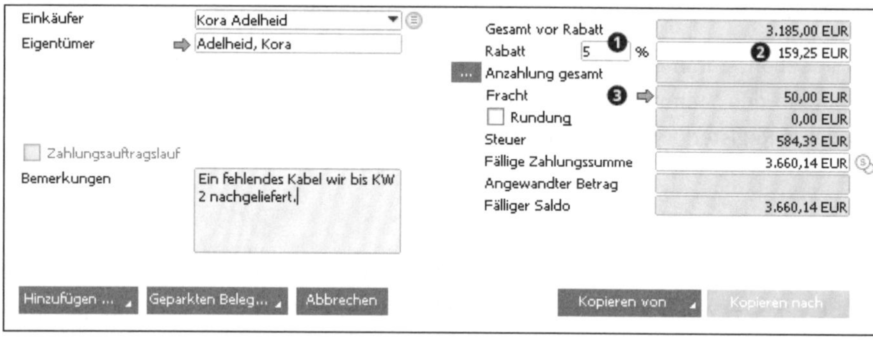

Abbildung 5.11: Eingangsrechnung – Belegfuß

- **Feld »Anzahlung gesamt« (nur Eingangsrechnung)**
  Dieses Feld enthält den Anzahlungsbetrag, der anhand einer Anzahlungsrechnung der Eingangsrechnung zugeordnet wird. Durch Klick auf den Button ... (**Anzahlungen ziehen**) können Sie die Eingangsrechnung mit bereits erstellten *Einkaufsanzahlungsanforderungen*, die auch schon bezahlt wurden, verknüpfen.
- **Feld »Fracht«**
  Dieses Feld enthält die Summe der Zusatzausgaben zu diesem Beleg. Die Eingabe erfolgt nach Klick auf den orangefarbenen Pfeil ⇨, wie in Abbildung 5.11 bei ❸ dargestellt. Danach öffnet sich das Fenster **Frachtkosten** (siehe Abbildung 5.12).

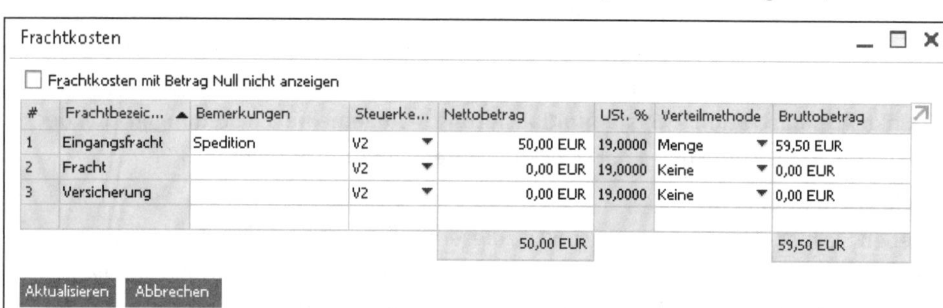

Abbildung 5.12: Eingabe von Fracht

Sie können nun den aktuellen Frachtbetrag für den gesamten Beleg im Feld **Nettobetrag** oder **Bruttobetrag** eingeben. Die verschiedenen Frachtarten, ihre Eigenschaften und die Konten für ihre Buchung in der Finanzbuchhaltung definieren Sie unter **Administration • Definition • Allgemein • Fracht**. Da das Thema auch Implikationen auf das Rechnungswesen und die Bewertung von Artikeln hat, sollte es in Zusammenarbeit mit einem Key-User und gegebenenfalls auch einem Consultant definiert werden.

- **Checkbox und Feld »Rundung«**
  Dieses Feld zeigt die Differenz zwischen dem errechneten und dem gerundeten Betrag an. Generell gibt es in SAP Business One zwei Rundungsmethoden: **Nach Beleg** und **Nach Währung**. Dies können Sie unter **Administration • Systeminitialisierung • Belegeinstellungen** • Registerkarte **Allgemein** festlegen. Eine Rundungsdifferenz im Beleg kann sich nur nach der Rundungsmethode **Nach Währung** ergeben. Klicken Sie auf die Checkbox **Rundung**, um einen Wert manuell einzugeben.
- **Feld »Steuer«**
  Dieses Feld zeigt die Summe der errechneten Umsatzsteuer an. Die Umsatzsteuer in den Belegzeilen errechnet sich aus den zugeordneten USt.-Gruppen.
- **Feld »Fällige Zahlungssumme«**
  Dieses Feld zeigt den Bruttogesamtbetrag des Belegs an. Er errechnet sich folgendermaßen:

  Gesamt vor Rabatt – Rabatt – Anzahlung + Fracht +/– Rundung + Steuer

  Die fällige Zahlungssumme kann manuell geändert werden. Die Differenz zur errechneten fälligen Zahlungssumme wird durch das Feld **Rabatt** ausgeglichen.

Bestellung soll Fixsumme nicht übersteigen

Sie möchten, dass eine Bestellung eine festgelegte Fixsumme nicht übersteigt. Geben Sie diesen Fixbetrag im Feld **Fällige Zahlungssumme** ein.

[zB]

- **Feld »Angewandter Betrag = Bezahlt/Gutgeschrieben« (nur Eingangsrechnung)**
  Dieses Feld zeigt jenen Betrag, der für diese Eingangsrechnung bereits durch eine Ausgangszahlung bezahlt oder durch eine Eingangsgutschrift gutgeschrieben wurde.
- **Feld »Fälliger Saldo« (nur Eingangsrechnung)**
  Dieses Feld zeigt den noch offenen Betrag, den Sie Ihrem Lieferanten schulden. Der Betrag errechnet sich aus der fälligen Zahlungssumme minus dem bezahlten/gutgeschriebenen Betrag.
- **Buttons »Kopieren von«, »Kopieren nach«**
  Die beiden Buttons werden für die Weiterverarbeitung des Belegs benötigt. Die Vorgehensweise zeigen wir ausführlich in Abschnitt 5.4, »Belegkette im Einkauf«.

Nachdem Sie alle Eingaben für den Beleg vorgenommen haben, legen Sie diesen mit einem Klick auf den Button **Hinzufügen** im linken unteren Bereich an.

Die Handhabung der Belegstufe **Ausgangszahlung** als Abschluss der Belegkette im Einkauf ist ein wenig anders als die der Belegstufen **Bestellung** bis **Einkaufsgutschrift**. Die Ausgangszahlung wird in Abschnitt 13.2, »Eingangszahlungen und Ausgangszahlungen«, näher behandelt.

5.3 Wichtige Funktionen im Beleg

Nachdem Sie nun die Bestandteile des Belegfensters detailliert kennengelernt haben, beschäftigen wir uns jetzt mit einer Reihe von Funktionen, die für die Arbeit mit Belegen unabdingbar sind.

5.3.1 Beleg duplizieren

Um einen Beleg zu duplizieren, gehen Sie folgendermaßen vor:

1. Suchen Sie den Beleg, den Sie als Vorlage für das Duplizieren verwenden möchten.
2. Klicken Sie mit der rechten Maustaste auf das Belegfenster, und wählen Sie den Eintrag **Duplizieren** aus dem Kontextmenü aus.
3. Der Beleg wird mit dem aktuellen Datum dupliziert; der Felderblock im linken oberen Bereich, der die Daten des Geschäftspartners enthält, bleibt leer.
4. Wählen Sie den Geschäftspartner aus der Werteliste aus, und bestätigen Sie die Auswahl mit dem Button **Auswählen**, oder geben Sie den **GP-Code** oder den **Namen** ein.
5. Es erscheint die Systemmeldung aus Abbildung 5.13.

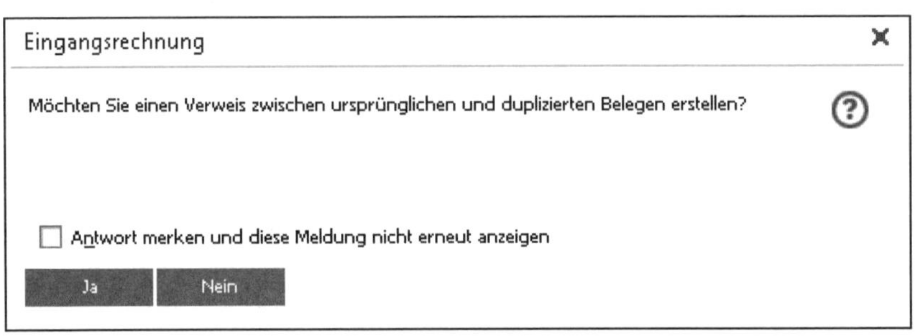

Abbildung 5.13: Verweis zwischen Belegen anlegen

Sie können also einen Verweis zwischen Originalbeleg und Duplikat herstellen. Diesen Verweis können Sie später im **Verknüpfungsplan**, der über das Kontextmenü (Klick mit der rechten Maustaste im Beleg) aufgerufen wird, darstellen. Dazu ist im Verknüpfungsplan die Checkbox **Referenzierte Belege** zu aktivieren.

Wenn Sie die Meldung quittiert haben, erscheint die Meldung aus Abbildung 5.14.

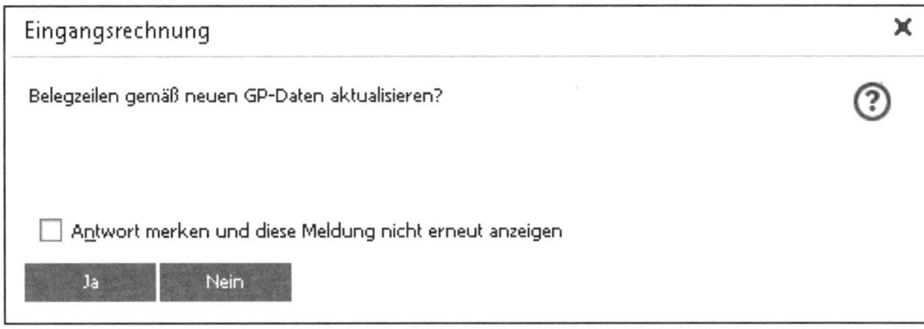

Abbildung 5.14: Beleg duplizieren – Systemmeldung: Belegzeilen aktualisieren?

Ihnen stehen nun zwei Optionen zur Verfügung:

- **Belegzeilen aktualisieren – Button »Ja«**: Verwenden Sie diese Option, wenn Sie möchten, dass die Belegzeilen gemäß den Geschäftspartner-Stammdaten des neu ausgewählten Lieferanten aktualisiert werden. Betroffen sind jene Felder, die als Vorschlagswerte aus den Geschäftspartner-Stammdaten übernommen werden. Beispiele wären **Einkäufer/Vertriebsmitarbeiter**, **Rabatt in %**, **Zahlungsbedingungen** etc.
- **Belegzeilen aktualisieren – Button »Nein«**: Wählen Sie diese Option, wenn Sie möchten, dass alle Daten so bleiben wie in dem Beleg, den Sie als Vorlage zum Duplizieren verwendet haben.

6. Klicken Sie auf den Button **Hinzufügen**, um den Beleg anzulegen.

Die **Duplizieren**-Funktion steht Ihnen übrigens nicht nur in den Belegen, sondern in vielen anderen Bereichen zur Verfügung. Wenn Sie wissen wollen, ob sie gerade aktiv ist, wählen Sie ein bestehendes (gespeichertes) Objekt und dann in der oberen Menüleiste **Daten**. Ist dort die Option **Duplizieren** aktiv, können Sie die Funktion für dieses Objekt nutzen.

5.3.2 Systemmeldung: Änderungen speichern?

Eine gewisse Gewöhnung ist notwendig, wenn im Belegfenster zwischen den verschiedenen Modi gewechselt wird. Wenn Sie z. B. einen bereits angelegten Beleg aufrufen und eine Änderung in einem der Felder vornehmen, ändert sich der Button im linken unteren Bereich von **OK** in **Aktualisieren**. Eine Änderung kann auch sehr rasch unbeabsichtigt geschehen, da der Cursor automatisch in einem Feld positioniert wird, z. B. wenn Sie irrtümlich eine Taste drücken – etwa die Leertaste. Sofort ändert sich der Button. Wenn Sie nun in einen anderen Modus wechseln – also in den **Hinzufügen**- oder **Suchen**-Modus – oder einfach nur zum nächsten Datensatz weiterblättern, erhalten Sie eine Hinweismeldung (siehe Abbildung 5.15).

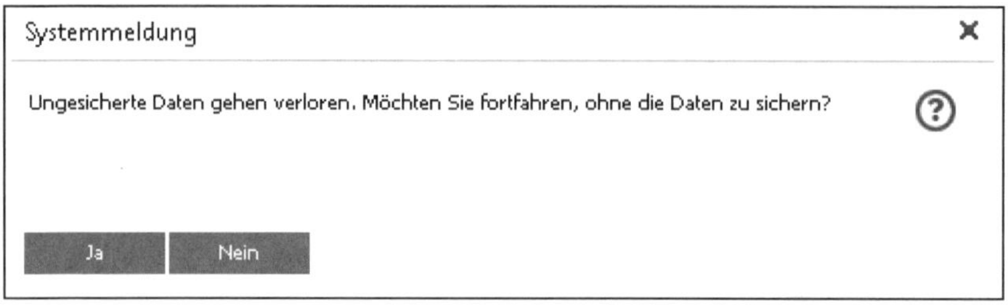

Abbildung 5.15: Hinweismeldung – Fortfahren, ohne Daten zu sichern?

Diese Systemmeldung ist vergleichbar mit einem Microsoft-Office-Dokument, in dem Sie etwas ändern und es dann schließen möchten. Mit dem Button **OK** bestätigen Sie, dass alle Änderungen in dem Beleg verworfen werden, mit dem Button **Abbrechen** kehren Sie zum unverändert gebliebenen Belegfenster zurück.

Sehr ähnlich ist in diesem Zusammenhang der Fall, in dem Sie das Belegfenster schließen möchten oder mit der Esc-Taste beenden. Falls Sie Änderungen vorgenommen haben, erhalten Sie eine Hinweismeldung wie in Abbildung 5.16.

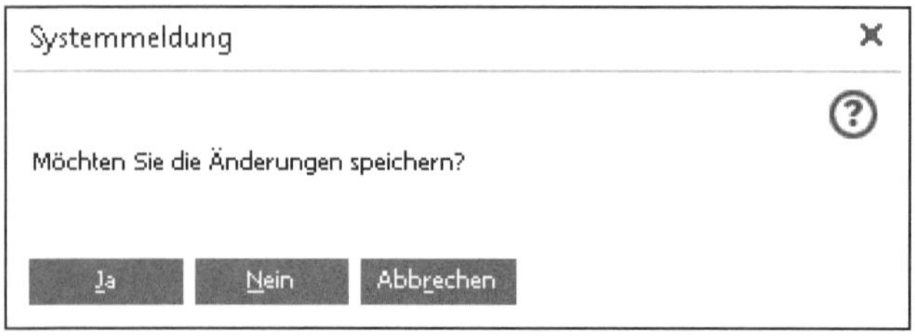

Abbildung 5.16: Bestellung – Änderungen speichern?

Mit dem Button **Ja** speichern Sie die Änderungen, mit dem Button **Nein** verwerfen Sie sie. Mit dem Button **Abbrechen** kehren Sie ohne Speichern zum Belegfenster zurück.

5.3.3 Raster maximieren

SAP Business One bietet eine Funktion, die den Umgang mit vielen Zeilen in einem Fenster mithilfe eines Rasters bzw. einer Tabellenstruktur wesentlich vereinfacht. Als Beispiel verwenden wir eine Bestellung, die so viele Artikelzeilen hat, dass diese nicht mehr auf einen Blick angezeigt werden können (siehe Abbildung 5.17).

Klicken Sie in der rechten oberen Ecke des Rasters auf den Button (**Raster maximieren**, siehe in Abbildung 5.17), um das Raster auf die maximale Fenstergröße zu erweitern. Damit haben Sie unter anderem die Möglichkeit, Belege mit sehr vielen Artikelzeilen bequem zu bearbeiten. Klicken Sie abschließend auf den Button (**Raster wiederherstellen**), um wieder zum ursprünglichen Zustand des Fensters zurückzukehren. Alternativ dazu können Sie das Raster maximieren bzw. wiederherstellen, indem Sie mit der rechten Maustaste auf das Fenster klicken und den Eintrag **Raster maximieren/wiederherstellen** aus dem Kontextmenü wählen. Diese Funktion finden Sie nun in sehr vielen Fenstern innerhalb von SAP Business One, die ein Raster bzw. eine Tabellenstruktur enthalten.

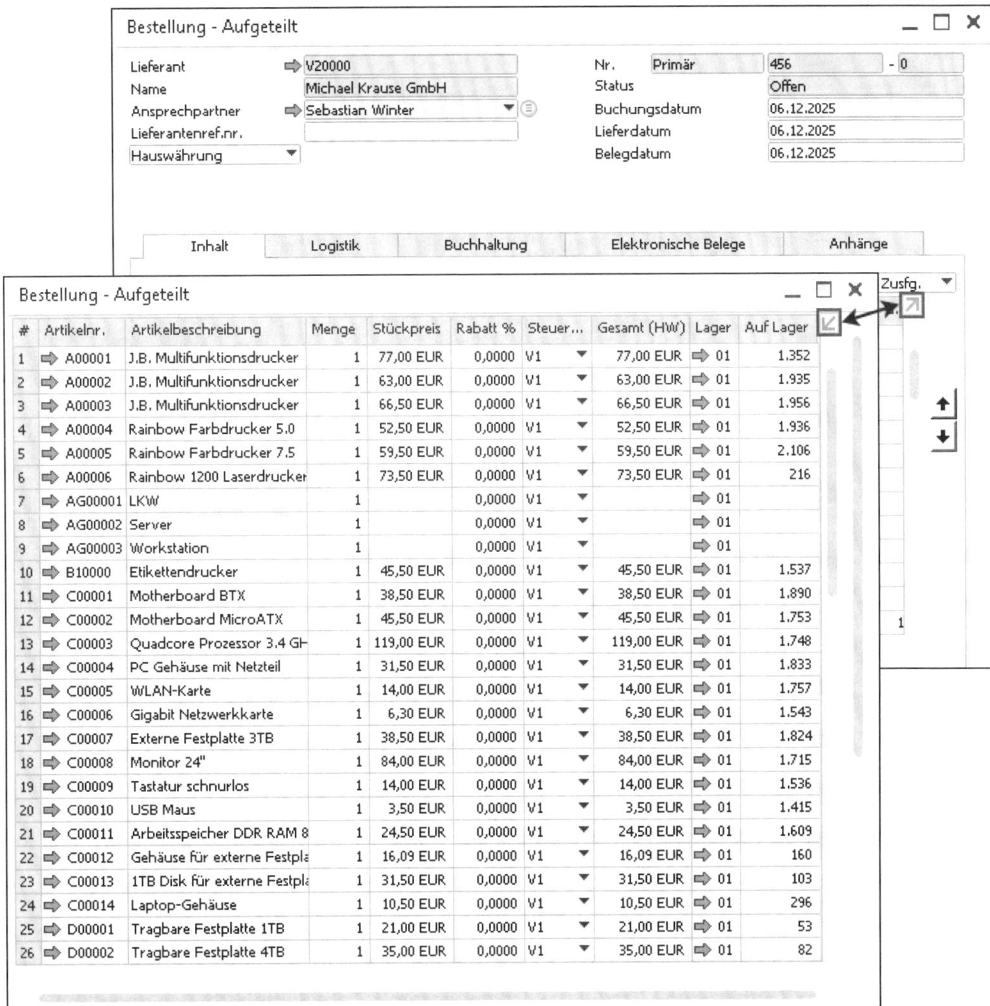

Abbildung 5.17: Fenster »Bestellung« mit maximiertem Raster

5.3.4 Belegzeilen in Microsoft Excel kopieren und in SAP Business One wieder einfügen

Eine weitere sehr mächtige Funktion, die das Bearbeiten vieler Belegzeilen unterstützt, ist das Kopieren von Belegzeilen zwischen SAP Business One und Microsoft Excel. Abbildung 5.18 zeigt eine Bestellung, die aus einer Reihe von Artikelzeilen besteht.

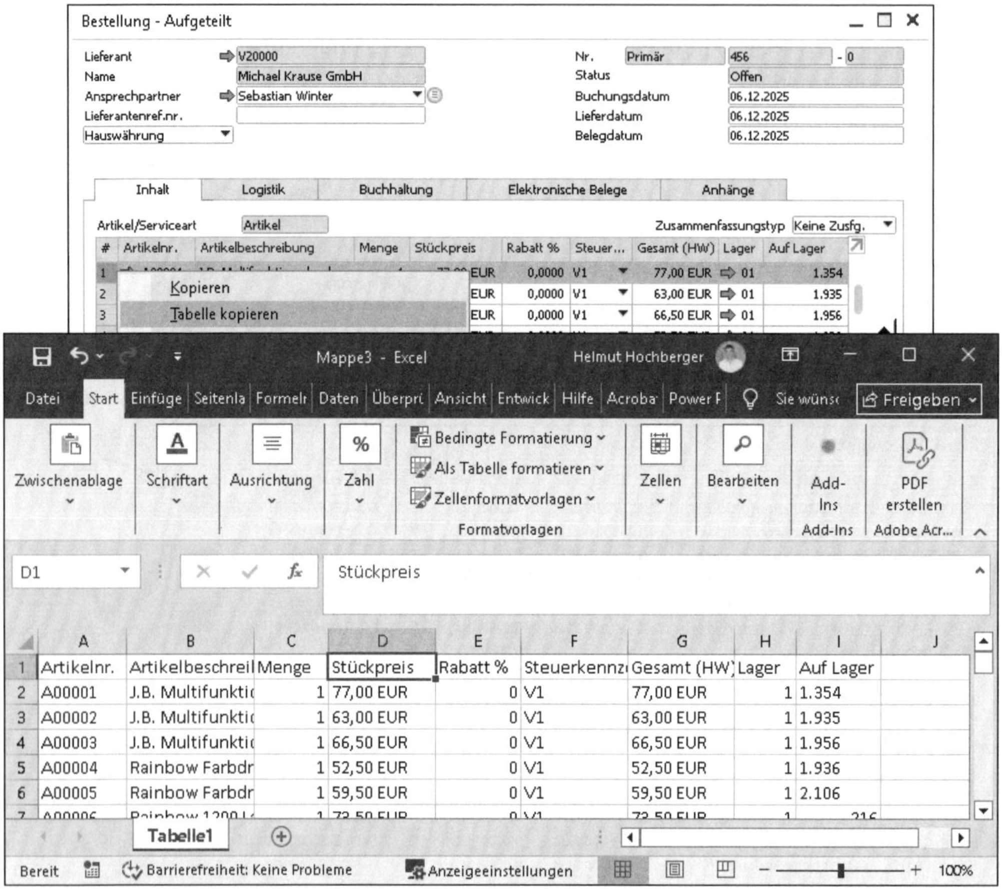

Abbildung 5.18: Fenster »Bestellung« – Belegzeilen nach Microsoft Excel kopieren

Um diese Belegzeilen aus der Bestellung nach Microsoft Excel zu kopieren, gehen Sie folgendermaßen vor:

1. Setzen Sie den Cursor in ein beliebiges Feld innerhalb der Belegzeilen.
2. Klicken Sie mit der rechten Maustaste, und wählen Sie den Eintrag **Tabelle kopieren** aus dem Kontextmenü. Dadurch wird der gesamte Tabelleninhalt (also der Inhalt aller eingeblendeten Spalten) in die Zwischenablage kopiert.
3. Wechseln Sie nun zu Microsoft Excel, und fügen Sie den Inhalt der Zwischenablage mithilfe der rechten Maustaste und des Eintrags **Einfügen** aus dem Kontextmenü oder mithilfe der Tastenkombination [Strg]+[V] ein (siehe die Belegzeilen im Fenster **Bestellung** und in Microsoft Excel in Abbildung 5.18). Es werden nicht nur die Belegzeilen, sondern auch die entsprechenden Überschriften mitkopiert; das erleichtert die weitere Bearbeitung in Excel.

Alternativ könnten Sie auch den Button (**Microsoft Excel**) in der oberen Menüleiste verwenden. Dies führt zum gleichen Ergebnis, bietet aber etwas mehr Komfort, da es das Trennen von Beträgen und ihren Währungssymbolen erlaubt (siehe Abbildung 5.19).

Abbildung 5.19: Excel-Export – Währungen exportieren

Es steht auch der umgekehrte Weg zur Verfügung: Belegzeilen sollen von Microsoft Excel nach SAP Business One kopiert werden (siehe Abbildung 5.20).

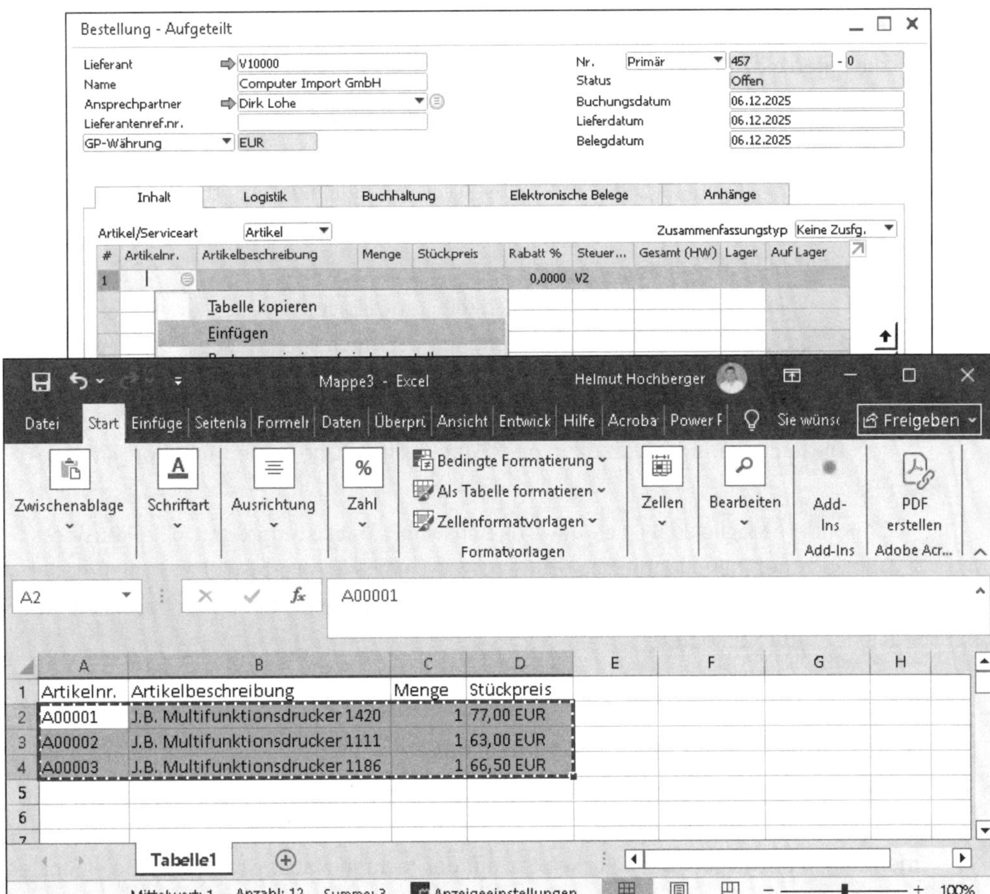

Abbildung 5.20: Daten aus Microsoft Excel in eine Bestellung kopieren

Um Daten nach SAP Business One zu kopieren, gehen Sie folgendermaßen vor:

1. Pflegen Sie die gewünschten Daten zunächst in Microsoft Excel ein. Um etwa eine Artikelzeile in einen Einkaufs- oder Verkaufsbeleg zu übertragen, reichen die Artikelnummer oder die Artikelbeschreibung, die Menge und gegebenenfalls der Stückpreis, wenn nicht der Listenpreis verwendet werden soll (siehe Abbildung 5.20). Die restlichen Daten werden im Beleg von SAP Business One automatisch ergänzt.
2. Markieren Sie die eingegebenen Daten in Microsoft Excel. Dies geht sehr einfach, indem Sie eine Zelle innerhalb der Datentabelle markieren und die Tastenkombination `Strg`+`A` verwenden.
3. Kopieren Sie die Daten aus Microsoft Excel. Klicken Sie dazu mit der rechten Maustaste auf die Daten, und wählen Sie den Eintrag **Kopieren** aus dem Kontextmenü, oder wählen Sie die Tastenkombination `Strg`+`C`.
4. Wechseln Sie zu SAP Business One, und klicken Sie mit der rechten Maustaste im Fenster **Bestellung** auf die erste Spalte der ersten Belegzeile, und wählen Sie den Eintrag **Einfügen** aus dem Kontextmenü. Alternativ dazu platzieren Sie den Cursor in der ersten Spalte der ersten Belegzeile und wählen die Tastenkombination `Strg`+`V`, um die Daten einzufügen.

[+]

Kopieren von Belegzeilen

Das Kopieren von Belegzeilen eröffnet sehr viele Möglichkeiten. Vor allem für Unternehmen, die eine große Anzahl von Belegen bearbeiten müssen, stehen hier viele Optionen zur Verfügung:

Zum Beispiel haben Sie nun die Möglichkeit, ganze Excel-Vorlagen zur Verfügung zu stellen, die den Prozess der Belegerstellung wesentlich vereinfachen. Durch die Flexibilität und die Berechnungsmöglichkeiten von Microsoft Excel lassen sich z. B. sehr lange Angebote wesentlich einfacher kalkulieren und auch mehrere Varianten anlegen. Die letzte Variante wird dann nach SAP Business One kopiert und dort hinzugefügt.

Eine andere Möglichkeit ist es, die Artikelauswahl samt Listenpreisen in SAP Business One vorzunehmen, dann diese Grundauswahl nach Microsoft Excel zu kopieren, die erforderlichen Anpassungen vorzunehmen und die geänderten Daten abschließend wieder zurückzukopieren.

5.3.5 Eingangs- und Abschlussbemerkungen

Neben den Textzeilen und der Verwendung vordefinierter Textbausteine bietet SAP Business One im Belegfenster die Möglichkeit, beliebigen Text als **Eingangs**- und **Abschlussbemerkungen** anzulegen. Dazu klicken Sie mit der rechten Maustaste auf das Belegfenster und wählen den Eintrag **Eingangs- und Abschlussbemerkungen** aus dem Kontextmenü aus. Es öffnet sich das Fenster **Eingangs- und Abschlussbemerkungen** (siehe Abbildung 5.21), in dem Sie den oberen Bereich für die Eingangs- und den unteren Bereich für die Abschlussbemerkungen verwenden können.

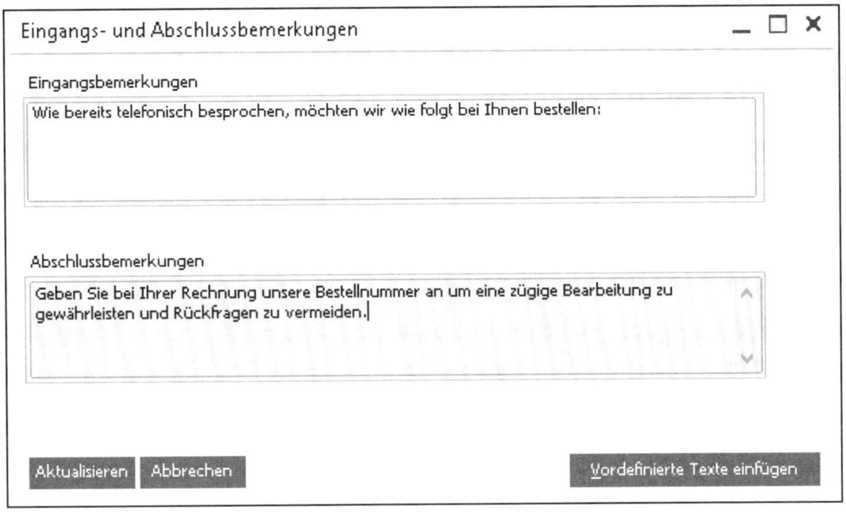

Abbildung 5.21: Bestellung – Eingangs- und Abschlussbemerkungen einfügen

Klicken Sie mit der linken Maustaste in das gewünschte Feld, um den Cursor dort zu positionieren. Geben Sie dann den gewünschten Text ein, oder klicken Sie auf den Button **Vordefinierte Texte einfügen**, um einen Textbaustein in das Feld zu kopieren. Die Vorgehensweise ist die gleiche wie bei den Zeilentexten (siehe Abschnitt 5.2.2, »Belegmitte«).

Bestätigen Sie die Texteingabe mit dem Button **Aktualisieren**, und schließen Sie das Fenster mit dem Button **OK**.

5.3.6 Aktivitäten zum Beleg

Wie bereits in Abschnitt 4.5, »Aktivitäten«, erläutert, haben Sie die Möglichkeit, einem Beleg beliebig viele Aktivitäten hinzuzufügen und abzurufen. Um eine Aktivität an einen Beleg anzuhängen, klicken Sie mit der rechten Maustaste auf das Belegfenster und wählen den Eintrag **Neue Aktivität** (siehe ❶ in Abbildung 5.22).

Es öffnet sich das Fenster **Aktivität** ❷. Die Daten des Belegs, zu dem die Aktivität angelegt wird, werden auf der Registerkarte **Verknüpfter Beleg** vorbesetzt. Im Beispiel werden die Belegart **Bestellungen** und die Belegnummer 457 ❸ automatisch in die Aktivität eingefügt ❹.

Eine Übersicht über alle Aktivitäten, die an einem Beleg hängen, erhalten Sie, indem Sie mit der rechten Maustaste auf das Belegfenster klicken und den Eintrag **Aktivitätenüber-**

sicht wählen. Mit dem orangefarbenen Pfeil ⇨ in der ersten Spalte verzweigen Sie aus der **Aktivitätenübersicht** in die einzelne Aktivität.

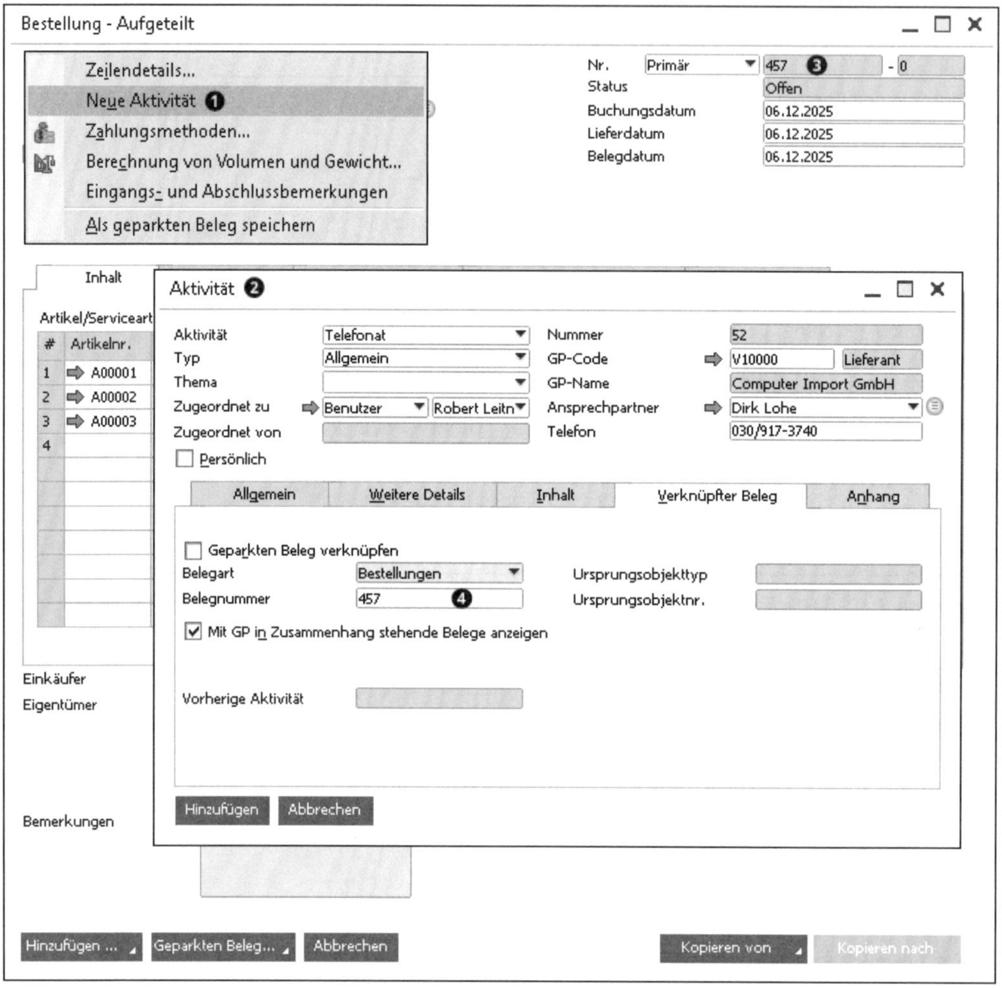

Abbildung 5.22: Fenster »Bestellung« – Aktivität anlegen

5.3.7 Berechnung von Volumen und Gewicht

Eine weitere sehr nützliche Belegfunktion ist die Berechnung von Volumen und Gewicht des gesamten Belegs. Gerade für den Transport oder die Einlagerung der Ware ist dies besonders wertvoll. Um die Funktion aufzurufen, klicken Sie mit der rechten Maustaste auf das Belegfenster und wählen den Eintrag **Berechnung von Volumen und Gewicht...** aus dem Kontextmenü aus, oder Sie klicken auf den Button (**Berechnung von Volumen und Gewicht**) in der Symbolleiste.

Es wird das gleichnamige Fenster geöffnet, in dem alle Belegzeilen mit **Menge**, **Volumen** und **Gewicht** angezeigt werden (siehe Abbildung 5.23).

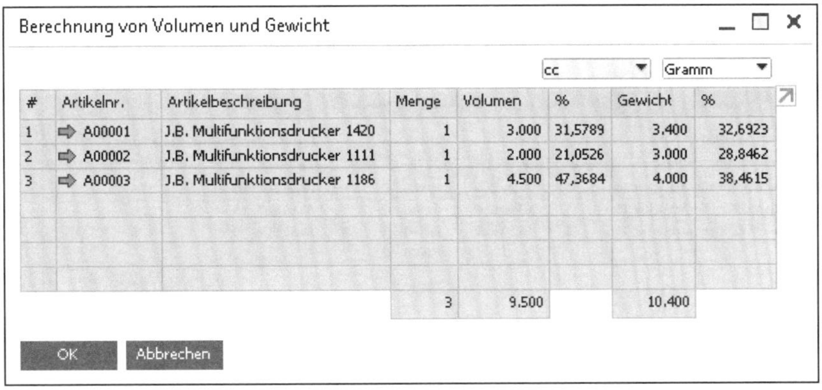

Abbildung 5.23: Fenster »Bestellung« – Volumen und Gewicht berechnen

Die Berechnungsfunktion bezieht die Daten, die das Gewicht und die Abmessungen der einzelnen Belegzeilen betreffen, aus den **Artikelstammdaten** – im Fall von Einkaufsbelegen aus der Registerkarte **Einkauf**, im Fall von Verkaufsbelegen aus der Registerkarte **Verkauf**. Im rechten oberen Bereich des Fensters gibt es zwei Dropdown-Felder, mit denen Sie die Maßeinheit zu **Volumen** und **Gewicht** verändern können.

5.3.8 Geparkter Beleg

SAP Business One bietet eine spezielle Funktion für den Fall, dass Sie die Erstellung eines Belegs unterbrechen und zu einem anderen Zeitpunkt an dieser Stelle fortsetzen möchten. In diesem Fall handelt es sich um einen *geparkten Beleg*, was bedeutet, dass Sie den Beleg sprichwörtlich an die Seite legen und ihn so lange parken, bis Sie die Arbeit an diesem Beleg fortsetzen (können). Grundsätzlich können Sie jeden Beleg in SAP Business One parken und wieder aufrufen. Um einen Beleg zu parken, erstellen Sie einen neuen Beleg, fügen ihn aber noch nicht hinzu. Anschließend klicken Sie mit der rechten Maustaste auf die Bestellung und wählen den Eintrag **Als geparkten Beleg speichern** aus dem Kontextmenü aus, wie in Abbildung 5.24 dargestellt.

Alternativ steht Ihnen auch der Button **Geparkten Beleg…** am unteren Bildrand zur Verfügung.

Nachdem Sie den Befehl gewählt haben, verschwindet der ausgewählte Beleg, und Sie erhalten ein leeres Belegfenster im **Hinzufügen**-Modus. Über **Einkauf • Einkaufsberichte • Geparkte Belege** können Sie einen geparkten Beleg wieder aufrufen. Es öffnet sich das Fenster **Geparkte Belege – Auswahlkriterien** (siehe Abbildung 5.25).

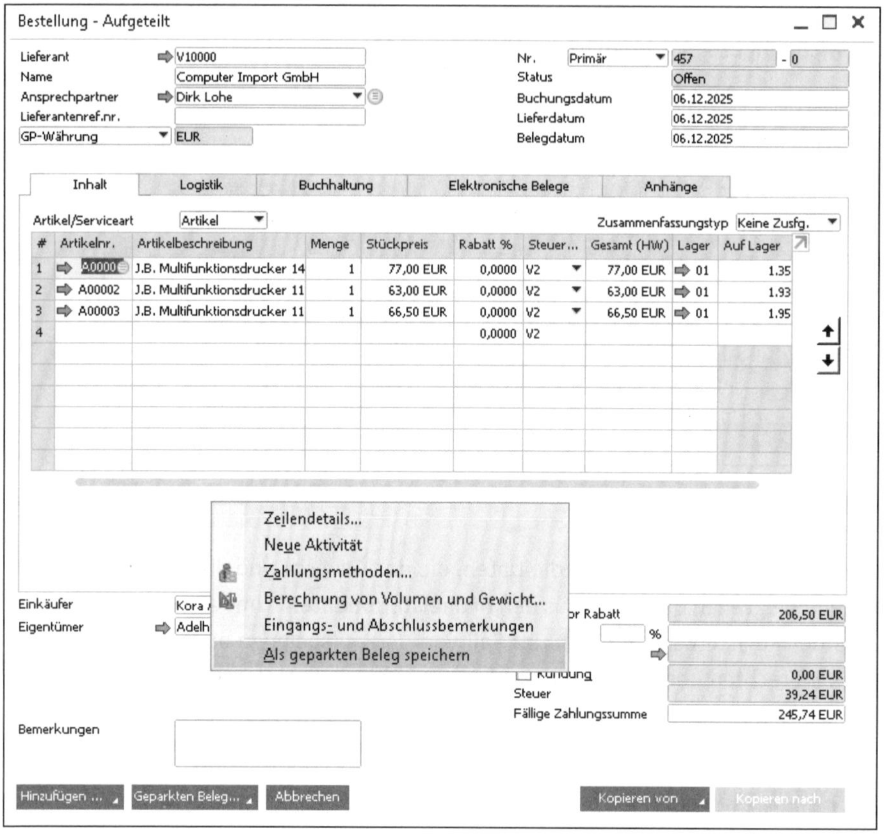

Abbildung 5.24: Fenster »Bestellung« – Eintrag »Als geparkten Beleg speichern«

Abbildung 5.25: Auswahlkriterien für geparkte Belege

Hier können Sie die geparkten Belege einschränken nach dem **Benutzer**, der diesen Beleg geparkt hat, nach **Datum**, nach **Belegart** und nach **Status** (**Nur offene**). Bestätigen Sie dies mit dem Button **OK**, und Sie erhalten eine Liste der entsprechend den Auswahlkriterien infrage kommenden Belege (siehe Abbildung 5.26). Klicken Sie doppelt auf die gewünschte Zeile mit dem geparkten Beleg, und dieser wird wieder aufgerufen. Sie haben nun die Möglichkeit, diesen Beleg weiterzubearbeiten und hinzuzufügen oder ihn nochmals als geparkten Beleg zu speichern.

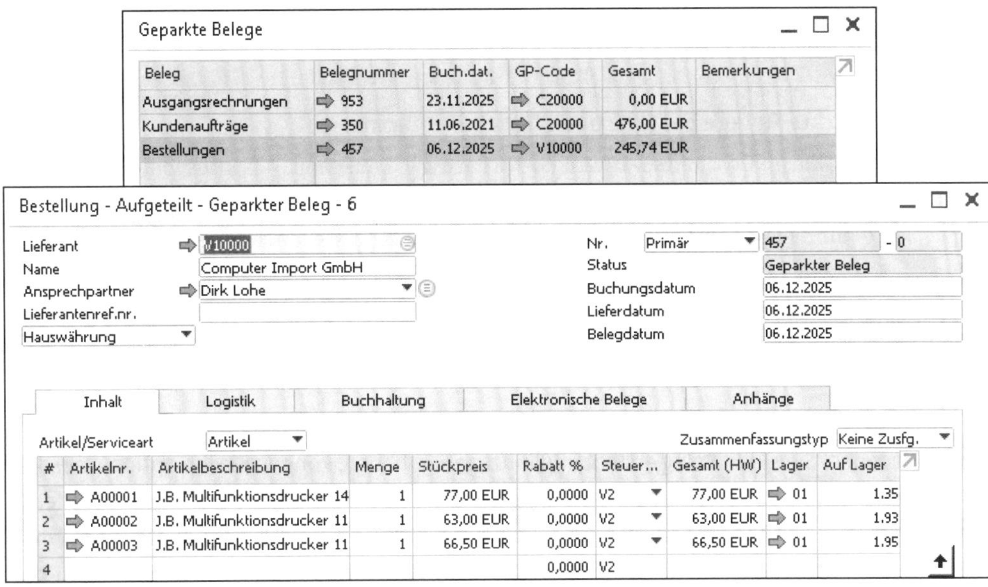

Abbildung 5.26: Fenster »Bestellung« – geparkten Beleg wieder aufrufen

Geparkten Beleg hinzufügen

Falls Sie einen geparkten Beleg hinzufügen, bleibt dieser Beleg dennoch in der Liste der geparkten Belege, er ist jedoch nicht mehr offen! Diese Tatsache bietet Ihnen die Möglichkeit, Belegvorlagen zu erstellen und mit diesen Ihre Belegerstellung effizienter zu gestalten. Der Beleg bleibt so lange in der Liste, bis Sie ihn in der Liste der geparkten Belege (siehe Abbildung 5.26) mit der rechten Maustaste anklicken und im Kontextmenü die Option **Entfernen** wählen.

Ähnliche Bestellvorgänge effizienter abwickeln

Sie haben in Ihrem Einkaufsprozess eine Menge von Bestellungen, die sich sehr stark ähneln und immer wieder wiederholen, jedoch keine zeitlichen Regelmäßigkeiten aufweisen (würden sie sich regelmäßig wiederholen, wäre die Option **Einkauf • Wiederkehrende Transaktionen** eine gute Alternative). Um den Bestellvorgang hier effizienter zu gestalten, bieten sich zwei Möglichkeiten an:

- Sie duplizieren diese Bestellungen jeweils.
- Sie speichern eine dieser Bestellungen als geparkten Beleg und schaffen sich somit eine Vorlage, die Sie immer wieder aufrufen, ändern und hinzufügen können.

SAP Business One bietet auch die Möglichkeit, geparkte Belege zu drucken. Dazu rufen Sie das Übersichtsfenster **Geparkter Beleg** auf (siehe das Fenster rechts oben in Abbildung 5.26), markieren den gewünschten Beleg und klicken auf den Button (**Druckvorschau...**) bzw. (**Drucken**).

[+]

Geparkte Belege bei inaktiven Geschäftspartnern

Bei inaktiven Geschäftspartnern (siehe dazu auch Abschnitt 4.3, »Geschäftspartner«, **Geschäftspartner-Stammdaten** • Registerkarte **Allgemein**, Option **Inaktiv**) haben Sie nur die Möglichkeit, einen geparkten Beleg zu erstellen, können jedoch keinen Beleg hinzufügen. SAP Business One macht Sie auf diesen Umstand mit einer Hinweismeldung aufmerksam.

5.3.9 Belegdruck

Nachdem Sie einen Beleg erstellt und hinzugefügt haben, können Sie ihn optional ausdrucken, um ihn zu versenden. Über den Button (**Druckvorschau...**) in der Symbolleiste ganz links können Sie sich den Beleg in einer Druckvorschau vor dem Ausdruck auf dem Bildschirm ansehen. Mit dem Button (**Drucken**) wird der Beleg automatisch an den Standarddrucker gesendet. Wählen Sie den Eintrag **Drucken** im Menü **Datei**, und Sie gelangen zum klassischen Microsoft-Windows-Druckdialogfenster, in dem Sie z. B. den Drucker auswählen und die Anzahl der Ausdrucke festlegen können (siehe Abbildung 5.27).

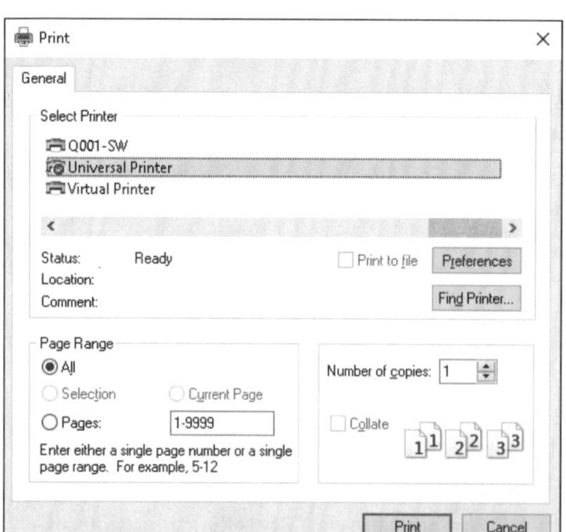

Abbildung 5.27: Druckdialogfenster für Belegdruck

Beide Funktionen (**Druckvorschau** und **Drucken**) sind unabhängig davon möglich, ob der Beleg bereits hinzugefügt wurde oder nicht. Unter **Administration • Systeminitialisierung • Druckeinstellungen** haben Sie die Möglichkeit, eine Reihe von Druckeinstellungen vorzunehmen – sowohl allgemeiner Natur als auch für jeden Beleg individuell.

5.3.10 Sammelbelegdruck

In SAP Business One lassen sich darüber hinaus Belege gesammelt ausdrucken. Öffnen Sie das Fenster **Belegdruck – Auswahlkriterien** über **Einkauf • Belegdruck** (siehe Abbildung 5.28).

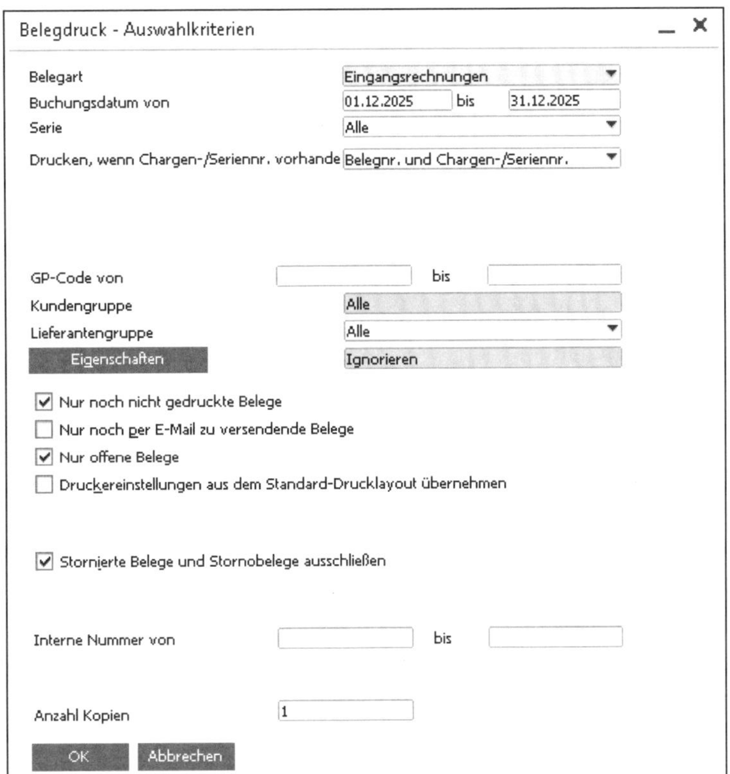

Abbildung 5.28: Fenster »Belegdruck – Auswahlkriterien«

Um einen Sammelbelegdruck durchzuführen, gehen Sie folgendermaßen vor (siehe Abbildung 5.28):

1. **Feld »Belegart«**
   Wählen Sie eine Belegart aus der Werteliste aus. Je nach Belegart sind die folgenden Felder teilweise anders ausgestaltet – in unserem Beispiel wurde die Option **Eingangsrechnungen** gewählt, um die Maximalzahl der Felder anzuzeigen.

2. **Felder »Buchungsdatum von« und »bis«**
   Geben Sie hier einen Zeitraum für das Buchungsdatum an. In der Regel entspricht dieses Datum dem Belegdatum.
3. **Feld »Serie«**
   Wählen Sie eine Belegnummernserie aus der Werteliste aus.
4. **Feld »Drucken, wenn Chargen-/Seriennr. vorhanden«**
   Wählen Sie aus, ob bzw. wie eine im Beleg vorhandene Chargen- bzw. Seriennummer gedruckt werden soll. Die folgenden Optionen stehen zur Verfügung:
   - **Belegnr. und Chargen-/Seriennr.**
   - **Nur Beleg**
   - **Nur Chargen-/Seriennr.**

   Dieses Feld hat historische Bedeutung, da in früheren Versionen die Chargen- und Seriennummern nur schwer in den Belegdruck integriert werden konnten. Sie wurden daher in der Regel in einem Beiblatt ausgedruckt. Diese Lösung hat keine erkennbare praktische Relevanz mehr.
5. **Felder »GP-Code von« und »Kundengruppe« und »Lieferantengruppe« sowie Button »Eigenschaften«**
   Mit diesen Feldern filtern Sie die Belege nach Geschäftspartner, Kundengruppe, Lieferantengruppe oder Eigenschaften.
6. **Checkbox »Nur noch nicht gedruckte Belege«**
   Aktivieren Sie diese Checkbox, wenn Sie die Belege drucken möchten, die noch nicht an einen Drucker geschickt wurden.
7. **Checkbox »Nur noch per E-Mail zu versendende Belege«**
   Aktivieren Sie diese Checkbox, wenn Sie die Belege drucken möchten, die noch nicht per E-Mail versendet wurden.
8. **Checkbox »Nur offene Belege«**
   Markieren Sie diese Checkbox, wenn Sie nur offene Belege drucken möchten. Offene Belege sind Belege, die weder in einem Folgebeleg weiterverarbeitet noch manuell storniert bzw. abgeschlossen wurden.
9. **Checkbox »Druckereinstellungen aus dem Standard-Drucklayout übernehmen«**
   Mit dieser Option werden alle Einstellungen, die den Druck selbst betreffen, direkt aus dem Standardlayout übernommen. Das bedeutet, die Einstellungen kommen aus dem Print Layout Designer oder aus SAP Crystal Reports. Das im Sammelbelegdruck gedruckte Layout entspricht jenem Drucklayout, das dem Benutzer bzw. dem Geschäftspartner zugeordnet wurde.
10. **Checkbox »Stornierte Belege und Stornobelege ausschließen«**
    Diese Checkbox ist standardmäßig markiert. Damit werden alle Belege, die storniert wurden, und die dazugehörigen Stornobelege nicht gedruckt.

11. **Felder »Interne Nummer von« und »bis«**
    Geben Sie hier einen Bereich von Belegnummern an, die Sie drucken möchten.
12. **Feld »Anzahl Kopien«**
    Geben Sie die Anzahl der Kopien pro Beleg an. Bestätigen Sie Ihre Auswahl mit dem Button **OK**.

Beachten Sie, dass der Sammelbelegdruck bei einer großen Zahl von Belegen und aufwendig gestalteten Drucklayouts längere Zeit in Anspruch nehmen kann. In dieser Zeit ist Ihr Arbeitsplatz hinsichtlich SAP Business One nicht verfügbar. Am linken unteren Rand zeigt ein Fortschrittsbalken an, wie weit der Druck schon vorangeschritten ist.

5.3.11 Sammelversand von E-Mails

Sie haben auch die Möglichkeit, einen Sammelversand von E-Mails an beliebig viele Ansprechpartner vorzunehmen. Das folgende Beispiel illustriert eine Sammel-E-Mail von offenen Bestellungen an die in der Bestellung ausgewählten Ansprechpartner:

1. Öffnen Sie das Fenster **Belegdruck**, z. B. über das Modul **Einkauf**.
2. Wählen Sie die Belegart **Bestellungen**, und markieren Sie die Optionen **Nur noch nicht gedruckte Belege**, **Nur offene Belege** und **Druckeinstellungen aus dem Standard-Drucklayout übernehmen**. Letztere Option verwendet das Standardlayout, das auch für den Belegdruck für diesen Benutzer und diesen Geschäftspartner voreingestellt ist. Grenzen Sie darüber hinaus nach **Buchungsdatum** oder über die **Interne Nummer** (= Belegnummer) ein, und bestätigen Sie mit dem Button **OK**. SAP Business One zeigt Ihnen daraufhin alle offenen Bestellungen gemäß Ihren Einschränkungen (siehe Abbildung 5.29).

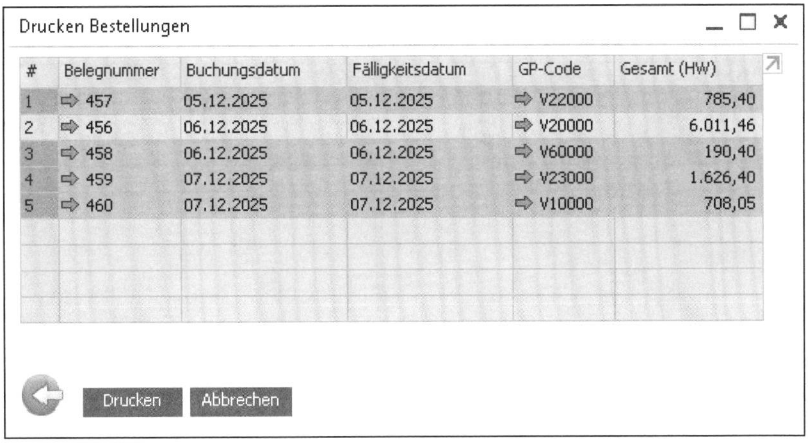

#	Belegnummer	Buchungsdatum	Fälligkeitsdatum	GP-Code	Gesamt (HW)
1	457	05.12.2025	05.12.2025	V22000	785,40
2	456	06.12.2025	06.12.2025	V20000	6.011,46
3	458	06.12.2025	06.12.2025	V60000	190,40
4	459	07.12.2025	07.12.2025	V23000	1.626,40
5	460	07.12.2025	07.12.2025	V10000	708,05

Abbildung 5.29: Fenster »Belegdruck«: offene Bestellungen, die für den E-Mail-Versand ausgewählt wurden

3. Markieren Sie nun jene Bestellungen, die per E-Mail versendet werden sollen, und bestätigen Sie nicht (!) mit dem Button **Drucken**, sondern mit dem Button (**SAP Business One Mailer**) in der Symbolleiste, mit dem Sie üblicherweise eine E-Mail aus SAP Business One versenden.
4. Im nun geöffneten Fenster **E-Mail-Optionen** haben Sie die Möglichkeit, eine E-Mail-Gruppe zu verwenden. Dazu markieren Sie die Checkbox **E-Mail-Gruppe verwenden** und wählen die gewünschte E-Mail-Gruppe aus der Dropdown-Liste (siehe Abbildung 5.30). Bestätigen Sie abschließend mit dem Button **OK**.

Abbildung 5.30: Fenster »E-Mail-Optionen« – Verwendung einer E-Mail-Gruppe bestätigen

Die E-Mail-Gruppe haben Sie bereits beim Anlegen eines Geschäftspartners samt Ansprechpartner in Abschnitt 4.3, »Geschäftspartner«, kennengelernt. Jeder Ansprechpartner, dem die E-Mail-Gruppe **Einkauf** zugewiesen wurde, wird als Empfänger für den Sammelversand von E-Mails ausgewählt. Wenn Sie die E-Mail-Gruppe nicht verwenden, sind die im Beleg ausgewählten Ansprechpartner auch die E-Mail-Empfänger.

5. Als Ergebnis erhalten Sie eine E-Mail-Empfängerliste mit allen Ansprechpartnern, die der E-Mail-Gruppe **Verkauf** zugeordnet sind (siehe Abbildung 5.31).

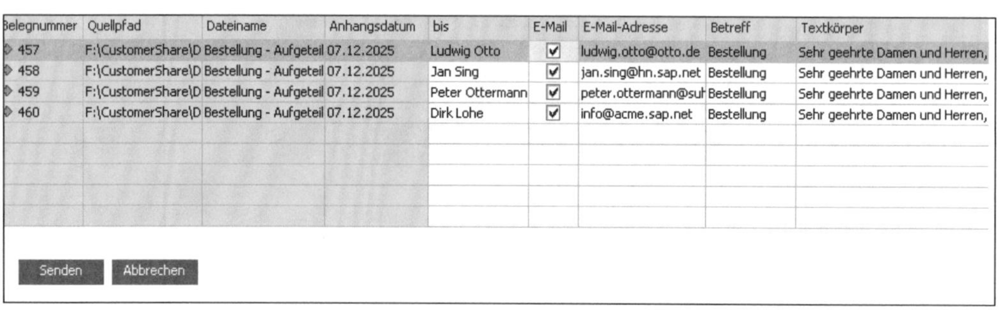

Belegnummer	Quellpfad	Dateiname	Anhangsdatum	bis	E-Mail	E-Mail-Adresse	Betreff	Textkörper
457	F:\CustomerShare\D	Bestellung - Aufgeteil	07.12.2025	Ludwig Otto	☑	ludwig.otto@otto.de	Bestellung	Sehr geehrte Damen und Herren,
458	F:\CustomerShare\D	Bestellung - Aufgeteil	07.12.2025	Jan Sing	☑	jan.sing@hn.sap.net	Bestellung	Sehr geehrte Damen und Herren,
459	F:\CustomerShare\D	Bestellung - Aufgeteil	07.12.2025	Peter Ottermann	☑	peter.ottermann@sul	Bestellung	Sehr geehrte Damen und Herren,
460	F:\CustomerShare\D	Bestellung - Aufgeteil	07.12.2025	Dirk Lohe	☑	info@acme.sap.net	Bestellung	Sehr geehrte Damen und Herren,

Senden Abbrechen

Abbildung 5.31: E-Mail-Empfängerliste aus dem Fenster »Belegdruck«

Die Spalten **Belegnummer**, **Quellpfad**, **Dateiname** und **Anhangsdatum** sind fix vorgegeben und können an dieser Stelle nicht mehr verändert werden. Die Felder **Anspr.** (= Name des Ansprechpartners), **E-Mail-Adresse**, **Betreff** und **Textkörper** können bei jedem E-Mail-Empfänger verändert werden. Markieren Sie die Checkbox in der Spalte

E-Mail bei jenem Ansprechpartner, der eine E-Mail erhalten soll. Standardmäßig ist diese Checkbox aktiviert. Unter **Administration • Systeminitialisierung • E-Mail-Einstellungen** haben Sie die Möglichkeit, Betreff und Textkörper allgemein zu definieren. Diese Texte werden als Vorschlagstext in den Sammelversand übernommen.

6. Klicken Sie abschließend auf den Button **Senden**, um den Sammelversand der E-Mails über den SAP Business One Mailer zu starten.

Alternativ zum SAP-Business-One-Mailer kann je nach Einstellung auch über Microsoft Outlook versendet werden. Dies ist jedoch ein weiterführendes Thema, das Sie am besten mit Ihrem Consultant besprechen.

5.3.12 Export im PDF-Format

Sie haben außerdem die Möglichkeit, Ihren Beleg als PDF-Datei zu exportieren. PDF ist ein frei verfügbares Dokumentenformat, das sehr weit verbreitet ist. Ein Vorteil dieses Formats ist es, dass der Empfänger des Dokuments den Inhalt im Allgemeinen nicht verändern kann. Dadurch lassen sich auch kritische Dokumente sehr einfach elektronisch per E-Mail verschicken. Um einen Beleg als PDF-Dokument zu exportieren, öffnen Sie den gewünschten Beleg und klicken auf den Button PDF (**PDF**) in der Symbolleiste. Diese Option hat allerdings kaum noch Relevanz, da Belege, die Sie aus SAP heraus über die Funktion (**SAP Business One Mailer**) versenden, ohnedies als PDF an die Mail gehängt werden.

5.3.13 Export als Microsoft-Word-Dokument

Neben dem PDF-Export haben Sie in SAP Business One die Möglichkeit, Belege als Microsoft-Word-Dokument zu exportieren.

Öffnen Sie den gewünschten Beleg und klicken Sie in der Symbolleiste auf den Button W (**Microsoft Word**). Diese Funktion ist ein Überbleibsel aus alten Versionen des *Print Layout Designers* (PLD) und wird heute kaum noch genutzt. Eine nachträgliche Bearbeitung von Belegen in Word ist aus Compliance-Gründen rechtlich bedenklich. Das gilt insbesondere für Lieferscheine, Rechnungen und Gutschriften, da diese Buchungen in der Finanzbuchhaltung auslösen.

SAP Business One bietet neben der Exportmöglichkeit als PDF- und Microsoft-Word-Dokument zusätzliche Optionen für den Belegexport an (siehe Abbildung 5.32).

Gehen Sie in das Menü **Datei • Exportieren • Layout nach**, und wählen Sie die gewünschte Exportmöglichkeit aus. Die folgenden Exportoptionen stehen – zusätzlich zu den bereits beschriebenen Optionen – zur Verfügung:

- **Option »PDF«**
  Exportiert den Beleg in ein PDF-Dokument.
- **Option »Text«**
  Diese Option exportiert den Beleg als Textdatei mit den bestehenden Formatierungen.

- **Option »Unformatierter Text«**
  Diese Option exportiert den Beleg als Textdatei ohne die bestehenden Formatierungen.
- **Option »Bild«**
  Diese Option exportiert den Beleg als Bitmap, wobei sie das Standardlayout verwendet.
- **Option »Formular nach XML«**
  Diese Option exportiert den Beleg als XML-Datei. Dieses Format eignet sich für den elektronischen Datenaustausch.
- **Option »Microsoft Excel«**
  Exportiert die Belegmitte als Microsoft-Excel-Tabelle.
- **Option »Microsoft Word«**
  Exportiert den gesamten Beleg in ein Microsoft-Word-Dokument.

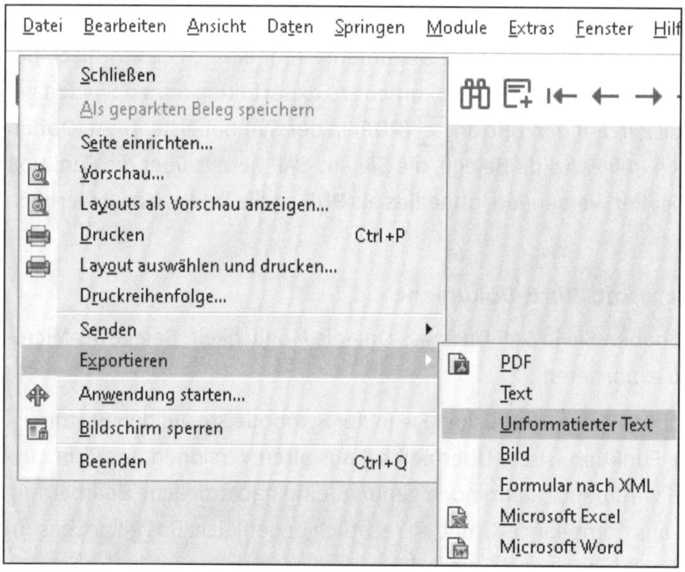

Abbildung 5.32: Sonstige Exportmöglichkeiten für eine Bestellung

Für alle genannten Exportmöglichkeiten gilt, dass zuvor die Exportpfade definiert werden müssen – das bedeutet, Sie müssen SAP Business One angeben, in welchem Ordner z. B. Microsoft-Excel-Dokumente gespeichert werden sollen. Diese Pfadeinstellungen nehmen Sie im Fenster **Allgemeine Einstellungen** auf der Registerkarte **Pfad** unter **Administration • Systeminitialisierung • Allgemeine Einstellungen** vor. Für jeden Exporttyp müssen Sie einen eigenen Pfad festlegen. Bei der Installation von SAP Business One wird pro Dateityp ein eigener Standardordner unter einem Standardpfad angelegt. Die Standardpfade sehen Sie in Abbildung 5.33.

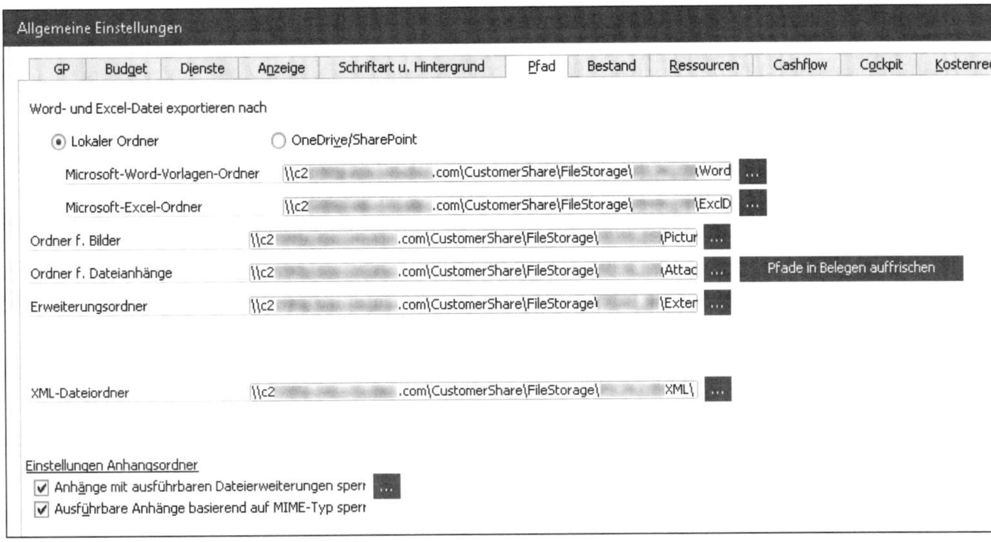

Abbildung 5.33: Einstellungen für Standardpfade

Jede aus SAP Business One exportierte Datei wird in dem Ordner des jeweils angegebenen Pfads gespeichert.

[+]

Alternativen zu Standardpfaden

Alternativ zu den Standardpfaden können Sie auch andere Pfade zum Speichern der exportierten Dateien angeben. Dies könnte in Ihrem Unternehmen z. B. ein Ordner auf einem Netzlaufwerk sein, auf den alle oder ausgewählte Mitarbeiter Zugriff haben.

Falls Sie einen alternativen Microsoft-Excel-Ordner wählen, kopieren Sie aus dem Standardordner die Datei *AutoOpen.xls* in den neuen Pfad.

Falls Sie einen alternativen Microsoft-Word-Vorlagenordner wählen, kopieren Sie aus dem Standardordner den Ordner mit der gewünschten Sprache der Microsoft-Word-Dokumente.

5.3.14 Beleg abbrechen/stornieren oder schließen

Für den Fall, dass der Beleg für den Einkaufsprozess nicht mehr relevant ist oder nicht mehr benötigt wird, können Sie ihn abbrechen/stornieren bzw. schließen.

[+]

Transaktionen können nicht gelöscht, sondern nur storniert werden

In SAP Business One können Transaktionen, wie eben auch Einkaufs- und Verkaufsbelege, generell nicht gelöscht werden. Dafür lassen sie sich abbrechen/stornieren bzw. schließen, sind aber dennoch zu Archivierungszwecken in der Datenbank vorhanden und können auch – z. B. um sie als Basis für das Duplizieren zu verwenden – aufgerufen werden.

Um einen Beleg zu stornieren bzw. zu schließen, klicken Sie mit der rechten Maustaste auf das Belegfenster und wählen den Eintrag **Abbrechen/Stornieren** bzw. **Schließen** aus dem Kontextmenü aus. SAP Business One erinnert Sie – je nachdem, welchen Eintrag im Kontextmenü Sie wählen – mit einer Hinweismeldung daran (siehe Abbildung 5.34), dass der Vorgang nicht mehr rückgängig gemacht werden kann.

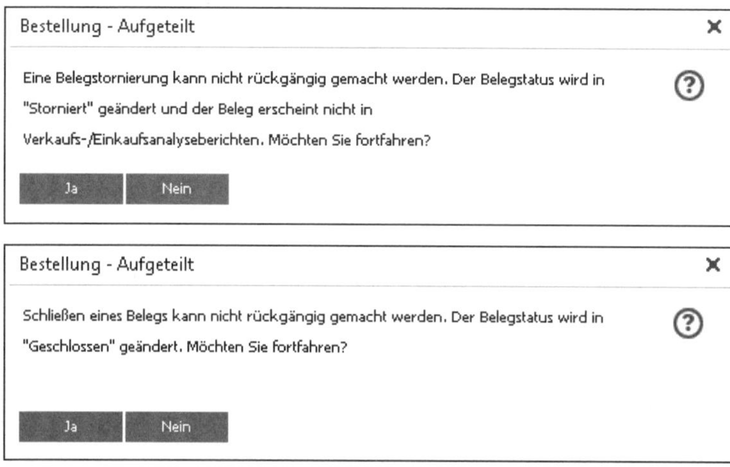

Abbildung 5.34: Fenster »Bestellung« – Hinweismeldung beim Stornieren/Schließen

Bestätigen Sie mit dem Button **Ja**, und der Beleg wird auf den Status **Storniert** (beim Eintrag **Abbrechen/Stornieren** im Kontextmenü) bzw. auf den Status **Geschlossen** (beim Eintrag **Schließen** im Kontextmenü) gesetzt. Beim Stornieren eines Belegs erscheint der Beleg darüber hinaus nicht in den Einkaufs- bzw. Umsatzanalyseberichten. Beim Schließen wird der Beleg sehr wohl in den Analyseberichten angezeigt. Es wird davon ausgegangen, dass der Beleg in der Belegkette nicht mehr verfolgt werden, aber grundsätzlich Gültigkeit behalten soll.

Stornieren von Belegen, die eine Buchung auslösen

Für alle Belege, die im Hintergrund eine Journalbuchung auslösen, wird ein eigener Stornobeleg mit der nächsthöheren Belegnummer erstellt. Dieser Belege *stürzt* die Original-Journalbuchung und erhält den Status **Geschlossen**. Sollte ein Quellbeleg existieren, erhält dieser wieder den Status **Offen**.

Der stornierte Originalbeleg erhält den Status **Storniert**.

5.3.15 Alternativartikel verwenden

In den Artikelstammdaten haben wir bereits Alternativartikel zu vorhandenen Originalartikeln angelegt (siehe Abschnitt 4.6, »Artikel«). Falls es die Situation erfordert (z. B. wenn der Lieferant Sie verständigt, dass der angefragte Artikel nicht verfügbar ist), können beim Anlegen von Einkaufs- und Verkaufsbelegen Alternativartikel anstelle der Originalartikel verwendet werden (siehe Abbildung 5.35).

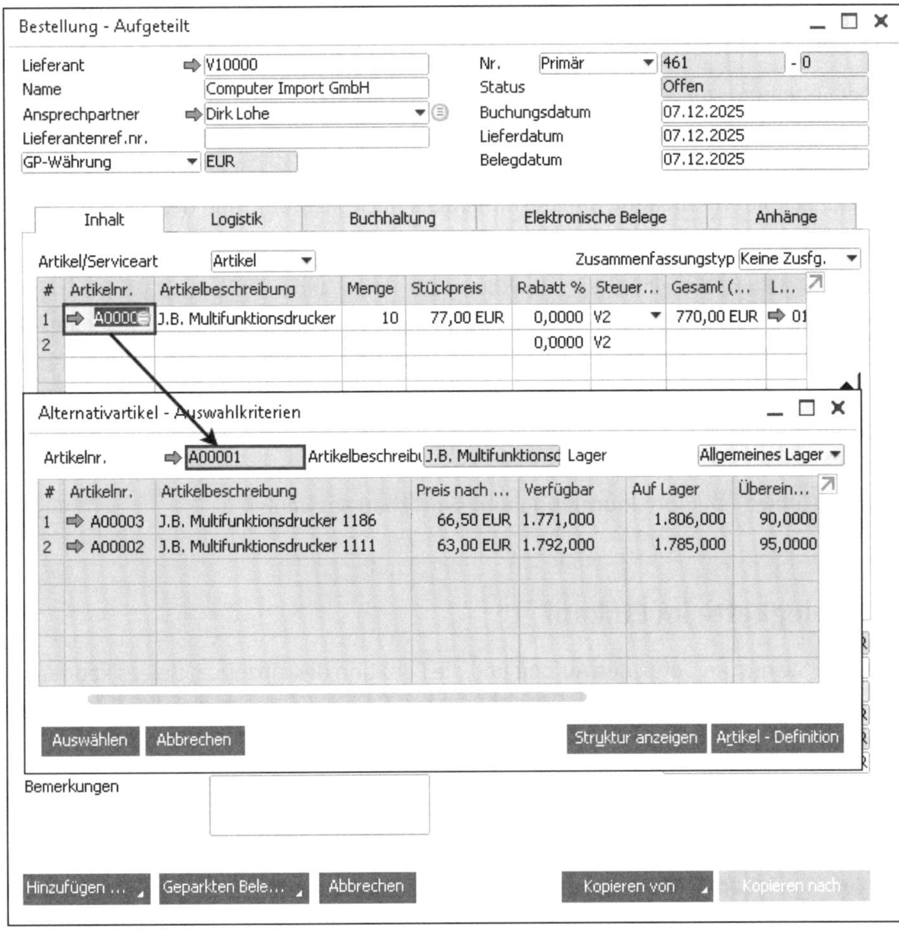

Abbildung 5.35: Fenster »Bestellung« – Alternativartikel verwenden

Damit SAP Business One bei der Erstellung eines Belegs einen Alternativartikel vorschlägt, gehen Sie folgendermaßen vor (siehe Abbildung 5.35):

1. Wählen Sie einen Artikel in den Belegzeilen aus.
2. Um eine Liste von Alternativartikeln anzuzeigen, positionieren Sie den Cursor in das Feld **Artikelnr.** und verwenden die Tastenkombination `Strg`+`⇆`. Alternativ können Sie auch die rechte Maustaste betätigen und aus dem Kontextmenü den Eintrag **Alternativartikel** wählen.

3. Wählen Sie den gewünschten Alternativartikel aus der nun geöffneten Liste mit Alternativartikeln aus. Dazu markieren Sie den Alternativartikel und klicken auf den Button **Auswählen**.

Der Alternativartikel wird anstelle des Originalartikels eingesetzt. Mit dem Button **Artikel – Definition** können Sie weitere alternative Artikel zu diesem Originalartikel anlegen. Mit dem Button **Struktur anzeigen** öffnen Sie das Fenster **Alternativartikel**, das eine Baumstruktur mit Original- und Alternativartikeln anzeigt. Mit dem schwarzen Dreieck können Sie die Baumstruktur öffnen.

Bei der Erstellung von Belegen haben Sie nun auch die Freiheit, negative Mengen und damit Beträge oder aber eine Menge oder einen Betrag von null einzugeben und den Betrag dennoch hinzuzufügen. SAP Business One weist Sie mit einer entsprechenden Hinweismeldung auf diesen Umstand hin. Bestätigen Sie diese Meldung, und der Beleg wird hinzugefügt.

Bei allen Belegen, die eine Journalbuchung zur Folge haben, wie etwa Wareneingang oder Eingangsrechnung, haben Sie die Möglichkeit, vor dem Hinzufügen des Belegs die durch diesen Beleg erzeugte Journalbuchung zu simulieren. Dazu klicken Sie bei noch nicht hinzugefügtem Beleg auf den Button (**Journalbuchungsvorschau**). SAP Business One öffnet daraufhin das Fenster **Journalbuchungsvorschau** mit der simulierten Buchung. Auch hier können Sie alternativ über Klick mit der rechten Maustaste das Kontextmenü öffnen und dort **Journalbuchungsvorschau** auswählen

5.4 Belegkette im Einkauf

Nachdem Sie nun im Detail den Aufbau und die Funktion des einzelnen Belegs kennengelernt haben, kümmern wir uns um die Einordnung des einzelnen Belegs in die gesamte Belegkette im Einkauf. Die große Stärke einer ERP-Software ist es, einmal eingegebene Daten ohne Medienbrüche weiterverarbeiten und dadurch alle Bereiche eines Unternehmens abdecken zu können. Ohne Medienbrüche bedeutet, dass das gesamte Spektrum unternehmerischer Prozesse mithilfe einer einzigen Software und nicht durch eine Vielzahl verschiedener Insellösungen abgedeckt wird, zwischen denen die Daten hin und her transferiert werden müssen.

Die Belegkette im Einkauf ist ein klassisches Beispiel für die Integration innerhalb einer ERP-Software. Die Daten werden zu Beginn der Belegkette, z. B. in der Bestellung, eingegeben und stufenweise gemäß den Geschäftsprozessen weiterverarbeitet, bis sie in der Finanz- und Lagerbuchhaltung (z. B. Inventur) landen. Ziel dieses Abschnitts ist es, Ihnen einen möglichst umfassenden Überblick über die Belegkette im Einkauf zu geben, wobei wir vor allem die Zusammenhänge der Prozesse und die starke Integration der Daten hervorheben werden. In Abbildung 5.36 finden Sie eine Übersicht über die Belegkette im Einkauf.

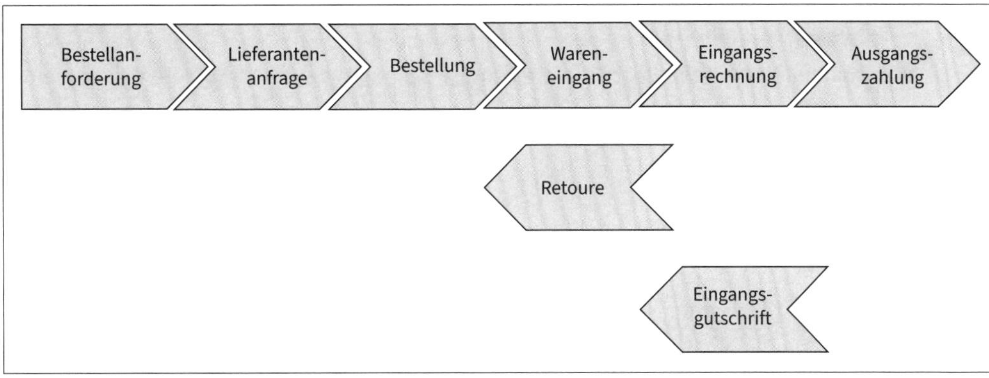

Abbildung 5.36: Belegkette im Einkauf

Die Belegkette im Einkauf besteht größtenteils aus Elementen, die im Modul **Einkauf** angesiedelt sind (Bestellanforderung, Lieferantenanfrage, Bestellung, Wareneingang, Retoure, Eingangsrechnung, Gutschrift). Lediglich das Fenster **Ausgangszahlung** ist im Modul **Bankenabwicklung** positioniert. Thematisch gehört es jedoch zum Einkauf, da die Einkaufskette erst abgeschlossen ist, nachdem der Einkauf auch bezahlt wurde. Funktionsweise und Handhabung der Ausgangszahlung behandeln wir in Abschnitt 13.2, »Eingangszahlungen und Ausgangszahlungen«, ausführlich.

Grundsätzlich ist die Belegkette in SAP Business One sehr flexibel gestaltet. Sie haben die Möglichkeit, sie an einer beliebigen Stelle zu starten und auch fortzusetzen, ohne dass Sie alle Belegstufen der Kette durchlaufen müssen. Generell ist sie aber von vorn (Bestellanforderung) nach hinten (Eingangsrechnung) zu durchlaufen. Ein Rücksprung ist nicht möglich. Eine Ausnahme bilden natürlich Vorauszahlungen, die, wie der Name schon nahelegt, zu einer Zahlung führen, bevor geliefert wird.

Beginn der Belegkette ist beliebig wählbar [zB]

Sie müssen die Belegkette nicht mit der Bestellung beginnen, sondern können auch gleich mit dem Wareneingang oder der Eingangsrechnung starten. Zudem muss auch nicht notwendigerweise ein Wareneingang auf eine Bestellung folgen, sondern es kann auch gleich eine Eingangsrechnung aus einer Bestellung angelegt werden. In diesem Fall übernimmt die Eingangsrechnung die Funktionen des Wareneingangs hinsichtlich Lagerzubuchung und Buchung in der Finanzbuchhaltung.

SAP Business One bietet zwei Möglichkeiten, Belege innerhalb der Kette weiterzuverarbeiten:

- **Belege »weiterschieben«**
  Der Beleg wird in einen nachfolgenden Beleg kopiert.

[zB]

Beleg weiterschieben

Sie haben eine offene Bestellung, rufen die Bestellung auf und kopieren sie in den Wareneingang.

- **Belege »weiterziehen«**
  Der Beleg wird aus einem nachfolgenden Beleg in diesen kopiert.

[zB]

Beleg weiterziehen

Sie erstellen einen neuen Wareneingang und kopieren die Daten aus der Bestellung in den Wareneingang.

In Tabelle 5.1 finden Sie eine Übersicht über die Möglichkeiten des »Schiebens« und »Ziehens« in den einzelnen Belegstufen der Belegkette im Einkauf. Zudem sind Besonderheiten zu den einzelnen Stufen angemerkt.

Die einzelnen Belegstufen haben einige wenige Besonderheiten, die wir im Folgenden kurz darstellen. Die Lieferantenbestellung kann automatisch aus dem Kundenauftrag erstellt werden (dies erläutern wir in Abschnitt 6.2.4, »Belegkette im Verkauf«).

Belegstufe	Kopieren von (Basisbeleg)	Kopieren nach (Zielbeleg)	Besonderheit
Bestellanforderung	–	Lieferantenanfrage, Bestellung	Beleg enthält Mitarbeiter, aber keinen Lieferanten.
Lieferantenanfrage	Bestellanforderung	Bestellung, Wareneingang, Eingangsrechnung, Vorausrechnung	Kann mittels Erstellungsassistenten für Lieferantenanfragen erstellt werden.
Bestellung	Bestellanforderung, Lieferantenanfrage, (Auftrag)	Wareneingang, Eingangsrechnung, Vorausrechnung Anzahlungsanforderung Anzahlungsrechnung	Beleg kann aus dem Auftrag automatisch erstellt und nach Hinzufügen geändert werden.

Tabelle 5.1: Belegverarbeitung im Einkauf

Belegstufe	Kopieren von (Basisbeleg)	Kopieren nach (Zielbeleg)	Besonderheit
Wareneingang	Bestellung, Retoure, Vorausrechnung	Warenretourenanfrage Retoure, Eingangsrechnung	Beleg kann nach Hinzufügen nicht geändert werden.
Retoure	Warenretourenanfrage Wareneingang	Wareneingang	Beleg kann nach Hinzufügen nicht geändert werden.
Eingangsrechnung	Bestellung, Wareneingang	Gutschrift	Beleg kann nach Hinzufügen nicht geändert werden, sofortige Bezahlung möglich.
Gutschrift	Eingangsrechnung	–	Beleg kann nach Hinzufügen nicht geändert werden.
Ausgangszahlung	Eingangsrechnung Vorausrechnung Anzahlungsanforderung Anzahlungsrechnung	–	Beleg kann nach Hinzufügen nicht geändert werden.

Tabelle 5.1: Belegverarbeitung im Einkauf (Forts.)

Da die Bestellung beim Hinzufügen die Artikel nur reserviert, aber noch nicht vom Lager nimmt, wird von SAP Business One im Hintergrund keine Buchung initiiert (siehe Tabelle 5.3). Aus diesem Grund kann die Bestellung auch nach dem Hinzufügen noch geändert werden. Die nachfolgenden Belegstufen von **Wareneingang** bis **Ausgangszahlung** ziehen dagegen eine Buchung nach sich und können daher nach dem Hinzufügen nur noch in bestimmten Feldern geändert werden. Dies sind in der Regel Felder, die keinen Einfluss auf *Wert* oder *Menge* des Belegs haben, wie z. B. **Bemerkungen**, **Einkäufer/Vertriebsmitarbeiter**, **Fälligkeitsdatum** oder **Ansprechpartner**.

Falls Sie eine Eingangsrechnung mit lagerführenden Artikeln erstellen, ohne dass zuvor ein Wareneingang angelegt wurde, erhalten Sie die folgende Hinweismeldung: **Es wurde kein Wareneingang/Lieferung gebucht.** Diese Hinweismeldung dient nur als Gedankenstütze oder Erinnerung, falls zwischen den Belegstufen **Bestellung** und **Eingangsrechnung** der **Wareneingang** nicht angelegt wurde.

Wenn Sie einen Beleg weiterschieben – in einen nachfolgenden Beleg kopieren –, wird er in dem Zustand, in dem er sich befindet, vollständig in den nachfolgenden Beleg kopiert. Aus diesem Grund ist das Schieben eines Belegs vermutlich die einfachere Variante, da dies dem natürlichen Arbeitsverständnis des Benutzers entspricht. Denken Sie an die folgende Situation: Ihr Lieferant liefert die von Ihnen bestellte Ware. Sie erhalten aus Ihrem Lager oder direkt vom Lieferanten den Lieferschein und möchten nun in SAP Business One den Wareneingang auf Ihr Lager erfassen. Der effizienteste Schritt wäre nun, Ihre ursprüngliche Bestellung herauszusuchen. Im Idealfall ist auf dem Lieferschein Ihres Lieferanten sogar Ihre Bestellnummer vermerkt, womit das Auffinden nur wenige Sekunden dauert. Wenn Sie nun die Bestellung aufgerufen haben und die gesamte Bestellung auch geliefert wurde, ist es am einfachsten, die gesamte Bestellung in einen Wareneingang zu verwandeln.

Dazu rufen Sie die Bestellung auf und klicken auf den Button **Kopieren nach** im rechten unteren Bereich des Fensters **Bestellung** (siehe Abbildung 5.37).

Abbildung 5.37: Bestellung nach Wareneingang kopieren

Es erscheint eine Dropdown-Liste mit den vorhandenen Möglichkeiten. Sie können aus der Bestellung nun einen **Wareneingang** oder eine **Eingangsrechnung** sowie verschiedene Formen der Anzahlungsanforderung erstellen (siehe auch Tabelle 5.1, Spalte **Kopieren nach**, Zeile **Bestellung**).

Wählen Sie den Eintrag **Wareneingang**, und die gesamte Bestellung wird in das neu geöffnete Fenster **Wareneingang** kopiert. Abbildung 5.38 zeigt die Vorgehensweise.

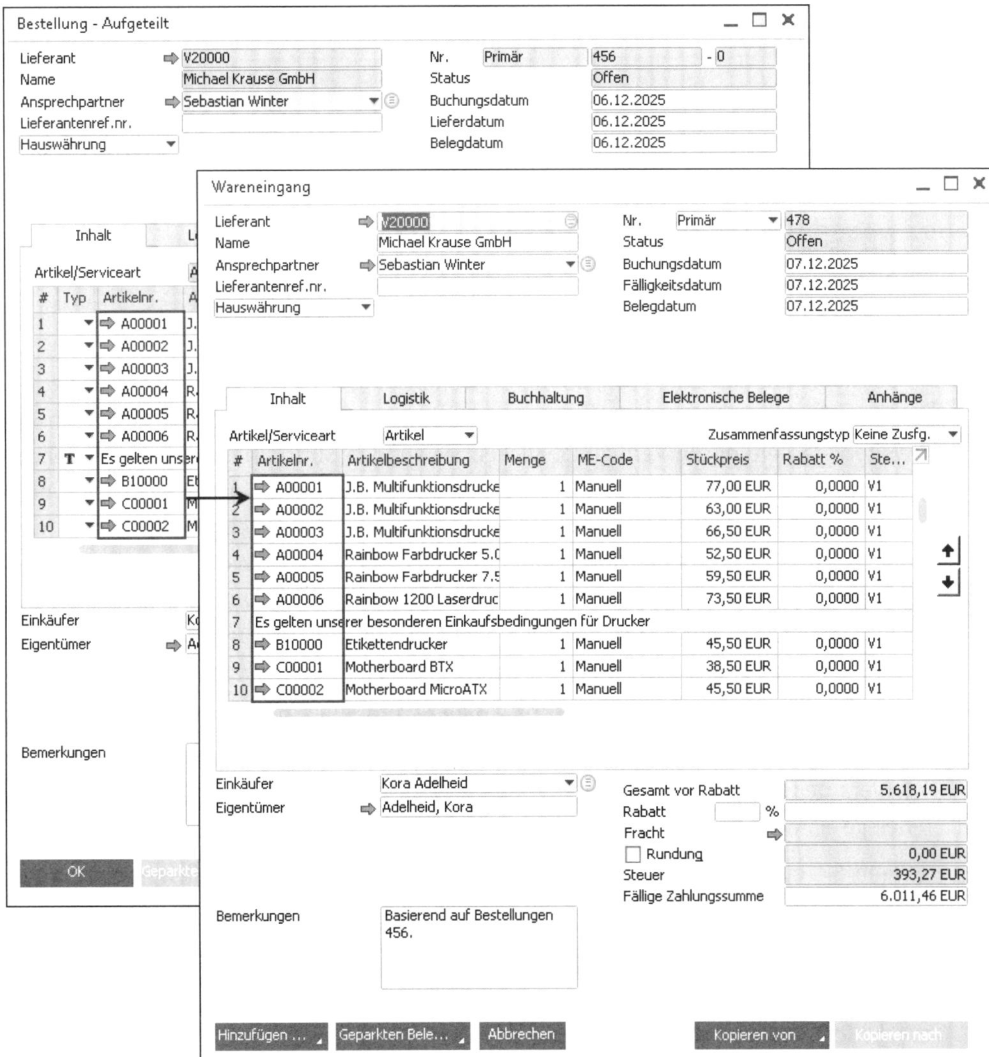

Abbildung 5.38: Wareneingang mit den kopierten Daten aus der Bestellung

Es ist einfach zu erkennen, dass alle Belegzeilen aus der Bestellung inklusive der Textzeilen in den Wareneingang kopiert wurden. Über den Button [Icon] (**Formulareinstellungen**) können Sie die Spalten **Basistyp** und **Basisref.** (= Basisreferenz) einblenden. Zusätzlich wird der Basisbeleg im Feld **Bemerkungen** vermerkt.

Der Wareneingang wird mit dem aktuellen Datum erstellt. Als letzten Schritt müssen Sie den Wareneingang noch hinzufügen. Da mit ihm eine Buchung im Lager und in der Buchhaltung erfolgt, darf dieser Beleg nicht mehr verändert oder gelöscht werden. SAP Business One weist Sie auf diesen Umstand mit einer Sicherheitsabfrage hin (siehe Abbildung 5.39).

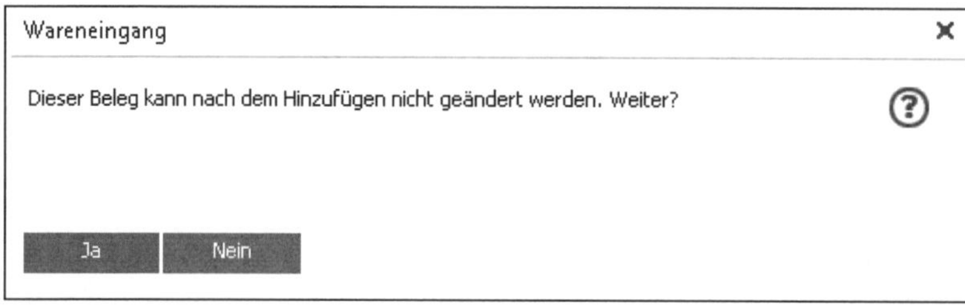

Abbildung 5.39: Beleg hinzufügen – Sicherheitsabfrage

Klicken Sie auf den Button **Ja**, um den Wareneingang hinzuzufügen. Der Status der Bestellung ändert sich daraufhin in **Geschlossen**, und diese Bestellung steht nicht mehr zur Weiterverarbeitung zur Verfügung. Klicken Sie auf den Button **Nein**, um zum Wareneingang zurückzukehren. Nachdem der Wareneingang hinzugefügt wurde, kann er nur noch mit einem Gegenbeleg – der Retoure – oder mit einem Stornobeleg »aufgehoben« werden. Falls Sie den Wareneingang ohne Hinzufügen abbrechen, bleibt die Situation unverändert: Obwohl die Daten bereits in den Wareneingang kopiert wurden, können Sie diesen Vorgang jederzeit abbrechen. Das bedeutet: Solange der Beleg nicht hinzugefügt wurde, wurde der Basisbeleg, also die Bestellung, nicht weiterverarbeitet.

Die Vorgehensweise beim Schieben der Belege ist in allen Belegstufen die gleiche. Sie können das Schieben der Belege anwenden, wenn Sie jeweils den gesamten Beleg weiterverarbeiten möchten; teilweises Weiterverarbeiten der Belege ist mit dem Ziehen der Belege einfacher möglich und wird nun im Folgenden behandelt.

Wenn Sie einen Beleg weiterziehen möchten, stehen Ihnen generell wesentlich mehr Möglichkeiten zur Verfügung. Der Unterschied liegt nun darin, dass Sie beim Wareneingang starten und die Bestellung dorthin ziehen. Gehen Sie folgendermaßen vor (siehe Abbildung 5.40):

1. Öffnen Sie das Fenster **Wareneingang**, und Sie erhalten einen leeren Beleg im **Hinzufügen**-Modus.
2. Als Nächstes wählen Sie den Lieferanten aus – ⭾-Taste im Feld **Lieferant** oder Klick auf den Button ▤ (**Aus Liste auswählen**) ❶ – und bestätigen die Auswahl mit dem Button **Auswählen**.

3. Klicken Sie auf den nunmehr aktiven Button **Kopieren von** ❷, und Sie erhalten eine Dropdown-Liste mit allen Basisbelegen, aus denen Sie die Daten in den Wareneingang kopieren können.

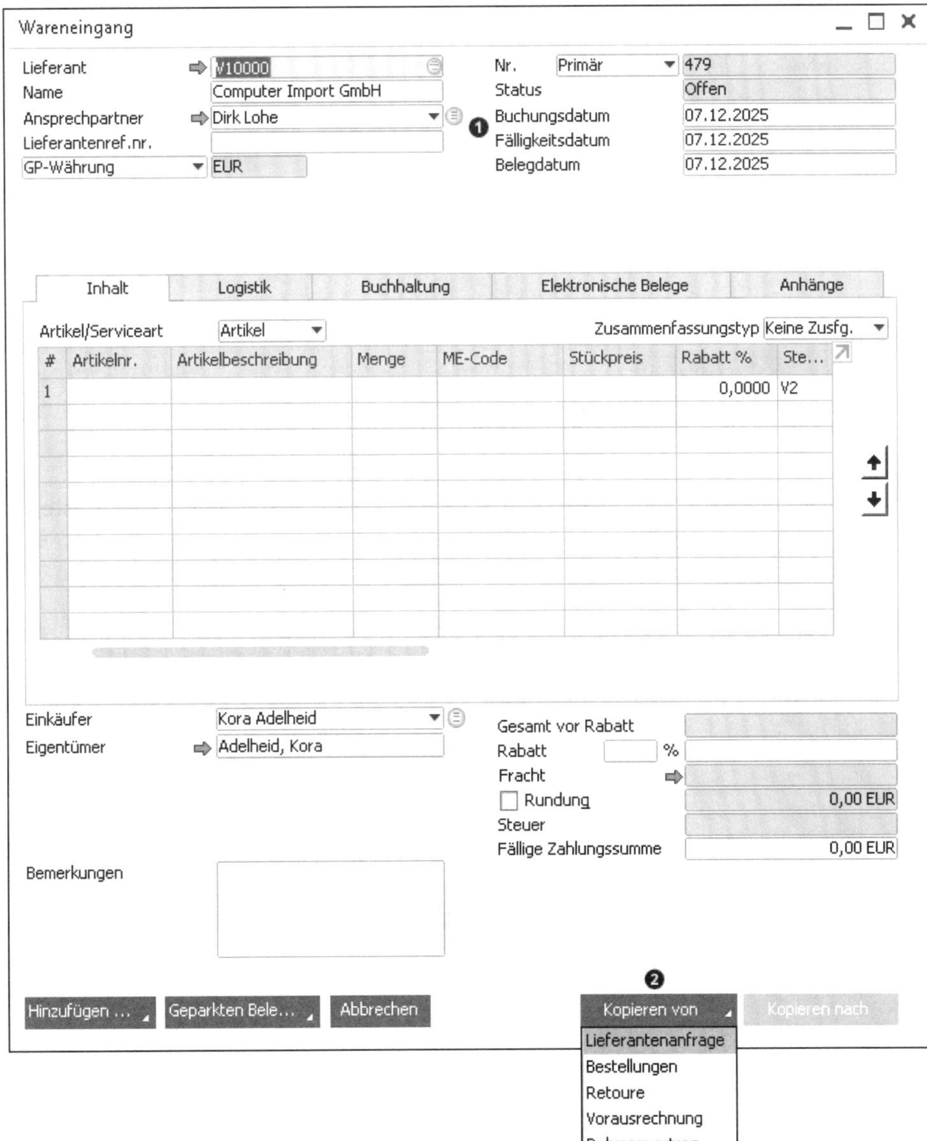

Abbildung 5.40: Wareneingang von Bestellung kopieren

4. Wählen Sie den Eintrag **Bestellungen**, und Sie erhalten eine Auswahlliste aller Bestellungen des ausgewählten Lieferanten im Fenster **Liste: Bestellungen** (Abbildung 5.41).

5. Wählen Sie die Bestellung aus, die Sie im Wareneingang weiterverarbeiten möchten. Bestätigen Sie die Auswahl mit dem Button **Auswählen** ❸. Mithilfe der `Strg`-Taste können Sie auch mehr als eine Bestellung auswählen.

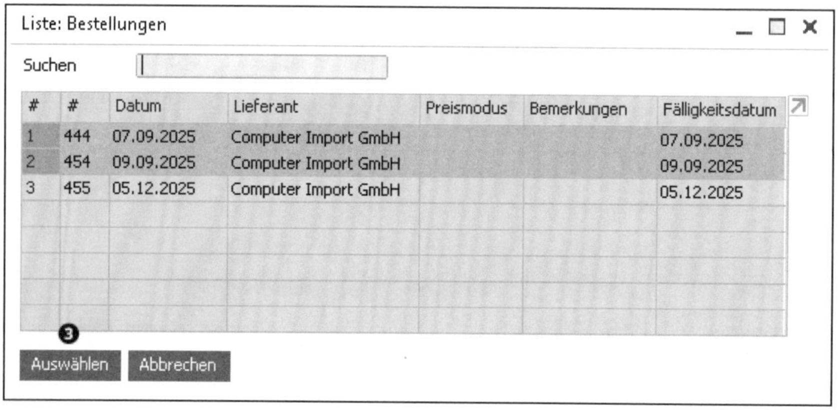

Abbildung 5.41: Offene Bestellung zum Kopieren in den Wareneingang

6. Zur Unterstützung der Weiterverarbeitung wird das Fenster **Folgebelegassistent** geöffnet ❹ (siehe Abbildung 5.42).

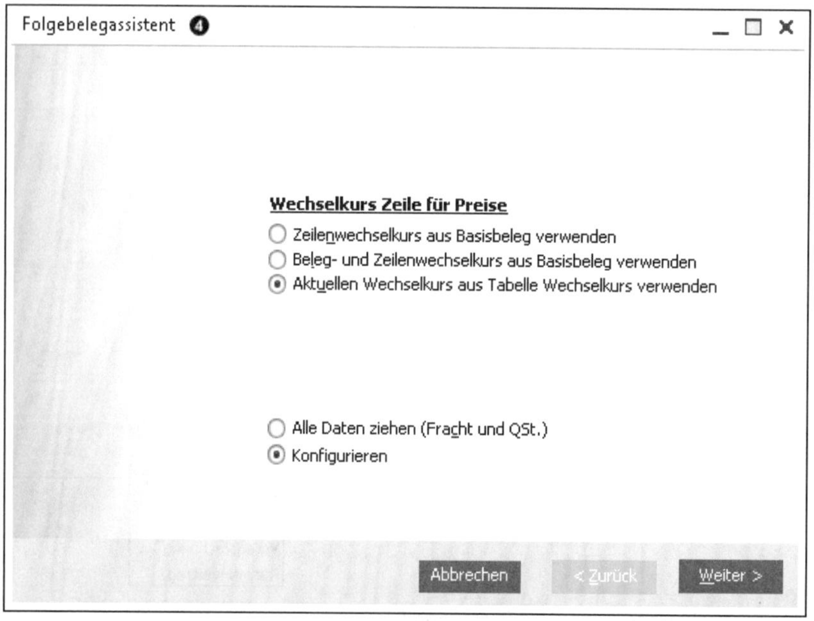

Abbildung 5.42: Einstellungen zum Wechselkurs des Belegs und zur Möglichkeit, nur bestimmte oder alle Belegzeilen zu übernehmen

Dieser Assistent zeigt Ihnen schrittweise die Möglichkeiten für die Weiterverarbeitung des Belegs an. Im ersten Schritt müssen Sie zwei Optionen auswählen:

- Wählen Sie bei Fremdwährungsbelegen zwischen dem *aktuellen Wechselkurs* des Belegs oder der Belegzeile (heutiges Datum) und dem *Wechselkurs aus dem Basisbeleg* (Datum des Basisbelegs). In der Regel wird der aktuelle Kurs verwendet.
- Wählen Sie die Option **Alle Daten ziehen (Fracht und QSt.)**, um die gesamte Bestellung in den Wareneingang zu kopieren.
  Wählen Sie die Option **Konfigurieren**, um die Daten aus der Bestellung nur *teilweise* in den Wareneingang zu kopieren. (Für das Beispiel, das wir in diesem Buch behandeln, wählen Sie die Option **Konfigurieren**.)

Nachdem Sie alle Optionen ausgewählt haben, klicken Sie auf den Button **Weiter**, um den nächsten Schritt des Folgebelegassistenten aufzurufen.

7. Wählen Sie nun die Artikelzeilen und Artikelmenge aus, die in den Wareneingang kopiert werden sollen (siehe Abbildung 5.43).

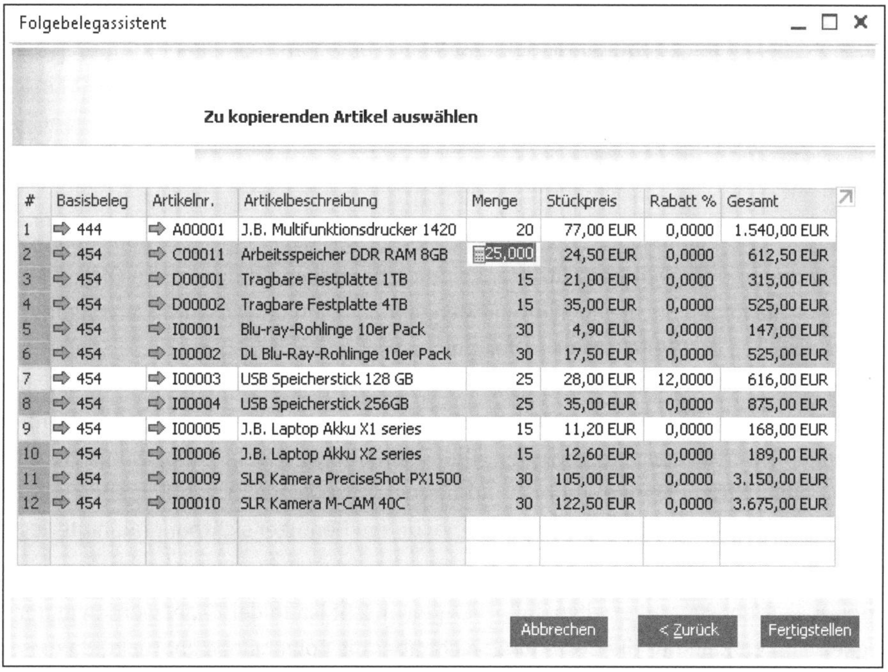

#	Basisbeleg	Artikelnr.	Artikelbeschreibung	Menge	Stückpreis	Rabatt %	Gesamt
1	444	A00001	J.B. Multifunktionsdrucker 1420	20	77,00 EUR	0,0000	1.540,00 EUR
2	454	C00011	Arbeitsspeicher DDR RAM 8GB	25,000	24,50 EUR	0,0000	612,50 EUR
3	454	D00001	Tragbare Festplatte 1TB	15	21,00 EUR	0,0000	315,00 EUR
4	454	D00002	Tragbare Festplatte 4TB	15	35,00 EUR	0,0000	525,00 EUR
5	454	I00001	Blu-ray-Rohlinge 10er Pack	30	4,90 EUR	0,0000	147,00 EUR
6	454	I00002	DL Blu-Ray-Rohlinge 10er Pack	30	17,50 EUR	0,0000	525,00 EUR
7	454	I00003	USB Speicherstick 128 GB	25	28,00 EUR	12,0000	616,00 EUR
8	454	I00004	USB Speicherstick 256GB	25	35,00 EUR	0,0000	875,00 EUR
9	454	I00005	J.B. Laptop Akku X1 series	15	11,20 EUR	0,0000	168,00 EUR
10	454	I00006	J.B. Laptop Akku X2 series	15	12,60 EUR	0,0000	189,00 EUR
11	454	I00009	SLR Kamera PreciseShot PX1500	30	105,00 EUR	0,0000	3.150,00 EUR
12	454	I00010	SLR Kamera M-CAM 40C	30	122,50 EUR	0,0000	3.675,00 EUR

Abbildung 5.43: Fenster »Folgebelegassistent« – Zeilen und Mengen auswählen

Sie sehen den Schritt, in dem Sie bestimmen, welche Teile der Bestellung in den Wareneingang kopiert werden (aus diesem Grund »Konfigurieren«). Markieren Sie zuerst die Artikelzeilen. Zu Beginn sind alle Artikelzeilen markiert; über `Strg` + Klick mit der linken Maustaste auf die Artikelzeile können Sie sie wieder demarkieren. Wenn Sie erneut `Strg` + linke Maustaste drücken, ist die Artikelzeile wieder markiert. Markieren und demarkieren Sie so lange, bis Sie alle eingegangenen Artikelzeilen gekennzeichnet haben. Falls eine Artikelzeile nur teilweise in Ihr Lager eingeht, markieren Sie auch diese Zeile. Nun können Sie noch die **Menge** entsprechend den tatsächlich eingegangenen Mengen anpassen.

Um mehrere Zeilen auf einmal zu demarkieren, klicken Sie mit der linken Maustaste auf eine beliebige Zeile, wodurch nur noch diese Zeile markiert ist. Um mehrere Zeilen auf einmal zu markieren, verwenden Sie die Kombination [⇧]-Taste + linke Maustaste. Abschließend bestätigen Sie die Auswahl mit dem Button **Fertigstellen**, und die markierten Artikelzeilen werden gemäß den eingegebenen Mengen in den Wareneingang kopiert. Sie haben anschließend wieder die Möglichkeit, den Wareneingang abzubrechen und den Folgebelegassistenten erneut aufzurufen.

8. Klicken Sie auf den Button **Hinzufügen**, um den Wareneingang anzulegen.

[+]

Achten Sie bei der Weiterverarbeitung von Belegen auf die Belegart

Bei der Weiterverarbeitung von Belegen müssen Sie auf die Belegart (Artikel- oder Servicebeleg) Rücksicht nehmen. Die Belegart muss naturgemäß beim Durchlaufen der gesamten Belegkette in Einkauf und Verkauf die gleiche bleiben. Es ist nicht möglich, eine Bestellung mit der Belegart **Service** in eine Eingangsrechnung mit der Belegart **Artikel** weiterzuverarbeiten.

Ein mögliches Ergebnis sehen wir uns in Abbildung 5.44 näher an. In der Spalte **Menge** sehen Sie die ursprünglich bestellte Menge der Artikelzeilen. In der Spalte **Offene Menge** weiter rechts finden Sie die noch offene Menge (nach dem teilweisen Wareneingang) und rechts daneben den Zeilenstatus in der gleichnamigen Spalte. Sofern diese Spalten nicht sichtbar sind, blenden Sie sie mit dem Button (**Formulareinstellungen**) ein. Es zeigt sich, dass jene Artikelzeilen den Zeilenstatus **Geschlossen** führen, die vollständig im Wareneingang weiterverarbeitet wurden. Die Zeile ist also geschlossen, wenn die offene Menge (Feld **Offene Menge**) null ist und die gesamte Menge in den Folgebeleg kopiert wurde. Alle geschlossenen Artikelzeilen sind für den Benutzer sichtbar grau hinterlegt.

Eine Sonderstellung nehmen die Textzeilen ein. Sie können genauso in den Folgebeleg kopiert werden wie Artikelzeilen, falls dies gewünscht ist. In der Regel werden in der Belegkette im Einkauf nur die Bestellung, nicht aber die Folgebelege gedruckt, da diese lediglich internen Charakter haben. Daher müssen die Textzeilen nicht notwendigerweise in den Folgebeleg kopiert werden. Außerdem hat eine Textzeile keinen Zeilenstatus, weil sie keine Menge führt. Aus diesem Grund kann eine Textzeile bei einer teilweisen Weiterverarbeitung des Belegs beliebig oft in den Folgebeleg kopiert werden.

[»]

Alle Belegzeilen eines Artikels sind weiterverarbeitet

Sollten Sie bei einem Beleg alle Artikelzeilen weiterverarbeitet haben – d. h., es befinden sich nur noch Textzeilen oder Zwischensummen im Basisbeleg –, hat dieser Beleg ebenfalls den Status **Geschlossen**.

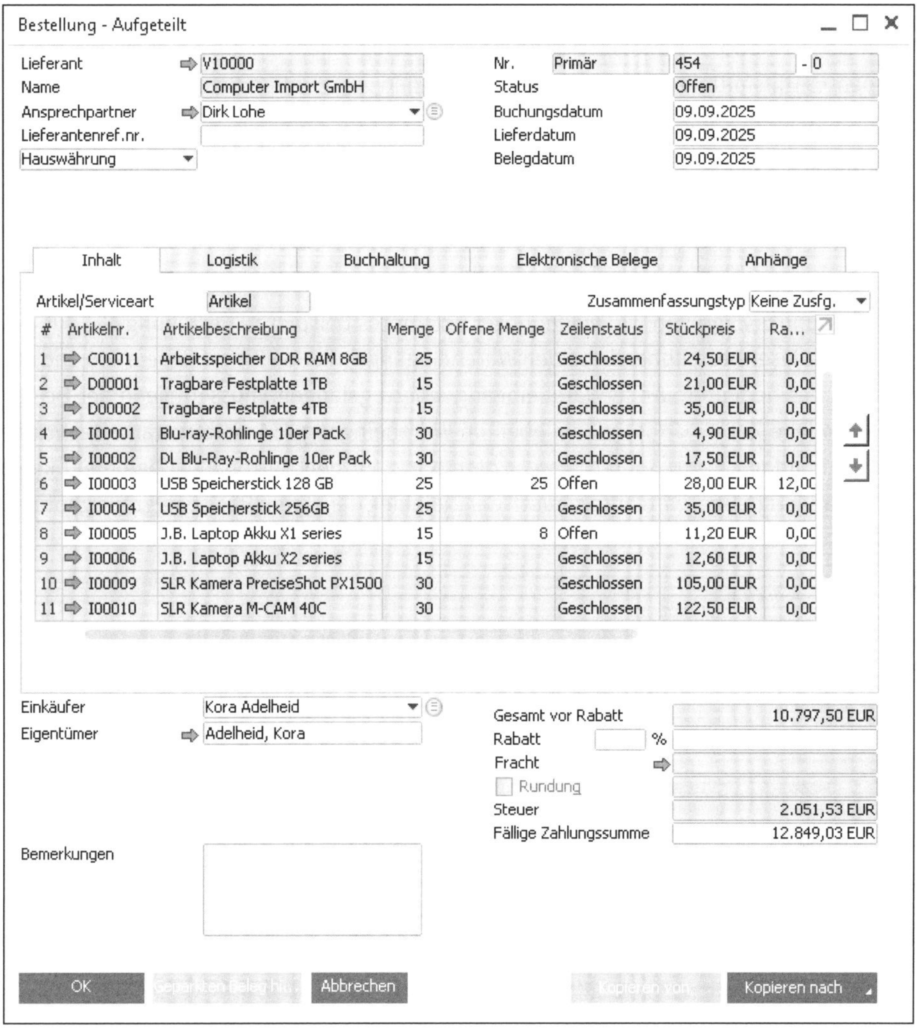

Abbildung 5.44: Bestellung nach teilweisem Wareneingang

Beachten Sie den Belegstatus in Abbildung 5.44 im Feld **Status** im rechten oberen Bereich. Solange der Zeilenstatus noch mindestens einer Zeile auf **Offen** steht, bleibt der Belegstatus ebenfalls auf **Offen**.

Bestellung kopieren

Falls nun die restliche Lieferung zu dieser Bestellung eintrifft, können Sie die Bestellung wieder sehr einfach mit dem Button **Kopieren nach** komplett in den Wareneingang kopieren. Diese Funktion verwendet den gesamten noch offenen Beleg, gleichgültig, ob dieser Beleg komplett offen oder nur teilweise offen ist.

[+]

Nachdem die Belege der Belegkette im Einkauf jeweils weiterverarbeitet wurden, gibt es auch eine Verknüpfung zwischen den einzelnen Belegstufen. SAP Business One bietet ein effizientes Hilfsmittel zum Navigieren zwischen den verknüpften Belegen.

Um zwischen Basisbeleg und Zielbeleg zu springen, können Sie die Buttons (**Basisbeleg**) und (**Zielbeleg**) in der Symbolleiste verwenden. Sie gelangen jeweils in den entsprechenden Beleg, sofern der Basisbeleg nur einen Zielbeleg hat. Falls der Basisbeleg zwei oder mehr Zielbelege hat, müssen Sie die jeweilige Zeile durch einen Klick auf die Zeilennummer markieren, um in den gewünschten Beleg zu gelangen.

In Abbildung 5.45 greifen wir wieder unser bekanntes Beispiel zu Bestellung 454 auf. Wir haben zu dieser Bestellung die beiden Wareneingänge mit den *Zielschlüsseln* 486 und 487 erstellt. Das bedeutet, um in Wareneingang 487 zu gelangen, müssen Sie in der Bestellung 454 jene Zeile markieren, die eben im Wareneingang 454 weiterverarbeitet wurde (siehe Abbildung 5.45). Sollten Sie vor dem Klick auf den Button (**Zielbeleg**) keine Zeile markiert haben, wird automatisch der Zielbeleg der ersten Basisbelegzeile geöffnet, in unserem Fall Wareneingang 486.

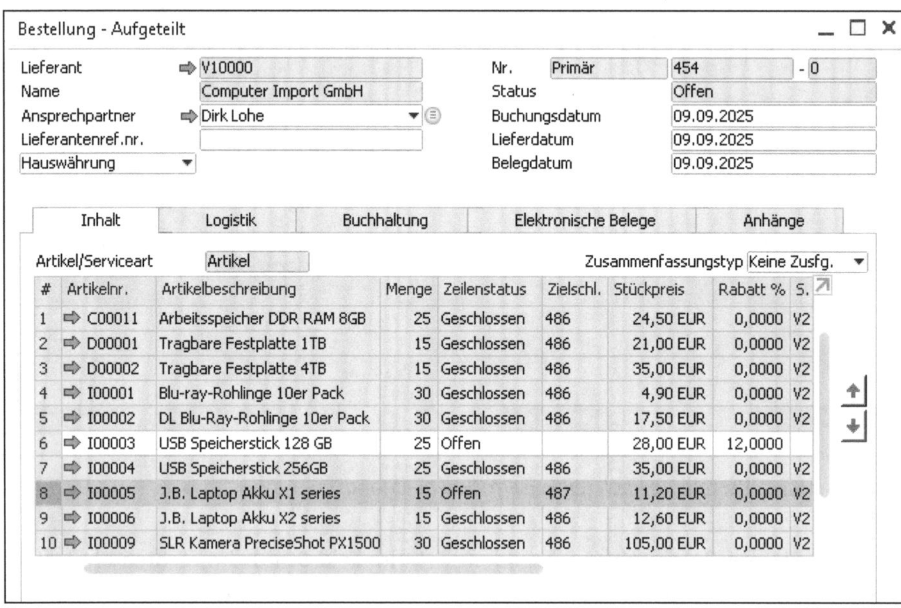

Abbildung 5.45: Verknüpfung zwischen Bestellung (Basisbeleg) und Wareneingang (Zielbeleg)

Um die Verknüpfung auch zu visualisieren, haben Sie die Möglichkeit, im Basisbeleg mit dem Button (**Formulareinstellungen**) die Spalten **Zieltyp** und **Zielschlüssel** (zeigt die interne Belegnummer an!) einzublenden.

Eine der größten Herausforderungen bei komplexen Belegketten ist es, den Überblick über die sehr stark vernetzten Belege zu behalten. Gerade wenn Ihr Unternehmen eine große Anzahl an Belegen erstellt, bedeutet dies oft einen sehr hohen Verwaltungsaufwand, um konkrete und wichtige Fragen zu beantworten, die für den laufenden Geschäftsbetrieb Ihres Unternehmens unabdingbar sind:

- **Welche Bestellungen oder Bestellzeilen wurden von Ihrem Lieferanten noch nicht geliefert?**
  Diese Information ist wichtig, wenn Ihr Unternehmen Ihrem Kunden gegenüber ebenfalls Lieferfristen einhalten muss.
- **Welche Eingangsrechnungen haben Sie noch nicht bezahlt?** Diese Information ist entscheidend, um Verzugszinsen zu vermeiden, die von Ihrem Lieferanten in Rechnung gestellt werden – oder auch ganz einfach, um die Zahlungsströme im Unternehmen (Einzahlungen und Auszahlungen) zu koordinieren und zu optimieren.
- **Welche Angebote oder Angebotszeilen wurden von Ihrem Kunden noch nicht beauftragt?**
  Diese Information ist für die Vertriebsmannschaft Ihres Unternehmens von Bedeutung, um nach einer bestimmten Zeit, in der das Angebot oder Teile des Angebots noch nicht vom Kunden beauftragt wurden, beim Kunden nachzuhaken. Mit einer regelmäßigen Übersicht kann der Vertrieb hier gezielt unterstützt werden.
- **Welche Aufträge oder Auftragszeilen Ihrer Kunden wurden noch nicht ausgeliefert?**
  Diese Information ist wichtig, um an Ihre Kunden gewährte Lieferfristen zu koordinieren und zu überwachen.
- **Welche Aufträge/Lieferscheine oder Auftragszeilen/Lieferscheinzeilen Ihrer Kunden wurden noch nicht fakturiert (also in einer Ausgangsrechnung weiterverarbeitet)?**
  Auch wenn die Auftragslage zufriedenstellend ist, wird das auftragsseitige Volumen Ihres Unternehmens erst durch die Fakturierung zu greifbaren Umsätzen in der Finanzbuchhaltung. Gerade in diesem Bereich ist es für kleine und mittlere Unternehmen wichtig, die laufende Ernte einzufahren.

SAP Business One bietet einige Möglichkeiten, diese Fragen in den einzelnen Belegstufen zu beantworten. Tabelle 5.2 gibt Ihnen einen Überblick über alle Hilfsmittel in diesem Bereich.

Bezeichnung	Typ	Eigenschaft
Status	Belegfeld	Zeigt den Status des Belegs an (**Offen**, **Offen – Gedruckt**, **Storniert**, **Abgeschlossen**, siehe Abschnitt 5.2.1, »Belegkopf«).
Offene Menge	Belegzeilenfeld	Das Feld **Offene Menge** zeigt jene Menge des Artikels, die noch nicht im Folgebeleg weiterverarbeitet wurde, etwa jene bestellte Menge, die vom Lieferanten noch nicht geliefert und für die noch kein Wareneingang angelegt wurde.

Tabelle 5.2: Übersicht über Hilfsmittel für offene Belege/Belegzeilen

Bezeichnung	Typ	Eigenschaft
Auf Lager	Belegzeilenfeld	Zeigt die Menge des Artikels, die sich derzeit auf allen Lagern befindet.
Bestätigt	Belegzeilenfeld	Zeigt die Menge des Artikels, die derzeit von Kunden beauftragt, aber noch nicht ausgeliefert wurde.
Bestellt	Belegzeilenfeld	Zeigt die Menge des Artikels, die Sie derzeit bei Ihren Lieferanten bestellt haben, die aber noch nicht geliefert wurde.
Liefermenge (nur in Kundenauftrag)	Belegzeilenfeld	Zeigt die Menge des Artikels, die von Kunden beauftragt wurde und auch schon ausgeliefert wurde (siehe Abschnitt 6.2.2, »Belegmitte«).
Zeilenstatus	Belegzeilenfeld	Zeigt den Status der Belegzeile an. Solange die Belegzeile nicht vollständig weiterverarbeitet wurde, bleibt der Status auf **Offen**. Sobald die komplette Zeile weiterverarbeitet wurde, ändert sich der Status in **Geschlossen**.
Zieltyp	Belegzeilenfeld	Zeigt die Zielbelegart an.
Zielschlüssel	Belegzeilenfeld	Zeigt eine interne Belegnummer an.
Basistyp	Belegzeilenfeld	Zeigt die Basisbelegart an.
Basisschlüssel	Belegzeilenfeld	Zeigt eine interne Belegnummer an.
Basisref.	Belegzeilenfeld	Zeigt die Belegnummer des Basisbelegs an.
Basiszeile	Belegzeilenfeld	Zeigt die Zeilennummer der Belegzeile aus dem Basisbeleg an.
Offene Belege	Bericht	Zeigt eine Liste mit allen komplett oder teilweise offenen Belegen an. Aufzurufen über **Einkauf/Verkauf • Einkaufsberichte/Verkaufsberichte • Offene Belege**.
Auftragsrückstand	Bericht	Zeigt eine Übersicht über beauftragte, aber noch nicht gelieferte Auftragszeilen an. Den Bericht rufen Sie über **Verkauf • Umsatzberichte • Auftragsrückstand** auf. Mithilfe einer Reihe von Auswahlkriterien kann die Übersicht weiter eingeschränkt werden. Den Auftragsrückstandsbericht behandeln wir detailliert in Abschnitt 6.3, »Berichte im Verkauf«.

Tabelle 5.2: Übersicht über Hilfsmittel für offene Belege/Belegzeilen (Forts.)

Bezeichnung	Typ	Eigenschaft
Fehlende Artikel (offene Belege)	Bericht	Zeigt eine Übersicht über alle Artikel, die eine negative verfügbare Menge haben. Den Bericht rufen Sie über **Einkauf • Einkaufsberichte • Offene Belege • Auswahlliste Fehlende Artikel** auf. Die verfügbare Menge eines Artikels errechnet sich aus: *Lagerbestand + bestellte Menge – beauftragte Menge*. Ein negativer verfügbarer Bestand würde bedeuten, dass die von einem Kunden beauftragte Menge größer ist als die Menge, die derzeit auf Lager liegt, plus die Menge, die bestellt wurde.
Verknüpfungsplan	Übersicht	Zeigt eine grafische Darstellung aller Belegverknüpfungen an. Wird aufgerufen mit einem Rechtsklick auf den Beleg und dem Eintrag **Verknüpfungsplan** aus dem Kontextmenü.

Tabelle 5.2: Übersicht über Hilfsmittel für offene Belege/Belegzeilen (Forts.)

Über diese Hilfsmittel hinaus stehen Ihnen eine Reihe von weiteren Standardberichten, Widgets und die Möglichkeit, leicht individuelle Berichte und Widgets zu erstellen, zur Verfügung. Anregungen dazu erhalten Sie in Anhang C, »Möglichkeiten für Auswertungen«.

Die Rückstandsbearbeitung wird im Fachjargon auch *Backlog* genannt.

[+]

Backlog

Das *Backlog* ist die Rückstandsbearbeitung offener Lieferantenbestellungen bzw. offener Kundenaufträge. Die Rückstandsbearbeitung wird für die Nachverfolgung erhaltener Kundenaufträge verwendet, für die noch keine Lieferung bzw. kein Versand stattgefunden hat. Diese Situation tritt dann ein, wenn mit der vorhandenen oder verfügbaren Artikelmenge der aktuelle Kundenauftrag nicht erfüllt werden kann. Mit der Rückstandsbearbeitung haben Sie die Möglichkeit, fehlende Mengen zu überwachen. Sobald die fehlenden Artikelmengen im Lager eingehen, können Sie sie an die Kunden weiterliefern bzw. einen Produktionsprozess starten.

Der Verknüpfungsplan ist eine sehr übersichtliche grafische Darstellung aller verknüpften Belege in SAP Business One. Als Demonstrationsbeispiel dient die zuvor verwendete Bestellung, die mittels mehrerer Belege weiterverarbeitet wurde. Rufen Sie einen der Belege auf, klicken Sie mit der rechten Maustaste auf das Belegfenster, und wählen Sie den Eintrag **Verknüpfungsplan** aus dem Kontextmenü aus. Das Fenster **Verknüpfungsplan** wird geöffnet und zeigt einen repräsentativen Geschäftsprozess (siehe Abbildung 5.46).

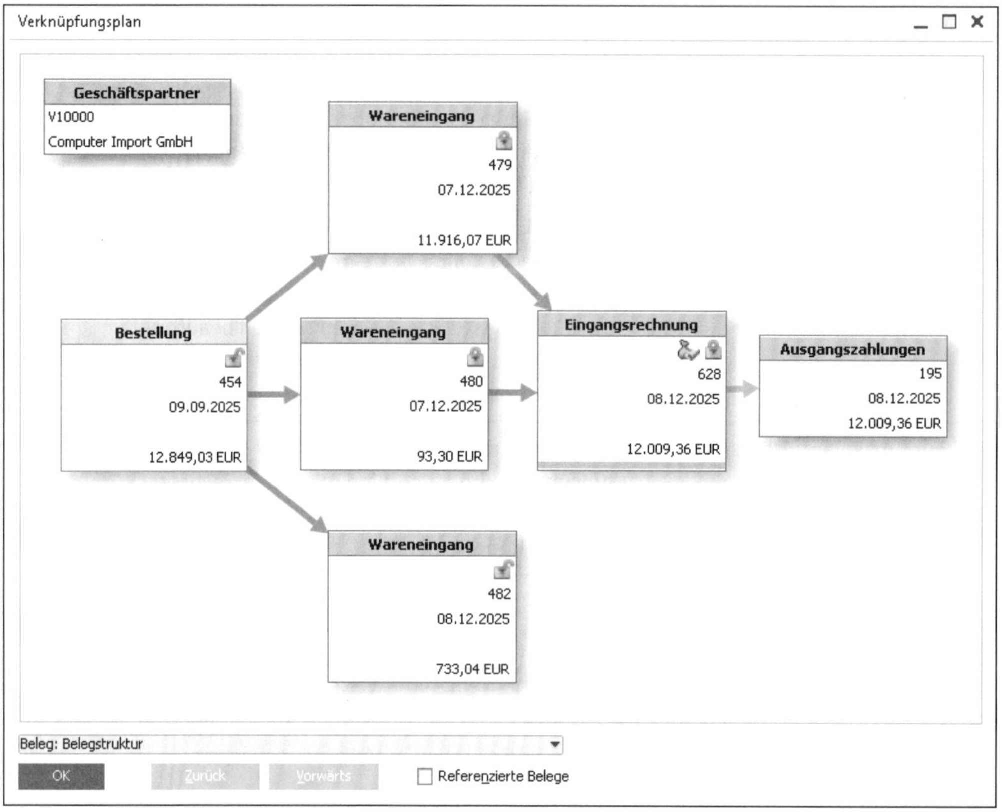

Abbildung 5.46: Verknüpfungsplan für Bestellung 454

Es zeigt sich, dass Bestellung 454 bereits in einen Wareneingang 479, 480 und 482 weiterverarbeitet wurde. Zu den Wareneingängen 479 und 480 hat der Lieferant bereits die Eingangsrechnung gesendet, die aus unserer Perspektive die Nummer 628 hat. Diese Eingangsrechnung haben wir bereits mit der Ausgangszahlung 195 bezahlt. Ein weiterer Teil-Wareneingang wurde vom Lieferanten noch nicht verrechnet und dementsprechend auch nicht bezahlt. Die Pfeile zeigen jeweils die Verbindung zwischen den Belegen. Ziehen Sie die Belege per Drag and Drop an eine andere Stelle, um die Darstellung nach Ihrem eigenen Ermessen übersichtlicher zu gestalten.

Der Schloss-Button in der rechten oberen Ecke der Belege zeigt an, ob der Status des Belegs auf **geschlossen** oder **offen** steht. Geschlossen ist ein Beleg, wenn er vollständig in die Folgestufe übergeleitet wurde. Dementsprechend signalisiert der Button in Bestellung 454, dass diese noch nicht vollständig beliefert wurde. Klicken Sie doppelt auf einen der Belege, und das dazugehörige Belegfenster öffnet sich.

Der Button **bezahlt** zeigt an, dass eine Eingangsrechnung geschlossen ist, weil sie bezahlt wurde. Dahingegen zeigt der Button **Stornierung** an, dass es sich bei diesem Beleg um einen handelt, dessen gleichartiger Beleg storniert ist. Abbildung 5.47 zeigt ein

Beispiel. Belege 626 ist die ursprüngliche Eingangsrechnung. Diese wurde mit den Funktion **Abrechnen/Stornieren** aus dem Kontextmenü storniert und ist nun geschlossen. Das in der Rechnungskachel dargestellte Symbol eines durchgestrichenen Kreises signalisiert das. Die Rechnung, die zum Zweck des Stornos angelegt wurde, ist ebenfalls geschlossen, der Button signalisiert aber nun, dass es sich um einen Stornobeleg handelt.

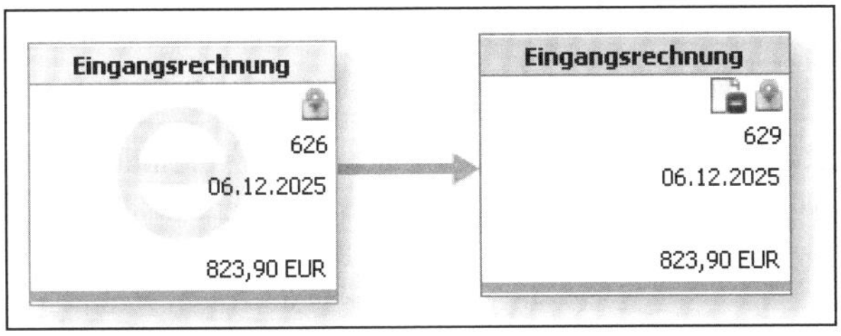

Abbildung 5.47: Eingangsrechnung und ihr Stornobeleg

Mithilfe der Dropdown-Liste im linken unteren Bereich des Fensters **Verknüpfungsplan** können Sie die Darstellungsform ändern. In Abbildung 5.46 wird die Form **Belegstruktur** dargestellt, darüber hinaus können Sie sich **Buchungsdetails**, **Zugehörige Artikel**, **Marketingbeleg: Referenzierte Belege** und **Belege: Zugehörige Rahmenverträge** darstellen lassen.

Klicken Sie abschließend auf den Button **OK**, um das Fenster zu schließen.

Das Modul **Einkauf** ist eng mit den Modulen **Lagerverwaltung** und **Finanzwesen** verknüpft. Dabei kommt es darauf an, ob es sich bei den in den Belegstufen verwendeten Artikeln um Lagerartikel oder Nicht-Lagerartikel handelt. Der Unterschied manifestiert sich darin, ob die Checkbox **Lagerartikel** im Fenster **Artikelstammdaten** markiert ist oder nicht. In Tabelle 5.3 sehen Sie die Auswirkung jeder einzelnen Belegstufe auf Lagerhaltung und Buchhaltung.

Belegstufe	Auswirkung auf Lagerhaltung (Menge)	Auswirkung auf Buchhaltung (Wert)
Bestellanforderung	keine	keine
Lieferantenanfrage	keine	keine
Bestellung	keine Lagerbewegung, Erhöhung der *bestellten* Menge, dadurch Erhöhung der verfügbaren Menge (siehe Fenster **Artikelstammdaten**, Registerkarte **Bestandsdaten**, Abschnitt 4.6, »Artikel«)	keine

Tabelle 5.3: Auswirkungen der Einkaufsbelege auf Lagermenge und Buchhaltung bei »Lagerartikeln«

Belegstufe	Auswirkung auf Lagerhaltung (Menge)	Auswirkung auf Buchhaltung (Wert)
Wareneingang	Erhöhung der Lagermenge Reduktion der bestellten Menge, die verfügbare Menge bleibt gleich	Erhöhung des Lagerwerts
Retoure	Verringerung der Lagermenge	Verringerung des Lagerwerts
Eingangsrechnung	keine Lagerbewegung, sofern Wareneingang davor, sonst Erhöhung der Lagermenge	Buchung der Verbindlichkeit gegenüber dem Lieferanten und Erhöhung des Lagerwerts (sofern kein Wareneingang davor)
Gutschrift	Verringerung der Lagermenge, sofern keine Retoure davor	Rückbuchung der Verbindlichkeit und Verringerung der Lagermenge (sofern keine Retoure davor)
Ausgangszahlung	keine Lagerbewegung	Ausgleich der Verbindlichkeit gegenüber dem Lieferanten, Verringerung der Zahlungsmittel

Tabelle 5.3: Auswirkungen der Einkaufsbelege auf Lagermenge und Buchhaltung bei »Lagerartikeln« (Forts.)

Die **Bestellung** wirkt sich nur auf eine Erhöhung der verfügbaren Menge, jedoch nicht auf eine Veränderung der Lagermenge aus. Die Menge wird reserviert, aber nicht gebucht. Aus diesem Grund ergibt sich auch keine Journalbuchung bei der Bestellung. Beim **Wareneingang** wird die tatsächliche Lagermenge gebucht, die wertmäßige Erhöhung (Menge + Preis = Lagerwert) in der Buchhaltung wird auf das Vorratskonto gebucht, wenn im Programmpunkt **Administration Allgemeine • Einstellungen • Firmendetails** auf der Registerkarte **Basisinitialisierung** die Checkbox **Kontinuierliche Bestandsführung verwenden** gesetzt ist. Andernfalls wird auf das Wareneinsatzkonto gebucht.

Die Belegstufe **Retoure** kehrt diesen Vorgang einfach um. Sollte kein Wareneingang erstellt und die Bestellung direkt in der Eingangsrechnung verarbeitet werden, erhöht sich die Lagermenge bzw. vollzieht sich die Buchung auf das Vorratskonto erst bei der Belegstufe **Eingangsrechnung**. Dabei erfolgt bei vorheriger Erstellung der Eingangsrechnung nur noch die wertmäßige Buchung der Verbindlichkeit beim Lieferanten. Bei der **Gutschrift** wird sowohl der Vorgang des Wareneingangs als auch der Eingangsrechnung (teilweise) umgekehrt. Das bedeutet, die Verbindlichkeit beim Lieferanten wird ausgeglichen, die Lagermenge wird verringert und der Lagerwert auf das Vorratskonto rückgebucht. Die

Ausgangszahlung gleicht die Verbindlichkeit an den Lieferanten aus, dies hat keinen Einfluss auf die wert- und mengenmäßige Lagerführung. Eine Übersicht über die automatischen Journalbuchungen in der Einkaufskette erhalten Sie in Abschnitt 12.2, »Buchungskreislauf«.

Ein wichtiges Thema ist die buchhalterische Behandlung von Preisdifferenzen im Einkauf.

[zB]

Verrechnung zum tagesaktuellen Preis

Sie bestellen 100 Stück Monitore zum Stückpreis von 279,00 EUR. Mit demselben Preis werden diese in der Belegstufe **Wareneingang** auf das Lager gebucht. In der Zwischenzeit erhöht sich jedoch der Preis auf 289,00 EUR, und Sie haben mit Ihrem Lieferanten eine Verrechnung zum tagesaktuellen Preis vereinbart. Die Differenz zwischen diesen beiden Preisen von *10,00 EUR × 100 Stück = 1.000,00 EUR* wird von SAP Business One automatisch in der Lagerbuchhaltung berücksichtigt. Für die Buchung der Eingangsrechnung mit einer Preisdifferenzen wird dann bei *kontinuierlicher Bestandsführung* wieder das Bestandskonto herangezogen. Es wird also nicht nur das Wareneingangsverrechnungskonto im *Soll* entlastet, sondern auch der nun höhere Bestand ebenfalls im *Soll* gebucht.

Tabelle 5.4 zeigt die Auswirkungen der einzelnen Einkaufsbelege von Nicht-Lagerartikeln auf die Buchhaltung.

Belegstufe	Auswirkungen auf Buchhaltung
Bestellanforderung	keine
Lieferantenanfrage	keine
Bestellung	keine
Eingangsrechnung	Buchung der Verbindlichkeit gegenüber dem Lieferanten
Gutschrift	Rückbuchung der Verbindlichkeit gegenüber dem Lieferanten
Ausgangszahlung	Ausgleich der Verbindlichkeit gegenüber dem Lieferanten, Verringerung der Zahlungsmittel

Tabelle 5.4: Auswirkungen der Einkaufsbelege auf Buchhaltung bei »Nicht-Lagerartikeln«

Bei einem Nicht-Lagerartikel entfallen alle mengen- und wertmäßigen Bewegungen in der Lagerverwaltung. Aus diesem Grund entfällt die FiBu-Buchung in der Belegstufe **Wareneingang** und der korrelierenden Retoure komplett. Bei den restlichen Belegstufen (mit Ausnahme der Bestellung) wird die Buchung der Verbindlichkeit entsprechend automatisch angestoßen.

Eine Sonderstellung innerhalb der Belegkette im Einkauf nimmt die Einkaufsvorausrechnung ein. Wenn Ihr Lieferant Ihnen eine Vorausrechnung erstellt, wird die klassische Belegkette im Einkauf gewissermaßen umgekehrt. Dementsprechend gestaltet sich die Belegkette im Einkauf mit der Vorausrechnung wie in Abbildung 5.48.

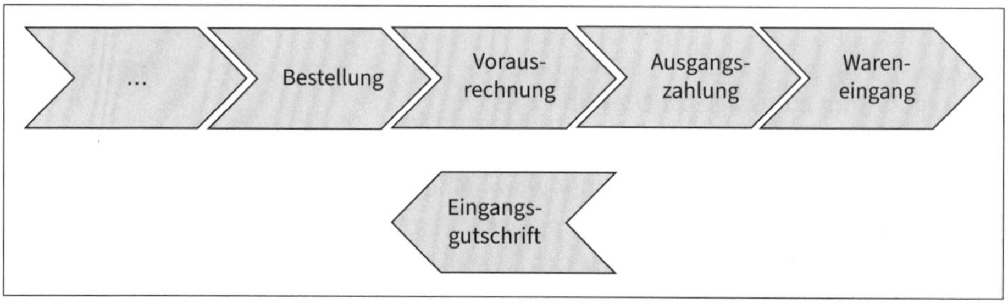

Abbildung 5.48: Belegkette im Einkauf mit Vorausrechnung

Der Unterschied zur »klassischen« Belegkette im Einkauf liegt darin, dass nach der Bestellung zunächst sofort die Vorausrechnung folgt und erst dann der Wareneingang auf das Lager. Die Vorausrechnung kann mit der Gutschrift umgekehrt werden. Mit dem Wareneingang und der Ausgangszahlung, also der Zahlung der Vorausrechnung, ist der Einkaufsprozess abgeschlossen. Der Verknüpfungsplan in Abbildung 5.49 zeigt, wie diese Belegkette in SAP Business One konkret aussieht.

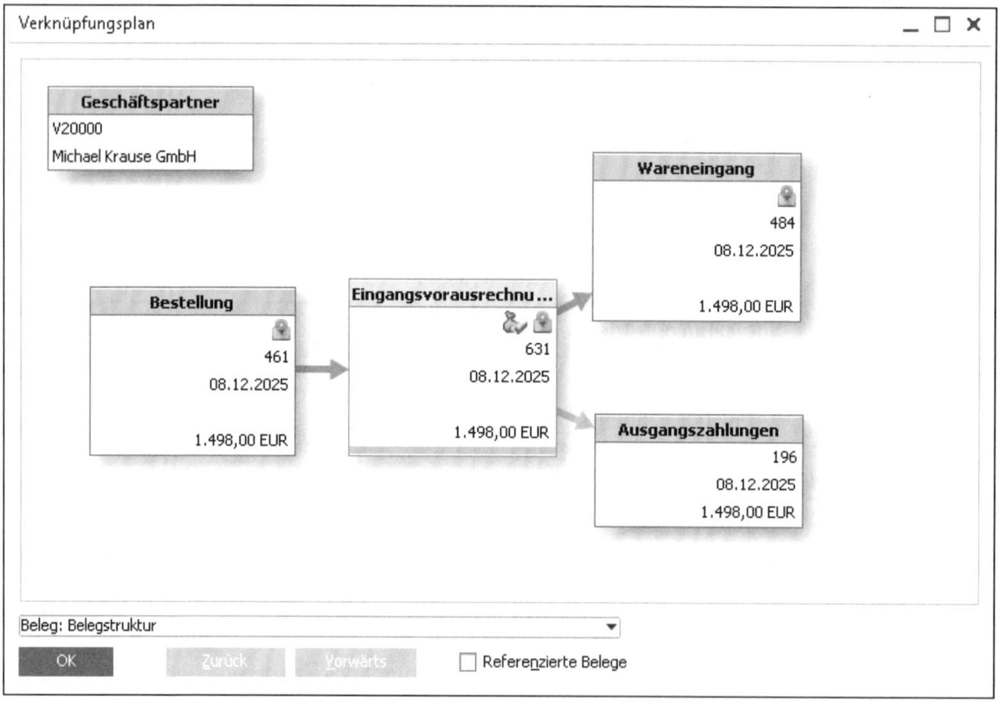

Abbildung 5.49: Typische Belegkette bei Eingangsvorausrechnung

In der Praxis ist es durchaus üblich, dass die Lieferung von Ihrem Lieferanten, also der Wareneingang, erst nach geleisteter Ausgangszahlung erfolgt.

Als Varianten der Vorausrechnung bietet SAP Business One die **Einkaufsanzahlungsanforderung** (**Ankauf Anzahlungsanforderung**) und die **Einkaufsanzahlungsrechnung** (**Ankauf Anzahlungsrechnung**). SAP Business One ist in der Benennung dieser Transaktionen nicht absolut konsistent und nennt die Transaktionen im Menü anders als in der Funktion **Kopieren nach** (die Bezeichnungen in Klammern sind jene aus **Kopieren nach**).

Die drei verwandten Transaktionen unterscheiden sich in einigen Bereichen:

- Wie unterscheidet sich die Kontierung der FiBu-Buchung?
- In der Einordnung in der Belegkette – wie kann die Transaktion aus ihren Vorläufern erzeugt werden, wie wird sie mit ihren Nachfolgern verbunden?
- Kann sie einen Teil der Bestellsumme umfassen, oder muss die Anzahlung 100 % betragen?
- Wann kann die Vorsteuer abgezogen werden?

Wie Sie sehen, ist das Thema vielfältig und hat auch einiges mit dem Thema der Ordnungsmäßigkeit der Buchführung zu tun. Wählen Sie also die für Sie richtige Transaktion in Abstimmung mit Ihrem Key-User, Ihrem Steuerberater und Ihrem Consultant.

[+]

Vorausrechnung nur mit Belegart »Artikel« möglich

Eine Vorausrechnung kann nur mit der Belegart **Artikel** erstellt werden, da nur in diesem Fall das Umkehren der Belegkette sinnvoll ist. Im Fall eines Servicebelegs existiert kein Wareneingang, und somit kann auch lediglich eine Eingangsrechnung angelegt werden. Allerdings sind für Servicebestellungen die Transaktionen **Einkaufsanzahlungsanforderung** bzw. **Einkaufsanzahlungsrechnung** sehr wohl möglich.

In SAP Business One besteht darüber hinaus die Möglichkeit, eine Rechnung zu erstellen, die nur den Steuerbetrag der enthaltenen Artikel enthält. Diese wird in der Regel im Einkauf erstellt, z. B. für zollrelevante Angelegenheiten. Dazu blenden Sie die Spalte **Nur Steuer** über den Button (**Formulareinstellungen**) ein. Markieren Sie in der Spalte **Nur Steuer** jede Zeile, bei der nur der Steuerbetrag auf der Rechnung erscheinen soll. Alle Zeilen, die hier nicht markiert werden, werden als übliche Artikelzeilen behandelt.

5.5 Bestellanforderung

Die *Bestellanforderung* ist im Grunde genommen ein Beleg, der für interne Zwecke verwendet wird. Ziel ist es, alle Beschaffungsvorgänge im Unternehmen über die Mitarbeiter zu initiieren und z. B. durch die Einkaufsabteilung abzuwickeln. Dementsprechend wird die Bestellanforderung in der Regel von einem Mitarbeiter aus den einzelnen Fachabteilungen verwendet. Der Einkaufsmitarbeiter übernimmt ab der Belegstufe **Lieferantenanfrage**. Die weiteren Belegstufen werden gemäß der internen Organisation durch Einkauf, Lager und Buchhaltung abgewickelt.

Die Bestellanforderung im Modul **Einkauf** ist ähnlich aufgebaut wie jeder Einkaufsbeleg. Der große Unterschied ist, dass anstelle des Lieferanten automatisch der Ersteller des Belegs (= der Mitarbeiter) vorgeschlagen wird. Der Lieferant kommt erst ab der Belegstufe **Lieferantenanfrage** hinzu; es soll ja in der Einkaufsabteilung ganz allgemein eine Ware oder eine Dienstleistung angefragt werden; die Wahl der Bezugsquelle ist Sache der Einkaufsabteilung

Die folgenden Felder sind in den Kopfdaten zusätzlich zu einem üblichen Einkaufsbeleg für die Bestellanforderung relevant (siehe Abbildung 5.50).

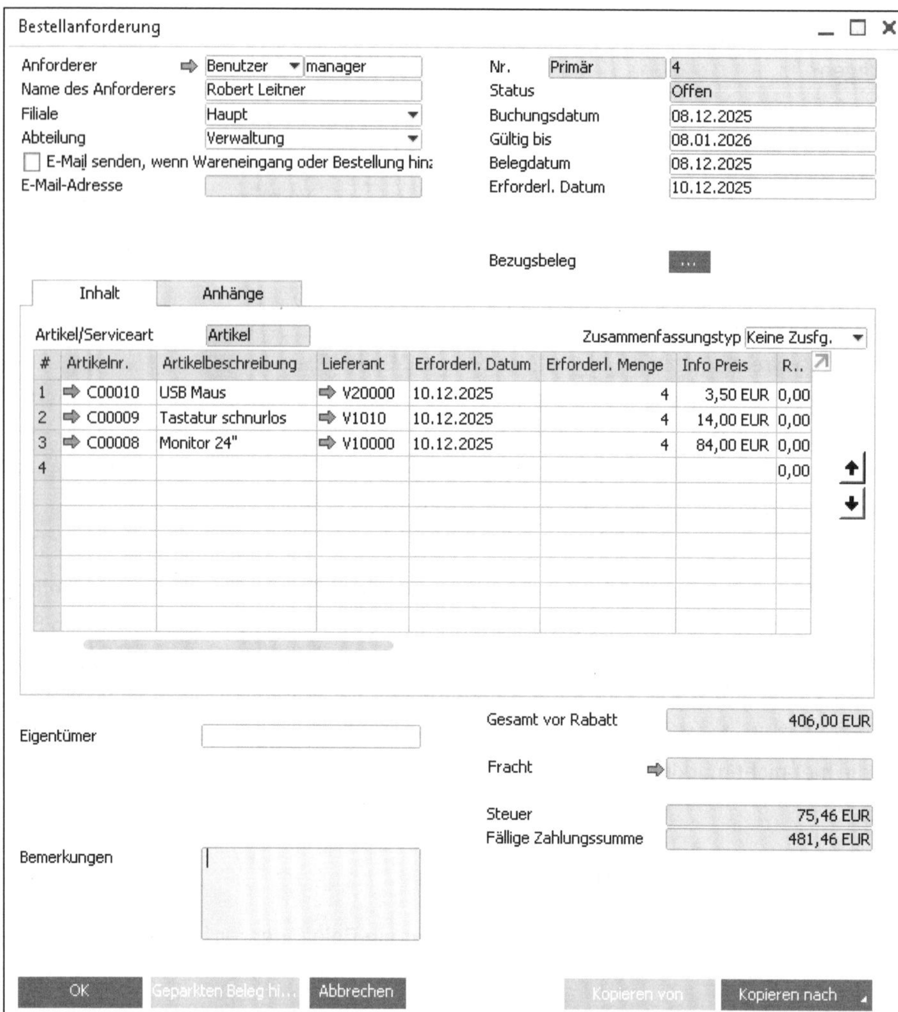

Abbildung 5.50: Bestellanforderung

- **Dropdown-Liste »Anforderer«**
  Der **Anforderer** ist jener Mitarbeiter, der einen Materialbedarf hat. Dies kann in SAP Business One ein angelegter Benutzer oder Mitarbeiter sein. Wählen Sie dementsprechend den Eintrag **Benutzer** oder **Mitarbeiter** aus der Dropdown-Liste aus. Anschließend wählen Sie den gewünschten Benutzer oder Mitarbeiter aus der Auswahlliste aus. Standardmäßig wird der Benutzer vorgeschlagen, der die Bestellanforderung anlegt (siehe Benutzer »Robert Leitner« in Abbildung 5.50).
- **Felder »Name des Anforderers«, »Filiale« und »Abteilung«**
  Diese Felder werden automatisch anhand des ausgewählten Benutzers oder Mitarbeiters gefüllt, falls sie dort definiert sind.
- **Checkbox »E-Mail senden, wenn Wareneingang oder Bestellung hinzugefügt wird«**
  Markieren Sie diese Checkbox, wird der Benutzer oder Mitarbeiter automatisch von SAP Business One per E-Mail benachrichtigt, sobald der Beschaffungsvorgang mit einer Bestellung oder einem Wareneingang in Gang gesetzt wurde.
- **Feld »E-Mail-Adresse«**
  Das Feld **E-Mail-Adresse** wird automatisch anhand des ausgewählten Benutzers oder Mitarbeiters befüllt.
- **Feld »Erforderl. Datum«**
  Geben Sie im rechten oberen Bereich des Fensters das Datum ein, bis zu dem die angeforderte Ware bzw. das Material im Lager sein soll.

In der Belegmitte der Bestellanforderung sind die folgenden Felder relevant (siehe Abbildung 5.50):

- **Feld »Lieferant«**
  Standardmäßig wird in diesem Feld der bevorzugte Lieferant aus den **Artikelstammdaten** (Registerkarte **Einkauf**) vorgeschlagen. Der Lieferant ist jener Geschäftspartner, bei dem die angeforderte Ware bzw. das Material in weiterer Belegfolge angefragt bzw. auch bestellt wird. Ändern Sie ihn bei Bedarf.
- **Feld »Erforderl. Datum«**
  Das erforderliche Datum, das Sie in den Kopfdaten eingegeben haben, wird nach einer Hinweismeldung in die Belegzeilen kopiert.
- **Feld »Erforderl. Menge«**
  Geben Sie hier für jeden Artikel die vom Mitarbeiter benötigte Menge ein.
- **Feld »Info Preis«**
  Dieser Preis hat einen Informationscharakter und wird anhand des ausgewählten Lieferanten und der Preisliste vorgeschlagen, die diesem zugeordnet ist.

Klicken Sie abschließend auf den Button **Hinzufügen**, um die Bestellanforderung anzulegen.

Im Gegensatz zu den Belegstufen, die Sie bisher kennengelernt haben, können Sie in der Bestellanforderung lediglich auf die Registerkarte **Anhänge** zugreifen, um Dateien an die Bestellanforderung anzuhängen. Daten, die Sie in anderen Belegstufen z. B. auf den Registerkarten **Logistik** und **Buchhaltung** finden, sind in dieser Belegstufe noch nicht relevant und werden daher vom Programm nicht angeboten.

Die Bestellanforderungen, die in allen Teilen des Unternehmens erstellt werden, können anschließend von den Einkaufsmitarbeitern bearbeitet werden. Diese können nun mehrere Lieferantenanfragen und schließlich Bestellungen anlegen.

Eine Übersicht erhalten Sie – wie für jede Belegstufe – in den offenen Belegen unter **Einkauf • Einkaufsberichte • Offene Belege**. Wählen Sie den Eintrag **Bestellanforderung** aus der Dropdown-Liste im rechten oberen Bereich aus, und Sie erhalten eine Übersicht aller zu bearbeitenden Bestellanforderungen. Darüber hinaus ist die Bestellanforderung ein Bedarfsauslöser, der in der Materialbedarfsplanung mitberücksichtigt werden kann. Siehe dazu Abschnitt 9.3, »Dispositionsassistent«.

5.6 Lieferantenanfrage

Die *Lieferantenanfrage* ist nach der Bestellanforderung der nächste Schritt im Beschaffungsvorgang. Nachdem mit der Bestellanforderung der Bedarf an Ware bzw. Material festgelegt wurde, gilt es, mit mehreren Lieferantenanfragen an verschiedene Lieferanten das beste Angebot zu ermitteln. Aus diesem Grund ist die Bestellanforderung technisch derart gestaltet, dass sie mehrfach in Lieferantenanfragen verarbeitet werden kann. Außerdem steht Ihnen im Modul **Einkauf** ein Erstellungsassistent für Lieferantenanfragen zur Verfügung, der ebenfalls in diesem Abschnitt behandelt wird.

Die Lieferantenanfrage ähnelt sehr stark der Bestellung und übernimmt die meisten Daten aus der Bestellanforderung, wie in Abbildung 5.51 zu sehen ist. Die Angebotsmenge, der Stückpreis und der Rabatt sind zum Zeitpunkt der Erzeugung der Lieferantenanfrage naturgemäß leer, sie sollen ja vom Lieferant übermittelt werden.

Darüber hinaus steht Ihnen im linken Bereich der Belegkopfdaten das Feld **Gruppennr.** zur Verfügung. Hier können Sie eine Nummer angeben, um mehrere Lieferantenanfragen zu einer Gruppe zusammenzufassen. Öffnen Sie dazu die Auswahlliste neben der Gruppennummer, und wählen Sie eine bereits bestehende Gruppennummer aus oder vergeben Sie eine manuelle Gruppennummer. Dadurch haben Sie ein verknüpfendes Element zu einer Bestellanforderung, die Sie an mehrere Lieferanten schicken. Falls Sie keine Gruppennummer auswählen, wird sie gemäß der definierten Nummerierungsserie fortlaufend hochgezählt.

Abbildung 5.51: Lieferantenanfrage

Wenn Sie nun eine Lieferantenanfrage aus einer Bestellanforderung erstellen, werden Sie erkennen, dass der Status der Bestellanforderung immer auf **Offen** bleibt. Sie haben in diesem Zusammenhang die Möglichkeit, dieselbe Bestellanforderung mehrmals in eine Lieferantenanfrage zu »schieben« oder zu »ziehen«. Dies zeigt der Verknüpfungsplan in Abbildung 5.52. Um den Verknüpfungsplan zu öffnen, klicken Sie mit der rechten Maustaste auf die Lieferantenanfrage und wählen die Option **Verknüpfungsplan** aus dem Kontextmenü aus.

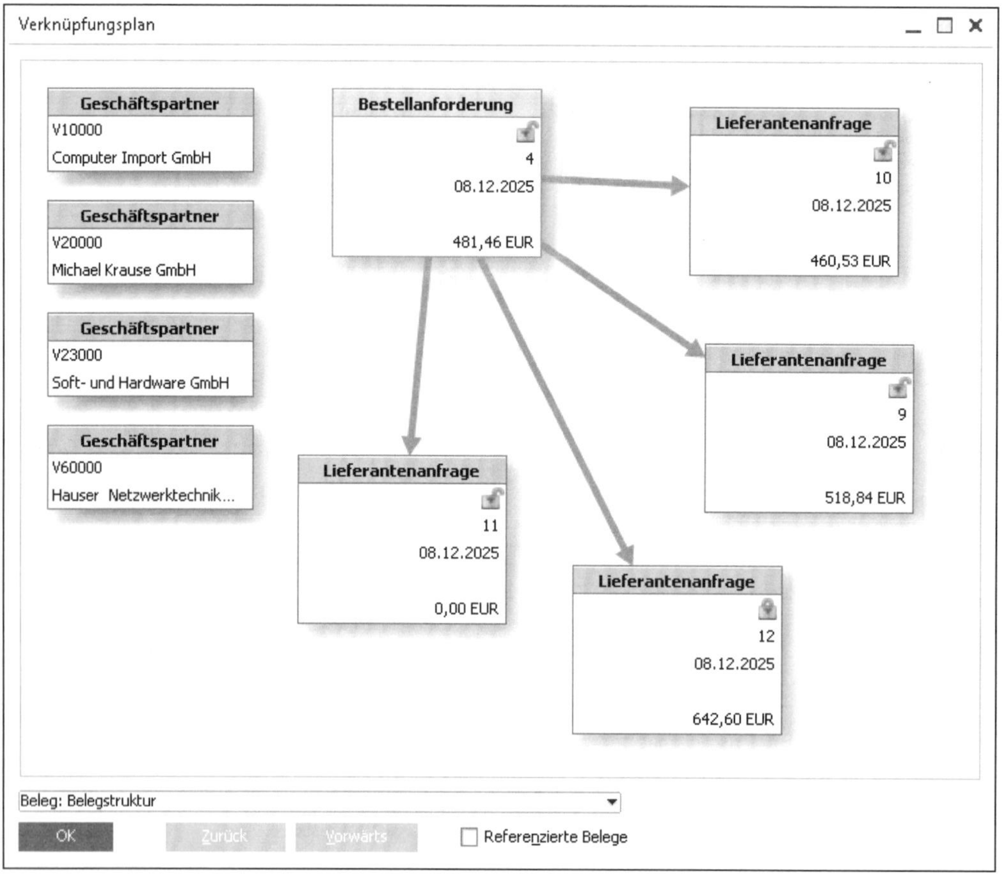

Abbildung 5.52: Verknüpfungsplan für mehrere Lieferantenanfragen zu einer Bestellanforderung

Es ist gut zu erkennen, dass aus der Bestellanforderung 4 die Lieferantenanfragen 9 bis 11 erstellt wurden. Die Lieferantenanfrage 12 wurde nicht nur erstellt, sondern – vermutlich wegen des zu hohen Preises – auch schon wieder geschlossen (). Die Preisinformation von Lieferantenanfrage 11 steht noch aus.

Nachdem mehrere Lieferantenanfragen erstellt und an die entsprechenden Lieferanten übermittelt wurden, gilt es nun – als nächste Aufgabe des Einkaufs –, die Angebote miteinander zu vergleichen. Dazu rufen Sie nacheinander die bereits angelegten Lieferantenanfragen auf und erfassen die Daten aus den Angeboten. Dies betrifft im Wesentlichen die folgenden Felder in den Lieferantenanfragen wie in Abbildung 5.51 abgebildet (sollten Felder nicht sichtbar sein, blenden Sie diese über die **Formulareinstellungen** ein):

- **Feld »Angebotsdatum«**
  Das Angebotsdatum wird vom Programm als das Datum aufgefasst, das der Lieferant als Lieferdatum für den angefragten Artikel angibt.

- **Feld »Angebotsmenge«**
  Die Angebotsmenge ist die Menge, die der Lieferant in seinem Angebot anbietet. Im Idealfall entspricht sie der erforderlichen Menge, sie kann jedoch z. B. aufgrund geringer Lagerbestände, vorgegebener Verpackungsgrößen etc. von der erforderlichen Menge abweichen.
- **Feld »Stückpreis«**
  Der Stückpreis ist der vom Lieferanten angebotene Preis für den Artikel.

Klicken Sie abschließend auf den Button **Aktualisieren**, um die hinzugefügten Daten zu speichern.

Ein übersichtliches Instrument zum Angebotsvergleich bietet SAP Business One mit dem Einkaufsbericht **Lieferantenanfragevergleich** (unter **Einkauf • Einkaufsberichte**). Starten Sie ihn, und schränken Sie die Auswahlkriterien nach den Feldern **Artikel**, **Lieferant**, **Belegnummer**, **Gruppennr.** oder **Erforderl. Datum** ein. Alternativ dazu rufen Sie eine der gegenständlichen Lieferantenanfragen auf, klicken mit der rechten Maustaste auf das Belegfenster und wählen den Eintrag **Lieferantenanfragevergleich** aus dem Kontextmenü aus. SAP Business One zeigt automatisch alle Lieferantenanfragen für den angefragten Artikel an (siehe Abbildung 5.53). Hier wird klar erkennbar, dass eine Gruppierung nach manuellen Gruppennummern vorteilhaft sein kann, um zusammengehörige Lieferantenanfragen zusammenzufassen.

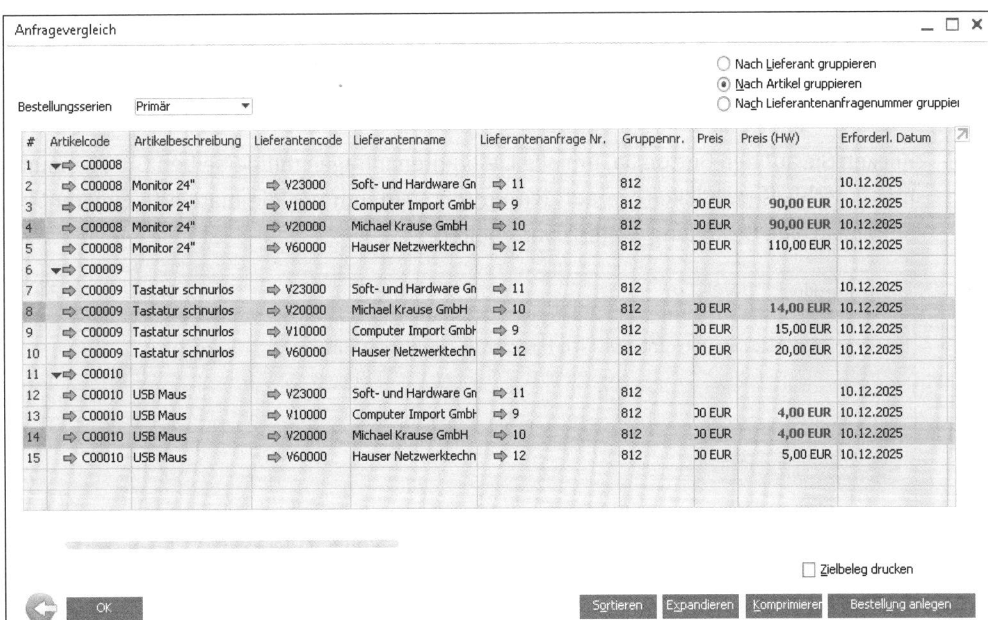

Abbildung 5.53: Lieferantenanfragevergleich

Mit der Optionsgruppe im rechten oberen Bereich können Sie **Nach Artikel gruppieren** (wie in Abbildung 5.53 dargestellt) oder **Nach Lieferant gruppieren** bzw. **Nach Lieferantenanfragenummern gruppieren**. Im rechten unteren Bereich haben Sie zudem die Möglichkeit, alle angezeigten Artikel/Lieferanten mit einem Klick auf den gleichnamigen Button zu expandieren und die Details anzuzeigen bzw. zu komprimieren und die Details zu verbergen. Klicken Sie auf den Button **Sortieren**, um im nun geöffneten Fenster die Liste nach **Stückpreis**, **Angebotsdatum**, **Angebotsmenge** oder **Betrag** zu sortieren.

Der geringste Stückpreis und das früheste Angebotsdatum werden dabei farblich hervorgehoben – in diesem Fall sind rot markierte Elemente jene mit den vorteilhaftesten Eigenschaften. Im Beispiel in Abbildung 5.53 zeigt sich, dass bei allen drei Artikeln der Lieferant V20000 das günstigste Angebot abgegeben hat. Auch der Angebotstermin kann ein entscheidendes Kriterium darstellen, da er jedoch bei allen drei Lieferanten gleich ist, wird aller Voraussicht nach dieser Lieferant den Zuschlag erhalten.

Um das beste Angebot in eine Bestellung weiterzuverarbeiten, rufen Sie die gewünschte Lieferantenanfrage auf, klicken auf den Button **Kopieren nach** und wählen den Eintrag **Bestellung** aus der Werteliste aus. Anschließend klicken Sie im nun geöffneten Fenster **Bestellung** auf den Button **Hinzufügen**, um die Bestellung anzulegen.

Alternativ dazu haben Sie die Möglichkeit, die Bestellung direkt aus dem Fenster **Lieferantenanfragevergleich** heraus zu erstellen. Dazu markieren Sie alle gewünschten Artikel oder die dazugehörigen Lieferanten und klicken im rechten unteren Bereich auf den Button **Bestellung anlegen**. SAP Business One fragt mit einer Hinweismeldung, ob noch weitere Lieferantenanfragen mit derselben Gruppennummer geschlossen werden sollen (siehe Abbildung 5.54).

Klicken Sie auf den Button **Ja**, um alle Lieferantenanfragen mit derselben Gruppennummer zu schließen. Klicken Sie auf den Button **Nein**, um nur die markierte Lieferantenanfrage in eine Bestellung weiterzuverarbeiten.

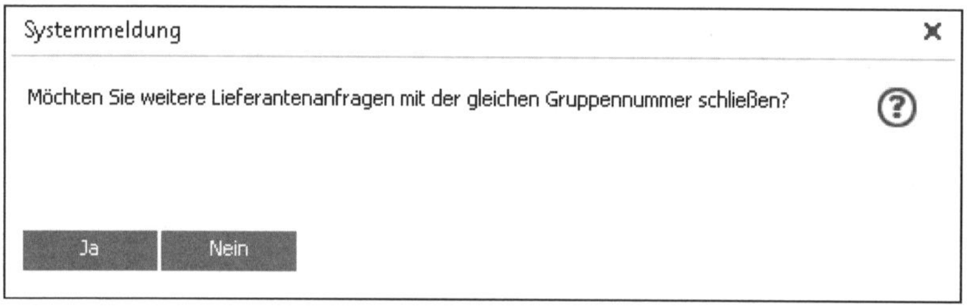

Abbildung 5.54: Hinweismeldung beim Anlegen einer Bestellung aus dem Lieferantenanfragevergleich

Sobald eine Bestellung für alle Artikel aus den verschiedenen Lieferantenanfragen angelegt wurde, werden alle noch offenen Lieferantenanfragen sofort geschlossen. Dies illustriert Abbildung 5.55, die den Verknüpfungsplan der nun bestellten drei Artikel zeigt.

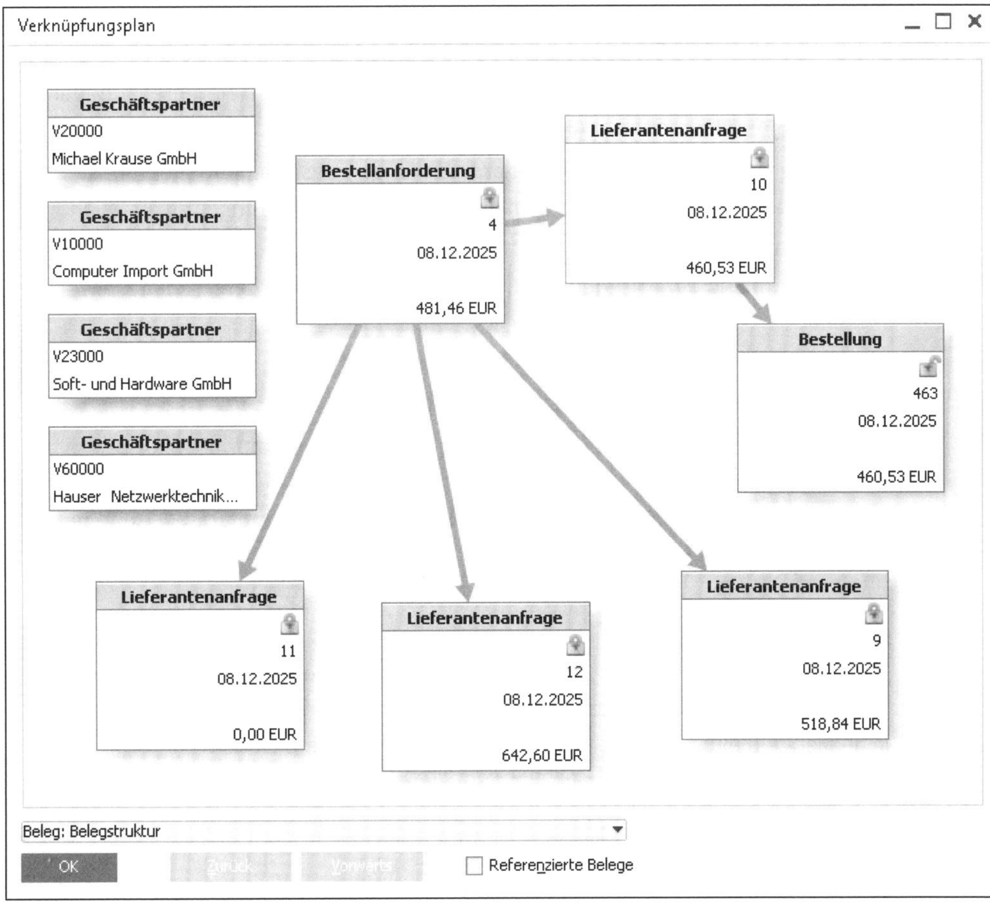

Abbildung 5.55: Verknüpfungsplan nach Bestellung der Artikel

Es zeigt sich, dass aus der Lieferantenanfrage 10 die Bestellung 463 erzeugt wurde. Die Schloss-Buttons sind in allen Lieferantenanfragen geschlossen, d. h., der Status aller Lieferantenanfragen ist **Geschlossen**.

Ein weiteres Instrument, das den Beschaffungsprozess effizienter gestaltet, ist der *Erstellungsassistent für Lieferantenanfragen* im Modul **Einkauf**. Dieser kann entweder auf bereits vorhandenen Bestellanforderungen basieren oder auf zu beschaffenden Artikeln. Dabei müssen Sie die folgenden sieben Schritte durchlaufen:

1. **Belegerstellungsoptionen**
   Wählen Sie die Option **Neue Parametergruppe**, und vergeben Sie einen Gruppennamen und eine Beschreibung, oder wählen Sie die Option **Bestehende Parametergruppe** aus der Liste aus. Klicken Sie generell auf den Button **Abbrechen**, um den Assistenten ohne Speichern zu beenden. Klicken Sie auf den Button **Zurück**, um zum vorangegangenen Schritt zu springen. Indem Sie auf den Button **Weiter** klicken, können Sie zum nächsten Schritt springen.

2. **Auswahlkriterien**
   In diesem Schritt können Sie zwischen zwei Optionen auswählen:
   - Wählen Sie die Option **Auf Artikel basieren**, um mehrere Lieferantenanfragen auf Basis eines oder mehrerer Artikel zu erstellen.
   - Wählen Sie die Option **Auf Bestellanforderungen basieren**, um mehrere Lieferantenanfragen auf Basis einer oder mehrerer Bestellanforderungen zu erstellen.

   Wenn Sie die zweite Option wählen, können Sie im nächsten Schritt die Bestellanforderungen anhand der Kriterien **Datum**, **Belegnummer**, **Anforderer**, **Filiale**, **Abteilung**, **Projekt** oder **Artikel** einschränken.

[»]

Erstellungsassistent von Lieferantenanfragen

In weiterer Folge erklären wir die Erstellung der Lieferantenanfragen auf Basis von Artikeln. Die Erstellung auf Basis von Bestellanforderungen funktioniert analog und wurde in anderer Form bereits beim manuellen Anlegen von Lieferantenanfragen in diesem Abschnitt vorgestellt.

3. **Artikel auswählen**
   Wählen Sie in der Tabellenstruktur die zu beschaffenden Artikel aus. Geben Sie darüber hinaus pro Artikel das erforderliche Datum (Feld **Erforderl. Datum**), die erforderliche Menge (Feld **Erforderl. Menge**) sowie bei Bedarf eine einheitliche Gruppennummer (Feld **Gruppennr.**) und ein Gültigkeitsdatum im Feld **Gültig bis** an (siehe Abbildung 5.56).

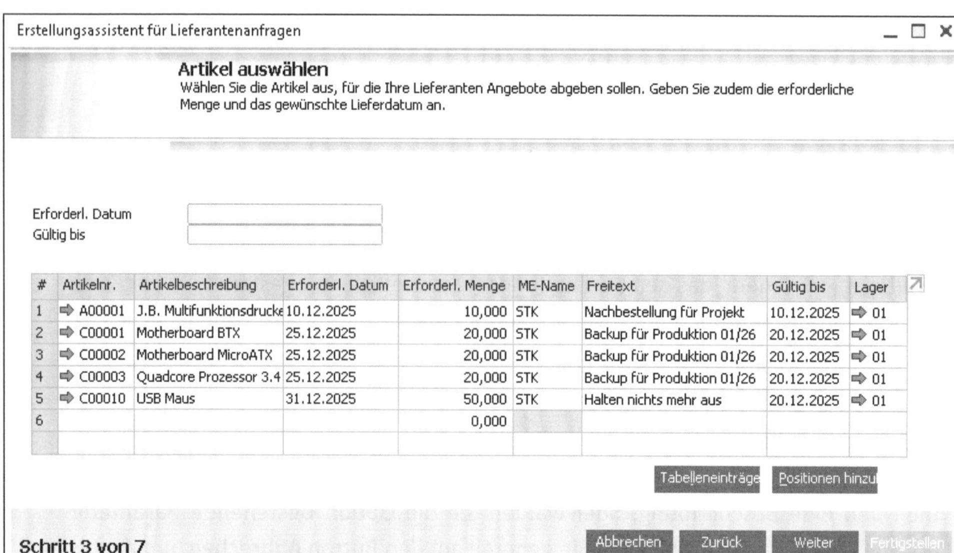

Abbildung 5.56: Erstellungsassistent für Lieferantenanfragen – Schritt 3

4. **Positionen für Lieferantenanfrage auswählen**
   In diesem Schritt wird zu jedem Artikel der bevorzugte Lieferant aus den Artikelstammdaten angezeigt. Falls kein Lieferant angezeigt wird, können Sie an dieser Stelle einen Lieferanten eingeben bzw. den vorgeschlagenen abändern. Markieren Sie außerdem die Checkbox **Geparkten Beleg anlegen**, wenn die Lieferantenanfragen nicht gleich angelegt, sondern nur geparkt werden sollen. Sie können durch Klick auf die rechte Maustaste in der ersten Spalte (Zeilennummer) das Kontextmenü öffnen und für den jeweiligen Lieferanten hier noch zusätzliche Artikelzeilen hinzufügen. So erreichen Sie, dass für einen Artikel mehrere Lieferantenanfragen erzeugt werden und Sie einen Vergleich über verschiedene Angebote erhalten. Wenn Sie alle gewünschten Artikel eingegeben haben, markieren Sie die Zeilen, die in Lieferantenbestellungen aufgenommen werden sollen, indem Sie in die erste Spalte klicken. Wenn Sie das in einer Zeile tun, in der nur der Lieferant angezeigt wird, markieren Sie alle darunterliegenden Artikelzeilen dieses Lieferanten (siehe Abbildung 5.57).

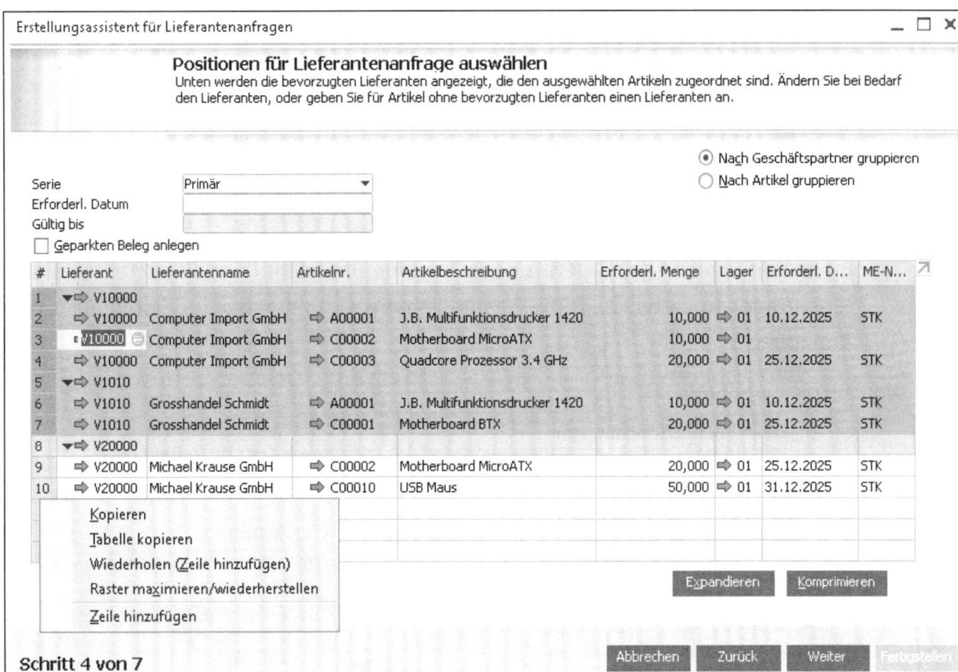

Abbildung 5.57: Auswählen der anzufragenden Artikel

5. **Ergebnisvorschau**
   In diesem Schritt werden die zu erstellenden Lieferantenanfragen nochmals in einer Vorschau angezeigt, damit Sie sie besser kontrollieren können.

6. **Speicher- und Ausführoptionen**
   In diesem Schritt geben Sie an, was im abschließenden Schritt geschehen soll. Folgende Optionen stehen Ihnen zur Verfügung:

- Die Option **Ausführen** legt die Lieferantenanfragen an, aber speichert die Parameter nicht.
- Die Option **Parametergruppe speichern und ausführen** legt die Lieferantenanfragen an und speichert die Parameter zur Wiederverwendung.
- Die Option **Parametergruppe speichern und beenden** legt die Lieferantenanfragen nicht an, speichert jedoch die Parameter zur späteren Verwendung.

Darüber hinaus können Sie bei einem auftretenden Fehler zwischen den Optionen **Ausführung beenden** oder **Lieferant überspringen** wählen. Klicken Sie auf den Button **Weiter**, und Sie erhalten eine Hinweismeldung wie in Abbildung 5.58.

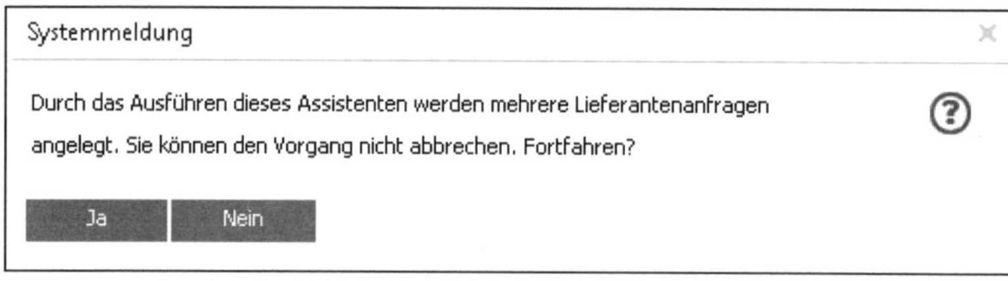

Abbildung 5.58: Hinweismeldung vor dem Anlegen der Lieferantenanfragen

Bestätigen Sie die Hinweismeldung mit dem Button **Ja**, werden die Lieferantenanfragen angelegt.

7. **Zusammenfassungsbericht**
   Im letzten Schritt zeigt SAP Business One eine Übersicht über die erstellten Lieferantenanfragen und etwaige Hinweis- und Fehlermeldungen bei der Erstellung an (siehe Abbildung 5.59).

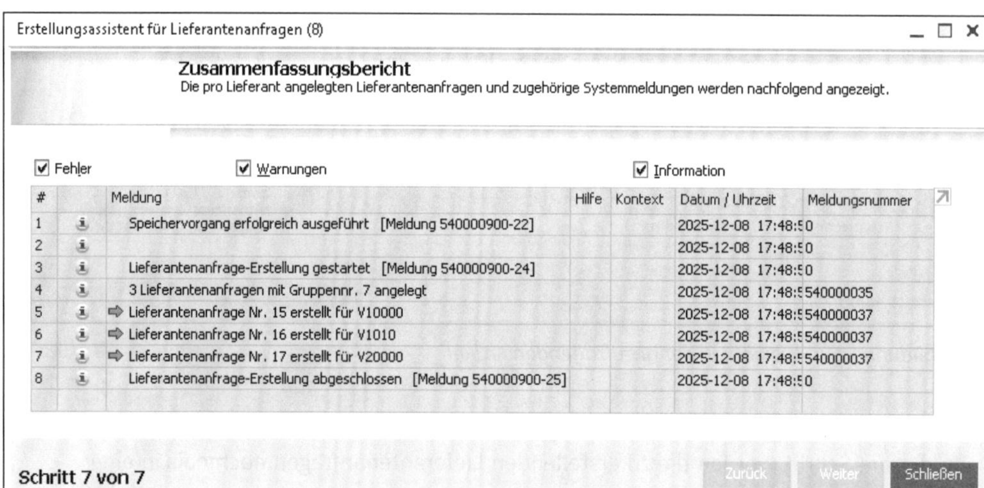

Abbildung 5.59: Erstellungsassistent für Lieferantenanfragen – Schritt 7

Klicken Sie nun auf den Button **Schließen**, um den Erstellungsassistenten zu beenden.

5.7 Berichte im Einkauf

SAP Business One bietet Berichte im Modul **Einkauf**, die mit einer Vielzahl von Auswahlkriterien versehen sind. Im Folgenden stellen wir diese Berichte mit den möglichen Auswahlkriterien vor.

Die **Einkaufsanalyse** finden Sie unter **Einkauf • Einkaufsberichte • Einkaufsanalyse**. Sie stützt sich grundsätzlich auf die Einkaufsbelege Eingangsrechnung, Bestellung und Wareneingang. Sie haben die Möglichkeit, die Analyse aus drei verschiedenen Blickwinkeln zu starten: mit Sicht auf Lieferanten, Artikel oder Vertriebsmitarbeiter. Das Fenster **Einkaufsanalyse – Auswahlkriterien** bietet drei entsprechend bezeichnete Registerkarten an, wie Abbildung 5.60 zeigt.

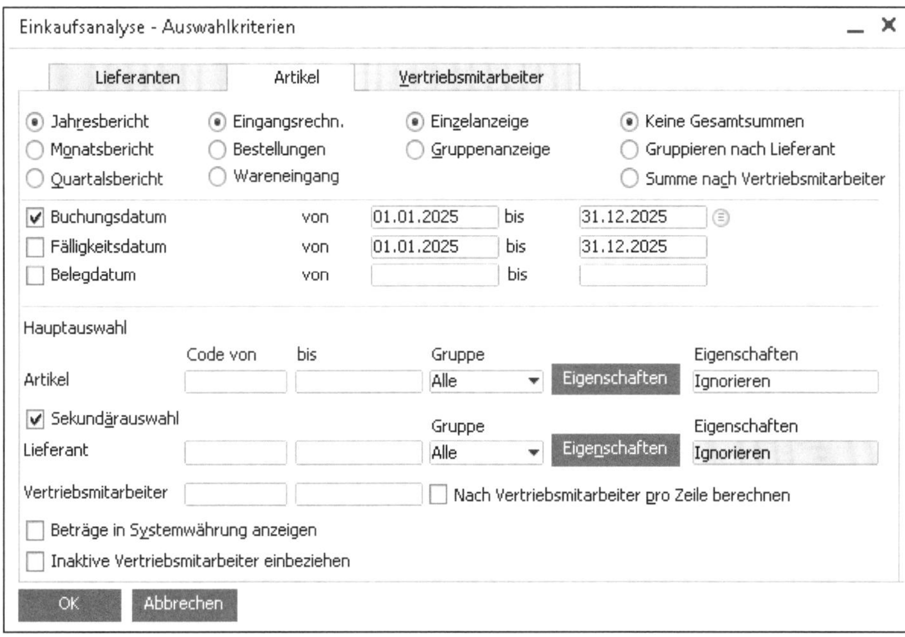

Abbildung 5.60: Fenster »Einkaufsanalyse – Auswahlkriterien«

Die Auswahlkriterien der drei Registerkarten sind beinahe gleich, die Registerkarte **Artikel** enthält jedoch einige zusätzliche Auswahlkriterien, weswegen wir auf diese Registerkarte näher eingehen. Die Auswahlkriterien berücksichtigen folgende Aspekte (in der Reihenfolge von oben nach unten und von links nach rechts):

- **Betrachtungszeitraum**
  Wählen Sie, ob Sie die Daten auf Monats-, Quartals- oder Jahresbasis betrachten möchten.
- **Belegstufe**
  Wählen Sie, ob Sie die Daten auf Basis der Bestellungen, der Wareneingänge oder der Eingangsrechnung betrachten möchten.

- **Optionsfelder »Einzelanzeige« und »Gruppenanzeige«**
  Mit der Option **Einzelanzeige** betrachten Sie Daten zu den einzelnen Artikeln. Mit der Option **Gruppenanzeige** werden die Daten auf Basis der Artikelgruppe gezeigt.
- **Weitere Gruppierungen**
  Mit der Optionsgruppe im rechten oberen Bereich werden die beiden anderen Sichten **Lieferant** und **Vertriebsmitarbeiter** in die Artikelsicht einbezogen. Mit der Option **Gruppieren nach Lieferant** werden die angezeigten Daten (Artikel oder Artikelgruppen) zusätzlich nach dem Lieferanten aufgeteilt, bei dem diese Artikel (bzw. Artikelgruppen) eingekauft wurden. Mit der Option **Summe nach Vertriebsmitarbeiter** erfolgt die gleiche Aufteilung nach Vertriebsmitarbeitern. Mit der Option **Keine Gesamtsummen** erfolgt keine Gruppierung, und es wird keine Gesamtsumme erstellt.
- **Checkboxen »Buchungsdatum«, »Fälligkeitsdatum« und »Belegdatum«**
  Geben Sie hier einen Zeitraum an, für den Sie die Daten betrachten möchten. Wählen Sie über die Checkbox ganz links das gewünschte Datum aus. Über den Button [⊜] (**Buchungsperioden Listenansicht**) wählen Sie aus der Liste eine der Buchungsperioden aus.
- **Bereich »Hauptauswahl«**
  Geben Sie hier an, welche Artikel Sie für die Analyse vorsehen. Sie haben drei Möglichkeiten, die Artikelauswahl einzuschränken:
  - **Felder »Code von« und »bis«**: Öffnen Sie mit der [Tab]-Taste die Auswahlliste **Artikel**, und wählen Sie einen Artikelcode für die Felder **von** und **bis** aus. Im Bericht werden die Daten zu allen Artikeln zwischen den beiden ausgewählten Artikeln angezeigt.
  - **Feld »Gruppe«**: Wählen Sie die gewünschte Artikelgruppe aus, zu der die Daten angezeigt werden sollen, oder wählen Sie den Eintrag **Alle**, um die Auswahl nicht einzuschränken.
  - **Button und Feld »Eigenschaften«**: Klicken Sie auf den Button **Eigenschaften**, um die Daten zusätzlich nach Merkmalen zu filtern. Je nach aktiver Registerkarte stehen Ihnen unterschiedliche Eigenschaften zur Verfügung: Bei aktiver Registerkarte **Lieferanten** filtern Sie nach Lieferanteneigenschaften, bei aktiver Registerkarte **Artikel** nach Artikeleigenschaften. Diese werden in den jeweiligen Stammdaten auf der Registerkarte **Eigenschaften** zugewiesen (siehe Abschnitt 4.3.2 und Abschnitt 4.6). Für Vertriebsmitarbeitende ist eine Filterung nach Eigenschaften nicht möglich (siehe Abbildung 5.61).

  Die Checkbox **Eigenschaften ignorieren** demarkieren Sie, damit die Einschränkung durch die ausgewählten Eigenschaften auch angezeigt wird. In der Auflistung der Eigenschaften wählen Sie durch Markieren der Checkbox jene Eigenschaften aus, die der Artikel haben soll, damit er in der Einkaufsanalyse angezeigt wird. Die getroffene Auswahl kann mit einer *Und-* oder einer *Oder-Verknüpfung* auf die Lieferanten- bzw. Artikeldaten angewandt werden. Übertragen auf die Eigenschaften **Einzelteile** und **Bau-**

teile aus Abbildung 5.61, stellen sich die beiden Verknüpfungsarten wie in Abbildung 5.62 dar.

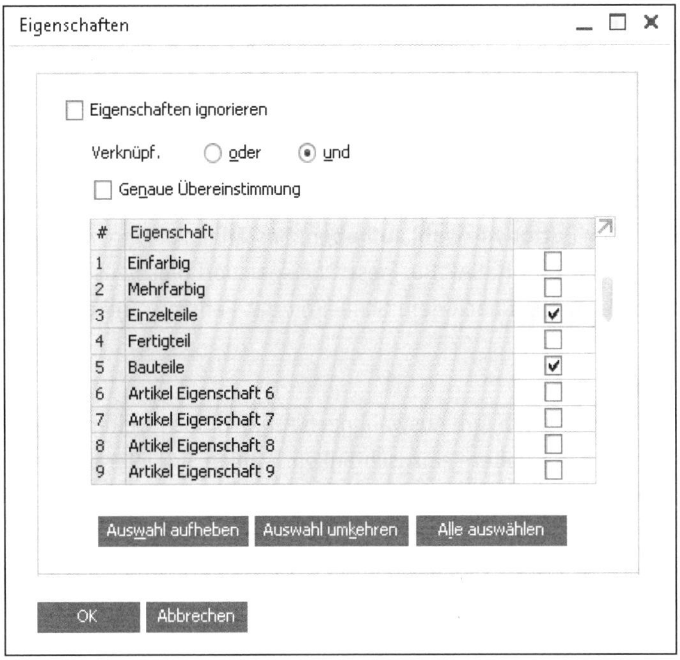

Abbildung 5.61: Eigenschaften bei der Einkaufsanalyse auswählen

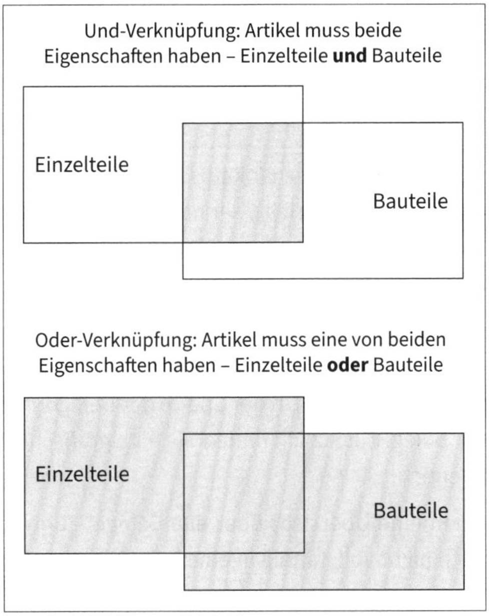

Abbildung 5.62: »Und«- bzw. »Oder«-Verknüpfung von Eigenschaften

Wählen Sie als Verknüpfung (**Verknüpf.**) die Option **und**, wenn der angezeigte Artikel sowohl die Eigenschaft **Einzelteile** als auch die Eigenschaft **Bauteile** haben soll. In diesem Fall ist die Und-Verknüpfung die *Schnittmenge* zwischen den Eigenschaften **Einzelteile** und **Bauteile**.

Wählen Sie als **Verknüpfung** die Option **oder**, wenn der Artikel entweder die Eigenschaft **Einzelteile** oder die Eigenschaft **Bauteile** haben soll. In diesem Fall ist die Oder-Verknüpfung die *Gesamtmenge* aus **Einzelteile** und **Bauteile**.

Markieren Sie alle dargestellten Eigenschaften mit dem Button **Alle auswählen**, demarkieren Sie sie mit dem Button **Auswahl aufheben**. Bestätigen Sie Ihre Auswahl der Eigenschaften mit dem Button **OK**. SAP Business One speichert diese Auswahl der Eigenschaften, und sie bleibt auch nach dem Schließen des Fensters **Einkaufsanalyse** erhalten.

- **Checkbox »Sekundärauswahl«**
  Markieren Sie diese Checkbox, um Ihre Auswahl nach Artikeln noch weiter nach Lieferanten und/oder Vertriebsmitarbeitern einzuschränken. Wählen Sie Lieferanten mit der [⇆]-Taste aus der Auswahlliste aus, und geben Sie den Lieferantencode **Von … Bis** an. Geben Sie auf Wunsch zudem eine Lieferantengruppe oder Lieferanteneigenschaften an. Wählen Sie mit der [⇆]-Taste Vertriebsmitarbeiter aus der Auswahlliste aus. Hier können Sie ebenso einen Bereich der Vertriebsmitarbeiter **Von … Bis** angeben.
- **Checkbox »Beträge in Systemwährung anzeigen«**
  Sollte Ihr Unternehmen eine von der Hauswährung abweichende Systemwährung führen, haben Sie die Möglichkeit, die Einkaufsanalyse in dieser Systemwährung anzeigen zu lassen. Die Systemwährung sollte nach Anlegen des Unternehmens, in der Phase der Systeminitialisierung, festgelegt werden. Wählen Sie sie aus der Auswahlliste der angelegten Währungen über den Pfad **Administration • Systeminitialisierung • Firmendetails** • Registerkarte **Basisinitialisierung** aus.

Bestätigen Sie die Festlegung der Auswahlkriterien für die Einkaufsanalyse mit dem Button **OK**, um den Bericht zu starten. Sie erhalten einen Bericht, der nach Artikelzeilen bzw. -gruppen markiert ist. Um in die dahinterliegenden Belege zu gelangen, klicken Sie doppelt auf die Zeilennummer (siehe Abbildung 5.63).

Nunmehr sehen Sie im Detailbericht eine Auflistung der in den Auswahlkriterien festgelegten Belegstufe. Die Übersicht zeigt alle Belege, in denen der ausgewählte Beleg vorkommt. Mit einem Klick auf den orangefarbenen Pfeil [⇨] in der Spalte der Belegnummer ganz links gelangen Sie zu dem einzelnen Beleg. Zusätzlich finden Sie eine grafische Aufbereitung zu diesem Artikel im unteren Bereich.

Mit dem Bericht **Offene Belege** steht Ihnen eine Übersicht über alle Belege – unterteilt nach Belegstufen – zur Verfügung, die noch nicht vollständig in einem Folgebeleg weiterverarbeitet wurden und die auch nicht manuell geschlossen oder storniert wurden. Rufen Sie das Fenster **Offene Belege** über **Einkauf • Einkaufsberichte • Offene Belege** auf (siehe Abbildung 5.64).

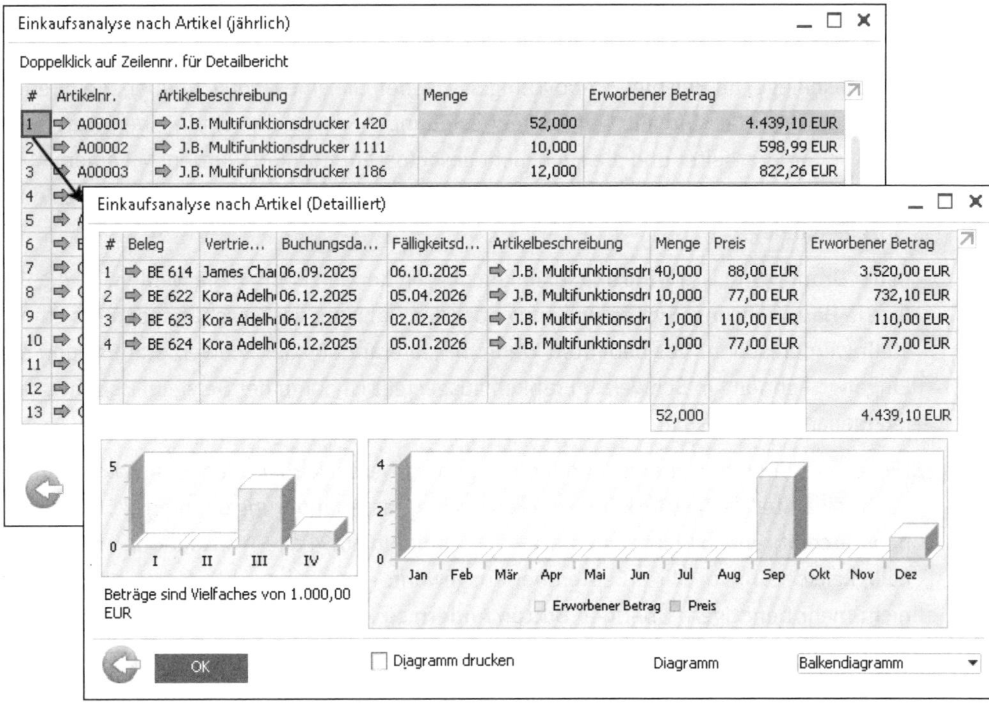

Abbildung 5.63: Einkaufsanalyse – Übersicht und Detailbericht

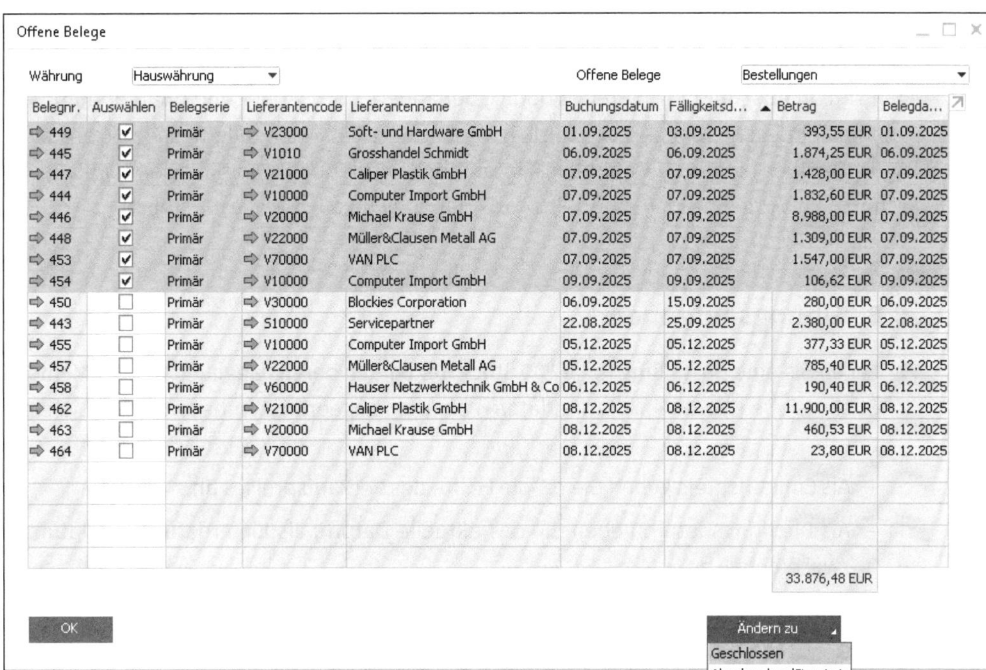

Abbildung 5.64: Offene Belege – hier: offene Bestellungen

Wählen Sie die Belegstufe in der Dropdown-Liste im rechten oberen Bereich aus. In der Liste stehen Ihnen alle verfügbaren Belegstufen zur Verfügung – also Einkaufs- wie auch Verkaufsbelege. Im Beispiel in Abbildung 5.64 sehen Sie eine Übersicht über alle offenen Bestellungen – das sind alle Lieferantenbestellungen, die noch nicht in einen Wareneingang weiterverarbeitet und die auch nicht geschlossen/storniert wurden. Mit einem Klick auf den orangefarbenen Pfeil in der Spalte **Belegnr.** ganz links gelangen Sie zu dem einzelnen Beleg.

In der Dropdown-Liste **Währung** im linken oberen Bereich können Sie wählen, ob die Belege in **Hauswährung**, **Systemwährung** oder der **Währung des Geschäftspartners** dargestellt werden sollen. Das bedeutet: Wenn Ihr Lieferant aus der Schweiz stammt und die Eingangsrechnung in Schweizer Franken ausgestellt ist, kann der Beleg im Bericht unter letztgenannter Option in Schweizer Franken dargestellt werden.

Diese Liste gibt Ihnen aber nicht nur einen guten Überblick über offene Transaktionen. Je nach gewählter Belegstufe können Sie auch eine Massenänderung definierter Transaktionen durchführen. So wurden im Beispiel in Abbildung 5.64 alle Transaktionen mit einem Fälligkeitsdatum vor Mitte September ausgewählt – wir gehen davon aus, dass wir sie nicht mehr benötigen. Über den Button **Ändern zu** können Sie diese Transaktionen mit einem Schlag schließen.

Der Einkauf in SAP Business One ist mit anderen Modulen, Funktionen und Themen eng vernetzt. Aus diesem Grund erläutern wir weitere Inhalte, die eng mit dem Einkauf verknüpft sind, in anderen Kapiteln und Abschnitten. Auf drei Themen werden wir dabei ein besonderes Augenmerk richten: Das Thema Fremdwährung in Einkaufsbelegen finden Sie in Abschnitt 12.7, »Buchungen in Fremdwährung«, die Preisfindung in Einkaufsbelegen wird in Abschnitt 7.4, »Preisfindung«, behandelt, und Serien- und Chargennummern im Einkauf beschreiben wir ausführlich in Abschnitt 7.8, »Manuelle Bestandstransaktionen«. Darüber hinaus ist Kapitel 9, »Materialbedarfsplanung«, eng mit dem Einkauf verzahnt, da als Ergebnis der Materialbedarfsplanung Einkaufsbelege entstehen.

5.8 Übungsaufgaben

1. Legen Sie eine Bestellung für je 100 Stück der beiden bereits angelegten USB-Memory-Sticks (siehe Kapitel 4, »Stammdaten«) bei dem zugeordneten bevorzugten Lieferanten an.
   - Als Einkaufspreis geben Sie ca. die Hälfte des Verkaufspreises an.
   - Als Buchungsdatum geben Sie das aktuelle Datum, als Lieferdatum ein Datum in zwei Wochen an.
   - Legen Sie einen neuen Einkäufer mit einem beliebigen Namen an.
   - Gewähren Sie auf den gesamten Beleg 5 % Rabatt.
   - Wählen Sie eine abweichende Versandart aus der Werteliste aus.

   - Wählen Sie eine abweichende Zahlungsbedingung aus der Werteliste aus, und legen Sie die Bestellung an.
2. Legen Sie mit dem Eingangsdatum von exakt einer Woche später einen Wareneingang für den »USB-Stick 8 GB« von zunächst 50 Stück an. »Ziehen« Sie diesen Beleg aus dem Wareneingang.
3. Legen Sie mit dem Eingangsdatum von exakt zehn Tagen später einen Wareneingang für den »USB-Stick 8 GB« der restlichen 50 Stück an. »Ziehen« Sie diesen Beleg aus dem Wareneingang.
4. Legen Sie mit dem Eingangsdatum von exakt zwei Wochen später einen Wareneingang für den »USB-Stick 4 GB« von den gesamten 100 Stück an. »Schieben« Sie diesen Beleg aus der Bestellung.
5. Listen Sie die drei Wareneingänge in dem Bericht **Offene Belege** auf. Wechseln Sie über die orangefarbenen Pfeile in das Fenster **Artikelstammdaten**, und überprüfen Sie den neuen Lagerbestand der USB-Sticks auf der Registerkarte **Bestandsdaten**.
6. Erstellen Sie eine Eingangsrechnung, mit der Sie alle drei offenen Wareneingänge zu einer Sammelrechnung verarbeiten. Ändern Sie den Buchungstext für den Journaleintrag in »Handelsware Speichermedien«.
7. Duplizieren Sie die Eingangsrechnung, und wählen Sie einen anderen Lieferanten aus. Löschen Sie die Zeile mit den »USB-Sticks 8 GB«, und reduzieren Sie den Stückpreis um 9 %. Fügen Sie die Eingangsrechnung hinzu. Kontrollieren Sie den Lagerbestand in den Artikelstammdaten.
8. Duplizieren Sie die Bestellung aus dem ersten Schritt. Wählen Sie einen neuen Lieferanten aus. Speichern Sie den Beleg als geparkten Beleg.
9. Rufen Sie den soeben geparkten Beleg nochmals auf, und fügen Sie zwei Stück des Artikels »A00003 J.B. Multifunktionsdrucker 1186« hinzu. Speichern Sie den Beleg erneut als geparkten Beleg.
10. Rufen Sie den Beleg auf, und fügen Sie ihn hinzu.

Kapitel 6
Verkauf

Die Verkaufsprozesse eines kleinen oder mittleren Unternehmens sind im Wesentlichen von der Pre-Sales-Phase, der Auftragsbearbeitung und -abwicklung sowie von der Fakturierung und dem Mahnwesen geprägt. In diesem Kapitel lernen Sie die Elemente und Phasen im Verkaufsprozess kennen.

Nachdem wir uns im letzten Kapitel den Einkauf genauer angesehen haben, steht in diesem Kapitel der gesamte Verkauf im Mittelpunkt. Das Kapitel startet mit einer betriebswirtschaftlichen Einordnung von Absatz, Verkauf und Vertrieb. Anschließend werden die verkaufsspezifischen Unterschiede im Belegaufbau zu den Einkaufsbelegen dargestellt. Da sich der Belegaufbau ähnlich wie beim Einkauf gestaltet und dieser bereits intensiv in Kapitel 5, »Einkauf«, behandelt wurde, beschränkt sich dieses Kapitel auf die Abweichungen und verkaufsspezifischen Charakteristika dieser Thematik.

Analog zur Strukturierung in Kapitel 5 folgt eine Übersicht über die Belegkette im Verkauf mit den Besonderheiten der einzelnen Belegstufen. Einen Schwerpunkt in diesem Kapitel stellt die Systematik des Bruttogewinns dar. Dieser ist ein kostenrechnerischer Gradmesser für den Erfolg im Verkauf. Das Kapitel schließt mit einer Darstellung der Berichte im Verkauf.

6.1 Betriebswirtschaftliche Aspekte des Verkaufs

Die betrieblichen Leistungsbereiche *Absatz*, *Verkauf* und *Vertrieb* in kleinen und mittleren Unternehmen zielen trotz inhaltlicher Überschneidungen auf jeweils andere Tätigkeiten im Unternehmen ab. Der *Absatz* dient als Oberbegriff für die verkauften Waren und Dienstleistungen eines Unternehmens. Der *Verkauf* und der *Vertrieb* sind Teilbereiche des gesamten Absatzprozesses. Der Verkauf umfasst alle Tätigkeiten, die den wirtschaftlichen und rechtlichen Übergang der Ware bzw. der Dienstleistung vom Verkäufer an den Käufer zum Gegenstand haben, wie z. B. Vertragsabschluss, Auftragsbearbeitung, Verpackung oder Versand. Im Vertrieb stehen wiederum die technischen Aspekte der Leistungsverwertung im Vordergrund, um den Verkauf überhaupt zu bewirken. Gemäß dieser Abgrenzung behandeln wir den Verkauf in diesem Kapitel und den Vertrieb in Kapitel 14, »Customer Relationship Management (CRM)«.

6.2 Vom Angebot bis zur Eingangszahlung

Der Verkaufsprozess basiert in SAP Business One auf einer hohen Integration der einzelnen Belegstufen im Verkauf, aber auch auf einer starken Vernetzung mit den Bereichen Einkauf und Lagerverwaltung. Die Belegkette im Verkauf umfasst folgende Belegstufen:

1. Angebot
2. Kundenauftrag
3. Lieferung (nur für Lagerartikel!)
4. bei Bedarf: Retourenanfrage
5. bei Bedarf: Retoure (Umkehrung der Lieferung, nur für Lagerartikel!)
6. bei Bedarf: Verkaufsanzahlungsanforderung
7. bei Bedarf: Verkaufsanzahlungsrechnung
8. bei Bedarf: Ausgangsvorausrechnung
9. Ausgangsrechnung (mit oder ohne in den Prozess integrierte Zahlung)
10. bei Bedarf: Ausgangsgutschrift (Umkehrung von Ausgangsrechnung und Lieferung)
11. Eingangszahlung

Mit Ausnahme der Eingangszahlung, die im Modul **Bankenabwicklung** angesiedelt ist, ist der Aufbau der Fenster sehr ähnlich. Aus diesem Grund stellen wir die Besonderheiten in den folgenden Abschnitten anhand einer Belegstufe dar. Geringfügige Unterschiede zu den Belegstufen im Einkauf behandeln wir gesondert.

Die Programmbedienung im Belegfenster erfolgt mit der gleichen Systematik wie in Abschnitt 3.6, »Mit Datensätzen arbeiten«, dargestellt. Beim Öffnen befindet sich das Fenster im **Hinzufügen**-Modus. Sobald Sie alle Eingaben vorgenommen haben, wird mit einem Klick auf den Button **Hinzufügen** der Beleg (z. B. das Angebot) angelegt. Um bestehende Belege aufzurufen, wechseln Sie mit dem Button (**Datensatz suchen**) oder der Tastenkombination `Strg`+`F` in den **Suchen**-Modus.

[»]

Wechsel in den »Suchen«-Modus
Beim Wechseln in den **Suchen**-Modus springt der Cursor automatisch in das Feld **Belegnummer**, da die Suche nach Belegen häufig anhand der Belegnummer erfolgt.

Natürlich können Sie auch mit den Datensatzbuttons |← ← → →| durch die Belege blättern. Da der zuletzt angelegte Beleg die höchste Belegnummer hat, gelangen Sie mit dem Button →| (**Letzter Datensatz**) sehr rasch zu diesem Beleg. Das funktioniert allerdings nur dann gut, wenn Sie pro Belegstufe nicht mehr als einen Belegnummernkreis definiert haben; andernfalls ist der letzte Datensatz für das Programm nicht mehr klar definiert. Sobald Sie einen bestehenden Beleg ändern, ändert sich der Button im linken unteren Bereich von **OK** in **Aktualisieren**. Klicken Sie auf diesen Button, um die vorgenommenen Änderungen zu bestätigen. Mit einem Klick auf den Button **OK** oder auf **Abbrechen** wird das Belegfenster geschlossen.

6.2.1 Belegkopf

Der Aufbau und die Funktionsweise des Belegkopfs bei den Verkaufsbelegen entsprechen denen der Einkaufsbelege. In der Belegstufe **Angebot** wurde das übliche Feld **Lieferdatum** ersetzt durch das Feld **Gültig bis**, das die Gültigkeitsdauer eines Angebots festlegt. Dies ist jenes Datum, bis zu dem der Kunde zu den im Angebot festgelegten Konditionen bestellen kann. Es erfolgt aber keine technische Einschränkung, auch nach dem Gültigkeitsdatum kann das Angebot in einen Folgebeleg kopiert werden. Das Gültigkeitsdatum eignet sich daher vor allen Dingen dazu, in Berichten abgefragt zu werden.

6.2.2 Belegmitte

Alle Funktionen in der Belegmitte und ihre Handhabung sind im Wesentlichen identisch mit der Belegmitte im Modul **Einkauf**. Aus diesem Grund behandeln wir an dieser Stelle die Funktion, die entweder nur in Verkaufsbelegen vorkommt, etwa die Verfügbarkeitsprüfung von Lagerartikeln oder die Erstellung einer Bestellung aus einem Auftrag, oder die von der Anwendungshäufigkeit her eher in Verkaufsbelegen vorkommt, etwa die Liste der letzten Preise und die Zusammenfassung von Belegzeilen.

Registerkarte »Inhalt«

Auf der Registerkarte **Inhalt** finden Sie generell die gleiche Anordnung wie in Einkaufsbelegen vor. Alle Spalten oder Felder, die Sie zusätzlich aus dem vorhandenen Fundus benötigen, blenden Sie mit dem Button (**Formulareinstellungen**) auf der Registerkarte **Tabellenformat** ein.

SAP Business One bietet ein effizientes Instrument, das die Verfügbarkeit eines in der Belegzeile verwendeten Artikels rasch prüft. Diese Funktion können Sie ein- und ausschalten, indem Sie die Checkbox **Automatische Verfügbarkeitsprüfung aktivieren** markieren/demarkieren (über den Pfad **Administration • Systeminitialisierung • Belegeinstellungen •** Registerkarte **Pro Beleg • Beleg Kundenauftrag**). In Abbildung 6.1 sehen Sie diesen Parameter.

Standardmäßig ist die Verfügbarkeitsprüfung aktiviert. Die Funktion der Verfügbarkeitsprüfung zeigt sich konkret in der Belegzeile im Kundenauftrag. Sobald Sie einen Artikel in der Belegzeile verwenden, dessen verfügbarer Bestand mit dem gerade erstellten Kundenauftrag ins Negative zu fallen droht, wird die Verfügbarkeitsprüfung aktiviert. Es öffnet sich dann ein Fenster wie in Abbildung 6.2, in dem Sie mehrere Möglichkeiten haben, fortzufahren.

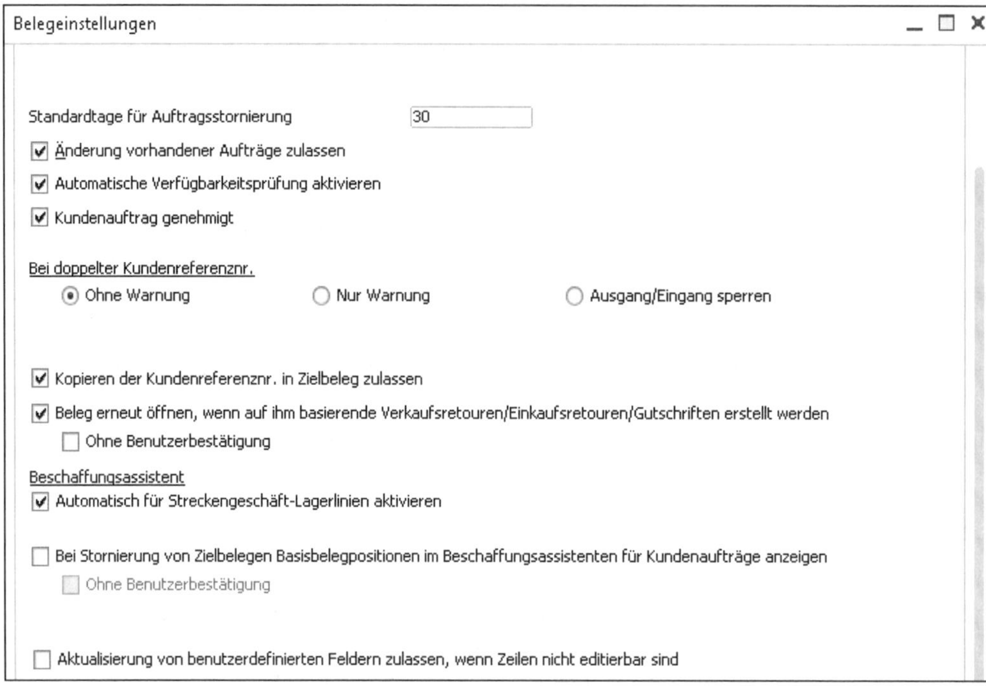

Abbildung 6.1: Fenster »Belegeinstellungen« – Verfügbarkeitsprüfung aktivieren

Im Beispiel in Abbildung 6.2 stellt sich der Wert **Verfügbare Menge** wie folgt dar:

auf Lager (82 Stück) – (Kunden-) bestätigt (0 Stück) + (Lieferanten-) bestellt (15 Stück) = verfügbare Menge (97 Stück)

Da es hier in weiterer Folge spätestens bei der Lieferung zu einem Lieferengpass kommen kann, wird die automatische Verfügbarkeitsprüfung in Gang gesetzt, sobald Sie im Feld **Menge** die ⇥-Taste drücken. Im Fenster **Artikelverfügbarkeitsprüfung** in Abbildung 6.2 stehen Ihnen sieben Möglichkeiten zur Verfügung:

- **Option »Weiter«**
  Mit der Option **Weiter** ignorieren Sie den drohenden Engpass und kehren zum Beleg zurück. Sie gehen also davon aus, dass noch weitere Lieferantenbestellungen erfolgen werden.
- **Option »Zu verfügbarer Menge wechseln«**
  Mit dieser Option wird automatisch die verfügbare Menge eingesetzt, damit diese nicht ins Negative fällt.
- **Option »Ändern auf früheste Verfügbarkeit«**
  Mit dieser Option berechnet SAP Business One aus den bereits vorhandenen Belegen das Datum für die früheste Verfügbarkeit und kopiert dieses in das Lieferdatum. Die Op-

tion bleibt deaktiviert, wenn das früheste Verfügbarkeitsdatum nicht berechnet werden kann. Das ist in unserem Beispiel der Fall. Auch eine spätere Lieferung an den Kunden kann durch eine bis dahin erfolgte Lieferung durch den Lieferanten nicht zu einer Verbesserung führen. Selbst die erwartete eingangsseitige Lieferung reicht nicht aus, um gemeinsam mit dem aktuellen Lagerbestand die benötigte Menge auszuliefern.

Abbildung 6.2: Verfügbarkeitsprüfung im Feld »Menge« (Kundenauftrag)

- **Option »Bericht Available-to-Promise anzeigen«**
  Mit dieser Option wird der Available-to-Promise-Bericht geöffnet. Dieser zeigt die schrittweise Entwicklung des zukünftigen Lagerbestands an, der durch erwartete Zu- und Abgänge gebildet wird. Die Funktion dieses Reports ist, Sie dabei zu unterstützen, einen zukünftigen, passenden Liefertermin zu nennen.
- **Option »Mengen in anderen Lagern anzeigen«**
  Diese Option zeigt die Menge des ausgewählten Artikels in anderen Lagern an. Dies soll Ihnen ermöglichen, durch Wahl eines alternativen Auslieferlagers oder durch Umlagerung Wunschmenge und -termin Ihres Kunden zu erfüllen.
- **Option »Alternative Artikel anzeigen«**
  Diese Option listet Alternativartikel nach dem Prozentsatz der Übereinstimmung auf, sofern für diesen Artikel Alternativen angelegt wurden.
- **Option »Zeile löschen«**
  Diese Option entfernt die geprüfte Zeile.

Wählen Sie eine der Optionen aus, und bestätigen Sie die Artikelverfügbarkeitsprüfung mit dem Button **OK**.

Das Angebot ist aus vertrieblicher Sicht eine wichtige Belegstufe. Da SAP Business One gerade die Pre-Sales-Phase unterstützt (vor allem durch das Modul **Opportunities**, siehe Kapitel 14, »Customer Relationship Management (CRM)«), steht Ihnen mit dem Bericht **Letzte Preise** eine sinnvolle Ergänzung bei der Preisfindung im Angebot zur Verfügung. Dieser Bericht bietet Ihnen die Möglichkeit, auf Knopfdruck eine Übersicht zu erstellen, die – geordnet nach Geschäftspartner und Belegstufe im Verkauf – die letzten verwendeten Preise des ausgewählten Artikels anzeigt. Das Fenster **Letzte Preise** rufen Sie mit der Tastenkombination `Strg`+`⇆` im Feld **Stückpreis** auf (siehe Abbildung 6.3).

Dieser Bericht kann mit derselben Funktion auch allgemein über den Menüpfad **Lagerverwaltung • Bestandsberichte • Letzte Preise** aufgerufen werden. Sofern der Bericht jedoch direkt aus dem Angebot aufgerufen wird, sind die Felder **GP-Code** (aktueller Geschäftspartnercode) und **Artikelnr.** vorbelegt und schränken die Anzeige auf die in dieser Situation notwendige Information ein.

[zB]

Preise vergleichen

Sie erstellen ein Angebot für einen sehr umsatzstarken Kunden. Der Preis der angefragten Artikel ist jeweils Verhandlungssache. Damit Sie Ihren Kunden im Verlauf der Zeit gleich gut behandeln, möchten Sie rasch die Preise dieses Artikels aus den letzten drei Angeboten vergleichen.

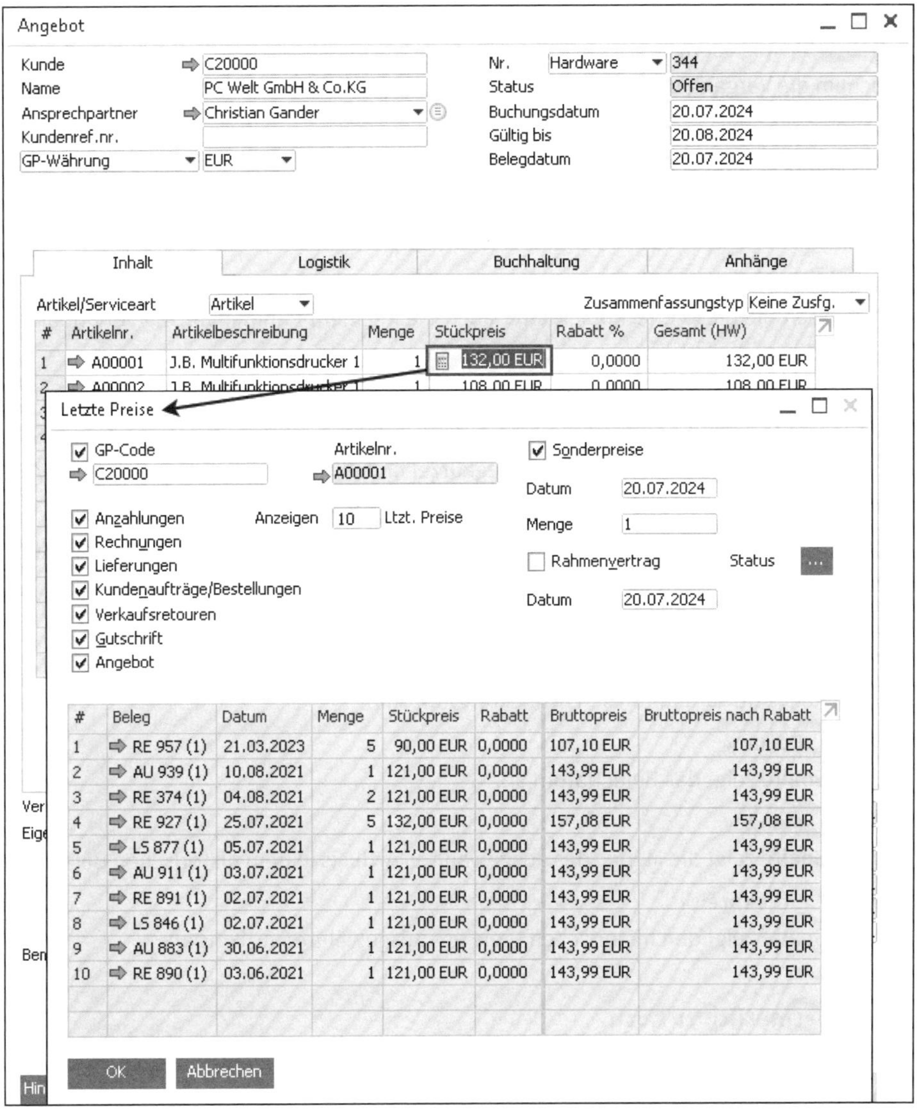

Abbildung 6.3: Fenster »Letzte Preise« – aufgerufen aus dem Angebot

Das Fenster **Letzte Preise** birgt – neben der Auswahl bzw. Vorbelegung mit Geschäftspartner und Artikel – noch folgende Möglichkeiten:

- **Belegstufe im Verkauf**
  Im linken oberen Bereich des Fensters steht Ihnen eine Checkbox-Gruppe mit allen infrage kommenden Belegstufen im Verkauf von der Anzahlung und der (Ausgangs-) Rechnung über die Lieferung und den Kundenauftrag bis hin zum Angebot zur Verfügung. Markieren Sie jene Belegstufen, von denen die Preise des ausgewählten Artikels angezeigt werden sollen.

- **Feld »Anzeigen [...] Ltzt. Preise«**
  Geben Sie in diesem Feld in der Mitte des Fensters die Anzahl der Preise an, die der Bericht in die Vergangenheit zurückreichen soll. Standardmäßig werden die zehn letzten Preise angezeigt.
- **Checkbox »Sonderpreise«**
  Aktivieren Sie diese Checkbox, damit auch die Sonderpreise dieser Artikel-Kunden-Kombination angezeigt werden.
- **Checkbox »Rahmenvertrag«**
  Aktivieren Sie diese Checkbox, damit auch die in einem Rahmenvertrag vereinbarten Preise dieses Artikels angezeigt werden.
- **Spalte »Beleg«**
  Diese Spalte zeigt die jeweilige Belegart mit dem internen Kürzel der Belegstufe in SAP Business One an. Eine Liste dieser Belegkürzel finden Sie in Anhang A in Abschnitt A.3, »Belegkürzel«.

  Zudem wird rechts daneben die historische Belegnummer angezeigt. Mit einem Klick auf den orangefarbenen Pfeil ⇨ in dieser Spalte können Sie den Beleg aufrufen.
- **Felder »Datum« und »Menge«**
  Diese Angaben beziehen sich ebenfalls auf die Sonderpreise, falls Staffelpreise und ein Gültigkeitszeitraum für diesen Artikel relevant sind.
- **Spalte »Datum«**
  Diese Spalte zeigt das Belegdatum an.
- **Spalte »Menge«**
  Diese Spalte zeigt die Menge des ausgewählten Artikels in dem historischen Beleg an.
- **Spalte »Stückpreis«**
  Diese Spalte zeigt den historischen Preis des ausgewählten Artikels an.

[zB]

Preis vermutlich zu hoch

Im Beispiel in Abbildung 6.3 zeigt sich, dass ein beabsichtigter Preis von 132,00 EUR für den ausgewählten Artikel »A00001« für den Geschäftspartner »C20000« möglicherweise zu hoch ist. Der Preis der letzten Transaktionen lag zwischen 90,00 EUR und 121,00 EUR.

Ähnlich wichtig wie eine Übersicht über die letzten Preise ist eine Übersicht über die verfügbaren Mengen eines Artikels. Dazu klicken Sie in der Belegmitte mit der rechten Maustaste auf die gewünschte Artikelzeile und wählen den Kontextmenüeintrag **Available-to-Promise**. Daraufhin öffnet sich das Fenster **Bestandsstatus (Available-to-Promise)** und zeigt alle Einkaufs- und Verkaufsbelege, die die verfügbare Menge beeinflussen (siehe Abbildung 6.4).

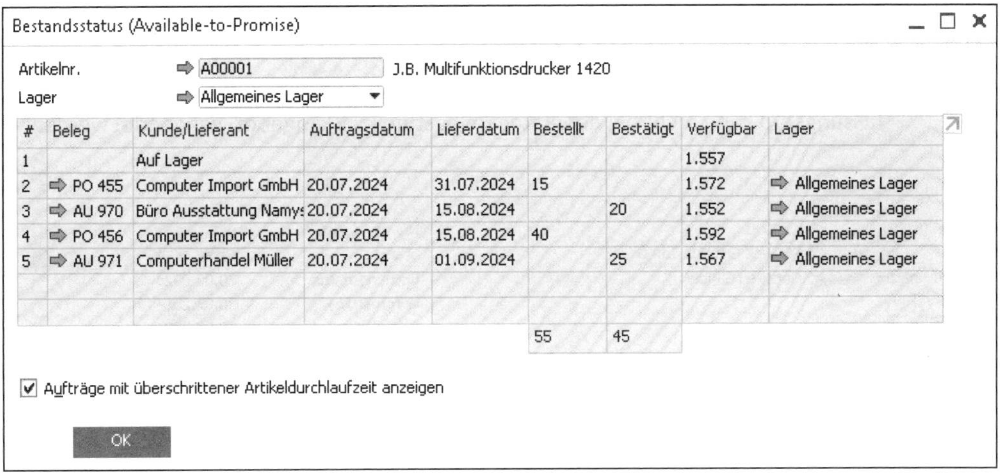

Abbildung 6.4: Fenster »Bestandsstatus (Available-to-Promise)«

Zu dem ausgewählten Artikel werden alle Belege, die die verfügbare Menge beeinflussen, mit ihrem jeweiligen Belegtyp (z. B. PO für Bestellung und AU für Kundenauftrag) und Belegnummer angezeigt. Klicken Sie auf den orangefarbenen Pfeil, um den Beleg zu öffnen. Darüber hinaus sehen Sie für diesen Artikel das geplante **Lieferdatum**, die bestellte (Feld **Bestellt** – aus der Lieferantenbestellung) bzw. bestätigte (Feld **Bestätigt** – aus dem Kundenauftrag) Menge sowie die anhand des aktuellen Lagerbestands und der erwarteten Zu- und Abgänge verfügbare Menge (Feld **Verfügbar**). Die verfügbare Menge kann wie folgt errechnet werden:

Menge auf Lager – Menge bestätigt + Menge bestellt

Sie verfügen damit über eine gute Projektion des Lagerbestands in zukünftigen Perioden. Das hilft Ihnen, eine realistische Aussage über einen haltbaren Liefertermin zu treffen und diesen als Liefertermin in den Beleg einzutragen.

Mit dem Zusammenfassungstyp bietet SAP Business One die Möglichkeit, Belegzeilen nach gleichartigen Gesichtspunkten zusammenzufassen. Die Dropdown-Liste **Zusammenfassungstyp** befindet sich auf der Registerkarte **Inhalt** im rechten oberen Bereich (siehe Abbildung 6.5).

Die Zusammenfassung der Belegzeilen steht nur für Belege der Belegart **Artikel** zur Verfügung und kann auf zwei Arten erfolgen:

- **Nach Artikeln**
  Alle Belegzeilen mit den gleichen Artikeln werden zu einer Belegzeile zusammengefasst. Die Zusammenfassung ist jedoch nur möglich, wenn die Eigenschaften der Artikelzeilen die gleichen sind. Dies gilt in erster Linie für Artikelnummer, Artikelbezeichnung, Preis und Lager. Wenn all diese Eigenschaften in allen Artikelzeilen einheitlich sind, werden die einzelnen Mengen zusammengezählt, und es bleibt nach der Zusammenfassung nur eine einzige Artikelzeile übrig.

- **Nach Belegen**
  Alle Belegzeilen mit den gleichen Basisbelegen werden zu einer Zeile zusammengefasst. Alle artikelspezifischen Felder werden dabei ausgeblendet. Dieser Zusammenfassungstyp kann nicht bei der ersten Belegstufe (z. B. Angebot) verwendet werden.

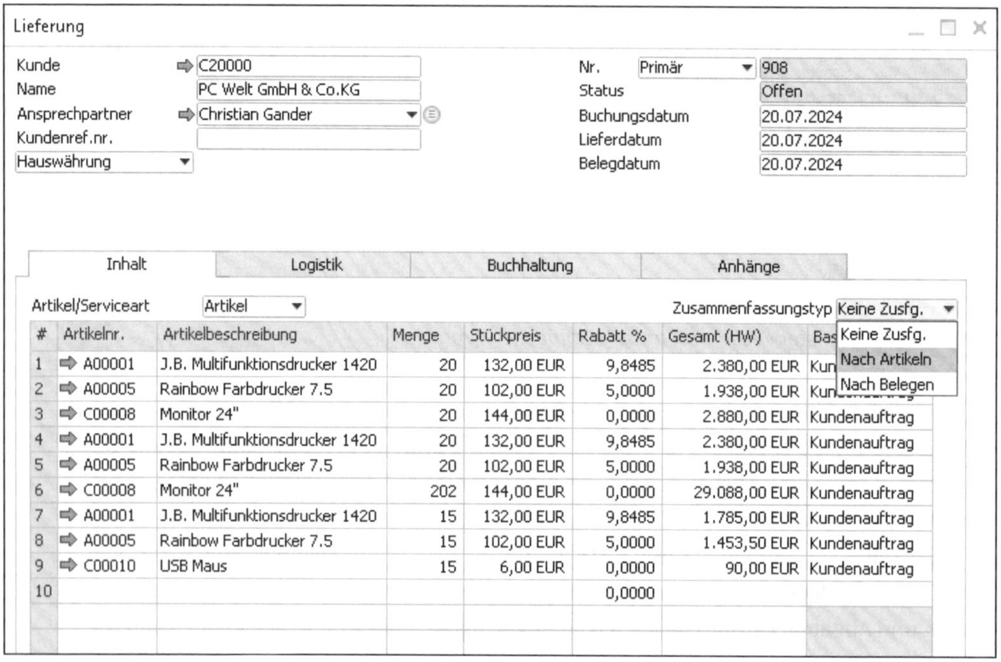

Abbildung 6.5: Zusammenfassung von Belegzeilen

Die Zusammenfassung von Belegen wird sinnvollerweise verwendet, wenn ein Beleg aus mehreren Basisbelegen mit etlichen Belegzeilen durch die Option **Kopieren von** erstellt wird. Der Beleg wird dann auch in dieser zusammengefassten Anordnung gedruckt.

[zB]

Lieferschein aus vier gleichartigen Kundenaufträgen erstellen

Sie erstellen für einen Kunden einen Lieferschein aus vier gleichartigen Kundenaufträgen mit je zehn Belegzeilen. Der Lieferschein hätte ohne Zusammenfassung 40 Belegzeilen. Mit der Zusammenfassung der gleichartigen Artikel kann der Lieferschein um einiges reduziert werden. Da der Lieferschein dem Kunden zur Kontrolle der Lieferung dient, kann es sinnvoll sein, dass eine Artikelzeile nicht mehrmals vorkommt.

Neben den üblichen Feldern, die bereits in den Einkaufsbelegen behandelt wurden, bietet die Belegstufe **Kundenauftrag** eine besondere Funktion. Sie haben die Möglichkeit, direkt aus dem Kundenauftrag heraus einen Einkaufsbeleg zu erzeugen, z. B. eine adäquate Bestellung. Zu diesem Zweck aktivieren Sie auf der Registerkarte **Logistik** die Checkbox **Beschaffungsbeleg**.

Nachdem Sie die Bestellung hinzugefügt haben, wird das Fenster **Beschaffungsassistent für Kundenaufträge** geöffnet. In diesem Assistenten müssen Sie die folgenden sechs Schritte durchlaufen:

1. **Kunde**
   In der Tabellenstruktur wird der Kunde angezeigt, aus dessen Kundenauftrag heraus Sie den Beschaffungsassistenten gestartet haben (siehe Abbildung 6.7). Mit dem Button **Hinzufügen** können Sie weitere Kunden hinzufügen, für deren offene Kundenaufträge ebenfalls ein Beschaffungsbeleg erstellt werden soll. Aktivieren Sie die Checkbox **Alle offenen Kundenaufträge berücksichtigen**, und ein Beschaffungsbeleg wird nicht nur für den Kundenauftrag angelegt, aus dem heraus der Assistent gestartet wurde, sondern für alle offenen Kundenaufträge (siehe Abbildung 6.6).

   Klicken Sie auf den Button **Abbrechen**, um den Assistenten ohne Speichern zu beenden. Klicken Sie auf den Button **Weiter**, um zum nächsten Schritt zu springen.

Abbildung 6.6: Beschaffungsassistent für Kundenaufträge – Schritt 1

2. **Basisbelege (= Kundenaufträge)**
   Markieren Sie in diesem Schritt alle Kundenaufträge, für die Sie einen Beschaffungsbeleg erstellen möchten. Diese Option ist nur dann sinnvoll, wenn Sie in Schritt 1 die Option **Alle offenen Basisbelege berücksichtigen** aktiviert haben.
3. **Basisbelegzeilen (= Kundenauftragspositionen)**
   Wählen Sie aus der Dropdown-Liste **Zielbeleg** aus, ob Sie eine Bestellung, eine Lieferantenanfrage, eine Bestellanforderung oder einen Produktionsauftrag anlegen möchten (siehe Abbildung 6.7).

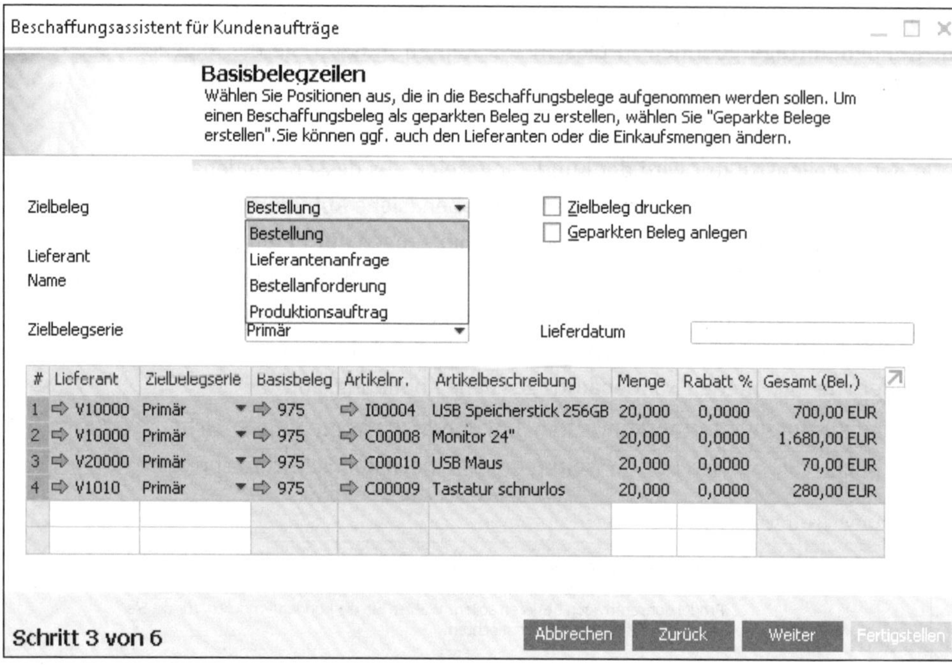

Abbildung 6.7: Beschaffungsassistent für Kundenaufträge – Schritt 3

Füllen Sie anschließend das Feld **Lieferant**; ist in den Artikelstammdaten ein Lieferant hinterlegt, wird dieser schon vorgeschlagen, und die manuelle Auswahl eines Lieferanten kann in der Regel unterbleiben. In der Tabelle sind standardmäßig alle zu beschaffenden Kundenauftragspositionen angezeigt. Demarkieren Sie alle Artikelzeilen, die nicht beschafft werden sollen. Wählen Sie in der Dropdown-Liste **Zielbelegserie** jenen Nummernkreis aus, in dem die Bestellung angelegt werden soll, falls mehr als eine Belegnummernserie für den gewählten Zielbeleg existiert. Mit der Checkbox **Zielbeleg drucken** werden die anzulegenden Belege sofort auf dem standardmäßig voreingestellten Drucker ausgedruckt. Mit der Checkbox **Geparkten Beleg anlegen** legen Sie fest, dass die Zielbelege nicht hinzugefügt, sondern nur geparkt werden. Sie können dann zu einem späteren Zeitpunkt oder von anderen Personen noch überarbeitet und final hinzugefügt werden. Geben Sie im Feld **Lieferdatum** jenes Lieferdatum an, das in der Bestellung erscheinen soll.

4. **Zusammenführung**
   In diesem Schritt legen Sie fest, ob aus mehreren Kundenaufträgen ein oder mehrere Beschaffungsbelege erstellt werden. Markieren Sie die Option **Keine Zusammenführung**, und es wird für jeden einzelnen Kundenauftrag ein eigener Beschaffungsbeleg angelegt. Markieren Sie die Option **Zusammengeführt nach**, und Sie können festlegen, ob mehrere Belege zusammengeführt werden. Standardmäßig wird ein Beschaffungsbeleg pro Lieferant erstellt. Darüber hinaus können Sie jeweils einen Beleg pro **Lager** sowie je zwei zusätzliche Zusammenführungskriterien wählen. Dazu aktivieren

Sie die nächste leere Checkbox und wählen das gewünschte Kriterium aus der Dropdown-Liste aus, z. B. **Lieferdatum**, **Projektcode** oder **Versandart**. Legen Sie in der Dropdown-Liste im unteren Bereich fest, ob bei einem auftretenden Fehler die Ausführung beendet oder zum nächsten Lieferanten gesprungen werden soll.

5. **Ergebnisvorschau**
   SAP Business One zeigt Ihnen an dieser Stelle die Details zu den im nächsten Schritt angelegten Beschaffungsbelegen an.
6. **Zusammenfassungsbericht**
   Abschließend erhalten Sie mit dem **Zusammenfassungsbericht** eine Übersicht über alle angelegten Beschaffungsbelege und über etwaige auftretende Fehler. Mithilfe des orangen Pfeils können Sie gleich in den gerade erzeugten Beleg abspringen, diesen bearbeiten, speichern, drucken oder gleich an den Lieferanten mailen.

Klicken Sie dann auf den Button **Schließen**, um den Assistenten zu beenden.

Alternativ können Sie die Anlage der Bestellung auch abbrechen. Falls Sie zu einem späteren Zeitpunkt die Bestellung aus dem Kundenauftrag nochmals durchführen möchten, rufen Sie den Kundenauftrag auf, demarkieren und markieren nochmals die Checkbox **Bestellungen** auf der Registerkarte **Logistik** und klicken anschließend auf den Button **Aktualisieren**. Daraufhin wird das Fenster **Beschaffungsassistent für Kundenaufträge** erneut geöffnet. Alternativ können Sie es auch über das Hauptmenü im Modul **Einkauf** aufrufen.

Registerkarte »Buchhaltung«

Die Registerkarte **Buchhaltung** enthält im Wesentlichen die gleichen Felder wie die entsprechenden Felder in den Einkaufsbelegen. Die maximale Ausprägung dieser Registerkarte finden Sie wieder in der Belegstufe **Ausgangsrechnung**. Da wir diese Felder bereits in Kapitel 4, »Stammdaten«, bzw. Kapitel 3, »Einkauf«, beschrieben haben, erläutern wir hier nur einige Felder, die eine spezifische Funktion haben.

Im Feld **Journaleintrag** haben Sie die Möglichkeit, den Buchungstext für die Buchung der Ausgangsrechnung einzugeben. Standardmäßig sind hier die Belegart (**Ausgangsrechnung**) und die Kundennummer angegeben. Eine automatisierte Übersteuerung kann im Programmpunkt **Administration • Definition • Allgemein • Referenzfeldverknüpfung** eingestellt werden. Das ist ein weiterführendes Thema, das Sie mit Ihrem Consultant besprechen sollten.

In Abschnitt 4.4, »Zahlungsbedingungen«, haben wir dargestellt, wie eine Fälligkeit mit mehreren Raten in eine Zahlungsbedingung eingebaut werden kann. An dieser Stelle demonstrieren wir die praktische Anwendung anhand einer Ausgangsrechnung, die der Käufer in Raten bezahlen kann. Auf der Registerkarte **Buchhaltung** wird neben der Zahlungsbedingung (Feld **Zahlungsbedingungen**) auch die Anzahl der **Raten** im gleichnamigen Feld angezeigt (siehe Abbildung 6.8).

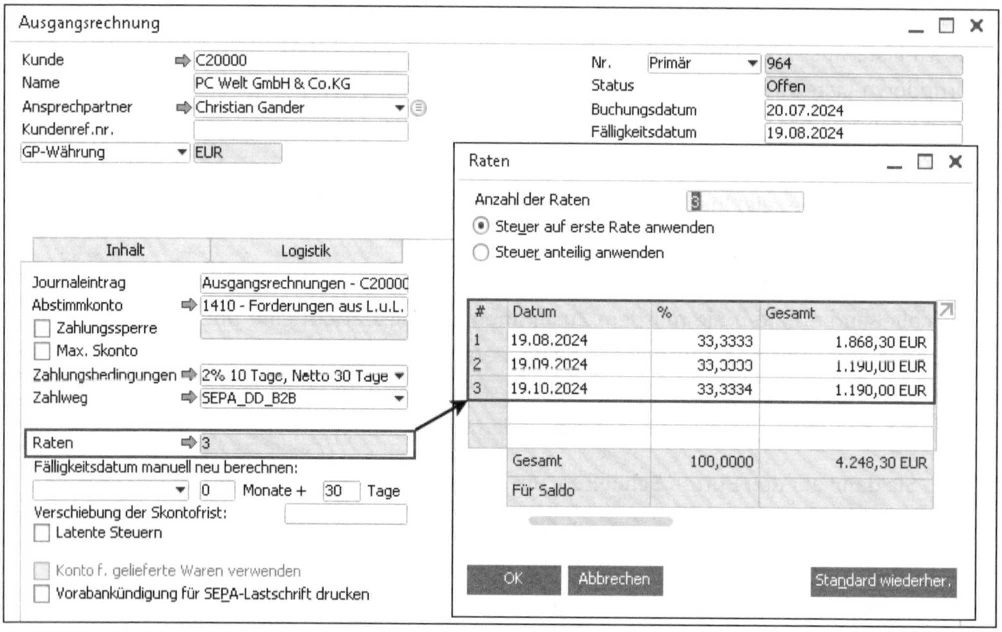

Abbildung 6.8: Ausgangsrechnung mit Ratenzahlung

Bei der Auswahl einer Zahlungsbedingung mit Ratenzahlung werden die Raten unmittelbar und automatisch berechnet. Mit dem orangefarbenen Pfeil ⇨ neben dem Feld **Raten** öffnen Sie das Fenster **Raten** mit den tatsächlich festgelegten Raten und den Fälligkeitsterminen. Im Beispiel in Abbildung 6.8 wurde in der Zahlungsbedingung eine Bezahlung mit drei Raten definiert, wobei die Raten jeweils im Abstand von einem Monat intervallmäßig angeordnet sind. Da wir als Soll-Versteurer die Umsatzsteuer schon bei der Vereinbarung der Entgelte schulden und nicht erst bei der Vereinnahmung, haben wir die Auswahl **Steuer auf erste Rate anwenden** aktiviert, und die erste Rate umfasst daher ein Drittel der Nettosumme plus die gesamte Steuer.

Im Fenster **Raten** können Sie *vor* dem Hinzufügen der Ausgangsrechnung noch alle Einstellungen ändern. Das bedeutet, neben der **Anzahl der Raten** können Sie das Fälligkeitsdatum (Spalte **Datum**), den Prozentsatz (Spalte **%**) und den Betrag (Spalte **Gesamt**) ändern. *Nach* dem Hinzufügen der Ausgangsrechnung können Sie nur noch das Fälligkeitsdatum (Spalte **Datum**) ändern. Wenn Sie die Option **Steuer auf erste Rate anwenden** wählen, werden der gesamte Steuerbetrag des Belegs plus die 19 % des Nettobetrags bereits bei der ersten Rate fällig, der verbleibende Nettobetrag wird gemäß den eingegebenen Prozentanteilen auf die restlichen Raten aufgeteilt. Mit der Option **Steuer anteilig anwenden** wird der Bruttobetrag einfach gemäß den Prozentsätzen auf die Raten aufgeteilt.

6.2.3 Sonderformen von Lieferschein und Ausgangsrechnung

SAP Business One erlaubt es, in der Belegkette im Verkauf sogenannte *Null-Lieferscheine* und *Null-Rechnungen* bzw. *Negativ-Lieferscheine* und *Negativ-Rechnungen* zu erstellen. Dies sind Lieferscheine und Rechnungen mit der Belegsumme null oder weniger als null. Null-Belege erzeugen Sie in der Regel, indem Sie eine Menge, aber keinen Preis eingeben. Negativ-Belege können Sie erzeugen, indem Sie zwar einen Preis aber eine negative Menge eingeben. Nach dem Hinzufügen erhalten Sie je nach Belegsumme eine Sicherheitsabfrage, wie in Abbildung 6.9 dargestellt.

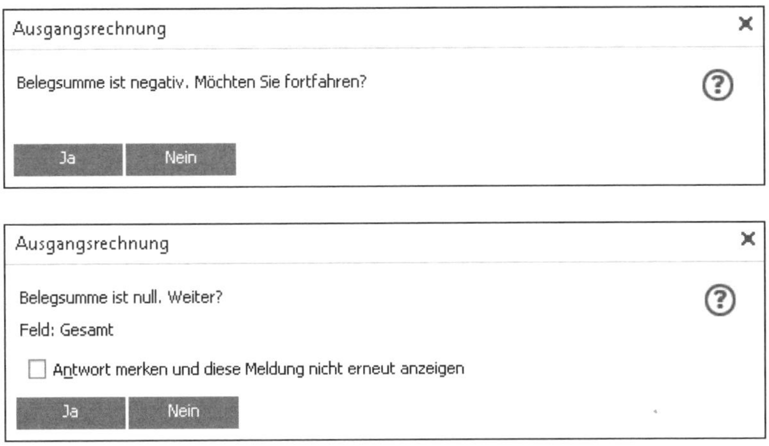

Abbildung 6.9: Sicherheitsabfrage bei Belegsumme null oder negativ

Klicken Sie auf den Button **Ja**, um den Beleg trotz der Belegsumme null oder kleiner als null hinzuzufügen.

Null-Beleg oder Negativ-Beleg

Falls Sie Gratismuster an Ihren Kunden liefern, wird dies in der Regel mit einem Lieferschein oder einer Ausgangsrechnung dokumentiert. In diesem Fall kommt der Null -Beleg zum Einsatz.

Falls Sie eine Ausgangsrechnung oder einen Lieferschein hinzufügen möchten, aber bereits Belege mit einem späteren Datum (und naturgemäß mit einer kleineren Belegnummer) existieren, erhalten Sie die Hinweismeldung aus Abbildung 6.10.

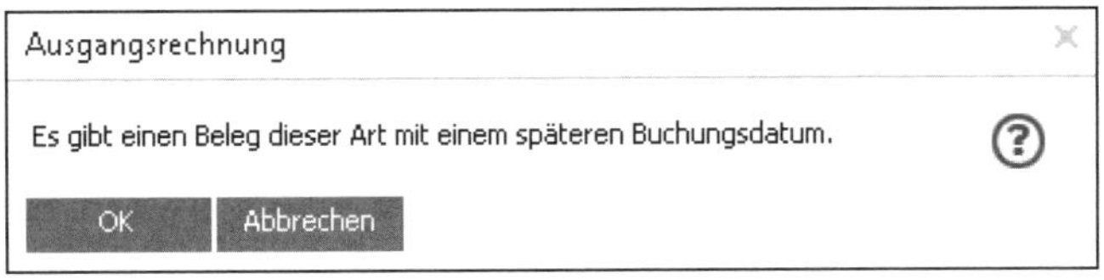

Abbildung 6.10: Systemmeldung beim Anlegen eines Belegs mit früherem Buchungsdatum

Die gesetzlichen Regelungen verlangen in der Regel, dass die Belegnummern lückenlos und aufsteigend sowie chronologisch angelegt werden – also datumsmäßig immer später. Im Programmpunkt **Administration • Systeminitialisierung • Belegeinstellungen** können Sie im Registerblatt **Allgemein** im **Feld Belege mit früherem Buchungsdatum sperren** verhindern, dass Belege rückdatiert werden.

6.2.4 Belegkette im Verkauf

In Kapitel 5, »Einkauf«, haben Sie bereits im Detail den Aufbau und die Funktionen der einzelnen Belegstufen kennengelernt. Die Weiterverarbeitungsmöglichkeiten zwischen den Belegstufen haben wir bereits in Abschnitt 5.4, »Belegkette im Einkauf«, ausreichend dokumentiert. An dieser Stelle stellen wir wiederum die verkaufsspezifischen Besonderheiten dar. Wir konzentrieren uns zunächst auf die Einordnung des einzelnen Belegs in die gesamte Belegkette im Verkauf und im Folgenden auf die charakteristischen Unterschiede zum Einkauf.

In Abbildung 6.11 finden Sie eine Übersicht über die idealtypische Belegkette im Verkauf.

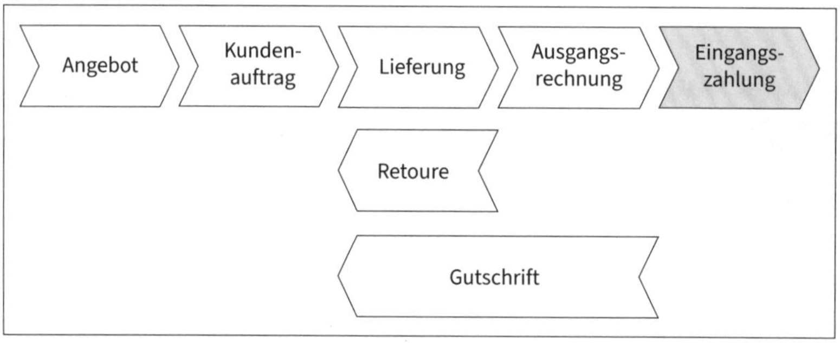

Abbildung 6.11: Belegkette im Verkauf

Die Belegkette im Verkauf besteht größtenteils aus Elementen, die im Modul **Verkauf** angesiedelt sind (Angebot, Kundenauftrag, Lieferung, Ausgangsrechnung, Retoure, Gutschrift). Lediglich das Fenster **Eingangszahlung** ist im Modul **Bankenabwicklung** positioniert. Thematisch gehört es jedoch zum Einkauf, da die Einkaufskette erst abgeschlossen ist, wenn der Einkauf auch bezahlt wurde. Funktionsweise und Handhabung der Eingangszahlung behandeln wir ausführlich in Abschnitt 13.2, »Eingangszahlungen und Ausgangszahlungen«.

Grundsätzlich ist die Belegkette in SAP Business One sehr flexibel gestaltet. Sie haben die Möglichkeit, sie an einer beliebigen Stelle zu starten und auch fortzusetzen, ohne dass Sie alle Belegstufen der Kette durchlaufen müssen.

Alternativ können Sie die Belegkette auch an einer beliebigen Stufe beenden, indem Sie den entsprechenden Beleg *schließen* oder – je nach Belegstufe – *abbrechen/stornieren*. Damit signalisieren Sie dem Programm, dass der Beleg nicht mehr in die Folgestufe kopiert wird. So wird z. B. das Schließen eines Kundenauftrags dazu führen, dass dieser Auftrag nicht mehr in einen Lieferschein kopiert werden kann. Gleichzeitig wird der Wert **Menge bestätigt** um die Auftragsmenge reduziert. Hingegen wird das Schließen eines Lieferscheins dazu führen, dass er nicht mehr in eine Ausgangsrechnung kopiert werden kann. Die Reduktion des Lagerbestands und die damit einhergehende Journalbuchung hingegen bleiben unberührt – die Lieferung wurde ja durchgeführt und hat die entsprechenden Konsequenzen nach sich gezogen.

[zB]

Beliebiger Beginn der Belegkette

Sie müssen die Belegkette nicht mit dem Angebot beginnen, sondern können auch gleich mit dem Kundenauftrag, der Lieferung oder der Ausgangsrechnung starten. Zudem muss auf einen Kundenauftrag nicht notwendigerweise eine Lieferung folgen, sondern es kann auch gleich eine Ausgangsrechnung aus einem Angebot oder einem Kundenauftrag angelegt werden.

SAP Business One ist in dieser Hinsicht äußerst flexibel. Ob diese Flexibilität für die Organisation eines spezifischen Betriebs tatsächlich ein Vorteil ist, ist im Einzelfall zu entscheiden. Unter Umständen ist eine Einhaltung einer bestimmten Belegkette wichtiger als Flexibilität. Sollte das der Fall sein, sprechen Sie mit Ihrem Consultant. Technisch anspruchsvolle Werkzeuge wie *Genehmigungsverfahren* oder *Transaction Notifications* stellen sicher, dass eine definierte Prozesskette eingehalten wird.

In Tabelle 6.1 finden Sie eine Übersicht über die Möglichkeiten der Funktionen **Kopierens nach** und **Kopieren von** in den einzelnen Belegstufen der Belegkette im Verkauf. Zudem sind Besonderheiten zu den einzelnen Stufen angemerkt.

Belegstufe	Kopieren von (Basisbeleg)	Kopieren nach (Zielbeleg)	Besonderheit
Angebot	–	Auftrag, Lieferung, Vorausrechnung, Ausgangsrechnung	Beleg kann nach Hinzufügen geändert werden.
Kundenauftrag	Angebot	Lieferung, Vorausrechnung, Ausgangsrechnung	Beleg ist automatisch erstellbar, nach Hinzufügen änderbar.
Lieferung	Angebot, Auftrag, Retoure, Vorausrechnung	Retoure, Ausgangsrechnung	Beleg ist automatisch erstellbar. Beleg kann nach Hinzufügen nicht geändert werden.

Tabelle 6.1: Belegverarbeitung im Verkauf

Belegstufe	Kopieren von (Basisbeleg)	Kopieren nach (Zielbeleg)	Besonderheit
Retourenanfrage	Lieferung, Ausgangsrechnung	Retoure, Ausgangsgutschrift	Beleg kann nach Hinzufügen nicht geändert werden.
Retoure	Lieferung	Wareneingang	Beleg ist automatisch erstellbar. Beleg kann nach Hinzufügen nicht geändert werden.
Ausgangsrechnung	Angebot, Auftrag, Lieferung	Gutschrift	Beleg ist automatisch erstellbar. Beleg kann nach Hinzufügen nicht geändert werden. Sofortige Bezahlung möglich. Hinweis auf Beleg mit späterer Belegnummer.
Gutschrift	Ausgangsrechnung	–	Beleg kann nach Hinzufügen nicht geändert werden.
Eingangszahlung	Ausgangsrechnung	–	Beleg kann nach Hinzufügen nicht geändert werden.

Tabelle 6.1: Belegverarbeitung im Verkauf (Forts.)

Ergänzungen zu Tabelle 6.1:

- »Beleg kann nach Hinzufügen geändert werden« bedeutet, dass der Beleg so lange geändert werden kann, wie er nicht in eine Folgestufe abgerufen wurde.
- »Automatisch erstellbar« bedeutet, dass der Beleg mithilfe des Belegerstellungsassistenten in einem Lauf aus der Vorbelegstufe erzeugt werden kann.
- »Beleg kann nach Hinzufügen nicht geändert werden« bedeutet, dass, falls eine Änderung notwendig ist, der Beleg zunächst storniert werden muss. Danach kann er entweder durch Duplizieren oder neuerlichen Abruf aus dem Vorbeleg wieder erzeugt werden.

Das Modul **Verkauf** ist – wie das Modul **Einkauf** – ebenfalls eng mit den Modulen **Lagerverwaltung** und **Finanzwesen** verknüpft. Dabei kommt es darauf an, ob es sich bei den in den Belegstufen verwendeten Artikeln um *Lagerartikel* oder *Nicht-Lagerartikel* handelt. Der Unterschied manifestiert sich darin, ob die Checkbox **Lagerartikel** im Fenster **Artikelstammdaten** markiert ist oder nicht. Tabelle 6.2 gibt Ihnen eine Übersicht über die Auswirkung jeder einzelnen Belegstufe auf Lagermenge und Buchhaltung.

Belegstufe	Auswirkungen auf Lagerhaltung (Mengenfluss)	Auswirkungen auf Buchhaltung (Wertefluss)
Angebot	keine Lagerbewegung und keine Reservierung	keine
Kundenauftrag	keine Lagerbewegung, Erhöhung der *bestätigten* Menge, dadurch Verringerung der *verfügbaren* Menge (siehe Fenster **Artikelstammdaten**, Registerkarte **Bestandsdaten**, Abschnitt 4.6, »Artikel«)	keine
Lieferung	Verringerung der Lagermenge; Verringerung der *bestätigten* Menge. Die *verfügbare* Menge bleibt daher gleich.	automatische Wareneinsatzbuchung
Retourenanfrage	Erhöhung der *verfügbaren* Menge durch Erhöhung der *bestellten* Menge, keine Erhöhung der Lagermenge	keine
Retoure	Erhöhung der Lagermenge	Rückbuchung der Wareneinsatzbuchung
Ausgangsrechnung	keine Lagerbewegung, sofern Lieferschein davor angelegt wurde, sonst Verringerung der Lagermenge	Buchung der Forderung gegenüber dem Kunden, Erlösbuchung und automatische Wareneinsatzbuchung (sofern kein Lieferschein davor angelegt wurde)
Gutschrift	Erhöhung der Lagermenge, sofern keine Retoure davor angelegt wurde	Rückbuchung der Forderung, Erlösberichtigung und Rückbuchung der Wareneinsatzbuchung (sofern keine Retoure davor angelegt wurde)

Tabelle 6.2: Auswirkungen der Verkaufsbelege auf Lagermenge und Buchhaltung bei Lagerartikeln

Belegstufe	Auswirkungen auf Lagerhaltung (Mengenfluss)	Auswirkungen auf Buchhaltung (Wertefluss)
Eingangszahlung	keine Lagerbewegung	Ausgleich der Forderung gegenüber dem Kunden, Erhöhung Zahlungsmittel. Optional Buchung von Kursverlusten/-gewinnen, falls die Transaktion in Fremdwährung stattgefunden hat.

Tabelle 6.2: Auswirkungen der Verkaufsbelege auf Lagermenge und Buchhaltung bei Lagerartikeln (Forts.)

Der *Kundenauftrag* hat lediglich eine Verringerung der verfügbaren Menge, jedoch keine Veränderung der Lagermenge zur Folge. Die Menge wird reserviert, aber nicht gebucht. Aus diesem Grund ergibt sich auch keine Journalbuchung beim Kundenauftrag.

Bei der *Lieferung* wird die tatsächliche Lagermenge gebucht, die wertmäßige Wareneinsatzbuchung wird in der Buchhaltung auf das Wareneinsatzkonto und das Vorratskonto gebucht (Details zur Kontierung finden Sie in Kapitel 12, »Finanzwesen«).

Bei der *Retourenanfrage* werden Mengen, Preise und auch der Grund für die Rückgabe des Artikels erfasst, und es wird ein Beleg erzeugt, mit dem der Kunde über die bevorstehende Abholung informiert wird. Dieser Vorgang erhöht die verfügbare Menge und verbessert damit die Grundlage für die Berechnung von Bestellungen. Voraussetzung dafür ist, dass die retournierte Ware wiederverwendbar ist. Darüber hinaus können bei der Retourenanfrage Serien- und Chargennummern verwaltet werden.

Die an die Retourenanfrage anschließende Belegstufe ist die *Retoure*, diese dreht den Vorgang der Lieferung um. Sollte keine Lieferung erstellt und der Kundenauftrag direkt in die Ausgangsrechnung kopiert werden, erfolgen die Verringerung der Lagermenge und die automatische Wareneinsatzbuchung erst bei der Belegstufe **Ausgangsrechnung**. Sollte die Belegstufe **Lieferung** durchlaufen worden sein, erfolgt bei der Ausgangsrechnung nur noch die wertmäßige Buchung der Forderung beim Kunden und die Erlösbuchung.

Bei der *Gutschrift* werden sowohl der Vorgang der Lieferung als auch der Vorgang der Ausgangsrechnung umgekehrt. Das bedeutet, die Forderung beim Kunden wird egalisiert, die Lagermenge wird wieder erhöht und die Wareneinsatz- sowie Erlösbuchung rückgebucht.

Die *Eingangszahlung* gleicht die Forderung an den Kunden aus, es gibt keinen Einfluss auf die wert- und mengenmäßige Lagerführung. Eine Übersicht über die automatischen Journalbuchungen in der Verkaufskette erhalten Sie in Abschnitt 12.2, »Buchungskreislauf«.

Tabelle 6.3 zeigt die Auswirkungen der einzelnen Verkaufsbelege, die nur *Nicht-Lagerartikel* enthalten, auf die Buchhaltung.

Belegstufe	Auswirkungen auf die Buchhaltung
Angebot	keine
Kundenauftrag	keine
Ausgangsrechnung	Buchung der Forderung gegenüber dem Kunden, Erlösbuchung
Gutschrift	Rückbuchung der Forderung gegenüber dem Kunden, Erlösberichtigung
Eingangszahlung	Ausgleich der Forderung gegenüber dem Kunden, Erhöhung der Zahlungsmittel

Tabelle 6.3: Auswirkungen der Verkaufsbelege auf die Buchhaltung bei Nicht-Lagerartikeln

Bei einem Nicht-Lagerartikel entfallen alle mengen- und wertmäßigen Bewegungen in der Lagerverwaltung. Aus diesem Grund entfallen die Buchungen in den Belegstufen Lieferung und Retoure komplett. Bei den restlichen Belegstufen (mit Ausnahme des Angebots und des Kundenauftrags) wird die Buchung der Forderung entsprechend automatisch angestoßen.

Eine Sonderstellung innerhalb der Belegkette im Verkauf nimmt die *Ausgangsvorausrechnung* ein. Wenn Sie für Ihren Kunden eine Ausgangsvorausrechnung erstellen, wird die klassische Belegkette im Verkauf adaptiert. Dementsprechend gestaltet sich die Belegkette im Verkauf mit der Vorausrechnung wie in Abbildung 6.12.

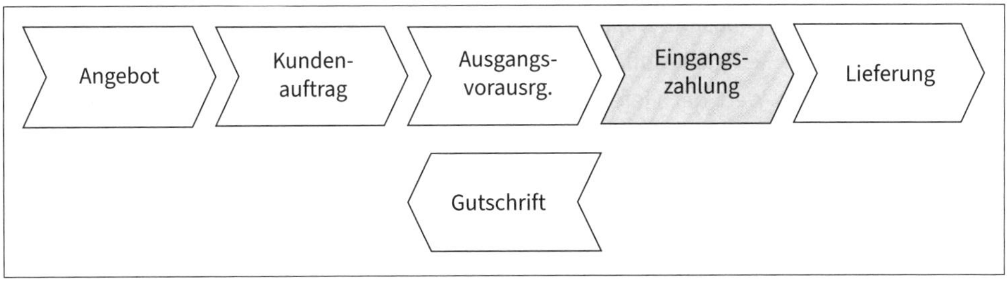

Abbildung 6.12: Belegkette im Verkauf mit Vorausrechnung

Der Unterschied zur »klassischen« Belegkette im Verkauf liegt darin, dass nach dem Kundenauftrag zunächst sofort die Vorausrechnung folgt und erst dann, bzw. in der Regel nach der Eingangszahlung, die Lieferung mit dem Warenausgang aus dem Lager. Die Vorausrechnung kann mit der Gutschrift umgekehrt werden. Mit der *Lieferung* ist der Verkaufsprozess abgeschlossen. In der Praxis entspricht es der Idee der Ausgangsvorausrechnung, dass die Lieferung an den Kunden erst nach geleisteter Eingangszahlung erfolgt. Aber auch die Variante, dass die Eingangszahlung erst nach der Lieferung erfolgt, ist aus Programmsicht zulässig.

[»]

Ausgangsvorausrechnung

Eine Ausgangsvorausrechnung kann nur mit der Belegart **Artikel** erstellt werden, da nur in diesem Fall das Umkehren der Belegkette sinnvoll ist. Im Fall eines Servicebelegs existiert keine Lieferung, und somit reicht es aus, lediglich eine Ausgangsrechnung zu erstellen.

6.2.5 Anzahlungstransaktionen im Vergleich

Neben der beschriebenen Ausgangsvorausrechnung existieren in SAP Business One folgende ähnliche Transaktionen:

- die Verkaufsanzahlungsanforderung
- die Verkaufsanzahlungsrechnung

Die Belegvarianten Ausgangsvorausrechnung, Verkaufsanzahlungsforderung und Verkaufsanzahlungsrechnung unterscheiden sich in einer Reihe von Details, die in Tabelle 6.4 aufgelistet sind. Kurz zusammengefasst:

Die *Ausgangsvorausrechnung* verhält sich im Wesentlichen wie eine »normale« Rechnung. Lediglich ihre Position in der Belegkette unterscheidet sich von Letzterer. Sie sollte sinnvollerweise zwischen Auftrag und Lieferschein angesiedelt sein. Es wird der volle Betrag der Transaktion in Rechnung gestellt. Dementsprechend ist in dieser Belegkette das Thema der Rechnungsstellung mit dem Erzeugen der Ausgangsvorausrechnung erledigt.

Die *Verkaufsanzahlungsforderung* ist, wie der Name schon sagt, keine Rechnung, sondern soll den Kunden lediglich auffordern, einen Teil oder den gesamten Betrag der Transaktion (also den Wert der Lieferung inklusive Umsatzsteuer) im Voraus zu begleichen. Es wird daher zu einem späteren Zeitpunkt noch notwendig sein, eine Rechnung zu erstellen (siehe Abbildung 6.13). Diese wird auch einen Teil der Umsatzsteuerschuld begründen. Durch die Verkaufsanzahlungsanforderung entsteht noch keine Umsatzsteuerschuld, erst durch ihre Begleichung (*vereinnahmtes Entgelt*).

Die *Verkaufsanzahlungsrechnung* ist wieder eine »echte« Rechnung, sie unterscheidet sich von Letzterer ebenfalls durch ihre Position in der Belegkette – sie wird in der Regel ebenfalls vor der Lieferung erzeugt (siehe Abbildung 6.14). Von der Ausgangsvorausrechnung unterscheidet sie sich durch den Betrag – in der Regel wird nicht der gesamte Betrag der Transaktion in Rechnung gestellt, sondern nur ein Teilbetrag. Die Umsatzsteuerschuld entsteht aber sofort (*vereinbartes Entgelt*).

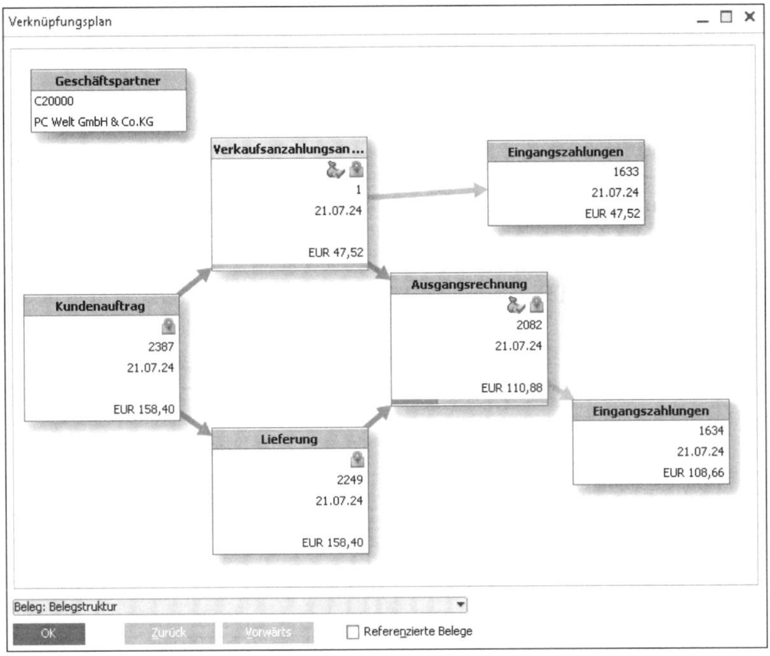

Abbildung 6.13: Verkaufsanzahlungsanforderung in der Belegkette

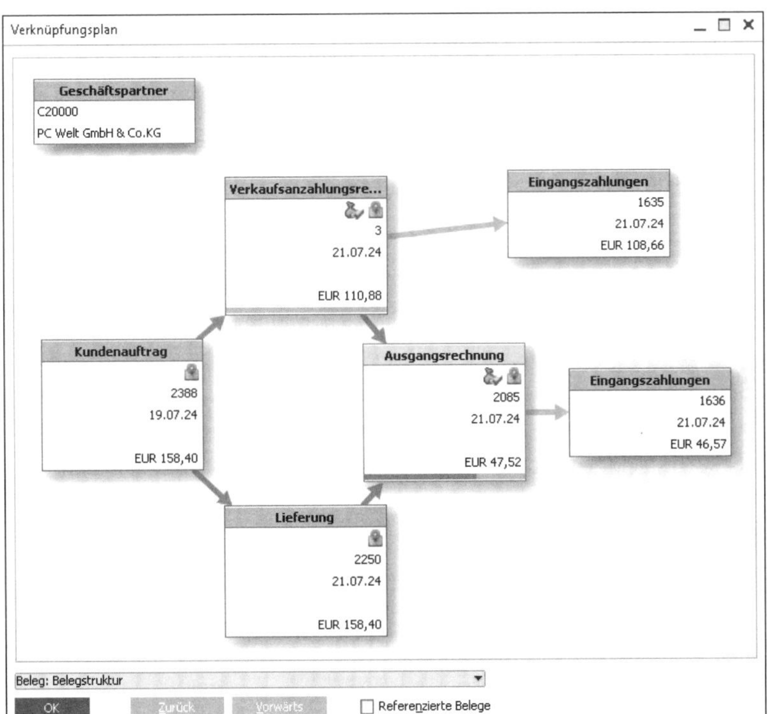

Abbildung 6.14: Verkaufsanzahlungsrechnung in der Belegkette

Tabelle 6.4 fasst die wesentlichen Eigenschaften dieser recht ähnlichen Transaktionen zusammen.

	Ausgangsvorausrechnung	Verkaufsanzahlungsanforderung	Verkaufsanzahlungsrechnung
Buchung	wie Ausgangsrechnung	erst bei ihrer Zahlung	wie Ausgangsrechnung
Ausgangsbeleg	Kundenauftrag *kopieren nach*	*kopieren von* Angebot, Kundenauftrag, Lieferung, Rahmenvertrag	*kopieren von* Angebot, Kundenauftrag, Lieferung, Rahmenvertrag
Zielbeleg	*kopieren nach* Lieferung	–	*kopieren nach* Ausgangsgutschrift
Mahnen	ja	nein	ja
Eingangszahlung abstimmen	ja	ja	ja
Anzahlungsprozentsatz	100 %	1–100 %	1–100 %
Steuer	vereinbart	vereinnahmt	vereinbart
eigene Belegnummer	nein, in den Rechnungsnummernkreisen	ja, ein gemeinsamer Belegnummernkreis	

Tabelle 6.4: Anzahlungen im Vergleich

[»]

Hinweis zu den Anzahlungen

Speziell die Entstehung der Umsatzsteuerschuld ist komplex und von einer Reihe von Faktoren wie dem exakten Zeitpunkt des Eigentumsübergangs, der Art des Geschäfts (z. B. *Bauleistungen*) und anderen Faktoren abhängig. Darüber hinaus ist in diesem Kontext die absolut korrekte Behandlung der Umsatzsteuer auf den gedruckten Belegen zu beachten. Eine auf den Beleg angedruckte Umsatzsteuer ist in der Regel auch abzuführen, auch wenn sie unter Umständen so nicht »gemeint war«. Es ist daher zu empfehlen, das Thema der Anzahlungen sowohl mit Ihrem Steuerberater als auch Ihrem Consultant ausführlich zu besprechen.

6.2.6 Ausgangsrechnung und Zahlung

Eine weitere Belegart, die abweichend von der klassischen Belegkette im Einkauf eingesetzt wird, ist die *Ausgangsrechnung und Zahlung*. Diese Belegart wird in der Regel nur bei sogenannter »Laufkundschaft« bzw. »Einmalkunden« verwendet. Das bedeutet, für Ausgangsrechnung und Zahlung muss kein Kunde im Fenster **Geschäftspartner-Stammdaten** neu angelegt werden.

Sie benötigen einen »Dummy-Kunden«, der in den Geschäftspartner-Stammdaten einmalig angelegt sein muss und die Funktion des »üblichen« Kunden übernimmt, indem er automatisch im Beleg vorgeschlagen wird. Nachdem dieser Kunde angelegt ist, müssen Sie ihn auch unter **Administration • Definitionen • Finanzwesen • Kontenfindung Sachkonten** • Registerkarte **Verkauf • Allgemein** im Feld **Standardkunde für Ausgangsrechnung und Zahlung** als »Dummy-Kunden« definieren (siehe Abbildung 6.15, linkes Fenster).

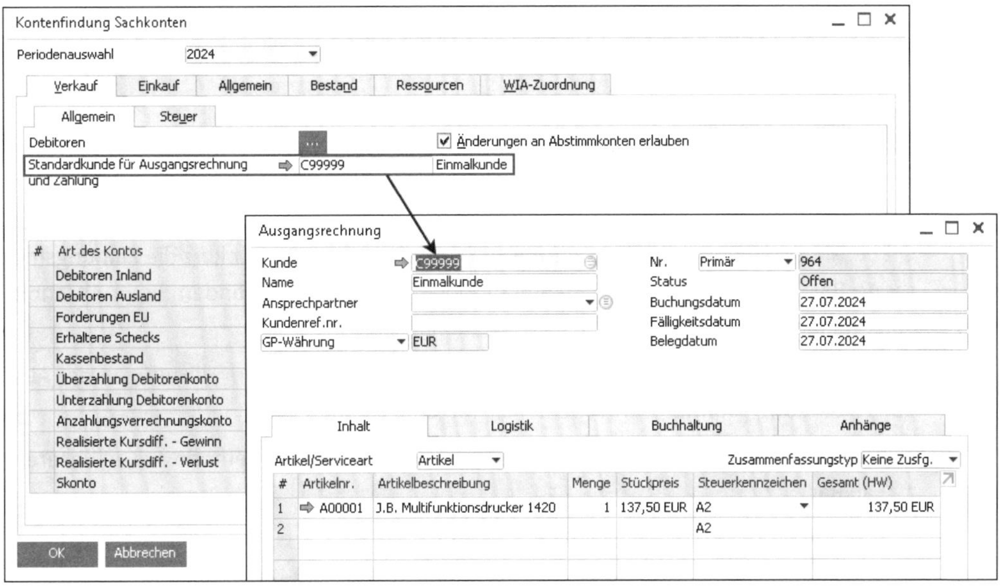

Abbildung 6.15: »Dummy-Kunden« definieren – »Dummy-Kunden« in »Ausgangsrechnung und Zahlung« verwenden

Öffnen Sie im Feld **Standardkunde für Ausgangsrechnung und Zahlung** mithilfe der [⇆]-Taste die **Auswahlliste Geschäftspartner**, und wählen Sie den »Dummy-Kunden« aus. Dieser wird beim Aufrufen des Fensters **Ausgangsrechnung** automatisch in den Feldern **Kunde** und **Name** eingesetzt. Sie können nun noch das Feld **Name** in der Ausgangsrechnung ändern und den tatsächlichen Namen des Kunden eingeben, damit er auch auf dem Ausdruck angezeigt wird. Dieser eingegebene Name wird naturgemäß nicht in die Geschäftspartner-Stammdaten zurückgeschrieben. Die Handhabung des Fensters **Ausgangsrechnung** erfolgt sonst wie bei der klassischen Ausgangsrechnung.

Im Unterschied zur klassischen Ausgangsrechnung wird die Ausgangsrechnung unmittelbar beim Hinzufügen bezahlt. Es wird automatisch das Fenster **Zahlungsmethoden** geöffnet, in dem Sie die Zahlungsmethode und den Betrag auswählen, wie in Abbildung 6.16 dargestellt.

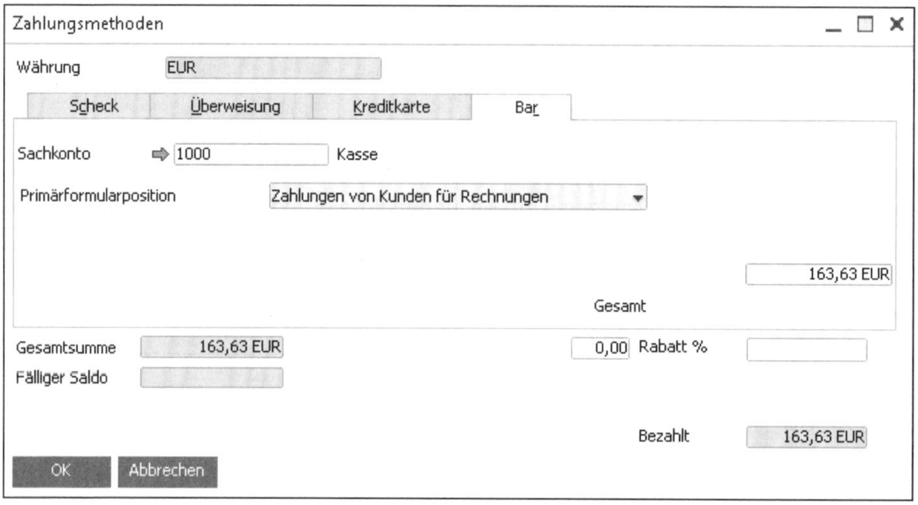

Abbildung 6.16: Zahlungsmethode »Bar« – Ausgangsrechnung und Zahlung

Oft bezahlt Laufkundschaft bar, aus diesem Grund beschreiben wir kurz die Zahlungsmethode **Bar**. Eine ausführliche Behandlung der Eingangszahlung finden Sie in Abschnitt 13.2, »Eingangszahlungen und Ausgangszahlungen«.

Nachdem das Fenster **Zahlungsmethoden** automatisch nach dem Hinzufügen der Ausgangsrechnung geöffnet wurde, gehen Sie folgendermaßen vor:

1. Wählen Sie die Registerkarte mit der gewünschten Zahlungsmethode aus, in unserem Fall **Bar**.
2. Positionieren Sie den Cursor im Feld **Gesamt**.
3. Kopieren Sie den Gesamtbetrag der Rechnung mit der Tastenkombination `Strg`+`B` (leichter zu merken mit `Strg` + »Betrag«) in das Feld **Gesamt**.
4. Bestätigen Sie die Eingabe mit dem Button **OK**. Das Fenster **Zahlungsmethoden** wird geschlossen, und Sie kehren zur Ausgangsrechnung zurück.
5. Klicken Sie auf den Button **Hinzufügen** im Fenster **Ausgangsrechnung**, um die Ausgangsrechnung anzulegen.

Mit dem Hinzufügen der Rechnung wurden die Buchungen sowohl von Ausgangsrechnung als auch von Eingangszahlung im Hintergrund abgesetzt (siehe Tabelle 6.2 und Tabelle 6.3).

[»]

Barverkäufe unterliegen speziellen Regeln

Beachten Sie, dass in manchen Ländern Barverkäufe besonderen Regelungen unterworfen sind. In manchen Fällen sind ab bestimmten Grenzen (z. B. in Österreich ab Bareinnahmen von 7.500 EUR/Jahr) und in manchen Fällen grundsätzlich technische Vorkehrungen zu treffen. Diese werden in Deutschland z. B. in der Kassensicherungsverordnung (KassenSichV) und in Österreich in der Registrierkassensicherheitsverordnung (RKSV) im Detail beschrieben.

Es ist daher ratsam, sich mit Ihrem Consultant und Steuerberater in Verbindung zu setzten, wenn Sie Barverkäufe in Zusammenhang mit SAP Business One abwickeln wollen oder müssen.

6.2.7 Journalbuchungsvorschau

Da buchungswirksame Belege sofort bei Hinzufügen eine Journalbuchung auslösen, verfügen Sie mit der Journalbuchungsvorschau über ein sehr nützliches Instrument, das die ausgelöste Buchung simuliert. Klicken Sie bei geöffnetem, aber noch nicht hinzugefügtem Beleg auf den Button (**Journalbuchungsvorschau**) in der Symbolleiste. Alternativ können Sie die Vorschau auch über das Kontextmenü (Klick mit rechter Maustaste in den Beleg) öffnen. Abbildung 6.17 zeigt die Journalbuchungsvorschau einer Ausgangsrechnung. (Journalbuchungen behandeln wir eingehend in Abschnitt 12.3.)

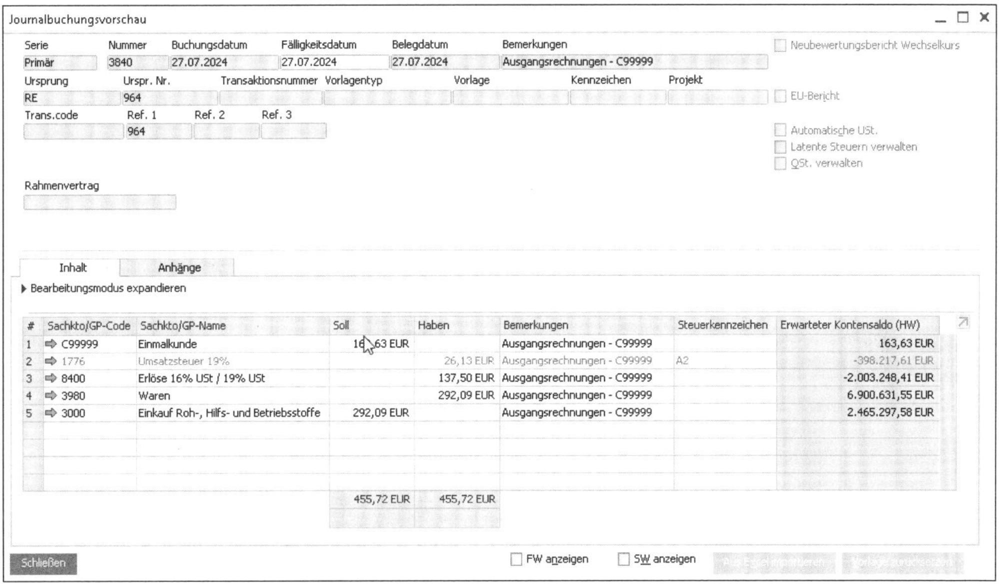

Abbildung 6.17: Journalbuchungsvorschau einer Ausgangsrechnung

6.2.8 Belegerstellungsassistent

Der Belegerstellungsassistent (**Verkauf • Belegerstellungsassistent**) ist ein Instrument, mit dem Sie automatisch Zielbelege aus bereits vorhandenen, noch offenen Basisbelegen erstellen können. Bei diesem Vorgang werden Sie durch einen Assistenten unterstützt, der Sie schrittweise durch die Belegerstellung und die Selektion einer Reihe von Parametern führt.

[zB]

Einsatz des Belegerstellungsassistenten

Sie verwenden den Belegerstellungsassistenten, wenn Sie einmal im Monat eine einzige Ausgangsrechnung für alle in diesem Monat angelegten und noch offenen Lieferscheine/Kunde erstellen möchten. Oder Sie möchten eine Sammellieferung für einen bestimmten Kunden aus allen noch offenen Kundenaufträgen dieses Kunden erstellen.

Die automatische Erstellung der Belege erfolgt auf die folgende Art und Weise:

1. **Belegerstellungsoptionen**
   Wählen Sie zwischen den Optionen **Neue Parametergruppe** ❶ oder **Bestehende Parametergruppe** (siehe ❷ in Abbildung 6.18).

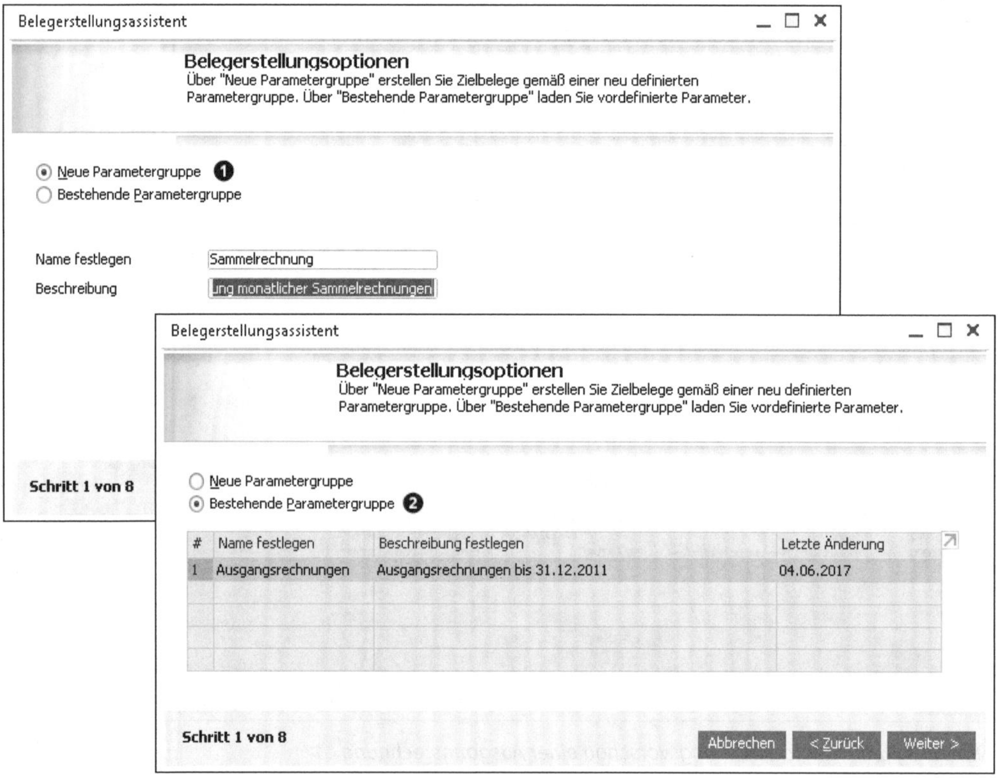

Abbildung 6.18: Belegerstellungsassistent: Schritt 1 – zwei Belegerstellungsoptionen

Sobald Sie den Belegerstellungsassistenten das erste Mal (mit der Option **Neue Parametergruppe**) verwendet haben, werden die Parameter aus allen Schritten des Assistenten abgespeichert. Ab dem zweiten Einsatz können Sie dann eine neue Parametergruppe starten oder eine bestehende aufrufen. Letztere Option ermöglicht Ihnen, eine einmal getroffene Auswahl wiederzuverwenden.

Für die **Neue Parametergruppe** (siehe ❶ in Abbildung 6.18) legen Sie einen sprechenden Namen im Feld **Name festlegen** und eine erklärende Beschreibung im Feld **Beschreibung festlegen** an und klicken auf den Button **Weiter**. Für die **Bestehende Parametergruppe** (siehe ❷ in Abbildung 6.18, Fenster unten) markieren Sie die vorhandene Parametergruppe in der Tabelle und klicken auf den Button **Weiter**. Sie können generell mit den Buttons **Weiter** und **Zurück** einen Schritt vor- bzw. zurücknavigieren oder auch den Assistenten mit dem Button **Abbrechen** beenden.

2. **Zielbeleg**
   Wählen Sie im zweiten Schritt Optionen, die den Zielbeleg betreffen:
   - **Zielbeleg**: Wählen Sie als Zielbeleg **Kundenauftrag**, **Lieferung**, **Retoure** oder **Ausgangsrechnung**.
   - **Buchungsdatum, Belegdatum**: Wählen Sie die gewünschten Daten für den Zielbeleg.
   - **Serie**: Wählen Sie eine Belegnummernserie aus der Werteliste aus, deren nächste freie Belegnummer für den Zielbeleg verwendet wird.
   - **Artikel oder Service**: Markieren Sie die entsprechende Belegart, und wählen Sie aus, ob Sie eine Zusammenfassung der Belegzeilen möchten (siehe Abbildung 6.5).
   - **Wechselkurs**: Wählen Sie im Fall von Fremdwährungsbelegen, ob der Wechselkurs aus dem **Basisbeleg** oder der **aktuelle Wechselkurs** verwendet werden soll.
   - **Geparkte Belege erstellen**: Markieren Sie diese Checkbox, falls Sie die erstellten Belege nicht sofort hinzufügen, sondern als geparkte Belege speichern möchten.
3. **Basisbelege**
   Wählen Sie bei diesem Schritt alle Parameter aus, die den Basisbeleg betreffen. Auf der linken Seite markieren Sie jene Basisbelege, die als Basis für die Erstellung der Zielbelege dienen. Abhängigkeit vom Zielbeleg werden unterschiedliche Belegarten angeboten. Ist der Zielbeleg z. B. ein Kundenauftrag, dann kann der Basisbeleg nur noch ein Angebot sein. Ist der Zielbeleg eine Ausgangsrechnung, dann kommen sowohl Angebote als auch Kundenaufträge und Lieferungen infrage. Auf der rechten Seite schränken Sie die Auswahl der Basisbelege hinsichtlich Buchungsdatum, Lieferdatum, Belegnummernserie etc. ein. Legen Sie im unteren Bereich noch die Sortierung fest. Dazu wählen Sie das gewünschte Sortierkriterium aus der Dropdown-Liste in der Spalte **Sortierfeld** und legen in der Spalte **Reihenfolge** fest, ob das Sortierkriterium aufsteigend oder absteigend sortiert werden soll.
4. **Konsolidierungsoptionen**
   Wenn Sie die Option **Keine Konsolidierung** wählen, wird pro Basisbeleg ein Zielbeleg erstellt. Wählen Sie die Option **Konsolidieren nach**, um die Zielbelege anhand der Kriterien darunter zusammenzufassen. Die Option **Systemstandards** ist automatisch aktiviert, sie konsolidiert die Zielbelege standardmäßig nach Basisbelegart, Kunde und Artikel- bzw. Servicetyp. Darüber hinaus können Sie weitere Konsolidierungsoptionen wählen, etwa **Lieferadresse**, **Zahlungsbedingungen** und **Zahlweg**. Außerdem stehen

Ihnen unter der Checkbox **Erweiterte Konsolidierungsoptionen** maximal vier weitere Konsolidierungsmöglichkeiten zur Verfügung. Um diese Möglichkeit zu nutzen, markieren Sie die Checkbox **Erweiterte Konsolidierungsoptionen**, und im Block mit den vier Checkboxen aktivieren Sie die nächste freie Checkbox. Zudem wählen Sie die gewünschte Konsolidierungsoption aus der Dropdown-Liste aus. In der Dropdown-Liste finden Sie Konsolidierungsoptionen wie **Buchungsdatum**, **Vertriebsmitarbeiter** und **Projektcode**.

5. **Kunden**
   Wählen Sie hier die Kunden aus, für die die Zielbelege erstellt werden sollen. Dazu klicken Sie auf den Button **Kunden hinzufügen**, wie in Abbildung 6.19 dargestellt.

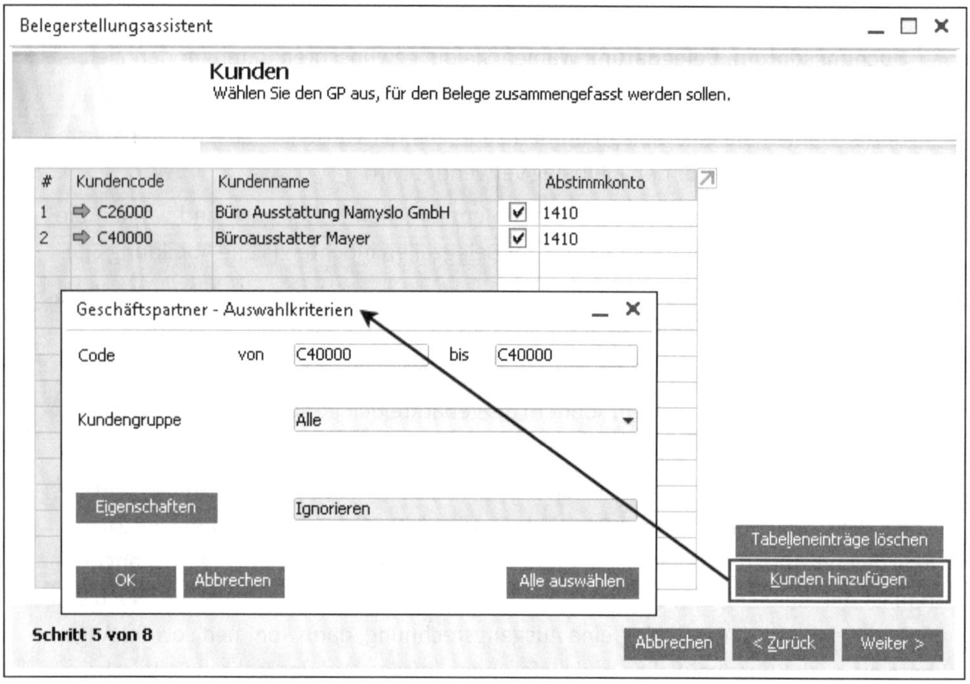

Abbildung 6.19: Belegerstellungsassistent: Schritt 5 – Kunden auswählen

Im nun geöffneten Fenster **Geschäftspartner – Auswahlkriterien** wählen Sie mit der [Tab]-Taste in den Feldern **Code von** und **bis** jene Geschäftspartner aus, für die Sie Zielbelege erstellen möchten. Sie haben zusätzlich die Möglichkeit, hinsichtlich der Kundengruppe und sogar der (Kunden-)Eigenschaften Einschränkungen vorzunehmen. Bestätigen Sie Ihre Auswahl mit dem Button **OK**, und die ausgewählten Kunden werden in die Tabelle dahinter eingetragen. Nun können Sie zusätzlich die ausgewählten Kunden demarkieren bzw. wieder markieren.

6. **Meldungen und Alarme**
   Wählen Sie aus, wie mit fehlenden Daten (z. B. wurden Artikel in der Zwischenzeit deaktiviert), mit Problemen im Bereich der zu bildenden Journalbuchungen (z. B. wur-

den verwendete Sachkonten in der Zwischenzweit deaktiviert) oder der Lagerhaltung (z. B. würde der Lagerbestand negativ, obwohl diese Option nicht zulässig ist) umgegangen werden soll. Standardmäßig ist hier die Option **Zum nächsten Beleg springen** voreingestellt. Das bedeutet, dass der Basisbeleg, der nicht berücksichtigt werden konnte, übersprungen wird. Alternativ können Sie automatisch zum nächsten Kunden springen oder eine Bestätigung des Benutzers anfordern, falls ein Fehler auftritt.

7. **Optionen »Speichern« und »Ausführen«**
   An dieser Stelle können Sie eine Reihe von Aktionen wählen: **Assistenten ausführen**, **Parametergruppe speichern und ausführen** oder **Parametergruppe speichern und beenden** (und gegebenenfalls zu einem späteren Zeitpunkt ausführen).

   Vor dem letzten Schritt macht SAP Business One Sie mit einer Systemmeldung wie in Abbildung 6.20 darauf aufmerksam, dass der nun folgende Belegerstellungsvorgang nicht abgebrochen werden kann.

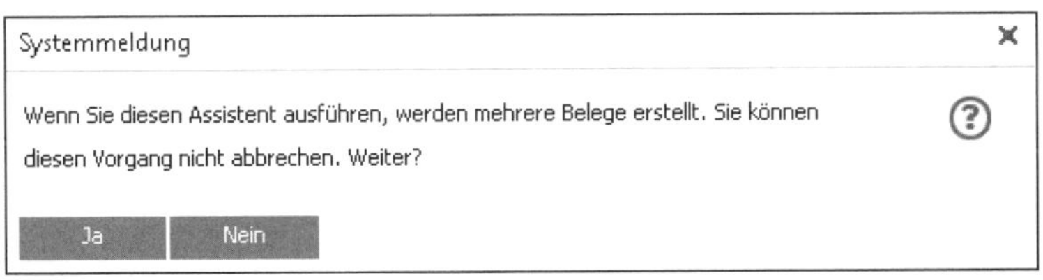

Abbildung 6.20: Belegerstellungsassistent – Hinweis zum Belegerstellungsvorgang

   Haben Sie in Schritt 6 die Option **Benutzerbestätigung anfordern** gewählt und treten auffällige Szenarien auf, wird das Programm nun eine entsprechende Meldung bringen und Sie wie in Abbildung 6.21 auffordern, den Prozess zu bestätigen oder abzubrechen

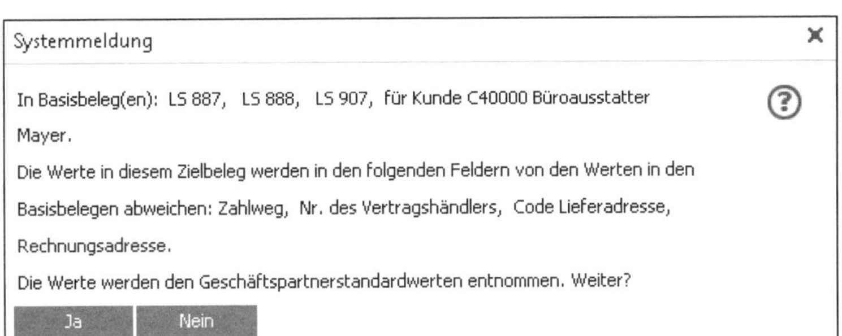

Abbildung 6.21: Der Belegerstellungsassistent fordert eine Bestätigung an.

8. **Zusammenfassungsbericht**
   Nachdem die Zielbelege erstellt wurden, wird ein **Zusammenfassungsbericht** wie in Abbildung 6.22 angezeigt.

Als Ergebnis unseres Beispiels wird – wie in Abbildung 6.23 dokumentiert – aus den Lieferscheinen 877, 878 und 905 (Basisbelege, siehe ❶) die Ausgangsrechnung 965 (Zielbeleg, siehe ❷ in Abbildung 6.23) erstellt.

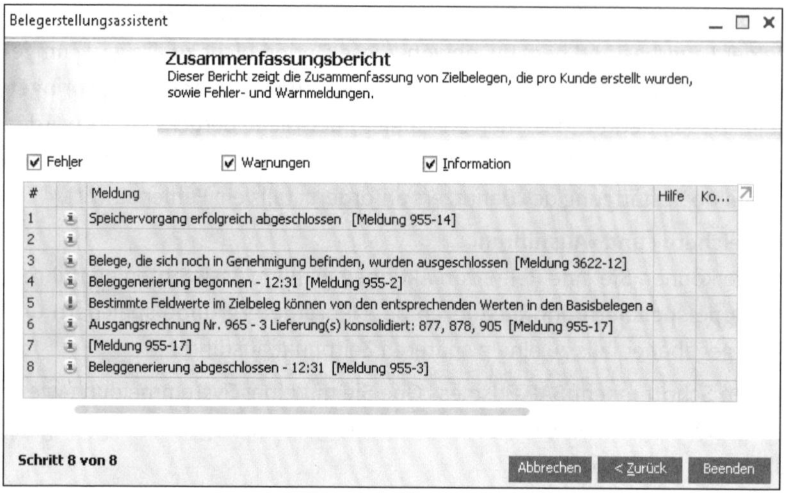

Abbildung 6.22: Belegerstellungsassistent: Schritt 8 – »Zusammenfassungsbericht«

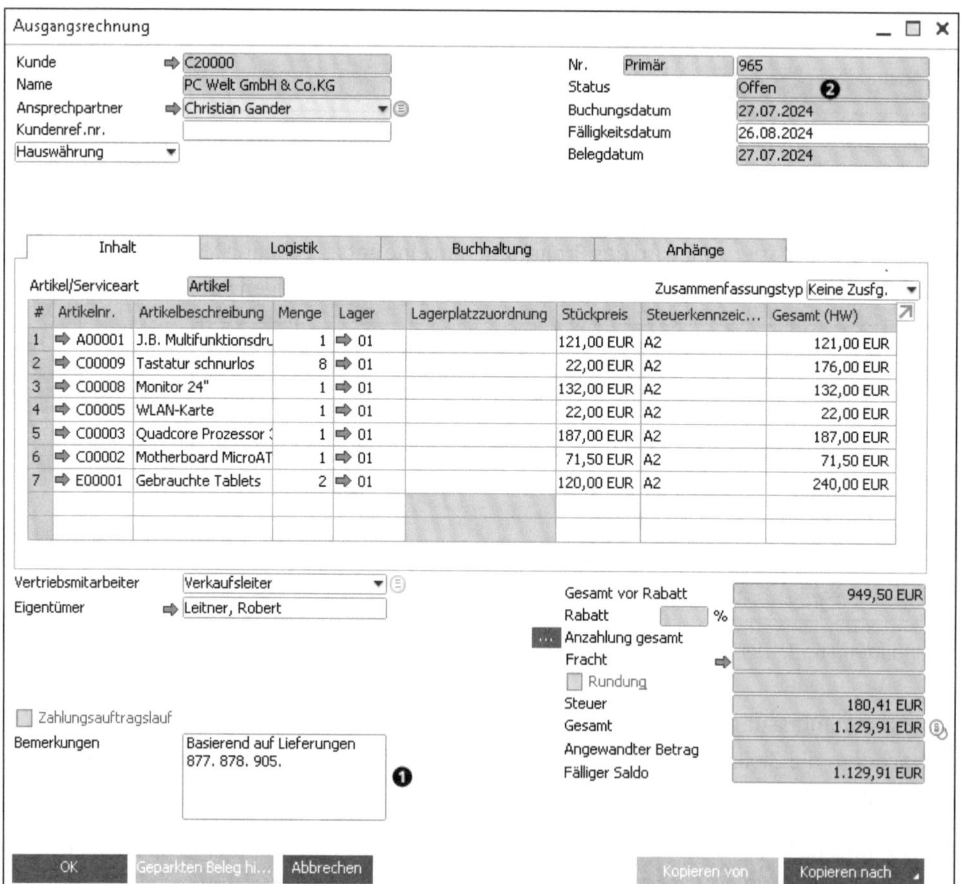

Abbildung 6.23: Belegerstellungsassistent: Ergebnis – Lieferung 965

Interessant ist in diesem Zusammenhang natürlich auch der Fehlerfall – auch hier wird in Schritt 8 ein Zusammenfassungsbericht ausgegeben, wie in Abbildung 6.24 ersichtlich.

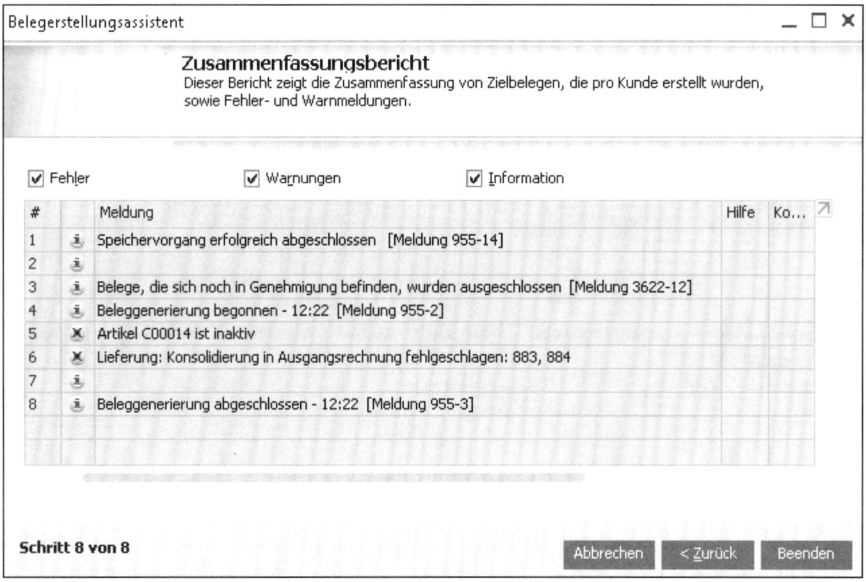

Abbildung 6.24: Belegerstellungsassistent: Schritt 8 – Zusammenfassungsbericht mit Fehlerprotokollierung

Der Zusammenfassungsbericht gibt Ihnen nicht nur einen Hinweis darauf, dass ein Fehler aufgetreten ist, sondern zeigt auch, welcher Datensatz den Fehler ausgelöst hat und was die genaue Ursache ist. In Abbildung 6.24 werden wir darauf hingewiesen, dass in einem der Basisbelege der Artikel »C00014« enthalten ist, der zwischenzeitlich inaktiv gesetzt wurde. Er kann also nicht mehr in eine Ausgangsrechnung übernommen werden. Nachdem Sie die Ursache behoben haben (in unserem Fall wäre das die zumindest zeitweise Aktivierung des betreffenden Artikels), kann der Belegerstellungsassistent wiederholt werden.

6.2.9 Konsolidierung von Geschäftspartnern

Im Fenster **Geschäftspartner-Stammdaten**, Registerkarte **Buchhalt. • Allgemein**, lassen sich im Feld **Konsolidierungs-GP** abweichende Geschäftspartner zuordnen. Diese können dann bei Lieferungs- bzw. Zahlungskonsolidierung in der Verkaufskette die Ausgangsrechnung bzw. die Zahlung übernehmen. Eine genaue Übersicht zur Definition finden Sie bei der Behandlung des Geschäftspartners in Abschnitt 4.3, »Geschäftspartner«, und dort im Speziellen in Tabelle 4.2 und Abbildung 4.10.

Die Auswirkungen des Beispiels aus den zuvor genannten Quellen (Kunde »C30000 – Computerhandel Müller« und dessen eingetragener Konsolidierungsgeschäftspartner »C40000

– Büroausstatter Mayer«) sehen Sie nun beispielhaft anhand der Option **Lieferungskonsolidierung** und der Belege Lieferschein, Ausgangsrechnung und Eingangszahlung.

Zur Erinnerung zeigen wir Ihnen in Abbildung 6.25 nochmals die Definition beim Geschäftspartner.

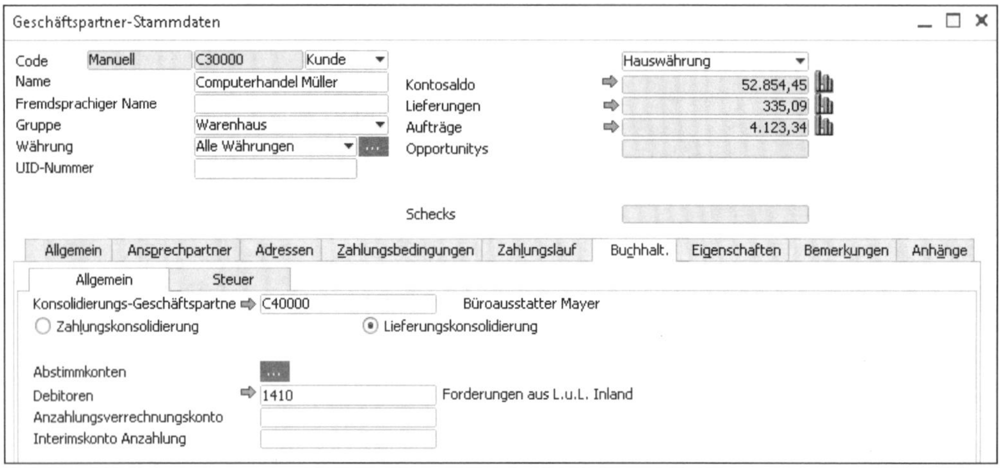

Abbildung 6.25: Lieferungskonsolidierung des Kunden »C30000 – Computerhandel Müller«

Das Feld **Konsolidierungs-GP** zeigt den Geschäftspartner, für den bei der Lieferungskonsolidierung die Ausgangsrechnung zusätzlich erstellt werden kann. Die entsprechende Option **Lieferungskonsolidierung** (oben auf der Registerkarte **Buchhalt. • Allgemein**) ist ausgewählt.

Die angelegte Lieferung bzw. den Lieferschein für den Kunden »C30000 – Computerhandel Müller« sehen Sie in Abbildung 6.26.

Wird nun im Folgenden eine Ausgangsrechnung auf Basis des Lieferscheins in Abbildung 6.26 erstellt, können im Rahmen der Lieferungskonsolidierung sowohl der ursprüngliche Geschäftspartner »C30000 – Computerhandel Müller« als auch der als Konsolidierungsgeschäftspartner eingetragene »C40000 – Büroausstatter Mayer« verwendet werden.

Verschiedene Zuständigkeiten bei Lieferung und Rechnungsstellung

Ihr Kunde »C30000 – Computerhandel Müller« beauftragt Sie mit der Lieferung von Computerhardware. Rechnung und Bezahlung werden jedoch vom Mutterunternehmen oder von einer Einkaufsgenossenschaft (einem *Rechnungsregulierer*) von »C30000« durchgeführt, dem Kunden »C40000 – Büroausstatter Mayer«.

Nun kann einerseits der ursprüngliche Geschäftspartner aus dem Lieferschein (»C30000 – Computerhandel Müller«) den Lieferschein weiterverarbeiten (siehe Abbildung 6.27).

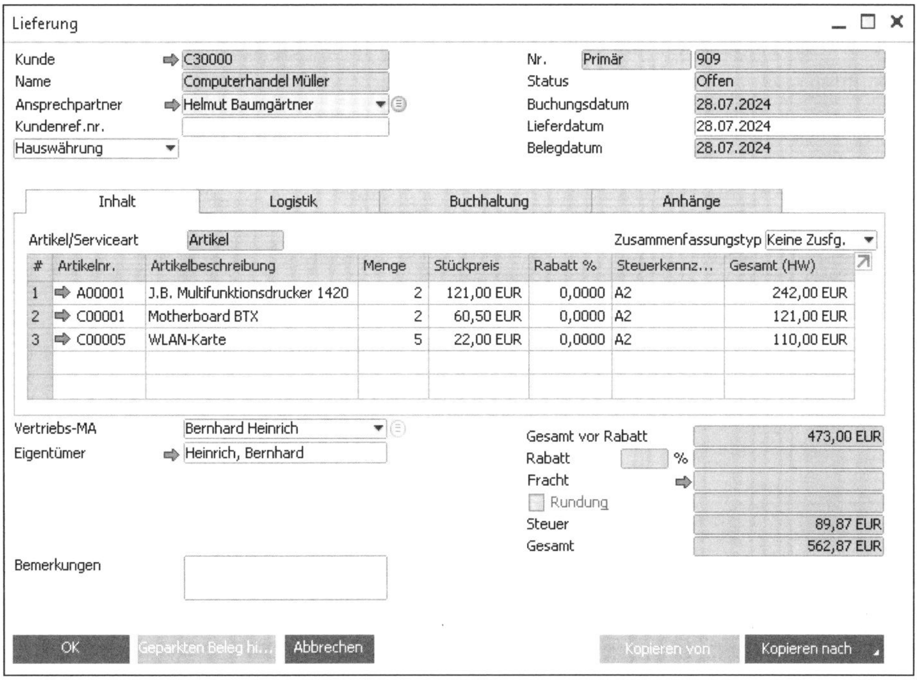

Abbildung 6.26: Lieferung für den Kunden »C30000«

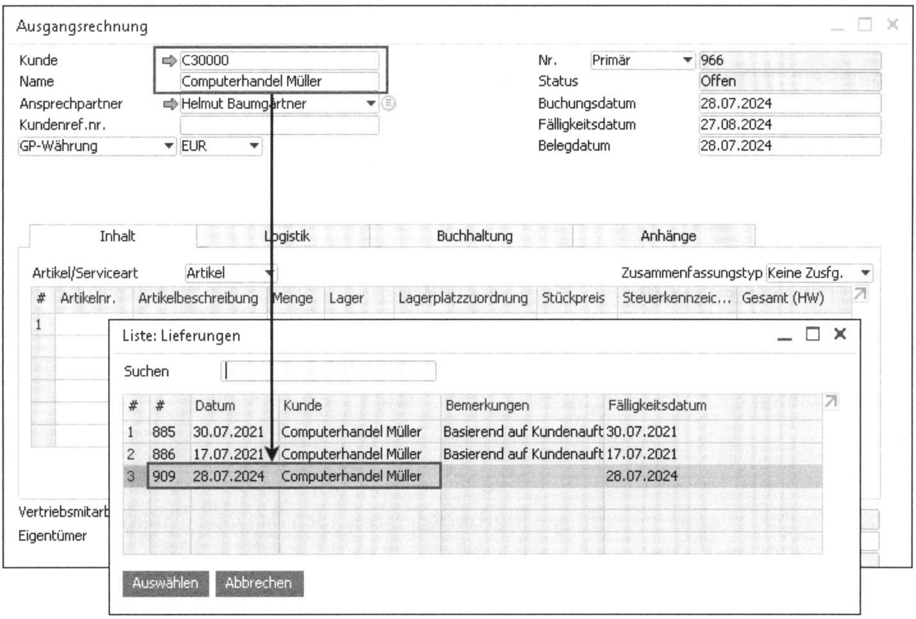

Abbildung 6.27: Konsolidierung anhand der Ausgangsrechnung aus Sicht des Ursprungsgeschäftspartners

Andererseits findet auch der Konsolidierungsgeschäftspartner (»C40000 – Büroausstatter Mayer«) den Lieferschein als möglichen Basisbeleg für einen Ausgangsrechnung (siehe Abbildung 6.28).

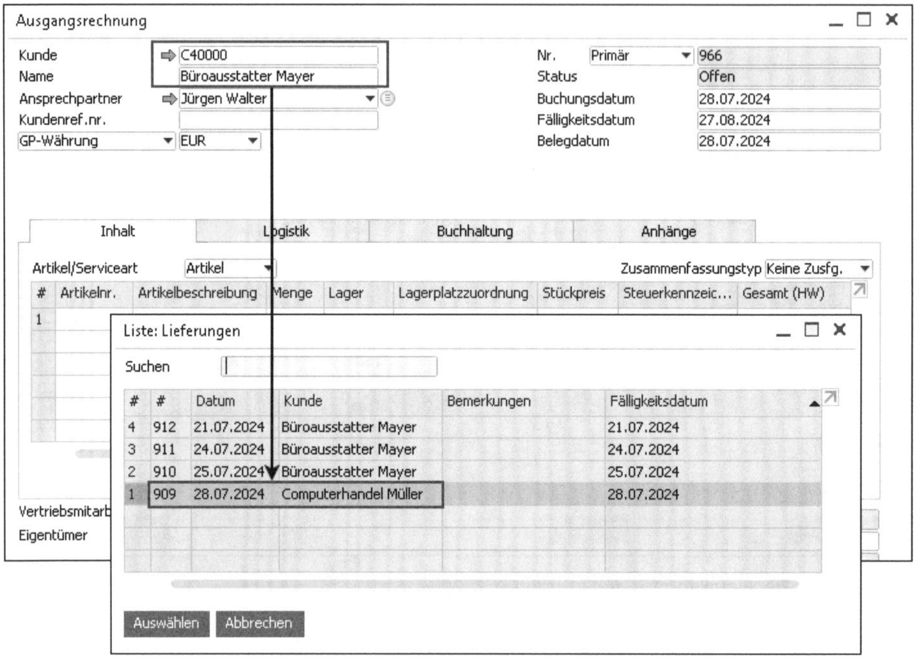

Abbildung 6.28: Konsolidierung anhand der Ausgangsrechnung aus Sicht des Konsolidierungsgeschäftspartners

Das Fenster **Liste: Lieferungen** erscheint, nachdem Sie auf den Button **Kopieren von** geklickt haben. Es ist zu sehen, dass für beide Geschäftspartner jeweils der Lieferschein 909 aus Abbildung 6.26 in die Ausgangsrechnung kopiert werden kann. Die abschließende Eingangszahlung kann dann jeweils nur von jenem Geschäftspartner geleistet werden, der auch in der Ausgangsrechnung als Geschäftspartner auftritt. Der Beleg kann nur einmal vom Lieferschein in eine Rechnung kopiert werden, es ist also nicht möglich, die Rechnung sowohl an den ursprünglichen als auch an den Konsolidierungsgeschäftspartner zu kopieren.

[+]

»Ziehen« und »Kopieren« von Belegen

Wird der Beleg »weitergeschoben« (Button **Kopieren nach** im Lieferschein), wird der ursprüngliche Geschäftspartner verwendet. Der Prozess geht ja vom ursprünglichen Geschäftspartner aus, und es kann kein weiterer Geschäftspartner gewählt werden.

Nur beim »Ziehen« des Belegs (Button **Kopieren von** in der Ausgangsrechnung) kann eine Auswahl zwischen dem ursprünglichen Geschäftspartner und dem Konsolidierungsgeschäftspartner getroffen werden.

Die Zahlungskonsolidierung funktioniert anlog zur Lieferscheinkonsolidierung. Es werden Fakturen des Ursprungsgeschäftspartners auch dem Konsolidierungsgeschäftspartner zur Zahlung angeboten.

6.2.10 Streckengeschäft – Drop-Shipment

Bei der Abwicklung eines *Streckengeschäfts* – oft auch als *Drop-Shipment* bezeichnet – agiert Ihr Unternehmen als Vermittler und Abwickler des Geschäfts und bringt die Waren zu keinem Zeitpunkt in das eigene Lager ein. Das bedeutet, Sie nehmen einen Kundenauftrag an und bestellen die gleichen Artikel in der gleichen Menge sofort bei Ihrem Lieferanten. Die Lieferung erfolgt dabei nicht an Sie, sondern direkt an Ihren Kunden. Aus diesem Grund wird in SAP Business One keine Lagerbewegung abgesetzt, sondern nur die wertmäßige Buchung, also die Verbindlichkeit gegenüber dem Lieferanten bzw. die Forderung gegenüber dem Kunden.

Als Voraussetzung für die Abwicklung eines Streckengeschäfts in SAP Business One muss zuerst ein Lager als Lager für das Streckengeschäft definiert werden. Dazu aktivieren Sie bei dem gewünschten Lager die Checkbox **Streckengeschäft**, wie in Abbildung 6.29 gezeigt.

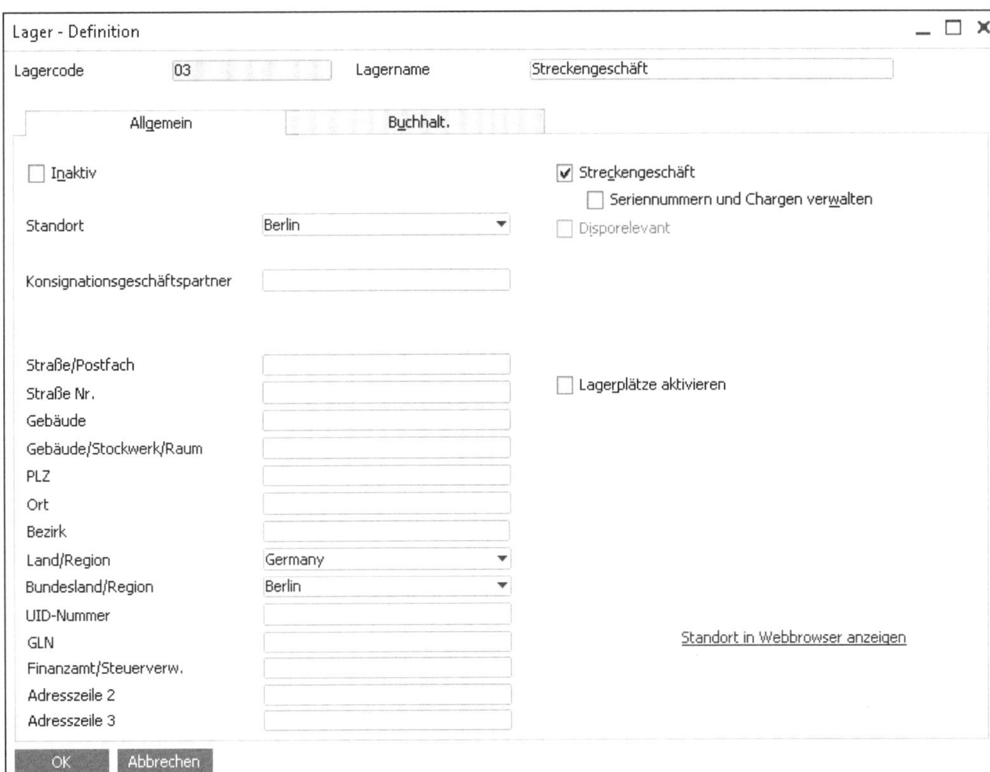

Abbildung 6.29: Lager für ein Streckengeschäft definieren

Das Lager für das Streckengeschäft wird nicht tatsächlich bebucht, sondern fungiert lediglich als »virtuelles Lager«, da jede artikelbezogene Transaktion auch ein Lager haben muss. Dieses Lager wird für den Kundenauftrag, die gleichzeitig erzeugte Bestellung, die Lieferung und die Ausgangsrechnung herangezogen.

Der Ablauf für das Streckengeschäft umfasst folgende Schritte:

1. Legen Sie einen Kundenauftrag mit den gewünschten Artikeln an, und verwenden Sie das Lager für das Streckengeschäft für die Artikelzeilen.
2. Nach dem Hinzufügen des Kundenauftrags wird automatisch der **Beschaffungsassistent für Kundenaufträge** geöffnet. Dieser ist bereits im Abbildung 6.6 ff im Detail beschrieben.
3. Die Lieferung erfolgt direkt vom Lieferanten an den Kunden, ohne dass Ihr Lager dadurch berührt wird. Trotzdem können Sie einen Lieferschein in SAP Business One erzeugen, z. B. wenn Sie die Lieferung intern dokumentieren wollen. Vor allen Dingen werden Sie einen Lieferschein erstellen, wenn Sie Seriennummern- oder Chargennummernverwaltung aktiviert haben. In diesem Fall werden Sie diese Details in der Regel in Ihrer Warenwirtschaft dokumentiert haben wollen. Die Besonderheit des Lieferscheins bei einem Streckengeschäft liegt darin, dass keine Lagerbuchung und damit auch keine Buchung im Finanzwesen stattfindet. Sobald die Lieferung ausgeführt wurde, können Sie die Ausgangsrechnung auf Basis des Kundenauftrags an Ihren Kunden erstellen. Das Lager für das Streckengeschäft wird dann bis in die Ausgangsrechnung durchgereicht.

Mit dem Erhalt der Eingangsrechnung und ihrer Bezahlung sowie der Bezahlung der Ausgangsrechnung durch Ihren Kunden ist das Streckengeschäft abgeschlossen.

Abbildung 6.30 zeigt den Verknüpfungsplan eines typischen Streckengeschäfts. Der Kundenauftrag hat eine Lieferantenbestellung erzeugt. Kundenseitig wurde ein Lieferschein erzeugt; das könnte unterbleiben, kann aber zur vollständigen Dokumentation des Geschäftsfalls nützlich sein. In der Regel wird dieses Dokument nicht an den Kunden versendet, sondern der Lieferant wird einen Lieferschein, der die physikalische Lieferung begleitet, erzeugen.

Analog dazu könnte auch ein virtueller Wareneingang in SAP Business One erzeugt werden (in Abbildung 6.30 wurde das unterlassen), um den Geschäftsfall vollständig abzubilden. In der Regel wird man das nur machen, um Serien- oder Chargennummern einzugeben und entsprechende Nachweis- und Dokumentationspflichten zu erfüllen.

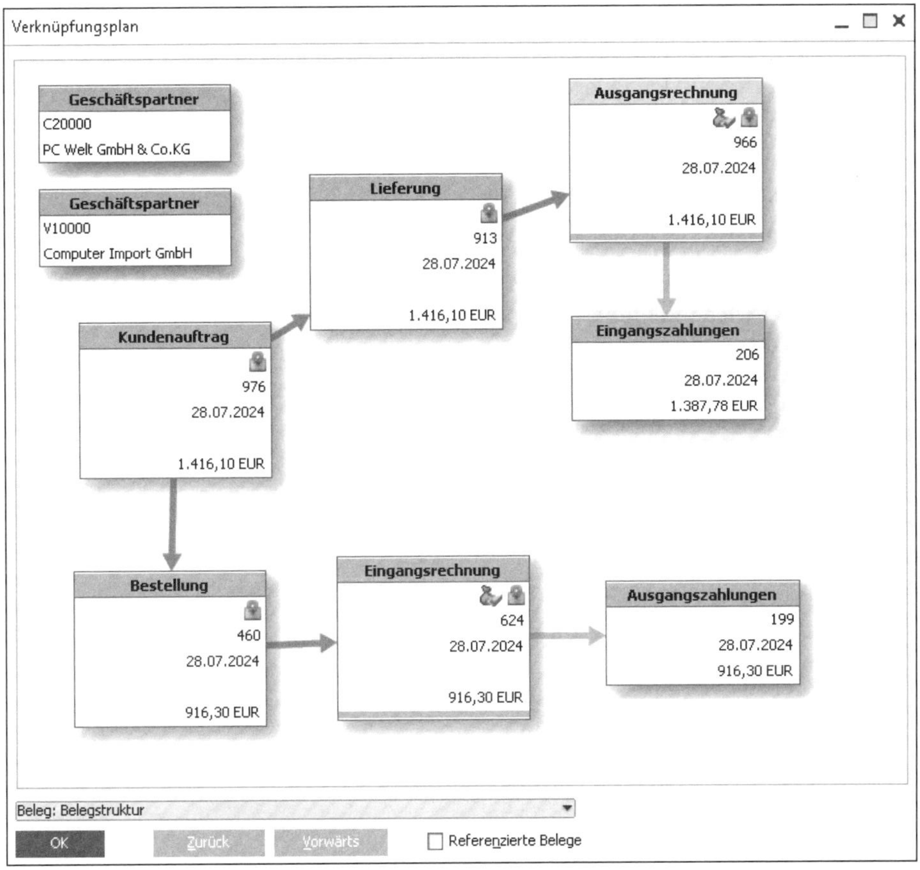

Abbildung 6.30: Verknüpfungsplan eines typischen Streckengeschäfts

6.2.11 Wiederkehrende Transaktionen

Mit wiederkehrenden Transaktionen haben Sie die Möglichkeit, Einkaufs-, Verkaufs- und Lagerbelege in einem von Ihnen festgelegten Intervall automatisch erstellen zu lassen. Alles, was Sie dazu benötigen, sind ein geparkter Beleg als Vorlage und eine Vorlage für die wiederkehrende Transaktion, in der Sie das Intervall festlegen, innerhalb dessen die Belege zur Erstellung vorgeschlagen werden.

Wiederkehrende Transaktionen

[zB]

Ihr Unternehmen verkauft als Händler Software und bietet seinen Kunden Wartungsverträge inklusive Support an. Die Beträge sind gleichbleibend, die Wartungsverträge laufen jeweils halbjährlich ab Vertragsabschluss.

Pro Wartungsvertrag wird eine Ausgangsrechnung geparkt und mit einer Vorlage für wiederkehrende Transaktionen verknüpft. SAP Business One schlägt die wiederkehrende Ausgangsrechnung jedes halbe Jahr zum eingegebenen Datum vor.

Zunächst erstellen Sie eine Ausgangsrechnung oder jeden anderen beliebigen Einkaufs-, Verkaufs- oder Lagerbeleg. Fügen Sie diesen nicht hinzu, sondern klicken Sie mit der rechten Maustaste auf den Beleg, und wählen Sie die Option **Als geparkten Beleg speichern** aus dem Kontextmenü aus. Alternativ drücken Sie den Button Geparkten Bele... und erzeugen damit den geparkten Beleg. Sie können den Vorgang auch direkt aus dem Fenster **Wiederkehrende Transaktionen – Vorlagen** und dem Suchmodus im Feld **Belegnr.** starten, indem Sie dort die Option **Neu** wählen.

Als Nächstes legen Sie eine Vorlage für die wiederkehrende Transaktion fest. Dazu öffnen Sie das Fenster **Wiederkehrende Transaktionen – Vorlagen** im Modul **Verkauf** und bearbeiten das Fenster **Vorlagen für wiederkehrende Transaktionen – Auswahlkriterien.** Hier können Sie die üblichen Auswahlkriterien bearbeiten, sollten Sie bestehende Vorlagen bearbeiten wollen. Wenn Sie eine neue Vorlage erstellen wollen, treffen Sie keine Auswahl, sondern bestätigen mit dem Button **OK**, um das Fenster **Wiederkehrende Transaktionen – Vorlagen** zu öffnen (siehe Abbildung 6.31).

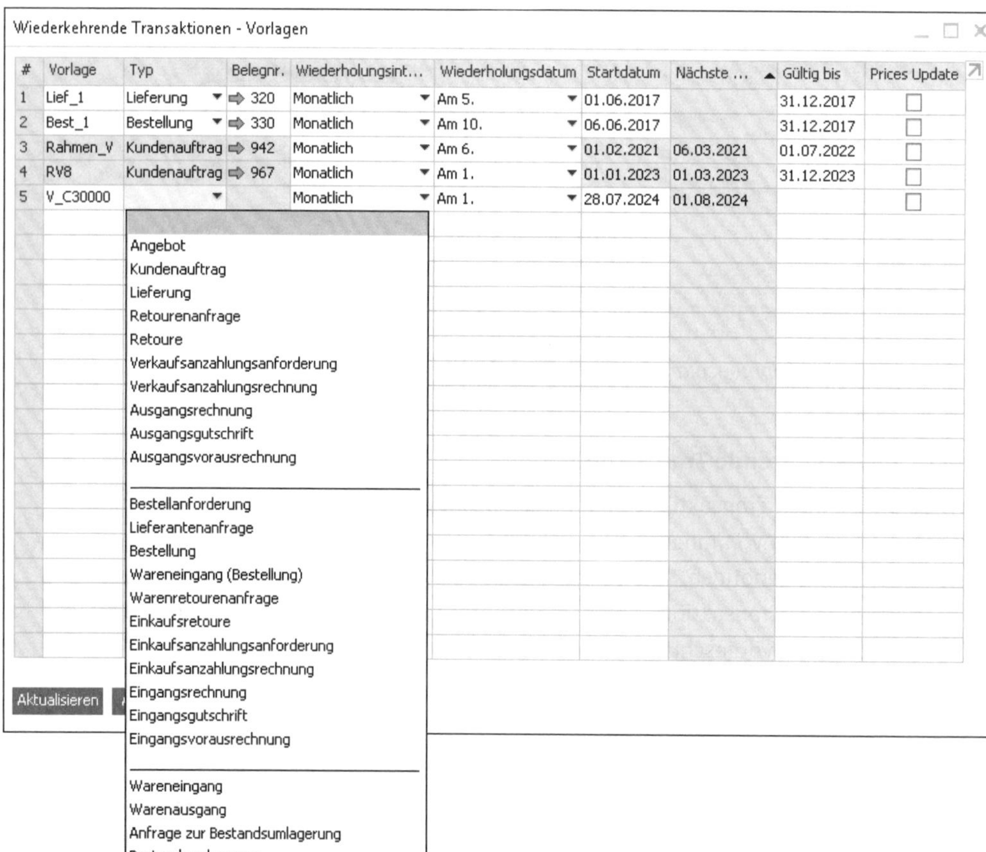

Abbildung 6.31: Wiederkehrende Transaktionen – Vorlagen

Anschließend geben Sie die folgenden Daten ein:

- **Feld »Vorlage«**
  Geben Sie hier einen maximal achtstelligen, eindeutigen Code für die Vorlage ein. Der Code sollte einen Rückschluss auf den wiederkehrenden Beleg zulassen. Acht Stellen bieten sehr wenig Platz, der Code ist allerdings der eindeutige Schlüssel für die wiederkehrende Transaktion. Da erfahrungsgemäß eine große Zahl an wiederkehrenden Transaktionen definiert wird, ist es empfehlenswert, sich von Anfang an ein durchgängiges System für den Benennung der Vorlagen zu überlegen. Dieses System kann z. B. folgende Elemente codieren:
  - Einkaufs-, Verkaufs-, Lagertransaktion
  - Belegart, z. B. Ausgangsrechnung oder Lieferantenbestellung
  - Kunde oder Lieferant
- **Feld »Typ«**
  Wählen Sie den gewünschten Belegtyp, der automatisch erstellt werden soll. Im Beispiel in Abbildung 6.31 ist dies der Typ **Ausgangsrechnung**.
- **Feld »Belegnr.«**
  Öffnen Sie die Auswahlliste mit der [Tab]-Taste, und wählen Sie den zuvor angelegten geparkten Beleg aus. Haben Sie noch keinen geparkten Beleg angelegt, wählen Sie jetzt im Fenster **Liste geparkter Belege** den Button **Neu**, und legen Sie den entsprechenden Vorlagebeleg an.
- **Dropdown-Liste »Wiederholungsintervall«**
  Wählen Sie jenes Intervall aus der Dropdown-Liste aus, mit dem Sie den Beleg wiederkehrend erstellen möchten. Ihnen stehen die Optionen **Täglich**, **Wöchentlich**, **Monatlich**, **Vierteljährlich**, **Halbjährlich**, **Jährlich** und **Einmalig** zur Verfügung.
- **Dropdown-Liste »Wiederholungsdatum«**
  Der Inhalt dieser Dropdown-Liste richtet sich nach dem Wiederholungsintervall. Haben Sie **Wöchentlich** gewählt, werden die Wochentage (**Am Montag**, **Am Dienstag** etc.) angezeigt, haben Sie **Monatlich** gewählt, werden die Tage (**Am 1.**, **Am 2.** etc.) angezeigt. Wählen Sie damit das gewünschte Intervall aus. Für die Intervalle **Vierteljährlich**, **Halbjährlich**, **Jährlich** und **Einmalig** kann keine Eingabe erfolgen, das Programm füllt das Feld mit »–1« und erstellt die Belege entweder am 1. Tag des gewählten Intervalls oder bei **Einmalig** am entsprechenden Datum.
- **Feld »Startdatum«**
  Legen Sie ein Startdatum fest. Falls das Startdatum vor dem aktuellen Tagesdatum liegt, macht SAP Business One Sie mit einer Hinweismeldung darauf aufmerksam.
- **Feld »Nächste Ausführung«**
  Dieses Datum wird automatisch anhand der Angaben zum Intervall und dem Startdatum errechnet und kann vom Benutzer nicht geändert werden.

- **Feld »Gültig bis«**
  Legen Sie mit diesem Datum das Enddatum fest, bis zu dem die wiederkehrende Transaktion erstellt werden soll. Dieses Feld ist insofern wichtig, als Sie Vorlagen, die einmal ausgeführt wurden, nicht mehr löschen können. Um eine nicht mehr benötigte Vorlage also stillzulegen, müssen Sie im Feld **Gültig bis** einen Wert eintragen, der vor dem aktuellen Tagesdatum liegt.
- **Felder »GP« und »Lager«**
  Diese Daten werden automatisch aus dem geparkten Beleg übernommen.
- **Checkbox »Prices Update«**
  Aktivieren Sie diese Checkbox, wenn Sie wollen, dass neue Preise aus dem Artikelstamm den Preis aus dem Vorlagenbeleg übersteuern.

Klicken Sie abschließend auf den Button **Aktualisieren**, um die wiederkehrende Vorlage zu speichern. Klicken Sie auf **OK**, um das Bild zu schließen. Wie schon erwähnt, können Sie einmal ausgeführte Vorlagen nicht mehr löschen. Sie erkennen diese daran, dass die Felder im Fenster grau hinterlegt sind (siehe Zeilen 3 und 4 in Abbildung 6.31).

Sobald gemäß dem Intervall ein Erstellungsdatum aus einer wiederkehrenden Vorlage erreicht ist, öffnet sich nun automatisch das Fenster **Bestätigung für wiederkehrende Transaktionen** (siehe Abbildung 6.32).

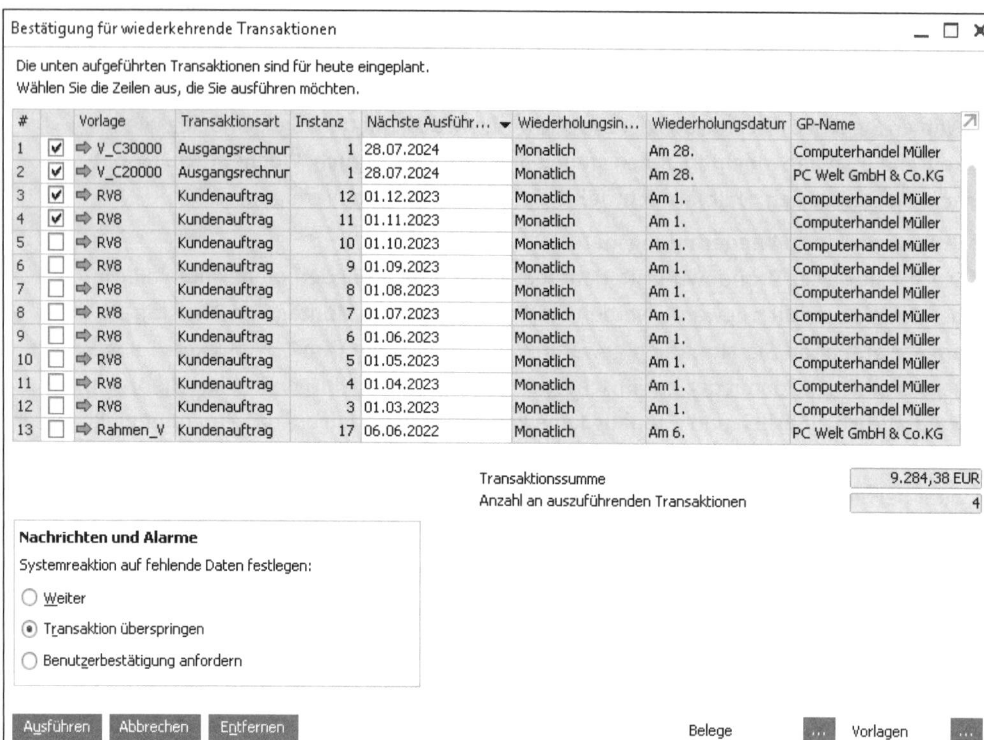

Abbildung 6.32: Wiederkehrende Transaktionen ausführen

Alle wiederkehrenden Transaktionen, deren nächstes Ausführungsdatum vor oder auf dem heutigen Datum liegt, werden hier angezeigt. Markieren Sie in der ersten Spalte alle wiederkehrenden Transaktionen, die Sie ausführen möchten, per Checkbox, und klicken Sie auf den Button **Ausführen**, um die gewünschten Belege anzulegen.

[+]

Wiederkehrende Transaktionen ausführen

Um alle vorgeschlagenen wiederkehrenden Transaktionen auf einmal zu markieren, klicken Sie doppelt auf den Spaltenkopf der ersten Spalte mit den Checkboxen. Klicken Sie erneut darauf, um alle Transaktionen wieder zu demarkieren.

Falls Sie die wiederkehrenden Transaktionen derzeit nicht ausführen möchten, klicken Sie auf den Button **Abbrechen**. Beim erneuten Öffnen des Fensters werden alle Transaktionen wieder vorgeschlagen.

Falls aus irgendeinem Grund eine falsche Transaktion vorgeschlagen wird, markieren Sie sie und klicken auf den Button **Entfernen**. Die vorgeschlagene Transaktion wird daraufhin gelöscht und nicht mehr vorgeschlagen. Zum nächsten Ausführungszeitpunkt wird diese Transaktion wieder laut Intervallplan vorgeschlagen, das bedeutet, die wiederkehrende Vorlage wird dadurch nicht beeinträchtigt; es wurde lediglich die einmalige Ausführung unterbunden.

Falls Sie einzelne Transaktionen zu einem späteren Zeitpunkt ausführen möchten, ändern Sie das Datum in der Spalte **Nächste Ausführung**.

Im linken unteren Bereich unter **Nachrichten und Alarme** geben Sie an, wie SAP Business One auf fehlende Daten reagieren soll. Wählen Sie die Option **Weiter**, um die Ausführung nochmals auszuprobieren. Wählen Sie die Option **Transaktion überspringen**, um zur nächsten vollständigen Transaktion weiterzugehen. Mit der Option **Benutzerbestätigung anfordern** können Sie den Vorgang unterbrechen und vom Benutzer per Hinweismeldung fortsetzen lassen.

Klicken Sie auf den Button **Belege**, wenn Ihnen eine Vielzahl an wiederkehrenden Transaktionen vorgeschlagen wird und Sie diese einschränken möchten. Klicken Sie auf den Button **Vorlagen**, um das Fenster **Wiederkehrende Vorlagen** zu öffnen.

Nach einem Klick auf den Button **Ausführen** beginnt die Erstellung der Belege. Am Ende des Vorgangs erhalten Sie ein Übersichtsfenster mit den erstellten Belegen (siehe Abbildung 6.33).

Öffnen Sie das Fenster **Geschäftspartner-Stammdaten,** klicken Sie im rechten unteren Bereich auf den Button **Sie können auch**, und wählen Sie den Eintrag **Zugehörige wiederkehrende Transaktionen anzeigen** aus. Eine Übersicht wird geöffnet, die alle offenen Instanzen von wiederkehrenden Transaktionen zu diesem Geschäftspartner anzeigt. Sie können einzelne Transaktionen auch aus diesem Fenster heraus hinzufügen, indem Sie auf den orangefarbenen Pfeil in der Spalte **Vorlage** klicken. Der entsprechende Beleg wird geöffnet, und Sie können ihn hinzufügen.

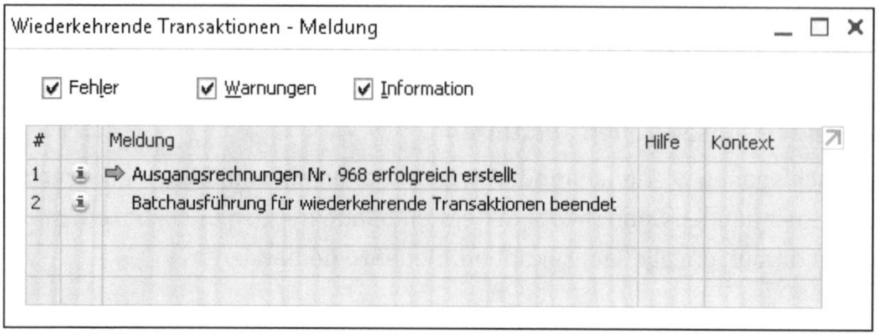

Abbildung 6.33: Ausgangsrechnung erstellen

Von den wiederkehrenden Transaktionen gibt es zusätzlich eine Verknüpfung zum Servicevertrag im Modul **Service**. Da Serviceverträge aufgrund ihrer wiederkehrenden Natur beim Kunden abgerechnet werden, ist es nur logisch, dass diese Verknüpfung existiert. Im Fenster **Servicevertrag** auf der Registerkarte **Vertriebsdaten** können Sie dem Servicevertrag eine wiederkehrende Vorlage zuordnen. Dies erläutern wir näher in Abschnitt 15.1, »Servicevertrag als Grundlage«.

6.2.12 Bruttogewinn als Gradmesser im Verkauf

Im Verkauf ist es unabdingbar, einen Gradmesser zu haben, der Auskunft darüber gibt, in welchem Ausmaß eine Verkaufstransaktion erfolgreich war und in welchem Ausmaß dieser Erfolg bzw. Misserfolg zum Unternehmensergebnis beigetragen hat. In SAP Business One steht Ihnen der Bruttogewinn als Gradmesser des Erfolgs im Verkauf zur Verfügung.

Der *Bruttogewinn* oder *Rohertrag* ist der messbare Erfolg auf der niedrigsten Stufe des Unternehmens, da jede einzelne Verkaufstransaktion zumindest dazu beitragen sollte, die anfallenden Kosten eines Unternehmens zu decken und darüber hinaus einen Gewinn zu erwirtschaften.

Der Bruttogewinn wird berechnet aus *Umsatz* minus (direkt zuzuordnenden) *Materialkosten* einer Verkaufstransaktion. Ist der Bruttogewinn positiv, trägt er zur Deckung der weiteren Kosten im Unternehmen bei. Ist der Bruttogewinn negativ, ist dies ein Alarmsignal, dass bereits die Materialkosten dieser Verkaufstransaktion den erwirtschafteten Umsatz übersteigen. Vereinfacht gesagt: Liegt – bei einem Handelsunternehmen – der Verkaufspreis der verkauften Waren unter dem Einstandspreis (= *Einkaufspreis* + *Bezugskosten*), bedeutet das, dass Sie teurer einkaufen, als Sie die Waren an Ihre Kunden weiterverkaufen.

Der *Umsatz* aus der Berechnung des Bruttogewinns wird naturgemäß durch den Verkaufspreis und anteilige Erlöse aus verrechneten Ausgangsfrachten bestimmt. Die Materialkosten richten sich wiederum nach der Art der Geschäfte, die Ihr Unternehmen betreibt:

- **Handelsunternehmen**
  Bei Handelsunternehmen sind die Materialkosten die *Einstandspreise* (bzw. *Artikelkosten*) der eingekauften Waren. Der Einstandspreis einer Ware errechnet sich durch den Einkaufspreis dieser Ware zuzüglich der Bezugskosten. Die *Bezugskosten* wiederum sind alle Kosten, die für die Bereitstellung der Ware in Ihrem Unternehmen geleistet werden müssen, wie z. B. Transport, Versicherung, Zoll und Gebühren. Da diese Kosten speziell für den Einkauf der Handelsware aufgewendet werden müssen, werden sie auch zum Wert der Ware beim Wareneingang dazugerechnet (*aktiviert*) und nicht als übrige betriebliche Kosten dem Unternehmen zugerechnet.

  Dieser Ansatz ist auch insoweit sinnvoll, als jene Kosten, die von den Handelswaren verursacht werden, beim Verkauf auch von diesen erwirtschaftet werden müssen. Es erscheint logisch, dass eine Ware mit gleichem Einkaufspreis mehr kostet, wenn sie aus Tokio eingekauft wird, als wenn sie aus München bezogen wird, da die Bezugskosten aus Tokio jene aus München im deutschsprachigen Raum üblicherweise übersteigen. SAP Business One deckt diese Systematik mit der Berechnung der Artikelkosten aus dem Einkaufspreis und den Zusatzausgaben (= Bezugskosten) im Einkauf ab.
- **Dienstleistungsunternehmen**
  Bei Dienstleistungsunternehmen existieren in der Regel keine direkt der Verkaufstransaktion zurechenbaren Materialkosten (mit Ausnahme von Fremddienstleistungen, die als Lagerartikel definiert, eingekauft, auf Lager gelegt und beim Verkauf vom Lager genommen würden). Die klassischen, direkt zuzuordnenden Kosten eines Dienstleisters sind die geleisteten Stunden des Personals für ein Projekt (= Verkaufstransaktion).

  Diese Leistungsstunden sollten Sie über eine Soll-Ist-Stundenkostenberechnung zu Teil- oder Vollkosten bewerten (siehe Abschnitt 10.3, »Ressourcenstammdaten und Ressourcenkapazität«, Abschnitt 16.3, »Arbeitszeitblatt« und Kapitel 17, »Projektmanagement«). Da Dienstleistungen in der Regel keine Lager- oder Einkaufsartikel sind, empfiehlt sich für eine sinnvolle Kostenermittlung die Bewertungsmethode **Standard**.
- **Produktionsunternehmen**
  Bei Produktionsunternehmen ergeben sich die Materialkosten der Verkaufstransaktion aus den Kosten der produzierten Ware. Die Bewertung der Produktionsartikel im Produktionsprozess beschreiben wir ausführlich in Kapitel 8, »Produktion«.

Im Folgenden stellen wir den Bruttogewinn anhand eines durchgängigen Beispiels in SAP Business One vom Einkauf der Ware über den Kundenauftrag bis zur Lieferung dieser Ware dar.

[«]

Basis der Bruttogewinnermittlung einstellen

SAP Business One ermöglicht es Ihnen, die Basis der Bruttogewinnermittlung aus den vorhandenen Preisen und Kosten frei zu wählen. Auch wenn in diesem Kapitel bisher eine klare Tendenz zu den *Artikelkosten* erkennbar ist, kann es doch Gründe geben, andere Kalkulationsbasen zu wählen. Das kann z. B. dadurch motiviert sein, eine weniger stark schwankende Berechnungsbasis als die *Artikelkosten* heranzuziehen. Oder man will durch die Wahl des *letzten Einkaufspreises* mehr Aktualität erreichen und auch auf fallende Preise reagieren können (was bei *Artikelkosten* auf Basis des *gleitenden Durchschnittpreises* unter Umständen nur sehr bedingt möglich ist). Die Einstellung nehmen Sie im Programmpunkt **Administration • Systeminitialisierung • Belegeinstellungen** auf der Registerkarte **Allgemein** im Feld **Ursprung Basispreis** vor.

Die Firma OEC Computers hat eine neue Ware, den »Laptop Satellite C870D«, mit einem Einkaufspreis von 200,00 EUR und einem Standardverkaufspreis von 350,00 EUR in das Sortiment aufgenommen. Zunächst werden 20 Stück dieser Ware zu einem Preis von 200,00 EUR über eine Eingangsrechnung eingekauft (siehe Abbildung 6.34).

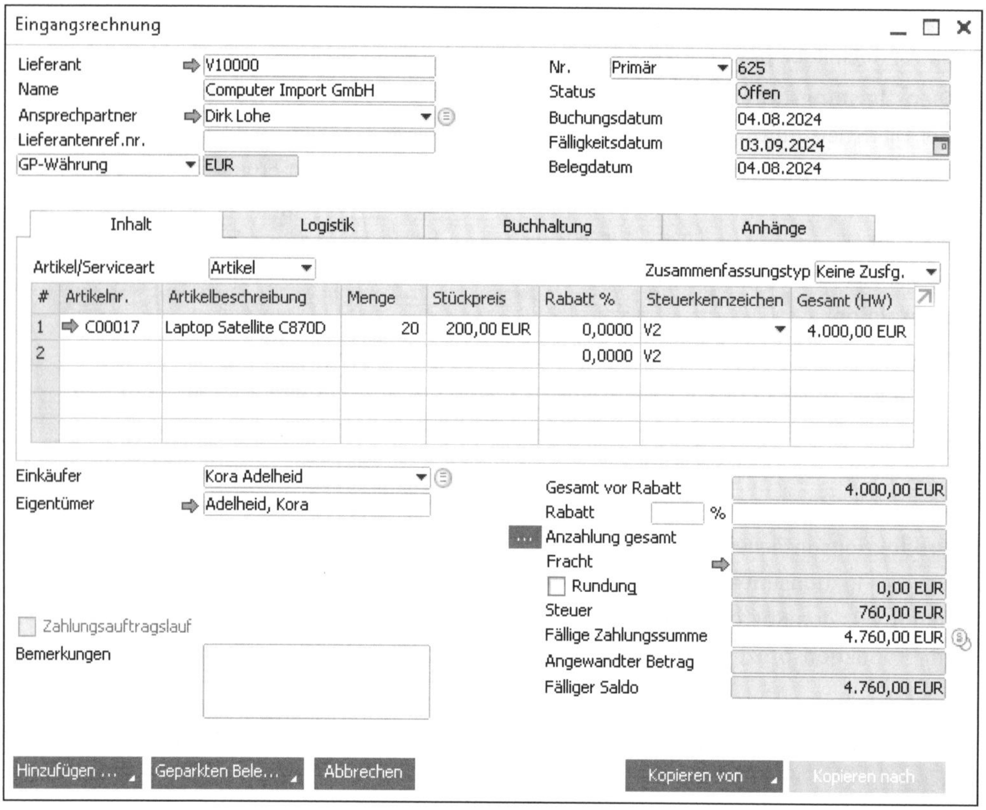

Abbildung 6.34: Einkauf der Ware über Eingangsrechnung

Gemäß der Eingangsrechnung (mit automatischem Wareneingang) gestalten sich die Werte der Bestandssituation der Ware folgendermaßen (siehe Fenster **Artikelstammdaten**, Registerkarte **Bestandsdaten**): **Auf Lager**: 20 Stück, **Bestellt**: 0 Stück, **Beauftragt**:

0 Stück, **Verfügbare Menge**: 20 Stück; die **Artikelkosten** von 200,00 EUR ergeben sich aus dem gleichlautenden Einkaufspreis und sind bewertet mit dem gleitenden Durchschnittspreis (keine Bezugskosten!).

»Bruttogewinn Basispreis« und »Bruttogewinn (HW)«

Der Kundenauftrag in Abbildung 6.35 zeigt neben der Menge (1 Stück) und dem Stückpreis (350,00 EUR) in den beiden rechten Spalten den **Bruttogewinn Basispreis** (200,00 EUR = Artikelkosten) und den eigentlichen **Bruttogewinn (HW)** dieser Zeile:

150,00 EUR = 350,00 EUR (Stückpreis) – 200,00 EUR (Artikelkosten).

Da diese beiden Spalten standardmäßig nicht eingeblendet sind, können Sie sie mit dem Button (**Formulareinstellungen**) auf der Registerkarte **Tabellenformat** einblenden.

Nach diesem Einkauf kauft ein Kunde einen Laptop zum Preis von 350,00 EUR. Der entsprechende Kundenauftrag gestaltet sich wie in Abbildung 6.35.

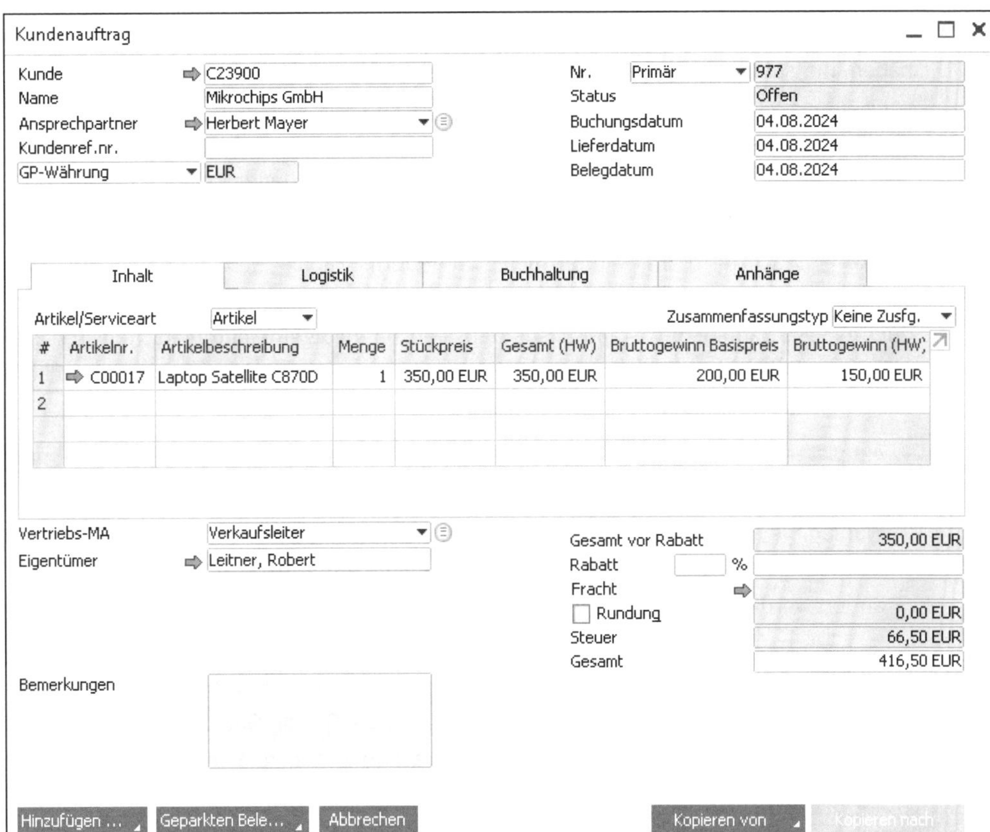

Abbildung 6.35: Kundenauftrag für ein Stück der Ware

Um die Bruttogewinnberechnung für den gesamten Beleg zu betrachten, öffnen Sie das Fenster **Bruttogewinn auf Auftrag** mit dem Button (**Bruttogewinn...**) aus der Symbolleiste (siehe Abbildung 6.36).

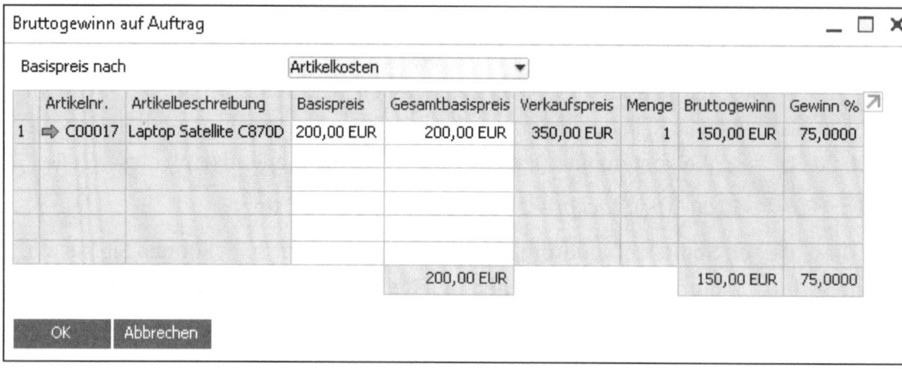

Abbildung 6.36: Bruttogewinn für den gesamten Auftrag

Im Fenster **Bruttogewinn auf Auftrag** können Sie den errechneten Basispreis selbst ändern. Falls Sie genauere Informationen zu den Materialkosten der Verkaufstransaktionen haben, die auch einen genaueren Bruttogewinn erlauben, geben Sie den von Ihnen gewünschten Basispreis manuell in das Feld **Basispreis** zeilenweise ein. Dabei repräsentiert eine Zeile im Fenster **Bruttogewinn auf Auftrag** die jeweilige Zeile des zugehörigen Belegs. Sollte der Bruttogewinn negativ sein, wird die entsprechende Zeile rot dargestellt.

Zudem haben Sie die Möglichkeit, die Berechnungsgrundlage des Basispreises im Feld **Basispreis nach** für den gesamten Beleg zu ändern. Wählen Sie dazu einfach die passende Grundlage aus der Auswahlliste aus. Die Voreinstellung für den Basispreis (in Abbildung 6.36 **Artikelkosten**) stammt aus dem Fenster **Belegeinstellungen**, Registerkarte **Allgemein** (über **Administration • Systeminitialisierung • Belegeinstellungen**). Dort können Sie auch folgenden Einstellungen vornehmen:

1. Aktivieren Sie im Fenster **Belegeinstellungen** die Checkbox **Bruttogewinn berechnen**, damit die Bruttogewinnberechnung generell für Ihr Unternehmen eingeschaltet ist.
2. Wählen Sie aus der Auswahlliste die Berechnungsgrundlage aus, die – wie bereits in Abbildung 6.36 gezeigt – im Fenster **Bruttogewinn auf Auftrag** im **Kundenauftrag** geändert werden kann.
3. Je nach Gewohnheit oder Branchenstandard definieren Sie, was die Ausgangsbasis für die prozentuale Darstellung des Bruttogewinns sein soll. Wird »von unten«, also vom Basispreis aus gerechnet, dann wählen Sie die Option **Gewinn/Basispreis**. Wird »von oben«, also vom Verkaufspreis aus gerechnet, dann wählen Sie die Option **Gewinn/Verkaufspreis**.

Die Wahl der Berechnungsgrundlage kann per definitionem nur eine näherungsweise Berechnung sein. Unabhängig davon, welche Grundlage Sie verwenden, steht der wahre

Bruttogewinn de facto erst bei einer gründlichen Nachkalkulation der Verkaufstransaktion fest. Je nach Art des Geschäfts können die Abweichungen größer oder kleiner sein. Bei einem Handelsunternehmen mit wenig schwankenden Preisen ist die Fehlerrate sicherlich geringer als bei einem projektbezogenen Unternehmen, bei dem der korrekte Bruttogewinn im Vorhinein kaum berechnet werden kann. Daher ist es wichtig, jene Berechnungsgrundlage zu wählen, die sich der Kostenstruktur Ihres Unternehmens am besten annähert.

Als Berechnungsgrundlage stehen in SAP Business One die folgenden Optionen zur Verfügung:

- **Basispreis nach »Preislisten«**
  Als Berechnungsgrundlage können Sie jede Preisliste heranziehen. Am besten eignen sich naturgemäß die Einkaufspreislisten. Falls Sie nur geringe Preisschwankungen im Einkauf haben, ist diese Option auf jeden Fall geeignet. Alternativ können Sie auch eine virtuelle Preisliste definieren, die Sie in einer Nebenrechnung kalkuliert und angelegt haben.
- **Basispreis nach »Letzter Einkaufspreis«**
  Nach jedem abgeschlossenen Einkauf wird der letzte Einkaufspreis für diesen Artikel in die Preisliste **Letzter Einkaufspreis** geschrieben. Gerade bei schwankenden Einkaufspreisen können Sie hier den letzten aktuellen Preis als Berechnungsbasis heranziehen.
- **Basispreis nach »Zuletzt ermittelter Preis«**
  Mit dem Bestandsbewertungsbericht (unter **Lagerverwaltung • Berichte • Bestandsbewertungsbericht**) können Sie während des Jahres eine Neubewertung Ihres derzeitigen Artikelbestands nach verschiedenen Bewertungsmethoden durchführen. Die berechneten Lagerwerte der bewerteten Artikel werden in die Liste **Zuletzt ermittelter Preis** geschrieben. Diese neu bewerteten Preise können Sie dann als Berechnungsgrundlage für den Basispreis heranziehen.
- **Basispreis nach »Artikelkosten«**
  Die Artikelkosten sind die laufend errechneten Lagerwerte gemäß den für die Artikel definierten Bewertungsmethoden (gleitendes Durchschnittspreisverfahren, FIFO-Verfahren), die wir in Abschnitt 7.3, »Lagerbewertungsmethoden«, detailliert behandeln werden. Da Sie eine dieser Methoden für die Bewertung Ihrer Vorräte einsetzen müssen, weil das gesetzlich vorgesehen ist, eignet sie sich in der Regel auch sehr gut für die Berechnung des Basispreises. In unserem Beispiel wird diese Variante eingesetzt.

Der Bruttogewinn, der entweder vom Programm vorgeschlagen oder manuell bearbeitet wird, wird jedenfalls im Beleg gespeichert bzw. steht schon vor Hinzufügen des Belegs zur Verfügung. Dementsprechend wird er von SAP Business One auch in einer Reihe von Funktionen genützt und kann daher in weiterer Folge auch von Ihnen verwendet werden:

1. Der Bruttogewinn wird im **Programmpunkt • Verkauf • Umsatzberichte** Umsatzanalyse dargestellt. Er ist damit ein perfektes Instrument, mit dem Sie auffällige Transaktionen mit einem Blick erkennen.

2. Es ist zwar nützlich – z. B. mit den Umsatzberichten – Probleme zu erkennen, wenn sie aufgetreten sind. Besser ist es allerdings, sie von Grund auf zu vermeiden. Daher ist der Bruttogewinn eine der Bedingungen, die im *Genehmigungsprozess* standardmäßig abgefragt werden können. Bei Unterschreitung eines definierten Bruttogewinns wird der entsprechende Beleg automatisch geparkt, bis der Genehmigungsprozess durchlaufen ist. Mehr Informationen dazu finden Sie in Abschnitt 18.2, »Genehmigungsprozess«.
3. Der Bruttogewinn kann natürlich auch die Basis für sensitive Auswertungen sein, z. B. für Provisionsabrechnungen. Schon aus Gründen der Compliance kann es daher notwendig sein, die Bearbeitung des Bruttogewinns nur bestimmten Mitarbeitern zu gestatten. Dementsprechend ist der Bruttogewinn ein Objekt der *Berechtigungen*. Dieses Thema ist komplex, hat unter Umständen gravierende Auswirkungen auf die Funktionalität von SAP Business One und sollte daher von Ihrem Consultant bearbeitet werden.

Um die Auswirkungen auf den Bruttogewinn im Kundenauftrag zu demonstrieren, wird noch ein weiterer Einkauf der Ware zu einem gleichen Preis erstellt. Allerdings erfolgt die Lieferung nicht frei Haus, sondern der Lieferant stellt uns zusätzlich Frachtkosten in Rechnung. Diese geben wir in den nun eingeblendeten Feldern **Fracht 1** und **Fracht 1 (HW)** ein (siehe Abbildung 6.37).

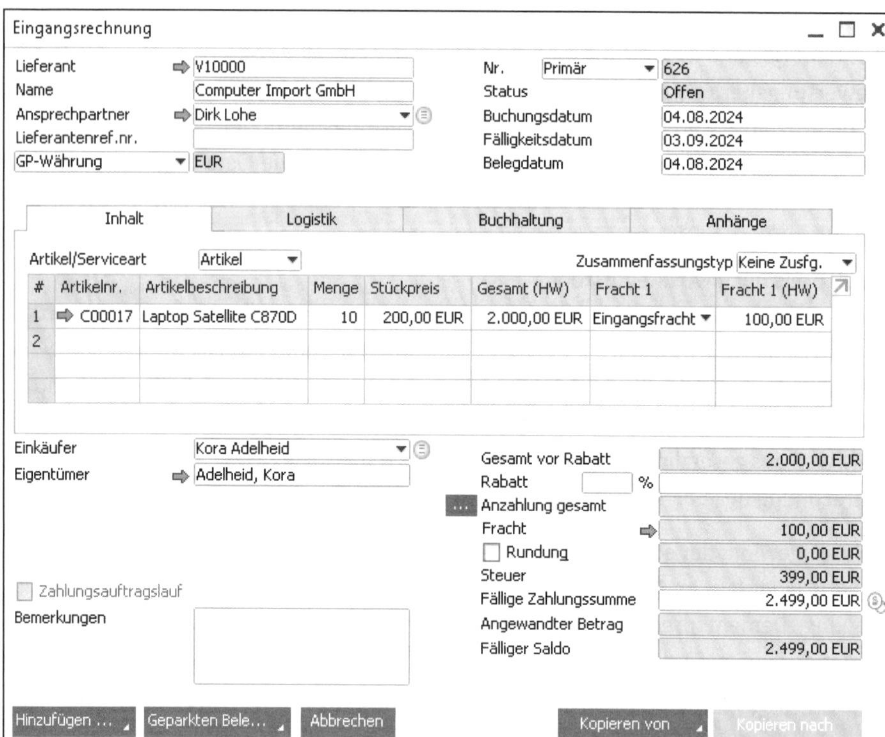

Abbildung 6.37: Weiterer Einkauf der Ware über Eingangsrechnung

Die zehn Laptops in Abbildung 6.37 werden nun bei einem anderen Lieferanten eingekauft. Allerdings haben wir nun die Fracht zu bezahlen, die aktiviert, also den Artikelkosten zugerechnet wird. Dementsprechend ergibt sich nun in den Artikelstammdaten des Laptops die in Abbildung 6.38 gezeigte Bestandssituation.

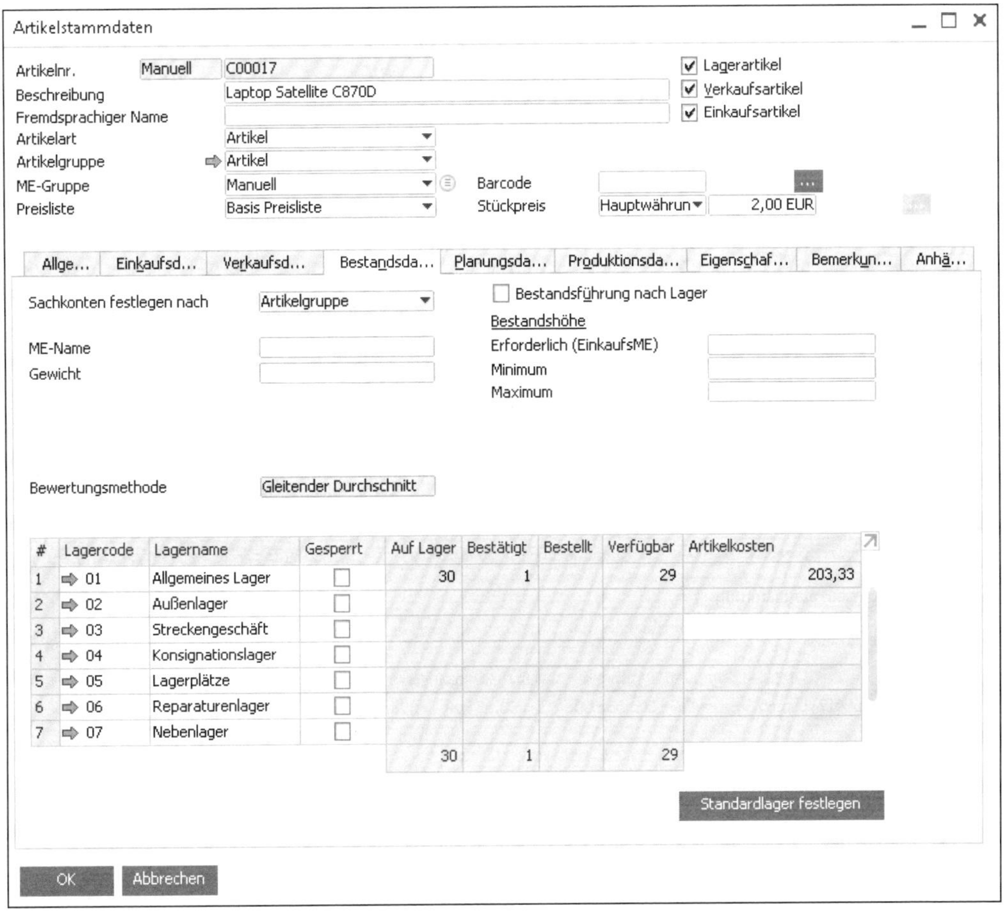

Abbildung 6.38: Bestandssituation nach dem zweiten Einkauf

Die Bestandssituation in Abbildung 6.38 zeigt, dass sich nun 30 Stück (20 Stück aus dem ersten Einkauf und zehn Stück aus dem zweiten Einkauf) auf Lager (Spalte **Auf Lager**) befinden; das eine Stück aus dem angelegten Kundenauftrag ist bestätigt (Spalte **Bestätigt**), und es wurde kein weiteres Stück bestellt (Spalte **Bestellt**).

Weitaus interessanter sind nun aber die **Artikelkosten** von 203,33 EUR, da der zweite Einkauf dieses Artikels kostenintensiver war als der erste. Die Artikelkosten nach dem gleitenden Durchschnittspreis errechnen sich in diesem Fall folgendermaßen: *gesamte Artikelkosten* dividiert durch *Gesamtmenge auf Lager*.

$$\frac{20 \times 200{,}00\ \text{EUR} + 10 \times 210{,}00\ \text{EUR}}{30\ \text{Stück}} = 203{,}33\ \text{EUR}$$

Die Auswirkungen sehen folgendermaßen aus: Die Berechnungsbasis im bereits angelegten Kundenauftrag wird nicht angetastet, kann allerdings jeweils manuell geändert werden.

Wenn Sie jedoch aus dem Kundenauftrag einen Lieferschein erstellen, gehen die tatsächlichen Artikelkosten in die Bruttogewinnberechnung ein, wie Abbildung 6.39 demonstriert.

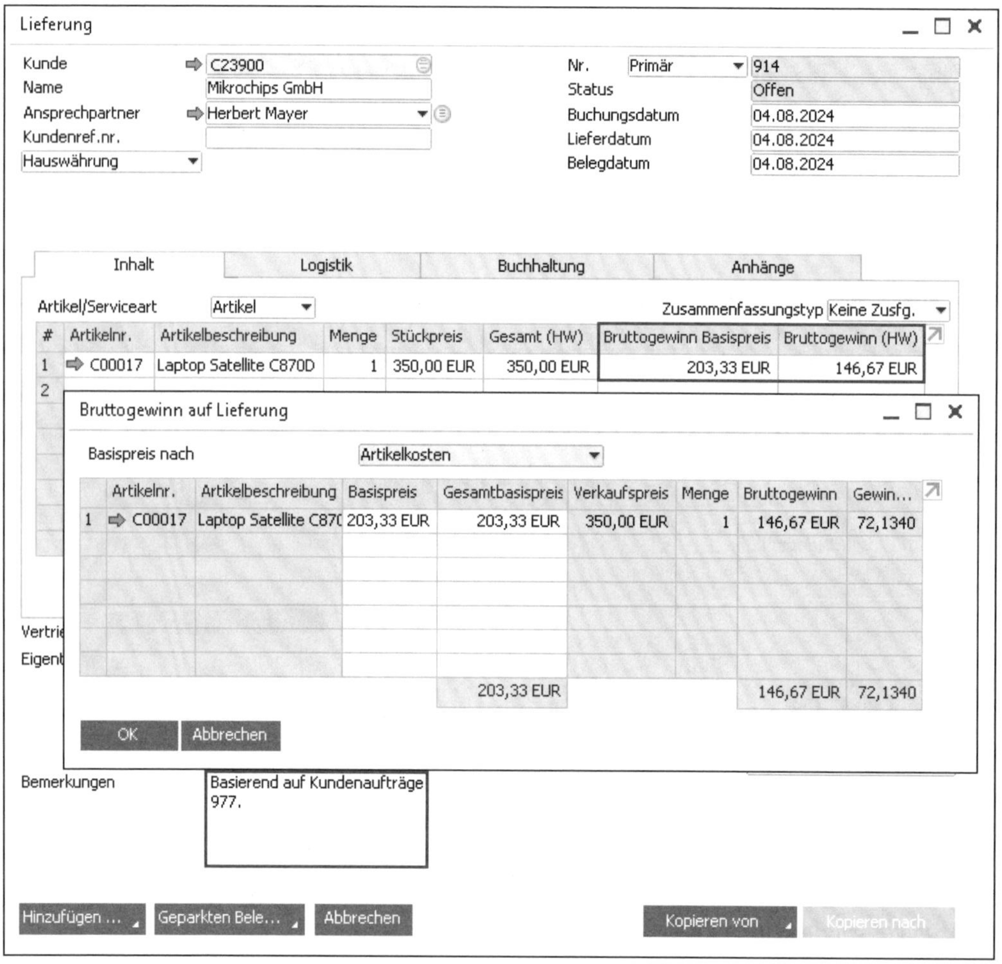

Abbildung 6.39: Lieferung der Ware – Basispreis anpassen (Artikelkosten)

Abbildung 6.39 zeigt, dass bei der Erstellung der Lieferung auf Basis des Kundenauftrags die letzten aktuellen Artikelkosten der Ware von 203,33 EUR als Basispreis verwendet wurden. Dementsprechend reduziert sich bei einem gleichbleibenden Verkaufspreis der Bruttogewinn gegenüber dem Kundenauftrag. Eine Besonderheit der Bruttopreis-Funktion ist, dass auch in den Belegstufen **Lieferung** und **Ausgangsrechnung** der Bruttogewinn *auch nach Hinzufügen der Belege* geändert werden kann. Es handelt sich ja nur um einen – wenn auch wichtigen – statistischen Wert, sodass das *Radierverbot* hier keine Anwendung findet. Für die Anzeige der Artikelkosten blenden Sie im Fenster **Lieferung** die Spalte **Artikelkosten** mit dem Button (**Formulareinstellungen**) ein. Bei einer Weiterverarbeitung der Lieferung in einer Ausgangsrechnung wird der Basispreis nicht mehr angepasst, auch wenn sich die Artikelkosten in der Zwischenzeit aufgrund neuer Einkäufe oder Neubewertungen verändert haben.

Eine Übersicht über die erreichten Bruttogewinne im Verkauf erhalten Sie im Umsatzanalysebericht, den wir im folgenden Abschnitt detailliert behandeln.

6.3 Berichte im Verkauf

SAP Business One bietet Berichte im Modul **Verkauf**, die mit einer Vielzahl von Auswahlkriterien versehen sind. Im Folgenden behandeln wir diese Berichte mitsamt den möglichen Auswahlkriterien.

Die Umsatzanalyse finden Sie unter **Verkauf • Umsatzberichte • Umsatzanalyse**. Sie stützt sich grundsätzlich auf die Verkaufsbelege **Auftrag**, **Lieferschein** und **Ausgangsrechnung**. Sie haben die Möglichkeit, die Analyse aus drei verschiedenen Blickwinkeln zu starten: mit Sicht auf Kunden, Artikel oder Vertriebsmitarbeiter. Das Fenster **Umsatzanalyse** bietet drei entsprechend lautende Registerkarten an. Die Auswahlkriterien verwenden Sie auf die gleiche Weise wie bei der Einkaufsanalyse unter **Einkauf • Einkaufsberichte • Einkaufsanalyse** (siehe Abschnitt 5.7, »Berichte im Einkauf«). Zusätzlich zur Einkaufsanalyse werden in der Umsatzanalyse die **Bruttogewinne** und **Bruttogewinne in %** bei allen Darstellungen angezeigt. Beachten Sie, dass die Auswertung in der Umsatzanalyse zweistufig ist. Wie in Abbildung 6.40 dargestellt, wird zunächst eine den Auswahlkriterien entsprechende Übersicht dargestellt. Nach Doppelklick auf eine Zeilennummer wird dann die Detailinformation der Zeile angezeigt.

In der Umsatzanalyse nach Artikel steht Ihnen eine erweiterte Auswahlmöglichkeit zur Verfügung. In Abbildung 6.41 ist dargestellt, dass die Checkbox **Sekundärauswahl** vom Programm angeboten wird. Damit können Sie nicht nur nach Artikeln, sondern zusätzlich nach Kunden und Vertriebsmitarbeiter selektieren und so sehr einfach relativ komplexe Recherchen durchführen. Ein Beispiel dafür wäre: Hat Vertriebsmitarbeiter »Heinrich« in den letzten beiden Jahren den Artikel »A00001« an den Kunden »PC Welt GmbH« verkauft?

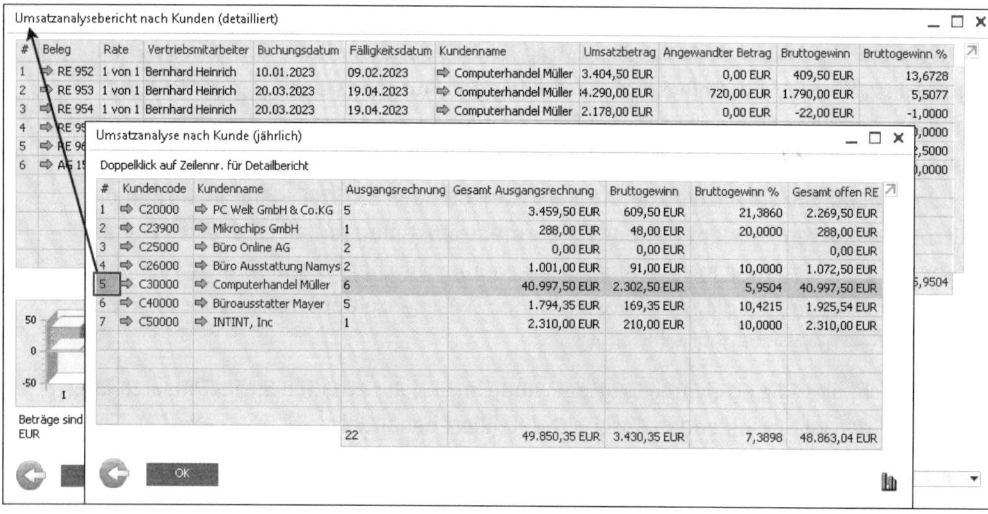

Abbildung 6.40: Zweistufige Umsatzanalyse

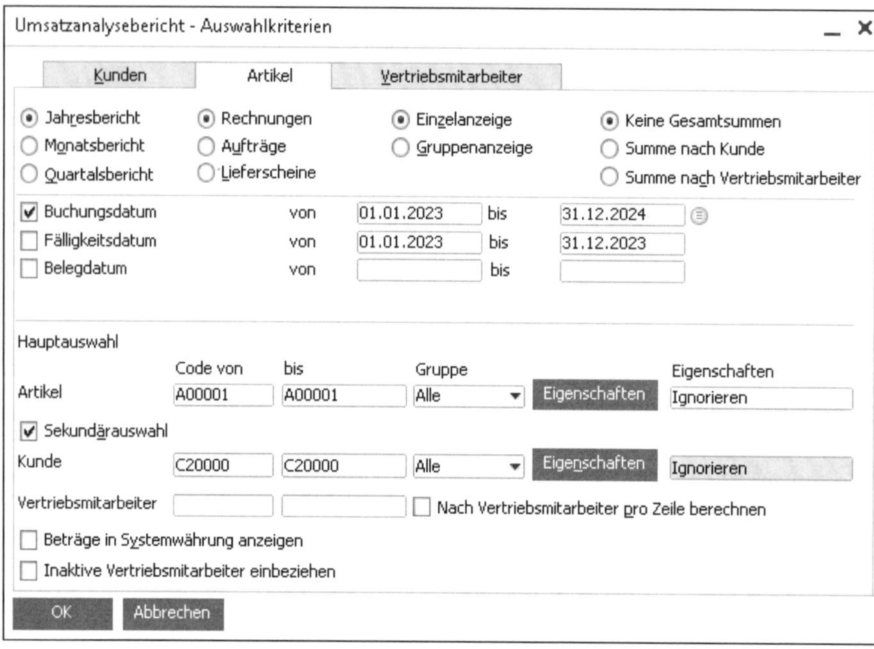

Abbildung 6.41: Sekundärauswahl der Artikel-Umsatzanalyse

Der Bericht **Geparkte Belege** dient in erster Linie dazu, geparkte Belege wieder aufzurufen, gleichgültig, aus welchem Modul sie stammen. Die Vorgehensweise zum Aufrufen geparkter Belege und zur weiteren Bearbeitung haben wir bereits in Abschnitt 5.3, »Wichtige Funktionen im Beleg«, behandelt.

Mit dem Bericht **Offene Belege** steht Ihnen eine Übersicht über alle Belege – unterteilt nach Belegstufen – zur Verfügung, die noch nicht vollständig in einem Folgebeleg weiterverarbeitet wurden und die auch nicht manuell geschlossen oder storniert wurden. Rufen Sie das Fenster **Offene Belege** über **Verkauf • Umsatzberichte • Offene Belege** auf. Die Funktionsweise dieses Berichts haben wir bereits in Abschnitt 5.7 dargestellt.

Der **Auftragsrückstandsbericht** (unter **Verkauf • Umsatzberichte • Auftragsrückstand**) ist ein wichtiger Baustein bei der Verwaltung von Backlogs (also offenen Belegen) im Verkaufsbereich. Er beschreibt, welche Mengen der gesamten Kundenaufträge noch an Ihre Kunden zu liefern sind. Abbildung 6.42 zeigt ein Beispiel für einen Auftragsrückstandsbericht.

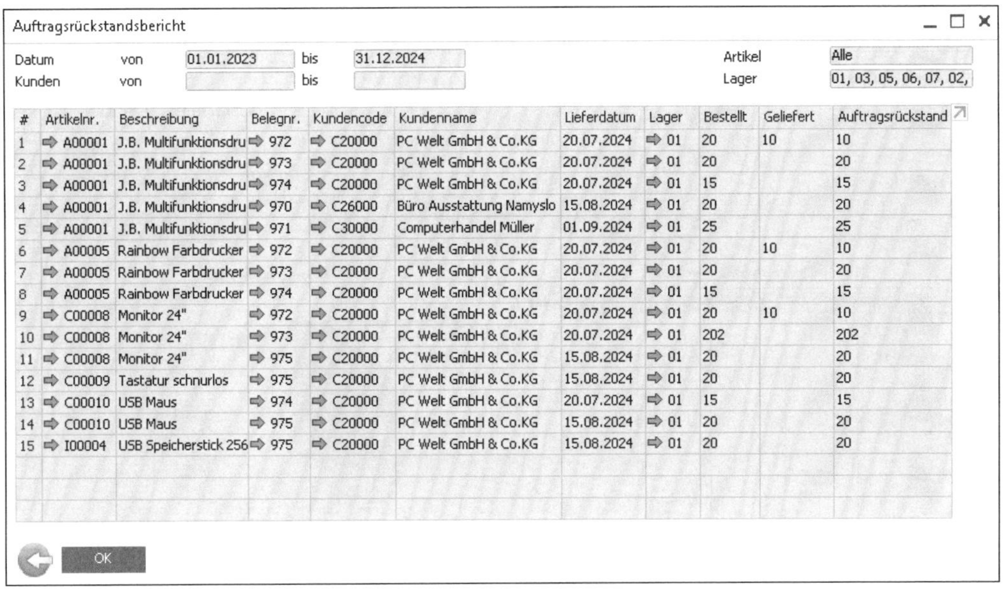

#	Artikelnr.	Beschreibung	Belegnr.	Kundencode	Kundenname	Lieferdatum	Lager	Bestellt	Geliefert	Auftragsrückstand
1	A00001	J.B. Multifunktionsdru	972	C20000	PC Welt GmbH & Co.KG	20.07.2024	01	20	10	10
2	A00001	J.B. Multifunktionsdru	973	C20000	PC Welt GmbH & Co.KG	20.07.2024	01	20		20
3	A00001	J.B. Multifunktionsdru	974	C20000	PC Welt GmbH & Co.KG	20.07.2024	01	15		15
4	A00001	J.B. Multifunktionsdru	970	C26000	Büro Ausstattung Namyslo	15.08.2024	01	20		20
5	A00001	J.B. Multifunktionsdru	971	C30000	Computerhandel Müller	01.09.2024	01	25		25
6	A00005	Rainbow Farbdrucker	972	C20000	PC Welt GmbH & Co.KG	20.07.2024	01	20	10	10
7	A00005	Rainbow Farbdrucker	973	C20000	PC Welt GmbH & Co.KG	20.07.2024	01	20		20
8	A00005	Rainbow Farbdrucker	974	C20000	PC Welt GmbH & Co.KG	20.07.2024	01	15		15
9	C00008	Monitor 24"	972	C20000	PC Welt GmbH & Co.KG	20.07.2024	01	20	10	10
10	C00008	Monitor 24"	973	C20000	PC Welt GmbH & Co.KG	20.07.2024	01	202		202
11	C00008	Monitor 24"	975	C20000	PC Welt GmbH & Co.KG	15.08.2024	01	20		20
12	C00009	Tastatur schnurlos	975	C20000	PC Welt GmbH & Co.KG	15.08.2024	01	20		20
13	C00010	USB Maus	974	C20000	PC Welt GmbH & Co.KG	20.07.2024	01	15		15
14	C00010	USB Maus	975	C20000	PC Welt GmbH & Co.KG	15.08.2024	01	20		20
15	I00004	USB Speicherstick 256	975	C20000	PC Welt GmbH & Co.KG	15.08.2024	01	20		20

Abbildung 6.42: Fenster »Auftragsrückstandsbericht«

Die Auftragsrückstände werden in erster Linie nach Artikelnummern (Spalte **Artikelnr.**) sortiert. Zusätzlich werden die Belegnummer (Spalte **Belegnr.**) des Auftrags, der Kunde (Spalte **Kundencode**), das vereinbarte **Lieferdatum** und das **Lager** angezeigt. Die wichtigsten Informationen sind jedoch in den Spalten **Bestellt**, **Geliefert** und **Auftragsrückstand** (= **Bestellt** – **geliefert**) aufgelistet. Mit einem Doppelklick auf die Spaltenüberschrift sortieren Sie jeweils nach der gewünschten Spalte.

Bevor Sie zum Auftragsrückstandsbericht in Abbildung 6.42 gelangen, können Sie im ersten Schritt noch eine Reihe von Einschränkungen bezüglich der Werte **Lieferdatum**, **Kundencode**, **Belegnr.**, **Lager**, **Artikelnr.**, **Artikelgruppe**, **Artikeleigenschaften** etc. vornehmen.

Der Bericht **Fälligkeit Kundenverbindlichkeiten** zeigt eine Aufstellung aller offenen Ausgangsrechnungen (unter Berücksichtigung der Gutschriften), gestaffelt nach der Dauer der Überfälligkeit. Da die Fälligkeitsübersicht eher zu den Berichten im Finanzwesen gehört, behandeln wir sie detailliert in Abschnitt 12.9, »Finanzberichte«.

Die hier dargestellten Umsatzberichte sind quasi der traditionelle Kern des Verkaufsberichtswesens. Zusätzlich liefert SAP von Version zu Version zusätzliche Berichte aus, die Sie ebenfalls im Programmpunkt **Umsatzberichte** finden; sie sind weitestgehend selbsterklärend.

Hervorgehoben werden soll aber der monatliche Kundenstatus. Dieser Bericht ist zweigeteilt. Nach den üblichen Auswahlkriterien wie Kunden und Datum wird zunächst eine graphische Übersicht über die top fünf Kunden gegeben (siehe Abbildung 6.43).

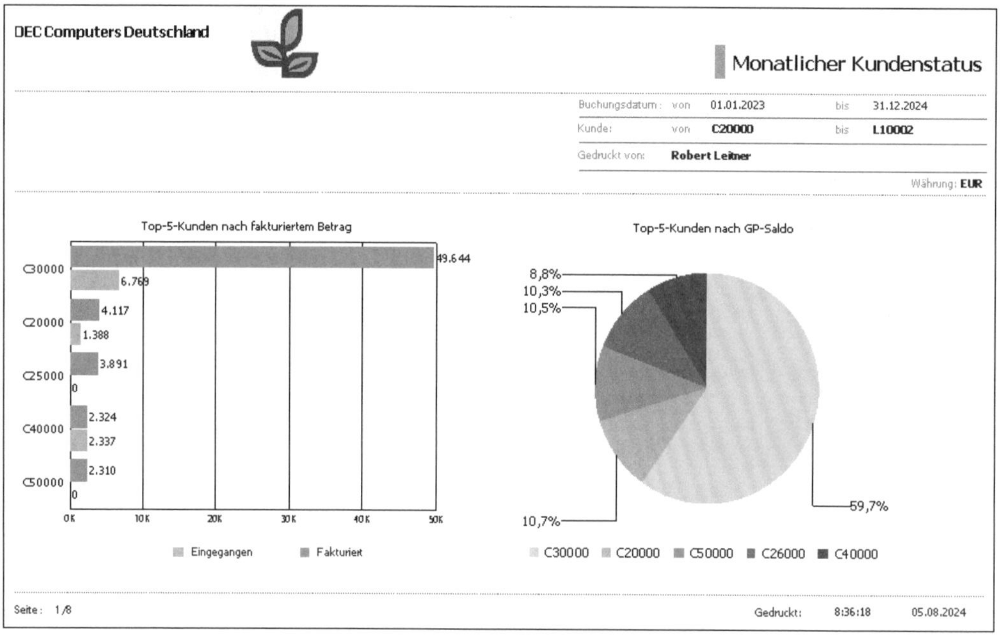

Abbildung 6.43: Monatlicher Kundenstatus – Übersicht

Mithilfe der Navigationstasten im oberen Bildbereich () können Sie nun zu den Details blättern (siehe Abbildung 6.44).

Dieser Bericht zeigt die monatliche Entwicklung aller Kunden in allen vertriebsrelevanten Bereichen – vom Auftragszuwachs bis zu den offenen Salden. Er bietet damit eine perfekte Übersicht über die Entwicklung einzelner Kunden.

DEC Computers Deutschland

Monatlicher Kundenstatus

Kunde Code/ Name	Monat	Auftragsbetrag	Auftrag Wachstum %	Bruttogewinn	Bruttogewinn %	Geliefert	Retourniert	Fakturiert	Gutgeschrieben	Eingegangen	Sonstige Transakt.	Offener Saldo	Abschlusssaldo
C30000/Computerhandel Müller	04.2023	0,00	-100,00	0,00	N/A	0,00	0,00	0,00	0,00	0,00	0,00	58.766,23	58.766,23
	03.2023	34.290,00	907,20	1.790,00	5,5077	0,00	0,00	43.396,92	-856,80	0,00	0,00	16.226,11	58.766,23
	02.2023	3.404,50	0,00	409,50	13,6728	0,00	0,00	0,00	0,00	0,00	0,00	16.226,11	16.226,11
	01.2023	3.404,50	N/A	409,50	13,6728	0,00	0,00	4.051,36	0,00	0,00	0,00	12.174,75	16.226,11
Gesamt		44.124,00		2.884,00	6,9932	473,00	0,00	49.643,83	-856,80	6.768,58	0,00		
C40000/Büroausstatter Mayer	07.2024	0,00	N/A	0,00	N/A	628,16	0,00	640,74	0,00	0,00	0,00	7.331,06	7.971,80
	06.2024	0,00	N/A	0,00	N/A	0,00	0,00	0,00	0,00	0,00	0,00	7.331,06	7.331,06
	05.2024	0,00	N/A	0,00	N/A	0,00	0,00	0,00	0,00	0,00	0,00	7.331,06	7.331,06
	04.2024	0,00	N/A	0,00	N/A	0,00	0,00	[illegible]	0,00	0,00	0,00	7.331,06	7.331,06
	03.2024	0,00	N/A	0,00	N/A	0,00	0,00	0,00	0,00	0,00	0,00	7.331,06	7.331,06
	02.2024	0,00	N/A	0,00	N/A	0,00	0,00	0,00	0,00	0,00	0,00	7.331,06	7.331,06
	01.2024	0,00	N/A	0,00	N/A	0,00	0,00	0,00	0,00	0,00	0,00	7.331,06	7.331,06
	12.2023	0,00	N/A	0,00	N/A	0,00	0,00	0,00	0,00	0,00	0,00	7.331,06	7.331,06
	11.2023	0,00	N/A	0,00	N/A	0,00	0,00	0,00	0,00	0,00	0,00	7.331,06	7.331,06
	10.2023	0,00	N/A	0,00	N/A	0,00	0,00	0,00	0,00	0,00	0,00	7.331,06	7.331,06
	09.2023	0,00	N/A	0,00	N/A	0,00	0,00	0,00	0,00	0,00	0,00	7.331,06	7.331,06
	08.2023	0,00	N/A	0,00	N/A	0,00	0,00	0,00	0,00	0,00	0,00	7.331,06	7.331,06
	07.2023	0,00	N/A	0,00	N/A	0,00	0,00	0,00	0,00	0,00	0,00	7.331,06	7.331,06

Seite: 6/8 Gedruckt: 8:36:18 05.08.2024

Abbildung 6.44: Monatlicher Kundenstatus – Details

6.4 Mahnwesen

Das Mahnwesen dient generell zur Verfolgung offener Forderungen gegenüber Kunden. Betriebswirtschaftlich ist dies eine äußerst kritische Aufgabe, da möglicherweise trotz guter Umsatzzahlen (anhand der von Ihnen erstellten Ausgangsrechnungen) die mangelnde Zahlungsmoral Ihrer Kunden rasch zum existenziellen Problem Ihres Unternehmens werden kann. Überdurchschnittlich lange Zahlungsdauern von Kunden können zu Liquiditätsproblemen und in weiterer Folge zu Insolvenz oder Insolvenzgefährdung führen. SAP Business One bietet ein umfassendes Instrumentarium, um die offenen Forderungen gegenüber Ihren Kunden anzumahnen.

Bevor die eigentlichen Mahnläufe mit dem Mahnassistenten (unter **Verkauf • Mahnassistent**) ausgeführt werden können, müssen Sie eine Reihe von Vorbereitungen treffen. Der erste Schritt ist die Festlegung der Mahnstufen unter **Administration • Definitionen • Geschäftspartner • Mahnstufen** (siehe Abbildung 6.45). Die Mahnstufen fungieren als Vorbesetzungen für die Mahnbedingungen.

Das Definieren von Mahnstufen erfordert folgende Angaben:

1. **Feld »Briefformat«**
   Wählen Sie ein Briefformat (Mahnstufen) aus der Werteliste aus. Diese zehn Mahnstufen sind fix angelegt und können nicht erweitert werden. Das Briefformat wird in weiterer Folge den Text der jeweiligen Mahnstufe enthalten.

2. **Feld »Wirksam nach (Tage)«**
   Geben Sie an, nach wie vielen Tagen ab Fälligkeitsdatum die Stufe in Kraft treten soll. Bei den nachfolgenden Mahnstufen (Mahnstufen 2 und 3) werden die Tage jeweils ab Erstellung des vorhergehenden Mahnschreibens gerechnet! Der Wert des Feldes akkumuliert sich dementsprechend von Ebene zu Ebene in Bezug auf das ursprüngliche Fälligkeitsdatum. Wird die Mahnung 01 also 30 Tage nach Fälligkeitsdatum erzeugt und die Mahnung 02 60 Tage später, so wird diese zweite Mahnung insgesamt erst 90 Tage nach Fälligkeitsdatum entstehen. Abbildung 6.45, die aus dem Beispieldatenbestand stammt, zeigt die entsprechende – sehr großzügige – Einstellung.

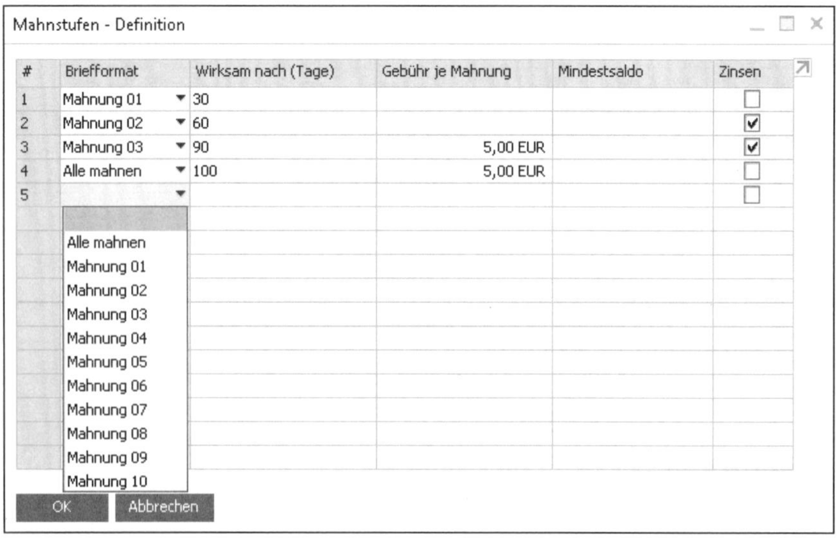

Abbildung 6.45: Mahnstufen definieren

3. **Feld »Gebühr je Mahnung«**
   Geben Sie hier die Mahnspesen oder die Gebühren an, die zu der angemahnten Summe hinzugerechnet werden. Im Beispiel in Abbildung 6.45 werden lediglich für die Mahnstufe 3 und 4 Mahnspesen verrechnet.

4. **Feld »Mindestsaldo«**
   Geben Sie hier an, ab welchem Mindestsaldo gemahnt wird. Wenn Sie möchten, dass bei jedem Betrag eine Mahnung geschickt wird, geben Sie hier entweder 0,00 EUR ein, oder Sie lassen das Feld leer. Damit vermeiden Sie es, Bagatellbeträge zu mahnen, bei denen der Bearbeitungsaufwand den einzubringenden Betrag übersteigt.

5. **Checkbox »Zinsen«**
   Aktivieren Sie diese Checkbox, wenn für die gewählte Mahnstufe Verzugszinsen berechnet werden sollen.

6. **Definition bestätigen**
   Bestätigen Sie die Definition der Mahnstufen mit dem Button **Aktualisieren**, und schließen Sie das Fenster mit dem Button **OK**.

Als zweiten Schritt können Sie das Layout der Mahnbriefe anpassen, falls es nicht Ihren Wünschen entspricht. Die Anpassung des Layouts von Belegen ist generell eine sehr umfassende Thematik und muss von einem Consultant – am besten anhand der zu erstellenden Mahnbriefe oder sonstiger Belege – geschult oder gleich von ihm vorgenommen werden. Das Anpassen von Belegen zählt aus diesem Grund zu den weiterführenden Themen und wird daher nicht in diesem Buch behandelt.

Falls Sie die Anpassung dennoch selbst ausprobieren möchten, positionieren Sie den Cursor im Fenster **Mahnstufen – Definition** in einer der Spalten jener Stufe, für die Sie das Layout bearbeiten möchten. Anschließend klicken Sie auf den Button (**Layoutdesigner**) in der Symbolleiste.

Es öffnet sich das Fenster **Layout und Reihenfolge**, in dem Sie alle Layouts zu diesem Belegtyp aufgelistet sehen. Klicken Sie doppelt auf den Eintrag **Mahnung 01 (System)** – **01** steht dabei für die Mahnstufe 1. Das Fenster **Berichts- und Layoutverwaltung** öffnet sich. Klicken Sie auf den Button **Bearbeiten**. Entweder öffnet sich der Layoutdesigner, wenn Sie ein Layout mit dem Kürzel PLD öffnen, oder es öffnet sich SAP Crystal Reports, wenn Sie ein Layout mit dem Kürzel CR öffnen. Im geöffneten Layoutdesigner werden alle Felder des Mahnbriefs der entsprechenden Stufe in einem Raster angezeigt. Nun können Sie die gewünschten Änderungen an Position und Inhalt der Felder vornehmen. Zum Abschluss speichern Sie das Layout unter einem neuen Namen, markieren das Layout im Fenster **Layout und Reihenfolge** und setzen es **als Standard** mit dem gleichnamigen Button im rechten unteren Bereich.

Pro Mahnstufe wird in der Regel ein eigenes Mahnschreiben entworfen, die Formulierung ist gewöhnlich mit jeder weiteren Mahnstufe »schärfer« und eindeutiger. Während z. B. die erste Mahnung nur eine Zahlungserinnerung darstellen kann, ist die zweite Mahnung bereits eindeutig formuliert und kann bereits mit Verzugszinsen und Mahngebühren behaftet sein, während bei der dritten Mahnung bei vielen Unternehmen bereits mit der Übergabe an den Anwalt gedroht wird.

Im dritten Schritt legen Sie die Mahnbedingungen unter **Administration • Definitionen • Geschäftspartner • Mahnbedingungen** an. Die Mahnbedingungen verwenden die von Ihnen soeben angelegten Mahnstufen als Grundlage, wobei Änderungen und Ergänzungen erlaubt sind. Zweck der Mahnbedingungen ist, dass Sie je nach Anwendungsfall verschiedene Kombinationen von Mahnstufen erzeugen können. Diese werden in einem späteren Schritt mit den Kunden verbunden. So können Sie z. B. eine Mahnbedingung für Ihre inländischen Kunden definieren und eine weitere für Ihre US-Kunden. Diese unterscheiden sich z. B. durch die Höhe der Mahnspesen und durch die Sprache der Mahnung. Abbildung 6.46 zeigt das Hinzufügen einer neuen Mahnbedingung.

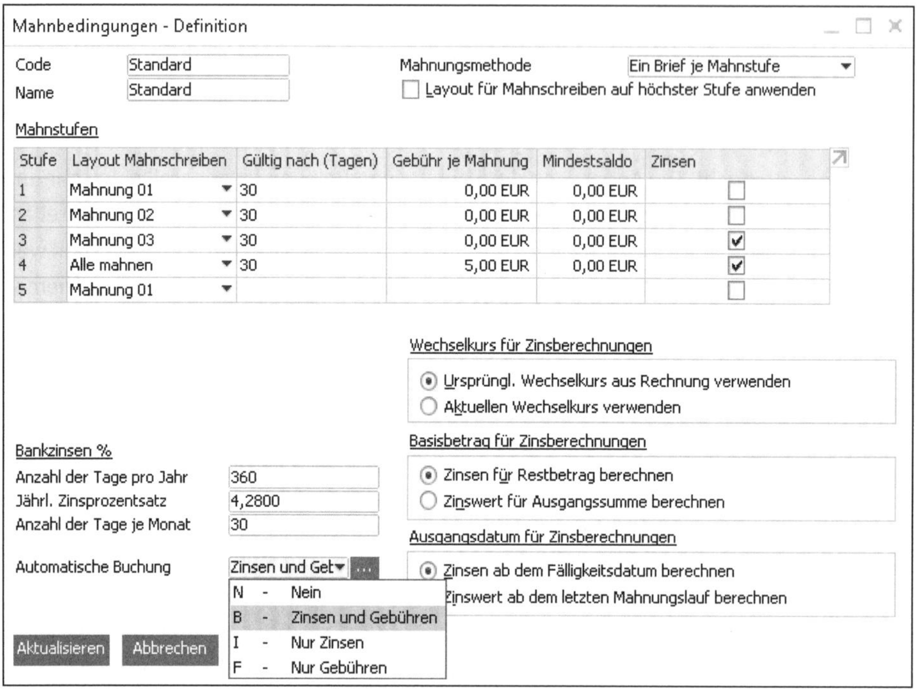

Abbildung 6.46: Mahnbedingungen definieren

Die Mahnstufen werden vom Programm in die Tabelle im oberen Bereich kopiert. Sie können jedoch beliebig geändert werden, wobei allenfalls das Löschen einzelner Stufen sinnvoll ist. Darüber hinaus müssen die folgenden Felder gepflegt werden:

1. **Felder »Code« und »Name«**
   Vergeben Sie einen eindeutigen Code und einen Namen für die Mahnbedingung. Diese Mahnbedingung wird dann dem Geschäftspartner zugeordnet.
2. **Dropdown-Liste »Mahnungsmethode«**
   Wählen Sie eine der folgenden drei Optionen:
   - Die Option **Ein Brief je Rechnung** erzeugt eine Mahnung pro offener Rechnung des Kunden.
   - Die Option **Ein Brief je Mahnstufe** erzeugt eine Mahnung pro Mahnstufe des Kunden. Hat der Kunde also mehrere offene Rechnungen, die sich jeweils in unterschiedlichen Mahnstufen befinden, dann erhält er auch die entsprechende Zahl an Mahnungen. Pro Mahnstufe werden alle Belege der gleichen Mahnstufe zusammengefasst.
   - Die Option **Ein Brief je GP** erzeugt eine einzige Mahnung pro Kunden, in der alle Forderungen aufgelistet sind, gleichgültig, auf welcher Mahnstufe sich diese Ausgangsrechnung befindet. Bei dieser Option erscheinen noch weitere Auswahlmöglichkei-

ten, die Gebühren, **Mindestsaldo** und **Zinsen** beim kombinierten Mahnungsformat betreffen.

3. **Checkbox »Layout für Mahnschreiben auf höchster Stufe anwenden«**
Markieren Sie diese Checkbox, wird bei einem Kunden, der offene Rechnungen mit verschiedenen Mahnstufen hat, jenes Layout für die höchste Mahnstufe verwendet.

4. **Bereich »Bankzinsen %«**
Nehmen Sie in diesem Bereich die Einstellungen für die Berechnung der Verzugszinsen vor. Geben Sie die **Anzahl der Tage pro Jahr**, den **Jährl. Zinsprozentsatz** und die **Anzahl der Tage je Monat** an. In der Regel wird die Variante 30/360 verwendet. Dies bedeutet, dass Sie mit zwölf Monaten zu 30 Tagen rechnen und eine Anzahl von 360 Tagen pro Jahr erhalten (d. h., auch der Februar hat 30 Tage).

5. **Dropdown-Liste »Automatische Buchung«**
Legen Sie mit dieser Dropdown-Liste fest, ob die in den Mahnschreiben an den Kunden verrechneten Zinsen und Gebühren beim Mahnlauf automatisch gebucht werden sollen. Es stehen Ihnen die folgenden Optionen zur Verfügung:
   - **Nein**: Wählen Sie diese Option aus, wenn keine automatische Buchung erfolgen soll. In der Praxis sehen Buchhalter durchaus von einer automatischen Buchung ab, da die verrechneten Gebühren und Zinsen häufig ohnedies nicht bezahlt werden und dann wieder buchhalterisch korrigiert werden müssten. Erst bei Bezahlung des Kunden kann man die Zinsen und Gebühren noch manuell im Nachhinein buchen.
   - **Zinsen und Gebühren**: Wählen Sie diese Option, wenn sowohl Zinsen als auch Gebühren automatisch gebucht werden sollen. Damit erhöht sich die Forderung gegenüber dem Kunden.
   - **Nur Zinsen**: Wählen Sie diese Option, wenn nur die Zinsen, nicht jedoch die Gebühren automatisch gebucht werden sollen.
   - **Nur Gebühren**: Wählen Sie diese Option, wenn nur die Gebühren, nicht jedoch die Zinsen automatisch gebucht werden sollen.

   Wenn Sie eine Option mit automatischer Buchung ausgewählt haben, klicken Sie auf den Button (**Automatische Buchung**) und geben je ein Ertragskonto für Zinsen und Gebühren ein.

6. **Optionsgruppe »Wechselkurs für Zinsberechnungen«**
Bestimmen Sie mit dieser Optionsgruppe die Vorgehensweise bei Fremdwährungsbelegen. Wählen Sie für die Bewertung der offenen Fremdwährungsforderung **Ursprüngl. Wechselkurs aus Rechnung verwenden** oder **Aktuellen Wechselkurs verwenden**.

7. **Optionsgruppe »Basisbetrag für Zinsberechnungen«**
Mit dieser Optionsgruppe können Sie bestimmen, auf welche Weise die Zinsen berechnet werden sollen. Wählen Sie die Option **Zinsen für Restbetrag berechnen**, um die Verzugszinsen für die noch offenen Forderungen an den Kunden zu berechnen. Wählen Sie die Option **Zinswert für Ausgangssumme berechnen**, um die Verzugszinsen für

den jeweiligen Rechnungsbetrag zu berechnen, gleichgültig, welcher Betrag bereits bezahlt wurde.

8. **Optionsgruppe »Ausgangsdatum für Zinsberechnungen«**
   Mit dieser Optionsgruppe legen Sie fest, ab welchem Datum die Zinsen berechnet werden. Es stehen Ihnen die Optionen **Zinsen ab dem Fälligkeitsdatum berechnen**, was der Standardwert ist, und **Zinswert ab dem letzten Mahnungslauf berechnen** zur Verfügung.

Klicken Sie auf den Button **Hinzufügen**, um die Mahnbedingung anzulegen. Die angelegten Mahnbedingungen können Sie im Fenster **Geschäftspartner-Stammdaten** (**Geschäftspartner • Geschäftspartner-Stammdaten**) auf der Registerkarte **Zahlungsbedingungen** dem Kunden zuordnen. Im Fenster **Allgemeine Einstellungen** (**Administration • Systeminitialisierung • Geschäftspartner • Mahnbedingungen**), Registerkarte **GP**, können Sie eine **Standardmahnbedingung für Kunden** festlegen, die jeder neu angelegte Kunde automatisch erhält.

Wenn alle Vorbereitungen abgeschlossen sind und Sie Ihre überfälligen Forderungen nun mahnen möchten, führen Sie einen Mahnlauf im Mahnassistenten (über den Pfad **Verkauf • Mahnassistent**) durch. Der Mahnassistent führt Sie in sechs Schritten zur Durchführung eines solchen Mahnlaufs:

1. **Assistent-Optionen**
   Ähnlich wie beim Belegerstellungsassistenten können Sie einen gespeicherten Assistenten mit allen Parametern laden oder einen neuen Assistenten starten. Als Unterschied wird hier jedoch der Name des Assistenten automatisch von SAP Business One in Schritt 2 vorgeschlagen und enthält im Wesentlichen das Tagesdatum. Der Name kann in Schritt 2 überschrieben werden, wenn er sprechender gestaltet werden soll. Sie können jeweils mit den Buttons **Weiter** bzw. **Zurück** einen Schritt vor- bzw. zurückgehen oder den Assistenten mit dem Button **Abbrechen** beenden.
2. **Allgemeine Parameter**
   In diesem Schritt können Sie den vorgeschlagenen **Namen** dieses Mahnlaufs überschreiben. Das **Mahndatum** wird automatisch vergeben. Abschließend wählen Sie die **Mahnstufe** aus, die gemahnt werden soll. Sie haben dabei die Möglichkeit, eine bestimmte oder alle Mahnstufen zu mahnen.
3. **Geschäftspartner – Auswahlkriterien**
   Wählen Sie hier die Kunden aus, für die Sie den Mahnlauf durchführen möchten. Klicken Sie auf den Button **Hinzufügen**, um das Fenster für die Auswahl der Kunden zu öffnen (siehe ❶ in Abbildung 6.47).

   Sie können nun – wie bereits im Belegerstellungsassistenten demonstriert – die Kunden anhand der Felder **Code von** und **bis**, **Kundengruppe** sowie mithilfe des Buttons **Eigenschaften** auswählen. Um alle Kunden auszuwählen, klicken Sie auf den Button **Alle auswählen** ❷ im rechten unteren Bereich des Fensters und bestätigen dies mit dem Button **OK**. Alle Kunden werden in die Tabelle geladen, wie in Abbildung 6.47 zu sehen ist. Die Checkbox rechts neben dem Kunden signalisiert, dass dieser Kunde am Mahnlauf teilnimmt. Mit der Checkbox **Kunden mit Haben-/Nullsaldo berücksichtigen** werden auch Kunden in den Mahnlauf einbezogen, die entweder über ein ausgeglichenes Forderungskonto oder sogar über einen Saldo im Haben (auf der »verkehrten« Seite) verfügen. Dies bedeutet, der Kunde hat noch eine Gutschrift, oder er hat zu viel bezahlt – er hat im Grunde eine Forderung gegen Ihr Unternehmen.

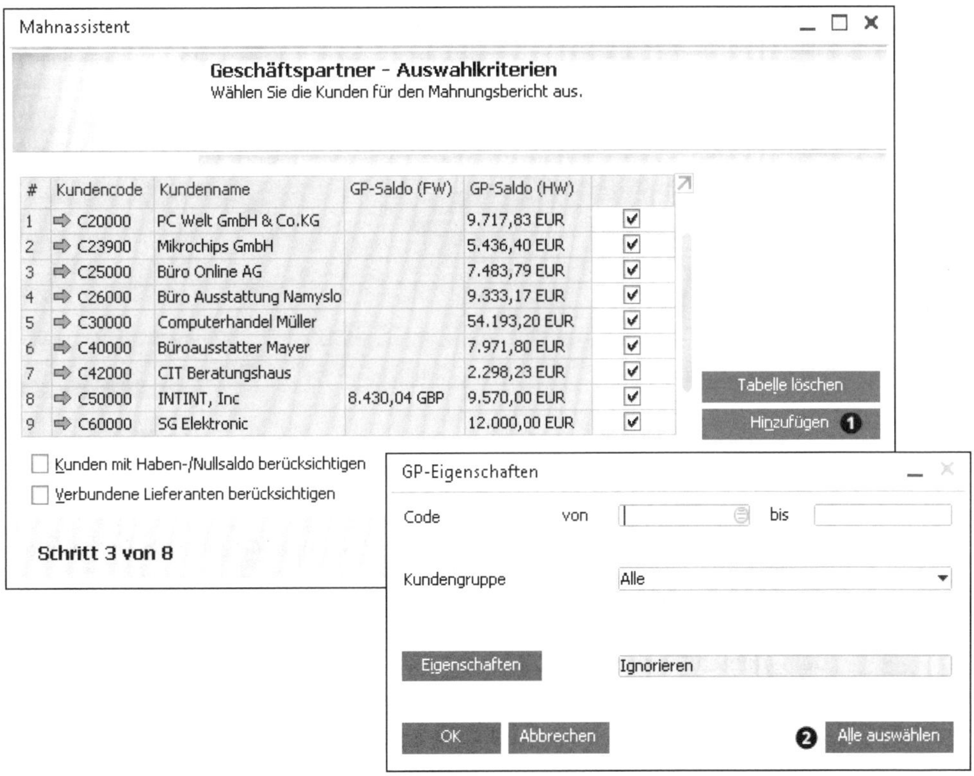

Abbildung 6.47: Mahnassistent: Schritt 3 – Kunden auswählen

4. **Belegparameter**
   Bei diesem Schritt schränken Sie das **Buchungsdatum** oder **Fälligkeitsdatum von** und **bis** ein und geben darunter an, ob Zahlungen und Rechnungen jeweils ohne einen Bezug zu einer Rechnung in dem Mahnlauf berücksichtigt werden sollen. Das heißt, Eingangszahlungen und Gutschriften ohne Rechnungsbezug würden die offene Forderung reduzieren, und – wenn negative Mahnschreiben nicht zugelassen werden – dieser Kunden würde nicht gemahnt. Außerdem kann gesteuert werden, ob Sie manuelle Journalbuchungen berücksichtigen möchten. Diese können je nach Buchung ebenfalls zu einer Reduktion der Forderungen, aber auch zu deren Erhöhung führen.

5. **Empfehlungsbericht**

   Nachdem Sie alle Parameter in den Schritten 1 bis 4 festgelegt haben, erhalten Sie von SAP Business One einen Empfehlungsbericht, in dem alle vorgeschlagenen Mahnungen aufgelistet sind (siehe Abbildung 6.48).

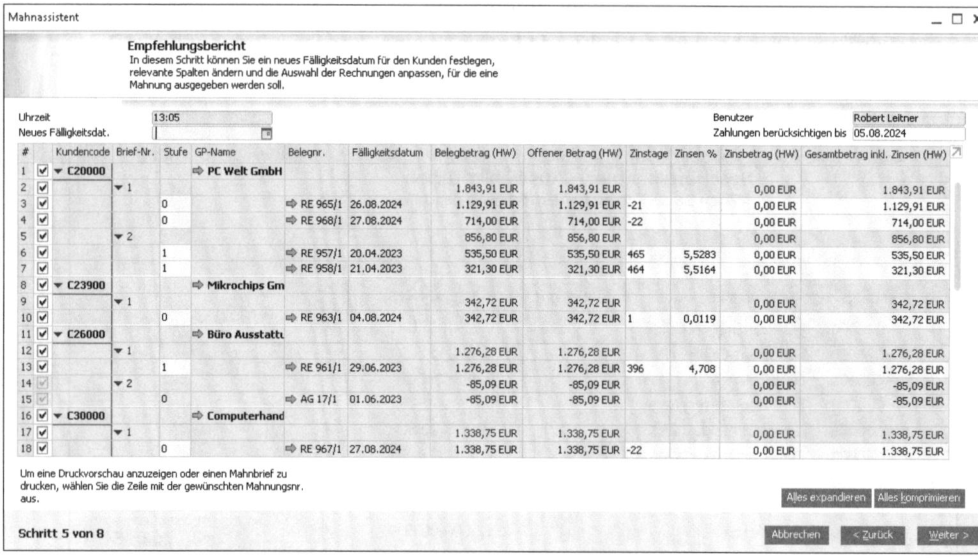

Abbildung 6.48: Mahnassistent: Schritt 5 – Empfehlungsbericht

Der Empfehlungsbericht in Abbildung 6.48 enthält eine Vielzahl von Daten, die teilweise geändert werden können (generell alle hellgrauen Felder). Die folgenden Daten werden angezeigt:

- Demarkieren Sie die Checkbox ganz links in der nicht beschrifteten Spalte (neben der Spalte **#**), falls der Kunde nicht am Mahnlauf teilnehmen und keine Mahnung erhalten soll. Mit dieser Checkbox können Sie auch einzelne offene Rechnungen vom Mahnlauf ausnehmen.

[+]

Markieren und Demarkieren von Checkboxen

Klicken Sie auf den Spaltenkopf oberhalb der markierten Checkboxen, um alle Checkboxen gleichzeitig zu demarkieren. Klicken Sie nochmals darauf, und alle Checkboxen sind wieder markiert.

- **Kundencode**: Klicken Sie auf das schwarze Dreieck ▶, um den Bereich zu expandieren und alle Mahnungen dieses Kunden anzuzeigen. Um die Mahnungen aller Kunden anzuzeigen, klicken Sie auf den Button **Alles expandieren** im rechten unteren Bereich.

  Um alle Mahnungen wieder zu verbergen, klicken Sie auf den Button **Alles komprimieren**.

- **Brief-Nr.**: Dieser Spalte bildet eine Gruppierung aller offenen Rechnungen nach Mahnstufe. Die Gruppe kann jeweils wieder mit dem schwarzen Dreieck expandiert werden. Mit dem nach unten weisenden Dreieck [▼] komprimieren Sie sie wieder.
- **Stufe**: Diese Spalte zeigt die Mahnstufe dieser offenen Rechnung an. Diese kann manuell verändert werden, um z. B. eine Mahnung in einem neuerlichen Mahnlauf noch einmal zu erzeugen, ohne sie zu erhöhen.
- **GP-Name**: Mit dem orangefarbenen Pfeil [⇨] links neben dem Kundennamen gelangen Sie in die Geschäftspartner-Stammdaten.
- **Rechnungsdaten**: Zu den einzelnen offenen Rechnungen werden die **Belegnr.**, das ursprüngliche **Fälligkeitsdatum**, der ursprüngliche **Belegbetrag (HW)**, der noch ausstehende **offene Betrag (HW)**, die errechneten **Zinstage**, der Verzugszinsensatz (**Zinsen %**) und **Zinsbetrag (HW)** sowie der **Gesamtbetrag** (= *offener Betrag* + *Zinsbetrag*) angezeigt. Alle Felder, die in Zusammenhang mit der Verzugszinsenberechnung stehen (**Zinstage**, **Zinsen %**, **Zinsbetrag** und **Gesamtbetrag**), sind hellgrau hinterlegt und können daher pro offener Rechnung geändert werden.
- **Gebühr (HW)**: Diese Spalte zeigt die vorgeschlagene Mahngebühr pro offener Rechnung an. Die Gebühr ist hellgrau hinterlegt und kann daher geändert werden.
- **Gesamtsumme (HW)**: Diese Spalte zeigt den Gesamtbetrag, den der Kunde bei dieser offenen Rechnung zu bezahlen hat (= *offene Summe* + *Zinsbetrag* + *Mahngebühr*).
- **Automatische Buchung**: Diese Spalte zeigt die gleiche Dropdown-Liste wie bei den Mahnbedingungen und schlägt den dort eingegebenen Wert zur automatischen Buchung von Zinsen und Gebühren vor. Diese Option können Sie hier ändern.
- **Neues Fälligkeitsdat.**: In dieses Feld im linken oberen Bereich des Fensters geben Sie das neue, von Ihnen gewünschte Fälligkeitsdatum ein. Bis zu diesem Zeitpunkt muss der Kunde die gemahnten Rechnungen bezahlen. Dieses Datum wird nicht bei den offenen Rechnungen gespeichert, kann aber auf den Mahnbriefen mitgedruckt werden.
- **Zahlungen berücksichtigen bis**: Ändern Sie hier (rechts oben) das Datum von bereits bezahlten offenen Rechnungen, um den Betrachtungszeitraum zu ändern, und bestätigen Sie dies mit der [⇆]-Taste.

[+]

Druckvorschau für Mahnbriefe

Sie haben bereits in Schritt 5 (**Empfehlungsbericht**) die Möglichkeit, die Mahnbriefe anzuschauen. Dazu markieren Sie die Zeile, in der eine Brief-Nr. steht, und klicken auf den Button [🔍] (**Druckvorschau**). Alle ausgewählten Mahnungen werden in der Vorschau angezeigt.

6. **Verarbeitung**
   In diesem letzten Schritt wird der eigentliche Mahnlauf im Hintergrund durchgeführt. Es stehen Ihnen fünf Optionen zur Verfügung:
   - **Auswahlparameter speichern und beenden**: Wählen Sie diese Option, um alle vorgenommenen Einstellungen zu speichern und den Mahnlauf zu einem späteren Zeitpunkt fortzusetzen. Nicht gespeichert wird der Empfehlungsbericht. Das bedeutet, wenn Sie diesen Mahnlauf zu einem späteren Zeitpunkt fortsetzen, wird ein neuer Empfehlungsbericht erstellt, der zu diesem Ausführungszeitpunkt gültig ist.
   - **Empfehlungsbericht: Entwurf speichern und beenden**: Mit dieser Option werden alle Einstellungen sowie der erstellte Empfehlungsbericht gespeichert. Zu einem späteren Zeitpunkt können Sie diesen Empfehlungsbericht dann ausführen und die Mahnungen drucken. Falls Sie in der Zwischenzeit einen anderen Mahnlauf starten, werden alle offenen Rechnungen, Zahlungen und Gutschriften aus dem gespeicherten Empfehlungsbericht nicht berücksichtigt.
   - **Nur ausführen und beenden. Später drucken oder E-Mail versenden**: Mit dieser Option wird der Mahnlauf tatsächlich ausgeführt, es öffnet sich jedoch kein Druckdialog. Der Assistent kann zu einem späteren Zeitpunkt nochmals aufgerufen, und die Mahnungen können gedruckt oder gemailt werden.
   - **Mahnungen drucken und beenden**: Der Mahnlauf wird nun tatsächlich ausgeführt, und es öffnet sich der Druckdialog, mit dem Sie die erstellten Mahnungen an einen beliebigen Drucker schicken können.
   - **Mahnung per E-Mail versenden und beenden**: Die Mahnung wird entweder an die beim Geschäftspartner eingetragene E-Mail-Adresse gesendet, oder es werden die E-Mail-Adressen der Ansprechpartner verwendet, die einer gewählten E-Mail-Gruppe angehören (siehe Abschnitt 4.3, »Geschäftspartner«).

   Nachdem ein Mahnlauf abgeschlossen wurde, können Sie ihn zu Dokumentationszwecken aufrufen, aber naturgemäß nichts mehr ändern. Sie haben jedoch die Möglichkeit, im Empfehlungsbericht die Mahnungen mit dem Button (**Drucken**) nochmals auszudrucken oder sie sich mit dem Button (**Druckvorschau**) nochmals anzusehen.

Das Ausführen des Mahnlaufs zieht nun folgende Konsequenzen nach sich: Zum einen werden alle gemahnten Rechnungen automatisch um eine Mahnstufe erhöht. Beim nächsten Mahnlauf werden diese Rechnungen (unter Einhaltung der in den Mahnbedingungen letztlich festgelegten Zeitspanne zwischen den Mahnstufen) mit der nächsthöheren Stufe vorgeschlagen. Um eine einzelne Ausgangsrechnung vom Mahnlauf auszunehmen, markieren Sie die Checkbox **Mahnungen sperren** auf der Registerkarte **Logistik** in dieser Ausgangsrechnung.

Zum anderen wird die höchste Mahnstufe von allen gemahnten Rechnungen eines Geschäftspartners mit dem entsprechenden Datum des Mahnlaufs im Fenster **Geschäftspartner-Stammdaten**, Registerkarte **Buchhalt. • Allgemein**, eingetragen (siehe Abbildung 6.49).

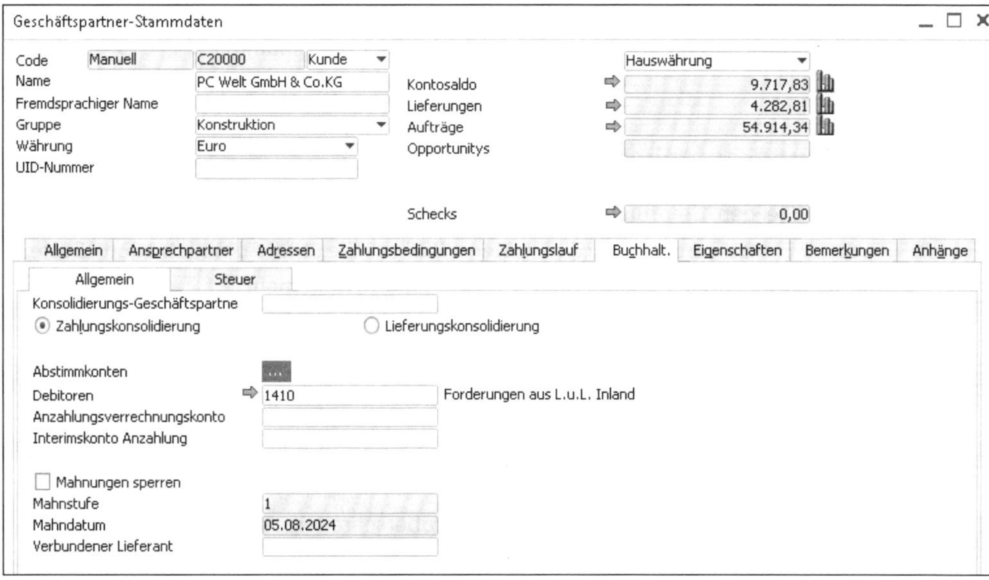

Abbildung 6.49: Geschäftspartner – Mahnungen sperren

Rechnung sperren

Die Korrektheit einer Rechnung ist zwischen Ihnen und Ihrem Kunden noch nicht endgültig geklärt. Um den Kunden während der Klärung nicht neuerlich zu mahnen, markieren Sie diese Rechnung als gesperrt.

Im unteren Bereich in Abbildung 6.49 finden Sie die Felder **Mahnstufe** und **Mahndatum**, die die höchste Mahnstufe dieses Kunden anzeigen. Mit der Checkbox **Mahnungen sperren** sind alle offenen und überfälligen Rechnungen dieses Kunden vom Mahnwesen generell ausgenommen.

Kunden für den Mahnlauf sperren

Einer Ihrer Kunden hat aufgrund seiner schlechten Liquiditätssituation Zahlungsschwierigkeiten, und Sie gewähren ihm einen Zahlungsaufschub. Da der Mahnlauf in der Regel von einem Mitarbeiter in der Finanzbuchhaltung durchgeführt wird, sperren Sie diesen Kunden für den Mahnlauf, damit ihm nicht laufend Mahnungen für überfällige Rechnungen zugesendet werden.

Der **Mahnhistorienbericht** zeigt Ihnen übersichtlich historische Daten zu bereits durchgeführten Mahnläufen. Den Bericht finden Sie unter **Berichte • Geschäftspartner • Mahnhistorienbericht**. Im nun geöffneten Fenster **Mahnhistorienbericht – Auswahl** können Sie eine Reihe von Einschränkungen für die Anzeige der Mahnungen vornehmen. Dies sind unter anderem Einschränkungen bezüglich Geschäftspartner, Mahndatum, Name des Mahnlaufs, Fälligkeitsdatum, Mahnstufe und Rechnungsnummer.

6.5 Übungsaufgaben

1. Ändern Sie den Ursprung für den Basispreis für die Bruttogewinnberechnung von »Letzter Einkaufspreis« in »Artikelkosten«. Dies tun Sie unter **Administration • Systeminitialisierung • Belegeinstellungen •** Registerkarte **Allgemein**.
2. Erstellen Sie ein Angebot mit je zwei Stück des USB-Memory-Sticks (128 GB und 256 GB) für den Kunden, den Sie angelegt haben. Ändern Sie die Artikelbezeichnung des USB-Sticks von »USB- Speicherstick, 256 GB« in »USB Fast Memory Stick, 256 GB«.
   - Geben Sie als Buchungsdatum das aktuelle Datum an. Das Angebot läuft drei Wochen.
   - Der Gesamtbetrag darf 200,00 EUR nicht überschreiten.
   - Erfassen Sie hinter beiden Artikelzeilen je eine Textzeile mit folgendem Wortlaut: »Eine detaillierte technische Beschreibung finden Sie auf unserer Website.«
   - Fügen Sie nach der ersten Artikelzeile eine Zwischensumme ein.
   - Fügen Sie vor der ersten Artikelzeile eine Artikelzeile mit zwei Stück der Artikelnummer »A00001 IBM Infoprint 1312« ein.
   - Ändern Sie die Straße der Lieferadresse direkt im Beleg.
   - Lassen Sie sich die Preise der letzten Angebote zu dem Artikel »A00001 J.B. Multifunktionsdrucker 1420« direkt im Beleg anzeigen.
   - Überprüfen Sie, wie hoch der gesamte Bruttogewinn dieses Angebots ist.
   - Schließen Sie das Fenster **Letzte Preise**, und fügen Sie das Angebot hinzu.
3. Erstellen Sie einen Kundenauftrag, der alle Zeilen enthält, mit Ausnahme der ersten Zeile, »A00001 J.B. Multifunktionsdrucker 1420«.
4. Überprüfen Sie, ob der Kundenauftrag im Bericht **Auftragsrückstandsbericht** erscheint.
5. Erstellen Sie für jede Artikelzeile des Kundenauftrags einen Lieferschein mit Datum im Abstand von je einer Woche.
6. Erstellen Sie eine Ausgangsrechnung für die beiden Lieferscheine mithilfe des Belegerstellungsassistenten.
7. Erstellen Sie eine Ausgangsgutschrift für ein Stück »USB Fast Memory Stick, 256 GB«.
8. Duplizieren Sie den ursprünglichen Kundenauftrag, und erstellen Sie automatisch eine Bestellung daraus. Ändern Sie den Lieferanten in allen Artikeln in »V20000«.

Kapitel 7
Lagerverwaltung

Die Lagerverwaltung in SAP Business One bildet die Grundlage für alle Einkaufs- und Verkaufsprozesse. Ein wesentliches Element der Lagerverwaltung sind die Lagerbewertungsmethoden. In diesem Kapitel behandeln wir außerdem die Möglichkeiten der Organisation des physischen Lagers, manuelle Bestandstransaktionen, die Preisfindung und die Inventur.

In diesem Kapitel beschäftigen wir uns mit dem gesamten Bereich der Lagerverwaltung. Nach einer kurzen betriebswirtschaftlichen Einordnung der Lagerverwaltung folgt die Grundlage der Lagerverwaltung: die Definition der Lager und ihrer Attribute. Anschließend erläutern wir die vorhandenen Lagerbewertungsmethoden in SAP Business One anhand praktischer Bewertungsbeispiele.

Im Folgenden geht es um verschiedene Themenbereiche, die in der Lagerverwaltung angesiedelt sind, aber weitgehend die Module **Einkauf** und **Verkauf** betreffen. Dies sind die Preisfindung, die Mengeneinheiten, die Katalognummern sowie die Serien- und Chargennummern in SAP Business One. Zudem werden wir die manuellen Bestandstransaktionen und die Inventur in SAP Business One erläutern. Die Beschreibung der Definition von Lagerplätzen hilft Ihnen bei den Überlegungen zur Organisation des Lagers Das Kapitel schließt mit den wichtigsten Bestandsberichten.

7.1 Betriebswirtschaftliche Aspekte der Lagerverwaltung

Die Lagerhaltung hat im Allgemeinen zwei Funktionen zu erfüllen. Auf der einen Seite ist dies die *Überbrückung* zwischen Beschaffung und Verwendung. Auf der anderen Seite steht die *Umformung* der Materialien im Lager von einem Zustand in einen anderen (z. B. Produktions- oder Verpackungsprozesse).

Generell gibt es nicht nur einen Prozessfluss im Einkauf und Verkauf, sondern auch in der Lagerhaltung. In diesem Zusammenhang spricht man von den fünf Phasen des Materialdurchlaufs:

1. **Waren- bzw. Materialannahme**
   Es wird überprüft, ob Menge und Qualität der eingehenden Waren und Materialien mit den Begleitpapieren (Lieferschein, Frachtbrief etc.) übereinstimmen.

2. **Warenprüfung**
   Nach der Warenannahme kommen die Waren zur Warenprüfung. Besondere Warenprüfungen (z. B. chemische Analysen und Festigkeitsproben) finden in der Regel an eigenen Warenprüfstellen statt.
3. **Einlagerung**
   Das Lager übernimmt die überprüften Waren und lagert sie an den vorgesehenen Lagerorten ein.
4. **Lagerung und Wartung**
   Während der Lagerung wird die Ware regelmäßig kontrolliert und gepflegt.
5. **Auslagerung**
   Die Bereitstellung von Materialien erfolgt sehr oft unter Verwendung von Materialentnahmescheinen bzw. internen Lieferscheinen.

Informationen zur konkreten Abbildung dieser fünf Phasen im Programm finden Sie nicht nur in diesem Kapitel, sondern auch in Kapitel 8, »Produktion«.

7.2 Lagerverwaltung in SAP Business One

Die Grundlage der Lagerverwaltung in SAP Business One sind die angelegten *Lager*. Grundsätzlich können Sie beliebig viele Lager anlegen. Sie lassen sich bei der Lagerverwaltung (Berechnung der Artikelkosten, Reaktion auf Mindestbestand etc.) komplett trennen. Die Lager, die Sie in SAP Business One anlegen, müssen nicht notwendigerweise physikalisch getrennt sein. Es ist möglich, dass Sie *Haupt-* und *Ersatzteillager* in derselben Lagerhalle untergebracht haben, aber aus logistischen Gründen trennen möchten.

[+]

Frühzeitige und sinnvolle Organisation der Lager

Überlegen Sie sich bereits in der Phase der Systeminitialisierung vor dem Anlegen oder Übernehmen der Artikelstammdaten die Aufteilung Ihrer Lager. Jede Einheit, die Sie als logistisch zusammengehörig empfinden, sollte dabei ein Lager in SAP Business One bilden (z. B. allgemeines Lager, Ersatzteillager, Nebenlager, Produktionslager, Zwischenlager, Ausschusslager). Die Lager sind in der Regel physikalisch getrennt (z. B. Hauptlager, Außenlager München, Außenlager Stuttgart), dies muss aber – wie bereits beschrieben – nicht der Fall sein. Alternativ kann die physikalische Trennung in einem Raum auch durch organisatorische Maßnahmen erreicht werden. Zum Beispiel können Artikel, die vor der endgültigen Einlagerung noch zu prüfen sind, in einem separaten Regal gelagert werden.

Um ein Lager zu definieren, öffnen Sie das Fenster **Lager-(Standard) – Definition** über **Administration • Definitionen • Lagerverwaltung • Lager** (siehe Abbildung 7.1).

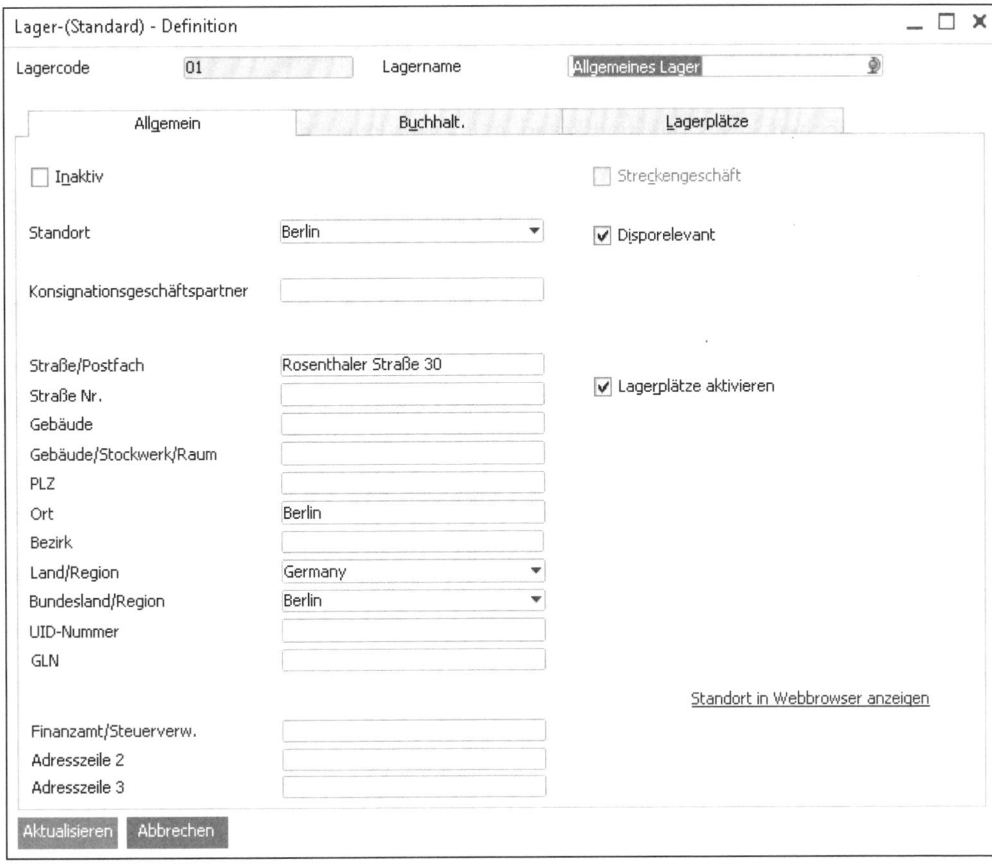

Abbildung 7.1: Lager definieren

Mit folgenden Schritten legen Sie ein Lager an:

1. Geben Sie einen **Lagercode** (maximal acht Zeichen) im gleichnamigen Feld und einen Namen für das Lager im Feld **Lagername** an. Die Liste der angelegten Lager wird nach dem Lagercode sortiert und z. B. auch in den Artikelstammdaten in dieser Anordnung angezeigt. Aus diesem Grund sollte das Lager, das am häufigsten verwendet wird, in der Sortierung ganz oben stehen. Das bedeutet, das erste Lager sollte den »niedrigsten« alphanumerischen Code tragen.

[+]

Numerischen Code verwenden

Um eine komfortable Anordnung der Lager sicherzustellen, verwenden Sie einen numerischen Code am Beginn des Namens. Zudem ist es sinnvoll, einen Hinweis auf den Lagernamen im Lagercode einzubauen, da an einigen Stellen im Programm (z. B. Belegzeilen) nur der Lagercode angezeigt wird (Beispiel: 01HL-MUC = Hauptlager 01 in München).

2. Wählen Sie auf der Registerkarte **Allgemein** einen **Standort** aus der Dropdown-Liste aus, oder wählen Sie den Eintrag **Neu definieren**, um einen neuen Ort anzulegen.

   Mit dem zugewiesenen Ort können Sie mehrere Lager zusammenfassen. Diesen Standort können Sie als Selektionskriterium in Lager- oder Bestandsberichten verwenden, wie z. B. im **Lagerbestandsbericht** (siehe Abschnitt 7.12, »Übungsaufgaben«).
3. Geben Sie in den Adressfeldern **Straße/Postfach** bis **Bundesland/Region** die genaue Adresse des Lagers an.
4. Geben Sie die UID für diese Lieferadresse im Feld **UID-Nummer** an. Dies ist vor allen Dingen dann wichtig, wenn sich unterschiedliche Lager in unterschiedlichen Ländern befinden und Sie in diesen Ländern auch UIDs haben. Anhand der UID des Lagers und der Adresse des Empfängers kann die Steuercode-Findung gesteuert werden. Details dazu besprechen Sie mit Ihrem Consultant, da es sich dabei um ein weiterführendes Thema handelt.
5. Markieren Sie die Checkbox **Streckengeschäft**, um dieses Lager als Lager für Streckengeschäfte zu definieren. Den Prozess des Streckengeschäfts haben wir in Abschnitt 6.2.10, »Streckengeschäft – Drop-Shipment«, detailliert.
6. Aktivieren Sie die Checkbox **Disporelevant**, wenn die Bestände und Bedarfe dieses Lagers im Modul **Materialbedarfsplanung** verwendet werden sollen.
7. Im Feld **GLN** können Sie eine *Global Location Number* einfügen. Dies erlaubt innerhalb des GS1-Systems (früher EAN-System) die eindeutige Identifikation des Lagers. Das ist insbesondere dann notwendig, wenn Sie elektronische Nachrichten wie z. B. Lieferscheine an Ihre Kunden versenden wollen und diese Nachrichten eine eindeutige Information über das Lager enthalten sollen. Die automatische Versendung von elektronischen Nachrichten ist ein weiterführendes Thema, das Sie mit Ihrem Consultant besprechen sollten.
8. Markieren Sie die Checkbox **Lagerplätze aktivieren**, um die Unterteilung der einzelnen Lager in Lagerplätze einzuschalten. Die Lagerverwaltung nach Lagerplätzen wird in Abschnitt 7.10, »Lagerplätze«, ausführlich behandelt. Durch Aktivierung der Checkbox wird zusätzlich ein Registerblatt **Lagerplätze** angezeigt (siehe Abbildung 7.1).
9. Auf der Registerkarte **Buchhalt.** finden Sie eine Reihe von Buchhaltungskonten, die die automatischen Buchungen im Hintergrund von Einkaufs- und Verkaufsbelegen sowie von sonstigen Lagerbewegungen steuern. Die Vorschlagswerte für die Registerkarte **Buchhalt.** stammen aus dem Fenster **Kontenfindung Sachkonten** unter **Administration • Definitionen • Finanzwesen • Kontenfindung Sachkonten**. Sollten Sie beim Anlegen Ihres Unternehmens einen vordefinierten Kontenplan verwenden, sind beinahe alle Konten im Fenster **Kontenfindung Sachkonten** bereits vordefiniert. Die letztgültige Festlegung dieser Konten sollte im Rahmen der Systeminitialisierung von einem Consultant – eventuell in Absprache mit Ihrem Steuerberater – vorgenommen werden. Diese Registerkarte steht Ihnen nur dann zur Verfügung, wenn die *Erweiterte Sachkontenfindung* nicht aktiviert ist (siehe Abschnitt 12.2.2, »Erweiterte Sachkontenfindung«).

10. Klicken Sie auf den Hyperlink **Standort in Webbrowser anzeigen**, um den Standort Ihres Lagers in einem Kartendienst, etwa Google Maps oder Bing Maps, anzuzeigen. Den Kartendienst wählen Sie im Fenster **Allgemeine Einstellungen** (unter **Administration • Systeminitialisierung**) im Feld **Kartendienst** auf der Registerkarte **Dienste** aus.
11. Klicken Sie auf den Button **Hinzufügen**, um das Lager anzulegen.

Falls Sie ein bereits angelegtes Lager nicht mehr verwenden, können Sie das Fenster **Lager-(Standard) – Definition** erneut öffnen und die Checkbox **Inaktiv** markieren. Diese Option steht nur dann zur Verfügung, wenn kein Artikel einen Bestand auf diesem Lager hat.

[+]

Lager »01 – Allgemeines Lager« entfernen

Beim Neuanlegen Ihres Unternehmens wird automatisch ein Lager »01 – Allgemeines Lager« angelegt. Dieses kann nicht sofort gelöscht und sein Lagercode auch nicht verändert werden, da es an einer anderen Stelle als Standardlager für alle neu angelegten Artikelstammdaten zugewiesen wurde.

Falls Sie dieses Lager entfernen oder seinen Lagercode ändern möchten, legen Sie zunächst ein weiteres Lager nach Ihren Wünschen an. Dieses wählen Sie unter **Administration • Systeminitialisierung • Allgemeine Einstellungen •** Registerkarte **Bestand** in der Auswahlliste im Feld **Standardlager** aus. Kehren Sie zum Fenster **Lager – Definition** zurück, und wählen Sie das Lager »01 – Allgemeines Lager« nochmals aus. Dieses ist nun nicht mehr zugewiesen und kann geändert oder mit der rechten Maustaste über den Eintrag **Entfernen** im Kontextmenü gelöscht werden.

Neben der Definition der Lager müssen Sie eine Reihe von Einstellungen vornehmen, um mit den laufenden Geschäftsprozessen zu beginnen. Öffnen Sie das Fenster **Firmendetails** über **Administration • Systeminitialisierung • Firmendetails •** Registerkarte **Basisinitialisierung**. Die folgenden Einstellungen können Sie an dieser Stelle vornehmen (siehe markierter Bereich in Abbildung 7.2).

- **Checkbox »Kontinuierliche Bestandsführung verwenden«**
  Das ist eine zentrale Einstellung die, wenn sie einmal gesetzt ist und Lagerbewegungen vorgenommen wurden, auch nicht mehr verändert werden kann. Ist diese Checkbox aktiv, wird bei Lagerzugängen das Bestandskonto erhöht. Bei Lagerabgängen wird das Bestandskonto verringert und der Wareneinsatz gebucht. Ist sie nicht aktiv, wird sofort der Wareneinsatz gebucht. Am Ende des Jahres wird der verbliebene Bestand durch Inventur ermittelt und der Wareneinsatz reduziert, der Warenbestand entsprechend erhöht. Diese Einstellung ist fundamental und beeinflusst die Darstellung der Bilanz und Gewinn.- und Verlustrechnung während des Geschäftsjahres. Sie sollte daher mit dem Consultant und dem Steuerberater besprochen werden.

- **Dropdown-Liste »Bewertungsmethode Artikelgruppen«**
  Wählen Sie eine Lagerbewertungsmethode aus der Werteliste aus. Es stehen Ihnen die Optionen **Standard**, **Gleitender Durchschnitt** und **FIFO** (First In, First Out) zur Verfügung. Um eine Methode aus der Werteliste auszuwählen, müssen Sie zunächst die Checkbox **Kontinuierliche Bestandsführung verwenden** markieren.

  Die Lagerbewertungsmethoden behandeln wir in Abschnitt 7.3 detailliert.
- **Checkbox »Artikelkosten je Lager verwalten«**
  Markieren Sie diese Checkbox, wenn die Lagerbewertungsmethode für jedes Lager extra angewandt werden soll. Markieren Sie diese Option also, wenn Sie möchten, dass z. B. der gleitende Durchschnittspreis für jedes einzelne Lager berechnet wird und nicht für alle Lager gemeinsam.

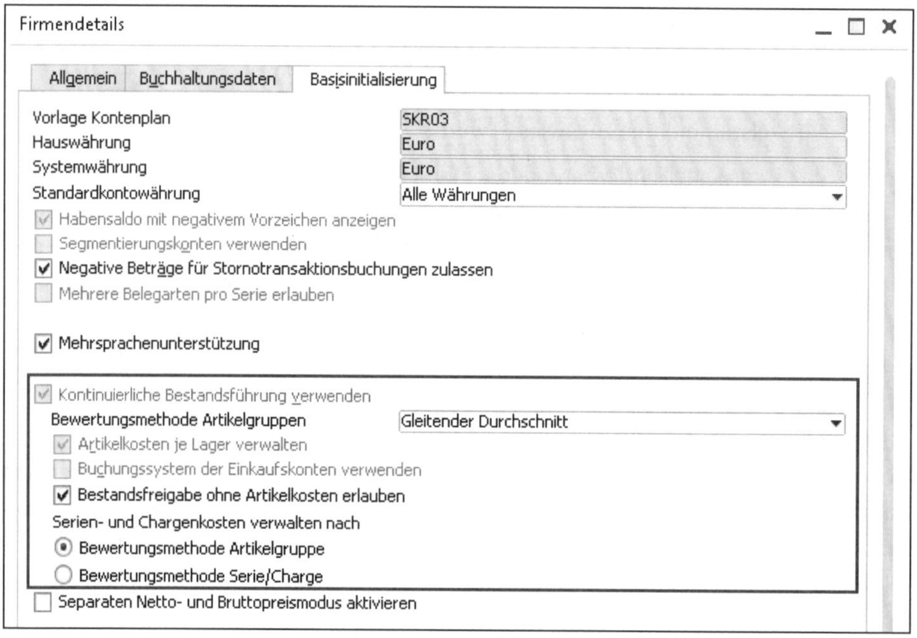

Abbildung 7.2: Lagereinstellungen in den Firmendetails

[+]

Checkbox »Artikelkosten je Lager verwalten«

Diese Option sollten Sie nur verwenden, wenn nicht alle Lager gleichwertig behandelt werden können. Wenn Sie auch nur ein Lager haben, in dem der Lagerwert oder die Artikelkosten nicht sinnvoll berechnet werden können oder zu starken Abweichungen von den Werten der anderen Lager führen, sollte diese Checkbox markiert werden.

Beispielhafte Nutzung von »Artikelkosten je Lager verwalten«

[zB]

Sie führen ein Ausschusslager, in dem vom Kunden retournierte und eventuell beschädigte Ware gelagert wird. Die aufgrund der Lagerbewertungsmethode berechneten Artikelkosten dieser Artikel wären nicht sinnvoll und würden die Artikelkosten der übrigen Lager stark verzerren. Aus diesem Grund sollten die Artikelkosten pro Lager berechnet werden, um das Ausschusslager zu separieren.

- **Checkbox »Buchungssystem der Einkaufskonten verwenden«**
  Diese Option aktiviert einen Mechanismus, mit dem beim Wareneingang eine zusätzliche Buchung auf ein »Dummy-Aufwandskonto« erfolgt. Dementsprechend kann dieses Aufwandskonto bei der Budgetierung herangezogen werden, um das Einkaufsbudget besser überwachen zu können. Das Buchungssystem der Einkaufskonten zählt zu den weiterführenden Themen und wird aus diesem Grund nicht in diesem Buch behandelt.
- **Checkbox »Bestandsfreigabe ohne Artikelkosten erlauben«**
  Markieren Sie diese Checkbox, wenn Sie erlauben möchten, dass Artikel ohne Artikelkosten vom Lager genommen werden. Bei Einhaltung der üblichen Einkaufs- und Verkaufsprozesse (Wareneingang aus Einkaufskette vor Lieferung aus Verkaufskette) sollte der Artikel immer Artikelkosten größer als null haben. Sollte jedoch ein Artikel geliefert werden und dieser nicht auf dem Lager liegen (Menge auf Lager ist kleiner oder gleich null), hat dieser Artikel einen Wert von null. Wenn Sie diese Möglichkeit verhindern möchten, markieren Sie diese Checkbox nicht. Die Option steht sehr eng im Zusammenhang mit den Einstellungen zur Reaktion auf die Freigabe von Lagerbeständen unter der Mindestgrenze unter **Administration • Belegeinstellungen** • Registerkarte **Allgemein** (siehe Abschnitt 4.6, »Artikel«). Grundsätzlich ist die Empfehlung, Bestandsbuchungen ohne Artikelkosten nicht zuzulassen. Dies würde zu Bestandstransaktionen führen, denen keine Buchung in der Finanzbuchhaltung gegenübersteht.

Sollten Sie eine Bestandsfreigabe von Artikeln ohne Artikelkosten ermöglichen, kann das in weiterer Folge nicht nur zu einer Lieferung, sondern auch zu einer Ausgangsrechnung führen. In diesem Fall wäre der vom Programm dargestellte Bruttogewinn natürlich irrelevant.

7.3 Lagerbewertungsmethoden

Als Unternehmer haben Sie von gesetzlicher Seite her die Pflicht und das betriebswirtschaftliche Interesse Ihrerseits, die Vorräte in Ihrem Unternehmen zu bewerten und den Warenverbrauch zu ermitteln. Selbst in einem kleinen oder mittleren Unternehmen ist es mittlerweile völlig selbstverständlich, zu jeder Zeit den aktuellen Lagerwert und den bisher schon angefallenen Warenverbrauch zu kennen. Wie wir bereits anhand des Bruttogewinns in Abschnitt 6.2.12, »Bruttogewinn als Gradmesser im Verkauf«, verdeutlicht haben, kann dieser aktuelle Lagerwert eine wertvolle Informationsbasis für einen Gradmesser des Erfolgs im Verkauf sein. Aus diesem Grund ist es unabdingbar, geeignete Verfahren für die Lagerbewertung zur Verfügung zu haben.

Generell wird zwischen zwei Arten der Verbrauchsermittlung unterschieden:

- **Indirekte Verbrauchsermittlung**
  Bei der indirekten Verbrauchsermittlung sind die laufenden Entnahmen vom Lager nicht bekannt. Der Verbrauch ergibt sich als Restgröße, die errechnet wird, wenn Anfangsbestand, Zukäufe und Endbestand bekannt sind. Aus diesem Grund enthält der Verbrauch alle Minderungen aufgrund von Schwund, Schaden oder sonstigen Verlusten.
- **Direkte Verbrauchsermittlung**
  Bei der direkten Verbrauchsermittlung sind neben dem Anfangsbestand, den Zukäufen und dem Endbestand auch Menge und Termin jeder Entnahme bekannt. So lässt sich ein Soll-Endbestand aus diesen Bestandteilen errechnen und mit dem Ist-Endbestand laut Inventur vergleichen. Als Ergebnis aus dem Vergleich zwischen Soll- und Ist-Endbestand erhalten Sie einen Überblick über die Fehlmenge oder den Überschuss am Ende des Geschäftsjahres.

Da die direkte Verbrauchsermittlung auch wesentlich präziser in der Bewertung der vorhandenen Vorräte ist, sollten Sie Verfahren dieser Kategorie der indirekten Verbrauchsermittlung vorziehen. Zur Kategorie der direkten Verbrauchsermittlung gehören unter anderem die in SAP Business One verwendeten Bewertungsmethoden *gleitendes Durchschnittspreisverfahren* (siehe Abschnitt 7.3.3, »Gleitender Durchschnittspreis«) und *FIFO-Verfahren* (siehe Abschnitt 7.3.4, »FIFO (First In, First Out)«).

7.3.1 Übersicht

Die Festlegung der Bewertungsmethode gehört zu den Aufgaben der Systeminitialisierung und muss aus diesem Grund z. B. vor dem Import oder dem Anlegen der Artikelstammdaten und der Ausführung der ersten Buchungen und Lagerbewegungen erfolgen.

Die Auswahl der *Lagerbewertungsmethode* für Ihr Unternehmen erfolgt in erster Linie anhand der vorhandenen Informationen. Welche Methode angewandt wird, hängt davon ab, welche Daten Ihrem Unternehmen zur Verfügung stehen oder welche Datenerhebung organisatorisch und technisch möglich und auch wirtschaftlich zumutbar ist. Die Bewertungsmethode sollten Sie in jedem Fall in Absprache mit Ihrem Steuerberater oder einem Consultant wählen.

Die *Bestandsbewertungsmethode* für alle Artikel wird im Fenster **Firmendetails** auf der Registerkarte **Basisinitialisierung** (siehe Abbildung 7.3) unter **Administration • Systeminitialisierung • Firmendetails** festgelegt.

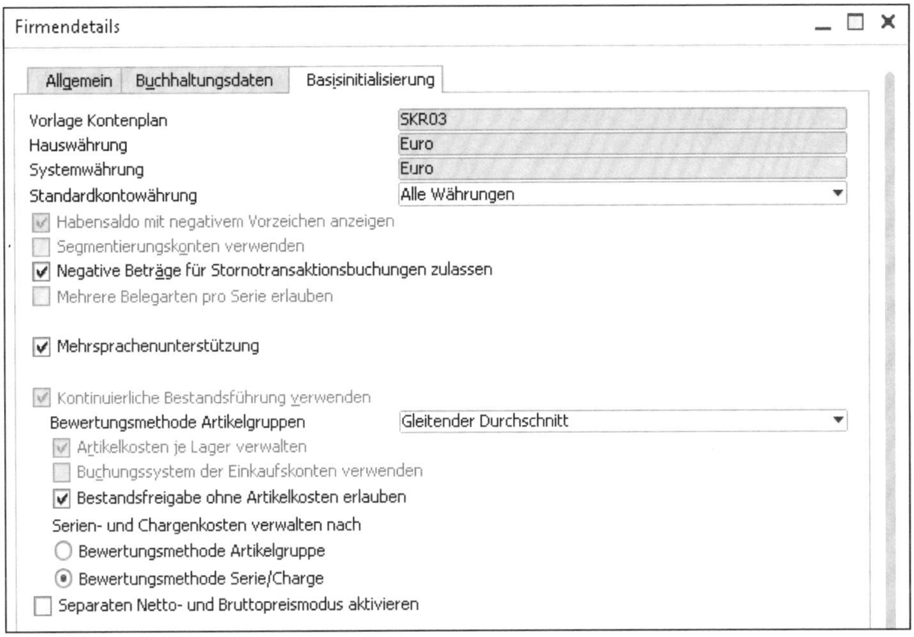

Abbildung 7.3: Fenster »Firmendetails« – Bewertungsmethode auswählen

Gehen Sie folgendermaßen vor, um eine Standardbewertungsmethode festzulegen:

1. Markieren Sie auf der Registerkarte **Basisinitialisierung** die Checkbox **Kontinuierliche Bestandsführung verwenden**, damit die Lagerbewertung generell aktiviert ist. Falls Sie SAP Business One in Ihrem Unternehmen nicht ganzheitlich, sondern nur für Teilbereiche, wie z. B. Service oder Opportunities, einsetzen und die eigentliche Lagerbewertung und Finanzbuchhaltung in einem anderen System erfolgt, ist es nicht notwendig, die Lagerbewertung zu aktivieren.
2. Im zweiten Schritt wählen Sie die Bewertungsmethode aus der Auswahlliste **Bewertungsmethode Artikelgruppen** aus (siehe Abbildung 7.3). Die zur Verfügung stehenden Bewertungsmethoden **Standard**, **Gleitender Durchschnitt** und **FIFO** werden von Abschnitt 7.3.2, »Standardkosten«, bis Abschnitt 7.3.4, »FIFO (First In, First Out)«, behandelt.
   - Falls die Artikelbewertung pro Lager erfolgen soll, markieren Sie zusätzlich die Checkbox **Artikelkosten je Lager verwalten**.
   - Andernfalls werden die Artikelkosten jeweils pro Artikel für alle Lager gemeinsam berechnet.

   Die im Feld **Bewertungsmethode Artikelgruppen** festgelegte Methode dient als Vorschlagswert für alle angelegten und importierten Artikel und lässt sich für jeden Artikel im Fenster **Artikelstammdaten**, Registerkarte **Bestand**, im Feld **Bewertungsmethode** nochmals ändern. Die Änderung kann jedoch nur erfolgen, solange für diesen Artikel noch keine Lagerbewegung stattgefunden hat.

[»] **Bewertungsmethode Artikelgruppe**

Lassen Sie sich durch die Feldbezeichnung nicht irritieren, das Feld hat mit der *Artikelgruppe* nichts zu tun und steuert die Bewertungsmethode pro *Artikel*.

In manchen Fällen ist es notwendig, die Bestandsbewertungsmethode für mehrere Artikel gleichzeitig zu ändern. SAP Business One stellt Ihnen dafür das Fenster **Bestandsbewertungsmethode** (über **Lagerverwaltung • Artikelverwaltung • Bestandsbewertungsmethode**) zur Verfügung (siehe Abbildung 7.4).

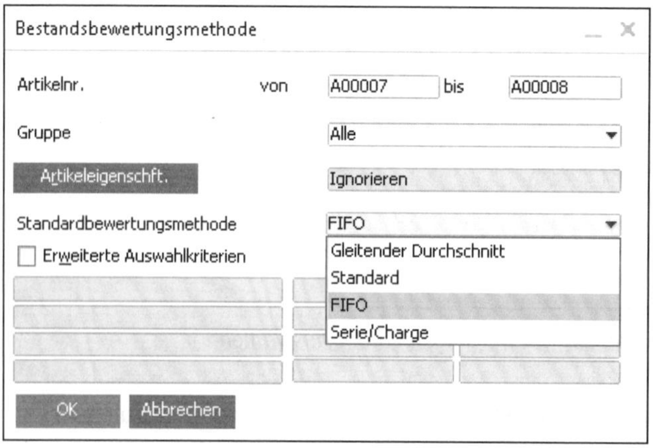

Abbildung 7.4: Bestandsbewertungsmethode festlegen

Gehen Sie folgendermaßen vor, um die Bewertungsmethode zu ändern:

1. Wählen Sie dafür zuerst über die entsprechenden Felder und den entsprechenden Button die Artikelnummern, die Artikelgruppe oder die Artikeleigenschaften aus, für die die Bewertungsmethode geändert werden soll.
2. Wählen Sie danach die neue **Standardbewertungsmethode** aus, und bestätigen Sie sie mit dem Button **OK**. Das Fenster **Bewertungsmethode aktualisieren** wird anschließend mit den ausgewählten Artikeln geöffnet (siehe Abbildung 7.5).
3. Klicken Sie auf den Button **Aktualisieren**, und die Bewertungsmethode wird für die ausgewählten Artikel geändert.

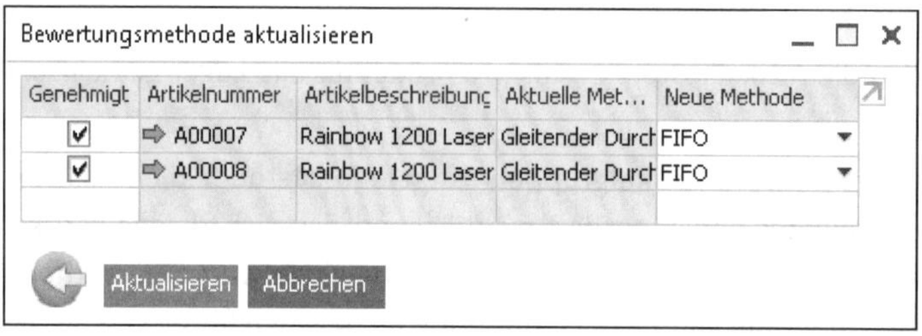

Abbildung 7.5: Bewertungsmethode für ausgewählte Artikel aktualisieren

Sollte das Programm in der untersten Bildzeile den Hinweis **Daten nicht verfügbar: Auswahlkriterien ändern und neu eingeben.** anzeigen, dann bedeutet das in der Regel, dass die Artikelnummern zwar korrekt ausgewählt wurden, die Bewertungsmethode der Artikel aber nicht geändert werden kann, z. B. weil diese bereits Bestandteil von Warenzugängen und/oder Warenabgängen waren.

7.3.2 Standardkosten

Die Bewertung nach Standardkosten folgt einem sehr einfachen Prinzip. Für jeden Artikel werden Standardkosten festgelegt, zu denen der Artikel bewertet wird. Alle Buchungen auf das Vorratskonto erfolgen jeweils zu festgelegten Standardkosten, unabhängig davon, zu welchem Preis die Ware tatsächlich eingekauft wurde. Falls nun ein Einkauf zu einem anderen Preis als den Standardkosten erfolgt, wird die Differenz jeweils auf ein Abweichungskonto gebucht.

Die Festlegung der Standardkosten erfolgt seit Release 9.2 von SAP Business One nicht mehr im Fenster **Artikelstammdaten** auf der Registerkarte **Bestandsdaten**, sondern im Fenster **Bestandsneubewertung** (unter **Lagerverwaltung • Bestandstransaktionen**). In diesem Fenster müssen Sie einen Bestandsneubewertungsbeleg anlegen und dort die gewünschten Standardkosten für diesen Artikel festlegen. Hier ist wichtig, dass Sie in diesem Bestandsneubewertungsbeleg dem Artikel in jedem Lager, in dem dieser Artikel vorkommt, die gewünschten Standardkosten zuordnen. Diese Vorgehensweise wird in Abschnitt 7.9, »Inventur«, näher erläutert. Beim Hinzufügen eines Artikels mit Standardkosten weist Sie SAP Business One mittels einer Systemmeldung auf diesen Umstand hin (siehe Abbildung 7.6).

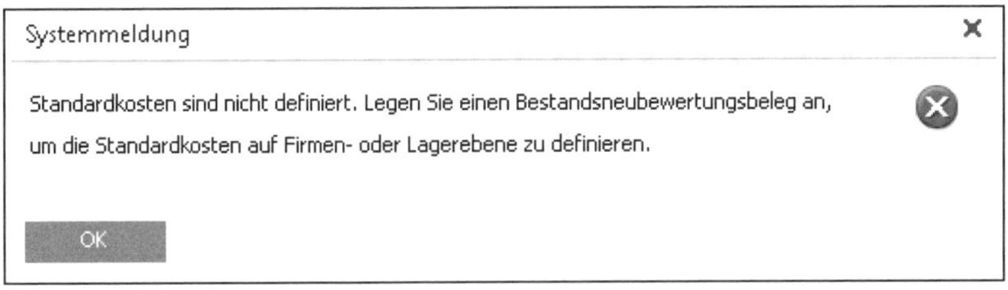

Abbildung 7.6: Hinweis, dass ein Artikel mit Standardpreis seinen initialen Standardpreis im Fenster »Bestandsneubewertung« erhält

Nachdem Sie den Bestandsneubewertungsbeleg angelegt und dem Artikel für jedes gewünschte Lager Standardkosten zugewiesen haben, werden diese Standardkosten im Fenster **Artikelstammdaten** auf der Registerkarte **Bestandsdaten** auch angezeigt (siehe Spalte **Artikelkosten** in Abbildung 7.7).

Sollten für einen bereits verwendeten Artikel Standardkosten geändert werden müssen, legen Sie einen Bestandsneubewertungsbeleg an.

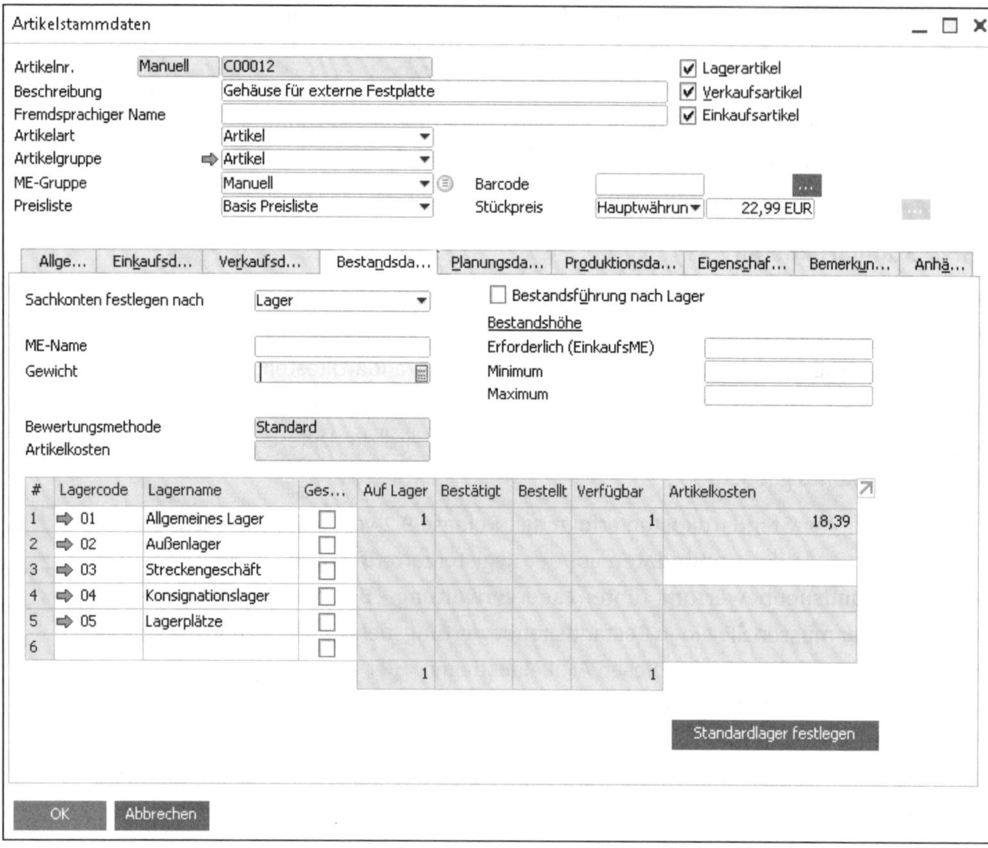

Abbildung 7.7: Fenster »Artikelstammdaten« – festgelegte Standardkosten aus einem Bestandsneubewertungsbeleg

Üblicherweise werden Standardkosten nicht für Handelswaren angelegt, sondern für Halb- und Fertigprodukte. Damit sollen starke Schwankungen der Artikelbewertung, die z. B. durch unvorhergesehene Ereignisse im Produktionsprozess oder durch stark veränderliche Preise für Rohstoffe entstehen, ausgeglichen werden. Die Fertigmeldungen werden also zu Standardkosten bewertet. Es ist daher sinnvoll, die Standardkosten von Zeit zu Zeit neu zu ermitteln und über eine Bestandsneubewertung beim Artikel zu speichern.

7.3.3 Gleitender Durchschnittspreis

Beim gleitenden Durchschnittspreisverfahren wird nach jedem Einkauf ein neuer Durchschnittspreis für den gesamten Lagerbestand eines bestimmten Artikels ermittelt (aus diesem Grund *gleitend*). Die Lagerentnahmen bis zum nächsten Einkauf werden dann mit diesem errechneten Durchschnittspreis bewertet. Benötigt wird dafür die Angabe der Reihenfolge der Zukäufe und Abfassungen. Der gleitende Durchschnittspreis ergibt sich aus dem Gesamtlagerwert, geteilt durch die Lagermenge. Dieser Wert wird nach jedem

Wareneingang neu berechnet und dient als Bewertungsgrundlage für alle zukünftigen Bestandsabgänge.

Ein Beispiel haben wir bereits bei der Behandlung des Bruttogewinns in Abschnitt 6.2.12, »Bruttogewinn als Gradmesser im Verkauf«, erläutert. Ein weiteres Beispiel mit den Daten für *Anfangsbestand*, *Zukäufe*, *Abfassungen* und *Soll-Endbestand* finden Sie in Tabelle 7.1.

Aktion	Menge	Preis	Lagerwert	Durchschnittspreis
Anfangsbestand	*1.000*	*20,00*	*20.000,00*	*20,00*
1. Zukauf	+ 4.000	25,00	+ 100.000,00	
Summe/Durchschnittspreis	*5.000*		*120.000,00*	*24,00*
1. Entnahme	- 4.000	24,00	- 6.000,00	
Restbestand	*1.000*	*24,00*	*24.000,00*	*24,00*
2. Zukauf	+ 3.000	28,00	+ 84.000,00	
Summe/Durchschnittspreis	*4.000*		*108.000,00*	*27,00*
2. Entnahme	- 2.500	27,00	- 67.500	
Soll-Endbestand	*1.500*	*27,00*	*40.500,00*	*27,00*

Tabelle 7.1: Beispiel für die Bewertung nach gleitendem Durchschnittspreis

Der neue gleitende Durchschnittspreis wird jeweils für den entsprechenden Artikel im Fenster **Artikelstammdaten** auf der Registerkarte **Bestandsdaten** bei den einzelnen Lagern aktualisiert. Falls Sie die Option **Artikelkosten je Lager verwalten** im Fenster **Firmendetails**, Registerkarte **Basisinitialisierung** (unter **Administration • Systeminitialisierung • Firmendetails**, siehe Abbildung 7.2, aktiviert haben, wird der gleitende Durchschnittspreis für jedes Lager einzeln berechnet (d. h., es werden nur die Lagerbewegungen dieses Lagers zur Berechnung herangezogen) und bei den Lagern pro Artikel aktualisiert.

[«]

Negativer Lagerbestand

Beachten Sie, dass der gleitende Durchschnittspreis nur sinnvoll berechnet werden kann, solange die Lagermenge größer als 0 ist. Folgende Beispiele illustrieren das:

- Lagerwert 100/Lagermenge 0 = ungültig
- Lagerwert 100/Lagermenge –1 = –100 – ein negativer Durchschnittspreis ist buchhalterisch unmöglich, er würde zu einem negativen Lagerbestand und damit zu einem negativen Warenbestandskonto führen.

SAP stellt daher die Berechnung des gleitenden Durchschnittspreises ein, sobald der Lagestand kleiner als oder gleich 0 ist. Unter gewissen Umständen führt ein zeitweilig negativer Lagerbestand zu gleitenden Durchschnittspreisen, die als unlogisch empfunden werden, aber korrekt berechnet sind. Das Beispiel in Tabelle 7.2 illustriert das. Beim Abgang wird der Durchschnittspreis von 5 zunächst »eingefroren«. Beim zweiten Zugang dreht sich die Lagermenge wieder in den positiven Bereich, und die Durchschnittspreisermittlung wird wieder aufgenommen. Zufälligerweise hat in der Zwischenzeit eine erhebliche Preiserhöhung stattgefunden, und der Durchschnittspreis steigt signifikant – mit allen Auswirkungen auf die Bruttogewinnermittlung.

Aktion	Menge	Preis	Lagerwert	Lagermenge	Durchschnittspreis
Zugang	10	5	50	5	5
Abgang	20	5	0	0	5
Zugang	11	10	10	1	10

Tabelle 7.2: Gleitender Durchschnittspreis bei negativem Lagerbestand

Zusammenfassend empfiehlt es sich, im Programmpunkt **Belegeinstellungen** einen negativen Lagerbestand zu sperren.

7.3.4 FIFO (First In, First Out)

Die Methode *First In, First Out* geht von der Annahme aus, dass jene Artikel, die zuerst in das Lager gelegt werden, auch zuerst wieder aus dem Lager genommen werden. Daher »merkt« sich SAP Business One den Preis jedes Zukaufs und bewertet die Artikel dementsprechend. Bei der Abfassung aus dem Lager werden die Artikel aus früheren Zukäufen zuerst vom Lager genommen. Bei steigenden Preisen führt das FIFO-Verfahren tendenziell zu einer höheren Bewertung des Bestands am Lager und zu einer niedrigeren Bewertung der abgefassten Waren. Die Bewertung nach dem FIFO-Verfahren wird anhand eines Beispiels in Tabelle 7.3 durchgerechnet.

Bei der FIFO-Methode liegt die Besonderheit bei den Entnahmen aus dem Lager. Da die zuerst in das Lager gelegten Artikel zuerst aus dem Lager genommen werden müssen, muss die Reihenfolge der Artikelzugänge bei der Entnahme (z. B. Lieferung oder Ausgangsrechnung) berücksichtigt werden. Im Beispiel in Tabelle 7.3 ist die Reihenfolge: Anfangsbestand, 1. Zukauf, 2. Zukauf. Bei der Berechnung des Warenverbrauchs wird die zeitliche Reihenfolge der Zugänge für einen Artikel eingehalten.

Aktion	Menge	Preis	Wert	Quelle	»FIFO- Wert«
Anfangsbestand	1.000	20,00	20.000,00		
1. Zukauf	+ 4.000	25,00	+ 100.000,00		
2. Zukauf	+ 3.000	28,00	+ 84.000,00		
Summe	8.000		204.000,00		
1. Entnahme	*- 4.000*				
	- 1.000	20,00	- 20.000,00	Anfangsbestand	
	-3.000	25,00	- 75.000,00	1. Zukauf	
Summe	- 4.000		- 95.000,00		*23,75*
2. Entnahme	*- 2.500*				
	- 1.000	25,00	- 25.000,00	1. Zukauf	
	- 1.500	28,00	- 42.000,00	2. Zukauf	
Summe	- 2.500		- 67.000,00		*26,80*

Tabelle 7.3: Beispiel für die Bewertung nach FIFO

Aus diesem Grund wird bei der 1. Entnahme in Tabelle 7.3 die komplette Entnahme rechnerisch in zwei Teile zerlegt. Bei der Entnahme von 4.000 Stück werden zuerst 1.000 Stück zu 20,00 EUR aus dem Anfangsbestand und weitere 3.000 Stück zu 25,00 EUR aus dem 1. Zukauf genommen. Diese rein rechnerische Aufteilung (physisch werden einfach 4.000 Stück aus dem Lager genommen) erfolgt, weil der Anfangsbestand in der chronologischen Reihenfolge vor dem 1. Zukauf stattgefunden hat. Erst wenn die gesamte Menge aus dem Anfangsbestand aus dem Lager genommen wurde, kann mit dem 1. Zukauf fortgefahren werden, dann mit dem 2. Zukauf etc.

Bei der 2. Entnahme von 2.500 Stück werden die restlichen 1.000 Stück zu 25,00 EUR aus dem 1. Zukauf und weitere 1.500 Stück zu 28,00 EUR aus dem 2. Zukauf entnommen.

FIFO ist ein Näherungsverfahren

Das FIFO-Verfahren ist (genauso wie der gleitende Durchschnittspreis) nur ein näherungsweises Verfahren, das aus rechnerischen Gründen auf diese Art verwendet wird. In der Realität ist es nicht möglich, die Entnahmen nach genau dieser Vorgehensweise (Anfangsbestand, dann 1. Zukauf, dann 2. Zukauf) durchzuführen. Dies würde dann bereits dem *Identitätspreisverfahren* entsprechen.

In der Folge soll nun das Rechenbeispiel aus Tabelle 7.3 konkret anhand der Bewegungen in SAP Business One demonstriert werden (dazu wurde ein neuer Artikel angelegt, der die Bewertungsmethode FIFO hat):

- **Anfangsbestand**
  Als Erstes wird im Fenster **Anfangsbestand** (unter **Lagerverwaltung • Bestandstransaktionen**) der Anfangsbestand von 1.000 Stück zu 20,00 EUR erfasst (siehe Abbildung 7.8). Eine detaillierte Behandlung der Inventur erfolgt in Abschnitt 7.9, »Inventur«.

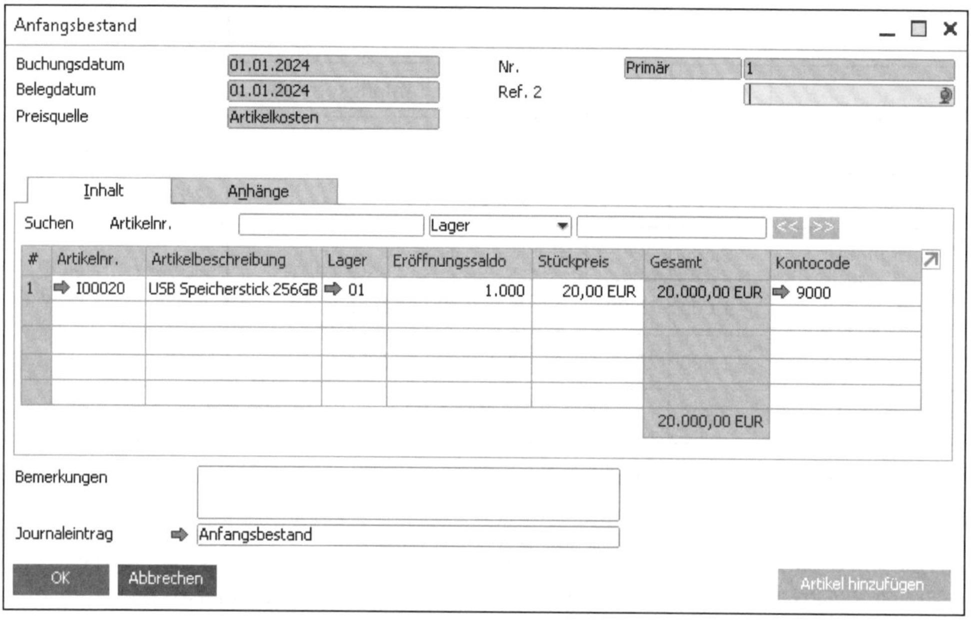

Abbildung 7.8: Anfangsbestand erfassen

- **1. Zukauf**
  Nun erfolgt die Erfassung des 1. Zukaufs von 4.000 Stück zu 25,00 EUR über eine Eingangsrechnung (siehe Abbildung 7.9).
- **2. Zukauf**
  Der 2. Zukauf von 3.000 Stück zu 28,00 EUR erfolgt anhand einer weiteren Eingangsrechnung (siehe Abbildung 7.10). Der Bestand des Artikels auf Lager beträgt daraufhin 8.000 Stück. Beim FIFO-Verfahren werden jedoch – im Gegensatz zum gleitenden Durchschnittspreisverfahren – keine laufenden Artikelkosten im Fenster **Artikelstammdaten** auf der Registerkarte **Bestandsdaten** angezeigt.

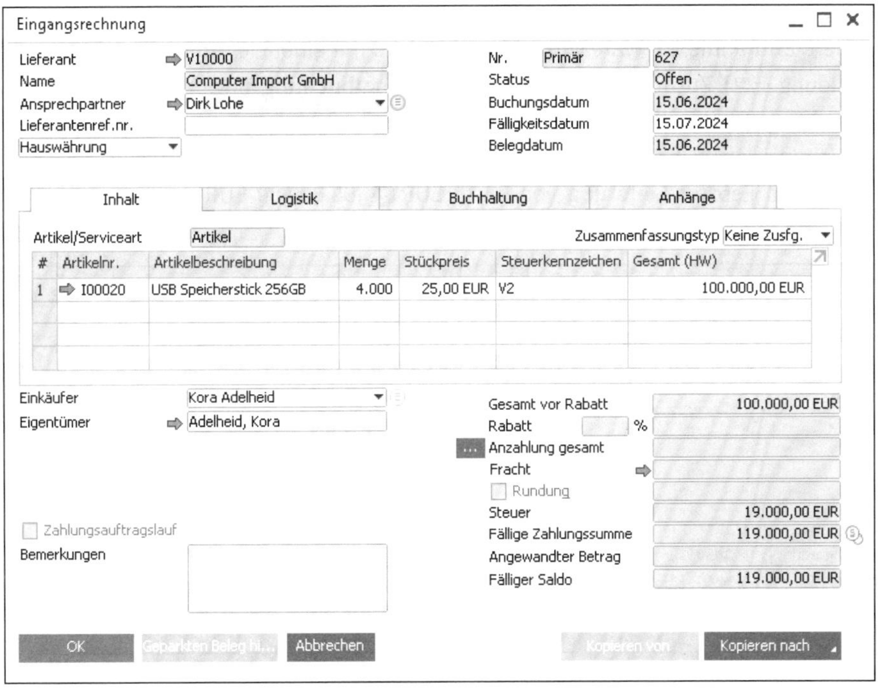

Abbildung 7.9: 1. Zukauf über Eingangsrechnung erfassen

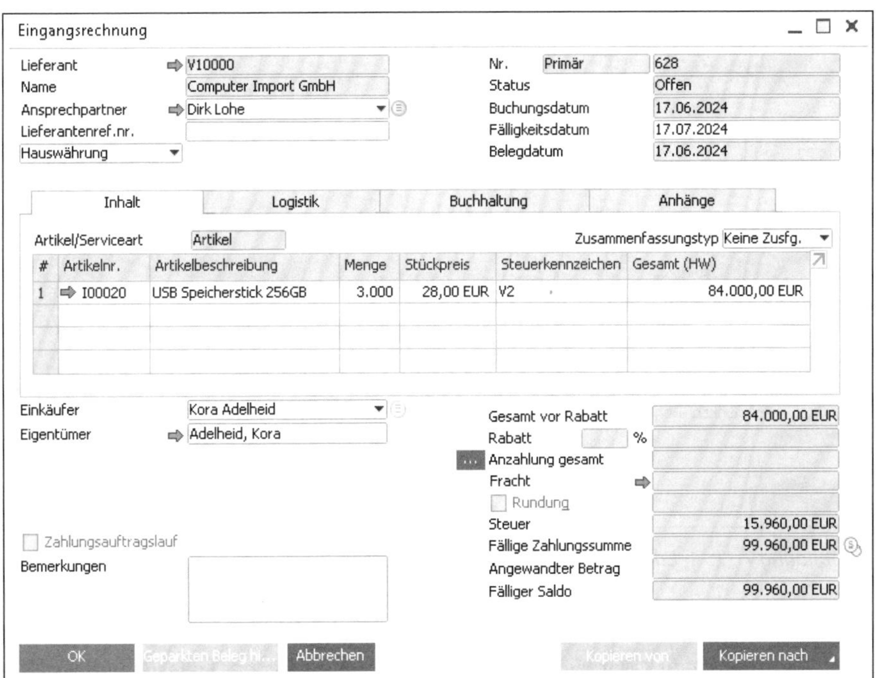

Abbildung 7.10: 2. Zukauf über Eingangsrechnung erfassen

- **1. Entnahme**
  Die 1. Entnahme der Ware von 4.000 Stück wird mit einer Lieferung gebucht (siehe Abbildung 7.11). Zusätzlich wird im Fenster **Journalbuchung** die automatisch abgesetzte Buchung gezeigt. Beachten Sie den entnommenen Warenverbrauch in der Journalbuchung von 95.000,00 EUR (siehe ❶ in Abbildung 7.11) und die Artikelkosten (= FIFO-Wert) im Fenster **Lieferung** von 23,75 EUR ❷ (95.000,00 EUR dividiert durch 4.000 Stück ❸).

Abbildung 7.11: 1. Entnahme über Lieferung erfassen

- **2. Entnahme**
  Die 2. Entnahme der Ware von 2.500 Stück wird ebenfalls per Lieferung erfasst (siehe Abbildung 7.12). Der über die Journalbuchung vom Vorratskonto abgebuchte Waren-

verbrauch beträgt nun 67.000,00 EUR ❹, die **Artikelkosten** dieser **Lieferung** 26,80 EUR ❺ (67.000,00 EUR dividiert durch 2.500 Stück ❻).

Abbildung 7.12: 2. Entnahme über Lieferung erfassen

Nach allen Zukäufen und Entnahmen bleiben von diesem Artikel 2.500 Stück auf Lager. Der rechnerisch ermittelte »FIFO-Wert« beträgt 26,80 EUR. Somit wurde das FIFO-Beispiel aus Tabelle 7.3 komplett durchgeführt.

Ein weiterer Abgang würde zu einem Wert von 28,– bewertet werden, da ja nun der Anfangsbestand mit einem Wert von 20,– und der erste Zugang mit einem Wert von 25,– vollständig aufgebraucht sind. Es verbleiben also nur noch Bestände mit einem Wert von 28,–, die für die Bildung der Artikelkosten nach dem FIFO-Prinzip herangezogen werden können.

7.3.5 Bewertung nach Serien-/Chargennummer

Diese Bewertungsmethode steht nur für jene Artikel zur Verfügung, für die auf der Registerkarte **Allgemein** die Serien- oder Chargennummernverwaltung aktiviert wurde. Eine genaue Beschreibung der Verwaltung von Serien- bzw. Chargennummern finden Sie in Abschnitt 7.7.

Anhand der dem Artikel beim Wareneingang zugeordneten Serien- bzw. Chargennummer lassen sich die beim Einkauf entstehenden Artikelkosten innerhalb von SAP Business One sehr einfach verfolgen. Wird nun ein Artikel mit einer Serien- und Chargennummer und dieser Bewertungsmethode verkauft, werden exakt jene Artikelkosten verwendet, die dieser Artikel beim Einkauf tatsächlich hatte. Aus diesem Grund ist diese Methode sehr exakt, da keinerlei näherungsweise Berechnungen wie etwa beim FIFO- oder Gleitender-Durchschnittspreis-Verfahren zur Anwendung kommen.

7.4 Preisfindung

Die Grundlage der gesamten Preisfindung in SAP Business One bilden *Preislisten*. Grundsätzlich haben Sie die Möglichkeit, unbegrenzt viele Preislisten anzulegen. Diese werden zuerst angelegt, anschließend werden die einzelnen Artikel in der Preisliste mit Preisen versehen. Die angelegten Preislisten werden dem Geschäftspartner im Fenster **Geschäftspartner-Stammdaten** auf der Registerkarte **Zahlungsbedingungen** zugewiesen. Für diesen Geschäftspartner gelten damit in den Einkaufs- und Verkaufsbelegen die Preise aus der zugeordneten Preisliste. Generell hat eine Preisliste kein Kennzeichen, das sie als Einkaufs- oder der Verkaufspreisliste definiert. Diese Definition ergibt sich allein aus der Hinterlegung der jeweiligen Preisliste bei Kunden oder Lieferanten.

[+]

Frühzeitige und sinnvolle Organisation von Preislisten

Überlegen Sie sich in der Phase der Systeminitialisierung – vor Eingabe oder Import der Artikelstammdaten –, welche Preislisten Sie anlegen möchten.

Es ist oft nicht zielführend, nur eine Verkaufspreisliste für all Ihre Kunden eine separate Verkaufspreisliste für jeden Kunden anzulegen.

Eine Preisliste sollte für eine scharf abgrenzbare Gruppe von Kunden oder Lieferanten angelegt werden. Diese Abgrenzung kann nach vertikal einteilbaren Segmenten der Geschäftspartner erfolgen (z. B. Lieferanten, Großhandel, Einzelhandel, Endkunden) oder nach der Bedeutung des Geschäftspartners (z. B. Stammkunden, Laufkunden, A-Kunden, B-Kunden, C-Kunden etc.) oder ähnlichen Gesichtspunkten.

Rabatte oder spezielle Preise, die Sie nur einer kleinen Gruppe von Geschäftspartnern oder lediglich vereinzelt gewähren, werden über Sonderpreise, Rabattgruppen sowie Zeit- und Mengenrabatte abgedeckt.

7.4.1 Preislisten definieren

Die Preislisten definieren Sie unter **Lagerverwaltung** • Ordner **Preislisten** • Fenster **Preislisten** (siehe Abbildung 7.13).

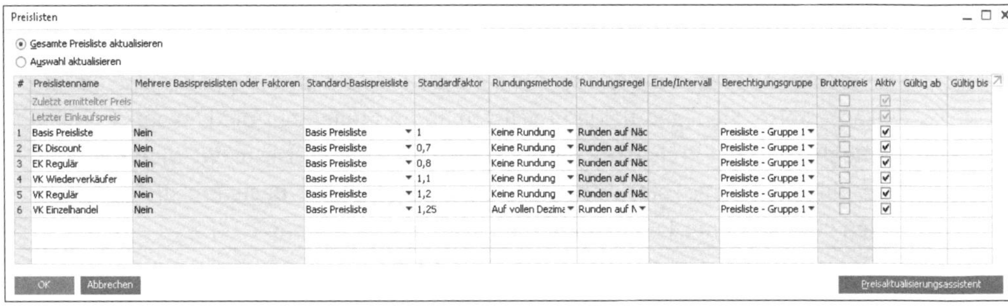

Abbildung 7.13: Preislisten definieren

Bei der Neuanlage Ihres Unternehmens legt SAP Business One automatisch zehn Preislisten zur freien Verfügung an. Diese Preislisten können Sie umbenennen, indem Sie in das Feld **Preislistenname** klicken und den Namen überschreiben.

Um eine neue Preisliste anzulegen, gehen Sie folgendermaßen vor:

1. **Zeile hinzufügen**
   Klicken Sie mit der rechten Maustaste auf eine beliebige Zeile, und wählen Sie den Eintrag **Zeile hinzufügen**. Unterhalb der letzten Preisliste wird eine neue Preisliste angelegt.
2. **Feld »Preislistenname« pflegen**
   Geben Sie einen **Preislistennamen** an. Es ist sinnvoll, dass der Preislistenname einen Hinweis auf die Zielgruppe gibt, der die Preisliste zugeordnet wird, z. B. mit »EK« beginnt, wenn es eine Einkaufspreisliste ist, oder mit »VK«, wenn es eine Verkaufspreisliste ist.
3. **Anzeigefeld »Mehrere Basispreislisten oder Faktoren«**
   Dieses Feld zeigt Ihnen an, wenn in der Preisliste verschiedene Artikel auch unterschiedliche Standard-Basispreislisten und damit optional auch unterschiedliche Faktoren haben. Aus Abbildung 7.13 geht hervor, dass für alle Preislisten nur eine Standard-Basispreisliste definiert ist. Auch die Faktoren innerhalb der Preisliste unterscheiden sich nicht.
4. **Feld »Standard-Basispreisliste« pflegen**
   Mit der Auswahlliste in der Spalte **Standard-Basispreisliste** können Sie eine andere Preisliste als Berechnungsbasis für die aktuelle Preisliste verwenden. Standardmäßig wird dieselbe Preisliste als Basis verwendet. Sobald Sie eine Basispreisliste ausgewählt haben, werden die Preise dieser Basispreisliste multipliziert mit dem Standardfaktor in die aktuelle Preisliste geschrieben.

5. **Feld »Standardfaktor« pflegen**
   Geben Sie einen Faktor an, mit dem die Preise aus der Basispreisliste multipliziert werden sollen.

[+] **Preislisten miteinander verknüpfen**

Sie möchten z. B., dass die Wiederverkäuferpreise exakt um 30 % höher sind als Ihre Einkaufspreise. Sie legen beide Preislisten an und füllen nur die Einkaufspreisliste (**EK Regulär** = **Basis Preisliste**). Bei der Wiederverkäuferpreisliste (**VK Wiederverkäufer** = abhängige Preisliste) wählen Sie die entsprechende **Basis Preisliste** aus und setzen den Faktor mit 1,3 an (für das Beispiel siehe Abbildung 7.14).

Der Stückpreis in der abhängigen Preisliste (= **VK Wiederverkäufer** in Abbildung 7.14) wird automatisch aus der Basispreisliste errechnet (Basispreisliste: 84 EUR × 1,3 = Wiederverkäuferpreisliste: 109,20 EUR).

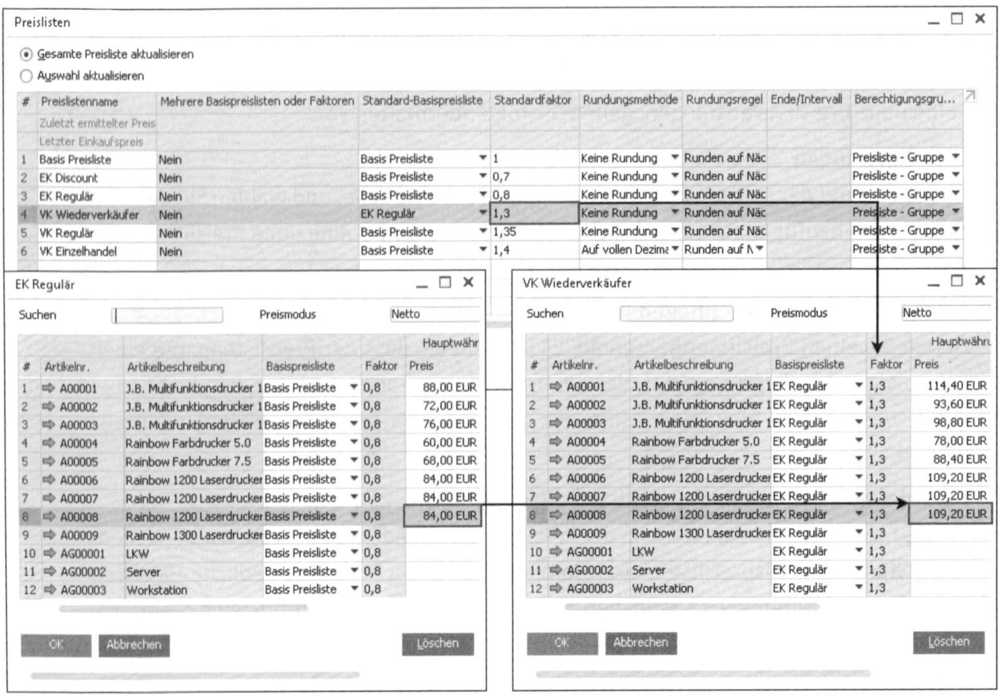

Abbildung 7.14: Beispiel für verknüpfte Preislisten

Hier wurde nur ein Artikel beispielhaft dargestellt, tatsächlich werden alle Artikelpreis in der Preiseliste **VK Wiederverkäufer** (neu) kalkuliert. Diese Preise können manuell überschrieben werden. Wenn Sie einen Preis in einer Zeile einer abhängigen Preisliste eintragen, wird die Checkbox **Manuell** markiert. Eine neuerliche Änderung des Faktors wirkt sich dann auf diese Artikelpreise nicht aus. Nur jene Artikel, bei denen die Checkbox **Manuell** nicht aktiv ist, werden neu kalkuliert. Demarkieren Sie diese Checkbox, wird der anhand des Basispreises und des Faktors berechnete Preis wieder eingesetzt.

Sollten Sie Preise in der Basispreisliste ändern, wird der neu berechnete Preis in der abhängigen Preisliste angezeigt, sobald Sie diese Preisliste wieder öffnen.

6. **Feld »Rundungsmethode« pflegen**
   Wählen Sie an dieser Stelle aus, ob auf den vollen Dezimalbetrag, auf den vollen Betrag oder auf die volle Zehnerstelle gerundet werden soll. Darüber hinaus können Sie auf ein fixiertes Ende oder ein fixiertes Intervall runden. Wenn Sie keine dieser Optionen wählen, wird automatisch der standardmäßige Eintrag **Keine Rundung** angewandt.
7. **Feld »Rundungsregel« pflegen**
   Der Inhalt der Auswahlliste **Rundungsregel** richtet sich nach der zuvor gewählten Rundungsmethode und ist nur bei passenden Rundungsmethoden aktiv.
   - **Runden auf Nächste** rundet je nach Rundungsmethode auf die nächste Dezimalstelle, auf den nächsten ganzen Betrag oder auf die nächste Zehnerstelle des nächstganzen Betrags. Es werden die üblichen Rundungsregeln eingehalten, d. h., ab fünf wird aufgerundet.
   - **Abrunden** rundet analog dazu immer ab, ohne einer Rundungsregel zu folgen.
   - **Aufrunden** rundet analog dazu immer auf, ohne einer Rundungsregel zu folgen.
8. **Feld »Ende/Intervall«**
   Der Inhalt des Feldes **Ende/Intervall** ist verknüpft mit den Rundungsmethoden »fixiertes Intervall« und »fixiertes Ende«. Ein Unterschied zwischen fixiertem Ende und fixiertem Intervall ist nicht erkennbar. In beiden Fällen erfolgt die Definition in einer Hilfsmaske. Diese öffnen Sie, indem Sie nach Wahl der entsprechenden Rundungsmethode den im Feld **Ende/Interfall** erscheinenden orangefarbenen Pfeil anklicken. Es öffnet sich das in Abbildung 7.15 dargestellte Fenster. Geben Sie das gewünschte Intervall oder Ende des Preises ein, und drücken Sie auf den Button Kopieren in Feld. Das Ende oder Intervall wird nun in das Feld **Ende/Intervall** übernommen. Bei seiner Anwendung wir die Rundungsregel entsprechend berücksichtigt. Zum Beispiel wird ein fixiertes Ende von »x,99« mit der Rundungsregel »Abrunden« ausgehend von einem Preis 75,02 zu dem Ergebnis 74,99 führen. Durch »Aufrunden« ergäben sich 75,99.

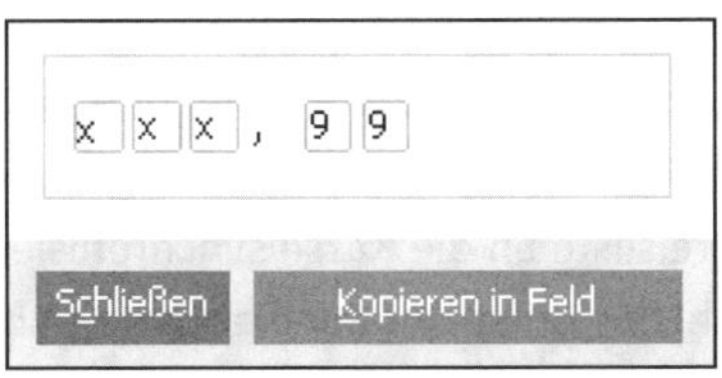

Abbildung 7.15: Definition eines Endes eines Preises

9. **Feld »Berechtigungsgruppe« pflegen**
Wählen Sie in diesem Feld eine Berechtigungsgruppe aus der Werteliste aus. Die Preislistengruppe kann unter **Administration • Systeminitialisierung • Berechtigungen •** Fenster **Allgemeine Berechtigungen** für die gewünschten Benutzer freigegeben werden. Sinnvollerweise sollten jene Preislisten, die für denselben Benutzerkreis zugänglich sind, auch dieselbe Berechtigungsgruppe erhalten.

10. **Checkbox »Bruttopreis« pflegen**
Verwenden Sie diese Methode, wenn die von Ihnen erfassten Preise dieser Preisliste Bruttopreise sind. Sollten Sie die Preisliste als Bruttopreisliste verwenden, müssen Sie die Stückpreise inklusive der Steuer eingeben. SAP Business One berechnet dann automatisch den Stückpreis vor Steuern und den Steuerbetrag basierend auf dem Steuerkennzeichen in der Zeile. Die Checkbox **Bruttopreise** kann nicht aktiv markiert werden, sondern ist ein Infofeld. Um eine Bruttopreisliste zu erzeugen, gehen Sie wie folgt vor: Erzeugen Sie zunächst eine Preisliste, wie oben beschrieben, und speichern Sie sie, indem Sie auf den Button **Aktualisieren** klicken (siehe Abbildung 7.16).

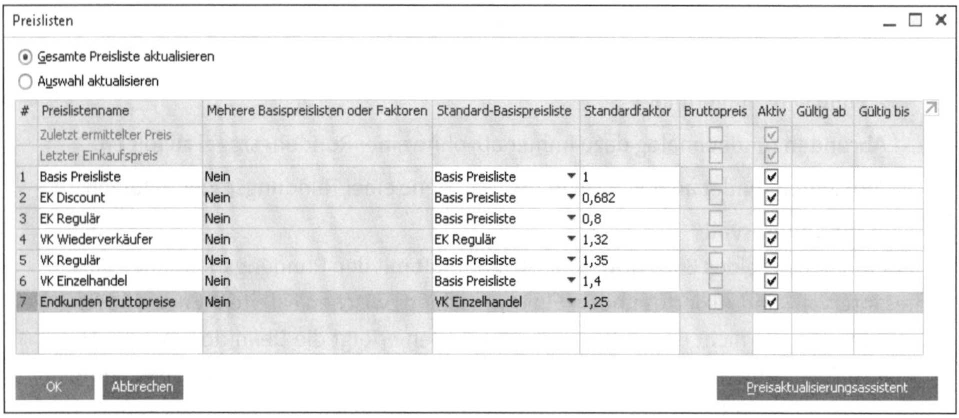

Preislisten

Gesamte Preisliste aktualisieren
Auswahl aktualisieren

#	Preislistenname	Mehrere Basispreislisten oder Faktoren	Standard-Basispreisliste	Standardfaktor	Bruttopreis	Aktiv	Gültig ab	Gültig bis
	Zuletzt ermittelter Preis				☐	☑		
	Letzter Einkaufspreis				☐	☑		
1	Basis Preisliste	Nein	Basis Preisliste	1	☐	☑		
2	EK Discount	Nein	Basis Preisliste	0,682	☐	☑		
3	EK Regulär	Nein	Basis Preisliste	0,8	☐	☑		
4	VK Wiederverkäufer	Nein	EK Regulär	1,32	☐	☑		
5	VK Regulär	Nein	Basis Preisliste	1,35	☐	☑		
6	VK Einzelhandel	Nein	Basis Preisliste	1,4	☐	☑		
7	Endkunden Bruttopreise	Nein	VK Einzelhandel	1,25	☐	☑		

OK Abbrechen Preisaktualisierungsassistent

Abbildung 7.16: Bruttopreisliste hinzufügen

Anschließend öffnen Sie die Preisliste per Doppelklick auf die Preislistennummer. Hier können Sie dann den Preismodus für die Preisliste wählen (siehe Abbildung 7.17). Durch die Auswahl **Brutto** bei der Preismethode wird die Checkbox im Preislistenfenster automatisch markiert.

Der Vorteil von Bruttopreislisten liegt vor allem darin, dass die Preisdarstellung etwa von gebrochenen Preisen für Endkunden vereinfacht wird. Wird ein integriertes Kassensystem eingesetzt (z. B. SAP Customer Check Out), ist das Vorhandsein einer Brutto-Preisliste ebenfalls wichtig, um diese Preisliste an die Kasse synchronisieren zu können. Wichtig zu erwähnen ist, dass sowohl der Zeilen- als auch der Belegrabatt vom Nettopreis gerechnet wird.

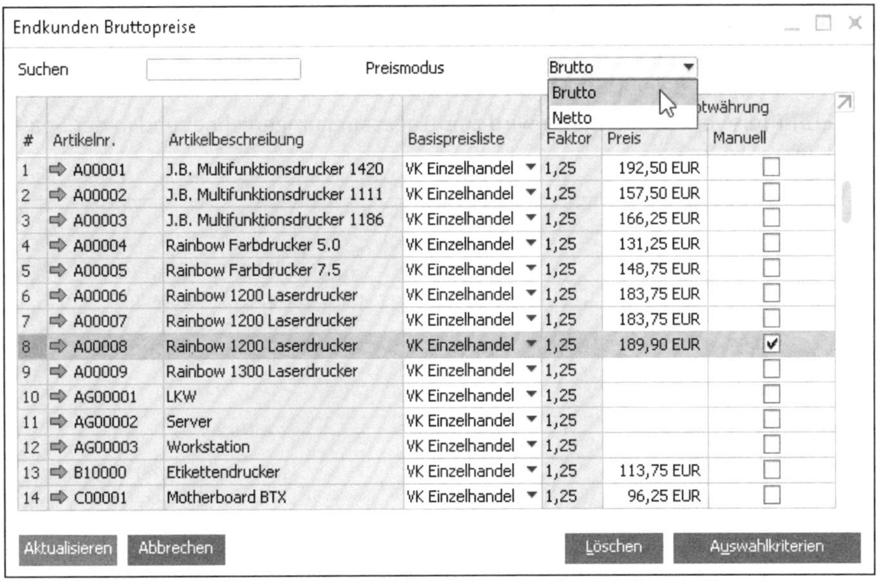

Abbildung 7.17: Wahl des Preismodus – Brutto

11. **Checkbox »Aktiv« pflegen**
    Standardmäßig ist diese Checkbox markiert. Sollte diese Preisliste jedoch nicht mehr in Verwendung sein, entfernen Sie das Häkchen. Die Preisliste kann daraufhin nicht mehr zugeordnet werden.
12. **Felder »Gültig ab« und »Gültig bis« pflegen**
    Geben Sie mit den beiden Daten den Gültigkeitszeitraum für die Preisliste an.
13. **Feld »Hauptwährung« pflegen**
    Geben Sie die Währung an, die für diese Preisliste die Hauptwährung darstellt.
14. **Preisliste anlegen**
    Klicken Sie auf den Button **Aktualisieren**, um die Preisliste anzulegen.
15. **Meldung bestätigen**
    Sie erhalten ein eigenes Meldungsfenster, das den Vorgang bestätigt. Klicken Sie auf den Button **OK**, um dieses Fenster zu schließen und zum Fenster **Preislisten** zurückzukehren.

Zusätzlich können Sie die Felder **Zusätzliche Währung 1** und **Zusätzliche Währung 2** bearbeiten, indem Sie darin jeweils eine Währung aus der Währungstabelle auswählen. Eine Preisliste kann daher Preise in bis zu drei Währungen enthalten. Ist einem Kunden eine definierte Preisliste zugewiesen und ist beim Kunden oder beim Beleg eine definierte Währung hinterlegt, dann wird der Preis in der zusätzlichen Währung vom Programm verwendet. Ist in dieser Währung kein Preis hinterlegt, dann verwendet das Programm den Preis der Hauptwährung.

Abbildung 7.18 veranschaulicht das Prinzip: Für den Artikel »A00001« ist ein Preis in Feld **Zusätzliche Währung 1** gepflegt (USD 145,–) und wird daher im Beleg verwendet, da die **GP-Währung** laut Beleg **USD** ist. Für Artikel »A00002« ist das nicht der Fall, es wird daher der EUR-Preis verwendet. Dieser wird zum Tageskurs umgerechnet und in der Spalte **Gesamt (Bel.)** dargestellt.

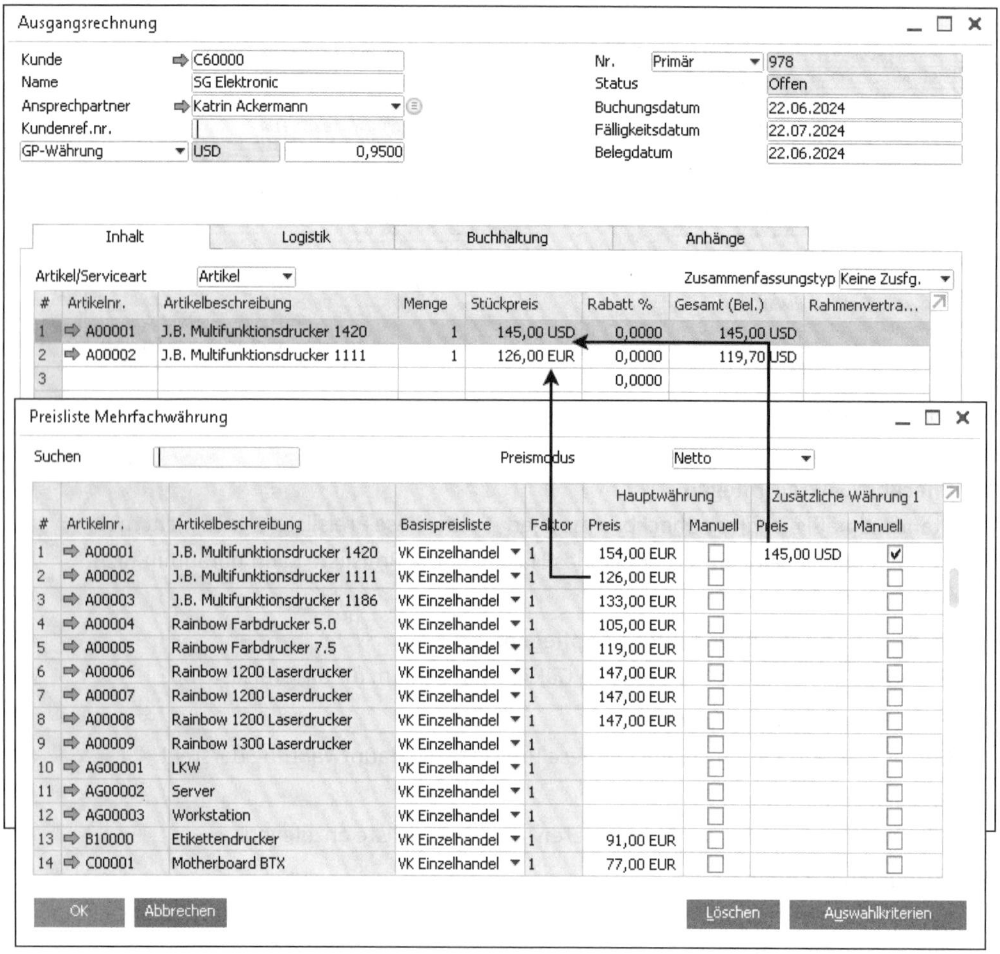

Abbildung 7.18: Zusätzliche Währung anwenden

Um eine Preisliste zu löschen, darf sie keinem Geschäftspartner zugewiesen sein. Klicken Sie mit der rechten Maustaste auf die zu löschende Preisliste, und wählen Sie den Eintrag **Zeile löschen**, um die Preisliste zu entfernen. Anschließend klicken Sie auf den Button **Aktualisieren** und bestätigen die Sicherheitsabfrage mit **Ja**. Es erscheint das bereits bekannte Fenster, das den Vorgang bestätigt. Schließen Sie es mit dem Button **OK**.

Um eine Preisliste zu füllen, klicken Sie doppelt auf die Zeilennummer der gewünschten Preisliste. Nun öffnet sich die eigentliche Preisliste, die alle Artikel enthält, die zu diesem

Zeitpunkt in den Artikelstammdaten angelegt sind. In der Preisliste finden Sie die Spalten **Artikelnr.** (Verzweigung in die Artikelstammdaten über den orangefarbenen Pfeil [⇨]), **Artikelbeschreibung**, **Basispreisliste**, **Basispreis** (= Preis des Artikels in der Basispreisliste) und den **Faktor**, mit dem der Basispreis multipliziert wurde. Die beiden letzten Spalten sind grau hinterlegt und können nicht geändert werden. In der Spalte **Preis** geben Sie den Preis des Artikels ein.

[+]

Basispreisliste pro Artikel

Durch die Spalte **Basispreisliste** in der eigentlichen Preisliste haben Sie die Möglichkeit, für jeden einzelnen Artikel eine eigene Basispreisliste festzulegen. Folglich sind Sie bei der Verknüpfung Ihrer Preislisten sehr flexibel und haben viele Möglichkeiten. Sie können z. B. für eine Verkaufspreisliste mehrere Einkaufspreislisten mit unterschiedlichen Berechnungsfaktoren als Basis verwenden. Versuchen Sie aber trotz dieser Möglichkeit, einfache, nachvollziehbare Mechanismen für die Preisfindung zu definieren, um die Preise mittel- und langfristig effizient pflegen zu können.

Sie können auch jenseits der Funktion **Zusätzliche Währung** Preise innerhalb einer Preisliste in Fremdwährung definieren. Wenn Sie eine von Ihrer Hauswährung abweichende Währung eingeben, verwenden Sie das korrekte Währungskürzel (z. B. EUR, CHF oder USD) unmittelbar vor oder hinter dem Betrag.

[zB]

Eingabe von Beträgen in Fremdwährung

SAP Business One macht aus »11usd« oder »usd11«: »11,00 USD«. Bestätigen Sie die Eingabe der Preise mit dem Button **Aktualisieren**. Schließen Sie das Fenster mit dem Button **OK**.

Dieses Vorgehen ist allerdings keine Empfehlung, da es die Preisfindung und spätere -pflege unübersichtlich macht. Benötigen Sie Fremdwährungspreise, ist es sinnvoller, in der Preislistendefinition die Hauptwährung in der benötigten Fremdwährung zu definieren.

Mit dem Button **Löschen** im rechten unteren Bereich einer geöffneten Preisliste löschen Sie die Preise aller Artikel, die zu diesem Zeitpunkt in der Preisliste angezeigt werden. Mit dem Button **Auswahlkriterien** (ebenfalls im rechten unteren Bereich) können Sie die gesamte Artikelliste einschränken. Dazu klicken Sie auf den genannten Button. Ihnen wird das Fenster **Preisliste** – **Auswahlkriterien** angezeigt. Geben Sie dort die gewünschten Einschränkungen ein. So können Sie z. B. hinsichtlich Artikelnummer, Artikelgruppe, Artikeleigenschaft oder Hauptlieferant mithilfe der entsprechenden Felder und des entsprechenden Buttons selektieren, um die Anzeige der Artikelliste einzuschränken. Das Fenster **Preisliste** – **Auswahlkriterien** wird Ihnen auch angezeigt, wenn Sie im Fenster **Preislisten** im linken oberen Bereich die Option **Auswahl aktualisieren** wählen.

Nachdem Sie die Option **Auswahl aktualisieren** (siehe ❶ in Abbildung 7.19) ausgewählt haben, klicken Sie doppelt auf die gewünschte Zeilennummer, um zur Preisliste zu gelangen. Es öffnet sich das Fenster **Preisliste – Auswahlkriterien**. Geben Sie die gewünschten Einschränkungen ein ❷ (wie im Beispiel in Abbildung 7.19), und klicken Sie auf den Button **OK**. Als Ergebnis erhalten Sie die Preisliste, eingeschränkt durch die eingegebenen Kriterien ❸. Wenn Sie nun Preise löschen, bezieht sich das Löschen nur auf die eingeschränkte Preisliste.

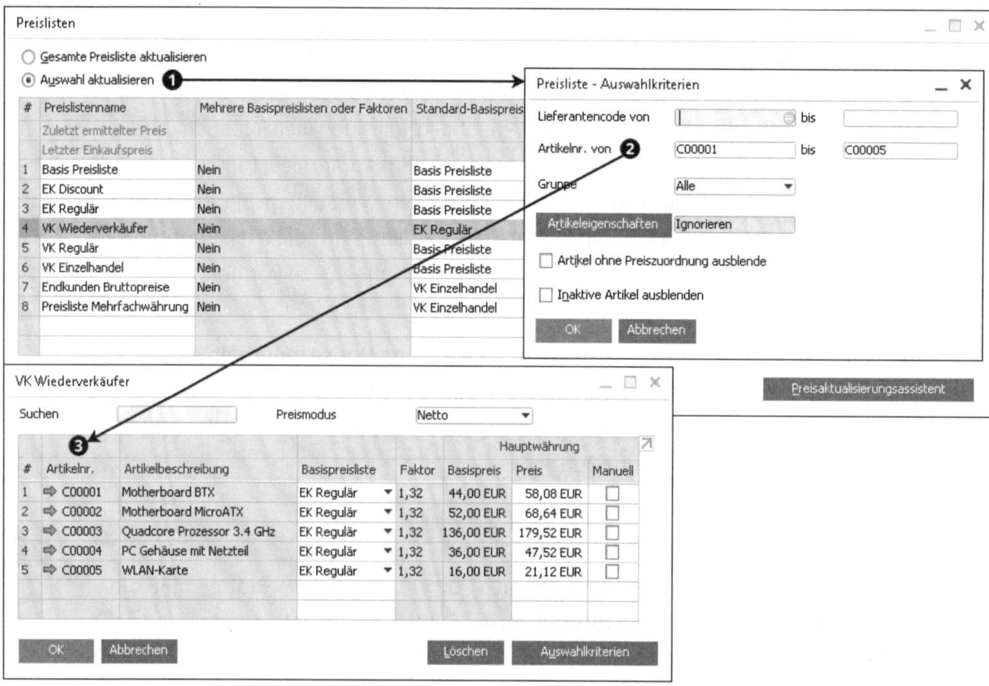

Abbildung 7.19: Preisliste – eingeschränkt durch Auswahlkriterien

Die Preisliste **Letzter Einkaufspreis** nimmt eine Sonderstellung innerhalb der Preislisten ein. Sie wird automatisch mit dem letzten Einkaufspreis des entsprechenden Artikels gefüllt, sobald eine der folgenden Transaktionen durchgeführt wird:

- Buchung einer Eingangsrechnung oder Eingangsvorausrechnung
- Buchung eines Wareneingangs
- Eingabe eines Wareneinstandspreisbelegs
- Datenimport von Preisen in die Preisliste **Letzter Einkaufspreis**
- Buchung von Anfangsmengen in der Phase der Systeminitialisierung
- Bestandsbuchung aufgrund positiver Inventurdifferenzen (siehe Abschnitt 7.9, »Inventur«)
- Produktionsauftrag

Sobald für einen Artikel eine dieser Transaktionen angelegt wird, wird auch der letzte Einkaufspreis automatisch aktualisiert.

Automatische Aktualisierung der Preislisten

Bei jeder neuen Eingangsrechnung werden automatisch die Preise der Artikel aus der Eingangsrechnung in der Preisliste **Letzter Einkaufspreis** aktualisiert.

Optional kann nicht nur der Einkaufspreis selbst in diese Preisliste einfließen, sondern auch die mit dem Beleg über die Funktion **Fracht** erfassten Frachtkosten. Dies wird dann der Fall sein, wenn Sie im Programmpunkt **Administration • Definition • Allgemein • Fracht** das Ankreuzfeld **Letzter Einkaufspreis** aktiviert haben (siehe Abbildung 7.20).

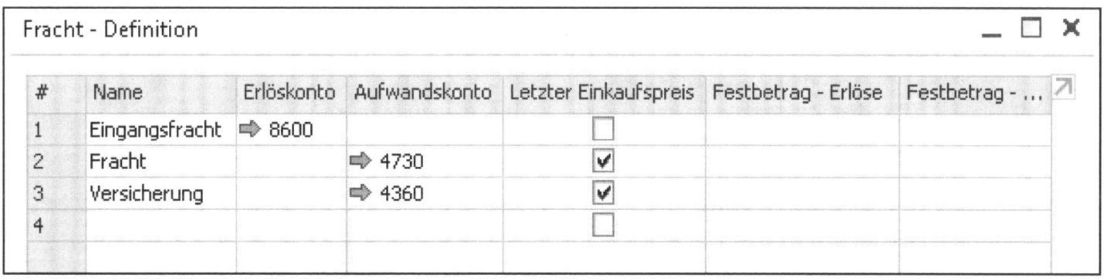
Fracht - Definition

#	Name	Erlöskonto	Aufwandskonto	Letzter Einkaufspreis	Festbetrag - Erlöse	Festbetrag - ...
1	Eingangsfracht	⇨ 8600		☐		
2	Fracht		⇨ 4730	☑		
3	Versicherung		⇨ 4360	☑		
4				☐		

Abbildung 7.20: Fracht in den letzten Einkaufspreis einbeziehen

Diese Preisliste **Letzter Einkaufspreis** dient nicht nur der Information, sondern kann auch als sinnvolle Basis für eine andere Preisliste verwendet werden. So können Sie z. B. die Verkaufspreise mit einem beliebigen Faktor an die letzten Einkaufspreise knüpfen.

Eine weitere Preisliste, die vom System erzeugt wird und vor allen Dingen der Information, aber gegebenenfalls auch als Basis für die Berechnung abgeleiteter Preislisten dienen kann, ist die Preisliste **Zuletzt ermittelter Preis**. Der zuletzt ermittelte Preis ist jener Preis, der im Programmpunkt **Lagerverwaltung • Bestandsberichte • Bestandsbewertung Simulationsbericht** ermittelt wurde. Eine laufende Bewertung des Artikels entsprechend seiner im Artikelstamm hinterlegten Bewertungsmethode wird nicht berücksichtigt.

Der Preis, den Sie in einer Preisliste eingeben, erscheint bei der Auswahl dieser Preisliste im Artikelstamm und umgekehrt. Das bedeutet, wenn Sie einen Preis im Artikelstamm eingeben, wird er in die entsprechende Preisliste zurückgeschrieben (siehe Abschnitt 4.6, »Artikel«).

Import umfangreicher Preislisten

Seit Release 9.2 von SAP Business One haben Sie die Möglichkeit, die Artikelpreise umfangreicher Preislisten aus Excel zu importieren. Den Import nehmen Sie im Fenster **Aus Excel importieren...** unter dem Menüpfad **Administration • Datenimport/-export • Datenimport** vor.

Der Datenimport ist einfach zu handhaben, zählt jedoch zu den weiterführenden Themen und wird hier nicht im Detail behandelt. Aus diesem Grund sollten Sie einen Consultant zurate ziehen.

7.4.2 Preisaktualisierungsassistent

Zur Bearbeitung existierender Preislisten steht Ihnen der Preisaktualisierungsassistent zur Verfügung. Mit diesem Assistenten haben Sie die Möglichkeit, Ihre Listenpreise mit wenigen Schritten neu zu berechnen. Das Fenster **Preisaktualisierungsassistent** finden Sie im Modul **Lagerverwaltung** im Ordner **Preislisten**. Alternativ dazu können Sie den Assistenten direkt aus dem Fenster **Preisliste** (Button **Preisaktualisierungsassistent** rechts unten) starten.

[zB]

Preisaktualisierungsassistent

Als Beispiel für die Funktionsweise des Preisaktualisierungsassistenten sollen die Artikel »A00001« bis »A00007« in der Basispreisliste um 3 % erhöht werden. Um diese Preisaktualisierung mithilfe des Preisaktualisierungsassistenten zu realisieren, durchlaufen Sie die folgenden Schritte:

Starten Sie zunächst den Assistenten, und klicken Sie auf der Startseite auf den Button **Weiter**, um zum ersten Schritt zu kommen (siehe Abbildung 7.21).

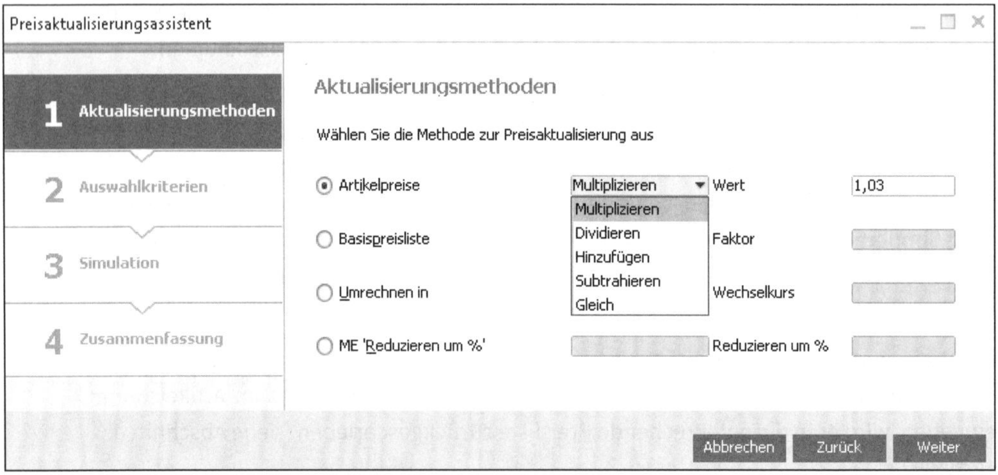

Abbildung 7.21: Fenster »Preisaktualisierungsassistent«: Schritt 1 – Aktualisierungsmethoden

Schritt 1 – Aktualisierungsmethoden

Wählen Sie eine der vier Methoden **Artikelpreise**, **Basispreisliste**, **Umrechnen in** und **ME reduzieren um** % aus der Optionsgruppe:

- **Artikelpreise**
  Wählen Sie diese Option, um den Artikelpreis nach Auswahl einer der Grundrechenarten aus der Dropdown-Liste (**Multiplizieren**, **Dividieren**, **Hinzufügen** = Addieren und **Subtrahieren**) neu zu berechnen oder einen neuen absoluten Preis (Eintrag **Gleich** in der Dropdown-Liste) zu setzen. Geben Sie anschließend den gewünschten Wert im Feld **Wert** ein.
- **Basispreisliste**
  Wählen Sie diese Option, um den Multiplikationsfaktor von verknüpften Preislisten zu aktualisieren. Anschließend wählen Sie die zu ändernde Preisliste aus der Dropdown-Liste. Geben Sie den neuen Faktor im Feld **Faktor** an.
- **Umrechnen in**
  Wählen Sie diese Option, um die Preise in Fremdwährung umzurechnen. Wählen Sie anschließend die gewünschte Währung aus der Dropdown-Liste, und geben Sie im Feld **Wechselkurs** den Wechselkurs ein.
- **ME Reduzieren um %**
  Wählen Sie diese Option, um die Preise anhand der **Reduzieren-um-%**-Information der Mengeneinheiten zu aktualisieren. Wählen Sie anschließend die Rechenoperation aus der Dropdown-Liste, und geben Sie den gewünschten Prozentsatz im Feld **Reduzieren um %** ein.

In unserem Beispiel wählen wir die Option **Artikelpreise**, die Rechenoperation **Multiplizieren** aus der Dropdown-Liste und geben den Wert »1,03« ein. Dadurch werden die Preise um 3 % erhöht. Klicken Sie abschließend auf den Button **Weiter**.

Schritt 2a – Auswahlkriterien Artikelauswahl

Wählen Sie im zweiten Schritt die Artikel für die Preisaktualisierung aus. Sie haben die Möglichkeit, die Artikelauswahl nach bevorzugtem Lieferanten, Artikelgruppe, Artikelnummer und Artikeleigenschaften einzugrenzen. Im Beispiel in Abbildung 7.22 wird auf die Artikel von »A00001« bis »A00007« eingeschränkt.

Markieren Sie bei Bedarf die Checkbox **Artikel ohne Preiszuordnung nicht aktualisieren**, um Artikel, die keinen Listenpreis haben, zu überspringen. Markieren Sie darüber hinaus die Checkbox **Inaktive Artikel nicht aktualisieren**, um die inaktiven Artikel zu überspringen.

Schritt 2b – Auswahlkriterien Preisauswahl

Ebenfalls im zweiten Schritt, nachdem Sie den Button **Weiter** gedrückt haben, selektieren Sie die Preislisten, in denen die zuvor ausgewählten Artikel aktualisiert werden sollen. Wählen Sie dazu die gewünschte Preisliste aus der Dropdown-Liste **Preisliste**. Alternativ können Sie den Eintrag **Mehrfach** auswählen, auf den Button (**Preislisten**) klicken und die gewünschten Preislisten in dem sich nun öffnenden Fenster markieren. Im Beispiel in Abbildung 7.23 ist nur die **Basis Preisliste** markiert. Die restlichen Preislisten sind grau hinterlegt, da alle anderen zur Auswahl stehenden Preislisten von dieser Basispreisliste direkt oder indirekt abhängen.

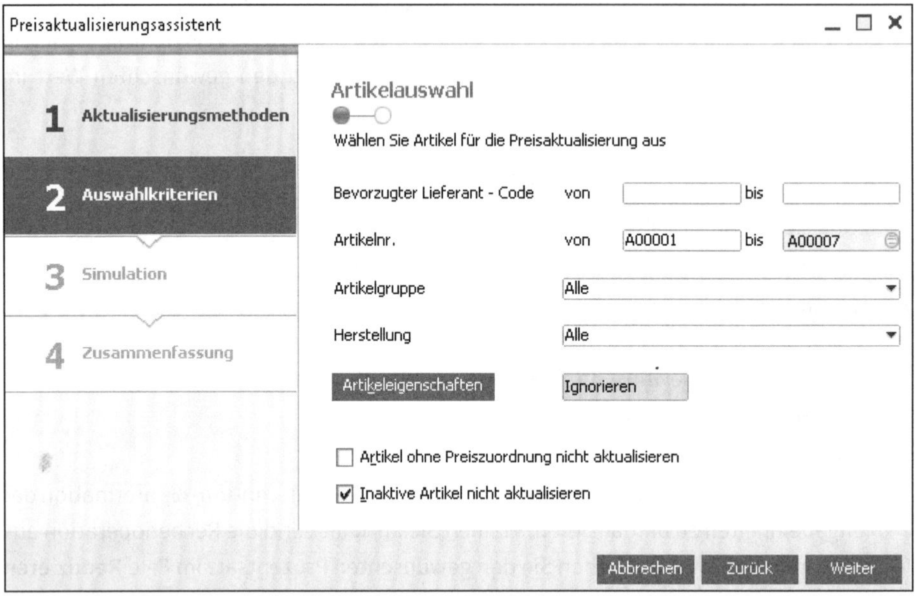

Abbildung 7.22: Fenster »Preisaktualisierungsassistent«: Schritt 2 – Artikelauswahl

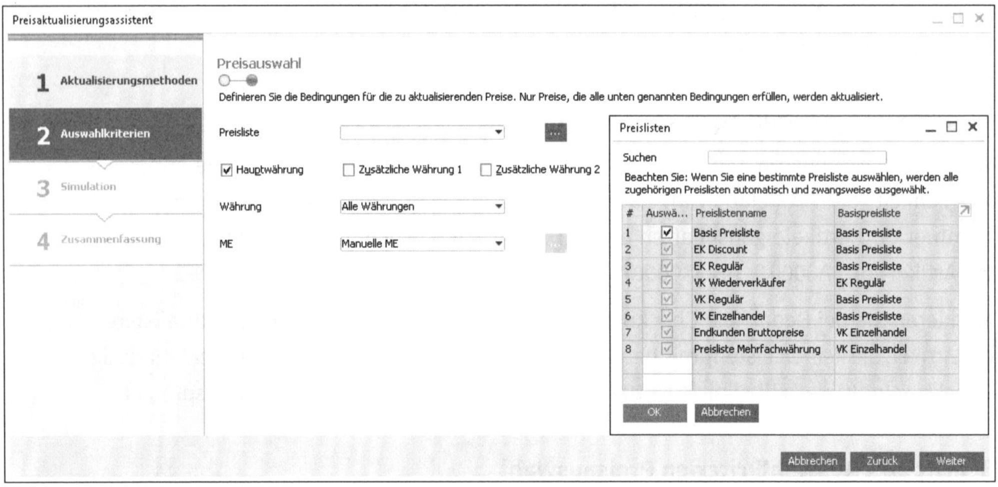

Abbildung 7.23: Fenster »Preisaktualisierungsassistent«: Schritt 2 – Preislistenauswahl

Das Beispiel in Abbildung 7.24 beleuchtet das Prinzip der Automatik:

- Durch die Wahl der Preisliste **EK Discount** kann die Preisliste **Basis Preisliste** nicht mehr ausgewählt werden – sie ist grau hinterlegt, und die Checkbox ist inaktiv. Diese

Preisliste bildet ja die Grundlage für **EK Discount**, und die Auswahl beider Preislisten würde zu einem Zirkelbezug führen.

- Durch die Wahl der Preisliste **VK Einzelhandel** werden automatisch die Listen **Endkunden Bruttopreise** und **Preisliste Mehrfachwährung** aktiviert und grau hinterlegt, da **VK Einzelhandel** deren Basispreisliste ist. Die Preispflege der einen Preisliste führt zwangsweise zur Pflege der abhängigen Preislisten.

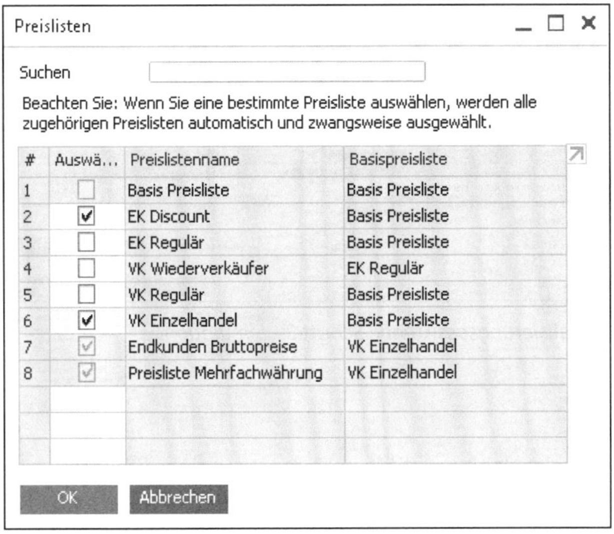

Abbildung 7.24: Automatik der Preislistenauswahl

Schritt 3 – Simulation

Im dritten Schritt des Preisaktualisierungsassistenten erhalten Sie einen Vorschlag aller Artikel-und-Preislisten-Kombinationen, die Sie in den Schritten davor ausgewählt haben. Darüber hinaus werden der aktuelle Preis und der Vorschlagspreis (= neu berechneter Preis) angezeigt.

Markieren Sie nun alle Kombinationen, für die die Preisaktualisierung durchgeführt werden soll. Das Beispiel in Abbildung 7.25 zeigt sehr anschaulich im rechten Bereich des Rasters, dass für den Artikel »A00006« in der **Basis Preisliste** der Preis von 110,00 EUR (= 100 %) um 3,30 EUR (= 3 %) auf 113,30 EUR (= 103 %) aktualisiert werden soll.

Klicken Sie abschließend auf den Button **Ausführen**, und die Preisaktualisierung startet.

Schritt 4 – Zusammenfassung

Im letzten Schritt des Preisaktualisierungsassistenten erhalten Sie alle Informationen und gegebenenfalls Fehler, die bei der Preisaktualisierung vorgekommen sind. Klicken Sie abschließend auf den Button **Fertigstellen**, um den Assistenten zu beenden.

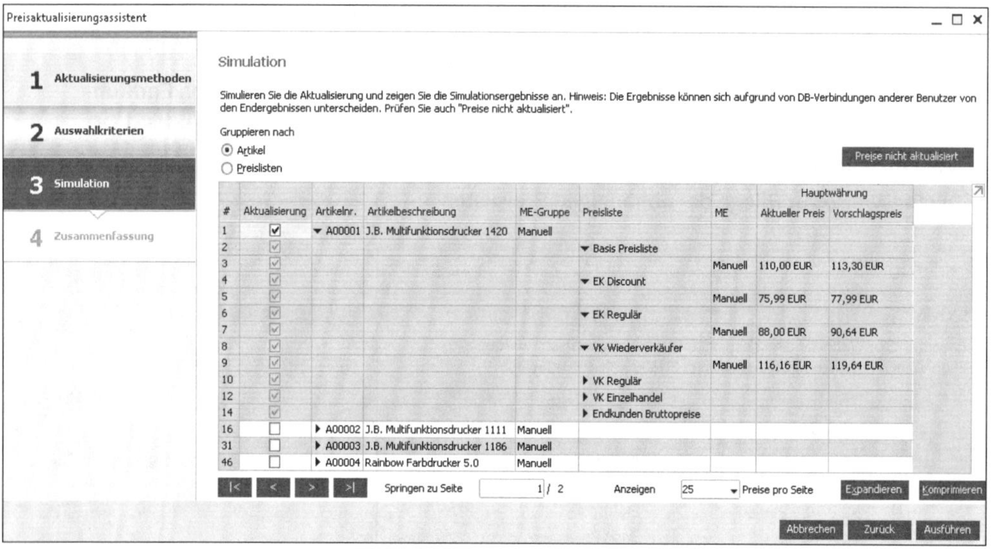

Abbildung 7.25: Fenster »Preisaktualisierungsassistent«: Schritt 3 – Simulation

7.4.3 Sonderpreise

Sonderpreise sind Preise, die Sie einzelnen Geschäftspartnern oder einer (üblicherweise kleinen) Gruppe von Geschäftspartnern für ausgewählte Artikel zuordnen. Sie sollen die Preise der Standardpreislisten übersteuern.

Ein typischer Anwendungsfall ist, dass einem Kunden zwar eine Preisliste zugeordnet ist, dass aber für einige wenige Artikel andere Preise vereinbart wurden. Sie müssen nun also für diesen Kunden nicht eine individuelle Preisliste definieren, sondern können die Preisliste punktuell für einige Artikel übersteuern. Sonderpreise definieren Sie unter **Lagerverwaltung • Preislisten • Sonderpreise • Sonderpreise für Geschäftspartner** (siehe Abbildung 7.26).

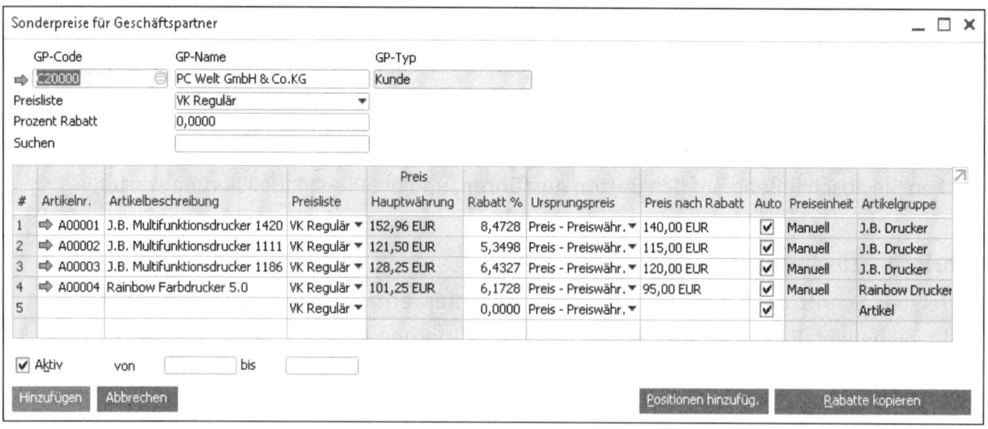

Abbildung 7.26: Sonderpreise für Geschäftspartner festlegen

Alternativ können Sie Sonderpreise auch über den Geschäftspartnerstamm pflegen und das entsprechende Kontextmenü aufrufen. Klicken Sie dazu mit der rechten Maustaste in den Geschäftspartnerstamm und wählen den Punkt **Sonderpreise für Geschäftspartner** aus (siehe Abbildung 7.27).

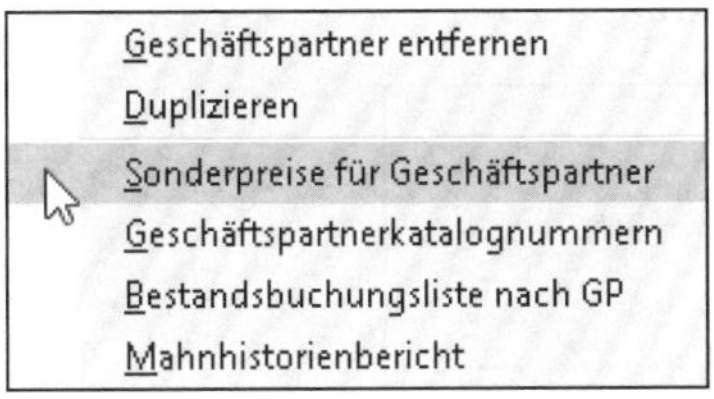

Abbildung 7.27: Sonderpreise aus Kontextmenü starten

Gehen Sie folgendermaßen vor, um Sonderpreise anzulegen:

1. Wählen Sie aus der Werteliste einen Geschäftspartner aus, für den Sie die Sonderpreise festlegen möchten. Dieser wird mit **GP-Code**, **GP-Name** und **GP-Typ** angezeigt.
2. Wählen Sie eine Preisliste aus der entsprechenden Werteliste aus. Die Preisliste dient als Basis für die in der Tabellenstruktur einzugebenden Sonderpreise. Grundsätzlich schlägt das Programm die Preisliste vor, die im Geschäftspartnerstamm hinterlegt ist. Sie können jede andere Preisliste als Grundlage für die Sonderpreise verwenden. Das ist allerdings in der Regel unübersichtlich, da Sie mit dem Sonderpreis ja den üblichen Preislistenpreis übersteuern wollen und diesen daher sehen sollten.
3. Geben Sie einen Rabatt in Prozent im Feld **Prozent Rabatt** an, der in die Spalte **Rabatt** % kopiert wird und als Basis für die einzugebenden Sonderpreise dient. Das Feld kann auch leer bleiben, wenn Sie die Sonderpreise in der Tabelle einzeln pflegen wollen.
4. Positionieren Sie den Cursor in der ersten Zeile der Spalte **Artikelnr.**, und drücken Sie die ⇥-Taste, um die Auswahlliste **Artikel** zu öffnen. Wählen Sie jene Artikel aus (linke Maustaste und ⇧- oder Strg-Taste, um mehrere Artikelzeilen zu markieren), für die Sie die Sonderpreise festlegen möchten. Die Artikel werden in die Tabellenstruktur kopiert. Die Preise aus der im Kopfteil ausgewählten Preisliste werden angezeigt. Mit dem Button **Positionen hinzufüg.** können Sie die Artikelauswahl über Auswahlkriterien besser einschränken.
5. Geben Sie nun für die ausgewählten Artikel entweder einen Rabatt in % in der Spalte **Rabatt** % oder einen **Preis nach Rabatt** ein. Die beiden Felder werden jeweils vice versa berechnet.
6. Die Checkbox **Auto** ist standardmäßig aktiviert. Das bedeutet, wenn der Preis in der verknüpften Preisliste verändert wird, verändert sich auch der Sonderpreis automatisch. Der Rabattprozentsatz der Sonderpreisliste wird dann auf den neuen Basispreis angewendet, und es wird ein neuer Sonderpreis errechnet.
7. Klicken Sie auf den Button **Hinzufügen**, um die Sonderpreise für den ausgewählten Geschäftspartner und die ausgewählten Artikel anzulegen.

SAP Business One ermöglicht es, dass die angelegten Sonderpreise nur innerhalb eines bestimmten Zeitraums gültig sind. Dazu klicken Sie doppelt auf die Zeilennummer des angegebenen Sonderpreises (oder auch rechte Maustaste, Menüeintrag **Zeitrabatte**). Geben Sie im nun geöffneten Fenster **Zeitrabatte** im Feld **Gültig bis** das Datum ein, bis zu dem der Sonderpreis gelten soll (siehe Beispiel in Abbildung 7.28).

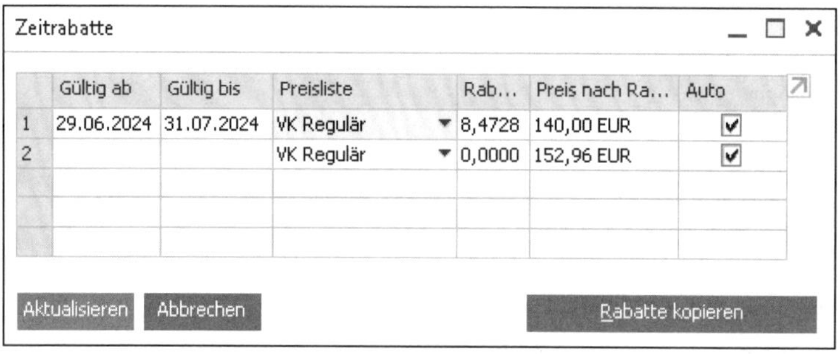

Abbildung 7.28: Gültigkeitszeitraum von Sonderpreisen festlegen

Im Beispiel in Abbildung 7.28 ist der Sonderpreis nur bis Ende Juli gültig, danach gilt wieder der Preis aus der dem Geschäftspartner zugeordneten Preisliste. Als Beginn des Gültigkeitszeitraums wird immer das Datum des Hinzufügens des Sonderpreises verwendet. Zusätzlich können Sie einen abweichenden Rabatt (Spalte **Rabatt**) oder Sonderpreis (Spalte **Preis nach Rabatt**) angeben. Dieser ist dann für den eingegebenen Zeitraum gültig, danach gilt wieder der Sonderpreis, der ursprünglich eingegeben wurde.

Da es wahrscheinlich ist, dass Sie einen Gültigkeitszeitraum für mehrere Sonderpreise festlegen möchten, können Sie diese Zeiträume kopieren. Dazu klicken Sie im Fenster **Zeitrabatte** auf den Button **Rabatte kopieren**. Im nun geöffneten Fenster **Zeitrabatte – Artikel – Auswahlkriterien** legen Sie für die Sonderpreise des Geschäftspartners einen Gültigkeitszeitraum für die weiteren gewünschten Artikel fest (siehe Abbildung 7.29).

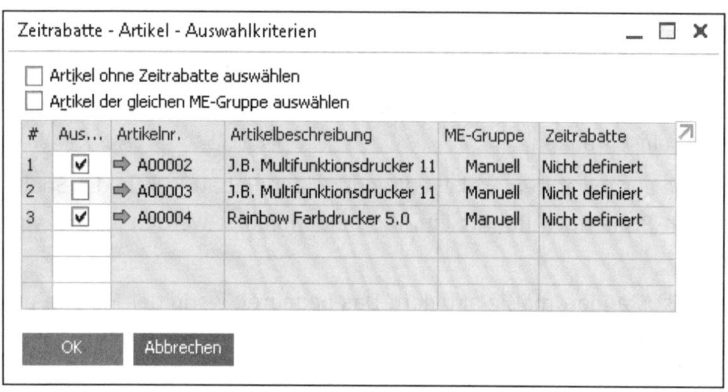

Abbildung 7.29: Gültigkeitszeitraum von Sonderpreisen kopieren – Artikel auswählen

Markieren Sie die Checkbox **Artikel ohne Zeitrabatte auswählen**, und es werden alle Artikel markiert, die noch keinen Gültigkeitszeitraum für den Sonderpreis haben. Aktivieren Sie die Checkbox **Artikel der gleichen ME-Gruppe auswählen**, und Sie können Gültigkeitszeiträume für Sonderpreise anhand der Mengeneinheiten vergeben.

Neben der Festlegung der zeitlichen Gültigkeit haben Sie die Möglichkeit, die Sonderpreise nach der Menge zu staffeln.

Abbildung 7.30 zeigt, wie eine Mengenstaffelung von Preisen aussehen könnte: bis zehn Stück 152,96 (= Preis aus der Preisliste); ab zehn Stück 140,00 EUR; ab 20 Stück 135,00 EUR; ab 30 Stück 125,00 EUR. Dazu klicken Sie im Fenster **Zeitrabatte** doppelt auf die Zeilennummer des Gültigkeitsbereichs. Das Fenster **Sonderpreise – Mengenrabatte** wird geöffnet.

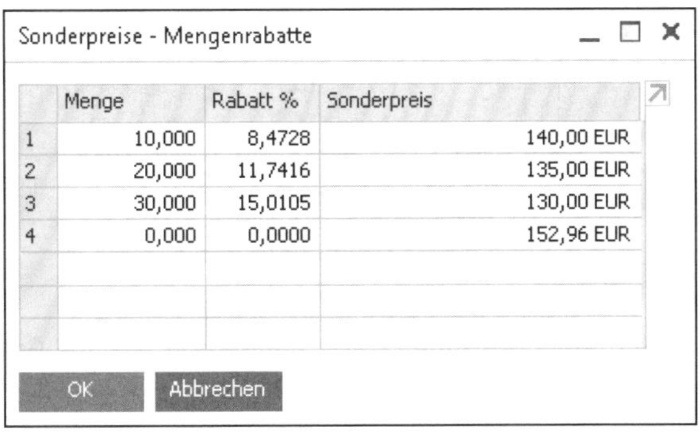

Abbildung 7.30: Sonderpreise – Mengenstaffeln festlegen

Der angegebene Sonderpreis gilt jeweils ab der eingegebenen Menge, darunter gilt der ursprünglich eingegebene Sonderpreis. Klicken Sie auf den Button **Aktualisieren**, um die Eingabe zu bestätigen; dies wiederholen Sie in den beiden höher gestuften Fenstern. Der Gültigkeitszeitraum des Sonderpreises erstreckt sich auch auf den gestaffelten Sonderpreis. Abbildung 7.31 zeigt nochmals den Zusammenhang zwischen Sonderpreis, Gültigkeitszeitraum und Staffelsonderpreis. Der Artikel »A00001« hat einen Sonderpreis, der nur bis zum 31.07. gültig ist. Mit steigender verkaufter Menge (ab 10, ab 20, ab 30 Stück) sinkt der Sonderpreis entsprechend.

Im Fenster **Sonderpreise für Geschäftspartner** wird der Artikel »A00001« dunkelblau dargestellt. Das signalisiert, dass sich hinter dieser Zeile noch weitere Einstellungen verbergen.

Anstelle des Doppelklicks können Sie auch den Weg über die rechte Maustaste und den entsprechenden Menüeintrag nehmen. Änderungen müssen auch in dem jeweils übergeordneten Fenster mit dem Button **Aktualisieren** bestätigt werden.

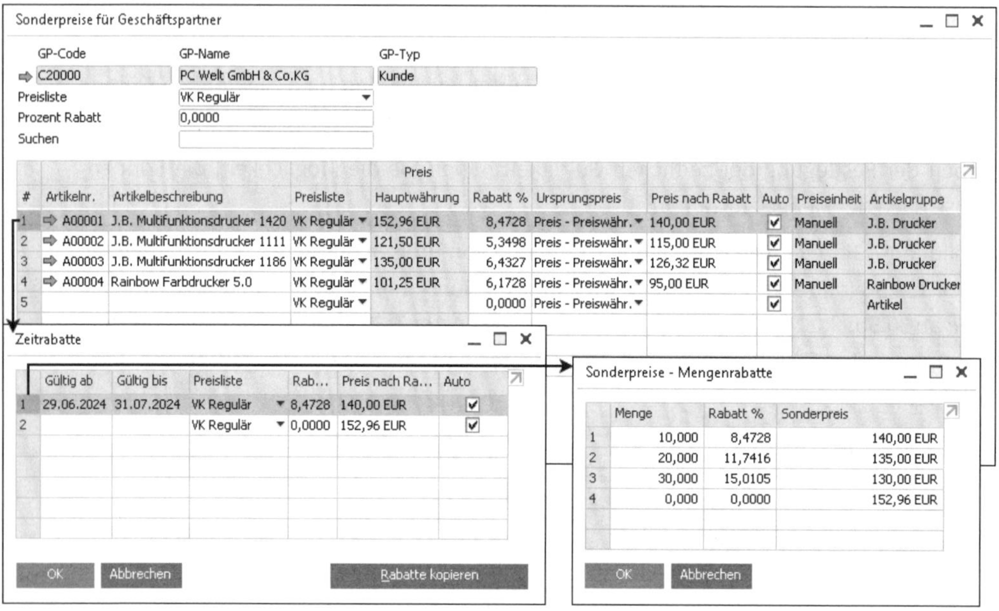

Abbildung 7.31: Zusammenhang Sonderpreise – Zeitrabatte – Mengenrabatte

SAP Business One bietet einen breiten Funktionsumfang, um Sonderpreise eines Geschäftspartners auf andere zu übertragen. Der einfachste Weg ist, einen Geschäftspartner, für den Sie bereits die Sonderpreise festgelegt haben, als Kopiervorlage zu verwenden. Dazu suchen Sie die Sonderpreise dieses Geschäftspartners im Fenster **Sonderpreise für Geschäftspartner**. Dieses Fenster bietet alle bisher kennengelernten Suchmöglichkeiten. Bei wenigen Sonderpreisen blättern Sie mithilfe der Datensatzbuttons. Oder Sie wechseln in den **Suchen**-Modus und tragen den Geschäftspartnercode ein oder lassen sich eine komplette Liste der Geschäftspartner, für die Sonderpreise hinterlegt sind, anzeigen, indem Sie einen Stern »*« in das Feld **GP-Code** oder **GP-Name** eingeben. Anschließend klicken Sie auf den Button **Rabatte kopieren**. Ihnen wird das gleichnamige Fenster angezeigt (siehe Abbildung 7.32), in dem Sie die Kriterien jener Geschäftspartner angeben, auf die die Sonderpreise kopiert werden sollen.

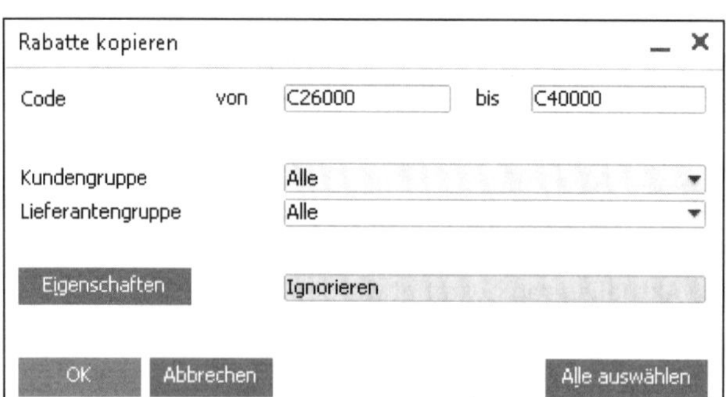

Abbildung 7.32: Sonderpreise kopieren – Auswahlkriterien für Geschäftspartner

Klicken Sie auf den Button **Alle auswählen**, falls Sie die Sonderpreise auf alle Geschäftspartner kopieren möchten. Bestätigen Sie dies mit dem Button **OK**, und die Sonderpreise werden auf alle ausgewählten Geschäftspartner kopiert. Bestätigen Sie dies nochmals mit dem Button **Aktualisieren** im Fenster **Sonderpreise für Geschäftspartner**.

SAP Business One bietet auch eine eigene Funktion, die Sonderpreise nach erweiterten Auswahlkriterien auf andere Geschäftspartner kopiert. Unter **Lagerverwaltung • Preislisten • Sonderpreise** öffnen Sie das Fenster **Sonderpreise zur Auswahl kopieren** (siehe Abbildung 7.33).

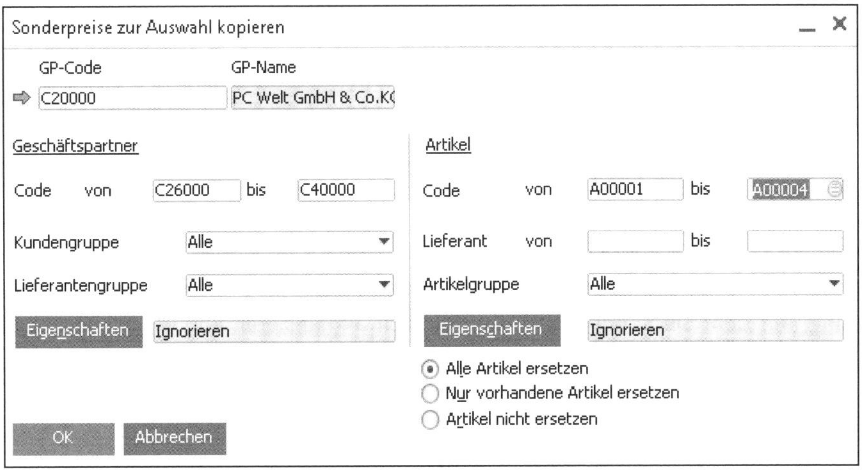

Abbildung 7.33: Fenster »Sonderpreise zur Auswahl kopieren«

Um bereits definierte Sonderpreise auf andere Geschäftspartner zu kopieren, gehen Sie folgendermaßen vor:

1. Wählen Sie im Feld **GP-Code** im linken oberen Bereich einen Geschäftspartner als Kopiervorlage aus. Die Artikel mit Sonderpreisen dieses Geschäftspartners stehen grundsätzlich zum Kopieren auf die Zielgeschäftspartner zur Verfügung.
2. Wählen Sie im linken Bereich darunter jene Geschäftspartner aus, auf die die Sonderpreise kopiert werden sollen. Als Auswahlkriterien können Sie den Geschäftspartnercode (**Code von ... bis**), die **Kunden-** bzw. **Lieferantengruppe** und den Button **Eigenschaften** verwenden. Im Beispiel in Abbildung 7.33 werden die Sonderpreise auf die Geschäftspartner »C26000« bis »C40000« kopiert.
3. Wählen Sie im rechten Bereich die **Artikel** aus, für die die Sonderpreise kopiert werden sollen. Als Auswahlkriterien können Sie die Artikelnummer (**Code von ... bis**), den Code des Hauptlieferanten des Artikels (**Lieferant von ... bis**), die **Artikelgruppe** und den Button **Eigenschaften** verwenden.
4. Für den Kopiervorgang müssen Sie eine von drei Optionen auswählen:

- **Alle Artikel ersetzen**: Mit dieser Option werden alle Sonderpreise auf den Zielgeschäftspartner kopiert, unabhängig davon, ob bei diesem Geschäftspartner bereits Sonderpreise vorhanden sind oder nicht. So gesehen werden nicht nur (die Preise) der Artikel »ersetzt«, sondern es werden für diesen Kunden auch neue Artikel-Sonderpreis-Relationen eingefügt.
- **Nur vorhandene Artikel ersetzen**: Mit dieser Option werden nur jene Sonderpreise kopiert, die sowohl beim Quellgeschäftspartner als auch beim Zielgeschäftspartner vorhanden sind.
- **Artikel nicht ersetzen**: Mit dieser Option werden nur jene Sonderpreise kopiert, die beim Zielgeschäftspartner nicht vorhanden sind. Jene Sonderpreise, die bereits vorhanden sind, werden nicht verändert.

5. Klicken Sie auf den Button **OK**, um den Kopiervorgang zu starten. Anschließend erhalten Sie eine Hinweismeldung, falls Sonderpreise geändert wurden. Bestätigen Sie sie mit dem Button **Ja**.

Mit dem Fenster **Sonderpreise global aktualisieren**, das Sie über den Menüpfad **Lagerverwaltung • Preislisten • Sonderpreise** erreichen, steht Ihnen ein Instrument zur Verfügung, mit dem Sie Sonderpreise sehr einfach aktualisieren können (siehe Abbildung 7.34).

Abbildung 7.34: Fenster »Sonderpreise global aktualisieren«

Generell haben Sie vier Möglichkeiten, Sonderpreise zu aktualisieren:

- Aktualisieren des mit dem Sonderpreis verbundenen Rabattprozentsatzes (Registerkarte **Rabatt % ändern**)
- Aktualisieren des Sonderpreises (Registerkarte **Preis ändern**)

- Aktualisieren des Sonderpreises über die verknüpfte Preisliste (Registerkarte **Nach Preisliste aktualisieren**)
- Löschen von Sonderpreisen (Registerkarte **Löschen**)

Im unteren Bereich geben Sie jeweils auf allen vier Registerkarten die **Geschäftspartner** und **Artikel** an, für die die Sonderpreise aktualisiert werden sollen. Klicken Sie anschließend auf den Button **OK**, um die Änderung der Sonderpreise zu bestätigen. Der obere Bereich ändert sich je nach Registerkarte:

- **Registerkarte »Preis ändern«**
  Geben Sie einen Änderungsprozentsatz an. Bei einer Preisminderung setzen Sie wie in Abbildung 7.34 ein Minus vor den Prozentsatz. Zudem geben Sie die Optionen an, die maßgeblich für die Änderung der Sonderpreise sind:
  - **Automatisch**: Mit dieser Option werden nur jene Sonderpreise geändert, bei denen im Fenster **Sonderpreise für Geschäftspartner** die Checkbox **Automatisch** markiert ist.
  - **Nicht automatisch**: Mit dieser Option werden nur jene Sonderpreise geändert, bei denen im Fenster **Sonderpreise für Geschäftspartner** die Checkbox **Automatisch** *nicht* markiert ist.
  - **Keine Preisliste**: Mit dieser Option werden all jene Sonderpreise geändert, die ohne Bezug zu einer Preisliste angelegt wurden.
  - **Beeinflusst Rabatt**: Mit dieser Option wird bei einer Änderung des Sonderpreises auch der Rabatt neu berechnet und entsprechend geändert. Ohne diese Option wird der Sonderpreis geändert, der damit in Zusammenhang stehende Rabattprozentsatz bleibt aber unverändert.

»Beeinflusst Rabatt« deaktivieren

Wie beschrieben führt diese Option dazu, dass zwar der Sonderpreis geändert wird, es wird aber der Rabatt in der Sonderpreistabelle nicht geändert. Wird dieser Artikel in einem Beleg verwendet, wird in der Version 10 der Basispreis laut Preisliste verwendet und um den Rabatt laut Sonderpreistabelle reduziert. Der Sonderpreis laut Tabelle wird nicht verwendet. Damit ist der Beleg zwar konsistent, die Sonderpreistabelle wird aber unübersichtlich und schwer nachvollziehbar. Daher ist es empfehlenswert, die Checkbox **Beeinflusst Rabatt** aktiviert zu lassen.

- **Registerkarte »Rabatt % ändern«**
  Die Änderung des Rabattprozentsatzes funktioniert auf die gleiche Weise wie die Änderung des Preises. Der einzige Unterschied liegt darin, dass sich der Änderungsprozentsatz auf den Rabatt in % und nicht auf den Preis auswirkt. Mit der Checkbox **Beeinflusst Preis** legen Sie fest, ob die Rabattänderung auch den Preis ändert oder nicht.

- **Registerkarte »Nach Preisliste aktualisieren«**
  Die Änderungsfunktion auf dieser Registerkarte betrifft nur jene Sonderpreise, die im Fenster **Sonderpreise für Geschäftspartner** nicht als **Automatisch** gekennzeichnet wurden und die mit einer bestimmten Preisliste (und nicht mit der Option **Keine Preisliste**) verknüpft sind. Die Änderung besteht darin, dass der Preis in der zugeordneten Preisliste mit dem im Fenster **Sonderpreise für Geschäftspartner** zugeordneten Rabattprozentsatz multipliziert wird.
- **Registerkarte »Löschen«**
  Wählen Sie hier jene Geschäftspartner und Artikel aus, deren Sonderpreise gelöscht werden sollen.

7.4.4 Zeit- und Mengenrabatte

Mit der Funktion **Zeit- und Mengenrabatte** können Sie für »klassische« Listenpreise einen Gültigkeitszeitraum und einen Staffelpreis festlegen. Die Vorgehensweise erfolgt analog zu der Festlegung von Gültigkeitszeiträumen und Staffelpreisen im Fenster **Sonderpreise für Geschäftspartner**. Zeit- und Mengenrabatte finden Sie über den Pfad **Lagerverwaltung • Preislisten • Zeit- und Mengenrabatte** (siehe Abbildung 7.35).

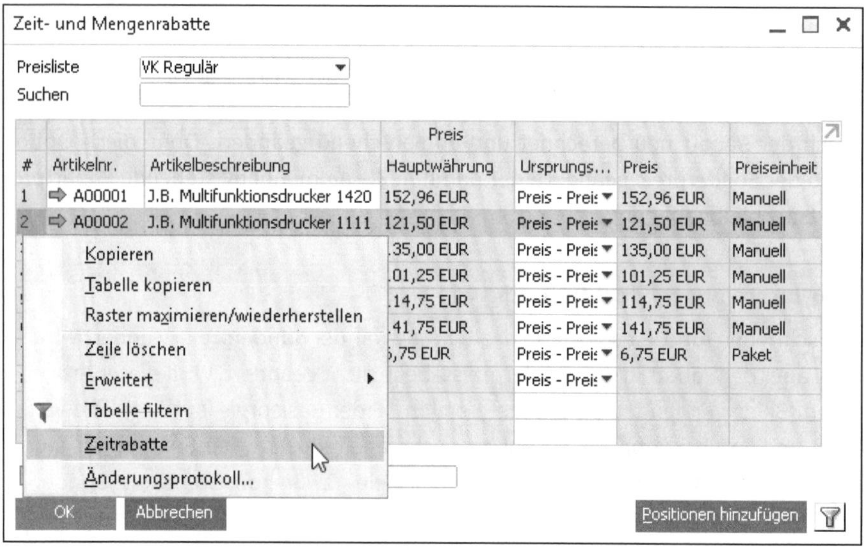

Abbildung 7.35: Fenster »Zeit- und Mengenrabatte« – Gültigkeitszeitraum festlegen

Um einen Gültigkeitszeitraum und einen Staffelpreis festzulegen, führen Sie die folgenden Schritte aus:

1. Wählen Sie aus der Werteliste eine **Preisliste** aus, für die Sie einen Gültigkeitszeitraum und/oder einen Staffelpreis festlegen möchten. Es werden alle Artikel angezeigt, die bereits einen Zeit- oder Mengenrabatt haben. Dies erkennen Sie wieder daran, dass

diese Artikel dunkelblau dargestellt werden. Wollen Sie weitere Artikel hinzufügen, wählen Sie wieder den Button **Positionen hinzufügen**. Mit dem Filter-Button ( ) können Sie die ausgewählten Artikel nach Artikelnummer, Lieferant, Artikelgruppe und Eigenschaft filtern.

2. Sind noch keine Artikel in der Liste vorhanden, wählen Sie in der Tabellenstruktur die Artikel aus der Werteliste aus. Öffnen Sie die Werteliste mit der ⇥-Taste im Feld **Artikelnr**. Die Artikelauswahl können Sie auch über den Button **Positionen hinzufügen** vornehmen.
3. Klicken Sie mit der rechten Maustaste in eine Zeile, und wählen Sie den Eintrag **Zeitrabatte** aus dem Kontextmenü aus, wie in Abbildung 7.35 zu sehen ist, oder Sie setzen einen Doppelklick auf die jeweilige Zeilennummer.
4. Geben Sie im neuen Fenster **Zeitrabatte** ein Datum im Feld **Gültig Bis** ein. Das Feld **Gültig ab** wird automatisch gefüllt.
5. Klicken Sie doppelt auf die Zeilennummer im Fenster **Zeitrabatte**, um den Staffelpreis festzulegen. Geben Sie im nun geöffneten Fenster **Mengenrabatte für Preisliste** die Menge und den davon abhängigen Rabatt oder Preis ein.
6. Bestätigen Sie alle Eingaben in den drei Fenstern mit dem Button **Aktualisieren**. Schließen Sie das Fenster mit dem Button **OK**.

7.4.5 Rabattgruppen

Ab Release 9.0 von SAP Business One können Sie pro Geschäftspartner Rabattprozentsätze nach verschiedenen Gesichtspunkten, etwa Artikelgruppen, Artikeleigenschaften und Hersteller, festlegen. Öffnen Sie das Fenster **Rabattgruppen** (siehe Abbildung 7.36) über den Pfad **Lagerverwaltung • Preislisten**.

Die Festlegung der Rabattgruppe erfolgt denkbar einfach und funktioniert auf allen Registerkarten auf die gleiche Weise.

1. Im ersten Schritt wählen Sie in der Dropdown-Liste **Typ** aus, für welche Geschäftspartner Sie die Rabattgruppe festlegen möchten. Danach richten sich die weiteren Felder im oberen Bereich des Fensters. An dieser Stelle haben Sie die folgenden Optionen:
   - **Alle GP**: Wählen Sie diese Option, und die Rabattgruppe wird für alle Geschäftspartner festgelegt. Sie brauchen keine weitere Auswahl zu treffen.
   - **Kundengruppe**: Wählen Sie eine Kundengruppe, für die die Rabattgruppe festgelegt wird.
   - **Lieferantengruppe**: Wählen Sie eine Lieferantengruppe, für die die Rabattgruppe festgelegt wird.
   - **Spezifischer GP**: Wählen Sie diese Option und den gewünschten Geschäftspartner aus. Für diesen Geschäftspartner wird folglich die Rabattgruppe festgelegt (siehe Abbildung 7.36).

2. Anschließend legen Sie in der Spalte **Rabatt %** die Rabattprozentsätze für die gewünschten Artikelgruppen, Artikeleigenschaften oder Hersteller fest. In unserem Beispiel in Abbildung 7.36 werden dem Geschäftspartner »C20000 – PC Welt GmbH & Co.KG« für Artikel aus der Artikelgruppe »J.B. Drucker« 5 % Rabatt gewährt, für Artikel der Artikelgruppe »Rainbow Drucker« werden ihm ebenfalls 5 % gewährt und für Artikel der Artikelgruppe »Zubehör« sogar 8 %.
3. Klicken Sie abschließend auf den Button **Hinzufügen**, um die Rabattgruppen für den ausgewählten Geschäftspartner anzulegen.

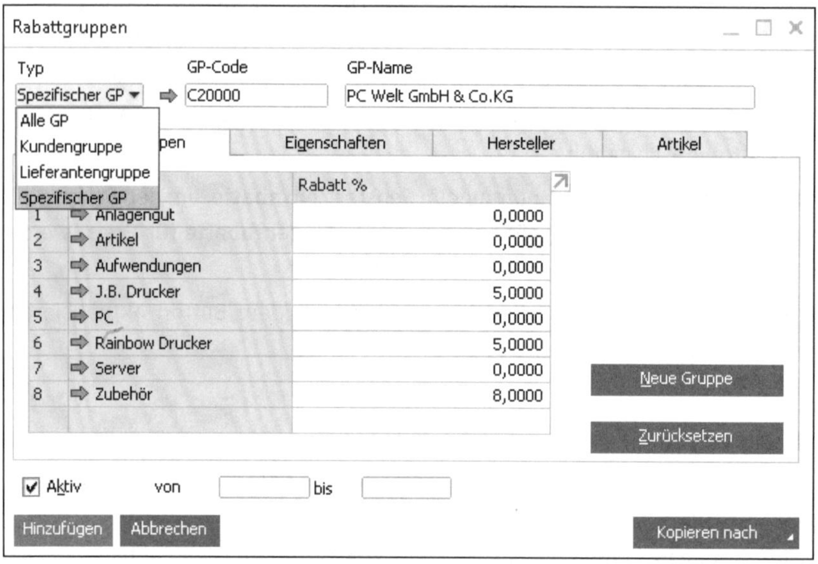

Abbildung 7.36: Rabattgruppen, festgelegt nach Artikelgruppen

Mit dem Button **Kopieren nach** haben Sie die Möglichkeit, weitere Geschäftspartner auszuwählen, auf die die festgelegten Rabattgruppen kopiert werden.

Es ist natürlich denkbar, dass Sie bei der Vielzahl von Rabatten, die Sie im Programmpunkt **Rabattgruppen** definieren können, für eine Kunden-Artikel-Relation mehr als einen Rabatt erstellen. So könnten Sie z. B. für eine Artikelgruppe 5 % Rabatt festlegen. Für einen bestimmten Herstelle definieren Sie 7 % Rabatt. Um zu steuern, was in diesem Fall geschehen soll, steht Ihnen im Geschäftspartnerstamm auf der Registerkarte **Zahlungsbedingungen** das Feld **Effektivrabattgruppe** zur Verfügung. Folgende Möglichkeiten sieht das Programm vor (die Ergebnisse unseres Beispiels in Klammern):

- niedrigster Rabatt (5 % – von der Artikelgruppe)
- höchster Rabatt (7 % – vom Hersteller)
- Durchschnitt (6 % – 5+7/2)
- gesamt (12 % – 5+7)
- Rabattvielfaches (11,65 % – –100 * 0,95 * 0,97 + 100)

Hinweis zum Beispiel

Wenn Sie dieses Beispiel nachvollziehen wollen, müssen Sie nicht nur die entsprechenden Daten erfassen. Jedes Mal, wenn Sie die Effektivrabattgruppen im Geschäftspartnerstamm ändern, muss der Testbeleg neuerlich geöffnet werden, da SAP Business One die Änderungen im Geschäftspartnerstamm bei einem geöffneten Beleg nicht berücksichtigt.

Achtung: Die Rabatte in den Sonderpreisen übersteuern die Rabatte der Rabattgruppen. Dies ist auch durchaus sinnvoll – es kann über die Rabattgruppen eine grundlegende Rabattfindung definiert werden, die dann für einige Geschäftspartner-Artikel-Relationen bewusst übersteuert wird.

7.4.6 Zusammenfassung Preisfindung

Die Preisfindung in SAP Business One funktioniert nach einem mehrstufigen System, das vom Speziellen schrittweise zum Allgemeinen geht. Erst nachdem alle Spezialfälle abgehandelt wurden, wird der Preis aus der Preisliste gezogen. Abbildung 7.37 zeigt alle möglichen Stufen, die durchlaufen werden können, um einen Preis in der Belegzeile vorzuschlagen.

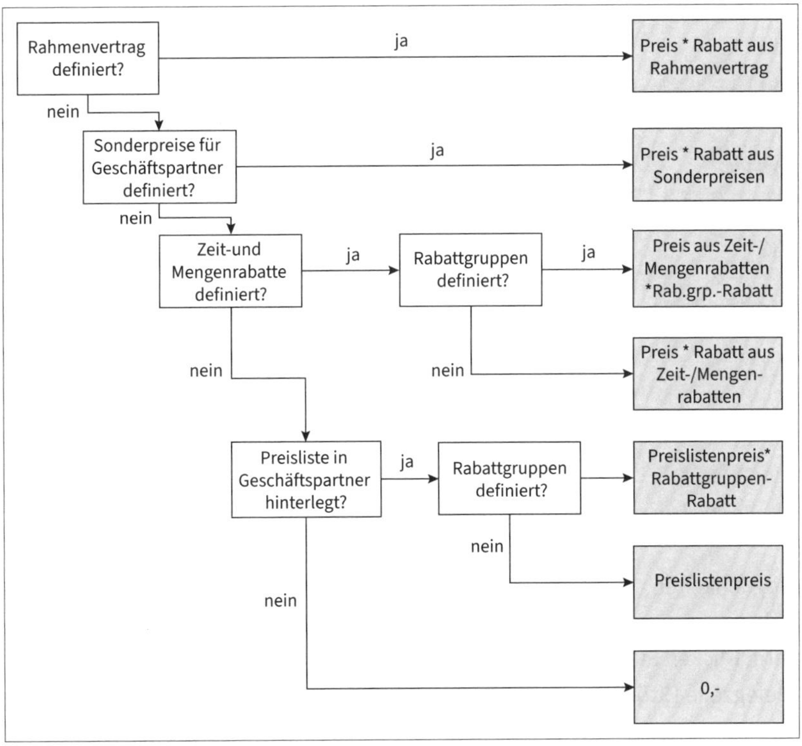

Abbildung 7.37: Stufenweise Preisfindung in SAP Business One

Dabei spielt die Einstellung **Effektivpreis** aus dem Geschäftspartnerstamm eine Rolle, und sie ist entsprechend zu definieren. Ist als Effektivpreis die Option **Standardpriorität** definiert, dann erfolgt die Preisfindung nach folgendem Schema:

Bei den jeweils gezogenen Preisen aus der Preisfindung handelt es sich stets um Vorschlagswerte – das bedeutet, dass sie immer im Beleg überschrieben werden können.

Alle Preise, die aus der ersten bis fünften Ebene in Abbildung 7.37 stammen, sind in der Belegzeile blau gekennzeichnet. Lediglich Listenpreise sind schwarz gekennzeichnet.

Die Preisfindung nach der vierten Stufe erfolgt anhand der Zuordnung einer Preisliste zu einem Geschäftspartner, der Vergabe eines Artikelpreises und der Anzeige dieses Preises in der Belegzeile. Die Anzeige des Preises in der Belegzeile erfolgt vereinfacht und ohne Berücksichtigung von Sonderpreisen, Zeit- und Mengenrabatten und -preisen und Rabattgruppen gemäß den folgenden Schritten (siehe Abbildung 7.38):

❶ Zuordnung der Preisliste zum Geschäftspartner

❷ Artikelpreise in der zugeordneten Preisliste bzw. im Artikelstamm füllen

❸ Anzeige des Artikelpreises aus der Preisliste in der Belegzeile

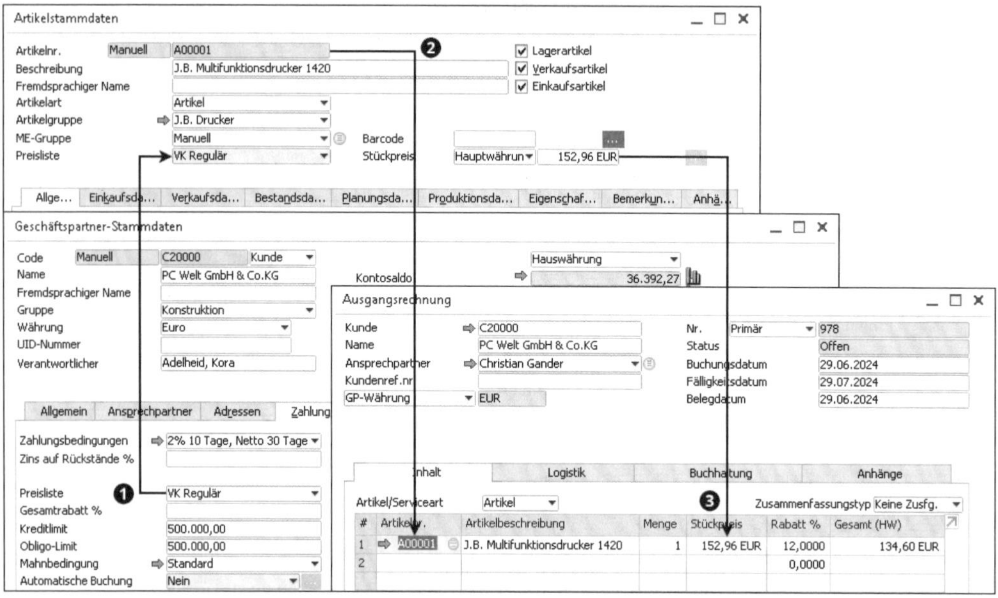

Abbildung 7.38: Beispiel für eine Preisfindung über die Preisliste

Unter den Möglichkeiten, den Preis eines Artikels im Beleg nachzuvollziehen, ist der Preisbericht eine sehr nützliche Funktion, die ab Release 9.0 von SAP Business One zur Verfügung steht. Klicken Sie in jedem beliebigen Beleg mit der rechten Maustaste auf den Preis in der Belegzeile (**Stückpreis** oder **Preis nach Rabatt**), und wählen Sie den Eintrag **Preisbericht** aus dem Kontextmenü aus. Ihnen wird das Fenster **Preisbericht** mit einem

Überblick über die Preise in allen Preislisten für diesen Artikel und etwaige Sonderpreise angezeigt (siehe Abbildung 7.39).

Jener Preis, der nun in der Belegzeile verwendet wird, ist blau markiert. In Abbildung 7.39 zeigt sich, dass für den Artikel »A00001« ein Sonderpreis von 145,00 EUR für diesen Kunden verwendet wird.

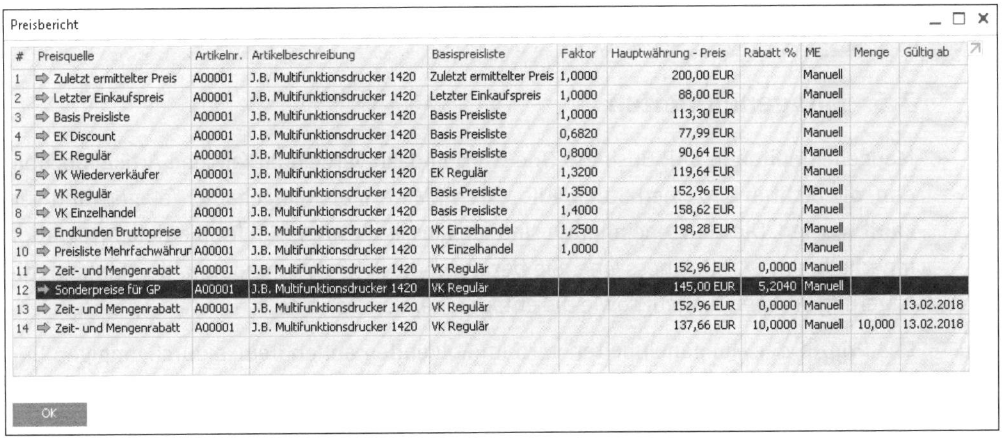
Preisbericht

#	Preisquelle	Artikelnr.	Artikelbeschreibung	Basispreisliste	Faktor	Hauptwährung - Preis	Rabatt %	ME	Menge	Gültig ab
1	Zuletzt ermittelter Preis	A00001	J.B. Multifunktionsdrucker 1420	Zuletzt ermittelter Preis	1,0000	200,00 EUR		Manuell		
2	Letzter Einkaufspreis	A00001	J.B. Multifunktionsdrucker 1420	Letzter Einkaufspreis	1,0000	88,00 EUR		Manuell		
3	Basis Preisliste	A00001	J.B. Multifunktionsdrucker 1420	Basis Preisliste	1,0000	113,30 EUR		Manuell		
4	EK Discount	A00001	J.B. Multifunktionsdrucker 1420	Basis Preisliste	0,6820	77,99 EUR		Manuell		
5	EK Regulär	A00001	J.B. Multifunktionsdrucker 1420	Basis Preisliste	0,8000	90,64 EUR		Manuell		
6	VK Wiederverkäufer	A00001	J.B. Multifunktionsdrucker 1420	EK Regulär	1,3200	119,64 EUR		Manuell		
7	VK Regulär	A00001	J.B. Multifunktionsdrucker 1420	Basis Preisliste	1,3500	152,96 EUR		Manuell		
8	VK Einzelhandel	A00001	J.B. Multifunktionsdrucker 1420	Basis Preisliste	1,4000	158,62 EUR		Manuell		
9	Endkunden Bruttopreise	A00001	J.B. Multifunktionsdrucker 1420	VK Einzelhandel	1,2500	198,28 EUR		Manuell		
10	Preisliste Mehrfachwährur	A00001	J.B. Multifunktionsdrucker 1420	VK Einzelhandel	1,0000			Manuell		
11	Zeit- und Mengenrabatt	A00001	J.B. Multifunktionsdrucker 1420	VK Regulär		152,96 EUR	0,0000	Manuell		
12	Sonderpreise für GP	A00001	J.B. Multifunktionsdrucker 1420	VK Regulär		145,00 EUR	5,2040	Manuell		
13	Zeit- und Mengenrabatt	A00001	J.B. Multifunktionsdrucker 1420	VK Regulär		152,96 EUR	0,0000	Manuell		13.02.2018
14	Zeit- und Mengenrabatt	A00001	J.B. Multifunktionsdrucker 1420	VK Regulär		137,66 EUR	10,0000	Manuell	10,000	13.02.2018

OK

Abbildung 7.39: Preisbericht für Artikel »A00001«

Die gleiche Funktion steht zur Verfügung, um für einen Kunden und Artikel bestehende Rabattgruppen herauszufinden. Klicken Sie mit der rechten Maustaste auf den Preis in der Belegzeile (**Stückpreis** oder **Preis nach Rabatt**), und wählen Sie **Rabattgruppenbericht** aus dem Kontextmenü. Im nun geöffneten Fenster **Rabattgruppenbericht** werden alle für den fraglichen Artikel und Geschäftspartner verwendeten Rabattgruppen aufgelistet.

Preisfindung für Lieferanten und Kunden

Praktisch alle bisher geschilderten Methoden der Preis- und Rabattfindung lassen sich sowohl für Lieferanten als auch für Kunden umsetzen. Vor allen Dingen bei Handelswaren ist ein Zusammenhang zwischen Verkaufspreisen und Einkaufspreisen oft gegeben. So wird man eine vom Lieferanten gewährte zeitlich begrenzte Rabattaktion in die Gestaltung der Einkaufspreise einfließen lassen. Zugleich wird sie aber mit hoher Wahrscheinlichkeit einen Einfluss auf die Verkaufspreise haben.

In anderen Fällen wird das unter Umständen nicht zutreffen, z. B. werden lieferantenspezifische Preislisten das Pflegen von Sonderpreisen eher ausschließen, da diese ja schon durch die Preisleiste selbst repräsentiert sind.

Eine sorgfältige Planung der Preisfindung ist in jedem Fall anzuraten. Dieses Thema sollte Sie in der Implementierungsphase mit Ihrem Consultant ausführlich besprechen, um eine dauerhafte, übersichtliche und pflegeleichte Lösung zu finden.

Weitere Einstellungen zur Preisfindung können Sie im Fenster **Allgemeine Einstellungen** auf der Registerkarte **Preisfindung** einsehen (unter **Administration • Systeminitialisierung**). Legen Sie an dieser Stelle fest, in welchen Bereichen Nullpreise, wie z. B. ein nicht gepflegter Preis in einer Preisliste, angezeigt werden sollen, in welchen Bereichen inaktive Preislisten angezeigt werden sollen und ob Artikel ohne Preiszuordnung aus der Datenbank entfernt werden sollen.

7.5 Mengeneinheiten

Mengeneinheiten in SAP Business One werden dazu verwendet, all jene Artikel abzubilden, die nicht in einzelnen Stück, Kilo, Litern, Metern etc. eingekauft, gelagert und verkauft werden. Die Mengeneinheiten sind ein klassisches Beispiel für die tiefe Integration innerhalb von SAP Business One. Sie berühren die Artikelstammdaten, den Einkauf, die Lagerung und den Verkauf sowie die entsprechenden Berichte.

Das Prinzip der Mengeneinheiten wird im Folgenden anhand eines durchgängigen Beispiels in zwei Varianten veranschaulicht: Die Firma OEC Computers lässt als Hardwarehändler von einem Hardwareproduzenten USB-Sticks als Eigenmarke »OEC Storage« produzieren und kauft diese zu einem Preis von 120,00 EUR pro Karton. In den Kartons befinden sich je 20 quaderförmige Dosen mit Schaumstoffeinlage zu zwei Stück. Im Lager stehen die Dosen zum Verkauf bereit. Im Verkaufsraum liegen die USB-Sticks in einer großen Schale griffbereit und werden in erster Linie aus Marketinggründen einzeln zu 4,00 EUR pro Stück verkauft oder auf Nachfrage auch in Dosen zu zwei Stück.

Der Artikel wird in den in Tabelle 7.4 zusammengefassten Mengeneinheiten und Preisen geführt.

	Einkauf	Lager (BestandsME)	Verkauf
Mengeneinheit	Karton (zu 20 Dosen)	Dosen (zu zwei Stück)	Stück oder Dosen
Preis	120,00		4,00 oder 8,00
Lagerwert		6,00	
Preisliste	**Basis Preisliste**		**Einzelhandel Preisliste**

Tabelle 7.4: Beispiel für Mengeneinheiten

Dieses Illustrationsbeispiel soll in zwei verschiedenen Varianten abgebildet werden:

- manuelle Mengeneinheiten direkt in den Artikelstammdaten (siehe Abschnitt 7.5.1, »Manuelle Mengeneinheiten«)
- Mengeneinheiten-Gruppen, die mehreren gleichartigen Artikeln zugewiesen werden können (siehe Abschnitt 7.5.2, »Mengeneinheiten-Gruppen«)

Wir werden zunächst die Einstellungen in den Stammdaten betrachten, danach ihre Auswirkungen auf Einkauf und Verkauf.

7.5.1 Manuelle Mengeneinheiten

Wie bereits in Abschnitt 4.6, »Artikel«, dargestellt, erfolgt die Definition der manuellen Mengeneinheiten im Fenster **Artikelstammdaten** (**Lagerverwaltung • Artikelstammdaten**) auf den Registerkarten **Einkaufsdaten** (Abbildung 7.40) und **Verkaufsdaten** (Abbildung 7.41).

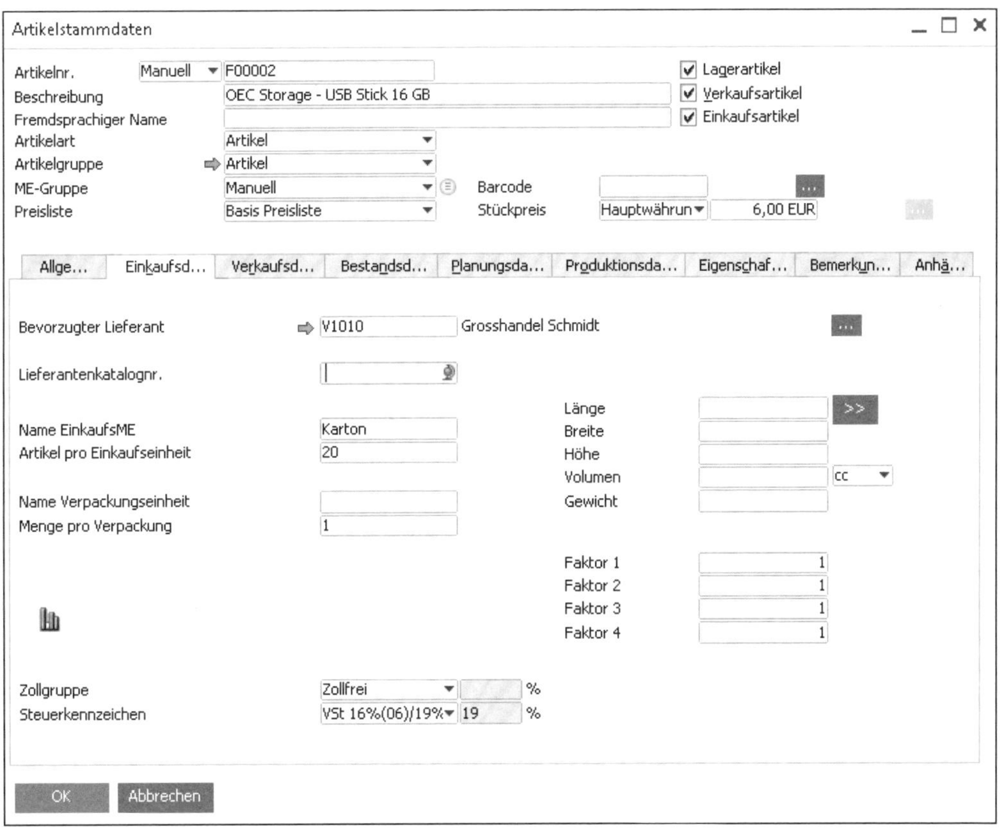

Abbildung 7.40: Manuelle Mengeneinheiten für den Einkauf definieren

Zunächst erfolgt die Definition für den *Einkauf*. Wie Abbildung 7.40 zeigt, steht in den Kopfdaten das Feld **ME-Gruppe** auf **Manuell**. Dies ist der Standardwert, der nicht verändert werden muss. Anschließend wurde für den USB-Stick auf der Registerkarte **Einkaufsdaten** für die Einkaufsmengeneinheit im Feld **Name EinkaufsME** der Wert **Karton** manuell eingegeben und mit **20 Artikeln pro Einkaufseinheit** definiert. Dies hätte grundsätzlich auch über die Verpackungseinheit abgebildet werden können, wird aber der Einfachheit halber komplett über die Mengeneinheit definiert. Der in der Einkaufspreisliste eingegebene Preis von 6,00 EUR bezieht sich jedoch auf die Basiseinheit (Dose) und nicht auf die Einkaufsmengeneinheit (Karton).

Auf der Registerkarte **Bestandsdaten** geben Sie für die Mengeneinheit, die auf Lager liegt, im Feld **ME-Name** den Namen »Dose« manuell ein.

Für den *Verkauf* wurde die Definition gemäß Abbildung 7.41 vorgenommen. Sie sehen hier, dass die Verkaufsmengeneinheit im Feld **Name VerkaufsME** mit **Stk** (Stück) festgelegt wurde.

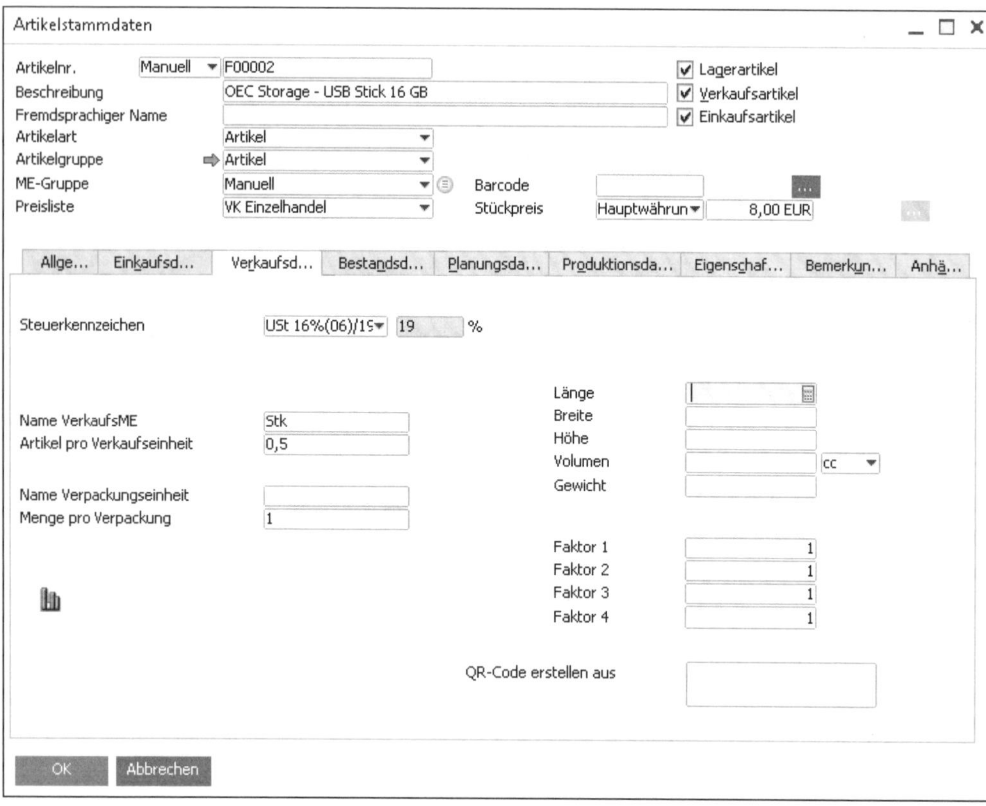

Abbildung 7.41: Manuelle Mengeneinheiten für den Verkauf definieren

Das entspricht der Strategie des Hardwarehändlers, die USB-Sticks auch einzeln zu verkaufen. Und das bedeutet, die Einkaufsmengeneinheit von Kartons zu 20 Dosen wird gewissermaßen im Lager in Dosen »zerlegt«, die wiederum für den Verkauf in Einzelstücke »zerlegt« werden. Daraus ergibt sich, dass die Menge der **Artikel pro Verkaufseinheit** 0,5 ist (eine halbe Dose).

Die Mengeneinheiten, die auf Lager gelegt werden, entsprechen somit einer Dose zu zwei Stück. Der folgende Einkauf der USB-Sticks soll dies demonstrieren. Abbildung 7.42 zeigt den Einkauf von zehn Kartons USB-Sticks. Die eingegebene Menge in den Einkaufsbelegen, wie hier in der Eingangsrechnung, entspricht der in den **Artikelstammdaten** auf der Registerkarte **Einkauf** festgelegten Einkaufsmengeneinheit (Karton). Dies erkennen Sie in der Spalte **Artikel pro Einheit** rechts neben dem ME-Namen, die den Wert »20« anzeigt (20 USB-Sticks pro Karton). Bei einem Einkaufspreis von 6,00 EUR pro Dose (Bestandsmengeneinheit Dose) ergibt sich ein **Preis nach Rabatt** in der Eingangsrechnung von 120,00 EUR pro Einkaufsmengeneinheit (Karton zu 20 Dosen), wie in Abbildung 7.42 zu sehen ist.

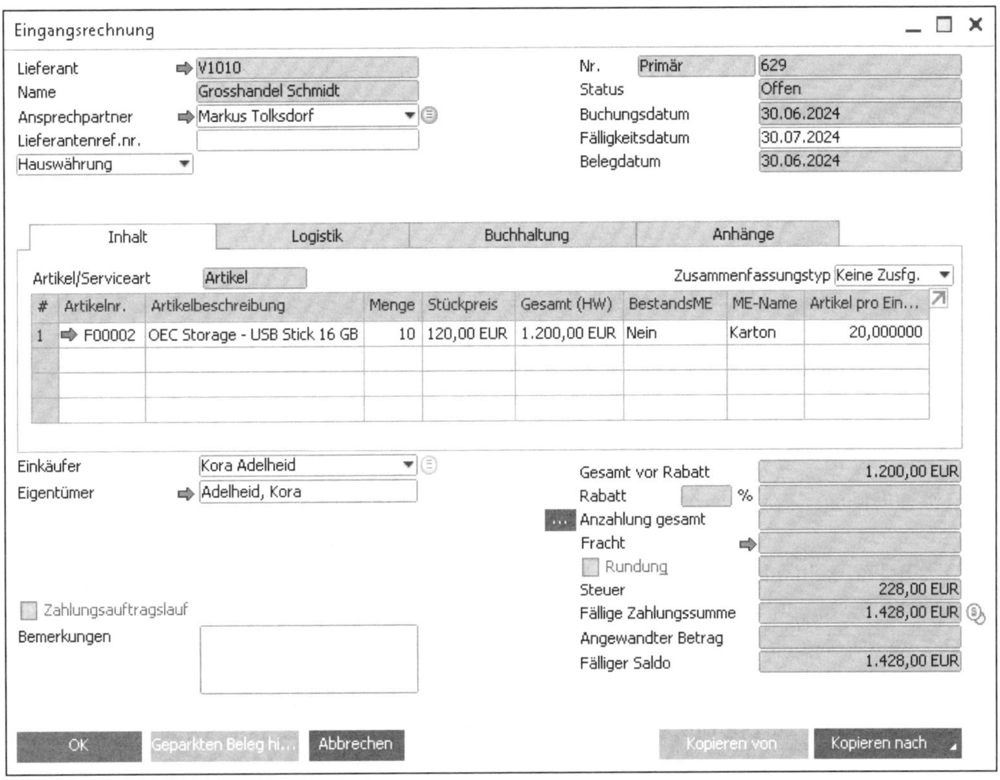

Abbildung 7.42: Einkauf von zehn Kartons USB-Sticks über Eingangsrechnung

Nach dem Hinzufügen der Eingangsrechnung zeigt sich der Lagerbestand des Artikels (Klick auf den orangefarbenen Pfeil ⇨ neben der Artikelnummer in der **Eingangsrechnung**) wie in Abbildung 7.43. Die markierte Zeile des Lagers »01« auf der Registerkarte **Bestandsdaten** in den **Artikelstammdaten** zeigt eine Menge **Auf Lager** von 200 Dosen (Bestandsmengeneinheit), das entspricht den eingekauften zehn Kartons zu 20 Dosen. Die **Artikelkosten** entsprechen naturgemäß dem Einkaufspreis von 6,00 EUR pro Dose.

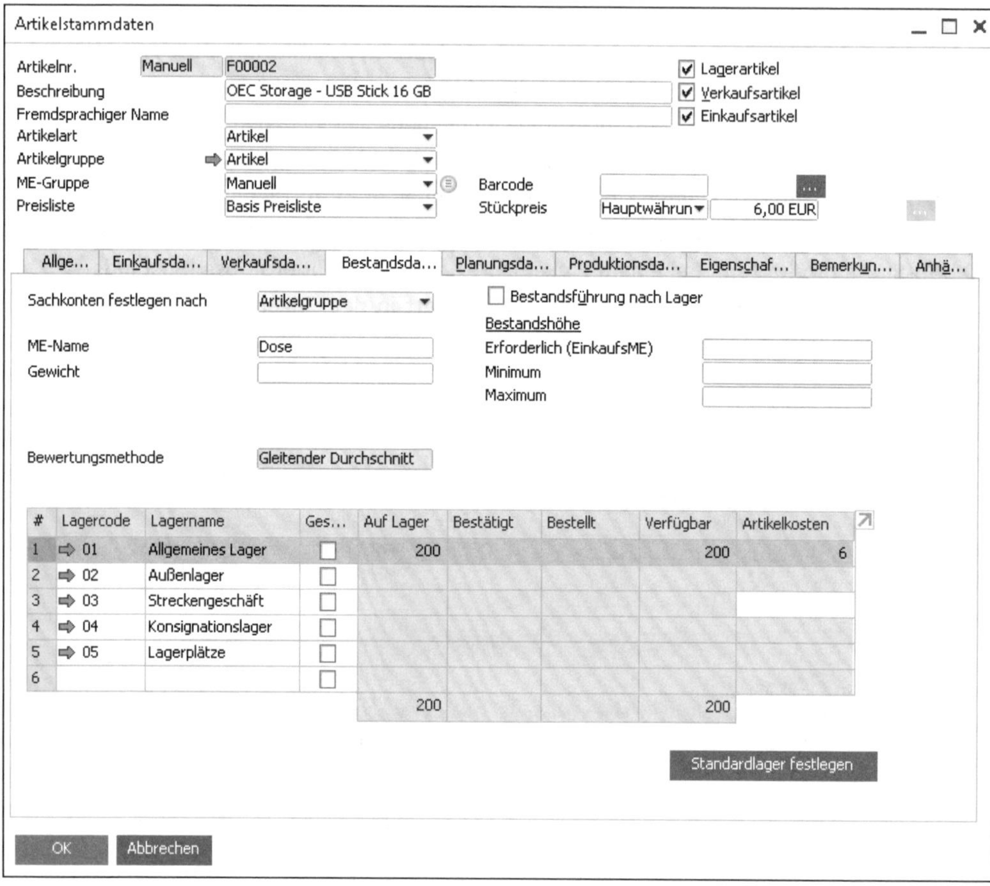

Abbildung 7.43: Lagerbestand und Artikelkosten der USB-Sticks

Bei Artikeln mit abweichenden Mengeneinheiten haben Sie jedoch auch die Möglichkeit, die Systematik der Einkaufsmengeneinheit zu durchbrechen. Dazu steht Ihnen im Einkaufsbeleg die Spalte **BestandsME** (= Bestandsmengeneinheiten) zur Verfügung, wie in Abbildung 7.42 demonstriert.

Klicken Sie auf das Dropdown-Feld in der Spalte **BestandsME**, und Sie haben zwei Optionen zur Auswahl:

- **Nein**: Diese Option ist standardmäßig eingestellt und bedeutet, dass die Einkaufsmengeneinheit und nicht die Basiseinheit für den Einkauf verwendet wird.
- **Ja**: Wählen Sie diese Option, um statt der voreingestellten Einkaufsmengeneinheit (Karton) die Bestandsmengeneinheit (Dose) zu verwenden.

Wählen Sie nun die Option **Ja**, um die Bestandsmengeneinheit zu aktivieren. Alle von der gewählten Einheit abhängigen Spalten, wie die **Artikel pro Einheit** und der **Stückpreis**, ändern sich entsprechend. Wenn wir nun wie in Abbildung 7.44 eine Menge von »10« eingeben, sind dies zehn Dosen USB-Sticks und nicht zehn Kartons zu zwanzig Dosen. Der Wert **Artikel pro Einheit** beträgt daher »1«, und der **Stückpreis** liegt bei 6,00 EUR pro Dose. Der Lagerbestand nach Hinzufügen beträgt entsprechend zehn Dosen.

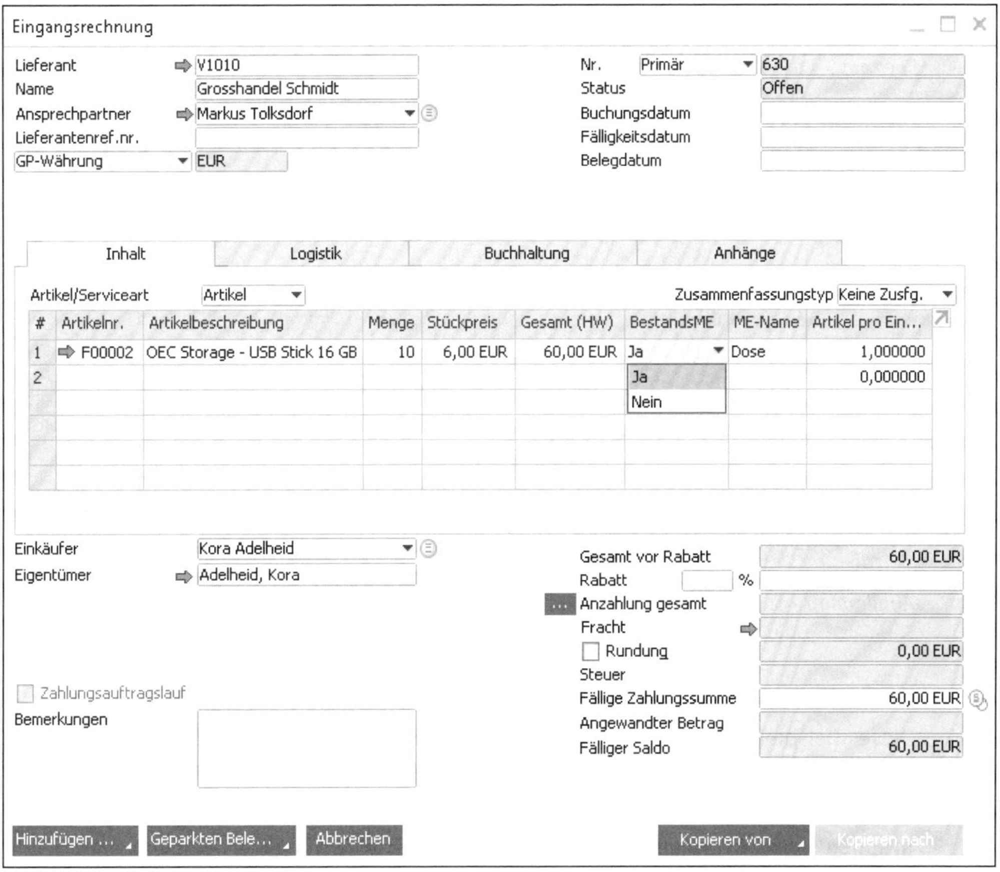

Abbildung 7.44: Basiseinheiten in Eingangsrechnung verwenden

Im Verkauf werden jeweils – gemäß der Definition im Fenster **Artikelstammdaten**, Registerkarte **Verkauf** – die Verkaufsmengeneinheiten, also Stück, verwendet (siehe Fenster **Lieferung** in Abbildung 7.45). Sie sehen, dass nun acht Stück USB-Sticks (Spalten **Menge** und **ME-Name**) geliefert werden. Der **Stückpreis** beträgt 4,00 EUR.

Falls der Kunde jedoch die Dosen zu zwei USB-Sticks möchte, wählen Sie in der Spalte **BestandsME** den Eintrag **Ja** aus der Werteliste aus.

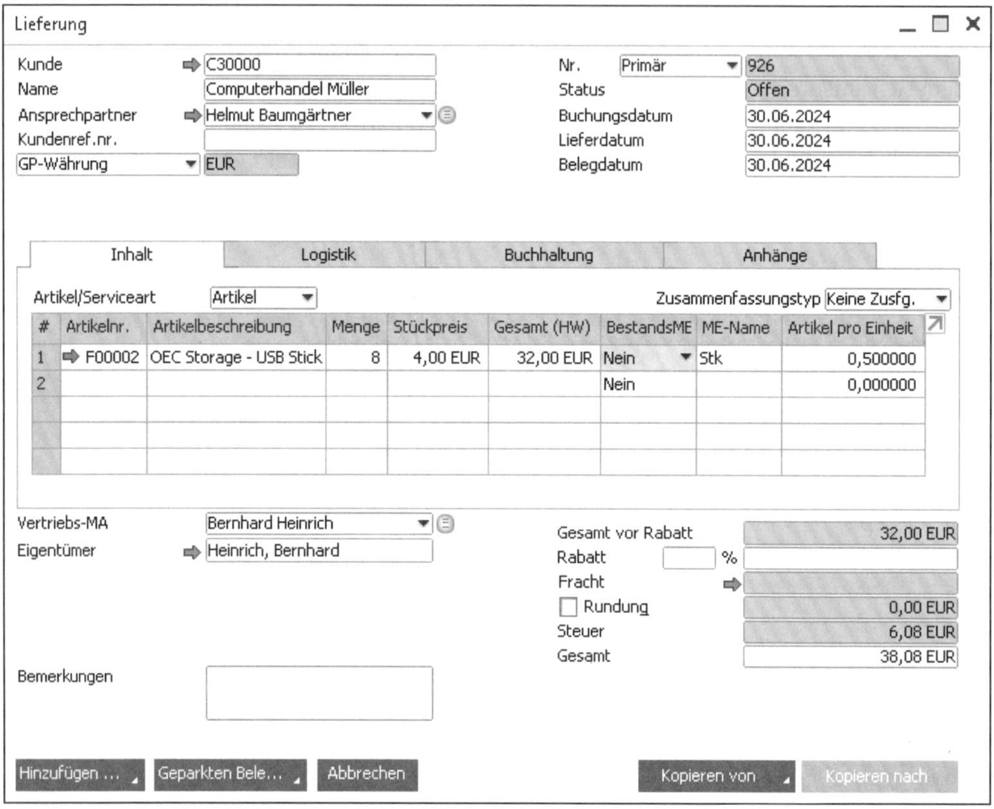

Abbildung 7.45: Lieferung von acht USB-Sticks

7.5.2 Mengeneinheiten-Gruppen

Dieses Beispiel mit Mengeneinheiten soll nun mit Mengeneinheiten-Gruppen durchgeführt werden. Mengeneinheiten-Gruppen können, einmal definiert, mehreren gleichartigen Artikeln zugeordnet werden. Zunächst müssen jedoch unter **Administration • Definitionen • Lagerverwaltung • Maßeinheiten** die Maßeinheiten angelegt werden. In unserem Beispiel sind dies Karton, Dose und Stück (siehe Abbildung 7.46).

Falls möglich, tragen Sie zusätzlich die entsprechenden Abmessungen und das Gewicht ein.

Die Längen- und Gewichtseinheiten bezieht das Programm aus den Definitionen, die Sie im Programmteil **Administration • Systeminitialisierung • Allgemeine Einstellungen** auf der Registerkarte **Anzeige** vorgenommen haben (siehe Abbildung 7.47).

Anschließend erfolgt die Definition im Fenster **Mengeneinheitengruppen – Definition** (unter **Administration • Definitionen • Lagerverwaltung**) wie in Abbildung 7.48.

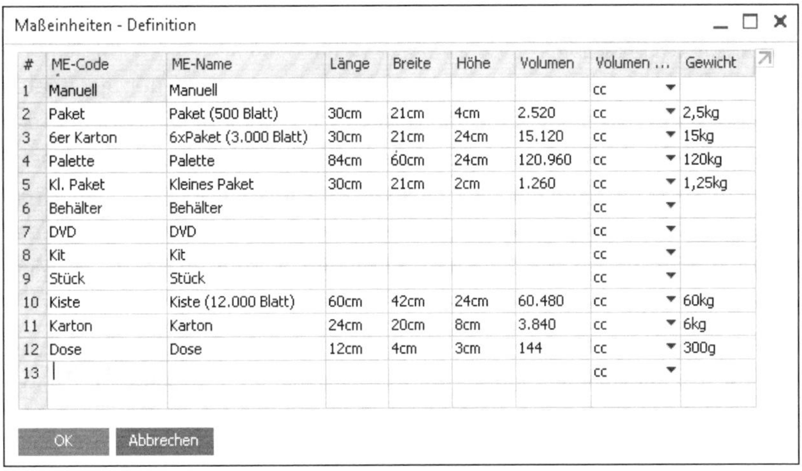

Abbildung 7.46: Maßeinheiten »Karton«, »Dose« und »Stück« anlegen

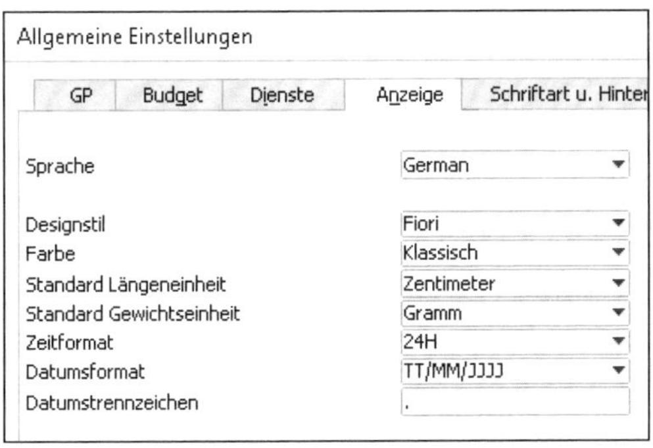

Abbildung 7.47: Grunddefinition der Einheiten

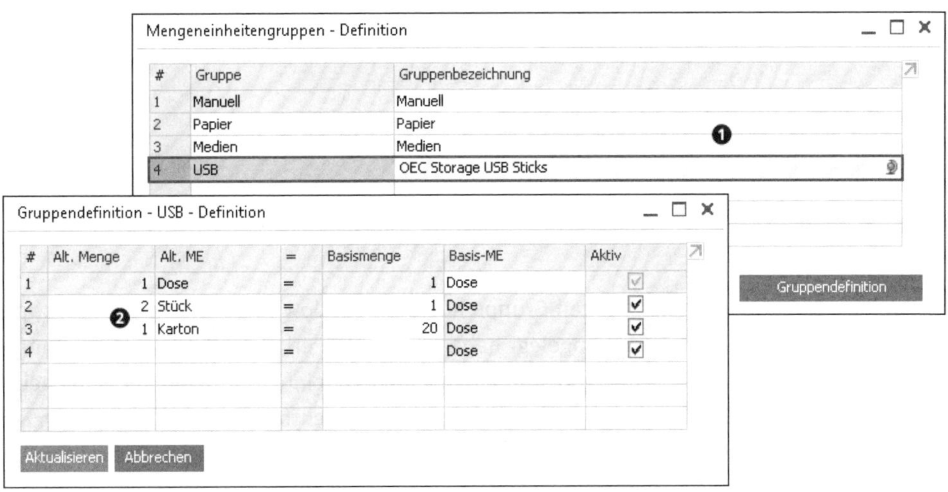

Abbildung 7.48: Mengeneinheiten-Gruppe und dazugehörige Mengeneinheiten definieren

Geben Sie für die Mengeneinheiten-Gruppe zunächst eine **Gruppe** sowie dann eine **Gruppenbeschreibung** ein (siehe ❶ in Abbildung 7.48). Anschließend klicken Sie auf den Button **Gruppendefinition** im rechten unteren Bereich des Fensters. Im nun geöffneten Fenster **Gruppendefinition** legen Sie die mengenmäßige Verknüpfung zwischen den Mengeneinheiten fest ❷. Die oberste Mengeneinheit ist dabei die Bestandsmengeneinheit. Darunter werden die weiteren mengenmäßigen Verhältnisse festgelegt. In unserem Beispiel in Abbildung 7.48 ist dies ein Karton (= 20 Dosen = 40 Stück). Klicken Sie in beiden offenen Fenstern jeweils auf den Button **Aktualisieren** und den Button **OK**, um die Mengeneinheiten-Gruppe zu speichern.

Im nächsten Schritt muss die Mengeneinheiten-Gruppe dem Artikel zugeordnet werden. Dies geschieht im Fenster **Artikelstammdaten** in den Kopfdaten im Feld **ME-Gruppe** (siehe Abbildung 7.49).

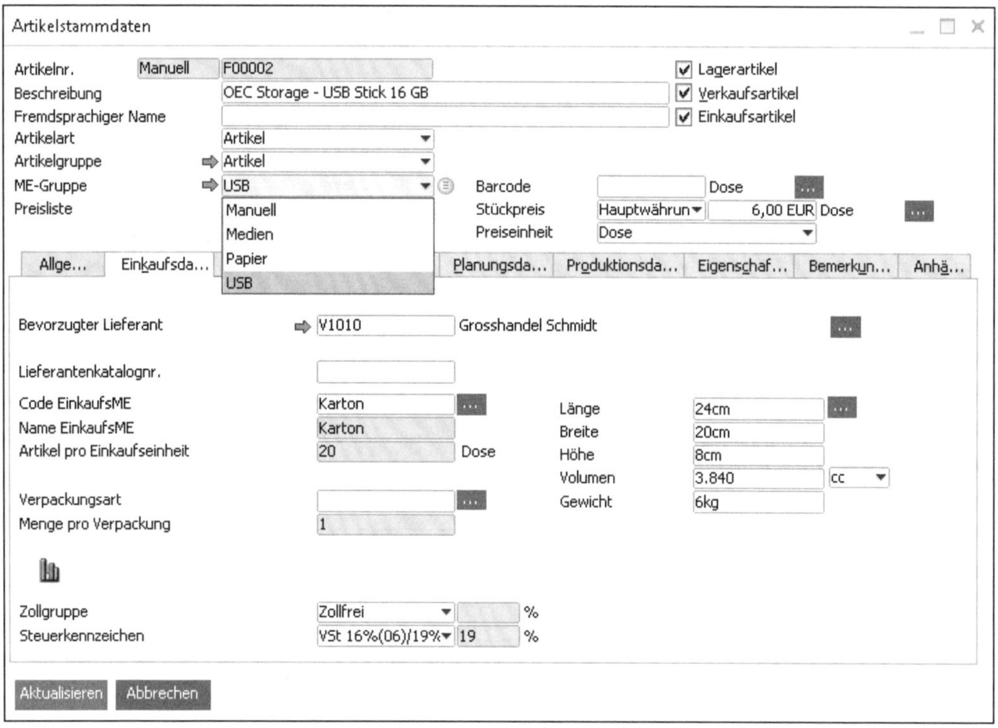

Abbildung 7.49: Mengeneinheiten-Gruppe (ME-Gruppe) einem Artikel zuordnen

Wählen Sie jene Mengeneinheiten-Gruppe aus der Dropdown-Liste im Feld **ME-Gruppe** aus, die Sie für diesen Artikel angelegt haben. Daraufhin erhalten Sie eine Hinweismeldung, dass alle manuell eingegebenen Einkaufsmengeneinheiten, Verkaufsmengeneinheiten, Verpackungseinheiten und dazugehörigen Preise entfernt werden. Bestätigen Sie diese Meldung, und die jeweiligen Felder für die manuelle Eingabe der Mengeneinheiten werden ersetzt, um die Mengeneinheiten-Gruppe auszuwählen.

Wählen Sie nun auf den Registerkarten **Einkaufsdaten** (**Karton**, siehe Abbildung 7.49), **Bestandsdaten** (**Dose**) und **Verkaufsdaten** (**Stück**) die entsprechenden Mengeneinheiten aus den Auswahllisten aus. Die Menge pro Mengeneinheit wird jeweils automatisch angezeigt. Klicken Sie auf den Button ... rechts neben dem Feld **Code ... ME** (z. B. **Code EinkaufsME** in Abbildung 7.49), und Sie erhalten im nun geöffneten Fenster einen Überblick über alle Mengeneinheiten-Gruppen und ihre mengenmäßige Verhältnisse sowie über den Zusammenhang mit allen zugehörigen Verpackungsarten.

Der Einkauf mit Mengeneinheiten-Gruppen hat ähnliche Auswirkungen wie derjenige mit manuellen Mengeneinheiten (siehe Abbildung 7.50).

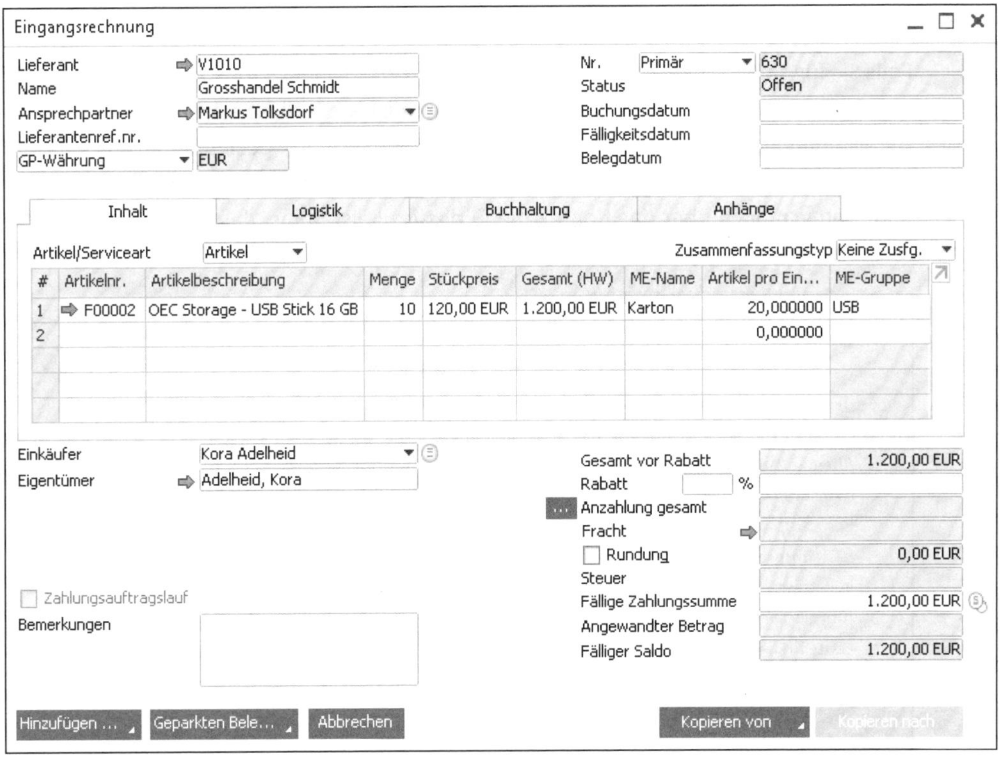

Abbildung 7.50: Eingangsrechnung mit Mengeneinheiten-Gruppen

Beim Einkauf der gleichen Menge von zehn Kartons bleiben alle Felder wie bei der Eingangsrechnung mit manuellen Mengeneinheiten in Abbildung 7.44. Der einzige Unterschied besteht in der Spalte **ME-Gruppe**, in der jetzt die zuvor angelegte Mengeneinheiten-Gruppe **USB** angezeigt wird. Sobald die Eingangsrechnung hinzugefügt wird, kann die Mengeneinheiten-Gruppe bei diesem Artikel nicht mehr in eine andere geändert werden. Es können jedoch die mengenmäßigen Verhältnisse noch geändert werden.

Der große Vorteil liegt darin, dass die Mengeneinheiten-Gruppe auch in anderen, gleichartigen Artikeln verwendet werden kann.

7.6 Katalognummern

In SAP Business One haben Sie die Möglichkeit, Katalognummern pro Geschäftspartner für jeden Artikel zu verwalten. Diese *Fremdkatalognummern* eines Artikels dienen dazu, die Einkaufs- und Verkaufsbelege an die Bedürfnisse des Lieferanten bzw. Kunden anzupassen, damit dieser sich in seinen eigenen Artikelnummern wiederfindet. Ab Version 10 können Sie zusätzlich zu den Nummern spezifische Bezeichnungen eingeben.

Falls Sie nur eine einzige fremde Artikelnummer pro Artikel führen müssen (z. B. nur für den Hauptlieferanten des Artikels), können Sie dies im Feld **Lieferantenkatalognr.** im Fenster **Artikelstammdaten** (unter **Lagerverwaltung • Artikelstammdaten**) auf der Registerkarte **Einkauf** festlegen.

Falls Sie für einen Artikel für mehrere Lieferanten oder Kunden eine Katalognummer oder eine fremde Artikelnummer festlegen möchten, müssen Sie diese als *Geschäftspartnerkatalognummer* unter **Lagerverwaltung • Artikelverwaltung • Geschäftspartnerkatalognummern** definieren. Alternativ können Sie den Programmteil **Geschäftspartnerkatalognummern** auch über das Kontextmenü des Artikelstamms, das Sie mit Klick auf die rechte Maustaste öffnen, starten (siehe Abbildung 7.51).

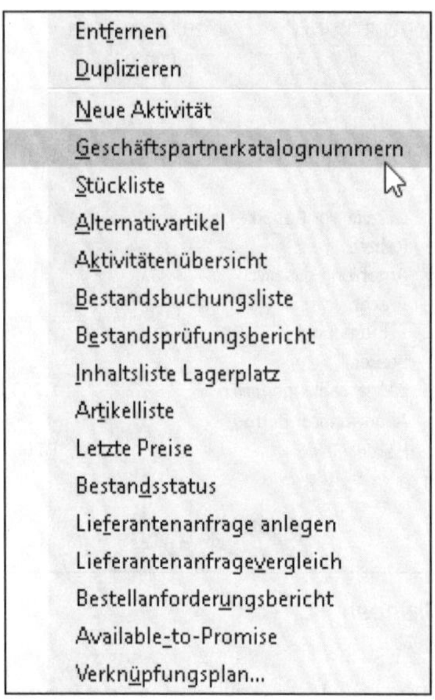

Abbildung 7.51: Kontextmenü im Artikelstamm

Analog dazu existiert diese Funktion auch im Geschäftspartnerstamm.

Die Definition der Geschäftspartnerkatalognummern kann ausgehend vom Artikel oder vom Geschäftspartner erfolgen. Dementsprechend existieren zwei Registerkarten (**Artikel** bzw. **GP**) im Fenster **Geschäftspartnerkatalognummern.** Für das Definieren von Geschäftspartnerkatalognummern gehen Sie für beide Registerkarten gleich vor. Führen Sie folgende Schritte aus:

1. Gehen Sie auf die Registerkarte **Artikel**, öffnen Sie mit der [⇥]-Taste im Feld **Code** die Auswahlliste **Artikel** im Kopfbereich, und wählen Sie einen Artikel aus, für den Sie die Geschäftspartnerkatalognummern definieren möchten (wenn Sie den Programmteil über das Kontextmenü gestartet haben, dann ist die korrekte Artikelnummer bereits vorgeschlagen). Klicken Sie auf den Button **Auswählen**, um den Artikel mitsamt der Beschreibung anzuzeigen. Der Cursor wird in der Tabelle im Feld **GP-Code** positioniert. Alternativ dazu wählen Sie auf der Registerkarte **GP** einen Geschäftspartner aus.
2. Öffnen Sie mit der [⇥]-Taste im Feld **GP-Code** die Auswahlliste **Geschäftspartner**, und wählen Sie die Geschäftspartner aus, für die Sie die Katalognummern definieren möchten. Eine Mehrfachauswahl erreichen Sie mit der Kombination [Strg]- bzw. [⇧]-Taste und linke Maustaste. Klicken Sie im nun geöffneten Fenster **Liste: Geschäftspartner** auf den Button **Auswählen**, um die ausgewählten Geschäftspartner in die Tabelle einzufügen, wie es in Abbildung 7.52 zu sehen ist.

Abbildung 7.52: Geschäftspartnerkatalognummern definieren

Alternativ dazu öffnen Sie auf der Registerkarte **GP** mit der [⇥]-Taste im Feld **Artikelnr.** die Auswahlliste **Artikel** und wählen die Artikel aus, für die Sie die Katalognummern des im Kopfbereich ausgewählten Geschäftspartners definieren möchten.

3. Geben Sie für jeden Geschäftspartner in der Spalte **GP-Katalognr.** die entsprechende Katalognummer ein.
4. Um eine Geschäftspartnerkatalognummer zu löschen, markieren Sie die gewünschte Zeile und klicken auf den dann aktiven Button **Zeilen löschen**.
5. Optional können Sie ab Version 10 auch eine GP-Katalogbeschreibung eingeben.

6. Klicken Sie auf den Button **Hinzufügen**, um die Geschäftspartnerkatalognummern anzulegen. Die Funktion des Buttons **Als Standard setzen**, die in Version 10 hinzugekommen ist, ergibt sich daraus, dass für einen Geschäftspartner mehr als eine Katalognummer definiert werden kann. Solange nur eine Nummer pro Geschäftspartner definiert wurde, wird sie beim Hinzufügen automatisch als Standard gesetzt.

Die angelegten Katalognummern können Sie im **Suchen**-Modus sowohl aus Sicht des Artikels als auch aus Sicht des Geschäftspartners auffinden. Die Katalognummern werden naturgemäß wechselseitig angezeigt.

[zB]

Katalognummern auffinden

In Abbildung 7.52 wurde für den Artikel »C00007« die Katalognummer »654-123« für den Geschäftspartner »C42000 – CIT Beratungshaus« definiert.

Wenn Sie nun auf der Registerkarte **GP** nach »C42000« suchen, erhalten Sie als Ergebnis die definierte Geschäftspartnerkatalognummer des Artikels »C42000«, wie in Abbildung 7.53 zu sehen ist.

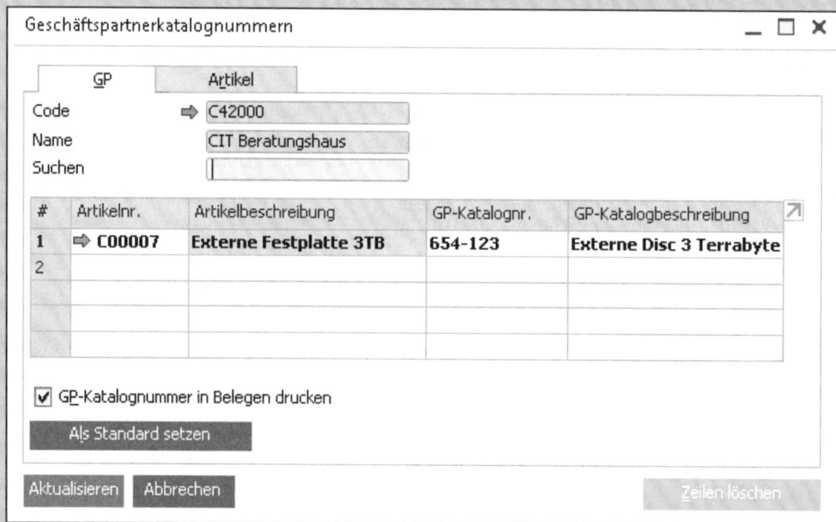

Abbildung 7.53: Geschäftspartnerkatalognummer nach Geschäftspartner

Eine andere Möglichkeit besteht darin, die Katalognummern mit dem Button [→] (**Nächster Datensatz**) bzw. mit dem Button [←] (**Vorheriger Datensatz**) »durchzublättern«.

Auf der Registerkarte **GP** steht Ihnen eine weitere Option zur Verfügung (siehe Abbildung 7.53): Mit der Checkbox **GP-Katalognummer in Belegen drucken** können Sie zusätzlich zu der in den Artikelstammdaten definierten Artikelnummer die für den Geschäftspartner wichtigere Katalognummer verwenden.

Sobald der Geschäftspartner »C30000 – Computerhandel Müller« in einem Beleg ausgewählt wird, kann neben der Spalte **Artikelnr.** die Spalte **GP-Katalognr.** mithilfe der Formulareinstellungen (Button) eingeblendet werden, wie in Abbildung 7.54 zu sehen ist.

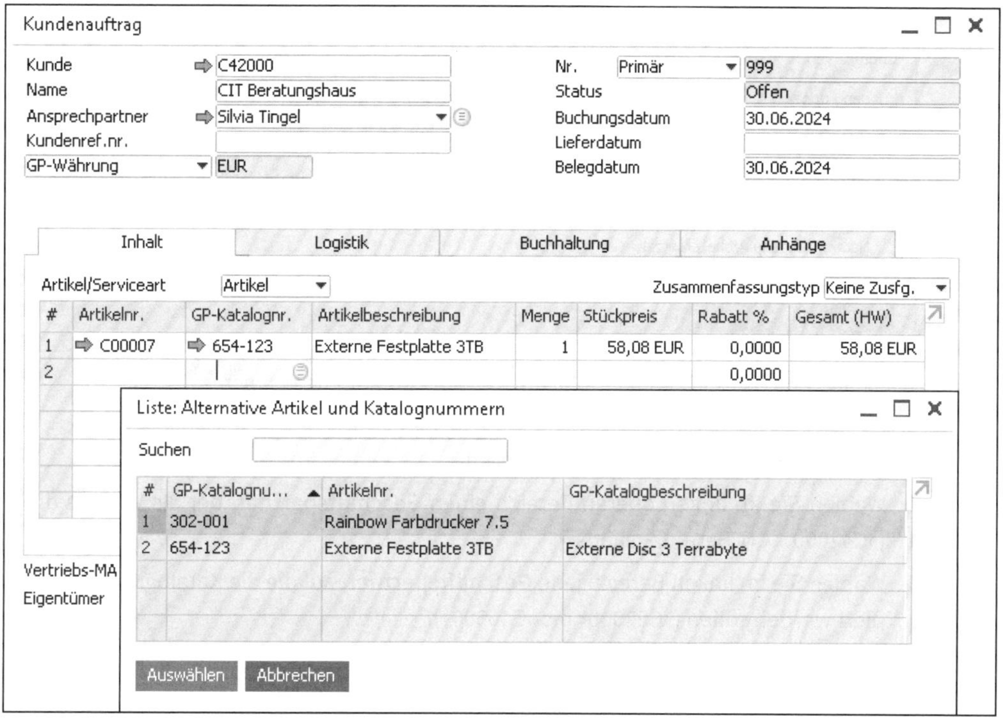

Abbildung 7.54: Kundenauftrag – Artikel mit GP-Katalognummer als Suchkriterium

Ist dies der Fall, können Sie die GP-Katalognummer als Suchkriterium verwenden, weil z. B. der Kunde nicht mit Ihrer, sondern mit seiner Artikelnummer bestellt hat. Öffnen Sie mit der [Tab]-Taste im Feld **GP-Katalognr.** die Auswahlliste **Liste: Alternative Artikel und Katalognummern**, und Sie erhalten den eingangs definierten Artikel (siehe Abbildung 7.54). Um die Auswahl nach der üblichen Artikelnummer vorzunehmen, öffnen Sie die Auswahlliste **Artikel** aus dem Feld **Artikelbeschreibung**. Zusätzlich zu dieser Funktion kann die GP-Katalognummer auch im Beleg angedruckt werden. Die von SAP ausgelieferten Standardlayouts sehen das bereits vor. Sollten Sie eigene Layouts verwenden, ist diese Variable noch gesondert einzubauen.

In manchen Fällen ist es notwendig, eine Reihe von GP-Katalognummern gleichzeitig zu aktualisieren. Dabei wählen Sie einen Quellgeschäftspartner aus, der als Vorlage für alle Geschäftspartner dient, deren GP-Katalognummern aktualisiert werden sollen. Die Aktualisierung der Katalognummern erfolgt im Fenster **Globale Aktualisierung der GP-Katalognummern** (siehe Abbildung 7.55) über den Menüpfad **Lagerverwaltung • Artikelverwaltung • Globale Aktualisierung der GP-Katalognummern**.

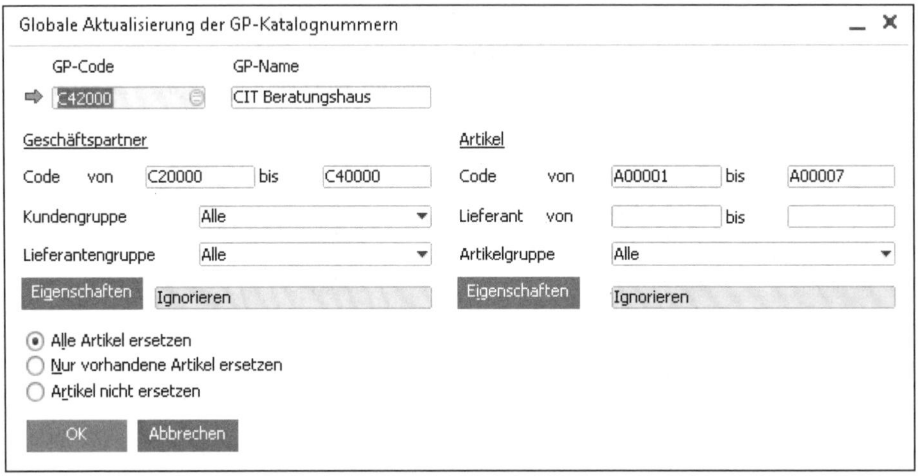

Abbildung 7.55: Fenster »Globale Aktualisierung der GP-Katalognummern«

Die Aktualisierung verläuft folgendermaßen:

1. Wählen Sie im linken oberen Bereich einen **Geschäftspartner**, der als Vorlage dient (»C42000 – CIT Beratungshaus«).
2. Wählen Sie im linken Bereich jene **Geschäftspartner**, auf die die Katalognummern kopiert werden sollen (»C52000« bis »C40000«).
3. Wählen Sie im rechten Bereich jene **Artikel** aus, für die die Katalognummern kopiert werden sollen (»A00001« bis »A00007«).
4. Wählen Sie im unteren Bereich eine der folgenden drei Optionen (ähnlich denen bei der Aktualisierung von Sonderpreisen in Abschnitt 7.4, »Preisfindung«):
   - **Alle Artikel ersetzen**: Bei dieser Option werden die Katalognummern für alle ausgewählten Artikel kopiert, unabhängig davon, ob für diesen Artikel und diesen Geschäftspartner bereits Katalognummern existieren oder nicht.
   - **Nur vorhandene Artikel ersetzen**: Bei dieser Option werden nur die Katalognummern jener Artikel aktualisiert, die sowohl beim Quellgeschäftspartner als auch beim Zielgeschäftspartner vorhanden sind.
   - **Artikel nicht ersetzen**: Mit dieser Option werden nur die Katalognummern jener Artikel ersetzt, die beim Zielgeschäftspartner noch frei, also noch nicht definiert sind (d. h., »ersetzen« ist wieder als »ergänzen« zu verstehen).
5. Klicken Sie auf den Button **OK**, um die Aktualisierung vorzunehmen. Anschließend erhalten Sie eine Systemmeldung, dass der Vorgang erfolgreich durchgeführt wurde.

Die Aktualisierung der GP-Katalognummern kann beliebig oft durchgeführt werden.

[+]

Import umfangreicher Geschäftspartnerkatalognummern

Seit Release 9.2 von SAP Business One haben Sie die Möglichkeit, umfangreiche Listen von Geschäftspartnerkatalognummern aus Excel zu importieren. Den Import nehmen Sie im Fenster **Aus Excel importieren...** unter dem Menüpfad **Administration • Datenimport/-export • Datenimport** vor.

Der Datenimport ist einfach zu handhaben, zählt jedoch zu den weiterführenden Themen und wird daher in diesem Buch nicht behandelt. Aus diesem Grund sollten Sie einen Consultant zurate ziehen.

7.7 Verwaltung von Serien-/Chargennummern

SAP Business One bietet die Möglichkeit, für einen Artikel entweder Seriennummern oder Chargennummern zu verwalten. Mit leichten Einschränkungen können auch Seriennummern und Chargennummern gleichzeitig für einen Artikel verwaltet werden. In den folgenden Abschnitten wird dies dargestellt.

7.7.1 Seriennummern

Die *Seriennummer* ist eine eindeutige Nummer, die Ihr Unternehmen zu Dokumentationszwecken oder aus betriebswirtschaftlichen Gründen (Garantie, Gewährleistung, Qualitätsmanagement-Erfordernisse etc.) verwalten muss oder soll. Die Verwaltung der Seriennummer berührt alle lagerbewegenden Transaktionen in SAP Business One – vom Einkauf über Bestandstransaktionen bis zu Inventur und Verkauf.

In den **Artikelstammdaten** auf der Registerkarte **Allgemein** legen Sie fest, ob für einen Artikel Seriennummern verwaltet werden (siehe Abbildung 7.56).

Legen Sie im Bereich **Serien- und Chargennummern** fest, in welcher Form die Seriennummern verwaltet werden sollen. Die Verwaltung der Seriennummern bezieht sich in erster Linie auf den Lagerzugang und Lagerabgang der Seriennummernartikel, unabhängig davon, aus welcher Transaktion in SAP Business One der Zugang (Wareneingang, Eingangsrechnung, manueller Wareneingang, Anfangsbestand, Umlagerung, Eingang aus Produktion etc.) bzw. der Abgang (Lieferung, Ausgangsrechnung, manueller Warenausgang, Umlagerung, Ausgabe für Produktion, etc.) stammt. Dazu wählen Sie im Feld **Artikel verwalten nach** den Eintrag **Seriennummern** aus, wie in Abbildung 7.56 zu sehen ist.

Generell stehen Ihnen für die Verwaltung der Seriennummern drei Optionen zur Verfügung:

- **Seriennummer bei Zu- und Abgang**
  Mit dieser Option müssen Sie bei jeder Transaktion mit einem Seriennummernartikel eine Seriennummer erfassen. Wählen Sie im Feld **Managementmethode** den Eintrag **Bei jeder Buchung**.

- **Seriennummer nur bei Abgang (mit automatischer Erstellung)**
  Mit dieser Option müssen Sie die Seriennummer nur bei der Ausgabe erfassen. Beim Zugang erstellt SAP Business One eine automatische Seriennummer. Wählen Sie im Feld **Managementmethode** den Eintrag **Nur bei Ausgabe**; zusätzlich markieren Sie die Checkbox **Automatische Seriennummernerstellung bei Eingang**.
- **Seriennummer nur bei Abgang (ohne automatische Erstellung)**
  Mit dieser Option müssen Sie die Seriennummer nur bei Ausgabe erfassen. Beim Zugang vergibt SAP Business One keine Seriennummer. Wählen Sie im Feld **Managementmethode** den Eintrag **Nur bei Ausgabe**; zusätzlich demarkieren Sie die Checkbox **Automatische Seriennummernerstellung bei Eingang**.

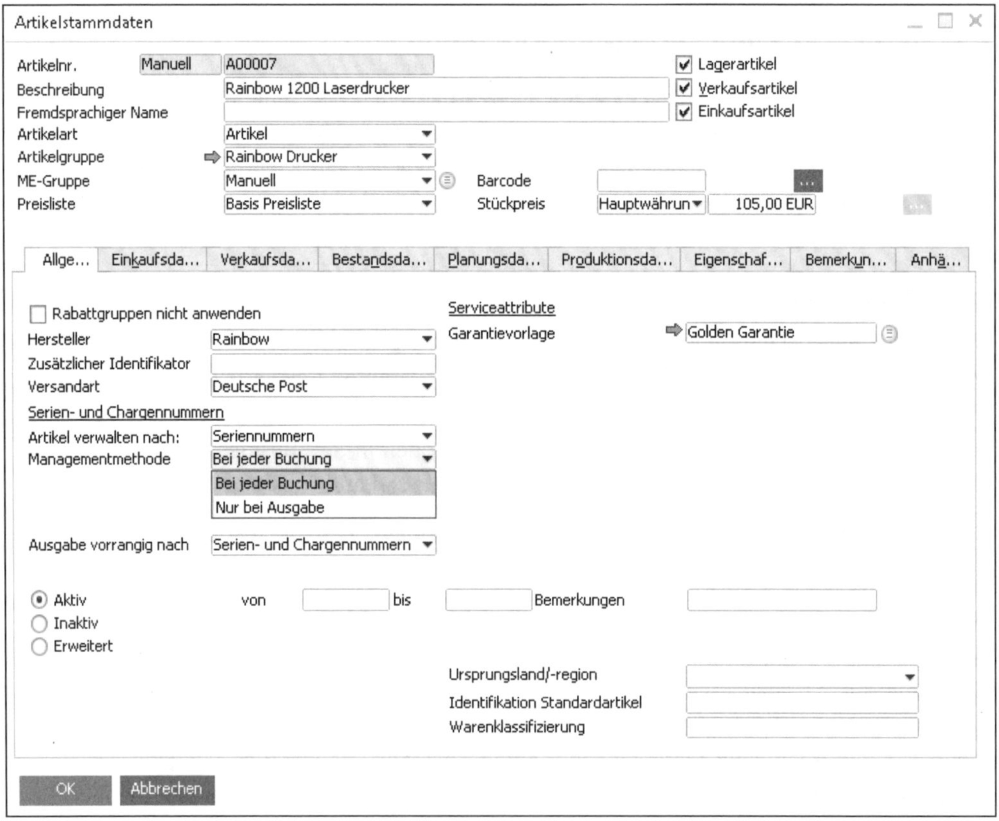

Abbildung 7.56: Fenster »Artikelstammdaten« – Seriennummernverwaltung definieren

Den Vorschlagswert für diese Optionen können Sie im Programmpunkt **Administration • Systeminitialisierung • Allgemeine Einstellungen** auf der Registerkarte **Bestand**, Unterregisterkarte **Artikel**, im Block **Verwaltungsmethode** festlegen (siehe Abbildung 7.57).

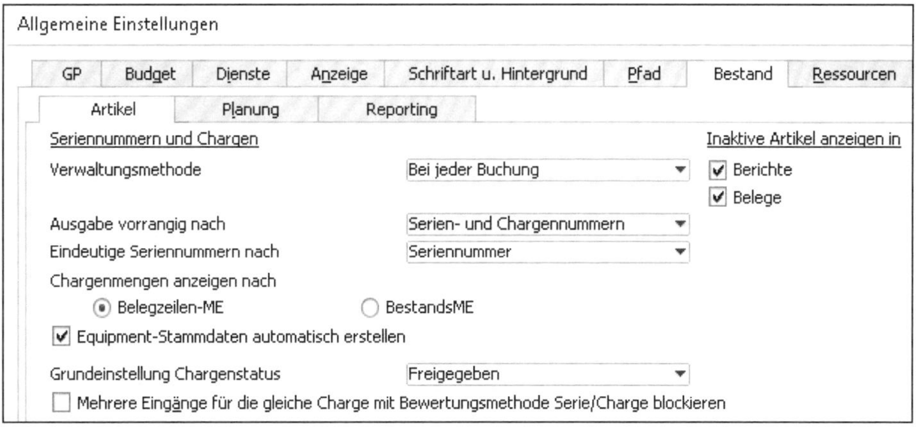

Abbildung 7.57: Allgemeine Einstellungen für Seriennummern und Chargen

Darunter legen Sie im Feld **Eindeutige Seriennummern nach** fest, welches der drei grundsätzlich zur Verfügung stehenden Seriennummernfelder eindeutig sein soll. Hier stehen Ihnen die folgenden Optionen zur Verfügung:

- **Keine**: Das bedeutet, Sie verfügen über keine eindeutige Seriennummer. Diese Variante ist zwar sehr komfortabel und erlaubt einen geringen Organisationsgrad, sie ist aber auch fehleranfällig. Sollten Sie aus gesetzlichen Gründen dazu gezwungen sein, eine Seriennummer zu führen, und auch auditiert werden, ist diese Variante nicht empfehlenswert.
- **Herstellerseriennummer**
- **Seriennummer**
- **Losnummer**

Wichtig ist in diesem Programmteil auch die **Grundeinstellung Chargenstatus**. Sie legt fest, wie mit einer Charge verfahren wird, wenn sie in das Lager zugebucht wird. Hier stehen drei Optionen zur Verfügung:

- **Freigegeben**
  Das bedeutet, dass die Charge sofort verkauft werden kann
- **Zugriff nicht möglich**
  Diese Chargen müssen zunächst durch den Prozessschritt einer *Umlagerung* gehen. Erst danach kann ihr Status in **Freigegeben** geändert werden.
- **Gesperrt**
  Bedeutet, dass der Chargenstatus nur bei den Transaktionen Umlagerung und Warenausgang geändert werden kann

Im Folgenden wird ein durchgängiges Beispiel für die Verwaltung von Seriennummern gezeigt. Es richtet sich nach der ersten Option (Seriennummer bei Zu- und Abgang), da bei dieser Art der Verwaltung der Seriennummer die meisten Bereiche berührt werden.

Der Zugang der Seriennummern wird jeweils anhand eines Wareneingangs demonstriert. Der Wareneingang der Seriennummernartikel gestaltet sich wie in Abbildung 7.58.

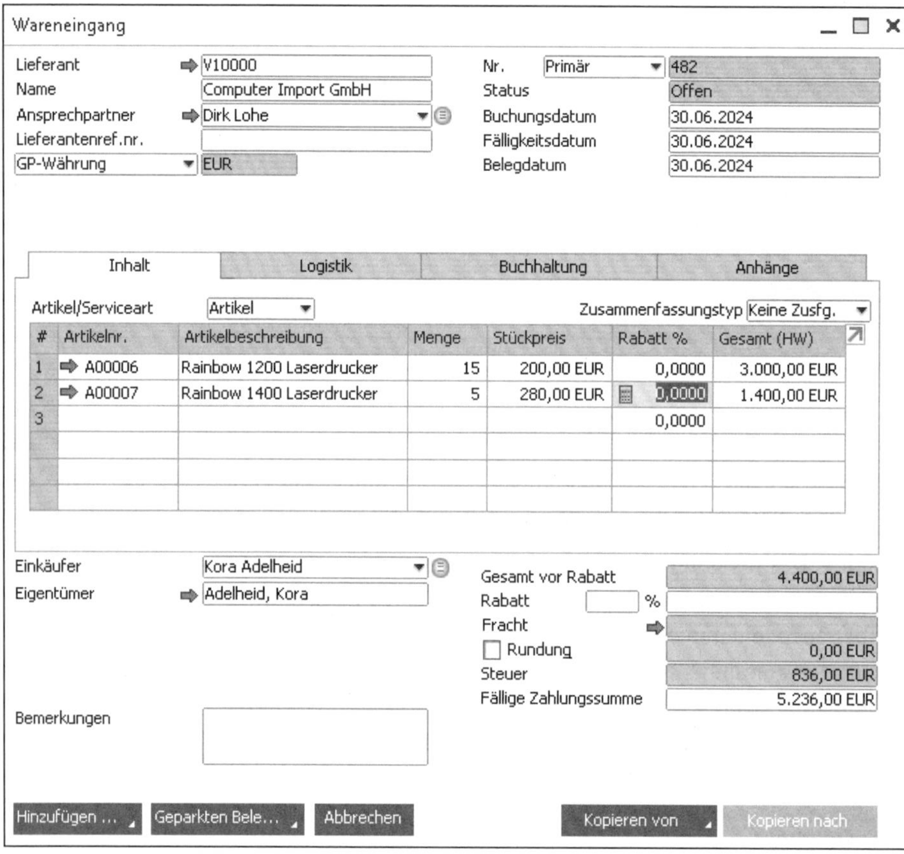

Abbildung 7.58: Wareneingang von Seriennummernartikeln

Die Definition der Seriennummern für die beiden Artikelzeilen erfolgt im Fenster **Seriennummern – Definition**, das Abbildung 7.59 zeigt. Das Fenster kann mit der Tastenkombination Strg + ⇥ im Feld **Menge** oder mit einem Klick auf den Button **Hinzufügen** geöffnet werden – die Transaktion kann erst hinzugefügt werden, wenn alle notwendigen Seriennummern erfasst wurden.

Im Fenster **Seriennummern – Definition** markieren Sie die Artikelzeile in der oberen Tabelle und geben die Seriennummern in der unteren Tabelle in der entsprechenden Spalte ein. Im Beispiel in Abbildung 7.59 wurde die Seriennummer verwendet, da diese als eindeutig definiert wurde (siehe Abbildung 7.57) und aus diesem Grund ein Pflichtfeld ist. Zusätzlich könnten Sie aber auch die Spalte **Herstellerseriennr.** und **Losnummer** füllen, falls der Artikel weitere Seriennummern trägt. Wenn die Spalte schreibgeschützt ist, klicken Sie auf den Button (**Formulareinstellungen**) und wählen im nächsten Fenster die Option **Seriennummerntabelle** aus. Nun können Sie die zur Verfügung stehenden Spalten auf **Sichtbar** und **Aktiv** setzen. Klicken Sie abschließend auf den Button **OK**, und die Seriennummern werden zum Wareneingang gespeichert.

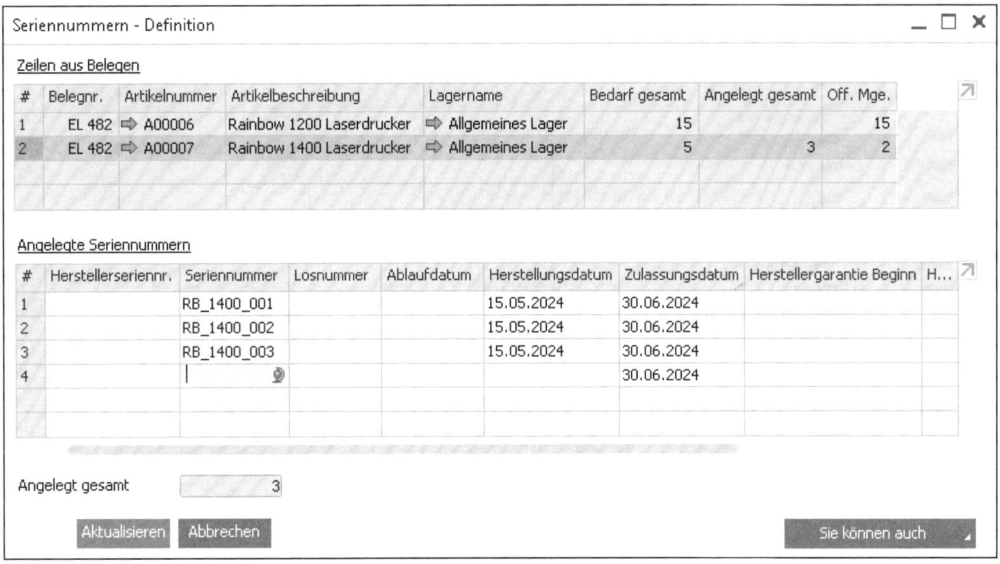

Abbildung 7.59: Seriennummern definieren

Serien- und Chargennummern können manuell erstellt oder aus Microsoft Excel importiert werden, SAP Business One bietet aber auch ein Hilfsmittel, mit dem Sie aufeinanderfolgende Seriennummern rasch definieren können.

1. Dazu klicken Sie im Fenster **Seriennummern – Definition** auf den Button **Sie können auch** im rechten unteren Bereich und wählen dort die Option **Automatische Erstellung**. Es öffnet sich das Fenster **Automatisches Anlegen von Seriennummern** wie in Abbildung 7.60.
2. Klicken Sie auf den Button ... neben dem Feld **Seriennummer**, und das Fenster **Automatische Stringerstellung** wird geöffnet. In diesem Fenster können Sie fortlaufende Seriennummern definieren.
   - Dies funktioniert auch, wenn die Seriennummer alphanumerische Zeichen enthält. Sie können die Seriennummer auf die gleiche Weise wie in Abbildung 7.60 zusammenstellen.
   - Die alphanumerischen Teile der Seriennummer werden jeweils als Typ **String** definiert, der numerische Teil (Typ **Nummer**) kann vergrößert oder verkleinert werden oder gleich bleiben.
3. Klicken Sie abschließend auf den Button **OK** und im Fenster **Automatisches Anlegen von Seriennummern** auf den Button **Anlegen**, und die Seriennummer wird gemäß der Definition erstellt, wie das Beispiel in Abbildung 7.59 zeigt.

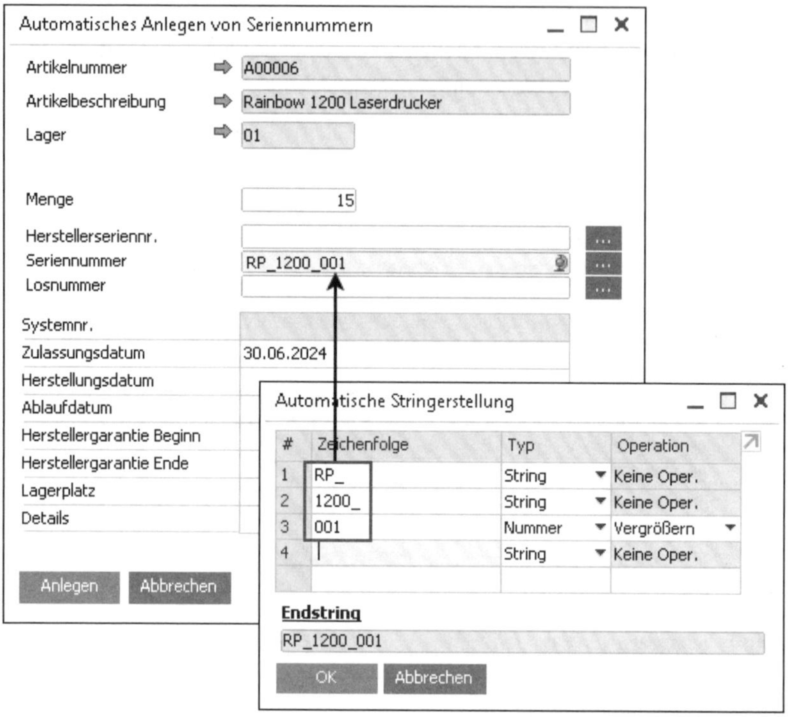

Abbildung 7.60: Seriennummern automatisch anlegen

4. Markieren Sie die nächste Artikelzeile im Fenster **Seriennummern – Definition**, und verfahren Sie auf die gleiche Weise, bis Sie die Seriennummern für alle Artikelzeilen erstellt haben.
5. SAP Business One überprüft laufend, ob die Anzahl der angelegten Seriennummern mit der Menge im Beleg übereinstimmt. Die Anzahl der noch fehlenden Seriennummern sehen Sie in der Spalte **Off. Mge.** im rechten oberen Bereich des Fensters **Seriennummern – Definition** (siehe Abbildung 7.59).
6. Sobald Sie die erforderliche Anzahl von Seriennummern erreicht haben, erhalten Sie eine Hinweismeldung in der Meldungsleiste am unteren Rand des Bildes.

[+]

Fehlerhafte Seriennummer

Falls Sie eine Seriennummer irrtümlich angelegt haben, markieren Sie die entsprechende Zeile (mehrere Zeilen markieren Sie mit ⇧-Taste und linker Maustaste), klicken mit der rechten Maustaste auf die Markierung und wählen aus dem Kontextmenü den Eintrag **Zeilen löschen** aus. Klicken Sie auf die Buttons **Aktualisieren** und **OK**, um das Fenster **Seriennummern – Definition** zu schließen und zum Wareneingang zurückzukehren.

7. Klicken Sie schließlich im Fenster **Wareneingang** auf den Button **Hinzufügen**, und die Seriennummern werden auf Lager gelegt.

Um die Seriennummern eines Belegs anzuzeigen, rufen Sie den Beleg auf, klicken mit der rechten Maustaste auf das Belegfenster und wählen aus dem Kontextmenü den Eintrag **Transaktionsbericht Seriennummern** aus. Abbildung 7.61 zeigt den Bericht zu unserem Beispiel.

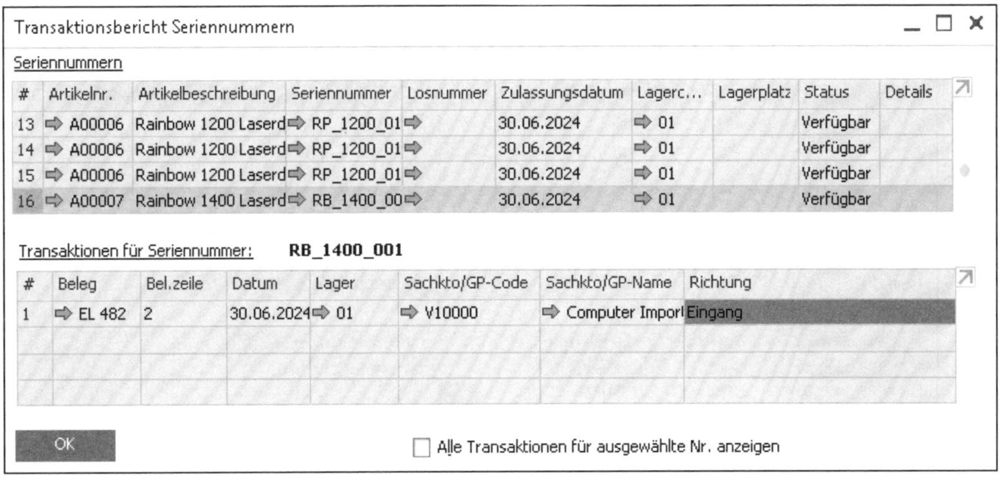

Abbildung 7.61: »Transaktionsbericht Seriennummern« im Wareneingang

Der Bericht zeigt in der oberen Tabelle **Seriennummern** alle Seriennummern der einzelnen Artikel aus dem Wareneingang. Markieren Sie eine Zeile in der oberen Tabelle, um in der unteren Tabelle, **Transaktionen für Seriennummer**, den Weg mit Transaktionen in SAP Business One zu verfolgen. Zu diesem Zeitpunkt existiert nur ein Zugang der Seriennummer aus dem angelegten Wareneingang.

Den Abgang der Seriennummer demonstrieren wir anhand einer Lieferung. Dazu legen Sie einen Lieferschein mit dem zugegangenen Seriennummernartikel an.

Die Auswahl der Seriennummer erfolgt denkbar einfach im Fenster **Auswahl Seriennummern** (siehe Abbildung 7.62).

1. Öffnen Sie das Fenster mit der Tastenkombination [Strg]+[↹] im Feld **Menge** (im Fenster **Lieferung**), oder klicken Sie auf den Button **Hinzufügen**, und SAP Business One öffnet das Fenster automatisch.
   - Markieren Sie die Artikelzeile in der oberen Tabelle, und Sie erhalten die auf dem Lager zur Verfügung stehenden Seriennummern in der Tabelle **Verfügbare Seriennummern** im linken unteren Bereich.
   - Markieren Sie die gewünschten Seriennummern mit der linken Maustaste und der [⇧]- oder [Strg]-Taste, und klicken Sie auf den Button [>], damit die Seriennummern in die rechte untere Tabelle **Ausgewählte Seriennummern** verschoben wer-

den. Alternativ dazu können Sie auch den Button **AutoAuswahl** im rechten unteren Bereich des Fensters anklicken, um die obersten Seriennummern in der Liste auszuwählen.

- Klicken Sie auf die Buttons **Aktualisieren** und **OK**, um die Seriennummern der Lieferung hinzuzufügen und zum Fenster **Lieferung** zurückzukehren.

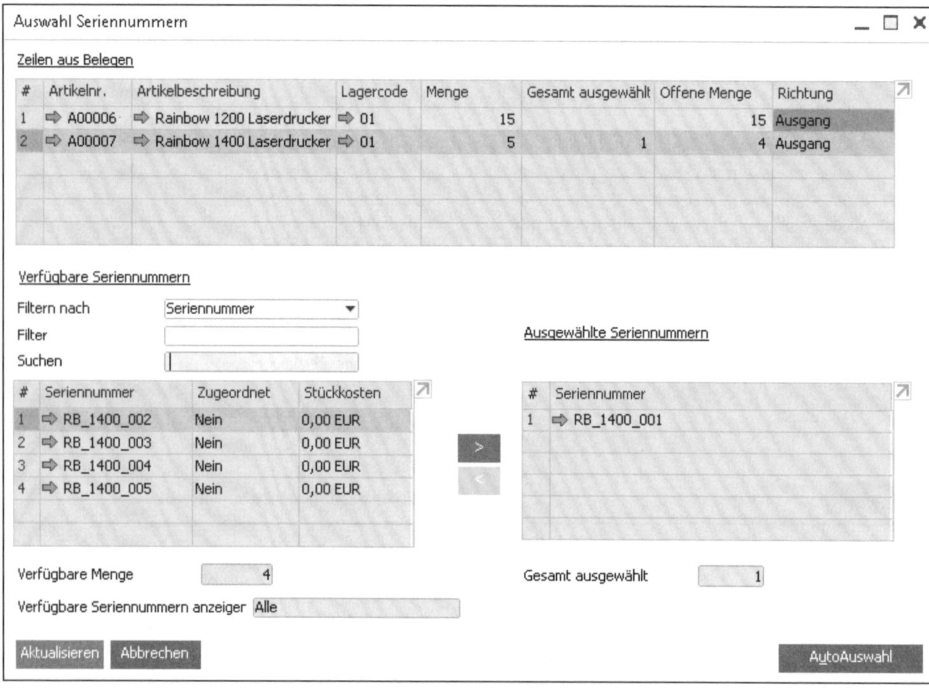

Abbildung 7.62: Seriennummern im Lieferschein auswählen

2. Klicken Sie im Fenster **Lieferung** auf den Button **Hinzufügen**, um die Lieferung anzulegen und die Seriennummern vom Lager zu nehmen.

Hinweis zur Auswahl von Seriennummern

Die Funktion **AutoAuswahl** ist nur dann sinnvoll einzusetzen, wenn die Reihenfolge der Seriennummern in der Tabelle der verfügbaren Seriennummern ebenfalls sinnvoll ist, z. B. wenn diese nach Datum vom ältesten aufsteigend zum jüngsten Datum sortiert sind. Nur so gewährleisten Sie auch bei der Autoauswahl, dass alte Bestände zuerst ausgeliefert werden. Sie erreichen diese Sortierung, indem Sie über die Formulareinstellungen zusätzliche Spalten wie z. B. das Herstellungsdatum einblenden und in der Tabelle danach sortieren.

Insgesamt ist diese Vorgehensweise nur dann relevant, wenn Sie bei der Erstellung des Lieferscheins auch eine Entscheidung über die zu liefernden Seriennummern treffen können. Eine Alternative ist der Programmteil **Kommissionieren und Packen**.

Hier wird die Wahl der Seriennummer im Lager getroffen und liefert die Grundlage für die Lieferscheinerstellung. Dieser Programmteil ist insgesamt komplex, erfordert in der Regel die Integration mobiler Scanner und oft auch den Einsatz von Add-ons. Er sollte daher mit Ihrem Consultant erarbeitet werden.

Abbildung 7.63 zeigt den Transaktionsbericht zur angelegten Lieferung.

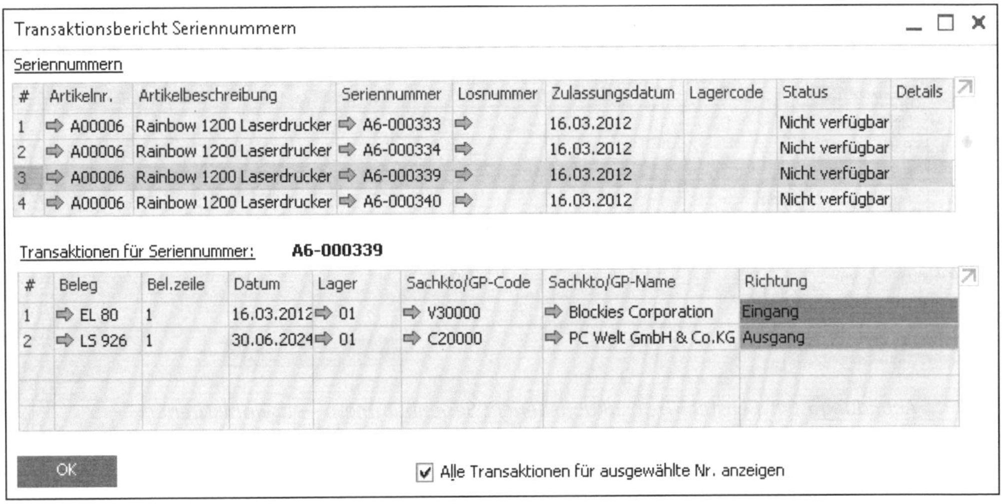

Abbildung 7.63: »Transaktionsbericht Seriennummern« mit Seriennummern in der Lieferung

Markieren Sie die Checkbox **Alle Transaktionen für ausgewählte Nr. anzeigen**, damit in der unteren Tabelle, **Transaktionen für Seriennummer**, alle Bewegungen der Seriennummer angezeigt werden.

Der Zugang aus dem Wareneingang ist in Zeile **1** zu sehen (Wert **Eingang** in Spalte **Richtung**) und der Abgang aus der Lieferung in Zeile **2** (Wert **Ausgang** in Spalte **Richtung**). Klicken Sie auf den orangefarbenen Pfeil ⇨ neben der Belegnummer in der Spalte **Beleg**, um zum dahinterliegenden Beleg zu verzweigen.

Serien- und Chargennummern in geparkten Belegen verwenden

Sie haben die Möglichkeit, sowohl Seriennummern als auch Chargennummern ohne Einschränkungen auch in geparkten Belegen zu verwenden. Beim Hinzufügen des geparkten Belegs überprüft SAP Business One, ob die im geparkten Beleg verwendete Serien- bzw. Chargennummer noch verfügbar ist. Erst dann kann der Beleg hinzugefügt werden. Das bedeutet im Umkehrschluss, dass bei der Umwandlung von geparkten Belegen in endgültige Belege die Auswahl von Seriennummern oder Chargen unter Umständen neuerlich vorgenommen werden muss. Der Andruck der Serien- bzw. Chargennummer richtet sich ebenfalls nach dieser Systematik.

Den **Transaktionsbericht Seriennummern** können Sie auch unter **Lagerverwaltung • Bestandsberichte** in allgemeiner Form abrufen. Der Bericht ist gleich aufgebaut, allerdings kann anhand einiger Auswahlkriterien vorselektiert werden (siehe Abbildung 7.64).

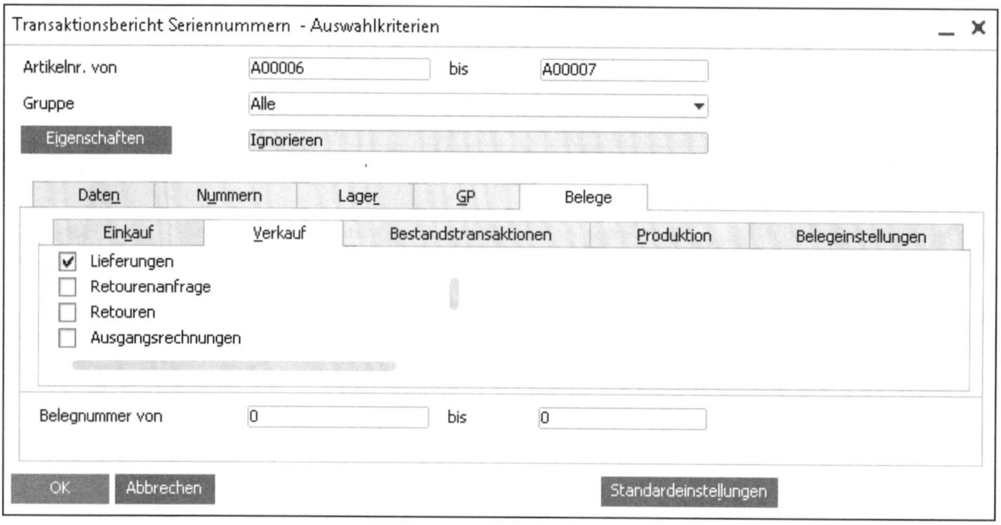

Abbildung 7.64: Fenster »Transaktionsbericht Seriennummern – Auswahlkriterien«

Im Fenster **Transaktionsbericht Seriennummern – Auswahlkriterien** können Sie generell Einschränkungen durch Artikelattribute vornehmen. Auf den einzelnen Registerkarten finden Sie zusätzlich eine Reihe von Parametern, die die Auswahl weiter einschränken. Exemplarisch sehen Sie die Festlegung der Auswahlkriterien in Abbildung 7.64, die nach Belegen erfolgt und für das Beispiel zuvor den gleichen Bericht im Lieferschein aufrufen würde.

Unter **Lagerverwaltung • Artikelverwaltung •** finden Sie weitere Berichte, die sich speziell mit Seriennummern befassen und die auch eine Bearbeitung von Seriennummern-Transaktionen zulassen.

Mit dem Bericht **Seriennummernverwaltung** (über den Pfad **Lagerverwaltung • Artikelverwaltung • Artikelseriennummern**) können Sie nachträglich bei der Seriennummerneingabe aufgetretene Fehler korrigieren. Dazu schränken Sie im Fenster **Auswahlkriterien** die Auswahl auf den gewünschten Artikel und den Beleg ein, in dem die Seriennummer vorkommt. Im Feld **Operation** wählen Sie aus, ob Sie die Seriennummer neu anlegen oder lediglich aktualisieren möchten. Klicken Sie auf den Button **OK**, und Sie gelangen zum Fenster **Seriennummernverwaltung – Aktualisierung**, in dem Sie die Änderungen an den vorhandenen Seriennummern vornehmen können.

Mit dem Fenster **Details Seriennummer** haben Sie die Möglichkeit, einzelne Seriennummern zu suchen und aufzurufen. Zudem können Sie die Seriennummern – wie jeden anderen Datensatz – mit den Datensatzbuttons »durchblättern« (siehe Abbildung 7.65).

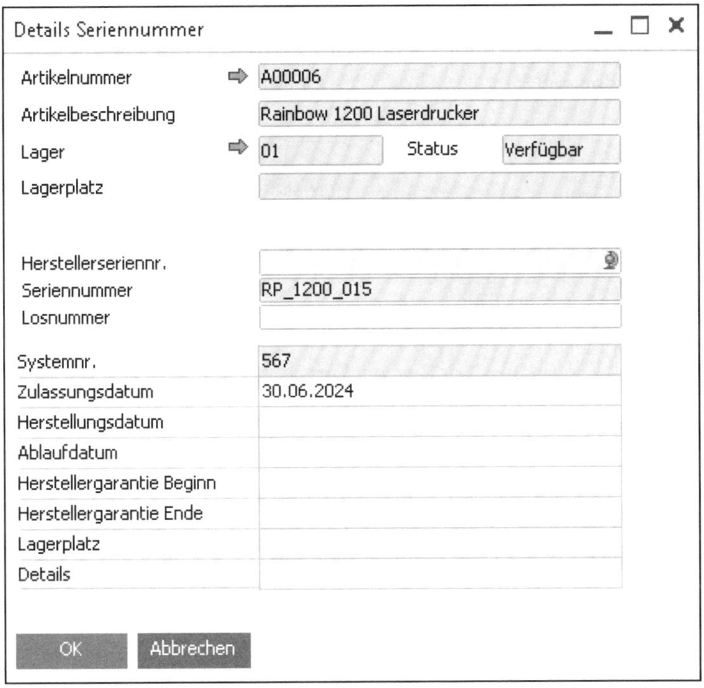

Abbildung 7.65: Fenster »Details Seriennummer«

Die Besonderheit dieses Berichts ist es, dass Sie hier fehlende Daten wie z. B. das Herstellungsdatum oder das Ablaufdatum auch nachträglich nacherfassen können.

7.7.2 Chargennummern

Chargennummern sind Nummern, die eine ganze Charge oder eine abgegrenzte Menge kennzeichnen. Dementsprechend muss neben der Chargennummer auch die Menge der Artikel angegeben werden, die zu dieser Charge gehören. Chargennummern werden z. B. in der Lebensmittel- und Pharmaindustrie verwendet und ermöglichen die Rückverfolgung jedes einzelnen Artikels einer zugehörigen Produktionscharge. Damit einher gehen oft Informationen wie Zulassungs- und vor allen Dingen Ablaufdatum. Dementsprechend sind Chargen öfter als Seriennummern von einer zeitlich eingeschränkten Verfügbarkeit betroffen.

In SAP Business One erfolgt die Handhabung der Chargennummer auf die gleiche Weise wie die der Seriennummer, mit dem einzigen Unterschied, dass die Menge als weitere Information mitgeführt wird, während die Menge von Seriennummern bedingt durch deren Eindeutigkeit immer 1 ist.

Die Definition im Artikelstamm erfolgt in den **Artikelstammdaten** auf der Registerkarte **Allgemein** und ist in Abbildung 7.66 zu sehen.

Wählen Sie den Eintrag **Chargen** im Feld **Artikel verwalten nach**. Zusätzlich wählen Sie im Feld **Managementmethode**, ob die Chargennummer bei jeder Buchung oder nur bei der Ausgabe eingegeben werden soll.

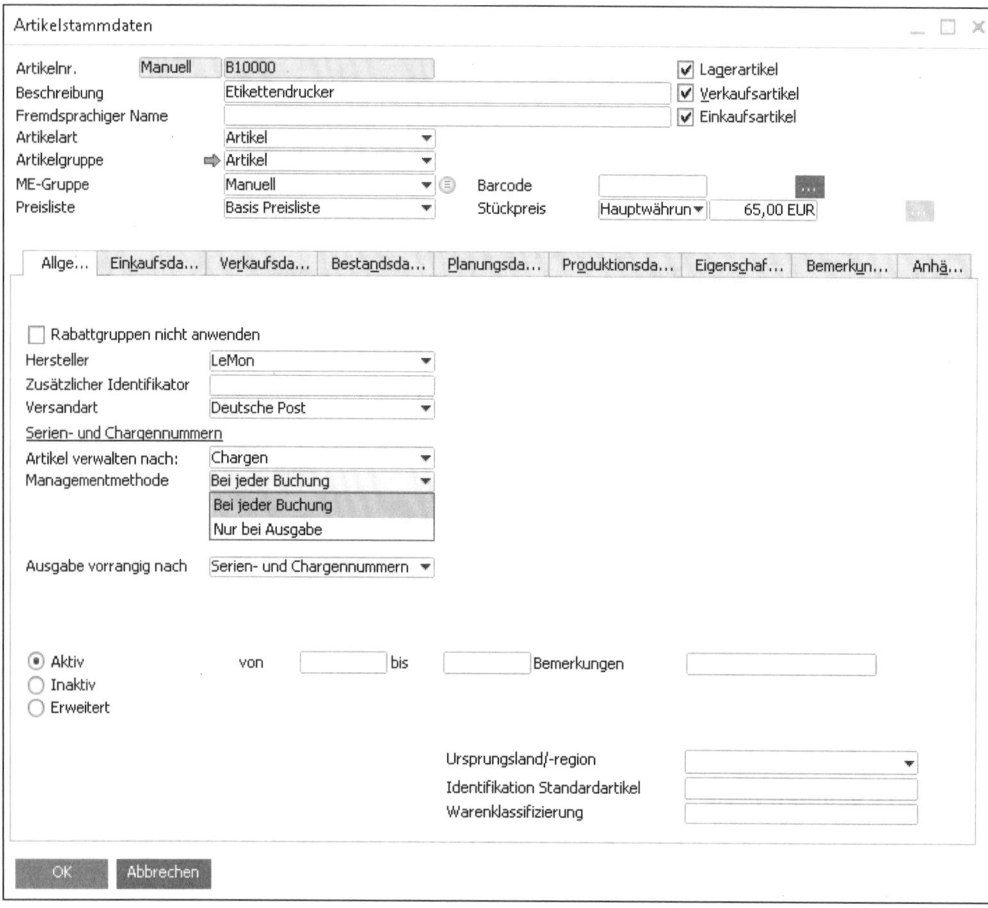

Abbildung 7.66: Fenster »Artikelstammdaten« – Chargennummernverwaltung definieren

Hinweis zur Managementmethode »Nur bei Ausgabe«

Diese Management-Methode ist grundsätzlich verlockend, da sie das Erfassen der Chargeninformationen bei der Einlagerung erspart. Sie führt allerdings dazu, dass es dadurch keine systemgestützten Informationen zum Vorhandensein oder zum Status von vorhandenen Chargen gibt. Sie sollte daher nur verwendet werden, wenn die Anforderungen an Chargeninformationen gering sind.

Der Zugang der Chargennummer z. B. über den Wareneingang erfordert die gleichen Schritte wie bei der Seriennummer. Einen kleinen Unterschied gibt es bei der Definition der Chargennummer (siehe Abbildung 7.67).

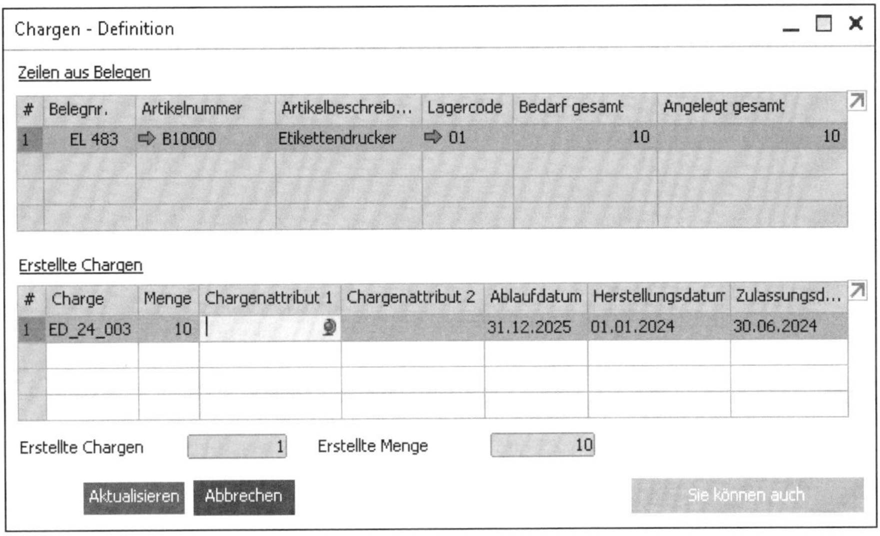

Abbildung 7.67: Chargennummern und Mengen definieren

Im Fenster **Chargen – Definition** (Strg+Tab im Feld **Menge** im Fenster **Wareneingang**) müssen Sie in der Spalte **Charge** die Chargennummer eingeben, und in der Spalte **Menge** tragen Sie die Menge für diese Chargennummer ein. Beim Anlegen einer fortlaufenden Chargennummer müssen Sie im Fenster **Automatische Chargenanlage** (siehe Abbildung 7.68) im rechten oberen Bereich die **Anz. Chargen** eingeben.

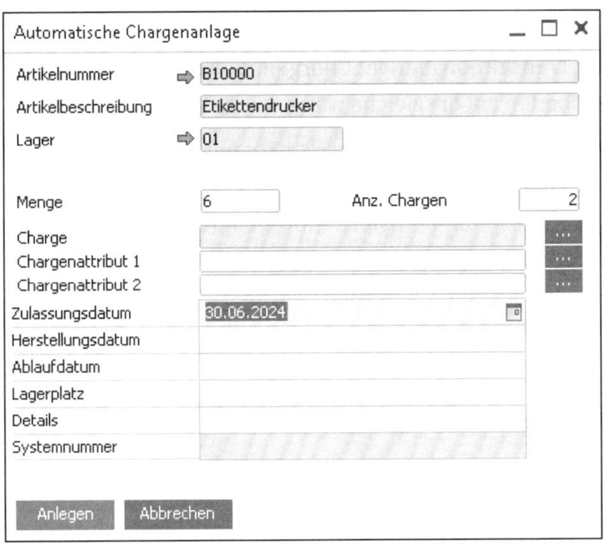

Abbildung 7.68: Fenster »Automatische Chargenanlage«

Klicken Sie auf den Button **Anlegen**, um die Chargennummern anzulegen und gemäß der Anzahl der Chargen gleichmäßig zu verteilen.

Beim Abgang der Chargennummern z. B. über den Lieferschein muss bei der Auswahl der Chargennummer zusätzlich die Menge pro Charge angegeben werden. Ein Beispiel dafür finden Sie in Abbildung 7.69.

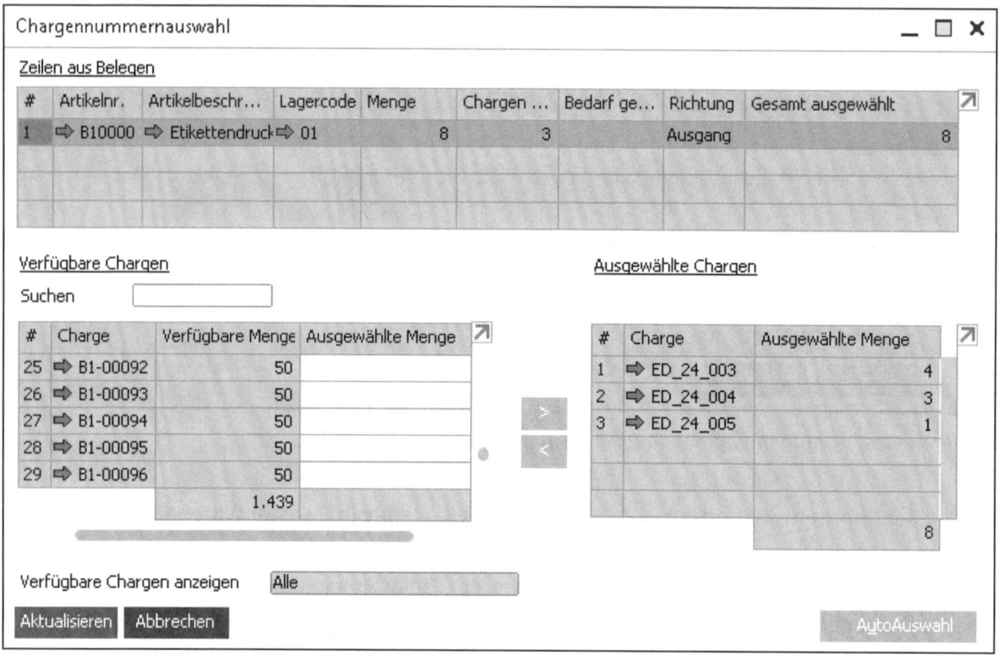

Abbildung 7.69: Chargennummer und Menge auswählen

Alle weiteren Funktionen wie der **Transaktionsbericht Chargennummer** oder der Bericht **Chargennummernverwaltung** arbeiten auf die gleiche Weise wie bei der Seriennummer.

Wenn Sie für einen Artikel gleichzeitig Seriennummern und Chargennummern benötigen, dann besteht der pragmatische Lösungsansatz darin, den Artikel als Seriennummernartikel zu definieren. Nur so ist die für Seriennummern notwendige Eindeutigkeit zu gewährleisten. Die Chargeninformation kann dann in einer der zwei zusätzlichen Nummern (Herstellerseriennummer oder Losnummer) geführt werden. Um den Benutzerkomfort zu erhöhen, können diese Felder mit der Tastenkombination `Alt` + Doppelklick leicht umbenannt werden.

7.8 Manuelle Bestandstransaktionen

Manuelle Bestandstransaktionen sind all jene Lagerbewegungen, die nicht im Rahmen von Einkaufs- oder Verkaufsbelegen erfolgen. Dabei handelt es sich in der Regel um Spezialfälle. Die folgenden Bestandstransaktionen stehen Ihnen zur Verfügung, um in die Lagerverwaltung lenkend oder korrigierend einzugreifen.

- Wareneingang
- Anfrage zur Bestandsumlagerung
- Bestandsumlagerung
- Warenausgang
- Bestandsneubewertung (nur Veränderung des Lagerwerts!)

[zB]

Bestandsumlagerung und Warenausgang

Der Bestand in einem der Nebenlager ist zu gering, und es müssen Waren vom Zentrallager mithilfe einer Bestandsumlagerung umgelagert werden. In einem Ihrer Lager gibt es defekte Artikel; diese müssen über einen Warenausgang aus dem Lager ausgeschieden werden.

Alle Bestandstransaktionen finden Sie über den Hauptmenüpfad **Lagerverwaltung** • Ordner **Bestandstransaktionen**. Die Bestandstransaktionen lösen wie jeder Beleg, der Auswirkungen auf das Lager hat, im Hintergrund automatisch Buchungen im Finanzwesen aus. Diese Buchungen werden in Abschnitt 12.2, »Buchungskreislauf«, näher behandelt.

Mit dem Wareneingang haben Sie die Möglichkeit, außerplanmäßige Zugänge auf ein beliebiges Lager durchzuführen.

[zB]

Wareneingang

Sie erhalten von einem Ihrer Lieferanten Gratismuster, die Sie nicht über den regulären Einkauf beziehen, der Lieferant hat dieser Lieferung keinen Lieferschein mitgegeben, sodass auch die Grundlage für die Transaktion im Einkauf fehlt. Das bedeutet, Sie legen für diese Gratismuster keinen Wareneingang (Bestellung) bzw. keine Eingangsrechnung im Einkauf an, da Sie auch keine Verbindlichkeit gegenüber Ihrem Lieferanten haben. Abbildung 7.70 zeigt dieses Beispiel anhand eines Wareneingangs auf verschiedene Lager.

Beachten Sie, dass die Ware mit dem Wert auf Lager zugeht, der in der Spalte **Gesamt** dargestellt wird. Dieser ergibt sich durch den Preis, der im linken oberen Bildabschnitt im Feld **Preisliste** gewählt wurde, und kann überschrieben werden. Sachlich wäre das in diesem Beispiel in der Regel auch angebracht, da für die Lagerbewertung in der Regel das *strenge Mindestwertprinzip* gilt. Für Gratisware wäre daher ein Preis von 0,– anzusetzen, und lediglich die Lagermenge würde sich erhöhen. Der gleitende Durchschnittspreis würde sich entsprechend reduzieren. Aus Gründen der Relevanz für das Beispiel ist das hier unterblieben.

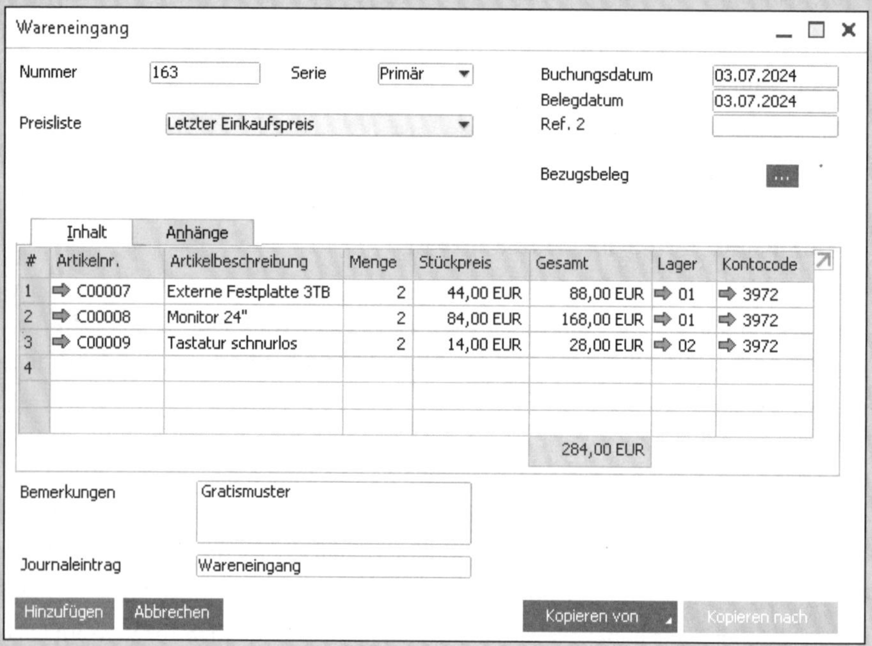

Abbildung 7.70: Fenster »Wareneingang« – Bestandstransaktion

Gehen Sie bei einem solchen **Wareneingang** folgendermaßen vor:

1. Öffnen Sie das Fenster **Wareneingang** über **Lagerverwaltung • Bestandstransaktionen • Wareneingang**.
2. Wählen Sie eine **Preisliste** im gleichnamigen Feld aus der Werteliste aus, anhand derer die auf das Lager zugehenden Artikel bewertet werden.
3. Wählen Sie eine **Serie** (= Belegnummernserie) aus der Werteliste aus. Die Serie bestimmt, wie bei Ein- und Verkaufsbelegen die nächste Belegnummer automatisch von SAP Business One vergeben wird.
4. Auch die Felder **Buchungsdatum** und **Belegdatum** werden automatisch von SAP Business One gefüllt. Ändern Sie sie bei Bedarf.
5. Wählen Sie in der Tabellenstruktur jene Artikel (Felder **Artikelnr.** und **Artikelbeschreibung**) inklusive **Menge** und **Stückpreis** aus, die dem Lager zugehen sollen.
6. Wählen Sie wenn nötig für jede Artikelzeile das **Lager** aus, dem die Artikel zugehen sollen. Haben Sie im Artikelstamm ein Lager als Standardlager definiert, wird dieses nun vorgeschlagen und kann geändert werden. Standardmäßig ist im Fenster **Wareneingang** die Spalte **Lager** nicht eingeblendet. Blenden Sie sie mit dem Button (**Formulareinstellungen**) auf der Registerkarte **Tabellenformat** ein. Falls Sie das Lager für alle

Belegzeilen gleichzeitig ändern möchten, wechseln Sie im Fenster **Formulareinstellungen – Wareneingang** auf die Registerkarte **Beleg • Tabelle**, und wählen Sie im entsprechenden Feld das Lager aus (siehe Abbildung 7.71). Anschließend erhalten Sie eine Systemmeldung, in der Sie gefragt werden, ob alle Belegzeilen mit dem ausgewählten Lager aktualisiert werden sollen. Bestätigen Sie diese Frage mit dem Button **Ja**.

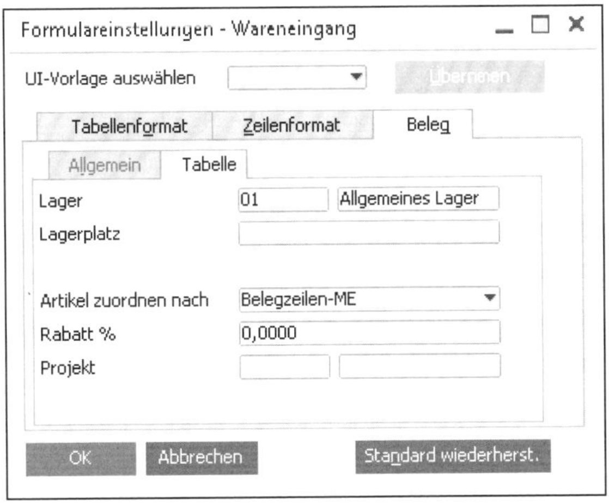

Abbildung 7.71: Formulareinstellungen – Lager auswählen

7. Klicken Sie auf den Button **Hinzufügen**, um den Wareneingang anzulegen.

Verwenden Sie die Funktion **Warenausgang**, um außerplanmäßige Lagerabgänge abzuwickeln. Die Handhabung des Fensters **Warenausgang** erfolgt auf die gleiche Weise wie bereits beim Wareneingang gezeigt. Zusätzlich werden nach dem Hinzufügen des Warenausgangs in der Spalte **Artikelkosten** die aktuellen Artikelkosten angezeigt.

Bewertung Warenausgang

Beim Warenausgang können Sie analog zum Wareneingang eine **Preisliste** auswählen. Die entsprechenden Preise werden Ihnen in der Spalte **Infopreis** angezeigt, mit der Menge multipliziert in der Spalte **Gesamt** dargestellt und summiert. Es handelt sich dabei aber eben tatsächlich nur um eine Information. Beim Abgang werden die Artikelkosten, also die Kosten entsprechend der für den Artikel gewählten Bewertungsmethode, verwendet. Dies gilt sowohl für den Wert des Lagerabgangs als auch für den Betrag, der im Finanzwesen gebucht wird.

Mit der **Bestandsumlagerung** können Sie Artikel zwischen zwei Lagern transferieren (siehe Abbildung 7.72).

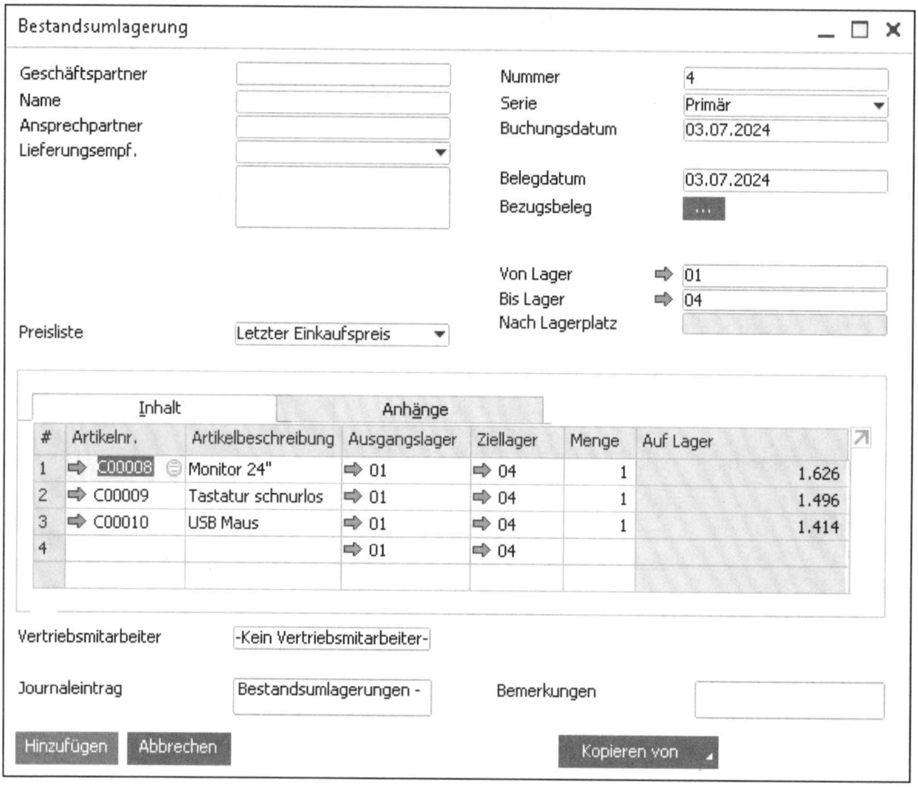

Abbildung 7.72: Fenster »Bestandsumlagerung«

Die Handhabung der **Bestandsumlagerung** erfolgt auf die gleiche Weise wie die Handhabung des Wareneingangs. Zusätzlich können bzw. müssen drei weitere Angaben gemacht werden:

- **Feld »Geschäftspartner«**
  Sie haben die Möglichkeit, bei der Bestandsumlagerung einen Geschäftspartner samt Ansprechpartner aus der Werteliste auszuwählen. Dieser Kunde wird auch auf dem Beleg ausgedruckt.

[zB]

Verwendung eines Lagers für Leihgeräte

Sie stellen für Ihre Kunden Leihgeräte bereit (z. B. im Hardwarehandel Leih-Notebooks). Jede Verleihung dokumentieren Sie mit einer Umlagerung auf ein »Leihlager«, das Sie extra dafür anlegen. Als Geschäftspartner setzen Sie jeweils den Kunden ein, der das Leihgerät erhält. Damit haben Sie auf einfache Weise einen Überblick über die verliehenen Geräte und können den Ausdruck der Umlagerung (mit dem Kundennamen) als Leihbeleg verwenden.

- **Feld »Von Lager«**
  In diesem Feld im rechten oberen Bereich des Fensters geben Sie an, von welchem Lager Sie die ausgewählten Artikel nehmen.
- **Feld »Bis Lager«**
  In diesem Feld geben Sie an, auf welches Lager die ausgewählten Artikel umgelagert werden sollen. Beide Felder sind Vorschlagswerte, die in der Artikeltabelle überschrieben werden können.

Analog zum Warenausgang können wieder Infopreise angezeigt werden. Gebucht wird sowohl im Lager als auch im Finanzwesen mit den aktuellen Artikelkosten. Sind diese im Ausgangslager und im Ziellager identisch, wird zwar ein Buchungssatz gebildet; es wird aber Warenbestand gegen Warenbestand mit dem gleichen Konto gebucht. Ist das nicht der Fall, dann werden offensichtlich unterschiedliche Artikelkosten pro Lager geführt. In diesem Fall wird ein weiteres Konto die Differenz (Auf- oder Abwertung) aufnehmen.

Neben der Bestandsumlagerung gibt es eine **Anfrage zur Bestandsumlagerung**. Diese Vorstufe zur Bestandsumlagerung kann z. B. von Mitarbeitern verwendet werden, die nicht berechtigt sind, eine Bestandsumlagerung anzulegen. In diesem Fall wird zunächst auf die gleiche Weise eine Anfrage zur Bestandsumlagerung angelegt. Anschließend kann ein dazu berechtigter Mitarbeiter die Anfrage zur Bestandsumlagerung – analog zur Belegkette im Einkauf und Verkauf – in eine Bestandsumlagerung weiterverarbeiten.

Im Fenster **Bestandsneubewertung** (unter **Lagerverwaltung • Bestandstransaktionen • Bestandsneubewertung**) bietet SAP Business One die Möglichkeit, Artikel mit allen zur Verfügung stehenden Bewertungsmethoden (gleitender Durchschnittspreis, FIFO oder Standardpreis) neu zu bewerten. Das Beispiel in Abbildung 7.73 zeigt die Neubewertung eines Artikels, der nach dem gleitenden Durchschnittspreis bewertet wird. In diesem Beispiel wird der Artikel »A00006« um 10,00 EUR pro Stück abgewertet.

Für die Bestandsneubewertung gehen Sie folgendermaßen vor:

1. Wählen Sie einen Eintrag im Feld **Neubewert. Typ** aus der Werteliste aus. SAP Business One bietet zwei Möglichkeiten der Artikelneubewertung:
   - **Preisänderung**: Wählen Sie diese Option, um direkt die Artikelkosten zu ändern. Der gesamte Bestandswert dieses Artikels wird daraufhin neu berechnet. Das Beispiel in Abbildung 7.73 zeigt eine solche Preisänderung. Die Artikelkosten von »A00006« werden von 316,89 EUR in 306,89 EUR geändert.
   - **Bestandsbelastung/-entlastung**: Wählen Sie diese Option, um den gesamten Bestandswert zu ändern. Die Artikelkosten der einzelnen Artikel werden daraufhin neu berechnet.
2. Wählen Sie mit der [Tab]-Taste im Feld **Artikelnr.** einen Artikel aus der Werteliste aus. Die aktuellen Artikelkosten dieses Artikels werden daraufhin angezeigt. Die Bestands-

neubewertung für Artikel, die nach dem FIFO-Verfahren bewertet werden, erfolgt abweichend, da diese Artikel nicht nur einen Artikelkostenwert haben, sondern mehrere. Dementsprechend können Sie für diese Artikel nicht direkt einen neuen Preis eingeben. Die Vorgehensweise ist in Abbildung 7.74 dargestellt.

3. Geben Sie die neuen Artikelkosten im Feld **Neuer Preis** ein.
4. Geben Sie bei Bedarf im Feld **Bemerkungen** einen Grund für die Bestandsneubewertung an.
5. Geben Sie bei Bedarf im Feld **Journaleintrag** einen Buchungstext ein.
6. Klicken Sie auf den Button **Hinzufügen**, um die Bestandsneubewertung vorzunehmen.

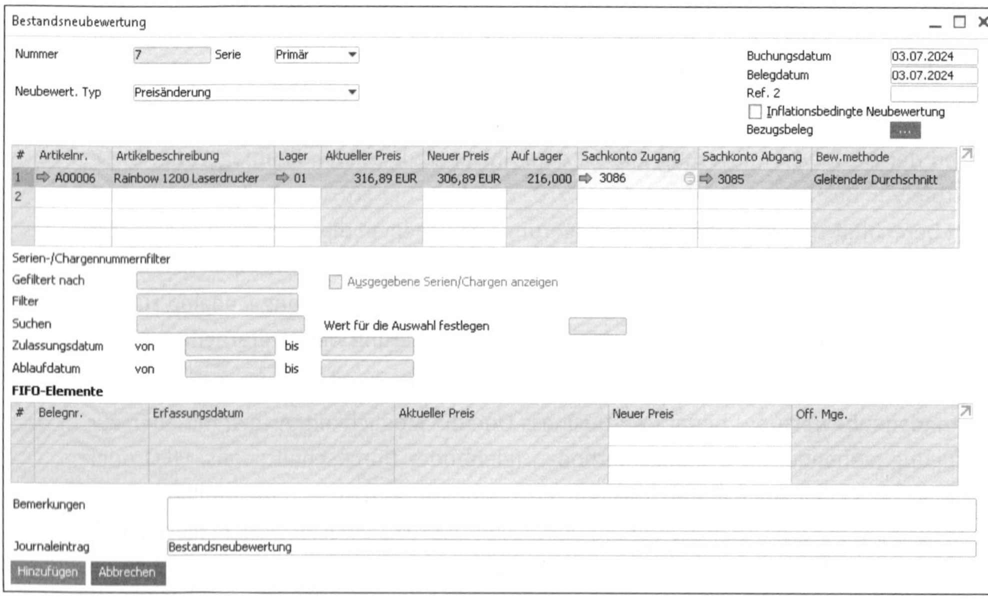

Abbildung 7.73: Bestandsneubewertung nach dem gleitenden Durchschnittspreisverfahren

Die Sachkonten, die bei der Bestandsneubewertung bebucht werden, werden im Bereich **Kontenfindung Sachkonten** (unter **Administration • Definitionen • Finanzwesen**) festgelegt und können theoretisch überschrieben werden. Es ist aber sinnvoll, die einmal festgelegten Sachkonten bei jeder Bestandsneubewertung beizubehalten. Die Festlegung der Konten sollte ein Key-User oder ein Consultant vornehmen.

Beachten Sie, dass die Bestandsneubewertung pro Zeile nur jeweils für eine Artikel-Lager-Relation möglich ist. Dies liegt daran, dass pro Lager ja unter Umständen unterschiedliche Artikelkosten geführt werden, die nun auch im unterschiedlichen Ausmaß geändert werden müssen. Sollen also die Bestände eines Artikels auf mehreren Lagern neu bewertet werden, ist der Artikel mehrfach zu erfassen und das jeweilige Lager zu wählen.

Die Bestandsbewertung ist auch nach dem FIFO-Verfahren möglich. Abbildung 7.74 zeigt ein Beispiel für diese Art der Bestandsneubewertung. Nach Aufrufen des Artikels erscheinen im unteren Bereich des Fensters **Bestandsneubewertung** alle Zukäufe mit den jeweiligen Preisen. Nachdem es beim FIFO-Verfahren keinen allgemeingültigen Preis für alle Artikel gibt, werden alle »FIFO-Werte« gestaffelt dargestellt.

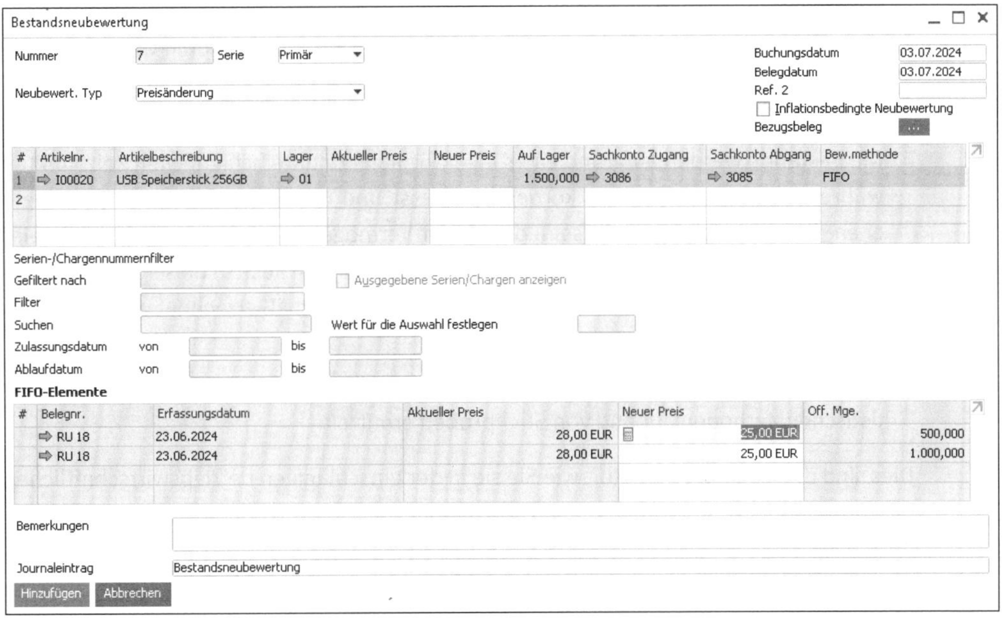

Abbildung 7.74: Bestandsneubewertung nach dem FIFO-Verfahren

Geben Sie nun bei jedem relevanten Zukauf den neuen Preis ein. Bei jenen Zukäufen, deren Wert sich nicht ändert, kann das Feld **Neuer Preis** einfach leer bleiben.

Jede Bestandsneubewertung erhält einen Beleg

Jede Bestandsneubewertung bleibt als Beleg erhalten. Wechseln Sie in den **Suchen**-Modus, um eine »alte« Bewertung zu suchen, bzw. verwenden Sie die Datensatzbuttons |← ← → →|, um »alte« Bewertungen »durchzublättern«.

7.9 Inventur

Vorbedingung für den Jahresabschluss ist die *Inventur*, also die körperliche Bestandsaufnahme der Vermögensgüter. Die körperliche Bestandsaufnahme bedeutet das physische Zählen, Messen oder Wiegen der Vorräte im Unternehmen (z. B. im Lager). Für die körperliche Bestandsaufnahme stehen verschiedene Methoden zur Verfügung:

- **Inventur am Bilanzstichtag**
  Alle Vermögensgüter werden am Bilanzstichtag körperlich gezählt, gewogen oder gemessen.
- **Abweichende Stichtagsinventur**
  Alle Vermögensgüter werden in einem definierten Zeitraum vor oder nach dem Bilanzstichtag körperlich erfasst. Es muss jedoch durch ein entsprechendes Aufzeichnungssystem gewährleistet sein, dass der Bestand zum Bilanzstichtag durch Vor- oder Rückrechnung ordnungsgemäß festgestellt werden kann.
- **Permanente Inventur**
  Die Bestände werden aufgrund eines Inventurplans zu unterschiedlichen Zeitpunkten während des Geschäftsjahrs körperlich erfasst und mit den Aufzeichnungen verglichen. Es muss sichergestellt sein, dass jeder Vermögensgegenstand mindestens einmal im Jahr erfasst wird. Weitere Aufzeichnungen müssen auch in diesem Fall gewährleisten, dass der Bestand am Bilanzstichtag ordnungsgemäß errechnet werden kann.
- **Stichprobeninventur**
  Menge und Wert der Vermögensgüter werden mithilfe anerkannter mathematisch-statistischer Methoden anhand von Stichproben ermittelt.

Dies sind die Arten der Inventur, wie Sie sie in der einschlägigen betriebswirtschaftlichen Literatur finden. Beschäftigen wir uns nun mit der Durchführung der Inventur in SAP Business One.

7.9.1 Anfangsmengen

Bevor Sie den Echtbetrieb mit SAP Business One aufnehmen (Phase der Systeminitialisierung), muss der Anfangsbestand der Artikel auf den einzelnen Lagern eingegeben oder importiert werden. Der Datenimport zählt zu den weiterführenden Themen und muss zumindest unter Anleitung eines Consultants durchgeführt werden. Die manuelle Eingabe des Anfangsbestands Ihrer Waren erfolgt im Fenster **Anfangsbestand** (siehe Abbildung 7.75) über den Pfad **Lagerverwaltung • Bestandstransaktionen**.

Wählen Sie im Feld **Preisquelle** eine Quelle für den Lagerwert der ausgewählten Artikel. Dieser wird dann für die Lagerbestandsbuchungen herangezogen. Bei der Angabe des Anfangsbestands müssen Sie sowohl die Menge als auch den Preis (= Bestands- bzw. Lagerwert) des Artikels angeben. Das kann eine beliebige Preisliste sein. In der Regel erfassen Sie den Anfangsbestand – nomen est omen – auch wirklich am Anfang, also noch bevor jegliche Transaktionen wie Einkaufsbelege oder manuelle Bestandstransaktionen angelegt werden. In diesem Fall sind die Preisquellen **Artikelkosten** und **Zuletzt ermittelter Preis** leer. Es bietet sich zumindest als Richtwert an, eine der vorhandenen Einkaufspreislisten zu verwenden. Alternativ können Sie die Stückpreise natürlich auch manuell in der Spalte **Stückpreis** eingeben.

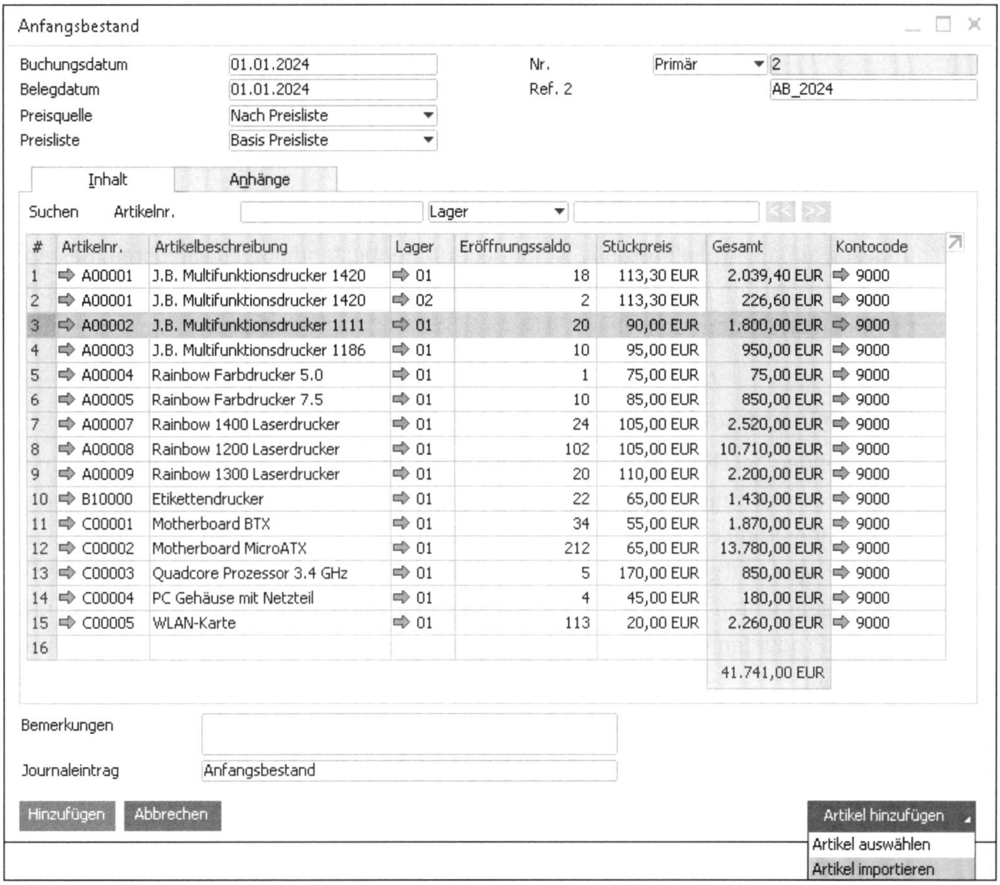

Abbildung 7.75: Anfangsbestand eingeben

Erfassen Sie schließlich die eigentlichen Mengen und Preise, wie in Abbildung 7.75 zu sehen.

Zur Eingabe des Anfangsbestands gehen Sie folgendermaßen vor:

1. Geben Sie das **Buchungsdatum** (Beginn des Geschäftsjahres) und, falls gewünscht, eine Referenz (Feld **Ref. 2**) und einen Buchungstext (Feld **Journaleintrag**) an.
2. Anschließend geben Sie für jeden Artikel den vorhandenen Anfangsbestand in der Spalte **Eröffnungssaldo** und den aktuellen Preis (= Bestands- bzw. Lagerwert) des Artikels in der Spalte **Stückpreis** an. Falls Sie als Preisquelle eine Preisliste ausgewählt haben, überschreiben Sie einfach die vorgeschlagenen Preise. In der letzten Spalte, **Kontocode**, geben Sie das Eröffnungsbilanzkonto an. Den Artikel wählen Sie aus, indem Sie in der Spalte **Artikelnr.** die [⭾]-Taste drücken. Wie immer ist eine Mehrfachauswahl von Artikeln aus der Ergebnisliste möglich.
3. Klicken Sie auf den Button **Artikel hinzufügen** im rechten unteren Bereich, um Artikel nach Auswahlkriterien wie Lieferant, Artikelgruppe, Artikeleigenschaft oder Lager in

die Liste einzufügen. Alternativ können Sie durch Wahl von **Artikel importieren** auch eine im strukturierten Textformat bereitgestellte Liste importieren. Ebenfalls möglich ist es, die Artikeltabelle mittels Copy & Paste zu füllen (siehe Abschnitt 18.9, »Microsoft-Excel-Import nach SAP Business One«).

4. Klicken Sie auf **Hinzufügen**, um die Anfangsbestände einzubuchen. Das Warenbestandskonto wird gegen das gewählte Eröffnungskonto gebucht.

In Bezug auf die Artikelbestände ist Ihr neuer Datenbestand nun einsatzbereit. Bei einer großen Anzahl von Artikeln mit Beständen empfiehlt es sich, die Möglichkeiten des Datenimports mit Ihrem Consultant zu besprechen.

7.9.2 Inventur und Bestandsbewertung

Im Folgenden beschreiben wir die Durchführung der Inventur mit den von SAP Business One im Standard zur Verfügung gestellten Mitteln. Gerade in diesem Bereich werden oft ergänzende Produkte eingesetzt, um die Inventur mithilfe von mobilen Datenerfassungsgeräten (MDE) und gegebenenfalls durch Scannen von auf den Artikeln oder den Lagerflächen angebrachten Barcodes durchzuführen. Hier sind eine Reihe von bewährten, integrierten Produkten von Drittanbietern verfügbar. Sprechen Sie diesbezüglich mit Ihrem Consultant.

Bevor Sie mit der eigentlichen Inventur, also der körperlichen Erfassung, beginnen, müssen Sie als ersten Schritt die Inventurzähllisten ausdrucken. Inventurzähllisten sind Hilfsmittel, die SAP Business One zur Verfügung stellt, um den Zählvorgang zu unterstützen. Auf der Inventurzählliste finden sich das Lager samt Lagernummer, das Datum und in tabellarischer Aufstellung eine Positionsnummer, die Artikelnummer, die Artikelbezeichnung und ein Feld, in dem der gezählte Stand eingetragen werden muss.

Das Drucken der Inventurzählliste erfolgt aus dem Fenster **Bestandszählung** heraus über den Pfad **Lagerverwaltung • Bestandstransaktionen • Bestandszählungstransaktionen • Bestandszählung**. Klicken Sie nun auf den Button (**Drucken**), um die Zählliste auszudrucken, oder auf den Button (**Druckvorschau**), um sich die Zählliste auf dem Bildschirm anzusehen.

[+]

Checkbox »Lagermenge am Zähldatum ausblenden« beim Drucken

Beim Drucken werden Sie im Rahmen einer Hinweismeldung gefragt, ob die Lagermenge zum Zähldatum eingeblendet oder ausgeblendet werden soll. Wird die aktuelle Lagermenge nicht auf die Inventurzählliste gedruckt, spricht man von *verdeckter Inventur*. Der Vorteil ist, dass die Zähler nicht dazu verleitet werden, die körperliche Erfassung nicht ordnungsgemäß zu erledigen, sondern die gedruckte Lagermenge in die Zählliste einzutragen. Im Gegenzug kann ein Andrucken der Soll-Lagerstände dazu führen, dass Artikel, die nicht gleich aufgefunden werden, intensiv gesucht werden.

Die Inventur in SAP Business One erfolgt in zwei Schritten:

1. Festlegung der aktuellen Lagermenge aus der Inventurzählliste (Fenster **Bestandszählung** unter dem Menüpunkt **Artikel hinzufügen**, siehe Abbildung 7.77)
2. Festlegung des aktuellen Lagerwerts (Fenster **Bestandsbuchung**, siehe Abbildung 7.79)

Zunächst müssen Sie eine Entscheidung treffen, wie viele Mitarbeitende oder User an der Zählung beteiligt sind. Darüber hinaus ist es wichtig zu definieren, ob sich diese Mitarbeiter kontrollieren oder ergänzen sollen. Dementsprechend haben Sie folgende Möglichkeiten im Fenster **Bestandszählung** im Feld **Zählungsart:**

- **Einzelzähler**
  Das bedeutet, dass nur eine Person die Zählung vornimmt. Weitere Eingaben sind nicht erforderlich, das Programm bietet einen Spalte an, in der die Eingabe der gezählten Menge erfolgt.
- **Mehrere Zähler**
  Das bedeutet, dass mehrere Einzelzähler parallel die gleichen Lagerbereiche und die gleichen Artikel zählen. Die Erwartungshaltung ist, dass Zähler der gleichen Bereiche auch zu den gleichen Ergebnissen kommen. Ist das nicht der Fall, wird das Programm eine Differenz anzeigen. Dabei wird das Programm maximal vorsichtig agieren: Auch wenn ein Zähler die Lagermenge laut Programm exakt zählt und ein weiterer Zähler mehr oder weniger zählt, wird das Programm eine Differenz melden und die entsprechende Zeile rot darstellen (siehe Zeile 1 und 4 in Abbildung 7.77). Diese Variante bietet also hohe Sicherheit hinsichtlich des Zählergebnisses, vervielfacht aber den Zählaufwand.

  Alternativ kann es bedeuten, dass mehrere Teamzähler zusammenarbeiten. Ihre Zählergebnisse werden addiert und als gesamtes Zählergebnis aufgefasst. Diese Variante erhöht also nicht die Zielqualität, sondern sorgt für eine Beschleunigung der Zählung. Voraussetzung dafür ist auch, dass für jeden Teamzähler ein eigener Lagerbereich zur Verfügung steht.

  In beiden Fällen müssen die Einzelzähler oder die Teamzähler mithilfe des Buttons ... aus den Mitarbeitenden und/oder Benutzern ausgewählt werden. Die gewählte Zahl ist in den Feldern **Anzahl Einzelzähler** bzw. **Anzahl Teamzähler** dargestellt.
- **Mehrere Einzelzähler**
  Für die Option **mehrere Einzelzähler** wird pro Zähler eine eigene Spalte im Registerblatt **Inhalt** des Fensters **Bestandszählung** eingeblendet.
- **Teamzähler**
  Für die Option **Teamzähler** wird ein eigenes Registerblatt **Teamzählung** eingeblendet, in dem für jedes Teammitglied die Zählergebnisse eingetragen werden können.

Nachdem die Zähler festgelegt wurden, betrachten wir im ersten Schritt die Festlegung der Lagermenge. Auf der Registerkarte **Bestandszählung** können Sie mit dem Button

Artikel hinzufügen (Option **Artikel auswählen**) im unteren Bereich die Eingabe anhand verschiedener Auswahlkriterien wie Artikelnummer, Lieferant, Artikelgruppe oder Artikeleigenschaften einschränken. Zudem können Sie das Lager angeben, für das die Lagermenge festgelegt werden soll (siehe Abbildung 7.76).

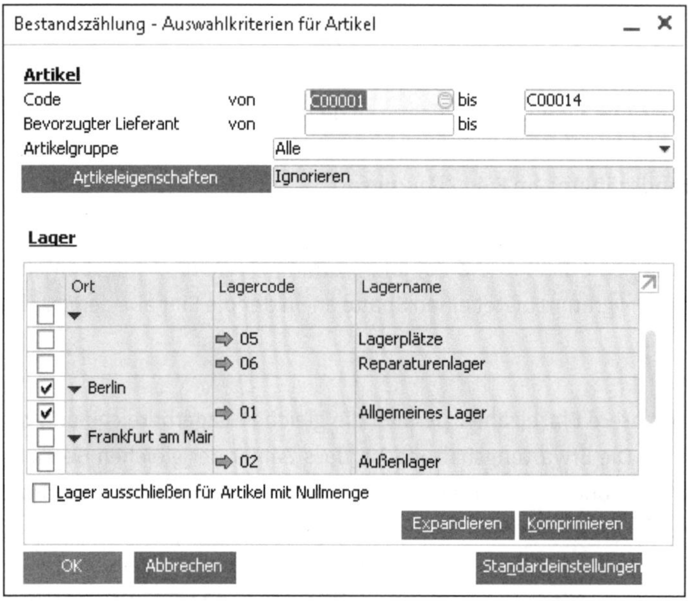

Abbildung 7.76: Fenster »Bestandszählung – Auswahlkriterien für Artikel« – Artikel hinzufügen

Klicken Sie anschließend auf den Button **OK**, um den Ausdruck der Inventurzählliste zu ermöglichen und dann die Eingabe der Lagermengen im Fenster **Bestandszählung** (siehe Abbildung 7.77) zu starten.

Nachdem die Zählung erfolgt ist und die Inventurzähllisten befüllt wurden, kann mit der Eingabe der ermittelten Ist-Menge begonnen werden (siehe Abbildung 7.77).

1. Geben Sie die von Ihnen gezählte Menge aus der Inventurzählliste ein. SAP Business One markiert jeweils die Checkbox **Gezählt**, sobald Sie eine Eingabe in der entsprechenden Zeile vorgenommen haben. Differenzen werden in der Spalte **Zählerdifferenz** angezeigt. Wurde schon eine Zählung eingegeben, soll aber das Zählergebnis für diese Zeile noch einmal überprüft werden, dann können Sie die Checkbox deaktivieren.
2. Klicken Sie dann auf den Button **Hinzufügen**, um die Eingabe der Ist-Mengen abzuschließen.

Zur leichteren Bedienung können Sie im unteren Bereich des Fensters die Dropdown-Liste **Gezählte Mengen anpassen** verwenden. Wählen Sie die Option **Menge auf Lager am Zähldatum kopieren**, und der Lagerbestand wird in die Spalte **Gezählte Menge** kopiert. Wählen Sie die Option **Als nicht gezählt festlegen**, und in der Spalte **Gezählt** wird die Checkbox bei allen Artikeln demarkiert.

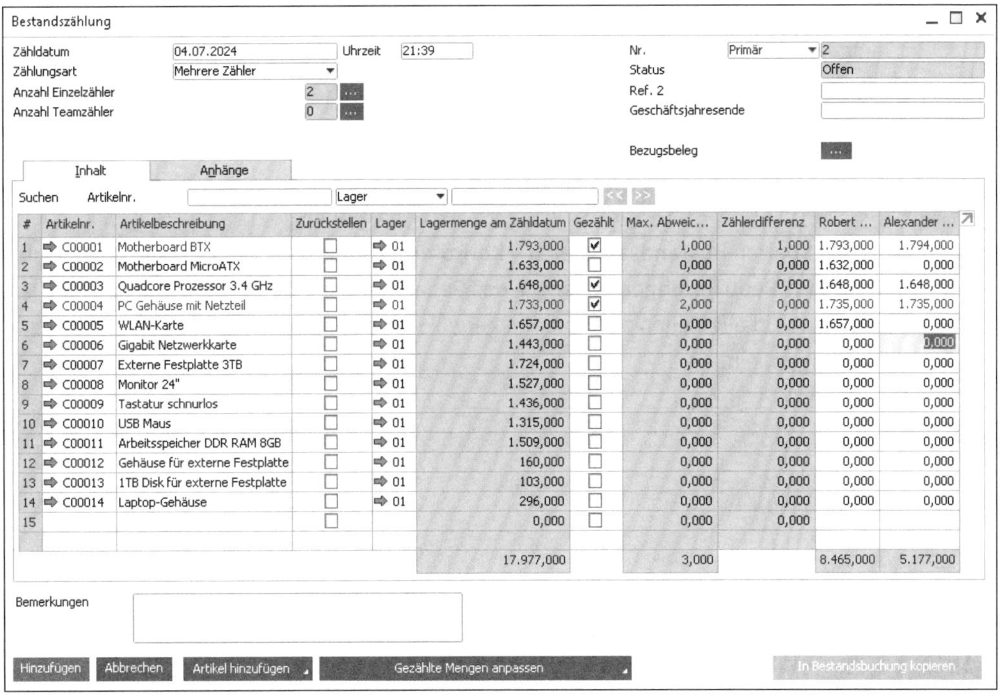

#	Artikelnr.	Artikelbeschreibung	Zurückstellen	Lager	Lagermenge am Zähldatum	Gezählt	Max. Abweic...	Zählerdifferenz	Robert ...	Alexander ...
1	C00001	Motherboard BTX	☐	01	1.793,000	☑	1,000	1,000	1.793,000	1.794,000
2	C00002	Motherboard MicroATX	☐	01	1.633,000	☐	0,000	0,000	1.632,000	0,000
3	C00003	Quadcore Prozessor 3.4 GHz	☐	01	1.648,000	☑	0,000	0,000	1.648,000	1.648,000
4	C00004	PC Gehäuse mit Netzteil	☐	01	1.733,000	☑	2,000	0,000	1.735,000	1.735,000
5	C00005	WLAN-Karte	☐	01	1.657,000	☐	0,000	0,000	1.657,000	0,000
6	C00006	Gigabit Netzwerkkarte	☐	01	1.443,000	☐	0,000	0,000	0,000	0,000
7	C00007	Externe Festplatte 3TB	☐	01	1.724,000	☐	0,000	0,000	0,000	0,000
8	C00008	Monitor 24"	☐	01	1.527,000	☐	0,000	0,000	0,000	0,000
9	C00009	Tastatur schnurlos	☐	01	1.436,000	☐	0,000	0,000	0,000	0,000
10	C00010	USB Maus	☐	01	1.315,000	☐	0,000	0,000	0,000	0,000
11	C00011	Arbeitsspeicher DDR RAM 8GB	☐	01	1.509,000	☐	0,000	0,000	0,000	0,000
12	C00012	Gehäuse für externe Festplatte	☐	01	160,000	☐	0,000	0,000	0,000	0,000
13	C00013	1TB Disk für externe Festplatte	☐	01	103,000	☐	0,000	0,000	0,000	0,000
14	C00014	Laptop-Gehäuse	☐	01	296,000	☐	0,000	0,000	0,000	0,000
15			☐		0,000	☐	0,000	0,000		
					17.977,000		3,000		8.465,000	5.177,000

Abbildung 7.77: Fenster »Bestandszählung«– Lagermengen eingeben

Als zweiter Schritt erfolgt die Zuordnung eines Lagerwerts zu den gezählten Artikeln. Dazu rufen Sie z. B. mit den Datensatzbuttons |← ← → →| die gewünschte Bestandszählung auf und klicken auf den Button **In Bestandsbuchung kopieren**. Arbeiten Sie mit mehreren Zählern, müssen Sie jetzt entscheiden, ob Sie zunächst nur die Artikel buchen wollen, bei denen es zwischen den Zählern zu keiner Differenz gekommen ist, oder ob Sie die Zählung eines der Zähler bevorzugen (siehe Abbildung 7.78).

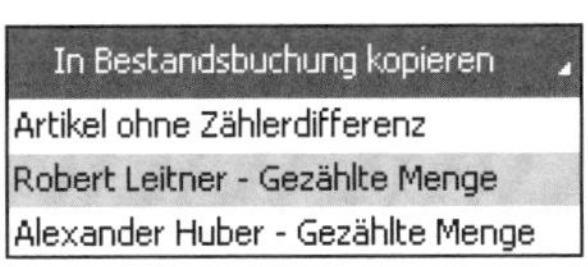

Abbildung 7.78: Zählung in Bestandsbuchung kopieren

Nach der entsprechenden Auswahl öffnet sich das Fenster **Bestandsbuchung** (siehe Abbildung 7.79).

Geben Sie in den Kopfdaten des Fensters **Bestandsbuchung** das **Buchungsdatum** und eine etwaige Preisquelle an. Zudem müssen Sie folgende Spalten beachten:

- Die Spalte **Lagermenge am Zähldatum** enthält jene Menge, die laut den Lagerbewegungen von SAP Business One auf Lager sein müsste.

- Die Spalte **Gezählte Menge** zeigt jene Menge, die Sie im Fenster **Bestandsverfolgung** eingegeben haben.
- Die Spalte **Abweichung** zeigt die Differenz zwischen der Menge auf Lager und der gezählten Menge an. Die Differenz können Sie ändern. Das wirkt sich auf die gezählte Menge aus.
- Die Spalte **Preis** zeigt den aktuellen Preis laut Preisquelle.
- In den Spalten **Bestandsausgleich – Konto für Erhöhungen** und **Bestandsausgleich – Konto für Reduzierungen** geben Sie das Gegenkonto für die Bestandsbuchung an. Um das Konto in alle Zeilen zu kopieren, geben Sie es über den Button (**Formulareinstellungen**) ein.

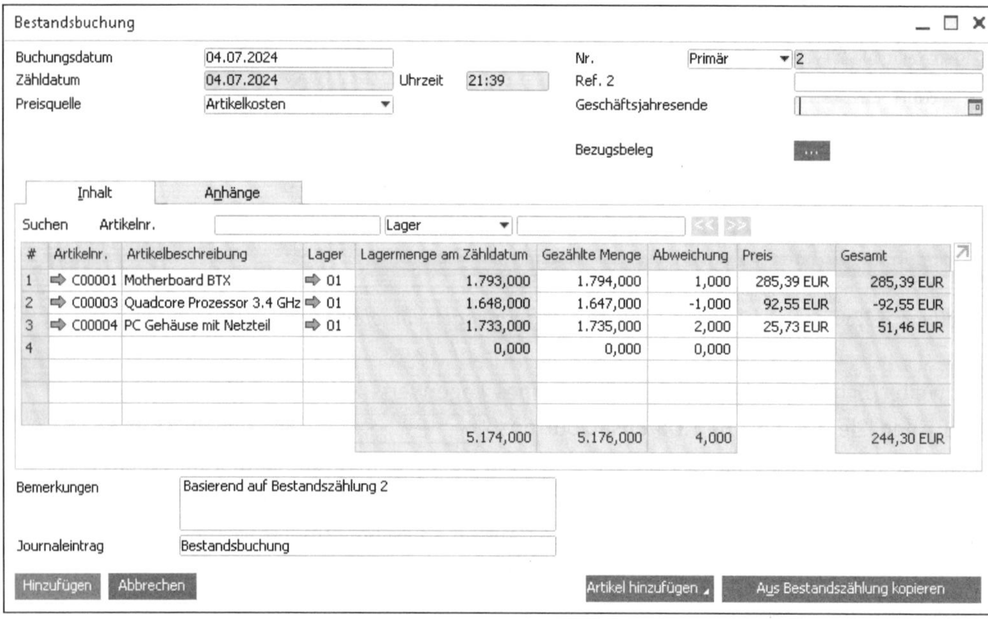

Abbildung 7.79: Fenster »Bestandsbuchung« – Lagerwert in Bestandsbuchung eingeben

Nachdem Sie alle Mengeneingaben und Preisbewertungen abgeschlossen haben, klicken Sie auf den Button **Hinzufügen**, um die Bestandsbuchung durchzuführen. Beachten Sie dabei, in welcher Buchungsperiode Sie sich befinden.

7.9.3 Regelmäßige Inventur – Cycle-Counting-Empfehlung

Neben der klassischen Inventur am Ende des Geschäftsjahres können Sie auch während des Jahres beliebig viele Inventuren durchführen. SAP Business One unterstützt ein solches Vorhaben durch den Einsatz von *Inventurzyklen*. Diese Inventurzyklen können jeweils pro Artikel zugeordnet werden und enthalten eine Erinnerungsfunktion, die Sie an eine zu absolvierende Inventur erinnert.

Als ersten Schritt müssen Sie die Inventurzyklen definieren. Dazu öffnen Sie das Fenster **Inventurzyklen – Definition** über den Pfad **Administration • Definitionen • Lagerverwaltung** (siehe Abbildung 7.80).

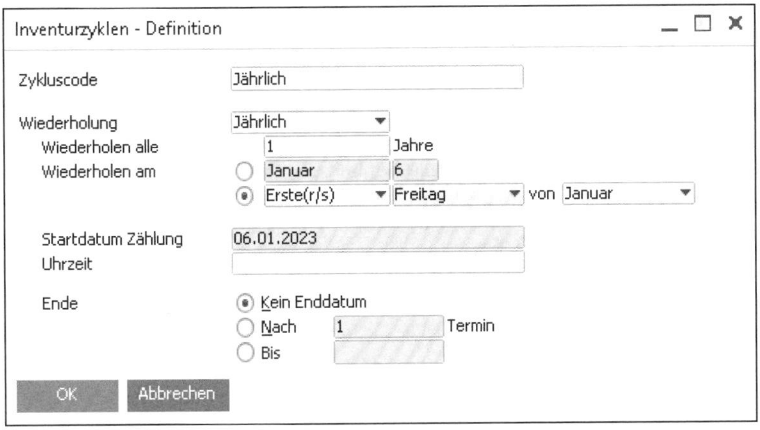

Abbildung 7.80: Inventurzyklus definieren

Um einen Inventurzyklus zu definieren, führen Sie die folgenden Schritte aus:

1. Geben Sie im Feld **Zykluscode** einen Namen für den Inventurzyklus ein. Er sollte einen Hinweis auf die Häufigkeit geben.
2. Wählen Sie eine **Wiederholung** aus der gleichnamigen Werteliste aus. Neben periodisch wiederkehrenden Häufigkeiten können Sie mit dem Eintrag **Keine** auch einmalige Termine festlegen.
3. Geben Sie in den Feldern **Wiederholen alle** und **Wiederholen am** die gewünschten Wiederholungsintervalle ein.
4. Geben Sie im Feld **Uhrzeit** eine Zeit an, zu der die nächste Inventur für diesen Zyklus durchgeführt werden soll.
5. Geben Sie bei Bedarf noch einen Endpunkt nach einer bestimmten Anzahl von Terminen oder einem bestimmten Datum ein.
6. Klicken Sie auf den Button **Hinzufügen**, um den Inventurzyklus anzulegen. Das Fenster bleibt im **Hinzufügen**-Modus und ermöglicht Ihnen, beliebig viele Inventurzyklen anzulegen.

Als zweiten Schritt müssen Sie den definierten Inventurzyklus den einzelnen Artikeln zuweisen. Wechseln Sie dazu auf die Registerkarte **Bestandsdaten** im Fenster **Artikelstammdaten.**

Weisen Sie den Zykluscode in der Spalte **Zykluscode** pro Lager zu (siehe Abbildung 7.81). Das bedeutet, Sie können sich an die Inventur dieses Artikels auch nur für einzelne Lager erinnern lassen. Die Spalte **Zykluscode** wird in der Standardanordnung nicht angezeigt und muss mit dem Button  (**Formulareinstellungen**) eingeblendet werden.

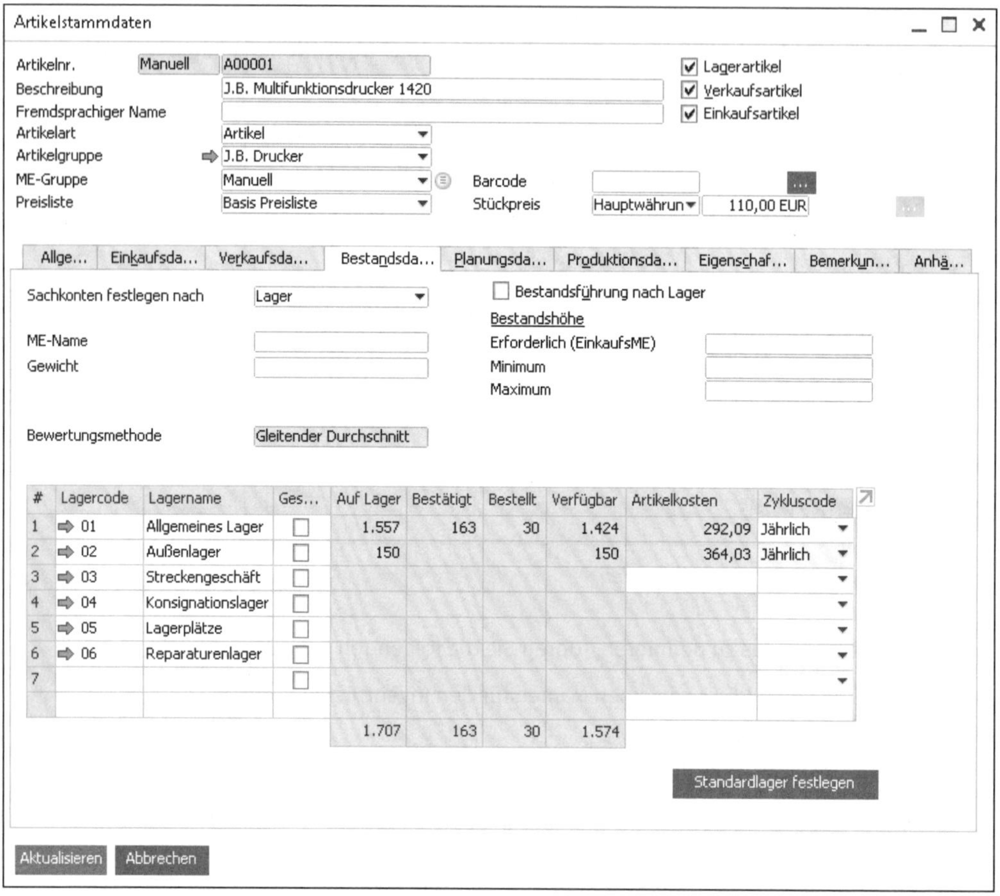

Abbildung 7.81: Fenster »Artikelstammdaten« – Zykluscode zuweisen

Als letzten Schritt haben Sie nun die Möglichkeit, einen Empfehlungsbericht aufzurufen, der Ihnen anzeigt, welche Artikel auf welchen Lagern inventiert werden müssen. Öffnen Sie das Fenster **Empfehlungen für regelmäßige Inventur – Auswahlkriterien** über den Pfad **Lagerverwaltung • Bestandstransaktionen • Regelmäßige Inventur**. Im nun geöffneten Fenster geben Sie an, welchen Zykluscode Sie auf welchem Lager an welchem Ort betrachten möchten.

Klicken Sie auf den Button **OK**, und Sie erhalten einen Empfehlungsbericht mit den zu inventierenden Artikeln und den dazugehörigen Lagern.

Sobald Sie die Inventur für den angegebenen Artikel in dem ebenfalls angegebenen Lager durchgeführt haben, markieren Sie die Checkbox in der Spalte **Gezählt**. Klicken Sie abschließend auf den Button **Als gezählt kennzeichnen**, damit die angegebenen Empfehlungen aus der Liste entfernt und nicht mehr vorgeschlagen werden. Klicken Sie auf den Button **Bestandszählung**, um direkt das Fenster **Bestandszählung** zu öffnen und die Inventur durchzuführen.

7.10 Lagerplätze

Die Abbildung und Verwaltung von *Lagerplätzen* ist eine umfangreiche Option in SAP Business One. Sie haben die Möglichkeit, Lagerplätze entweder für alle Lager oder nur für ausgewählte zu aktivieren.

Wenn Sie Lagerplätze verwenden, bedeutet dies, dass Sie nicht nur ein Lager als Ganzes verwenden, sondern auch die physikalischen Unterteilungen des Lagers mit bis zu vier Ebenen abbilden können. Das können z. B. Reihen, Gänge, Regale, Boxen, Container, Schachteln, Kisten oder Kästen sein. Das bedeutet, der Lagerplatz ist die kleinste verwendbare Raumeinheit im Lager.

Das Verwalten von Lagerplätzen soll anhand des folgenden durchgängigen Beispiels erklärt werden.

Lagerplätze bei der Firma OEC Computers

OEC Computers betreibt ein Nebenlager, das in sechs Gänge mit je neun Regalen unterteilt ist. Jedes Regal besitzt vier Fächer, die wiederum jeweils vier Boxen enthalten. In Summe ergibt dies *6 × 9 × 4 × 4 = 864 Lagerplätze*.

7.10.1 Lagerplätze aktivieren

Zunächst wird das Nebenlager angelegt und die Lagerplatzfunktion nur für dieses Lager aktiviert. Dazu legen Sie im Fenster **Lager – Definition** unter **Administration • Definitionen • Lagerverwaltung • Lager** das Nebenlager mit **Lagercode** und **Lagername** an und markieren die Checkbox **Empfangende Lagerplätze aktivieren**. Daraufhin erscheint eine neue Registerkarte **Lagerplätze** (siehe Abbildung 7.82).

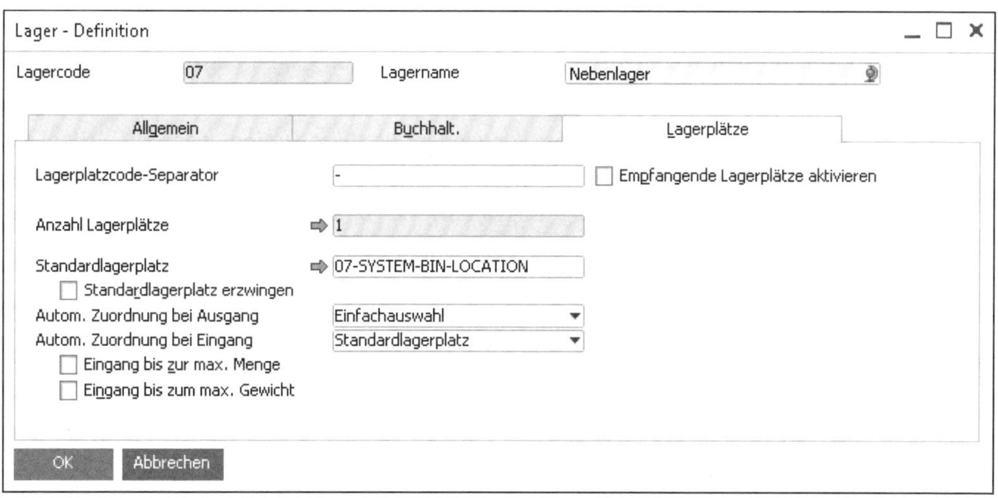

Abbildung 7.82: Fenster »Lager« – neue Registerkarte »Lagerplätze«

Auf der Registerkarte **Lagerplätze** stehen Ihnen die folgenden Felder zur Verfügung:

- **Feld »Lagerplatzcode-Separator«**
  Geben Sie hier das Trennzeichen für die später zu erstellenden Lagerplatzcodes ein. Standardmäßig ist der Bindestrich (-) eingestellt. Das Trennzeichen trennt die Codes der einzelnen Lagerunterebenen wie Gang, Regal, Fach und Box.
- **Feld »Anzahl Lagerplätze«**
  Dieses Feld ist ein reines Anzeigefeld und zeigt die Anzahl der Lagerplätze, die anhand der Unterebenen wie Gang, Regal, Fach oder Box automatisch angelegt werden. Da bei Aktivierung der Lagerplätze automatisch ein Standardlagerplatz angelegt wird, erscheint hier zu Beginn der Wert »1«.
- **Feld »Standardlagerplatz«**
  Dieses Feld zeigt den derzeit gültigen Standardlagerplatz an. Standardmäßig wird der Lagerplatz »Lagercode-SYSTEM-BIN-LOCATION« angezeigt. Um diesen Lagerplatz zu ändern, klicken Sie in das Feld, löschen diesen Wert und wählen mithilfe der [Tab]-Taste aus dem sich öffnenden Fenster **Liste: Lagerplätze** einen neuen Lagerplatz aus. Unmittelbar nach der Anlage des Lagers ist das natürlich nicht möglich, da wir ja noch keine Lagerplätze definiert haben.
- **Checkbox »Standardlagerplatz erzwingen«**
  Markieren Sie diese Checkbox, wenn die Artikel bei einem Wareneingang nur auf den Standardlagerplatz gelegt werden müssen. Der Standardlagerplatz wird jeweils beim Artikel im Registerblatt **Bestandsdaten** hinterlegt.
- **Dropdown-Liste »Autom. Zuordnung bei Ausgang«**
  Wählen Sie hier aus, wie SAP Business One bei Warenausgang der Artikel von Lagerplätzen verfahren soll. Dabei stehen Ihnen die folgenden Optionen zur Verfügung:
  - **Einfachauswahl**: Verwenden Sie diese Option nur, wenn es eine eindeutige Zuordnungsmöglichkeit der Artikel aus den Lagerplätzen gibt. Das ist einerseits der Fall, wenn für den Warenausgang genügend Artikel an einem Lagerplatz liegen oder wenn der exakte Bedarf (nicht mehr oder weniger) an mehreren Lagerplätzen liegt.
  - **Reihenfolge Lagerplatzcodes**: Verwenden Sie diese Option, wenn die Artikel für den Warenausgang nach der alphanumerischen Reihenfolge der Lagerplatzcodes ausgegeben werden sollen. Diese Variante ist vor allen Dingen dann sinnvoll, wenn die Reihenfolge der Lagerplatzcodes einem System folgt, z. B. wenn sich daraus eine Wegoptimierung beim Auslagerungsprozess ergibt.
  - **Alternative Reihenfolge Sortiercodes**: Verwenden Sie diese Option, wenn die Artikel für den Warenausgang nach der alphanumerischen Reihenfolge der Sortiercodes der Lagerplätze ausgegeben werden sollen.
  - **Absteigende Menge**: Verwenden Sie diese Option, wenn die Artikel nach der absteigenden Lagermenge der Artikel in den Lagerplätzen ausgegeben werden sollen. Das bedeutet, zuerst wird der Lagerplatz mit der höchsten Menge des Artikels genommen, dann jener mit der zweithöchsten Menge etc.

  - **Aufsteigende Menge**: Verwenden Sie diese Option, wenn die Artikel nach der aufsteigenden Lagermenge der Artikel in den Lagerplätzen ausgegeben werden sollen. Das bedeutet, zuerst wird der Lagerplatz mit der niedrigsten Menge des Artikels genommen, dann jener mit der zweitniedrigsten Menge etc. Dadurch sorgen Sie dafür, dass Lagerplätze geleert und später wieder vollständig befüllt werden können.
  - **FIFO**: Verwenden Sie diese Option, wenn Sie die Lagerbewertungsmethode »First In, First Out« anwenden möchten. Die ältesten Bestände werden als Erstes zur Kommissionierung vorgeschlagen.
  - **LIFO**: Verwenden Sie diese Option, wenn Sie die jüngsten Lagerbestände als Erstes ausliefern möchten.
- **Dropdown-Liste »Autom. Zuordnung bei Eingang«**
  Wählen Sie hier aus, wie SAP Business One beim Wareneingang der Artikel von Lagerplätzen verfahren soll. Dabei stehen Ihnen die folgenden Optionen zur Verfügung:
  - **Standardlagerplatz**: Verwenden Sie diesen Eintrag, wenn der Wareneingang des Artikels auf den Standardlagerplatz erfolgen soll.
  - **Letzter Lagerplatz, an dem der Artikel einging**: Verwenden Sie diesen Eintrag, wenn der zuletzt verwendete Lagerplatz für diesen Artikel nochmals verwendet werden soll. Damit werden gleiche Artikel an einem Lagerplatz gesammelt.
  - **Aktuelle Lagerplätze des Artikels**: Verwenden Sie diesen Eintrag, wenn der Artikel auf jene Lagerplätze gelegt wird, auf denen dieser bereits liegt. Dies führt nur dann zu einem anderen Ergebnis, wenn Artikel nach dem Einlagern noch einmal umgelagert werden.
  - **Aktuelle und vorherige Lagerplätze des Artikels**: Verwenden Sie diesen Eintrag, wenn der Artikel auf jene Lagerplätze gelegt wird, auf denen dieser bereits liegt oder gelegen hat.
- **Checkbox »Eingang bis zur max. Menge«**
  Markieren Sie diese Checkbox, wenn SAP Business One Sie warnen soll, wenn die Artikelmenge beim Wareneingang an diesem Lagerplatz erreicht oder überschritten wurde.
- **Checkbox »Eingang bis zum max. Gewicht«**
  Markieren Sie diese Checkbox, wenn SAP Business One Sie warnen soll, wenn das Artikelgewicht beim Wareneingang an diesem Lagerplatz erreicht oder überschritten wurde.
- **Checkbox »Empfangende Lagerplätze aktivieren«**
  Markieren Sie diese Checkbox, wenn jeder Lagerplatz in diesem Lager auch Artikel aus einem Wareneingang empfangen kann.

Klicken Sie abschließend auf den Button **Hinzufügen** (bei Neuanlage des Lagers) oder auf den Button **Aktualisieren** (bei Änderung eines bereits bestehenden Lagers), um die Änderungen zu speichern.

7.10.2 Lagerplätze anlegen

Nachdem nun die Lagerplätze im Lager aktiviert wurden, können die konkreten Lagerplätze in diesem Lager angelegt werden. Dazu gehen Sie folgendermaßen vor:

1. Pflegen Sie die Lagerunterebenen (in unserem Beispiel Gang, Regal, Fach und Box).
2. Legen Sie die Lagerunterebenencodes manuell oder automatisch an.
3. Generieren Sie die tatsächlichen Lagerplätze aufgrund der Lagerunterebenencodes.

Die Lagerunterebenen pflegen Sie im Fenster **Lagerplatz-Feldaktivierung** unter **Administration • Definitionen • Lagerverwaltung • Lagerplätze** (siehe Abbildung 7.83).

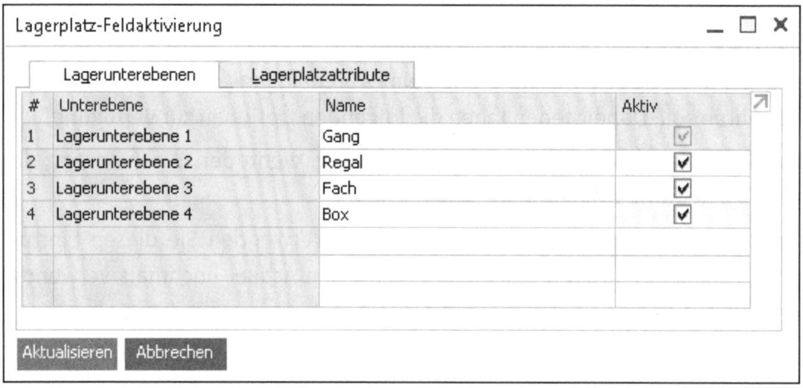

Abbildung 7.83: Lagerunterebenen pflegen

Es stehen Ihnen maximal vier Unterebenen zur Verfügung. Überschreiben Sie die vorgeschlagenen Werte mit den tatsächlichen Unterebenen Ihres Lagers (z. B. Gang, Regal, Fach und Box), und markieren Sie jeweils die Checkbox **Aktiv**.

Klicken Sie abschließend auf den Button **Aktualisieren**, um die Änderungen zu speichern, und auf den Button **OK**, um das Fenster zu schließen.

Das Anlegen der Lagerunterebenencodes kann manuell oder – bei einer großen Anzahl – auch automatisiert erfolgen.

Das manuelle Anlegen erfolgt im Fenster **Lagerunterebenencodes – Definition** unter **Administration • Definitionen • Lagerverwaltung • Lagerplätze • Lagerunterebenencodes** (siehe Abbildung 7.84). Dazu wählen Sie die gewünschte **Lagerunterebene** aus der gleichnamigen Dropdown-Liste. Anschließend geben Sie für jeden zukünftigen Lagerplatz einen **Code** und eine **Beschreibung** ein. Im Beispiel in Abbildung 7.84 gibt es für die Lagerunterebene **Gang** die zukünftigen Ausprägungen »G1« bis »G6« – also Gang 1 bis Gang 6. Die Information im Feld **Anzahl Lagerplätze** zeigt an, wie viele Lagerplätze in den jeweiligen Gängen bereits existieren. Wir erkennen also, das für einige Gänge schon die weiteren Ebenen definiert wurden und konkrete Lagerplätze vorhanden sind.

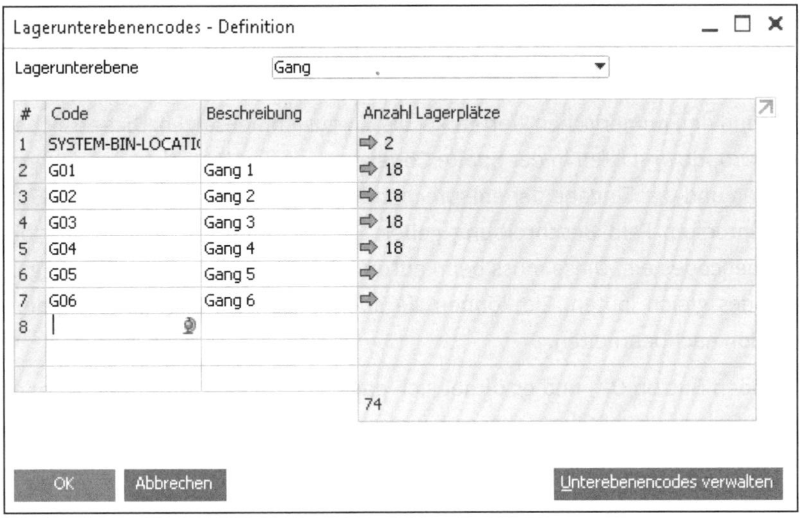

Abbildung 7.84: Lagerunterebenencodes anlegen

Wenn Sie sehr viele Lagerunterebenencodes haben, können Sie sie auch automatisiert anlegen. Dies erfolgt im Fenster **Verwaltung von Lagerunterebenencodes** unter **Administration • Definitionen • Lagerverwaltung • Lagerplätze** (siehe Abbildung 7.85).

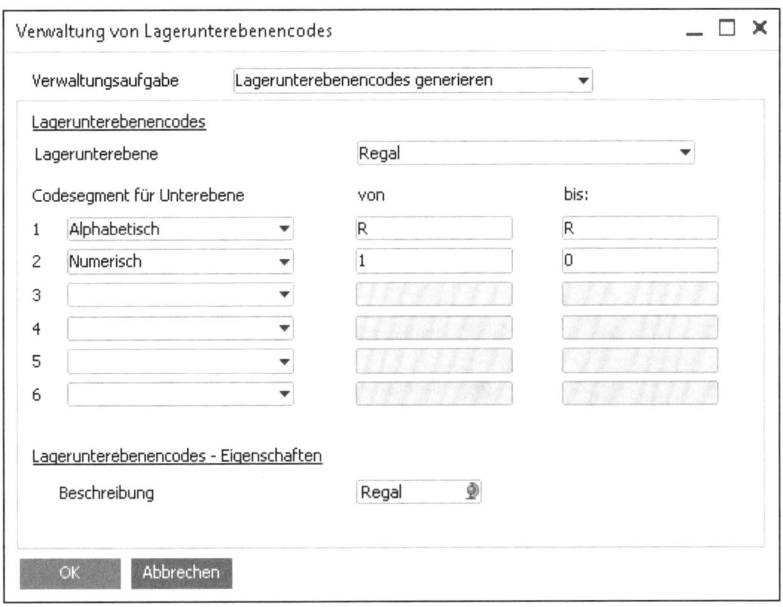

Abbildung 7.85: Lagerunterebenencodes automatisiert anlegen

Dazu stellen Sie die Dropdown-Liste **Verwaltungsaufgabe** auf den Eintrag **Lagerunterebenencodes generieren**. Anschließend wählen Sie die gewünschte **Lagerunterebene** in der gleichnamigen Dropdown-Liste aus.

Danach müssen noch die Lagerunterebenencodes zusammengesetzt werden. Das Beispiel aus Abbildung 7.85 zeigt das Anlegen der neun Regale (»R1« bis »R9«) der gleichnamigen Lagerunterebene. Dazu müssen Sie den Lagerunterebenencode aus dem alphanumerischen »R« und den numerischen Werten »1« bis »9« zusammensetzen. Dies erreichen Sie mittels der Dropdown-Listen in der Spalte **Codesegment für Unterebene** in den ersten beiden Zeilen und der Eingabe der entsprechenden Werte, wie in Abbildung 7.85 zu sehen ist. Im untersten Feld **Beschreibung** geben Sie noch die Beschreibung für die Lagerunterebenencodes ein. Diese muss beim automatisierten Anlegen bei allen Lagerunterebenencodes gleich lauten. Sie können sie aber im Fenster **Lagerunterebenencodes – Definition** nachbearbeiten.

Klicken Sie auf den Button **OK**, und es öffnet sich das Fenster **Lagerunterebenencodes verwalten – Generierungsvorschau**. Dieses Fenster zeigt alle Codes, die nun angelegt werden sollen. Alle bereits angelegten Lagerunterebenencodes werden in roter Schrift dargestellt und dementsprechend nicht nochmals angelegt. Klicken Sie auf den Button **Generieren**, und die neuen Lagerunterebenencodes werden nun tatsächlich angelegt.

Im nächsten Schritt werden auf Basis der angelegten Lagerunterebenencodes die tatsächlichen Lagerplätze generiert. Das Generieren der Lagerplätze erfolgt im Fenster **Lagerplatzverwaltung** unter **Lagerverwaltung • Lagerplätze** (siehe Abbildung 7.86).

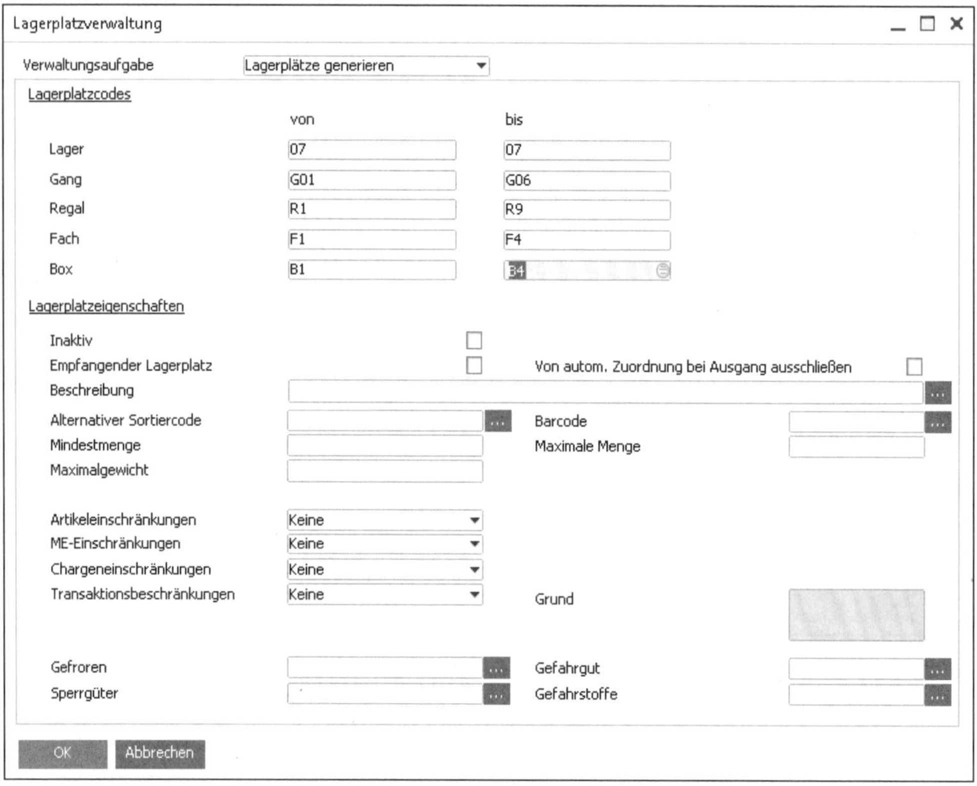

Abbildung 7.86: Lagerplätze generieren

Wählen Sie zunächst aus der Dropdown-Liste **Verwaltungsaufgabe** den Eintrag **Lagerplätze generieren** aus. Anschließend wählen Sie im Bereich **Lagerplatzcodes** das entsprechende Lager und die zu generierenden Lagerplätze aus. Dies erreichen Sie, indem Sie für die jeweiligen Lagerunterebenen die Lagerunterebenencodes in den Spalten **von** und **bis** aus der Auswahlliste auswählen, wie Sie in Abbildung 7.86 sehen.

Im unteren Bereich, **Lagerplatzeigenschaften**, können Sie den zu generierenden Lagerplätzen noch verschiedene Eigenschaften bzw. Einschränkungen wie Sortiercode, Mindestmenge, Maximalmenge oder Artikeleinschränkungen mitgeben.

Klicken Sie abschließend auf den Button **OK**, um das Fenster **Lagerplatzverwaltung – Generierungsvorschau** zu öffnen (siehe Abbildung 7.87).

Sehr gut ist nun der zusammengesetzte Lagerplatzcode in der gleichnamigen Spalte zu erkennen. Klicken Sie im nun geöffneten Fenster auf den Button **Generieren**, und alle Lagerplätze (in unserem Beispiel 864) werden angelegt.

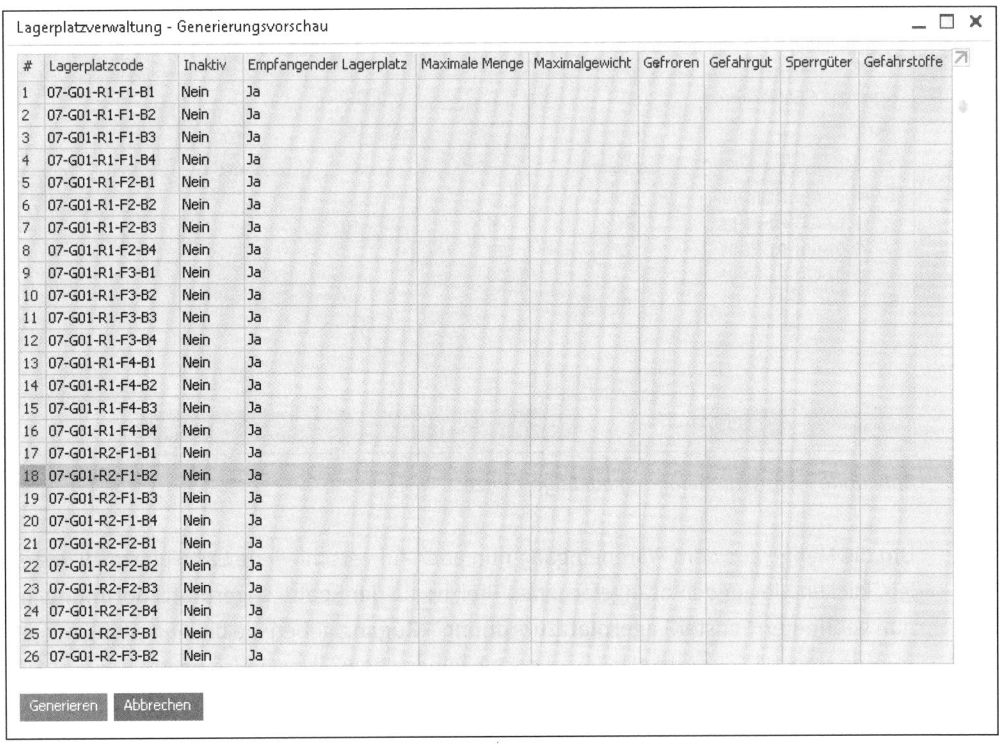

#	Lagerplatzcode	Inaktiv	Empfangender Lagerplatz	Maximale Menge	Maximalgewicht	Gefroren	Gefahrgut	Sperrgüter	Gefahrstoffe
1	07-G01-R1-F1-B1	Nein	Ja						
2	07-G01-R1-F1-B2	Nein	Ja						
3	07-G01-R1-F1-B3	Nein	Ja						
4	07-G01-R1-F1-B4	Nein	Ja						
5	07-G01-R1-F2-B1	Nein	Ja						
6	07-G01-R1-F2-B2	Nein	Ja						
7	07-G01-R1-F2-B3	Nein	Ja						
8	07-G01-R1-F2-B4	Nein	Ja						
9	07-G01-R1-F3-B1	Nein	Ja						
10	07-G01-R1-F3-B2	Nein	Ja						
11	07-G01-R1-F3-B3	Nein	Ja						
12	07-G01-R1-F3-B4	Nein	Ja						
13	07-G01-R1-F4-B1	Nein	Ja						
14	07-G01-R1-F4-B2	Nein	Ja						
15	07-G01-R1-F4-B3	Nein	Ja						
16	07-G01-R1-F4-B4	Nein	Ja						
17	07-G01-R2-F1-B1	Nein	Ja						
18	07-G01-R2-F1-B2	Nein	Ja						
19	07-G01-R2-F1-B3	Nein	Ja						
20	07-G01-R2-F1-B4	Nein	Ja						
21	07-G01-R2-F2-B1	Nein	Ja						
22	07-G01-R2-F2-B2	Nein	Ja						
23	07-G01-R2-F2-B3	Nein	Ja						
24	07-G01-R2-F2-B4	Nein	Ja						
25	07-G01-R2-F3-B1	Nein	Ja						
26	07-G01-R2-F3-B2	Nein	Ja						

Abbildung 7.87: Lagerplatzverwaltung – Generierungsvorschau

7.10.3 Lagerplätze in Einkaufs- und Verkaufsbelegen verwenden

Nachdem die Lagerplätze nun tatsächlich generiert wurden, können sie auch in Wareneingängen und Warenausgängen verwendet werden.

Mittels eines Wareneingangs wird Ware auf das Lager mit den aktivierten Lagerplätzen gelegt (siehe Abbildung 7.88).

Um die Lagerplatzfunktion richtig zu verwenden, klicken Sie auf den Button (**Formulareinstellungen**) und blenden die Spalten **Lager** und **Lagerplatzzuordnung** ein.

Wählen Sie in der Spalte **Lagercode** nun das Lager mit den aktivierten Lagerplätzen aus. In unserem Beispiel in Abbildung 7.88 ist dies das Lager »07« (Nebenlager). SAP Business One befüllt automatisch die Spalte **Zugeordnet** mit der eingegebenen Menge des Wareneingangs. Würden Sie nun den Wareneingang hinzufügen, würde die gesamte Menge auf den beim Lager definierten Standardlagerplatz gelegt.

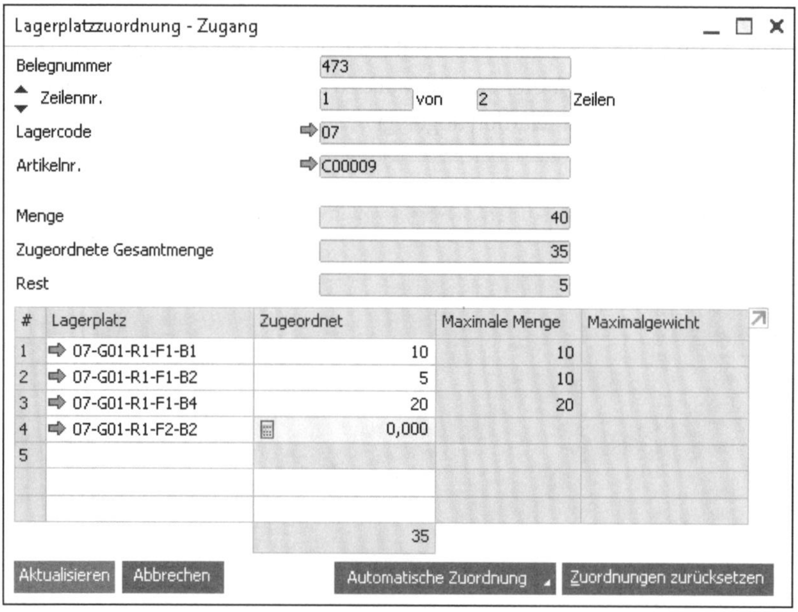

Abbildung 7.88: Wareneingang auf Lagerplätze

Um die Menge aus dem Wareneingang nun aber auf verschiedene Lagerplätze zu verteilen, klicken Sie auf den orangefarbenen Pfeil in der Spalte **Lagerplatzzuordnung**. Im nun geöffneten Fenster **Lagerplatzzuordnung – Zugang** geben Sie die Aufteilung der gesamten Menge in der Artikelzeile auf die einzelnen Lagerplätze an (siehe Abbildung 7.89).

Dazu verwenden Sie in der Spalte **Lagerplatz** die -Taste, um die Auswahlliste zu öffnen, und wählen alle Lagerplätze aus, auf die mindestens ein Stück gelegt werden soll. Anschließend ordnen Sie in der Spalte **Zugeordnet** den einzelnen Lagerplätzen die gewünschten Mengen zu.

Mit den Formulareinstellungen können Sie sich eine Reihe von Feldern einblenden, die Ihnen helfen, die richtige Entscheidung für das Einlagern zu treffen, z. B. wie in Abbildung 7.89 dargestellt die maximale Menge oder das maximale Gewicht, das auf der jeweiligen Lagerposition eingelagert werden kann.

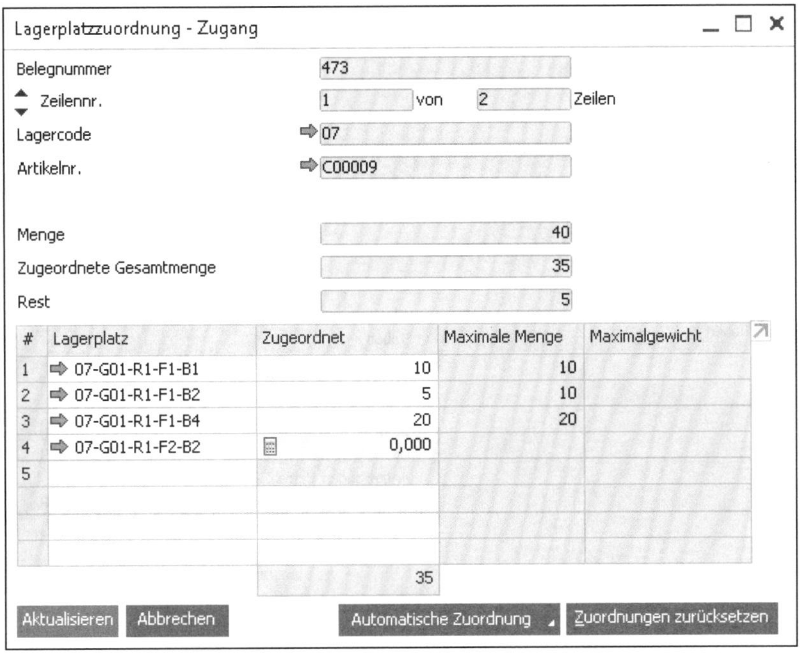

Abbildung 7.89: Lagerplatzzuordnung beim Wareneingang

Klicken Sie abschließend auf **Aktualisieren** und **OK**, und Sie kehren zum Fenster **Wareneingang** zurück. Klicken Sie dann auf den Button **Hinzufügen**, um den Wareneingang tatsächlich anzulegen.

[+]

Verwendung von Lagerplätzen

Sobald Sie für ein Lager die Lagerplätze aktiviert haben, können Sie sie in allen lagerwirksamen Belegen wie Wareneingang, Warenausgang, Eingangs- und Ausgangsrechnung, Bestandsumlagerung verwenden.

Der Warenausgang von den Lagerplätzen erfolgt in unserem Beispiel mittels einer Ausgangsrechnung (siehe Abbildung 7.90).

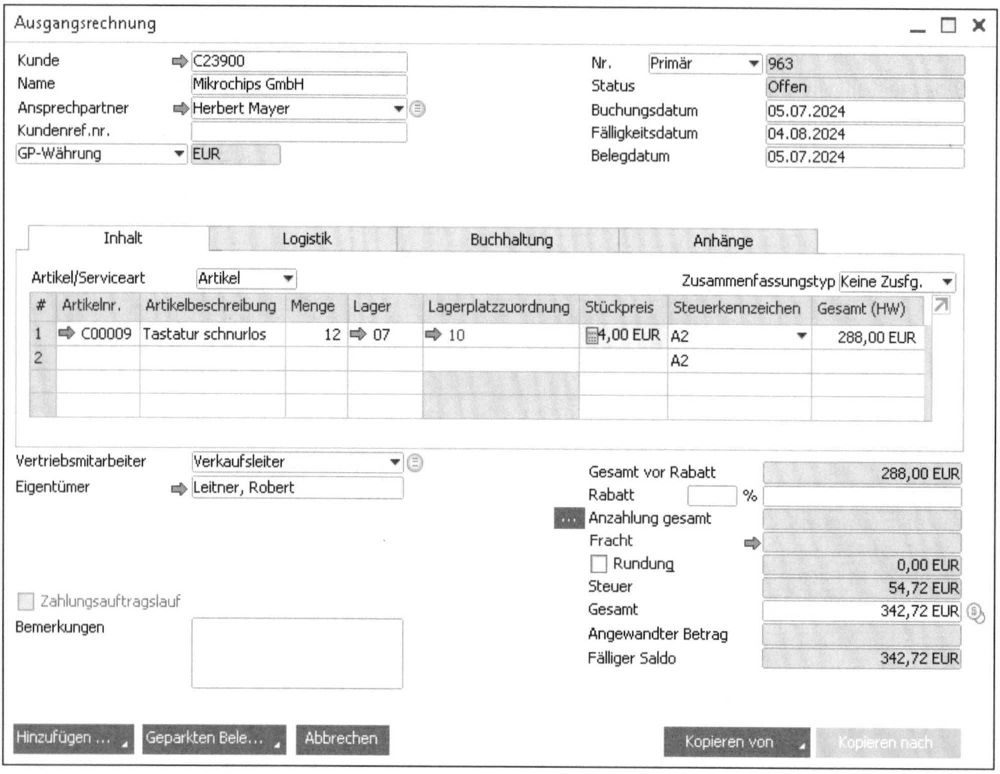

Abbildung 7.90: Warenausgang von Lagerplätzen mittels Ausgangsrechnung

Auch in der Ausgangsrechnung sollten die Spalten **Lager** und **Lagerplatzzuordnung** eingeblendet sein. Sobald Sie ein Lager mit aktivierten Lagerplätzen in der Artikelzeile verwenden, wird die Menge automatisch in der Spalte **Lagerplatzzuordnung** angezeigt. Sobald der ausgewählte Artikel auf mehrere Lagerplätze verteilt ist und die ausgewählte Menge nicht mit der Bestellmenge übereinstimmt, wird der Wert in der Spalte **Lagerplatzzuordnung** in Rot angezeigt.

Klicken Sie auf den orangefarbenen Pfeil ⇨ in der Spalte **Lagerplatzzuordnung**. Das nun geöffnete Fenster **Lagerplatzzuordnung – Abgang** zeigt Lagerplätze an, auf denen mindestens ein Stück des entsprechenden Artikels liegt (siehe Abbildung 7.91).

Geben Sie nun in der Spalte **Zugeordnet** jene Mengen ein, die von den entsprechenden Lagerplätzen abgebucht werden sollen.

Klicken Sie abschließend auf die Buttons **Aktualisieren** und **OK**, und Sie kehren zum Fenster **Ausgangsrechnung** zurück. Klicken Sie dann auf den Button **Hinzufügen**, um die Ausgangsrechnung tatsächlich anzulegen.

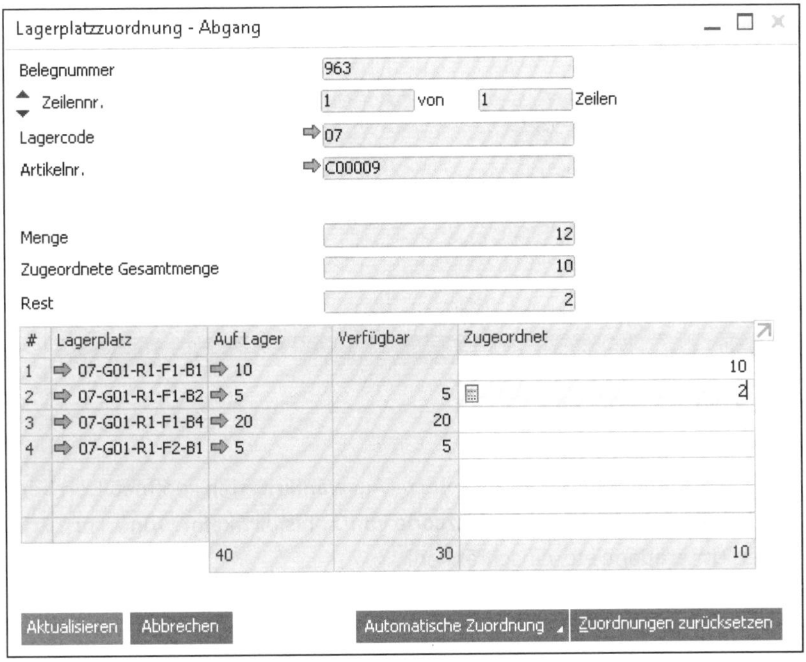

Abbildung 7.91: Lagerplatzzuordnung – Warenausgang

Chaotische Lagerverwaltung

Die in diesem Kapitel dargestellten Beispiele – vor allen Dingen hinsichtlich des Einlagerns – stellen eine *chaotische Lagerverwaltung* dar. Das bedeutet, dass erst beim Einlagern entschieden wird, auf welche Lagerpositionen der Artikel eingelagert wird. Diese Lagerverwaltungsmethode sorgt für ein schnelles Abarbeiten von Wareneingängen. Entgegen ihrem Namen muss sie natürlich auch organisiert werden, vor allen Dingen, wenn die Erfassung des Wareneingangs in SAP Business One und die physikalische Einlagerung personell getrennt sind. Besprechen Sie die optimale Organisation dieses Prozesses mit Ihrem Berater.

Alternativ können Sie in SAP Business One auch mit *fixen Lagerplätzen* arbeiten, indem Sie im Artikelstamm im Registerblatt **Bestand** pro Artikel einen fixen Lagerplatz definieren und diesen erzwingen.

Mit dem Bericht **Inhaltsliste Lagerplatz** unter **Lagerverwaltung • Bestandsberichte** erhalten Sie einen Überblick über die auf den einzelnen Lagerplätzen befindlichen Artikel (siehe Abbildung 7.92).

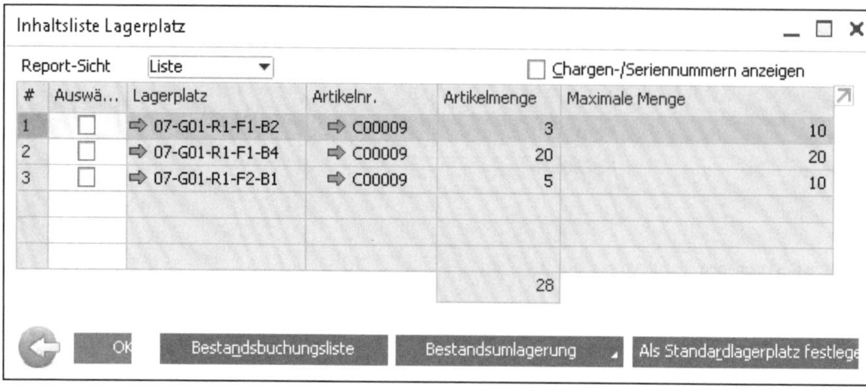

Abbildung 7.92: Inhaltsliste Lagerplatz

Zunächst wird das Fenster **Inhaltsliste Lagerplatz – Auswahlkriterien** geöffnet. Dort können Sie die Inhaltsliste vorab nach **Lagerplatzcode von ... bis**, **Artikelnr. von ... bis**, **Artikelgruppe**, **Lager**, **Unterebene** etc. einschränken.

7.11 Bestandsberichte

SAP Business One bietet eine Reihe von Berichten in der Lagerverwaltung an. An dieser Stelle lernen Sie die gängigsten Berichte kennen.

Für alle behandelten Berichte gilt, dass beim Aufrufen des Berichts das Fenster **Auswahlkriterien** erscheint, in dem Sie die Anzeige bezüglich des Artikels (Felder **Artikelnr. von ... bis**, **Gruppe** und Button **Artikeleigenschft.**) und weiterer Kriterien einschränken können (siehe Abbildung 7.93). Die Auswahlkriterien können je nach Bericht leicht variieren, das Prinzip ist aber immer das gleiche. Wenn Sie die Auswahlkriterien mit dem Button **OK** bestätigen, wird erst der eigentliche Bericht aufgerufen.

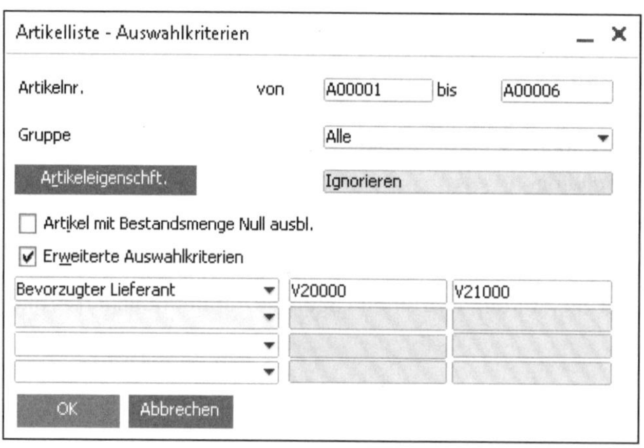

Abbildung 7.93: Artikelliste – Auswahlkriterien

Die folgenden Berichte finden Sie über den Pfad **Lagerverwaltung • Bestandsberichte**:

- **Bericht »Artikelliste«**
  Dieser Bericht zeigt eine Artikelliste, die bezüglich **Artikelnummer von … bis**, **Gruppe** (Artikelgruppe) und Artikeleigenschaft (Button **Artikeleigenschft.**) eingeschränkt werden kann. Davon abgesehen, können Sie all jene Artikel unterdrücken, deren aktuelle Bestandsmenge null beträgt. In der Artikelliste finden Sie neben der Artikelgruppe und dem aktuellen Bestand alle verfügbaren Preislisten als Spalten aufgeführt. Falls Sie die Artikelliste drucken oder in der Druckvorschau ansehen möchten, wählen Sie eine Preisliste aus. Da nur eine Preisliste im Ausdruck angezeigt werden kann, markieren Sie die Spalte mit der gewünschten Preisliste, die daraufhin im Ausdruck erscheint. Standardmäßig wird die erste Preisliste auf der linken Seite ausgedruckt.
- **Bericht »Offene Belege«**
  Dieser Bericht wurde bereits in Abschnitt 6.3, »Berichte im Verkauf«, behandelt.
- **Bericht »Geparkte Belege«**
  Dieser Bericht wurde bereits in Abschnitt 6.3, »Berichte im Verkauf«, behandelt.
- **Bericht »Letzte Preise«**
  Dieser Bericht wurde bereits in Abschnitt 6.2.2, »Belegmitte«, behandelt.
- **Bericht »Inaktive Artikel«**
  Dieser Bericht zeigt jene Artikel an, die in keiner der ausgewählten Belegstufen verwendet wurden. Sie können die Auswahl im Fenster **Auswahlkriterien** hinsichtlich der üblichen Artikelattribute einschränken. Zusätzlich geben Sie den Beginn des Betrachtungszeitraums im Feld **Datum von** an. Klicken Sie auf den Button **OK**, um den Bericht zu starten. In der eigentlichen Liste der inaktiven Artikel markieren Sie jene Belegstufen, für die Sie prüfen möchten, ob die ausgewählten Artikel seit dem **Datum von** nicht angezeigt werden. Klicken Sie auf den Button **Aktualisieren**, um den Bericht nach Änderung der Kriterien zu aktualisieren. »Inaktiv« bedeutet in diesem Zusammenhang also nicht das entsprechende Kennzeichen im Artikelstamm, sondern dass der Artikel schon längere Zeit nicht mehr bewegt wurde. Die Liste kann daher als Grundlage für Entscheidungen über das weitere Schicksal des Artikels verwendet werden (ablaufen lassen, Preisreduktion, nicht mehr nachbestellen, nachproduzieren etc.).
- **Bericht »Bestandsbuchungsliste«**
  Dieser Bericht funktioniert nach einem ähnlichen Muster wie die **Umsatzanalyse** im Modul **Verkauf** (siehe ebenfalls Abschnitt 6.3, »Berichte im Verkauf«) und die **Einkaufsanalyse** im Modul **Einkauf** (siehe Abschnitt 5.7, »Berichte im Einkauf«).
  - Sie können den Bericht nach Artikel (Registerkarte **Artikel**), Geschäftspartner (Registerkarte **GP**) und nach anderen Kriterien ausführen lassen, wie z. B. hinsichtlich des Vertriebsmitarbeiters, eines Projekts oder einer Lieferantenkatalognummer (Registerkarte **Andere**).
  - Sie können die Anzeige im Fenster **Bestandsbuchungsliste – Auswahlkriterien** hinsichtlich Lager, Ort und Transaktionsdatum weiter einschränken und im linken un-

teren Bereich nach Kriterien wie Buchungsdatum, Menge, Preis und GP-Name sortieren (siehe Abbildung 7.94).

Als Ergebnis erhalten Sie eine Liste aller Mengenbewegungen für die ausgewählten Artikel mit den verknüpften Belegen, den dazugehörigen Preisen und der kumulierten Menge. Dieser Bericht ist extrem nützlich, wenn Sie wissen wollen, wie der aktuelle Lagerbestand entstanden ist, oder wenn Sie den Lagerbestand zu einem bestimmten Zeitpunkt wissen wollen.

- **Bericht »Bestandsstatus«**
  Der Bericht **Bestandsstatus** zeigt die gleichen Bestandteile zur Berechnung der verfügbaren Menge (*auf Lager bestätigt + bestellt = verfügbare Menge*) an wie im Fenster **Artikelstammdaten** auf der Registerkarte **Bestandsdaten**. Der Unterschied liegt darin, dass Sie den Bestandsstatus für alle Artikel gleichzeitig sehen können.

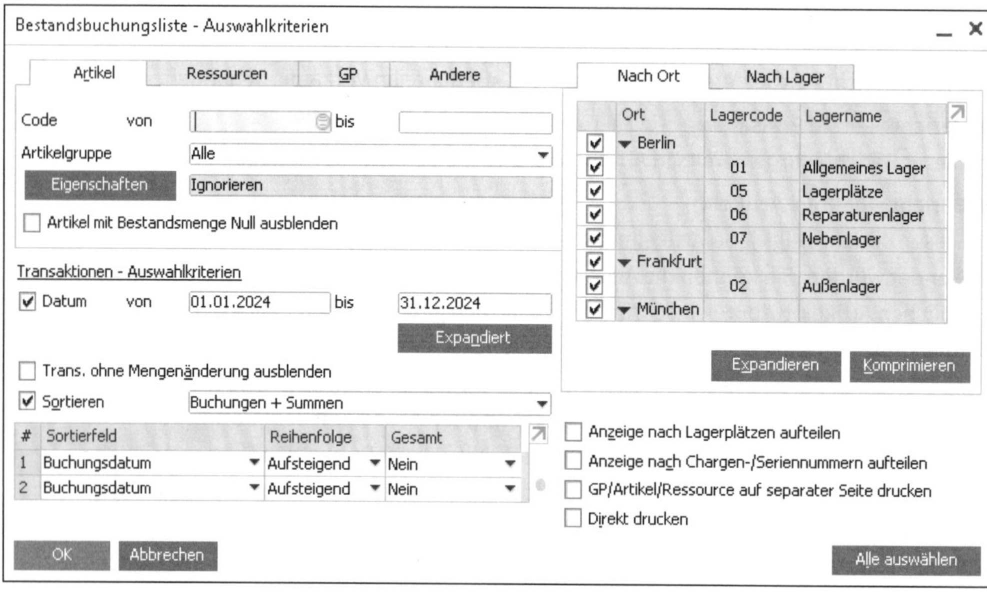

Abbildung 7.94: Fenster »Bestandsbuchungsliste – Auswahlkriterien«

Eine Übersicht über alle Möglichkeiten zum Bericht **Bestandsstatus** sehen Sie in Abbildung 7.95.

Gehen Sie hier folgendermaßen vor:

- Wählen Sie zunächst die gewünschten Artikel im Fenster **Bestandsstatus – Auswahlkriterien** ❶ aus. Die gewünschte Auswahl sehen Sie im Fenster **Bestandsstatus** ❷.
- Klicken Sie doppelt auf die Zeilennummer des Artikels ❸, um die bereits erstellten Kundenaufträge und Bestellungen zu dem Artikel zu sehen ❹. Sie haben die Wahl zwischen den Optionen **Normal** und **Available-to-Promise** – also einer laufenden erwarteten Verfügbarkeit.

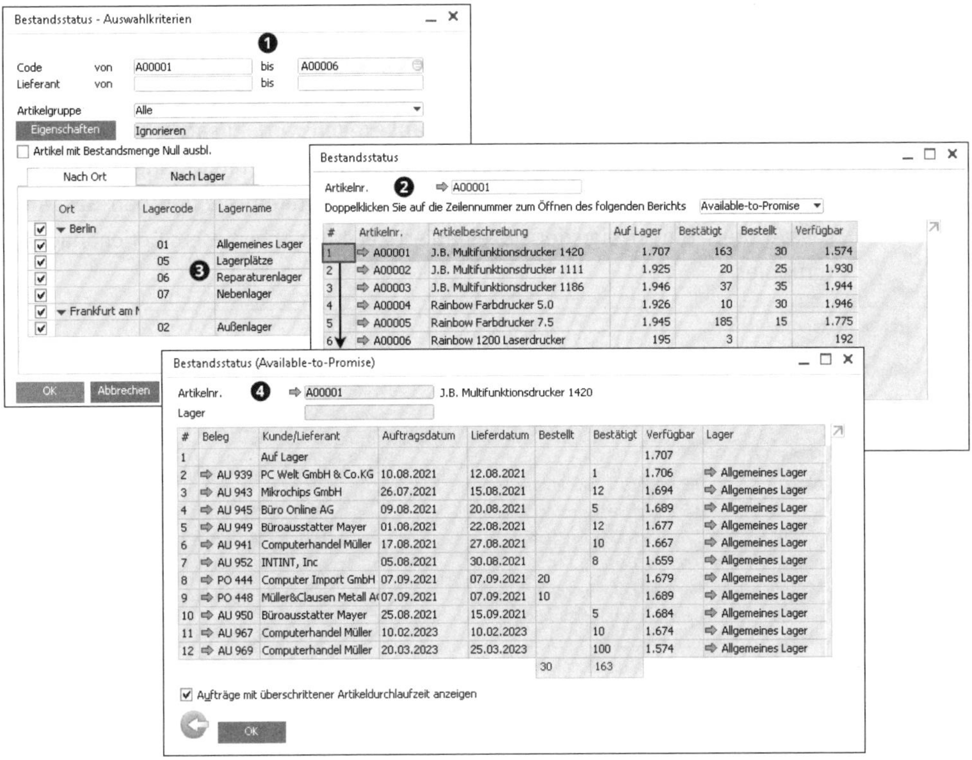

Abbildung 7.95: Übersicht über den Bestandsstatus

Detailbericht

Dieser Detailbericht kann naturgemäß nur bei Zeilen aufgerufen werden, in denen es Mengen in den Spalten **Bestellt** oder **Bestätigt** gibt. Über den Button [⇨] im Detailbericht gelangen Sie zum entsprechenden Beleg.

- **Bericht »Lagerbestandsbericht«**
  Dieser Bericht zeigt den aktuellen Lagerbestand als Übersichts- oder Detailbericht an. Sie können die Anzeige im Fenster **Lagerbestandsbericht – Auswahlkriterien** hinsichtlich Artikel, Lager (Registerkarte **Nach Lager**) und Ort (Registerkarte **Nach Ort**) einschränken. Zusätzlich können Sie sich mit der Checkbox **Artikel mit Bestandsmenge Null ausblenden** nur jene Artikel anzeigen lassen, die auch einen Bestand auf Lager haben.

  Im Bereich **Anzeigen** auf der rechten Seite stehen Ihnen zwei Optionen zur Verfügung:

  - **Normal:** Dieser Bericht zeigt den gesamten Lagerbestand und den Lagerbestand pro Lager für die ausgewählten Artikel an (siehe Abbildung 7.96).

    Klicken Sie auf die Registerkarte **Bestätigt**, um alle ausgewählten Artikel anzuzeigen, die sich derzeit in Kundenaufträgen befinden. Klicken Sie auf die Registerkarte

Bestellt, um alle ausgewählten Artikel anzuzeigen, die sich derzeit in Bestellungen befinden.

- **Detailbericht**: Wählen Sie diese Option und eine Preisliste im Feld **Preisquelle**, die als Grundlage für den Gesamtwert herangezogen wird. Zusätzlich zum Normalbericht erhalten Sie pro Artikel den **Bestandsstatus**, das **letzte Eingangs- und Ausgangsdatum** des Artikels sowie den **aktuellen Artikelpreis** und den **Gesamtwert** des Artikels. Die Anzeige der einzelnen Artikel erfolgt bei diesem Bericht nach Lager gruppiert.

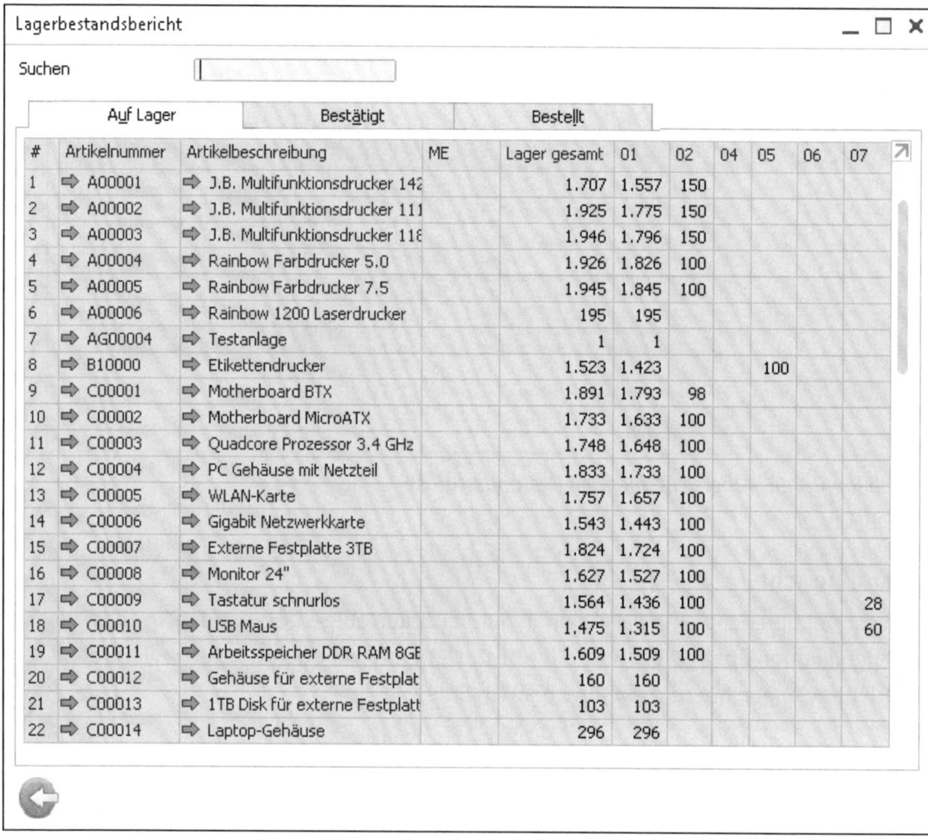

#	Artikelnummer	Artikelbeschreibung	ME	Lager gesamt	01	02	04	05	06	07
1	A00001	J.B. Multifunktionsdrucker 142		1.707	1.557	150				
2	A00002	J.B. Multifunktionsdrucker 111		1.925	1.775	150				
3	A00003	J.B. Multifunktionsdrucker 118		1.946	1.796	150				
4	A00004	Rainbow Farbdrucker 5.0		1.926	1.826	100				
5	A00005	Rainbow Farbdrucker 7.5		1.945	1.845	100				
6	A00006	Rainbow 1200 Laserdrucker		195	195					
7	AG00004	Testanlage		1	1					
8	B10000	Etikettendrucker		1.523	1.423			100		
9	C00001	Motherboard BTX		1.891	1.793	98				
10	C00002	Motherboard MicroATX		1.733	1.633	100				
11	C00003	Quadcore Prozessor 3.4 GHz		1.748	1.648	100				
12	C00004	PC Gehäuse mit Netzteil		1.833	1.733	100				
13	C00005	WLAN-Karte		1.757	1.657	100				
14	C00006	Gigabit Netzwerkkarte		1.543	1.443	100				
15	C00007	Externe Festplatte 3TB		1.824	1.724	100				
16	C00008	Monitor 24"		1.627	1.527	100				
17	C00009	Tastatur schnurlos		1.564	1.436	100				28
18	C00010	USB Maus		1.475	1.315	100				60
19	C00011	Arbeitsspeicher DDR RAM 8GE		1.609	1.509	100				
20	C00012	Gehäuse für externe Festplat		160	160					
21	C00013	1TB Disk für externe Festplatt		103	103					
22	C00014	Laptop-Gehäuse		296	296					

Abbildung 7.96: Fenster »Lagerbestandsbericht« – die Option »Normal«

- **Bericht »Bestandsprüfungsbericht«**
  Dieser Bericht zeigt detailliert alle Bewegungen eines Artikels vom Eröffnungsbestand über alle Einkaufs- und Verkaufstransaktionen und internen Transaktionen pro Lager mit Menge, Kosten, kumulativer Menge und kumulativem Wert. Sie können die Anzeige im Fenster **Bestandsprüfungsbericht – Auswahlkriterien** bezüglich Buchungsdatum, Artikel, Lager und Lagerort sowie Sachkonten einschränken. Zudem können Sie angeben, ob die Anzeige nach Lagern gruppiert oder ob der Bericht nach Artikeln oder dahinterliegenden Sachkonten zusammengefasst werden soll (siehe Abbildung 7.97).

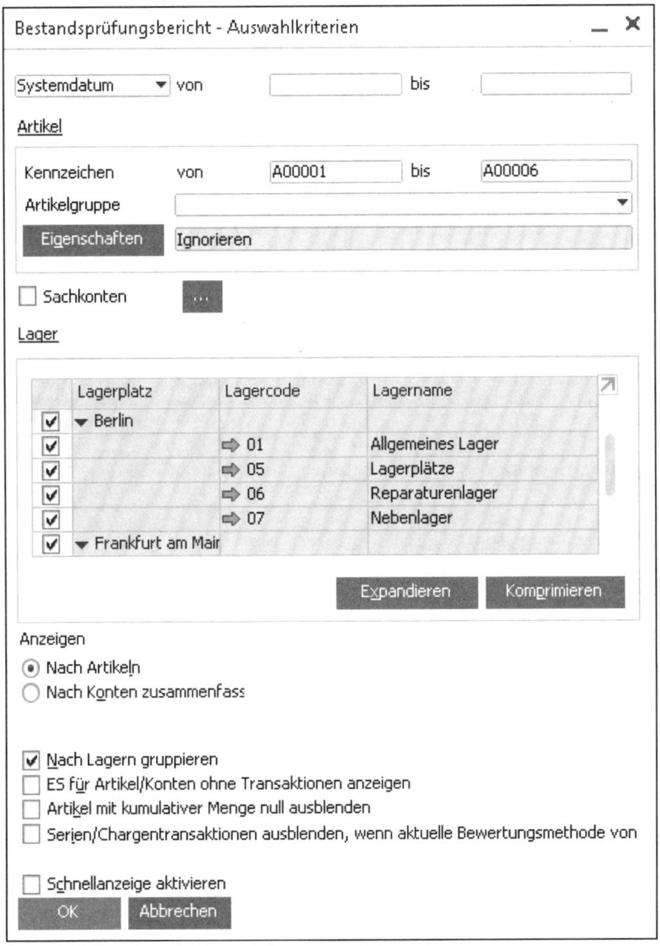

Abbildung 7.97: Fenster »Bestandsprüfungsbericht – Auswahlkriterien«

Aus den Auswahlkriterien in Abbildung 7.97 ergibt sich der Bestandsprüfungsbericht in Abbildung 7.98.

Hier haben Sie folgende Handlungsmöglichkeiten:

- Klicken Sie auf das schwarze Dreieck in den Spalten **Artikelnr.** und **Lager**, um den jeweiligen Bereich zu expandieren oder zu komprimieren. Mit den Buttons **Expandieren** und **Komprimieren** im rechten unteren Bereich können Sie dies für alle Artikelzeilen durchführen.
- Klicken Sie auf den orangefarbenen Pfeil in der Spalte **Beleg**, um in die dahinterliegende Transaktion zu diesem Artikel zu verzweigen.

Für jede Artikelzeile werden die Faktoren **Menge**, die **Kosten** und der **Trans.wert** in den entsprechenden Spalten angezeigt. In den beiden Spalten ganz rechts erscheinen die Werte **Kumulierte Mge** und **Kumulierter Wert**.

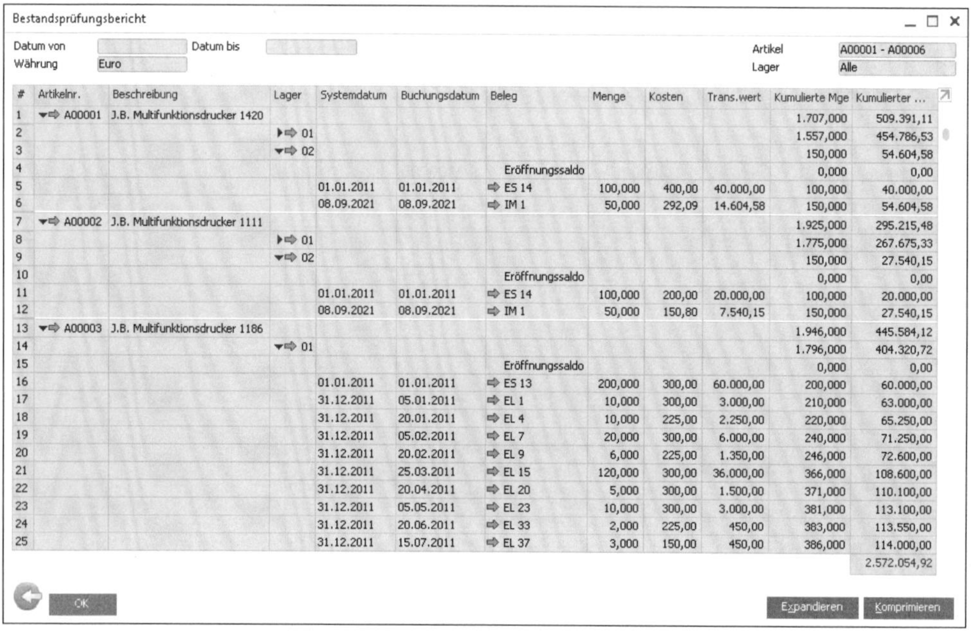

Bestandsprüfungsbericht

Datum von | Datum bis | Artikel A00001 - A00006
Währung Euro | Lager Alle

#	Artikelnr.	Beschreibung	Lager	Systemdatum	Buchungsdatum	Beleg	Menge	Kosten	Trans.wert	Kumulierte Mge	Kumulierter ...
1	A00001	J.B. Multifunktionsdrucker 1420								1.707,000	509.391,11
2			01							1.557,000	454.786,53
3			02							150,000	54.604,58
4						Eröffnungssaldo				0,000	0,00
5				01.01.2011	01.01.2011	ES 14	100,000	400,00	40.000,00	100,000	40.000,00
6				08.09.2021	08.09.2021	IM 1	50,000	292,09	14.604,58	150,000	54.604,58
7	A00002	J.B. Multifunktionsdrucker 1111								1.925,000	295.215,48
8			01							1.775,000	267.675,33
9			02							150,000	27.540,15
10						Eröffnungssaldo				0,000	0,00
11				01.01.2011	01.01.2011	ES 14	100,000	200,00	20.000,00	100,000	20.000,00
12				08.09.2021	08.09.2021	IM 1	50,000	150,80	7.540,15	150,000	27.540,15
13	A00003	J.B. Multifunktionsdrucker 1186								1.946,000	445.584,12
14			01							1.796,000	404.320,72
15						Eröffnungssaldo				0,000	0,00
16				01.01.2011	01.01.2011	ES 13	200,000	300,00	60.000,00	200,000	60.000,00
17				31.12.2011	05.01.2011	EL 1	10,000	300,00	3.000,00	210,000	63.000,00
18				31.12.2011	20.01.2011	EL 4	10,000	225,00	2.250,00	220,000	65.250,00
19				31.12.2011	05.02.2011	EL 7	20,000	300,00	6.000,00	240,000	71.250,00
20				31.12.2011	20.02.2011	EL 9	6,000	225,00	1.350,00	246,000	72.600,00
21				31.12.2011	25.03.2011	EL 15	120,000	300,00	36.000,00	366,000	108.600,00
22				31.12.2011	20.04.2011	EL 20	5,000	300,00	1.500,00	371,000	110.100,00
23				31.12.2011	05.05.2011	EL 23	10,000	300,00	3.000,00	381,000	113.100,00
24				31.12.2011	20.06.2011	EL 33	2,000	225,00	450,00	383,000	113.550,00
25				31.12.2011	15.07.2011	EL 37	3,000	150,00	450,00	386,000	114.000,00
											2.572.054,92

OK | Expandieren | Komprimieren

Abbildung 7.98: Fenster »Bestandsprüfungsbericht«

- **Bericht »Bestandsbewertung Simulationsbericht«**
  Dieser Bericht dient dazu, ausgewählte Artikel, eingeschränkt hinsichtlich Lager oder Ort, »fiktiv« neu zu bewerten. So haben Sie die Möglichkeit, Bewertungsszenarien für Ihr Lager und Ihre Artikel durchzuspielen.

[+]

Anwendungsrelevanz

Diese Szenarien sind nur dann sinnvoll, wenn eine von der derzeitigen Bewertungsmethode abweichende Methode als Basis für diesen Bericht verwendet wird. Diese wird vom Programm auch erzwungen.

Die Bewertung verändert die laufende Lagerbewertung nicht. Dies geschieht nur in der **Bestandsneubewertung** im Modul **Lager** (siehe Abschnitt 7.8, »Manuelle Bestandstransaktionen«). Die Ergebnisse dieser Bewertung werden jedoch in die Preisliste **Zuletzt ermittelter Preis** geschrieben und können in anderen Bereichen, wie z. B. bei der Bruttogewinnberechnung, herangezogen werden. Im Fenster **Auswahlkriterien** können Sie auf der rechten Seite alle Kriterien für die »fiktive« Bewertung festlegen.

- **Bericht »Transaktionsbericht Seriennummern«**
  Dieser Bericht wurde bereits in Abschnitt 7.7, »Verwaltung von Serien-/Chargennummern«, behandelt.
- **Bericht »Transaktionsbericht Chargennummer«**
  Diesen Bericht haben wir ebenfalls bereits in Abschnitt 7.7 behandelt.

In den Releases 9.3 und 10.0 sind eine ganze Reihe zusätzlicher Berichte mit Bezug auf Artikel-, Lager- und Preisinformationen in den Programmumfang aufgenommen worden. Sie einzeln zu beschreiben, würde den Umfang dieses Buches sprengen. Wie eingangs erwähnt, sind die vorgestellten Berichte die in der Praxis am häufigsten verwendeten. Es ist aber jedenfalls sinnvoll, sich ausführlich mit den weiteren zur Verfügung stehenden Berichten zu beschäftigen.

7.12 Übungsaufgaben

1. Legen Sie das Lager »08 – Reparaturlager« an. Ändern Sie die voreingestellten Konten nicht. Geben Sie Ihren Firmensitz als Lagerort an.
2. Ändern Sie die Lagerbewertungsmethode der beiden Memory-Sticks in einem Zug in »FIFO«.
3. Legen Sie die Preisliste »VIP-Kundenpreisliste« an. Die Preise dieser neuen Preisliste sollen auf der Basispreisliste zuzüglich 35 % basieren.
4. Geben Sie für den »USB-Speicher-Stick 128 GB« einen Staffelsonderpreis an, der bis Ende des Jahres gilt. Bis fünf Stück gilt der Listenpreis, darüber hinaus sinkt der Preis um jeweils 5,00 EUR beim Verkauf von sieben weiteren bis maximal 40 Stück.
5. Auf welche Weise erkennen Sie einen Sonderpreis in der Belegzeile?
6. Rufen Sie den Lagerbericht **Bestandsstatus** mit der Einschränkung auf die Speicher-Sticks auf. Wie viel Stück sind von beiden Artikeln insgesamt verfügbar?
7. Legen Sie einen Artikel für das Fachbuch »SAP Business One. Das Praxishandbuch« mit der nächsthöheren Artikelnummer und der genannten Artikelbeschreibung komplett an. Der Artikel wird jeweils im Doppelpack in einem Plastikbeutel eingekauft und als Einzelstück verkauft. Weisen Sie jeweils einen realistischen Ein- und Verkaufspreis zu.
8. Geben Sie für die USB-Sticks die in Klammern stehenden Katalognummern für die Lieferanten »V10000« (»U554R«), »V20000« (»AB233K«) und »V30000« (»ST844«) an.
9. Legen Sie einen Artikel »Flachbettscanner QuickScan« mit einer beliebigen Artikelnummer und der genannten Artikelbeschreibung komplett an, und berücksichtigen Sie die folgenden Informationen:
   - Artikel verwalten nach: Seriennummern
   - Managementmethode: bei jeder Buchung
   - Garantievorlage: Silbergarantie
10. Erstellen Sie einen Wareneingang für zwölf Stück des Flachbettscanners. Legen Sie die Seriennummern von »FBS5223-H« bis »FBS5234-H« fest. Diese sollen automatisch und fortlaufend erstellt werden.

11. Erstellen Sie einen Lieferschein für drei Stück des Flachbettscanners mit beliebigen Seriennummern. Rufen Sie den **Transaktionsbericht Seriennummern** zu dieser Lieferung auf.
12. Erstellen Sie eine Ausgangsrechnung für weitere vier Stück des Flachbettscanners mit beliebigen Seriennummern.
13. Erstellen Sie eine Umlagerung eines weiteren Flachbettscanners mit einer beliebigen Seriennummer von Lager »01 – Allgemeines Lager« auf »08 – Reparaturlager«.
14. Rufen Sie den **Bestandsprüfungsbericht** auf, und schränken Sie ihn auf den Flachbettscanner ein.

Kapitel 8
Produktion

Das Modul »Produktion« richtet sich in SAP Business One sowohl an Einzel- als auch an Serienfertiger und darüber hinaus an Handelsbetriebe, die Verkaufsstücklisten einsetzen wollen. Aufgrund seiner hohen Flexibilität kann SAP Business One stufenlos einfache Szenarien wie Sets abbilden. Ebenso ist es in der Lage, komplexe Anforderungen wie mehrstufige Stücklisten mit der Einbindung von Ressourcen und Routenabschnitten zu erfüllen.

In diesem Kapitel beschäftigen wir uns mit dem Modul **Produktion** von SAP Business One. Der Funktionsumfang dieses Moduls war in früheren Versionen noch recht eingeschränkt. Seit mit Release 9.1 die *Ressource* und mit Release 9.3 der *Routenabschnitt* und viele kleine, aber wichtige Funktionen eingeführt wurden, hat das Programm sich deutlich »gemausert«. In Kombination mit der hohen Anpassbarkeit von SAP Business One durch UI-Anpassungen, der leichten Erweiterbarkeit der Datenbank, formatierten Suchen und flexiblen Berichte stellt das Modul nun eine ernsthafte und hochintegrierte Option für produzierende Unternehmen dar.

In diesem Kapitel beschäftigen wir uns mit dem Kern des Moduls **Produktion**. Da die Ressource ein relativ neues Objekt ist, das viele von Ihnen gegebenenfalls noch nicht kennen und deshalb wenig bis gar nicht nutzen, haben wir diesem Thema ein eigenes Kapitel gewidmet (Kapitel 10, »Ressourcen«). Damit folgen wir der Trennung dieser Funktionen im Hauptmenü. Die Materialbedarfsplanung als Bindeglied beschreiben wir in Kapitel 9.

8.1 Der Produktionsprozess in SAP Business One

Wie alle anderen Module in SAP Business One ist auch die Produktion in die Gesamtlösung hochintegriert:

- Die Materialbedarfsplanung versorgt die Produktion mit Produktionsaufträgen, beschafft benötigte Komponenten und reserviert Ressourcen.
- Die Ressourcen können Bestandteile der Stückliste sein und damit zu den Herstellkosten beitragen.
- Die Zugänge von der Produktion und die Abgänge in die Produktion werden sowohl in der Lagerwirtschaft als auch im Finanzwesen gebucht.
- Sowohl Fertigprodukte als auch Komponenten können seriennummern- oder chargengeführt sein.

- Produktionsaufträge können Bestandteile sowohl von Finanz- als auch von Projektmanagement-Projekten sein.

Wie Sie sehen, ist die Produktion also eng mit anderen Modulen verzahnt, erhält von diesen Input oder liefert Output. Die Tiefe der Integration können Sie dabei selbst bestimmen. Unter Umständen ist bei einer Neueinführung des Moduls ein Phasenmodell sinnvoll, bei dem die Integration schrittweise erhöht wird, um die Implementierung in überschaubare und leicht realisierbare Einheiten zu gliedern.

8.2 Vorbereitende Einstellungen

Um das Modul **Produktion** einsetzen zu können, sind nur wenige Einstellungen notwendig. Zunächst muss die Produktion als Ganzes im Hauptmenü sichtbar gemacht werden, sollte sie nicht bereits zu sehen sein. Wählen Sie dazu über den Pfad **Administration • Systeminitialisierung • Allgemeine Einstellungen** die Registerkarte **Funktionen ausblenden**. Die Checkbox **Produktion** muss inaktiv sein.

Im gleichen Programmpunkt finden Sie auf der Registerkarte **Bestand** unter dem Subregister **Artikel** eine kleine, aber feine Einstellung in der untersten Checkbox des Fensters: **Bei Auswahl eines Verknüpfungspfeils Artikelstammdaten statt Stückliste eines Stücklistenartikels öffnen**. Diese Einstellung steuert das Verhalten des Drilldown-Pfeils bei Fertig- und Halbfertigprodukten. In den Releases vor 10.0 hat dieser Drilldown auf Artikel, die eine Stückliste repräsentieren, zunächst zur Stückliste geführt. Erst von dort aus war der Artikelstamm erreichbar. Nun gelangen Sie wahlweise zur Stückliste oder direkt zum Artikelstamm (siehe Abbildung 8.1).

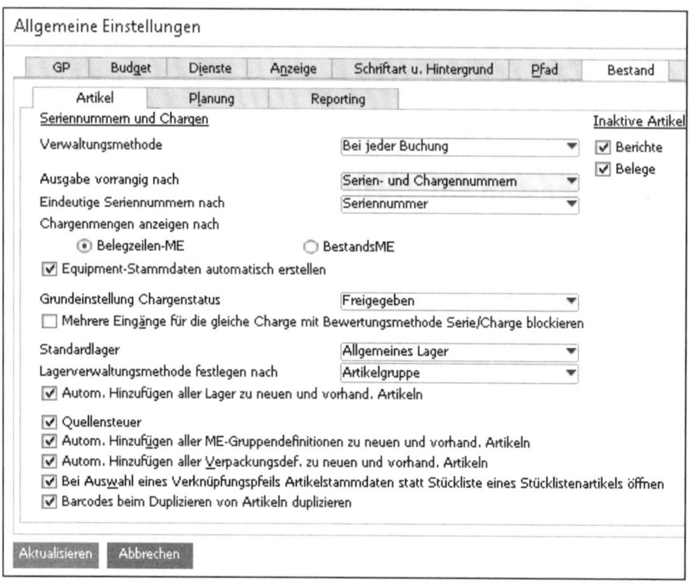

Abbildung 8.1: Drilldown-Verhalten steuern

Eine weitere wichtige Einstellung, die vor Einsatz der Produktion definiert werden muss, ist die *Sachkontenfindung*. Eine Voreinstellung dazu treffen Sie im Programmteil **Administration • Systeminitialisierung Belegeinstellungen** • Registerkarte **Pro Beleg**, Beleg **Produktionsauftrag** (siehe Abbildung 8.3). Diese Einstellung betrifft das WIA-Konto (Ware in Arbeit), das bei der Entnahme von Komponenten für die Produktion und bei der Zubuchung von Fertigprodukten aus der Produktion herangezogen wird. Da sich Komponenten und Ressourcen bezüglich ihrer Verbrauchsbuchung ähnlich verhalten, beschreiben wir dieses Thema auch in Abschnitt 10.2.2, »Kontenfindung«. Folgende Einstellungen können Sie hier vornehmen:

- **Radiobutton-Gruppe »Für Komponententransaktionen verwenden«**
  Grundsätzlich hängt das WIA-Konto (Ware in Arbeit) der Komponenten von der Definition auf der Registerkarte **Bestand** im Fenster **Artikelstammdaten** ab (Lager, Artikelgruppe oder Artikel). Diese Einstellung kann bei Verwendung der Funktion **Erweiterte Sachkontenfindung** übersteuert werden. Wird ein WIA-Konto direkt in der Stücklistenzeile der betreffenden Komponente definiert, ist dieses Konto das »stärkste« und wird für die Buchung herangezogen (siehe Abbildung 8.2).

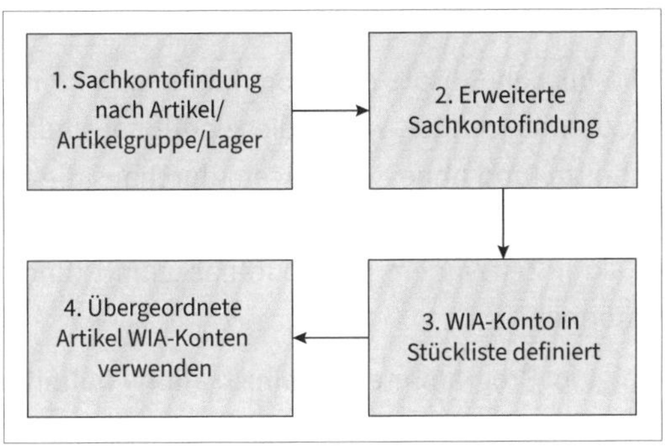

Abbildung 8.2: WIA-Konto: Hierarchie der Kontofindung

  Mehr über die Behandlung des WIA-Kontos von Ressourcen erfahren Sie in Abschnitt 10.2.2, »Kontenfindung«.
  - Die Option **Komponenten-WIA-Konten** verwenden Sie, wenn das WIA-Konto der Komponente (wie auch immer es festgelegt wurde) verwendet werden soll.
  - Die Option **Übergeordn. Artikel WIA-Konten** verwenden Sie, wenn das WIA-Konto der Komponenten ignoriert und stattdessen das Konto des übergeordneten Halb- oder Fertigprodukts genutzt werden soll.
- **Radiobutton-Gruppe »Buchungsschemas für die Fertigung«**
  In diesem Bereich steuern Sie den Umfang der Buchungen, die im Fertigungsprozess automatisch gebildet werden (siehe Abbildung 8.3).
  - Wenn Sie die Option **Buchung nur mit Bilanzkonten** wählen, werden im Programmteil **Kontofindung Sachkonto**, Registerkarte **Bestand**, die Kontoarten **WIA GuV-Gegenkonto** und **Bestand GuV-Gegenkonto** ignoriert.

Wenn Sie die Option **Buchung mit Bilanz- und GuV-Konten** wählen, werden die GuV-Konten (wenn sie definiert sind) bebucht.

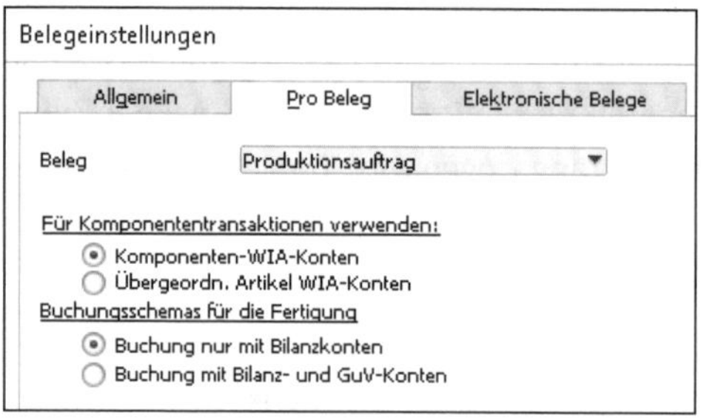

Abbildung 8.3: Kontierungsmethoden einstellen

Weitere Details zur Sachkontenfindung finden Sie in Abschnitt 12.2.1, »Sachkontenfindung«, und Abschnitt 12.2.2, »Erweiterte Sachkontenfindung«. In jedem Fall handelt es sich um ein komplexes Thema mit elementaren Auswirkungen auf die Qualität des Rechnungswesens, sodass Sie einen Consultant und einen Steuerberater für die Einrichtung der Konten hinzuziehen sollten.

Die letzte vorbereitende Einstellung, die für den Einsatz der Produktion vorgenommen werden muss, ist die Einrichtung der Routenabschnitte, wobei diese optional sind; eine Stückliste kann auch ohne Routenabschnitte (und ohne Ressourcen) durchaus die funktionalen Anforderungen eines Betriebs erfüllen. Der Routenabschnitt gliedert den Produktionsprozess und beeinflusst den Faktor Zeit, indem pro Routenabschnitt (und nur dort) Wartetage eingegebenen werden können.

Die Definition der Routenabschnitte erfolgt im Programmteil **Administration • Definition • Produktion • Routenabschnitte** und ist denkbar einfach (siehe Abbildung 8.4):

- Geben Sie im Eingabefeld **Code** einen 50-stelligen, möglichst sprechenden Code für den Routenabschnitt ein. Sie könnten auch nur mit einem definierten Routenabschnitt die Stückliste gliedern, allerdings sind sprechende Codes und Bezeichnungen übersichtlicher.
- Definieren Sie im 100-stelligen Feld **Beschreibung** die Funktion des Routenabschnitts genauer.

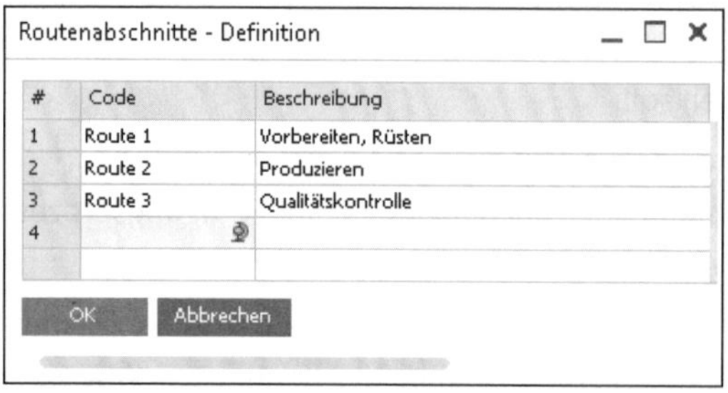

Abbildung 8.4: Definition von Routenabschnitten

Sie haben nun alle Voraussetzungen geschaffen, um mit der Definition von Stücklisten zu beginnen.

8.3 Varianten der Stückliste

Die Stücklisten sind das Herzstück des Moduls **Produktion** und bilden die Grundlage des Produktionsauftrags. Allerdings verwendet SAP Business One die Stückliste auch, um ähnliche Anforderungen, die allerdings nicht zu einem Produktionsauftrag führen, abzubilden. Im Folgenden stellen wir in einem kurzen Überblick die verschiedenen Stücklistentypen vor und zeigen Ihnen, in welchen Modulen sie jeweils zum Einsatz kommen.

Im Wesentlichen lassen sich die Stücklisten in zwei große Gruppen unterteilen: Stücklisten, die im Modul **Produktion** verwendet werden, und Stücklisten, die im Modul **Verkauf** verwendet werden.

8.3.1 Produktionsorientierte Stücklisten

In der Produktion können mehrere Varianten der Stückliste unterschieden werden. Die Grundlage bildet der Stücklistentyp **Produktion**. Dieser wird in Abschnitt 8.4, »Produktionsstammdaten: Stücklisten, Routenabschnitte, Ressourcen«, noch ausführlich beschrieben. In jedem Fall bildet diese Stückliste die Grundlage eines Produktionsauftrags und erzeugt unter Verwendung von Komponenten und Ressourcen ein Fertigprodukt.

Varianten der Produktionsstückliste werden im Produktionsauftrag erzeugt, indem nicht der Auftragstyp »Standard« gewählt wird, sondern eine der beiden anderen in Abbildung 8.5 dargestellten Optionen.

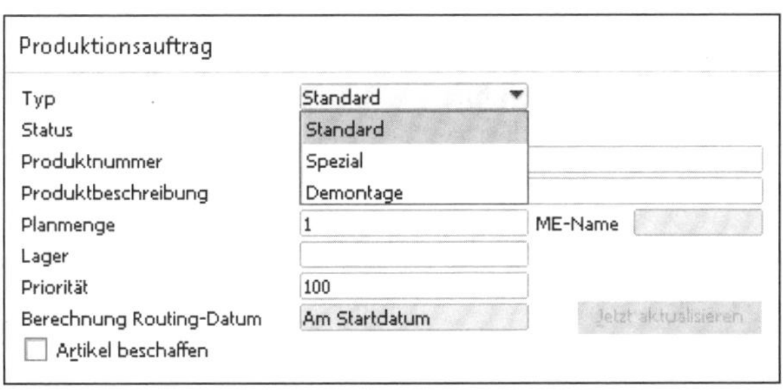

Abbildung 8.5: Typen des Produktionsauftrags

Eine Produktionsstückliste kann in einem Produktionsauftrag auch für einen umgekehrten Prozess verwendet werden, indem der Produktionsauftrag als Typ »Demontage« definiert wird. In diesem Fall wird aus einem Fertigprodukt eine Reihe von Komponenten. Dabei ist es unerheblich, ob es sich tatsächlich um eine Umkehrung eines zuvor durchgeführten Produktionsprozesses handelt oder ob die Kernanforderung des Produktionsprozesses in einer Zerlegung besteht. Wichtig ist lediglich die Richtung, also die Relation zwischen Komponente(n) und Fertigprodukt(en).

Eine Einschränkung der Demontage ist, dass sie keine Ressourcen enthalten darf. Ursprünglich enthaltene Ressourcen müssen gelöscht werden oder werden vom Programm ohne weitere Meldung gelöscht, neue können nicht hinzugefügt werden. Die Demontage findet in Release 10.0 also immer ohne Ressourceneinsatz statt. Auch die Verwendung eines Artikels vom Typ »Arbeit« schafft hier keine Abhilfe, da in dieser Situation die Planmenge positiv sein muss. Dies würde zu einer Zubuchung des Arbeitsartikels statt zu einer Abbuchung führen.

Ebenfalls im Produktionsauftrag setzt der Produktionsauftrag vom Typ **Spezial** an. Hier entfällt die Stückliste ganz. Wenn wir hier auch nicht von einer echten Stückliste sprechen können, gleichen die weitere Verarbeitung und der Grundmechanismus dem einer Stückliste. Das Fertigprodukt kann jeder beliebige Artikel sein, der keine Stückliste hinterlegt hat und ein Lagerartikel ist (Stücklistenartikel werden vom Programm nicht zur Auswahl angeboten und bei direkter Eingabe abgewiesen). Die Komponenten werden »spontan« im Produktionsauftrag erfasst. Es handelt sich also in der Regel um ein singuläres Ereignis, auch wenn historische Produktionsaufträge des Typs **Spezial** natürlich jederzeit dupliziert und somit recycelt werden können. Der Warenzugang dieser Fertigartikel wird mit der Summe der Artikelkosten seiner Komponenten bewertet.

Die Produktionsaufträge vom Typ **Demontage** und **Spezial** werden in weiterer Folge nicht im Detail beschrieben, da sie dem Produktionsauftrag vom Typ **Standard** weitestgehend entsprechen; Abweichungen haben wir bereits beschrieben.

8.3.2 Verkaufsorientierte Stücklisten

Die im Verkauf zur Verfügung stehenden Stücklisten werden ausschließlich durch die Wahl des Stücklistentyps definiert (siehe Abbildung 8.6).

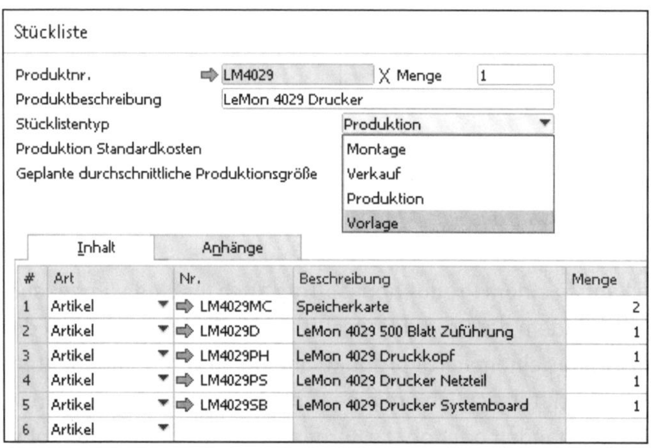

Abbildung 8.6: Typen der Stückliste

Beachten Sie, dass diese Stücklistentypen nur im *Verkauf* zur Verfügung stehen, auch wenn eine Verwendung im Einkauf durchaus denkbar wäre.

Stücklisten vom Typ **Verkauf** dienen dazu, Artikel fest zu verknüpfen, sie bilden in den Verkaufsbelegen eine untrennbare Einheit. Nach Eingabe des Stücklistenartikels werden seine Komponenten im Beleg angezeigt (siehe dazu Abbildung 8.8). Folgende Besonderheiten sind dabei zu beachten:

- Wird die Menge des Stücklistenartikels geändert, werden die Mengen der darunterliegenden Komponenten ebenfalls geändert.
- Wird die Menge einer Komponente geändert, bleiben die anderen Komponenten und der Stücklistenartikel unverändert.
- Wird der Stücklistenartikel im Beleg gelöscht, werden alle Komponenten ebenfalls gelöscht.
- Verkaufsstücklisten können keine Ressourcen beinhalten. Sie können aber Artikel vom Typ **Arbeit** enthalten.
- Innerhalb der Verkaufsstückliste können keine Zeilen gelöscht oder eingefügt werden.

Über den Pfad **Administration • Systeminitialisierung • Belegeinstellung** auf der Registerkarte **Allgemein** können Sie parametrieren, ob der Stücklistenartikel oder die Komponente führend in Bezug auf Preis und Rabatt sein soll (siehe Abbildung 8.7).

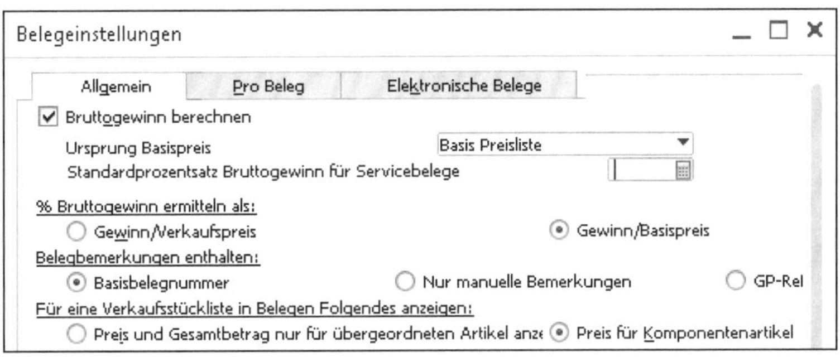

Abbildung 8.7: Belegeinstellungen für Verkaufsstücklisten

Der Stücklistenartikel hat keinen Preis und keinen Rabatt, die Preise und Rabatte der Komponenten können geändert werden (oder je nach Einstellung umgekehrt).

Stücklisten vom Typ **Montage** sind eine noch engere Verbindung von Komponenten, als es Stücklisten vom Typ **Verkauf** sind. Es wird im Beleg nur noch der Stücklistenartikel angezeigt. Die Komponenten werden »im Hintergrund« im Lager abgebucht. Aus der Sicht des Belegempfängers unterscheidet sich ein Montageartikel nicht von einem Produktionsartikel oder jeden anderem Artikel. Aus Sicht des Anwenders liegt der Hauptunterschied zur Produktionsstückliste darin, dass der Produktionsauftrag und die damit zusammenhängenden Prozesse nicht notwendig sind.

Abbildung 8.8: Stückliste »Verkaufsset« im Kundenauftrag

Stücklisten vom Typ **Vorlage** sind die lockerste Verbindung zwischen Artikeln, man kann sie als Makro definieren. Alle Artikel der Stückliste, sowohl der Stücklistenartikel selbst als auch die Komponenten, werden im Beleg autonom dargestellt und können hinsichtlich Preis, Menge und Rabatt individuell bearbeitet werden. Jedes Element der Stückliste kann gelöscht werden, zwischen den Stücklistenelementen können Artikel eingefügt werden.

Betrachtet man die Umsatzanalyse der verschiedenen Verkaufsstücklisten (siehe Abbildung 8.9), erkennen Sie einige Unterschiede, die für die Wahl des richtigen Instruments unter Umständen ausschlaggebend sein könnten.

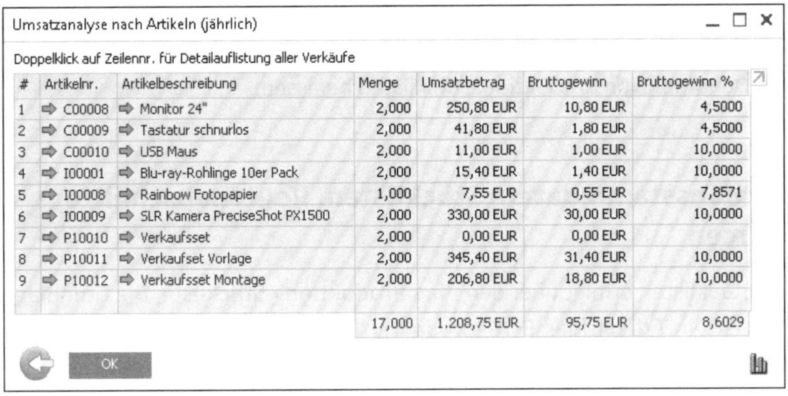

Umsatzanalyse nach Artikeln (jährlich)

Doppelklick auf Zeilennr. für Detailauflistung aller Verkäufe

#	Artikelnr.	Artikelbeschreibung	Menge	Umsatzbetrag	Bruttogewinn	Bruttogewinn %
1	C00008	Monitor 24"	2,000	250,80 EUR	10,80 EUR	4,5000
2	C00009	Tastatur schnurlos	2,000	41,80 EUR	1,80 EUR	4,5000
3	C00010	USB Maus	2,000	11,00 EUR	1,00 EUR	10,0000
4	I00001	Blu-ray-Rohlinge 10er Pack	2,000	15,40 EUR	1,40 EUR	10,0000
5	I00008	Rainbow Fotopapier	1,000	7,55 EUR	0,55 EUR	7,8571
6	I00009	SLR Kamera PreciseShot PX1500	2,000	330,00 EUR	30,00 EUR	10,0000
7	P10010	Verkaufsset	2,000	0,00 EUR	0,00 EUR	
8	P10011	Verkaufset Vorlage	2,000	345,40 EUR	31,40 EUR	10,0000
9	P10012	Verkaufsset Montage	2,000	206,80 EUR	18,80 EUR	10,0000
			17,000	1.208,75 EUR	95,75 EUR	8,6029

Abbildung 8.9: Umsatzanalyse verschiedener Stücklisten

- Der Umsatz der Stückliste **Verkaufsset Montage** ist in Zeile 9 dargestellt; es wird nur der Stücklistenartikel ausgewertet, die Komponenten wurden lediglich vom Lager abgebucht. Dieses Verhalten entspricht dem der Produktionsstückliste.
- Der Umsatz der Stückliste **Verkaufset Vorlage** ist den Zeilen 8 (für die Vorlage selbst), 5 und 6 (für die weiteren Artikel dieser Vorlage) dargestellt.
- Die Zeilen 1 bis 4 zeigen den Umsatz der Komponenten der Stückliste vom Typ **Verkauf**. Die Verkaufsstückliste selbst ist ebenfalls in Zeile 7 dargestellt. Allerdings wird sie nur mengen-, nicht aber wertmäßig geführt, da andernfalls der Gesamtumsatz nicht korrekt angezeigt würde. Es kann so zumindest die Anzahl der verkauften Sets ausgewertet werden.

[zB]

Verkaufsorientierte Stücklisten

Sie können im ausgelieferten Demodatenbestand für Deutschland die drei Varianten der verkaufsorientierten Stücklisten mit folgenden Artikeln nachvollziehen:

- P10010 – Verkaufsset
- P10011 – Verkaufset Vorlage
- P10012 – Verkaufsset Montage

Das Beispiel für **Vorlage** ist insofern verbesserungsbedürftig, als ein Stücklistenartikel mit der Bezeichnung **Verkaufset Vorlage**, der ja im Beleg ein Artikel wie jeder andere sein wird, eher ungewöhnlich ist. Auch der Stücklistenartikel wird in der Praxis ein »Standardartikel« sein und keine Stücklistenüberschrift.

Für Österreich und die Schweiz sind in den Demodatenbeständen die Artikel zwar definiert, es sind aber keine Stücklisten hinterlegt, somit sind keine Beispiele vorhanden. Es sollte aber einfach sein, die beschriebenen Beispiele mit neuen Artikeln nachzuvollziehen.

Nachdem Sie nun alle Varianten der Stückliste selbst und ihrer möglichen Abwandlung im Produktionsauftrag kennengelernt haben, wollen wir uns im nächsten Abschnitt ausführlich mit der Definition von Produktionsstücklisten befassen.

8.4 Produktionsstammdaten: Stücklisten, Routenabschnitte, Ressourcen

Die Anlage von Stücklisten erfolgt über den Pfad **Produktion • Stückliste**. Die Grundlage jeder Stückliste ist ein Artikel (das Fertigprodukt), dieser kann vor der Definition der Stückliste schon angelegt werden, oder der Artikel wird im Zuge der Anlage der Stückliste generiert (diesen Weg werden wir im Folgenden nehmen).

Die *Stückliste* teilt sich wie mittlerweile alle komplexen Objekte in SAP Business One in vier Bereiche:

- den *Kopfteil*, der neben allgemeingültigen Informationen auch solche enthält, die in die Zeilen des Mittelteils projiziert werden
- den *Mittelteil*, der den Großteil der Daten enthält, die für den Geschäftsprozess entscheidend sind
- den *Fußteil*, der in diesem Fall nur ein – wichtiges – Feld enthält
- das *Kontextmenü*, das weiterführende Informationen bereithält und es uns ermöglicht, den Geschäftsprozess voranzutreiben

Wir gehen nun im Folgenden die einzelnen Bereiche der Stückliste durch und überarbeiten sie. Die Grundlage dafür ist die im Demodatenbestand existierende Stückliste mit der Nummer »P20001«. Dies tun wir, um in diesem komplexen Stammdatenbereich schnell ein nachvollziehbares Ergebnis zu erzielen. Die Stückliste ist im deutschen Demodatenbestand schön ausgearbeitet. Im österreichischen und schweizerischen Datenbestand liegt sie in einer reduzierten, aber ausreichenden Form vor, um das Beispiel nachvollziehen zu können. Alternativ können Sie natürlich jederzeit den deutschen Datenbestand nachinstallieren.

8.4.1 Kopfteil der Stückliste

Abbildung 8.10 zeigt Ihnen die Produktionsstückliste, die wir im folgenden Abschnitt besprechen und adaptieren werden.

Folgende Elemente müssen im Kopfteil der Stückliste bearbeitet werden:

Im Eingabefeld **Produktnr.** geben Sie die Nummer dieser Stückliste ein. Diese wird gleichzeitig die Artikelnummer des Fertigprodukts sein. Dabei gilt die Regel, dass zunächst die Artikelnummer existieren muss, bevor die Stückliste dazu angelegt werden kann. Geben Sie daher entweder die Nummer eines schon vorbereiteten Artikels ein. Oder geben Sie eine neue Nummer ein. Das Programm wird daraufhin den *Artikel-Matchcode* öffnen, und Sie haben die Möglichkeit, durch einen Klick auf den Button **Neu** einen neuen Artikel (= Fertigprodukt) anzulegen.

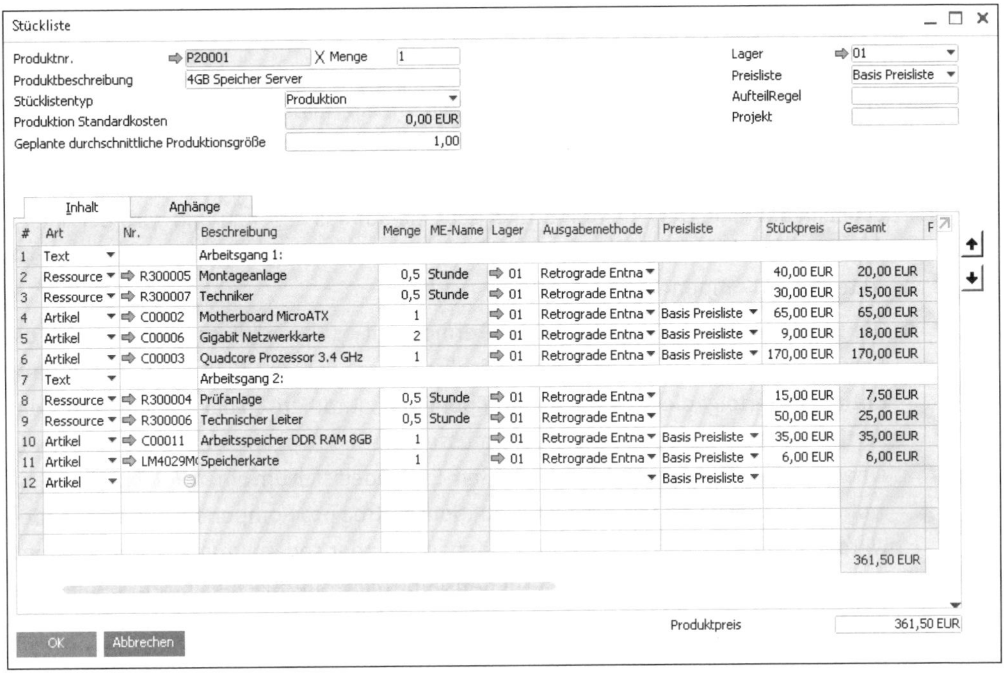

Abbildung 8.10: Produktionsstückliste

Das Fertigprodukt entspricht im Wesentlichen einem Standardartikel, im Folgenden beschreiben wir die Besonderheiten des Fertigprodukts (Artikel):

In den Artikelstammdaten auf der Registerkarte **Bestandsdaten** sind Sie frei, jede der vorhandenen Bewertungsmethoden zu wählen. Um aber Kostenschwankungen in den individuellen Produktionsaufträgen auszugleichen, ist es üblich und sinnvoll, die Bewertungsmethode »Standard« zu wählen. Hier wird ein zuvor kalkulierter Standardpreis hinterlegt, der von Zeit zu Zeit nachkalkuliert und über den Pfad **Lagerverwaltung • Bestandstransaktionen • Bestandsneubewertung** aktualisiert wird (alternative Methoden im Modul **Produktion** besprechen wir in Abschnitt 8.10, »Produktionsberichte«).

Weitere Felder auf dieser Registerkarte sind relevant, wenn Sie die Produktion mit der Materialbedarfsplanung kombinieren, für diesen Fall sind diese Felder in Abschnitt 9.1.2, »Vorbereitungen im Artikelstamm«, beschrieben.

Auf der Registerkarte **Planungsdaten** wählen Sie die Planungsmethode **Materialbedarfsplanung**, wenn Sie möchten, dass der Dispositionsassistent Produktionsaufträge anlegt. Wollen Sie diese immer manuell anlegen, kann die Planungsmethode natürlich auch **Keine** sein.

Aus der gleichen Motivation heraus wird die Beschaffungsmethode in der Regel **Herstellen** sein.

Die weiteren Felder dieser Registerkarte beschreiben wir ebenfalls in Abschnitt 9.1.2.

Wesentliche Einstellungen erfolgen auf der Registerkarte **Produktionsdaten** (siehe Abbildung 8.11):

- Aktiveren Sie die Checkbox **Phantomartikel**, um ein Halbfertigprodukt zu simulieren. Ein Phantomartikel soll den Aufbau von Stücklisten vereinfachen, was vor allen Dingen dann der Fall ist, wenn er in mehreren Stücklisten verwendet werden kann. Er ist also eine Eingabehilfe. Der Phantomartikel geht nie auf das Lager zu und wird bei Anlage des Produktionsauftrags und in der Materialbedarfsplanung aufgelöst. An seine Stelle treten seine Komponenten.
- Die Dropdown-Liste **Ausgabemethode** ermöglicht es Ihnen, einen Vorschlag für die Ausgabe der Komponenten dieser Stückliste auszuwählen. Wählen Sie **Retrograde Entnahme**, erfolgt die Ausgabe der Komponenten automatisch bei Fertigmeldung des Fertigprodukts. Wählen Sie **Manuell**, müssen Sie die Ausgabe der Komponenten in einem eigenen Programmschritt anstoßen. Es handelt sich um einen Vorschlag, der sowohl in der Stückliste als auch im Produktionsauftrag pro Komponente überschrieben werden kann. Die Ausgabemethode für chargen- oder seriennummerngeführte Komponenten ist immer **Manuell**, da bei der Ausgabe diese spezifischen Informationen eingegeben werden müssen.
- Das Informationsfeld **Stücklistentyp** zeigt einerseits, um welche Art von Stückliste es sich handelt (Produktion, Montage, Verkauf, Vorlage – siehe Abschnitt 8.3, »Varianten der Stückliste«), andererseits erlaubt ein Klick auf den gelben Pfeil links neben dem Feld den Aufruf der verbundenen Stückliste.
- Die Informationsfelder **Anz. der Artikelkomponenten**, **Anz. der Ressourcenkomponenten** und **Anzahl der Routenabschnitte** geben Auskunft über den Umfang der Stückliste.
- Das Eingabefeld **Produktion Standardkosten** enthält eine Schätzung der Standardkosten und wird *nicht* für die Bewertung der Zugänge und Bestände herangezogen (die Bewertungsgrundlage wurde auf der Registerkarte **Bestand** beschrieben). Eine Eingabe führt zu einer Meldung, die Sie auffordert, eine *Bestandsneubewertung* durchzuführen. Die Eingabe wird aber jedenfalls angenommen und gespeichert. In weiterer Folge wird der Wert im korrespondierenden Feld im Kopf der Produktionsstückliste angezeigt. Wird das Feld in Komponenten befüllt, wird es im Stücklistenmittelteil in der Spalte **Produktion Standardkosten** angezeigt und zur Ermittlung der **Produktion Standardkosten Gesamt** herangezogen. Die **Produktion Standardkosten** im Stücklistenkopf müssen nicht der Summe der **Produktion Standardkosten** im Belegmittelteil entsprechen.
- Die Checkbox **In Std.-Kostenwälzung der Produktion einschließen** ist die Grundlage für die entsprechende Funktion, die wir in Abschnitt 8.8, »Standardkostenmanagement«, detailliert beschreiben. Grundsätzlich sorgt die Aktivierung der Checkbox da-

für, dass die Standardkosten aller Stücklistenkomponenten inklusive aller Halbfertigprodukte summiert und in die Standardkosten des Fertigprodukts übertragen werden.

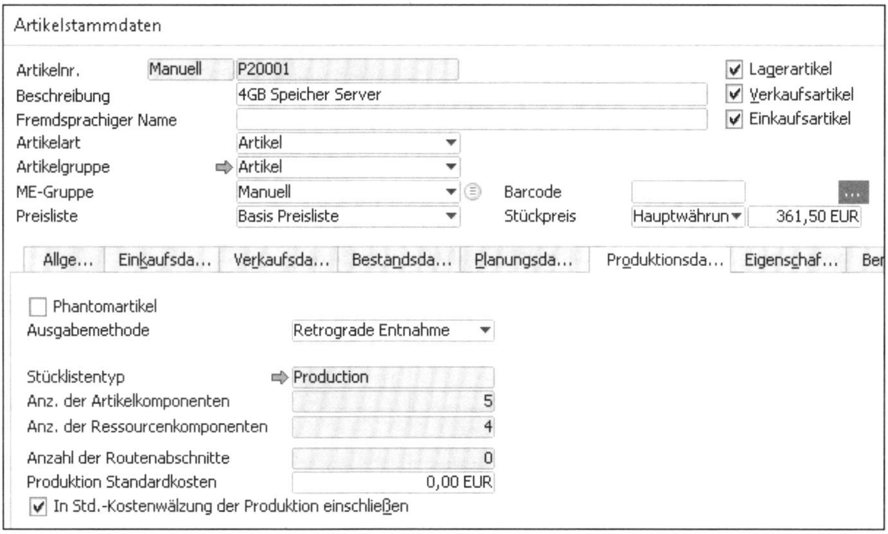

Abbildung 8.11: Registerkarte »Produktionsdaten« eines typischen Fertigungsartikels

Das Eingabefeld **X Menge** beschreibt die Menge an Fertigprodukten, die durch die Verarbeitung der im Stücklisten-Mittelteil angeführten Komponenten und Ressourcen erzeugt wird. Der Vorschlagswert ist »1«. Sollte Ihr Produktionsprozess eine höhere Menge an Fertigprodukten ergeben, die eine bessere Rechengröße darstellt, wählen Sie eine entsprechend höhere Menge. Das Feld ist allerdings keine zwingende Losgröße und kein Auftragsvielfaches; das Programm lässt auch Aufträge zu, die kleiner als diese Menge oder kein Vielfaches derselben sind. Beachten Sie in diesem Zusammenhang, dass auch die Informationen in den Feldern **Auftragsvielfaches** und **Mindestauftragsmenge** der Registerkarte **Planungsdaten** des **Artikelstamms** berücksichtigt werden. Allerdings nur dann, wenn der Produktionslauf über den Dispositionsassistenten erstellt wird.

Im Eingabefeld **Produktbeschreibung** wird die Beschreibung des Fertigartikels angezeigt. Eine Eingabe ist hier nur bedingt möglich. Wird eine vom Artikel abweichende Beschreibung eingegeben, interpretiert das Programm dies als Suchanfrage und öffnet den Artikelmatchcode. Umgekehrt kann im Artikel eine von der Stückliste abweichende Beschreibung eingegeben werden, nachdem eine entsprechende Meldung quittiert wurde.

Die Dropdown-Liste **Stücklistentyp** ermöglicht Ihnen die Wahl zwischen **Produktion**, **Montage**, **Verkauf** und **Vorlage**. Die Änderung des Typs in einer bestehenden Stückliste ist nur bedingt möglich, da für die unterschiedlichen Typen unterschiedliche Voraussetzungen bestehen (z. B. darf nur der Typ **Produktion** Ressourcen enthalten, der Typ **Verkauf** darf nicht durch einen Einkaufsartikel repräsentiert werden etc.). Details zu den Typen haben wir bereits in Abschnitt 8.3, »Varianten der Stückliste«, beschrieben.

Das Informationsfeld **Produktion Standardkosten** zeigt die Standardkosten, die im Artikelstamm auf der Registerkarte **Produktionsdaten** eingegeben wurden. Mehr Informationen dazu finden Sie in Abschnitt 8.8, »Standardkostenmanagement«.

Das Eingabefeld **Geplante durchschnittliche Produktionsgröße** soll die Artikelkosten der zusätzlichen Menge aus dem Stücklistenmittelteil so weit aliquotieren, dass sie einer üblichen Produktionsmenge entspricht. Dieser Wert wird neben den Artikelkosten der übrigen Stücklistenkomponenten verwendet, um das Feld **Produktion Standardkosten** im Artikelstamm, Registerkarte **Produktionsdaten,** zu füllen. Die Füllung erfolgt durch die Funktion **Standardkostenwälzung der Produktion**, die wir ebenfalls in Abschnitt 8.8 näher beschreiben. Das Prinzip wird in Tabelle 8.1 dargestellt.

Stücklistenelement	Wert
durchschnittliche Produktionsgröße	10
Planmenge	2
Artikelkosten Artikel 1	128,47
Artikelkosten Artikel 2	129,33
zusätzliche Menge Artikel 1	1
Produktion Standardkosten pro Fertigprodukt	128,47 + 129,33 + 128,47 / 10 = 270,65

Tabelle 8.1: Berechnung der durchschnittlichen Produktionsgröße

Die Dropdown-Liste **Lager** ermöglicht Ihnen die Auswahl des Lagers, in dem das Fertigprodukt eingelagert werden soll. Üblicherweise wird man ein Produktions- oder Qualitätssicherungslager verwenden.

Die Dropdown-Liste **Preisliste** ermöglicht die Auswahl aus allen im System vorhandenen Preislisten. Im Belegmittelteil werden in weiterer Folge für alle Artikelkomponenten diese Preise angezeigt und können überschrieben werden (für die Ressourcen werden die Standardkosten angezeigt). Wie diese Preise als Grundlage der (Verkaufs-)Preiskalkulation verwendet werden, erläutern wir in Abschnitt 8.4.3, »Fußteil der Stückliste«.

Das Eingabefeld **AufteilRegel** gibt Ihnen die Möglichkeit, anfallende Kosten in der Produktion auf *empfangende Dimensionen* zu verteilen. Klicken Sie dazu auf den Listauswahl-Button im Eingabefeld, um alle vorhandenen Dimensionen anzuzeigen; danach klicken Sie in der gewählten Dimension ein weiteres Mal, um die entsprechende Aufteilungsregel zu wählen.

Analog dazu können Sie im Eingabefeld **Projekt** ein Finanzprojekt mit der Stückliste und in weiterer Folge mit den daraus resultierenden Produktionsaufträgen verbinden. Wie Sie ein Finanzprojekt mit einem Projektmanagement-Projekt verbinden und damit Produktionsaufträge in das Modul **Projektmanagement** einbinden können, erfahren Sie in Kapitel 18, »Highlights in SAP Business One«.

Damit ist die Definition des Kopfteils einer Stückliste abgeschlossen; im Mittelteil werden wir uns jetzt mit den Elementen beschäftigen, die zur Herstellung eines Fertigprodukts benötigt werden.

8.4.2 Mittelteil der Stückliste

Im Mittelteil der Stückliste können wir mithilfe von vier Arten von Objekten den Prozess und die benötigten Komponenten für die Herstellung eines Fertigprodukts beschreiben. Diese Objekte werden wir zunächst kurz vorstellen, um dann die Details zum Mittelteil zu besprechen. Ein Beispiel für diese Objekte finden Sie in Abbildung 8.12.

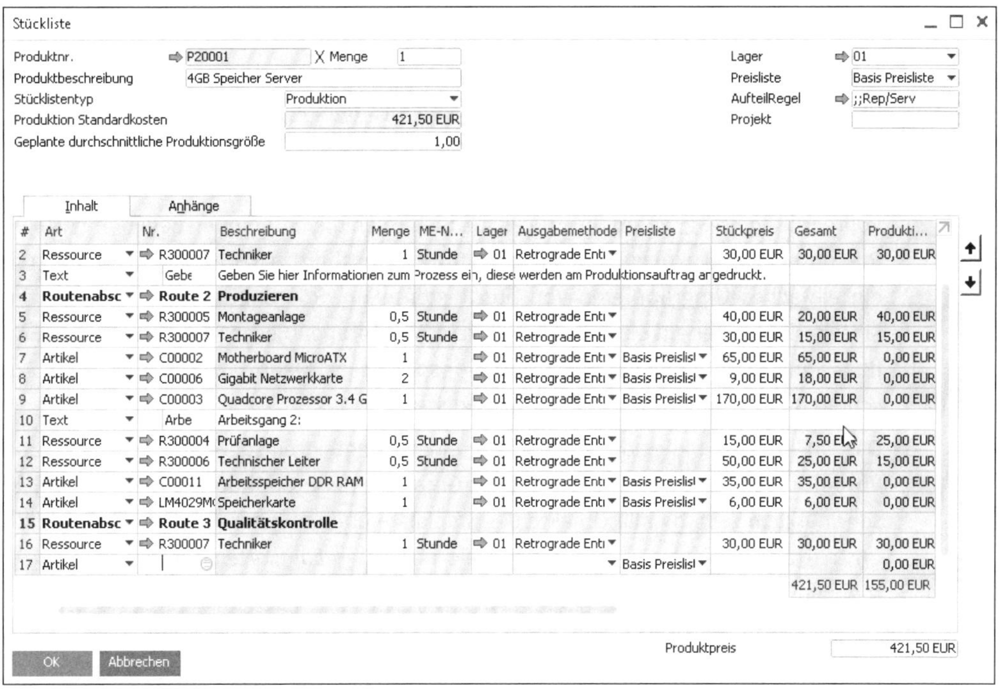

Abbildung 8.12: Objekte in der Stückliste

Die Optionen in den Mittelteilszeilen sind für die unterschiedlichen Objekte in abgestuftem Umfang verfügbar und werden in folgender Übersicht ebenfalls kurz skizziert:

- *Artikel* sind in der Regel das häufigste Objekt in Stücklisten und beschreiben die Komponenten, aus denen ein Fertigprodukt zusammengesetzt ist. Das Objekt **Artikel** verfügt über praktisch alle Optionen, die im Stücklisten-Mittelteil vorhanden sind. Folgende Varianten des Artikels stehen Ihnen zur Verfügung:

  - Lagerartikel
  - Stücklistenartikel (Halbfertige) – durch die Wahl dieser Artikel erzeugen Sie eine *mehrstufige Stückliste*. Die Tiefe der Stufen ist beliebig, d. h., ein Halbfertiges kann seinerseits wiederum ein Halbfertiges enthalten etc.
  - Phantomartikel (siehe Abschnitt 8.4.1, »Kopfteil der Stückliste«)
  - Artikel vom Typ **Arbeit** – grundsätzlich spricht nichts gegen die Verwendung dieses Artikeltyps. Allerdings kann dieser Artikeltyp niemals ein Lagerartikel sein. Es ist daher nicht möglich, die Kapazität dieses Artikels festzustellen. Seine Verwendung ist eher historisch bedingt und stammt aus einer Zeit vor der Einführung der Ressource. Sollte die Kapazität für Sie wichtig sein, empfiehlt es sich, statt auf einen Arbeitsartikel auf Ressourcen zurückzugreifen.
  - chargen- und seriennummerngeführte Artikel
- *Ressourcen* ermöglichen es, Arbeits- oder Maschinenzeiten in die Stückliste aufzunehmen. Das Hauptziel ist, die Kapazitäten der Ressourcen zu überwachen und eine Aussage über deren Verfügbarkeit zu bekommen. Da Ressourcen in Zeiteinheiten verbraucht werden, sind sie die Grundlage für die Kalkulation der Produktionsdauer (Durchlaufzeit) eines Fertigprodukts. Darüber hinaus tragen die Standardkosten einer Ressource zu den Herstellkosten des Fertigprodukts bei.
- *Routenabschnitte* gliedern die Stückliste. Sie fassen die unter ihnen liegenden Artikel, Ressourcen und Texte bis zum nächsten Routenabschnitt zusammen und erlauben so ein einfaches Umgruppieren von Stücklistenteilen. Routenabschnitte verfügen im Mittelteil nur über ein einziges Eingabefeld: **Wartetage**. Dieses Feld hat direkten Einfluss auf die Durchlaufzeit des Produktionsprozesses. Mehr dazu erfahren Sie in Abschnitt 8.5, »Der Faktor ›Zeit‹ in der Stückliste«.
- Das Objekt **Text** bietet die Möglichkeit, einen Langtext einzugeben oder die Option **Vordefinierte Texte einfügen** zu nutzen. Gerade in der Produktion kann dieses Objekt sehr nützlich sein, da alle Objekte der Stückliste und in weiterer Folge des Produktionsauftrags gedruckt werden können. So entstehen *Laufkarten* auf Papier oder auf mobilen oder stationären Erfassungsterminals, die detaillierte Informationen zum Produktionsprozess, Verfahrensanweisungen, Prüfverfahren etc. enthalten können.

Nachdem wir uns einen Überblick über die Objekte der Stückliste verschafft haben, beschäftigen wir uns nun mit den Zeilendetails:

Die Dropdown-Liste **Art** dient der Auswahl des gewünschten Objekts, wie einleitend beschrieben: **Artikel**, **Ressource**, **Routenabschnitt** und **Text**. Wählen Sie **Text**, öffnet sich sofort das Langtextfeld, und Sie können den Text erfassen oder den Button **Vordefinierte Texte einfügen** anklicken, um Textbausteine abzurufen.

Im Eingabefeld **Nr.** geben Sie die Nummer des Artikels oder der Ressource bzw. den Code des Routenabschnitts ein. Im Objekt **Text** steht dieses Feld nicht zur Verfügung.

Das Eingabe-/Infofeld **Beschreibung** ist für Artikel, Ressourcen und Routenabschnitte ein Infofeld, hier werden die Beschreibungen aus den jeweiligen Stammdaten angezeigt und können nicht editiert werden. Textzeilen können einfach durch einen Doppelklick auf dieses Feld editiert werden.

Im Eingabefeld **Menge** geben Sie die geplante Menge an, die vom jeweiligen Artikel oder von der jeweiligen Ressource benötigt wird, um die Menge des Fertigprodukts zu produzieren, wie es im Feld **X Menge** definiert wurde.

Das Feld **Menge** darf bei Artikelzeilen auch negativ sein. Verwenden Sie diese Funktion, wenn im Rahmen des Produktionsprozesses Nebenprodukte oder Abfallprodukte, die einen Wert repräsentieren, anfallen. Beispiele sind Metallteile, die als Schrott verwertet werden können, Holzabschnitte, die pelletiert werden können, etc.

Im Eingabefeld **Zusätzliche Menge** können Sie für Artikel und Ressourcen Mengen angeben, die auf jeden Fall verbraucht werden, unabhängig von der Anzahl der zu produzierenden Fertigprodukte. Das können z. B. Rüstzeiten sein, die einmalig zum Einrichten einer Maschine benötigt werden, Reinigungsmittel, die beim Start eines Produktionslaufs immer benötigt werden, oder Makulatur bzw. Ausschuss, der beim Anfahren einer Maschine immer entsteht. Die **Zusätzliche Menge** wird im Produktionsauftrag zur Planmenge addiert.

[+]

Artikel mit fixem Verbrauch definieren

Haben Sie Artikel, deren Verbrauch pro Produktionslauf konstant ist und nicht von der Losgröße abhängt, können Sie sich mit einem kleinen Trick helfen. Geben Sie zunächst den Artikel mit einer Menge von »1« ein. Im Feld **Zusätzliche Menge** geben Sie nun die fixe Menge an. In der nächsten Zeile der Stückliste geben Sie den gleichen Artikel noch einmal ein, diesmal allerdings mit der Menge »–1«. Dadurch egalisiert sich die variable Menge, und lediglich die fixe Menge wird geplant.

Das Infofeld **ME-Name** zeigt den Inhalt des Feldes **Text Mengeneinheit** aus dem Ressourcenstamm bzw. für Artikel den Inhalt des Feldes **ME-Name** auf der Registerkarte **Bestandsdaten**.

Das Eingabefeld **Lager** beschreibt das Lager, dem der Artikel entnommen werden oder in dem die Ressource Kapazitäten zur Verfügung stellen soll. Das Programm schlägt für Artikel immer das Standardlager des Artikels vor. Ist kein Standardlager definiert, schlägt das Programm das Lager vor, das über den Pfad **Administration • Systeminitialisierung • Allgemeine Einstellungen** auf der Registerkarte **Bestand** im Unterregister **Artikel** im Feld **Standardlager** festgelegt ist.

Für Ressourcen schlägt das Programm in Release 10.0 ungeachtet einer Definition eines Standardlagers *immer* das Lager aus der Definition unter **Allgemeine Einstellungen** vor.

Das Feld **Lager** im Stücklistenkopf hat *keine* Auswirkungen auf den Vorschlag in den Stücklistenzeilen und verfolgt ein anderes Ziel, nämlich die Einlagerung des Fertigprodukts.

[»]

Lager der Ressourcen kontrollieren

Achtung, das Programm erlaubt es bei Ressourcen auch, ein Lager zu wählen, das für diese Ressource nicht definiert ist! Dementsprechend hat die Ressource auf diesem Lager auch keine Kapazitäten, ein Produktionsauftrag würde daher immer auf fehlende Kapazitäten hinweisen. Kontrollieren Sie daher immer das Lager der Ressourcen.

Das Dropdown-Feld **Ausgabemethode** bietet die folgenden Optionen an:

- **Manuell**: Sie müssen die Abfassung der Komponenten in einem eigenen Prozessschritt durchführen, Abweichungen von den Planmengen können erfasst werden.
- **Retrograde Entnahme**: Die Abfassung der Komponenten erfolgt im Zuge der Fertigmeldung des Produkts automatisch, Abweichungen der Planmengen können nicht erfasst werden, es werden die Mengen laut Produktionsauftrag abgebucht.

Die Einstellungen im Artikel- und Ressourcenstamm sind der Vorschlagswert in der Stückliste, dieser kann von Ihnen übersteuert werden.

Das Eingabefeld **Preisliste** wird aus dem Stücklistenkopf in Artikelzeilen übernommen. Für Ressourcen, Texte und Routenabschnitte bleibt es leer. Dieses Feld beeinflusst das nächste Feld **Stückpreis**. Es kann pro Zeile beliebig verändert werden, wobei ein zeilenweises Ändern in der Regel nicht zu sinnvollen Ergebnissen führt; dies führen wir in Abschnitt 8.4.3, »Fußteil der Stückliste«, detailliert aus.

Das Eingabefeld **Stückpreis** zeigt bei Artikeln den Preis laut gewählter Preisliste. Bei Ressourcen zeigt es immer die Standardkosten laut Ressourcenstamm. Ist eine Ressource mit einem Artikel verknüpft und ist dort ein Preislistenpreis hinterlegt, werden trotzdem die Standardkosten angezeigt. Sowohl für Ressourcen als auch für Artikel gilt, dass der Preis manuell überschrieben werden kann.

Das Infofeld **Gesamt** ergibt sich aus **Menge** × **Stückpreis**. Mehr zur Verwendung dieses Feldes erfahren Sie in Abschnitt 8.4.3.

Das Infofeld **Produktion Standardkosten** enthält bei Ressourcen die Standardkosten aus dem Ressourcenstamm, bei Artikeln den Wert des Feldes **Produktion Standardkosten** der Registerkarte **Produktion**.

Das Infofeld **Produktion Standardkosten gesamt** ergibt sich aus folgender Formel:

Produktion Standardkosten × Menge (in Zeile) ÷ Menge (im Kopf) + Produktion Standardkosten × zusätzliche Menge (in Zeile) ÷ geplante durchschnittliche Produktionsgröße

Ein konkretes Beispiel und eine Erklärung zur praktischen Anwendung dieser Information finden Sie in Abschnitt 8.4.3. Weiterführende Informationen zu den Standardkosten erhalten Sie in Abschnitt 8.9, »Weitere Funktionen der Produktion«.

Das 254-stellige Eingabefeld **Bemerkung** dient der Aufnahme von detaillierten Informationen zu den jeweiligen Arbeitsschritten und eignet sich für den Druck einer Laufkarte aus dem Produktionsauftrag heraus.

Das Infofeld **Strukturtyp** weist für Artikel und Ressourcen der obersten Ebene den Wert »N« aus, für Stücklisten (Halbfertige) den Wert »P«.

Die Infofelder **Länge**, **Laufweite**, **Höhe**, **Volumen** und **Gewicht** zeigen die entsprechenden Felder aus dem Artikelstamm, Registerkarte **Einkaufsdaten**, und können nicht editiert werden.

Das Eingabefeld **Aufteilungsregel** ermöglicht eine entsprechende Eingabe, z. B. einer Kostenstelle oder eines Standorts, dem die jeweilige Zeile zugeordnet werden soll. Eine Vorbesetzung durch den Belegkopf erfolgt nicht. (Die Kostenrechnungsintegration ist stark von der Organisation Ihrer *Dimensionen* beeinflusst. Aufgrund der großen Zahl an Abhängigkeiten und der daraus resultierenden hohen Komplexität ist dies ein weiterführendes Thema, das Sie mit Ihrem Consultant besprechen sollten.)

Im Eingabefeld **Projekt** wählen Sie das Projekt aus, mit dem die Stücklistenzeile verbunden werden soll.

Das Eingabefeld **WIA-Konto** übersteuert das Ware-in-Arbeit-Konto, das in der Sachkontenfindung definiert wurde (siehe dazu auch Abbildung 8.2).

Die Dropdown-Liste **Routenabfolge** enthält die Zahlen von 1 bis zu jener Zahl, die der Anzahl der Routenabschnitte in der Stückliste entspricht. Eine Stückliste mit drei Routenabschnitten wird also durch »1« bis »3« repräsentiert, eine Stückliste mit fünf Routenabschnitten durch »1« bis »5«.

Die Routenabfolge kann nur in Objekten vom Typ **Routenabschnitt** editiert werden. Die darunterliegenden Artikel, Ressourcen und Texte »erben« die Routenabfolge so lange, bis ein neuer Routenabschnitt eine neue Routenabfolge generiert.

Wählen Sie in der Dropdown-Liste **Routenabfolge** eine alternative Zahl, tauschen die beiden Routenabfolgen die Plätze, wobei die darunterliegenden Objekte »mitgenommen« werden.

Die Ausgangslage in Abbildung 8.13 ist, dass der Routenabschnitt *Rüsten* am Ende der Stückliste eingegeben wurde. Es wird nun die Ziffer »1« durch die Ziffer »2« ausgetauscht.

Das Ergebnis ist, dass nun die »Route 1« mit ihren beiden Artikeln »LM4029MC« und »LM4029D« an den Beginn der Stückliste rückt (siehe Abbildung 8.14).

Das Eingabefeld **Wartetage** ermöglicht es, eine Zeitspanne einzuplanen, die in der Disposition abgewartet werden muss, bevor der nächste Routenabschnitt beginnt.

#	Art	Nr.	Beschreibung	Routenabfolge
1	**Routenabsc**	**Route 2**	**Produzieren**	**1**
2	Artikel	LM4029PH	LeMon 4029 Druckkopf	1
3	Artikel	LM4029PS	LeMon 4029 Drucker Netzteil	1
4	Artikel	LM4029SB	LeMon 4029 Drucker Systemboard	1
5	**Routenabsc**	**Route 1**	**Vorbereiten, Rüsten**	**2**
6	Artikel	LM4029MC	Speicherkarte	2
7	Artikel	LM4029D	LeMon 4029 500 Blatt Zuführung	2

Abbildung 8.13: Ausgangslage der Routenabfolge

#	Art	Nr.	Beschreibung	Routenabfolge
1	**Routenabsc**	**Route 1**	**Vorbereiten, Rüsten**	**1**
2	Artikel	LM4029MC	Speicherkarte	1
3	Artikel	LM4029D	LeMon 4029 500 Blatt Zuführung	1
4	**Routenabsc**	**Route 2**	**Produzieren**	**2**
5	Artikel	LM4029PH	LeMon 4029 Druckkopf	2
6	Artikel	LM4029PS	LeMon 4029 Drucker Netzteil	2
7	Artikel	LM4029SB	LeMon 4029 Drucker Systemboard	2

Abbildung 8.14: Routenabfolge nach Verschiebung

Das Beispiel aus Abbildung 8.15 verdeutlicht das Prinzip. Ausgangspunkt ist eine – plakative – Stückliste, in der zunächst die Komponenten abgefasst werden müssen. Der Vorgang nimmt eine Stunde in Anspruch. Wir wissen allerdings nicht, wann genau diese Stunde verfügbar sein wird. Wir planen also zur Sicherheit einen Puffer und definieren die Wartetage mit »1,000«.

#	Art	Nr.	Beschreibung	Routenabfolge	Wartetage	Menge
1	**Route**	**Route 1**	**Vorbereiten, Rüsten**	**1**	**1,000**	
2	Ressou	R300009	Lagerist	1		1
3	**Route**	**Route 2**	**Produzieren**	**2**	**1,000**	
4	Artikel	C00012	Gehäuse für externe Festplatte	2		1
5	Artikel	C00013	1TB Disk für externe Festplatte	2		1
6	Artikel			2		

Abbildung 8.15: Wartetage im Routenabschnitt

Wir legen einen Kundenauftrag an, der zum aktuellen Tagesdatum fällig ist, und lassen über den Dispositionsassistenten einen Produktionsauftrag anlegen. Die Empfehlung lautet zunächst, einen Produktionsauftrag mit dem heutigen Datum anzulegen, wie Sie es in Abbildung 8.16 sehen.

Der erzeugte Produktionsauftrag hat auch tatsächlich das aktuelle Datum als **Fälligkeitsdatum** ❶. Allerdings ist das Startdatum ebenfalls der aktuelle Tag. Der rot gefärbte Button **Jetzt aktualisieren** ❷ signalisiert einen Konflikt (siehe Abbildung 8.17), nämlich dass nicht sofort produziert werden kann, da die Wartetage abgewartet werden müssen und danach das gewünschte Fälligkeitsdatum nicht mehr zu halten sein wird.

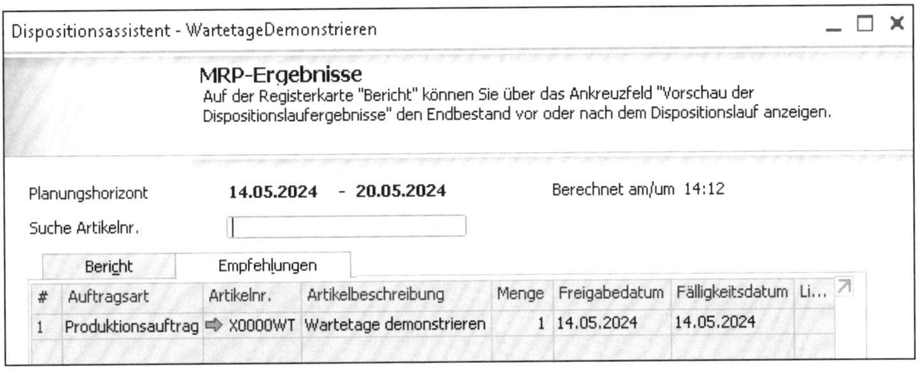

Abbildung 8.16: Auftragsempfehlung

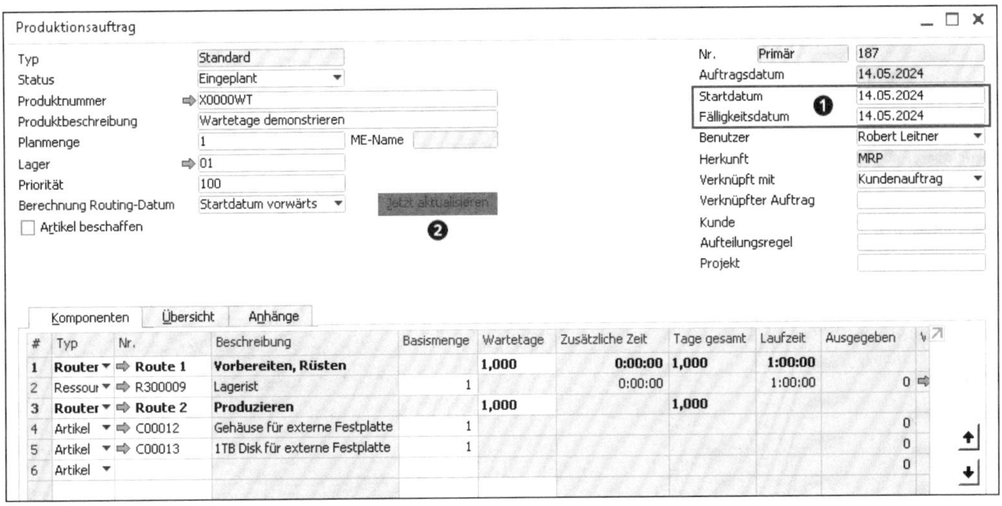

Abbildung 8.17: Fälligkeitsdatum des Produktionsauftrags

Nach einem Klick auf den Button und Quittierung der Sicherheitsabfrage berechnet das Programm das Fälligkeitsdatum neu. Der eine Wartetag wird nun berücksichtigt. Die eine Stunde für das Auslagern wird addiert. Daraus ergeben sich im Feld **Tage gesamt** ein Wert von 1,125 (1 Tag und 1 Stunde) ❸ und ein neues Fälligkeitsdatum, das jetzt zwei Tage in der Zukunft liegt ❹ (siehe Abbildung 8.18). Voraussetzung ist, dass in der Auswahlliste **Berechnung Routing-Datum** die Option **Startdatum vorwärts** gewählt wurde.

Das Prinzip wird weiter verdeutlicht, wenn im Produktionsauftrag die Wartetage auf 0,5 reduziert werden und erneut der Button **Jetzt aktualisieren** angeklickt wird. Das Fälligkeitsdatum ist jetzt der folgende Tag nach dem Startdatum, da dieser eine Tag ausreicht, um die 0,625 Tage, die nun im Feld **Tage gesamt** angegeben sind, unterzubringen (siehe Abbildung 8.19).

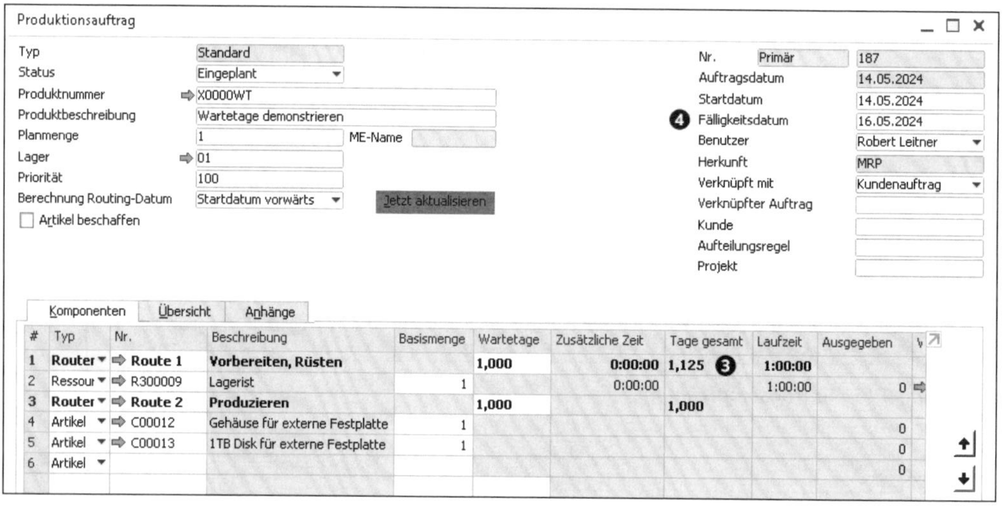

Abbildung 8.18: Ein neues Fälligkeitsdatum wurde berechnet.

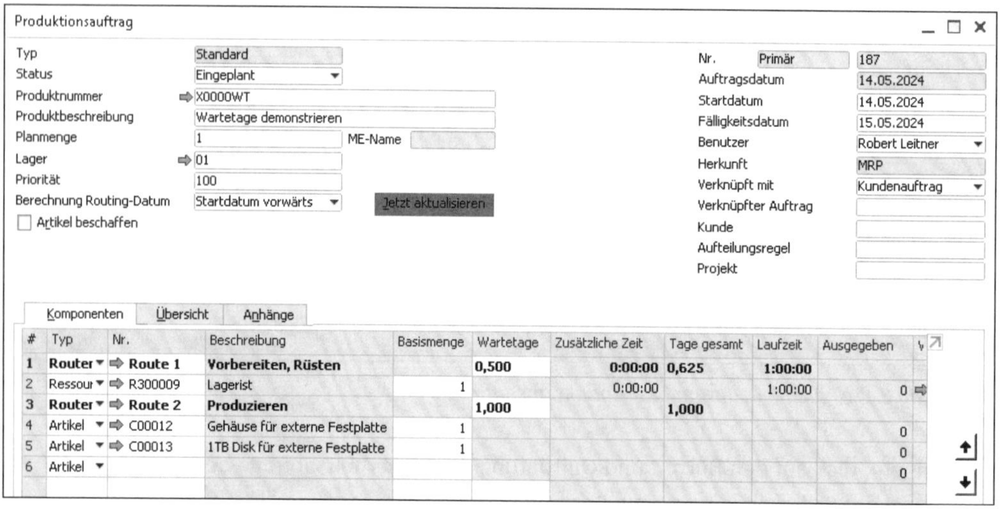

Abbildung 8.19: Weiteres Update des Fälligkeitsdatums

[»]

Button »Jetzt aktualisieren«

Ist die Schrift im Button rot, hat das Programm einen Konflikt erkannt. Ein Klick auf den Button führt zur Änderung des Start- oder Fälligkeitsdatums. Ist der Konflikt aufgelöst, wird die Schrift schwarz. Bleibt sie rot, konnte das Programm den Konflikt mit der gewählten Berechnung im Routing-Datum nicht auflösen. In Abbildung 8.17 wäre das z. B. dann der Fall, wenn Sie **Startdatum vorwärts** statt **Startdatum rückwärts** wählen. Da der Kundenauftrag heute fällig ist, würde das bedeuten, dass das Startdatum in der Vergangenheit liegt. Da das nicht möglich ist, bliebe der Konflikt weiter bestehen.

Die Wartetage werden also zu den Durchlaufzeiten der Ressourcen addiert. Sie eignen sich damit auch, um geplante Pausen im Produktionsprozess abzubilden, z. B. die Phase der Trocknung oder Aushärtung. Darüber hinaus kann damit der Zeitfaktor gesteuert werden, wenn nicht mit Ressourcen gearbeitet werden soll.

Weitere Funktionen im Mittelteil der Stückliste sind die Pfeil-Buttons am rechten Bildrand, mit deren Hilfe Sie die Stücklistenelemente verschieben können. Mit einem Klick auf den Button schieben Sie die markierte Zeile (für die Markierung klicken Sie die Zeilennummer ganz links in der Tabelle an) jeweils eine Zeile nach oben. Analog dazu verschieben Sie mit dem Button die markierte Zeile eine Position nach unten.

Position nur innerhalb des Routenabschnitts verändern

Achtung, diese Verschiebefunktion ignoriert die Verbindung, die durch Routenabschnitte geschaffen wird. Sie transportiert Artikel und Ressourcen aus Routen heraus bzw. verschiebt Routenabschnitte in andere Routenabschnitte – das ist in der Regel nicht gewollt. Sie sollten damit also nur Artikel und Ressourcen innerhalb eines Routenabschnitts neu positionieren.

8.4.3 Fußteil der Stückliste

Das einzige Feld des Fußteils ist **Produktpreis**. Hier kann ein Wert entweder manuell eingegeben werden, oder es wird die Summe der Spalte **Gesamt** übernommen. Verwenden Sie dazu die Funktion, die durch den Button **Produktpreis auf Summe der Komponentenpreise setzen** repräsentiert wird.

Welchen Preis der Produktpreis dabei genau repräsentiert, wird im Belegkopf im Feld **Preisliste** festgelegt. Als Input stehen alle selbst definierten Preislisten zur Verfügung. Im Kopf auszuwählen, aber nicht als Produktpreis speicherbar sind die vom System errechneten Preise in den Feldern **Letzter Einkaufspreis** und **Zuletzt ermittelter Preis**. Abbildung 8.20 verdeutlicht das Prinzip.

Die Preisliste im Stücklistenkopf hat also zwei Funktionen:

1. Sie besetzt die Preislisten im Stücklistenmittelteil vor.
2. Sie definiert, in welche Preisliste des Fertigprodukts der Produktpreis aus dem Stücklistenfuß zurückgeschrieben wird.

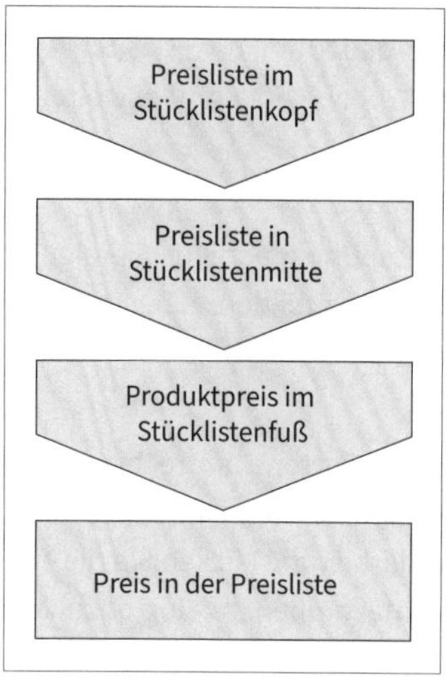

Abbildung 8.20: Ermittlung der (Verkaufs-)Preise

Der Vorgang zur Ermittlung der Preise kann beliebig oft wiederholt werden. Sobald im Feld **Produktpreis** ein neuer Wert eingetragen und der Button **Aktualisieren** angeklickt wird, wird der Wert für das Fertigprodukt in die korrespondierende Preisliste übernommen. So können Sie alle Preislisten nacheinander kalkulieren und die Preislisten schnell und einfach aktualisieren (theoretisch wäre auch die Befüllung von Einkaufspreislisten möglich, in der Praxis hat diese Option allerdings keine Relevanz).

[»]

Anmerkung zu Abbildung 8.21

Um alle Spalten zeigen zu können, die für das folgende Beispiel benötigt werden, haben wir die Spaltenüberschriften **Zusätzliche Menge**, **Produktion Standardkosten** und **Produktion Standardkosten Gesamt** editiert bzw. abgekürzt; sie entsprechen nicht dem Standardlayout des Fensters **Stückliste**.

In Abbildung 8.21 sehen Sie, wie der Wert **Produktstandardkosten Gesamt** ermittelt wird und wie sich daraus der Produktpreis ableiten lässt. In den folgenden Abschnitten beschreiben wir die Herausforderungen, die sich daraus ergeben, und machen Vorschläge zu deren Lösung.

Zum besseren Verständnis zunächst noch einmal die Formel für den Wert **Produktstandardkosten Gesamt:**

Produktion Standardkosten × Menge (in Zeile) ÷ Menge (im Kopf) + Produktion Standardkosten × zusätzliche Menge (in Zeile) ÷ geplante durchschnittliche Produktionsgröße

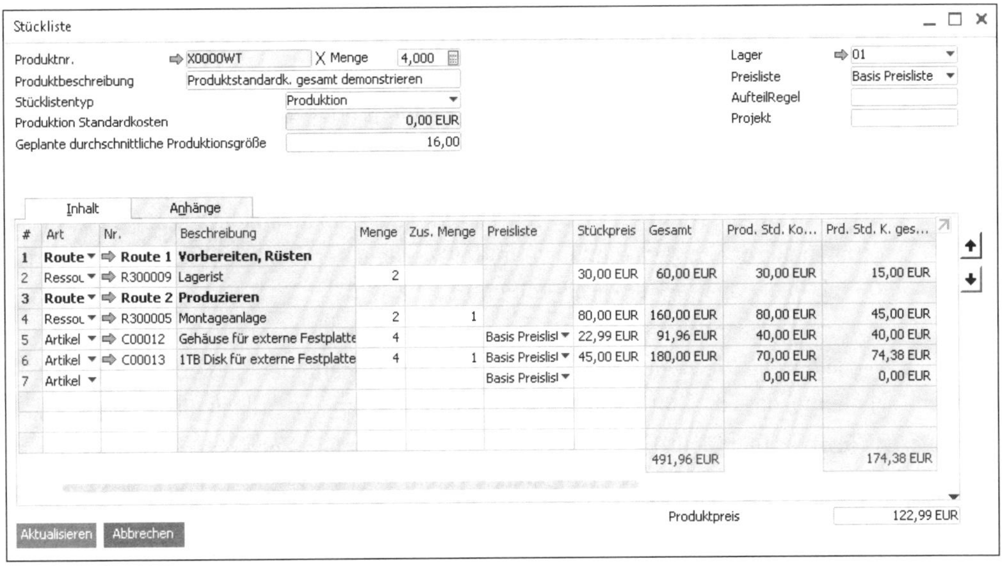

Abbildung 8.21: Ermittlung des Produktpreises

[+]

Verkaufspreise kalkulieren und kontrollieren

Ausgangslage und Annahme in unserem Beispiel soll sein, dass die **Basis Preisliste** jene ist, von der sich alle anderen Preislisten über die Multiplikation mit Faktoren ableiten. Haben wir also den Produktpreis für die **Basis Preisliste** festgelegt, ist er auch für alle anderen Preislisten errechnet (siehe Abschnitt 7.4, »Preisfindung«).

Bei Anwendung der oben angegebenen Formel finden wir den Wert **Produktstandardkosten Gesamt** korrekt berechnet (174,38 EUR). In diesem Beispiel ist sehr schön zu erkennen, wie die Angabe **Zusätzliche Menge** nicht auf die Menge im Stücklistenkopf verteilt wird, sondern auf den davon abweichenden Wert **Geplante durchschnittliche Produktionsgröße**. Dies ist eine sehr sinnvolle Regelung, um eine einfache Definition der Stückliste mit erwarteten realistischen Produktionsgrößen zu kombinieren.

Der Preis laut **Basis Preisliste** beträgt 122,99 EUR (491,96 EUR ÷ 4). Wir würden also eine Kalkulationsgrundlage für die Verkaufspreise schaffen, die *niedriger* als die Standardkosten sind. Da die Standardkosten praktisch ausschließlich aus direkten Kosten bestehen, sind hier noch nicht einmal die Herstellkosten gedeckt. Daher muss der Wert von 122,99 EUR hinterfragt werden. In der Praxis sollten Sie folgende Themenbereiche überprüfen bzw. berücksichtigen:

- Zunächst muss eine Eigenheit des Programms berücksichtigt werden, nämlich die, dass die Werte **Zusätzliche Menge** jeweils nur in der Spalte **Produktstandardkosten Gesamt**, nicht aber in der Spalte **Gesamt** berücksichtigt werden. Beim Produktpreis fehlen also 31,25 EUR (80 EUR + 45 EUR) ÷ 4.

- Einen weiteren Ansatzpunkt bietet der Wert in der Spalte **Gesamt** bei den Ressourcen. Da Ressourcen keine Preisliste haben, wird diese Spalte mit dem gleichen Wert befüllt wie die Spalte **Produktion Standardkosten**, nämlich eben mit den *Standardkosten*. Es empfiehlt sich also, in den Standardkosten der Ressource auch die *Fertigungsgemeinkosten* zu berücksichtigen (und nicht nur die direkten Kosten der Ressource). Diese müssen in einer Nebenkalkulation auf Basis der Daten aus der Kostenrechnung ermittelt werden. Darüber hinaus können Sie den Preis in der Spalte **Stückpreis** editieren.
- Analog dazu muss natürlich hinterfragt werden, ob die *Materialgemeinkosten* Eingang in die Preise der Preisliste **Basis Preisliste** gefunden haben (unter der Annahme, dass die Standardkosten der Komponenten korrekt kalkuliert sind).
- Zuletzt stellt sich die Frage, wie ein angemessener Unternehmenserfolg (Deckungsbeitrag V) in den Preis einfließen kann. Ein Weg wäre z. B., ihn in den *Faktor* für die Kalkulation der Preislisten aufzunehmen, die sich von der Preisliste **Basis Preisliste** ableiten.

Zusammenfassend lässt sich feststellen, dass eine direkte Übernahme des Gesamtpreises in den **Produktpreis** nur in Ausnahmefällen und nur bei sehr einfachen Stücklisten sinnvoll ist. Die **Produktstandardkosten Gesamt** bieten aber bei sauberer Pflege der Standardkosten in den Komponenten und Ressourcen jedenfalls eine gute Orientierungshilfe zur Festlegung des Produktpreises.

Damit ist die Definition der Stückliste grundsätzlich abgeschlossen. Um relevante Daten für das Erzeugen von Produktionsaufträgen zu erhalten, werden wir die Stückliste des Demodatenbestands (Release 10.0) zunächst auf einen repräsentativeren Stand bringen (was Ihnen gleichzeitig die Gelegenheit gibt, mit den Beispieldaten zu arbeiten):

1. Legen Sie zunächst die Routenabschnitte an, wie in Abbildung 8.4 (in Abschnitt 8.2, »Vorbereitende Einstellungen«) dargestellt.
2. Dann legen Sie eine Stückliste »P0011« an. Diese besteht aus den Artikeln »C00012« und »C00013« (jeweils mit der Menge »1«). Legen Sie im Zuge dessen den notwendigen Artikel mit dem Text »Festplatte« an. Bei **Beschaffungsmethode** wählen Sie **Herstellen**, bei **Produktion Standardkosten** lautet der Wert »110 EUR«.
3. Ersetzen Sie nun in der Stückliste »P20001« den Text in Zeile 1 durch »Route 2« und den Text in Zeile 7 durch »Route 3«. Ändern Sie die **Art** des Textes in **Routenabschnitt**, quittieren Sie den Hinweis des Programms, und wählen Sie die entsprechenden Routenabschnitte.
4. Nachdem eine Kontrolle ergibt, dass die Stückliste des Servers keine Festplatte vorsieht, werden wir diesen kleinen Missstand beheben. Klicken Sie mit der rechten Maustaste auf die Zeilennummer 7 ganz links in der Tabelle, und wählen Sie **Zeile hinzufü-**

gen aus dem Kontextmenü. Dann wählen Sie das Objekt **Artikel** und geben in der Spalte **Nr.** den Wert »P0011« ein.

5. Verschieben Sie nun die Artikel »C00011« und »LM4029MC« in den Routenabschnitt 2. Sie tun das, indem Sie erst eine Zeile im Routenabschnitt 2 und dann den entsprechenden Artikel einfügen. Wiederholen Sie diesen Vorgang mit dem zweiten Artikel. Löschen Sie nun die Artikel im Routenabschnitt 3, indem Sie mit der rechten Maustaste das Kontextmenü aufrufen und darin die Option **Zeile löschen** wählen.
6. Speichern Sie Ihre Änderungen durch einen Klick auf den Button **Aktualisieren**. Die Stückliste sollte nun wie in Abbildung 8.22 aussehen.

Sie können diese Stückliste auch, wie in Abschnitt 8.10.1, »Stücklistenbericht«, dargestellt, im Stücklistenbericht auswerten und kontrollieren.

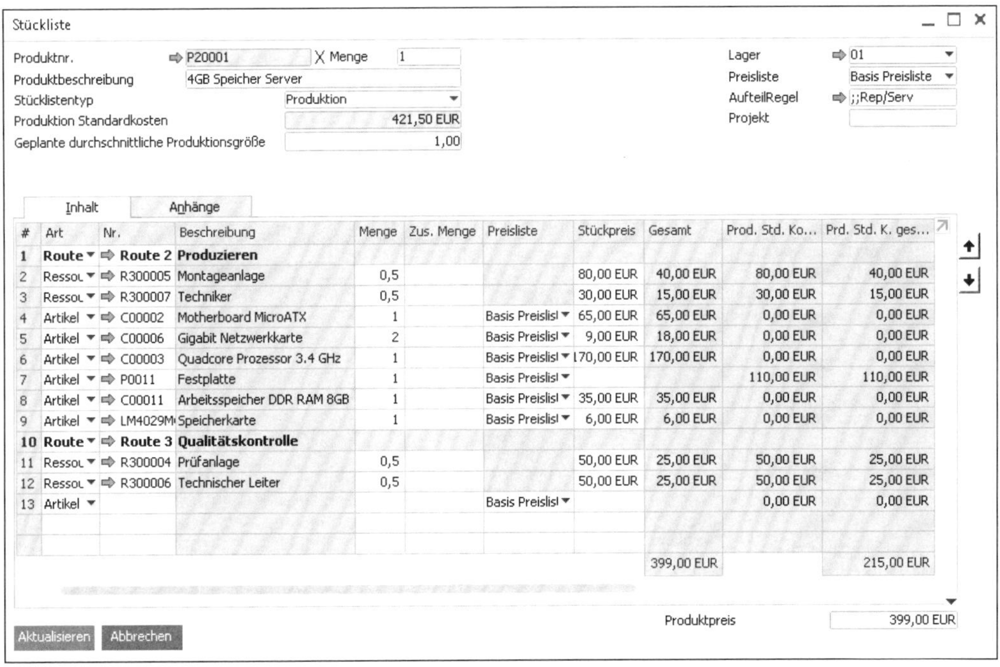

Abbildung 8.22: Stückliste mit Routenabschnitten, Ressourcen und Halbfertigprodukten

8.4.4 Kontextmenü der Stückliste

Wie die meisten komplexen Stammdatenobjekte verfügt auch die Stückliste über ein Kontextmenü, das Sie durch Klick mit der rechten Maustaste in einen neutralen Bereich des Fensters **Stückliste** öffnen (siehe Abbildung 8.23). Die Funktionen **Entfernen**, **Duplizieren**, **Tabelle filtern**, **Neue Aktivität** und **Aktivitätenübersicht** entsprechen den Funktionen in den anderen Programmteilen und werden daher hier nicht näher ausgeführt. Die Checkboxen **Routenabschnitte anzeigen**, **Positionen anzeigen**, **Ressourcen anzeigen** und **Texte anzeigen** dienen der Filterung der Stücklistenansicht.

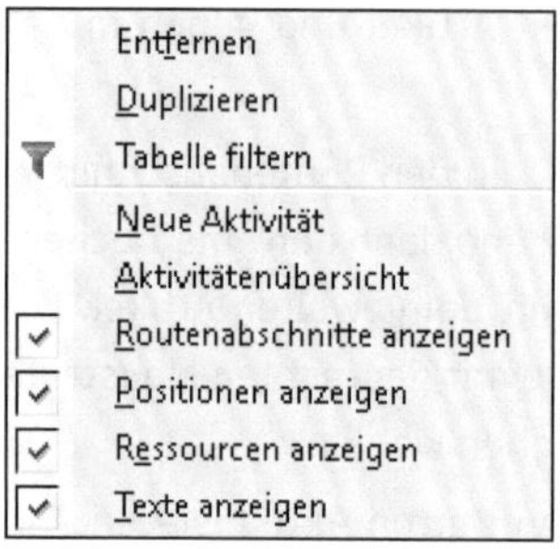

Abbildung 8.23: Kontextmenü der Stückliste

Die Option **Verknüpfungsplan...** liefert eine schöne Übersicht über alle in der Stückliste enthaltenen Artikel, Ressourcen und Halbfertige. Durch einen Doppelklick gelangen Sie zum jeweiligen Objekt (siehe Abbildung 8.24).

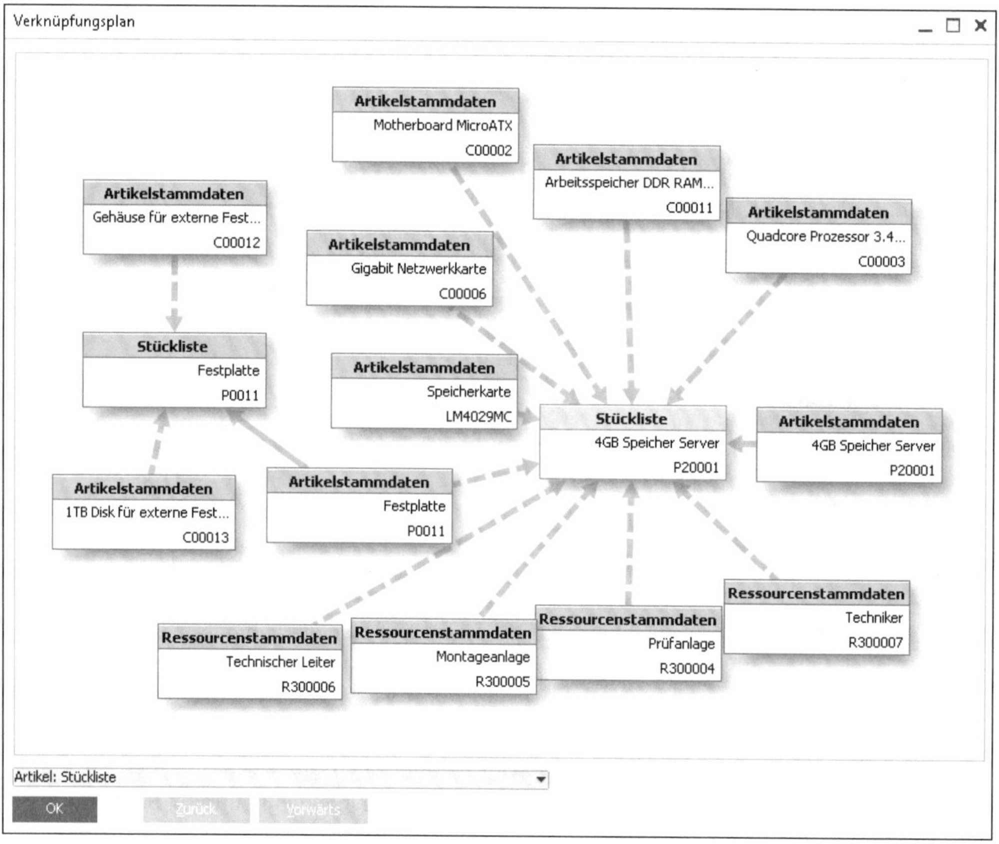

Abbildung 8.24: Verknüpfungsplan einer Stückliste

8.5 Der Faktor »Zeit« in der Stückliste

Mit diesem Abschnitt bilden wir eine Brücke zwischen den Stammdaten und der tatsächlichen operativen Arbeit mit dem Modul **Produktion**. Wie Sie Ihre Produktionsaufträge planen, welche Ressourcen mit welchen Kapazitäten zur Verfügung stehen, ist ein Thema, das in die Definition der Stammdaten einfließen muss. In der Realität wird es aber immer wieder zu Konflikten zwischen der Erfüllung von Bedarfen und den Möglichkeiten des Produktionsprozesses kommen, die einen Eingriff in die Produktionsaufträge notwendig machen; die Gestaltung der Stammdaten determiniert Ihre diesbezüglichen Möglichkeiten.

Ein wesentliches Element in der Produktion ist bei der *auftragsbezogenen Fertigung* die Frage, wann der Produktionsauftrag fertig sein wird. Oder umgekehrt: Wann muss mit einem Produktionsauftrag begonnen werden, um ein vereinbartes Lieferdatum zu halten? In SAP Business One gibt es eine Reihe von Faktoren, die diese Fragestellung beeinflussen und die hilfreich für die Planung sind. Wir haben sie teilweise in den vorangegangenen Abschnitten dieses Kapitels ausführlicher behandelt, teilweise finden Sie sie in Kapitel 9, »Materialbedarfsplanung«, und Kapitel 10, »Ressourcen«, detailliert beschrieben. Dennoch wollen wir sie im Folgenden überblicksartig zusammenfassen und ihre Auswirkungen beispielhaft demonstrieren.

Folgende »Stellschrauben« stehen zur Verfügung bzw. beeinflussen die Berechnung des Fertigstellungszeitpunkts oder des Startzeitpunkts:

1. Definition der Feiertage und Wochenenden (siehe Abschnitt 9.1.1, »Allgemeine Voraussetzungen«)
2. Durchlaufzeit der Komponenten (siehe Abschnitt 8.4.1, »Kopfteil der Stückliste«)
3. Durchlaufzeit des Fertigprodukts (entspricht in ihrer Bedienung der Durchlaufzeit der Komponenten)
4. Zeit pro Ressourceneinheit, Ressourcenzuordnung und interne Kapazität der Ressourcen (siehe Abschnitt 10.3, »Ressourcenstammdaten und Ressourcenkapazität«)
5. Wartetage der Routenabschnitte (siehe Abschnitt 8.4.2, »Mittelteil der Stückliste«) und die Grundsatzentscheidung, ob mit Routenabschnitten gearbeitet wird oder nicht

Im Folgenden finden Sie einige Beispiele dafür, wie Sie die Einplanung von Produktionsaufträgen zeitlich steuern können. Da wir, wie oben beschrieben, eine Reihe von kombinierbaren »Stellschrauben« zur Verfügung haben, um steuernd einzugreifen, stellen diese Beispiele nur einen kleinen Ausschnitt der Möglichkeiten dar, sollen aber möglichst einfach nachzuvollziehen und repräsentativ sein.

Unsere Beispiele bauen so weit wie möglich auf dem deutschen Demodatenbestand auf, es ist aber eine Reihe von Ergänzungen notwendig, die in den jeweiligen Beispielen beschrieben sind. (Die Beispiele eignen sich gut als Übungsaufgaben zu diesem Kapitel. Arbeiten Sie dafür vorher Kapitel 9, »Materialbedarfsplanung«, und optional, falls Sie damit arbeiten möchten, auch Kapitel 10, »Ressourcen«, durch.)

Grundlage der folgenden Beispiele ist ein Kundenauftrag über zehn Stück des Produkts »P20001« (bzw. »P20001_01«). Das vom Kunden gewünschte Lieferdatum ist der 24.05.2024. Das Tagesdatum ist der 14.05.2024. Für die Beispiele 1 bis 3 wurde die Stückliste auf »P20001_01« kopiert, die Ressourcen wurden aus der Stückliste entfernt, und die Wartetage wurden auf »0« gesetzt, um eine einfache Überprüfung des Ergebnisses zu ermöglichen. Für Beispiele mit Ressourcen wurde die Ressourcenzuordnung auf **Enddatum rückwärts** gesetzt.

8.5.1 Beispiel 1: Durchlaufzeit eines Fertigprodukts

Tragen Sie in den Artikelstammdaten von »P20001_01« im Feld **Durchlaufzeit** »5« (Tage) ein.

Es wird der beschriebene Kundenauftrag über zehn Stück mit dem Lieferdatum 24.05.2024 erstellt. Dieser ist Grundlage eines Dispositionsassistenten, der lediglich das Fertigprodukt »P20001_01« enthält. Sein Startdatum ist der 14.05.2024, der Beobachtungszeitraum umfasst 21 Tage.

Wie Sie in Abbildung 8.25 erkennen, schlägt das Programm auch ein halbfertiges Produkt »P0011« vor.

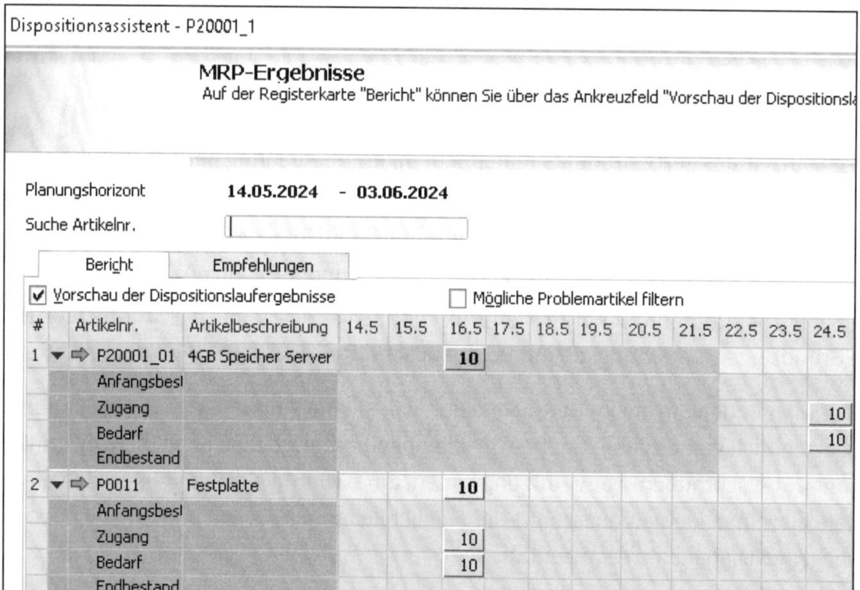

Abbildung 8.25: Durchlaufzeit der Stückliste

Das Programm schlägt einen Start am 16.05.2024 vor, d. h., es terminiert die fünf Tage vom 24.05.2024 zurück. Der 18.05. sowie der 19.05.2024 bleiben unberücksichtigt, da es sich um ein Wochenende handelt. Der 20.05.2024 bleibt unberücksichtigt, da es sich um einen Feiertag handelt. Da das Halbfertige keine »Durchlaufzeit« hat, wird es ebenfalls gleich am Startdatum eingeplant.

Diese Variante beschreibt die einfachste Form der Rückwärtskalkulation – ohne Verwendung von Ressourcen, nur mit der Durchlaufzeit des Fertigprodukts, kann ein sinnvolles Startdatum kalkuliert werden.

Die Durchlaufzeit muss zur Gänze zwischen dem Startdatum und dem Fälligkeitsdatum konsumiert werden. Das heißt, das Startdatum wird mitkalkuliert, nicht jedoch das Fälligkeitsdatum.

8.5.2 Beispiel 2: Durchlaufzeit des Fertigprodukts und der Komponente

Wir verändern nun Beispiel 1 dahingehend, dass wir der Komponente »C00002« ebenfalls eine Durchlaufzeit zuweisen, und zwar drei Tage. Zunächst erzeugen wir mit dem Dispositionsassistenten einen Produktionsauftrag für das Fertigprodukt, wobei der Artikel »C00002« automatisch einbezogen wird. Achten Sie darauf, dass »C00002« einen Lagerbestand von 0 hat; buchen Sie einen vorhandenen Lagerbestand gegebenenfalls über einen »Warenausgang« aus. Das Ergebnis hinsichtlich des Halbfertigen entspricht wieder Abbildung 8.26.

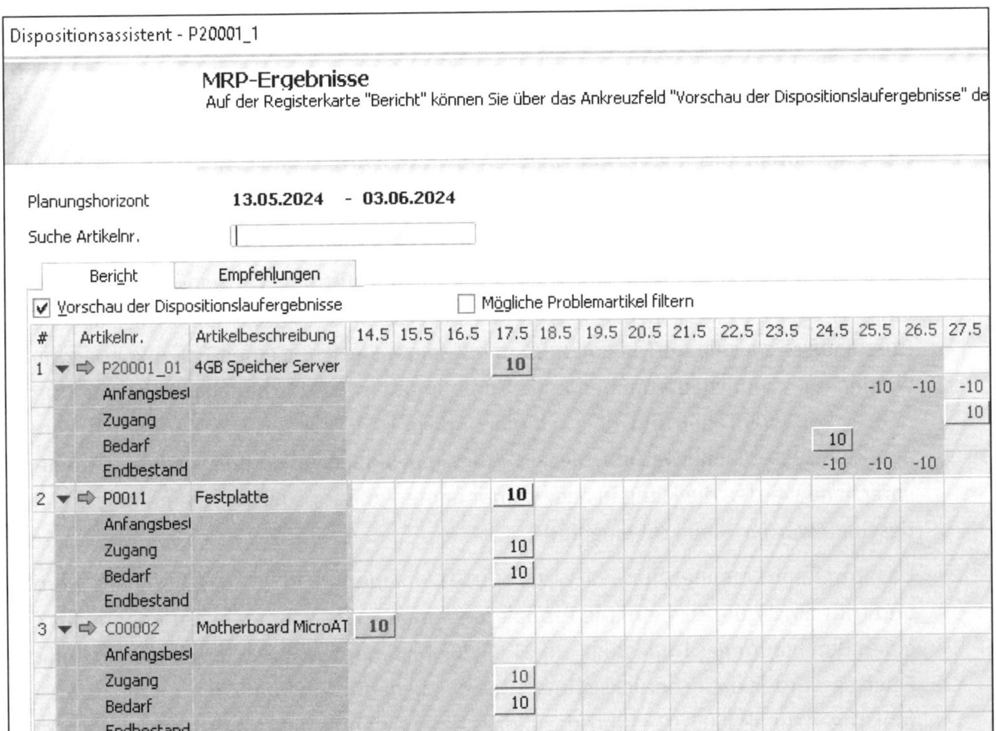

Abbildung 8.26: Bedarf an der Komponente

Das Ergebnis für »C00002« zeigt uns allerdings einen Konflikt. Wir benötigen die Komponente am 16.05.2024, um mit der Produktion des Fertigprodukts am 17.05.2024 zu beginnen. Die drei Beschaffungstage können bis zum 14.05.2024 (dem Tagesdatum) aber nicht mehr dargestellt werden. Der Artikel wird also rot eingefärbt (siehe Abbildung 8.26). Auch das Fertigprodukt wird jetzt rot dargestellt, da die Verzögerung bei der Komponente momentan auch die rechtzeitige Fertigstellung des Fertigprodukts verhindert, das jetzt frühestens am 27.05. fertiggestellt werden kann. Der 25.05. und 26.05. sind ein Wochenende und stehen daher für die Produktion nicht zur Verfügung.

In der Praxis müssten Sie nun entweder beim Lieferanten hinsichtlich einer schnelleren Lieferung anfragen oder den Kunden über ein späteres Lieferdatum informieren. Gegebenenfalls könnte auch der Produktionsprozess beschleunigt werden. In jedem Fall signalisiert uns das Programm Handlungsbedarf.

Im nächsten Schritt wollen wir überprüfen, wie sich die Durchlaufzeit auswirkt, wenn sie nicht nur Komponenten auf der obersten Ebene betrifft, sondern auch Komponenten, die benötigt werden, um Halbfertige zu produzieren.

8.5.3 Beispiel 3: Durchlaufzeit des Fertigprodukts und der Komponenten auf den Ebenen 1 und 2

Wir adaptieren nun die Eingangsgrößen aus Beispiel 2, indem wir dem Artikel »C00012«, der eine Komponente des Halbfertigen »P0011« ist, eine Durchlaufzeit von zwei Tagen zuweisen. Achten Sie wieder darauf, dass der Bestand des Produkts 0 ist.

Artikel »C00002«, der eine Komponente des Fertigprodukts »P20001_01« ist, wird ebenfalls eine Durchlaufzeit von zwei Tagen zugewiesen. Artikel »P0011«, der das Halbfertige ist, erhält eine Durchlaufzeit von einem Tag.

Betrachten wir nun das Ergebnis in Abbildung 8.27, ergibt sich der Bedarf des Fertigprodukts wieder am 24.05.2024 – dem Lieferdatum des Auftrags. Wir benötigen dazu allerdings »P0011« zu Beginn des Produktionsprozesses. Da dieses Halbfertige aber eine Durchlaufzeit von einem Tag hat, müsste mit seiner Fertigung einen Tag zuvor begonnen werden. Die dafür wiederum benötigte Komponente »C00012« hat allerdings eine Durchlaufzeit von zwei Tagen und müsste daher, um am 16.05. zur Verfügung zu stehen, bereits am 14.05.2024 bestellt werden. Dieses Datum liegt jedoch vor dem Tagesdatum. Dementsprechend werden die Mengen aller Komponenten außer »C00002«, die noch rechtzeitig beschafft werden kann, rot eingefärbt.

Das Programm rechnet nun vorwärts. »C00012« kann am 15.05.2024 beschafft werden und trifft am 17.05.2024 ein. Die Produktion von »P0011« kann daher in Anbetracht des einen Durchlauftages frühestens am 21.05.2024 beendet sein (das Wochenende und der Feiertag wurden dabei berücksichtigt). Das Wochenende innerhalb der Durchlaufzeit von fünf Tagen für »P2000_01« führt dazu, dass das Fertigprodukt frühestens am 28.05.2024 verfügbar sein wird.

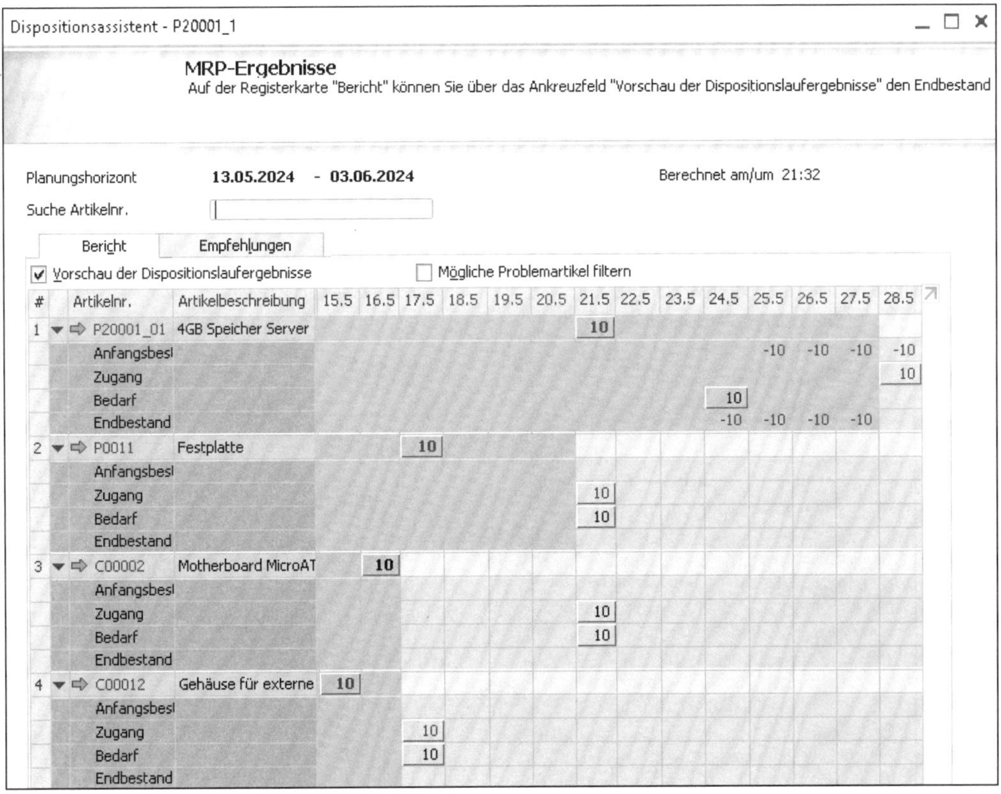

Abbildung 8.27: Durchlaufzeit einer Stückliste mit zwei Ebenen

Die Auflösung dieses Konflikts kann wiederum nur außerhalb des Programms, durch organisatorische Maßnahmen wie in Beispiel 2 beschrieben, erfolgen.

Es stellt sich allerdings die Frage, ob die Festplatte »P0011« tatsächlich schon zu Beginn des Fertigungsprozesses benötigt wird. Ist dies nicht der Fall, sondern können die beiden Fertigungsprozesse parallelisiert werden, können Sie dies in Schritt 2 des Dispositionsassistenten signalisieren. Aktivieren Sie dazu einfach die Checkbox **Kumulierte Durchlaufzeit ignorieren**.

Wie in Abbildung 8.28 zu sehen ist, haben wir zwar nach wie vor ein Problem damit, die Komponenten »C00012« rechtzeitig zu beschaffen.

Da aber das Halbfertige »P0011« nicht zwingend am Beginn des Produktionsprozesses von »P20001_01« verfügbar sein muss, sondern ein Zugang am 17.05.2024 ebenfalls akzeptabel ist, kann das Fertigprodukt wie versprochen am 24.05.2024 verfügbar sein. Die in Beispiel 2 beschriebene Maßnahme (Produktionsprozess beschleunigen) kann daher vom Programm sehr gut abgebildet werden.

Das letzte Beispiel führt nun die Ressource und die von ihr für den Produktionsprozess benötigten Kapazitäten ein.

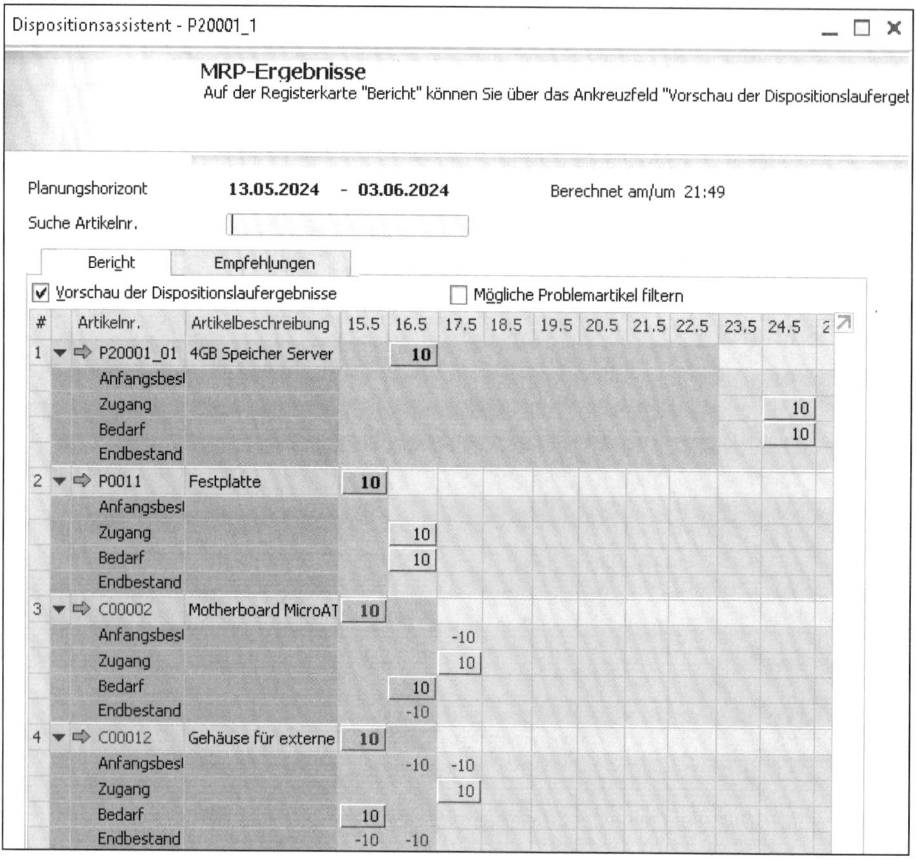

Abbildung 8.28: Kumulierte Durchlaufzeiten ignorieren

8.5.4 Beispiel 4: Einsatz von Ressourcen mit Routenabschnitten

Ausgangsbasis ist nun die Stückliste »P20001«, die wir weiter oben mit Routenabschnitten versehen haben (siehe Abschnitt 8.4.3, »Fußteil der Stückliste«). Auch hier wird der Bedarf wieder mit einem Kundenauftrag über zehn Stück, zu liefern am 31.05.2024, erzeugt. Für die Ressource »R300005« haben wir in der Stückliste eine Basismenge von 16 Stunden definiert, für »R300007« eine von acht Stunden.

Folgende Durchlaufzeiten wurden verwendet:

- »P20001«: 3 Tage
- »P0011«: 3 Tage
- »C00012«: 2 Tage
- »C00013«: 0 Tage
- »C00002«: 2 Tage

Für alle Artikel außer »C00013« wurden die Lagerbestände ausgebucht und sind daher 0.

Die Materialbedarfsplanung zeigt zunächst keine Probleme in Bezug auf die Fertigung an (siehe Abbildung 8.29). Es wird zunächst »C00012« beschafft, da dieses Material die Voraussetzung des Halbfertigen »P0011« ist. »P0011« wird unter Berücksichtigung der drei Tage Durchlaufzeit rechtzeitig fertig, sodass es zum Produktionsstart des Fertigprodukts zur Verfügung steht.

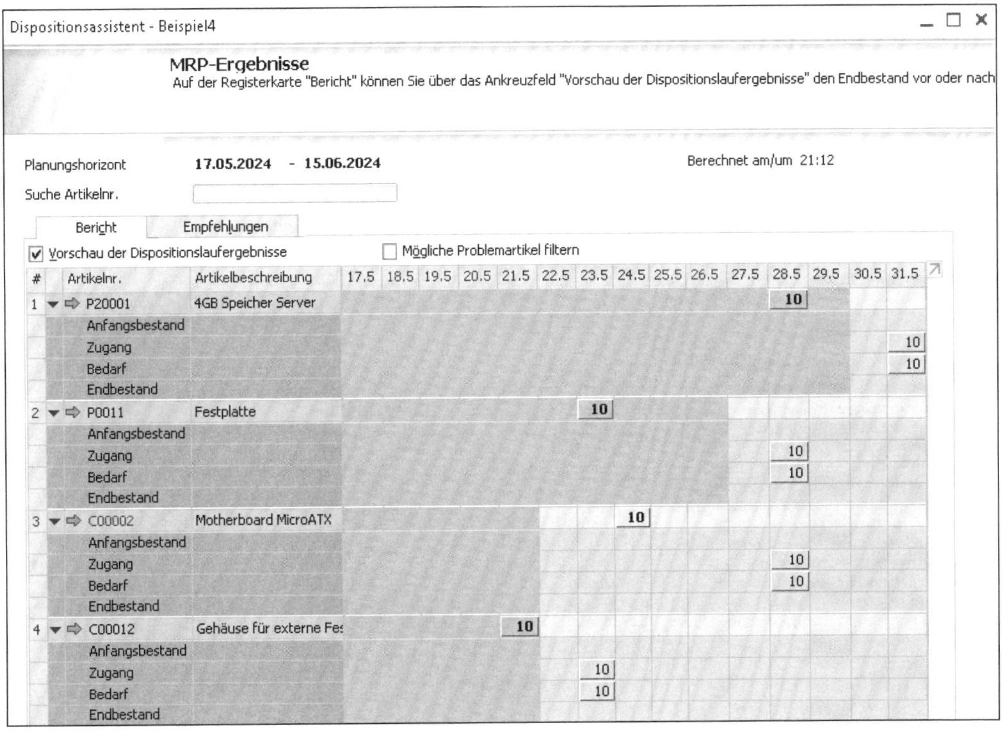

Abbildung 8.29: Materialbedarfsplanung ohne Konflikt

Sobald der Produktionsauftrag erstellt wird, ist zu erkennen, dass durch den Einsatz von Routenabschnitten ein Ressourcenkonflikt entstanden ist.

Das Programm hat zunächst sämtliche notwendigen Ressourcen (z. B. »R300007«) am Startdatum allokiert. Die Einstellung kommt in diesem Beispiel aus dem Ressourcenstamm. Da »R300007« aufgrund des Zweischichtbetriebs von Montag bis Mittwoch täglich eine Kapazität von 16 Stunden und am Donnerstag und Freitag jeweils eine Kapazität von 8 Stunden hat, ist es unmöglich, den Produktionsauftrag, für den 8 × 10 Stunden benötigt werden, rechtzeitig zu erfüllen. Die Spalte **Verfügbar** signalisiert dies durch die negative Menge von –64 Stunden. Diese –64 Stunden ergeben sich aus den 80 benötigten Stunden, abzüglich der 16 verfügbaren Stunden. Der 28.05.2024 ist das Startdatum für die Produktion des Fertigprodukts; dieser Tag ist ein Dienstag, an dem die Kapazität 16 Stunden beträgt. Es wird daher notwendig sein, das Startdatum für den Einsatz der Ressourcen zu verschieben. Da wir mit Routenabschnitten arbeiten, kann das Startdatum (wie das Enddatum und die Ressourcenzuordnung) nicht in der Auftragszeile editiert werden.

Sie müssen daher im Belegkopf der Dropdown-Liste **Berechnung Routing-Datum** die Option **Enddatum rückwärts** setzen. Danach klicken Sie auf den Button **Jetzt aktualisieren;** sein roter Text zeigt den Konflikt an (siehe Abbildung 8.30). Das Programm berechnet nach Quittierung einer entsprechenden Meldung das Startdatum neu und setzt es auf den 18.05.2024.

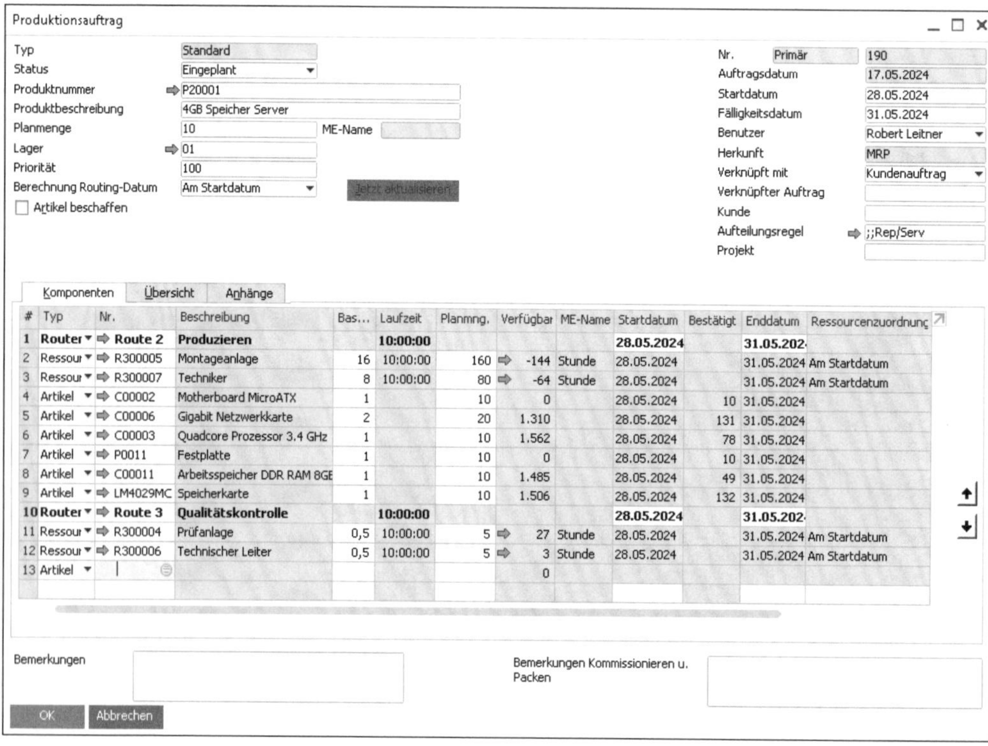

Abbildung 8.30: Ressourcenengpässe im Produktionsauftrag

Dies führt auf den ersten Blick zu einer Verbesserung der Situation; alle Ressourcen sind jetzt verfügbar, und in der Spalte **Verfügbar** sind keine negativen Werte mehr zu sehen (siehe Abbildung 8.31).

Eine Sichtkontrolle zeigt aber, dass die Montageanlage nun am 18.05.2024 eingeplant ist. Der zugehörige Techniker allerdings ist erst am 22.05.2024, also nach dem Wochenende, eingeplant. Diese Situation muss behoben werden.

Sie könnten Abhilfe schaffen, indem Sie den 22.05.2024 als neues Startdatum setzen und von diesem aus in die Zukunft kalkulieren. Dazu setzen Sie bei **Berechnung Routing-Datum** den Wert auf **Startdatum vorwärts** und aktualisieren den Produktionsauftrag ein weiteres Mal. Sie erhalten jetzt ein neues und diesmal haltbares Fälligkeitsdatum, nämlich den 04.06.2024.

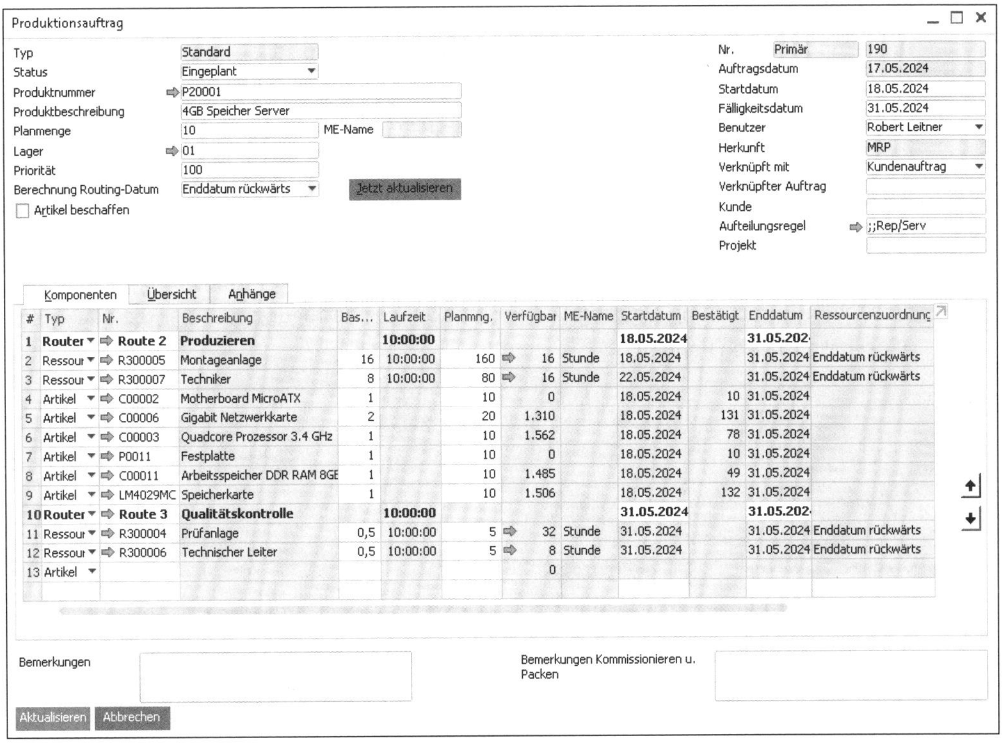

Abbildung 8.31: Auflösung der Ressourcenengpässe

Logische Kombination von Ressourcen

Die Konflikte in diesem Beispiel rühren vor allem daher, dass die Ressourcen »Montageanlage« und »Techniker« unterschiedliche Kapazitäten haben. Während es für Sie als User klar ist, dass dieses Szenario unlogisch ist, ist die Verbindung der beiden Ressourcen für das Programm nicht erkennbar. Es ist daher ratsam, dass zusammengehörige Ressourcen auch die gleichen Kapazitäten haben. Alternativ könnte man die Montageanlage und das notwendige Bedienpersonal zu einer Ressource mit entsprechend höheren Standardkosten zusammenfassen.

Eine alternative Lösung wäre die Ausweitung der internen Kapazitäten, z. B. durch Überstunden, eine weitere Schicht oder den teilweisen Zukauf von Fremdressourcen. Detaillierte Informationen dazu finden Sie in Kapitel 10, »Ressourcen«.

8.5.5 Beispiel 5: Einsatz von Ressourcen ohne Routenabschnitte

Die Ausgangslage entspricht der von Beispiel 4. Allerdings entfernen wir, bevor wir den Kundenauftrag erzeugen, die beiden Routenabschnitte aus der Stückliste »P20001« und untersuchen, wie dies das Verhalten des Programms verändert.

Der Unterschied zu Beispiel 4 ist in Abbildung 8.32 leicht zu erkennen: Die Felder **Startdatum**, **Enddatum** sowie **Ressourcenzuordnung** können nun zeilenweise editiert werden, da die Klammer, die der Routenabschnitt darstellt, wegfällt. Die Auflösung des Konflikts erfolgt also analog zu Beispiel 4: Wir nehmen passende Veränderungen am Startdatum und am Enddatum vor und weiten die internen Kapazitäten der Ressourcen durch Überstunden, Schichtbetrieb oder Zukauf aus.

Wird ohne Routenabschnitte gearbeitet, können Sie die Spalten **Startdatum**, **Enddatum** und **Ressourcenzuordnung** zwar zeilenweise bearbeiten, nach wie vor steht aber auch die Option **Berechnung Routing-Datum** im Kopf zur Verfügung, mit der Sie alle Zeilen pauschal anpassen können.

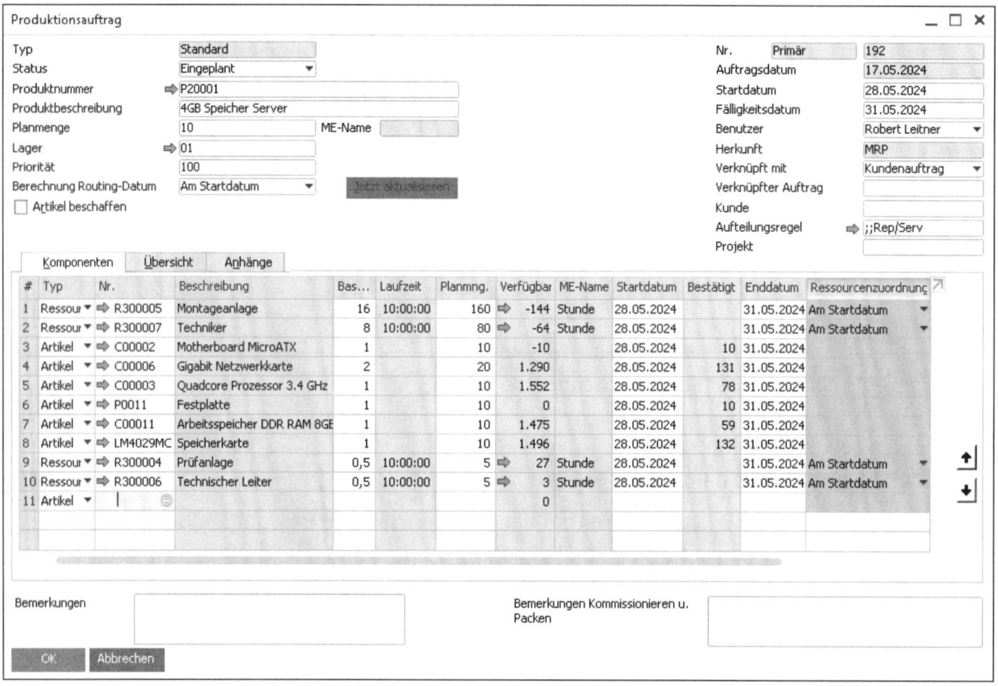

Abbildung 8.32: Ressourcenengpässe ohne Routen auflösen

Wie eingangs erwähnt, stellen die Beispiele einen Auszug aus den zur Verfügung stehenden Kombinationsmöglichkeiten dar, Produktionsaufträge zeitlich zu planen. Die Planung muss dabei sowohl die Strategie für die Beschaffung der Komponenten als auch für die Verfügbarkeit von Ressourcen umfassen.

8.6 Produktionsaufträge erzeugen

Bevor wir uns den Details der Produktionsaufträge zuwenden, wollen wir uns mit der Frage befassen, wie diese überhaupt entstehen. SAP Business One bietet mehrere Möglichkeiten, Bedarfsauslöser in Produktionsaufträge umzuwandeln. Teilweise unterscheiden sie sich im Ergebnis. Diese Unterschiede können für Ihre Ablauforganisation von Bedeutung sein und werden daher in Tabelle 8.2 zusammengefasst. Im Folgenden beschreiben wir die Tabelleninhalte detailliert.

#	Methode	Zusammenfassung von Aufträgen	Link zum Auftrag	Komponenten beschaffen	Infos
1	manuell	nein	manuell	nein	Abschnitt 8.6, »Produktionsaufträge erzeugen«
2	Auftrag direkt	nein	ja	nein	Abschnitt 8.6, »Produktionsaufträge erzeugen«
3	Auftrag Assistent	optional	optional	nein	Abschnitt 8.10.1, »Stücklistenbericht«
4	Auftrag MRP	ja	nein	ja	Abschnitt 9.3, »Dispositionsassistent«, Schritt 5
5	benötigt via MRP	–	–	ja	Abschnitt 9.3, »Dispositionsassistent«, Schritt 5

Tabelle 8.2: Methoden der Produktionsauftragsgenerierung

Mit *Methode* ist gemeint, auf welche Art ein Produktionsauftrag erzeugt wird. Jede Methode hat ihre Eigenschaften, spezifischen Input und Output. Die Wahl der Methode, die in Ihrem Unternehmen zur Anwendung kommt, muss in die Ablauforganisation passen und sollte, wenn sie einmal gefallen ist, nach Möglichkeit beibehalten werden, um Brüche im Arbeitsablauf zu vermeiden. Folgende Methoden stehen zur Verfügung:

- **Manuelle Erzeugung**
  Die manuelle Erzeugung eines Produktionsauftrags erfolgt über den Pfad **Produktion • Produktionsauftrag** und wird in diesem Abschnitt in der folgenden detaillierten Beschreibung dargestellt. Die Produktionsaufträge können manuell mit einem Kundenauftrag verbunden werden. Die Beschaffung benötigter Komponenten erfolgt nicht automatisch. Es ist also der Produktionsauftrag hinsichtlich der Verfügbarkeit der Teile zu prüfen. Sollten Teile fehlen, ist ein Materialbedarfsplanungslauf durchzuführen.
- **Erzeugung aus Kundenauftrag**
  Eine Erzeugung unmittelbar aus dem Kundenauftrag bedeutet, dass auf der Registerkarte **Logistik** des Kundenauftrags das Feld **Nicht-Streckengeschäftslagerpositionen beschaffen** aktiviert wird (siehe Abbildung 8.33).

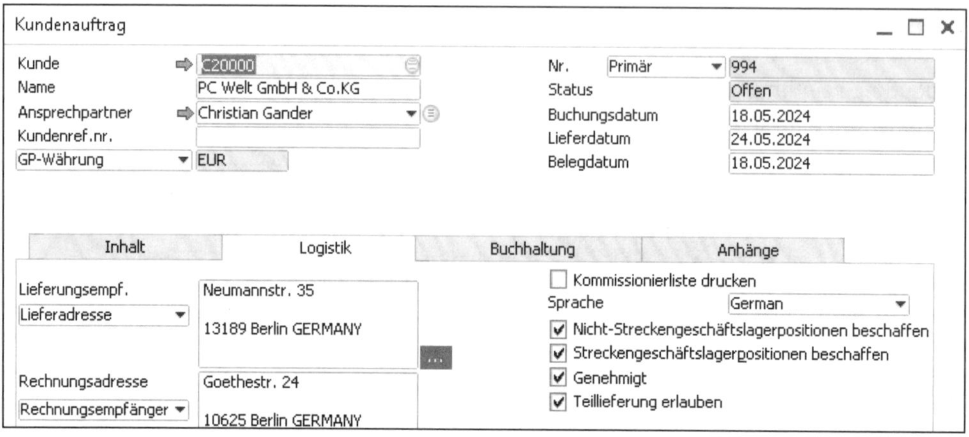

Abbildung 8.33: Beschaffungsassistenten im Auftrag starten

Da der *Beschaffungsassistent* in SAP Business One mehrfach zum Einsatz kommt und lediglich sein Auslöser variiert, ist sein Verhalten grundsätzlich immer gleich; wir erläutern ihn (wie Methode 3) in Abschnitt 8.9.1, »Beschaffungsassistent für Kundenaufträge«. Der einzige Unterschied besteht darin, dass Kunden und Artikel nicht separat ausgewählt werden müssen, sondern auf Basis des spezifischen Auftrags oder Angebots bereits vorbesetzt sind.

Die Erzeugung über den Beschaffungsassistenten für Kundenaufträge erklären wir ebenfalls in Abschnitt 8.9.1 detailliert. Es können mehrere Bedarfsauslöser zu einem Produktionsauftrag zusammengefasst werden. Wird *nicht* zusammengefasst, bleibt die Verbindung zum Bedarfsauslöser erhalten. Eine Auflösung der Stückliste und eine automatische Beschaffung der Komponenten erfolgen nicht.

Die Erzeugung aus Kundenaufträgen über das Modul **Materialbedarfsplanung** bedeutet, dass mithilfe des Dispositionsassistenten zyklisch geprüft wird, ob Bedarfsauslöser Fertigprodukte enthalten. Ist dies der Fall, werden Produktionsaufträge erzeugt.

Die darunterliegende Stückliste wird aufgelöst, und die Komponenten werden, falls benötigt, ebenfalls beschafft, indem Lieferantenbestellungen bzw. Bestellanforderungen automatisch erzeugt werden. Eine Verbindung zum Bedarfsauslöser geht dabei verloren. Als Verweis ist im Produktionsauftrag im Feld **Herkunft** lediglich »MRP« vermerkt.

Eine Erzeugung auf Basis des Feldes **Menge benötigt** über das Modul **Materialbedarfsplanung** funktioniert wie jede andere Materialbeschaffung, also indem aktuelle Lagerstände mit Meldebeständen vergleichen werden. Die Methode entspricht Methode 4. Eine Verbindung zu einem Bedarfsauslöser im engeren Sinn (z. B. einen Kundenauftrag) gibt es in dieser Methode nicht.

Kommen wir zur nächsten Spalte aus Tabelle 8.2. Bei der Zusammenfassung von Aufträgen geht es darum, ob mehrere Kundenaufträge zu einem Produktionsauftrag zusammengefasst werden oder ob aus jedem Kundenauftrag ein eigener Produktionsauftrag entstehen soll. Beide Varianten haben Vorteile, die Wahl ist von der Art des Produktionsprozesses abhängig (siehe dazu Abschnitt 8.9.1, »Beschaffungsassistent für Kundenaufträge«, und darin Abbildung 8.60).

Link zum Auftrag beschreibt, ob nach Erzeugung eines Produktionsauftrags noch eine direkte Verbindung zu einem Kundenauftrag hergestellt werden kann. Methoden, die Aufträge zusammenfassen, schließen eine Rückverfolgbarkeit zum Kundenauftrag aus.

Komponenten beschaffen signalisiert, ob die Erzeugung eines Produktionsauftrags automatisch zur Auflösung der Stückliste und gleichzeitig zur Reservierung oder, falls notwendig, zur Beschaffung der Komponenten führt. Anderenfalls muss dieser Prozess in einem weiteren Schritt durchgeführt werden, z. B. durch einen Dispositionsassistenten.

Die Spalte »Infos« aus Tabelle 8.2 beschreibt, in welchem Kapitel dieses Buches Sie weiterführende Informationen zu den Methoden finden.

Für die nähere Betrachtung des Produktionsauftrags werden wir als Ausgangsbasis Methode 2 wählen und ihn also unmittelbar aus einem Auftrag erzeugen. Wenn Sie das Beispiel nachvollziehen möchten, müssen Sie im deutschen Demodatenbestand zunächst die folgende Ausgangslage schaffen:

- Der Artikel ist »P20001« mit den in Abbildung 8.22 in Abschnitt 8.4.3, »Fußteil der Stückliste«, dargestellten Adaptionen:
  - Er enthält zwei Routenabschnitte.
  - Er enthält das Halbfertigprodukt »P0011«.
- Der Bestand des Halbfertigprodukts »P0011« und seiner Komponenten »C00012« und »C00013« ist ausgebucht. Verwenden Sie zum Ausbuchen die Bestandstransaktion **Warenausgang**.
- Die offenen (eingeplanten und freigegebenen) Produktionsaufträge über »P0011« und »P20001« werden auf **Abgebrochen/Storniert** gesetzt. Am einfachsten geht das im Programmteil **Offene Belege**, wie in Abschnitt 8.10.2, »Offene Belege«, beschrieben (siehe dazu auch Abbildung 8.34).
- Erzeugen Sie einen Kundenauftrag an einen beliebigen Kunden über fünf Stück des Artikels »P20001«. Das Lieferdatum liegt 25 Tage in der Zukunft. Auf der Registerkarte **Logistik** des Kundenauftrags aktivieren Sie das Feld **Nicht-Streckengeschäftslagerpositionen beschaffen**. Danach setzen Sie analog zur Beschreibung in Abschnitt 8.9.1, »Beschaffungsassistent für Kundenaufträge«, den Beschaffungsassistenten für Kundenaufträge ein.

Den Produktionsauftrag rufen Sie über den Pfad **Produktion • Produktionsauftrag** und durch einen Klick auf den Button **Letzter Datensatz** [→|] auf.

Die Darstellung in Abbildung 8.35 gibt einen ersten Eindruck vom Produktionsauftrag. Wie Sie sehen, hat er große Ähnlichkeit mit der Stückliste. Wir beschreiben daher im Folgenden nur jene Felder und Funktionen, die ergänzend hinzugekommen sind. Felder, die von der Stückliste »geerbt« wurden, haben wir bereits in Abschnitt 8.4, »Produktionsstammdaten: Stücklisten, Routenabschnitte, Ressourcen«, erklärt. Wie im genannten Abschnitt werden wir auch hier die Beschreibung nach den Teilbereichen des Produktionsauftrags gliedern.

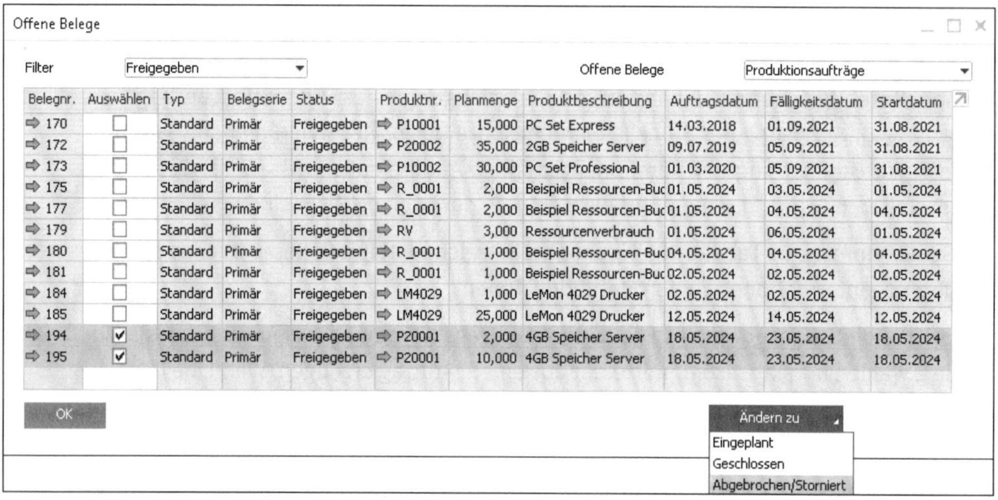

Abbildung 8.34: Produktionsaufträge abbrechen

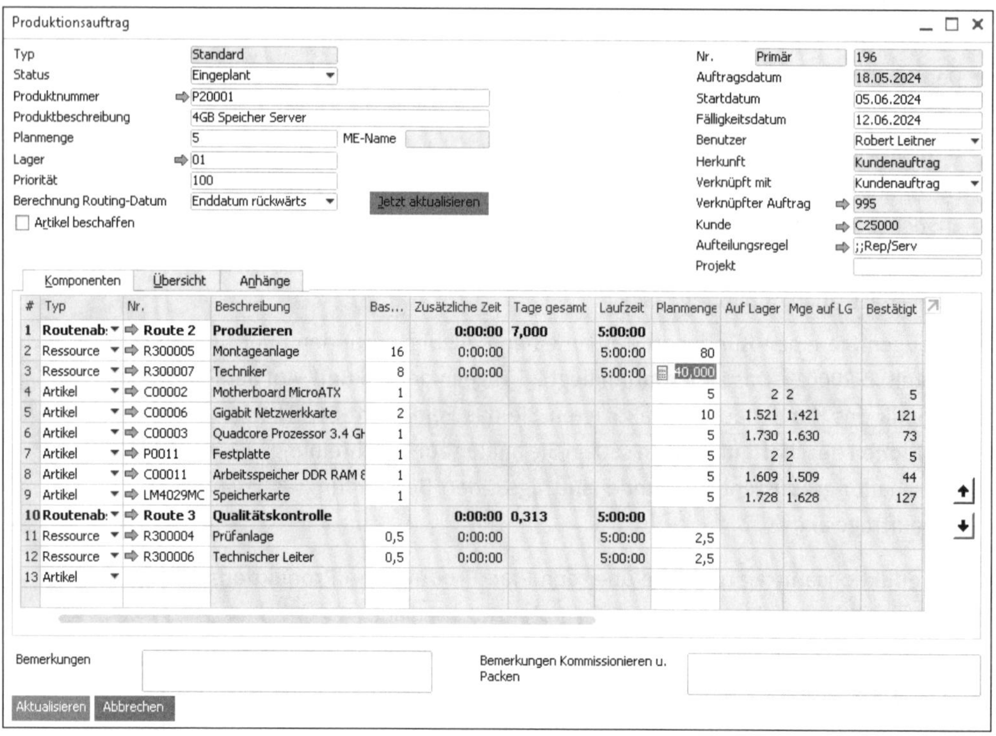

Abbildung 8.35: Der Produktionsauftrag

8.6.1 Kopfteil des Produktionsauftrags

Folgende Felder weichen von der Stückliste ab oder können noch sinnvoll bearbeitet werden:

Die Optionen der Dropdown-Liste **Status** hängen vom jeweils aktuellen Status des Produktionsauftrags ab. Folgende Optionen stehen zur Verfügung:

- Den Status **Eingeplant** hat der Produktionsauftrag, sobald er manuell oder automatisch angelegt wurde. Wird ein manuell angelegter Produktionsauftrag in diesem Status gespeichert, bewirkt das, dass die Planmengen der Artikel und Ressourcen reserviert werden, d. h., die Menge im Feld **Bestätigt** wird erhöht.
- Eingeplante Aufträge können in den Status **Freigegeben** gehoben werden. Die unmittelbare Auswirkung ist, dass erst jetzt Artikel und Ressourcen für diesen Auftrag freigegeben bzw. fertige Produkte gemeldet werden können.
- Freigegebene Aufträge können in den Status **Geschlossen** gehoben werden. Damit wird signalisiert, dass der Produktionsprozess abgeschlossen ist. Die WIA-Buchungen werden egalisiert.
- Um einen Produktionsprozess abzubrechen, kann er alternativ den Status **Abgebrochen** erhalten. Noch nicht entnommene Artikel und Ressourcen werden wieder freigegeben.

Das Eingabefeld **Produktbeschreibung** wird aus der Stückliste übernommen und kann überschrieben werden. Um durch die Eingabe eines alternativen Textes, der z. B. kundenindividuelle Informationen enthalten kann, nicht den Matchcode auszulösen, bestätigen Sie das Feld nach Änderung mit [Strg]+[⭾].

Das Eingabefeld **Planmenge** wird aus dem Kundenauftrag oder dem Dispositionsassistenten übernommen und kann überschrieben werden. Damit werden dann die Planmengen im Mittelteil entsprechend angepasst.

Das Eingabefeld **Priorität** ist ein Sortierkriterium für die *Kommissionierlisten* (siehe Abschnitt 8.6.5, »Kontextmenü des Produktionsauftrags«) und ermöglicht Ihnen, das Picken für dringende **Produktionsaufträge** vorzuziehen, indem Sie die Picklisten nach Priorität selektieren oder sortieren.

Die Dropdown-Liste **Berechnung Routing-Datum** steuert, wie Start- oder Fälligkeitsdatum des Produktionsauftrags berechnet werden, und wird in den Beispielen 4 und 5 aus Abschnitt 8.5, »Der Faktor »Zeit« in der Stückliste«, im Detail beschrieben. Entsteht der Produktionsauftrag aus einem Kundenauftrag, ist das Feld mit der Option **Enddatum rückwärts** vorbesetzt, da ja ein Lieferdatum (= **Fälligkeitsdatum**) vereinbart wurde. Erfassen Sie einen Produktionsauftrag manuell, ist die Vorbesetzung **Am Startdatum**.

Startdatum berechnen

Ausgehend von unserem Beispiel, ist das Fälligkeitsdatum der 12.06.2024. Das vom Programm vorgeschlagene Startdatum ist der 30.05.2024. Dieses ergibt sich aus der Einzellaufkapazität der am stärksten benötigten Ressource (»R300005«, die nur 8 Stunden pro Tag beträgt).

Um die Berechnung des Startdatums zu demonstrieren, verändern Sie die Planmenge von »5« in »1« Stück, und klicken Sie auf den Button **Jetzt aktualisieren** im Auftragskopf.

Das Startdatum ist jetzt der 10.06.2024.

Die Einzellaufkapazität der Ressource sind acht Stunden/Tag.

Benötigt werden 16 Stunden.

Der 12.06.2024 wird für die Tätigkeit der Ressourcen im zweiten Routenabschnitt zu jeweils 0,5 Stunden benötigt. Das Fälligkeitsdatum 12.06.2024 kann gehalten werden.

Falls Sie das Beispiel in Ihrem Demodatenbestand nachvollzogen haben, stellen Sie nun die Planmenge im Belegkopf wieder auf »5«.

Abbildung 8.36 zeigt den Ressourcenstamm aus dem oben genannten Beispiel und stellt die **Einzellaufkapazität** der Menge **Bestätigt** gegenüber.

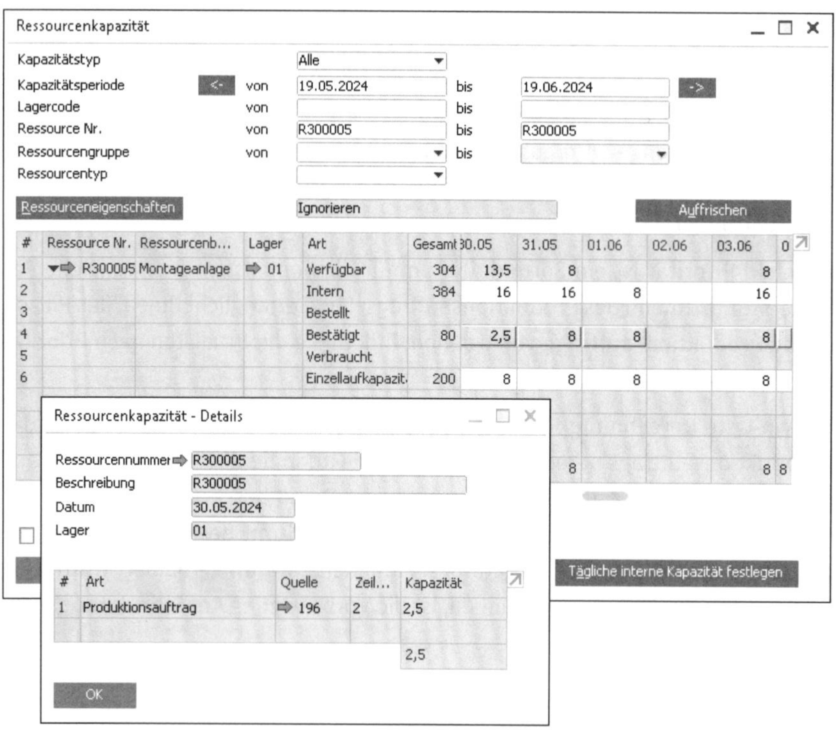

Abbildung 8.36: Reservierung einer Ressource – Startdatum berechnen

Die Kapazitätsdetails werden durch Klick auf die »Zahlen-Buttons« sichtbar gemacht und verweisen auf den Produktionsauftrag aus Abbildung 8.35:

- Das Eingabe-/Informationsfeld **Auftragsdatum** zeigt das Datum, an dem der Produktionsauftrag automatisch erstellt wurde, und ist ausgegraut. Wird der Auftrag neu erfasst, ist es mit dem Tagesdatum vorbesetzt und kann überschrieben werden.
- Das Eingabefeld **Startdatum** wird bei automatisch erstellten Belegen vom Fälligkeitsdatum aus zurückgerechnet. Es kann, wie oben beschrieben, neu kalkuliert oder manuell eingegeben werden. Bei der Neuerfassung eines Auftrags ist es mit dem Tagesdatum vorbesetzt und kann überschrieben werden.
- Das Eingabefeld **Fälligkeitsdatum** wird bei automatisch angelegten Produktionsaufträgen mit dem Lieferdatum des Kundenauftrags vorbesetzt. Bei manuell angelegten Aufträgen wird es entlang der Stücklisteninformationen errechnet. In beiden Fällen kann es überschrieben werden.
- Die Dropdown-Liste **Benutzer** ermöglicht die Auswahl des Benutzers, der für den Produktionsauftrag verantwortlich ist, und kann mit jedem im System angelegten Benutzer überschrieben werden. Das Programm besetzt das Feld mit dem Benutzer vor, der den Produktionsauftrag erzeugt hat.
- Das Informationsfeld **Herkunft** gibt Auskunft über die Entstehung des **Produktionsauftrags**. Es kann die Werte **Manuell**, **Kundenauftrag** oder **MRP** haben.
- Die Dropdown-Liste **Verknüpft mit** kann den Wert **Kundenauftrag** enthalten, wenn wie in unserem Beispiel der Kundenauftrag den Produktionsauftrag angelegt hat. Oder sie kann den Wert **Produktionsauftrag** enthalten.
- Die Eingabefelder **Verknüpfter Auftrag** und **Kunde** werden bei automatisch angelegten Aufträgen mit den Daten des Bedarfsauslösers vorbesetzt. Bei manuell erstellten Produktionsaufträgen können die Felder durch Auswahl aus den entsprechenden Listenauswahlen nachgetragen werden.
- Das Eingabefeld **Aufteilungsregel** kann die Kostenrechnungsdimensionen enthalten, die in der Stückliste vordefiniert sind. Alternativ können Sie die Aufteilungsregeln manuell auswählen. Das gleiche Prinzip gilt für das Eingabefeld **Projekt**.

Im nächsten Schritt wenden wir uns dem Mittelteil des Produktionsauftrags zu; auch dieser besteht zu einem Großteil aus Feldern, die Sie schon aus der Stückliste kennen, und wir werden uns daher auch hier auf die zusätzlichen Felder konzentrieren.

8.6.2 Mittelteil des Produktionsauftrags

Abbildung 8.35 zeigt das Bild eines Produktionsauftrags, bei dem eine Reihe von Feldern eingeblendet bzw. bezüglich der Reihenfolge umgruppiert wurden. Gerade im Produktionsauftrag mit seiner Vielzahl von möglichen Feldern, die teilweise zueinander in Beziehung stehen, ist diese Möglichkeit, die SAP Business One bietet, ein großer Vorteil, um möglichst ergonomische Bildschirmmasken zu erzeugen.

Die folgenden Felder im Mittelteil des Produktionsauftrags enthalten wichtige Informationen oder Eingabemöglichkeiten. Sie werden teilweise zu sinnvollen Gruppen zusammengefasst, um Zusammenhänge zu verdeutlichen:

- Die Menge im Feld **Basismenge** entspricht der Menge in der Stückliste und kann editiert werden.
- Die Menge im Feld **Zusätzliche Menge** ist ebenfalls aus der Stückliste übernommen und kann editiert werden.
- Die Planmenge sowohl der Artikel als auch der Ressourcen ergibt sich aus **Planmenge** (Kopf) × **Basismenge** (Mittelteil) + **Zusätzliche Menge** (Mittelteil). Auch sie kann überarbeitet werden.
- Der Wert im Feld **Produktionszeit** der Ressourcen ergibt sich aus **Planmenge** (Kopf) × **Basismenge** (Mittelteil) und ist ein Informationsfeld.
- Der Wert im Feld **Zusätzliche Zeit** ist eine Kopie des Werts **Zusätzliche Menge**, wenn es sich in der Zeile um eine Ressource handelt.
- Der Wert im Feld **Laufzeit** wird aus den Feldern **Produktionszeit** + **Zusätzliche Zeit** errechnet und ist ebenfalls ein Informationsfeld.
- Der Wert im Feld **Erforderliche Tage** ergibt sich in den Ressourcenzeilen aus der Differenz zwischen Start- und Enddatum.

  Bei Routenzeilen ergeben sich die erforderlichen Tage aus den Tagen der am meisten Zeit beanspruchenden Ressource. Das bedeutet, dass das Programm davon ausgeht, dass Ressourcen innerhalb einer Route parallel eingesetzt werden.

Das Startdatum und das Enddatum werden zunächst aus dem Auftragskopf übernommen und müssen unter Umständen neu kalkuliert werden, wenn der Auftrag nicht am gewünschten Lieferdatum fertiggestellt werden kann.

Das Programm wird einen untergeordneten Routenabschnitt immer am Ende des übergeordneten Routenabschnitts beginnen. Sie können diese Information übersteuern, indem Sie nach dem Aktualisieren des Auftrags die Sicherheitsabfrage mit **Nein** beantworten. Dadurch erzeugen Sie sich überschneidende Routenabschnitte.

[+]

Ressourcenzuordnung beachten

Die Spalte **Ressourcenzuordnung** im Mittelteil ist immer eine Kopie des entsprechenden Feldes im Kopfteil (**Berechnung Routing-Datum**) und kann nur über den Kopfteil geändert werden. Die Einstellungen aus dem Ressourcenstamm werden hier nicht dargestellt.

Der Algorithmus zur Berechnung des Start- und Enddatums ist bei gerouteten Stücklisten komplex. Es handelt sich dabei um ein weiterführendes Thema, dessen Beschreibung den Umfang dieses Buches sprengen würde. Sie finden weiterführende Informationen dazu auf der Produktseite zu diesem Buch (*http://www.sap-press.de/5622*) im Bereich **Materialien**.

Die zweite große thematische Gruppe an Feldern ist den Bestandsinformationen gewidmet. Sie beziehen sich teilweise gleichermaßen und sinngemäß auf Artikel und Ressourcen:

- **Bestätigt** betrifft die Mengen der Artikel, die entweder im aktuellen (schon einmal gespeicherten) oder in anderen offenen Produktionsaufträgen enthalten sind. Werden Teile nicht nur verbaut, sondern auch verkauft, sind auch die Mengen der offenen Kundenaufträge darin enthalten.
- **Bestellt** beschreibt die Mengen der Komponenten, die in offenen Lieferantenbestellungen enthalten sind. Handelt es sich um Halbfertige, sind es die Mengen, die in offenen Produktionsaufträgen für dieses Halbfertige enthalten sind.
- **Auf Lager** zeigt den Lagerbestand des Produkts an.
- **Mge. auf LG** zeigt den Lagerbestand des Produkts am aktuellen Produktionslager an. Diese Information ist also wesentlich wichtiger als **Auf Lager**, da nur sie die unmittelbare Verfügbarkeit darstellt. Ist nicht genug auf Lager, wird eine Bestandsumlagerung notwendig sein.
- **Ausgegeben** zeigt an, wie viele Ressourcen und Artikel bereits für den Produktionsauftrag ausgegeben wurden. Das Feld enthält nur dann relevante Daten, wenn die Ausgabemethode **Manuell** ist. Bei **Retrograder Entnahme** wird dieses Feld nach Fertigmeldung der Planmenge entsprechen, vorher wird es »0« sein.
- Die Dropdown-Liste **Routenabfolge** zeigt die Reihenfolge der Routenabschnitte an und gibt Ihnen die Möglichkeit, diese »auszutauschen«. Die Auswahlmöglichkeit umfasst die Nummern der im Auftrag vorhandenen Routenabschnitte. Wählen Sie z. B. in Routenabschnitt 3 die Nummer 2, dann tauschen die beiden Routenabschnitte die Plätze. Diese Option wird in der Praxis nur in Ausnahmefällen zur Verfügung stehen, da die Definition der Routen in der Regel eine definierte Sequenz von aufeinander aufbauenden Produktionsschritten abbilden soll.
- Die Dropdown-Liste **Status** ist nur bedingt mit ihrem Äquivalent aus dem Belegkopf vorbesetzt. Zunächst haben beide Felder den Status **Eingeplant**. Wird der Status im Kopf in **Freigegeben** geändert, bleibt er im Mittelteil auf **Eingeplant**. Er kann hier in **In Bearbeitung** und **Abgeschlossen** geändert werden und zeigt Ihnen so den Fortschritt eines Routenabschnitts oder eines einzelnen Vorgangs.

Grundsätzlich werden die Eingabefelder des Mittelteils des Produktionsauftrags mit Vorschlagswerten aus der Stückliste befüllt, die Sie auftragsspezifisch verändern können. Darüber hinaus können Sie jederzeit die Zusammensetzung der Stückliste verändern, indem Sie Elemente entfernen oder neue an beliebiger Stelle einfügen. Verwenden Sie dazu das Kontextmenü.

8.6.3 Fußteil des Produktionsauftrags

Der Fußteil des Produktionsauftrags besteht lediglich aus zwei Langtext-Feldern, die im Produktionsauftrag bzw. in der *Pickliste* angedruckt werden können.

8.6.4 Materialbedarfsplanung optional durchführen

Der Produktionsauftrag wurde damit erfolgreich angelegt, bzw. es wurde ein vom System erzeugter Produktionsauftrag freigegeben. In den folgenden Abschnitten beschäftigen wir uns damit, den Produktionsauftrag voranzutreiben. Dazu kann es notwendig sein, zunächst die *Materialbedarfsplanung* durchzuführen. Das wird immer dann der Fall sein, wenn Komponenten und Halbfertige nicht in ausreichendem Maß auf Lager sind und wenn der Auftrag nicht selbst aus einer Materialbedarfsplanung entstanden ist. Diese würde ja, wie eingangs schon beschrieben, die Stückliste auflösen und entsprechende *Bedarfsdecker* erzeugen.

Die Voraussetzungen und die Bedienung der Materialbedarfsplanung sind in Kapitel 9 beschrieben. Dementsprechend gehen wir darauf im Folgenden nicht näher ein, sondern stellen lediglich überblicksartig die Ergebnisse dar.

Folgende vom Standardvorschlag abweichende Einstellungen wurden im Dispositionsassistenten vorgenommen:

- In Schritt 4 des Assistenten wurde die Option **Ausführen über • Lager • Vorhandene Bestände, Bedarf und Zugänge für jedes Lager separat berücksichtigen** gewählt.
- In Schritt 5 wurde dadurch die Checkbox **Anfragen zur Bestandsumlagerung** auswählbar und wurde aktiviert.

Der Dispositionsassistent erzeugt aus den vom Produktionsauftrag benötigten Bedarfen die Transaktionen, wie in Abbildung 8.37 dargestellt.

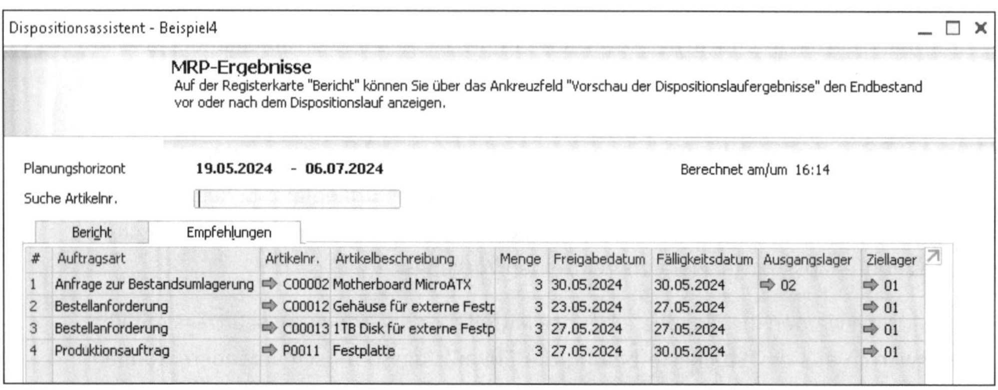

Abbildung 8.37: Der Produktionsauftrag als Bedarfsauslöser

Das MRP-Ergebnis schlägt vier Transaktionen vor, die wie folgt beschrieben werden können:

- Artikel »C00002« ist eine Komponente, die keinen ausreichenden Bestand auf Lager »01« hat. Sie hat jedoch einen Bestand auf Lager »02«, sodass das Programm eine *Umlagerung* vorschlägt.
- Artikel »P0011« ist ein Halbfertiges, das keinen ausreichenden Lagerbestand hat. Es wird daher vorgeschlagen, einen *Produktionsauftrag* zu erstellen.
- Die Stückliste »P0011« wurde aufgelöst und der Lagerbestand ihrer Komponenten überprüft. Da diese ebenfalls keinen Lagerbestand haben, wird vorgeschlagen, sie zu *bestellen*.

Wenn Sie das Beispiel nachvollziehen wollen, sichern Sie nun das Ergebnis des Dispositionsassistenten, erzeugen Sie in der Auftragsempfehlung die oben dargestellten Transaktionen, und nehmen Sie die Umlagerung und den Wareneingang der Komponenten vor.

8.6.5 Kontextmenü des Produktionsauftrags

Das Kontextmenü in Abbildung 8.38 bietet im Produktionsauftrag umfangreiche Möglichkeiten, die wir im Folgenden ausführlich beschreiben werden.

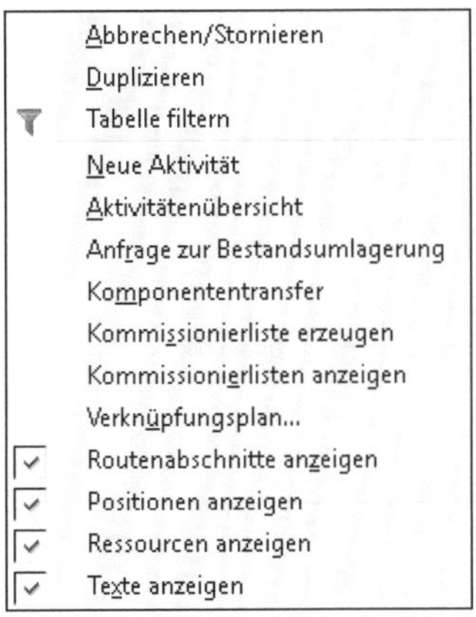

Abbildung 8.38: Das Kontextmenü des Produktionsauftrags

Sie lassen sich im Wesentlichen in vier Bereiche gliedern, und zwar wie folgt:

- **Allgemeine Funktionen**
  - Die Option **Duplizieren** ermöglicht es, aus einem bestehenden Produktionsauftrag – egal, welchen Status er hat – einen neuen zu erstellen.
- **Funktionen zur Darstellung des Produktionsauftrags**
  - Die Funktion **Tabelle filtern** entspricht der üblichen Filterlogik von SAP Business One und gibt Ihnen die Möglichkeit, nur bestimmte Zeilen des Mittelteils darzustellen.
  - Die Checkboxen **Routenabschnitte anzeigen**, **Positionen** (= Artikel) **anzeigen**, **Ressourcen anzeigen** und **Texte anzeigen** blenden die jeweiligen Elemente im Produktionsauftrag ein oder aus.

- **Funktionen zur Steuerung des Geschäftsprozesses**
  - Die **Anfrage zur Bestandsumlagerung** kann verwendet werden, wenn Bestandsumlagerungen direkt, ohne Umweg über die Materialbedarfsplanung (allerdings auch ohne deren Funktionen) erzeugt werden sollen. Vor der eigentlichen Anfrage können Sie noch nach Routenabschnitten selektieren (siehe Abbildung 8.39). Verwenden Sie diese Funktion, wenn der Wert **Mge. auf LG** nicht ausreichend ist, aber der Wert im Feld **Auf Lager** eine Produktion ermöglichen würde. Alternativ können Sie die Funktion auch verwenden, um Komponenten von einem Vorproduktionslager in ein Produktionslager nachzuschieben.

    Achtung: Im Gegensatz zur Materialbedarfsplanung erhalten Sie hier keinen Vorschlag des Programms hinsichtlich Quell- und Ziellager! Die Eingabe der Lager erfolgt durch die Anwenderinnen und Anwender, der Vorschlag des Programms ist das Lager des Produktionsauftrags.

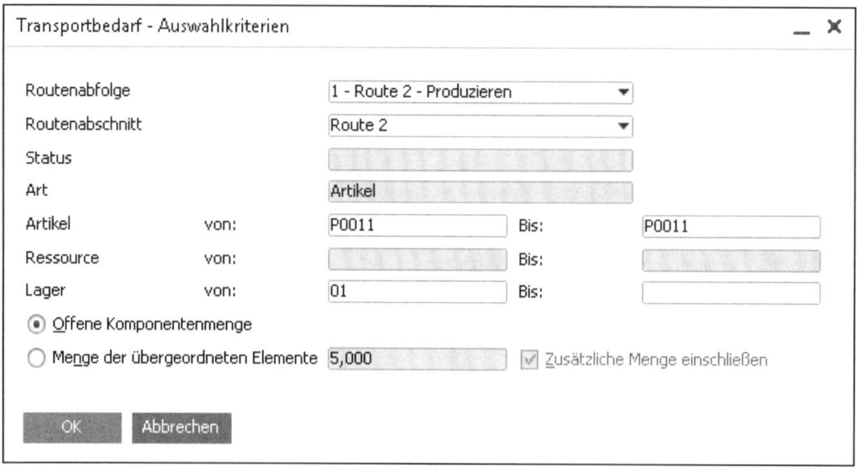

Abbildung 8.39: Transportauftrag für Produktion

  - Die Funktion **Komponententransfer** entspricht einer Bestandsumlagerung ohne vorherige Anfrage zur Bestandsumlagerung.
  - Die Funktion **Neue Aktivität** ermöglicht es Ihnen, beliebige Aktivitäten an den Auftrag zu »hängen«. Die Funktion haben wir in Abschnitt 4.5, »Aktivitäten«, schon beschrieben und führen sie hier nicht weiter aus.
  - **Fertigstellung melden** bedeutet, dass Sie den Produktionsauftrag ganz oder teilweise abgeschlossen haben. Die Fertigprodukte werden zugebucht. Wurde als Ausgabemethode **Retrograde Entnahme** gewählt, werden gleichzeitig die Komponenten abgebucht (siehe Abschnitt 8.6.6, »Komponenten entnehmen und Produktionsauftrag als fertig melden«).

- **Funktionen zur Auswertung des Geschäftsprozesses**
  - Die Funktion **Aktivitätenübersicht** zeigt, wie in den meisten wichtigen Objekten von SAP Business One, die mit dem Auftrag verbundenen Aktivitäten an.
  - Die Funktion **Kommissionierlisten anzeigen** wertet die mit dem Produktionsauftrag verbundenen Kommissionierlisten aus (siehe Abschnitt 8.6.6).
  - Die Funktion **Bestandsbuchungsliste** stellt die mit dem Produktionsauftrag verbundenen Abgänge von Komponenten und Halbfertigen sowie die Zugänge der Fertigprodukte dar.
  - Die Funktion **Verknüpfungsplan** zeigt den Produktionsauftrag und alle damit verbundenen Transaktionen (siehe ebenfalls Abschnitt 8.6.6).

Zusammenfassend bietet das Kontextmenü eine Reihe von Auswertungsmöglichkeiten. Die Funktionen, die den Produktionsprozess (Ausgang, Eingang) selbst vorantreiben, können über das Kontextmenü, aber weitestgehend auch über eigene Menüpunkte gestartet werden. Diese werden wir im folgenden Abschnitt genauer betrachten.

8.6.6 Komponenten entnehmen und Produktionsauftrag als fertig melden

Bevor Sie Komponenten entnehmen, insbesondere aber, bevor Sie einen Produktionsauftrag als fertig melden, sollten Sie sicherstellen, dass die Standardkosten des Fertigprodukts (auf der Registerkarte **Bestandsdaten** des Artikelstamms) korrekt sind. Dies ist wichtig, weil die Fertigmeldung eine Lagerzubuchung zu Standardkosten erzeugen wird. Mehr Informationen dazu finden Sie in Abschnitt 8.8, »Standardkostenmanagement«.

Um die Entnahme der Komponenten und die Zubuchung des Fertigprodukts möglichst umfassend darstellen zu können, haben wir die bisher verwendete Beispielstückliste »P20001« in einigen Punkten modifiziert (siehe Abbildung 8.40):

- Der Einbau von »P0011« erfolgt erst im zweiten Routenabschnitt (Route 3).
- »P0011« wird manuell entnommen.
- Der »Technische Leiter« wird seine benötigte Arbeitszeit ebenfalls manuell erfassen.
- Die Ressourcen »Montageanlage« und »Techniker« im ersten Routenabschnitt (Route 2) benötigen immer jeweils eine Stunde Rüstzeit, die als zusätzliche Menge eingetragen wurden.

Nachdem der Produktionsauftrag den Status **Freigegeben** erhalten hat, können wir damit beginnen, die Materialien für den ersten Routenabschnitt vom Lager zu entnehmen. Klicken Sie dazu am besten im Produktionsauftrag mit der rechten Maustaste, und wählen Sie aus dem Kontextmenü (siehe Abbildung 8.38) die Option **Kommissionierliste erzeugen** (wollen Sie zuvor eine Umlagerung vornehmen, wählen Sie stattdessen **Komponententransfer**; wollen Sie diesen zunächst mit einer Anfrage starten, dann **Anfrage zur Bestandsumlagerung**; siehe dazu Abbildung 8.41).

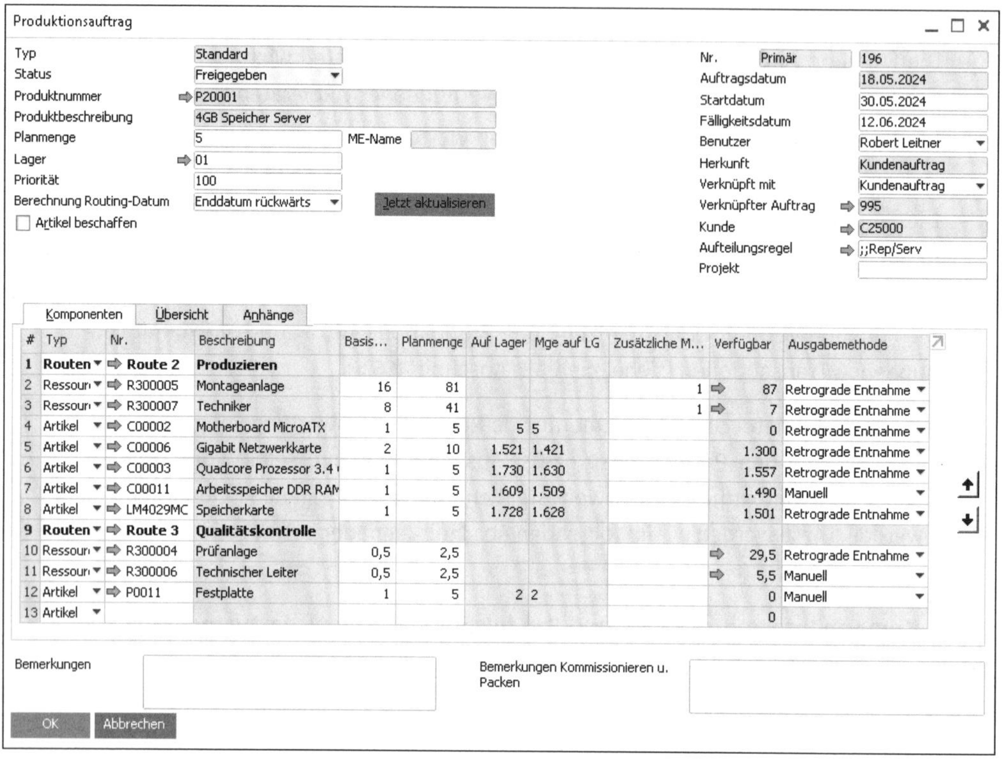

Abbildung 8.40: Adaptierter Produktionsauftrag

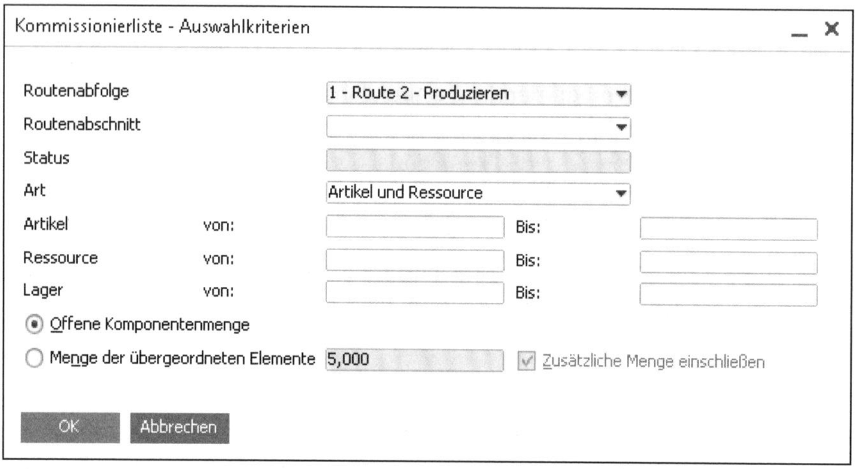

Abbildung 8.41: Kommissionierliste zu Produktionsauftrag erzeugen

Nach einem Klick auf den Button **OK** öffnet sich die Kommissionierliste (siehe Abbildung 8.42). Auch die Ressourcen sind in der Kommissionierliste enthalten.

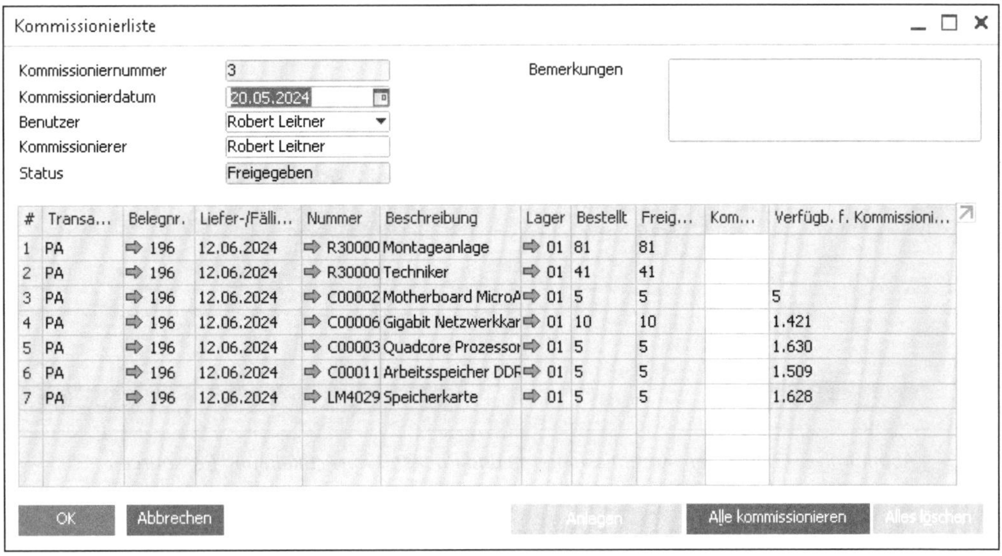

Abbildung 8.42: Kommissionierliste bearbeiten

Da wir von allen Materialien ausreichende Bestände haben, entsprechen die Werte in der Spalte **Freigegeben** jenen der Spalte **Bestellt** (für den Produktionsauftrag).

Nach einem Klick auf den Button **Alle kommissionieren** können wir daher die gesamten Artikel kommissionieren. Die Spalte **Kommissioniert** wird mit den freigegebenen Mengen gefüllt, diese selbst werden geleert. Speichern Sie die Eingabe nun mithilfe des Buttons **Aktualisieren**. Sie haben damit eine Kommissionierliste erzeugt, die die Grundlage für den Pickvorgang im Lager darstellt.

Sollten Sie versuchen, die Artikel dieser Kommissionierliste über den Button **Anlegen** in eine Ausgabe für die Produktion umzuwandeln, werden Sie feststellen, dass dies nicht möglich ist, da diese Artikel ja alle die Ausgabemethode **Retrograde Entnahme** haben und die Ausgabe daher automatisch im Zuge der Fertigmeldung angelegt werden wird.

Wenn Sie den Vorgang für den zweiten Routenabschnitt (Route 3) wiederholen, erkennen Sie den Unterschied. Zumindest zwei Elemente (den Artikel »P0011« und die Ressource »R300006«) können wir nun manuell ausgeben. Daher öffnet das Programm nun das Fenster **Kommissionieren und Packen**. In der linken Spalte können Sie nun die Artikel und Ressourcen zum Kommissionieren auswählen, indem Sie die Checkbox aktivieren (siehe Abbildung 8.43).

Versuchen Sie nun, über einen Klick auf den Button **Anlegen** eine Ausgabe für die Produktion anzulegen, wird von den drei aktivierten Artikeln auch tatsächlich einer zur Ausgabe angeboten, nämlich jener, dessen Ausgabemethode **Manuell** ist.

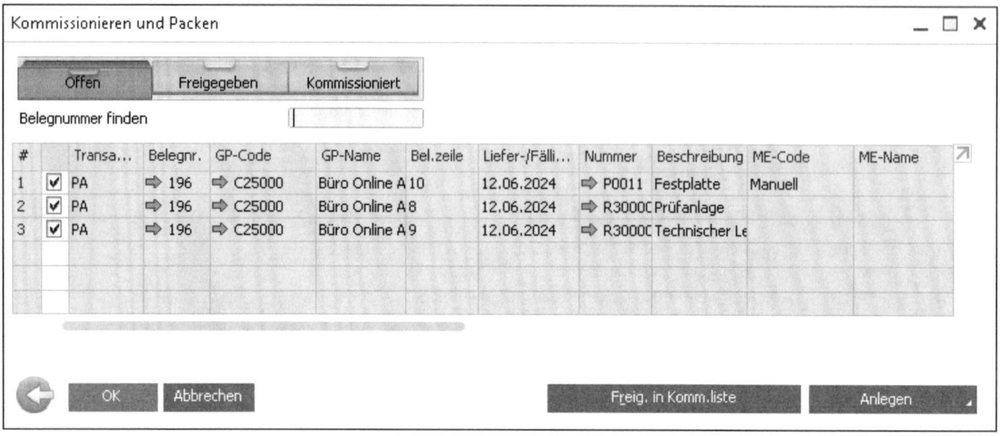

Abbildung 8.43: Fenster »Kommissionieren und Packen« von Artikeln und Ressourcen

Das bedeutet, dass wir hier auch Abweichungen von der *Planmenge* berücksichtigen können – der Technische Leiter hat eine Stunde länger gebraucht als vorgesehen (siehe Abbildung 8.44). Alternativ können zusätzliche Mengen auch wieder direkt über die Option **Komponenten ausgeben** im Kontextmenü gebucht werden. Voraussetzung bleibt aber, dass die Ausgabemethode der Stücklistenzeile **Manuell** ist.

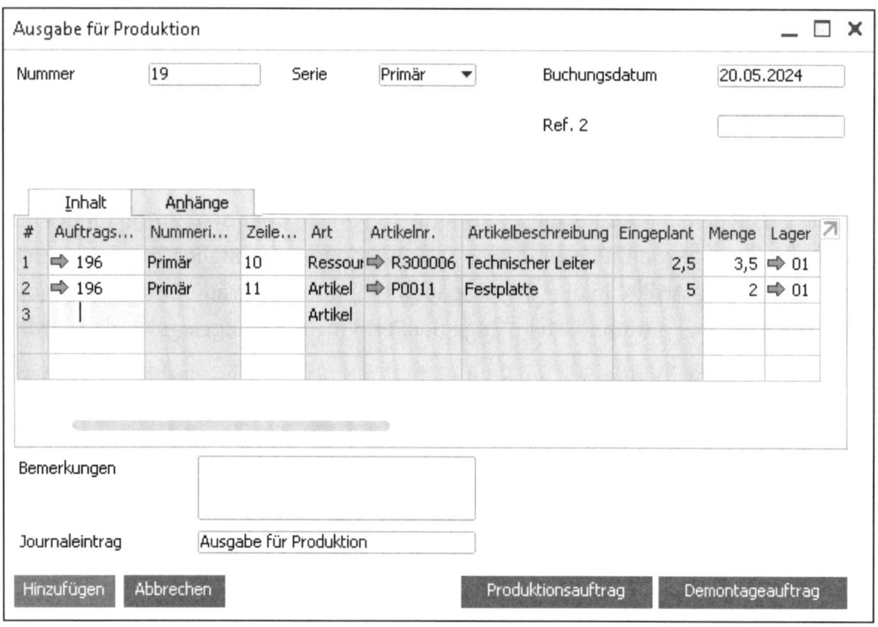

Abbildung 8.44: Manuelle Ausgabe für Produktion

Nachdem die Daten im Fenster **Ausgabe für Produktion** durch einen Klick auf den Button **Hinzufügen** gespeichert wurden, können wir nun den Produktionsauftrag als fertig melden.

Wählen Sie dazu im Kontextmenü des Produktionsauftrags die Option **Fertigstellung melden**. Es öffnet sich das Fenster aus Abbildung 8.45. Die meisten Felder sind Informationsfelder, deren Inhalte schon besprochen wurden bzw. die selbsterklärend sind.

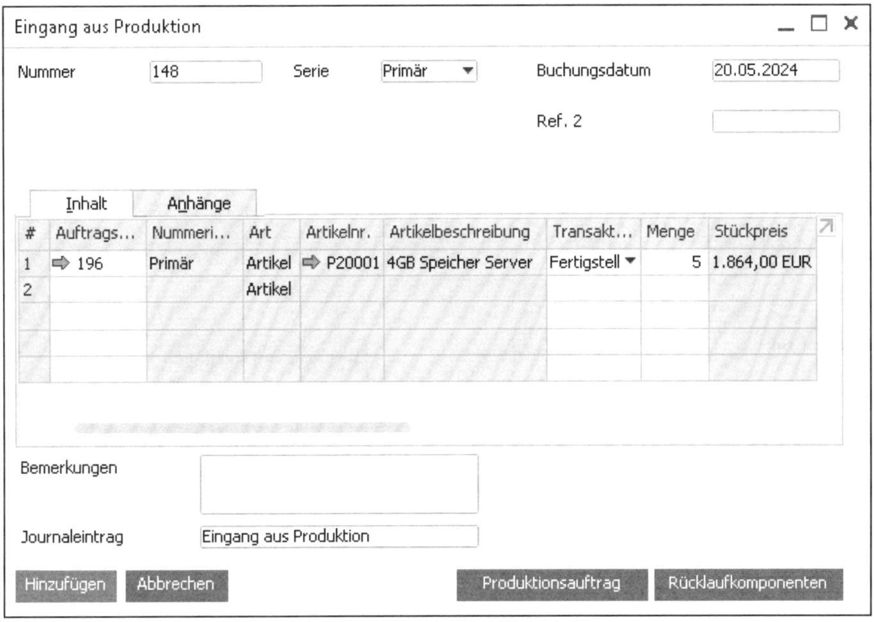

Abbildung 8.45: Produktionsauftrag als fertig melden

Das Feld **Auftragsnummer** bildet die Referenz zum Produktionsauftrag und ist bei Aufruf des Programmteils aus dem Kontextmenü bereits vorbesetzt. Sollte der Programmteil über **Produktion • Eingang aus Produktion** aufgerufen worden sein, können Sie mithilfe des Buttons **Produktionsauftrag** nach offenen, freigegebenen Produktionsaufträgen suchen.

Das Feld **Menge** gibt an, wie viele Fertigprodukte als fertig gemeldet werden sollen. Es können also auch *Teilfertigmeldungen* durchgeführt werden. Klicken Sie auf den Button **Hinzufügen**, um die Fertigmeldung abzuschließen.

Sollte Ihre Stückliste ein *Kuppelprodukt* enthalten (z. B. verwertbare Abfälle), das in der Stückliste als Artikel mit negativem Vorzeichen der Menge dargestellt ist, könnten Sie hier nun auch den Stückpreis dieses Produkts eingeben (für Fertigprodukte ist das nicht möglich; hier werden die Artikelkosten angesetzt, und diese können nicht editiert werden).

Sowohl die Transaktion **Eingang aus Produktion** als auch die Transaktion **Ausgabe für Produktion** können über das Menü gestartet werden. In diesem Fall muss aber immer auf den entsprechenden Produktionsauftrag referenziert werden. Werden die Transaktionen über das Kontextmenü gestartet, kann dies unterbleiben.

Das Ergebnis kann zunächst im *Verknüpfungsplan* des Produktionsauftrags, den Sie über das Kontextmenü starten, überprüft werden (siehe Abbildung 8.46).

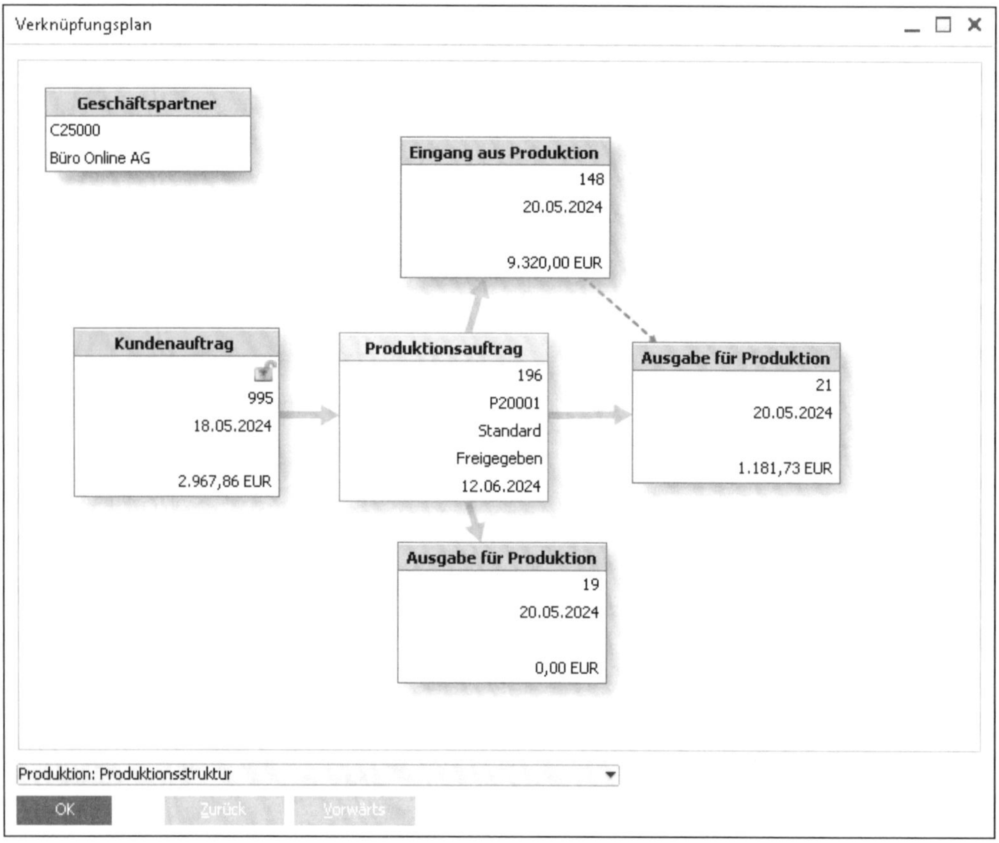

Abbildung 8.46: Verknüpfungsplan des Produktionsauftrags

Der Beleg »Ausgabe für Produktion« mit der Belegnummer 19 wurde durch die Ausgabe für Routenabschnitt 2 (= Route 3) erzeugt. Darin sind auch die Mehrzeiten, die in dem gleichen Routenabschnitt angefallen sind, enthalten. Der Beleg »Eingang aus Produktion« 148 ist die Fertigmeldung, die gleichzeitig eine weitere »Ausgabe für Produktion« 21 erzeugt hat, die die retrograd zu entnehmenden Komponenten des Routenabschnitts 1 (= Route 2) enthält.

Die *Bestandsbuchungen* können wieder über das Kontextmenü und die Option **Bestandsbuchungsliste** angezeigt werden (siehe Abbildung 8.47). Die Transaktion mit dem Kürzel

»SI« repräsentiert den Zugang des Fertigprodukts, die Transaktionen mit dem Kürzel »SO« repräsentieren den Abgang der Artikel und Ressourcen. In Release 10.0 werden auch die Kontierungen für die erzeugten FiBu-Buchungen (Finanzbuchhaltung) angezeigt; allerdings fehlen sie bei den Ressourcenzeilen. Trotzdem werden natürlich auch die Ressourcen im Hauptbuch gebucht.

Um die FiBu-Perspektive zu überprüfen, kann im Kontextmenü jeder einzelnen Transaktion die erzeugte Journalbuchung dargestellt werden.

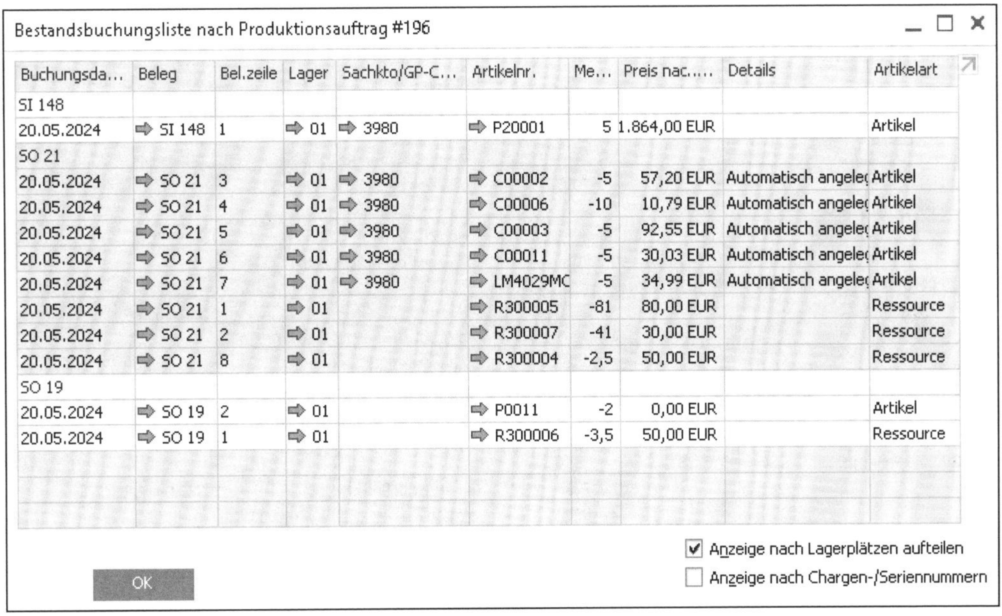

Buchungsda...	Beleg	Bel.zeile	Lager	Sachkto/GP-C...	Artikelnr.	Me...	Preis nac....	Details	Artikelart
SI 148									
20.05.2024	SI 148	1	01	3980	P20001	5	1.864,00 EUR		Artikel
SO 21									
20.05.2024	SO 21	3	01	3980	C00002	-5	57,20 EUR	Automatisch angele(	Artikel
20.05.2024	SO 21	4	01	3980	C00006	-10	10,79 EUR	Automatisch angele(	Artikel
20.05.2024	SO 21	5	01	3980	C00003	-5	92,55 EUR	Automatisch angele(	Artikel
20.05.2024	SO 21	6	01	3980	C00011	-5	30,03 EUR	Automatisch angele(	Artikel
20.05.2024	SO 21	7	01	3980	LM4029MC	-5	34,99 EUR	Automatisch angele(	Artikel
20.05.2024	SO 21	1	01		R300005	-81	80,00 EUR		Ressource
20.05.2024	SO 21	2	01		R300007	-41	30,00 EUR		Ressource
20.05.2024	SO 21	8	01		R300004	-2,5	50,00 EUR		Ressource
SO 19									
20.05.2024	SO 19	2	01		P0011	-2	0,00 EUR		Artikel
20.05.2024	SO 19	1	01		R300006	-3,5	50,00 EUR		Ressource

Abbildung 8.47: Bestandsbuchungsliste des Produktionsauftrags

Um uns einen Gesamtüberblick über alle Buchungen zu verschaffen, die der Produktionsauftrag erzeugt hat, nutzen wir den Pfad **Finanzwesen • Finanzberichte • Buchhaltung • Buchungsjournalbericht**. Der Datumsbereich wurde analog zum tatsächlichen Fertigstellungsdatum des Produktionsauftrags gewählt. Über den Button **Serie** wurden die Transaktionen **Warenausgang** und **Wareneingang** selektiert. Das Ergebnis in Abbildung 8.47 zeigt, wie die Bestände der Komponenten abgehen und gegen ein Ware-in-Arbeit-Konto gebucht werden. Dieses Konto wird gegen den Zugang des Fertigprodukts wieder entlastet. Da das Beispiel auf dem ausgelieferten Demodatenbestand basiert und dieser im Zuge des Beispiels so minimal wie möglich adaptiert werden sollte, ist die Kontierung etwas grob. In der Praxis wäre z. B. eine Unterscheidung der Konten zwischen *Rohstoffen* und *Fertigprodukten* wünschenswert. Sehr schön sichtbar sind aber die Buchungen der Ressourceneinsätze und auch die Aufgliederung in mehrere Konten je nach Standardkosten-Komponenten der Ressource (siehe Abbildung 8.48, Transaktion »3917«, Konten »3050« und »3051«).

Datum	Serie	Nummer	Typ	Transaktio...	Sachkto/GP-Code	Sachkto/GP-Name	Soll	Haben
18.05.2	Primär	3896	SO	3903				
					3980	Waren		54,39 EUR
					7095	In Arbeit befindliche	54,39 EUR	
18.05.2	Primär	3898	SO	3905				
					3980	Waren		54,39 EUR
					7095	In Arbeit befindliche	54,39 EUR	
18.05.2	Primär	3900	SO	3907				
					3980	Waren		3.276,00 EUR
					3971	Verlust/Aufwand La	3.276,00 EUR	
20.05.2	Primär	3907	SO	3914				
					3050	Standardkosten Res		175,00 EUR
					7095	In Arbeit befindliche	175,00 EUR	
20.05.2	Primär	3908	SO	3915				
					3980	Waren		163,17 EUR
					7095	In Arbeit befindliche	163,17 EUR	
20.05.2	Primär	3910	SO	3917				
					3980	Waren		1.181,73 EUR
					7095	In Arbeit befindliche	1.181,73 EUR	
					3050	Standardkosten Res		5.330,00 EUR
					7095	In Arbeit befindliche	5.330,00 EUR	
					3051	Standardkosten Res		2.505,00 EUR
					7095	In Arbeit befindliche	2.505,00 EUR	
20.05.2	Primär	3911	SI	3918				
					7095	In Arbeit befindliche		9.320,00 EUR
					3980	Waren	9.320,00 EUR	
							22.059,68 EUR	22.059,68 EUR

Abbildung 8.48: Journalbuchungen des Produktionsauftrags

Der nun als fertig gemeldete Produktionsauftrag kann hinsichtlich Abweichungen auf der Zeit- und Kostenebene sehr einfach analysiert werden. Wie das geht, erklären wir Ihnen im folgenden Abschnitt.

8.6.7 Übersicht des Produktionsauftrags

Auf der Registerkarte **Übersicht** zeigt Ihnen das Programm eine Zusammenfassung der Abweichung aus der Perspektive der Kosten und der Zeit (siehe Abbildung 8.49). Wenn Sie den Status des Produktionsauftrags auf **Geschlossen** setzen, werden Sie aufgefordert, ein Datum im Feld **Tatsächl. Abschl.dat.** einzugeben. Dieses Datum muss kleiner/gleich dem Systemdatum, aber größer/gleich dem Datum der verbundenen Transaktionen sein. In der Praxis geben Sie hier das Datum ein, zu dem der Produktionsauftrag tatsächlich geschlossen wurde, um eine Auswertung über die zeitliche Abweichung zu ermöglichen.

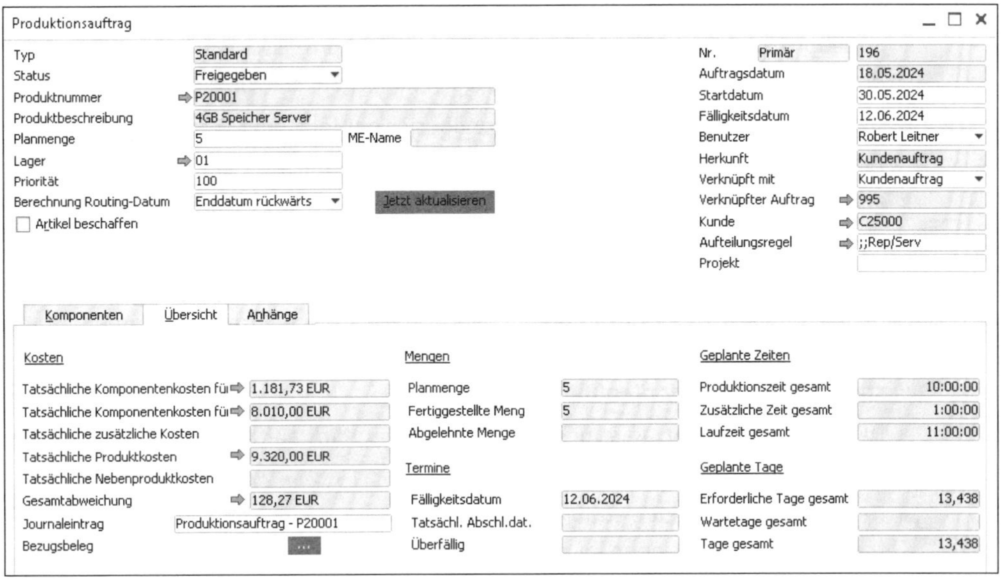

Abbildung 8.49: Übersicht des als fertig gemeldeten Produktionsauftrags

Folgende Informationen können Sie aus den Angaben auf der Registerkarte **Übersicht** ableiten:

- **Tatsächliche Komponentenkosten für Artikel** ist die Summe der Komponenten zu Artikelkosten, die für diesen Produktionsauftrag ausgegeben wurden. Die in diesem Beispiel auffallend niedrigen Artikelkosten rühren daher, dass für das Halbfertige »P0011« keine Bestandsneubewertung zur Festlegung der Standardkosten durchgeführt wurde. Dies unterstreicht die Wichtigkeit einer sauberen Führung der Standardkosten. Eine Korrektur kann durch eine Bestandsneubewertung sowohl des Halbfertigprodukts als auch des Fertigprodukts vorgenommen werden (siehe dazu Abschnitt 7.3, »Lagerbewertungsmethoden«).
- Durch Klick auf den orangefarbenen Pfeil ⇨ sehen Sie die entsprechenden Bestandsbuchungen.
- Die Angaben unter **Tatsächliche Komponentenkosten für Ressourcen** summieren analog dazu die Ressourcen zu ihren Standardkosten.
- Die Angaben unter **Tatsächliche zusätzliche Kosten** fassen alle Artikel der Stückliste zusammen, die nicht lagergeführt sind. Das können z. B. Artikel der Artikelart »Arbeit« sein, falls Sie ohne Ressourcen arbeiten wollen.

  Achtung: In diesem Fall muss der Artikel die Bewertungsmethode »Standard« haben, und die Standardkosten werden direkt im Artikelstamm eingegeben (und nicht über die Bestandsneubewertung, da Arbeitsartikel ja keinen Bestand haben)!

- Der Wert unter **Tatsächliche Produktkosten** zeigt das Ergebnis der Multiplikation des Fertigprodukts mit der als fertig gemeldeten Menge an.
- Die Angaben unter **Tatsächliche Nebenproduktkosten** zeigen die Artikelkosten von Nebenprodukten an, die im Zuge des Produktionsprozesses entstehen. *Nebenprodukte (Kuppelprodukte)* sind Mittelteilszeilen mit negativem Vorzeichen.
- Der Wert im Feld **Gesamtabweichung** ergibt sich aus folgender Formel:

  tatsächliche Produktkosten – tatsächliche Komponentenkosten für Artikel – tatsächliche Komponentenkosten für Ressourcen – tatsächliche zusätzliche Kosten + tatsächliche Nebenproduktkosten

  Wird eine Gesamtabweichung festgestellt, wird sie, sobald der Produktionsauftrag den Status **Geschlossen** erhält, automatisch ausgebucht. Das Konto ist das Ware-in-Arbeit-Konto, das Gegenkonto ist **WIA Bestandsabweichungskonto** auf der Registerkarte **Bestand** der Funktion **Kontenfindung Sachkonto**.
- Das Feld **Journaleintrag** ermöglicht Ihnen, durch Klick auf den gelben Pfeil die Buchung der Gesamtabweichung anzuzeigen.
- Der Button **Bezugsbeleg** ermöglicht es Ihnen, weitere Belege an den Produktionsauftrag zu »hängen«, die dann im Verknüpfungsplan angezeigt werden können.
- Die Angabe **Planmenge** ist die Menge laut Produktionsauftrag.
- Der Wert unter **Fertiggestellte Menge** ist die Menge der Fertigprodukte laut Fertigmeldung.
- Der Wert unter **Abgelehnte Menge** ist jene Menge, die beim Eingang aus der Produktion mit der Transaktionsart **Abgelehnt** gebucht wurde. Diese Transaktion hat in Release 10.0 keine weiteren signifikanten Auswirkungen. Das Fertigprodukt wird zugebucht, die Komponenten und Ressourcen werden verbraucht.
- Die Angabe unter **Fälligkeitsdatum** ist das entsprechende Datum aus dem Auftragskopf.
- Das Eingabefeld **Tatsächl. Abschl.dat.** muss im Zuge des Schließens des Auftrags erfasst werden und ist das Datum des tatsächlichen Abschlusses des Produktionsauftrags.
- Das Informationsfeld **Überfällig** ist die Differenz aus den beiden Daten in Tagen und wird nur errechnet, wenn das tatsächliche Abschlussdatum nach dem Fälligkeitsdatum liegt.
- Die **Produktionszeit gesamt** zeigt die Summe der längsten Produktionszeiten pro Routenabschnitt. Die Produktionszeit berechnet sich dabei aus den Werten **Planmenge** (aus dem Auftragskopf) × **Basismenge** (aus dem Auftragsmittelteil). Sie enthält *nicht* den Faktor **Zusätzliche Zeit**.

- In Feld **Zusätzliche Zeit gesamt** werden die längsten zusätzlichen Zeiten pro Routenabschnitt addiert. Umfasst also ein Routenabschnitt zwei Ressourcen, von denen eine eine Stunde und eine weitere zwei Stunden als **Zusätzliche Zeit** definiert hat, trägt dieser **Routenabschnitt** mit zwei Stunden zum Wert des Feldes bei.
- Der Wert unter **Laufzeit gesamt** ist die Addition der beiden oben angegebenen Zeiten.
- Das Feld **Erforderliche Tage gesamt** zeigt die Addition der Tage pro Routenabschnitt an, in unserem Beispiel also die Addition des Werts **Erforderlichen Tage** für Route 2 (13,438) und Route 3 (0,313). Diese ergeben sich wieder aus dem Wert bei **Erforderliche Tage** der lauflängsten Ressource innerhalb des jeweiligen Routenabschnitts. Für die Errechnung der **Erforderlichen Tage** der Ressource wird die Planmenge (für »R300005« sind das 81 Stunden) durch die Einzellaufkapazität (18 Stunden) dividiert; das sind 10,125 Tage. An drei Tagen ist die Einzellaufkapazität der Ressource 0 – daher ergeben sich 13,125 Kalendertage.
- Die Angabe unter **Wartetage gesamt** zeigen die Summe der bei den Routenabschnitten eingetragenen Wartetage an. Da in unserem Beispiel keine Wartetage definiert waren, steht hier »0«.
- Der Wert unter **Tage gesamt** ist die Addition der beiden oben angegebenen Tage.

Die Übersicht des Produktionsauftrags ist ein hervorragendes Kontrollinstrument, um die Stücklisten, die ja in der Regel zunächst eine Erwartungshaltung sind, in regelmäßigen Abständen gegen die Realität zu prüfen. Häufige Abweichungen in Bezug auf Zeit oder Kosten sollten zu angepassten Stücklisten, aktualisierten Standardkosten und, wenn möglich, entsprechend angepassten Verkaufspreisen sowie zu optimierten Produktions- und Logistikprozessen führen.

8.7 Seriennummern und Chargen einbinden

Das Modul **Produktion** ist häufig der Ansatzpunkt für die Verwaltung von *Chargen* und *Seriennummern*. Diese Anforderung kann aus zwei Richtungen kommen:

1. Es werden Komponenten verbaut, die seriennummern- oder chargengeführt sind.
2. Es werden Fertigprodukte erzeugt, die seriennummern- oder chargengeführt sind.

   Natürlich ist auch eine Kombination denkbar:

3. Sowohl die Komponenten als auch die Fertigprodukte werden seriennummern- oder chargengeführt.

Bevor wir das Thema anhand eines Beispiels erarbeiten, möchten wir auf Abschnitt 7.7, »Verwaltung von Serien-/Chargennummern«, hinweisen, in dem Sie weitere Details finden. Um unser Beispiel nachzuvollziehen, sind wieder einige Vorarbeiten notwendig, die wir im nächsten Abschnitt ausführen.

8.7.1 Vorbereiten der Stückliste für Serien- und Chargennummern

Grundlage ist die im Demodatenbestand vorhandene Stückliste »P0011«. Die erste Aufgabenstellung besteht darin, die Artikelstämme wie folgt zu ändern:

- Das Fertigprodukt »P0011« ist seriennummerngeführt.
- Die Komponente »C00012« wird auf »C00012_1« kopiert und ist chargengeführt.
- Die Komponente »C00013« wird auf »C00013_1« kopiert und ist seriennummerngeführt.

Der Status von Artikeln kann grundsätzlich jederzeit geändert werden, der verfügbare Bestand muss allerdings 0 sein. Es muss also vorbereitend der Bestand von »P0011« zunächst ausgebucht werden (z. B. über den Pfad **Lagerverwaltung • Bestandstransaktionen • Warenausgang**), und eventuell vorhandene Lieferantenbestellungen, Kundenaufträge und Produktionsaufträge müssen geschlossen werden. Danach setzen Sie die bereits beschriebenen Kennzeichen bei den Artikeln. »C00012« und »C00013« werden in der Stückliste »P0011« durch ihre Kopien ersetzt. Abschließend werden für die Artikel »C00012_1« und »C00013_1« jeweils fünf Stück eingebucht, um einen vollständig abgearbeiteten Produktionsauftrag zu ermöglichen.

Der Vorgang wird in Abbildung 8.50 für einen Artikel dargestellt. Beachten Sie, dass das Programm erkennt, dass der Artikel bereits in Stücklisten verwendet wurde und sein Status dort auf **Retrograde Entnahme** gesetzt ist (»P0011« ist ein Halbfertigprodukt für »P20001«).

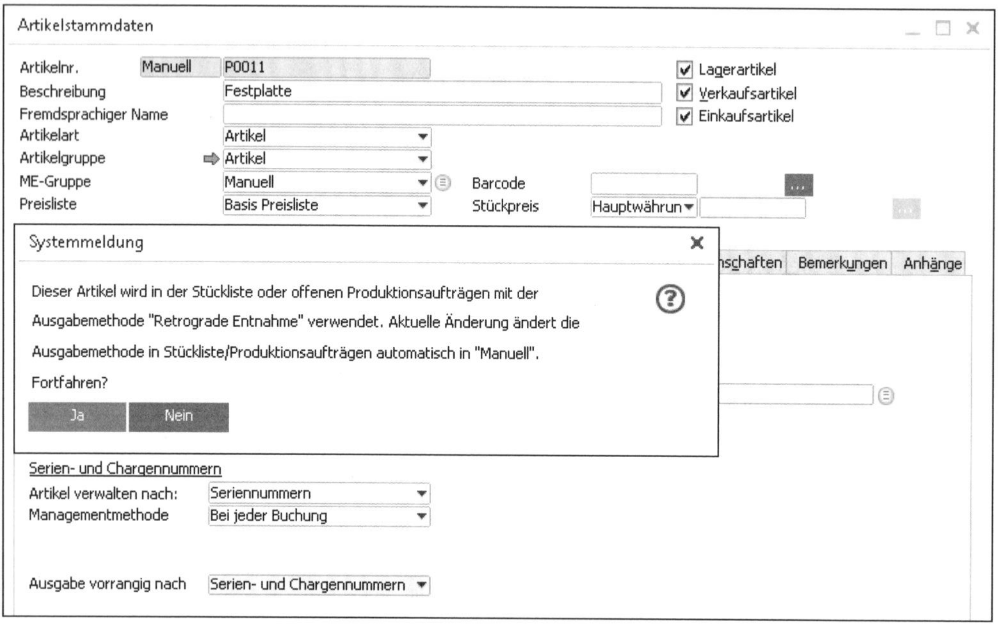

Abbildung 8.50: Änderung des Seriennummernstatus einer Komponente

Dieser Status ist für Seriennummernartikel in Stücklisten nicht zulässig, da bei einer Abfassung ja grundsätzlich immer auch eine Seriennummer angegeben werden muss. Die Entnahme kann daher nur mit der Option **Manuell** erfolgen.

Auch wenn Sie einen Artikel neu anlegen und versuchen, die Ausgabemethode eines Chargen- oder Seriennummernartikels auf **Retrograde Entnahme** zu setzen, wird dies vom Programm abgelehnt werden.

Wie Sie sehen, sind in Bezug auf Chargen und Seriennummern keine Ergänzungen in der Stückliste notwendig. Die Definition spielt sich allein auf der Ebene der beteiligten Komponenten bzw. Fertigprodukte ab.

8.7.2 Serien- und Chargennummern im Produktionsauftrag

Haben Sie einen Produktionsauftrag für »P0011« angelegt, freigegeben und über das Kontextmenü eine **Ausgabe für Produktion** gestartet, und versuchen Sie nun, diese hinzuzufügen, öffnet das Programm zunächst die Chargenauswahl für den ersten Artikel (siehe Abbildung 8.51).

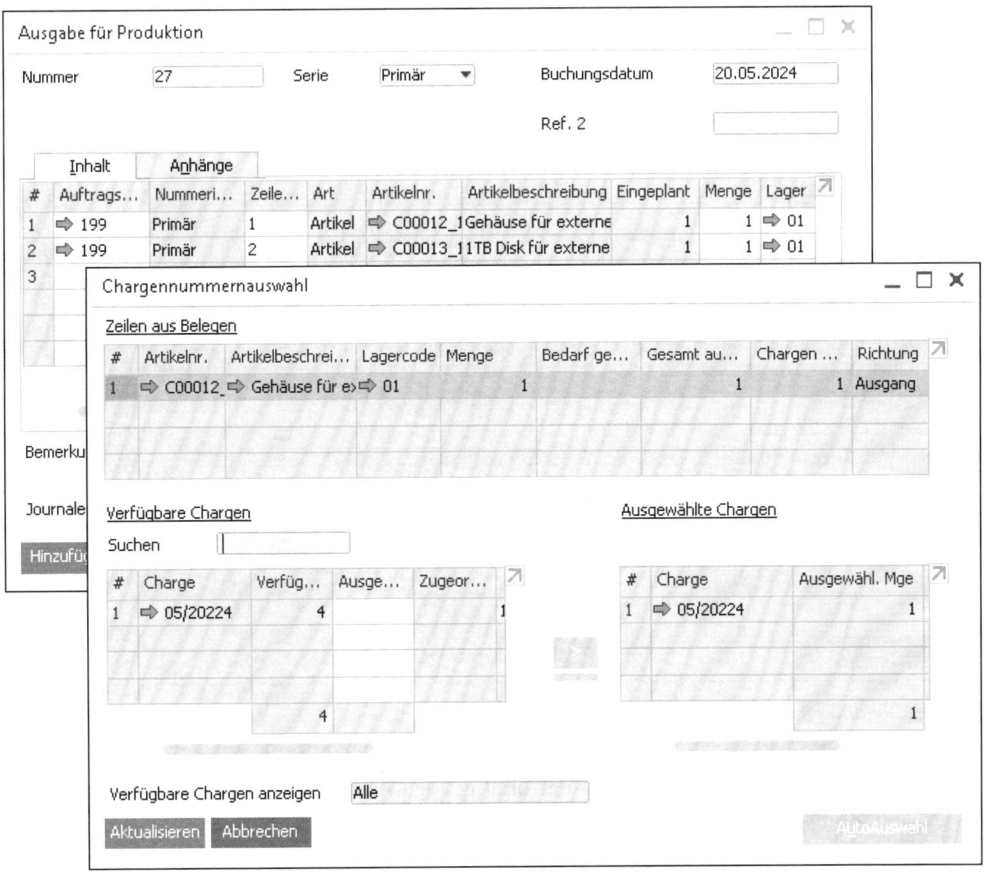

Abbildung 8.51: Ausgabe für Produktion mit Chargenauswahl

Ein neuerlicher Versuch des Hinzufügens öffnet dann die Seriennummernauswahl für den zweiten Artikel. Ohne vollständige Auswahl einer Charge und Seriennummer kann die Ausgabe nicht abgeschlossen werden.

Natürlich können Sie die Auswahlbilder für Chargen und Seriennummern auch aktiv öffnen. Drücken Sie dazu `Strg`+`⇥` im Feld **Menge** (siehe Abschnitt 7.7, »Verwaltung von Serien-/Chargennummern«).

Möchten Sie nun den Produktionsauftrag als fertig melden, zeigt sich ein analoges Bild. Beim Hinzufügen des Fensters **Fertigstellung melden** wird nun automatisch das Fenster für die Definition von Seriennummern geöffnet. Solange diese nicht abgeschlossen ist, kann die Fertigstellung nicht gespeichert werden. Auch hier ist wieder ein aktives Öffnen durch Drücken von `Strg`+`⇥` im Feld **Menge** möglich.

8.7.3 Auswerten von Chargen- und Seriennummern

Öffnen Sie das Kontextmenü in einem Produktionsauftrag, der Seriennummern- oder Chargenartikel enthält, werden Sie feststellen, dass nun auch die Optionen **Transaktionsbericht Seriennummern** und **Transaktionsbericht Chargennummern** enthalten sind. Mehr Details zum Auswerten finden Sie wieder in Abschnitt 7.7, »Verwaltung von Serien-/Chargennummern«. So zeigt z. B. die Information unter **Transaktionsbericht Seriennummern** die Zu- und Abbuchung des Artikels »C00013_1« (siehe Abbildung 8.52).

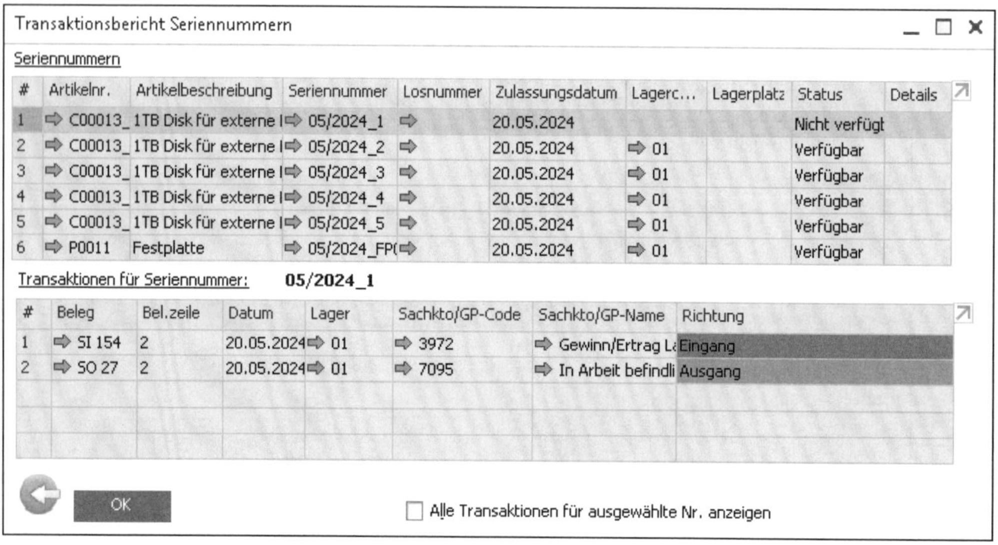

Abbildung 8.52: Transaktionsbericht Seriennummer

Die Aufstellung unter **Bericht zur Verfolgung von Chargen und Serien umkehren** zeigt in Abbildung 8.53 sehr schön den Zusammenhang zwischen der Seriennummer des Fertigprodukts und den Chargen und Seriennummern der Komponenten.

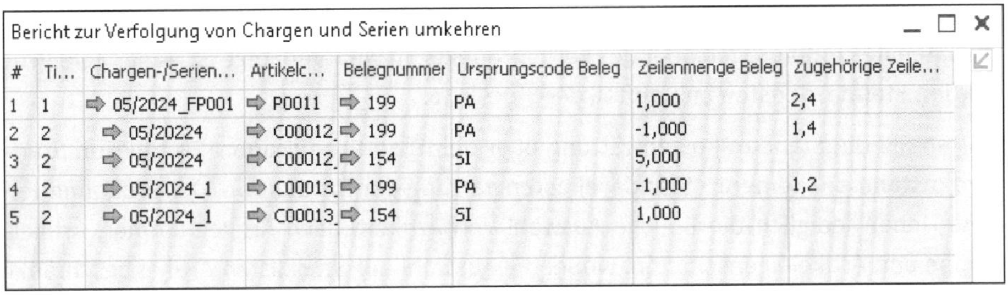

Bericht zur Verfolgung von Chargen und Serien umkehren

#	Ti...	Chargen-/Serien...	Artikelc...	Belegnummer	Ursprungscode Beleg	Zeilenmenge Beleg	Zugehörige Zeile...
1	1	05/2024_FP001	P0011	199	PA	1,000	2,4
2	2	05/20224	C00012_	199	PA	-1,000	1,4
3	2	05/20224	C00012_	154	SI	5,000	
4	2	05/2024_1	C00013_	199	PA	-1,000	1,2
5	2	05/2024_1	C00013_	154	SI	1,000	

Abbildung 8.53: Serien- und Chargennummern nachverfolgen

Sie finden diesen Bericht über den Pfad **Lagerverwaltung • Bestandsberichte • Bericht zu Batches und seriellen Traces umkehren**. Um einen Artikel »P0011« mit der Seriennummer »05/2024_FP001« zu erzeugen, wurden einmal »C00012_1« mit der Chargennummer »05/20224« und einmal »C00013_1« mit der Seriennummer »05_2024_1« verwendet. Ebenfalls im Bericht enthalten sind die Beschaffungsbelege mit dem Code »SI«. Alle Transaktionen können Sie über die gelben Pfeile leicht aufrufen, sodass Ihnen hier ein perfektes Rechercheinstrument zur Verfügung steht.

8.8 Standardkostenmanagement

Wenn Sie für Ihre Halbfertigen und Fertigprodukte das Standardkostenverfahren verwenden (was in der Regel sinnvoll ist), dann können Sie die folgenden beiden Abschnitte als Teil der Stammdatenverwaltung betrachten. Sie haben hier die Gelegenheit, den Wert **Produktion Standardkosten** auf der Registerkarte **Produktionsdaten** des Artikelstamms mithilfe des Programms zu errechnen. Diese Kosten bilden bei der Festlegung der Verkaufspreise des Fertigprodukts einen wichtigen Informationsinput. Verwechseln Sie sie nicht mit dem Feld **Artikelkosten** (nach Bewertungsmethode »Standard«) auf der Registerkarte **Bestandsdaten** des Artikelstamms. Diese werden für die Zubuchung des Fertigprodukts im Lager und in weiterer Folge für den korrespondierenden Buchungssatz verwendet.

8.8.1 Standardkostenwälzung der Produktion

Dieser Programmteil wälzt die Standardkosten von der untersten zur obersten Ebene, auch bei mehrstufigen Stücklisten. Input ist das Feld **Produktion Standardkosten** auf der Registerkarte **Produktionsdaten** des Artikelstamms der Komponenten und Halbfertigen.

Handelt es sich um eine Ressource, ist der Input das Feld **Standardressourcenkosten gesamt** auf der Registerkarte **Allgemein** des Ressourcenstamms. Ist die Ressource mit einem Artikel verbunden und hat dieser ebenfalls einen Wert im Feld **Produktion Standardkosten**, der von demjenigen des Ressourcenstamms abweicht, werden diese *nicht* verwendet. Es sind *immer* die Standardkosten des Ressourcenstamms ausschlaggebend.

Output ist wieder das Feld **Produktion Standardkosten** auf der Registerkarte **Produktionsdaten** des Halbfertigen oder des Fertigprodukts. In weiterer Folge ist es das Feld **Produktion Standardkosten** im Kopfteil der Stückliste.

Starten Sie die Standardkostenwälzung über den Pfad **Produktion • Produktion Standardkostenmanagement • Standardkostenwälzung der Produktion**. Der Programmteil bietet Ihnen lediglich die übliche Auswahl von Artikeln nach Artikelnummer, Artikelgruppe und Artikeleigenschaften, wobei die Auswahl auf Stücklisten-Artikel beschränkt ist. Nachdem Sie die Auswahl getroffen und den **OK**-Button angeklickt haben, erfolgt keine weitere Anzeige, lediglich ein Hinweis in der Hinweisleiste des Programms zeigt die erfolgreiche Abarbeitung an, und das Fenster wird geschlossen. Das Ergebnis ist in den entsprechenden Feldern der Artikelstämme der Fertigprodukte zu erkennen.

In Abbildung 8.54 sehen Sie, dass zunächst die Standardkosten des Halbfertigen 1.3 errechnet werden. Diese werden mit den Standardkosten der Komponente 1.1 und der Ressource 1.2 addiert und ergeben die Standardkosten des Fertigprodukts 1. Die – abweichenden – Standardkosten von Artikel 1.2 bleiben unberücksichtigt, da die Standardkosten der Ressource »stärker« sind.

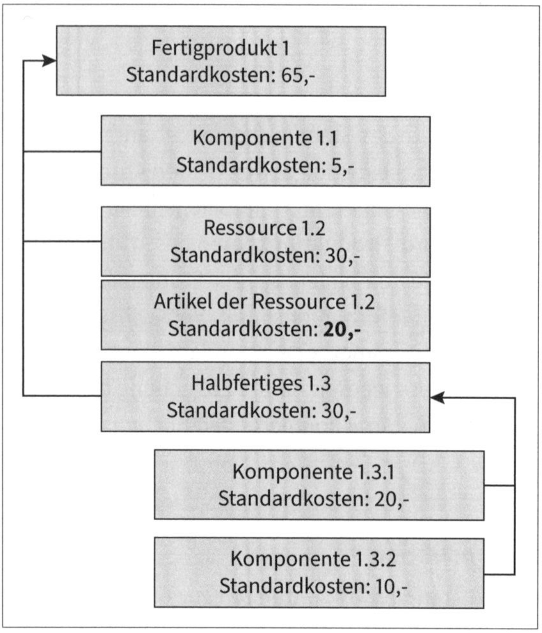

Abbildung 8.54: Schema der Standardkostenwälzung

In der Praxis ist es sinnvoll, zunächst mit der Funktion **Standardkostenwälzung** die Summe der Standardkosten festzustellen und diese dann über den Pfad **Lagerverwaltung • Bestandstransaktionen • Bestandsneubewertung** als Standardkosten des Fertigprodukts festzulegen (siehe dazu den folgenden Abschnitt 8.8.3, »Zusammenfassung von Standardkosten und Artikelkosten«).

8.8.2 Aktualisierung der »Produktion Standardkosten«

Während wir in Abschnitt 8.8.1, »Standardkostenwälzung der Produktion«, der Frage nachgegangen sind, wie die **Produktion Standardkosten** der **Fertigprodukte** realistisch und systemunterstützt gebildet werden können, beschäftigt uns nun die Frage, wie die Basis dafür geschaffen werden kann. Diese Basis sind die **Produktion Standardkosten** der **Komponenten**. SAP Business One unterstützt Sie dabei, indem es Ihnen ermöglicht, die **Artikelkosten** auf der Registerkarte **Bestandsdaten** in die **Produktion Standardkosten** des Registers **Produktionsdaten** des Artikelstamms zu transferieren. Abbildung 8.55 verdeutlicht das Prinzip.

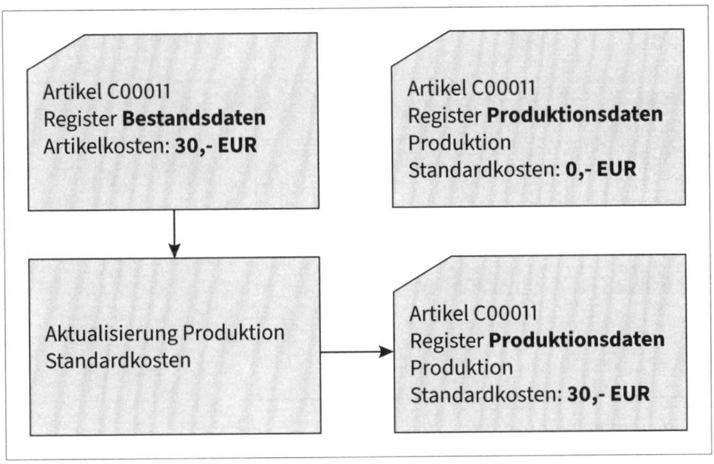

Abbildung 8.55: Prinzip des Transfers der »Produktion Standardkosten«

Sie starten das Programm über den Menüeintrag **Produktion • Produktion Standardkostenmanagement • Aktualisierung Produktion Standardkosten**. Ebenso wie bei der Standardkostenwälzung besteht der Bildschirm lediglich aus einer Artikelselektion. Der einzige Unterschied ist, dass in dieser Funktion *jeder* Artikel gewählt werden kann. Da diese Funktion genau genommen aber eine Vorbereitung für die Standardkostenwälzung ist (siehe Abschnitt 8.8.3, »Zusammenfassung von Standardkosten und Artikelkosten«), ist es unter Umständen sinnvoll, Fertigprodukte und Halbfertige auszunehmen. Dies erreichen Sie am besten, indem Sie diese entweder über eine Artikelgruppe oder noch komfortabler über eine *Eigenschaft* zusammenfassen.

Im Beispiel in Abbildung 8.56 ist dieser Vorgang illustriert.

Es wurden zunächst die Checkboxen **Fertigteil** und **Bauteile** aktiviert, und danach wurde der Button **Auswahl umkehren** angeklickt. Damit werden nun alle Artikel inkludiert, außer Fertigprodukten und Halbfertigen. Nach einem Klick auf den Button **OK** wird das Ergebnis im Auswahlbildschirm angezeigt: 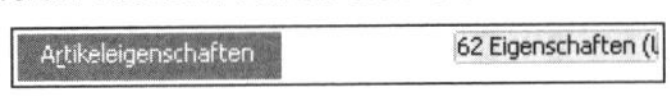

.

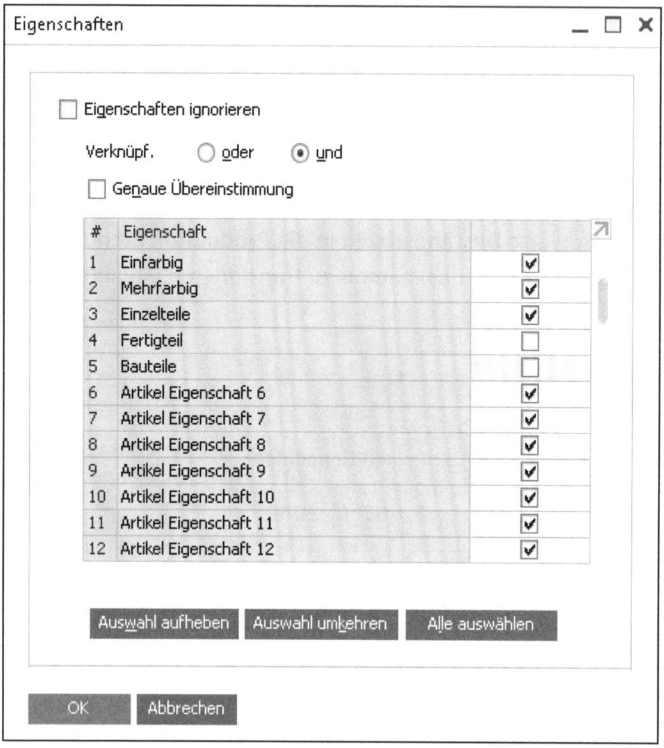

Abbildung 8.56: Halbfertige und Fertigprodukte extrahieren

Die Artikelkosten, die transferiert werden, stammen je nach Parametrierung des Mandanten oder des Artikels aus den folgenden Bereichen:

- Wenn Sie die Artikelkosten je Lager verwalten (**Administration • Systeminitialisierung • Firmendetails**, Registerkarte **Basisinitialisierung**, die Checkbox **Artikelkosten je Lager verwalten** ist aktiv), werden die laufenden Artikelkosten aus dem Standardlager verwendet. Wenn Sie kein Standardlager für den Artikel festgelegt haben, wird das Standardlager des Mandanten verwendet.
- Wenn Sie die Artikelkosten je Firma verwalten (**Administration • Systeminitialisierung • Firmendetails**, Registerkarte **Basisinitialisierung**, die Checkbox **Artikelkosten je Lager verwalten** ist *nicht* aktiv), werden die laufenden Artikelkosten aus den Artikelstammdaten verwendet.
- Wenn der Artikel über die Bewertungsmethode **Serie/Charge** verwaltet wird, werden die Produktionsstandardkosten mit den durchschnittlichen Kosten aller Chargen bzw. Seriennummern aktualisiert.
- Wenn der Artikel über die FIFO-Bewertungsmethode verwaltet wird (»First In, First Out«), wird das Feld **Produktion Standardkosten** mit den durchschnittlichen Kosten aller offenen FIFO-Elemente aktualisiert.

Der weitere Ablauf entspricht wieder der Standardkostenwälzung; das Programm quittiert den Klick auf den Button **OK** mit einem Hinweis in der Statusleiste und kopiert die Artikelkosten der gewählten Artikel in das Feld **Produktion Standardkosten**.

8.8.3 Zusammenfassung von Standardkosten und Artikelkosten

Sie haben nun alle Elemente kennengelernt, mithilfe derer Sie den Wert **Produktion Standardkosten** der Komponenten und Fertigprodukte beeinflussen können. Wir möchten Ihnen nun noch einmal einen (beispielhaften) Überblick über die Sequenz von Aktivitäten im Zuge der Anlage neuer Stücklisten geben:

1. Anlage der Komponenten
2. Anlage der Stückliste und des übergeordneten Artikels
3. Einkauf der Komponenten (führt zur Bildung von Artikelkosten, wenn die Bewertungsmethode **FIFO** oder **gleitender Durchschnitt** ist)
4. Aktualisierung von **Produktion Standardkosten** (Artikelkosten der Komponenten werden in **Produktion Standardkosten** kopiert.)
5. Standardkostenwälzung der Produktion (Die Summe der **Produktion Standardkosten** aller Komponenten wird in die **Produktion Standardkosten** der übergeordneten Artikel [Fertigprodukte] kopiert.)
6. Bestandsneubewertung der Fertigprodukte (Die **Artikelkosten** der Fertigprodukte, falls diese nach *Standardkostenverfahren* bewertet sind, werden gebildet.)

Achtung: Wenn Sie so verfahren, enthalten die Standardkosten der Fertigprodukte weder Materialgemeinkosten noch Verwaltungs- oder Vertriebsgemeinkosten! Die Standardkosten würden also wahrscheinlich ein unvollständiges Bild abgeben.

Wie die Standardkosten im Detail zu ermitteln sind, hängt von der individuellen Situation des Unternehmens und seiner Kostenrechnungsphilosophie ab. Es handelt sich dabei definitiv um ein weiterführendes Thema, zu dem Sie die Unterstützung Ihres Consultants und Ihres Controllings in Anspruch nehmen sollten. Der oben beschriebene Ablauf zeigt ein idealtypisches Szenario, das sich mit SAP Business One darstellen lässt, und kann an einer Reihe von Punkten adaptiert und beeinflusst werden. Auszugsweise seien folgende Möglichkeiten erwähnt:

- Es lassen sich unterschiedliche Bewertungsmethoden der Komponenten nutzen (FIFO, Standardkosten, gleitender Durchschnitt, Artikelkosten/Charge), siehe dazu auch Abschnitt 7.3, »Lagerbewertungsmethoden«.
- Werden Bezugskosten auf Artikelebene aktiviert (Nutzung der Funktion **Fracht** oder alternativ **Wareneinstandspreise**)?
- Wird mit Ressourcen gearbeitet, und, wenn ja, wie wurden hier die Standardkosten errechnet? Enthalten sie Fertigungsgemeinkosten?

- Wie fließen Hilfs- und Betriebsstoffe in den Produktionsprozess ein? Werden sie ebenfalls als Einzelkosten betrachtet und entsprechend behandelt, oder sind sie Gemeinkosten? Welchen Stellenwert haben sie?

In jedem Fall bietet SAP Business One eine Reihe von Instrumenten, die Sie bei der Ermittlung von realistischen *Artikelkosten* und *Standardkosten* sowohl der Komponenten als auch der Fertigprodukte unterstützen. Eine Sammlung der Gemeinkosten mithilfe der integrierten Kostenstellenrechnung wird aber in jedem Fall für produzierende Unternehmen sehr sinnvoll sein.

8.9 Weitere Funktionen der Produktion

Einige Funktionen, die als separate Menüpunkte aufrufbar sind, können auch im Zuge der Bearbeitung des Produktionsauftrags über das Kontextmenü gestartet werden. Dies sind vor allen Dingen die Funktionen **Eingang aus Produktion** und **Ausgabe für Produktion**. Diese sind in Abschnitt 8.6.6, »Komponenten entnehmen und Produktionsauftrag als fertig melden«, beschrieben. Die folgenden Programmteile verdienen aber noch eine nähere Erörterung.

8.9.1 Beschaffungsassistent für Kundenaufträge

Wie in Abschnitt 8.6, »Produktionsaufträge erzeugen«, einleitend dargestellt, gibt es verschiedene Möglichkeiten, Produktionsaufträge zu erzeugen. Eine davon werden Sie im Folgenden im Detail kennenlernen. Sie starten die Funktion über den Pfad **Produktion • Beschaffungsassistent für Kundenaufträge**. Nach dem üblichen Einstiegsbildschirm des Assistenten wählen Sie in Schritt 1 die Ausgangsbelege, die auf offene Fertigartikel hin analysiert werden sollen. Es stehen Ihnen dafür Kundenaufträge, Angebote oder Produktionsaufträge (im Wesentlichen, um eine größere Zahl von Produktionsaufträgen zu kopieren) zur Verfügung. Darüber hinaus können Sie durch einen Klick auf den Button **Hinzufügen** mit den üblichen Auswahlkriterien (Kundennummer, Kundengruppe und Kundeneigenschaften) die Kunden auswählen, deren Belege berücksichtigt werden sollen (siehe Abbildung 8.57).

Im nächsten Schritt werden Ihnen die konkreten Belege angezeigt, mit dem gelben Pfeil ganz links in der Tabelle können Sie wie üblich in den Beleg abspringen (siehe Abbildung 8.58).

Wählen Sie nun die Belege, die die Basis für die zu erzeugenden Produktionsaufträge bilden sollen. Die Auswahl erfolgt durch einfachen Mausklick auf die Zeilennummer ganz links in der Tabelle. Wollen Sie mehrere Belege auswählen, klicken Sie mit gedrückter `Strg`-Taste wiederholt die entsprechenden Zeilennummern an. Wollen Sie einen geschlossenen Bereich auswählen, klicken Sie zunächst mit gedrückter `⇧`-Taste auf den ersten Beleg des Bereichs, danach ebenfalls mit gedrückter `⇧`-Taste auf den letzten Beleg.

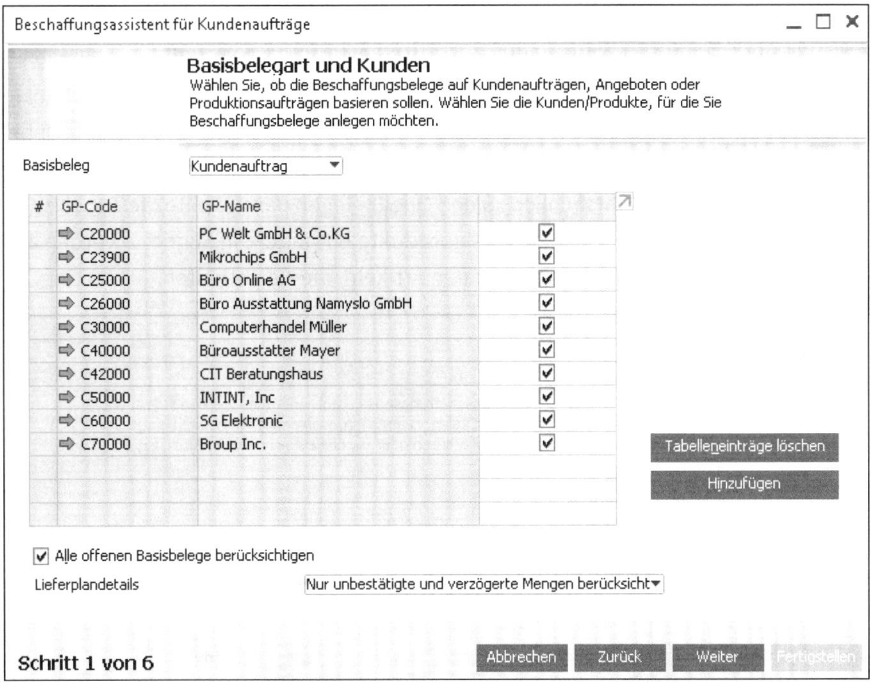

Abbildung 8.57: Schritt 1 – Belege und Kunden wählen

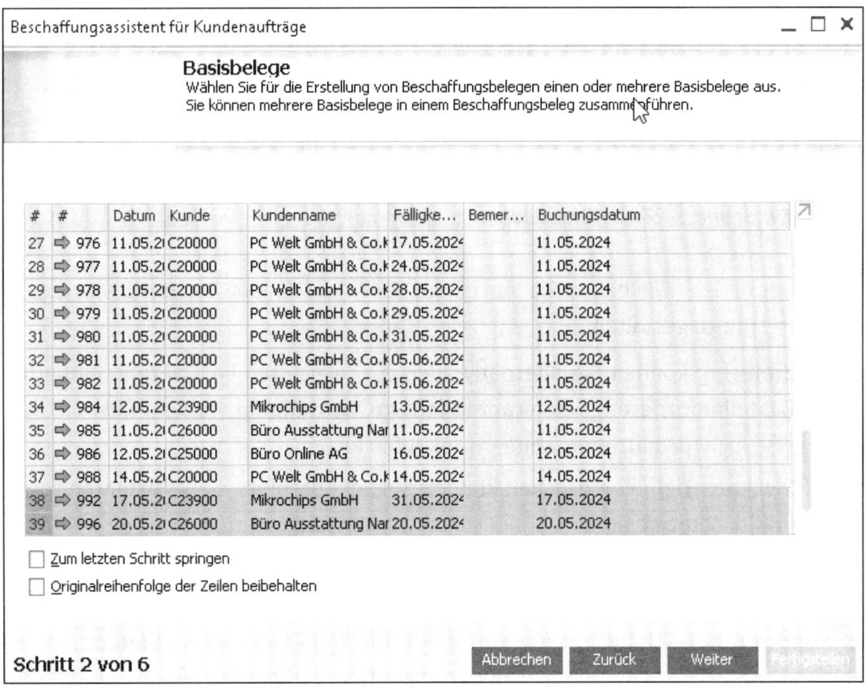

Abbildung 8.58: Schritt 2 – Auswahl der Belege

Wie auch immer Sie die Artikel auswählen, in jedem Fall ist die Zeile blau markiert. Klicken Sie nun auf den Button **Weiter**, um zum dritten Schritt des Assistenten zu gelangen.

In Schritt 3 wird in der Tabelle nun dargestellt, anhand welcher Belege welche Artikel in welchen Mengen zur Produktion vorgeschlagen werden (siehe Abbildung 8.59). Dabei überprüft das Programm, ob der Wert im Feld **Zielbeleg** (der standardmäßig mit **Produktionsauftrag** vorbesetzt ist) tatsächlich zu den Quellbelegen passt. Sollte die Tabelle nun leer sein, haben die Quellbelege keine Fertigprodukte enthalten. In Schritt 2 werden alle offenen Belege angezeigt, unabhängig von den Artikeln, die sie enthalten.

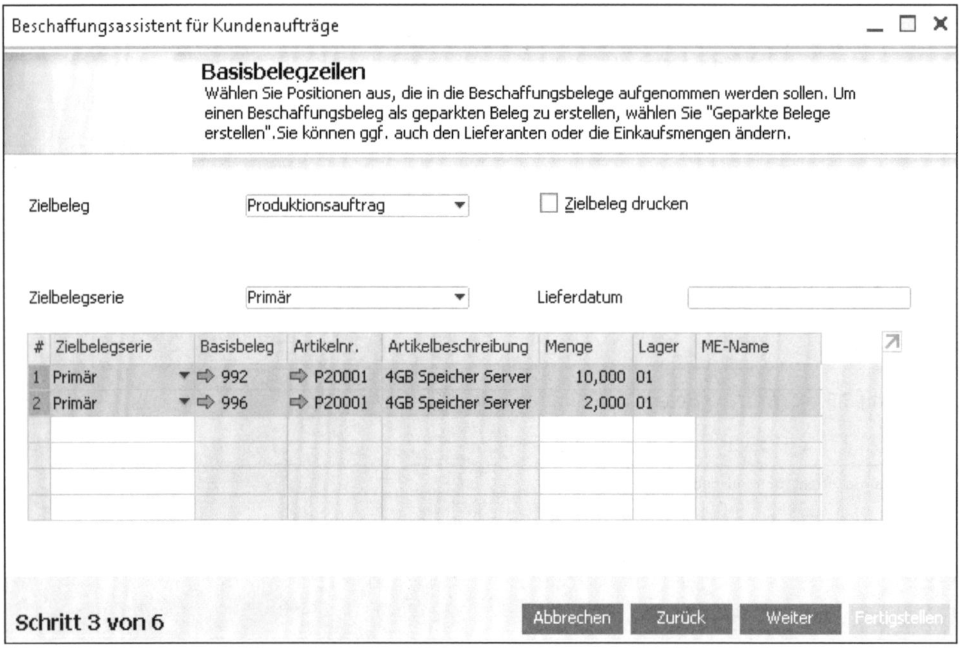

Abbildung 8.59: Schritt 3 – Zwischenergebnis

In Schritt 3 des Assistenten haben Sie nun einige Optionen, um den Typ des Zielbelegs zu definieren und ihn zu gestalten:

- Im Feld **Zielbeleg** können Sie alternativ auch die relevanten lieferantenorientierten Belege (**Bestellanforderung**, **Lieferantenanfrage**, **Bestellung**) wählen, falls Sie ausnahmsweise nicht produzieren, sondern zukaufen wollen.
- Mit der Checkbox **Zielbeleg drucken** können Sie bei Abschluss des Assistenten sofort den Produktionsauftrag drucken. Da dieser unter Umständen noch bearbeitet und auf jeden Fall freigegeben werden muss, ist das in der Regel nicht die optimale Gelegenheit für einen Ausdruck.
- Die Dropdown-Liste **Zielbelegserie** ermöglicht die Wahl eines vom Standard abweichenden Nummernkreises für die **Produktionsaufträge** (dieser alternative Nummernkreis muss schon angelegt sein).

- Zuletzt haben Sie noch die Möglichkeit, im entsprechenden Feld ein gewünschtes **Lieferdatum** (= Fälligkeitsdatum des Produktionsauftrags) zu setzen. Da das Fälligkeitsdatum sich im Idealfall aus dem Lieferdatum des Kundenauftrags ergeben sollte, ist die Option nur in Ausnahmefällen sinnvoll.

Nach einem Klick auf den Button **Weiter** gelangen Sie zu Schritt 4 des Assistenten (siehe Abbildung 8.60).

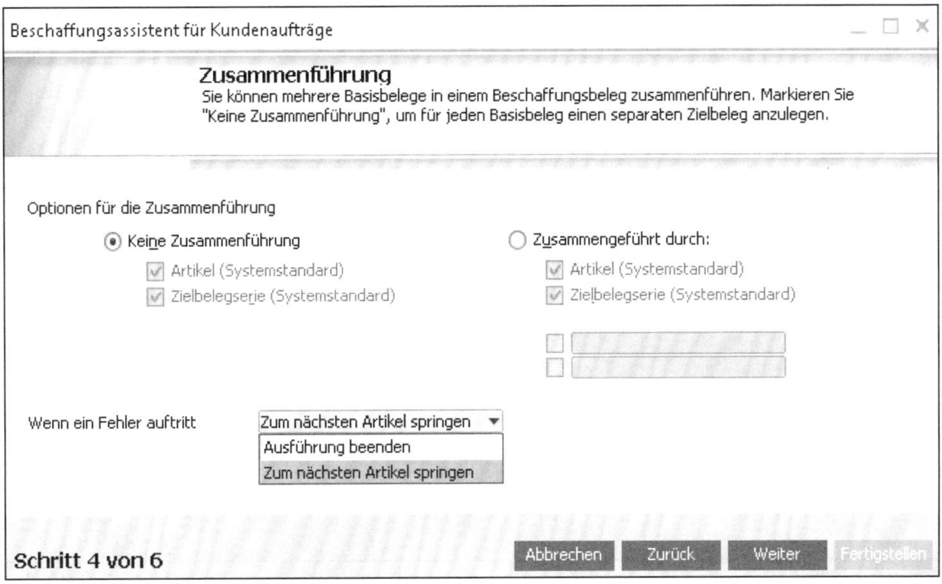

Abbildung 8.60: Schritt 4 – Aufträge konsolidieren und Fehlermanagement

Eine wichtige Entscheidung treffen Sie in der Radiobutton-Gruppe **Optionen für die Zusammenführung**. Wählen Sie **Keine Zusammenführung**, wenn Sie wollen, dass aus jedem Kundenauftrag auch ein Produktionsauftrag wird. Die Durchgängigkeit über die Transaktionen ist damit gewahrt, jedem Kunden kann »sein« Produktionsauftrag zugewiesen werden, gegebenenfalls kann dieser noch kundenspezifisch verändert werden. Wählen Sie **Zusammengeführt durch**, wenn Sie gleiche Artikel zu einem Produktionsauftrag zusammenführen wollen. Dadurch erreichen Sie eine höhere Effizienz durch Wegfall von Rüstkosten und zusätzlichen Mengen. Unter Umständen kann auch preiswerter eingekauft werden, indem Bestellungen zusammengefasst werden.

Darüber hinaus können Sie in der Dropdown-Liste **Wenn ein Fehler auftritt** steuern, ob beim ersten Fehler der Assistent abgebrochen werden oder ob das Programm die übrigen Aufträge weiter abarbeiten soll.

Wie in Abbildung 8.61 dargestellt, zeigt das Programm in Schritt 5 das zu erwartende Ergebnis, in unserem Fall, dass für das Fertigprodukt »P20001« zwei Produktionsaufträge für das Lager »01« angelegt werden. Zu diesem Zeitpunkt könnten Sie den Assistenten noch abbrechen, wenn das Ergebnis nicht Ihren Erwartungen entspricht.

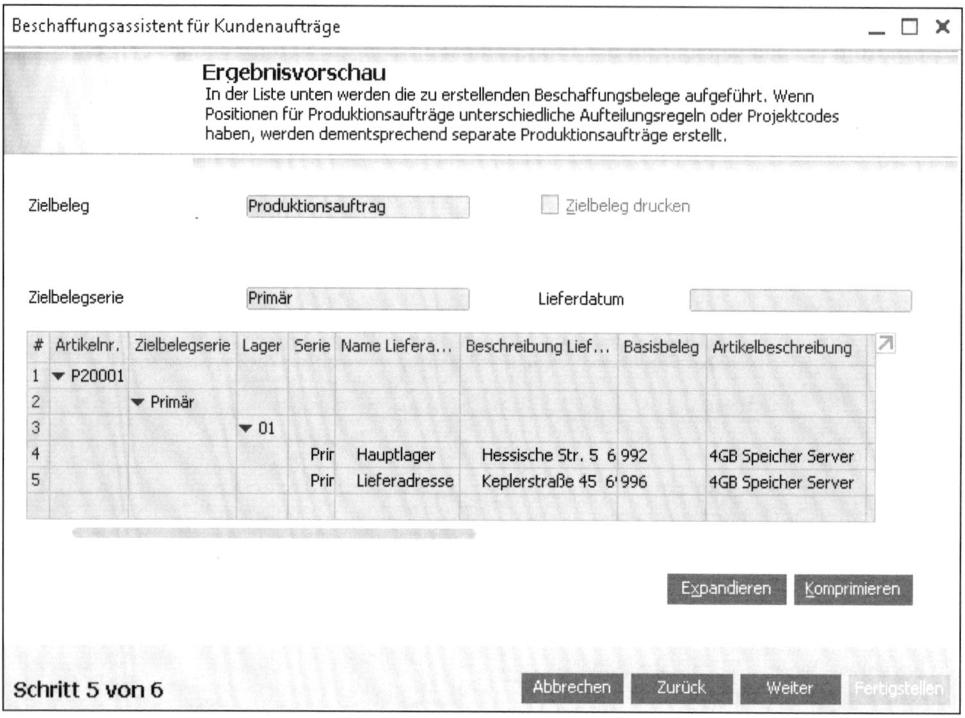

Abbildung 8.61: Schritt 5 – Ergebniskontrolle

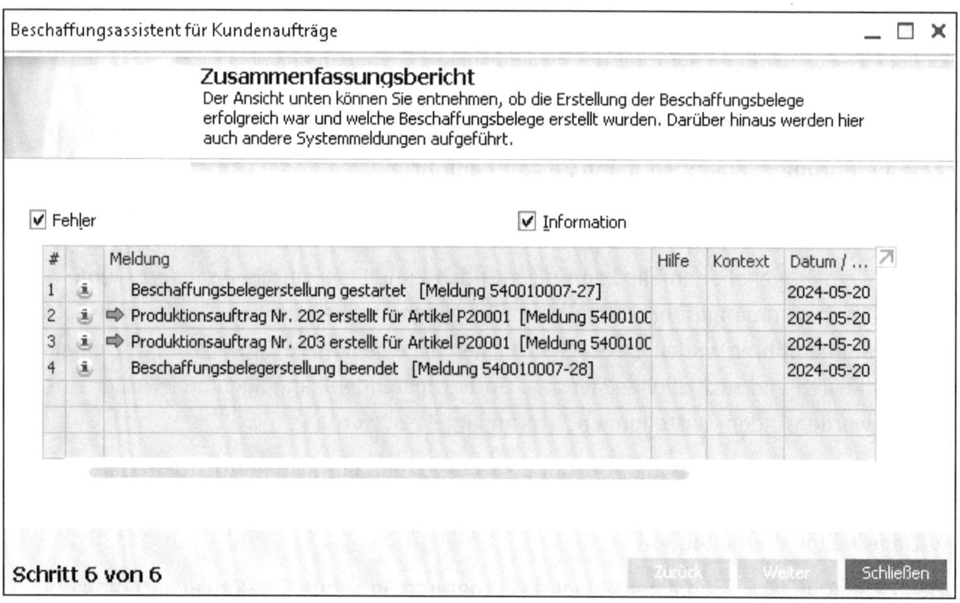

Abbildung 8.62: Schritt 6 – Erfolgs- oder Fehlermeldung

Im letzten Schritt (siehe Abbildung 8.62) sehen Sie das Ergebnis des Assistenten, in unserem Fall die vom Programm erzeugten Produktionsaufträge, die Sie durch einen Klick auf den gelben Pfeil auch gleich bearbeiten können. Darüber hinaus würden allfällige Fehler angezeigt, also Quellbelege, die nicht in Zielbelege überführt werden konnten.

Abbildung 8.63 zeigt ein Beispiel, hier wurde ein Artikel zunächst in einem Kundenauftrag erfasst und danach inaktiv gesetzt. Der Beschaffungsassistent kann daher für diesen Artikel keine neue Transaktion anlegen. Fehlerfälle werden, wie im Beispiel dargestellt, in der Regel klar beschrieben und müssen von Fall zu Fall aufgelöst werden.

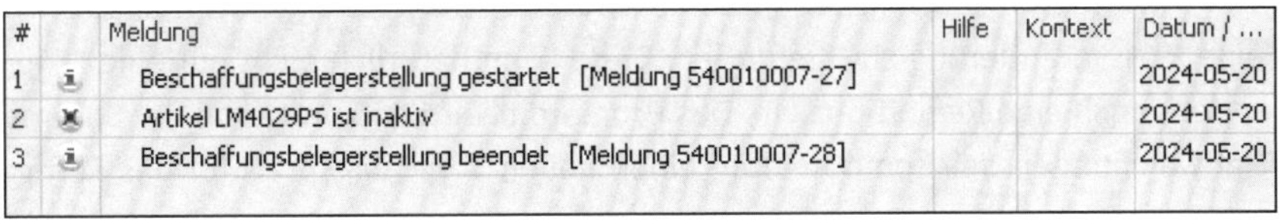

#		Meldung	Hilfe	Kontext	Datum / ...
1		Beschaffungsbelegerstellung gestartet [Meldung 540010007-27]			2024-05-20
2		Artikel LM4029PS ist inaktiv			2024-05-20
3		Beschaffungsbelegerstellung beendet [Meldung 540010007-28]			2024-05-20

Abbildung 8.63: Fehlerfall im Beschaffungsassistenten

8.9.2 Preise für übergeordnete Artikel global aktualisieren

Wie in Abschnitt 8.4.3, »Fußteil der Stückliste«, erläutert, können Preislistenpreise des Fertigprodukts aus den korrespondierenden Preislistenpreisen der Komponenten abgeleitet werden. So kann z. B. die Summe der Preise aus der Preisliste **Basis Preisliste** den entsprechenden Preis des Fertigprodukts bilden.

Ändern sich nun Preise der Komponenten, dann ist es sinnvoll, auch die Preise des Fertigprodukts zu ändern. Da Komponenten unter Umständen in einer Reihe von Stücklisten enthalten sind, bietet SAP Business One die Möglichkeit einer Massenpflege von Preisen. Starten Sie diese über den Pfad **Produktion • Preise f. übergeordn. Artikel global aktualisieren**. Es erscheint zunächst ein Auswahlfenster, wie in Abbildung 8.64 dargestellt.

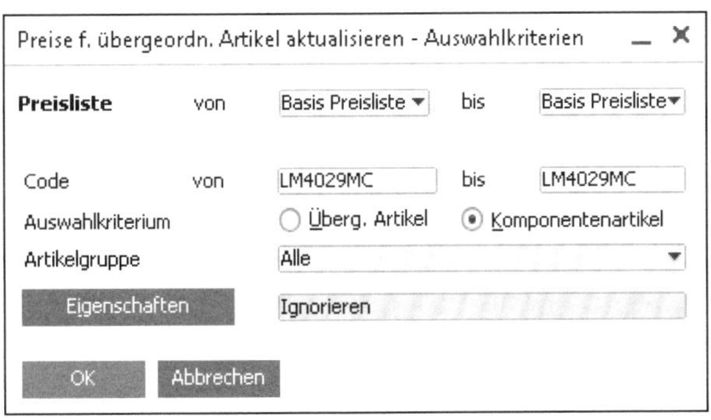

Abbildung 8.64: Auswahlfenster zur Pflege von Preisen

Wählen Sie zunächst die Preislisten, die auf Änderungen überprüft werden und dann zum Update der korrespondierenden Preise führen sollen. Geben Sie dann den Artikelbereich ein, der überprüft werden soll. Dieser ist abhängig von der Angabe bei **Auswahlkriterium**.

Mit der Auswahl **Überg. Artikel** muss der Artikelbereich Fertigprodukte enthalten. Die Fragestellung ist also: »Haben sich die Preise von Komponenten der folgenden Fertigprodukte verändert?« Ist die Wahl auf Komponentenartikel gefallen, muss der Artikelbereich Komponenten enthalten. Die Fragestellung ist dann: »In welchen Fertigprodukten sind diese Komponenten enthalten?«

Das Ergebnis wird in Abbildung 8.65 dargestellt. Es kann in gewohnter Weise über die entsprechenden Buttons expandiert oder komprimiert werden. Es wird die aufgelöste Stückliste ohne Ressourcen und ohne Routenabschnitte angezeigt. Entscheidend ist die Spalte **Neuer Preis** im mittleren Abschnitt, **Komponentenartikel**. Zeigt sie einen Wert ungleich 0 an, hat eine Preisveränderung stattgefunden. Diese kann natürlich nicht nur eine Erhöhung, sondern auch eine Reduktion sein. Das Programm wird entsprechend der Summe der Preisabweichungen der Komponenten einen neuen Vorschlagspreis für das Fertigprodukt errechnen.

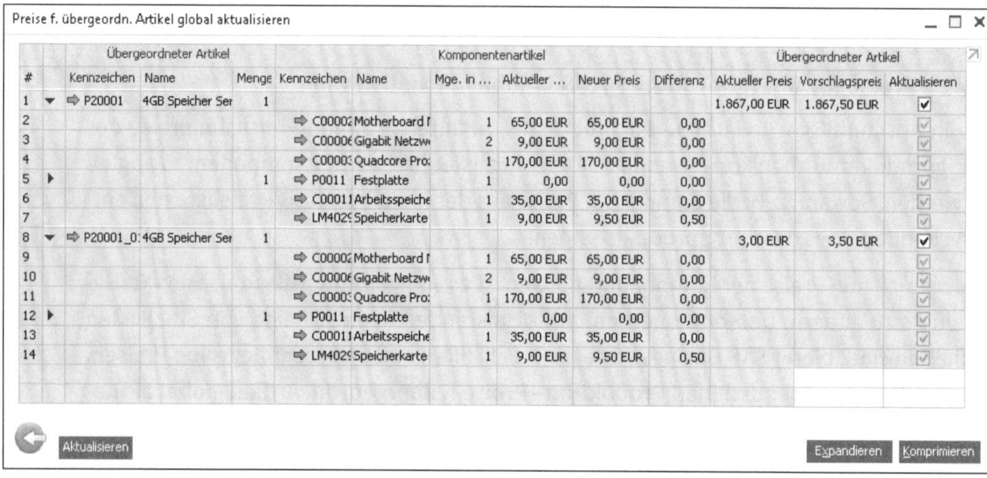

		Übergeordneter Artikel			Komponentenartikel						Übergeordneter Artikel		
#		Kennzeichen	Name	Menge	Kennzeichen	Name	Mge. in …	Aktueller …	Neuer Preis	Differenz	Aktueller Preis	Vorschlagspreis	Aktualisieren
1	▼	⇨ P20001	4GB Speicher Ser	1							1.867,00 EUR	1.867,50 EUR	☑
2					⇨ C00002	Motherboard I	1	65,00 EUR	65,00 EUR	0,00			☑
3					⇨ C00006	Gigabit Netzw	2	9,00 EUR	9,00 EUR	0,00			☑
4					⇨ C00003	Quadcore Pro:	1	170,00 EUR	170,00 EUR	0,00			☑
5	▶			1	⇨ P0011	Festplatte	1	0,00	0,00	0,00			☑
6					⇨ C00011	Arbeitsspeiche	1	35,00 EUR	35,00 EUR	0,00			☑
7					⇨ LM4029	Speicherkarte	1	9,00 EUR	9,50 EUR	0,50			☑
8	▼	⇨ P20001_0:	4GB Speicher Ser	1							3,00 EUR	3,50 EUR	☑
9					⇨ C00002	Motherboard I	1	65,00 EUR	65,00 EUR	0,00			☑
10					⇨ C00006	Gigabit Netzw	2	9,00 EUR	9,00 EUR	0,00			☑
11					⇨ C00003	Quadcore Pro:	1	170,00 EUR	170,00 EUR	0,00			☑
12	▶			1	⇨ P0011	Festplatte	1	0,00	0,00	0,00			☑
13					⇨ C00011	Arbeitsspeiche	1	35,00 EUR	35,00 EUR	0,00			☑
14					⇨ LM4029	Speicherkarte	1	9,00 EUR	9,50 EUR	0,50			☑

Abbildung 8.65: Massenpflege von Preisen

In der Spalte **Aktualisieren** ist die Checkbox pro Fertigprodukt aktiv. Sie können die Checkbox deaktivieren, wenn Sie keine Preisänderung wünschen. Nach einem Klick auf den **Aktualisieren**-Button wird die Preisänderung durchgeführt.

8.9.3 Stücklistenverwaltung

Die *Stücklistenverwaltung* ermöglicht Ihnen die Massenpflege von Stücklisten. Dieser Programmteil erlaubt nicht nur die Pflege von Komponenten, also Mittelteilsinformationen, egal ob Artikeln, Ressourcen, Routenabschnitten und sogar Texten. Zusätzlich können die Stücklistenköpfe editiert oder sogar gelöscht werden. Dementsprechend stehen Ihnen folgende Optionen zur Verfügung:

- **Stücklistenzeilen ändern**
- **Stücklistenzeilen hinzufügen**
- **Stücklistenzeilen löschen**
- **Stücklistenkopf ändern**
- **Stücklistenkopf löschen**

Im oberen Bildschirmteil wählen Sie die Stücklisten aus, die gemanagt werden sollen. Die Auswahlkriterien sind dabei selbsterklärend und werden nicht weiter im Detail beschrieben (siehe Abbildung 8.66). Der untere Bildschirmabschnitt ist abhängig von der gewählten Option und zeigt die entsprechenden zu ändernden Felder. Der Abschnitt ist zwar umfangreich, aber selbsterklärend, da er Felder enthält, die wir in Abschnitt 8.4.1, »Kopfteil der Stückliste«, und Abschnitt 8.4.2, »Mittelteil der Stückliste«, bereits dargestellt haben.

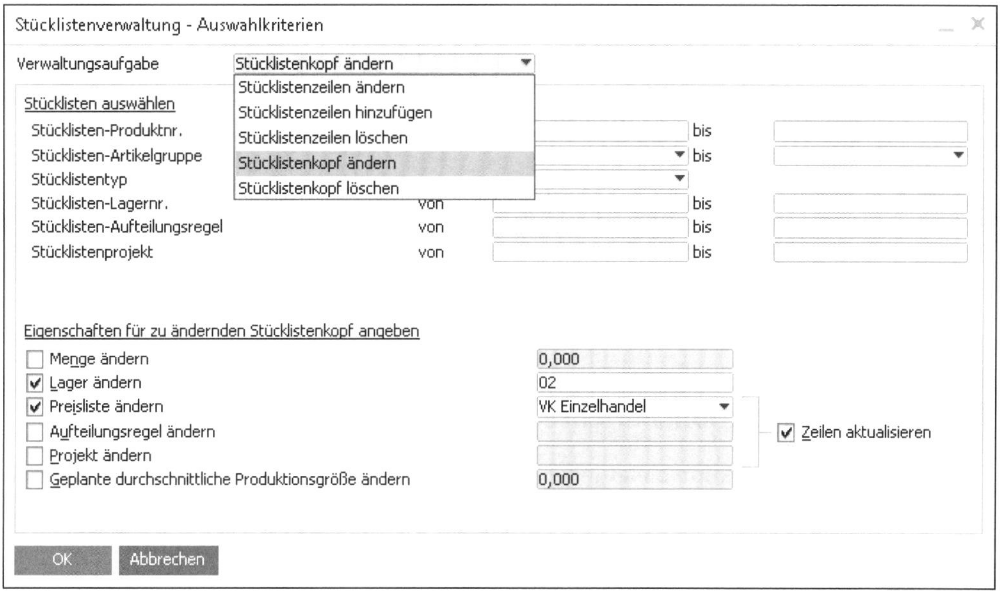

Abbildung 8.66: Stücklistenverwaltung – Auswahl

Abbildung 8.66 zeigt allerdings eine wichtige Option, nämlich die Möglichkeit, bei der Pflege des Stücklistenkopfs die Informationen, die auch bei der Anlage einer Stückliste in den Mittelteil »vererbt« werden, auch hier wieder in den Mittelteil zu replizieren. Aktivieren Sie dazu die Checkbox **Zeilen aktualisieren** im rechten unteren Bildbereich.

Abbildung 8.67 zeigt das Ergebnis der Auswahl, jeweils den Status und die gewünschten Änderungen in den Feldern **Vorhandenes Lager**, **Ersatzlager**, **Vorhandene Preisliste** und **Ersatzpreisliste**. Mit der rechts unten befindlichen Checkbox **Zeilen aktualisieren** können Sie noch einmal steuern, ob die zu ändernden Kopfinformationen auch in den Stücklistenmittelteil übertragen werden sollen. Mit einem Klick auf den Button **OK** wird die Änderung durchgeführt.

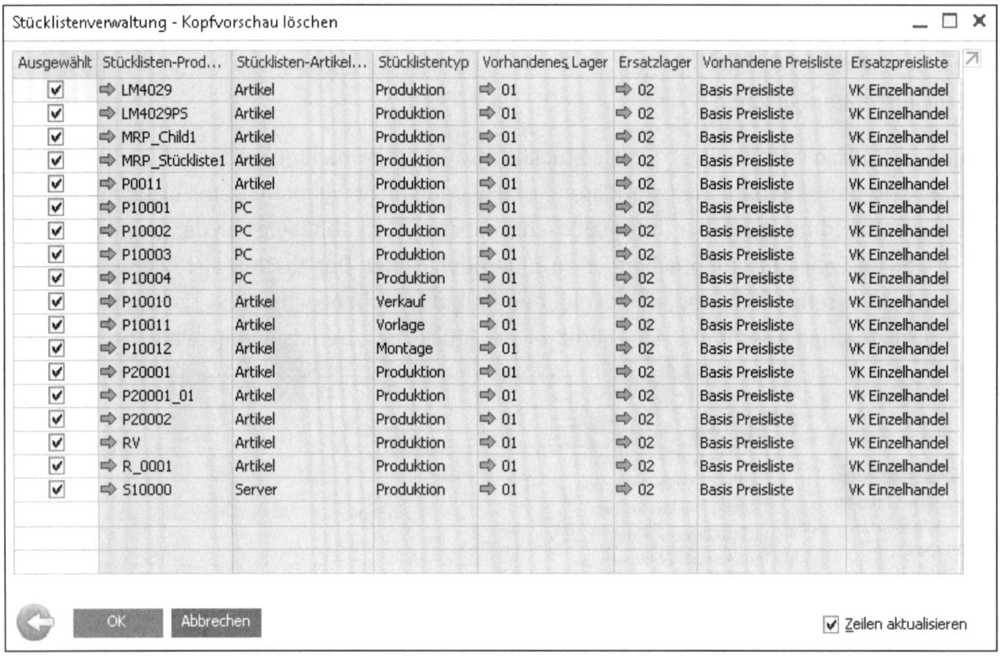

Ausgewählt	Stücklisten-Prod...	Stücklisten-Artikel...	Stücklistentyp	Vorhandenes Lager	Ersatzlager	Vorhandene Preisliste	Ersatzpreisliste
☑	LM4029	Artikel	Produktion	01	02	Basis Preisliste	VK Einzelhandel
☑	LM4029PS	Artikel	Produktion	01	02	Basis Preisliste	VK Einzelhandel
☑	MRP_Child1	Artikel	Produktion	01	02	Basis Preisliste	VK Einzelhandel
☑	MRP_Stückliste1	Artikel	Produktion	01	02	Basis Preisliste	VK Einzelhandel
☑	P0011	Artikel	Produktion	01	02	Basis Preisliste	VK Einzelhandel
☑	P10001	PC	Produktion	01	02	Basis Preisliste	VK Einzelhandel
☑	P10002	PC	Produktion	01	02	Basis Preisliste	VK Einzelhandel
☑	P10003	PC	Produktion	01	02	Basis Preisliste	VK Einzelhandel
☑	P10004	PC	Produktion	01	02	Basis Preisliste	VK Einzelhandel
☑	P10010	Artikel	Verkauf	01	02	Basis Preisliste	VK Einzelhandel
☑	P10011	Artikel	Vorlage	01	02	Basis Preisliste	VK Einzelhandel
☑	P10012	Artikel	Montage	01	02	Basis Preisliste	VK Einzelhandel
☑	P20001	Artikel	Produktion	01	02	Basis Preisliste	VK Einzelhandel
☑	P20001_01	Artikel	Produktion	01	02	Basis Preisliste	VK Einzelhandel
☑	P20002	Artikel	Produktion	01	02	Basis Preisliste	VK Einzelhandel
☑	RV	Artikel	Produktion	01	02	Basis Preisliste	VK Einzelhandel
☑	R_0001	Artikel	Produktion	01	02	Basis Preisliste	VK Einzelhandel
☑	S10000	Server	Produktion	01	02	Basis Preisliste	VK Einzelhandel

Abbildung 8.67: Stücklistenverwaltung – Ergebnis und Durchführung

8.10 Produktionsberichte

Das Modul **Produktion** bietet Ihnen nur zwei Berichte (abgesehen von den Formularen wie bzw. dem Produktionsauftrag). Einer davon bietet aber nicht nur Berichtsinhalte, sondern auch echte Funktionalität, die Sie bei der Verwaltung von offenen Produktionsaufträgen unterstützt (siehe Abschnitt 8.10.2, »Offene Belege«).

8.10.1 Stücklistenbericht

Über den Pfad **Produktion • Produktionsberichte • Stücklistenbericht** können Sie ausgewählte Stücklisten in ihrer Baumstruktur auswerten. Wie Abbildung 8.68 beispielhaft zeigt, enthält die Stückliste »P20001« eine weitere Stückliste »P0011«. Die Auswahlkriterien und die Möglichkeit, die Baumstruktur zu expandieren bzw. zu komprimieren, sind selbsterklärend und werden daher nicht im Detail beschrieben.

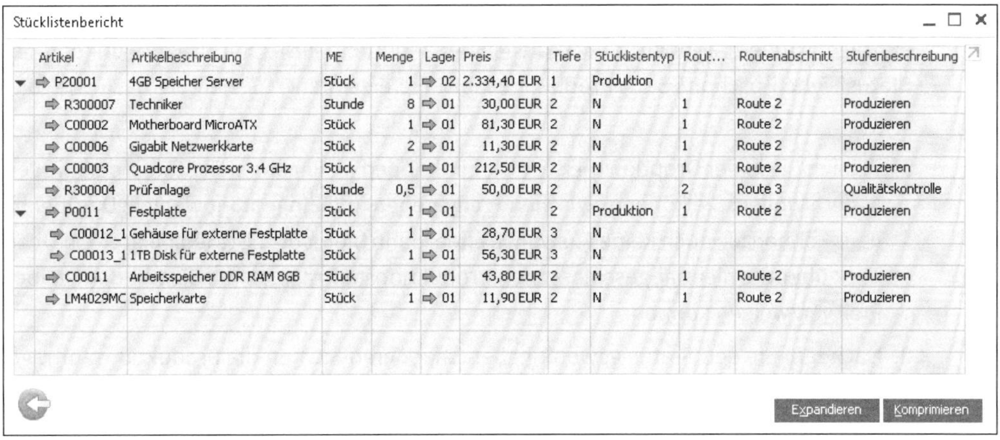

Abbildung 8.68: Stücklistenbericht

8.10.2 Offene Belege

Der Bericht wird über **Produktion • Produktionsberichte • Offene Belege** aufgerufen und hat keine Selektionsfenster. Stattdessen wird er unmittelbar geöffnet und zeigt wahlweise alle Produktionsaufträge, die eingeplant, aber noch nicht freigegeben, oder die freigegeben, aber noch nicht geschlossen sind. Wahlweise können auch beide Belegtypen angezeigt werden, in diesem Fall ist der Filter leer zu lassen (siehe Abbildung 8.69).

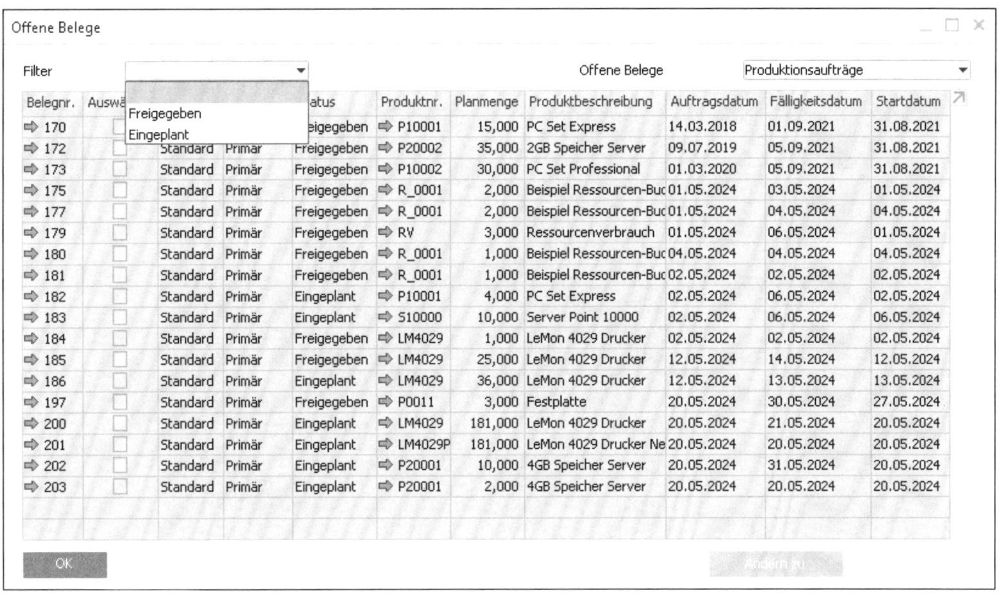

Abbildung 8.69: Bericht über offene Belege

Der Report zeigt allerdings nicht nur die eingeplanten und freigegebenen Produktionsaufträge, sondern ermöglich auch die Massenänderung dieses Status (zur Funktion des Status siehe Abschnitt 8.6, »Produktionsaufträge erzeugen«). Gehen Sie dazu wie folgt vor:

1. Wählen Sie in der Dropdown-Liste **Filter** links oben im Fenster den Status, den Sie verändern wollen. Sie können zwischen **Freigegeben** und **Eingeplant** wählen. Darüber hinaus können Sie auch keine Auswahl treffen, dann bietet die Liste lediglich einen Überblick über die nicht abgeschlossenen Produktionsaufträge, in die Sie mit dem gelben Pfeil verzweigen können.
2. Nachdem Sie den Status gewählt haben, markieren Sie nun die Produktionsaufträge, deren Status Sie ändern wollen, indem Sie die Checkbox **Auswählen** aktivieren (eine Massenauswahl durch Klick auf die Überschrift ist hier nicht möglich).
3. Durch das Filtern und die Auswahl wurde der Button **Ändern zu** aktiviert. Es stehen Ihnen folgende Optionen zur Verfügung:
   - Aufträge mit dem Status **Eingeplant** können die Status **Freigegeben** und **Abgebrochen/Storniert** erhalten.
   - Aufträge mit dem Status **Freigegeben** können die Status **Freigegeben**, **Geschlossen** und **Abgebrochen/Storniert** erhalten.

Sind Sie mit Ihrer Auswahl fertig, bestätigen Sie die Sicherheitsabfrage mit einem Klick auf den Button **Ja**, und der Status der gewählten Belege wird geändert.

Kapitel 9

Materialbedarfsplanung

Die Materialbedarfsplanung dient dazu, den Beschaffungs- und Produktionsprozess mit Input zu versorgen, indem verschiedene Bedarfsauslöser automatisiert überwacht werden. In diesem Kapitel erfahren Sie, wie die Materialbedarfsplanung grundsätzlich bedient wird und wie sie in eine Reihe weiterer Module eingebettet ist.

Ziel der Materialbedarfsplanung ist eine Optimierung des Einkaufs und der Produktion. Das Ziel der Optimierung besteht darin, die richtige Menge zur richtigen Zeit bereitzustellen, sei es durch Einkauf oder Produktion. Das Modul ist in SAP Business One ein zentraler Dreh- und Angelpunkt, der eine Reihe von weiteren Programmteilen miteinander verbindet. Es erhält seinen Input sowohl aus dem Einkaufsprozess und dem Verkaufsprozess als auch dem Produktionsprozess durch sogenannte *Bedarfsauslöser*. Der Output der Materialbedarfsplanung, die *Auftragsempfehlung*, steuert seinerseits den Fortgang des Einkaufsprozesses und kann einen Produktionsprozess initiieren.

Darüber hinaus kann die Materialbedarfsplanung anhand von Stammdaten Bestellvorschläge erzeugen oder Prognosen verarbeiten, die entweder vom Anwender eingegeben oder vom System automatisch errechnet werden.

Zuletzt kann die Materialbedarfsplanung auch verwendet werden, um Logistikprozesse wie die Umlagerung anzustoßen, um z. B. aus dem Zentrallager in Filiallager nachzuschieben.

[«]

Definition von MRP

Im Programm werden Sie auch fallweise das Kürzel MRP finden. Dies ist die Abkürzung des englischen Begriffs für Materialbedarfsplanung – *Material Requirements Planning*. Die Definition ist insofern etwas unscharf, als die Materialbedarfsplanung in SAP Business One einerseits Ressourcen plant und in diesem Sinne als *Manufacturing Ressource Planning* aufgefasst werden könnte. Andererseits kann sie natürlich auch ohne Produktion, nur für die Planung der Materialbedarfe beispielsweise aus einem Handelsbetrieb heraus eingesetzt werden (Material Requirements Planning).

Abbildung 9.1 verdeutlicht in stark vereinfachter Form das Prinzip und zeigt die zentrale Rolle der Materialbedarfsplanung. Welche Transaktionen Bedarfsauslöser sein können, erfahren Sie in Abschnitt 9.3, »Dispositionsassistent«.

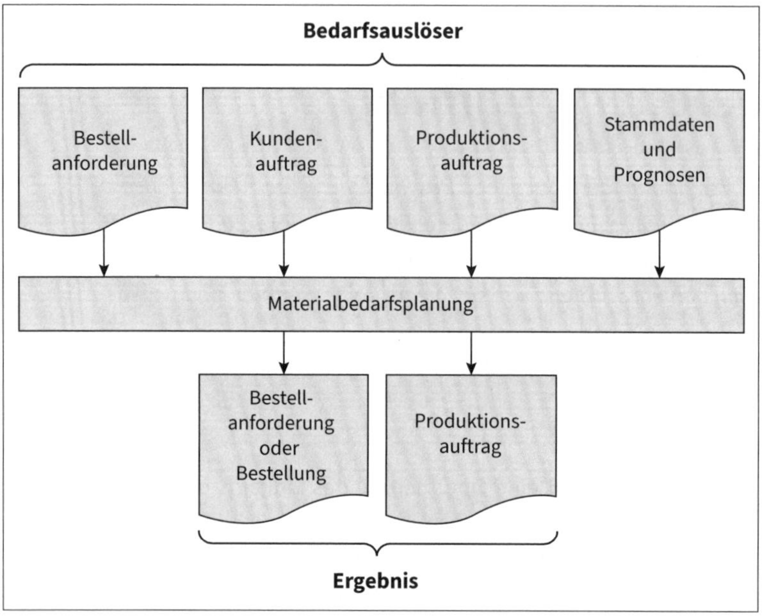

Abbildung 9.1: Input und Output der Materialbedarfsplanung

9.1 Voraussetzungen und Vorbereitung

Es sind nur wenige allgemeine Voraussetzungen notwendig, um mit der Materialbedarfsplanung zu arbeiten. Die meisten Vorbereitungsarbeiten betreffen die Aufbereitung der Artikelstammdaten. Sollten Sie nicht mit festen Bestellpunkten arbeiten, sondern die zu bestellenden Mengen von saisonalen Schwankungen oder Vergangenheitswerten ableiten wollen, müssen darüber hinaus Prognosen gepflegt werden.

9.1.1 Allgemeine Voraussetzungen

Grundsätzlich steht Ihnen die Materialbedarfsplanung nur mit dem Lizenztyp »Professional« zur Verfügung. Sollte der Programmteil im Hauptmenü nicht sichtbar sein, überprüfen Sie über den Pfad **Administration • Systeminitialisierung • Allgemeine Einstellungen** auf der Registerkarte **Funktionen ausblenden**, ob die Checkbox **MRP** deaktiviert ist. Sollte das nicht der Fall sein, deaktivieren Sie die Checkbox, wie in Abbildung 9.2 dargestellt. Nachdem Sie die Einstellung durch einen Klick auf den Button **Aktualisieren** gespeichert haben, wird die Änderung sofort wirksam, und der Programmpunkt **Materialbedarfsplanung** erscheint im Hauptmenü.

Im nächsten Schritt überprüfen Sie über den Pfad **Administration • Systeminitialisierung • Firmendetails** auf der Registerkarte **Buchhaltungsdaten** den Eintrag im Feld **Feiertage**. Klicken Sie dazu auf den gelben Pfeil links neben der Jahreszahl. Das Programm muss auf einen aktuellen Feiertagskalender verweisen (siehe Abbildung 9.3).

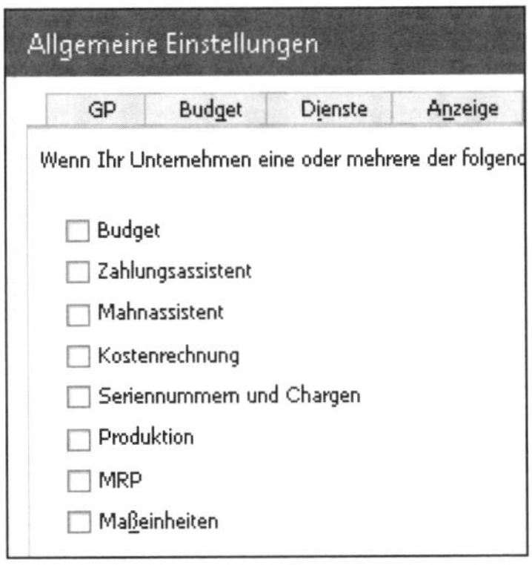

Abbildung 9.2: MRP aktivieren

Abbildung 9.3: Feiertagstabelle

Beachten Sie, dass der Feiertagskalender in der Regel nicht im Auslieferumfang einer aktuellen Version enthalten ist und jedes Jahr aufs Neue gepflegt werden muss. Die Eingabe der Feiertage – die einen Einfluss auf Bestellpunkte hat – ist daher eine jährlich wiederkehrende Aufgabe, wenn Sie mit der Materialbedarfsplanung arbeiten.

Im Anschluss überprüfen Sie die restlichen Einstellungen, die für die Materialbedarfsplanung von Relevanz sind:

- Die Einstellung in der Radiobutton-Gruppe **Wochennummerierung** wird die Materialbedarfsplanung zur kalendarischen Darstellung der Auftragsempfehlungen in einer Wochensicht heranziehen, um die Wochen durchzunummerieren.

[+]

ISO-Norm Kalenderwoche

Laut ISO 8601 ist die erste Kalenderwoche jene, die den ersten Donnerstag des Jahres enthält. Das entspricht auch der Definition, dass diese Woche den 4. Januar enthalten muss. Es empfiehlt sich daher, die zweite Option in dieser Radiobutton-Gruppe zu wählen.

- **Wochenende von** und **bis** sind Dropdown-Listen, mit denen das Wochenende definiert wird. Die Materialbedarfsplanung wird diese Information beim Gruppieren von Aufträgen verwenden.
- Die Checkbox **Nur für ein Jahr gültig** begrenzt die Gültigkeit des Feiertagskalenders – da ein Teil der Feiertage nicht auf ein wiederkehrendes fixes Datum fällt, empfiehlt es sich, diese Option zu aktivieren.
- Die Checkbox **Wochenenden als Arbeitstage festlegen** relativiert die Definition der Wochenenden. Aktivieren Sie die Checkbox nur, wenn Sie und Ihre Lieferanten tatsächlich am Wochenende arbeiten, die Materialbedarfsplanung wird bei aktivierter Checkbox auch das Wochenende beplanen.

Zuletzt kann über den Pfad **Administration • Systeminitialisierung • Allgemeine Einstellungen** im Unterregister **Planung** der Registerkarte **Bestand** eingestellt werden, wie der Verbrauch von Beständen, die durch den Bedarfsauslöser *Prognose* entstanden sind, organisiert werden soll (siehe Abbildung 9.4).

- Die Checkbox **Prognosemenge verbrauchen** aktiviert grundsätzlich die Möglichkeit, Bestände, die auf Basis von Prognosen eingelagert wurden, durch andere Bedarfsauslöser (Kundenaufträge oder Rahmenverträge) wieder abzubauen.
- Die Dropdown-Liste **Verbrauchsmethode** bietet zwei Optionen. Wählen Sie **Rückwärts-Vorwärts**, sucht das Programm zunächst Prognosen, die zeitlich vor dem Auftrag oder Rahmenvertrag liegen. Findet es keine, sucht es nach Prognosen, die nach dem Auftrag oder Rahmenverträgen liegen. Die Option **Vorwärts-Rückwärts** verhält sich spiegelbildlich. Die beiden Optionen führen zu fundamental unterschiedlichen Ergebnissen (siehe Abschnitt 9.2.1, »Prognosen verbrauchen«).
- Die Eingabefelder **Tage zurück** und **Tage vor** stehen in Zusammenhang mit der **Verbrauchsmethode** und beschreiben die Zeitspanne, in der vor oder nach dem Auftrag oder dem Rahmenvertrag nach Prognosen gesucht werden soll.

Die detaillierten Auswirkungen dieser Einstellungen sind ebenfalls in Abschnitt 9.2.1 beschrieben.

Damit haben Sie die allgemeinen Voraussetzungen für den Einsatz der Materialbedarfsplanung kennengelernt. Im nächsten Schritt müssen die Artikel, die automatisiert beschafft oder produziert werden sollen, vorbereitet werden.

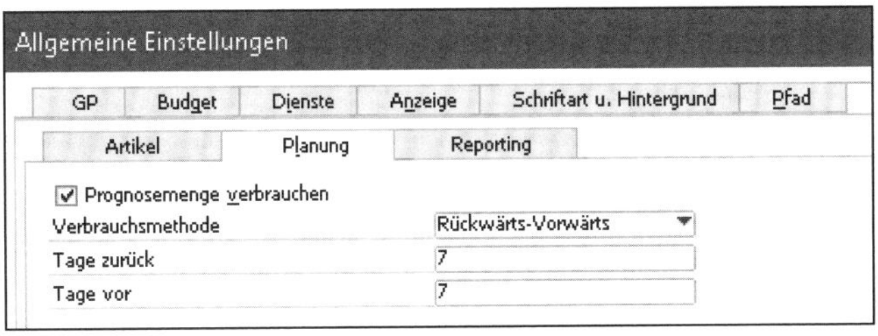

Abbildung 9.4: Parametrierung des Verbrauchs von Prognosemengen

9.1.2 Vorbereitungen im Artikelstamm

Über den Pfad **Lagerverwaltung • Artikelstammdaten** müssen Sie eine Reihe von Einstellungen aus den folgenden Bereichen vornehmen:

1. Im Kopfteil des Artikelstamms pflegen Sie die Einkaufspreise des Artikels. Dies ist zwar nicht zwingend erforderlich, um die Artikel in die Materialbedarfsplanung einzubeziehen, wird in der Regel aber notwendig sein. Eine Ausnahme bilden lediglich Materialien, die nicht regelmäßig beschafft werden und für die kein Preis bekannt oder hinterlegt ist. Bedenken Sie aber, dass die Materialbedarfsplanung hinsichtlich des Einkaufsprozesses letztlich Lieferantenbestellungen anlegt. Auch wenn technisch ein Beleg mit Preis 0 möglich ist, wird das gerade im Kontext einer verbindlichen Bestellung nicht wünschenswert sein. Darüber hinaus muss der Artikel zumindest die Checkbox **Einkaufsartikel** gesetzt haben. In der Regel ist auch die Checkbox **Lagerartikel** gesetzt. Lediglich beim Einkauf von Dienstleistungen ist es sinnvoll, diese Checkbox nicht zu markieren.
2. Auf der Registerkarte **Einkaufsdaten** hinterlegen Sie den Standardlieferanten.
3. Auf der Registerkarte **Bestand** werden Einstellungen zum erforderlichen Bestand vorgenommen.
4. Auf der Registerkarte **Planungsdaten** nehmen Sie grundsätzliche Einstellungen vor, so entscheiden Sie z. B., ob der Artikel von der Materialbedarfsplanung überhaupt berücksichtigt werden soll oder die Bestellung immer manuell durch den Benutzer erfolgen soll.

Der erste Punkt wurde in Abschnitt 4.6, »Artikel«, bereits behandelt. Im Folgenden werden die notwendigen Einstellungen der Punkte 2 bis 4 im Detail beschrieben.

[!]

Kaufen vs. Herstellen

Beachten Sie, dass im Artikelstamm unterschiedliche Typen von Materialien in der gleichen Maske definiert werden:

- Handelswaren
- Materialien und zugekaufte Ressourcen, die Komponenten von Stücklisten sind

- Artikel, die Stücklisten repräsentieren, die nach erfolgtem Produktionsprozess ein Halbfertig- oder Fertigprodukt ergeben können

Daraus folgt, dass nicht alle Felder für alle Materialtypen notwendig sind. So werden Sie unter Umständen das Feld **Auftragsvielfaches** für Handelswaren oder Komponenten verwenden, für Fertigprodukte aber die Losgröße direkt in der Stückliste verwalten.

- **Eingabefeld »Bevorzugter Lieferant«**
  Auf der Registerkarte **Einkaufsdaten** hinterlegen Sie den Lieferanten, von dem Sie diesen Artikel üblicherweise beziehen. Drücken Sie im leeren Feld entweder die ⇆-Taste, oder verwenden Sie die Auswahlliste, um einen bestehenden Lieferanten auszuwählen oder einen neuen anzulegen. Der Lieferant wird später bei der Erstellung der Lieferantenbestellungen vorgeschlagen.

  Mithilfe des Buttons ... (**Bevorzugte Lieferanten auswählen**), der sich rechts vom Eingabefeld befindet, können Sie alternative Lieferanten für dieses Material in eine Tabelle eingeben (siehe Abbildung 9.5).

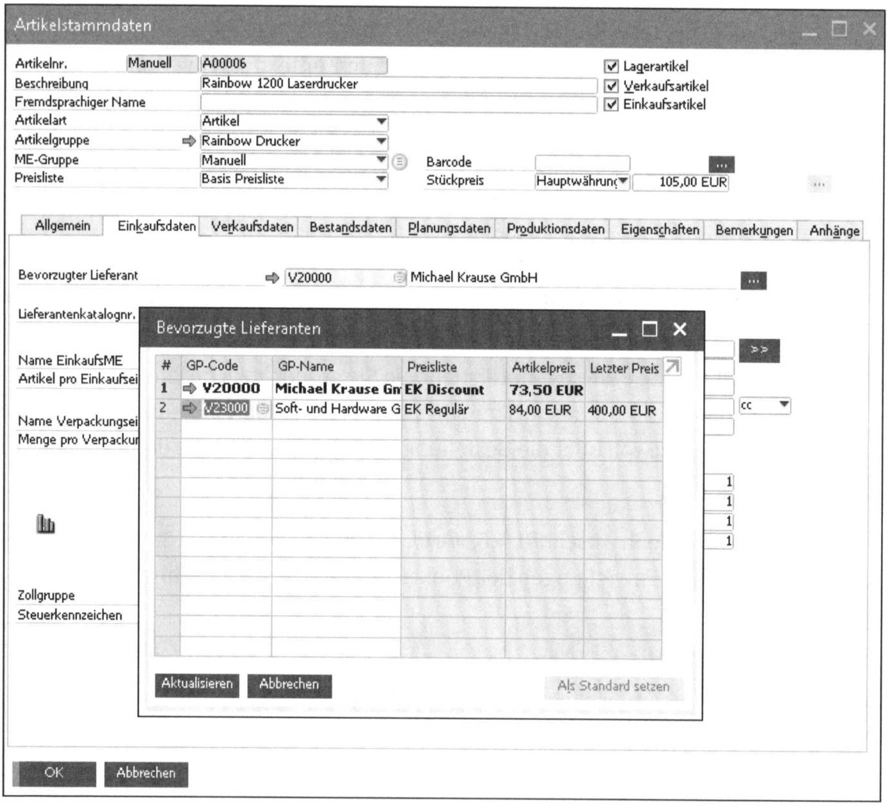

Abbildung 9.5: Alternativlieferanten verwalten

Der Alternativlieferant ist ein Informationsfeld, das in der Folge keine weitere Funktion nach sich zieht, sondern nur bei der manuellen Erstellung von Einkaufsbelegen herangezogen werden kann.

Wollen Sie eine schnelle Information über die bisher beim Lieferanten vorgenommenen Einkäufe des gerade aktiven Artikels, klicken Sie doppelt auf die jeweilige Zeile im Fenster **Bevorzugte Lieferanten**. Sie erhalten dann die in Abbildung 9.6 dargestellte Auswertung, die Sie durch Aktivierung bzw. Deaktivierung der entsprechenden Checkboxen schnell und einfach an Ihre Bedürfnisse anpassen können.

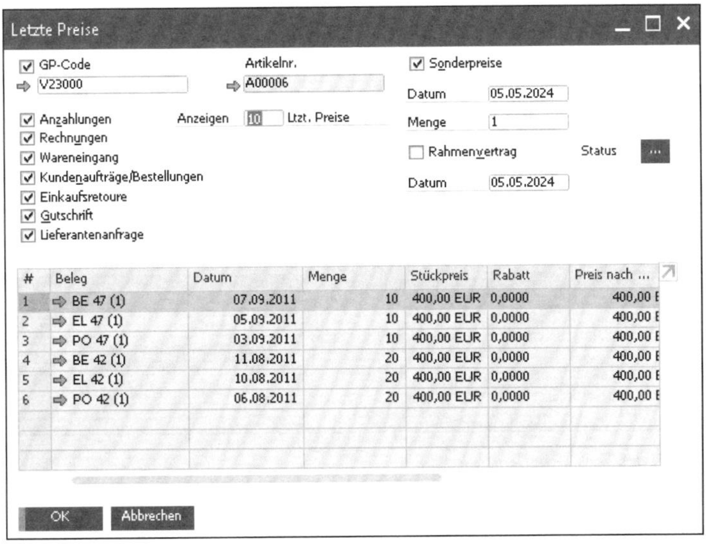

Abbildung 9.6: Einkaufshistorie – Letzte Preise

Nachdem Sie alle Lieferanten für diesen Artikel eingegeben haben, speichern Sie das Fenster **Bevorzugte Lieferanten** durch einen Klick auf den Button **Aktualisieren**.

- **Registerkarte »Bestandsdaten«**
  Aktivieren Sie die Registerkarte **Bestandsdaten**, und nehmen Sie die Einstellungen vor, die die Materialbedarfsplanung berücksichtigen soll, um den Lagerbestand definierter Artikel auf einem bestimmten Niveau zu halten (siehe Abbildung 9.7).
- **Checkbox »Bestandsführung nach Lager«**
  Wird diese Checkbox aktiviert, wird die im nächsten Punkt beschriebene Checkbox-Gruppe deaktiviert. Die Eingabe der Bestandshöhen erfolgt dann in der Lagertabelle im unteren Bildabschnitt. Sollten die entsprechenden Spalten nicht vorhanden sein, blenden Sie sie über die Formulareinstellungen ein oder öffnen die Details des jeweiligen Lagers durch einen Doppelklick auf die Zeilennummer. Die Funktion der drei im Folgenden beschriebenen Felder bleibt aber in jedem Fall gleich, unabhängig davon, ob sie für den Gesamtlagerbestand oder für die einzelnen Lager berechnet werden.

Abbildung 9.7: Artikelstamm – Bestandsdaten

- **Eingabefeld »Erforderlich (EinkaufsME)«**
  In diesem Feld geben Sie die Menge in Einkaufsmengeneinheiten an, auf die der Lagestand durch die Materialbedarfsplanung aufgefüllt werden soll. Es wird dabei zunächst vom tatsächlichen und nicht vom verfügbaren Bestand ausgegangen. Mengen, die Kunden bestätigt haben oder die bereits bei Lieferanten bestellt wurden, werden nur dann addiert (Kundenauftragsmengen) oder subtrahiert (Lieferantenbestellmengen), wenn das Lieferdatum der entsprechenden Belege im jeweiligen Planungshorizont der Materialbedarfsplanung liegt.

  Für das Beispiel in Abbildung 9.7 bedeutet das, dass die vorgeschlagene Bestellmenge 34 sein wird (250 erforderlicher Bestand – 216 tatsächlicher Bestand). Sollten die drei bestätigten Stück (Kundenaufträge) ihr Lieferdatum im Planungshorizont haben, würde sich die vorgeschlagene Bestellmenge auf 37 erhöhen (250 erforderlicher Bestand – 216 tatsächlicher Bestand – 3 Kundenauftrag).

  Das Feld **Erforderlich (EinkaufsME)** ist nicht zwingend Voraussetzung, um eine Materialbedarfsplanung durchzuführen. Diese könnte z. B. auch nur auf Basis offener Verkaufs- und Einkaufstransaktionen realisiert werden. In der Praxis erweist sich aber das Auffüllen auf einen definierten Bestand als gute Strategie, um lieferfähig zu sein.

Verwendung des Feldes »Erforderlich«

Die Einstellung im Feld **Erforderlich** wird auch dann berücksichtigt, wenn Sie die Materialbedarfsplanung nicht verwenden, sondern manuell bestellen. In diesem Fall wird nach Eingabe der Artikelnummer in der Lieferantenbestellung die Differenz zwischen Bestand und erforderlicher Menge in das Feld **Menge** automatisch übernommen. Sie kann natürlich überschrieben werden.

Die Auswirkungen der beiden Felder **Minimum** und **Maximum** definieren Sie über den Pfad **Administration • Systeminitialisierung • Belegeinstellungen** auf der Registerkarte **Allgemein** (siehe Abbildung 9.8).

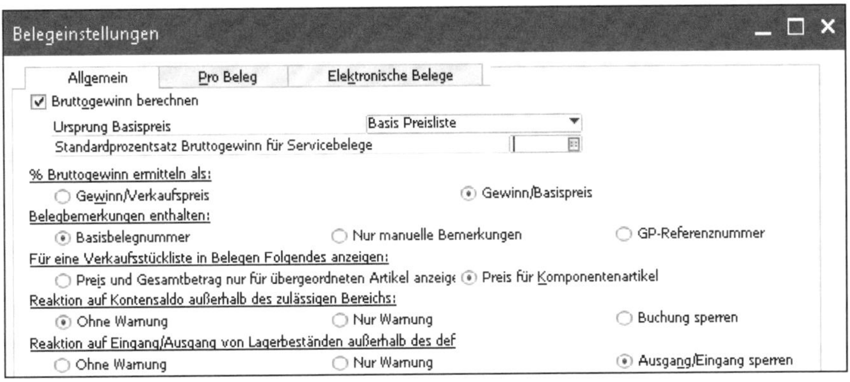

Abbildung 9.8: Minimum und Maximum parametrieren

Sie können einstellen, dass während der Belegerfassung bei Unterschreitung oder Überschreitung der definierten Werte folgende möglichen Programmreaktionen erfolgen:

1. Keine Reaktion, die Unter- bzw. Überschreitung ist zulässig.
2. Der Benutzer wird gewarnt.
3. Die Speicherung des Belegs wird so lange unterbunden, bis keine Unter- bzw. Überschreitungen mehr feststellbar sind.

Die beiden Felder **Minimum** und **Maximum** finden hier Erwähnung, weil sie theoretisch im Dispositionsassistenten als Zielwerte angegeben werden können. In der Praxis ist diese Option für die Disposition kaum anzutreffen.

- **Eingabefeld »Minimum«**
  Geben Sie die Bestandshöhe ein, die der Artikel nicht unterschreiten soll oder darf.
- **Eingabefeld »Maximum«**
  Geben Sie die Bestandshöhe ein, die der Artikel nicht unterschreiten soll oder darf.

Die Registerkarte **Planungsdaten** enthält ausschließlich Felder, die für den weiteren Betrieb der Materialbedarfsplanung relevant sind (siehe Abbildung 9.9).

- **Auswahlfeld »Planungsmethode«**
  In diesem Feld entscheiden Sie, ob die Beschaffung des Artikels von der Materialbedarfsplanung grundsätzlich geplant werden soll oder nicht. Dementsprechend können Sie zwischen **Materialbedarfsplanung** oder **Keine** wählen.
- **Auswahlfeld »Beschaffungsmethode«**
  Stellen Sie hier ein, ob der Artikel gekauft oder hergestellt werden soll. Typischerweise haben Handelswaren, Verbrauchsmaterialien und Komponenten von Stücklisten den Eintrag **Kaufen**. Halbfertigprodukte und Fertigprodukte werden über **Herstellen** gekennzeichnet.

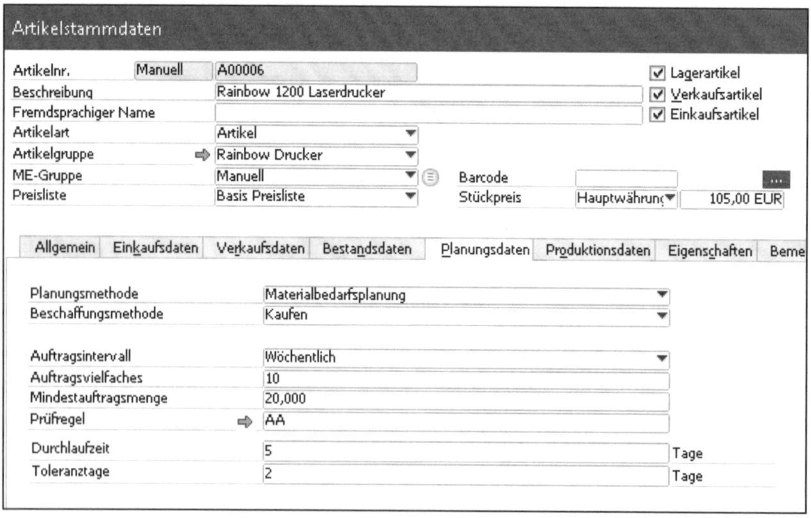

Abbildung 9.9: Artikelstammdaten – Registerkarte »Planungsdaten«

[zB]

Segmentierung der Materialien

Handelswaren oder Materialien, die für die Produktion kontinuierlich benötigt werden, werden automatisch geplant; die Planungsmethode wird daher auf **Materialbedarfsplanung** gesetzt. Verbrauchsmaterialien, Anlagegüter oder Bürobedarf werden aber von der Planung ausgenommen, da sie spontan bei Bedarf durch die manuelle Erzeugung von Lieferantenbestellungen beschafft werden; die Planungsmethode wird daher auf **Keine** gesetzt.

- **Auswahlfeld »Komponentenlager«**
  Dieses Feld steht nur dann zur Verfügung, wenn im Feld **Beschaffungsmethode** die Option **Herstellen** gewählt wurde, es ist also nur im Kontext mit dem Einsatz des Moduls **Produktion** relevant. Darüber hinaus ist es nur dann sinnvoll einzusetzen, wenn es sich bei dem gewählten Artikel um ein Halbfertigteil handelt. Zur Auswahl stehen zwei Optionen:

- **Aus Stücklistenpositionen**: Wenn Sie diese Option wählen, wird in der Materialbedarfsplanung das Lager betrachtet, das in der Stückliste bei der jeweiligen Komponente (Halbfertigprodukt) hinterlegt ist.
- **Aus Belegzeilen des übergeordneten Artikels**: Wenn Sie diese Option wählen, dann wird das Lager des der Komponente übergeordneten Halb- oder Fertigprodukts betrachtet, unabhängig vom Lager, das in der Stückliste bei der Komponente (Halbfertigprodukt) hinterlegt ist.

- **Auswahlfeld »Auftragsintervall«**
  Wählen Sie in diesem Feld ein Auftragsintervall; dieses wird später vom Dispositionsassistenten herangezogen, um Aufträge jeweils am ersten Tag des gewählten Intervalls zu gruppieren. Diese Intervalle müssen zunächst definiert werden, um ausgewählt werden zu können. Die Definition des Auftragsintervalls wird direkt aus dem Feld heraus gestartet, indem Sie den Dropdown-Button anklicken und die Option **Neu definieren** wählen. Es öffnet sich das in Abbildung 9.10 dargestellte Fenster.

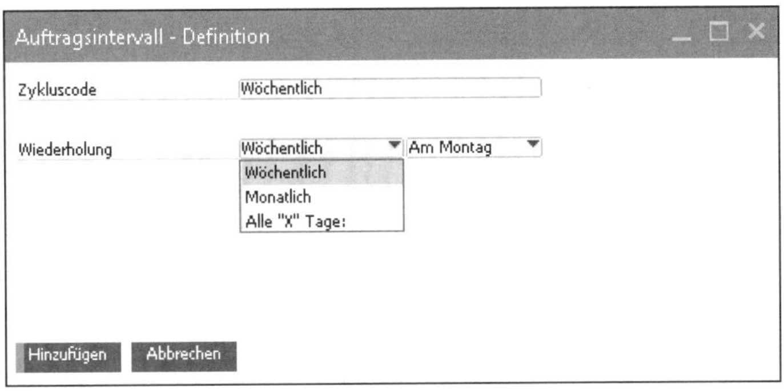

Abbildung 9.10: Auftragsintervalle definieren

- **Eingabefeld »Zykluscode«**
  Geben Sie einen sprechenden Namen mit bis zu 20 Zeichen für das Auftragsintervall an.
- **Auswahlfeldgruppe »Wiederholung«**
  Folgende Kombinationen stehen zur Verfügung:
  - **Wöchentlich**: Wochentag
  - **Monatlich**: die Tage vom 1. bis zum 31.
  - **Alle "X" Tage**: eine Zahl, die die Länge des Zyklus beschreibt

Speichern Sie das neue Auftragsintervall mit einem Klick auf den Button **Hinzufügen**.

- **Eingabefeld »Auftragsvielfaches«**
  Dieses Feld beschreibt die Losgröße, die beschafft werden soll. Die Materialbedarfsplanung wird immer ein Vielfaches dieser Menge vorschlagen.

- **Eingabefeld »Mindestauftragsmenge«**
  Beschreibt die Menge, die mindestens bestellt oder produziert werden muss. Auch hier wird die Materialbedarfsplanung die Bestellmenge, wenn notwendig, automatisch erhöhen.

  Die Felder **Auftragsvielfaches** und **Mindestauftragsmenge** kommen kombiniert zur Anwendung, wie das Beispiel in Tabelle 9.1 zeigt.

Lagerbestand	0
Auftragsvielfaches	10
Kundenauftrag	4
Ergebnis der Materialbedarfsplanung	**10**
zusätzliche Mindestauftragsmenge	20
Ergebnis der Materialbedarfsplanung	**20**

Tabelle 9.1: Beispiel Auftragsvielfaches und Mindestauftragsmenge

- **Eingabefeld »Prüfregel«**
  Dieses Feld steht ab der Version 10.0 grundsätzlich immer im Artikelstamm zur Verfügung. Es ist für die Lieferplanverwaltung relevant und wird in Kapitel 6, »Verkauf«, beschrieben.
- **Eingabefeld »Durchlaufzeit«**
  Die Durchlaufzeit definiert die Wiederbeschaffungstage des Materials, wenn es gekauft wird, bzw. die Durchlaufzeit eines Halb- oder Fertigprodukts, wenn es hergestellt wird. Zur Errechnung des Bestellzeitpunkts oder Produktionsauftrags startet das Programm zunächst mit dem Zeitpunkt des Bedarfs, z. B. dem Lieferdatum eines Kundenauftrags, der in die Materialbedarfsplanung einfließt. Von diesem wird die Durchlaufzeit in Tagen abgezogen, wobei Wochenenden nicht mitgezählt werden. Dieses Datum ergibt den vom Programm vorgeschlagenen Bestellzeitpunkt oder Start des Produktionsprozesses. Dieser Algorithmus beschreibt die einfachste Form der Ermittlung des Bestellzeitpunkts. Er gilt unter folgenden Vorbehalten:
  - Es wird nicht mit Intervallen gearbeitet (siehe Abschnitt 9.2, »Grundsatzentscheidungen«).
  - Die Feiertagstabelle ist wie in Abbildung 9.3 definiert.

[zB]

Bestellzeitpunkt ermitteln

Das folgende Beispiel illustriert die Berechnung des Bestellzeitpunkts:

- Durchlaufzeit: 10 Tage
- Lieferdatum laut Kundenauftrag: 15.07.2024

- Dispositionsassistent durchgeführt am: 10.06.2024
- Empfehlung für Lieferantenbestellung: 01.07.2024

Unter Abzug der beiden Samstage und Sonntage wird der Bestellzeitpunkt so gewählt, dass das Material am 10. Tag nach der Bestellung eintrifft.

- **Eingabefeld »Toleranztage«**
  Dieses Feld gibt an, für wie viele Tage das Fälligkeitsdatum eines Bedarfsauslösers in die Zukunft verschoben werden darf, um zu prüfen, ob der Bedarf nicht durch einen späteren Bedarfsdecker befriedigt werden kann, ohne selbst eine Bestellung auszulösen. Beispiel: Der Bedarf besteht für den Ersten des Monats. Eine Eingangslieferung wird für den Dritten des Monats erwartet. Sind die Toleranztage 0, wird zur Deckung des Bedarfs eine Bestellung ausgelöst. Sind die Toleranztage 3, wird keine Bestellung ausgelöst. Der Bedarf kann – etwas später – aus den bestehenden Bestellungen befriedigt werden.

Beachten Sie, dass diese Einstellungen für jeden neu angelegten Artikel, der mit der Materialbedarfsplanung geplant werden soll, vorgenommen werden müssen. Eine Vorbesetzung von Feldern für neu angelegte Artikel ist de facto nicht vorgesehen.

9.1.3 Vorbereitung der Prognose

In Abschnitt 9.1.2, »Vorbereitungen im Artikelstamm«, haben Sie erfahren, wie Sie die Materialbedarfsplanung mithilfe der *erforderlichen Menge* steuern können. Es handelt sich dabei um eine Zahl, die über ein gesamtes Wirtschaftsjahr konstant bleibt. In vielen Unternehmen entspricht das nicht den realen Anforderungen; saisonale Schwankungen führen dazu, dass die erforderliche Menge im Jahresablauf veränderlich ist. Diesem Umstand können Sie durch Prognosen Rechnung tragen. Wie Sie in Abschnitt 9.3, »Dispositionsassistent«, sehen werden, kann die Prognose ebenso ein Bedarfsauslöser sein wie z. B. Kundenaufträge, Rahmenverträge, Produktionsaufträge etc.

Bevor wir uns detailliert mit Prognosen befassen, müssen jedoch einige Grundsatzüberlegungen angestellt werden.

Wie kommen Prognosen zustande?

Grundsätzlich kann es für Prognosen drei Entstehungsmöglichkeiten geben:

1. Sie geben die Prognose *manuell* ein. Das wird der übliche Weg sein, wenn Sie mit SAP Business One neu beginnen, bzw. in der ersten Zeit des Einsatzes der Materialbedarfsplanung.
2. Sie verändern eine bestehende historische Prognose durch *prozentuale Auf- oder Abwertung*. Dabei werden Sie vom Programm unterstützt, das dafür eine spezielle Funktion zur Verfügung stellt, die Sie im Folgenden kennenlernen werden. Diese Methode

eignet sich gut, wenn Sie denken, dass die Verbräuche eines Materials sich in Zukunft verändern werden. Genau genommen, entsteht durch diese Methode keine neue Prognose, es wird lediglich die Menge einer bestehenden Prognose an geänderte Erwartungen angepasst.

3. Sie generieren eine Prognose *auf Basis historischer Verbräuche*. Diese Methode liefert in der Regel – je nach Länge der Historie – die besten Ergebnisse. Beachten Sie aber, dass viele Materialien ihre Produktlebenszyklen haben, die von der automatisch generierten Prognose nicht unbedingt erkannt werden. Methode 3 ähnelt Methode 2, lediglich die Datenquellen sind unterschiedlich (historische Prognosen vs. historische Abverkäufe).

Prognosen sind also nicht nur Stammdaten im engeren Sinne; durch die vielfältigen Möglichkeiten, sie automatisch berechnen zu lassen, erzeugen Sie in komplexen Prozessen auch schon Bewegungsdaten.

[»]

Intelligente Prognosen in SAP-HANA-basierten Systemen

In SAP-HANA-basierten Systemen steht Ihnen als Zusatzoption der Generierung von Prognosen auf Basis historischer Daten auch die Option **Intelligente Prognose erzeugen** zur Verfügung. Hier werden statistische Prognosen auf Basis fertiger Modelle zur Verfügung gestellt: TESM (*Triple Exponential Smoothing*) und LRDTSA (*Linear Regression with Damped Trend and Seasonal Adjust*). Der Vorteil dieser *intelligenten Prognosen* liegt darin, dass die historischen Daten und die daraus resultierenden Vorschläge visualisiert werden und diese Visualisierung unmittelbar bearbeitet werden kann. Details dazu finden Sie weiter unten in diesem Kapitel (siehe Abbildung 9.24).

Weitere Informationen dazu finden Sie am Ende dieses Abschnitts im Abschnitt »Eine intelligente Prognose erstellen (nur für SAP-HANA-basierte Systeme)«.

Wie verbindet man Artikel mit Prognosen?

Die Verbindung von Artikeln mit Prognosen erfolgt im Zuge der Durchführung des Dispositionsassistenten. Dieser basiert auf Szenarien. Das ist eine Zusammenfassung aller Parameter, die für einen spezifischen Dispositionslauf gelten sollen. Unter diesen Parametern befinden sich unter anderen das Set an Materialien, das disponiert werden soll, und die Prognose, die zur Anwendung kommt.

Der Zusammenhang wird in Abbildung 9.11 deutlich:

1. Der *Dispositionsassistent* kann eine beliebige Zahl von Szenarien verwalten.
2. Ein Szenario ist eine Sammlung von Parametern, die letztlich zu einer *Auftragsempfehlung* – also zur Empfehlung, etwas zu bestellen oder zu produzieren – führen.

3. Die Parameter beschreiben unter anderem die Artikel, für die eine *Auftragsempfehlung* erzeugt werden soll (in Abbildung 9.11 als »Set von Artikeln« bezeichnet), und die *Prognose*, die dafür zur Anwendung kommen soll. Damit ist das Szenario die Klammer zwischen Artikeln und ihren zugehörigen Prognosen.

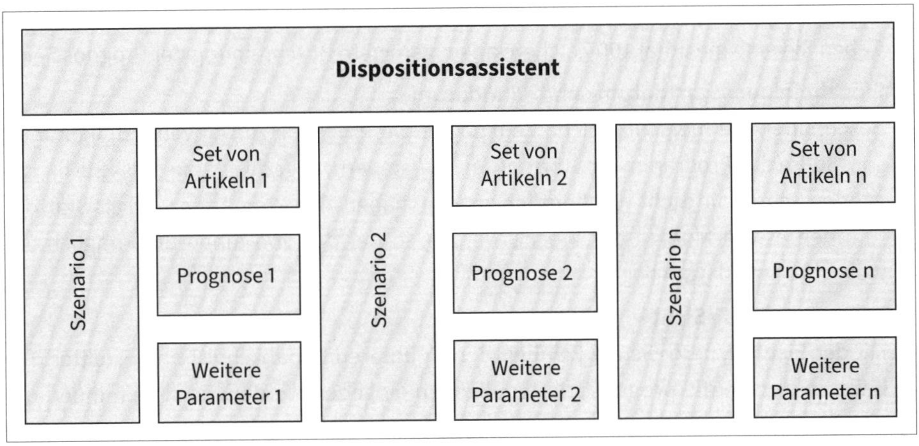

Abbildung 9.11: Zusammenhang zwischen Artikeln und ihren Prognosen

Eine Prognose manuell neu erstellen

Prognosen werden über den Pfad **Materialbedarfsplanung • Prognosen** angelegt. Abbildung 9.12 zeigt eine manuell angelegte Prognose für das zweite Halbjahr 2024. Es ist zu erkennen, dass von einem schwachen Geschäftsgang in den Sommermonaten ausgegangen wird, der im Herbst leicht anzieht, um am Jahresende seinen Höhepunkt zu erreichen. Das Ziel ist also, dass die Auftragsempfehlungen, die durch das Programm laufen, ansteigen, um eine kontinuierliche Lieferfähigkeit bei gleichzeitig möglichst geringen Lager- und Kapitalkosten zu gewährleisten.

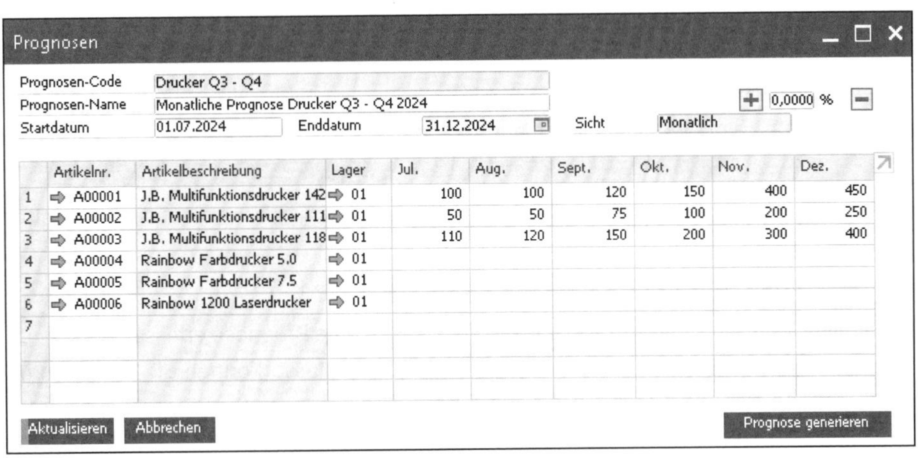

Abbildung 9.12: Eine Prognose manuell anlegen

Folgende Felder müssen bei der manuellen Bearbeitung berücksichtigt werden:

- **Eingabefeld »Prognosen-Code«**
  Geben Sie einen 16-stelligen, möglichst sprechenden Code ein, unter dem die Prognose gespeichert werden soll.
- **Eingabefeld »Prognosen-Name«**
  Geben Sie eine maximal 100 Zeichen lange, genauere Beschreibung der Prognose ein.
- **Eingabefelder »Startdatum« und »Enddatum«**
  Beschreiben Sie hier, für welche Zeitspanne die Prognose zur Anwendung kommen soll. Sollte das Programm Ihr Startdatum übersteuern, liegt das daran, dass Sie im folgenden Schritt die **Sicht Wöchentlich** gewählt haben. Das Programm wird als Startdatum den ersten Montag der Woche wählen, in der das von Ihnen ursprünglich gewünschte Startdatum liegt.
- **Dropdown-Feld »Sicht«**
  Mit der Sicht steuern Sie die Feinheit der im unteren Bildabschnitt dargestellten Tabelle, in der Sie die prognostizierten Mengen eingeben werden. Es stehen Ihnen die Sichten **Täglich**, **Wöchentlich** oder **Monatlich** zur Verfügung. Je nach gewählter Sicht werden in der Prognosetabelle die Tage, Wochen oder Monate innerhalb des Startdatums und des Enddatums angezeigt.

  Sie können grundsätzlich jedes Feld einer einmal gespeicherten Prognose zu einem späteren Zeitpunkt verändern, lediglich die einmal gewählte Sicht ist nicht mehr editierbar.

[!]

Sicht und Zyklus der Materialplanung abstimmen

Beachten Sie, dass eine feine Sicht (z. B. Tage oder Wochen) sich auch organisatorisch widerspiegeln muss. Eine wöchentliche Sicht wird in der Regel zu wöchentlich schwankenden Bedarfen führen. Es sollte also mindestens wöchentlich eine Materialbedarfsplanung stattfinden. Die Durchlaufzeiten der zu bestellenden Artikel sollten in diesem Fall eine (Arbeits-)Woche nicht überschreiten. Korrelieren Sicht, Bestellzyklus und Durchlaufzeit nicht, wird es mit hoher Wahrscheinlichkeit zu unerfüllbaren Bestellungen hinsichtlich des geplanten Lieferdatums kommen.

In der Prognosetabelle müssen die im Folgenden beschriebenen Felder bearbeitet werden.

- **Eingabefeld »Artikelnr.«**
  Geben Sie die Nummer des Artikels ein, für den Sie eine Prognose erfassen wollen. Da eine Prognose in der Regel mehr als einen Artikel umfasst, können Sie hier auch im Matchcode, den Sie durch Drücken der [Tab]-Taste im leeren Feld auslösen, mehrere Artikel gleichzeitig auswählen. Markieren Sie im Matchcode-Fenster den ersten Artikel des gewünschten Bereichs mit einem einfachen Mausklick. Danach markieren Sie den

letzten Artikel des gewünschten Bereichs ebenfalls mit einem einfach Mausklick. Der gewählte Bereich wird gelb hinterlegt dargestellt (siehe Abbildung 9.13).

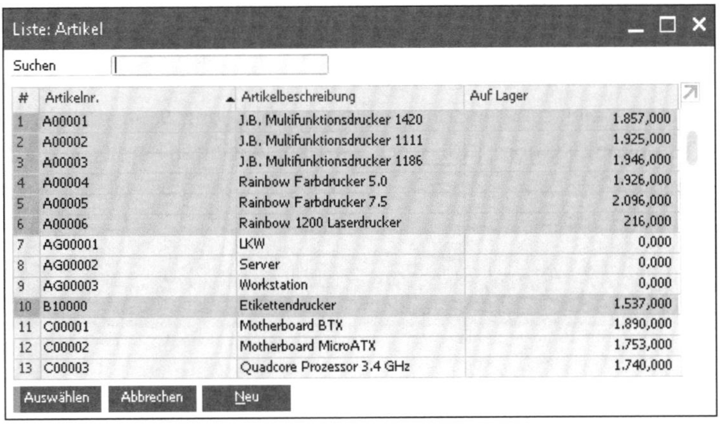

Abbildung 9.13: Mehrfachauswahl von Artikeln

Klicken Sie auf den Button **Auswählen**, und die gewählten Artikel werden in die Prognosetabelle übernommen. Befinden sich die gewünschten Artikel nicht in einem geschlossenen Bereich des Matchodes, wählen Sie die benötigten Artikel aus, indem Sie mit gedrückter `Strg`-Taste einfach die entsprechenden Artikel anklicken. Die beiden Methoden lassen sich auch kombinieren, indem Sie zunächst einen geschlossenen Bereich auswählen und danach die »Ausreißer« markieren und auswählen.

- **Eingabefelder »Lager«**
  Nachdem Sie die Artikel ausgewählt haben, wird die Spalte **Lager** vom Programm automatisch befüllt. Entweder Sie haben für Artikel ein Standardlager definiert; dann wird dieses vorbesetzt. Oder Sie haben kein Lager vorbesetzt; dann wird das erste Lager aus dem Artikelstamm vorbesetzt.

  Sie können das Lager bearbeiten, wenn die Prognose nicht für das vorgeschlagene, sondern für ein anderes Lager erfasst werden soll. Wahlweise können Sie auch Prognosen für mehr als ein Lager pro Artikel erfassen. In diesem Fall wählen Sie den Artikel ein weiteres Mal aus. Das Programm wird darauf hinweisen, dass dieser Artikel in der Tabelle bereits existiert. Sie können danach in der neu hinzugefügten Liste den Lagercode auf einen noch nicht verwendeten editieren. Das Hinzufügen der Prognose mit zwei gleichen Artikeln und zwei gleichen Lagercodes wird vom Programm nicht akzeptiert. In diesem Fall müssen Sie entweder den Lagercode in einen noch nicht verwendeten ändern oder die Zeile löschen.

- **Eingabefelder für die Prognosen pro Sicht**
  Je nach gewählter Sicht und Prognoseperiode steht Ihnen nun pro Artikel eine Reihe von Spalten zur Verfügung, in die Sie den prognostizierten Bedarf pro Zeitraum eingeben.

  Schließen Sie die Eingabe der Prognosewerte durch einen Klick auf **Hinzufügen** ab.

Alternativ zu einer rein manuellen Eingabe kann die Prognose auch in einer externen Kalkulation, z. B. in Microsoft Excel, erstellt werden, um anschließend in das Prognosebild kopiert zu werden. Sollen z. B. die fehlenden Zeilen in Abbildung 9.12 aus einem Microsoft-Excel-Arbeitsblatt kopiert werden, markieren Sie zunächst den Bereich des Arbeitsblatts, der kopiert werden soll. Zellanzahl und -struktur der Quelle müssen mit der Zellanzahl und -struktur des Ziels übereinstimmen (siehe Abbildung 9.14). Drücken Sie anschließend die Tastenkombination [Strg]+[C], um den gewählten Bereich in die Zwischenablage zu kopieren.

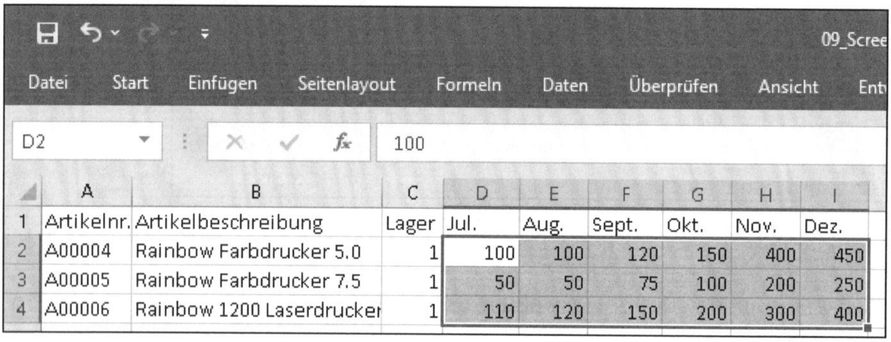

Abbildung 9.14: Prognose in der externen Quelle markieren

Klicken Sie dann mit der Maustaste in die oberste linke Zelle des Zielbereichs, in das der Inhalt der Zwischenablage kopiert werden soll, und drücken Sie [Strg]+[V], oder wählen Sie aus dem Kontextmenü (rechte Maustaste) die Option **Einfügen** (siehe Abbildung 9.15).

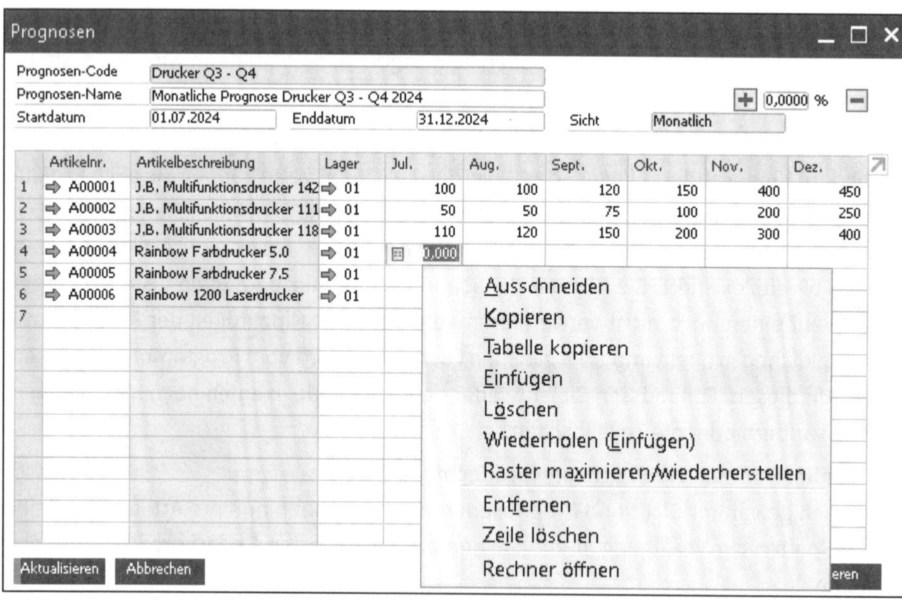

Abbildung 9.15: Prognose aus Excel einfügen

Die Prognose ist nun abgeschlossen und kann durch einen Klick auf den Button **Aktualisieren** gespeichert werden.

Eine bestehende Prognose adaptieren

Wie schon erwähnt, können Sie die Mengen pro Periode in einer bestehenden Prognose jederzeit manuell editieren. Für größere Prognosen, die sich über einen längeren Zeitraum erstrecken und eine feine Sicht haben, kann das aufwendig werden. Das Programm unterstützt Sie dabei, indem es eine prozentuale Aufwärts- oder Abwärtsbewegung der Prognosen ermöglicht. Gehen Sie dazu vor, wie in Abbildung 9.16 dargestellt.

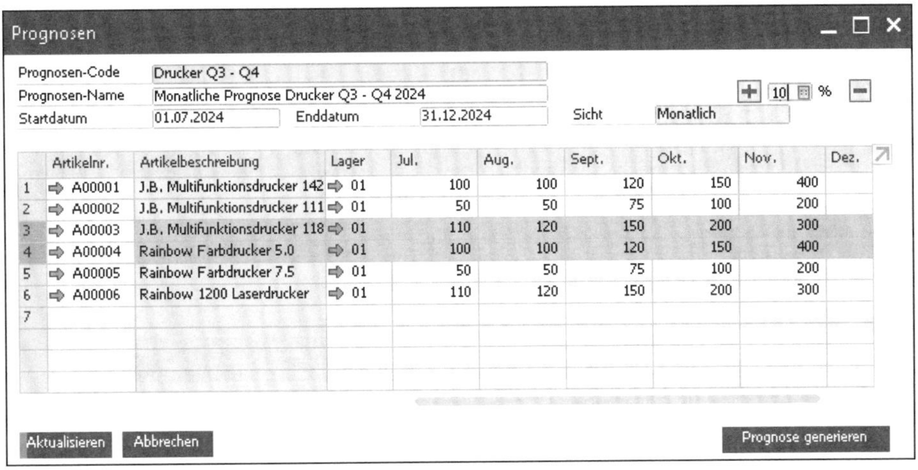

Abbildung 9.16: Prognosen prozentual verändern

Markieren Sie zunächst die Zeilen, die verändert werden sollen, indem Sie in der Tabelle die Zeilennummer im linken Tabellenbereich anklicken. Es stehen Ihnen wie immer die Tastenkombinationen Mausklick + ⇧ bzw. + Strg zur Verfügung, sodass Sie geschlossene oder gestreute Bereiche in der Tabelle markieren können. In unserem Fall glauben wir, dass wir Farbdrucker besser verkaufen können, und wollen die Prognose um 10 % erhöhen. Geben Sie daher im Eingabefeld rechts oben (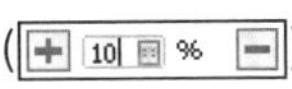) »10« ein. Klicken Sie danach auf den Plus-Button. Das Ergebnis der Berechnung wird nun unmittelbar in der Tabelle dargestellt. Speichern Sie die adaptierte Prognose mit einem Klick auf den **Aktualisieren**-Button.

Eine Prognose aus der Historie ableiten

Starten Sie mit der automatisch aus der Historie abgeleiteten Prognose so, wie Sie auch bei einer manuell angelegten Prognose starten würden, vergeben Sie also einen **Prognosen-Code**, einen **Prognosen-Namen**, definieren Sie **Start-** und **Enddatum**, und legen Sie die **Sicht** fest.

Nun wird aber die Tabelle – noch – nicht mit Artikeln gefüllt, stattdessen klicken Sie auf den Button **Prognose generieren** in der rechten unteren Ecke der Eingabemaske (in Abbildung 9.16), um das Definitionsfenster für die Generierung von Prognosen zu öffnen (siehe Abbildung 9.17).

Der folgende Programmteil ist im vorliegenden Release 10.0 sehr fehlertolerant, was die Überprüfung Ihrer Eingaben betrifft, es ist daher beim Nachvollziehen des Beispiels wichtig, den Angaben genau zu folgen, um ein Ergebnis zu erzielen.

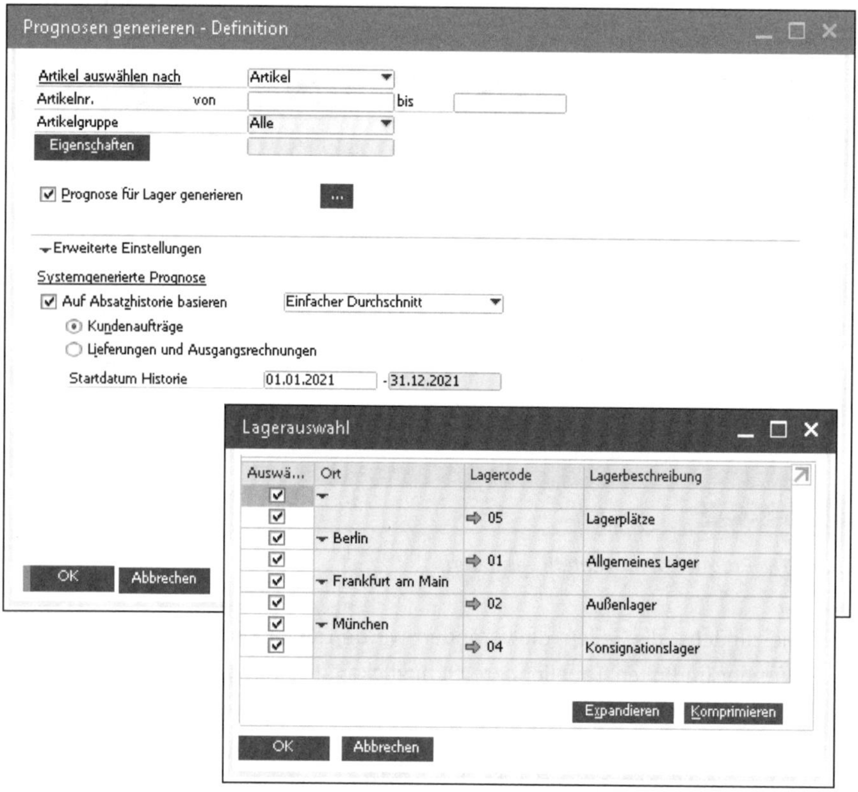

Abbildung 9.17: Prognosen generieren

Im obersten Bildabschnitt wählen Sie die Artikel, für die eine Prognose erstellt werden soll. In diesem Programmteil können Sie nur geschlossene Bereiche (von/bis) auswählen, eine punktuelle Auswahl mittels `Strg` + Mausklick ist nicht möglich. Sie können aber sehr wohl Auswahlkriterien kombinieren. So können Sie z. B. zunächst einen größeren Artikelbereich wählen und dann durch zusätzliche Eingabe einer Artikelgruppe oder einer oder mehrerer Artikeleigenschaften den Auswahlbereich weiter einschränken. In der Praxis wird es sinnvoll sein, eine Selektion über Artikelgruppen oder Eigenschaften vorzunehmen. Die folgenden Möglichkeiten und Kombinationen stehen Ihnen für die Artikelauswahl zur Verfügung:

- **Dropdown »Artikel auswählen nach«**
  Mit der Option **Artikel** können Sie die Auswahlkriterien Artikelnummer, Artikelgruppe und Artikeleigenschaften nutzen. Mit der Option **Bevorzugter Lieferant** stehen Ihnen die Lieferantennummer, die Lieferantengruppe und die Geschäftspartnereigenschaften zur Verfügung. Achtung: Nicht jeder Artikel muss einen bevorzugten Lieferanten haben, und das ist auch nicht notwendig, um einen Artikel in der Materialbedarfsplanung zu disponieren. Sie könnten mit dieser Option also unbeabsichtigt und unbemerkt Artikel ausschließen, für die Sie eigentlich eine Prognose möchten.

  Mit der Option **Standardlager** können Sie Artikel nach Lager auswählen. Auch hier gilt: Nicht jeder Artikel muss ein Standardlager haben, und es ist auch keine Voraussetzung für die Materialbedarfsplanung. Auch hier kann es also zu einer unbeabsichtigten Extraktion von eigentlich zu disponierenden Artikeln kommen.

  Die einzelnen Selektionsfelder werden nicht beschrieben, da sie selbsterklärend sind und im gesamten Programm in der gleichen Art funktionieren.
- **Checkbox »Prognose für Lager generieren«**
  Im vorliegenden Release 10.0 kann die Checkbox nicht deaktiviert werden. Sowohl ein Klick auf die Checkbox als auch ein Klick auf den Button rechts daneben [...] öffnet das Fenster **Lagerauswahl** (siehe Abbildung 9.17). Sie haben zwar die Möglichkeit, kein Lager auszuwählen, ohne dass ein entsprechender Hinweis gegeben wird, es würden dann allerdings auch keine Prognosen erstellt werden. Es ist also wichtig, die Lager zu wählen, für deren Bestände Prognosen zur Bedarfsermittlung herangezogen und für die Auftragsempfehlungen erzeugt werden sollen.
- **Expansionsdreieck [▸] »Erweiterte Einstellungen«**
  Auch in diesem Programmteil ist es unbedingt notwendig, Einstellungen vorzunehmen, wenn eine Prognose erzeugt werden soll. Eine Bestätigung ohne weitere Parameter ist möglich, führt aber zu keinem Ergebnis.
- **Checkbox »Auf Absatzhistorie basieren«**
  Aktivieren Sie diese Checkbox, um weitere – notwendige – Einstellungen vornehmen zu können. Sie können in der nun aktiven Dropdown-Liste zwischen zwei Optionen wählen:
  - Die Option **Einfacher Durchschnitt** addiert die gewählten Transaktionen und dividiert sie durch die Anzahl der Sichten, die im gewählten Zeitraum liegen. Das Ergebnis ist die Prognose pro Sicht (siehe Abbildung 9.18).
  - Die Option **Monatshistorie** überträgt die historischen Absätze je nach Sicht in die äquivalenten Sichten der Prognose (siehe Abbildung 9.19). »Äquivalent« bedeutet, dass die erste historische Sicht zur ersten Prognosesicht wird, unabhängig vom relativen Datum (Tag/Monat) der beiden Zeitspannen.

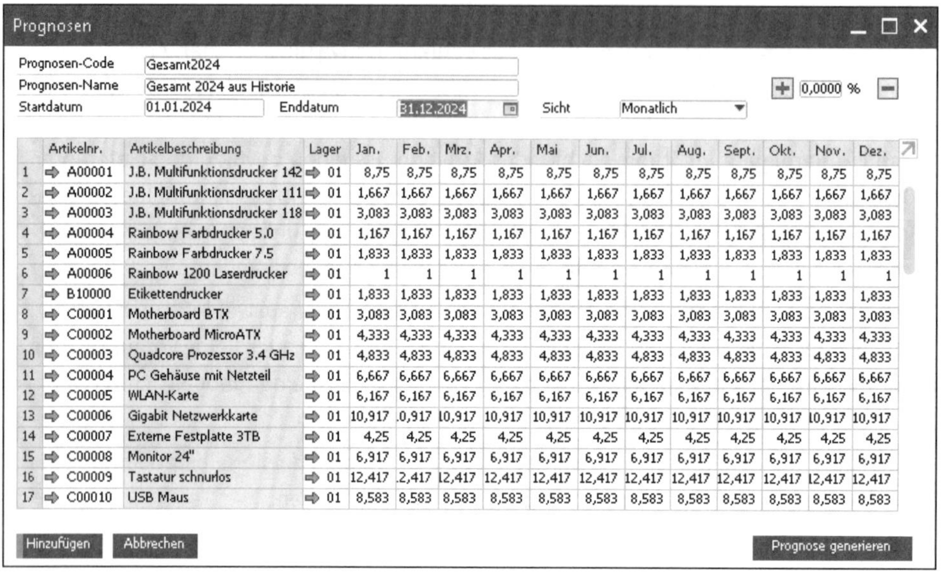

Prognosen

Prognosen-Code: Gesamt2024
Prognosen-Name: Gesamt 2024 aus Historie
Startdatum: 01.01.2024 Enddatum: 31.12.2024 Sicht: Monatlich
0,0000 %

	Artikelnr.	Artikelbeschreibung	Lager	Jan.	Feb.	Mrz.	Apr.	Mai	Jun.	Jul.	Aug.	Sept.	Okt.	Nov.	Dez.
1	A00001	J.B. Multifunktionsdrucker 142	01	8,75	8,75	8,75	8,75	8,75	8,75	8,75	8,75	8,75	8,75	8,75	8,75
2	A00002	J.B. Multifunktionsdrucker 111	01	1,667	1,667	1,667	1,667	1,667	1,667	1,667	1,667	1,667	1,667	1,667	1,667
3	A00003	J.B. Multifunktionsdrucker 118	01	3,083	3,083	3,083	3,083	3,083	3,083	3,083	3,083	3,083	3,083	3,083	3,083
4	A00004	Rainbow Farbdrucker 5.0	01	1,167	1,167	1,167	1,167	1,167	1,167	1,167	1,167	1,167	1,167	1,167	1,167
5	A00005	Rainbow Farbdrucker 7.5	01	1,833	1,833	1,833	1,833	1,833	1,833	1,833	1,833	1,833	1,833	1,833	1,833
6	A00006	Rainbow 1200 Laserdrucker	01	1	1	1	1	1	1	1	1	1	1	1	1
7	B10000	Etikettendrucker	01	1,833	1,833	1,833	1,833	1,833	1,833	1,833	1,833	1,833	1,833	1,833	1,833
8	C00001	Motherboard BTX	01	3,083	3,083	3,083	3,083	3,083	3,083	3,083	3,083	3,083	3,083	3,083	3,083
9	C00002	Motherboard MicroATX	01	4,333	4,333	4,333	4,333	4,333	4,333	4,333	4,333	4,333	4,333	4,333	4,333
10	C00003	Quadcore Prozessor 3.4 GHz	01	4,833	4,833	4,833	4,833	4,833	4,833	4,833	4,833	4,833	4,833	4,833	4,833
11	C00004	PC Gehäuse mit Netzteil	01	6,667	6,667	6,667	6,667	6,667	6,667	6,667	6,667	6,667	6,667	6,667	6,667
12	C00005	WLAN-Karte	01	6,167	6,167	6,167	6,167	6,167	6,167	6,167	6,167	6,167	6,167	6,167	6,167
13	C00006	Gigabit Netzwerkkarte	01	10,917	.0,917	10,917	10,917	10,917	10,917	10,917	10,917	10,917	10,917	10,917	10,917
14	C00007	Externe Festplatte 3TB	01	4,25	4,25	4,25	4,25	4,25	4,25	4,25	4,25	4,25	4,25	4,25	4,25
15	C00008	Monitor 24"	01	6,917	6,917	6,917	6,917	6,917	6,917	6,917	6,917	6,917	6,917	6,917	6,917
16	C00009	Tastatur schnurlos	01	12,417	.2,417	12,417	12,417	12,417	12,417	12,417	12,417	12,417	12,417	12,417	12,417
17	C00010	USB Maus	01	8,583	8,583	8,583	8,583	8,583	8,583	8,583	8,583	8,583	8,583	8,583	8,583

Hinzufügen Abbrechen Prognose generieren

Abbildung 9.18: Ergebnis der Option »Einfacher Durchschnitt«

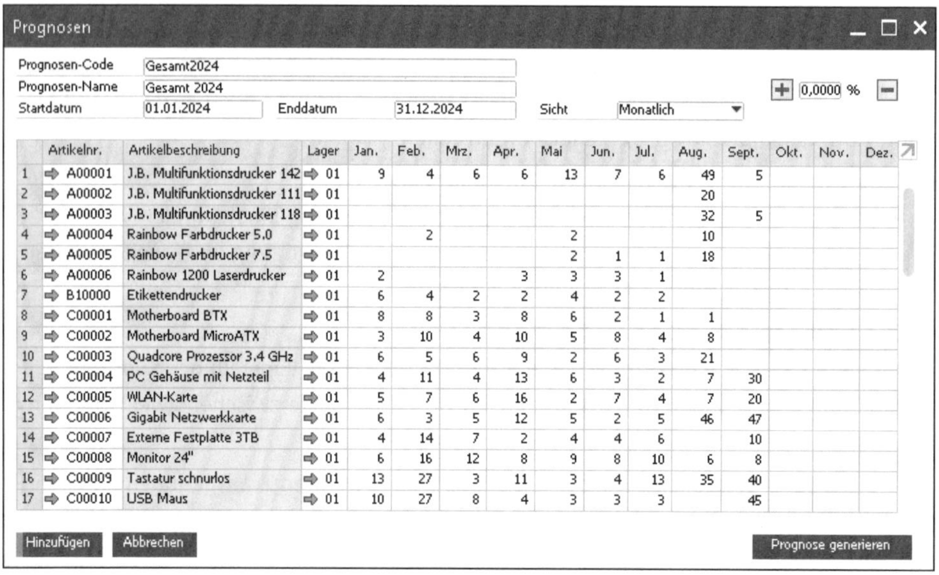

Prognosen

Prognosen-Code: Gesamt2024
Prognosen-Name: Gesamt 2024
Startdatum: 01.01.2024 Enddatum: 31.12.2024 Sicht: Monatlich
0,0000 %

	Artikelnr.	Artikelbeschreibung	Lager	Jan.	Feb.	Mrz.	Apr.	Mai	Jun.	Jul.	Aug.	Sept.	Okt.	Nov.	Dez.
1	A00001	J.B. Multifunktionsdrucker 142	01	9	4	6	6	13	7	6	49	5			
2	A00002	J.B. Multifunktionsdrucker 111	01								20				
3	A00003	J.B. Multifunktionsdrucker 118	01								32	5			
4	A00004	Rainbow Farbdrucker 5.0	01		2			2			10				
5	A00005	Rainbow Farbdrucker 7.5	01					2	1	1	18				
6	A00006	Rainbow 1200 Laserdrucker	01	2			3	3	3	1					
7	B10000	Etikettendrucker	01	6	4	2	2	4	2	2					
8	C00001	Motherboard BTX	01	8	8	3	8	6	2	1	1				
9	C00002	Motherboard MicroATX	01	3	10	4	10	5	8	4	8				
10	C00003	Quadcore Prozessor 3.4 GHz	01	6	5	6	9	2	6	3	21				
11	C00004	PC Gehäuse mit Netzteil	01	4	11	4	13	6	3	2	7	30			
12	C00005	WLAN-Karte	01	5	7	6	16	2	7	4	7	20			
13	C00006	Gigabit Netzwerkkarte	01	6	3	5	12	5	2	5	46	47			
14	C00007	Externe Festplatte 3TB	01	4	14	7	2	4	4	6		10			
15	C00008	Monitor 24"	01	6	16	12	8	9	8	10	6	8			
16	C00009	Tastatur schnurlos	01	13	27	3	11	3	4	13	35	40			
17	C00010	USB Maus	01	10	27	8	4	3	3	3		45			

Hinzufügen Abbrechen Prognose generieren

Abbildung 9.19: Ergebnis der Tage-/Wochen-/Monatshistorie

- **Radiobutton »Kundenaufträge«**
  Aktivieren Sie diesen Radiobutton (siehe Abbildung 9.17), wird das Programm die Prognose anhand der beauftragten Mengen errechnen. Da nicht zwingend jeder Auftrag auch zu einem Lieferschein oder einer Rechnung führt, kann die Prognose gegebenenfalls höher sein als die historischen Absatzmengen.

- **Radiobutton »Lieferungen und Ausgangsrechnungen«**
  Analog zu den oben beschriebenen Kundenaufträgen werden nun Rechnungen und noch nicht abgerechnete Lieferscheine als Grundlage der Prognose herangezogen. Auch hier kann es zu Abweichungen von der oben beschriebenen Option kommen, da z. B. Retouren und Gutschriften unberücksichtigt bleiben.
- **Eingabefeld »Startdatum Historie«**
  Geben Sie hier den ersten Tag des zu betrachtenden historischen Zeitraums ein. Auch hier ist es wieder möglich, dass das Programm Ihre Eingabe leicht korrigiert, um bei der wöchentlichen Sicht den ersten möglichen Montag zu wählen. Das Enddatum des Zeitraums wird das Programm automatisch setzen. Es wird die Anzahl der Sichten im Prognosezeitraum auf den historischen Zeitraum projizieren und so sicherstellen, dass historischer Zeitraum und prognostizierter Zeitraum deckungsgleich sind. Abbildung 9.20 zeigt eine zulässige Kombination von Historienzeitraum und Prognosezeitraum – die Sichten (in diesem Fall Monate) sind identisch. Die Anzahl der Sichten ist gleich. Die unterschiedlichen Startzeitpunkte (Januar vs. April) sind für das Programm akzeptabel.

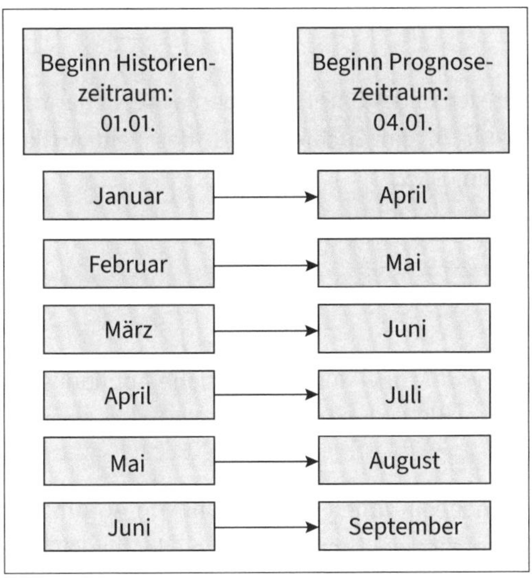

Abbildung 9.20: Abweichung von Historienzeitraum und Prognosezeitraum

Nachdem Sie alle Einstellungen vorgenommen haben, bestätigen Sie sie mit einem Klick auf den **OK**-Button. Das Definitionsfenster wird geschlossen, und die Prognosen werden nun in die jeweiligen Sichten pro Artikel geschrieben (siehe Abbildung 9.18 und Abbildung 9.19). Vergessen Sie nicht, nun auch im Prognosefenster die Prognose über den Button **Hinzufügen** zu speichern.

Eine intelligente Prognose erstellen (nur für SAP-HANA-basierte Systeme)

Wie eingangs erwähnt, verfügt SAP Business One in der Version für SAP HANA über eine weitere Option, Prognosen zu erzeugen – die *intelligente Prognose*.

Das Bild zur Eingabe einer Prognose unterscheidet sich zunächst nicht von der Microsoft-SQL-basierten Version. Hinter dem Button **Prognose generieren** verbergen sich nun aber zwei Optionen (siehe Abbildung 9.21):

- Die **Basisprognose** entspricht in ihrem Funktionsumfang exakt der obigen Beschreibung des Generierens von Prognosen.
- Die **Intelligente Prognose** nutzt die Leistungsfähigkeit von SAP HANA und wird im Folgenden im Detail beschrieben.

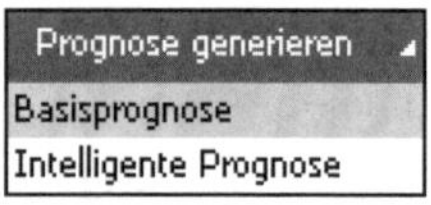

Abbildung 9.21: Start der Funktion »Intelligente Prognose«

Wenn Sie die Option **Intelligente Prognose** wählen, ähnelt das Bild in Bezug auf die Eingaben (aber nicht die weiteren Optionen) zunächst den Basisprognosen, wie bereits oben beschrieben. Eine Detailbeschreibung finden Sie daher hier nicht, es sind lediglich drei Unterschiede anzumerken.

Die Auswahl über den Matchcode verhält sich in der SAP-Fiori-Oberfläche, in der wir uns gerade befinden, etwas anders. Wenn Sie in ein Suchfeld, z. B. das Feld **Artikelnr.**, klicken, erscheint eine Lupe (siehe Abbildung 9.22.

Abbildung 9.22: Artikelsuche mit SAP Fiori

Klicken Sie auf die Lupe, können Sie den **von**-Artikel auswählen (siehe Abbildung 9.23). Klicken Sie auf den **OK**-Button, um die Auswahl zu bestätigen. Wiederholen Sie den gesamten Vorgang im **bis**-Feld.

Das Dropdown-Feld **Bewert.methode** ermöglicht Ihnen die Auswahl von **Automatische Auswahl**, in diesem Fall wird das SAP-System im weiteren Verlauf eine der beiden folgenden Bewertungsmethoden automatisch wählen. Sie können diese Auswahl pro Artikel manuell übersteuern. Darüber hinaus steht die Option **TESM** (Triple Exponential Smoothing) zur Verfügung. Bei der dritten Option handelt es sich um **LRDTSA** (Linear Regression with Damped Trend and Seasonal Adjust). TESM und LRDTSA sind in SAP HANA enthaltene Prognosemodelle, die historische Daten glätten (TESM) und versuchen, saisonale Schwankungen in der Prognose zu berücksichtigen (LRDTSA). Details dazu und zu den Parametern dieser Modelle sind ein weiterführendes Thema, das Sie mit Ihrem Consultant erarbeiten sollten.

Im Gegensatz zur herkömmlichen Generierung von Prognosen ist in der intelligenten Prognose die Verkaufshistorie feiner gegliedert; Lieferung und Ausgangsrechnung sind separiert und nicht mehr zu einer Auswahl zusammengefasst.

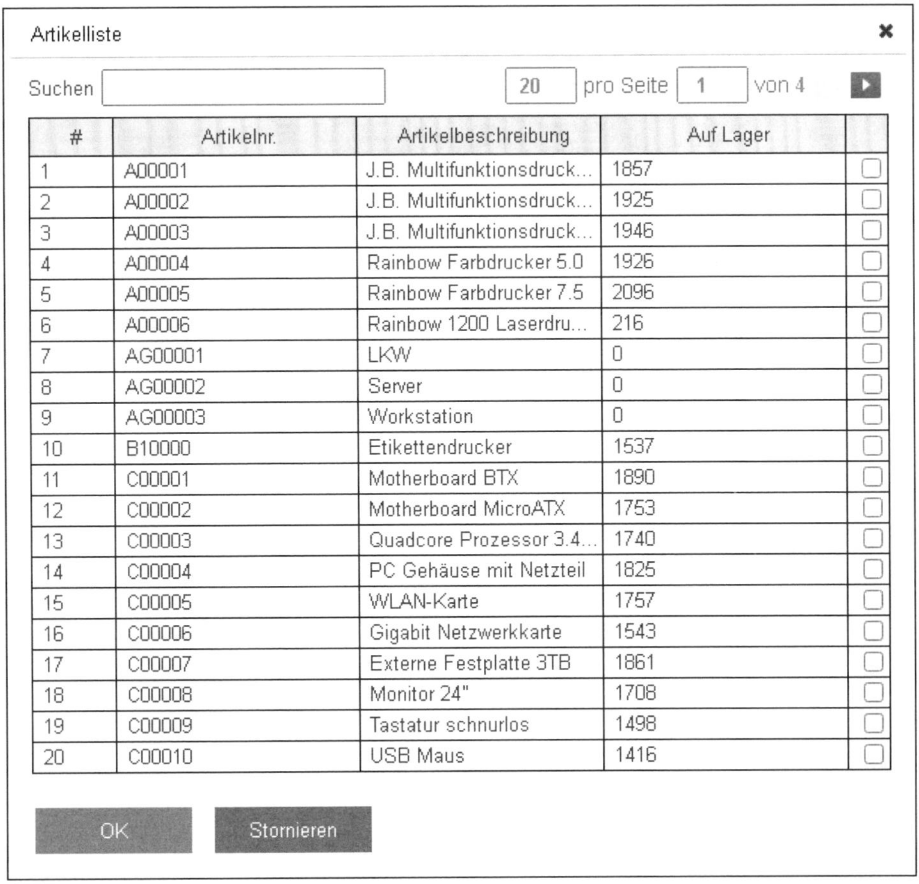

#	Artikelnr.	Artikelbeschreibung	Auf Lager	
1	A00001	J.B. Multifunktionsdruck...	1857	☐
2	A00002	J.B. Multifunktionsdruck...	1925	☐
3	A00003	J.B. Multifunktionsdruck...	1946	☐
4	A00004	Rainbow Farbdrucker 5.0	1926	☐
5	A00005	Rainbow Farbdrucker 7.5	2096	☐
6	A00006	Rainbow 1200 Laserdru...	216	☐
7	AG00001	LKW	0	☐
8	AG00002	Server	0	☐
9	AG00003	Workstation	0	☐
10	B10000	Etikettendrucker	1537	☐
11	C00001	Motherboard BTX	1890	☐
12	C00002	Motherboard MicroATX	1753	☐
13	C00003	Quadcore Prozessor 3.4...	1740	☐
14	C00004	PC Gehäuse mit Netzteil	1825	☐
15	C00005	WLAN-Karte	1757	☐
16	C00006	Gigabit Netzwerkkarte	1543	☐
17	C00007	Externe Festplatte 3TB	1861	☐
18	C00008	Monitor 24"	1708	☐
19	C00009	Tastatur schnurlos	1498	☐
20	C00010	USB Maus	1416	☐

Abbildung 9.23: Auswahl in der SAP-Fiori-Suche

Haben Sie alle Einstellungen wie gewünscht vorgenommen, klicken Sie auf den **Prognose**-Button im rechten Bildbereich. Sie erhalten nun für die gewählten Artikel einen ersten Eindruck einer Prognose, die in weiterer Folge geschärft und bearbeitet werden kann (siehe Abbildung 9.24).

Anmerkung zur Nachvollziehbarkeit

Während Sie alle Beispiele in diesem Kapitel anhand des ausgelieferten Demodatenmaterials von SAP einfach nachvollziehen können, ist das bei diesem Beispiel nicht der Fall. Um einen repräsentativen Anwendungsfall zeigen zu können, sind entsprechende Absatzzahlen des gezeigten Artikels notwendig. Diese sind so im Demodatenmaterial nicht verfügbar und wurden für das folgende Beispiel ergänzt. Bei Interesse empfiehlt es sich, das Beispiel anhand von Echtdaten nachzuarbeiten – am besten in einer Testkopie des Echtbestands.

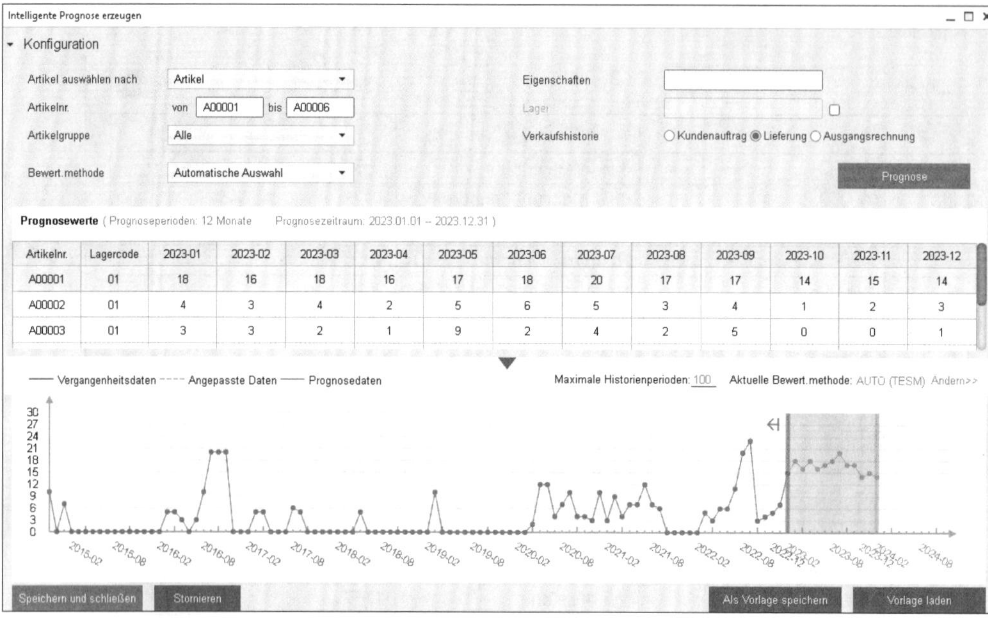

Abbildung 9.24: Intelligente Prognose

In der Tabelle im mittleren Bildbereich sehen Sie schon die Prognose pro Artikel und Sicht, in unserem Fall für die Monate des Jahres 2023.

Im unteren Bildbereich zeigt ein Graph die Historie und die Prognose. Die blaue Linie im linken Bereich des Graphen zeigt die historischen Abverkäufe. Der gelb markierte Bereich im rechten Bereich zeigt die Periode, für die eine Prognose erstellt werden soll. Die gelbe Linie innerhalb dieses Bereichs zeigt die vom Programm errechnete Prognose.

Sie haben nun eine Reihe von Möglichkeiten, die grafisch dargestellte Prognose zu bearbeiten, um ein besseres Ergebnis zu erzielen und dieses auch gleich anhand der Grafik zu überprüfen.

Die blaue Linie zeigt die Abverkäufe des Artikels »A00001« in den letzten 100 Historienperioden (in unserem Fall die letzten 100 Monate, da wir die monatliche Sicht gewählt haben). 100 Historienperioden sind die maximale Zahl von Perioden, die in der intelligenten Prognose analysiert werden können. Da Artikel mit wenigen Ausnahmen einem Produktlebenszyklus unterworfen sind, der in der Regel die Absatzzahlen ab einem bestimmten Punkt fallen lässt, kann es sinnvoll sein, die Historienperioden zu verringern, um eine verbesserte Prognose zu erhalten. In unserem Fall wählen Sie eine maximale Historienperiode von 36 Monaten und klicken dann wieder auf den Button **Prognose**. Das Ergebnis wird unmittelbar angezeigt, sowohl die Historie als auch die Prognose haben sich verändert (siehe Abbildung 9.25).

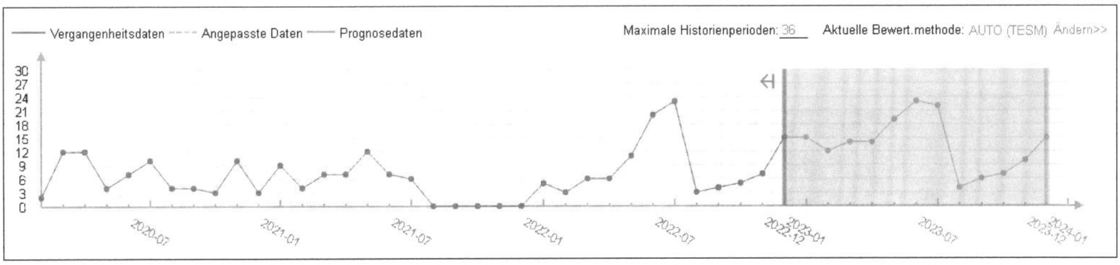

Abbildung 9.25: Historienperioden verändern

In der Prognose fällt eine Spitze im Juni/Juli 2023 auf. Diese scheint auf die außergewöhnlich hohe Zahl von Bestellungen aus dem Juni/Juli 2022 zurückzuführen zu sein. 2020 und 2021 hatten wir dagegen in den Vergleichsmonaten nur geringe Abverkäufe bei diesem Artikel (siehe Abbildung 9.26).

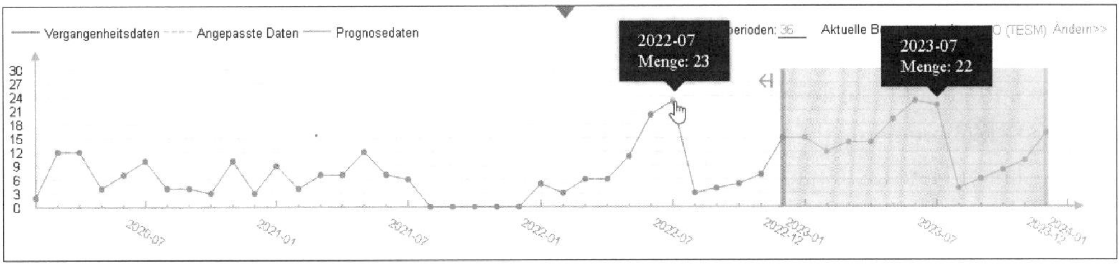

Abbildung 9.26: Spitzenwerte in Historie und Prognose

Trotzdem hat die intelligente Prognose in unserem Beispiel die Vorhersage für Juni/Juli 2023 nach unserer Meinung nicht ausreichend reduziert. Wir können diese Spitze abschwächen, indem wir den runden Datenpunkt mit der linken Maustaste anklicken und bei gedrückter Maustaste in einen Bereich ziehen, der uns plausibel erscheint, um dort die Maustaste loszulassen. Die neue – fiktive – Historie wird nun in einer blau gestrichelten Linie dargestellt (siehe Abbildung 9.27).

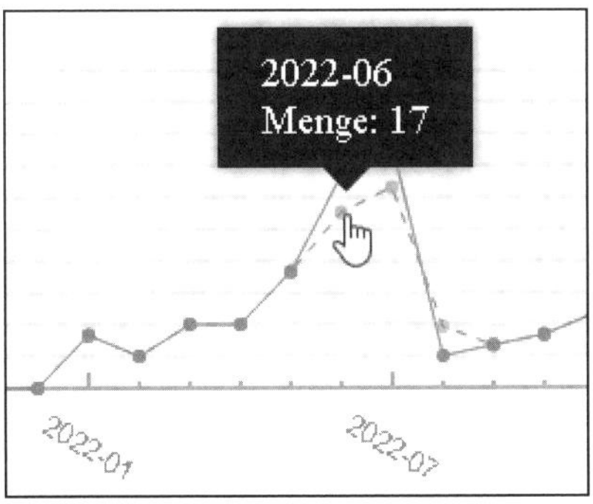

Abbildung 9.27: Spitzenwerte editieren

Als Ergebnis hat sich die Prognose für Juli 2023 unmittelbar verändert (siehe Abbildung 9.28).

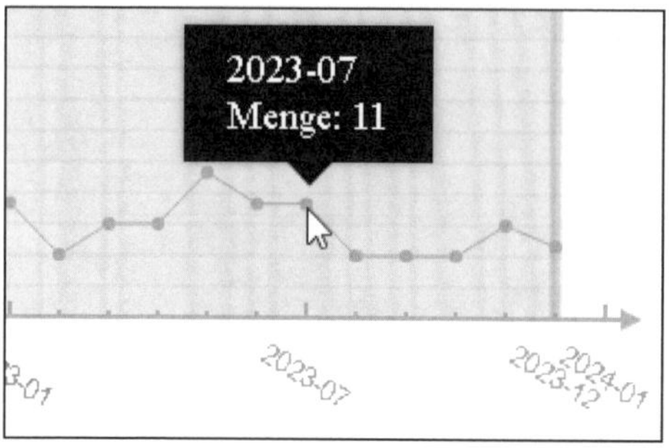

Abbildung 9.28: Geglättete Spitze der Prognose

Zuletzt können wir die Qualität der Prognose prüfen, indem wir sie in die Vergangenheit ausdehnen. Wir lassen die Prognose also anhand unserer Einstellung »rückwärtslaufen« und können sie so mit den historischen Ist-Zahlen vergleichen. Schieben Sie dazu den Schieberegler [⇤] links neben dem gelb eingefärbten Prognosezeitraum bei gedrückter linker Maustaste nach links, und lassen Sie ihn an der gewünschten Stelle los. Sie haben damit einen blauen Bereich geschaffen, der die Prognose in die Vergangenheit zurückschreibt. Sie können sie nun mit den Ist-Zahlen der Vergangenheit vergleichen. Zeigen die gelbe und die blaue Linie einen ähnlichen Verlauf, spricht das für eine gute Qualität der Prognose (siehe Abbildung 9.29).

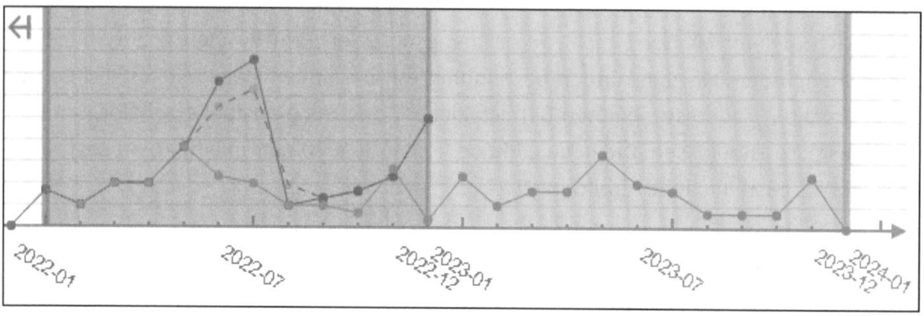

Abbildung 9.29: Vergleich von Ist-Abverkäufen und fiktiver historischer Prognose

Sind Sie mit Ihrer Prognose zufrieden, klicken Sie auf den Button **Speichern und schließen**, um das Ergebnis der intelligenten Prognose in das Prognosefenster zu übernehmen. Klicken Sie dort auf den Button **Hinzufügen**.

Möchten Sie das Parameterset der intelligenten Prognose auch in Zukunft verwenden, um z. B. die gleichen Produkte für zukünftige Perioden zu planen, speichern Sie die Prognose durch einen Klick auf den Button **Als Vorlage speichern** und vergeben einen möglichst sprechenden Namen. Später können Sie die Vorlage mithilfe des Buttons **Vorlage laden** sofort verwenden.

[«]

Einsatz von Prognosen

Wie Sie gesehen haben, sind Prognosen ein umfangreicher Programmteil, der Sie dabei unterstützen kann, jederzeit lieferfähig zu sein, ohne einen zu hohen Lagerbestand und damit eine zu hohe Kapitalbindung aufzubauen. Es ist aber durchaus möglich, die Materialbedarfsplanung auch ohne Prognosen durchzuführen. Die Prognose ist nur eine von vielen möglichen Bedarfsauslösern. Ebenso sinnvoll kann es sein, Prognosen erst in einer späteren Phase des SAP-Business-One-Einführungsprojekts zu nutzen, nämlich dann, wenn das System über eine ausreichende Anzahl an historischen Daten verfügt.

9.2 Grundsatzentscheidungen

Neben einer Reihe von Stammdaten, die Sie pflegen müssen, um eine erfolgreiche Materialbedarfsplanung durchzuführen, müssen Sie zwei wesentliche Grundsatzentscheidungen treffen, die das Ergebnis der Planung wesentlich beeinflussen:

1. Soll mit Prognosen gearbeitet werden oder nicht? Wenn mit Prognosen gearbeitet wird, wie sollen die Bestände, die durch die Prognosen aufgebaut wurden, verarbeitet werden? Dieser Themenkomplex entscheidet also, wie hoch der Lagerbestand sein soll, und wird massiv davon beeinflusst, wie wichtig ständige Lieferfähigkeit für Sie ist. Er wird in Abschnitt 9.2.1, »Prognosen verbrauchen«, beschrieben.
2. Soll mit Auftragsintervallen gearbeitet werden oder nicht? Wann wird bestellt, und werden Bedarfsauslöser zu Sammelbestellungen zusammengefasst? Dieser Themenkomplex steht in engem Zusammenhang mit anderen Faktoren, die zur Errechnung des Bestellzeitpunkts beitragen, er ist in Abschnitt 9.2.2, »Die Zeitachse in der Materialbedarfsplanung«, als Teil von Überlegungen zur Zeitachse beschrieben.

Beide Themenbereiche – Prognosen und ihre Verbrauchsstrategie sowie Auftragsintervalle – sind Optionen. Sie können diese Optionen verwenden, müssen es aber nicht. Beide Optionen können aber den Geschäftsprozess entscheidend beeinflussen und haben unmittelbaren Einfluss auf Lagerbestandshöhen und damit auf Lieferfähigkeit einerseits und Kapitalbindung andererseits. Es empfiehlt sich daher, diese Themen ausführlich auch mit Ihrem Consultant zu besprechen.

9.2.1 Prognosen verbrauchen

Wie in Abschnitt 9.1.3, »Vorbereitung der Prognose«, dargestellt, sind Prognosen eine gute Methode, einen Lagerbestand aufzubauen, der Lieferfähigkeit garantiert. Alternativ könnte damit auch ein *eiserner Bestand* garantiert werden. Letztlich dienen Lagerbestände aber in der Regel zur Erfüllung von Kundenaufträgen (Ausnahmen können Sicherheitsbestände für Verbrauchsmaterialien, Ersatzteile etc. bilden). Es muss also die Entscheidung getroffen werden, ob der durch die Prognose erzeugte Bestand gehalten werden soll oder ob er dazu dient, die Bedarfe, die aus erwarteten laufenden Kundenaufträgen entstehen, zu decken.

[»]

Ausgangslage für die Beispiele in diesem Abschnitt

Aus Gründen der Übersichtlichkeit wurde ohne Auftragsintervall und mit einer Durchlaufzeit von 0 gearbeitet. Außerdem wurde ein neues Material angelegt, sodass eventuelle Lagerbestände, Aufträge und Bestellungen die Beispiele nicht beeinflussen. Die Beispiele zeigen somit gleichzeitig den Vorteil von Auftragsintervallen. Würde man mit Auftragsintervallen arbeiten, würde dies zu einer Bündelung von Aufträgen beim gleichen Lieferanten führen (siehe Abschnitt 9.2.2, »Die Zeitachse in der Materialbedarfsplanung«). Die Arbeit mit Auftragsintervallen wäre betriebswirtschaftlich wünschenswert, würde aber die Anschaulichkeit des Beispiels beeinträchtigen.

Der Planungshorizont wird 7 Tage vorwärts und 7 Tage rückwärts reichen. Die entsprechenden Einstellungen sind in Abbildung 9.4 gezeigt. Wir stellen also die folgenden vier Kombinationen dar:

- Vorwärts/Rückwärts – Prognosemenge nicht verbrauchen
- Vorwärts/Rückwärts – Prognosemenge verbrauchen
- Rückwärts/Vorwärts – Prognosemenge nicht verbrauchen
- Rückwärts/Vorwärts – Prognosemenge verbrauchen

Über die vom Programm berechneten Ergebnisse kann man unterschiedlicher Meinung sein. Es wird der Status quo beschrieben; wählen Sie auf dieser Grundlage die Strategie, die am besten zu Ihrem Unternehmen passt.

Methode »Vorwärts/Rückwärts – Prognosemenge nicht verbrauchen«

Abbildung 9.30 zeigt, dass sich der Gesamtbedarf, der von der Materialbedarfsplanung ermittelt wird, aus der Summe aller Bedarfsauslöser ergibt, also z. B. aus der Summe der Sollbestände, die von der Prognose ermittelt wurden, zuzüglich der laufenden Kundenaufträge. Dies ist das Standardverhalten, wenn über den Pfad **Administration • Systeminitialisierung • Allgemeine Einstellungen** auf dem Unterregister **Planung** der Registerkarte **Bestand** die Option **Prognosemenge verbrauchen** *nicht* gesetzt wurde.

Die Auftragsempfehlung schlägt daher vor, dass alle Bedarfsauslöser auch tatsächlich zu einer Bestellung führen.

Wie Sie in Abbildung 9.31 sehen, beträgt der Gesamtmenge, die vorgeschlagen wird, 3.100 Stück. Die Prognose der Woche 28 wird nicht verbraucht: In der Woche 29 wird wiederum die Prognosemenge vorgeschlagen. Die Prognosemengen akkumulieren sich also. Diese Methode ist nur dann sinnvoll, wenn neben den geplanten Kundenaufträge noch weitere Abfassungen stattfinden, die die Bestände aufgrund von Prognosen wieder reduzieren. Das können z. B. Abfassungen durch noch nicht geplante Produktionsprozesse sein oder Abverkäufe, die nicht zu Auftragsbestätigungen führen.

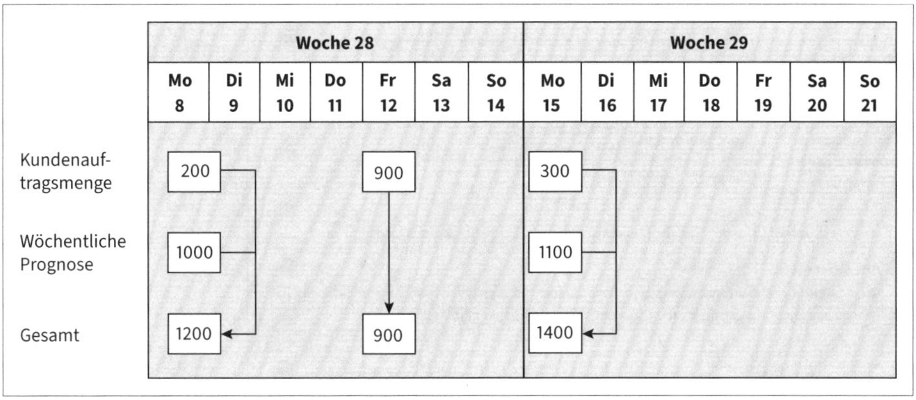

Abbildung 9.30: Methode »Vorwärts/Rückwärts – Prognosemenge nicht verbrauchen«

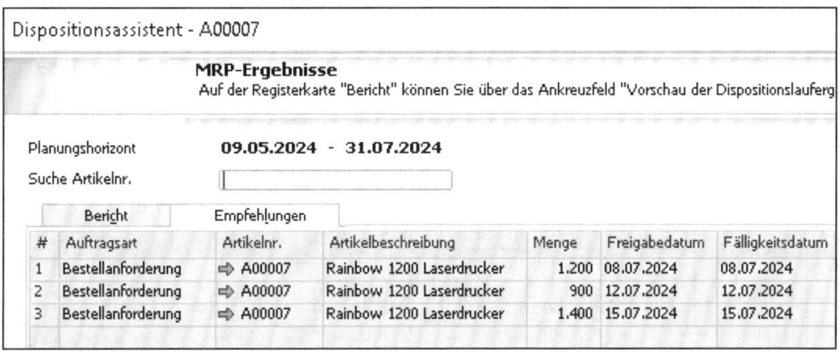
Dispositionsassistent - A00007

MRP-Ergebnisse
Auf der Registerkarte "Bericht" können Sie über das Ankreuzfeld "Vorschau der Dispositionslauferg

Planungshorizont 09.05.2024 - 31.07.2024
Suche Artikelnr.

Bericht | Empfehlungen

#	Auftragsart	Artikelnr.	Artikelbeschreibung	Menge	Freigabedatum	Fälligkeitsdatum
1	Bestellanforderung	⇨ A00007	Rainbow 1200 Laserdrucker	1.200	08.07.2024	08.07.2024
2	Bestellanforderung	⇨ A00007	Rainbow 1200 Laserdrucker	900	12.07.2024	12.07.2024
3	Bestellanforderung	⇨ A00007	Rainbow 1200 Laserdrucker	1.400	15.07.2024	15.07.2024

Abbildung 9.31: Auftragsempfehlung für Methode »Vorwärts/Rückwärts – Prognosemenge nicht verbrauchen«

Methode »Vorwärts/Rückwärts – Prognosemenge verbrauchen«

Um die Kundenaufträge aus Methode 1 weiterverwenden zu können, setzen Sie im Auftrag das entsprechende Feld, wie in Abbildung 9.32 dargestellt, auf **Ja** und aktualisieren Sie den Auftrag. Sollte das Feld nicht sichtbar sein, blenden Sie es über die Formulareinstellungen ein.

Die Auftragsempfehlung führt nun zu einem deutlich anderen Ergebnis (siehe Abbildung 9.33).

Beachten Sie dabei, dass der Gesamtbedarf nun nicht gleich der Bestellmenge ist. Die Berechnungsmethode ist wie folgt: Es werden zunächst von der Prognose für den 8. vorwärtsgehend die Aufträge in Höhe von 200 und 900 Stück abgezogen (verbraucht). Die Prognose ist daher –100. Von der Prognose und vom 15. wird der Auftrag in Höhe von 300 Stück abgezogen. Die verbliebenen 800 Stück werden zur Restprognose von –100 Stück addiert und ergeben daher 700 Stück. Diese werden zur Beschaffung für den 8. vorgeschlagen. Die 200 Stück aus dem Kundenauftrag werden addiert, sodass in Summe für den 8. eine Stückzahl von 900 vorgeschlagen wird. Die Auftragsempfehlung ist in Abbildung 9.34 dargestellt.

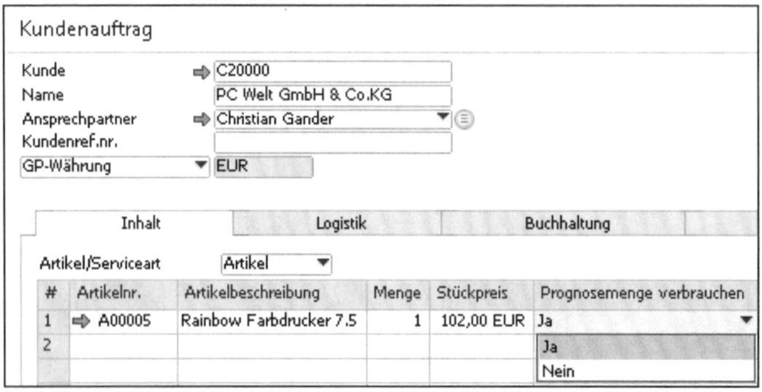

Abbildung 9.32: Die Option »Prognosemenge verbrauchen« im Kundenauftrag

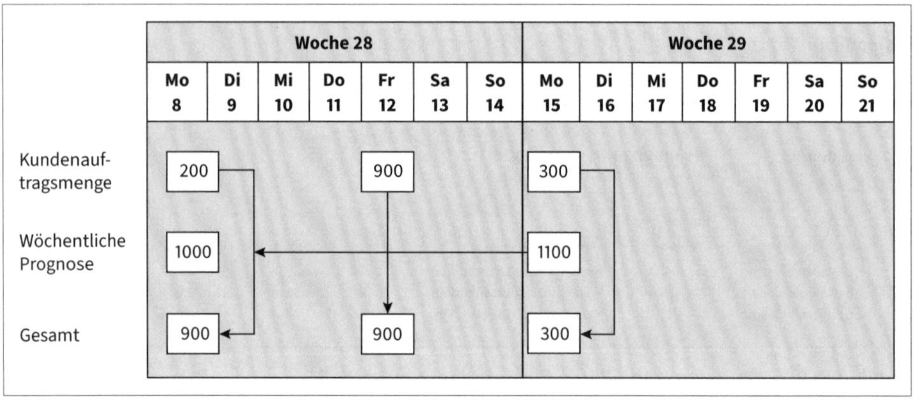

Abbildung 9.33: Methode »Vorwärts/Rückwärts – Prognosemenge verbrauchen«

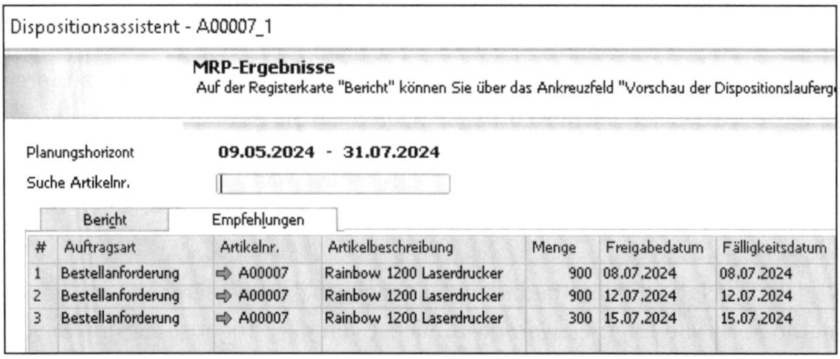

Abbildung 9.34: Auftragsempfehlung für Methode »Vorwärts/Rückwärts – Prognosemenge verbrauchen«

Die Details dieser Kalkulation können Sie in der Auftragsempfehlung auf der Registerkarte **Bericht** sichtbar machen (siehe Abbildung 9.35).

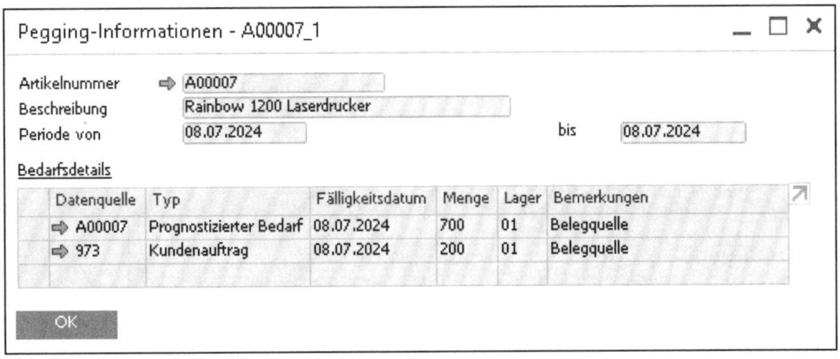

Abbildung 9.35: Details der Auftragsempfehlung

Die Prognose ist jetzt also nicht additiv zu interpretieren, sondern stellt einen (schwankenden) Soll-Lagerbestand dar, der laufend abgebaut wird.

Methode »Rückwärts/Vorwärts – Prognosemenge nicht verbrauchen«

Wenn wir nun auf unser Beispiel die Methode **Rückwärts-Vorwärts** anwenden und die Prognosemengen nicht verbrauchen, ergibt sich das gleiche Bild wie bereits in Abbildung 9.30 und Abbildung 9.31 dargestellt.

Der Grund dafür ist, dass neben den Bedarfen aus den Kundenaufträgen auch die Prognosemengen aufgebaut und eben nicht verbraucht werden, unabhängig davon, in welche Richtung der Planungsprozess gestartet wird.

Methode »Rückwärts/Vorwärts – Prognosemenge verbrauchen«

Im Gegensatz zu Methode 3 ergibt sich bei Methode 4 wieder ein anderes Bild (siehe Abbildung 9.36).

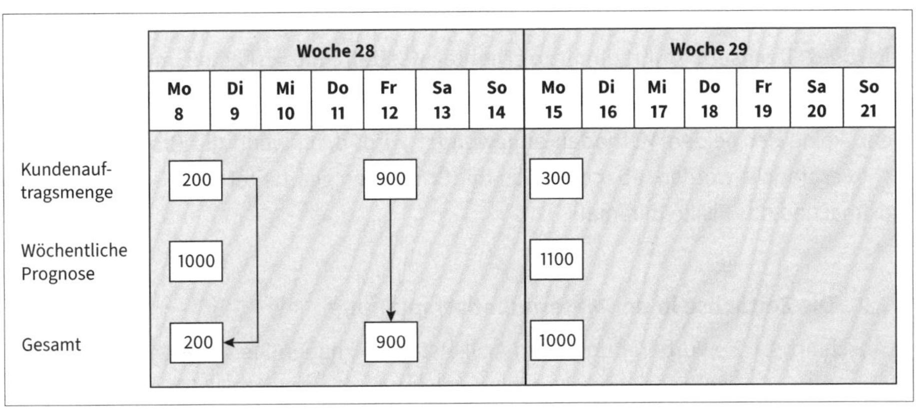

Abbildung 9.36: Methode »Rückwärts/Vorwärts – Prognosemenge verbrauchen«

Die entsprechende Auftragsempfehlung zeigt nun wie in Abbildung 9.37 eine insgesamt niedrige Empfehlung, deren Schwerpunkt sich in die Zukunft verschoben hat.

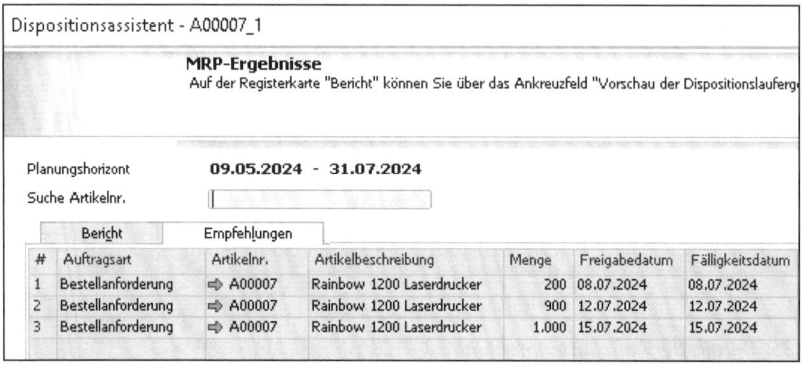

Abbildung 9.37: Auftragsempfehlung für Methode »Rückwärts/Vorwärts – Prognosemenge verbrauchen«

Das Programm geht wieder davon aus, dass die Prognose vom 8. durch die Aufträge am 8. und 12. nicht nur restlos verbraucht ist, sondern sogar ein Saldo von –100 Stück verbleibt. Die Prognose ist also schon verbraucht, bevor sie eine Bestellung ausgelöst hätte. Der negative Saldo wird zur Prognose vom 15. addiert, woraus sich ein Bestellvorschlag über 1.000 Stück ergibt. Die Bestellung über 300 Stück am 15. muss nicht berücksichtigt werden, da sie durch den Verbrauch der beschafften Prognosemenge gedeckt werden kann.

Die Kernfunktion von **Prognosemenge verbrauchen** ist es, innerhalb eines Planungshorizonts bekannte offene Kundenaufträge von den Prognosemengen abzuziehen. Sie ist nur dann relevant, wenn mit Prognosen gearbeitet wird.

Die Methode **Rückwärts-Vorwärts** führt in der Regel zu niedrigeren Lagerständen am Beginn des Planungshorizontes – sie reduziert die Kapitalbindungskosten maximal und erhöht das Risiko ebenfalls maximal.

Die Methode **Vorwärts-Rückwärts** führt zu etwas höheren Lagerständen im vorderen Bereich der Zeitachse, sie führt damit zu erhöhten Kapitalbindungskosten und verringertem Risiko.

Wenn keine der beiden Methoden angewendet wird, d. h., wenn die Prognosemengen nicht verbraucht werden, aber dennoch mit Prognosen gearbeitet wird, sind die Kosten maximal und das Risiko minimal.

9.2.2 Die Zeitachse in der Materialbedarfsplanung

In Abschnitt 9.1.2, »Vorbereitungen im Artikelstamm«, haben Sie gesehen, dass Sie den Artikel mit einem Auftragsintervall verbinden können. Diese auch *Zyklen* genannten Auftragsintervalle können aus dem Artikelstamm heraus definiert werden (siehe Abbildung 9.10). Im gleichen Abschnitt haben wir uns mit der Durchlaufzeit beschäftigt. Schließlich haben Sie in Abschnitt 9.1.1, »Allgemeine Voraussetzungen«, den Feiertagskalender und die damit zusammenhängenden Parameter kennengelernt (siehe Abbildung 9.3).

In diesem Abschnitt werden wir uns nun mit den Auswirkungen dieser Parameter auf den terminlichen Aspekt der Auftragsempfehlung, die ja das Ziel der Materialbedarfsplanung ist, beschäftigen und die Informationen zusammenführen. Es geht also um die Frage, zu welchem Zeitpunkt SAP Business One einen Kundenauftrag in eine Lieferantenbestellung (oder einen Produktionsauftrag) umwandelt und wie Lieferantenbestellungen und Produktionsaufträge über gleichartige Produkte zusammengefasst werden. Den Kern der Materialbedarfsplanung, den Dispositionsassistenten, betrachten wir derzeit noch als Blackbox, ihn werden wir uns in Abschnitt 9.3, »Dispositionsassistent«, genauer anschauen.

Das folgende Beispiel setzt einige Parameter voraus. Samstage, Sonntage und Feiertage sind kursiv dargestellt. Wenn Sie das Beispiel nachvollziehen wollen, müssen Sie diese Parameter, ausgehend von dem Datum, an dem Sie das Beispiel durcharbeiten wollen, in ähnlicher Form herstellen:

1. Wählen Sie einen Artikel, dessen Lagerbestand nach Möglichkeit 0 ist, und erfassen Sie Kundenaufträge (siehe Tabelle 9.2). In der Spalte »Lief.bestellung« ist bereits das Ergebnis vorweggenommen.

Intervall/Datum			Kundenauftrag	Lief.bestellung
	Sa	*11.05.2024*		
	So	*12.05.2024*		
Intervall 1	Mo	13.05.2024		5 Stück
	Di	14.05.204		
	Mi	15.05.2024		
	Do	16.05.2024		
	Fr	17.05.2024	KA 1/5 Stück	
	Sa	*18.05.2024*		
	So	*19.05.2024*		

Tabelle 9.2: Input einer Materialbedarfsplanung

Intervall/Datum			Kundenauftrag	Lief.bestellung
Intervall 2	*Mo*	*20.05.2024*	*Feiertag*	
	Di	21.05.2024		11 Stück
	Mi	22.05.2024		
	Do	23.05.2024		
	Fr	24.05.2024	KA 2/4 Stück	
	Sa	*25.05.2024*		
	So	*26.05.2024*		
Intervall 3	Mo	27.05.2024		5 Stück
	Di	28.05.2024	KA 3/10 Stück	
	Mi	29.05.2024	KA 4/20 Stück	
	Do	30.05.2024		
	Fr	31.05.2024	KA 5/11 Stück	
	Sa	*01.06.2024*		
	So	*02.06.2024*	Ende Planung	
	...	...		
	Mi	05.06.2024	KA 6/5 Stück	
	...	...		
	Fr	14.06.2024	KA 7/8 Stück	

Tabelle 9.2: Input einer Materialbedarfsplanung (Forts.)

2. Der Artikel hat eine Durchlaufzeit von sieben Tagen.
3. Beim Artikel wurde das Auftragsintervall (Zyklus) **Woche** hinterlegt, der Zyklus beginnt jeweils am Montag.
4. Der 20.05. wurde in der Feiertagstabelle eingetragen.
5. Als Wochenende wurden in der Feiertagstabelle Samstag und Sonntag definiert, und diese wurden nicht als Arbeitstage deklariert.
6. Im Dispositionsassistenten ist das Startdatum des Planungshorizonts der 11.05., das Enddatum der 02.06. Wir betrachten also die kommenden drei Wochen.

Es werden folgende Fragestellungen betrachtet:

- Wie viele Lieferantenbestellungen werden erzeugt?
- Was wird das vorgeschlagene Belegdatum sein, und was das vom Lieferanten geforderte Lieferdatum?
- Wie werden Kundenaufträge behandelt, die sich außerhalb des Planungshorizonts befinden?

In Abbildung 9.38 sehen Sie das Ergebnis des Dispositionsassistenten. Es sind nur Tage mit Ereignissen, Wochenenden oder Feiertage dargestellt.

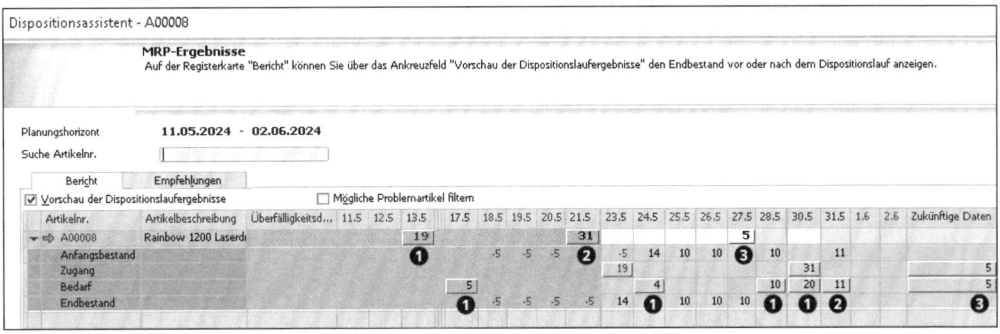

Abbildung 9.38: Bestellbericht auf Basis des Dispositionsassistenten

❶ Auftrag 1 ist am 17.05. fällig. Rechnet man von diesem Datum sieben Werktage (die Durchlaufzeit) zurück, ergibt sich als Bestelldatum der 08.05. Da der Planungshorizont 11.05. beginnt, wird die Lieferantenbestellung für Auftrag 1 am frühestmöglichen Tag im Planungshorizont, dem 13.05., eingeplant. Rechnet man vom Lieferdatum von Auftrag 2 sieben Werktage zurück, kommt man auf den 16.05. Da beim Intervall der Montag als relevant für Lieferantenbestellungen definiert wurde, werden die 4 Stück von Auftrag 2 zu der Menge von Auftrag 1 addiert. Das Gleiche gilt für Auftrag 3, hier führt die Rückrechnung von 7 Werktagen ebenfalls in Intervall 1. Auftrag 4 würde eigentlich in Intervall 2 fallen. Da jedoch der Montag ein Feiertag ist, wird die Bestellung ein weiteres Intervall zurückgerechnet. Die Aufträge 1, 2, 3 und 4 werden daher zusammengefasst und zur Bestellung am 13.05. vorgesehen. Die Gesamtzahl wird rot dargestellt, da mindestens die Materialien für Auftrag 1 nicht mehr rechtzeitig beschafft werden können.

❷ Rechnet man vom Lieferdatum des Auftrags 5 sieben Werktage zurück, ergibt sich das Bestelldatum 22.05. Der Bestellpunkt in Intervall 2, in dem der 22.05. liegt, wäre Montag, der 20.05. Da dieser Tag jedoch ein Feiertag ist, wird der Bestellpunkt auf den 21.05. verschoben.

❸ Rechnet man vom Lieferdatum des Auftrags 6 sieben Werktage zurück, kommt man auf den 27.05. Da der Bestellzeitpunkt im Planungshorizont liegt, wird auch eine Lieferantenbestellung am Montag des Intervalls 3 vorgeschlagen. Der Bedarfsauslöser selbst wird zum entsprechenden Zeitpunkt nicht mehr angezeigt, da dieser außerhalb des Planungshorizonts liegt, sondern wird in einer Spalte **Zukünftige Daten** angeführt. Entscheidend ist also, dass die Auftragsempfehlung im Planungshorizont liegt. Der Bedarfsauslöser kann auch außerhalb des Planungshorizonts liegen. Das kann z. B. ein Produktionsauftrag sein, der vorwärts terminiert ist, oder ein Kundenauftrag, dessen Artikel aufgrund ihrer Durchlaufzeit rückwärts terminiert sind.

Für Auftrag 7 gilt das nicht; hier liegen sowohl das gewünschte Lieferdatum laut Auftrag (14.06.) als auch das notwendige Bestelldatum (07.06.) außerhalb des Planungshorizonts, der Auftrag wird in diesem Szenario des Dispositionsassistenten daher nicht berücksichtigt.

Abbildung 9.39 zeigt noch einmal exemplarisch, wie Intervalle Bedarfsauslöser zu einer Bestellung zusammenfassen.

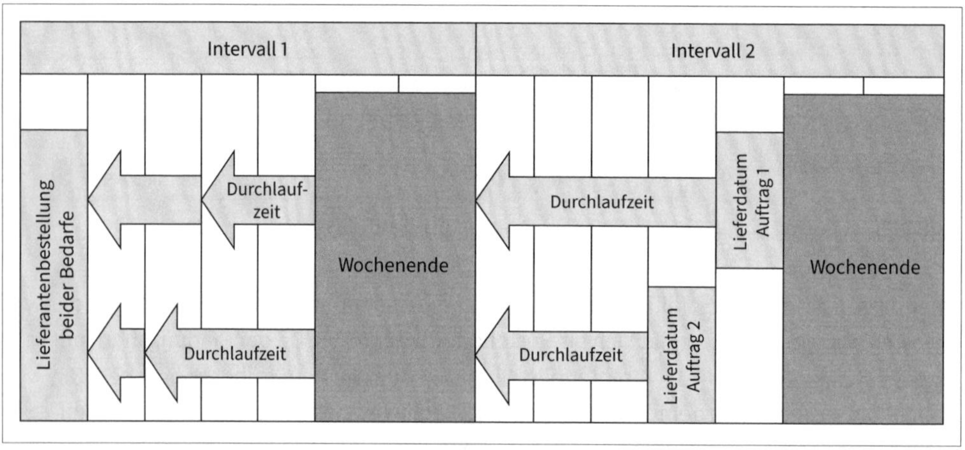

Abbildung 9.39: Intervalle definieren den Bestellpunkt.

Die Zusammenfassung des Ergebnisses in Form eines Bestellvorschlags sehen Sie in Abbildung 9.40.

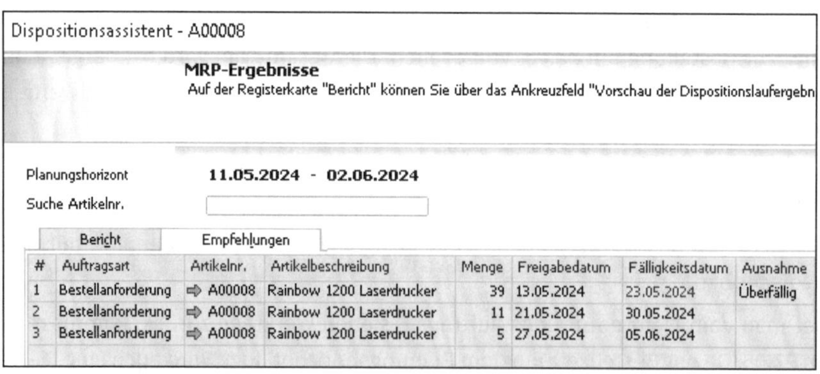

#	Auftragsart	Artikelnr.	Artikelbeschreibung	Menge	Freigabedatum	Fälligkeitsdatum	Ausnahme
1	Bestellanforderung	A00008	Rainbow 1200 Laserdrucker	39	13.05.2024	23.05.2024	Überfällig
2	Bestellanforderung	A00008	Rainbow 1200 Laserdrucker	11	21.05.2024	30.05.2024	
3	Bestellanforderung	A00008	Rainbow 1200 Laserdrucker	5	27.05.2024	05.06.2024	

Abbildung 9.40: Bestellvorschlag auf Basis des Dispositionsassistenten

Auch hier wird deutlich, dass die ersten vier Kundenaufträge mit einer Gesamtmenge von 39 Stück zu einer Lieferantenbestellung zusammengefasst werden. Das eigentlich notwendige Fälligkeitsdatum (gewünschtes Lieferdatum) der ersten Lieferantenbestellung ist aufgrund der Durchlaufzeit nicht mehr zu halten. Hier wird eine Aktion des Bearbeiters notwendig sein – entweder muss mit dem Kunden ein späterer Liefertermin oder mit dem Lieferanten eine schnellere Lieferung vereinbart werden, oder Sie wählen einen Alternativlieferanten. Sie erkennen das am rot dargestellten Fälligkeitsdatum und am Text **Überfällig** im Feld **Ausnahme**.

[+]

Arbeiten mit Auftragsintervallen

Auftragsintervalle sind keine Grundvoraussetzung für die Materialbedarfsplanung, sondern eine Option. Sie sollten diese Option in Betracht ziehen, wenn eines der folgenden Kriterien zutreffend ist:

- Sie wollen die Zahl der Lieferantenbestellungen durch Zusammenfassung minimieren, um Bestellaufwände zu reduzieren.
- Sie wollen die Zahl der Produktionsaufträge durch Zusammenfassung minimieren, um Rüstkosten zu sparen.
- Sie wollen Ihre Beschaffungszyklen mit Kundenlieferplänen harmonisieren.
- Sie liefern in festen Touren aus und müssen sicherstellen, dass Ware für die jeweilige Tour vorhanden ist.
- Sie haben fixe Kosten pro Bestellung, und eine Zusammenfassung von Bestellungen führt unmittelbar zu Kostenreduktionen, die höher sind als Kapitalbindungs- und Lagerkosten.

9.3 Dispositionsassistent

Der Dispositionsassistent ist das Herzstück der Materialbedarfsplanung. Hier werden die verschiedenen Bedarfsauslöser und die Parameter, die Sie in den vorangegangenen Kapiteln kennengelernt haben, zu einer Auftragsempfehlung zusammengefasst. Auch im Dispositionsassistenten können Sie noch eine Reihe von Einstellungen vornehmen, die das Ergebnis beeinflussen. Wie Sie den Dispositionsassistenten im Detail bedienen, sollten Sie mit Ihrem Consultant besprechen und vor allen Dingen ausgiebig testen. Definieren Sie am besten Ihre Bestellszenarien, und errechnen Sie das von Ihnen gewünschte Ergebnis hinsichtlich zu bestellender oder zu produzierender Mengen und der Zeitpunkte, zu denen bestellt oder produziert werden soll. Vergleichen Sie dann das Ergebnis Ihrer Tests mit den erwarteten Ergebnissen.

Um die folgende Beschreibung möglichst klar und nachvollziehbar zu halten, haben wir drei für die Praxis repräsentative Szenarien gewählt:

1. die Disposition von *Handelsware*
2. die Disposition von *Fertigprodukten* – also Produkten, die wir mit dem Modul **Produktion** selbst produzieren
3. die Disposition von Rohstoffen (*Komponenten*) – also Produkten, die wir benötigen, um Fertigprodukte herzustellen

Darüber hinaus haben wir weitestgehend auf alle »Spezialitäten« verzichtet. Die Durchlaufzeit bei dem Beispielartikel ist 0, es sind keine Prognosen und Auftragsintervalle hinterlegt. Lediglich die Einstellung **Bestandshöhe erforderlich** wurde gesetzt und wird im Folgenden noch in ihrer Auswirkung beschrieben.

Bevor wir nun einen Dispositionslauf tatsächlich durchführen, soll folgender Überblick die Zusammenhänge, die zu einer Auftragsempfehlung führen, illustrieren (siehe Abbildung 9.41).

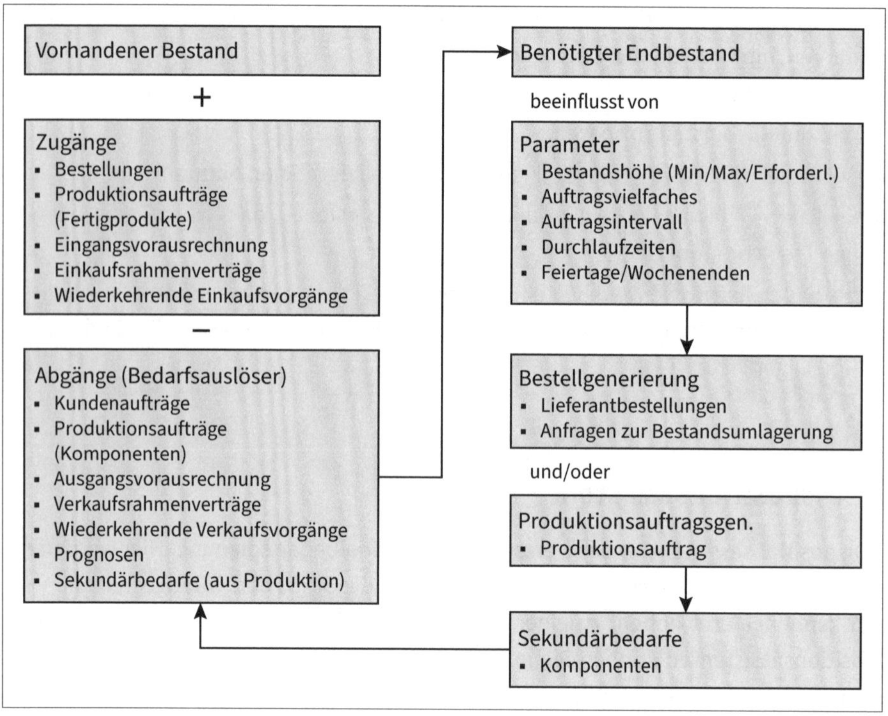

Abbildung 9.41: Zusammenhänge in der Disposition

Aus Sicht des Programms sind die Einflussfaktoren für die Auftragsempfehlung im Wesentlichen in folgenden Bereichen zu finden:

1. Die meisten Parameter können in Schritt 5 des Dispositionsassistenten dynamisch eingestellt werden.
2. Einige Parameter stammen aus dem Artikelstamm aus der Registerkarte **Planungsdaten**.

3. Auch auf der Registerkarte **Bestandsdaten** befinden sich Informationen, die vom Dispositionsassistenten berücksichtigt werden.
4. Schließlich werden in den Stücklisten die Komponenten, die die Sekundärbedarfe erzeugen, beschrieben, und Routenabschnitte beeinflussen den Bestellzeitpunkt.

Die Punkte 1 bis 3 haben wir in diesem Kapitel bereits im Detail beschrieben. Nähere Informationen zu Punkt 4 finden Sie in Abschnitt 8.4, »Produktionsstammdaten: Stücklisten, Routenabschnitte, Ressourcen«.

Sie starten den Dispositionsassistenten über den Pfad **Materialbedarfsplanung • Dispositionsassistent**. In sechs Schritten werden Sie nun eine Auftragsempfehlung erzeugen.

9.3.1 Schritt 1: Szenario anlegen oder auswählen

Im ersten Schritt entscheiden Sie, ob Sie ein neues Szenario anlegen oder mit einem bestehenden arbeiten wollen. Szenarien sind Kombinationen von Parametern und Selektionen, mit denen Sie beschreiben, welche Artikel Sie wie planen wollen. Im Idealfall legen Sie einmal ein Set von Szenarien fest und verwenden es immer wieder. Lediglich der Planungshorizont, also der Zeitrahmen, innerhalb dessen Bedarfe gesucht und zu Aufträgen (einkaufs- oder produktionsseitig) verarbeitet werden, wird jeweils verändert. Szenarien können daher als eine Kombination aus Stamm- und Bewegungsdaten interpretiert werden. Daraus folgt, dass der Vorschlag des Programms **Vorhandenes Szenario auswählen** ist.

Die einzelnen Schritte des Dispositionsassistenten werden im Folgenden mithilfe des neu angelegten Szenarios **Handelswaren** beschrieben. Darüber hinaus werden im Folgenden die Szenarien **Fertigprodukte** und **Komponenten** verwendet, um die Erzeugung von Produktionsaufträgen und den Umgang mit Sekundärbedarfen zu beschreiben (siehe Abbildung 9.42).

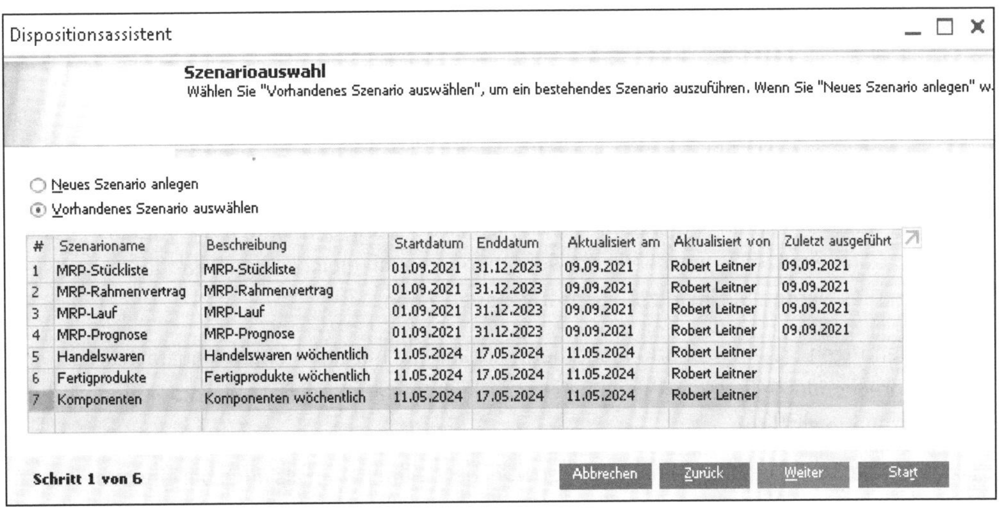

Abbildung 9.42: Schritt 1 – Szenarien anlegen

Sie können die Beispiele im Demodatenmaterial nur dann nachvollziehen, wenn Sie entsprechende Kundenaufträge erfassen und die Datumsangaben bei der Definition des Planungshorizonts adaptieren, da das Startdatum später als das aktuelle Datum sein darf.

Folgende Felder können Sie bearbeiten, bzw. diese Felder zeigen Ihnen folgende Informationen:

- **Radiobutton »Neues Szenario anlegen«**
  Aktivieren Sie diesen Button, um ein neues Szenario anzulegen. Im sich öffnenden Bild bearbeiten Sie die folgenden beiden Eingabefelder.
- **Eingabefeld »Szenarioname«**
  Geben Sie einen maximal 30-stelligen, eindeutigen und möglichst sprechenden Code für das neue Szenario ein.
- **Eingabefeld »Beschreibung«**
  Geben Sie eine 100-stellige nähere Beschreibung des Szenarios ein. Klicken Sie dann auf den Button **Weiter**, um zum zweiten Schritt des Szenarios zu wechseln. Das Speichern des Szenarios kann erst im nächsten oder im letzten Schritt erfolgen.
- **Radiobutton »Vorhandenes Szenario auswählen«**
  Aktivieren Sie diesen Button, um mit einem bestehenden Szenario zu arbeiten, entweder um es zu adaptieren oder um es durchzuführen und so eine neue Auftragsempfehlung zu erzeugen. Klicken Sie dazu in die Zeile mit dem gewünschten Szenario.
- **Informationsfeld »Startdatum«**
  Dieses Feld zeigt den aktuell gespeicherten Beginn des Planungshorizonts.
- **Informationsfeld »Enddatum«**
  Dieses Feld zeigt das aktuell gespeicherte Ende des Planungshorizonts.
- **Informationsfeld »Aktualisiert am«**
  Dieses Feld zeigt, wann das Szenario das letzte Mal gespeichert wurde.
- **Informationsfeld »Aktualisiert von«**
  Dieses Feld zeigt, welcher Benutzer das Szenario zuletzt bearbeitet hat oder, wenn es ein Szenario ist, das noch nicht ausgeführt wurde, wer es erstellt hat.
- **Informationsfeld »Zuletzt ausgeführt«**
  Dieses Feld zeigt, wann das Szenario das letzte Mal ausgeführt wurde, um eine Auftragsempfehlung zu erzeugen. Wie Sie in Abbildung 9.42 in den Zeilen 5 bis 7 sehen, kann ein Szenario gespeichert werden, ohne auch gleichzeitig ausgeführt zu werden. Dies werden Sie im letzten Schritt genauer sehen.

Benötigen Sie ein Szenario nicht mehr, klicken Sie mit der rechten Maustaste in die entsprechende Zeile und wählen **Entfernen**. Nach Bestätigung einer Warnmeldung wird das Szenario entfernt.

Mit dem Button **Weiter** können Sie sowohl bei einem neuen als auch bei einem bestehenden Szenario zu Schritt 2 des Assistenten gehen. Nur bei bestehenden Szenarien können

Sie den Button **Start** anklicken, um die weiteren Schritte zu überspringen und sofort zum Ergebnis zu gelangen. In der Regel werden Sie aber mindestens in Schritt 2 den Planungshorizont aktualisieren müssen.

9.3.2 Schritt 2: Planungshorizont definieren

Im zweiten Schritt definieren Sie als wichtigste Information den Planungshorizont und nehmen weitere Einstellungen vor, die sich auf die Darstellung der Zeitachse auswirken werden (siehe Abbildung 9.43).

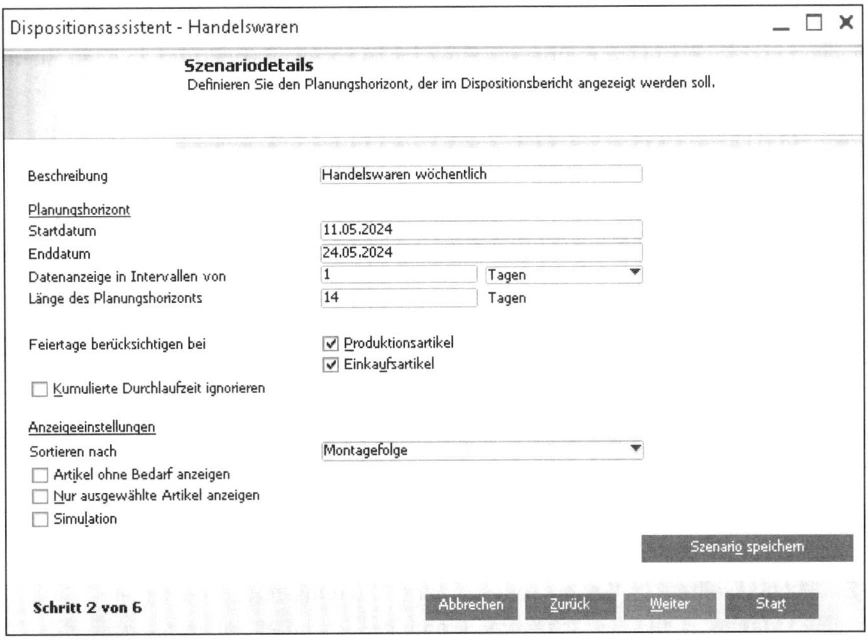

Abbildung 9.43: Schritt 2 – Planungshorizont

Folgende Felder können Sie bearbeiten:

- **Eingabefeld »Beschreibung«**
  Sie können die Beschreibung des Szenarios hier noch ändern.
- **Eingabefeld »Startdatum«**
  Geben Sie das **Startdatum** des Planungshorizonts ein. Das Datum darf nicht in der Zukunft liegen. Es kann allerdings in der Vergangenheit liegen. Es können also auch Bedarfsauslöser berücksichtigt werden, deren Fälligkeitsdatum in der Vergangenheit liegt. Allerdings steigt damit (abhängig von der Durchlaufzeit) die Gefahr, dass Artikel nicht mehr rechtzeitig beschafft werden können. Es empfiehlt sich daher, Dispositionsläufe in regelmäßigen Abständen (z. B. wöchentlich am Montag) jeweils vom Tagesdatum aus durchzuführen, um so Planungslücken zu vermeiden.

- **Eingabefeld »Enddatum«**
  Geben Sie das Ende des gewünschten Planungshorizonts ein. Alternativ können Sie dieses Feld leer lassen, das Programm wird es dann auf Grundlage der Eingabe im Feld **Länge des Planungshorizonts** automatisch füllen.
- **Dropdown-Feld »Datenanzeige in Intervallen von«**
  Wählen Sie, ob die Zeitachse in Tagen, Wochen oder Monaten segmentiert wird. Die Wahl des Intervalls führt (bei Wochen oder Monaten) zu einer Zusammenfassung von Bedarfen und Bestellvorschlägen am ersten Tag der Periode in der Ansicht **MRP-Ergebnis**. Sie führt aber nicht zu einer Zusammenfassung der tatsächlichen Bestellungen. Diese sind nach wie vor auf unterschiedliche Zeitpunkte verteilt. Eine Zusammenfassung von Bestellungen ist nur über die Funktion **Auftragsintervall** zu erreichen (siehe Abschnitt 9.2.2, »Die Zeitachse in der Materialbedarfsplanung«).
- **Eingabefeld »Länge des Planungshorizonts«**
  Geben Sie die Länge des Planungshorizonts ein. Die Zeiteinheit (Tage, Wochen, Monate) ist dabei jene, die Sie bei **Datenanzeige in Intervallen von** gewählt haben. Haben Sie kein **Enddatum** angegeben, wird dieses nun vom Programm automatisch befüllt.

[+]

Der richtige Planungshorizont

Der Planungshorizont sollte jedenfalls so gewählt werden, dass die Durchlaufzeiten in den Planungshorizont »passen«. Für Handelsware ist das die maximale Durchlaufzeit (Wiederbeschaffungstage) eines Artikels. Für Fertigprodukte ist es – vereinfacht – die Summe der Wartetage aller Routenabschnitte + die Durchlaufzeit der Artikel, die im ersten Routenabschnitt benötigt werden. Ist das nicht der Fall, besteht die Gefahr, dass nicht rechtzeitig bestellt oder produziert wird.

Im Zweifelsfall sollten Sie längere, überlappende Planungshorizonte kürzeren Horizonten vorziehen. Lücken zwischen den Planungshorizonten sollten Sie nach Möglichkeit vermeiden.

- **Checkbox-Gruppe »Feiertage berücksichtigen bei«**
  Legen Sie, separat für **Produktionsartikel** und **Einkaufsartikel**, fest, ob die Feiertage aus der Feiertagstabelle (siehe Abbildung 9.3) bei der Berechnung der Auftragsempfehlung genutzt werden sollen oder nicht. Eine separate Regelung ist z. B. dann sinnvoll, wenn die Produktion an sieben Tagen in der Woche im Schichtbetrieb läuft, die Einkaufsabteilung und vor allen Dingen die Lieferanten aber nur an fünf Tagen in der Woche tätig sind.

  Das Programm berücksichtigt die Feiertage »konservativ«. Es wird erwartete Zugänge einen Tag nach dem Feiertag kalkulieren. Bedarfe werden schon einen Tag vor dem Feiertag eingeplant.

- **Checkbox »Kumulierte Durchlaufzeit ignorieren«**
  Die kumulierte Durchlaufzeit ist die Addition der Durchlaufzeiten von mehrstufigen Stücklisten. Durch Aktivierung dieser Checkbox wird das Ergebnis dieser Kalkulation nicht berücksichtigt, und alle Komponenten werden zum frühestmöglichen Zeitpunkt als Bedarf betrachtet.
- **Dropdown-Feld »Sortieren nach«**
  Im Bericht **MRP-Ergebnis**, der nach dem letzten Schritt des Assistenten angezeigt wird, können die Artikel nach Montagefolge (von der obersten zur niedrigsten Ebene der Stückliste), nach Artikelnummer, Artikelbezeichnung oder Artikelgruppe sortiert werden. Im Gegensatz zu den meisten Tabellen in SAP Business One ist in diesem Bericht ein späteres Sortieren der Tabelle aufgrund ihrer hohen Komplexität nicht mehr möglich.
- **Checkbox »Artikel ohne Bedarf anzeigen«**
  Aktivieren Sie diese Checkbox, wenn Sie im **MRP-Ergebnis** alle Artikel sehen wollen, deren **Planungsmethode Materialbedarfsplanung** ist, unabhängig davon, ob ein Bedarf besteht oder nicht.
- **Checkbox »Simulation«**
  Soll das Szenario zwar die Bedarfe errechnen, aber daraus keine Bestellungen oder Produktionsaufträge erzeugen, aktivieren Sie die Checkbox **Simulation**.

Durch einen Klick auf den Button **Szenario speichern** können Sie das Szenario schon jetzt (zwischen-)speichern. Bearbeiten Sie ein schon existierendes Szenario, können Sie durch Anklicken des Buttons **Start** die folgenden Schritte überspringen und gleich zum **MRP-Ergebnis** weitergehen. Wollen Sie noch Änderungen in einem existierenden Szenario vornehmen oder ein neues Szenario weiterbearbeiten, klicken Sie auf **Weiter**.

9.3.3 Schritt 3: Zu planenden Artikel auswählen

In Schritt 3 wählen Sie die Artikel aus, die im aktuellen Szenario geplant werden sollen (siehe Abbildung 9.44).

Theoretisch können Sie alle Artikel mit einem einzigen Szenario planen. Bei einfach strukturierten oder sehr kleinen Produktportfolios bzw. wenn die Materialbedarfsplanung nur von einem Mitarbeiter durchgeführt wird, ist das eine effiziente Methode. Sollten Sie unterschiedliche Typen von Materialien haben, die sich hinsichtlich Lieferanten, Bestellstrategien etc. stark unterscheiden, sollte die Planung für ein produzierendes Unternehmen eingesetzt werden. Möchten Sie hingegen mehrere Mitarbeiter parallel disponieren lassen, empfiehlt es sich, mit separaten Szenarien zu arbeiten. In diesem Fall müssen Sie pro Szenario festlegen, welche Artikel darin enthalten sind.

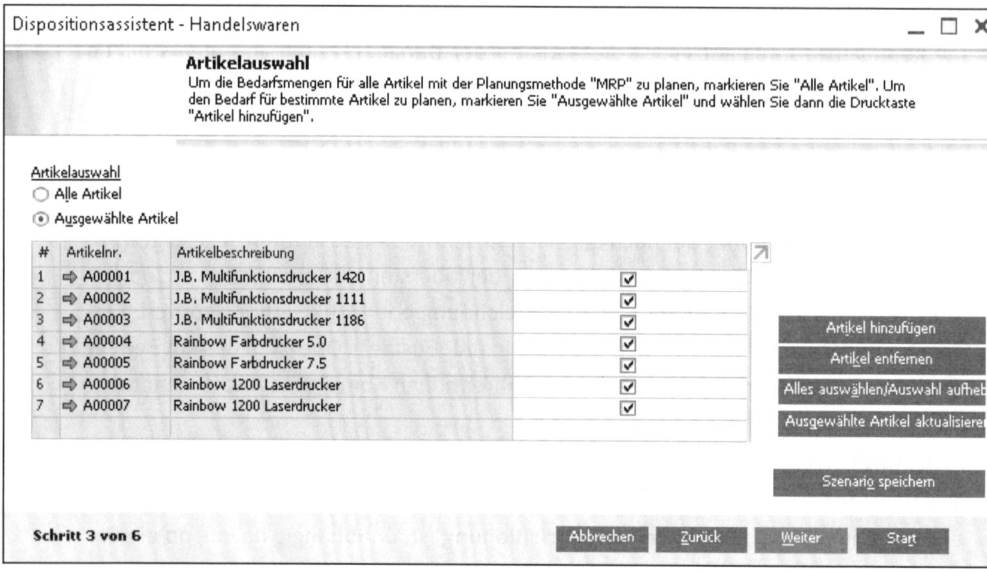

Abbildung 9.44: Schritt 3 – Artikelauswahl

Dementsprechend stehen Ihnen folgende Möglichkeiten zur Verfügung:

- **Checkbox »Alle Artikel«**
  Die Tabelle unter der Checkbox ist grau, der Dispositionsassistent wird alle Artikel berücksichtigen.
- **Checkbox »Ausgewählte Artikel«**
  Nach einem Klick auf den Button **Artikel hinzufügen** öffnet sich der Dialog (siehe Abbildung 9.45). Als Auswahlkriterien stehen die üblichen Elemente (Artikelnummer, Artikelgruppe, Artikeleigenschaften) zur Verfügung. Zusätzlich können Sie erweiterte Auswahlkriterien wählen.

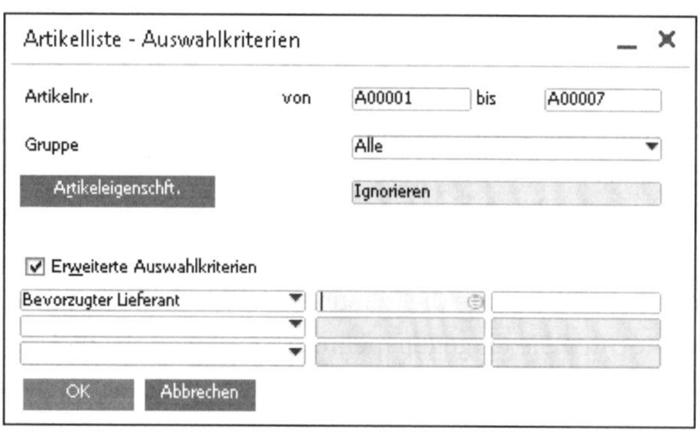

Abbildung 9.45: Schritt 3 – detaillierte Artikelauswahl

Im Unterschied zur üblichen Auswahl können Sie den Button **Artikel hinzufügen** mehrfach anklicken. Zusätzliche Selektionen werden in die Tabelle **Artikelauswahl** übernommen. Aber beachten Sie, dass Kombinationen im Auswahlkriterien-Fenster UND-verknüpft sind.

Artikelauswahl

Wenn Sie also z. B. Artikel »A00001« bis Artikel »A00007« *und* Artikelgruppe »Server« wählen, werden keine Artikel übernommen, da die Artikel »A00001« bis »A00007« zur Artikelgruppe »J.B. Drucker« gehören.

Es ist zulässig, in einem Durchgang »A00001« bis »A00007« und in einem zweiten Durchgang die Artikelgruppe »Server« zu wählen. Es werden dann die Ergebnisse der beiden unabhängigen Selektionen in die Artikelauswahl-Tabelle übernommen.

- **Button »Ausgewählte Artikel aktualisieren«**
  Mit dieser Funktion können Sie Einstellungen, die im Artikelstamm hinterlegt sind, übersteuern (siehe Abbildung 9.46). Ein konkreter Anwendungsfall für diese Funktion ist allerdings schwer darstellbar, da Szenarien in der Regel eher Stammdaten sind und daher eine dynamische Übersteuerung nicht häufig vorkommt bzw. vorkommen sollte.

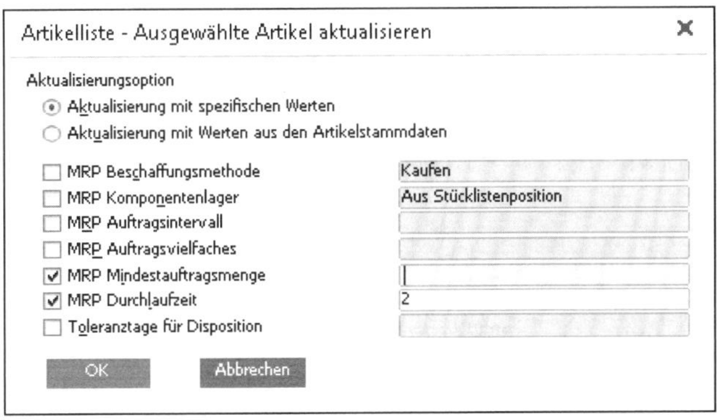

Abbildung 9.46: Stammdaten übersteuern

Sollten Sie Artikel aus der Tabelle entfernen wollen, können Sie das wieder mit einem Klick der rechten Maustaste und der Wahl der Option **Zeile löschen** tun.

Die restlichen Buttons in Schritt 3 entsprechen im Wesentlichen jenen aus Schritt 2. Klicken Sie auf **Weiter**, um zur Auswahl der Lager zu kommen.

Segmentieren Sie die Artikel möglichst präzise

Schritt 3 erlaubt Ihnen eine sehr genaue Gliederung der Artikel, die in diesem Szenario bearbeitet werden sollen. Neben der üblichen Selektion »Artikel von/bis« und »Artikelgruppe von/bis« können Sie jedes beliebige Set von Artikeln definieren. Nutzen Sie die Gelegenheit, um nach Möglichkeit pro Szenario ein eindeutiges Artikelset zu bearbeiten und Überschneidungen zu vermeiden. Eine Überschneidung, also die Verwendung eines Artikels in mehreren Szenarien, ist technisch möglich, in der Regel aber nutzlos und führt lediglich zu Unübersichtlichkeit und erschwerter Testbarkeit der Materialbedarfsplanung. Sie sollte daher möglichst vermieden werden.

9.3.4 Schritt 4: Zu berücksichtigende Lager auswählen

In Schritt 4 wird geregelt, welche Bedarfe und Bestände welcher Lager in diesem Dispositionslauf berücksichtigt werden sollen (siehe Abbildung 9.47).

- **Radiobutton-Gruppe »Ausführen über«**

  Wenn Sie die Option **Firma** wählen, werden die aktivierten Lager in der Tabelle **Datenquellen berücksichtigen** konsolidiert.

  Wenn Sie die Option **Lager** wählen, werden die verschiedenen Lager hinsichtlich Beständen, erwarteter (z. B. Prognosen) oder bestätigter (z. B. Kundenaufträge) Abgänge und erwarteter Zugänge (z. B. Lieferantenbestellungen) einzeln betrachtet.

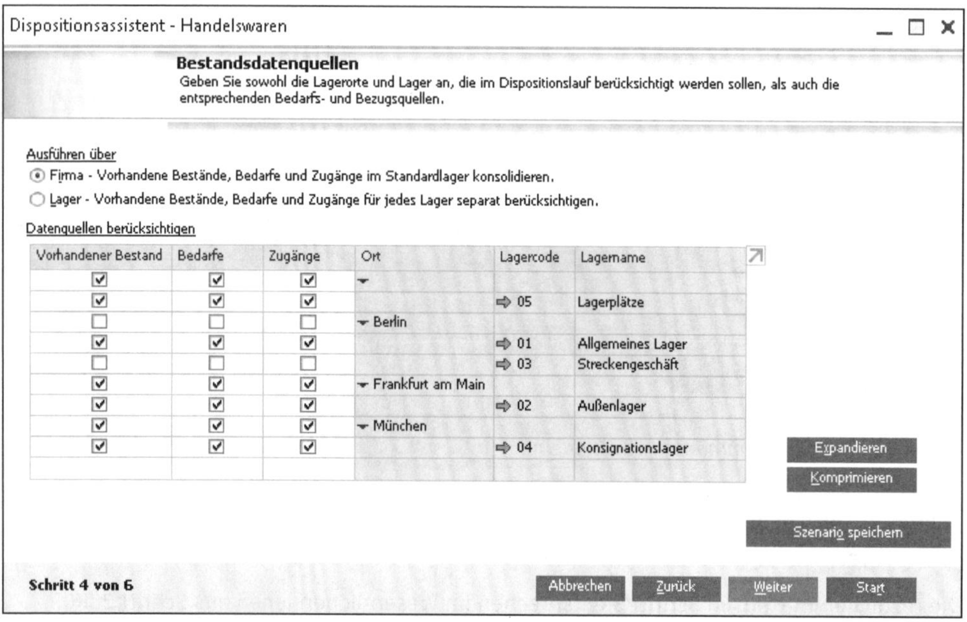

Abbildung 9.47: Schritt 4 – Berücksichtigung von Lagern

Firma vs. Lager

Ausgangsbasis ist ein Bestand auf Lager 1 von 100 Stück, es besteht kein Bedarf.

Auf Lager 2 befinden sich 0 Stück, es besteht ein Bedarf (Kundenauftrag) von 50 Stück, die aus Lager 2 beliefert werden sollen.

Wählen Sie die Option **Lager**, wird eine Auftragsempfehlung von 50 Stück erstellt, der Bedarf kann aus Lager 2 nicht gedeckt werden. Allerdings bietet Ihnen das Programm dann in Schritt 5 nicht nur die Möglichkeit, den Bedarf aus Lieferantenbestellungen zu decken, sondern ermöglicht Ihnen auch die Erststellung einer **Anfrage zur Bedarfsumlagerung**, um den Bedarf aus den Firmenbeständen zu decken (siehe Schritt 5).

Wählen Sie die Option **Firma**, wird keine Auftragsempfehlung erstellt, der Bedarf kann aus dem konsolidierten Firmenbestand gedeckt werden.

- **Tabelle »Datenquellen berücksichtigen«**

  In der Tabelle werden abhängig von der Konfiguration Ihrer Lager alle **Lagercodes** (optional gruppiert nach Lagerort) dargestellt.

  In den Spalten **Vorhandener Bestand**, **Bedarfe** und **Zugänge** können Sie regeln, welche Bestände, Bedarfe und erwartete Zugänge berücksichtigt werden sollen.

  Standardmäßig aktiviert das Programm alle Lager, die disporelevant sind. Welche das sind, entscheiden Sie bei der Definition des Lagers, die Sie über den Pfad **Administration • Definition • Lagerverwaltung • Lager** vornehmen.

  Wie in Abbildung 9.48 dargestellt, ist ein **Streckengeschäft** nie disporelevant. Andere Lager können Sie flexibel einstellen, es kann also auch ein Nicht-Streckengeschäftslager nicht disporelevant sein (z. B. ein Reparaturlager, dessen Bestände nicht berücksichtigt werden, das aber auch keine Bedarfe erzeugt).

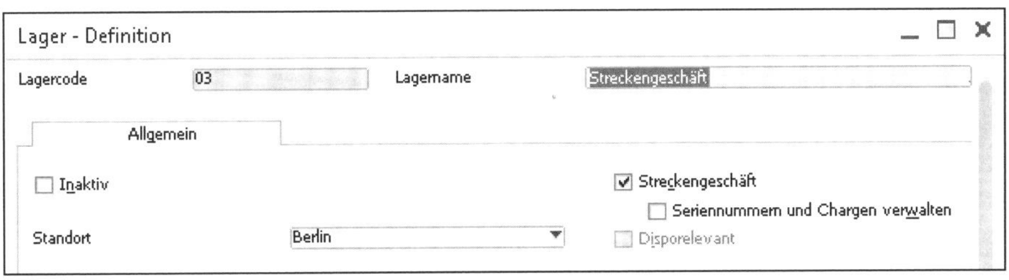

Abbildung 9.48: Disporelevanz des Lagers einstellen

Die Buttons entsprechen in ihrer Funktion im Wesentlichen jenen, die in Schritt 2 beschrieben wurden. Mit einem Klick auf den Button **Weiter** gelangen Sie zu Schritt 5.

9.3.5 Schritt 5: Definition der Bedarfsauslöser

In Schritt 5 (siehe Abbildung 9.49) definieren Sie zunächst, wie mit Vergangenheitsdaten außerhalb des Planungshorizonts umgegangen werden soll.

Wenn Sie die Option **Im Planungshorizont** wählen, wird das Programm (geplante) Zugänge und (zugesicherte) Bedarfe, die vor dem Planungshorizont liegen, zwar anzeigen, aber nicht in seiner Berechnung berücksichtigen.

Wenn Sie **Vergangenheitsdaten berücksichtigen** wählen, dann wird das Programm diese Zugänge und Bedarfe auch in der Empfehlung berücksichtigen.

Wenn Ihre Planungshorizonte nahtlos aneinander anschließen, sollten die unterschiedlichen Optionen keine Auswirkung haben, da vergangene Bedarfe auch schon geplante Zugänge (Lieferantenbestellungen oder Produktionsaufträge) erzeugt haben.

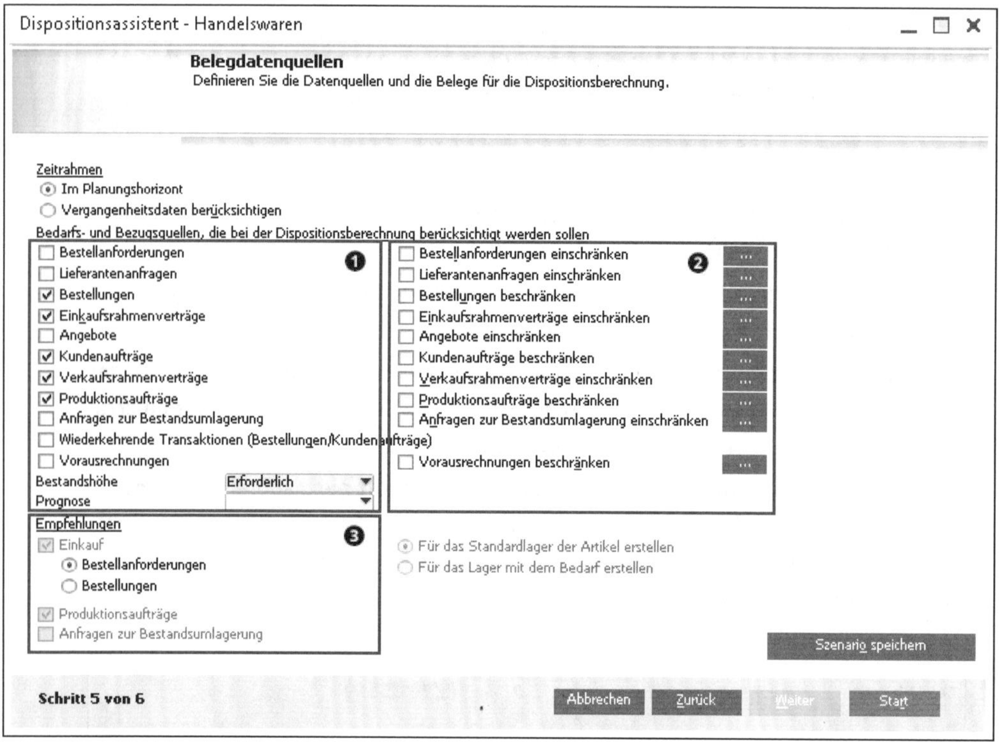

Abbildung 9.49: Schritt 5 – Bedarfsauslöser und Auftragsempfehlung definieren

Danach definieren Sie drei große Bereiche:

Welche potenziell möglichen Bedarfsauslöser und Bezugsquellen sollen berücksichtigt werden?

Das Programm bietet Ihnen die Möglichkeit ❶, alle Belegarten auszuwählen, die einen Bedarf auslösen können (Kundenorientierung). Zusätzlich können alle Belegarten ausgewählt werden, die einen Bedarf decken können (Lieferantenorientierung).

Zuletzt werden die Bedarfsauslöser bearbeitet, die das Lager unabhängig von kundenorientierten Transaktionen auffüllen sollen.

Der Vorschlag des Programms umfasst zunächst »verbindliche« Transaktionen: Lieferantenbestellungen, Einkaufsrahmenverträge, Kundenaufträge und Verkaufsrahmenverträge. Produktionsaufträge haben keine eigentliche Verbindlichkeit im juristischen

Sinne, können aber dazu beitragen, solche Verbindlichkeit zu erfüllen, und sind auch Bestandteil des Vorschlags. Es kann also z. B. ein Produktionsauftrag notwendig sein, um Produkte, die in einem Kundenauftrag enthalten sind, zu produzieren. Alle anderen Transaktionen sind »weiche« Bedarfsauslöser. Sie sind also noch nicht verbindlich, ihr Eintritt kann aber wahrscheinlich sein und muss daher in einer konservativen Planung berücksichtigt werden.

Die einzelnen Transaktionen beschreiben wir nicht im Detail, da sie selbsterklärend sind. Lediglich die Funktion **Bestandshöhe** betrachten wir im Folgenden näher. Grundsätzlich wird die Bestandshöhe zu den Mengen, die sich aus den übrigen Bedarfsauslösern ergeben, addiert. Sie stellt also im Fall von Handelswaren und Komponenten einen Sicherheitsbestand dar, um Bedarfe, die sich spontan innerhalb eines Planungshorizonts ergeben, zu decken. Für Verbrauchsmaterialien könnte sie die einzige Planungsgröße darstellen. Sie haben die folgenden Optionen:

- **Erforderlich**
  Die Auftragsempfehlung wird den erforderlichen Bestand, der im Artikelstamm hinterlegt ist, zusätzlich empfehlen. Diese Option ist in der Praxis die gängigste und einfachste. Mehr darüber erfahren Sie in Abschnitt 9.1.2, »Vorbereitungen im Artikelstamm«.
- **Minimum**
  Die Auftragsempfehlung wird den minimalen Bestand, der im Artikelstamm hinterlegt ist, zusätzlich empfehlen (siehe dazu ebenfalls Abschnitt 9.1.2). Das Risiko dieser Option besteht darin, dass eine Unterschreitung des minimalen Bestands unter Umständen gesperrt ist. Wie das Programm auf eine Unterschreitung reagiert, definieren Sie über den Pfad **Administration • Systeminitialisierung • Belegeinstellungen** auf der Registerkarte **Allgemein** in der Checkbox-Gruppe **Reaktion auf Eingang/Ausgang von Lagerbeständen außerhalb des definierten Bereichs**.
- **Maximum**
  Die Auftragsempfehlung wird den maximalen Bestand, der im Artikelstamm hinterlegt ist, zusätzlich empfehlen. Auch darüber erfahren Sie mehr in Abschnitt 9.1.2. Das Risiko dieser Option besteht darin, dass eine Überschreitung des maximalen Bestands unter Umständen gesperrt ist und zusätzliche Bedarfsauslöser zwar zu einer Auftragsempfehlung führen, die Bestandserhöhung dann aber vom Programm nicht zugelassen wird. Wie das Programm auf eine Überschreitung reagiert, definieren Sie über den Pfad **Administration • Systeminitialisierung • Belegeinstellungen** auf der Registerkarte **Allgemein** in der Checkbox-Gruppe **Reaktion auf Eingang/Ausgang von Lagerbeständen außerhalb des definierten Bereichs**.
- **Minimum – Maximum**
  Die Auftragsempfehlung wird nur bei Unterschreitung des minimalen Bestands den maximalen Bestand zusätzlich empfehlen.

Welche von diesen Bedarfsauslösern sollen ausnahmsweise nicht berücksichtigt werden?

Im rechten Bereich des Bildes ❷ können Sie einzelne Belege aus einer Gruppe von Bedarfsauslösern exkludieren. Aktivieren Sie daher zunächst die Checkbox links neben dem jeweiligen Beleg, und klicken Sie anschließend auf den Auswahlbutton [...] rechts. Wählen Sie nun die zu exkludierenden Belege aus. Die Auswahl an sich wird mit dem Button **Belege hinzufügen** gestartet und ist selbsterklärend, da sie der allgemeinen Auswahllogik des Programms entspricht.

[zB]

Exklusion von einzelnen Bedarfsauslösern

Sie haben eine hohe Trefferquote bei Ihrer Angebotslegung – in der Regel münden Angebote also in Aufträge. Für ein Angebot bewerten Sie die Abschlusswahrscheinlichkeit allerdings als gering. Sie aktivieren daher den Bedarfsauslöser **Angebot** im linken Bildbereich. Im rechten Bildbereich exkludieren Sie das spezifische Angebot.

Welche Transaktionen sollen auf Grundlage dieser Bedarfsauslöser und der daraus folgenden Bedarfe erstellt werden?

Im linken unteren Bereich ❸ haben Sie die folgenden Optionen:

- **Empfehlungen**
  In den Checkboxen unter **Empfehlungen** steuern Sie (mit Einschränkungen), welche Transaktionen zur Deckung des Bedarfs vom Programm vorgeschlagen werden sollen.
- **Einkauf**
  Diese Checkbox ist in Release 10.0 immer aktiv und ausgegraut – sie kann vom Anwender nicht bearbeitet werden. Allerdings können Sie mit den darunter angeordneten Radiobuttons wählen, ob das Ergebnis der Materialbedarfsplanung **Bestellanforderungen** oder **Bestellungen** sein sollen. Da Bestellungen ohnehin bearbeitet werden können, solange sie nicht in einen Folgebeleg kopiert wurden, und da im folgenden Prozessschritt der Auftragsempfehlung (siehe Abschnitt 9.4) auch »geparkte Belege« erzeugt werden können, spricht wenig gegen die Wahl der Option **Bestellungen**. Die Option **Bestellanforderungen** ist nur dann sinnvoll, wenn es die Organisation oder Compliance-Regelungen in Ihrem Unternehmen erfordern, dass dieser zusätzliche Prozessschritt durchgeführt wird.
- **Produktionsaufträge**
  Diese Checkbox ist in Release 10.0 immer aktiv und ausgegraut – sie kann nicht bearbeitet werden.
- **Anfragen zur Bestandsumlagerung**
  Diese Checkbox ist nur dann aktiv, wenn in Schritt 4 die Option **Ausführen über Lager** gewählt wurde. Nur in diesem Fall werden die Bestände der einzelnen Lager geprüft und pro Lager Bedarfe festgestellt. Fehlbestände in einzelnen Lagern könnten dann

mittels der Bestandsumlagerung aus anderen Lagern mit verfügbaren Beständen ausgeglichen werden.

- **Für das Standardlager der Artikel erstellen**
  Dieser Radiobutton ist nur dann aktiv, wenn in Schritt 4 die Option **Ausführen über Lager** gewählt wurde. Eine Auftragsempfehlung würde das Standardlager des Artikels vorschlagen, um diesen einzulagern, unabhängig davon, auf welchem Lager der Bedarf entstanden ist. Diese Option kann z. B. dann sinnvoll sein, wenn ein Artikel zunächst grundsätzlich ins Qualitätsprüfungslager (das in diesem Fall als Standardlager definiert werden muss) verbracht und erst nach erfolgter Prüfung ins Ziellager umgelagert werden soll.
- **Für das Lager mit dem Bedarf erstellen**
  Diese Checkbox ist nur dann aktiv, wenn in Schritt 4 die Option **Ausführen über Lager** gewählt wurde. Eine Auftragsempfehlung würde das Lager, auf dem der Bedarf entstanden ist, zur Einlagerung vorschlagen.

Nachdem Sie nun alle Einstellungen für den aktuellen Dispositionslauf vorgenommen haben, klicken Sie auf den Button **Start**, um im letzten Schritt das vorläufige Ergebnis des Dispositionslaufs zu sehen.

9.3.6 Schritt 6: Anzeige der Ergebnisse und Auftragsempfehlung

In Schritt 6 erhalten Sie einen detaillierten Überblick über das Ergebnis und können eine Auftragsempfehlung speichern. Diese kann in weiterer Folge noch bearbeitet und schließlich in Bestellungen, Produktionsaufträge oder Anfragen zur Bestandsumlagerung umgewandelt werden (siehe Abschnitt 9.4, »Auftragsempfehlung«). In diesem Schritt des Dispositionslaufs können Sie im Wesentlichen nur die Anzeige steuern und die Auftragsempfehlung speichern. Sollten Sie mit dem Ergebnis nicht zufrieden sein, können Sie im Prozess schrittweise wieder zurückgehen. Weitere Bearbeitungsmöglichkeiten gibt es hier noch nicht, diese stehen Ihnen dann wieder in der Auftragsempfehlung (siehe ebenfalls Abschnitt 9.4) zur Verfügung.

Auf der Registerkarte **Bericht** werden die erwarteten Bedarfe zunächst einzeilig (komprimiert) pro Artikel dargestellt (siehe Abbildung 9.50). Die Spalten zeigen die geplanten Auftragsempfehlungen pro gewähltem Intervall (Tag, Woche, Monat). Durch einen Klick auf den Button **Expandieren/Komprimieren** kann die Ansicht expandiert werden, d. h., für alle Artikel werden folgende Zeilen zusätzlich dargestellt und die entsprechenden Werte pro Intervall in der Tabelle präsentiert:

- **Anfangsbestand** zeigt zunächst den Bestand zu Beginn des Planungshorizonts und in den Folgespalten den erwarteten Bestand anhand der geplanten Zugänge und Abgänge in den davorliegenden Intervallen.
- **Zugang** zeigt erwartete Zugänge anhand der in Schritt 5 definierten Bedarfsdecker.

- **Bedarf** zeigt erwartete Abgänge anhand der in Schritt 5 definierten Bedarfsauslöser.
- **Endbestand** zeigt den Tagessaldo aus diesen drei Werten.

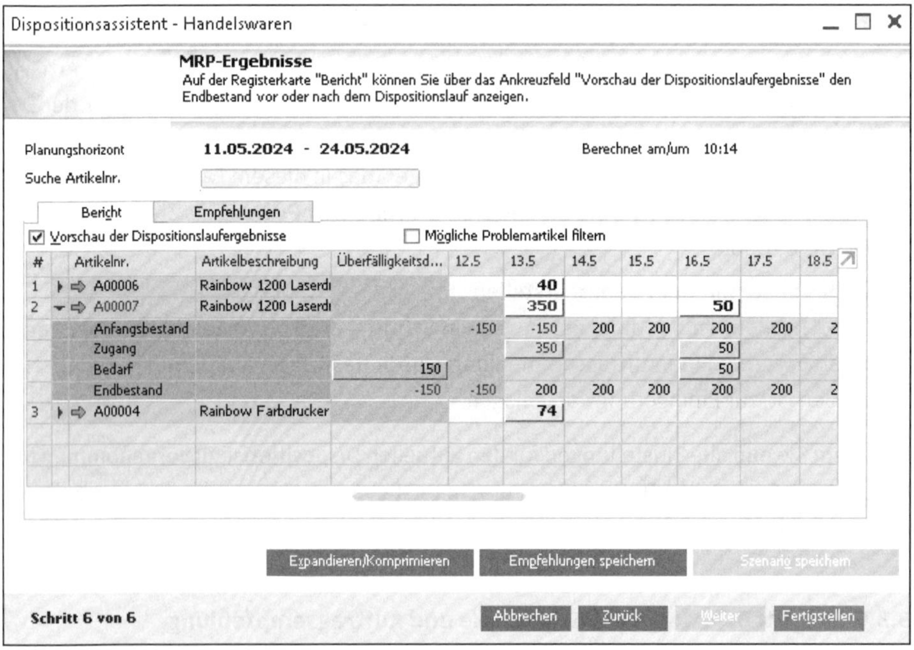

Abbildung 9.50: Schritt 6 – MRP-Ergebnis: Bericht

Durch nochmaliges Klicken auf den Button **Expandieren/Komprimieren** wird die Ansicht wieder komprimiert. Alternativ können Sie durch Klick auf das schwarze Dreieck in der ersten Spalte die Ansicht nur für einen Artikel expandieren/komprimieren.

In der expandierten Ansicht sind einige Buttons mit Zahlen beschriftet. Diese repräsentieren entweder erwartete Zugänge (z. B. aus offenen Lieferantenbestellungen oder Auftragsempfehlungen) oder erwartete Abgänge (z. B. aus Kundenaufträgen oder Produktionsaufträgen).

Durch Klick auf diese Buttons 50 wird, wie in Abbildung 9.51 dargestellt, ein Fenster geöffnet, das Details des Bedarfsauslösers oder der Bezugsquelle zeigt. Per Klick auf den Drilldown-Pfeil kann der Beleg geöffnet werden. Eine Ausnahme bilden hier nur jene Zahlen, die aus der aktuellen Auftragsempfehlung stammen, diese sind ja in diesem Moment noch nicht zu Bezugsquellen (z. B. Lieferantenbestellungen oder Produktionsaufträgen) geworden.

Grundsätzlich beginnt die Anzeige der Intervalle immer mit dem aktuellen Tagesdatum, unabhängig vom Beginn des Planungshorizonts (der ja nicht in der Zukunft, sehr wohl aber in der Vergangenheit liegen darf). Transaktionen, die sich innerhalb des Planungshorizonts, aber vor dem Tagesdatum befinden, werden in der Spalte **Überfälligkeitsdaten** zusammengefasst. Führt dies zu einem Fehlbestand, wird dieser rot dargestellt. Entsprechende Artikel können durch Aktivierung der Checkbox **Mögliche Problemartikel filtern** gefiltert werden.

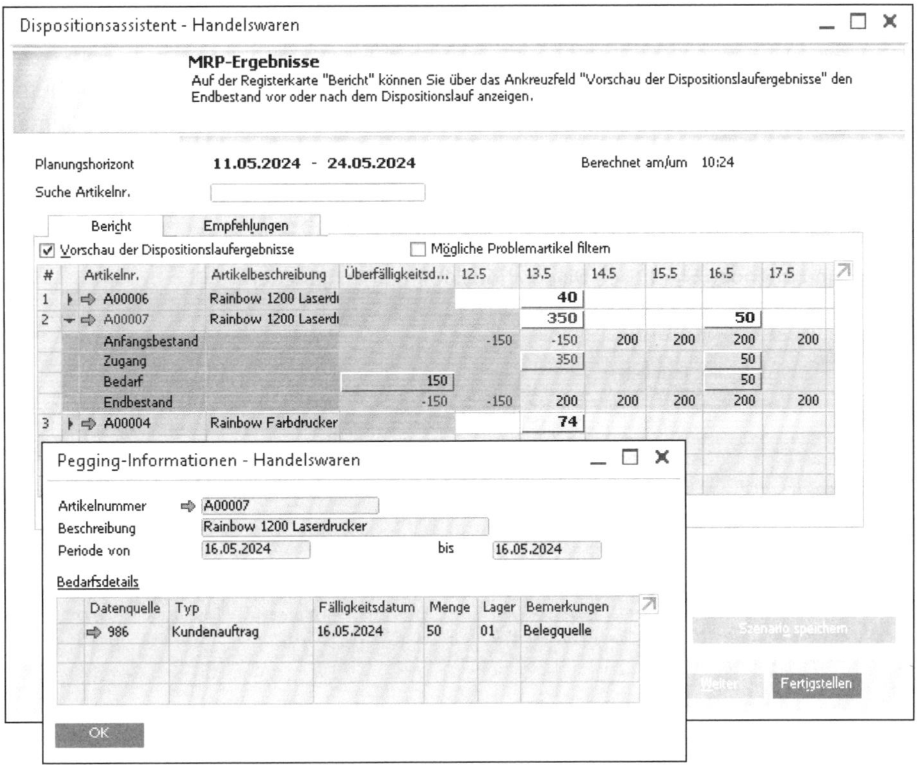

Abbildung 9.51: Detailinformationen zu einem Bedarfsauslöser

Abbildung 9.52 illustriert das Prinzip: Der Planungshorizont beginnt am 11.05.2024. Das Tagesdatum ist der 12.05.2024. Ein Kundenauftrag hat ein Fälligkeitsdatum (= Lieferdatum) am 11.05.2024. Dieses liegt zwar noch im Planungshorizont, nicht mehr aber nach dem Tagesdatum, und die offene Auftragsmenge von 150 Stück wird daher in der Spalte **Überfälligkeitsdaten** angeführt. Da der aktuelle Lagerbestand des Artikels null ist, wird ein **Endbestand** (der nicht als Lagerbestand, sondern als Tagessaldo zu verstehen ist) ebenfalls mit –150 dargestellt.

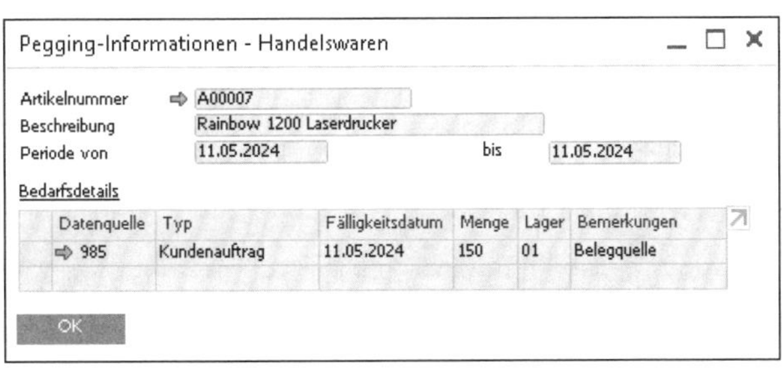

Abbildung 9.52: Bedarfsauslöser führt zu einer Überfälligkeit

Wenn Sie die Registerkarte **Empfehlungen** wählen, erhalten Sie eine Vorschau auf die Empfehlung, die das Programm anhand dieses Dispositionslaufs erstellt hat und die im nächsten Prozessschritt in Lieferantenbestellungen oder Produktionsaufträge umgewandelt werden kann (siehe Abbildung 9.53).

Wie gut zu erkennen ist, kumuliert das Programm gleiche Artikel nicht, da wir nicht mit Auftragsintervallen arbeiten und die Daten, zu denen die Artikel benötigt werden, unterschiedlich sind. Es werden also für den Artikel »A00007« zwei Lieferantenbestellungen empfohlen.

Speichern Sie nun die Empfehlung mit einem Klick auf den Button **Empfehlungen speichern**, und beenden Sie diesen Dispositionslauf mit **Fertigstellen**.

Abbildung 9.53: MRP-Ergebnis – Empfehlung: Einkauf

Das am Anfang des Kapitels erwähnte Szenario *Fertigprodukte* muss analog bearbeitet werden. Das Ergebnis sind nun aber keine Bestellanforderungen oder Lieferantenbestellungen, sondern vorgeschlagene Produktionsaufträge (siehe Abbildung 9.54).

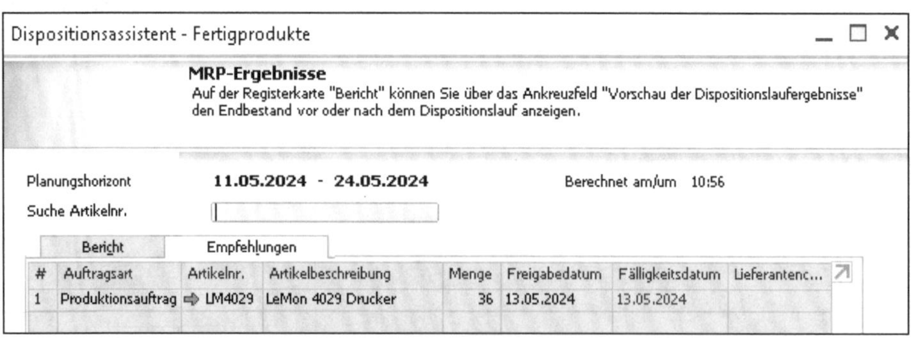

Abbildung 9.54: MRP-Ergebnis – Empfehlung: Produktion

Nicht dargestellt wird in Abbildung 9.54 eine gegebenenfalls notwendige Bestellung der Komponenten. Grundsätzlich löst der Dispositionsassistent die Stückliste auf und prüft die Verfügbarkeit der Komponenten (siehe dazu auch Tabelle 8.2 in Abschnitt 8.6, »Produktionsaufträge erzeugen«).

9.4 Auftragsempfehlung

Über den Pfad **Materialbedarfsplanung • Auftragsempfehlung** werden nun die vom Dispositionsassistenten errechneten Empfehlungen in konkrete Transaktionen (z. B. Lieferantenbestellungen oder Produktionsaufträge) umgewandelt.

In Abbildung 9.55 sind die Selektionskriterien dargestellt, von zentraler Bedeutung sind die ersten beiden:

- **Auftragsart**
  Wählen Sie hier aus, welche Transaktionen im Folgenden erzeugt werden sollen. Es stehen Ihnen **Alle**, **Produktionsaufträge**, **Bestellungen**, **Anfragen zur Bestandsumlagerung**, **Lieferantenanfragen** sowie **Bestellanforderungen** zur Auswahl.

  Bedenken Sie, dass Sie im nächsten Schritt das Szenario wählen werden, dessen Empfehlung Sie in Transaktionen umwandeln wollen. Die gewählte Auftragsart muss also im Szenarioergebnis enthalten sein. Um bei unserem Beispiel zu bleiben: Das von uns erstellte Szenario **Handelswaren** enthält ausschließlich **Bestellanforderungen** (siehe Abbildung 9.53). Es kann also nur mit dieser Auftragsart oder mit **Alle** kombiniert werden. Da es in der Praxis kaum vorkommt, dass Szenarien bei der Erstellung von Transaktionen noch weiter unterteilt werden, bzw. die Empfehlung ohnedies ist, für unterschiedliche Materialklassen separate Szenarien anzulegen, ist die Wahl von **Alle** in der Regel eine gute Option.
- **Szenario**
  Wählen Sie hier das Szenario aus, für das Sie konkrete Transaktionen erzeugen wollen.
- **Fälligkeitsdatum und Freigabedatum**
  Sie können hier die Selektionen nach dem Datum der Auftragsempfehlungen vornehmen. Da in der Regel nach erfolgter Durchführung des Dispositionsassistenten unmittelbar und vollständig die Auftragsempfehlung in Transaktionen umgewandelt wird, ist eine Datumsselektion meist nicht relevant.

Die restlichen Selektionsfelder (**Artikel-Code**, **Artikelgruppe**, **Artikeleigenschaften**, **Lieferanten-Code**, **Lieferantengruppe**, **Lieferanteneigenschaften**) entsprechen der üblichen Auswahllogik und sind selbsterklärend. Im Übrigen gilt auch hier, dass eine vollständige Bearbeitung eines Dispositionsergebnisses (Auftragsempfehlung) aus Gründen der Übersichtlichkeit empfehlenswert ist und eine weitere Filterung der Auftragsempfehlung in der Regel nicht vorgenommen wird.

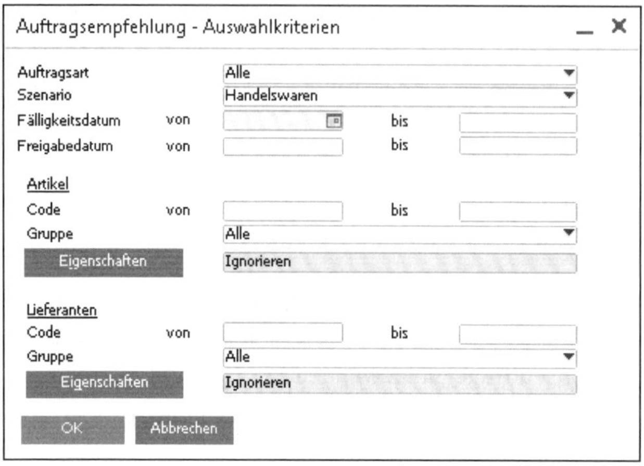

Abbildung 9.55: Auftragsempfehlung – Auswahlkriterien

Nach einem Klick auf den Button **OK** öffnet sich das Fenster **Auftragsempfehlung**.

Noch ein Hinweis zum Beispiel: Die Schritte 1 bis 6 wurden mit zwei unterschiedlichen Szenarien dargestellt, nämlich **Handelsware** und **Fertigprodukte**. Um das Potenzial des Programms, verschiedene Auftragsarten in einer Auftragsempfehlung zu verarbeiten, zu demonstrieren, haben wir das Beispiel in Abbildung 9.56 mit einem Szenario erstellt, das sowohl Handelswaren als auch Produktionsartikel enthält.

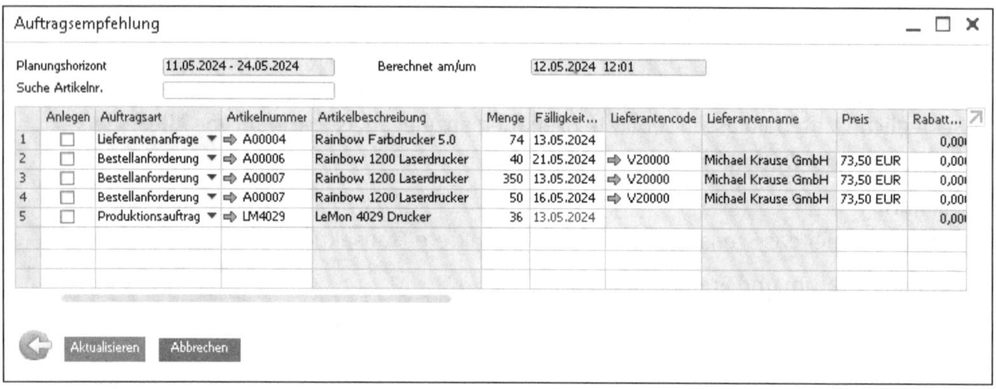

Abbildung 9.56: Auftragsempfehlung bearbeiten

Die Auftragsempfehlung enthält eine Reihe von Informationsfeldern, die ausgegraut sind. Da sie selbsterklärend sind, beschreiben wir sie im Folgenden nicht im Einzelnen. Relevant sind jedoch die folgenden Eingabefelder:

- **Anlegen**
  Die Checkbox in dieser Spalte muss aktiviert werden, wenn das Programm eine Transaktion erzeugen soll. Sollen alle Einträge in der Tabelle angelegt werden, klicken Sie auf den Spaltentitel, und alle Checkboxen werden aktiviert.

- **Auftragsart**
  Das ist der Transaktionstyp, der in Schritt 5 des Dispositionsassistenten gewählt wurde. Sie können diesen Typ hier noch ändern, z. B. anstelle von Bestellanforderungen gleich Bestellungen anlegen oder ein Fertigprodukt, das üblicherweise durch einen Produktionsauftrag erzeugt wird, ausnahmsweise auch zukaufen. Im Beispiel in Abbildung 9.56 wollen wir für den ersten Artikel zunächst eine Lieferantenanfrage erzeugen, anstatt gleich zu bestellen.
- **Artikelnummer**
  Die Artikelnummer wird angezeigt und kann verändert werden. Es ist allerdings kaum ein Anwendungsfall denkbar, in dem eine Änderung der Artikelnummer sinnvoll wäre, da eine Änderung in der Auftragsempfehlung keine Auswirkung auf den Bedarfsauslöser hat.
- **Menge**
  Die vom Programm erzeugte Menge kann noch bearbeitet werden.
- **Fälligkeitsdatum**
  Das Fälligkeitsdatum wird in Lieferantenbestellungen das gewünschte Lieferdatum und in Produktionsaufträgen das gewünschte Fertigstellungsdatum.
- **Lieferantencode**
  Wurde im Artikelstamm ein bevorzugter Lieferant definiert, wird er hier angezeigt und kann geändert werden. Wurde keiner definiert, kann nun ein Lieferant für diese spezifische Transaktion ausgewählt werden.
- **Preis**
  Wurde für die Lieferanten-Artikel-Relation ein Preis definiert, wird dieser hier angezeigt und kann verändert oder neu eingegeben werden.
- **Rabatt**
  Der Rabatt wird analog zum Preis angezeigt und kann geändert oder eingegeben werden.

Eine wichtige Funktion verbirgt sich hinter den Formulareinstellungen, nämlich die Möglichkeit, Artikel mit dem gleichen Lieferanten in einem Beleg zu konsolidieren (siehe Abbildung 9.57).

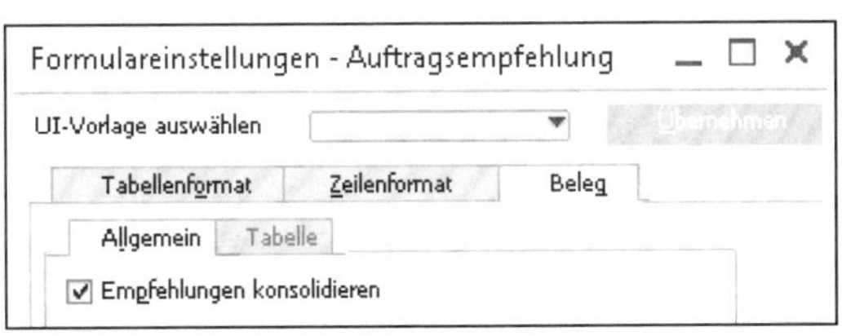

Abbildung 9.57: Artikel in einem Beleg konsolidieren

Nachdem Sie alle Einstellungen vorgenommen haben, klicken Sie auf den Button **Aktualisieren**, und das Programm wird die gewünschten Transaktionen anlegen und mit einer

Meldung quittieren. Das Ergebnis sehen Sie in Abschnitt 9.5, »Ergebnisse der Materialbedarfsplanung«.

9.5 Ergebnisse der Materialbedarfsplanung

Aus der Auftragsempfehlung sind bedingt durch die in Abbildung 9.56 dargestellte Konsolidierung eine Lieferantenbestellung und zusätzlich eine Lieferantenanfrage sowie ein Produktionsauftrag entstanden.

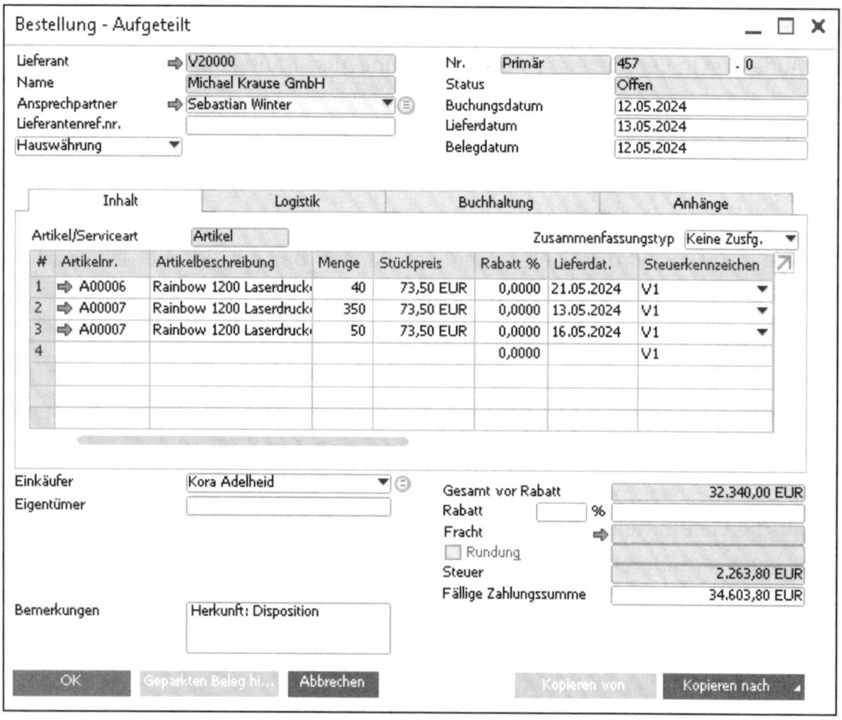

Abbildung 9.58: Bestellung aus einer Auftragsempfehlung

Abbildung 9.58 zeigt den Auftrag, der die konsolidierten Artikel enthält. Wie in Abbildung 9.56 erkennbar ist, haben die Artikel zwar einen gemeinsamen Lieferanten, aber unterschiedliche Fälligkeitsdaten (= Lieferdaten). Im Belegkopf wird das nächste Datum eingetragen, und in den Belegzeilen sind die spezifischen Lieferdaten jedes Artikels zu finden.

[+]

Zeilenweise das Lieferdatum andrucken

Das Lieferdatum ist wie die meisten Variablen im Belegmittelteil andruckbar. Wenn Sie Artikel konsolidieren, ist es sinnvoll, die gewünschten Lieferdaten auch tatsächlich anzudrucken. Dies ist ein Thema für einen Key-User oder Consultant.

Im Feld **Bemerkungen** ist der Text »Herkunft: Disposition« eingetragen. Daran ist erkennbar, dass diese Transaktion automatisch erzeugt wurde.

Abbildung 9.59 zeigt einen Produktionsauftrag, der von der Auftragsempfehlung angelegt wurde.

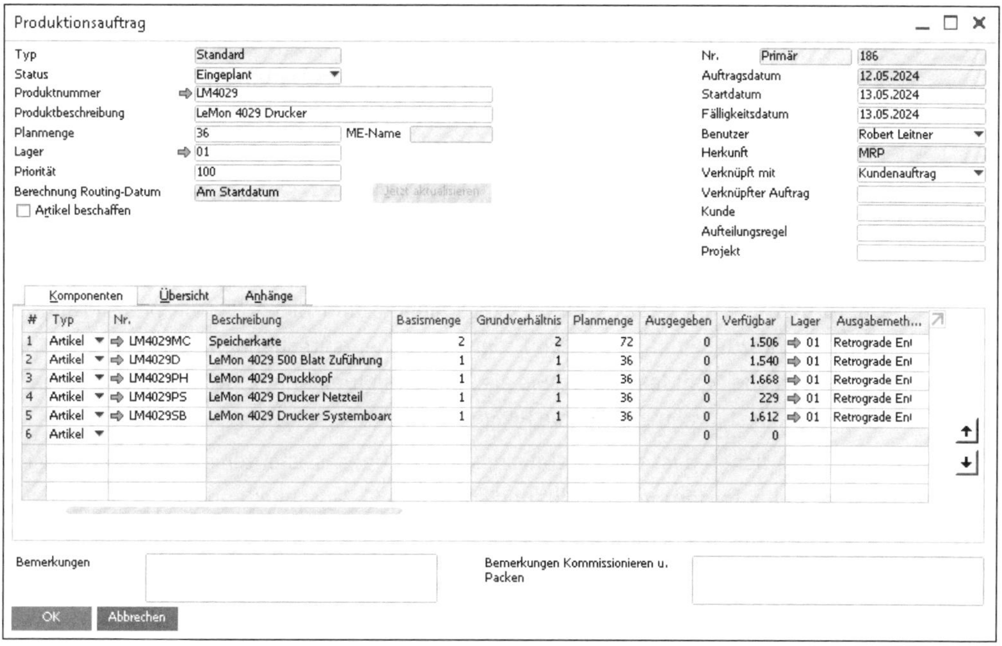

Abbildung 9.59: Produktionsauftrag aus einer Auftragsempfehlung

Hier signalisiert im Feld **Herkunft** der Text »MRP«, dass dieser Produktionsauftrag automatisch angelegt wurde. Weitere Details zum Produktionsauftrag, soweit sie die Materialbedarfsplanung und die Beschaffung von Komponenten betreffen, finden Sie in Abschnitt 8.6.4, »Materialbedarfsplanung optional durchführen«.

9.6 Übungsaufgaben

1. Legen Sie in den Artikelstammdaten einen neuen Artikel »A65000 – J. B. Office Printer 16500« mit einem Preis von 100,00 EUR an. Sie haben sich dazu entschieden, den Artikel über die Materialbedarfsplanung zu verwalten. Nehmen Sie die entsprechenden Grundeinstellungen vor, wie in Abschnitt 9.1.1, »Allgemeine Voraussetzungen«, beschrieben, um die Materialbedarfsplanung in Ihrem Unternehmen zu aktivieren.
2. Legen Sie den Artikel als Kaufartikel an, und wählen Sie als Planungsmethode **Materialbedarfsplanung.** Der Lieferant fordert Bestellungen zu je fünf Stück, mindestens jedoch zehn Stück. Außerdem wurden Sie von Ihrem Lieferanten darüber informiert,

dass eine Bestellung mindestens drei Werktage bis zur Lieferung beansprucht. Nehmen Sie die entsprechenden Einstellungen vor, und aktualisieren Sie anschließend die Artikelstammdaten.

3. Legen Sie einen Wareneingang über 15 Stück des entsprechenden Artikels an.
4. Führen Sie einen Planungslauf mithilfe des Dispositionsassistenten durch. Legen Sie dazu ein neues Szenario »A65000« mit einer entsprechenden Beschreibung an. Wählen Sie als Planungshorizont für das Startdatum das heutige Datum und für das Enddatum heute + vier Monate (die Länge des Planungshorizonts soll vier Monate betragen). Legen Sie die Datenanzeige auf Monatsbasis fest.
5. Wählen Sie nur Ihren gerade erstellten Artikel »A65000 – J. B. Office Printer 16500« für den Planungslauf aus. Außerdem soll die Materialbedarfsplanung die Bestände und Bedarfsauslöser der gesamten Firma konsolidieren.
6. Überprüfen Sie die Bedarfs- und Bezugsquellen, und fügen Sie die neue Prognose »A65000« hinzu. Legen Sie für die Prognose den entsprechenden Datumsbereich auf die monatliche Sicht fest. Legen Sie als Plandaten für Monat 2 (17 Stück) und Monat 4 (142 Stück) fest, und fügen Sie die Prognose hinzu.
7. Stellen Sie sicher, dass das Ergebnis des Dispositionsassistenten eine Empfehlung für eine Bestellanforderung darstellt, und speichern Sie anschließend das Szenario.
8. Starten Sie den Dispositionsassistenten, und überprüfen Sie das Ergebnis. Der Dispositionsassistent empfiehlt eine Bestellung von zehn Stück für Monat 1, da der Bedarf von 17 Stück in Monat 2 durch den Lagerbestand von 15 Stück (Wareneingang) nicht gedeckt ist. Außerdem empfiehlt der Dispositionsassistent eine Menge von zehn, obwohl nur zwei Stück fehlen, denn dies entspricht der Mindestauftragsmenge in den Artikelstammdaten. Für Monat 3 wird eine Empfehlung für die Bestellanforderung von 135 Stück gegeben, um den Bedarf von 142 Stück in Monat 4 zu decken (die restlichen acht Stück auf Lager + 135 Stück Empfehlung = 143 Stück). Die Empfehlung des Dispositionsassistenten beträgt 135 anstelle der für Monat 4 benötigten restlichen 134 Stück, weil Sie in den Planungsdaten des Artikels als Auftragsvielfaches fünf Stück festgelegt haben.

Kapitel 10

Ressourcen

Ressourcen sind ein zentrales Element in SAP Business One, das in den Modulen »Produktion« und »Projektmanagement« sowie dem Arbeitszeitblatt des Moduls »Personal« verwendet wird. Indirekt spielen Ressourcen auch bei der Materialbedarfsplanung eine Rolle oder können unter bestimmten Umständen sogar deren unmittelbarer Bestandteil sein. Die Arbeit mit Ressourcen schärft den Blick auf die Kosten von Projekten und Fertigprodukten und hilft Ihnen, den Faktor Zeit besser zu managen.

In diesem Kapitel wird die *Ressource* behandelt. Der Begriff beschreibt Maschinen, Arbeit oder sonstige Ressourcen, die im Produktionsprozess benötigt werden. Die Beschreibung umfasst folgende Aspekte:

1. Allgemeine Informationen, wie z. B. die Bezeichnung, einen Barcode, falls die Verwendung der Ressource im späteren Verlauf über Scanner erfasst werden soll, oder die weitere Definition der Ressource als *Anlagegut*. Zum Beispiel kann eine Maschine als Ressource aufgefasst werden, die geplant werden muss, aber gleichzeitig als Anlagegut, das abgeschrieben werden muss und Bestandteil des Jahresabschlusses ist.
2. Zeitbezogene Informationen zeigen an, wann die Ressource grundsätzlich verfügbar ist, wie sie ausgelastet ist und wann sie wieder konkret verfügbar sein wird.
3. Kostenbezogene Informationen beschreiben die Kosten, die beim Einsatz der Ressource entstehen, und erlauben eine Kalkulation der Objekte, die die Ressource verwenden; der Ressourceneinsatz wird die *Herstellkosten* dieser Objekte erhöhen.

Die Ressource ist daher in erster Linie eine Ergänzung zum Modul **Produktion** und wirkt darüber auf die Module **Materialbedarfsplanung** und **Projektmanagement** ein – mehr dazu erfahren Sie im folgenden Abschnitt 10.1, »Einbettung der Ressourcen in SAP Business One«.

10.1 Einbettung der Ressourcen in SAP Business One

Ressourcen sind, wie schon beschrieben, ein zwar umfangreiches Thema, das von SAP Business One mit einem eigenen Programmpunkt adressiert wird, sie sind aber kein isoliertes Objekt, das sinnvoll für sich allein stehen könnte, sondern ein Hilfsmittel, das andere Prozesse unterstützt:

1. In der *Produktion* sind Ressourcen ein Bestandteil der *Stückliste* (neben Artikeln und Routenabschnitten). Sie tragen daher zum Ablauf von Produktionsaufträgen bei und erhöhen wie erwähnt die Herstellkosten.
2. Im *Projektmanagement* werden Ressourcen verbraucht, wenn innerhalb eines Projekts ein Produktionsauftrag eingeplant oder durchgeführt wird. Sie helfen daher, die Projektdurchlaufzeit zu planen, tragen ebenfalls zu den Gesamtkosten bei und werden in der Projektübersicht als Teil der Arbeitsaufträge dargestellt.
3. In der *Materialbedarfsplanung* beeinflusst die Ressource die Dauer der logistischen Prozesse. Einerseits werden Fertigprodukte, zu deren Herstellung Ressourcen notwendig sind, erst nach dem vollständigen Einsatz aller benötigten Ressourcen verfügbar. (Die Materialbedarfsplanung nimmt darauf Rücksicht, indem sie den Start des Produktionsauftrags so kalkuliert, dass das Fertigprodukt rechtzeitig fertig wird.) Andererseits reserviert die Materialbedarfsplanung die Ressource.

Die Ressource stellt für die drei beschriebenen Module eine Option dar; diese können auch ohne Ressourceneinsatz betrieben werden. Ob mit Ressourcen gearbeitet werden soll oder nicht, hängt von Ihren Anforderungen ab. Vor allen Dingen beim Einsatz des Moduls *Produktion* sollten Sie das Thema ausführlich mit Ihrem Consultant besprechen.

10.2 Einstellungen zu Ressourcen

Bevor Sie mit dem Einsatz von Ressourcen beginnen können, müssen Sie einige Grundeinstellungen vornehmen, die im Folgenden beschrieben werden.

10.2.1 Allgemeine Einstellungen

Über den Pfad **Administration • Allgemeine Einstellungen** auf der Registerkarte **Ressourcen** definieren Sie *Standardvorschlagswerte*, die bei der Neuanlage von Ressourcen vorgeschlagen werden und die im Zuge dieser Neuanlage oder zu einem späteren Zeitpunkt übersteuert werden können:

- **Dropdown-Liste »Standardlager«**
  Jede Ressource muss mindestens einem Lager zugeordnet sein. Das kann typischerweise ein Produktionslager sein, aus dem heraus die Komponenten abgefasst und die Fertigprodukte zunächst zugebucht werden. Das Lager kann dazu dienen, die Kapazität einer gemeinsam genutzten Ressource auf mehrere Produktionseinheiten aufzuteilen, indem diese Ressource unterschiedlichen Lagern zugeordnet wird. Wählen Sie in dieser Dropdown-Liste das Lager aus, das bei der Neuanlage einer Ressource als Standardlager hinterlegt werden soll. Natürlich können Sie später, bei der Anlage konkre-

ter Ressourcen, diese auch mehreren Lagern zuordnen. So kann ein Lagerarbeiter, der als Ressource definiert ist, zu verschiedenen Zeiten auf verschiedenen Lagern eingesetzt werden.

[zB]

Kapazitäten splitten

Sie nutzen zwei Fertigungsstraßen, die jeweils über ihre eigenen Ressourcen verfügen. Nach erfolgter Fertigung müssen die Fertigprodukte getestet werden. Dazu wird eine eigene Maschine benötigt (Testmaschine). Eine Schicht dauert acht Stunden.

Sie fassen die Ressourcen für die Fertigungsstraße 1 im Lager »Fertigung1« zusammen und weisen eine Kapazität von acht Stunden zu. Sie verfahren mit den Ressourcen der Fertigungsstraße 2 analog und definieren dafür das Lager »Fertigung2«.

Bei der Ressource »Testmaschine« werden die Lager »Fertigung1« und »Fertigung2« hinterlegt, jeweils mit einer Kapazität von vier Stunden. Mehr Informationen dazu finden Sie in Abschnitt 10.4, »Verwendung von Ressourcen«.

- **Checkbox »Autom. Hinzufügen aller Lager zu neuen Ressourcen«**
  Aktivieren Sie diese Checkbox, wenn bei Neuanlage einer Ressource zunächst alle Lager bei dieser Ressource hinterlegt werden sollen. Sie können einzelne Lager später im Ressourcenstamm noch entfernen oder sperren.
- **Dropdown-Liste »Standardkapazitätsperiode« – »Beginn heute bis«**
  Die Kapazitätsplanung und -übersicht in der Ressource beginnt immer mit dem aktuellen Datum und kann sich bis zu maximal einem Jahr in die Zukunft erstrecken. Definieren Sie hier die vorgeschlagene Kapazitätsperiode für neue Ressourcen; der Vorschlag kann bei Neuanlage oder Änderung konkreter Ressourcen überschrieben werden.

  Wählen Sie zunächst den Zeitpunkt, von dem aus das Ende der Kapazitätsperiode kalkuliert werden soll: **Heute**, **Monatsbeginn** (des aktuellen Monats) oder **Monatsende** (des aktuellen Monats). Wählen Sie danach, wie viele Monate und/oder Tage in die Zukunft geplant werden kann (siehe Abbildung 10.1).

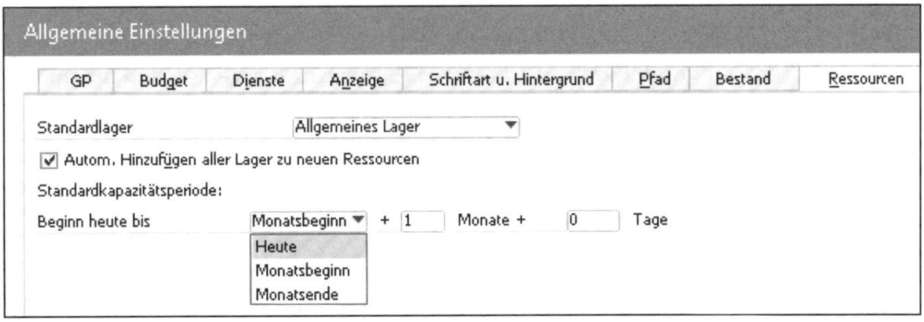

Abbildung 10.1: Allgemeine Einstellungen für Ressourcen

[zB]

Kapazitätsperiode

Das Tagesdatum ist der 13.07.

- Wählen Sie **Heute + 1 Monat**, wird die Kapazität für den Zeitraum vom 13.07. bis 12.08. angezeigt.
- Wählen Sie **Monatsbeginn + 1 Monat**, wird die Kapazität für den Zeitraum vom 13.07. bis 31.07. angezeigt.
- Wählen Sie **Monatsende + 1 Monat**, wird die Kapazität für den Zeitraum vom 13.07. bis 31.08. angezeigt.

10.2.2 Kontenfindung

Wie schon erwähnt, dient die Ressource dazu, zu den realen Herstellkosten eines Produkts beizutragen. Diese können auch (müssen aus technischer Sicht aber nicht) als Aufwände gebucht werden. Darüber hinaus kann während des Produktionsprozesses die Bestandsveränderung gebucht werden. Da das Thema sehr komplex ist und unterschiedliche Bedürfnisse den Umgang mit der Buchung von Ressourcen bestimmen, sollten Sie in diesem Bereich die Hilfe Ihres Steuerberaters und Ihres Consultants in Anspruch nehmen.

[»]

Definition von »Waren in Arbeit« vs. »(Halb-)Fertigprodukte«

Grundsätzlich wird in der Praxis oft zwischen zwei Fällen der buchungstechnischen Behandlung der Ausgabe von Komponenten und Ressourcen zur Produktion unterschieden:

- Ein Material wird zwar zur Produktion ausgegeben, aber daraus ist noch kein (Halb-)Fertigprodukt entstanden. In diesem Fall müsste der Bestand an Materialvorräten entlastet und das Ware-in-Arbeit-Konto (WIA-Konto) belastet werden. Wenn das (Halb-)Fertigprodukt nach Fertigmeldung aus der Produktion zugeht, wird das Ware-in-Arbeit-Konto wieder entlastet, und die Vorräte an (Halb-)Fertigprodukten werden erhöht.
- In der Praxis wird allerdings oft die Fertigmeldung mit der Entnahme der benötigten Materialen kombiniert – die beiden Teilprozesse werden also in einem Prozessschritt erledigt. Das kann z. B. daraus resultieren, dass die Durchlaufzeiten gering sind und eine Zwischenbuchung WIA/Material aussagelos ist. Ein Weglassen dieses Prozessschritts ist in diesem Fall in der Regel vertretbar und vereinfacht den Gesamtprozess.

Spätestens zum Jahresabschluss muss aber die tatsächliche Situation in der Produktion auch detailliert im Abschluss dargestellt werden.

SAP Business One unterstützt die beiden Ansätze durch zwei Entnahmemethoden, die sowohl für Materialien als auch für Ressourcen Gültigkeit haben:

- *Manuelle Entnahme* bedeutet, dass Sie immer die Verbräuche von Komponenten oder den Einsatz von Ressourcen in einer eigenen Transaktion buchen müssen. Mit dieser Methode können Sie auch Abweichungen zwischen Plan- und Ist-Menge buchen.
- *Retrograde Entnahme* bedeutet, dass das Programm die geplanten Komponenten und den geplanten Ressourceneinsatz automatisch bucht, sobald ein (Halb-)Fertigprodukt als fertig gemeldet wird. Mit dieser Methode können Sie *keine* Abweichungen zwischen Plan- und Ist-Menge buchen.

Mehr Informationen zu diesem Thema finden Sie in Kapitel 8, »Produktion«.

Im Folgenden werden wir die Bereiche beschreiben, die diejenigen Buchungen beeinflussen, die die Bearbeitung eines *Produktionsauftrags* mit Ressourcen erzeugt.

Zunächst stellen Sie über den Pfad **Administration • Systeminitialisierung • Belegeinstellungen** auf der Registerkarte **Pro Beleg** im Beleg **Produktionsauftrag** ein, ob der Einsatz von Ressourcen auch in Gewinn-und-Verlust-Rechnungen abgebildet werden oder ob er lediglich Umbuchungen in der Bilanz zur Folge haben soll (siehe Abbildung 10.2).

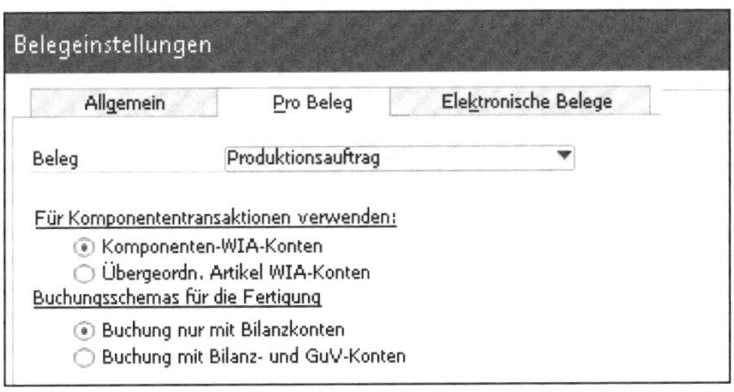

Abbildung 10.2: Belegeinstellungen für Produktionsauftrag

Danach definieren Sie über den Pfad **Administration • Definition • Finanzwesen • Kontofindung Sachkonten** auf der Registerkarte **Ressourcen** die Konten, die für die Automatikbuchungen verwendet werden sollen.

Abbildung 10.3 zeigt eine Kontofindung für die Option **Buchung nur mit Bilanzkonten**, wie in Abbildung 10.2 dargestellt.

Konten im Beispieldatenbestand

Der Beispieldatenbestand enthält keine entsprechenden Konten (außer Konto 7095). Um die folgenden Beispiele nachzuvollziehen, müssen Sie sie selbstständig anlegen und den Bereich **Kontenfindung Sachkonten** entsprechend erweitern.

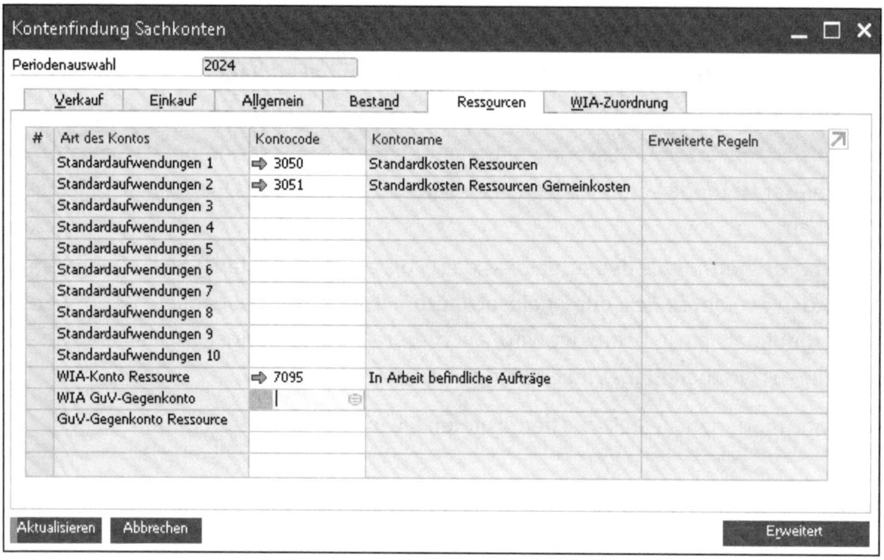

Abbildung 10.3: Kontofindung im Bereich »Ressourcen«

Die Funktion der Konten ist im Folgenden beschrieben:

- **Standardaufwendungen 1–10**
  Dieses Konto ist das Gegenkonto, wenn Ressourcen (analog dazu Komponenten) während des Produktionsprozesses eingesetzt werden und sich der Bestand von »Ware in Arbeit« erhöht. Die Werte (**Standardkosten Ressource**) werden in den Stammdaten der Ressource gespeichert. Um eine feine Darstellung zu ermöglichen und Kostenteile zyklisch anpassen zu können, werden die Standardkosten in bis zu zehn Feldern gespeichert. Diese können auch separat kontiert werden (siehe Abschnitt 10.4, »Verwendung von Ressourcen«).
- **WIA-Konto Ressource**
  Dieses Konto ist das Bestandskonto, auf das »Ware in Arbeit« laufend während der Abfassung der Ressource im Produktionsauftrag gebucht wird. Nach Fertigmeldung des Produktionsauftrags wird dieses Konto entlastet, und der Bestand an Fertigprodukten wird erhöht. Das WIA-Konto für Ressourcen kann vom WIA-Konto für Komponenten (aus dem Registerkarte **Bestand**) abweichen, muss es aber nicht.
- **»WIA GuV-Gegenkonto« und »GuV-Gegenkonto Ressource«**
  Verwenden Sie diese Konten, um Ware in Arbeit auch in der GuV abzubilden (siehe Abbildung 10.2).

Auf der Grundlage der in Abbildung 10.3 dargestellten Kontierung ergeben sich im Produktionsprozess hinsichtlich der Ressourcen (und Komponenten) folgende Buchungssätze (Details zu den beiden Prozessschritten **Ausgabe für Produktion** und **Eingang aus Produktion**, auf denen die folgenden Buchungen beruhen, erfahren Sie in Kapitel 8, »Produktion«).

Zunächst wird Ware für den Produktionsauftrag entnommen bzw. werden Ressourcen in Anspruch genommen. Wie in Abbildung 10.4 gut zu erkennen ist, werden die beiden Konten aus Abbildung 10.3 gezogen, und das ebenfalls dort dokumentierte Bestandskonto 7095 wird erhöht (die Komponente wird analog behandelt, der Bestand an Komponenten wird verringert, der Bestand an Ware in Arbeit wird erhöht). Der Buchungsbetrag für die Ressourcen ergibt sich aus den Kosten, die im Ressourcenstamm hinterlegt sind (der Buchungsbetrag der Komponente ist der Preis laut Bewertungsmethode, in diesem Beispiel der gleitende Durchschnittspreis).

#	Sachkto/GP-Code	Sachkto/GP-Name	Soll	Haben	Bemerkungen
1	3980	Waren		236,56 EUR	Ausgabe für Produktion
2	7095	In Arbeit befindliche Aufträge	236,56 EUR		Ausgabe für Produktion
3	3050	Standardkosten Ressourcen		160,00 EUR	Ausgabe für Produktion
4	7095	In Arbeit befindliche Aufträge	160,00 EUR		Ausgabe für Produktion
5	3051	Standardkosten Ressourcen Gemeinkosten		20,00 EUR	Ausgabe für Produktion
6	7095	In Arbeit befindliche Aufträge	20,00 EUR		Ausgabe für Produktion
			416,56 EUR	416,56 EUR	

Abbildung 10.4: Buchung des Ressourceneinsatzes

Bei der Fertigmeldung wird das Ware-in-Arbeit-Konto wieder entlastet und der Bestand an Fertigprodukten erhöht (siehe Abbildung 10.5). Der Buchungsbetrag entspricht den Standardkosten des Fertigprodukts.

Wenn Sie komplexere Sachkontenfindungen benötigen, steht Ihnen die Funktion **Erweiterte Sachkontenfindung** zur Verfügung. Um deren Bedingungen definieren zu können, sind unter Umständen zusätzliche Kriterien notwendig, die Sie über den Pfad **Administration • Definition • Finanzwesen • Kontofindung Sachkonten • Findungskriterien – Ressourcen** einstellen können. Im Gegensatz zum Menübereich **Findungskriterien – Bestand** stehen Ihnen hier keine benutzerdefinierten Felder (UDFs) zur Verfügung, Sie können nur die vom Programm bereitgestellten Felder verwenden (siehe Abbildung 10.6).

Details zur Funktion **Erweiterte Sachkontenfindung** erfahren Sie in Abschnitt 12.2, »Buchungskreislauf«.

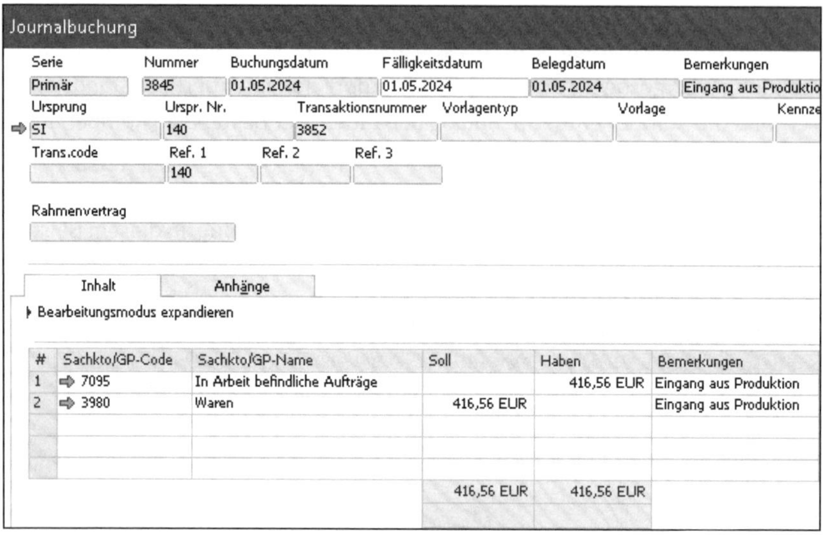

Abbildung 10.5: Buchung des Fertigprodukts

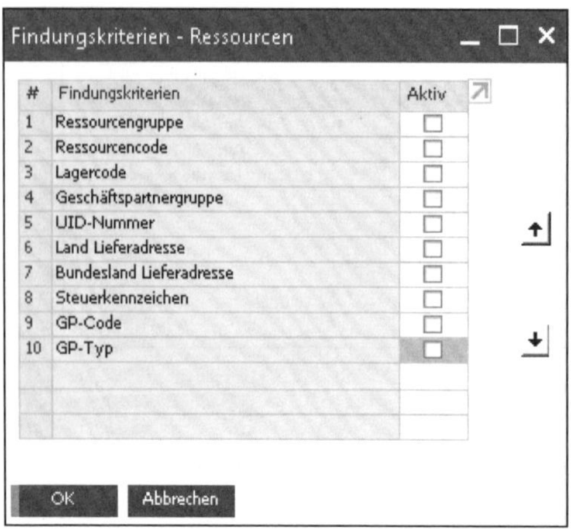

Abbildung 10.6: Findungskriterien der Ressource

10.2.3 Ressourcengruppen und Ressourceneigenschaften

Ressourcengruppen bieten die Möglichkeit, Ressourcen zu gliedern und pro Gruppe Vorbesetzungen zu definieren. Die Definition erfolgt über den Pfad **Administration • Definition • Ressourcen • Ressourcengruppen**.

Wie schon in Abschnitt 10.2.2, »Kontenfindung«, dargestellt, werden die Kosten bei den Ressourcen in bis zu zehn Feldern hinterlegt und zur Buchung der Ware in Arbeit herangezogen. Darüber hinaus stellen sie eine Kalkulationsgrundlage in der *Stückliste* dar (siehe Kapitel 8, »Produktion«).

[zB]

Gliederung der Kosten pro Ressource

Für Ihre Maschinen haben Sie eine Struktur entwickelt, die die folgenden Elemente umfasst:

- Abschreibung pro Maschinenstunde (auf Basis der geschätzten Auslastungszeit auf die Lebensdauer der Maschine)
- Energiekosten pro Maschinenstunde
- Wartungskosten pro Maschinenstunde
- kalkulierte Fertigungsgemeinkosten, verteilt auf die Gesamtlaufzeit aller Maschinen im Betrieb

Veränderungen z. B. der Energiekosten können so leicht in allen Ressourcenstammdaten abgebildet werden, während die anderen Kostenblöcke gleich bleiben.

Sie können die zehn Felder, die im *Ressourcenstamm* angezeigt werden, so benennen, dass sie Ihrer Kostenstruktur entsprechen. Dies erlaubt Ihnen eine laufende und übersichtliche Pflege bei sich ändernden Kosten.

Folgende Felder können Sie bearbeiten (siehe Abbildung 10.7):

- **Eingabefeld »Name Ressourcengruppe«**
  Geben Sie einen 20-stelligen, möglichst sprechenden Gruppennamen ein.
- **Dropdown-Liste »Ressourcentyp«**
  Wählen Sie zwischen den drei grundsätzlichen Möglichkeiten: **Maschinenzeit**, **Personalzeit** und **Sonstige**. Die unterschiedlichen Typen ziehen unterschiedliche Möglichkeiten nach sich, die Ressource mit anderen Objekten zu verknüpfen (siehe Abschnitt 10.4, »Verwendung von Ressourcen«).
- **Eingabefeld »Text Mengeneinheit«**
  Benennen Sie die Mengeneinheit, in der Sie die Ressource verwalten wollen. Sie wird dann im Ressourcenstamm in tatsächlichen Zeiten in Form von Stunden, Minuten und Sekunden näher definiert.
- **Eingabefeld »Vom Benutzer definierbarer Name«**
  Benennen Sie die zehn Standardkostenfelder so, dass sie in den Ressourcenstammdaten klar erkennbar dargestellt werden. Außer in den Stammdaten findet die Bezeichnung derzeit keine weitere Verwendung.
- **Eingabefeld »Standardkosten«**
  Sie können bis zu zehn Kostensätze vorbesetzen; diese werden bei der Anlage einer neuen Ressource vorgeschlagen und können überschrieben werden.

Sie definieren die *Ressourceneigenschaften* über den Pfad **Administration • Definition • Ressourcen • Ressourceneigenschaften**. Die Definition entspricht jener der Artikel und Geschäftspartner, wie in Kapitel 4, »Stammdaten«, beschrieben, ebenso deren Verwendung als Auswahlkriterium in Standardauswertungen.

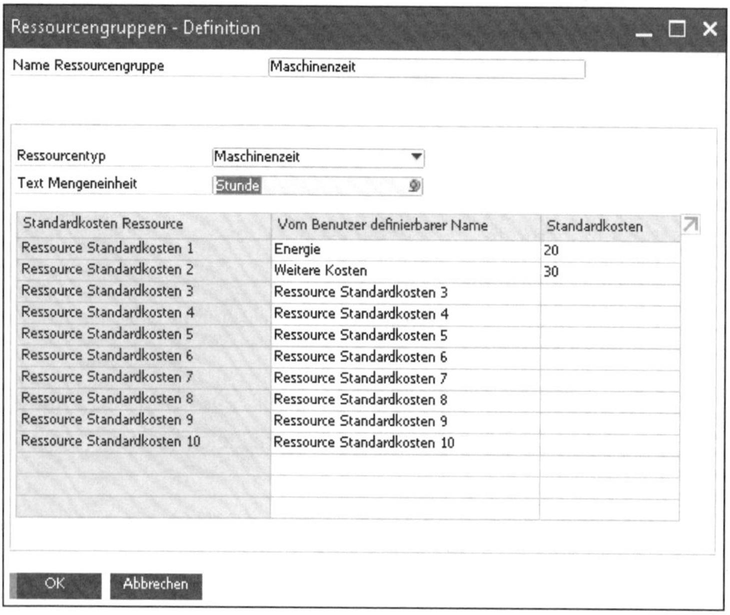

Abbildung 10.7: Definition und Vorbesetzung der Standardkosten

10.3 Ressourcenstammdaten und Ressourcenkapazität

Die Anlage und Pflege von Ressourcen nehmen Sie über den Pfad **Ressourcen • Ressourcenstammdaten** vor. Auf der Registerkarte **Allgemein** definieren Sie grundsätzliche Eigenschaften zu Bezeichnung, Gruppierung, zu den Zeiteinheiten, in denen die Ressource verwaltet wird, und zu den Standardkosten (siehe Abbildung 10.8).

- **Eingabefeld »Ressource Nr.«**
  Geben Sie eine bis zu 50-stellige alphanumerische Nummer ein.
- **Eingabefeld »Barcode«**
  Geben Sie einen bis zu 245-stelligen Barcode ein. Er kann auf Produktionsaufträgen oder Laufkarten angedruckt und bei »Entnahme« der Ressource gescannt werden.
- **Eingabefeld »Beschreibung«**
  Geben Sie eine bis zu 100-stellige, möglichst sprechende Beschreibung der Ressource ein.
- **Eingabefeld »Fremdsprachiger Name«**
  Geben Sie eine weitere bis zu 100-stellige Beschreibung der Ressource ein.
- **Dropdown-Liste »Ressourcentyp«**
  Der Ressourcentyp kann **Arbeit**, **Maschine** oder **Sonstiges** sein. Er steuert, ob die Ressource in weiterer Folge mit einem Anlagegut (**Maschine**), einem Mitarbeiter (**Arbeit**) oder mit keinem weiteren Objekt (**Sonstiges**) verknüpft werden kann.

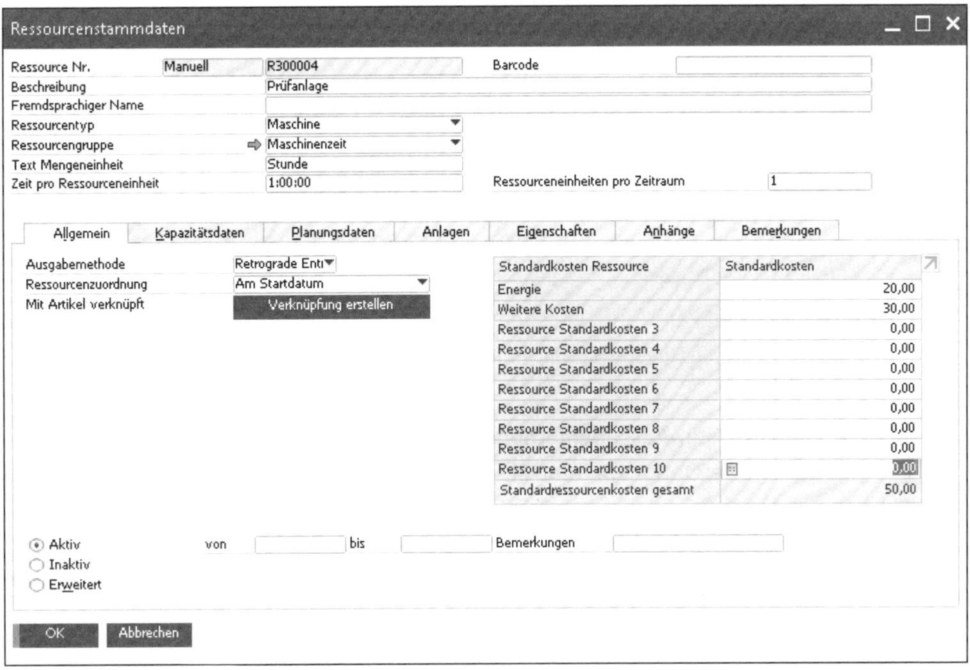

Abbildung 10.8: Ressourcenstammdaten – Registerkarte »Allgemein«

- **Dropdown-Liste »Ressourcengruppe«**
  Wählen Sie eine vorhandene Ressourcengruppe, oder legen Sie eine neue an, indem Sie in der Dropdown-Liste die unterste Option, **neu definieren**, wählen. Die Ressourcengruppe ist nicht nur ein Selektionskriterium für Auswertungen, sondern besetzt auch das Feld **Text Mengeneinheit** vor, das noch in der Ressource selbst überschrieben werden kann. Außerdem definiert die Gruppe die Texte und Werte für Standardkosten in der Tabelle im rechten Bildschirmbereich. Die Texte können nicht überschrieben werden, sondern gelten für alle Ressourcen einer Gruppe. Die Werte können ressourcenindividuell gestaltet werden.
- **Eingabefeld »Text Mengeneinheit«**
  Geben Sie die Bezeichnung der Einheit an, in der die Ressource kalkuliert werden soll. Das können z. B. Stunden, Minuten oder Maschinenzyklen sein.
- **Eingabefeld »Zeit pro Ressourceneinheit«**
  Geben Sie hier die Echtzeit an, die eine Mengeneinheit konsumiert. Das Format ist HH:MM:SS. Ist die Mengeneinheit z. B. ein Maschinenzyklus und dauert ein solcher 15 Minuten, dann ist Ihre Eingabe »00:15:00«.
- **Eingabefeld »Ressourceneinheit pro Zeitraum«**
  Geben Sie hier an, wie viel innerhalb des Zeitraums **Zeit pro Ressourceneinheit** produziert werden kann.

[zB]

Ressourceneinheiten

Sie wollen eine Maschine definieren, die in Maschinenzyklen geplant wird. Die Angabe im Feld **Text Mengeneinheit** lautet also »Maschinenzyklus«.

Der Zyklus nimmt 15 Minuten in Anspruch, der Wert im Feld **Zeit pro Ressourceneinheit** ist also »00:15:00«.

In diesem Zyklus können drei Artikel produziert werden, die **Ressourceneinheit pro Zeitraum** ist also »3«.

Das Programm käme zum gleichen Ergebnis, wenn die **Zeit pro Ressourceneinheit** »5« wäre und die **Ressourceneinheit pro Zeitraum** »1«.

- **Dropdown-Liste »Ausgabemethode«**
  Sie haben zwei Optionen. Wenn Sie **Retrograde Entnahme** wählen, wird der Verbrauch an Ressourcen durch die Fertigmeldung eines Produkts automatisch gebucht. Wählen Sie **Manuell**, wird die Fertigmeldung keinen Verbrauch buchen, sondern Sie müssen die Entnahme für die Produktion vor Fertigmeldung aktiv buchen.
- **Dropdown-Liste »Ressourcenzuordnung«**
  In diesem Feld steuern Sie, wann die Ressourcen reserviert werden sollen:
  - **Am Startdatum** bedeutet, dass die gesamte für einen Produktionsauftrag benötigte Ressourcenkapazität zum Startdatum des Produktionsauftrags reserviert wird. Die Verfügbarkeit der Ressource wird dabei ignoriert.
  - **Am Enddatum** bedeutet, dass die gesamte für einen Produktionsauftrag benötigte Ressourcenkapazität zum Fälligkeitsdatum des Produktionsauftrags reserviert wird. Die Verfügbarkeit der Ressource wird dabei ignoriert.
  - **Startdatum** bedeutet, dass vom Startdatum des Produktionsauftrags vorwärts so lange Ressourcenkapazitäten reserviert werden, bis die benötigte Gesamtressourcenkapazität erreicht ist.
  - **Enddatum** bedeutet, dass vom Fälligkeitsdatum des Produktionsauftrags rückwärts so lange Ressourcenkapazitäten reserviert werden, bis die benötigte Gesamtressourcenkapazität erreicht ist.

Folgendes Beispiel (siehe Abbildung 10.9) verdeutlicht das beschriebene Prinzip, wobei auf Details der Funktionalität des Produktionsauftrags hier nicht eingegangen wird, diese beschreiben wir in Kapitel 8, »Produktion«.

- Das Startdatum ist der 01.05. – im Beispieldatenbestand ist das kein Feiertag, und er wird daher mit kalkuliert.
- Der Produktionsauftrag muss bis zum 06.05. fertiggestellt werden.
- Es wurden vier Ressourcen in der Stückliste definiert, die jeweils eine der oben beschriebenen Optionen für die **Ressourcenzuordnung** repräsentieren.

- Jede Ressource hat eine tägliche Kapazität von acht Stunden.
- Wir benötigen von jeder Ressource vier Stunden, um ein Stück des Produktionsauftrags zu fertigen (= **Basismenge**).
- Der Produktionsauftrag umfasst drei Stück.
- Die **Planmenge** für den Produktionsauftrag ist daher 12 Stunden pro Ressource.

Wie schon im Produktionsauftrag ersichtlich, ist bei den Ressourcen »R1« und »R2« durch die gewählte **Ressourcenzuordnung** ein Engpass entstanden. Die Planmenge ist höher als die an einem Tag (Start- bzw. Enddatum) verfügbare Kapazität. Die Verfügbarkeit ist daher –4.

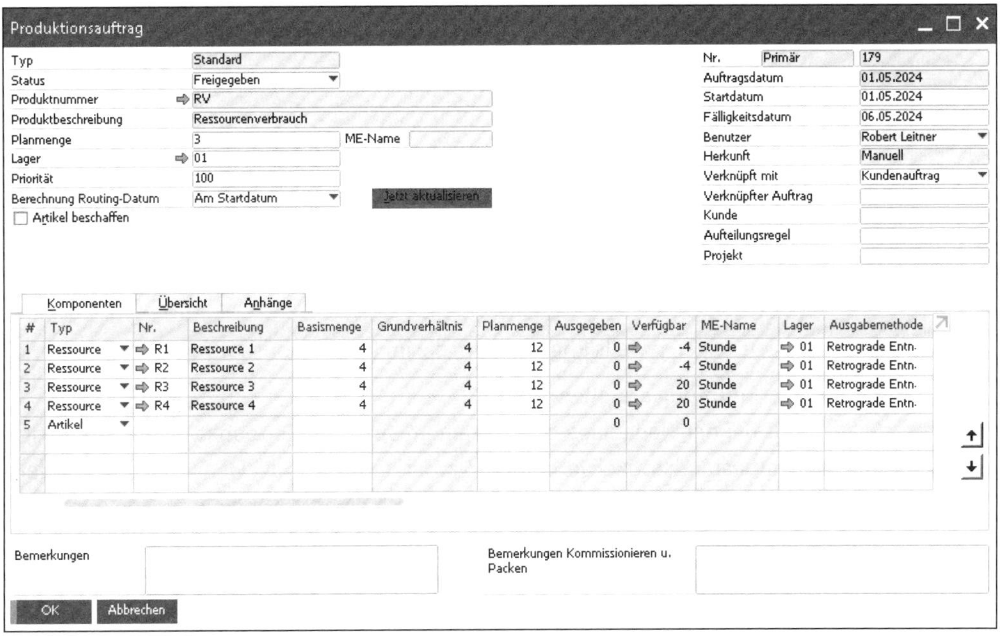

Abbildung 10.9: Zeitpunkt der Ressourcenzuordnung

In Abbildung 10.10 ist in kalendarischer Form dargestellt, wie die Ressourcen reserviert werden:

- »R1« wird am Startdatum reserviert, von den benötigten 12 Stunden sind 4 nicht verfügbar.
- »R2« wird am Fälligkeitsdatum reserviert, von den benötigten 12 Stunden sind 4 nicht verfügbar.
- »R3« wird, beginnend mit dem Startdatum, zwei Tage lang in die Zukunft reserviert und ist daher ausreichend verfügbar.
- »R4« wird, beginnend mit dem Fälligkeitsdatum, zwei Tage lang in die Gegenwart reserviert und ist daher ausreichend verfügbar.

Das Ergebnis dieser Stückliste kann in der Auswertung der Ressourcenkapazität (**Ressourcen • Ressourcenkapazität**) analysiert werden (siehe Abbildung 10.10).

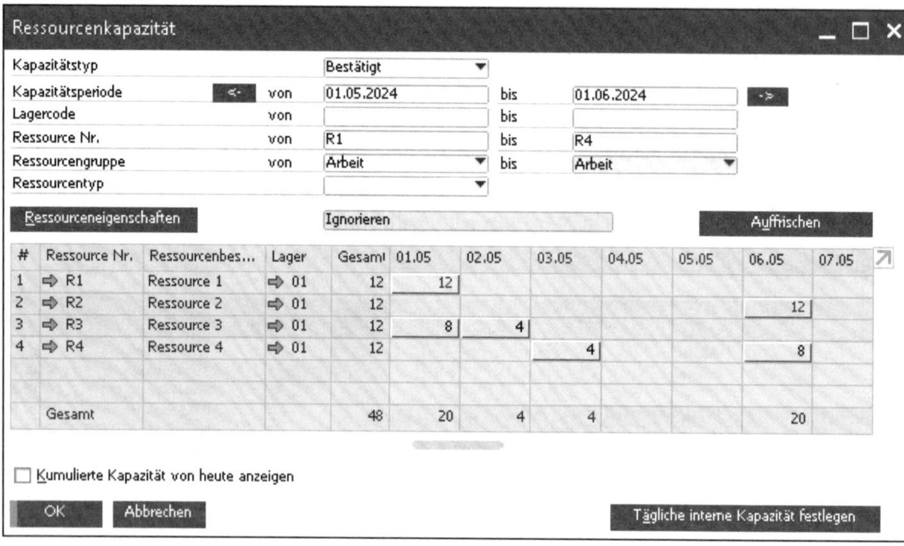

Abbildung 10.10: Ergebnis der Ressourcenzuordnung

Die roten Zahlen zeigen jeweils Engpässe an, die im Produktionsauftrag aufzulösen sind.

- **Button »Verknüpfung erstellen«**
  Sie können bei der Neuanlage oder zu einem späteren Zeitpunkt die Ressource mit einem Nichtbestandsartikel verbinden. Das ist dann sinnvoll, wenn Sie als Dienstleister die Ressource verkaufen, z. B. die Vermietung einer Maschine oder von Personenstunden. Natürlich kann der Artikel (= die Ressource) auch eingekauft werden. Die Anlage des Artikels erfolgt automatisch, sobald Sie den Button **Verknüpfung erstellen** (Verknüpfung erstellen) anklicken.

  Es erfolgt zunächst eine Sicherheitsabfrage, die Sie mit **Ja** beantworten.

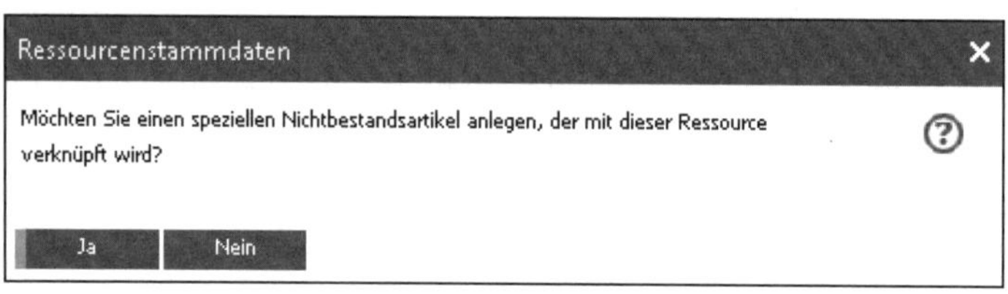

Abbildung 10.11: Nichtbestandsartikel bestätigen

Der vom System automatisch angelegte Artikel hat einige Vorbesetzungen, die zum Teil nicht mehr geändert werden können:

- Die *Artikelnummer* entspricht immer der Ressourcennummer (daher können Sie auch keine Ressource mit einer Nummer definieren, die schon als Artikel existiert).

- Die *Beschreibung* des Artikels ist die gleiche wie die Beschreibung der Ressource und kann geändert werden.
- Der Artikel ist *kein Lagerartikel*, diese Einstellung kann nicht geändert werden.
- Alle *Lager* der Ressource werden auch im Artikel angelegt.
- Die *Bewertungsmethode* ist *Standard*. Sie kann nicht geändert werden.
- Die *Artikelkosten* sind die *Standardkosten* der Ressource.
- Der Artikel kann in der *Bestandsneubewertung* nicht ausgewählt werden; er »erbt« seine Standardkosten von seiner Ressource. Werden deren Standardkosten verändert, ändern sie sich automatisch auch beim verbundenen Artikel.

Ist einmal eine Verbindung hergestellt, wird der Button nicht mehr angezeigt, und die Verbindung zum Artikel kann auch nicht mehr gelöst. Stattdessen ist nur noch ein Drilldown zum Artikel mit dem orangefarbenen Pfeil ⇨ möglich. Die Verbindung mit einem Artikel erlaubt Ihnen, eine Ressource unmittelbar zu kaufen oder zu verkaufen.

- **Eingabefeld »Ressource Standardkosten 1–10«**
  Geben Sie hier die Standardkosten in bis zu zehn Feldern ein. Am Ende der Tabelle wird die Summe der Kosten der Ressource pro Mengeneinheit dargestellt. Diese werden die Herstellkosten des Fertigprodukts beeinflussen und für die Ware-in-Arbeit-Buchung herangezogen (siehe Abschnitt 10.2.2, »Kontenfindung«). Die Vorbesetzung erfolgt anhand der Ressourcengruppe.
- **Radiobuttons »Aktiv«, »Inaktiv« und »Erweitert«**
  Mit dieser Radiobutton-Gruppe definieren Sie, ob eine Ressource aktiv oder inaktiv ist, und können diesen Status für einen definierten Zeitraum festlegen. Die Funktion entspricht der vieler anderer Stammdaten (z. B. Kunden, Artikel) und ist selbsterklärend.

Die Registerkarte **Kapazitätsdaten** dient im Wesentlichen der Übersicht über die aktuelle Kapazität der gerade bearbeiteten Ressource. Lediglich die Lager, für die die Ressource geplant werden kann, lassen sich bearbeiten (siehe Abbildung 10.12).

Wählen Sie im Eingabefeld **Kapazitätsperiode von ... bis** die Zeitspanne, für die Sie die Kapazitäten der aktuellen Ressource sehen wollen. Geben Sie entweder die Datumswerte ein, oder wählen Sie über den Kalenderbutton , der nach einem Klick in das Datumsfeld sichtbar wird, das gewünschte Datum aus. Beachten Sie, dass die anzuzeigende Periode maximal ein Jahr betragen darf. Alternativ können Sie mit den Pfeil-Buttons <- und -> die vorgeschlagene **Standardkapazitätsperiode**, wie sie in den **Allgemeinen Einstellungen** definiert wurde (siehe Abschnitt 10.2.1, »Allgemeine Einstellungen«), jeweils um einen Periodenblock nach vorn oder hinten »schieben«.

In der Lagertabelle können Sie bereits definierte Lager für diesen Artikel hinzufügen, indem Sie im Feld **Lagercode** den Matchcode (⇆-Taste) anklicken. Die Anlage von Lagern und ihre Verwaltung sind in Abschnitt 7.2, »Lagerverwaltung in SAP Business One«, beschrieben und werden daher hier nicht näher erläutert.

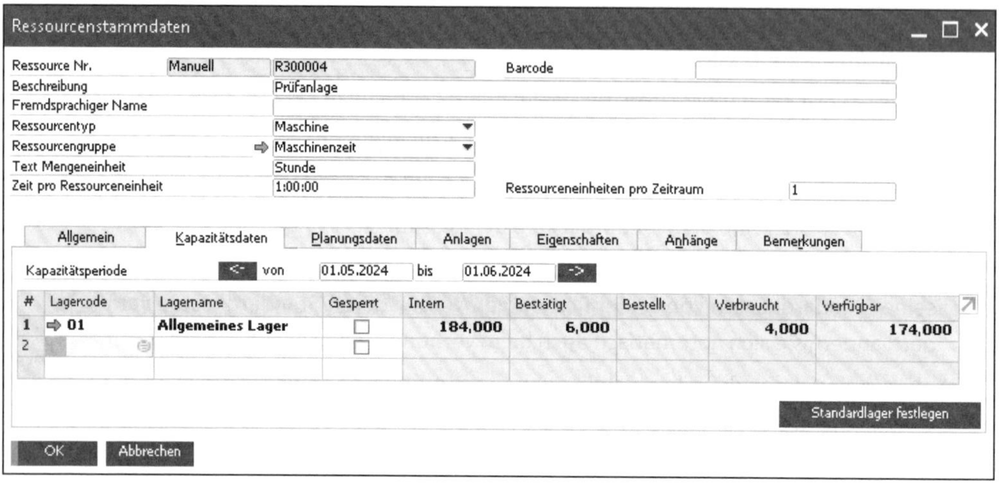

Abbildung 10.12: Ressourcenstammdaten – Registerkarte »Kapazitätsdaten«

Die Spalten rechts von **Lagername** sind bei der Neuanlage des Artikels zunächst leer. Ist die interne Kapazität einmal festgelegt und ist die Ressource in Transaktionen enthalten, stehen folgende Informationen zur Verfügung:

- **Intern** zeigt, wie viele Mengeneinheiten der Ressource in der gewählten **Kapazitätsperiode** grundsätzlich verfügbar sind. Die Herkunft dieser Information erklären wir bei der Beschreibung des nächsten Registers, **Planungsdaten**.
- **Bestätigt** zeigt, wie viele Mengeneinheiten der Ressource in *freigegebenen* Produktionsaufträgen geplant sind.
- **Bestellt** zeigt, wie viele Mengeneinheiten in *Lieferantenbestellungen* enthalten sind; Voraussetzung ist wieder, dass die Ressource mit einem Artikel verknüpft ist.
- **Verbraucht** zeigt, wie viele Mengeneinheiten in als *fertig gemeldeten* Produktionsaufträgen enthalten sind bzw. wie viele verknüpfte Artikel verkauft wurden. Dieses Feld wird üblicherweise nur bei Betrachtung von in der Vergangenheit liegenden Kapazitätsperioden gefüllt sein.
- **Verfügbar** ist der Saldo aus den beschriebenen Bereichen: *Verfügbar = Intern – Bestätigt + Bestellt – Verbraucht*.

Für die nächste Registerkarte, **Planungsdaten**, müssen wir uns zunächst mit der Bedeutung der *Faktoren* in den Ressourcen auseinandersetzen.

Faktoren

Es wird eine Ressource vom Typ »Maschine« definiert.

Die Maschine wird in Schichten betrieben, wobei eine Schicht acht Stunden dauert und grundsätzlich von Montag bis Samstag gearbeitet wird, am Sonntag wird nicht gearbeitet. Faktor 1 wird daher von Montag bis Samstag mit »8« definiert.

Allerdings verfügen wir nicht nur über eine Maschine dieses Typs, sondern über zwei. Diese sind von Montag bis Freitag im Einsatz. Am Samstag wird nur eine Maschine betrieben, um Produktionsschwankungen auszugleichen. Faktor 2 wird also von Montag bis Freitag mit »2« definiert, am Samstag mit »1«.

Darüber hinaus ist in unserem Unternehmen von Montag bis Freitag ein Zwei-Schichten-Betrieb etabliert; am Samstag wird nur eine Schicht gefahren. Faktor 3 wird also von Montag bis Freitag ebenfalls mit »2« definiert, am Samstag mit »1«.

Faktor 4 bleibt in unserem Beispiel ungenutzt.

Daraus ergeben sich folgende tägliche Kapazitäten:

Montag bis Freitag jeweils: 8 × 2 × 2 = 32

Samstag: 8 × 1 × 1 = 8

Auf der Registerkarte **Planungsdaten** wird die Grundlage für die Berechnung der internen (= tatsächlichen) Kapazität gelegt (siehe Abbildung 10.13).

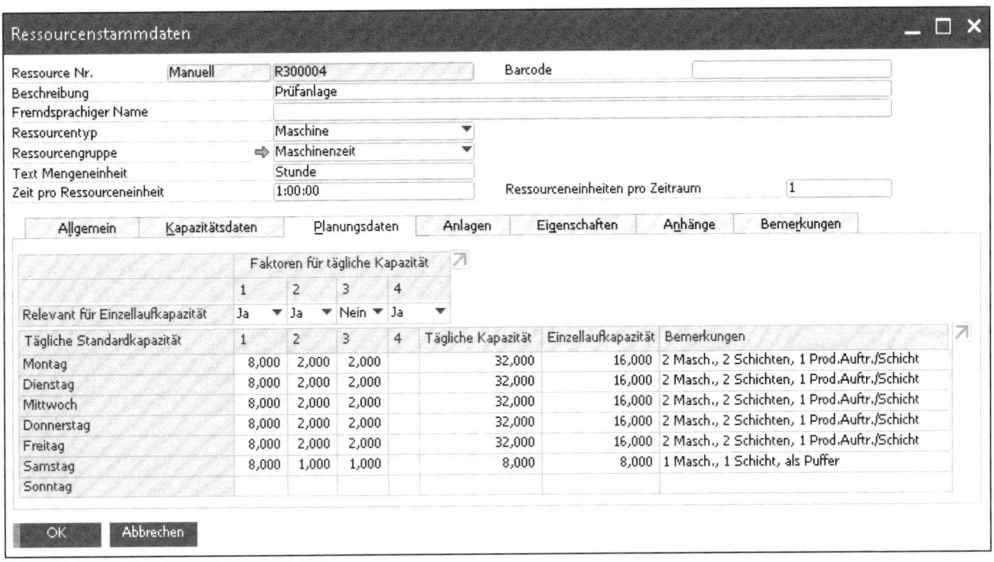

Ressourcenstammdaten

Ressource Nr.	Manuell	R300004
Beschreibung		Prüfanlage
Fremdsprachiger Name		
Ressourcentyp		Maschine
Ressourcengruppe		Maschinenzeit
Text Mengeneinheit		Stunde
Zeit pro Ressourceneinheit		1:00:00

Barcode

Ressourceneinheiten pro Zeitraum: 1

Allgemein | Kapazitätsdaten | Planungsdaten | Anlagen | Eigenschaften | Anhänge | Bemerkungen

	Faktoren für tägliche Kapazität			
	1	2	3	4
Relevant für Einzellaufkapazität	Ja	Ja	Nein	Ja

Tägliche Standardkapazität	1	2	3	4	Tägliche Kapazität	Einzellaufkapazität	Bemerkungen
Montag	8,000	2,000	2,000		32,000	16,000	2 Masch., 2 Schichten, 1 Prod.Auftr./Schicht
Dienstag	8,000	2,000	2,000		32,000	16,000	2 Masch., 2 Schichten, 1 Prod.Auftr./Schicht
Mittwoch	8,000	2,000	2,000		32,000	16,000	2 Masch., 2 Schichten, 1 Prod.Auftr./Schicht
Donnerstag	8,000	2,000	2,000		32,000	16,000	2 Masch., 2 Schichten, 1 Prod.Auftr./Schicht
Freitag	8,000	2,000	2,000		32,000	16,000	2 Masch., 2 Schichten, 1 Prod.Auftr./Schicht
Samstag	8,000	1,000	1,000		8,000	8,000	1 Masch., 1 Schicht, als Puffer
Sonntag							

OK | Abbrechen

Abbildung 10.13: Ressourcenstammdaten – Registerkarte »Planungsdaten«

Die Standardkapazität wird in einer Wochentabelle von Montag bis Sonntag eingetragen. Pro Tag kann die Anzahl der Mengeneinheiten (in unserem Beispiel »Stunde«) eingegeben werden. Die Eingabe kann dabei in bis zu vier Faktoren gegliedert werden. Diese werden multipliziert, und das Ergebnis wird im Feld **Tägliche Kapazität** gespeichert. Alternativ können Sie das Feld **Tägliche Kapazität** direkt bearbeiten. In diesem Fall werden eventuell vorhandene Werte in den vier Faktorenfeldern gelöscht, um die Konsistenz zu wahren. Die Definition der *Einzellaufkapazität* erfolgt in den Dropdown-Feldern oberhalb der Wochentabelle:

- Wenn Sie in der Dropdown-Liste **Relevant für Einzellaufkapazität** die Einzellaufkapazität wählen (Einstellung steht auf **Ja**), bedeutet das, dass diese Kapazitäten nur für einen einzelnen Produktionsauftrag zur Verfügung stehen. Im Beispiel in Abbildung 10.13 ist die tägliche Kapazität am Montag 32 (8 × 2 × 2). Das bedeutet, es können acht Stunden lang zwei Maschinen in zwei Schichten betrieben werden. Allerdings sollen aus organisatorischen Gründen Produktionsaufträge nicht schichtübergreifend umgesetzt werden, daher wurde der Faktor 3, der die Schicht repräsentiert, mit der Einstellung **Nein** versehen. Für einen Produktionsauftrag stehen daher nur 16 Stunden pro Tag zur Verfügung. Werden mehr Ressourcenkapazitäten benötigt, wird die Realisierung des Produktionsauftrags entsprechend mehrere Tage in Anspruch nehmen, aber es wird nicht die Kapazität der zweiten Schicht eingeplant.
- Das Ergebnis der Multiplikation aller Faktoren mit Kennzeichen **Ja** wird in der Spalte **Einzellaufkapazität** dargestellt. Auch diese Spalte kann überschrieben werden, auch hier führt dies zum Löschen der Eingabe in den Spalten **1** bis **4** unter **Faktoren für tägliche Kapazität**.

[+]

Feldbeschreibung ändern

Gerade bei komplexen Berechnungen wie **Tägliche Kapazität** ist es für Anwender hilfreich, sehr klar zu wissen, welche Eingabe wo erforderlich ist. Es kann daher nützlich sein, die Bezeichnung der Faktoren (1, 2, 3, 4) durch ihre tatsächliche Funktion zu ersetzen. Nutzen Sie daher die Möglichkeit von SAP Business One, die Feldbeschreibungen durch `Strg` + Doppelklick in diese tatsächlichen Beschreibungen zu ändern (siehe Abbildung 10.14).

	Faktoren für tägliche Kapazitä		
	Stunden	Maschinen	Schichten
Relevant für Einzellaufkapazität	Ja	Ja	Nein
Tägliche Standardkapazität	1	2	3
Montag	8,000	2,000	2,000
Dienstag	8,000	2,000	2,000

Abbildung 10.14: Angepasste Feldbeschreibungen

Sie haben nun erfolgreich die **Tägliche Standardkapazität** definiert. Diese ist aber noch nicht die tatsächliche, sogenannte *interne Kapazität*, sondern bildet lediglich deren Kalkulationsgrundlage. Die interne Kapazität muss für eine Kapazitätsperiode (maximal ein Jahr) explizit festgelegt werden.

Es gibt verschiedene Methoden, das zu tun. Die einfachste Möglichkeit ist, in der Ressource mithilfe eines Klicks mit der rechten Maustaste das Kontextmenü zu öffnen. Wählen Sie dort **Interne Ressourcenkapazität** (siehe Abbildung 10.15).

Im Fenster **Ressourcenkapazität** (siehe Abbildung 10.16) können Sie wählen, für welche Ressourcen Sie zunächst einen Überblick über die vorhandenen Kapazitäten haben wollen, um danach die interne Kapazität festzulegen. Da wir das Fenster aus einer Ressource heraus aufgerufen haben, ist die entsprechende Selektion bereits vorbesetzt, und der Arbeitsschritt wird sich auf diese Ressource beziehen.

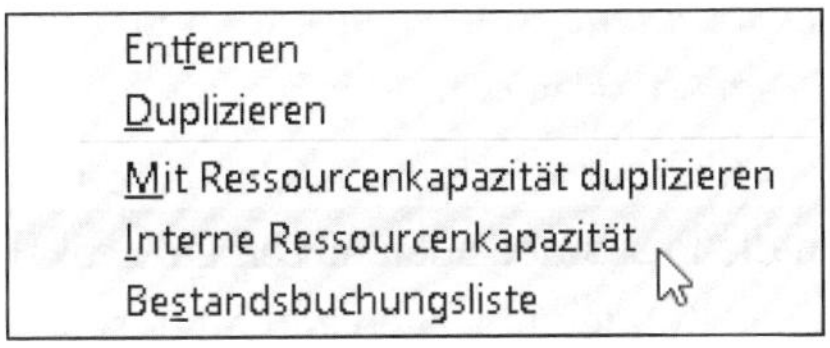

Abbildung 10.15: Kontextmenü der Ressource

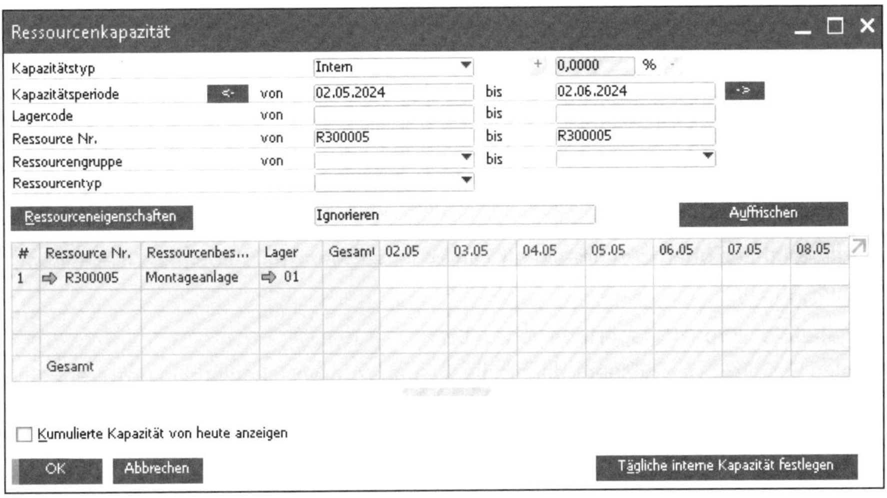

Abbildung 10.16: Interne Ressourcenkapazität einer spezifischen Ressource

Alternativ können Sie dieses Fenster aber auch über den Menüpunkt **Ressourcen • Ressourcenkapazität** festlegen, dann müssen Sie die Auswahl noch vornehmen. Im Folgenden beschreiben wir daher alle möglichen Felder dieses Fensters. Diese Beschreibung gilt für beide Methoden: den Aufruf über das Kontextmenü der Ressource oder über das Hauptmenü. Dementsprechend gilt die Beschreibung für folgende Szenarien:

1. für die erstmalige Definition der internen Kapazität in einer Kapazitätsperiode
2. für die Definition der Kapazität zukünftiger Kapazitätsperioden
3. für die Anpassung existierender interner Kapazitäten

- **Dropdown-Liste »Kapazitätstyp«**
  Wählen Sie in dieser Dropdown-Liste, welche Informationen in der Kapazitätsübersicht angezeigt werden sollen. Sie haben die Wahl zwischen:
  - **Intern** stellt die internen Ressourcen dar. In Abbildung 10.16 ist das die Vorbesetzung, da wir das Bild über den Kontextmenüpunkt **Interne Ressourcenkapazität** aufgerufen haben. Darüber hinaus sind die internen Kapazitäten in dieser Abbildung leer, da der Prozessschritt noch nicht durchgeführt wurde. Dies gilt auch für

alle folgenden Kapazitätstypen. Eine mit Daten gefüllte Kapazitätsübersicht sehen Sie in Abbildung 10.20.

- **Bestellt** zeigt, wie viele Mengeneinheiten in *Lieferantenbestellungen* enthalten sind; Voraussetzung ist, dass die Ressource mit einem Artikel verknüpft ist.
- **Bestätigt** zeigt, wie viele Mengeneinheiten der Ressource in *freigegebenen* Produktionsaufträgen geplant sind. Optional, wenn die Ressource auch mit einem Artikel verknüpft ist, zeigt sie an, welche Kapazitäten in Kundenaufträgen enthalten sind.
- **Verbraucht** zeigt, wie viele Mengeneinheiten in als *fertig gemeldeten* Produktionsaufträgen enthalten sind bzw. wie viele verknüpfte Artikel verkauft wurden. Dieses Feld wird üblicherweise nur bei Betrachtung von in der Vergangenheit liegenden Kapazitätsperioden gefüllt sein.
- **Verfügbar** ist der Saldo aus den beschriebenen Bereichen: Verfügbar = Intern – Bestätigt + Bestellt – Verbraucht.
- **Einzellaufkapazität** zeigt, wie viele Ressourceneinheiten für *einen* Produktionsauftrag zur Verfügung stehen.
- **Alle** zeigt alle oben beschriebenen Zahlen in der Kapazitätstabelle an (siehe Abbildung 10.20).

- **Eingabefeld »Kapazitätsperiode von … bis«**
  Wählen Sie die Kapazitätsperiode, für die Sie Kapazitäten sehen und in weiterer Folge die tägliche interne Kapazität festlegen wollen. Die Verwendung ist unter Abbildung 10.12 beschrieben.
- **Eingabefeld »Lagercode von … bis«**
  Sollte die Ressource mehreren Lagern zugeordnet sein, können Sie nun die Kapazität für ein definiertes Lager festlegen.
- **Eingabefeld »Ressource Nr. von … bis«**
  Wählen Sie jene Ressourcen, für die Sie die tägliche interne Kapazität festlegen wollen. Da wir den Bildschirm aus einer spezifischen Ressource heraus aufgerufen haben, ist dieser Artikel bereits vorausgewählt.
- **Eingabefeld »Ressourcengruppe von … bis«**
  Wollen Sie für mehr als eine Ressource die tägliche interne Kapazität festlegen, können Sie hier nach Ressourcengruppe selektieren.
- **Dropdown-Liste »Ressourcentyp«**
  Wollen Sie für mehr als eine Ressource die tägliche interne Kapazität festlegen, können Sie hier nach Ressourcentyp selektieren.
- **Button »Ressourceneigenschaften«**
  Wollen Sie für mehr als eine Ressource die tägliche interne Kapazität festlegen, können Sie hier nach Eigenschaften selektieren, indem Sie den Button anklicken und die Checkboxen neben den gewünschten Eigenschaften aktivieren.

Wie in praktisch allen Selektionsfenstern von SAP Business One können Sie mehr als ein Kriterium wählen. Beachten Sie aber, dass die Felder UND-verknüpft sind. Es müssen also alle Suchkriterien zutreffen, damit ein Ergebnis angezeigt wird. Lediglich bei der Wahl mehrerer Ressourceneigenschaften haben Sie die Möglichkeit, zu entscheiden, ob die Eigenschaften UND-verknüpft oder ODER-verknüpft sind.

[+]

Gruppieren Sie nach gleichen internen Kapazitäten

Die Definition von Objektgruppen ist oft eine Herausforderung. Sie kann nur dann erfolgreich sein, wenn sehr klar ist, welche Funktion die jeweilige Gruppe hat. Diese ist in der Regel jene eines Selektionskriteriums in diversen Auswertungen. Oft hat die Gruppe aber auch eine darüber hinausgehende Funktion. Das ist auch hier der Fall, da die Anzeige der Ressourcenkapazität zwar grundsätzlich eine Auswertung ist, aber einen Zwischenschritt zur Funktion der Kalkulation der internen Kapazitäten darstellt. Es ist daher sinnvoll, Ressourcen, die gleiche Kapazitäten haben, zusammenzufassen, z. B. Maschinen im Einschichtbetrieb, Maschinen im Zweischichtbetrieb etc.

- **Button »Auffrischen«**
  Ändern Sie die oben beschriebenen Selektionskriterien, wird dies zunächst keine Auswirkungen auf die Tabelle der Ressourcenverfügbarkeit haben. Erst wenn Sie den Button **Auffrischen** anklicken, wird das entsprechende Ergebnis in der Tabelle angezeigt. Es kann dann mit den Pfeilen pro Artikel oder mit den Buttons **Alles expandieren** oder **Alles komprimieren** für alle Artikel in der Tabelle expandiert oder komprimiert werden (siehe Abbildung 10.20).
- **Checkbox »Kumulierte Kapazität von heute anzeigen«**
  Ist diese Checkbox aktiv, wird die Kapazität von Tag zu Tag über die Kapazitätsperiode kumuliert.

  Ein Beispiel: Die *tägliche Kapazität* beträgt acht Stunden. Es wird an Tag 1 eine Kapazität von 8 angezeigt, an Tag 2 eine von 16, an Tag 3 eine von 24 etc. (wobei **Bestellt**, **Bestätigt** und **Verbraucht** saldiert werden würden). Die Aussagekraft dieser *kumulierten Kapazität* ist mit Vorsicht zu betrachten, da die Kapazität an Tag 3 selbst natürlich nach wie vor acht Stunden beträgt. Die Auswertung liefert lediglich einen ersten Anhaltspunkt dafür, wann ein Auftrag mit definiertem Ressourcenbedarf frühestens fertiggestellt werden kann.

  Ist die Checkbox nicht aktiv, werden die täglichen Kapazitäten angezeigt und nicht laufend addiert.
- **Eingabefeld »%«**
  Im oberen rechten Bereich des Bildschirms finden Sie folgende Gruppe von Funktionen: 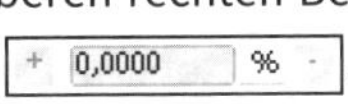

  . Sie dient ausschließlich der prozentualen Veränderung der internen Kapazität, sie kann z. B. nicht für die Pflege der Einzellaufkapazität verwendet werden. Es gelten folgende Regeln:

- Damit sie sinnvoll verwendet werden kann, muss die Ressource bereits eine interne Kapazität haben, da eine prozentuale Veränderung ausgehend von 0 nicht berechnet werden kann.
- Für **Kapazitätstyp** muss die Option **Intern** gewählt worden sein. Die Funktionsgruppe wird dann grau hinterlegt angezeigt. Das heißt, sie ist potenziell einsatzbereit, aber es fehlt noch eine Voraussetzung.
- Es muss eine (Ressourcen-)Zeile durch Klick auf die Zeilennummer oder eine (Tages-)Spalte durch Klick auf das Datum aktiviert worden sein. Sie erkennen das daran, dass die Spalte oder Zeile gelb hinterlegt ist. Ein Markieren von Spalten ist naturgemäß nur dann sinnvoll, wenn Sie mehrere Ressourcen gleichzeitig bearbeiten.

Sind alle Voraussetzungen geschaffen, wird die Funktionsgruppe aktiv (siehe Abbildung 10.17).

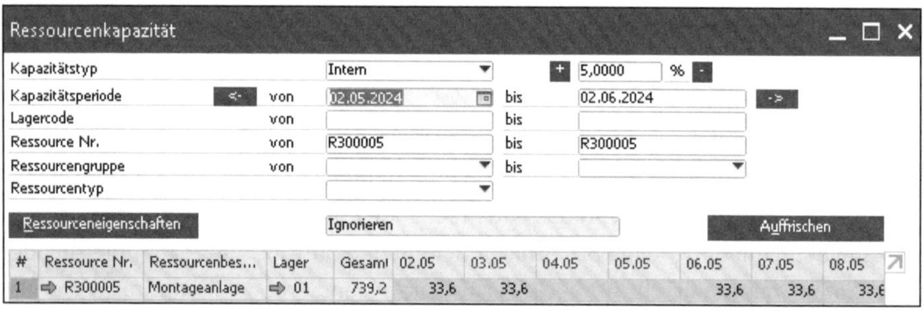

Abbildung 10.17: Interne Kapazität prozentual verändern

Sie können nun im Betragsfeld einen Prozentsatz angeben und danach auf den Plus-Button + klicken, um die interne Kapazität um den Prozentsatz zu erhöhen, oder auf den Minus-Button -, um sie zu senken. Geben Sie keinen Betrag ein und betätigen Sie die Buttons, wird die Kapazität um jeweils 5 % erhöht oder gesenkt. Vergessen Sie nicht, die Änderung durch einen Klick auf den Button **Aktualisieren** zu speichern.

Sie können im Fenster **Ressourcenkapazität** für jeden Tag die internen Ressourcen manuell anlegen. In der Regel wird dies aber zu einem hohen Aufwand führen und fehleranfällig sein. Diese Methode eignet sich also z. B., wenn eine Ressource durch Defekt (Maschine) oder Krankenstand (Arbeit) ausfällt und diese Ressourceneinbuße zu keiner dauerhaften, sondern nur zu einer punktuellen Änderung der Ressourcenkapazität führt.

Mit einem Klick auf den Button **Tägliche interne Kapazität festlegen** starten Sie die automatische Wartung der internen und optional der Einzellaufkapazitäten. Er aktiviert das Fenster **Tägliche interne Kapazität festlegen** (siehe Abbildung 10.18). Auch hier gilt, dass dieser Programmteil entweder, wie oben beschrieben, über den Button oder über das Hauptmenü, und zwar über den Pfad **Ressourcen • Tägliche interne Kapazitäten festle-**

gen, aufgerufen werden kann. Ebenfalls gilt hier, dass dieser Programmteil sowohl für eine (neue) Ressource als auch für eine sinnvoll zusammenfassbare Gruppe von Ressourcen anwendbar ist.

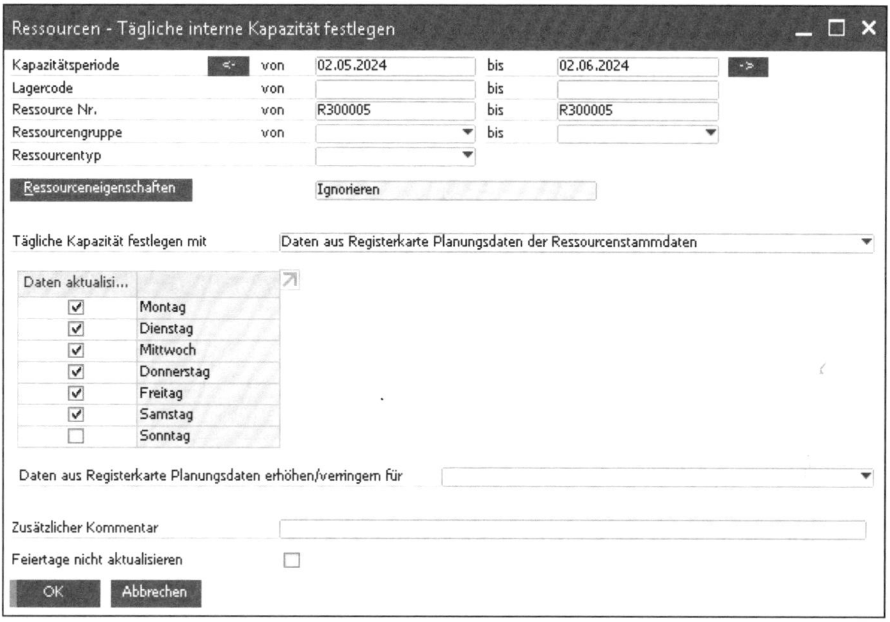

Abbildung 10.18: Interne Kapazitäten festlegen

Der obere Bildbereich dient wieder der Auswahl der zu pflegenden Ressourcen und entspricht der unter Abbildung 10.16 bereits beschriebenen Funktion – wir gehen hier also nicht mehr näher darauf ein. Auch gilt analog, dass, wenn der Programmpunkt aus dem Bildschirm **Ressourcenkapazität** heraus aufgerufen wurde, die Selektionskriterien »vererbt« werden. Es müssen also folgende Felder bearbeitet werden:

- **Dropdown-Liste »Tägliche Kapazität festlegen mit«**
  Hier entscheiden Sie, nach welcher Methode die internen Ressourcen definiert werden sollen; es stehen Ihnen folgende Methoden zur Verfügung:
  - **Daten aus Registerkarte Planungsdaten der Ressourcenstammdaten**: Dies ist die komfortabelste und häufigste Version – es werden einfach die Kapazitäten, die in der Ressource als Planungsdaten definiert wurden, auch als interne Kapazitäten definiert. In der Tabelle **Daten aktualisieren für** könnten Sie noch einschränken, für welchen Wochentag diese Einstellung gelten soll. Da in der Ressource die Planungsdaten aber ohnedies schon je Wochentag eingegeben wurden, wird diese Option in der Praxis kaum angewandt.
  - **Manuelle Daten wie unten für jeden Wochentag eingegeben**: Wählen Sie diese Option, dann wird die Tabelle **Daten aktualisieren für** erweitert (siehe Abbildung 10.19). Die Eingabe entspricht nun exakt jener im Ressourcenstamm, Registerkarte

Planungsdaten, und wird daher nicht mehr im Detail wiederholt. Das Ergebnis der Eingabe wird in die entsprechenden Wochentage in der gewählten Kapazitätsperiode übertragen. Diese Methode ist im Vergleich zur ersten aufwendiger, bringt aber ein vergleichbares Ergebnis, da, wie schon dargestellt, die Eingabe pro Wochentag und Faktor ja auch gleich im Ressourcenstamm durchgeführt werden kann und dann für alle zukünftigen Kapazitätsperioden als Berechnungsgrundlage zur Verfügung steht.

Abbildung 10.19: Manuelle Eingabe der internen Kapazität

- **Einzellaufkapazität mit interner Kapazität aktualisieren**: Wählen Sie diese Option, wird die Tabelle **Daten aktualisieren für** vollständig entfernt. Die Eingabe gilt nun für die gesamte Kapazitätsperiode. De facto führt diese Option dazu, dass es in dieser Kapazitätsperiode keine Einzellaufkapazität mehr gibt.
- **Interne Kapazität mit Einzellaufkapazität aktualisieren**: Auch bei dieser Option wird die Tabelle **Daten aktualisieren für** vollständig ausgeblendet. Hier werden die bisherigen internen Kapazitäten durch die (niedrigeren) Einzellaufkapazitäten ersetzt.

- **Checkbox »Feiertage nicht aktualisieren«**
  Durch Aktivieren dieser Checkbox verhindern Sie, dass interne Kapazitäten an Feiertagen erzeugt werden.

Sie schließen die Erzeugung bzw. das Update **Interner Kapazitäten** mit einem Klick auf den Button **Aktualisieren**. Das Ergebnis sehen Sie unter anderem wieder im Programmpunkt **Ressourcenkapazität**. Sowohl die internen Kapazitäten als auch die Einzellaufkapazitäten sind für die Ressource in der gesamten Kapazitätsperiode definiert (siehe Abbildung 10.20).

Ähnlich wie im Ergebnis des MRP-Laufs (siehe Kapitel 9, »Materialbedarfsplanung«) sind einige Wert in Buttons dargestellt. Dies betrifft die Zeilen **Bestellt**, **Bestätigt** und **Verbraucht**. Durch Klick auf diese Buttons (3) werden die Kopfdaten der entsprechenden Transaktionen im Fenster **Ressourcenkapazität – Details** angezeigt (siehe Abbildung 10.21). Durch Klick auf den gelben Pfeil wird wieder die Transaktion selbst angezeigt.

Abbildung 10.20: Ergebnis der Festlegung interner Ressourcen

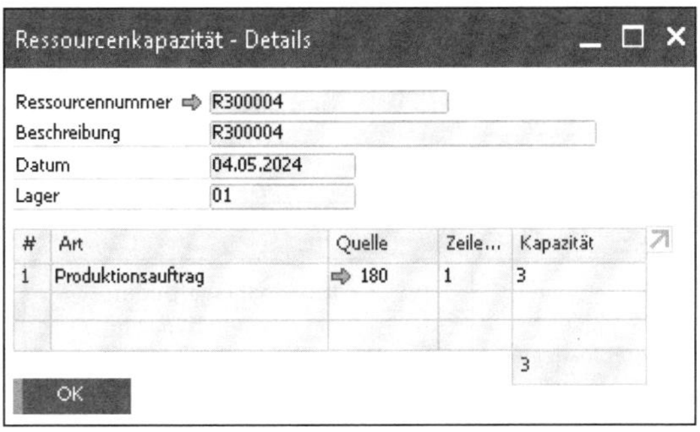

Abbildung 10.21: Fenster »Ressourcenkapazität – Details«

Die folgenden Registerkarten des Ressourcenstamms sind abhängig vom *Ressourcentyp*.

Für Ressourcen des Ressourcentyps »Maschine« wird die Registerkarte **Anlagen** angezeigt. Darin kann auf ein in der Anlagenbuchhaltung definiertes Anlagegut verwiesen werden. Da die Anlagenbuchhaltung, wie in Kapitel 12, »Finanzwesen«, dargestellt, in diesem Buch nicht behandelt wird, wird diese Funktion hier auch nicht weiter ausgeführt.

Für Ressourcen des Ressourcentyps »Arbeit« wird die Registerkarte **Mitarbeiter** angezeigt. Darin kann auf einen im Modul **Personal** (siehe Kapitel 17, »Projektmanagement«) definierten Mitarbeiter verwiesen werden.

Die Registerkarten **Eigenschaften**, **Anhänge** und **Bemerkungen** entsprechen in ihrer Funktion und Bedienung jenen aller anderen wichtigen Stammdaten (Artikel, Geschäftspartner etc.) in SAP Business One und werden daher hier nicht mehr im Detail beschrieben.

Da der Programmteil **Ressourcen** nur aus drei Untermenüpunkten besteht, die aber auch in sich aufgerufen werden können, erhalten Sie in Abbildung 10.22 noch einmal einen Überblick.

Sie haben nun erfolgreich eine Ressource angelegt und ihre Kapazität definiert, ihrer Verwendung steht nun nichts mehr im Weg.

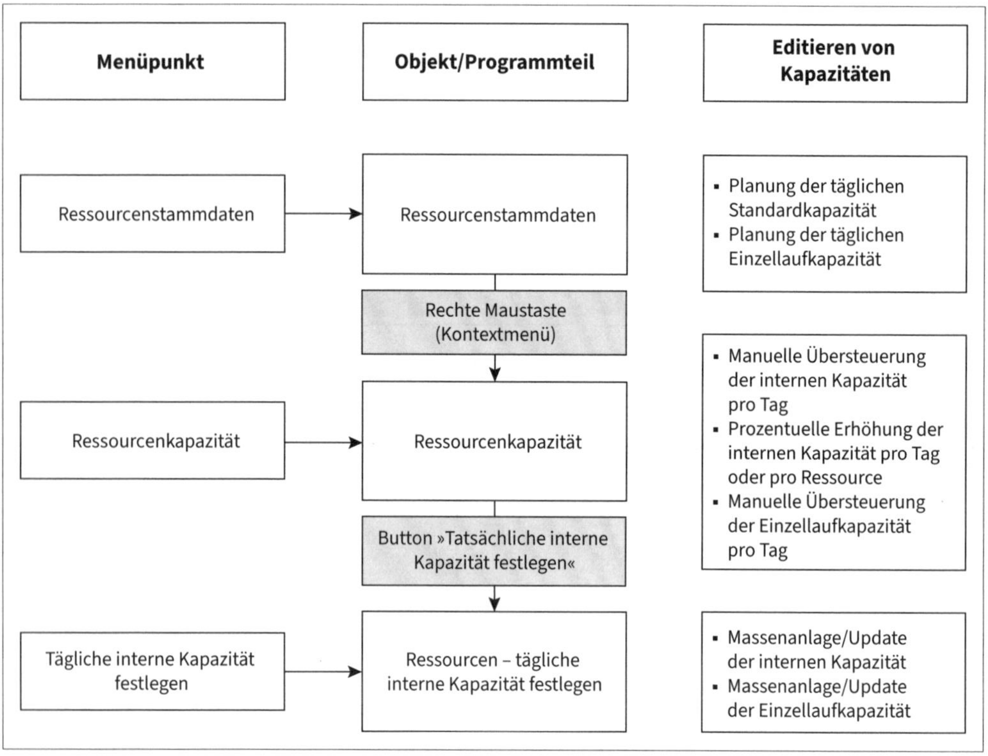

Abbildung 10.22: Überblick über die Pflege von Ressourcen

10.4 Verwendung von Ressourcen

Wie einleitend in Abschnitt 10.1, »Einbettung der Ressourcen in SAP Business One«, dargestellt, findet die Ressource in verschiedenen Modulen Verwendung. Im Folgenden geben wir Ihnen einen kurzen Überblick über die Art und den Zweck dieser Verwendung. Details dazu beschreiben wir überwiegend in Kapitel 8, »Produktion«.

10.4.1 Verwendung von Ressourcen in der Produktion

Ressourcen werden im Modul **Produktion** verwendet. Neben Artikeln und Routenabschnitten sind sie der dritte Bestandteil der Stücklisten. Sie erfüllen drei wesentliche Funktionen:

- Ihre Standardkosten fließen in die Herstellkosten des (Halb-)Fertigprodukts ein.
- Sie dienen der Kalkulation der Durchlaufzeit eines Produktionsauftrags.
- Ihre Standardkosten sind Bestandteil der Ware-in-Arbeit-Buchung.

Details zur Verwendung der Ressource in der Produktion finden Sie in Kapitel 8, »Produktion«.

10.4.2 Verwendung von Ressourcen in der Materialbedarfsplanung

Die *Materialbedarfsplanung* wird von den Ressourcen indirekt beeinflusst, da der Start eines Ressourceneinsatzes in der Produktion das Vorhandensein der zugrunde liegenden Ware bedingt. Diese muss von der Materialbedarfsplanung daher rechtzeitig beschafft worden sein. Auch dieser Anwendungsfall wird in Kapitel 8, »Produktion«, beschrieben.

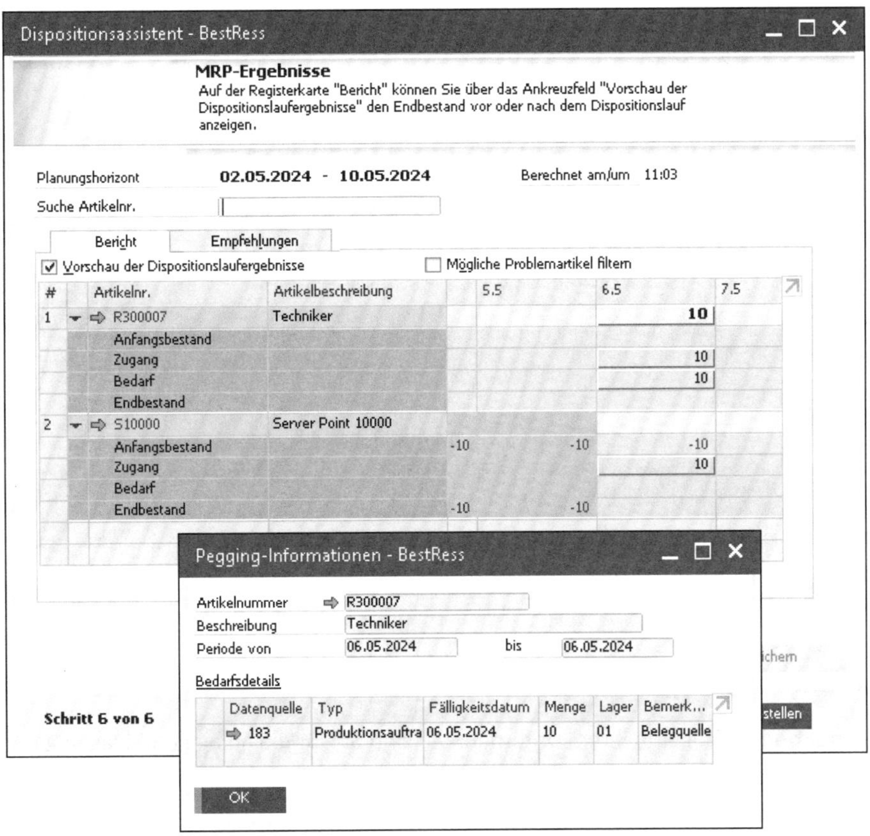

Abbildung 10.23: Mit Ressourcen verknüpfte Artikel im MRP-Lauf

Darüber hinaus können Ressourcen, wie Sie in Abschnitt 10.4, »Verwendung von Ressourcen«, gesehen haben, auch mit Artikeln verknüpft werden. Handelt es sich bei den Ressourcen um solche, die (auch) zugekauft werden, können auch sie über die Materialbedarfsplanung bestellt werden. Wie Sie in Abbildung 10.23 sehen, beschafft die Materialbedarfsplanung Artikel, die mit Ressourcen verknüpft sind, anhand der Bedarfsauslöser *Kundenauftrag* oder *Produktionsauftrag*. In diesem Beispiel hat der Kundenauftrag über den Artikel »S10000«, der ein Produktionsartikel ist, einen Produktionsauftrag aufgelöst. Die Ressource »R300007« ist zum notwendigen Zeitpunkt nicht verfügbar, kann aber auch eingekauft werden und wird daher zur Bestellung vorgeschlagen.

10.4.3 Verwendung von Ressourcen im Projektmanagement

Wie in Abbildung 10.24 erkennbar ist, können innerhalb einer Stufe eines Projekts auch **Arbeitsaufträge** erstellt werden, die durch Produktionsaufträge repräsentiert werden. Diese werden in der Projektmanagement-Übersicht inklusive der in ihnen geplanten Ressourcen angezeigt.

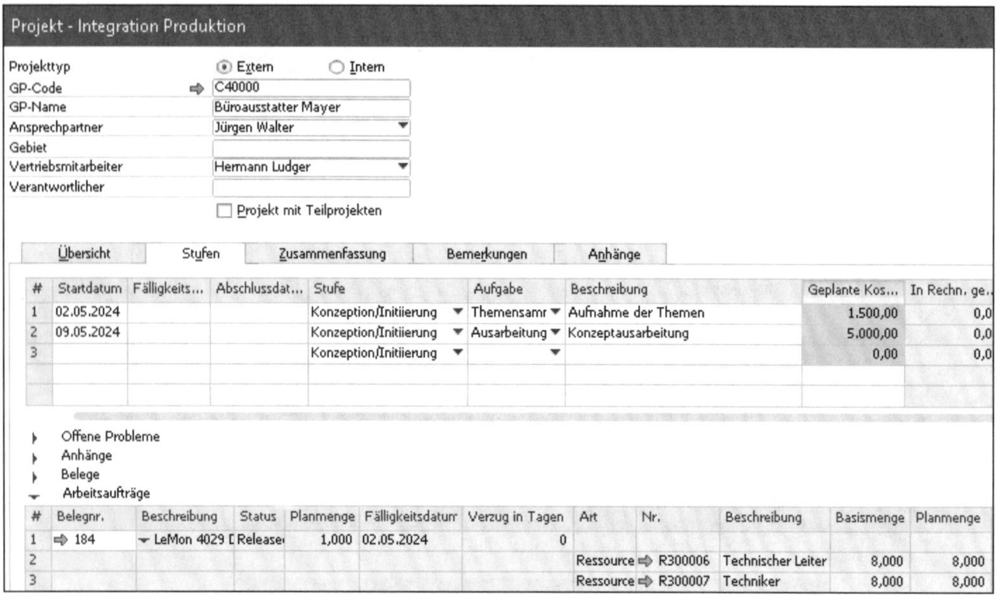

Abbildung 10.24: Ressourcenverwendung in einem Projekt

10.5 Übungsaufgaben

Als Produktionsmanager in Ihrem Unternehmen sind Sie für die Anlage und Wartung der Ressourcen im System verantwortlich. Sie möchten zwei neue Ressourcen in den Ressourcenstammdaten anlegen: eine Ressource des Typs »Maschine« und eine des Typs »Arbeit«.

1. Legen Sie eine neue Ressource des Typs »Maschine« mit der Ressourcennummer »RM0001 – Holzschneidemaschine« an. Die Maschine läuft in Zyklen von zehn Minuten und produziert dabei eine Ressourceneinheit.
2. Verknüpfen Sie die Ressource über die Registerkarte **Anlagen** mit den von Ihnen neu angelegten Maschinen (Anlagen) »FM0001« und »FM0002«.
3. Die Ausgabemethode der Ressource erfolgt retrograd am Startdatum. Anschließend fügen Sie der Ressource folgende Standardkosten hinzu: Abschreibung 10,00 EUR, Instandhaltungskosten 10,00 EUR und Gemeinkosten 12,00 EUR.
4. Gearbeitet wird in Ihrem Unternehmen üblicherweise von Montag bis Freitag von 8 Uhr bis 17 Uhr, wobei die tatsächliche Arbeitszeit acht Stunden beträgt. Außerdem verfügen Sie über zwei identische Holzschneidemaschinen (»FM0001« und »FM0002«), jedoch können Sie aus wartungstechnischen Gründen freitags immer nur eine Maschine für den Produktionsprozess verwenden. Um Rüstkosten zu optimieren, soll jeder Produktionsauftrag nur von einer Maschine bearbeitet werden. Treffen Sie die entsprechenden Einstellungen auf der Registerkarte **Planungsdaten**, und fügen Sie die Ressource anschließend hinzu. Als Ergebnis sollten Sie nur die Arbeitsstunden (Faktor 1) als relevant für die Einzellaufkapazität markiert haben. Bei Faktor 2 (Maschinen) haben Sie von Montag bis Donnerstag die Anzahl »2« eingetragen, und freitags steht Ihnen nur eine Maschine zur Verfügung. Somit beträgt die tägliche Kapazität von Montag bis Donnerstag jeweils 16 Stunden, und die Einzellaufkapazität (Produktion pro Maschine pro Arbeitstag) beträgt acht Stunden. Freitags betragen sowohl die tägliche als auch die Einzellaufkapazität acht Stunden.
5. Fügen Sie anschließend eine weitere Ressource »R300010 – Technischer Leiter« des Typs »Arbeit« hinzu. Ressourcen des Typs »Arbeit« werden in Ihrem Unternehmen in Stunden verwaltet. Die Zeit pro Ressourceneinheit legen Sie mit einer Stunde fest. Außerdem werden Standardkosten vom Typ »Lohnkosten« in Höhe von 50,00 EUR berechnet.
6. Verknüpfen Sie die Ressource über die Registerkarte **Mitarbeiter** mit einem Ihrer Mitarbeiter.
7. Bilden Sie auf der Registerkarte **Planungsdaten** die tägliche Arbeitszeit von acht Stunden ab, wobei ein Mitarbeiter immer nur bei einer Maschine arbeiten kann, und fügen Sie anschließend die neue Ressource hinzu. Das Ergebnis sollte nun eine tägliche Kapazität von acht Stunden sein.
8. Legen Sie für alle neuen Ressourcen die interne Kapazität den Plandaten der Ressource entsprechend an.
9. Überprüfen Sie das Ergebnis in den Ressourcenkapazitäten.

Kapitel 11
Rahmenverträge

Rahmenverträge sind eine weitere Methode, längerfristige Geschäftsbeziehungen inklusive deren wechselseitiger Verpflichtungen in SAP Business One abzubilden.

Rahmenverträge sind Vereinbarungen mit einem Kunden oder Lieferanten über die Lieferung einer bestimmten Anzahl von Artikeln über einen definierten Zeitraum. Alle Einkaufs- bzw. Verkaufsbelege werden bei der Abwicklung des Rahmenvertrags mit diesem verknüpft. Auf diese Weise kann der Grad der Erfüllung des Rahmenvertrags laufend überprüft werden. In diesem Kapitel erfahren Sie, wie Sie einen Rahmenvertrag anlegen, diesen erfüllen, und welche Berichte in SAP Business One zum Thema *Rahmenvertrag* zur Verfügung stehen.

In diesem Kapitel verzichten wir auf Übungsaufgaben, weil dabei überwiegend Einkaufs- und Verkaufsbelege angelegt würden. Dies haben Sie bereits ausführlich in den Übungsaufgaben von Kapitel 5, »Einkauf«, und Kapitel 6, »Verkauf«, trainiert.

Die Rahmenverträge Einkauf und Verkauf sind in ihrer Funktion analog. Im folgenden Beispiel wird der Rahmenvertrag anhand des Verkaufs beschrieben. Einige Felder sind demnach sinngemäß zu interpretieren – das Feld **Kundenref.nr.** im Verkauf etwa heißt im Einkauf **Lieferantenref.nr.**

11.1 Rahmenvertrag anlegen

Das Fenster **Rahmenvertrag** finden Sie unter dem Menüpunkt **Verkauf • Rahmenvertrag – Verkauf** oder unter **Einkauf • Rahmenvertrag – Einkauf**.

Da es sich bei Rahmenverträgen um Stammdaten handelt, wird das Fenster im **Suchen**-Modus geöffnet. Mit dem Button (**Hinzufügen**) wechseln Sie in den **Hinzufügen**-Modus und können einen neuen Rahmenvertrag anlegen (siehe Abbildung 11.1).

In Release 9.3 wurde der Rahmenvertrag für den Standard IFRS 15 (International Financial Reporting Standard 15) erweitert. Sie können dem Rahmenvertrag nun auch eine Währung zuordnen. Darüber hinaus können Rahmenverträge jetzt auch in einen Genehmigungsprozess eingebunden werden.

Abbildung 11.1: Rahmenvertrag anlegen – Registerkarte »Allgemein«

Die folgenden Felder finden Sie in den Kopfdaten des Fensters **Rahmenvertrag**:

- **Feld »GP-Code«**
  Wählen Sie hier den Geschäftspartner aus, mit dem Sie den Rahmenvertrag abgeschlossen haben. Verkaufsseitig stehen sowohl Geschäftspartner vom Typ **Kunde** als auch vom Typ **Interessent** zur Verfügung.
- **Feld »GP-Name«**
  Der Name des ausgewählten Geschäftspartners erscheint automatisch in diesem Feld.
- **Feld »Kundenref.nr.«**
  Die Kundenreferenznummer hat den Zweck, die Kommunikation mit dem Geschäftspartner zu verbessern, dazu kann z. B. eine Vertragsnummer oder eine Kundenbestellnummer eingefügt werden.
- **Felder »Ansprechpartner«, »GP-Währung«, »Telefonnummer« und »E-Mail«**
  Der Hauptansprechpartner aus den Geschäftspartner-Stammdaten, die GP-Währung sowie seine Telefonnummer und E-Mail-Adresse werden automatisch angezeigt. Möchten Sie einen abweichenden Ansprechpartner angeben, wählen Sie ihn aus der Dropdown-Liste im Feld **Ansprechpartner** aus.
- **Feld »Wechselkurs«**
  Das Feld **Wechselkurs** ist nur dann sichtbar, wenn folgende Bedingungen erfüllt sind:
  - Beim Geschäftspartner ist im Feld **Währung** die Option **Alle Währungen** aktiv.
  - In den Belegeinstellungen in der Registerkarte **Allgemein** ist die Option **Mehrere Rahmenverträge für den denselben Ausgangsbeleg** (analog dazu gibt es auch eine Option für **Eingangsbelege**) **sperren** aktiv.

Eine Eingabe im Feld **Wechselkurs** bewirkt, dass für den Gültigkeitszeitraum des Rahmenvertrags der Wechselkurs fixiert wird. Das ist auch der Grund dafür, dass die Zuordnung eines Belegs zu einem Rahmenvertrag eindeutig sein muss, da andernfalls mehrere Wechselkurse zur Auswahl stehen könnten.

- **Feld »Beschreibung«**
  Geben Sie hier eine kurze Beschreibung des abgeschlossenen Rahmenvertrags an.
- **Checkbox »Als Standard setzen«**
  Diese Option ist neu in Release 10.0 von SAP Business One. Wenn Sie diese Checkbox aktivieren, wird dieser Rahmenvertrag automatisch mit einem Beleg verknüpft. Sie müssen den Beleg nicht aus dem Rahmenvertrag heraus mit der Funktion **Kopieren von** erzeugen. Ebenso müssen Sie im Beleg den Rahmenvertrag nicht im Feld **Rahmenvertrag Nr.** eintragen.
- **Feld »Nr.«**
  Diese fortlaufende Rahmenvertragsnummer wird von SAP Business One gemäß der von Ihnen eingestellten Nummernserie automatisch vergeben. Wie Sie die Einstellungen der Nummerierung für Ihre verschiedenen Transaktionen ändern, beschreiben wir ausführlich in Abschnitt 4.7, »Belegnummerierung«. Wählen Sie alternativ dazu den Eintrag **Manuell** aus der Werteliste, und vergeben Sie eine selbst gewählte Vertragsnummer. Diese Vertragsnummer muss jedoch eindeutig sein.
- **Feld »Vertragsmethode«**
  Wählen Sie hier die Vertragsmethode **Artikelmethode** oder **Geldmethode**. Geldmethode bedeutet, dass mit dem Geschäftspartner ein bestimmter Umsatzbetrag vereinbart wird. Welche Artikel geliefert werden, ist irrelevant. Diese Methode wird in Abbildung 11.7 noch detaillierter dargestellt. Die gängigere Artikelmethode bedeutet, dass mit dem Geschäftspartner eine bestimmte Abnahmemenge von definierten Artikeln vereinbart wird. Über den im weiteren Verlauf des Kapitels beschriebenen Vertragstyp können Sie auch den Abnahmezeitpunkt definieren.
- **Feld »Startdatum«**
  Geben Sie hier das Startdatum des abgeschlossenen Rahmenvertrags ein.
- **Feld »Enddatum«**
  Geben Sie hier das geplante Enddatum des abgeschlossenen Rahmenvertrags ein. Wenn das Tagesdatum nach dem Enddatum liegt, kann von diesem Rahmenvertrag kein Verkaufs- oder Einkaufsbeleg mehr abgerufen werden.
- **Feld »Geschäftspartnerprojekt«**
  Wenn Sie mit Projekten arbeiten, können Sie hier den Rahmenvertrag mit einem Projekt verbinden. Die Projektnummer wird in die Belegzeilen des Rahmenvertrags kopiert. Dort lässt sie sich bei Bedarf bearbeiten. Von dort wird sie in alle Belege übernommen, die auf Basis dieses Rahmenvertrags entstehen.

- **Feld »Beendigungsdatum«**
  Geben Sie hier ein Datum ein, falls der mit Ihrem Geschäftspartner abgeschlossene Rahmenvertrag vorzeitig beendet wurde.

[+]

Beendeter Rahmenvertrag

Sobald Sie ein Beendigungsdatum in dieses Feld eingeben, ändert SAP Business One automatisch den Status auf der Registerkarte **Allgemein** in **Beendet**.

- **Feld »Unterzeichnungsdatum«**
  Geben Sie hier ein Datum ein, an dem die Rahmenvereinbarung unterzeichnet wurde, standardmäßig wird hier das Startdatum eingefügt.

11.1.1 Registerkarte »Allgemein«

Auf der Registerkarte **Allgemein** befinden sich die folgenden Felder:

- **Feld »Vertragstyp«**
  Wählen Sie an dieser Stelle den Vertragstyp für den Rahmenvertrag aus. Es stehen Ihnen die Vertragstypen **Allgemein** und **Spezifisch** zur Verfügung:
  - **Allgemein**: Verwenden Sie diesen Vertragstyp, wenn Sie die für diesen Geschäftspartner bereits bestehenden Listen- und Sonderpreise nutzen möchten. Das Ziel dieses Vertragstyps ist es, die Erfüllung der vereinbarten Abnahme zu überwachen. Das kann z. B. wichtig sein, um einen Anspruch auf einen Jahresbonus zu verifizieren.
  - **Spezifisch**: Verwenden Sie diesen Vertragstyp, wenn Sie für diesen Rahmenvertrag abweichende Preise in den zugehörigen Belegen verwenden möchten. Der Rahmenvertrag ist damit ein Element der Preisfindung.

[+]

Allgemeiner und spezifischer Rahmenvertrag

Der Unterschied zwischen beiden Typen liegt darin, dass entweder ein fixer Zeitplan für die Abnahme vereinbart wird oder nicht. Darüber hinaus werden die Preise im Rahmenvertrag angewendet oder ignoriert.

Der Vertragstyp **Allgemein** beschreibt die vereinbarten Artikel und die abzunehmende Menge. Der aus einem Rahmenvertrag für den Geschäftspartner generierte Rabatt wird üblicherweise in Form eines Umsatzbonus oder Jahresrabatts mittels einer Wertgutschrift abgebildet. Eine Wertgutschrift ist dabei eine Gutschrift ohne Lagerbewegung, deren Nettobetrag den Rabatt für den Geschäftspartner darstellt. Dies entspricht einem Rahmenvertrag, bei dem ein bestimmtes Umsatz- oder Mengenziel vereinbart wird. Wird dieses vereinbarte Ziel erreicht, wird der Rabatt in Form der Wertgutschrift ausgestellt. Darüber hinaus sind die im Rahmenvertrag festgelegten Preise irrelevant und übersteuern die übliche Preisfindung für diese Geschäftspartner-Artikel-Relation nicht.

Der Vertragstyp **Spezifisch** erlaubt es Ihnen zusätzlich, die genauen Liefertermine zu vereinbaren. In Bezug auf die Bonifikation bei Zielerreichung verhält sich dieser Vertragstyp genauso wie der Vertragstyp **Allgemein**.

Zusätzlich übersteuern die im Rahmenvertrag festgelegten Preise die übliche Preisfindung für diese Geschäftspartner-Artikel-Beziehung.

- **Checkbox »In Rahmenvertrag festgelegte Preise ignorieren«**
  Das Erscheinungsbild dieser Checkbox hängt davon ab, wie Sie das Feld **Vertragstyp** gefüllt haben:
  - **Allgemein**: Diese Checkbox ist aktiviert und ausgegraut. Das bedeutet, es gelten alle Sonderpreise und die in Preislisten festgelegten Preise. Die im Rahmenvertrag festgelegten Preise werden ignoriert.
  - **Spezifisch**: Diese Checkbox ist nicht aktiviert und grau hinterlegt. Das bedeutet, es gelten nur die in diesem Rahmenvertrag festgelegten Preise.
- **Feld »Zahlungsbedingungen«**
  Wählen Sie eine Zahlungsbedingung aus der Dropdown-Liste bzw. den Eintrag **Neu definieren**, um eine neue Zahlungsbedingung anzulegen. Die ausgewählte Zahlungsbedingung gilt dann nur für diesen Rahmenvertrag und kann z. B. abweichend von der üblichen Zahlungsbedingung dieses Geschäftspartners definiert werden.
- **Feld »Zahlweg«**
  Sie können einen Zahlweg aus der Dropdown-Liste auswählen. Wie Sie einen neuen Zahlweg anlegen, lesen Sie in Abschnitt 13.4.1, »Zahlweg als Grundlage für den Zahlungsassistenten«. Der ausgewählte Zahlweg gilt nur für diesen Rahmenvertrag und kann abweichend vom üblichen Zahlweg dieses Geschäftspartners definiert werden.
- **Feld »Versandart«**
  Sie können eine Versandart aus der Dropdown-Liste auswählen oder einen Eintrag mit dem gleichnamigen Button neu definieren.
- **Feld »Zahlungswahrscheinlichkeit %«**
  Geben Sie hier einen Prozentsatz für die Wahrscheinlichkeit an, mit der die Kundenforderungen aus dem Rahmenvertrag bezahlt werden.
- **Feld »Status«**
  Wählen Sie hier den Status für diesen Rahmenvertrag aus. Die folgenden Möglichkeiten stehen Ihnen dabei zur Verfügung:
  - **Genehmigt**: Dies ist der »Normalfall« für den Rahmenvertrag. Dieser Rahmenvertrag muss durch keinen Vorgesetzten mehr genehmigt werden und wurde weder erfüllt noch vorzeitig beendet. Alle Einkaufs- oder Verkaufsbelege können zu diesem Rahmenvertrag erstellt werden.
  - **Zurückgestellt**: Der Rahmenvertrag ist inaktiv. Es können weder Einkaufs- noch Verkaufsbelege zu diesem Rahmenvertrag erstellt werden.

- **Entwurf**: Der Rahmenvertrag muss erst innerhalb des eigenen Unternehmens genehmigt werden. Dieser Status erscheint zunächst, wenn ein neuer Rahmenvertrag angelegt wird. Bei diesem Status können ebenfalls keine Einkaufs- und Verkaufsbelege erstellt werden.
- **Beendet**: Sobald im Feld **Beendigungsdatum** ein Datum eingegeben wird, springt der Status automatisch auf **Beendet**. Einkaufs- oder Verkaufsbelege zu diesem Rahmenvertrag können nur mit einem Buchungsdatum erstellt werden, das zwischen dem Startdatum und dem Beendigungsdatum liegt.

- **Feld »Eigentümer«**
  Der Eigentümer wird von SAP Business One automatisch anhand des Benutzers zugeordnet. Der Eigentümer ist relevant für das Dateneigentum und die Definition, welcher Mitarbeiter – abhängig von dessen Stellung im Unternehmen – welche Dokumente abrufen darf. Dies ist besonders in den Bereichen relevant, in denen die Vertraulichkeit der Daten einen hohen Stellenwert einnimmt. Das Dateneigentum zählt zu den weiterführenden Themen und wird aus diesem Grund in diesem Buch nicht behandelt.
- **Checkbox »Verlängerung« und Felder »Erinnerung«**
  Aktivieren Sie die Checkbox **Verlängerung**, wenn SAP Business One Sie daran erinnern soll, dass dieser Rahmenvertrag verlängert werden soll. Zusätzlich geben Sie in den Feldern **Erinnerung** den Zeitraum an, in dem SAP Business One Sie vor Ablauf des eingegebenen Enddatums erinnern soll.
- **Feld »Bemerkungen«**
  In diesem Feld haben Sie die Möglichkeit, umfangreiche Bemerkungen zu diesem Rahmenvertrag einzugeben.

11.1.2 Registerkarte »Details«

Auf der Registerkarte **Details** definieren Sie den eigentlichen Inhalt des Rahmenvertrags, indem Sie die Artikel, Mengen und Preise festlegen (siehe Abbildung 11.2).

Hier finden Sie die folgenden Felder:

- **Feld »Artikelnr.«**
  Geben Sie die Artikelnummer ein, oder drücken Sie die [Tab]-Taste, um die Auswahlliste zu öffnen. Wie gewohnt können Sie in der Auswahlliste mehrere einzelne Artikel auswählen, indem Sie die [Strg]-Taste halten und die Artikel mit der linken Maustaste markieren. Alle Artikel eines Listenbereichs wählen Sie aus, indem Sie die [⇧]-Taste gedrückt halten und den ersten und letzten Artikel dieses Bereichs mit der linken Maustaste markieren.
- **Feld »Artikelbeschreibung«**
  Die Artikelbeschreibung des ausgewählten Artikels erscheint automatisch in diesem Feld.

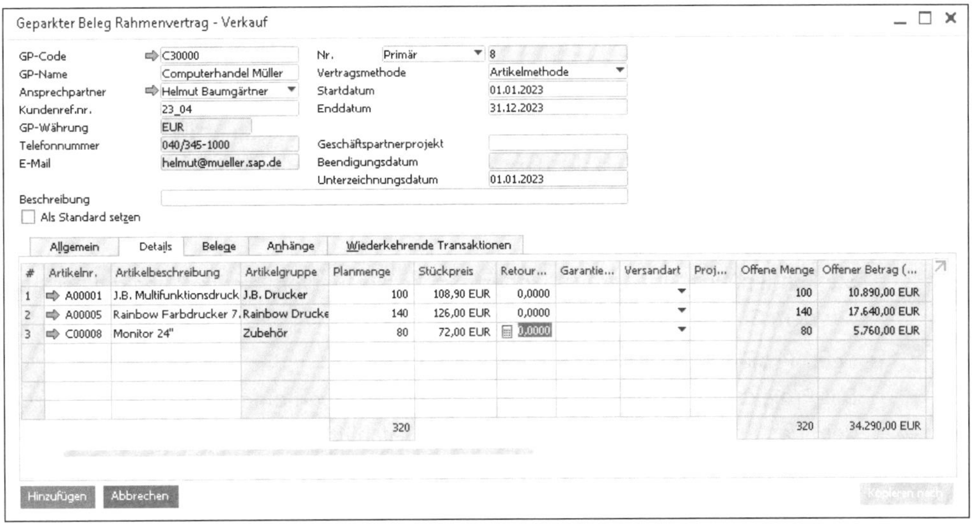

Abbildung 11.2: Rahmenvertrag anlegen – Registerkarte »Details«

- **Feld »Artikelgruppe«**
  Die Artikelgruppe des ausgewählten Artikels erscheint ebenfalls automatisch in diesem Feld.
- **Feld »Planmenge«**
  Geben Sie hier die Menge ein, die gemäß dem Rahmenvertrag für diesen Artikel geplant ist.
- **Feld »Stückpreis«**
  Geben Sie hier den Stückpreis ein, der gemäß dem Rahmenvertrag für diesen Artikel vorgesehen ist. Dieser Stückpreis ist nur ein Vorschlagswert, der im Beleg überschrieben werden kann. Wenn Sie den Stückpreis im Beleg überschreiben, macht SAP Business One Sie mit einer Hinweismeldung links unten in der Statusleiste auf diesen Sachverhalt aufmerksam. Beachten Sie, dass das Programm nicht den üblichen Preis vorschlägt, der laut Preisliste oder Sonderpreise zum Tragen kommt, sondern die Eingabe manuell erfolgen muss.

[+]

Vertragstyp »Spezifisch«

Der hier eingegebene Stückpreis wird in einem Einkaufs- bzw. Verkaufsbeleg nur vorgeschlagen, wenn Sie auf der Registerkarte **Allgemein** den Vertragstyp **Spezifisch** ausgewählt haben.

- **Feld »Retourenanteil %«**
  Geben Sie hier einen Prozentsatz für die Wahrscheinlichkeit ein, mit der der Artikel vom Geschäftspartner retourniert werden wird. Eine Wahrscheinlichkeit von 5 % gibt z. B. an, dass im Durchschnitt jeder 20. Artikel zurückgesendet wird. Diese Information

wird vom Programm nicht weiter ausgewertet, kann aber die Grundlage für individuell erstellte Berichte sein.

- **Feld »Garantieende«**
  Geben Sie hier ein Datum ein, zu dem die Garantie für diesen Artikel endet. Es handelt sich um ein Informationsfeld, das in keinem Zusammenhang mit der Garantieinformation steht, die im Modul **Service** verwaltet werden kann.
- **Feld »Versandart«**
  Sie können eine Standardversandart pro Artikel wählen, die im Beleg die Versandart aus dem Geschäftspartnerstamm übersteuert.
- **Feld »Projekt«**
  Das Projekt wird automatisch aus dem Belegkopf übernommen und kann editiert werden. Das Projekt wird im Beleg das beim Geschäftspartner hinterlegte Projekt übersteuern.
- **Feld »Offene Menge«**
  In diesem Feld wird jene Menge angezeigt, die noch geliefert bzw. verrechnet werden muss. Sie berechnet sich so:

  Planmenge – kumulierte Menge
- **Feld »Offener Betrag (HW)«**
  In diesem Feld wird jener Betrag angezeigt, der noch nicht geliefert bzw. verrechnet wurde. Er berechnet sich so:

  offene Menge × Stückpreis
- **Feld »Kumulierte Menge«**
  In diesem Feld wird die gesamte Menge angezeigt, die bereits geliefert bzw. verrechnet wurde. Das bedeutet, dass hier nur ein Wert angezeigt wird, wenn bereits Einkaufs- bzw. Verkaufsbelege zu diesem Rahmenvertrag in SAP Business One angelegt wurden.
- **Feld »Kumulierter Betrag (HW)«**
  In diesem Feld wird der gesamte Nettobetrag angezeigt, der bereits geliefert bzw. verrechnet wurde. Er ergibt sich aus der gesamten Menge multipliziert mit dem Stückpreis aus dem jeweiligen Beleg.
- **Feld »Freitext«**
  In diesem Feld haben Sie die Möglichkeit, eine Anmerkung zu dieser Artikelzeile einzugeben.
- **Feld »ME-Name«**
  Dieses Feld zeigt die Bestandsmengeneinheit für den Artikel an, der in den Artikelstammdaten auf der Registerkarte **Bestandsdaten** im Feld **Bestandsmengeneinheit** definiert wurde.

Durch Doppelklick auf die Zeilennummer links von der Artikelnummer öffnen Sie das Fenster **Zeilendetails – Rahmenvertrag**. Hier können Sie Details zu den einzelnen Abrufen, mit denen der Rahmenvertrag erfüllt werden soll, eingeben (siehe Abbildung 11.3).

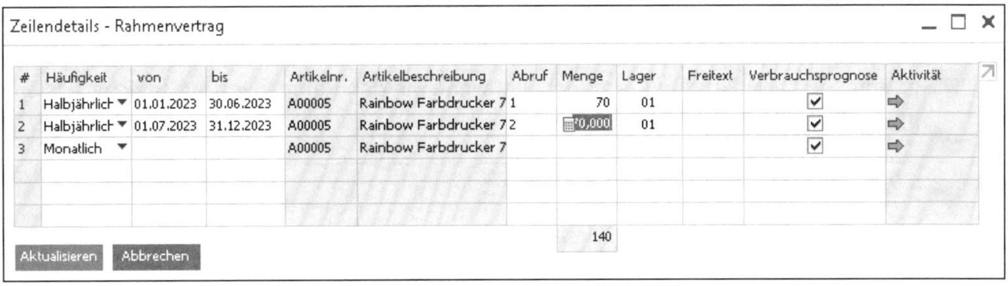

Abbildung 11.3: Rahmenvertrag anlegen – Zeilendetails verwalten

Hier finden Sie folgende Felder:

- **Feld »Häufigkeit«**
  Geben Sie hier ein, in welchem Zyklus der Rahmenvertrag erfüllt werden soll.
- **Felder »von« und »bis«**
  Geben Sie hier einen Datumsbereich ein, in dem die Erfüllung des Rahmenvertrags erfolgen soll. Es findet keine Plausibilitätsprüfung statt. So kann die Häufigkeit **Halbjährlich** z. B. zwischen dem 01.01. und dem 31.07. stattfinden.
- **Feld »Artikelnr.«**
  Die Artikelnummer wird automatisch aus den Rahmenvertragsdetails übernommen und kann nicht editiert werden.
- **Feld »Artikelbeschreibung«**
  Die entsprechende Artikelbezeichnung wird übernommen und kann nicht editiert werden.
- **Feld »Abruf«**
  Geben Sie hier einen beliebigen Text ein, der den Abruf näher beschreibt.
- **Feld »Menge«**
  Geben Sie hier die Menge des Abrufs ein. Sie darf maximal die Menge umfassen, die in der Registerkarte **Details** des Rahmenvertrags beschrieben wurde.
- **Feld »Lager«**
  Geben Sie hier das Lager ein, von dem geliefert werden soll.
- **Feld »Freitext«**
  Geben Sie hier bei Bedarf weiteren Text ein.
- **Checkbox »Verbrauchsprognose«**
  Ist diese Checkbox aktiviert, wird die Menge in der *Prognose* der *Materialbedarfsplanung* von der Prognosemenge subtrahiert, da Rahmenverträge in die Materialbedarfsplanung einfließen können (siehe Kapitel 9, »Materialbedarfsplanung«).
- **Link »Aktivität«**
  Klicken Sie auf den gelben Pfeil, um eine Aktivität zu erstellen und diese mit dem entsprechenden Zeilendetail zu verknüpfen.

Die Eingabe der Zeilendetails ist optional. Sie müssen diese nicht eingeben, wenn Sie keine detaillierten Lieferzeiträume vereinbaren wollen. In diesem Fall wird das Programm Sie darauf aufmerksam machen, wenn Sie den Rahmenvertrag speichern (siehe Abbildung 11.4).

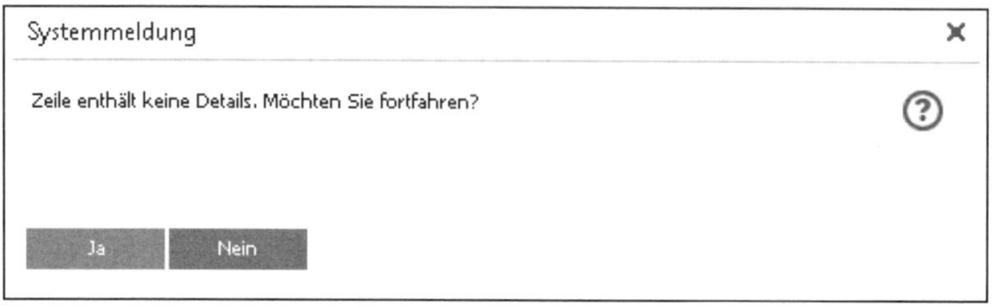

Abbildung 11.4: Warnung für Rahmenverträge ohne Zeilendetails

Es ist auch möglich, in der Registerkarte **Details** nur für einige Artikel Zeilendetails zu erfassen und für andere nicht. In diesem Fall erscheint die Meldung bei jeder Artikelzeile ohne Details.

Verfügbarkeit der Option »Zeilendetails«

Laut SAP-Dokumentation stehen die Zeilendetails nur für Rahmenverträge des Typs **Spezifisch** zur Verfügung. Das ist zumindest in der Version 10.0 FP 2208 nicht der Fall, in dieser können die Zeilendetails auch für Rahmenverträge vom Typ **Allgemein** eingegeben werden.

Die Zeilendetails können zwar Abrufdetails von Rahmenverträgen beschreiben und werden in der Materialbedarfsplanung auch berücksichtigt, verfügen aber insgesamt über wenige Funktionen. Es empfiehlt sich daher in der Regel, stattdessen mit wiederkehrenden Belegen zu arbeiten, die ebenfalls mit Rahmenverträgen verbunden werden können und den Vorteil haben, gleich entsprechende Belege zu erzeugen. Handelt es sich dabei um Kundenaufträge oder Lieferantenbestellungen, werden diese ebenfalls in der Materialbedarfsplanung berücksichtigt.

11.1.3 Registerkarte »Belege«

Auf der Registerkarte **Belege** finden Sie eine Historie über alle Einkaufs- und Verkaufsbelege, die es zu diesem Rahmenvertrag gibt. Diese Übersicht ist erst relevant, wenn die ersten Lieferungen erfolgen und somit der Rahmenvertrag erfüllt wird. Aus diesem Grund erläutern diese Registerkarte in Abschnitt 11.2, »Rahmenvertrag erfüllen«, anhand eines Beispiels.

11.1.4 Registerkarte »Anhänge«

Auf der Registerkarte **Anhänge** haben Sie darüber hinaus die Möglichkeit, Dateianhänge zu diesem Rahmenvertrag zu hinterlegen (siehe Abbildung 11.5).

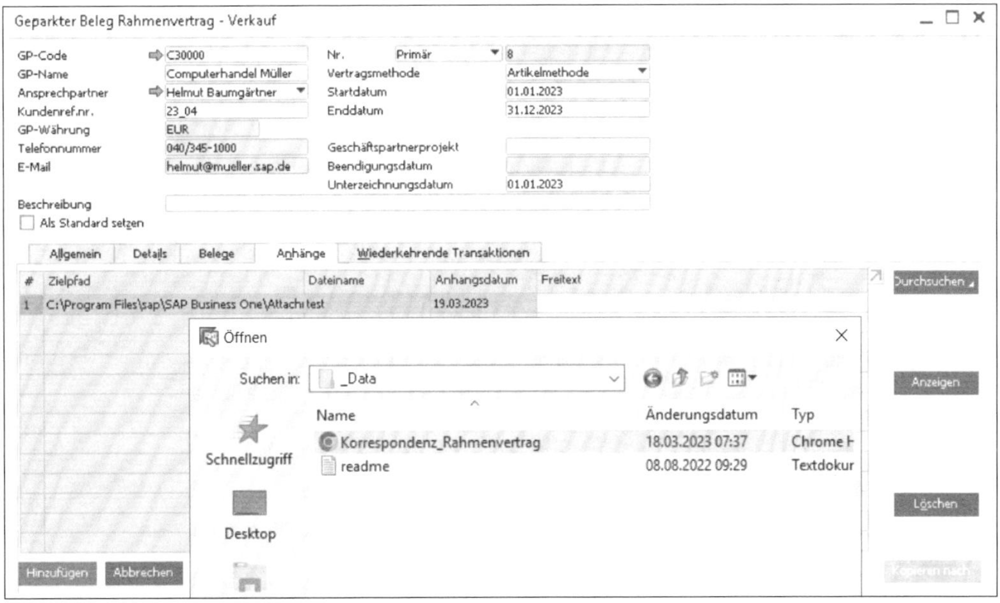

Abbildung 11.5: Rahmenvertrag anlegen – Registerkarte »Anhänge«

Klicken Sie dazu auf den Button **Durchsuchen**, wählen Sie den obersten Eintrag, der ebenfalls **Durchsuchen** heißt, und wählen Sie im sich öffnenden Dialogfenster ein Dokument aus den Ihnen zur Verfügung stehenden Ordnern. Bestätigen Sie Ihre Auswahl mit dem Button **Öffnen**.

11.1.5 Registerkarte »Wiederkehrende Transaktionen«

Rahmenverträge und wiederkehrende Transaktionen (siehe Abschnitt 6.2.11, »Wiederkehrende Transaktionen«) ergänzen sich inhaltlich sehr gut. Wenn Sie mit Ihrem Geschäftspartner wiederkehrende Transaktionen vereinbart haben, liegt oft ein Rahmenvertrag zugrunde. Daher können Sie dem Rahmenvertrag auf der Registerkarte **Wiederkehrende Transaktionen** z. B. Einkaufs- oder Verkaufsbelege hinzuzufügen (siehe Abbildung 11.6).

Dazu wählen Sie im linken Bereich, **Wiederholungsvorlagen**, eine oder mehrere Vorlagen für wiederkehrende Transaktionen aus. Klicken Sie in der Spalte **Vorlage** auf den Button (**Auswahlliste**), und wählen Sie die gewünschte wiederkehrende Transaktion für diesen Geschäftspartner aus.

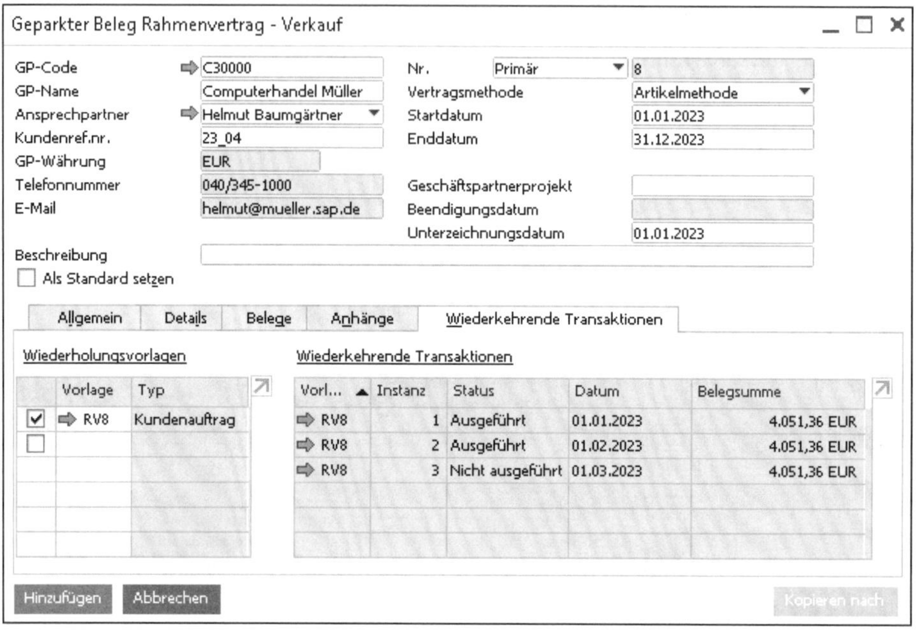

Abbildung 11.6: Rahmenvertrag – Registerkarte »Wiederkehrende Transaktionen«

Aktivieren Sie die Checkbox ganz links in der Spalte der entsprechenden Vorlage, werden im rechten Bereich, **Wiederkehrende Transaktionen**, alle bisher fälligen Belege angezeigt – egal, ob sie bereits ausgeführt wurden oder nicht. Abbildung 11.6 zeigt, dass zwei von drei wiederkehrenden Transaktionen ausgeführt wurden.

[»]

Rahmenvertrag im wiederkehrenden Beleg hinterlegen

Damit ein wiederkehrender Beleg mit einem Rahmenvertrag verknüpft ist, reicht es nicht, die Vorlage, wie in Abbildung 11.6 zu sehen, zu hinterlegen. Sie müssen den Rahmenvertrag auch in der Vorlage im Belegmittelteil im Feld **Rahmenvertrag Nr.** hinterlegen.

Nachdem Sie alle notwendigen Daten auf den Registerkarten eingegeben haben, klicken Sie abschließend auf den Button **Hinzufügen**.

Um einen bestehenden Rahmenvertrag zu ändern, rufen Sie ihn im **Suchen**-Modus auf. Nehmen Sie die gewünschte Änderung vor, und klicken Sie auf den Button **Aktualisieren**, um die Änderung zu bestätigen.

Damit der Rahmenvertrag wirksam wird, müssen Sie seinen Status von **Entwurf** in **Genehmigt** ändern. Theoretisch kann das auch der Benutzer tun, der den Rahmenvertrag erstellt hat. Rahmenverträge enthalten aber unter Umständen sensible Daten wie Rabattvereinbarungen und können auch Auswirkungen auf das Bestellvolumen haben. Daher können Rahmenverträge auch in das Genehmigungsverfahren eingebunden werden (siehe Abschnitt 18.2, »Genehmigungsprozess«). Darüber hinaus ist das Ändern des Status ein eigenes Berechtigungsobjekt. Damit kann für die Änderung des Status ein Vier-Augen-Prinzip realisiert werden.

Sobald Sie einen gültigen Rahmenvertrag haben, kann er mit Belegen »abgearbeitet« werden. Im Fenster **Rahmenvertrag** haben Sie die Möglichkeit, schnell einen gewünschten Beleg anzulegen. Dazu klicken Sie im rechten unteren Bereich auf den Button **Kopieren nach** (siehe z. B. Abbildung 11.1) und wählen die gewünschte Belegart aus der Dropdown-Liste. SAP Business One öffnet einen Beleg entsprechend der ausgewählten Belegart im **Hinzufügen**-Modus und belegt die wichtigsten Daten wie Geschäftspartner, Artikel, Rahmenvertrag und Zahlungsbedingung bereits vor. Ändern Sie den Beleg wie gewünscht, und klicken Sie auf den Button **Hinzufügen**, um diesen Beleg anzulegen.

Um einen bestehenden Rahmenvertrag zu duplizieren, klicken Sie mit der rechten Maustaste auf den vorhandenen Rahmenvertrag und wählen den Eintrag **Duplizieren**. Nehmen Sie die gewünschten Änderungen vor, und bestätigen Sie sie mit dem Button Hinzufügen. Auf diese Weise können Sie sehr einfach und schnell ähnlich gestaltete Rahmenverträge anlegen, ohne sie von Grund auf neu eingeben zu müssen.

Als Alternative zur eben beschriebenen Artikelmethode steht Ihnen die Geldmethode zur Verfügung. In der Praxis ist die Vertragsmethode **Geldmethode** eher selten anzutreffen. Mit dieser Methode können Sie einen Umsatzbetrag mit dem Kunden vereinbaren, den dieser in einer definierten Zeitspanne erzielen muss (siehe Abbildung 11.7).

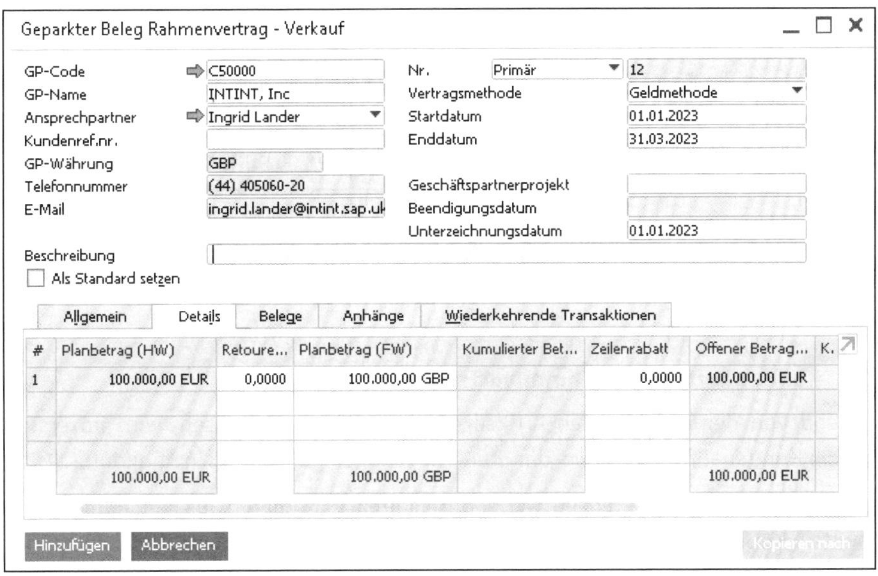

Abbildung 11.7: Rahmenvertrag – Vertragsmethode »Geldmethode«

Darüber hinaus ist der Detailbereich entsprechend reduziert. Statt der Artikeldetails existiert nur ein wesentliches Feld:

- **Feld »Planbetrag (HW)«**
  Geben Sie hier den Betrag ein, der zwischen Startdatum und Enddatum des Rahmenvertrags umgesetzt werden muss. Welche Artikel dabei gekauft werden, ist irrelevant.

Der in Abbildung 11.7 verwendete Kunde wird in Fremdwährung geführt. Das erkennen Sie daran, dass das Feld **GP-Währung** den Wert »GBP« zeigt. Dementsprechend hat das Programm in den Details das Feld **Planbetrag (FW)** angeboten. Geben Sie dort den vereinbarten Fremdwährungsbetrag ein, er wird automatisch zum Tageskurs in den Planbetrag (HW) umgerechnet.

11.2 Rahmenvertrag erfüllen

Ein Rahmenvertrag wird im Wesentlichen dadurch erfüllt, dass alle relevanten Einkaufs- und Verkaufsbelege in Zusammenhang mit einem Rahmenvertrag gesetzt werden. Dies illustrieren wir anhand des folgenden Beispiels.

Mit einem Kunden wurde ein Rahmenvertrag über einen Lieferplan von drei Artikeln aus dem Sortiment abgeschlossen. Im Folgenden erfahren Sie, wie Sie die wesentlichen drei Schritte in Bezug auf die Erfüllung des Rahmenvertrags abwickeln – die Anlage von Kundenauftrag, Ausgangsrechnung und Gutschrift zum Rahmenvertrag. Alle gezeigten Schritte funktionieren einkaufsseitig auf die gleiche Weise. Die Ausgangsdaten finden Sie in Abbildung 11.8 und in Tabelle 11.1.

Artikel	Planmenge	Preis
J.B. Multifunktionsdrucker 1420	100	108,90 EUR
Rainbow Farbdrucker 7.5	140	126,00 EUR
Monitor 24"	80	72,00 EUR

Tabelle 11.1: Beispiel eines Rahmenvertrags – Artikeldetails

11.2.1 Kundenauftrag zu Rahmenvertrag anlegen

Ausgehend von den vereinbarten Artikeln, Planmengen und Preisen, wird im ersten Schritt ein Kundenauftrag mit zwei der drei Artikel angelegt (siehe ❶ in Abbildung 11.8).

Dazu gibt es zwei Möglichkeiten: entweder durch direktes Kopieren aus dem Rahmenvertrag mittels **Kopieren nach** oder durch das Öffnen eines neuen Belegs und Auswahl des Rahmenvertrags im Belegmittelteil in der Spalte **Rahmenvertrag Nr.**

In den Belegzeilen des Kundenauftrags ist die Spalte **Rahmenvertrag Nr.** entscheidend, denn hier erfolgt die Verknüpfung des Artikels mit dem Rahmenvertrag. Diese Verknüpfung wird entlang der Belegkette bis zur Ausgangsrechnung und Ausgangsgutschrift weitergegeben.

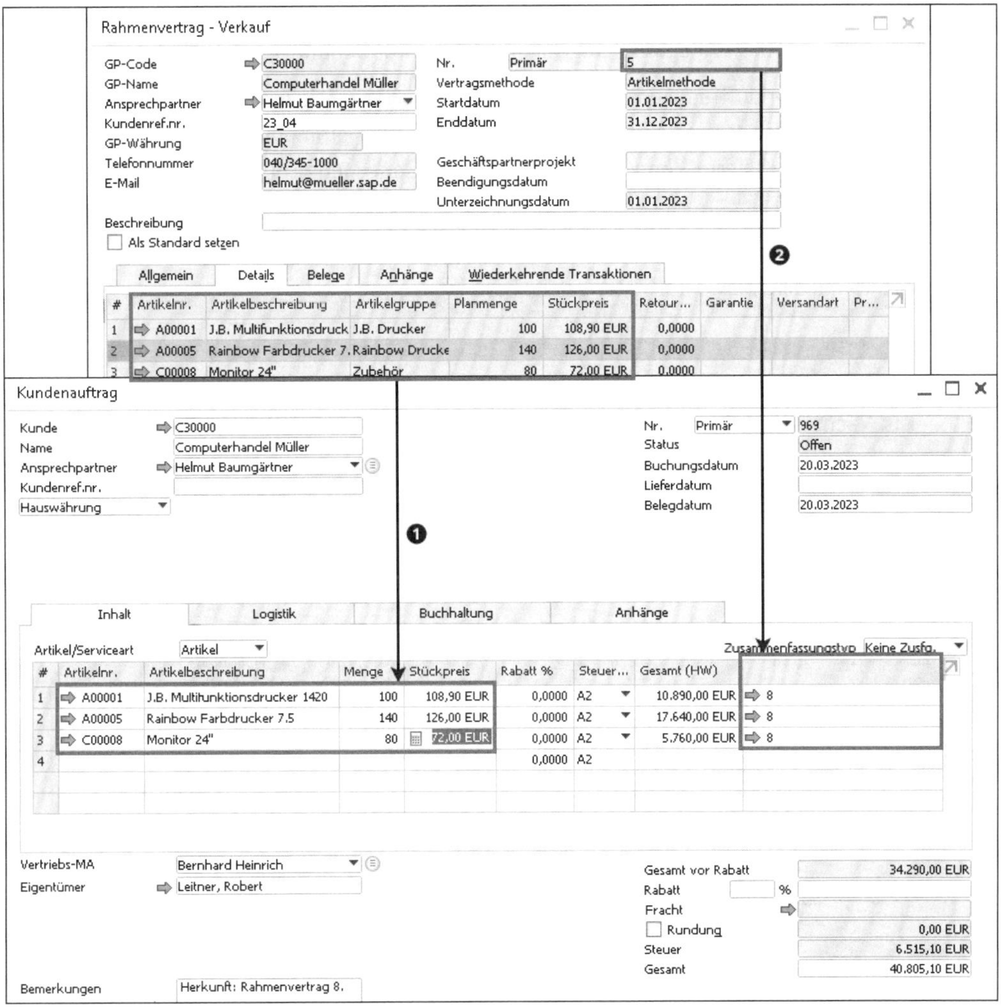

Abbildung 11.8: Kundenauftrag zu Rahmenvertrag

Nachdem der Kunde und die Artikel ausgewählt wurden, erscheint in unserem Beispiel die Nummer des Rahmenvertrags automatisch, da für den ausgewählten Kunden und die ausgewählten Artikel nur ein einziger Rahmenvertrag (siehe ❷ in Abbildung 11.8) existiert.

Die im Kundenauftrag vorgeschlagenen Preise stammen aus dem Rahmenvertrag, wie anhand von Abbildung 11.8 gut erkennbar ist. Die Preise werden aus dem Rahmenvertrag vorgeschlagen, da hier der Vertragstyp **Spezifisch** gewählt wurde (siehe auch Abbildung 11.1 in Abschnitt 11.1, »Rahmenvertrag anlegen«). Darüber hinaus sind die Preise blau dargestellt, was aus der allgemeinen Preissystematik auf einen Sonderpreis – eben den Preis aus dem Rahmenvertrag – hinweist.

Die Auswirkungen des Kundenauftrags auf den Rahmenvertrag sind auf der Registerkarte **Belege** ersichtlich. Alle drei Belegzeilen aus dem Kundenauftrag sind hier verzeichnet.

Da der Kundenauftrag nicht lagerwirksam ist, hat dieser folglich keine Auswirkung auf die Spalten **Offene Menge** bzw. **Kumulierte Menge** des Rahmenvertrags auf der Registerkarte. Die kumulierte Menge ist gleich null, die offene Menge entspricht der **Planmenge**.

Im Gegensatz zum Kundenauftrag haben alle lagerwirksamen Belege, wie Lieferung, Ausgangsrechnung, Retoure oder auch Ausgangsgutschrift, sehr wohl eine Auswirkung auf die kumulierte bzw. offene Menge des Rahmenvertrags.

11.2.2 Ausgangsrechnung zu Rahmenvertrag anlegen

Als Nächstes wird in unserem Beispiel der Kundenauftrag in einer Ausgangsrechnung weiterverarbeitet. Im Rahmenvertrag auf der Registerkarte **Details** wird die gelieferte bzw. verrechnete Menge daraufhin in der Spalte **Kumulierte Menge** angezeigt (siehe Abbildung 11.9).

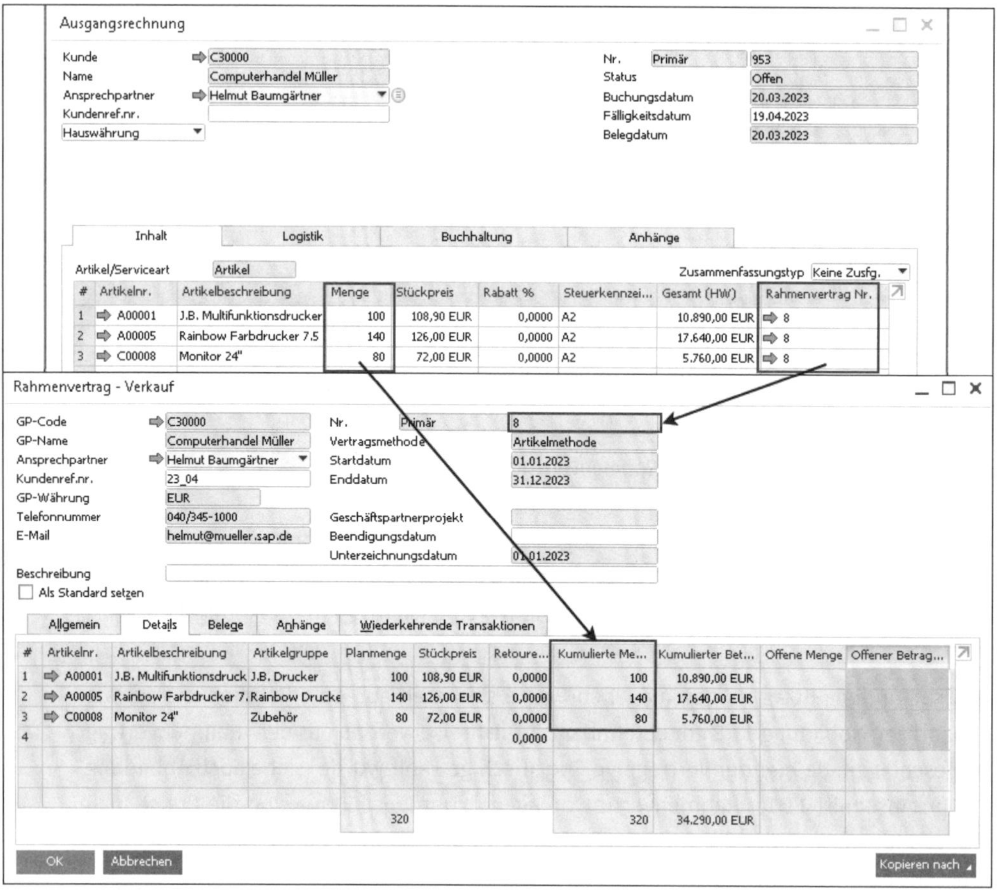

Abbildung 11.9: Rahmenvertrag nach Hinzufügen einer Ausgangsrechnung

Darüber hinaus reduziert sich die offene Menge und damit der offene Betrag um den entsprechenden Wert (im angeführten Beispiel ist der offene Betrag null und bleibt daher leer). Damit haben Sie die Möglichkeit, den Erfüllungsgrad für jeden einzelnen Rahmenvertrag exakt nachzuverfolgen.

11.2.3 Gutschrift zu Rahmenvertrag anlegen

Da es bei der Abwicklung eines Rahmenvertrags jederzeit zu mangelhaften Lieferungen kommen kann, haben Sie auch die Möglichkeit, eine Retoure oder Gutschrift zu einem Rahmenvertrag anzulegen.

Dies kann sowohl eine Gutschrift aufgrund einer Warenrücksendung als auch eine Wertgutschrift sein, die keine Lagerbewegung verursacht, aber z. B. ein Guthaben für den Vertragspartner abbildet.

Erstellen Sie eine entsprechende Eingangs- bzw. Ausgangsgutschrift, und wählen Sie den entsprechenden Rahmenvertrag in der Spalte **Rahmenvertrag Nr.** aus. Sobald die Gutschrift hinzugefügt wird, erscheint sie im Fenster **Rahmenvertrag** auf der Registerkarte **Belege**.

Die Werte von **Offene Menge**, **Offener Betrag**, **Kumulierte Menge** und **Kumulierter Betrag** werden durch Gutschriften oder Retouren entsprechend angepasst. Das Feld **Retourenanteil %** wird nicht verändert, da es sich dabei um ein reines Informationsfeld handelt.

[«]

Überfüllung von Rahmenverträgen

Solange Sie den Rahmenvertrag nicht beenden, indem Sie den entsprechenden Status setzen oder ein Beendigungsdatum eingeben, können Sie weitere Ausgangsrechnungen zu den vereinbarten Bedingungen ausstellen. Eine Warnung durch das Programm erfolgt nicht, der Rahmenvertrag kann jederzeit übererfüllt werden.

11.3 Bericht zu einem Rahmenvertrag

Als Bericht zu einem Rahmenvertrag finden Sie die Rahmenvertragsliste im Menüpunkt **Verkauf • Umsatzberichte • Rahmenvertrag-Erfüllungsbericht** (Abbildung 11.10). Der Bericht lässt sich nach diversen Auswahlkriterien, wie etwa Vertragstyp, Vertragsstatus, Datum oder Erfüllungsstatus, eingrenzen.

Die Rahmenvertragsliste gibt Ihnen einen Überblick über alle Rahmenverträge mit den zugehörigen Artikeln und dem Erfüllungsstatus zu jedem einzelnen Artikel. Wie Sie in Abbildung 11.10 erkennen, wird im Feld **Offener Betrag** auch die noch offene Summe angezeigt. Bei entsprechender Periodenauswahl kann das ein guter Input für eine Cashflow-Planung sein.

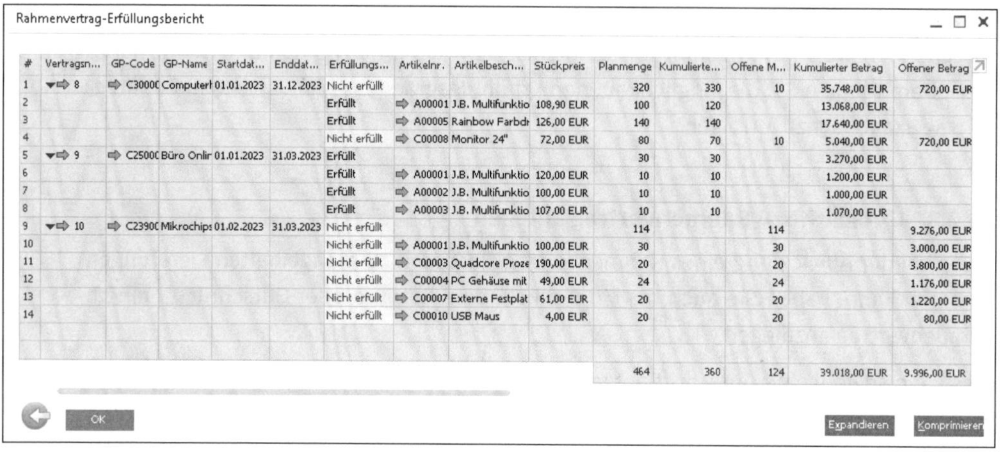

#	Vertragsn...	GP-Code	GP-Name	Startdat...	Enddat...	Erfüllungs...	Artikelnr.	Artikelbesch...	Stückpreis	Planmenge	Kumulierte...	Offene M...	Kumulierter Betrag	Offener Betrag
1	8	C3000C	Computerl	01.01.2023	31.12.2023	Nicht erfüllt				320	330	10	35.748,00 EUR	720,00 EUR
2						Erfüllt	A00001	J.B. Multifunktio	108,90 EUR	100	120		13.068,00 EUR	
3						Erfüllt	A00005	Rainbow Farbdr	126,00 EUR	140	140		17.640,00 EUR	
4						Nicht erfüllt	C00008	Monitor 24"	72,00 EUR	80	70	10	5.040,00 EUR	720,00 EUR
5	9	C2500C	Büro Onlir	01.01.2023	31.03.2023	Erfüllt				30	30		3.270,00 EUR	
6						Erfüllt	A00001	J.B. Multifunktio	120,00 EUR	10	10		1.200,00 EUR	
7						Erfüllt	A00002	J.B. Multifunktio	100,00 EUR	10	10		1.000,00 EUR	
8						Erfüllt	A00003	J.B. Multifunktio	107,00 EUR	10	10		1.070,00 EUR	
9	10	C2390C	Mikrochips	01.02.2023	31.03.2023	Nicht erfüllt				114		114		9.276,00 EUR
10						Nicht erfüllt	A00001	J.B. Multifunktio	100,00 EUR	30		30		3.000,00 EUR
11						Nicht erfüllt	C00003	Quadcore Proze	190,00 EUR	20		20		3.800,00 EUR
12						Nicht erfüllt	C00004	PC Gehäuse mit	49,00 EUR	24		24		1.176,00 EUR
13						Nicht erfüllt	C00007	Externe Festplat	61,00 EUR	20		20		1.220,00 EUR
14						Nicht erfüllt	C00010	USB Maus	4,00 EUR	20		20		80,00 EUR
										464	360	124	39.018,00 EUR	9.996,00 EUR

Abbildung 11.10: Rahmenvertragsliste

11.4 Wichtige Einstellungen für Rahmenverträge

Wie schon bei den jeweiligen Funktionen beschrieben, wird das Verhalten des Rahmenvertrags von einer Reihe von Einstellungen beeinflusst. Im Folgenden finden Sie eine Zusammenfassung der wichtigsten dieser Einstellungen.

Im Bereich **Administration • Systeminitialisierung • Allgemeine Einstellungen** sehen Sie in der Registerkarte **GP** die Checkbox **Mehrere Rahmenverträge für die gleiche Periode zulassen** (siehe Abbildung 11.11).

Ist diese Checkbox aktiviert, bedeutet das, dass mehrere Rahmenverträge eines Kunden über denselben Artikel in derselben Periode zulässig sind. Ist die Checkbox nicht gesetzt, können Sie immer noch mehrere Rahmenverträge in der gleichen Periode, aber nur über unterschiedliche Artikel erstellen.

[+]

Gleiche Rahmenverträge vermeiden

In der Praxis lässt sich kaum ein Argument dafür finden, in der gleichen Periode mehrere Rahmenverträge über gleiche Artikel zu verwalten. Es wird daher in der Regel sinnvoll sein, diese Checkbox nicht zu aktivieren.

Im gleichen Bild finden Sie die Checkbox **Aktualisierung von Stückpreisen/Planmengen/Planbetrag in Rahmenverträgen mit verknüpften Belegen aktivieren**. Aktivieren Sie sie, wenn Sie Rahmenverträge in Bezug auf Preise und Mengen ändern wollen, während diese bereits mit Aufträgen, Lieferscheinen oder Rechnungen verbunden wurden, die Vertragserfüllung also schon im Gange ist. Voraussetzung für die Änderung ist, dass Sie den Status des Rahmenvertrags in **Zurückgestellt** ändern. Nach erfolgtem Update der gewünschten Werte muss der Status wieder in **Genehmigt** geändert werden.

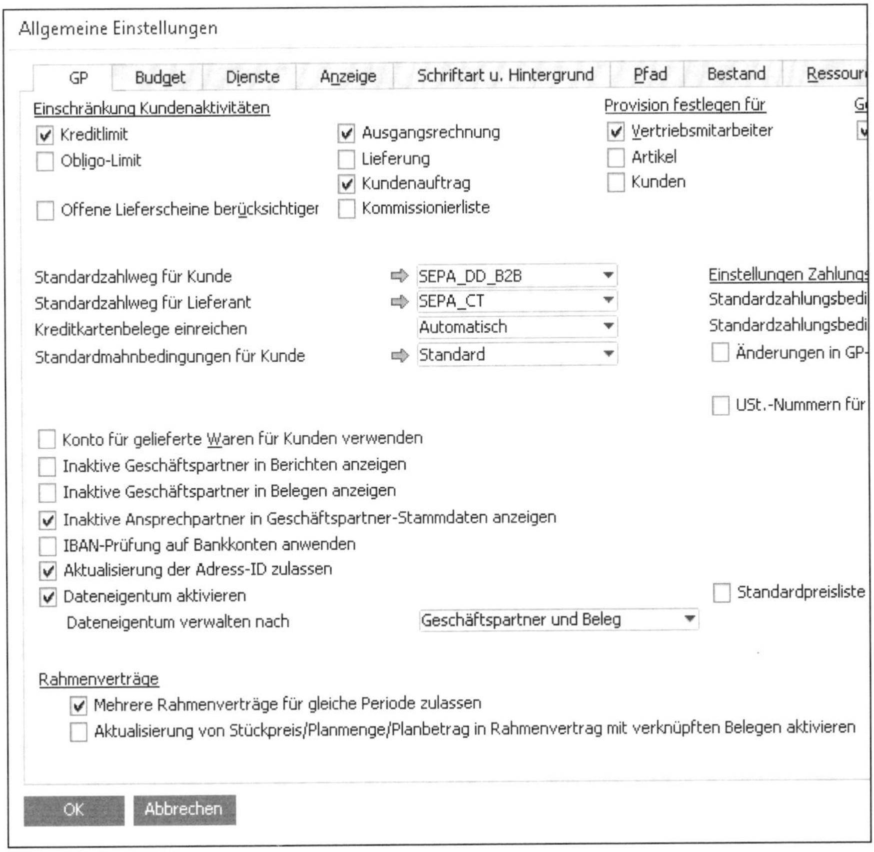

Abbildung 11.11: Allgemeine Einstellungen des Rahmenvertrags

Im Bereich **Administration • Systeminitialisierung • Belegeinstellungen** in der Registerkarte **Allgemein** finden Sie die Checkbox **Rahmenvertrag automatisch Ausgangsbeleg zuordnen**. Mit dem Anklicken dieser Checkbox bewirken Sie, dass ein Rahmenvertrag, der kein Standardrahmenvertrag ist, trotzdem automatisch mit dem Ausgangsbeleg verbunden wird, ohne dass er aus dem Rahmenvertrag heraus mit der Funktion **Kopieren nach** erzeugt wurde. Das funktioniert nur dann, wenn es für eine Periode und einen Artikel nur einen Rahmenvertrag gibt. Existieren zwei Rahmenverträge parallel und ist keiner davon ein Standardrahmenvertrag, kann eine automatische Zuordnung nicht erfolgen.

Kapitel 12
Finanzwesen

Das Finanzwesen umfasst die Aufzeichnungen, die Sie laut Gesetz anfertigen müssen. In SAP Business One erzeugt eine Reihe von Transaktionen einen Großteil der üblichen Buchungen bereits automatisiert und bucht sie in das Hauptbuch. Eine Übersicht über die automatischen und die restlichen manuellen Buchungen finden Sie in diesem Kapitel.

In diesem Kapitel beschäftigen wir uns mit dem gesamten Bereich Finanzwesen. Die Grundlage für die Buchhaltung bildet das einzelne Konto oder der Kontenplan (Abschnitt 12.1). Darauf aufbauend, wird in Abschnitt 12.3 die Journalbuchung behandelt. Diese wird automatisch aus anderen Modulen in SAP Business One oder manuell direkt im Modul **Finanzwesen** erstellt. Grundlage für diese automatisierten Buchungen ist eine gut eingestellte Kontenfindung, diese beschreiben wir in den Abschnitten 12.2.1, »Sachkontenfindung«, und 12.2.2, »Erweiterte Sachkontenfindung«.

In den darauffolgenden Abschnitten behandeln wir einige effiziente Hilfsmittel im Finanzwesen wie etwa vorerfasste Belege (Abschnitt 12.4, »Buchungsvorerfassung«), Kontierungsmuster (Abschnitt 12.5) und Dauerbuchungen (Abschnitt 12.6). Anschließend machen wir einen Exkurs zu den Fremdwährungen (Abschnitt 12.7) und zur *Kostenrechnung* und deren Anknüpfung an die Buchhaltung in Abschnitt 12.8. Das Kapitel schließt in Abschnitt 12.9 mit den wichtigsten Finanzberichten, die in SAP Business One verfügbar sind.

Die *Budgetierung*, die in der Regel oft mit externen Hilfsmitteln umgesetzt wird, sowie die *Anlagenbuchhaltung*, die aufgrund des hohen notwendigen Spezialwissens häufig an einen Steuerberater übergeben wird, werden in diesem Kapitel nicht thematisiert.

12.1 Kontenplan

Wenn Sie ein Unternehmen in SAP Business One anlegen, können Sie wählen, ob ein vordefinierter Kontenplan verwendet werden soll oder ob Sie Ihren eigenen Kontenplan erstellen möchten. Die vordefinierten Kontenpläne entsprechen den Rechnungslegungsvorschriften des jeweiligen Landes und sind nach dem Muster eines Gemeinschaftskontenrahmens bzw. Einheitskontenrahmens erstellt.

Für die Bearbeitung des Kontenplans und die Erstellung neuer Konten stehen Ihnen im Modul **Finanzwesen** zwei Fenster zur Verfügung: auf der einen Seite das Fenster **Kontenplan** und auf der anderen Seite das Fenster **Kontenplan bearbeiten**. Ersteres eignet sich gut, um bestehende Konten zu verwalten oder vereinzelt neue Konten anzulegen, und enthält alle Daten und Einstellungen zum einzelnen Konto. Letzteres eignet sich sehr gut, um einen bestehenden Kontenplan umzuorganisieren und neue Konten durch das Kopieren bereits vorhandener gleichartiger Konten anzulegen. Sie können in diesem Programmpunkt die Eigenschaften und Einstellungen des Kontos nicht bearbeiten oder hinzufügen und sehen auch keinen Saldo des Kontos.

[+]

Vordefinierten Kontenplan verwenden

Falls Sie in Ihrem Unternehmen nicht bereits über einen stark vom Gemeinschaftskontenrahmen bzw. Einheitskontenrahmen abweichenden Kontenplan verfügen und keine ausgeprägten Kenntnisse des Rechnungswesens besitzen, empfiehlt es sich, einen vordefinierten Kontenplan zu verwenden. Diesen vordefinierten Kontenplan können Sie sehr einfach und schnell anpassen und die individuellen Konten Ihres Kontenplans hinzufügen. Diese Variante ist in der Regel wesentlich zeitsparender, als einen komplett neuen Kontenplan anzulegen. Ein weiterer Pluspunkt des vordefinierten Kontenplans ist die voreingestellte Sachkontenfindung. Die Verwendung eines neuen Kontenplans würde auch die grundlegende Definition der Sachkontenfindung erfordern.

Der Kontenplan in SAP Business One ist, bildlich gesprochen, wie ein Aktenschrank organisiert. Die einzelnen Schubladen des Aktenschranks sind thematisch vereinheitlicht und entsprechen ungefähr den Kontenklassen im Standardkontenrahmen bzw. im Einheitskontenrahmen. Der Kontenrahmen aus den folgenden Abbildungen entspricht dem deutschen Kontenrahmen SKR03. Das Fenster **Kontenplan** im Modul **Finanzwesen** zeigt diesen Aktenschrank auf der rechten Seite (siehe Abbildung 12.1). Auch wenn das auf den ersten Blick nicht so scheint, verhält sich auch der Kontenplan wie alle anderen Stammdaten. Das heißt, er wird zunächst im Suchmodus geöffnet. Sie können dort nach einer Kontonummer oder einem Kontonamen suchen. Alternativ können Sie aber auch eine der Schubladen öffnen und innerhalb der Schubladen durch die Konten blättern, indem Sie mit der Maus durch die Konten scrollen. Wenn Sie auf ein Konto klicken, dann ändert das Programm den Suchmodus in den Eingabemodus.

Abbildung 12.1 zeigt das Konto **4930 – Bürobedarf (Berlin)**, das in der Schublade **Aufwand** liegt. Das erkennen Sie daran, dass diese Schublade herausgezogen ist. In dieser Schublade befinden sich Aufwendungen wie Materialaufwand, Personalaufwand, Abschreibungen und sonstige betriebliche Aufwendungen. Klicken Sie auf die Schublade im rechten Teil des Fensters, um die darin enthaltenen Konten anzuzeigen. Sie haben die Möglichkeit, die Schubladen umzubenennen. Das stellt eine wichtige Funktion dar, da die Bezeichnungen der Schubladen als oberste Gliederungsebene in Bilanz und GuV angedruckt werden und daher den jeweiligen gesetzlichen Formvorschriften entsprechen müssen. Klicken Sie in diesem Fall auf die Schublade, und markieren Sie jeweils den obersten Eintrag in dieser Liste. Die Schublade wird daraufhin wie jedes Konto im linken

Teil des Fensters angezeigt, und Sie können nun das Feld **Bezeichnung** ändern und mit dem Button **Aktualisieren** bestätigen.

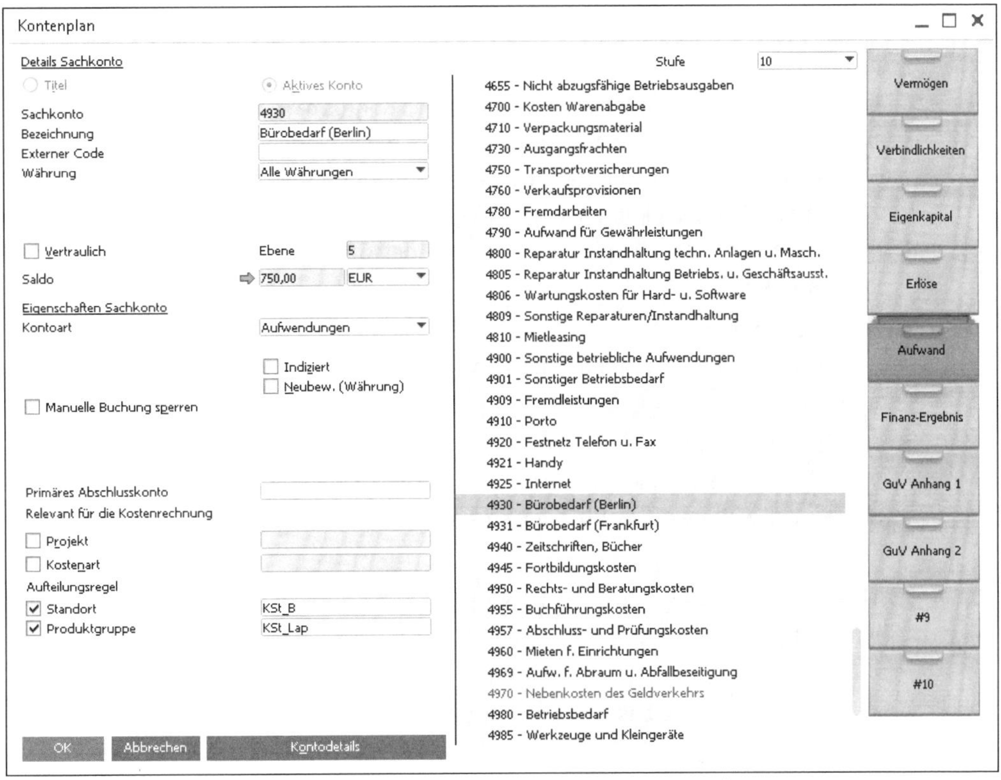

Abbildung 12.1: Kontenplan mit Aktenschrank auf der rechten Seite

Für das einzelne Konto werden die folgenden Informationen mitgeführt, und es müssen beim Anlegen eines Kontos in folgenden Feldern und Checkboxen Informationen eingegeben werden:

- **Checkbox-Gruppe »Details Sachkonto«**
  Jedes Konto ist entweder ein **Titel** oder ein **Aktives Konto**.

[zB]

Aktives Konto versus Titelkonto

Das Konto »4930« aus Abbildung 12.1 ist ein aktives Konto, das bebucht werden kann. Mit den Titeln wird die hierarchische Struktur des Kontenplans abgebildet. Sie können beliebig viele Titel untereinander aufführen, um eine baumartige Struktur abzubilden und damit den gesetzlich geforderten, formellen Gliederungsstrukturen in Ihrem jeweiligen Land zu entsprechen (Stufenverfahren).

Das Konto **4930 – Bürobedarf** hängt entsprechend in der Aktenschrankschublade **Aufwand**, außerdem unter den Titeln **5000000 – Aufwendungen, 500080 – Sonstige**

betriebliche Aufwendungen und **500085 – Andere betriebl. Aufwendungen** und befindet sich dementsprechend auf Ebene 5 der Gewinn-und-Verlust-Rechnung.

- **Feld »Sachkonto«**
  Dieses Feld zeigt die Kontonummer des aktiven Kontos bzw. des Titels. Es stehen bis zu 15 Zeichen zur Verfügung. Die Kontonummer muss eindeutig sein, das bedeutet, es darf keine zwei Konten mit der gleichen Kontonummer geben. Da Geschäftspartner ebenfalls als Personenkonten in der Buchhaltung agieren, dürfen die Kontonummern im Kontenplan nicht die gleichen sein wie der **GP-Code** in den **Geschäftspartner-Stammdaten**.
- **Feld »Bezeichnung«**
  Geben Sie hier die Bezeichnung des Kontos ein. Es stehen Ihnen maximal 100 Zeichen zur Verfügung.
- **Feld »Externer Code«**
  Dieses Feld steht für einen weiteren Code zur freien Verfügung. Damit können Sie den Konten ein weiteres Klassifizierungsmerkmal oder auch Gruppierungsmerkmal zuordnen.

[+]

Intercompany-Reporting

Müssen Sie Bilanz und GuV zu Reporting-Zwecken in einer alternativen Gliederung abliefern, könnten Sie das Feld **Externer Code** verwenden, um die Kontonummern »umzumappen«. Es empfiehlt sich dann eine zusätzliche Verwendung des Felds **Fremdsprachiger Name** aus den **Kontodetails**. Die beiden Felder sind deshalb gut geeignet, da sie in den Standardberichten **Bilanz** und **Gewinn- und Verlustrechnung** sowie in der **Summen- und Saldenliste** einfach über die Anwahl von Checkboxen angedruckt oder exportiert werden können.

Diese Lösung eignet sich nur für sehr einfache Adaptierungen. Sollten für das Reporting komplexe Umstrukturierungen notwendig sein oder Intercompany-Umsätze ausgegliedert werden müssen, sprechen Sie mit Ihrem Consultant über *Finanzberichtsvorlagen* oder über alternative Lösungswege für diese Anforderung.

- **Dropdown-Liste »Währung«**
  Dieses Feld zeigt die Kontenwährung an. Standardmäßig ist es auf **Alle Währungen** eingestellt, was bedeutet, dass Sie das Konto mit jeder Währung bebuchen können. Es empfiehlt sich, dies auch so zu belassen. Wählen Sie eine bestimmte Währung aus der Dropdown-Liste aus (z. B. **EUR**, **USD**, **CHF**), wenn dieses Konto nie mit einer anderen Währung bebucht werden soll. Ein Anwendungsfall wäre ein Fremdwährungsbankkonto. Damit stellen Sie sicher, dass das Konto nicht irrtümlich in einer falschen Währung bebucht wird.

- **Checkbox »Vertraulich«**
  Markieren Sie diese Checkbox, wenn der Inhalt dieses Kontos (der Saldo oder die Buchungen) als vertraulich eingestuft wird. In den **Berechtigungen** können die als vertraulich gekennzeichneten Konten für bestimmte Benutzer berechtigt werden.
- **Feld »Ebene«**
  Zeigt die Ebene in der Hierarchie, auf der sich das Konto befindet. Die Ebene kann im Fenster **Kontenplan bearbeiten** geändert werden. Ebene 1 steht nur für Titel zur Verfügung, die Ebenen 2 bis 10 können auch für aktive Konten genutzt werden. Wenn Sie im Fenster **Kontenplan** im **Hinzufügen**-Modus ein neues Konto anlegen, wird es auf die Ebene gesetzt, auf der Sie sich gerade befinden.
- **Feld »Saldo«**
  Dieses Feld zeigt den aktuellen Saldo des Kontos an. Klicken Sie auf den orangefarbenen Pfeil [⇨], um sich den Saldo im Fenster **Kontensaldo** im Detail anzusehen.
- **Dropdown-Liste »Kontoart«**
  Geben Sie hier die Kontoart des Kontos an. SAP Business One unterscheidet an dieser Stelle zwischen **Aufwendungen**, **Erträgen** und **Sonstige** (z. B. alle Bestandskonten). Diese Unterscheidung ist auch maßgeblich für die Budgetierung in SAP Business One, da nur Aufwände und Erträge budgetrelevant sein können.
- **Checkbox »Indiziert«**
  In SAP Business One haben Sie die Möglichkeit, in den Finanzberichten eine Neubewertung des Kontos vorzunehmen (z. B. Finanzbericht **Hauptbuch**). Diese Neubewertung kann nach der Fremdwährung oder einem Index erfolgen, wie z. B. dem Verbraucherpreisindex. Alle Konten, bei denen die Checkbox **Indiziert** markiert ist, werden bei dieser Neubewertung einbezogen. Falls Konten darunter hängen, werden sie ebenfalls in die Neubewertung einbezogen.
- **Checkbox »Neubew. (Währung)«**
  Markieren Sie diese Checkbox, um für dieses Konto einen automatischen Umrechnungsdifferenzbericht zu erzeugen. Haben Sie in den **Firmendetails** auch eine von der Hauswährung abweichende Systemwährung hinterlegt, kann der Saldo in Systemwährung an die Kontowährung mit einem automatischen Differenzausgleich angepasst werden.
- **Checkbox »Abstimmkonto« (nur für Kontoart »Sonstige«)**
  Markieren Sie diese Checkbox, wenn es sich um ein Abstimm- oder Sammelkonto handelt. Auf dem Abstimmkonto werden alle Buchungen vorgenommen, die z. B. auch auf den Personenkonten (Kunden- oder Lieferantenkonten) erfolgen. Dieses Feld ist nur bei der Kontoart **Sonstige** verfügbar, also bei allen Bilanzkonten. Beachten Sie, dass sich Abstimmkonten anders verhalten als »normale« Konten: Sie können in der Regel nicht manuell bebucht werden, da sie für Automatikbuchungen verwendet werden, die in der **Sachkontenfindung** eingestellt werden. Ein gutes Beispiel im ausgelieferten

Datenbestand ist das Konto »1400 – Forderungen aus Lief. und Leist.«, das das Sammelkonto für alle inländischen Kundenforderungen ist.

- **Checkbox »Geldkonto« (nur für Kontoart »Sonstige«)**
  Aktivieren Sie diese Checkbox, wenn es sich um ein Konto handelt, auf dem Zahlungsströme erfolgen, wie z. B. Bank oder Kasse. Die auf diese Weise markierten Konten finden Berücksichtigung im Cashflow-Bericht. Falls die Checkbox **Indiziert** markiert ist, wird diese deaktiviert und umgekehrt. Ein Geldkonto kann nicht gleichzeitig indiziert werden, das bedeutet, für dieses Konto ist keine Neubewertung möglich. Dieses Feld ist nur bei der Kontoart **Sonstige** verfügbar, also bei allen Bilanzkonten.
- **Feld »Primäres Abschlusskonto«**
  Tragen Sie hier ein Abschlusskonto ein, das bei Durchführung des *Periodenabschlusses* das Standard-Periodenabschlusskonto übersteuert. Dieses Feld ist nur bei den Kontoarten **Erträge** und **Aufwendungen** verfügbar, also bei allen Erfolgskonten.
- **Feld »Projekt«**
  In diesem Feld können Sie dem Konto ein Projekt zuordnen, dem alle Aufwendungen und Erträge zugewiesen werden. Das Projekt agiert ähnlich wie ein Kostenträger. Da SAP Business One mittlerweile zwei Arten von Projekten kennt, ist es wichtig zu erwähnen, dass hier das *Finanzprojekt* gemeint ist (und nicht das *Projektmanagement-Projekt*). Mehr Informationen zur Unterscheidung und zum Zusammenspiel der beiden Projektarten finden Sie in Kapitel 17, »Projektmanagement«.
- **Feld »Kostenart«**
  In diesem Feld können Sie ab Release 9.3 das Konto einer vorher definierten Kostenart zuordnen. Diese kann beim Buchen im Hauptbuch übersteuert werden. Ziel ist es, in Kostenrechnungsauswertungen mehrere gleichartige Konten zu einer Kostenart zusammenzufassen.
- **Bereich »Aufteilungsregel«**
  Sie haben die Möglichkeit, jedem Aufwands- oder Ertragskonto eine kostenrechnerische Aufteilungsregel zuzuordnen. Diese teilt den gebuchten Aufwand bzw. Ertrag festgelegten Kostenstellen in einem festgelegten Aufteilungsverhältnis zu. Diese Option wählen Sie, wenn Sie z. B. den Energieaufwand im Verhältnis zur Fläche den einzelnen Kostenstellen zuordnen möchten.

  Alternativ können Sie hier auch eine Kostenstelle eingeben, wenn die Kosten nicht verteilt, sondern direkt einer Kostenstelle zugeordnet werden sollen. In der Auswahlliste werden sowohl Aufteilungsregeln als auch Kostenstellen zur Auswahl angeboten.

  Die in Abbildung 12.1 dargestellten Elemente **Standort** und **Produktgruppen** sind sogenannte *Dimensionen*, die im Beispieldatenbestand angelegt sind. Es sind also keine regulären Feldnamen, sondern das Ergebnis einer Konfiguration. Sie können bis zu fünf Dimensionen zusätzlich definieren. Innerhalb einer Dimension befinden sich die zugehörigen Kostenstellen, oder Aufteilungsregeln die ihrerseits Kostenstellen enthalten. Kosten können also auf Projekten und/oder Kostenstellen unabhängig voneinander gesammelt werden. Mehr Details dazu finden Sie in Abschnitt 12.8, »Einbinden der Kostenrechnung«.

Klicken Sie auf den Button **Kontodetails**. Anschließend können Sie für das Konto noch zusätzliche Informationen eingeben (siehe Abbildung 12.2).

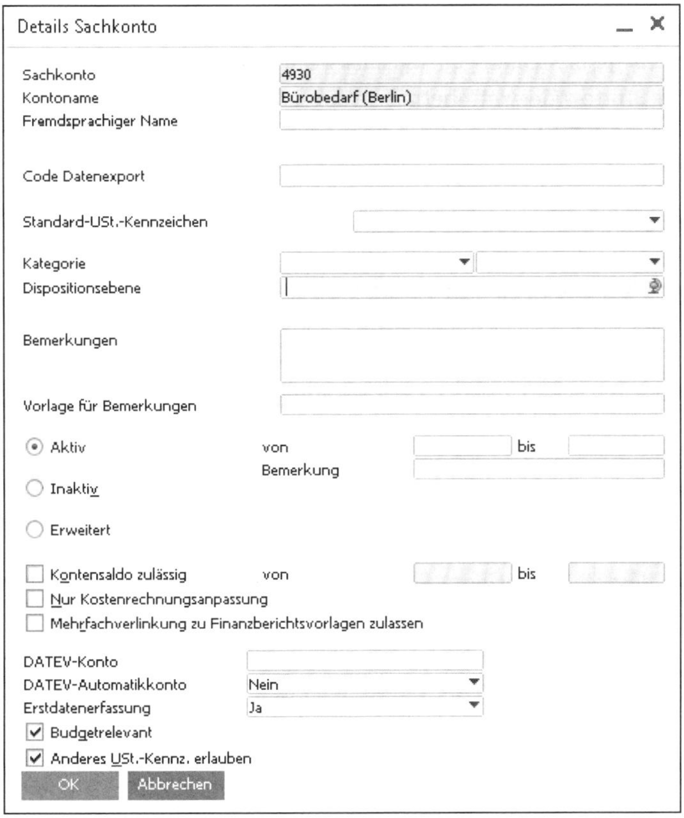

Abbildung 12.2: Kontodetails für Konto »4930 – Bürobedarf (Berlin)«

Bei diesen zusätzlichen Informationen handelt es sich um die folgenden Felder, Drop-down-Listen oder Checkboxen:

- **Feld »Fremdsprachiger Name«**
  Mit diesem Feld steht Ihnen eine weitere Möglichkeit zur Verfügung, eine Bezeichnung anzugeben. Falls Sie nur eine Übersetzung in eine weitere Sprache benötigen, ist dieses Feld geeignet. Falls Sie allerdings mehrere Sprachen benötigen, klicken Sie in den zu übersetzenden Feldern auf das Globus-Symbol und fügen in der sich öffnenden Tabelle die Übersetzungen ein. Der Andruck dieser Übersetzungen ist ein weiterführendes Thema für das Sie Ihren Betreuer zur Rate ziehen sollten. Der **Fremdsprachige Name** hingegen kann beim Drucken der meisten Ist-Berichte (**Finanzwesen • Finanzberichte • Ist-Berichte**) optional ausgewählt und gedruckt werden.

- **Feld »Code Datenexport«**
  Verwenden Sie dieses Feld, wenn Sie Buchhaltungsdaten aus SAP Business One in ein externes System exportieren möchten. In diesem Fall geben Sie in dieses Feld die fremde Kontonummer ein, damit die exportierten Daten zugeordnet werden können.
- **Dropdown-Liste »Standard-USt.-Kennzeichen«**
  Ordnen Sie dem Konto ein Umsatzsteuerkennzeichen zu. Anhand des zugeordneten Umsatzsteuerkennzeichens berechnet SAP Business One automatisch die Umsatzsteuer bei Eingabe des Brutto- oder Nettobetrags in die Journalbuchung und bucht sie mit dem gewählten Umsatzsteuerkennzeichen in einer separaten Zeile der Journalbuchung.
- **Dropdown-Liste »Kategorie«**
  Wählen Sie die Kategorien **Bilanz**, **Gewinn**, **Verlust**, **Summen- und Saldenliste** oder **Sonstige** aus der Dropdown-Liste aus. Anschließend wählen Sie aus der Dropdown-Liste rechts daneben die dazugehörige Unterkategorie aus oder klicken auf den Eintrag **Neu definieren**, um eine neue Unterkategorie anzulegen. In allen Lokalisierungen im deutschsprachigen Raum sind von SAP Business One keine Unterkategorien vordefiniert und müssen selbst angelegt werden. Die ausgelieferten Konten sind keinen Kategorien zugeordnet dementsprechend sind diese Felder für die Standard-Funktionalität nicht relevant.
- **Feld »Dispositionsebene«**
  Geben Sie hier bei Bedarf die Dispositionsebene an, die für die Liquiditätsprognose einer Muttergesellschaft verwendet wird, wenn die Daten über das Integration Framework von SAP Business One an *SAP ERP* übergeben werden. Der Einsatz von *SAP Business One Integration Framework for SAP Netweaver (B1iSn)* ist dafür Voraussetzung; es handelt sich hierbei um ein weiterführendes Thema, das hier nicht weiter vertieft wird.
- **Felder »Bemerkungen« und »Vorlage für Bemerkungen«**
  Tragen Sie hier weitere Erläuterungen ein, und wählen Sie aus zuvor definierten Vorlagen für Bemerkungen aus; sie können beim Erfassen einer Journalbuchung in das Bemerkungsfeld übernommen werden.
- **Optionsfelder »Aktiv«, »Inaktiv« und »Erweitert«**
  Geben Sie einen Zeitraum in die Felder **von ... bis** (plus dazugehöriger Begründung) ein, in dem das Konto **Aktiv** ist bzw. in dem das Konto gesperrt (= **Inaktiv**) ist. In dem inaktiven Zeitraum kann das Konto nicht bebucht werden. Darüber hinaus haben Sie die Möglichkeit, mit der Option **Erweitert** eine Kombination aus aktivem und inaktivem Zeitraum festzulegen.
- **Checkbox »Kontensaldo zulässig«**
  Sie können hier den Betragsbereich des Kontensaldos für jedes Sachkonto in der lokalen Währung definieren. Sie können nur den höchsten Betrag, nur den niedrigsten Betrag, beide Beträge oder keinen Betrag definieren. Buchungen, die den Kontosaldo außerhalb dieses Bereichs bewegen, werden abgewiesen.

- **Checkbox »Nur Kostenrechnungsanpassung«**
Diese Funktion ist nur dann verfügbar, wenn die Kontokategorie nicht **Sonstige** ist und die Kontowährung der Hauswährung entspricht. Wenn Sie das Ankreuzfeld markieren, kann das Konto nur in der **Journalbuchung für Kostenrechnungsanpassung** verwendet werden. Es ist also kein »reguläres« Konto. Der Saldo dieses Kontos wird immer null sein, da das Programm bei diesen Buchungen für Soll und Haben nur die gleichen Konten zulässt.
- **Checkbox »Mehrfachverlinkung zu Finanzberichtsvorlagen zulassen«**
Markieren Sie diese Checkbox, um dieses Konto mehr als einmal in derselben Finanzberichtsvorlage zu verwenden. Finanzberichtsvorlagen können Sie im Fenster **Finanzberichtsvorlagen** im Modul **Finanzwesen** definieren. Sie stellen alternative Berichtsvorlagen zu den Standard-Vorlagen Bilanz, Gewinn-und-Verlust-Rechnung und Saldenliste dar.
- **Feld »DATEV-Konto« (nur deutsche Lokalisierung)**
Geben Sie hier das entsprechende DATEV-Konto an – dieses wird beim Export für den Steuerberater anstellte der Kontonummer aus SAP Business One verwendet
- **Dropdown-Liste »DATEV-Automatikkonto« (nur deutsche Lokalisierung)**
Geben Sie mittels der Dropdown-Liste an, ob es sich bei diesem Konto um ein DATEV-Automatikkonto handelt das in der DATEV-Software automatische Steuerbuchungen durchführt. Die Konten sind in den ausgelieferten Standardkontorahmen SKR03 und SKR04 bereits korrekt definiert.
- **Dropdown-Liste »Erstdatenerfassung« (nur deutsche Lokalisierung)**
Geben Sie eine Erstdatenerfassung an, und wählen Sie entweder die Option **Ja** oder **Nein** aus der Dropdown-Liste. Ist das Feld auf **Ja** gesetzt, wird das Konto bei Export nach DATEV berücksichtigt.
- **Checkbox »Budgetrelevant«**
Markieren Sie diese Checkbox, wenn das Konto im Budget verwendet werden soll. Die Budgetierung in SAP Business One zählt zu den weiterführenden Themen und wird aus diesem Grund nicht in diesem Buch behandelt.
- **Checkbox »Anderes USt.-Kennz. erlauben«**
Aktivieren Sie diese Checkbox, wenn Sie erlauben möchten, in der Journalbuchung bei einer Buchung auf dieses Konto ein anderes Umsatzsteuerkennzeichen als das im Konto hinterlegte auszuwählen. Falls diese Checkbox nicht markiert ist, wird zur Berechnung nur das zugeordnete Umsatzsteuerkennzeichen im Feld **Standard-USt.-Kennzeichen** verwendet.
- **Checkboxen »Wechselkursdifferenzen« und »Währungsumrechnung« (nur für Kontoart »Sonstige«)**
Markieren Sie diese Checkboxen, wenn das Konto in die automatische Berechnung der Wechselkursdifferenzen bzw. der Währungsumrechnung fallen soll. Diese Checkboxen sind nur bei Konten mit der Kontoart **Sonstige** sichtbar.

Die Handhabung des Fensters **Kontenplan** erfolgt auf die gleiche Weise wie andere Stammdatenfenster, etwa **Artikelstammdaten** und **Geschäftspartner**. Das bedeutet, dass Sie das Fenster sowohl im **Suchen**-Modus mit allen nicht grau hinterlegten Feldern als Suchkriterium als auch im **Hinzufügen**-Modus verwenden können, um neue Konten hinzuzufügen. Eine Ausnahme bildet das Fenster **Details Sachkonto**; nach den Feldern dieses Fensters kann nicht gesucht werden.

Im Fenster **Kontenplan bearbeiten** können Sie sehr schnell neue Konten hinzufügen, wenn Sie bestehende Konten als Kopiervorlage verwenden. Öffnen Sie das Fenster **Kontenplan bearbeiten** (**Finanzwesen • Kontenplan bearbeiten**), und Sie erhalten die Möglichkeit, eine Vorauswahl zu treffen (siehe Abbildung 12.3).

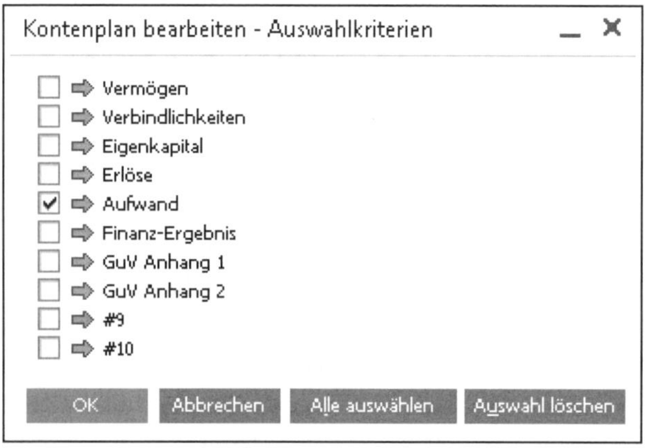

Abbildung 12.3: Fenster »Kontenplan bearbeiten – Auswahlkriterien«

Im Fenster **Kontenplan bearbeiten – Auswahlkriterien** markieren Sie jene Kategorien des Kontenplans, die Sie bearbeiten möchten. Diese Kategorien entsprechen den Schubladen des Aktenschranks aus dem Fenster **Kontenplan**. Klicken Sie auf den Button **Alle auswählen**, um alle Kategorien des Kontenplans auszuwählen; klicken Sie auf **Auswahl löschen**, um sie wieder zu deaktivieren. Klicken Sie abschließend auf den Button **OK**, um die ausgewählten Kategorien anzuzeigen (siehe Abbildung 12.4).

Da in diesem Fenster kein Aktenschrank mit den Kategorien des Kontenplans vorhanden ist, müssen Sie die Auswahl der Kategorien jeweils im Fenster **Kontenplan bearbeiten – Auswahlkriterien** treffen. Andernfalls wird die Liste der Konten sehr umfangreich, und die Bearbeitung kann unkomfortabel werden.

Gehen Sie anschließend wie folgt vor, um ein Konto anzulegen:

1. Um ein neues Konto anzulegen, markieren Sie das Konto, unter dem Sie das neue Konto anlegen möchten, und klicken auf den Button **Gleichrang. Kto hinzufüg.**
2. Unterhalb des markierten Kontos wird ein neues Konto angelegt, das die gleiche Einordnung hat wie das markierte Konto (siehe Abbildung 12.4).

3. Geben Sie **Sachkonto** und **Kontoname** ein, und klicken Sie auf den Button **Aktualisieren**, um das Konto anzulegen.

   Das Konto wurde unmittelbar unter dem Konto angelegt, von dem aus der Vorgang gestartet wurde. Sie können das neu angelegte oder auch bereits bestehende Konto neu positionieren, indem Sie die folgenden Felder bearbeiten:

   - Mit dem Feld **Ebene** geben Sie allgemein den Rang innerhalb des Kontenplans an, das Feld **Hauptebene** bezeichnet die Schublade des Aktenschranks.
   - Mit dem Feld **Übergeordnetes Element** geben Sie an, unter welchem Konto das betreffende Konto hängt, und **Position in Hauptebene** enthält die Angabe, auf welcher Position sich das betreffende Konto befindet, falls mehrere Konten unter dem übergeordneten Konto hängen. Sie können Konten auch über Hauptebenen (= »Schubladen«) hinweg verschieben – hier müssen die betreffenden Hauptebenen allerdings bei den Auswahlkriterien angegeben worden sein.

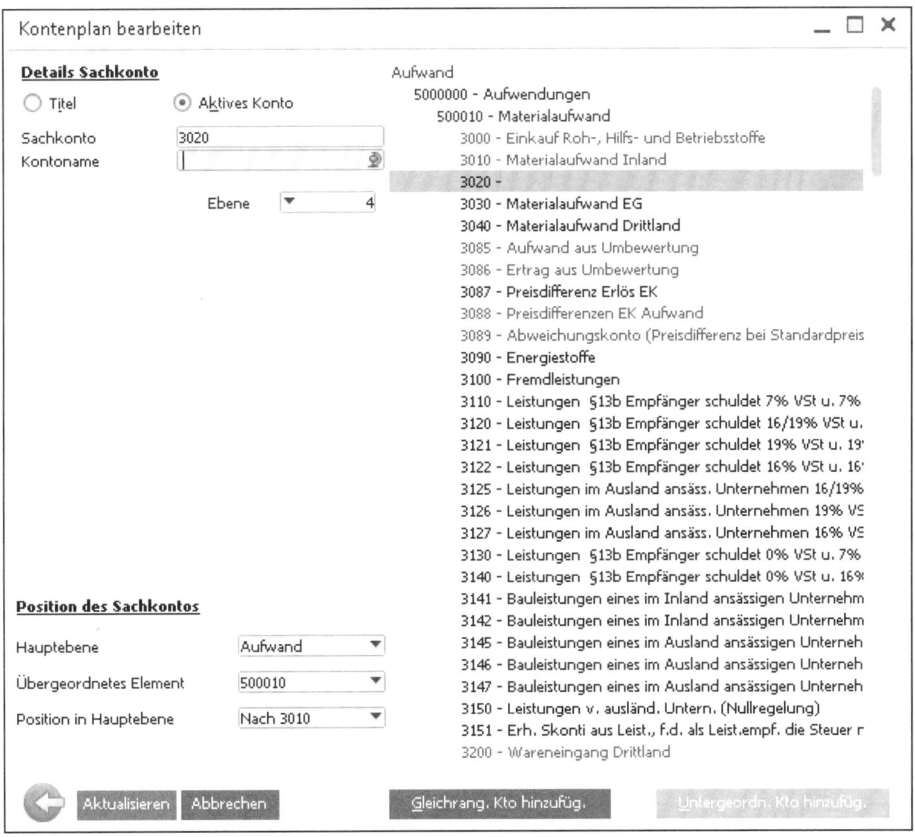

Abbildung 12.4: Fenster »Kontenplan bearbeiten« – gleichrangiges Konto anlegen

Eine weitere Möglichkeit, ein Konto anzulegen, besteht darin, ein übergeordnetes Konto zu markieren und auf den Button **Untergeordn. Kto hinzufüg.** zu klicken.

Klicken Sie auf den blau hinterlegten weißen Pfeil in der linken unteren Ecke, um wieder zu den Auswahlkriterien zu gelangen, ohne das Fenster zu schließen.

Um ein Konto zu löschen, klicken Sie es mit der rechten Maustaste an und wählen den Eintrag **Erweitert** und anschließend **Konto löschen** aus dem Kontextmenü aus. Eine Übersicht über alle Konten und einen druckbaren Kontenplan finden Sie in dem Finanzbericht **Sachkonten und Geschäftspartner**. Diesen beschreiben wir in Abschnitt 12.9, »Finanzberichte«, näher.

12.2 Buchungskreislauf

Die gesamten Buchungen eines kleinen oder mittleren Unternehmens (KMU) können in verschiedenen Kategorien zusammengefasst werden. Diese im Folgenden beschriebenen Buchungen sind typisch für die Buchhaltung eines KMUs und können dementsprechend auch auf andere kleine und mittlere Unternehmen übertragen werden. Die gesamte Buchhaltung besteht aus Eröffnungsbuchungen, laufenden Buchungen während des Geschäftsjahres und Abschlussbuchungen am Ende eines Geschäftsjahres. Die Eröffnungs- und Abschlussbuchungen gehören zu den weiterführenden Themen und werden aus diesem Grund nicht in diesem Buch behandelt.

[+]

Unterstützung beim ersten Jahresabschluss mit SAP Business One

Der Jahresabschluss in Ihrem Unternehmen (zumindest im ersten Jahr der Arbeit mit SAP Business One) sollte unter Zuhilfenahme eines Consultants in Absprache mit Ihrem Steuerberater erfolgen.

Die laufenden Buchungen, die während des Jahres in Ihrem Unternehmen zu erledigen sind, können gemäß der Aufstellung in Abbildung 12.5 kategorisiert werden.

Abbildung 12.5: Übersicht über laufende Buchungen eines KMUs

Zu den einzelnen Kategorien sind noch folgende Anmerkungen anzufügen:

- **Ausgangsbuchung**
  Zu den Ausgangsbuchungen zählen alle Verkaufsbuchungen eines Unternehmens. Dazu gehören neben den Verkäufen auch Retouren, Gutschriften, die laufende Wareneinsatzumbuchung, alle dazu gehörigen Umsatzsteuerbuchungen etc. Diese Buchungen werden vom Programm automatisch, auf Basis der *Sachkontenfindung* erstellt.
- **Eingangsbuchung**
  Neben den klassischen Wareneinkäufen inklusive Gutschriften und Buchungen auf das Vorratskonto gehören dazu auch alle Aufwandsbuchungen bezüglich der übrigen betrieblichen Aufwendungen und der Einkauf von Dienstleistungen sowie ebenfalls Retouren und die Vorsteuerbuchungen. Auch diese Buchungen sind Automatikbuchungen.
- **Bankbuchung**
  Zu den Bankbuchungen zählen Eingangszahlungen und Ausgangszahlungen sowie die sonstigen Buchungen, die aus Spesen, Gebühren, Zinsen, Skonti und daraus abgeleiteten Umsatzsteuer- und Vorsteuerkorrekturen resultieren. Auch diese Buchungen sind Automatikbuchungen, die von den entsprechenden SAP-Transaktionen automatisch gebildet werden.
- **Kassenbuchung**
  Alle Bareinkäufe und Barverkäufe sowie Transfers zwischen Kasse und Bank fallen in diese Kategorie. Diese Buchungen werden in der Regel manuell erstellt.
- **Lohnbuchung**
  Die Buchung des Buchungsbelegs aus der Lohnverrechnung (zumeist vom Steuerberater) erfolgt im Rahmen der Lohnbuchungen. Auch diese Buchungen werden manuell im Hauptbuch erfasst.
- **Sonstige Buchungen**
  Alle restlichen Buchungen, die nicht in eine der vorangegangenen Kategorien fallen (mit Ausnahme der Eröffnungs- und Abschlussbuchungen), gehören in diese Kategorie. Dazu gehören z. B. die Buchung von Anlagenzu- und -abgängen, die Buchung von Fremdwährungsdifferenzen oder Geschäftsfälle im Zusammenhang mit der Bestandsführung (Schwund, Abwertung etc.). Diese Buchungen werden ebenfalls in weiten Teilen automatisiert durch das Programm erstellt, indem die entsprechende Transaktion durchgeführt wird. So erzeugt z. B. die Anlage eines Anlageguts die Buchung für die Aktivierung dieses Anlageguts, und die Erfassung der Inventur erzeugt eine Buchung zur Korrektur des Warenbestandskontos gegenüber den entsprechenden Aufwands- oder Ertragskonten etc.

Wie Sie sehen, erfolgt der Großteil der laufenden Buchungen während des Geschäftsjahres, die an dieser Stelle in Kategorien gefasst wurden, automatisch durch die Erstellung einer bestimmten Transaktion (z. B. **Eingangsrechnung**, **Lieferung**) in SAP Business One. Die Restgröße der nicht automatisch abgesetzten Buchungen aus den einzelnen Belegarten wird manuell in der Journalbuchung erstellt. Für ein effizientes Arbeiten mit der Journalbuchung stehen Hilfsmittel wie die vorerfassten Belege (siehe Abschnitt 12.4, »Buchungsvorerfassung«) und die Dauerbuchung (siehe Abschnitt 12.6, »Dauerbuchungen«) zur Verfügung.

Die in Abbildung 12.5 gezeigten Buchungskategorien werden durch bestimmte Belegarten (Transaktionen) in SAP Business One abgedeckt. Abbildung 12.6 zeigt eine Übersicht darüber, welche Buchungskategorien durch welche Belegarten abgedeckt werden.

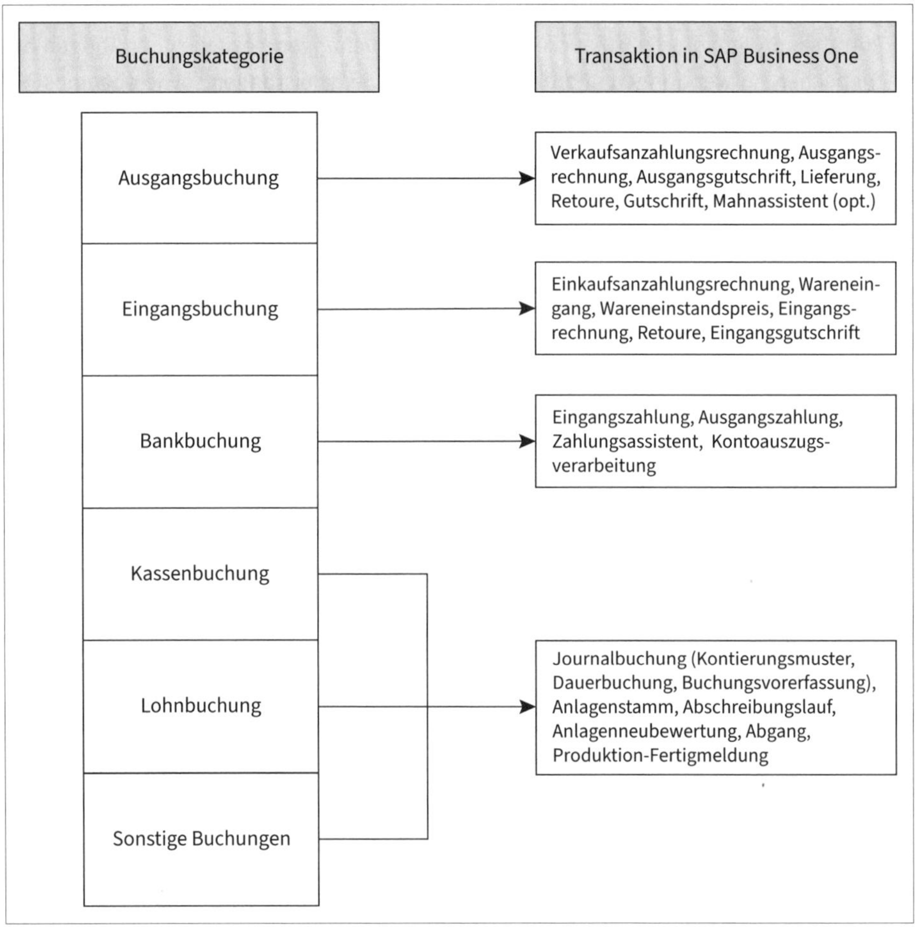

Abbildung 12.6: Buchungskreislauf in SAP Business One

Lediglich die Journalbuchung muss manuell erstellt werden (unter Verwendung der genannten Hilfsmittel). Alle anderen Transaktionsarten werden durch SAP Business One automatisch gebucht, wodurch sich der tatsächliche laufende Buchungsaufwand beträchtlich reduziert. Als Faustregel kann man davon ausgehen, dass bei einem integrierten Rechnungswesen und gut aufgesetzter Kontenfindung 80 – 90 % des Buchungsstoffes automatisiert erstellt werden.

Hervorzuheben sind aus den in Abbildung 12.6 dargestellten Transaktionen noch folgende Module und Transaktionen die Automatikbuchungen erzeugen:

- **Anlagenbuchhaltung**
  Buchungen für die Aktivierung und Zuschreibung von Anlagegütern sowie für deren Abschreibung, den Abgang, die Neubewertung und Umbuchung von Anlagen
- **Produktion**
  Bestandsbuchungen im Zuge der Fertigmeldung von Produktionsaufträgen, Ware in Arbeit, Kontierungsmöglichkeiten nach Teilen, Halbfertigen und Ressourcen
- **Bestandstransaktionen**
  Warenzu- und -abgänge, sofern sie nicht in den Modulen **Einkauf** und **Verkauf** umgesetzt werden, sowie Buchungen, die aus der Inventur entstehen

12.2.1 Sachkontenfindung

Die Grundlage für die automatischen Buchungen in SAP Business One bildet der Bereich **Kontenfindung Sachkonten** (über **Administration • Definitionen • Finanzwesen • Kontenfindung Sachkonten**). In dieser **Kontenfindung Sachkonten** wird eine Reihe von Kontierungen festgelegt, die alle automatischen Buchungen der einzelnen Transaktionsarten steuern. Beim Anlegen Ihres Unternehmens werden (bei Verwendung des Standardkontenplans) diese Kontierungen weitestgehend automatisch zugeordnet.

Falls Sie eine abweichende Kontierung planen oder einen individuellen Kontenplan verwenden, empfiehlt es sich, die Anpassungen im Bereich **Kontenfindung Sachkonten** unter Zuhilfenahme eines Consultants vorzunehmen.

Wenn Sie die Sachkontenfindung dennoch selbst einstellen wollen, finden Sie im Folgenden einen ersten Überblick über das Thema. In Abbildung 12.7 ist die allgemeine Logik der Sachkontenfindung in SAP Business One dargestellt.

Grundsätzlich erfolgt die Einstellung der meisten Konten, die für Automatikbuchungen benötigt werden, im Bereich **Kontenfindung Sachkonten**. Für die Feineinstellung der Erlös-, Aufwands- und Bestandsbuchungen wird eine Kontofindung entweder nach Lager, Artikelgruppe oder Artikel erfolgen, wobei die Vorbesetzungen der Funktion **Kontenfindung Sachkonto** übersteuert werden können. In diesem Zusammenhang ist es wichtig zu wissen, dass die Sachkontofindungsmethode in verschiedenen Artikeln auch unterschiedlich eingestellt werden kann. So ist es z. B. möglich, dass Artikel nach Artikelgruppen kontiert werden, für einzelne Artikel aber eine individuelle Sachkontofindung nach Artikel erfolgt.

Ist eine noch feinere Regelung gewünscht, dann kann die **Erweiterte Kontofindung** aktiviert werden. Diese schaltet die Kontofindung nach Lager, Artikelgruppe oder Artikel ab – das entsprechende Eingabefeld **Sachkonten festlegen nach** wird in den Artikelstammdaten nicht mehr angezeigt. In der **Erweiterten Kontofindung** können Feldwerte abgefragt und in Abhängigkeit vom Ergebnis die entsprechenden Konten gewählt werden. Neben

Feldern, die vom Programm vorgegeben sind, können auch zusätzliche Felder als Abfragekriterien definiert werden. Dies erfolgt in den Programmpunkten **Findungskriterien Bestand** und **Findungskriterien Ressource**, die Sie über **Administration • Definition • Finanzwesen • Kontenfindung Sachkonten** aufrufen.

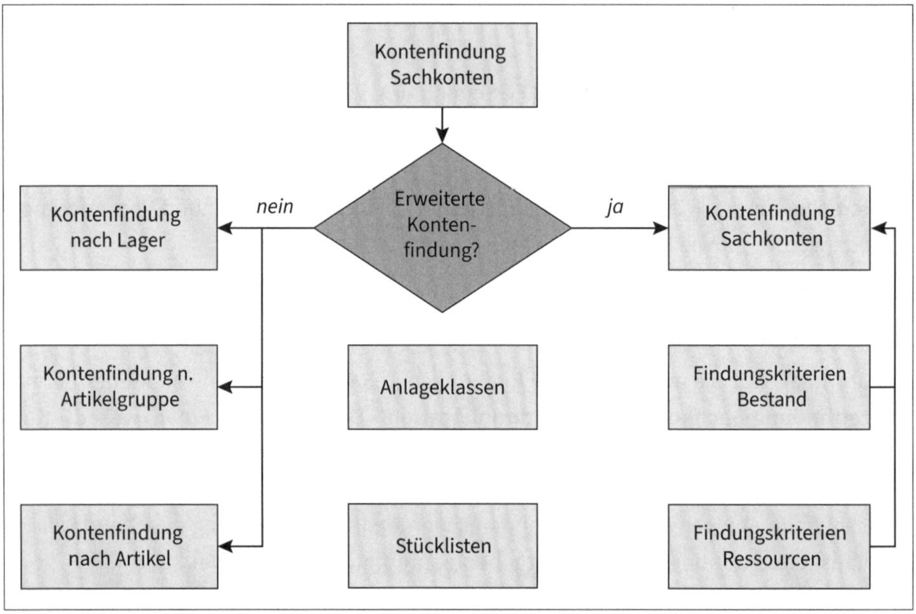

Abbildung 12.7: Mechanismen der Funktion »Kontenfindung Sachkonto«

Zusätzlich zum oben beschriebenen Mechanismus gibt es Kontofindungseinstellungen in den **Anlageklassen** (für das Anlagekonto – darauf gehen wir, da es sich um ein weiterführendes Thema handelt, im Folgenden nicht weiter ein) und in den **Stücklisten** (für Ware in Arbeit – siehe Kapitel 8, »Produktion«).

Tabelle 12.1 zeigt Ihnen eine vereinfachte Übersicht über die automatischen Buchungen in der Belegkette.

Belegstufe	Buchung
Wareneingang	Vorratskonto an Wareneingangs-Verrechnungskonto
Retoure	Wareneingangs-Verrechnungskonto an Vorratskonto
Eingangsrechnung	Wareneingangs-Verrechnungskonto Vorsteuer an Lieferanten

Tabelle 12.1: Automatische Buchung der einzelnen Belegstufen

Belegstufe	Buchung
Eingangsgutschrift	Lieferant an Wareneingangs-Verrechnungskonto an Vorsteuer
Ausgangszahlung	Lieferant an Zahlungsmittelkonto (Kasse, Bank etc.)
Lieferung	Wareneinsatz an Vorratskonto
Retoure	Vorratskonto an Wareneinsatz
Ausgangsrechnung	Kunde an Umsatzerlöse an Umsatzsteuer
Ausgangsgutschrift	Umsatzerlöse Umsatzsteuer an Kunden
Eingangszahlung	Zahlungsmittelkonto an Kunden

Tabelle 12.1: Automatische Buchung der einzelnen Belegstufen (Forts.)

Bei der Buchung von Wareneinkäufen und Warenverkäufen verwendet SAP Business One eine Vorgehensweise, die die Realität sehr gut abbildet. Grundsätzlich gibt es zwei Ansätze der Warenbuchung im Einkauf: Sie können sich für die *kontinuierliche Bestandsführung* entscheiden oder diese nicht aktivieren. Die Einstellung erfolgt im Programmteil **Administration • Systeminitialisierung • Firmendetails** auf der Registerkarte **Basisinitialisierung**. Sie muss früh im Implementierungsprozess getroffen werden und kann nach der ersten Bestandsbuchung im Mandanten nicht mehr verändert werden. Dies ist ein weiterführendes Thema, das in vielen Fällen auch nur einmal (bei Erstinitialisierung des Mandanten) eine Rolle spielt. Es empfiehlt sich daher, es mit Unterstützung eines Consultants umzusetzen.

Die Buchungslogik stellt sich wie folgt dar:

- **Als Warenvorrat**
  Variante 1 (kontinuierliche Bestandsführung) bucht die Wareneinkäufe zunächst immer auf das Vorratskonto (Umlaufvermögen), und erst mit der Lieferung oder, wenn diese Belegstufe übersprungen wird, mit der Ausgangsrechnung wird der tatsächliche Wareneinsatz (Aufwandskonto) gebucht. Das führt während des Jahres dazu, dass das Unternehmen jederzeit genaue Informationen über den Bestandswert und den Wareneinsatz hat.

- **Als Wareneinsatz**
  Variante 2 (keine kontinuierliche Bestandsführung) bucht alle Wareneinkäufe sofort als Wareneinsatz, obwohl diese tatsächlich zumindest zum Teil noch auf Lager liegen und in das Umlaufvermögen gehören. Erst am Jahresende wird der tatsächliche Wareneinsatz anhand der Inventur ermittelt, das Bestandskonto per Abschlussdatum manuell bebucht und das Wareneinsatzkonto entlastet. Das führt während des Jahres dazu, dass sich das Unternehmen aufgrund des sofort gebuchten Aufwands aus dem Wareneinsatz erfolgsmäßig tendenziell schlechter darstellt, als es tatsächlich ist. Für Unternehmen, die einen hohen Lagerbestand und eine geringe Lagerdrehung aufweisen, ist diese Variante daher keinesfalls empfehlenswert.

Außerdem berücksichtigt SAP Business One bei Verwendung der kontinuierlichen Bestandsführung einen möglichen zeitlichen Unterschied zwischen dem Wareneingang und der gegenüber dem Lieferanten entstandenen Verbindlichkeit anhand der Eingangsrechnung. Für diese zeitliche Überbrückung wurde das Wareneingangs-Verrechnungskonto (*We/Re-Konto*) ins Leben gerufen. Dieses Konto agiert als Zwischenkonto für den Zeitraum zwischen Wareneingang und Lieferung. Das bedeutet, ein Wareneingang wird in zwei Schritten gebucht:

1. Zunächst wird, bei der Buchung des Eingangslieferscheins, der physische Wareneingang auf das Vorratskonto gebucht. Als Gegenkonto agiert das WeRe-Konto.
2. Sobald die Eingangsrechnung gebucht wird, wird das WeRe-Konto wieder ausgeglichen, und es werden die Verbindlichkeit gegenüber dem Lieferanten und die Vorsteuer gebucht.

[+]

Zusammenfallen von Wareneingang und Eingangsrechnung

Fallen der Wareneingang und die Eingangsrechnung zusammen (d. h., nur die Eingangsrechnung, nicht aber der Wareneingang wird erstellt), wird das WeRe-Konto nicht benötigt, und es werden direkt Vorratskonto und Vorsteuer gegen Lieferant gebucht. Diese Buchungstechnik wird vom Programm selbsttätig angewandt und erfordert keinen Eingriff des Bearbeiters.

Im Grunde genommen muss SAP Business One bei jeder Artikelzeile – sowohl im Einkauf als auch im Verkauf – »wissen«, auf welches Konto der Artikel gebucht wird. Auf welches Erlöskonto wird z. B. bei der Ausgangsrechnung der Erlös des Artikels in der dritten Artikelzeile gebucht? SAP Business One bietet drei einfache Methoden an, die Sachkonten für Einkaufs- und Verkaufsbelege festzulegen:

- **Nach Lager**
  Die Festlegung des Kontos in der Artikelzeile erfolgt anhand des hinterlegten Kontos beim in der Artikelzeile ausgewählten Lager.

- **Nach Artikelgruppe**
  Die Festlegung des Kontos in der Artikelzeile erfolgt anhand des hinterlegten Kontos bei der Artikelgruppe dieses Artikels.
- **Nach Artikel**
  Die Festlegung des Kontos in der Artikelzeile erfolgt anhand des in den Artikelstammdaten hinterlegten Kontos dieses Artikels.

Die Auswahl der Methode erfolgt im Fenster **Allgemeine Einstellungen**, Registerkarte **Bestand**, Registerkarte **Artikel**, im Feld **Sachkonten festlegen nach**. Wählen Sie die Option **Lager**, **Artikelgruppe** oder **Artikelebene** aus der Werteliste aus. Die ausgewählte Option ist lediglich ein Vorschlagswert für alle neu anzulegenden Artikel und kann im Fenster **Artikelstammdaten**, Registerkarte **Bestandsdaten**, im Feld **Sachkonten festlegen nach** jederzeit geändert werden. Die Änderung wird ab der nächsten Transaktion wirksam.

[+]

Festlegen der Sachkonten vor der ersten Buchung

Die Festlegung der Sachkontenmethode ist eine zentrale Überlegung vor der ersten Buchung. Sie ist ein wichtiger Baustein und dient dazu, Ihre Erlös- und Aufwandsstruktur abzubilden. Sie können die Kontierung der Buchungssätze zwar jederzeit ändern, um aber zu einer aussagekräftigen Bilanz und GuV zu kommen, sind dann unter Umständen aufwendige Umbuchungen notwendig. Daher ist eine einmal gewählte Sachkonteneinstellung tendenziell beizubehalten.

[zB]

Festlegen der Sachkonten vor der ersten Buchung

Sie möchten Ihre Erlöse pro Artikelgruppe auf einem eigenen Erlöskonto sammeln. Dementsprechend werden Sie die Artikelgruppen und die Erlöskonten anlegen und als Sachkontenmethode die Buchung nach Artikelgruppe einstellen. Diese Systematik sollten Sie vor Beginn des Echtbetriebs bis zur letzten Konsequenz durchdenken und gegebenenfalls einen Consultant zurate ziehen, der die Vor- und Nachteile jeder Variante darlegen kann.

12.2.2 Erweiterte Sachkontenfindung

Neben den beschriebenen drei einfachen Methoden der Sachkontenfindung gibt es noch die Funktion **Erweiterte Sachkontenfindung**. Sie ermöglicht die Definition von Bedingungen, um geschäftsfallabhängige Kontierungen der Sachbuchungen umzusetzen. Der Themenbereich ist komplex und sollte daher in Zusammenarbeit mit einem Consultant und in der Regel auch mit der Steuerberatung umgesetzt werden. Im Folgenden möchten wir Ihnen jedoch einen kurzen Überblick geben, damit Sie einschätzen können, ob diese Methode eine sinnvolle Option für Sie darstellt.

Zunächst müssen Sie die Funktion **Erweiterte Sachkontenfindung** explizit initialisieren. Das tun Sie unter dem Programmpunkt **Administration • Systeminitialisierung • Firmendetails** auf der Registerkarte **Basisinitialisierung**. Aktivieren Sie dort die Checkbox **Erweiterte Sachkontenfindung**, und klicken Sie auf den Button **Aktualisieren**, wie in Abbildung 12.8 dargestellt.

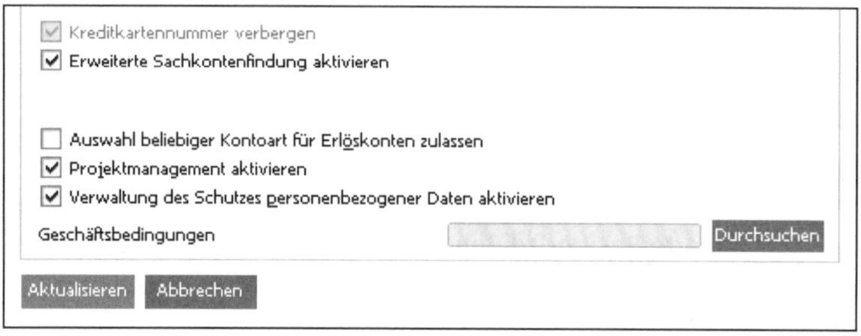

Abbildung 12.8: Die Option »Erweiterte Sachkontenfindung aktivieren«

Da die Funktion **Erweiterte Sachkontenfindung** die Sachkontenfindung nach Artikel, Artikelgruppe bzw. Lager substituiert, erhalten Sie eine Hinweismeldung, wie in Abbildung 12.9 dargestellt. Wählen Sie eine der Optionen, und bestätigen Sie mit einem Klick auf den Button **OK**.

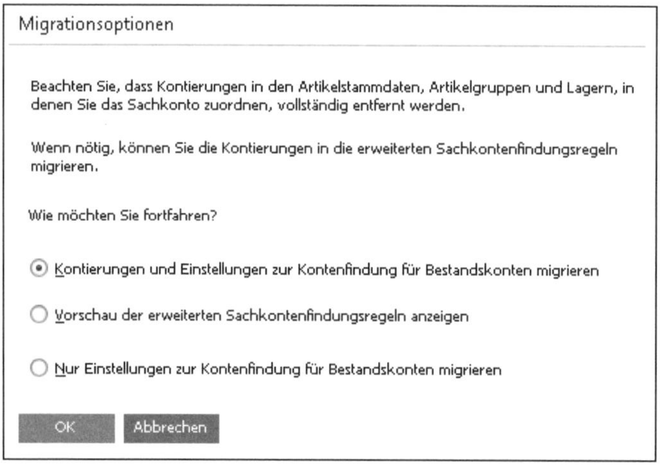

Abbildung 12.9: Hinweise zur Aktivierung der Funktion »Erweiterte Sachkontenfindung«

Nach einem weiteren Hinweis darauf, dass die Umstellung einige Zeit in Anspruch nehmen kann, steht Ihnen nun als Ergebnis unter dem Programmpunkt **Administration • Definition • Finanzwesen • Kontenfindung Sachkonten • Kontenfindung Sachkonten** im rechten unteren Bildbereich auch der Button **Erweitert** zur Verfügung (siehe dazu Abbildung 12.10).

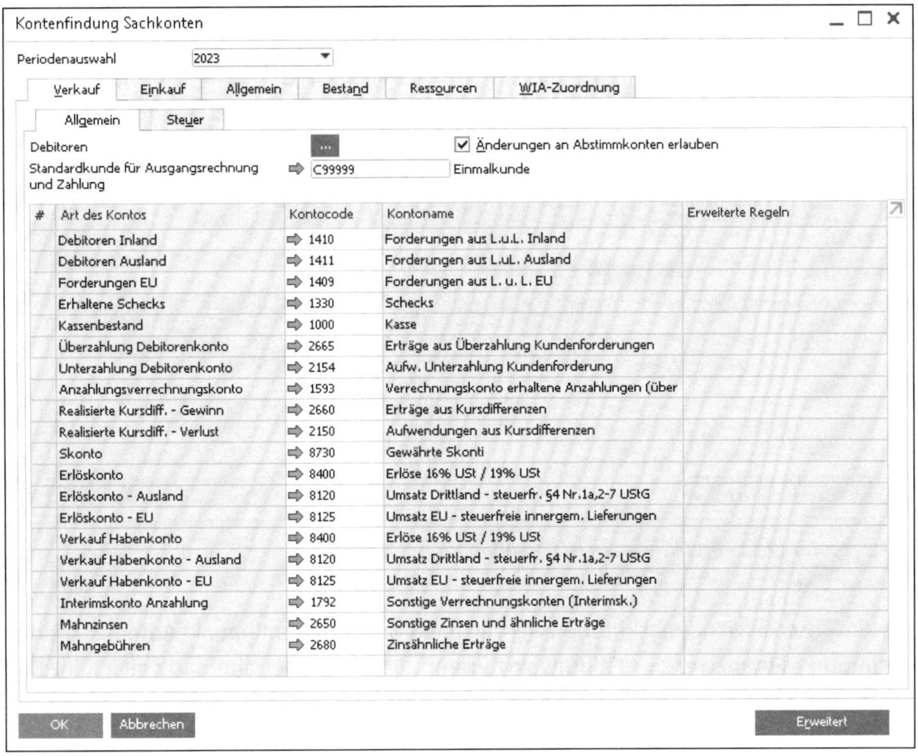

Abbildung 12.10: Die Option »Erweiterte Sachkontenfindung«

Drücken Sie nun auf den Button **Erweitert**, um eine oder mehrere Sachkontofindungen anzupassen. Im Wesentlichen lässt sich die Tabelle der erweiterten Regeln für die Sachkontenfindung in zwei logische Bereiche gliedern. Die Felder, die als Auswahllisten definiert sind, sind die *Findungskriterien*. Darin wird die Bedingung beschrieben, die zutreffen muss, damit die Regel gültig ist. Beispiele für Findungskriterien und die von ihnen ausgelöste Kontierung wären: nur Belegzeilen, die definierten Artikeln, Artikelgruppen oder Lagercodes angehören, oder nur Belege, die zu bestimmten Geschäftspartnern oder Geschäftspartnergruppen gehören. Bis zu fünf benutzerdefinierte Felder aus den Bereichen Beleg, Geschäftspartner und Artikel können ebenfalls als Findungskriterien herangezogen werden.

Der rechte Teil der Tabelle enthält die zu wählenden *Konten*, auf die gebucht wird, wenn in einer Transaktion die definierten Findungskriterien zutreffen.

Erlöskonto nach Kundengruppe

[zB]

In Abbildung 12.11 wird für eine definierte Kundengruppe ein eigenes Erlöskonto festgelegt. Es wird also das Findungskriterium **Geschäftspartnergruppe** mit dem

Wert »Großhandel« besetzt, außerdem das **Land Lieferadresse** mit »Germany«. Wird nun eine Ausgangsrechnung an einen Kunden ausgestellt, der dieser Gruppe angehört, und liegt die Lieferadresse in Deutschland, wird abweichend von der allgemeinen Kontierung das Konto »8519« bebucht.

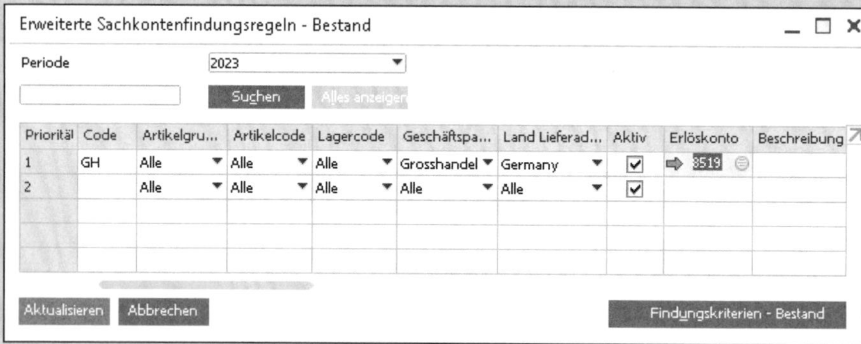

Abbildung 12.11: Erweiterte Sachkontenfindung – Beispiel

Die gewünschten Findungskriterien werden unter dem Programmpunkt **Administration • Definition • Finanzwesen • Findungskriterien – Bestand** oder alternativ gleich im Bild **Erweiterte Sachkontenfindungsregeln – Bestand** über den rechts unten befindlichen Button geöffnet.

Abbildung 12.12 zeigt, dass die **Geschäftspartnergruppe** immer ein Findungskriterium ist (ausgegraute, aktivierte Checkbox).

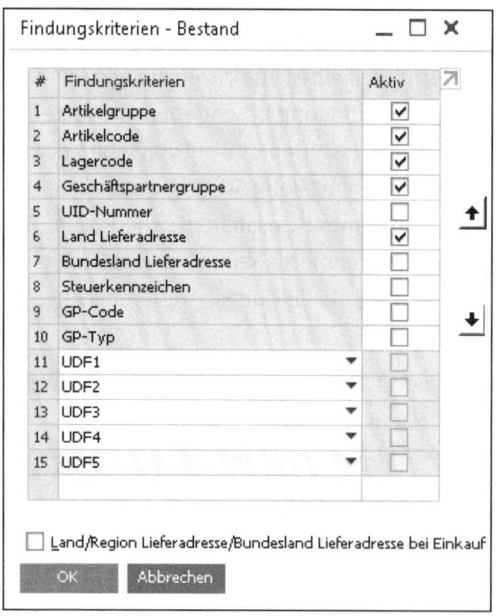

Abbildung 12.12: Findungskriterien – Bestand

Darüber hinaus stellt das Programm ausgewählte Felder des Artikel- und Kundenstamms zur Verfügung. Bis zu fünf benutzerdefinierte Felder (**UDF**) können ebenfalls aktiviert werden.

12.3 Journalbuchungen

Das Fenster **Journalbuchung** (**Finanzwesen • Journalbuchung**) ist das zentrale Buchungsfenster, in dem alle automatischen Buchungen landen und alle manuellen Buchungen angelegt werden (siehe Abbildung 12.13).

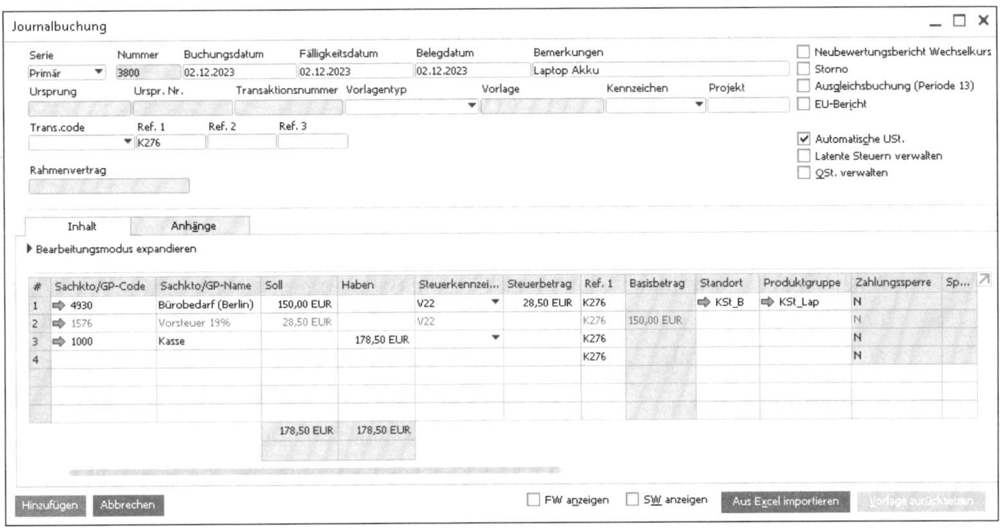

Abbildung 12.13: Fenster »Journalbuchung« – Bareinkauf von Büromaterial

Die Buchungsmaske (= Fenster **Journalbuchung**) ist mehrzeilig, die Buchung erfolgt wie ein Buchungssatz aus der doppelten Buchhaltung auf dem Papier. Aus diesem Grund ist der Wiedererkennungswert gerade für Einsteiger mit kaufmännischen Kenntnissen sehr hoch und die Einstiegsschwelle beim Buchen relativ niedrig.

Das Fenster **Journalbuchung** entspricht in seiner Handhabung jedem anderen Fenster in SAP Business One. Das bedeutet, Sie gehen in den **Hinzufügen**-Modus, um neue Buchungen anzulegen, wobei eine Buchung einem Datensatz entspricht. Dieser Datensatz hat die Kopfdaten im oberen Bereich und die Buchungszeilen in der Tabelle im unteren Bereich. Füllen Sie alle relevanten Felder aus, und klicken Sie auf den Button **Hinzufügen**, um die Journalbuchung zu buchen.

Das Fenster bleibt nach dem Hinzufügen der Journalbuchung jeweils im **Hinzufügen**-Modus, sodass Sie sofort die nächste Journalbuchung buchen können. Um einen Buchungssatz zu suchen, wechseln Sie in den **Suchen**-Modus. Um die Buchungssätze »durchzublättern«, klicken Sie die Datensatzbuttons in der oberen Symbolleiste an. Alle automatisch angelegten Buchungen finden Sie ebenfalls in diesem Fenster. Wenn Sie z. B. eine Ausgangsrechnung hinzufügen und sie im Fenster **Journalbuchung** suchen, öffnen Sie das Fenster und klicken auf den Button [→|] (**Letzter Datensatz**), um die zuletzt angelegte Journalbuchung aus der Ausgangsrechnung aufzurufen.

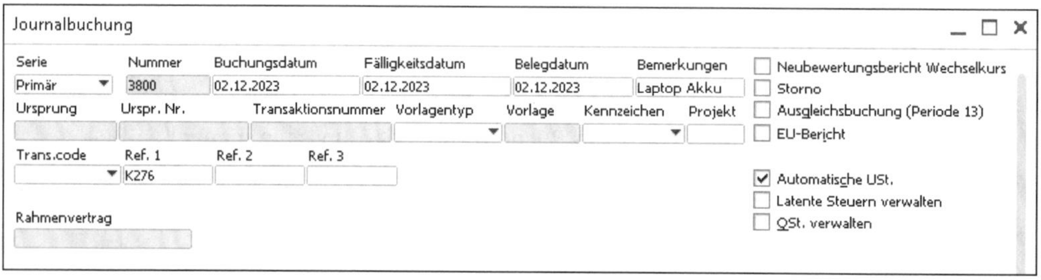

Abbildung 12.14: Fenster »Journalbuchung« – Kopfbereich

Bei der Journalbuchung stehen Ihnen im Kopfbereich die folgenden Felder und Checkboxen zur Verfügung (siehe Abbildung 12.14):

- **Feld »Serie«**
  Auch bei der Journalbuchung können Sie eine Belegnummernserie verwenden, um je nach Geschäftsfall unterschiedliche Nummernkreise zu bebuchen. Wählen Sie diese aus der Werteliste aus.
- **Feld »Nummer«**
  Die Journalbuchungsnummer wird automatisch von SAP Business One vergeben und ist unveränderlich.
- **Feld »Buchungsdatum«**
  Geben Sie das Buchungsdatum des Belegs ein.
- **Feld »Fälligkeitsdatum«**
  Dieses Feld zeigt das Fälligkeitsdatum des Belegs an. Bei der Buchung von Eingangs- oder Ausgangsrechnungen wird das Fälligkeitsdatum automatisch anhand der bei der Rechnung hinterlegten Zahlungsbedingung errechnet. Es ist im Wesentlichen ein Informationsfeld, der Zahlungs- und Mahnassistent analysieren die Belege und nicht die zugehörigen Journalbuchungen.
- **Feld »Belegdatum«**
  Geben Sie das Belegdatum des Belegs ein. Den Unterschied zwischen Buchungsdatum und Belegdatum haben wir bereits bei der Bestellung in Abschnitt 5.2.1, »Belegkopf«, erläutert.
- **Feld »Bemerkungen«**
  Geben Sie in diesem Feld einen Buchungstext ein. Falls Sie einen Transaktionscode (im Feld **Trans.code**) auswählen, wird seine Beschreibung angezeigt. Diese können Sie dann im Feld ergänzen. Bei der Buchung eines Belegs wird in diesem Feld der Inhalt

des Feldes **Journaleintrag** auf der Registerkarte **Buchhalt.** des Belegfensters (z. B. Ausgangsrechnung) angezeigt. Das bedeutet: Bevor Sie z. B. die Ausgangsrechnung hinzufügen, können Sie das Feld **Journaleintrag** noch bearbeiten, um den Buchungstext zu ändern.

- **Feld »Ursprung«**
  Dieses Feld zeigt den Ursprung der Journalbuchung mit einem zweistelligen Kürzel an. Dieses Kürzel ist eine interne Abkürzung für die jeweilige Belegart (Transaktion), die diese Journalbuchung verursacht hat (z. B. »BE« für Eingangsrechnung). Sofern die Journalbuchung nicht aus einer **Eröffnungsbuchung** stammt oder direkt im Fenster **Journalbuchung** angelegt wurde, können Sie mit dem orangefarbenen Pfeil ⇨ neben dem Feld **Ursprung** den dahinterliegenden Beleg aufrufen. Tabelle 12.2 zeigt eine Übersicht über die gängigsten Belegkürzel in diesem Feld.

Belegkürzel	Belegart
BC	Abschlusssaldo
BE	Eingangsrechnung
BL	Eingangszahlung
BR	Retoure
DT	Verkaufsanzahlungsrechnung
DT	Einkaufsanzahlungsrechnung
EL	Wareneingang (Bestellung)
ES	Eröffnungssaldo
EZ	Einzahlung
IM	Bestandsumlagerung
JE	Journalbuchung
KR	Ausgangsgutschrift
LS	Lieferung
LT	Bestandsbuchung
MR	Bestandsneubewertung
RE	Ausgangsrechnung

Tabelle 12.2: Übersicht über die gängigsten Belegkürzel

[+]

Alle Belegkürzel in Anhang A

Eine komplette Aufstellung aller Belegkürzel, die in SAP Business One verwendet werden, finden Sie in Abschnitt A.3.

- **Feld »Urspr. Nr.«**
  Dieses Feld zeigt die Belegnummer der Belegart aus dem Feld **Herkunft**. Bei einer manuell erfassten Buchung entspricht sie der Nummer der Journalbuchung.
- **Feld »Transaktionsnummer«**
  Dieses Feld zeigt die von SAP Business One automatisch vergebene fortlaufende **Journalnummer**. Sie stellt die Primanota-Nummer dar und sorgt dafür, dass die Erfassungsreihenfolge der Buchungen – auch wenn Buchungen vor- oder rückdatiert werden – jederzeit nachvollzogen werden können.
- **Felder »Vorlagentyp« und »Vorlage«**
  Diese beiden Felder werden für die Funktionen **Kontierungsmuster** und **Dauerbuchung** verwendet und aus diesem Grund in Abschnitt 12.5, »Kontierungsmuster«, und Abschnitt 12.6, »Dauerbuchungen«, näher behandelt.
- **Dropdown-Liste »Kennzeichen«**
  Wählen Sie aus der Dropdown-Liste ein Zessionskennzeichen aus, oder legen Sie mit dem Eintrag **Neu definieren** ein neues Kennzeichen an. Das Zessionskennzeichen wird beim **Geschäftspartner** auf der Registerkarte **Allgemein** hinterlegt. Wird nun eine Ausgangsrechnung für diesen Kunden erstellt, erscheint das Zessionskennzeichen auf der Registerkarte **Buchhalt.** der Ausgangsrechnung. Anhand der automatischen Buchung wird das Zessionskennzeichen schließlich in das Feld **Kennzeichen** der **Journalbuchung** weitergereicht. Somit ist gekennzeichnet, dass die Forderung aus dieser Ausgangsrechnung zediert ist, das bedeutet, sie wurde an einen Dritten abgetreten, und dieser ist nun der eigentliche Gläubiger. In der Regel wird dieses Feld in der Journalbuchung nicht bearbeitet, sondern eben aus dem Kundenstamm und in weiterer Folge aus dem Beleg übernommen.
- **Werteliste »Projekt«**
  Wählen Sie ein Projekt aus der Werteliste aus, wenn Sie den Aufwand bzw. den Ertrag kostenrechnerisch diesem Projekt zuordnen möchten. Die Zuordnung wird in Abschnitt 12.8, »Einbinden der Kostenrechnung«, näher behandelt.
- **Dropdown-Liste »Trans.code«**
  Wählen Sie einen Transaktionscode aus der Werteliste oder den Eintrag **Neu definieren**, um einen neuen Transaktionscode anzulegen. Mit diesem Transaktionscode haben Sie die Möglichkeit, Ihre Buchungen zu kategorisieren. Dies könnte nach dem Vorbild einer Buchungsart erfolgen (Eingangsrechnung, Ausgangsrechnung, Kasse, Bank, Lohnbuchung, Saldovortrag, Eröffnungsbuchung etc.). Jede andere Kategorisierung ist ebenfalls denkbar. Beim Anlegen eines neuen Transaktionscodes erfassen Sie je-

weils Code und Beschreibung. Der Code wird im Feld **Trans.code**, die Beschreibung im Feld **Bemerkungen** angezeigt, sofern hier nicht schon ein Buchungstext eingegeben wurde.

- **Feld »Ref. 1«**
  Hier handelt es sich um eine Möglichkeit der freien Eingabe; das Feld **Ref. 1** wird – wie auch **Ref. 2** und **Ref. 3** – in vielen Auswertungen angezeigt und ist auch ein Suchfeld innerhalb der Journalbuchungen. Es sollte daher Informationen enthalten, die Ihnen beim Auffinden von Journalbuchungen helfen. Geben Sie z. B. die externe Belegnummer des gebuchten Belegs in dieses Feld ein.

Referenzen automatisch befüllen

Im Programmteil **Administration • Definition • Allgemein • Referenzfeldverknüpfungen** können Sie für alle wichtigen Transaktionen, die Buchungen erzeugen, definieren, welche Inhalte automatisch in welche Felder der Buchung übernommen werden sollen. In Abbildung 12.15 sehen Sie, dass eine Ausgangsrechnung die Belegnummer in das Feld **Ref. 1** des Journalbuchungskopfes schreibt. Außerdem sehen Sie alle Alternativen, die Ihnen zur Verfügung stehen. Das Auswahlfenster für die Referenzfeldverknüpfung öffnen Sie durch einen Doppelklick auf das graue Kästchen links neben dem jeweiligen Beleg.

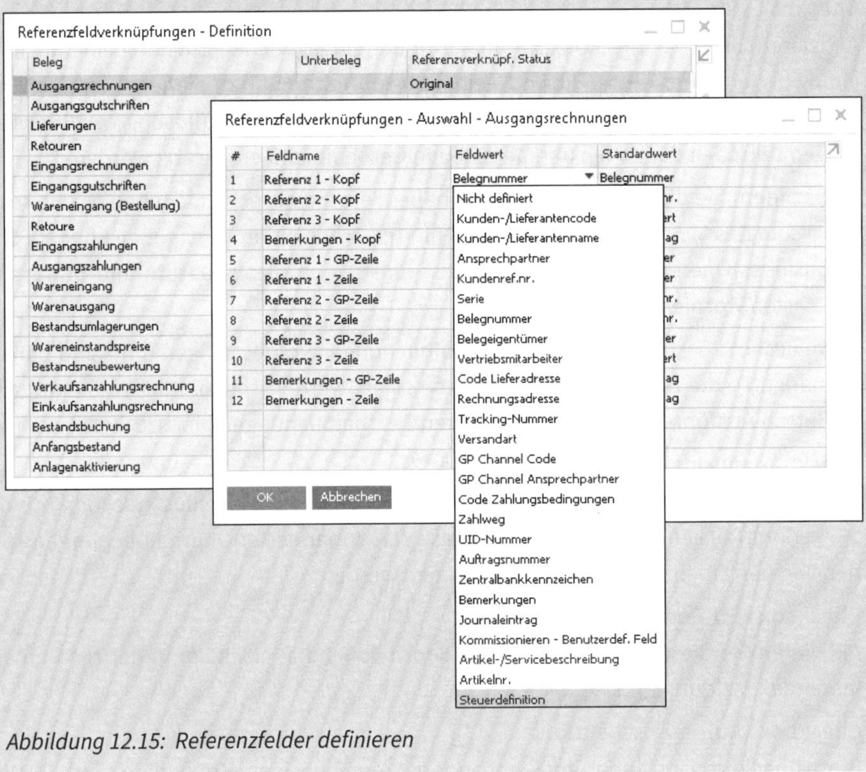

Abbildung 12.15: Referenzfelder definieren

- **Feld »Ref. 2«**
  Dieses Feld steht für eine weitere Belegnummer zur Verfügung. Wenn Sie bei einer *Eingangsrechnung* eine Fremdbelegnummer im Feld **Lieferantenreferenznummer** erfassen, wird diese im Feld **Ref. 2** angezeigt. Auch diese Referenz kann geändert werden.
- **Feld »Ref. 3«**
  Das Feld **Ref. 3** ist eigentlich wesentlich informativer in der Journalbuchungszeile. Zum Beispiel steht bei einer Eingangszahlung die fortlaufende Belegnummer in der Buchungszeile des Kundenkontos und die Bankbelegnummer (= Nummer des Kontoauszugs) in der Buchungszeile des Bankkontos. Dennoch haben Sie die Möglichkeit, weitere Belegnummern in das Feld **Ref. 3** einzugeben. In diesem Fall werden alle automatisch übernommenen Belegnummern überschrieben.
- **Checkbox »Neubewertungsbericht Wechselkurs«**
  Für eine Buchung in Fremdwährung wird der Wechselkurs aus dem Fenster **Wechselkurse und Indizes** (siehe Abschnitt 12.7, »Buchungen in Fremdwährung«) verwendet. Falls Sie nur für diese Journalbuchung den Wechselkurs neu bewerten möchten, markieren Sie die Checkbox **Neubewertungsbericht Wechselkurs**, wählen eine **Währung** aus und geben einen **Wechselkurs** im Feld rechts daneben, das durch das Markieren der Checkbox erscheint, ein. Die Neubewertung dient lediglich zu Reporting-Zwecken und wirkt sich daher nicht auf die Buchungswerte selbst aus.
- **Checkbox »Storno«**
  Aktivieren Sie diese Checkbox, wenn Sie zu der eingegebenen Buchung eine Rückbuchung in der umgekehrten Form zu einem bestimmten Datum planen. Diese Technik kann z. B. für Abgrenzungsbuchungen oder die Dotation und Auflösung von Rückstellungen zwischen dem alten und dem neuen Geschäftsjahr eingesetzt werden.
  - Nachdem Sie die Checkbox markiert haben, erscheint rechts daneben ein weiteres Feld, in das Sie das **Datum** für die stornierten Transaktionen eingeben können. SAP Business One erinnert Sie beim ersten Einstieg an dieses Datum und öffnet das Fenster **Stornierte Transaktionen**.
  - In diesem Fenster werden alle Journalbuchungen vorgeschlagen (und sind bereits markiert), die zum aktuellen Datum storniert werden sollen. Klicken Sie auf den Button **Ausführen**, um die umgekehrten Journalbuchungen hinzuzufügen.
- **Checkbox »Ausgleichsbuchung (Periode 13)«**
  Markieren Sie diese Checkbox, um die Journalbuchung als Abschlussbuchung (für die 13. Periode) zu kennzeichnen. Die auf diese Weise markierten Journalbuchungen können von den Finanzberichten ausgenommen werden.
- **Checkbox »EU-Bericht«**
  Aktivieren Sie diese Checkbox, und die Journalbuchung erscheint in der zusammenfassenden Meldung.
- **Checkbox »Automatische USt.«**
  Diese Checkbox ist standardmäßig markiert. Wenn bei einem Konto ein Standard-Um-

satzsteuercode hinterlegt ist, wird unterhalb des ausgewählten Kontos eine zweite Zeile eingefügt, in der die Umsatzsteuer automatisch berechnet wird. Ist die Checkbox deaktiviert, wird keine automatische Umsatzsteuerberechnung vorgenommen. Diese Checkbox ist nicht mehr editierbar, nachdem die Journalbuchung hinzugefügt wurde. Wenn Sie dieses Feld standardmäßig auswählen möchten, müssen Sie die Checkbox **Automatische USt. verwenden** unter **Administration • Systeminitialisierung • Belegeinstellungen • Pro Beleg • Journalbuchung** markieren. Nur wenn diese Option aktiv ist, wird die Buchung im **Steuerabstimmungsbericht** gezeigt.

- **Checkbox »Latente Steuern verwalten«**
  Markieren Sie diese Checkbox, um die zum ausgewählten Steuerkennzeichen gehörende Funktion für latente Steuern anzuwenden. Wichtig ist, dass bei den Steuerkennzeichen ein Konto für latente Steuern angegeben ist. Die Checkbox kann nur markiert werden, wenn die Checkbox **Automatische USt.** aktiviert ist.
- **Checkbox »QSt. verwalten«**
  Mit dieser Checkbox wird die Quellensteuerfunktion für diese Journalbuchung aktiviert. Die Checkbox kann nur markiert werden, wenn die Checkbox **Automatische USt.** aktiviert ist.
- **Checkboxen »FW anzeigen« und »SW anzeigen« (unterhalb der Journalbuchungszeilen)**
  Klicken Sie auf die Checkbox **FW anzeigen**, um die Spalten **Soll (FW)** und **Haben (FW)** einzublenden, in die Sie Buchungsbeträge in Fremdwährung eingeben können. Klicken Sie abermals auf die Checkbox, und die Spalten werden wieder ausgeblendet. Klicken Sie auf die Checkbox **SW anzeigen**, und es werden die Spalten **Soll (SW)** und **Haben (SW)** eingeblendet. Diese zeigen den Buchungsbetrag in Systemwährung an. Genaueres zum Thema Fremdwährung erfahren Sie in Abschnitt 12.7, »Buchungen in Fremdwährung«.

Die Buchung können Sie nun in den Journalbuchungszeilen (weiterspringen können Sie dabei jeweils mit der [Tab]-Taste) komplettieren (siehe Abbildung 12.16).

#	Sachkto/GP-Code	Sachkto/GP-Name	Soll	Haben	Steuerkennzeichen	Steuerbetrag	Basisbetrag
1	⇨ 4930	Bürobedarf (Berlin)	150,00 EUR		V22	28,50 EUR	
2	⇨ 1576	Vorsteuer 19%	28,50 EUR		V22		150,00 EUR
3	⇨ 1000	Kasse		178,50 EUR			
			178,50 EUR	178,50 EUR			

Abbildung 12.16: Journalbuchung – Zeilenbereich

Gehen Sie zur Vervollständigung vor, wie in der folgenden Anleitung beschrieben:

1. **Spalte »Sachkto/GP-Code« pflegen**
   Geben Sie hier die Kontonummer ein, oder drücken Sie auf die [Tab]-Taste, um die Auswahlliste zu öffnen. Wählen Sie das gewünschte Konto aus der Auswahlliste aus, und

klicken Sie auf den Button **Auswählen**. Die Auswahl bzw. Suche der Kontonummer erfolgt auf die gleiche Weise wie z. B. die Suche nach Artikeln in der Belegzeile. Um z. B. die Suche auf ein Konto der Klasse 4 einzuschränken, geben Sie »4*« in das Feld **Sachkonto/GP-Code** ein. Die Auswahlliste zeigt alle Konten, die mit »4« beginnen, unabhängig davon, was dahinter folgt. Um einen Geschäftspartner auszuwählen, geben Sie den GP-Code ein und bestätigen mit [Strg]+[⇆] oder verwenden die Tastenkombination [Strg]+[⇆] im leeren Feld, um die Auswahlliste für Geschäftspartner zu öffnen.

2. **Spalte »Sachkto/GP-Name«**
   Die Bezeichnung des Sachkontos bzw. Geschäftspartners wird automatisch in diesem Feld angezeigt. Optional können Sie auch hier einen Suchbegriff eingeben, z. B. »Kasse«, und ihn mit der [⇆]-Taste bestätigen.
3. **Spalten »Soll« und »Haben« pflegen**
   Geben Sie den Soll- bzw. Haben-Betrag ein. Wenn Sie die Gegenbuchung eingeben, müssen Sie lediglich mit der [⇆]-Taste in das Gegenkonto (Soll oder Haben) springen, der Restbetrag wird daraufhin automatisch eingefügt. Diese Funktion ist gerade bei Splitbuchungen sehr hilfreich, da der noch ausstehende Restbetrag aufgrund der Soll-Haben-Gleichheit jeweils vorgeschlagen wird. Im Fall einer Fremdwährungsbuchung markieren Sie die Checkbox **FW anzeigen** und geben den Fremdwährungsbetrag in die neu eingeblendeten Spalten ein.
4. **Spalte »Steuerkennzeichen« pflegen**
   Diese Spalte dient zur Berechnung der Umsatzsteuer und wird automatisch anhand des Vorschlagswerts des jeweiligen Kontos aus dem Kontenplan angezeigt. Sie können den Steuercode vor dem Hinzufügen der Journalbuchung ändern. Die Steuercodes werden automatisch beim Anlegen Ihres Unternehmens mit angelegt und die korrekten Steuerkonten zugeordnet. Falls Sie noch weitere Steuercodes benötigen oder abweichende Steuerkonten zuweisen möchten, können Sie dies im Fenster **Steuerkennzeichen – Definition** unter **Administration • Definitionen • Finanzwesen • Steuer • Steuerkennzeichen** tun.

[+]

Unterstützung bei der Verwaltung von Steuerkennzeichen

Das Verwalten der Steuerkennzeichen und das Zuweisen der Steuerkonten sollten durch einen Consultant – eventuell in Absprache mit einem Steuerberater – durchgeführt werden.

5. **Spalte »Steuerbetrag« pflegen**
   Dieser Betrag wird automatisch anhand des hinterlegten Steuerkennzeichens berechnet.
6. **Spalte »Bruttowert« pflegen**
   Dies ist der errechnete Betrag aus dem Betrag, der im Feld **Soll** bzw. **Haben** eingegeben wird, plus dem **Steuerbetrag**, der anhand der Steuerkennzeichen berechnet wird.

[+]

Beleg mit Bruttobetrag buchen

In der Buchhaltungspraxis wird ein Beleg fallweise mit dem Bruttobetrag gebucht. Die gleiche Praxis können Sie mit einer weiteren kleinen Einstellung erreichen. Klicken Sie auf den Button (**Formulareinstellungen**), um die Spaltenanordnung für das Fenster **Journalbuchung** anzupassen.

- Ziehen Sie die Spalte **Bruttowert** zwischen die Spalten **Sachkonto/GP-Name** und **Soll**.
- Springen Sie mit der [Tab]-Taste durch die Belegzeile.
- Geben Sie nach Auswahl des Kontos den Bruttobetrag des Belegs in das Feld **Bruttowert** ein.

SAP Business One berechnet anhand der Steuerkennzeichen automatisch den Steuerbetrag und fügt den errechneten Nettobetrag (= *Bruttobetrag – Steuerbetrag*) in das Feld **Soll** bzw. **Haben** ein.

Der Nettobetrag wird automatisch in das Feld **Soll** eingefügt, wenn als Steuerkennzeichen ein *Vorsteuerkennzeichen* hinterlegt oder ausgewählt wurde. Der Nettobetrag wird in das Feld **Haben** eingefügt, wenn als Steuerkennzeichen ein *Umsatzsteuerkennzeichen* hinterlegt oder ausgewählt wurde. Das Feld **Bruttowert** kann nur in jenen Zeilen bearbeitet werden, in denen das Konto mit einem Steuerkennzeichen verbunden ist.

7. **Spalte »Basisbetrag«**
   Dieser Betrag ist der Betrag in der Steuerzeile, auf dessen Basis der Steuerbetrag errechnet wird.
8. **Button »Hinzufügen« anklicken**
   Klicken Sie abschließend auf den Button **Hinzufügen**, um die Journalbuchung anzulegen. Das Fenster **Journalbuchung** bleibt im **Hinzufügen**-Modus, damit Sie sofort eine weitere Journalbuchung anlegen können.

Im Fenster **Journalbuchung** können Sie mit dem Button (**Formulareinstellungen**) noch eine Reihe weiterer Felder einblenden, wie z. B. **Bemerkungen**, **Ref. 1**, **Ref. 2**, **Ref. 3**, **Buchungsdatum**, **Belegdatum** oder **Fälligkeitsdatum**. Diese Felder wurden größtenteils bereits bei den Kopfdaten der Journalbuchung behandelt. Der Unterschied liegt darin, dass die Felder auch pro Journalzeile zur Verfügung stehen. Wenn Sie nun das gleichnamige Feld in den Kopfdaten füllen, werden gleichzeitig die vorhandenen Zeilenfelder aktualisiert. SAP Business One macht Sie mit einer Hinweismeldung wie in Abbildung 12.17 darauf aufmerksam. Klicken Sie auf den Button **Ja**, um fortzufahren.

Um gleichzeitig den Überblick über alle Felder zu haben, markieren Sie die Buchungszeile und klicken in den Kopfdaten der Journalbuchung im linken Bereich auf das kleine schwarze Dreieck (**Bearbeitungsmodus expandieren**), um den Bereich darunter zu expandieren. An dieser Stelle stehen Ihnen weitere wichtige Felder der Belegzeile zur Verfügung. In der Praxis wird es jedoch sinnvoll sein, sich mithilfe der **Formulareinstellungen** die Maske so anzupassen, dass sie den täglichen Anforderungen optimal entspricht. Hier sind vor allen Dingen Informationen zu Projekten und Kostenstellendimensionen zu erwähnen, die häufig von der Buchhaltungsabteilung eingegeben oder zumindest kontrolliert werden.

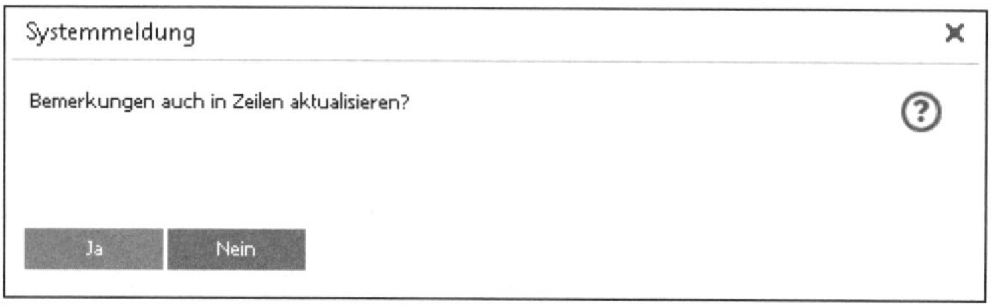

Abbildung 12.17: Hinweismeldung – geändertes Feld aus Kopfdaten in Journalzeile aktualisieren

Die Funktion **Duplizieren** ist gerade bei der Journalbuchung eine wertvolle Unterstützung. Suchen Sie eine beliebige Journalbuchung heraus, die Sie in dieser oder ähnlicher Form nochmals buchen möchten. Klicken Sie mit der rechten Maustaste auf die Journalbuchung, und wählen Sie den Eintrag **Duplizieren** aus dem Kontextmenü aus. Die Journalbuchung wird dupliziert, und das Fenster befindet sich nunmehr im **Hinzufügen**-Modus. Sie müssen lediglich die gewünschten Änderungen vornehmen und auf den Button **Hinzufügen** klicken, um die Journalbuchung anzulegen.

Nach den Grundsätzen ordnungsgemäßer Buchführung darf eine bereits hinzugefügte Buchung nicht mehr gelöscht werden; die Buchungen müssen lückenlos und nachvollziehbar sein. Es gilt das Prinzip »Durchstreichen, aber nicht radieren!«. Dementsprechend können Sie in SAP Business One eine Journalbuchung zwar nicht löschen, aber sehr leicht stornieren. Dazu klicken Sie mit der rechten Maustaste auf die zu stornierende Buchung und wählen den Eintrag **Abbrechen/Stornieren** (siehe Abbildung 12.18).

Bestätigen Sie die Sicherheitsabfrage mit dem Button **Ja**, um eine Stornobuchung zu erstellen. Die Buchung wird entweder umgekehrt oder mit negativem Vorzeichen versehen. Wenn Sie die Buchung mit negativen Vorzeichen durchführen möchten, müssen Sie die Checkbox **Negative Beträge für Stornotransaktionsbuchungen zulassen** unter **Administration • Systeminitialisierung • Firmendetails** auf der Registerkarte **Basisinitialisierung** markieren. Die Buchung mit negativen Vorzeichen hat den Vorteil, dass Sie in einem Buchungsjournal diese Stornobuchungen sehr einfach am Vorzeichen erkennen (siehe Abbildung 12.19). Klicken Sie auf den Button **Hinzufügen**, um die Stornobuchung anzulegen.

Falls Sie möchten, dass die Stornobuchung umgekehrt und nicht mit einem negativen Vorzeichen gebucht wird (Generalumkehr), deaktivieren Sie die Checkbox **Negative Beträge für Stornotransaktionsbuchungen zulassen** unter **Administration • Systeminitialisierung • Firmendetails** • Registerkarte **Basisinitialisierung**. Allerdings ist die

Generalumkehr (Stornobuchung mit negativem Vorzeichen) jene, die zu besseren Ergebnissen, z. B. beim Mehrjahresvergleich, führt, da sie den Umsatz auf den beteiligten Konten nicht aufbläht.

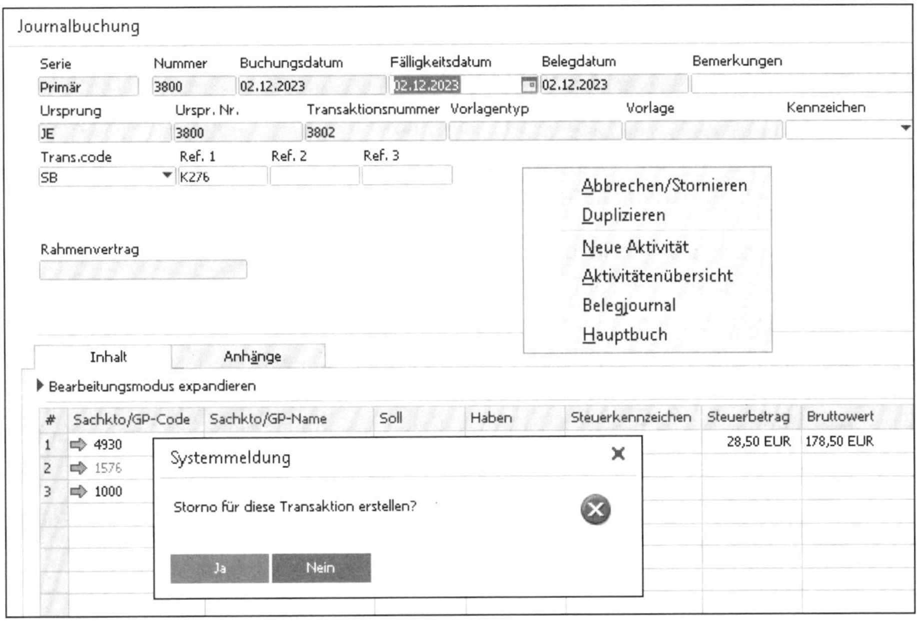

Abbildung 12.18: Eine Journalbuchung stornieren

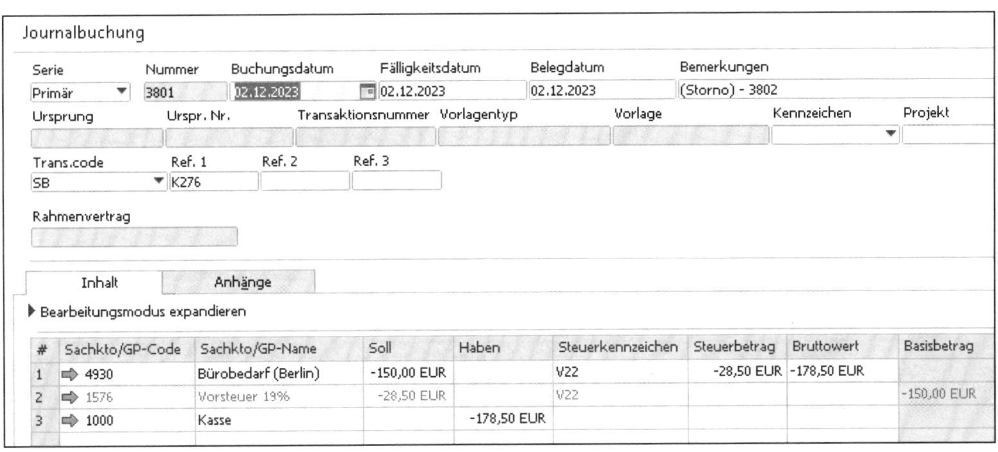

Abbildung 12.19: Stornierte Journalbuchung mit negativem Vorzeichen

[+]

Welche Journalbuchungen kann man stornieren?

Sie können mit der Funktion **Abbrechen/Stornieren** nur jene Journalbuchungen stornieren, die nicht aus Belegen stammen.

[zB]

> **Stornierung einer auf einer Eingangsrechnung basierenden Buchung**
> Eine Journalbuchung, die aufgrund einer Eingangsrechnung erstellt wurde, kann nur mit einer Eingangsgutschrift und nicht mit einer Stornobuchung im Fenster **Journalbuchung** storniert werden. Bei diesen Journalbuchungen wird die Option **Abbrechen/Stornieren** im Kontextmenü nicht angezeigt.

12.4 Buchungsvorerfassung

Die vorerfassten Belege sind ein Instrument, mit dem Sie Buchungen im Voraus auf einen Stapel legen und diesen dann auf einmal buchen können. Der Vorteil liegt darin, dass Sie noch Änderungen vornehmen können. Ein weiterer Vorteil besteht darin, dass andere Mitarbeiter Buchungen (z. B. alle Kassenbuchungen des Tages) vorerfassen können und diese dann erst durch einen erfahrenen Mitarbeiter aus der Buchhaltung gebucht werden bzw. dass ein Vier-Augen-Prinzip für Unternehmen mit hohen Compliance-Ansprüchen umgesetzt werden kann.

Das Fenster **Vorerfasste Belege** (über **Finanzwesen • Vorerfasste Belege**) ist zweigeteilt (siehe Abbildung 12.20).

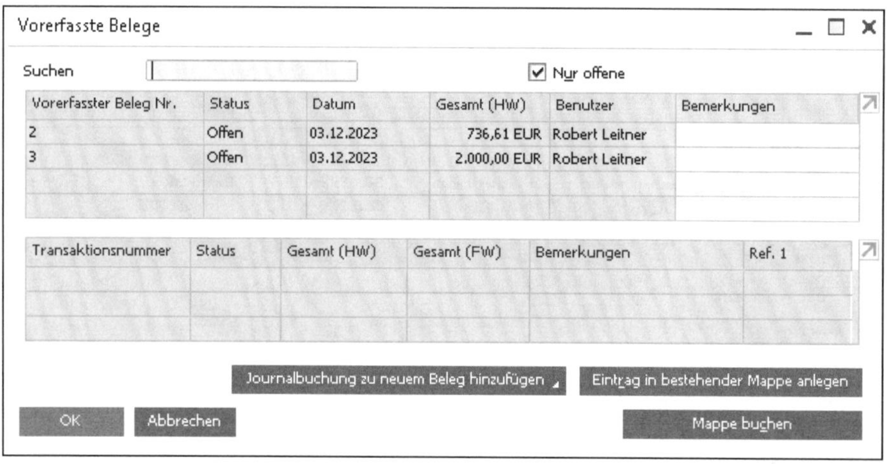

Abbildung 12.20: Fenster »Vorerfasste Belege«

In der Tabelle im oberen Bereich finden Sie die einzelnen Mappen, die wiederum die eigentlichen vorerfassten Buchungen enthalten. Um eine neue Mappe (oder einen neuen Stapel) von Buchungen anzulegen, klicken Sie auf den Button **Journalbuchung zu neuem Beleg hinzufügen**. In der Tabelle im oberen Bereich wird daraufhin ein neuer Eintrag angelegt, und das bereits bekannte Fenster **Journalbuchung** wird geöffnet. Alle Buchungen, die Sie nun anlegen, werden nicht sofort gebucht, sondern in der Mappe abgelegt. Sie können beliebig viele Buchungen in der Mappe ablegen.

Klicken Sie auf den Button **Schließen**, um das Fenster **Journalbuchung** wieder zu schließen. Klicken Sie anschließend im Fenster **Vorerfasste Belege** auf den Button **Aktualisieren**, um die angelegten Journalbuchungen zu speichern. Sie haben nun verschiedene Möglichkeiten:

- **Journalbuchung in bestehende Mappen buchen**
  Um weitere Journalbuchungen in bereits bestehende Mappen zu buchen, markieren Sie die gewünschte Mappe in der oberen Tabelle und klicken auf den Button **Eintrag in bestehender Mappe anlegen**. Das Fenster **Journalbuchung** wird geöffnet, und die nun angelegten Buchungen werden in der markierten Mappe abgelegt.
- **Vorerfassten Beleg ändern**
  Um eine bestehende vorerfasste Buchung zu ändern, klicken Sie doppelt auf die gewünschte Buchung, nehmen Ihre Änderungen vor und klicken auf den Button **Aktualisieren**, um diese zu bestätigen.
- **Buchung in einer Mappe löschen**
  Um eine bestehende Buchung in einer Mappe zu löschen, klicken Sie mit der rechten Maustaste in der unteren Tabelle auf die zu löschende Buchung und wählen den Eintrag **Buchung entfernen** aus dem Kontextmenü aus. Klicken Sie abschließend auf den Button **Aktualisieren**, um die vorgenommenen Änderungen zu speichern.
- **Gesamte Mappe (= vorerfasste Belege) löschen**
  Um die gesamte Mappe zu löschen, klicken Sie mit der rechten Maustaste in der oberen Tabelle auf die zu löschende Mappe und wählen den Eintrag **Vorerfassten Beleg entfernen** aus dem Kontextmenü aus. Klicken Sie abschließend auf den Button **Aktualisieren**, um die vorgenommenen Änderungen zu speichern.
- **Mappe buchen**
  Um die gesamte Mappe zu buchen, markieren Sie die gewünschte Mappe und klicken auf den Button **Mappe buchen**. SAP Business One prüft alle Buchungen der Mappe (z. B. auf Soll-Haben-Gleichheit) und bucht dann die in dieser Mappe angelegten Journalbuchungen.

Wie Sie sehen, sind Buchungsmappen ein effizientes Werkzeug, um die Compliance in Unternehmen zu adressieren. Buchungen, die noch in Mappen gespeichert sind, werden in Standardauswertungen (Bilanz, GuV) dann berücksichtigt, wenn die Checkbox **Vorerf. Belege hinzufügen** aktiv ist.

12.5 Kontierungsmuster

Bei *Kontierungsmustern* handelt es sich um ein Instrument, das Sie bei laufenden Buchungen, die gleichartig oder ähnlich ausgestaltet sind, effizient unterstützen soll. Die Idee ist, die Struktur von Buchungen, die im Lauf eines Geschäftsjahres in dieser Form immer wieder vorkommen (z. B. Bareinkauf von Bürobedarf), anzulegen und bei der eigentlichen Buchung nur noch die Beträge für diese Buchung einzusetzen.

Die Definition eines Kontierungsmusters erfolgt im Fenster **Kontierungsmuster** unter **Finanzwesen • Kontierungsmuster** (siehe Abbildung 12.21). Folgende Angaben müssen Sie pflegen:

1. **Feld »Code« pflegen**
   Geben Sie einen eindeutigen Code für das Kontierungsmuster an. Der Code sollte nicht zu lang und leicht zu merken sein, da er im Fenster **Journalbuchung** für die Auswahl des Kontierungsmusters verwendet wird und diese rasch und effizient erfolgen sollte.
2. **Feld »Vorlagenbeschreibung« pflegen**
   Geben Sie eine aussagekräftige Vorlagenbeschreibung an. Dies gilt vor allem dann, wenn Sie mehrere gleichartige Kontierungsmuster verwenden.
3. **Spalten »Sachkto/GP-Code«, »Sachkonto/GP-Name« und »Steuerkennzeichen« pflegen**
   Geben Sie diese Daten für den kompletten Buchungssatz an, wie auch das Beispiel in Abbildung 12.21 zeigt.

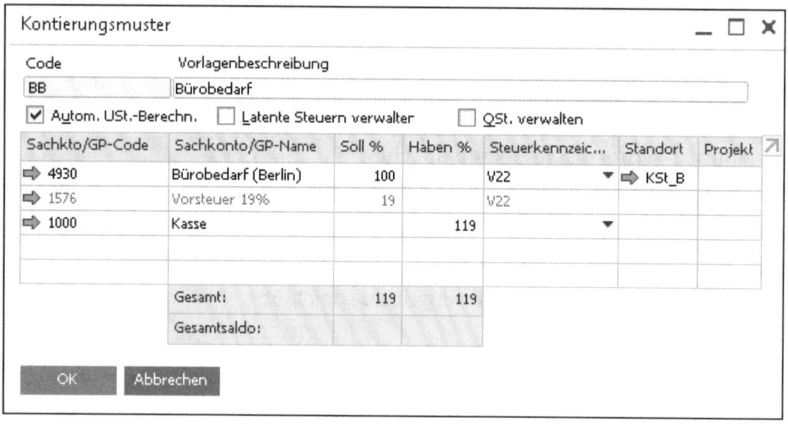

Abbildung 12.21: Kontierungsmuster definieren

4. **Spalten »Soll %« und »Haben %« pflegen**
   Anstelle der Beträge geben Sie pro Buchungszeile Soll und Haben in Form eines Prozentverhältnisses wie z. B. in Abbildung 12.21 an. Bei der Buchung des Kontierungsmusters im Fenster **Journalbuchung** müssen Sie lediglich einen Betrag eingeben. Die Prozentsätze werden entsprechend ihrem Anteil mit den Beträgen gefüllt.
5. **Dimensionen und Projekt**
   Je nach Definition der Dimensionen werden diese hier angezeigt, das Bild wird also um bis zu fünf Spalten erweitert. In Abbildung 12.21 ist beispielhaft eine Dimension **Standort** aktiviert. Mehr zur Definition von Dimensionen erfahren Sie in Abschnitt 12.8.2, »Kostenstellen«. Das Projekt kann in jedem Fall angegeben werden.
6. **Button »Hinzufügen« anklicken**
   Klicken Sie auf den Button **Hinzufügen**, um das Kontierungsmuster anzulegen.

Die Verwendung eines Kontierungsmusters erfolgt im Fenster **Journalbuchung** (siehe Abbildung 12.22). In diesem Fenster müssen Sie die folgenden Schritte ausführen:

1. **Feld »Vorlagentyp« pflegen**
   Wählen Sie den Eintrag **Prozentsatz** aus der Dropdown-Liste **Vorlagentyp** aus.
2. **Feld »Vorlage« pflegen**
   Geben Sie den Code des Kontierungsmusters ein, oder drücken Sie die ↹-Taste, um die Auswahlliste zu öffnen. Klicken Sie auf den Button **Auswählen**, um das gewünschte Kontierungsmuster auszuwählen.

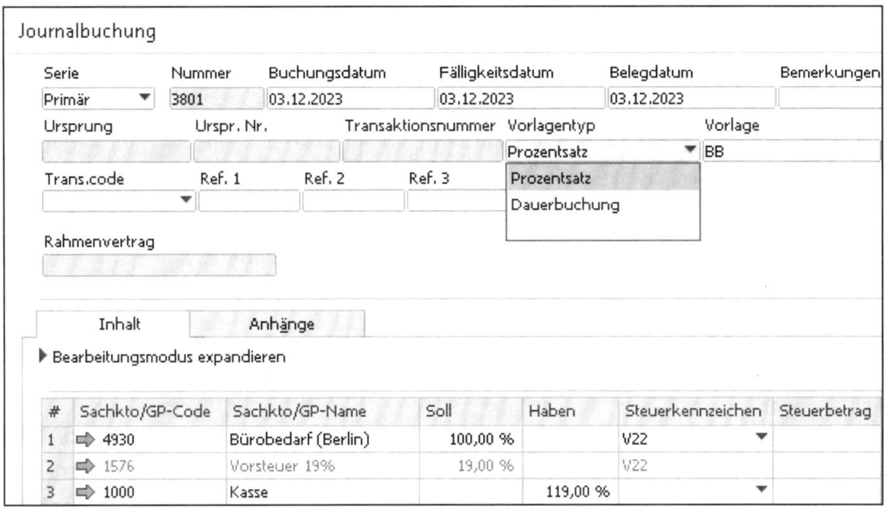

Abbildung 12.22: Ein Kontierungsmuster verwenden

3. **Spalten »Soll« und »Haben« pflegen**
   Geben Sie anstelle der vorgeschlagenen Prozentsätze die gewünschten Beträge für diesen Buchungssatz ein. Es reicht, wenn Sie irgendeinen der Prozentsätze durch einen Betrag ersetzen. Die anderen Beträge werden gemäß der Prozentaufteilung errechnet. Sobald Sie einen neuen Betrag eingeben, werden alle Beträge der Buchung neu errechnet.

   Klicken Sie auf den Button **Vorlage zurücksetzen**, um die Journalbuchung von dem Kontierungsmuster zu »entkoppeln«. Wenn Sie anschließend einen Betrag eingeben, wird er nicht mehr neu berechnet. Sie können nun auch neue Buchungszeilen mit anderen Konten hinzufügen. Wenn Sie die Journalbuchung einmal vom Kontierungsmuster entkoppelt haben, können Sie dies für diese Journalbuchung auch nicht mehr zurücksetzen. Sie müssen das Kontierungsmuster neu auswählen, um den Ursprungszustand wiederherzustellen.
4. **Button »Hinzufügen« anklicken**
   Klicken Sie schließlich auf den Button **Hinzufügen**, um die Journalbuchung anzulegen.

[+]

Vorteile der Verwendung von Kontierungsmustern

Sie werden erkennen, dass die Verwendung von Kontierungsmustern ein erhebliches Zeiteinsparungspotenzial in Ihrer laufenden Buchhaltung mit sich bringt. Gerade bei vielen ähnlich gelagerten Buchungen können Sie Kontierungsmuster effizient einsetzen. Die Kontierungsmuster eignen sich z. B. hervorragend dafür, das Kassenbuch zu führen.

Für jede Art des Kassenaus- oder -eingangs legen Sie ein eigenes Kontierungsmuster mit einem griffigen Namen an. Bei einem typischen kleinen oder mittleren Unternehmen wiederholen sich die Kassenbuchungen ständig. Sie werden wahrscheinlich mit wenigen Kontierungsmustern auskommen, um den überwiegenden Teil der Kassenbuchungen abzudecken.

Den Rest der Kassenbuchungen können Sie mit klassischen Journalbuchungen durchführen. Die Zeitersparnis ist bei dieser Art der Kassenbuchung erheblich. Darüber hinaus können Sie mit der Vorbesetzung von Kostenrechnungsdimensionen und Projekten die Qualität der Kotenrechnung deutlich steigern.

12.6 Dauerbuchungen

Dauerbuchungen sind – ähnlich wie Kontierungsmuster – ein Hilfsmittel, das SAP Business One Ihnen zur Verfügung stellt, um Ihre Buchhaltung effizienter zu gestalten. Ziel ist es, wiederkehrende Buchungen, die den gleichen Buchungssatz und Betrag benötigen, automatisch von SAP Business One vorschlagen und buchen zu lassen (z. B. Aufwendungen wie Miete, Leasing oder Versicherung).

Solche Buchungen werden im Fenster **Dauerbuchungen** (über **Finanzwesen • Dauerbuchungen**) angelegt (siehe Abbildung 12.23). Um Dauerbuchungen zu definieren, gehen Sie folgendermaßen vor:

1. **Feld »Code« pflegen**
   Geben Sie einen Code für die Dauerbuchung ein.
2. **Feld »Beschreibung« pflegen**
   Geben Sie eine Beschreibung der Dauerbuchung ein. Aus ihr sollte der Zweck der Dauerbuchung klar hervorgehen.
3. **Felder »Ref. 1«, »Ref. 2«, »Ref. 3«, »Trans.code« und »Bemerkungen« pflegen**
   Geben Sie Vorschlagswerte für diese Felder an. Diese können Sie bei der tatsächlichen Buchung noch ändern, idealerweise ist das aber nicht mehr notwendig.
4. **Spalten »Sachkto/GP-Code«, »Sachkonto/GP-Name«, »Soll«, »Haben« und »Steuerkennzeichen« pflegen**
   Erfassen Sie die Felder in der Buchungszeile auf die gleiche Weise wie im Fenster **Journalbuchung** für diesen Geschäftsfall.

5. **Feld »Intervall« pflegen**
Wählen Sie das Intervall für diese Dauerbuchung aus der Dropdown-Liste aus. Es stehen Ihnen die Optionen **Täglich**, **Wöchentlich**, **Monatlich**, **Vierteljährlich**, **Halbjährlich**, **Jährlich** etc. zur Verfügung. Wählen Sie im Feld rechts daneben, an welchem Punkt im Intervall die Buchung stattfinden soll (z. B. am 8. des Monats). Wählen Sie im Feld **Intervall** die Option **Einmalig**, um eine zukünftig geplante einmalige Buchung anzulegen. Wählen Sie die Option **Vorlage**, um eine Buchungsvorlage für das Fenster **Journalbuchung** zu erstellen.

6. **Feld »Nächste Ausführung« pflegen**
Wählen Sie ein Datum, an dem die nächste Buchung dieser Dauerbuchung abgesetzt werden soll.

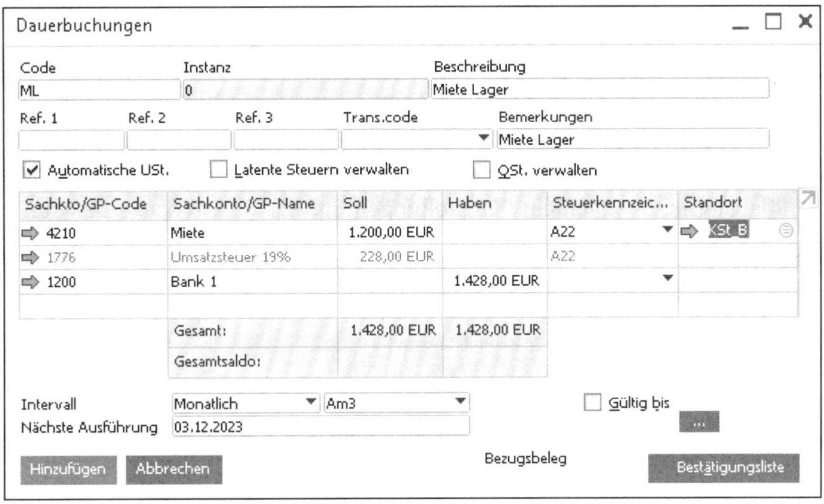

Abbildung 12.23: Dauerbuchung definieren

7. **Feld und Checkbox »Gültig bis« pflegen**
Markieren Sie diese Checkbox, und geben Sie anschließend auch ein Enddatum ein, bis zu dem die Dauerbuchung ausgeführt werden soll. Auf diese Weise können Sie z. B. auch zeitlich begrenzte Buchungen wie gleichmäßig hohe Kredittilgungen buchen.

8. **Button »Bezugsbeleg« anklicken**
Klicken Sie auf den Button ... (**Bezugsbeleg**), um eine Verbindung zwischen der Buchung und einem Beleg herzustellen, der die Grundlage dieser Buchung darstellt. In der Regel wird eine Transaktion die Grundlage einer Dauerbuchung bilden, diese wird idealerweise ebenfalls in SAP Business One abgebildet sein. In Abbildung 12.24 ist eine Bestellung der Bezugsbeleg und damit die Grundlage für die Dauerbuchung aus Abbildung 12.23.

9. **Button »Hinzufügen« anklicken**
Klicken Sie auf den Button **Hinzufügen**, um die Dauerbuchung anzulegen.

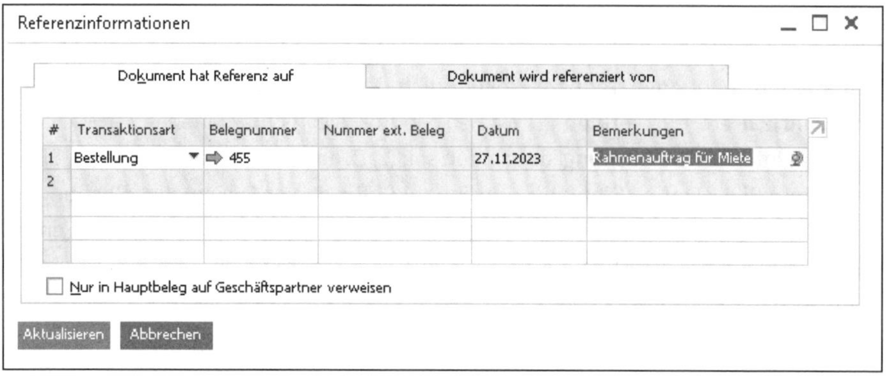

Abbildung 12.24: Referenzbeleg einer Dauerbuchung definieren

SAP Business One erinnert Sie an dem Tag, an dem die Dauerbuchung fällig ist, beim ersten Arbeiten mit dem System durch das Erinnerungsfenster **Bestätigung von Dauerbuchungen** (siehe Abbildung 12.25). Damit diese Erinnerung auch tatsächlich erfolgt, müssen Sie die Checkbox **Dauerbuchungen zur Ausführung anzeigen** unter **Administration • Systeminitialisierung • Allgemeine Einstellungen** auf der Registerkarte **Dienste** markieren.

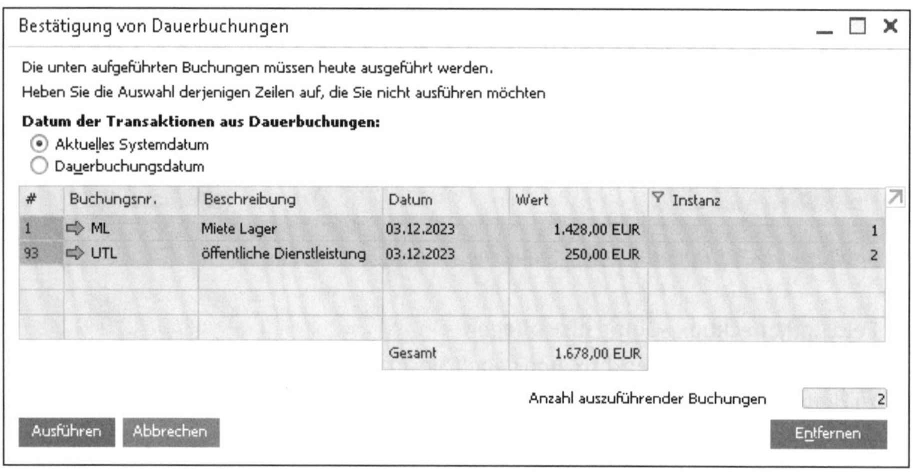

Abbildung 12.25: Dauerbuchungen ausführen

Klicken Sie auf den Button **Ausführen** im Fenster **Bestätigung von Dauerbuchungen**, um die Buchungen tatsächlich abzusetzen. Alternativ dazu können Sie dieses Fenster mit dem Button **Bestätigungsliste** im rechten unteren Bereich des Fensters **Dauerbuchungen** manuell aufrufen und die aufgelisteten Dauerbuchungen gegebenenfalls verändern.

Eine weitere Möglichkeit besteht darin, die Dauerbuchung oder die Vorlage im Fenster **Journalbuchung** aufzurufen. Die Vorgehensweise ähnelt derjenigen beim Aufrufen von

Kontierungsmustern. Im Feld **Vorlagentyp** wählen Sie jedoch den Eintrag **Dauerbuchung**; anschließend drücken Sie die [⇆]-Taste, um die Auswahlliste mit den einzelnen Dauerbuchungen zu öffnen. Markieren Sie die gewünschte Buchung, und klicken Sie auf den Button **Auswählen**, um die Dauerbuchung zu laden.

[+]

Buchungsstoff analysieren

Auf den ersten Blick sind Dauerbuchungen eine attraktive Lösung, um Buchungsstoff schnell und einfach zu verarbeiten. Andererseits finden wiederkehrende, gleichartige Dauerbuchungen (z. B. Miete, Versicherung, Leasing) in der Regel ihren Niederschlag auf einem Ihrer Bankkonten. Diese können Sie mithilfe der **Kontoauszugsverarbeitung** bzw. des Imports des Kontoauszugs sehr einfach und hochautomatisiert buchen (siehe Kapitel 13, »Bankenabwicklung«). Prüfen Sie daher im Vorfeld, ob es nicht effizienter ist, wenn Sie sich mit der Kontoauszugsverarbeitung auseinandersetzen, da die Abstimmung und Buchung des Kontoauszugs ohnehin notwendig sind.

12.7 Buchungen in Fremdwährung

SAP Business One bietet alle Möglichkeiten, Fremdwährungen zu führen, denn die Fremdwährungen sind bestens in das gesamte Spektrum der Funktionen von SAP Business One integriert.

Die Währungssystematik in SAP Business One besteht aus einem dreistufigen System:

- **Hauswährung**
  Die Hauswährung ist die Währung, die Sie für Ihr Unternehmen festlegen. Diese wählen Sie im Fenster **Firmendetails** auf der Registerkarte **Basisinitialisierung** (über **Administration • Systeminitialisierung • Firmendetails**) beim Anlegen Ihres Unternehmens aus. Mit der ersten Journalbuchung kann die Hauswährung nicht mehr geändert werden. Grundsätzlich werden alle Transaktionen in Hauswährung geführt.
- **Systemwährung**
  Die Systemwährung ist eine (abweichende) Währung, die Sie parallel zu Ihrer Hauswährung führen können. Jeder Kontensaldo wird neben der Hauswährung auch in der Systemwährung angezeigt. Damit steht Ihnen eine weitere Währung zur Verfügung, die Sie für Reporting-Zwecke verwenden können, z. B. wenn Sie einen Tochterbetrieb in SAP Business One abbilden, das Reporting an die Konzernmutter aber in einer abweichenden Währung durchgeführt werden muss
- **Kontowährung oder Belegwährung**
  Das ist jene Währung, die konkret dem Sachkonto, dem Geschäftspartner oder dem Beleg zugeordnet ist. Das kann eine abweichende dritte Fremdwährung sein.

[zB]

Verhältnis von Hauswährung und Systemwährung

Ihr Mutterunternehmen bilanziert z. B. in Schweizer Franken (CHF). In diesem Fall werden Sie als Mitarbeiter eines deutschen oder österreichischen Tochterunternehmens als Hauswährung EUR wählen und als Systemwährung CHF. Diese wählen Sie im Fenster **Firmendetails** auf der Registerkarte **Basisinitialisierung** (über **Administration • Systeminitialisierung • Firmendetails**) beim Anlegen Ihres Unternehmens aus. Mit der ersten Journalbuchung kann die Systemwährung nicht mehr geändert werden. Bei Ausgabe der Ist-Berichte (GuV, Bilanz, Saldenliste) können Sie wählen, ob der Report in Hauswährung oder in Systemwährung oder in beiden Währungen ausgegeben werden soll.

[+]

Systempflege bei unterschiedlicher Haus- und Systemwährung

Eine von der Hauswährung abweichende Systemwährung erfordert eine regelmäßige, unter Umständen tägliche Kurspflege, da alle Salden in beiden Währungen geführt werden. Zumindest müssen Sie die Kurse für jeden Tag festlegen, an dem Sie mit SAP Business One arbeiten, da SAP bei einer abweichenden Systemwährung an jedem Tag, an dem Transaktionen stattfinden, die Umrechnungskurse zwischen Hauswährung und Systemwährung benötigt. Wählen Sie daher nur eine abweichende Systemwährung, wenn dies konzerntechnisch oder betriebswirtschaftlich für Sie sinnvoll ist.

Über das SAP Business One Integration Framework können Sie auf die von der EZB veröffentlichten Kurse zugreifen und sie automatisch importieren, wenn das Integration Framework entsprechend konfiguriert ist. Diesen Lösungsansatz sollten Sie mit Ihrem Consultant besprechen und umsetzen.

Neben den einzelnen Währungen aus dem Fenster **Währungen** (über **Administration • Definitionen • Finanzwesen • Währungen**) können Sie dem Sachkonto oder Geschäftspartner die Option **Alle Währungen** zuordnen. Mit dieser Option lässt sich der einzelne Beleg oder die einzelne Journalbuchung in einer beliebigen Währung erfassen.

Im Fenster **Firmendetails** auf der Registerkarte **Basisinitialisierung** (über **Administration • Systeminitialisierung • Firmendetails**) können Sie den Vorschlagswert für ein neu anzulegendes Sachkonto oder einen neu anzulegenden Geschäftspartner festlegen. An dieser Stelle empfiehlt es sich, die Option **Alle Währungen** auszuwählen. Auch bei der Neuanlage von Sachkonten oder Geschäftspartnern sollten Sie nur eine einzelne Währung zuordnen, wenn Sie sichergehen können, dass mit keiner anderen Währung auf dieses Konto gebucht wird (z. B. Barkasse in CHF).

Tabelle 12.3 zeigt Ihnen eine Übersicht darüber, mit welchen Währungen Sie Buchungen erfassen können und in welcher Währung der Saldo angezeigt werden kann.

	Erfassen von Buchungen mit	Anzeige des Kontensaldos in
Kontowährung = Hauswährung	■ Hauswährung	■ Hauswährung ■ Systemwährung
Kontowährung = festgelegte Fremdwährung	■ Hauswährung ■ festgelegte Fremdwährung	■ Hauswährung ■ Systemwährung ■ festgelegte Fremdwährung
Kontowährung = alle Währungen (Mehrfachwährung)	■ Hauswährung ■ beliebige Fremdwährung	■ Hauswährung ■ Systemwährung

Tabelle 12.3: Übersicht über Währungen für Buchungen und Kontensaldo

Der größte Vorteil der Option **Alle Währungen** ist, dass der Benutzer in der Auswahl der Währung nicht eingeschränkt ist und flexibel bleibt.

Sie können Währungen unter **Administration • Definitionen • Finanzwesen • Währungen** definieren. Beim Anlegen Ihres Unternehmens werden die gängigsten Währungen automatisch eingerichtet.

Nachdem Sie alle Währungen definiert haben, können Sie die Wechselkurse festlegen. SAP Business One unterstützt die tägliche Pflege der Wechselkurse und bietet ein Instrument – das Fenster **Wechselkurse und Indizes** –, mit dem Sie den Wechselkurs auch für einen kompletten Zeitraum festlegen können. Dies geschieht im besagten Fenster **Wechselkurse und Indizes** (**Administration • Wechselkurse und Indizes**, siehe Abbildung 12.26).

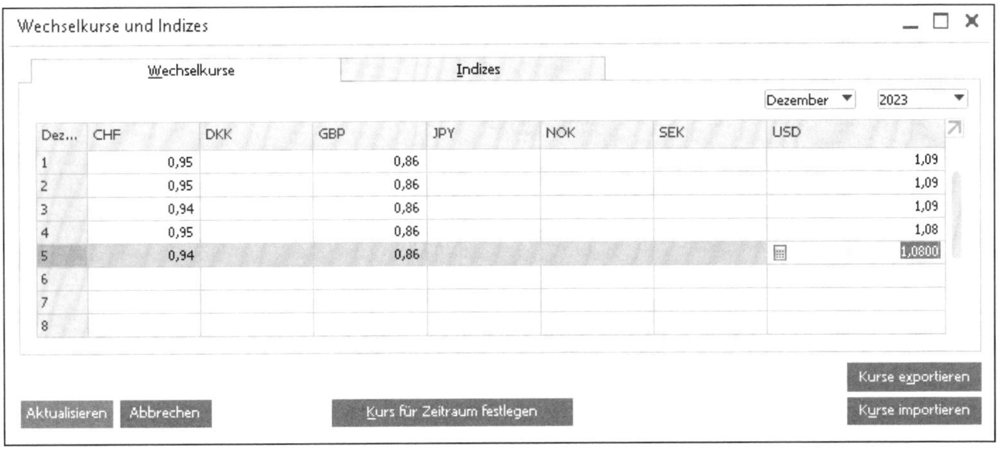

Abbildung 12.26: Wechselkurse festlegen (indirekte Methode)

Im Fenster **Wechselkurse und Indizes** sind die angelegten Wechselkurse waagerecht eingetragen und die einzelnen Tage des Monats senkrecht. Im rechten oberen Bereich des Fensters wählen Sie, für welchen und welches Jahr Sie die Kurse festlegen.

Die Kurse geben Sie nach der Fremdwährungsmethode ein, die Sie im Fenster **Allgemeine Einstellungen** auf der Registerkarte **Anzeigen** (über **Administration • Systeminitialisierung • Allgemeine Einstellungen**) in der Optionsgruppe **Fremdwährungswertberichtigung** festgelegt haben.

Hier stehen Ihnen folgende Möglichkeiten zur Verfügung:

- **Indirekte Kursnotierung**
  Für die Option **Indirekt** legen Sie die Kurse in der Form *1 Einheit der Hauswährung = x Einheiten der Fremdwährung* fest (z. B. *1 EUR = 1,1 USD*).
- **Direkte Kursnotierung**
  Für die Option **Direkt** legen Sie die Kurse in der Form *1 Einheit der Fremdwährung = x Einheiten der Hauswährung* fest (z. B. *1 USD = 0,91 EUR*).

Das Beispiel in Abbildung 12.26 zeigt die indirekte Währungsfestlegung. Diese ist zu empfehlen, da auf diese Weise in der Regel die Kurse notieren.

Um einen Wechselkurs für einen Zeitraum festzulegen, klicken Sie auf den Button **Kurs für Zeitraum festlegen**. Im nun geöffneten Fenster (siehe Abbildung 12.27) wählen Sie einen Zeitraum im oberen Bereich aus und legen den Kurs für die gewünschte Fremdwährung für diesen Zeitraum fest.

Abbildung 12.27: Kurse für einen Zeitraum festlegen

SAP Business One hat ein einfaches Prinzip: Wann immer ein Kurs fehlt, öffnet sich das Fenster **Wechselkurse und Indizes**. Der Cursor springt automatisch in das Feld, in dem der fehlende Kurs einzutragen ist. Dort legen Sie den Kurs fest. Fehlen mehrere Kurse, springt der Cursor nacheinander in alle betroffenen Felder. Das funktioniert natürlich nur dann, wenn der jeweilige Benutzer auch die Rechte hat, um die Fremdwährungstabelle zu pflegen. Stellen Sie also sicher, dass die notwendigen Berechtigungen vergeben sind oder dass die zentrale oder automatische Pflege der Wechselkurse gewährleistet ist.

[zB]

Fehlende Kurse

Sie möchten eine Bestellung für einen britischen Lieferanten anlegen, der britische Pfund in den **Geschäftspartner-Stammdaten** zugeordnet hat. Wenn Sie das Fenster **Bestellung** öffnen und kein Wechselkurs für diesen Tag vorhanden ist, öffnet SAP Business One das Fenster **Wechselkurse und Indizes** und positioniert den Cursor in dem Feld **GBP** (= britische Pfund) am entsprechenden Tag. Erst wenn Sie einen Kurs eingegeben haben, öffnet sich das Fenster **Bestellung**.

[+]

Wechselkurse bei Transaktionen ohne automatische Buchung

Auch wenn es sich um eine Transaktion handelt, die noch keine automatische Buchung bewirkt, benötigt SAP Business One bereits einen Wechselkurs, um den Wert dieser Transaktion in der Fremdwährung und in der Hauswährung führen zu können. Daher benötigen Sie z. B. bereits für eine Bestellung, ein Angebot oder einen Kundenauftrag einen Wechselkurs, falls er in einer Fremdwährung erstellt ist.

Nach dem Anlegen der Währungen und dem Festlegen der Wechselkurse sollen an dieser Stelle die eigentlichen Transaktionen (z. B. **Eingangsrechnung** oder **Journalbuchung**) in Fremdwährung behandelt werden.

12.7.1 Eingangsrechnung für Lieferanten

Als erster Fall wird eine Eingangsrechnung für einen Lieferanten angelegt, der immer in britischen Pfund (GBP) fakturiert (siehe Abbildung 12.28).

Der Lieferant hat in den **Geschäftspartner-Stammdaten** die Währung britische Pfund (GBP) fix hinterlegt, wie in Abbildung 12.28 bei ❶ zu sehen ist. Aus diesem Grund kann die Währung auch in der Eingangsrechnung nicht verändert werden – das Feld ist ausgegraut. Der Wechselkurs im Fenster **Eingangsrechnung** rechts neben dem Währungskürzel ❷ stammt aus dem Fenster **Wechselkurse und Indizes**. Dieser Wechselkurs kann im Beleg noch geändert werden.

Sollte SAP Business One für das eingegebene Buchungsdatum keinen Wechselkurs hinterlegt haben, öffnet sich das Fenster **Wechselkurse und Indizes**. Dort geben Sie den Kurs für den entsprechenden Tag ein.

Der Stückpreis kann in einer beliebigen Währung eingegeben oder aus der (Fremdwährungs-)Preisliste vorgeschlagen werden; im Beispiel in Abbildung 12.28 sind das britische Pfund. Der Gesamtpreis in den Belegzeilen und im Belegfuß wird in der Währung des Geschäftspartners angegeben. Nach dem Hinzufügen der Eingangsrechnung wird die Journalbuchung abgesetzt.

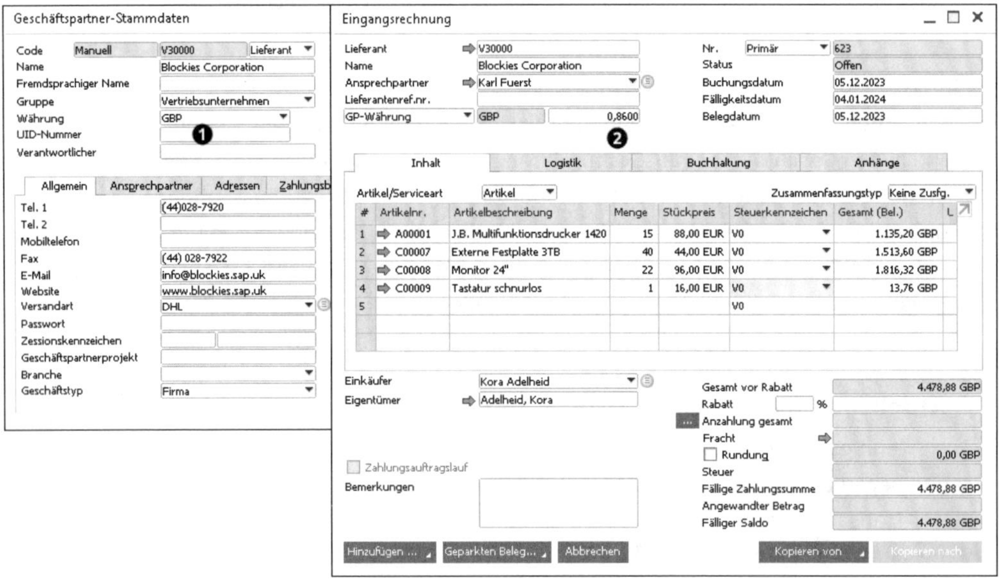

Abbildung 12.28: Transaktion mit fix zugeordneter Fremdwährung

Wenn Sie das Fenster **Journalbuchung** aufrufen, werden automatisch die Spalten der Fremdwährung, **Soll (FW)** und **Haben (FW)**, angezeigt (❸ in Abbildung 12.29).

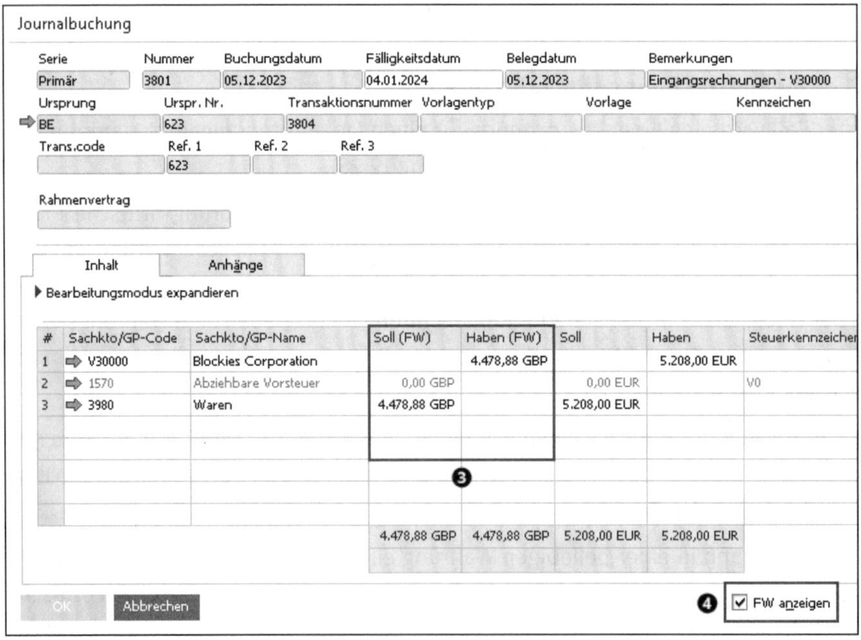

Abbildung 12.29: Ergebnis der Transaktion im Hauptbuch

Die Checkbox **FW anzeigen** ❹ wird automatisch aktiviert. In den Spalten **Soll** und **Haben** finden sich die umgerechneten Beträge in Hauswährung. Eingangsrechnung und Journalbuchung können Sie nach dem Hinzufügen in der gebuchten Fremdwährung (GBP), in der Hauswährung (EUR) und auch in der Systemwährung (EUR) anschauen, wobei die Systemwährung, wie bereits beschrieben, von der Hauswährung abweichen kann.

12.7.2 Ausgangsrechnung für einen Kunden

Als zweiter Fall wird eine Ausgangsrechnung für einen Kunden angelegt, der Rechnungen in verschiedenen Währungen erhält (siehe Abbildung 12.30). Der Kunde hat in den **Geschäftspartner-Stammdaten** den Eintrag **Alle Währungen** ❶ hinterlegt. Diese Zuordnung erfolgt immer dann, wenn für den Kunden Belege mit verschiedenen Währungen angelegt werden müssen. Hat der Kunde **Alle Währungen** hinterlegt, kann die eigentliche Währung plus Wechselkurs noch im Beleg ausgesucht werden ❷.

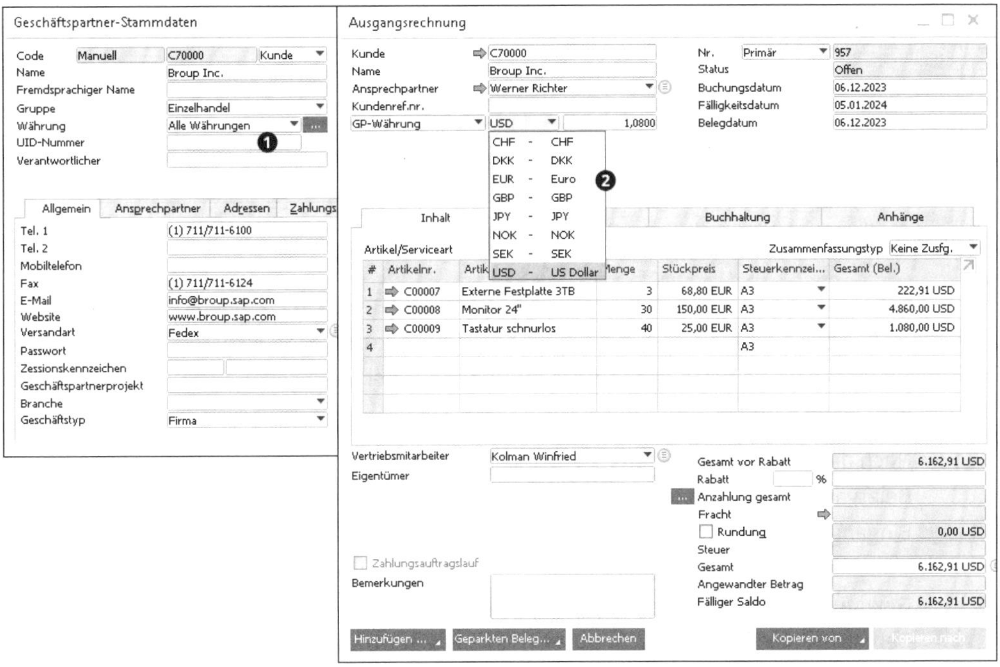

Abbildung 12.30: Transaktion mit Option »Alle Währungen«

Nach dem Hinzufügen wird neben der Buchung der offenen Forderungen auch die automatische Wareneinsatzumbuchung abgesetzt. Diese wird mit dem aktuellen Artikelwert ebenfalls in der ausgewählten Fremdwährung gebucht (❸ in Abbildung 12.31). Die Checkbox **FW anzeigen** ❹ wird wieder automatisch aktiviert.

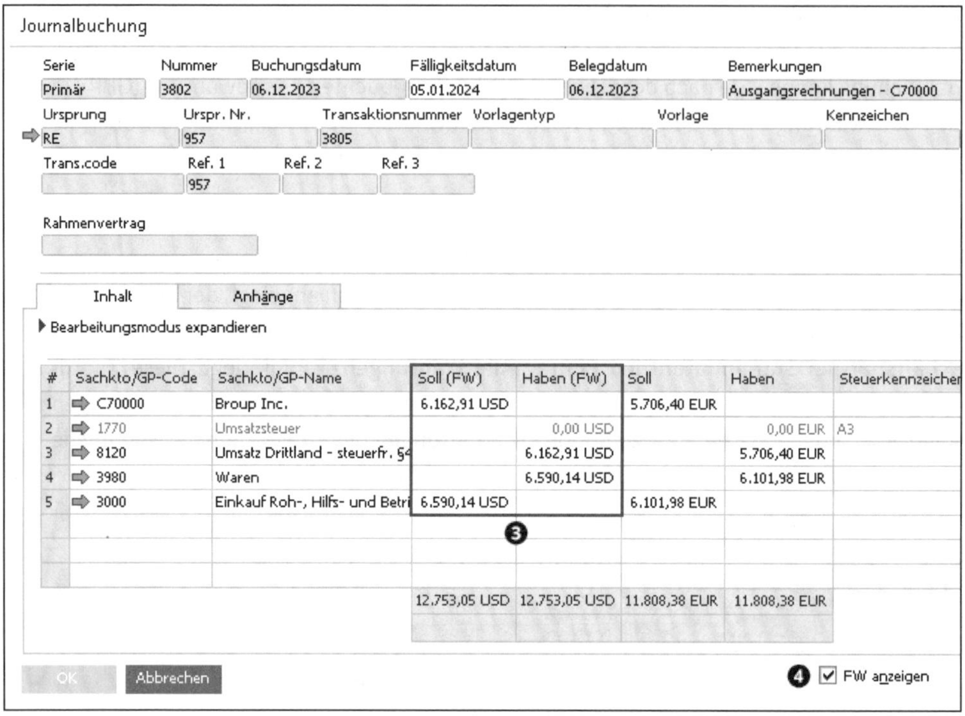

Abbildung 12.31: Ergebnis der Transaktion im Hauptbuch

Generell können Sie beim Weiterverarbeiten eines Belegs in Fremdwährung im **Belegerstellungsassistenten** bestimmen, ob der **Wechselkurs des Basisbelegs** (z. B. der Lieferung für den Zielbeleg **Ausgangsrechnung**) oder der **Wechselkurs des aktuellen Tages** verwendet wird.

Nach dem Kopieren der Daten in die Ausgangsrechnung können Sie den Wechselkurs im Beleg ändern. Bei einem abweichenden Wechselkurs zwischen Ausgangsrechnung und Eingangszahlung – bzw. sinngemäß zwischen Eingangsrechnung und Ausgangszahlung – wird die Differenz automatisch auf je ein Konto für Kursgewinne (**Realisierte Kursdiff. – Gewinn**) und eines für Verluste (**Realisierte Kursdiff. – Verlust**) gebucht. Diese werden im Bereich **Kontenfindung Sachkonten** in den Registern **Verkauf** bzw. **Einkauf** hinterlegt.

In Abbildung 12.32 sehen Sie die Auswirkung eines gestiegenen Kurses auf die Zahlung der Eingangsrechnung aus Abbildung 12.28. Während der Lieferant seine ursprüngliche Forderung in GBP erhält, belastet diese Überweisung infolge eines gestiegenen Kurses unser Bankkonto mit einem höheren Euro-Betrag als in der Eingangsrechnung ausgewiesen. Diese Differenz wird automatisch auf das Konto »Aufwendungen nach Kursdifferenzen« gebucht.

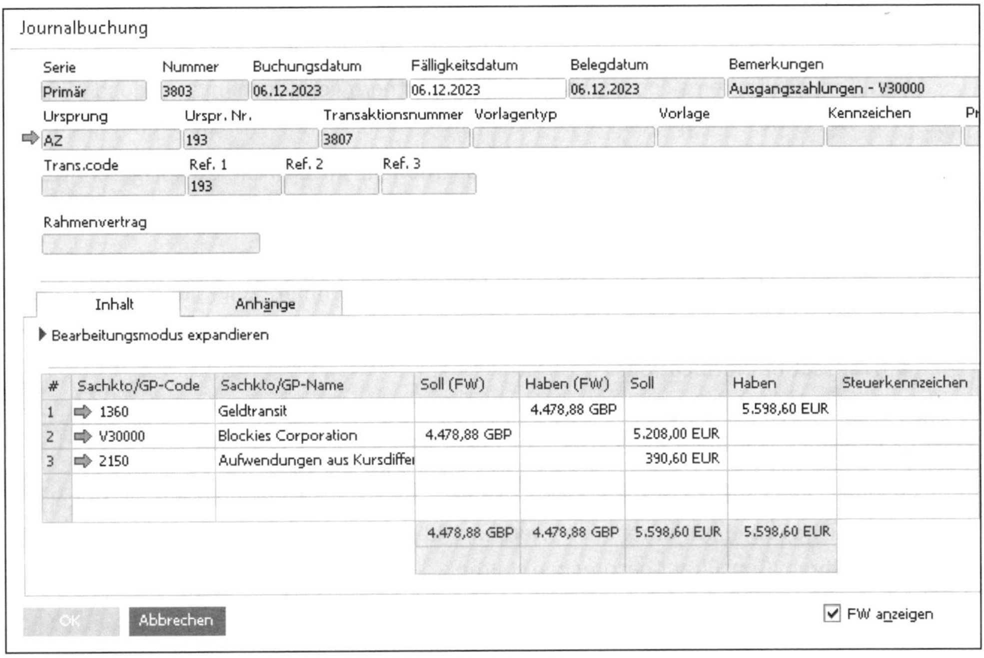

Abbildung 12.32: Kursdifferenz bei Ausgangszahlung

12.8 Einbinden der Kostenrechnung

In SAP Business One haben Sie die Möglichkeit, Kosten, die aus Aufwands- oder Ertragsbuchungen resultieren, auf Dimensionen, Kostenstellen und Projekten zu sammeln. Projekte können als Kostenträger aufgefasst werden, sie können aber auch zur Sammlung von Kosten verwendet werden, die durch ein definiertes Projekt verursacht werden (siehe Kapitel 17, »Projektmanagement«).

Sammeln bedeutet, dass Sie in Transaktionen, die ergebniswirksam sind (Ausgangsrechnungen, Lieferscheine, Eingangsrechnungen etc.), aber auch in direkten Buchungen im Hauptbuch auf die Kostenrechnungsobjekte wie Dimensionen, Kostenstellen oder Projekte verweisen. Dies kann automatisch geschehen, indem diese Objekte schon in den Stammdaten fix hinterlegt sind, z. B. bei den Aufwands- und Erlöskonten. Der Verweis kann aber auch manuell erfolgen, indem das Objekt in der Transaktion eingegeben wird. Ebenso kann natürlich auch ein Vorschlag des Systems übersteuert werden. Ziel sollte aber immer sein, einen Automatismus zu etablieren, um Eingabeaufwand zu reduzieren und die Korrektheit der gewählten Kostenrechnungsobjekte zu gewährleisten.

Kostenrechnungsobjekte sollten möglichst automatisch in die Transaktionen eingetragen werden. Nur so lassen sich Qualität und Aussagekraft der Kostenrechnung sicherstellen. Das klingt nach einer Binsenweisheit, ist in der Praxis aber oft schwer umzusetzen. Denn Sachbearbeitende sind sich häufig nicht sicher, welchem Kostenrechnungsobjekt eine Transaktion zuzuordnen ist. Hinzu kommt: SAP Business One bietet keine stringente Findung von Kostenrechnungsobjekten, wie sie etwa bei der Sachkontenfindung existiert. Projekte lassen sich zwar mit Geschäftspartnern verbinden, nicht jedoch mit Artikeln. Weder Geschäftspartner noch Artikel lassen sich mit Kostenstellen verknüpfen.

Wollen Sie also den Automatisationsgrad erhöhen, müssen Sie zu fortgeschrittenen Werkzeugen greifen:

- **Benutzerdefinierte Felder und formatierte Suchen**
  Benutzerdefinierte Felder und formatierte Suchen können Projekt und Kostenstellen in Belegen automatisch füllen.
- **Transaction Notifications**
  Transaction Notifications können verhindern, dass Transaktionen hinzugefügt werden, die unvollständig sind.

Beide Lösungsansätze sind technisch komplex, müssen auch in ihren Auswirkungen auf die tägliche Arbeit gut durchdacht werden und sind daher weiterführende Themen, die Sie mit Ihrem Consultant besprechen sollten.

12.8.1 Projekte

Eine Methode, Kosten zu sammeln, ist die Anlage von Projekten und das anschließende Bebuchen der Projekte in den Transaktionen. Die *Projekte* legen Sie mit **Projektcode** (maximal acht Zeichen) und **Projektname** (maximal 30 Zeichen) sowie mit dem Gültigkeitszeitraum unter **Administration • Definitionen • Finanzwesen • Projekte** an (siehe Abbildung 12.33).

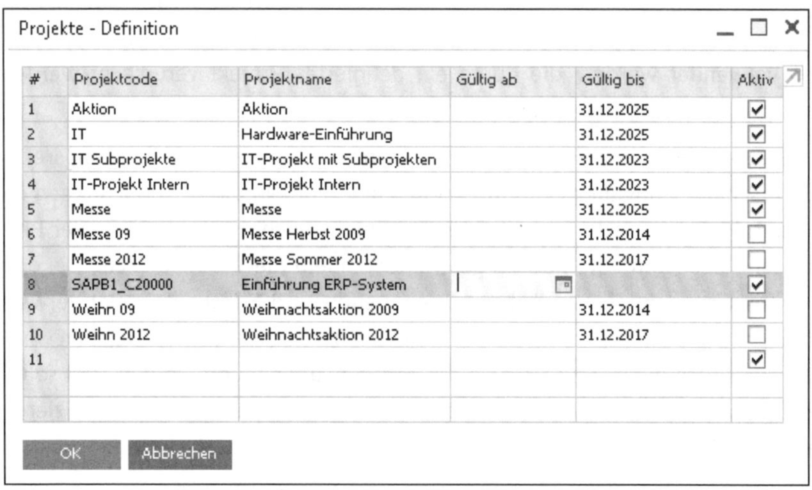

#	Projektcode	Projektname	Gültig ab	Gültig bis	Aktiv
1	Aktion	Aktion		31.12.2025	☑
2	IT	Hardware-Einführung		31.12.2025	☑
3	IT Subprojekte	IT-Projekt mit Subprojekten		31.12.2023	☑
4	IT-Projekt Intern	IT-Projekt Intern		31.12.2023	☑
5	Messe	Messe		31.12.2025	☑
6	Messe 09	Messe Herbst 2009		31.12.2014	☐
7	Messe 2012	Messe Sommer 2012		31.12.2017	☐
8	SAPB1_C20000	Einführung ERP-System			☑
9	Weihn 09	Weihnachtsaktion 2009		31.12.2014	☐
10	Weihn 2012	Weihnachtsaktion 2012		31.12.2017	☐
11					☑

Abbildung 12.33: Projekt anlegen

Die Zuordnung kann bereits in den **Geschäftspartner-Stammdaten** auf der Registerkarte **Allgemein** im Feld **Geschäftspartnerprojekt** erfolgen. Dies ist dann sinnvoll, wenn ein Geschäftspartner nur einem einzigen Projekt zugeordnet ist. Zusätzlich oder alternativ kann ein Projekt auch fix einem oder mehreren Sachkonten zugeordnet werden. Der Vollständigkeit halber sei erwähnt, dass Projekte auch bei Anlagen hinterlegt werden können. (Die Anlagenbuchhaltung ist aufgrund ihrer Komplexität einerseits und aufgrund ihres seltenen Einsatzes andererseits ein weiterführendes Thema, das in diesem Buch nicht behandelt wird.) Grundsätzlich gilt, dass auf den Projekten Kosten und Erträge gesammelt werden, wenn diese letztlich in der Journalbuchung »landen«.

Das Projekt kann jedoch bereits bei Transaktionen zugeordnet werden, die (noch) keine Buchung verursachen, wie z. B. Bestellung, Angebot und Kundenauftrag. In diesem Fall wird das Projekt so lange »mitgeschleift«, bis es auch mit der Journalbuchung gebucht wird. Das Projekt kann in jeder Belegstufe auf der Registerkarte **Buchhalt.** hinterlegt werden. In diesem Fall wird der Nettobetrag dieses Belegs beim jeweiligen Geschäftspartner gesammelt. Eine Standardauswertung über Belege nach Geschäftspartnerprojekt gibt es de facto aber nicht. Allenfalls kann im Report **Offene Belege**, den Sie über **Verkauf • Umsatzberichte** abrufen, dieses Feld eingeblendet und als Filter verwendet werden.

Eine weitere Möglichkeit besteht darin, das Projekt in der Belegzeile zuzuordnen (siehe Abbildung 12.32). Dazu blenden Sie die Spalte **Projektcode** mit dem Button (**Formulareinstellungen**) im Beleg ein. Pro Belegzeile können Sie ein eigenes Projekt hinterlegen, wie in Abbildung 12.34 zu erkennen ist. Die Aufteilung in der Journalbuchung erfolgt dann ebenfalls nach der Aufteilung in der Belegzeile. Die Aufwandsbuchung wird pro Projekt aufgeteilt und in einer eigenen Buchungszeile erstellt. Die Zuordnung des Projekts können Sie noch in der Journalbuchung in der Spalte **Projekt** ändern.

Falls Sie für alle Belegzeilen dasselbe Projekt festlegen möchten, klicken Sie auf den Button (**Formulareinstellungen**), um das Fenster **Formulareinstellungen – Eingangsrechnung** zu öffnen (siehe Abbildung 12.35).

Wählen Sie das Projekt im gleichnamigen Feld auf der Registerkarte **Beleg • Tabelle**, und klicken Sie auf den Button **OK**. Bestätigen Sie die folgende Sicherheitsabfrage von SAP Business One mit dem Button **Ja**, um das Projekt in den vorhandenen Zeilen zu aktualisieren.

Die Zuordnung des Projekts im Beleg kann nach dem Hinzufügen des Belges nicht mehr geändert werden, in den vom Beleg erzeugten Journalbuchungen allerdings schon. Im Sinne des Radierverbots ist das eine valide Option, da es sich bei den Projektzuordnungen um keine steuerrechtlichen Tatbestände handelt. Im Sinne einer anspruchsvollen Compliance ist zu erwähnen, dass Sie diese Änderungen über das *Änderungsprotokoll* der Journalbuchung nachvollziehen können.

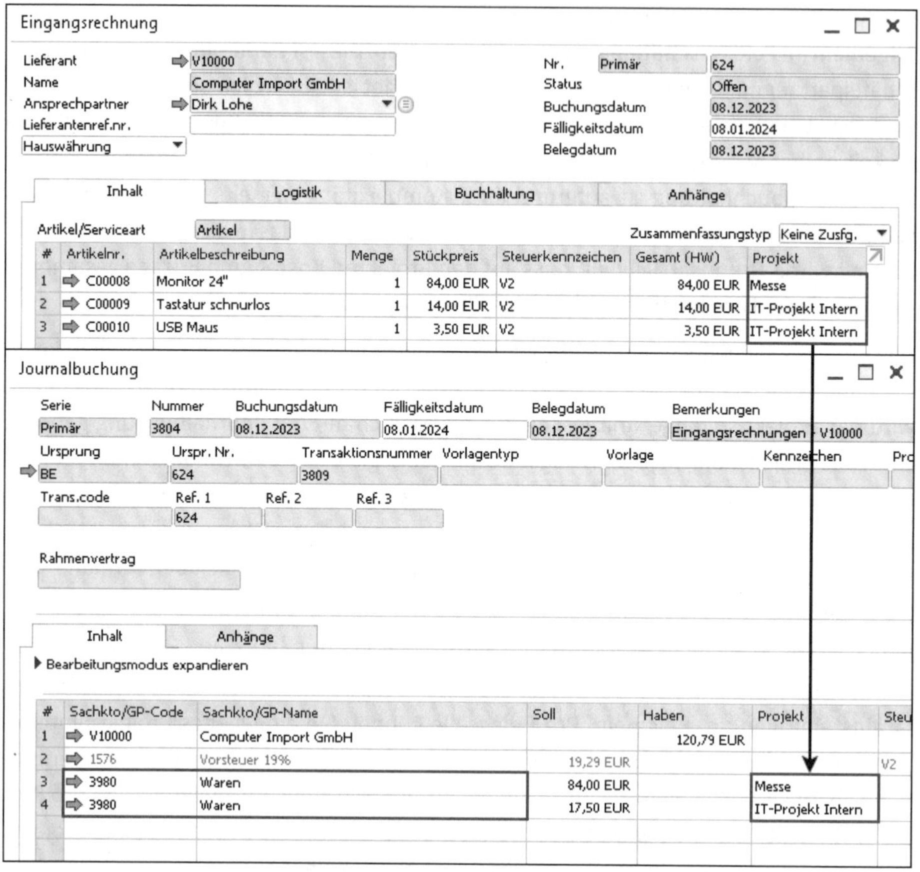

Abbildung 12.34: Das Projekt in der Belegzeile zuordnen

Abbildung 12.35: Projekt in Belegzeilen über Formulareinstellungen zuordnen

Um Projekte auszuwerten, haben Sie folgende Möglichkeiten:

1. Im Programmteil **Finanzwesen • Finanzberichte • Buchhaltung • Transaktionsbericht nach Projekten** steht Ihnen ein Bericht zur Verfügung, der *alle* auf ein Projekt gebuchten Transaktionen nach Sachkonto gegliedert darstellt. Der Bericht kann bis auf die Ebene der Einzeltransaktion expandiert werden. Wie Abbildung 12.36 zeigt, wird auch ein »Gesamtergebnis« des Projekts dargestellt, nämlich der Saldo von Soll- und Haben-Transaktionen.

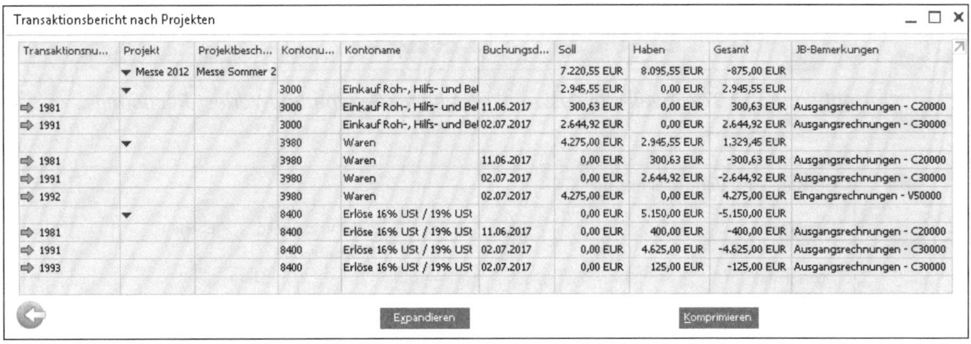

Transaktionsnu...	Projekt	Projektbesch...	Kontonu...	Kontoname	Buchungsd...	Soll	Haben	Gesamt	JB-Bemerkungen
	Messe 2012	Messe Sommer 2				7.220,55 EUR	8.095,55 EUR	-875,00 EUR	
			3000	Einkauf Roh-, Hilfs- und Bet		2.945,55 EUR	0,00 EUR	2.945,55 EUR	
1981			3000	Einkauf Roh-, Hilfs- und Bet	11.06.2017	300,63 EUR	0,00 EUR	300,63 EUR	Ausgangsrechnungen - C20000
1991			3000	Einkauf Roh-, Hilfs- und Bet	02.07.2017	2.644,92 EUR	0,00 EUR	2.644,92 EUR	Ausgangsrechnungen - C30000
			3980	Waren		4.275,00 EUR	2.945,55 EUR	1.329,45 EUR	
1981			3980	Waren	11.06.2017	0,00 EUR	300,63 EUR	-300,63 EUR	Ausgangsrechnungen - C20000
1991			3980	Waren	02.07.2017	0,00 EUR	2.644,92 EUR	-2.644,92 EUR	Ausgangsrechnungen - C30000
1992			3980	Waren	02.07.2017	4.275,00 EUR	0,00 EUR	4.275,00 EUR	Eingangsrechnungen - V50000
			8400	Erlöse 16% USt / 19% USt		0,00 EUR	5.150,00 EUR	-5.150,00 EUR	
1981			8400	Erlöse 16% USt / 19% USt	11.06.2017	0,00 EUR	400,00 EUR	-400,00 EUR	Ausgangsrechnungen - C20000
1991			8400	Erlöse 16% USt / 19% USt	02.07.2017	0,00 EUR	4.625,00 EUR	-4.625,00 EUR	Ausgangsrechnungen - C30000
1993			8400	Erlöse 16% USt / 19% USt	02.07.2017	0,00 EUR	125,00 EUR	-125,00 EUR	Ausgangsrechnungen - C30000

Abbildung 12.36: Transaktionsbericht nach Projekten

Dieses »Gesamtergebnis« ist in dem bewusst dem deutschen Demobestand entnommenen Beispiel wenig aussagekräftig. Allein schon die Transaktion »1981« zeigt das: Im Haben werden zwar sinnvollerweise die Erlöse der Ausgangsrechnung in Höhe von 4.625 EUR dargestellt. Es wird aber auch der Warenabgang in Höhe von 2.644,92 EUR addiert. Die Auswertung addiert also »Äpfel und Birnen« bzw. Erfolgs- und Bestandskonten. Das bedeutet, dass der Transaktionsbericht nach Projekten eine schöne Möglichkeit darstellt, Transaktionen zusammenzufassen, ein Projektergebnis lässt sich daraus aber mit großer Wahrscheinlichkeit nicht ableiten.

2. Im Programmteil **Finanzwesen • Finanzberichte • Ist-Berichte • Gewinn- und Verlustrechnung** (und sinngemäß **Bilanz** und **Summen- und Saldenliste**) erhalten Sie dagegen ein geschärftes Bild durch die Reduktion entweder auf GuV-Konten oder Bilanzkonten. Darüber hinaus ist das **Projekt** ein Auswahlkriterium in der Summen- und Saldenliste.

   Im Auswertebild aller drei Auswertungen finden Sie im rechten Bildbereich den Button **Erweitert**. Diese Funktion erlaubt Ihnen, die Gewinn-und-Verlust-Rechnung neben anderen Kriterien auch nach dem **Projekt** zu filtern (siehe Abbildung 12.37).

   Im Gegensatz zum Transaktionsbericht sehen wir nun in Abbildung 12.38 ein aussagekräftiges Ergebnis des Projekts. Die Erlöse und ihre zugehörigen Wareneinsätze werden saldiert und ergeben den Bruttogewinn des Projekts.

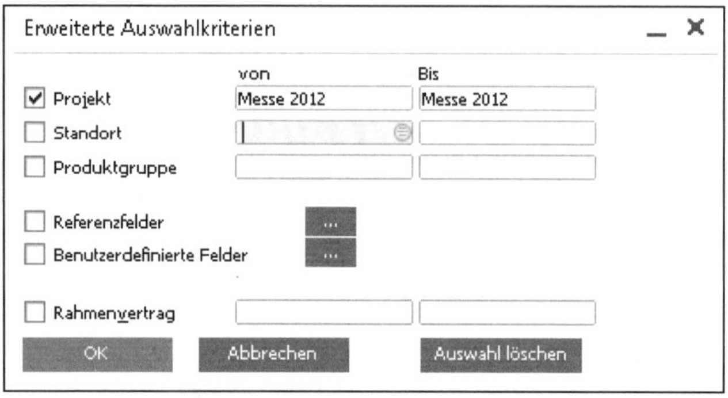

Abbildung 12.37: Erweiterte Auswahlkriterien für Gewinn-und-Verlust-Rechnung

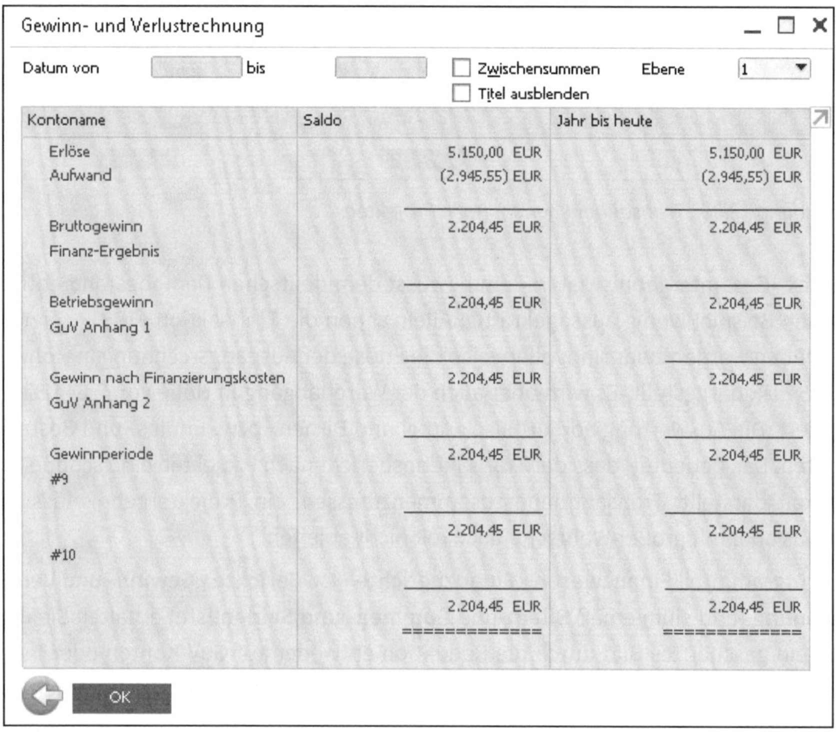

Abbildung 12.38: Gewinn-und-Verlust-Rechnung nach Projekt

12.8.2 Kostenstellen

Die zweite kostenrechnerische Instanz neben dem Projekt, auf der Kosten und Erträge gesammelt werden, ist die *Kostenstelle*. Bis zum Release 8.8 wurde für die Kostenstelle die Bezeichnung *Profit-Center* verwendet. In aktuelleren Versionen wir je nach Programmsituation auch die Bezeichnung *Aufteilungsregel* verwendet, ungeachtet der Frage, ob in dem Feld tatsächlich eine Aufteilungsregel verwendet wird (um Kosten auf mehrere Kostenstellen zu verteilen) oder ob in dem Feld direkt eine Kostenstelle eingegeben werden kann. Den Unterschied zwischen Kostenstellen und Aufteilungsregeln werden wir in diesem Kapitel noch genauer behandeln.

In SAP Business One haben Sie die Möglichkeit, Kostenstellen eindimensional oder mehrdimensional zu führen. Eindimensional bedeutet, dass Sie Kosten im klassischen Sinn bis zum vollen Betrag des Aufwands oder des Ertrags einer oder mehreren Kostenstellen per Aufteilungsregel einmal zuordnen können.

Seit Release 8.8 ist die Bedeutung der Kostenrechnung stark gestiegen, und Sie haben die Möglichkeit, den Betrag aus der Aufwands- oder Ertragsbuchung mehrfach einer oder mehreren Kostenstellen aus unterschiedlichen Dimensionen zuzuordnen. Zur Verdeutlichung und Visualisierung des Zusammenhangs soll das folgende Beispiel dienen.

OEC Computers Deutschland möchte eine klassische Kostenrechnung führen, bei der die anfallenden Aufwendungen und Erträge »abteilungsweise« auf Kostenstellen geführt werden sollen. Dazu zählen Verwaltung, Vertrieb, Lager sowie Reparatur und Service. Die Verteilung der Aufwände soll hier vom jeweiligen Bearbeiter manuell vorgenommen werden, da jeweils bekannt ist, welcher Abteilung die Kosten zuzuordnen sind. Die erste Kostenrechnungsdimension ist also **Abteilungen**.

Darüber hinaus sollen alle Aufwendungen und Erträge auf die einzelnen Niederlassungen in Berlin, Frankfurt und München aufgeteilt werden. Hier hat man sich für bestimmte Kosten, wie z. B. Wartungskosten für IT-Infrastruktur, auf einen Verteilungsschlüssel geeinigt. Die zweite Kostenrechnungsdimension ist also **Niederlassungen**.

Schließlich sollen Erträge zusätzlich den vier Produktgruppen Laptops, Drucker, Server und Dienstleistungen zugeordnet werden. Es werden nur direkte Kosten, z. B. die Wareneinsätze, diesen Kostenstellen zugeordnet; indirekte Kosten, wie z. B. Wartungskosten, werden den Kostenstellen nicht zugeordnet. Die dritte Kostenrechnungsdimension ist daher **Produktgruppen**.

Für die drei Dimensionen **Abteilungen**, **Niederlassungen** und **Produktgruppen** sollen kostenrechnerische Auswertungen möglich sein. Darüber hinaus sind diese drei Kostenrechnungssysteme voneinander unabhängig; die Summe der Aufwände der Niederlassungen wird sich z. B. von der Summe der Aufwände der produktgruppen unterscheiden. Grafisch stellen sich diese Anforderungen so dar, wie in Abbildung 12.39 zu sehen.

Der Aufwand in Höhe von 8.000,00 EUR, der z. B. im Rahmen einer Journalbuchung auf das Konto »4806 – Wartungsaufwand« gebucht wurde, kann nun parallel auf die drei Dimensionen **Abteilungen**, **Niederlassungen** und **Produktgruppen** verteilt werden. Innerhalb der Dimension kann der Aufwand entweder automatisiert mittels Aufteilungsregel oder direkt bei der Buchung mittels manueller Aufteilung einer oder mehreren Kostenstellen zugeordnet werden. Natürlich kann für eine Dimension die Zuordnung auch vollständig unterbleiben, während die anderen Dimensionen belastet werden. Wenn Sie mit den mehrdimensionalen Kostenstellen arbeiten möchten, müssen Sie sie auf der Registerkarte **Kostenrechnung** unter **Administration • Systeminitialisierung • Allgemeine Einstellungen** aktivieren (siehe Abbildung 12.40).

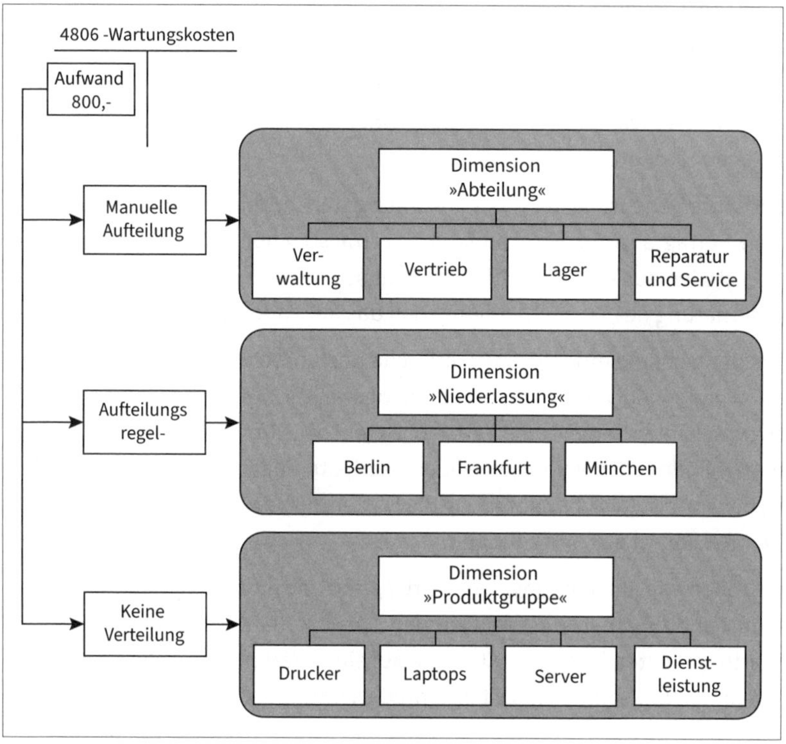

Abbildung 12.39: Mehrdimensionale Gestaltung der Kostenstellen bei OEC Computers

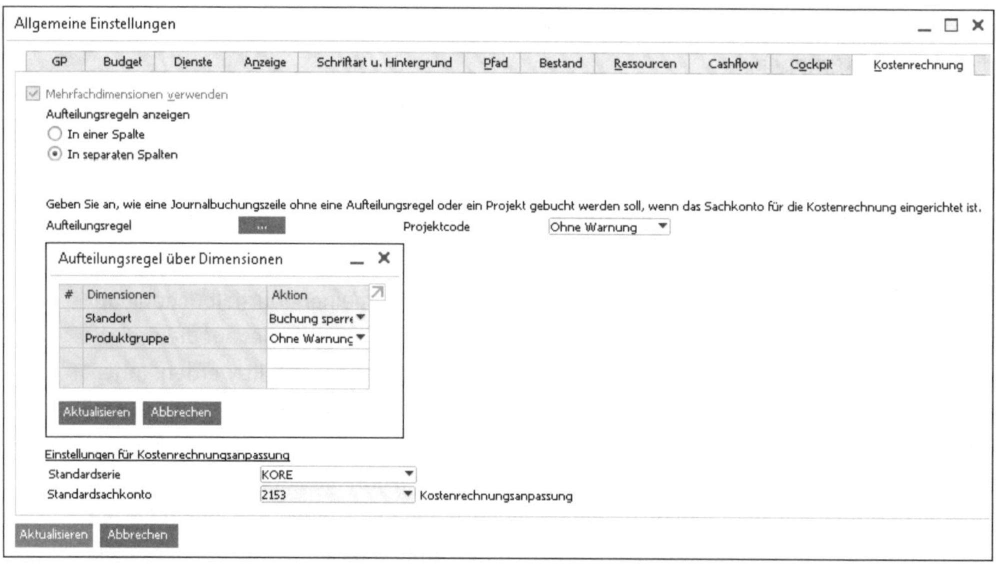

Abbildung 12.40: Mehrfachdimensionen aktivieren

Markieren Sie die Checkbox **Mehrfachdimensionen verwenden** im linken oberen Bereich der Registerkarte. Darüber hinaus geben Sie in der darunterliegenden Optionsgruppe an, ob die Aufteilungsregeln in einer oder mehreren Spalten angezeigt werden sollen. Übersichtlicher und ergonomischer ist die Anzeige in mehreren Spalten, nimmt aber am Erfassungsbild natürlich mehr Platz ein. Abschließend legen Sie fest, wie SAP Business One reagieren soll, wenn nicht der gesamte Aufwand oder Ertrag einem Projekt oder einer Dimension inklusive Kostenstelle zugeordnet wurde. Grundsätzlich steht Ihnen pro Projekt und Dimension die Option zur Verfügung, die Buchung zu sperren oder auf eine Warnung zu verzichten. Legen Sie dies mittels der Dropdown-Liste für die Projekte und mit einem Klick auf den Button ... (rechts neben **Aufteilungsregel**) für jede Dimension fest. Zu warnen, ohne zu sperren, ist keine Option, es ist aber denkbar, dass Ihr Consultant diese sinnvolle Variante mithilfe von *Transaction Notifications* realisiert.

Um die Konfiguration in diesem Bild abzuschließen, nehmen Sie am besten noch die Einstellungen für die Umbuchung zwischen den Kostenstellen vor:

- **Dropdown-Liste »Standardserie«**
  Damit das Programm Kostenrechnungsanpassungen durchführen kann, benötigt es eine Belegnummernserie. Diese muss im Vorfeld unter **Administration • Systeminitialisierung • Belegnummerierung** als alternativer Nummernkreis der Journalbuchungen definiert werden. Die Checkbox **Nur Kostenrechnungsanpassung** muss ebenfalls aktiviert werden (siehe Abbildung 12.41). In der Dropdown-Liste der Kostenrechnungsanpassung werden nur entsprechend gekennzeichnete Serien zur Auswahl angeboten.

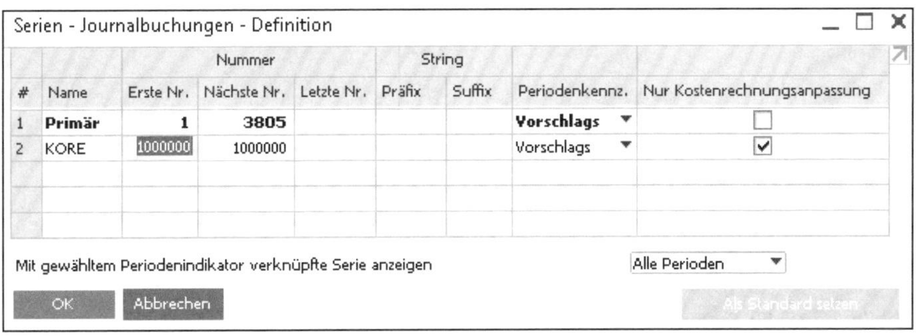

Abbildung 12.41: Anlage der Serien für Kostenrechnungsanpassungen

- **Dropdown-Liste »Standardsachkonto«**
  Da die Kostenrechnungsanpassung als Grundlage eine Journalbuchung benötigt, muss ein entsprechendes Hilfskonto definiert werden. Wesentlich ist, dass in den Details des Kontos die Checkbox **Nur Kostenrechnungsanpassung** aktiviert ist. In der Dropdown-Liste werden nur entsprechend gekennzeichnete Konten zur Auswahl angeboten.

Sollten Sie die Führung mehrdimensionaler Kostenstellen für Ihr Unternehmen nicht benötigen, können Sie natürlich die Kostenstellen – wie gewohnt – in einer Dimension führen. In diesem Fall werden alle Felder, die auf Dimensionen hinweisen, in Fenstern wie **Kostenstelle – Definition, Aufteilungsregeln – Definition, Tabelle für Kostenstellen und Aufteilungsregeln, Journalbuchung,** in Einkaufs- und Verkaufsbelegen sowie in den mit der Kostenrechnung verknüpften Berichten nicht angezeigt. Der Funktionsumfang mit der manuellen oder automatischen Zuordnung zu Kostenstellen und Projekten, der Definition von Aufteilungsregeln und der Auswertung mittels Berichten ist in beiden Varianten gleich.

Mehrdimensionale Kostenstellen deaktivieren

Sobald Sie die mehrdimensionalen Kostenstellen aktiviert und eine Kostenstelle einer Dimension zugeordnet haben, lässt sich die Kostenrechnung nicht mehr auf eindimensional zurückstellen.

Die Einrichtung der Kostenrechnung für Ihr Unternehmen sollte aus diesem Grund nur von einem Key-User eventuell in Absprache mit einem Consultant erfolgen.

Im weiteren Verlauf dieses Abschnitts beschreiben wir aus diesem Grund das Führen von mehrdimensionalen Kostenstellen anhand des Beispiels aus Abbildung 12.39.

Gemäß unserem Beispiel legen wir nun die Dimensionen **Kostenstelle** (Abteilung), **Niederlassung** und **Produktgruppe** an. Im Fenster **Dimensionen** unter **Finanzwesen • Kostenrechnung** haben Sie die Möglichkeit, bis zu fünf Dimensionen anzulegen (siehe Abbildung 12.42).

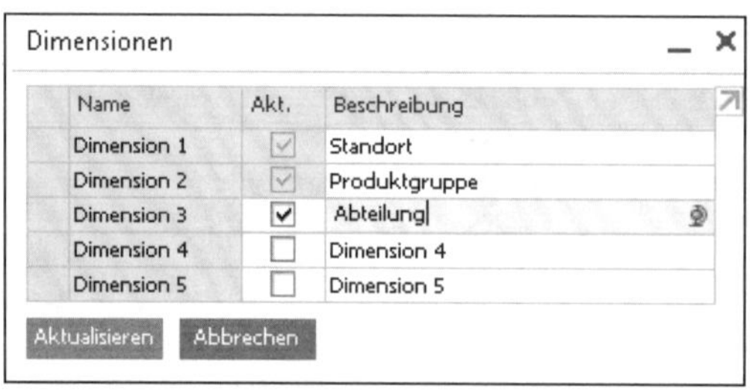

Abbildung 12.42: Dimensionen anlegen

Dazu markieren Sie die Checkbox in der Spalte **Akt.** (= Dimension aktiviert?) und überschreiben den Namen in der Spalte **Beschreibung**.

Die dazugehörigen Kostenstellen richten Sie im Fenster **Kostenstelle – Definition** (über **Finanzwesen • Kostenrechnung • Kostenstellen**) ein (siehe Abbildung 12.43).

Befüllen Sie die folgenden Felder, um eine Kostenstelle anzulegen:

- **Feld »Kostenstelle«**
  Geben Sie in diesem Feld einen eindeutigen Code (maximal acht Zeichen) ein.
- **Feld »Name«**
  Geben Sie einen Namen für die Kostenstelle an.

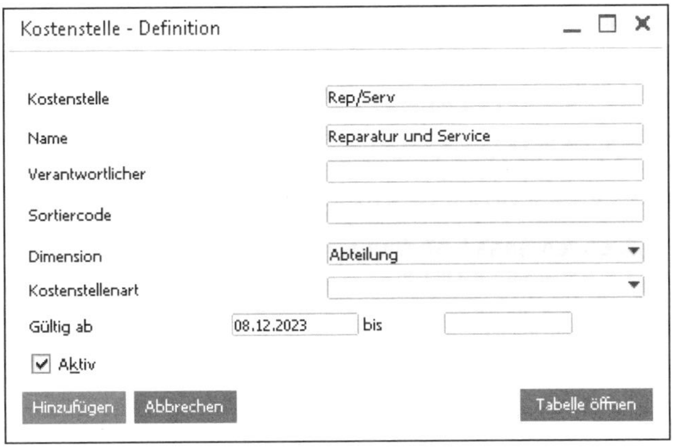

Abbildung 12.43: Eine Kostenstelle anlegen

- **Feld »Verantwortlicher«**
  Geben Sie einen für die Kostenstelle Verantwortlichen an. Sie können aus den angelegten Mitarbeitern auswählen.
- **Feld »Sortiercode«**
  In diesem Feld haben Sie die Möglichkeit, einen Sortiercode einzugeben. Dieser dient als weiteres Selektionskriterium in Berichten zur Kostenrechnung, wie z. B. dem **Zusammenfassungsbericht Kostenrechnung** unter **Finanzwesen • Kostenrechnung**. Darüber hinaus kann im Kostenstellenbericht auch eine Summe pro Sortiercode angezeigt werden – der Code dient somit als eine Art Kostenstellengruppe.
- **Dropdown-Liste »Dimension«**
  Wählen Sie aus der Dropdown-Liste die Dimension aus, der diese Kostenstelle zugeordnet werden soll.
- **Dropdown-Liste »Kostenstellenart«**
  Wählen Sie die Kostenstellenart aus der Dropdown-Liste aus, oder klicken Sie auf den Eintrag **Neu definieren**, um eine neue Kostenstellenart anzulegen. Die Kostenstellenart kann ebenfalls als weiteres Selektionskriterium in Berichten zur Kostenrechnung herangezogen werden, wie z. B. dem **Zusammenfassungsbericht Kostenrechnung** unter **Finanzwesen • Kostenrechnung**.
- **Felder »Gültig ab« und »bis«**
  Geben Sie hier den Zeitraum an, innerhalb dessen die Kostenstelle verwendet werden darf.
- **Checkbox »Aktiv«**
  Standardmäßig ist diese Checkbox markiert. Falls Sie eine Kostenstelle nicht mehr benötigen bzw. sie nicht mehr bebucht werden darf, deaktivieren Sie diese Checkbox.

Klicken Sie abschließend auf den Button **Hinzufügen**, um die Kostenstelle anzulegen.

Im Fenster **Kostenstelle** finden Sie Kostenstellen namens **Stelle_z**,, bevor Sie überhaupt eine eigene Kostenstelle erstellt haben. Haben Sie die mehrdimensionale Kostenrechnung aktiviert, finden Sie eine derartige Kostenstelle für jede einzelne Dimension (»Stelle2«, »Stelle3« …). Der **Allgemeinen Kostenstelle Z** werden alle Kosten und Erträge zugeordnet, die keiner anderen Kostenstelle zugeordnet werden. Anhand dieser Kostenstelle haben Sie eine einfache Kontrollmöglichkeit, welche Kosten noch einer bestimmten Kostenstelle zugeordnet werden können, sodass alle Aufwendungen und/oder Erträge in der Kostenrechnung abgebildet werden.

Eine Besonderheit bei der Kostenstelle sind die sogenannten *Aufteilungsregeln*. Mit ihnen legen Sie fest, in welchem Ausmaß Aufwendungen und/oder Erträge auf die unterschiedlichen Kostenstellen aufgeteilt werden können.

[zB]

Aufteilungsregeln

Sie möchten die Kosten der vierteljährlichen Unfallversicherungsprämie anhand der Anzahl der Mitarbeiter auf die einzelnen Niederlassungen aufteilen.

Definieren Sie die Aufteilungsregeln unter **Finanzwesen • Kostenrechnung • Aufteilungsregeln** (siehe Abbildung 12.44).

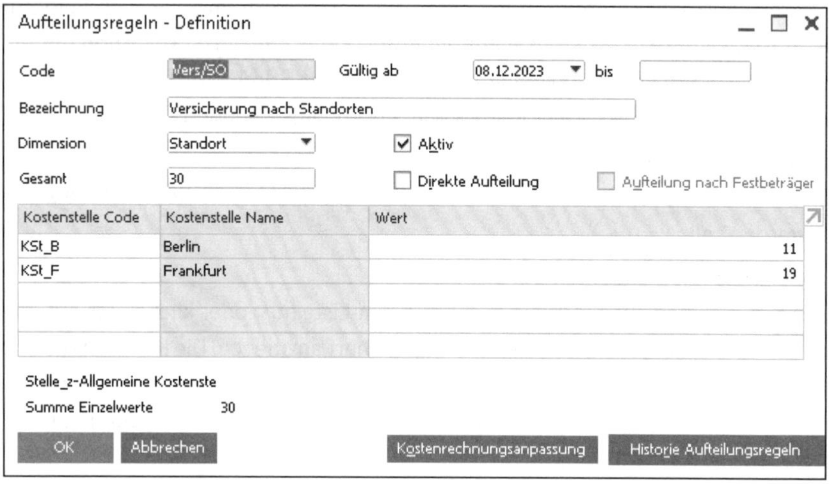

Abbildung 12.44: Eine Aufteilungsregel definieren

Um eine Aufteilungsregel zu definieren, gehen Sie folgendermaßen vor:

1. **Feld »Code« pflegen**
   Geben Sie einen Code für die Aufteilungsregel an (maximal acht Zeichen). Dieser sollte leicht zu merken sein und einen Hinweis auf die dahinterliegende Regel geben.

2. **Felder »Gültig ab« und »bis« pflegen**
   Geben Sie hier einen Gültigkeitszeitraum für die Aufteilungsregel ein. Sind Sie im Bearbeitungsmodus einer bestehenden Aufteilungsregel, klicken Sie auf den Button **Historie Aufteilungsregeln**, um eine Übersicht über mehrere zeitlich aufeinanderfolgende, aber gleiche Aufteilungsregeln zu erhalten. Im Beispiel in Abbildung 12.44 werden die Kosten nach Mitarbeiter/Standort verteilt – diese Verteilung kann sich natürlich ändern und muss auch ihren Niederschlag in der Aufteilungsregel finden – mithilfe der Historie können Sie frühere Verteilungen nachvollziehen. Bei der Neuanlage einer Aufteilungsregel steht dieser Button nicht zur Verfügung. Achtung: Das Gültigkeitsdatum einer Aufteilungsregel darf nicht früher beginnen als das Gültigkeitsdatum der in ihr verwendeten empfangenden Kostenstellen!
3. **Feld »Bezeichnung« pflegen**
   Geben Sie eine Bezeichnung für die Aufteilungsregel an.
4. **Dropdown-Liste »Dimension« pflegen**
   Wählen Sie an dieser Stelle die Dimension aus der Dropdown-Liste, zu der diese Aufteilungsregel gehört.
5. **Feld »Gesamt« pflegen**
   Geben Sie eine Summe der aufgeteilten Faktoren für die einzelnen Kostenstellen an. Wenn Sie eine prozentuale Aufteilung vornehmen, geben Sie hier den Wert »100« ein. Wenn Sie eine andere Aufteilung vornehmen, z. B. nach qm, geben Sie hier die Summe der Quadratmeter ein.
6. **Checkbox »Aktiv« pflegen**
   Standardmäßig ist diese Checkbox markiert. Falls Sie eine Aufteilungsregel nicht mehr benötigen bzw. diese nicht mehr verwendet werden darf, deaktivieren Sie diese Checkbox.
7. **Checkbox »Direkte Aufteilung« pflegen**
   Markieren Sie die Checkbox **Direkte Aufteilung**, falls die Aufteilungsregel die Kosten oder Erträge nur einer Kostenstelle direkt zuteilen soll. Sobald Sie Kosten oder Erträge mehreren Kostenstellen zuteilen, darf diese Checkbox nicht markiert sein. Grundsätzlich wird automatisch für jede Kostenstelle eine direkte Aufteilungsregel (mit 100 % Zuordnung für diese Kostenstelle) angelegt. Bei der Zuordnung in der Beleg- oder Journalbuchungszeile wird technisch gesehen keine Kostenstelle, sondern immer eine Aufteilungsregel (direkt oder indirekt) ausgewählt. In der Regel werden Sie daher keine Aufteilungsregel anlegen, bei der diese Checkbox aktiv ist, da sinnvolle Anlagen ohnedies vom Programm automatisch vorgenommen werden.
8. **Checkbox »Aufteilung nach Festbeträgen« pflegen**
   Die Aufteilung des Gesamtbetrags auf die Kostenstellen erfolgt nach Festbeträgen. Übersteigt der gebuchte Betrag die Summe der Festbeträge, wird er auf die allgemeine Kostenstelle gebucht.

9. **Kostenstelle auswählen**
   In der Tabellenstruktur wählen Sie die Kostenstelle aus (durch die Eingabe des Codes in der Spalte **Kostenstelle Code** oder über die ⭾-Taste, um die Auswahlliste zu öffnen) und geben die Aufteilung (z. B. Prozent, Quadratmeter, Kubikmeter, Stück etc.) in der Spalte **Wert** an.
10. **Button »Hinzufügen« anklicken**
    Klicken Sie abschließend auf den Button **Hinzufügen**, um die Aufteilungsregel anzulegen.

Einen Überblick über alle Aufteilungsregeln enthält das Fenster **Tabelle für Kostenstellen und Aufteilungsregeln** (über **Finanzwesen • Kostenrechnung**), wie Abbildung 12.45 zeigt. In den Zeilen der Tabelle sind die Aufteilungsregeln und die Kostenstellen als direkte (virtuelle) Aufteilungsregeln aufgelistet, in den Spalten der Tabelle sind die Kostenstellen angeordnet. In den Feldern der Tabelle sehen Sie die aufgeteilten Werte.

Aufteilungsregel/Koste...	Festbetragver...	Gültig ab	Gültig bis	Gesamt	Stelle_3	Rep/Serv	Verwalt.	Vertrieb	Lager
Miete	N	08.12.2023		1.000,00		300,00	100,00	100,00	500,00
Personal	N	08.12.2023		30,00		20,00	3,00	3,00	4,00
Rep/Serv	N	08.12.2023		100,00		100,00			
Verwalt.	N	08.12.2023		100,00			100,00		
Vertrieb	N	08.12.2023		100,00				100,00	
Lager	N	08.12.2023		100,00					100,00

Abbildung 12.45: Tabelle für Kostenstellen und Aufteilungsregeln

Die Aufteilungsregeln **Miete** und **Personal** sind »echte« Aufteilungsregeln, die Kosten (und optional auch Erträge) auf die Kostenstellen verteilen. Die Aufteilungsregeln **Lager**, **Rep/Serv**, **Vertrieb** und **Verwalt.** haben jeweils nur eine einzige Aufteilung von 100 und sind damit *direkte Aufteilungsregeln*.

Die Zuordnung von Kosten oder Erträgen zu einer Kostenstelle erfolgt mithilfe der Aufteilungsregeln in der Belegzeile und Journalbuchungszeile (siehe Abbildung 12.46) auf die gleiche Weise über die Formulareinstellungen wie beim Projekt.

Im Beispiel in Abbildung 12.46 wird der Büroaufwand als Kosten mehrdimensional auf die Kostenstelle **Vertrieb** (Dimension **Abteilungen**), die Kostenstelle **KST_Dru** (Dimension **Produktgruppen**) und die Kostenstelle **KSt_B** (Dimension **Standort**) vollständig verteilt. Da in den allgemeinen Einstellungen keine Warnung eingestellt wurde, müsste der Büroaufwand nicht auf alle zur Verfügung stehenden Dimensionen verteilt werden. Falls einzelne Dimensionen nicht als Spalten sichtbar sind, klicken Sie auf den Button (**Formulareinstellungen**) und blenden alle Dimensionen ein. Die gleiche Vorgehensweise findet sich in allen Belegen wieder. Da die Aufteilung zur Kostenrechnung und nicht zur Buchhaltung zählt, kann sie im Nachhinein auch noch geändert werden.

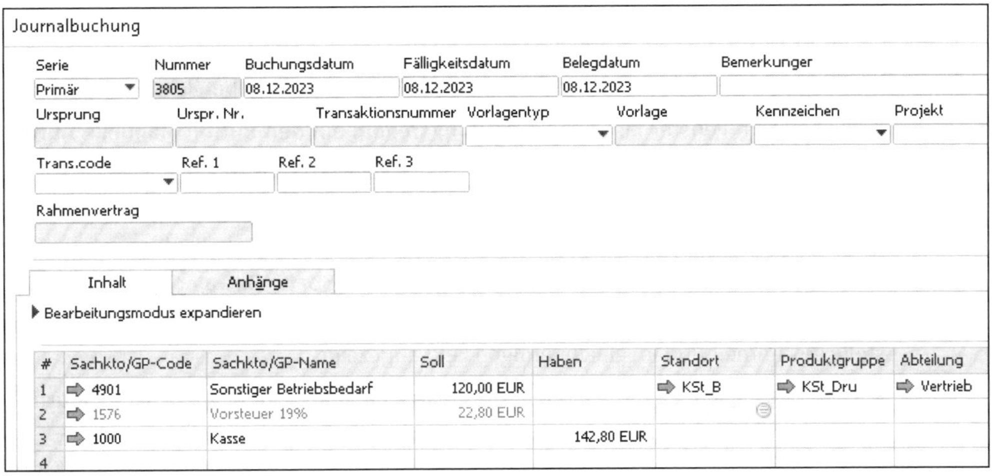

Abbildung 12.46: Eine Aufteilungsregel in der Journalzeile zuordnen

Die Zuordnung von Aufwendungen und Erträgen zu Projekten bzw. zu Kostenstellen kann, wie bereits gezeigt, in Belegen (siehe Abbildung 12.34) oder auch bei Journalbuchungen (siehe Abbildung 12.46) erfolgen. Darüber hinaus kann die Zuordnung auf Kostenstellen zeilenweise auch bei Kontierungsmustern und in Dauerbuchungen erfolgen.

Neben der Zuordnung von Aufwendungen bzw. Erträgen per Aufteilungsregel kann die Zuordnung auch manuell erfolgen. Die manuelle Zuordnung soll anhand einer Journalbuchung von Büromaterial im Folgenden illustriert werden (siehe Abbildung 12.47).

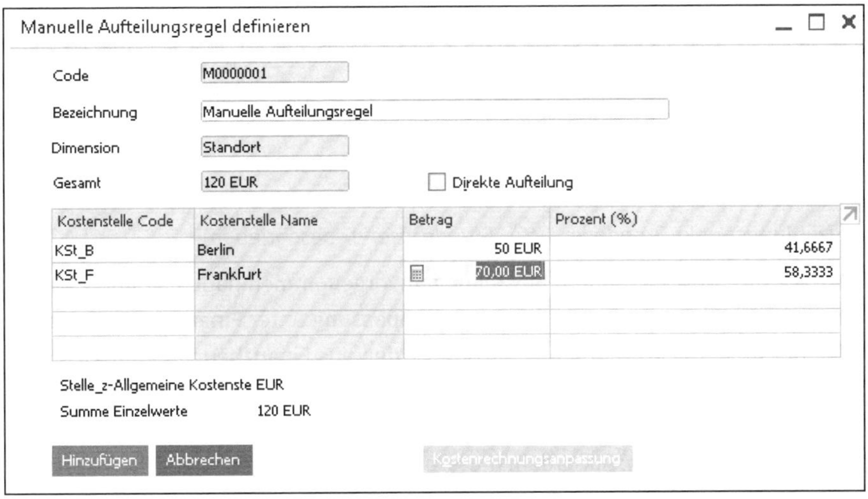

Abbildung 12.47: Manuelle Zuordnung zu Kostenstellen

Um von vordefinierten Aufteilungsregeln abzuweichen und die Kostenzuordnung manuell vorzunehmen, gehen Sie wie folgt vor:

1. Klicken Sie im Fenster **Journalbuchung** in der Spalte mit der gewünschten Dimension auf den Button ▣ (**Auswahlliste**), oder drücken Sie die [Tab]-Taste, um die Liste mit den Aufteilungsregeln zu öffnen (in diesem Fall muss das Eingabefeld leer sein).
2. Klicken Sie im Fenster **Liste der Aufteilungsregeln** auf den Button **Manuelle Aufteilungsregel definieren**, um eine manuelle Kostenzuordnung festzulegen.
3. Im Fenster **Manuelle Aufteilungsregel definieren** vergeben Sie eine sprechende **Bezeichnung** für die Aufteilung. Anschließend wählen Sie in der Tabelle die gewünschten Kostenstellen aus und nehmen die Verteilung in der Spalte **Betrag** oder **Prozent (%)** vor. Falls nicht der volle Betrag verteilt wird, wird der Rest auf der allgemeinen Kostenstelle gesammelt und im gleichnamigen Feld angezeigt.
4. Klicken Sie abschließend auf den Button **Aktualisieren** und im Fenster **Journalbuchung** auf **Hinzufügen**, um die Buchung vorzunehmen.

Im folgenden Abschnitt befassen wir uns nun mit der relativ neuen Funktion der Umbuchung von Kosten zwischen einzelnen Kostenstellen.

12.8.3 Kostenrechnungsanpassung

Die Funktion für die Kostenrechnungsanpassung wurde mit Release 9.3 eingeführt. Die Funktion wird dazu verwendet, Buchungen zwischen den einzelnen Kostenstellen anzupassen.

Nachdem Sie Kostenstelleninformationen zwar nicht mehr in den Belegen, sehr wohl aber in den durch diese erzeugten Journalbuchungen anpassen können, ist eine Korrektur zwar ein mögliches Motiv für eine Kostenrechnungsanpassung, aber nicht zwingend ein guter Grund dafür. Vielmehr erlaubt dieser Programmpunkt jetzt eine interne Leistungsverrechnung, also die Entlastung einer Kostenstelle und die Belastung einer anderen Kostenstelle. Um die Kostenrechnungsanpassung verwenden zu können, müssen Sie einige Grundeinstellungen vornehmen: eine Belegnummernserie und ein Standardsachkonto definieren. Beides haben wir bereits in Abschnitt 12.8.2, »Kostenstellen«, unter dem Aufzählungspunkt *Dropdown-Liste »Standardserie«* beschrieben).

Nachdem Sie die zuvor erwähnten Einstellungen vorgenommen haben, können Sie das Fenster **Journalbuchung für Kostenrechnungsanpassung** unter **Finanzwesen • Kostenrechnung** aufrufen. Diese Journalbuchungen werden aus Finanzberichten ausgeschlossen, aber in Buchhaltungsberichten eingeschlossen. Darüber hinaus sind steuerrelevante Funktionen in diesem Fenster nicht verfügbar, und Buchungen können nur in Hauswährung vorgenommen werden. Außerdem muss eine Aufteilungsregel angegeben werden.

In Abbildung 12.48 sehen Sie, wie die Niederlassung Berlin mit 150,00 EUR belastet wird, die Niederlassung Frankfurt wird im Gegenzug entlastet.

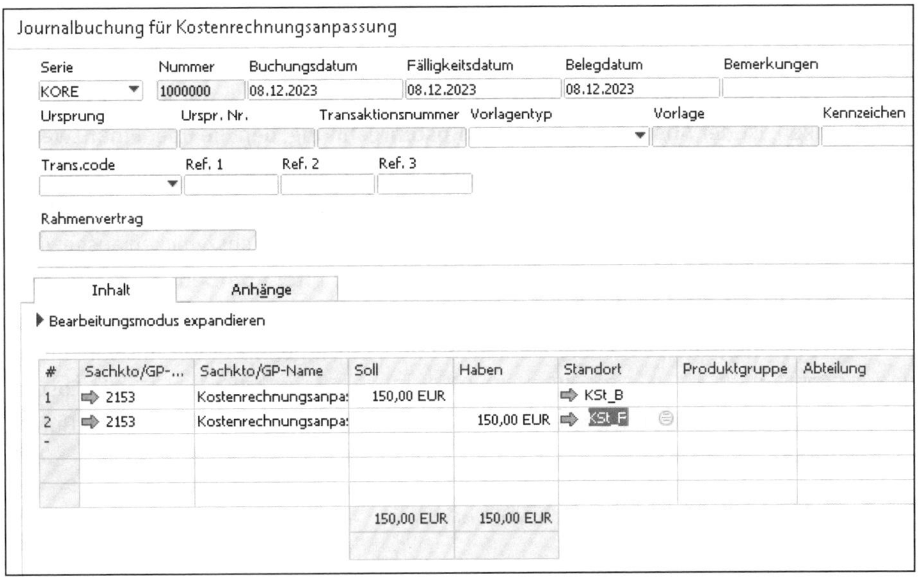

Abbildung 12.48: Umbuchung zwischen Kostenrechnungsdimensionen

Nachdem Buchungen zwischen den einzelnen Dimensionen oder Projekten angepasst wurden, können Sie das Ergebnis im **Aufteilungsbericht** unter **Finanzwesen • Kostenrechnung** auswerten.

In Abbildung 12.49 wurde die Ausgabe des Berichts so komprimiert, dass die Umbuchung gut erkennbar ist – es handelt sich dabei um die Journalbuchungen auf das Konto »2153«.

Abbildung 12.49: Aufteilungsbericht – Kostenrechnungsanpassung

In der Praxis wird dieser Bericht in der Regel über alle Elemente einer Dimension ausgewertet werden. Hier ist dann der Button **Kostenrechnungsanpassung** sehr sinnvoll, um unmittelbar aus dem Bericht heraus in die Umbuchung zu wechseln und Korrekturen vorzunehmen. Der Button ist nur dann aktiv, wenn Sie eine Zeile mit einer Aufteilungsregel aktiviert haben.

Ein weiterer Ansatzpunkt, um notwendige Korrekturen im Bereich der Kostenrechnung zu entdecken, ist der **Abstimmungsbericht Kostenrechnung**, den Sie über **Finanzwesen • Kostenrechnung** aufrufen können. Wie in Abbildung 12.50 dargestellt, definieren Sie zunächst die Dimension, die abgestimmt werden soll. Danach entscheiden Sie, welche Klassen der Gewinn-und-Verlust-Rechnung bzw. der Bilanz zu Vergleichszwecken ausgewählt werden sollen. Optional kann die Auswahl auch bis auf **Titel-Kontoebene** oder auf die Ebene **bebuchbare Konten** ausgedehnt werden, indem Sie in der Dropdown-Auswahl neben dem Button **Suchen** eine tiefere Ebene wählen. Das Ergebnis dieser Auswahl beeinflusst die Tabelle unter dem Begriff **Sachkonten**. Sie können alle Konten für die Abstimmung aktivieren bzw. deaktivieren, indem Sie in der ersten Zeile der Tabelle den Button x anklicken.

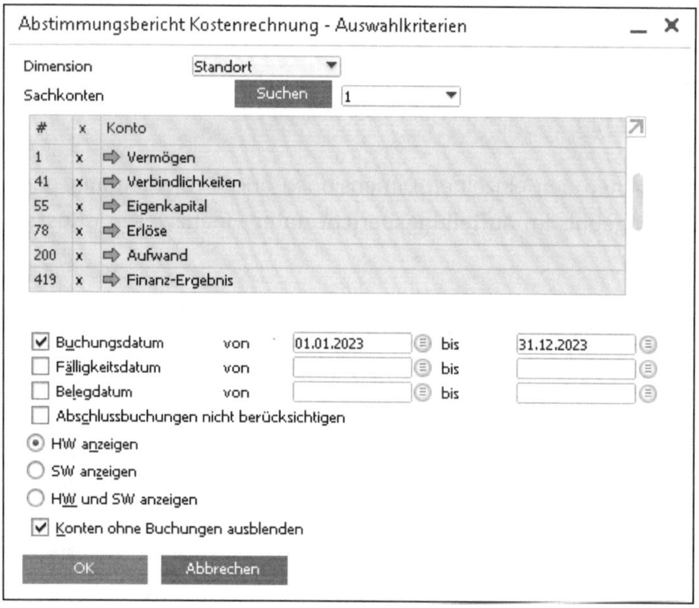

Abbildung 12.50: Abstimmungsbericht Kostenrechnung – Auswahl

Nachdem Sie die übrigen Felder nach Ihren Bedürfnissen ausgefüllt und auf den **OK**-Button geklickt haben, erhalten Sie eine sehr übersichtliche Auswertung, wie in Abbildung 12.51 dargestellt.

Zunächst werden die Salden der bebuchten Konten dargestellt (Spalten **GuV**). Danach folgen die Umsatzanteile, die nicht einer Dimension zugewiesen wurden (Spalte **Firmenbezogen**). Ist hier der Wert »0«, dann wurden die Aufwände und Erträge auch vollständig einer Dimension zugewiesen. Ist er ungleich »0«, dann wurde er nicht oder nur teilweise in der Kostenrechnung zugewiesen. Abhängig von Ihrer Organisation kann das erlaubt sein oder auf einen Fehler hinweisen. Die nächsten beiden Spalten zeigen allfällige bereits durchgeführte **Kostenrechnungskorrekturen**. In den letzten beiden Spalten (**Kostenrechnung GuV**) folgen die entsprechenden Buchungen auf die Dimensionen. Die Summe aus **Kostenrechnung GuV** und **Firmenbezogen** ergibt **GuV**.

Abstimmungsbericht Kostenrechnung

Finanzbuchhaltung			Kostenrechnung					
GuV			Firmenbezogen		Kostenrechnungskorrekturen		Kostenrechnung GuV	
Konten	Aufwand (HW)	Ertrag (HW)	Aufwand (HW)	Ertrag (HW)	Aufwand (HW)	Ertrag (HW)	Aufwand (HW)	Ertrag (HW)
8120 - Umsatz Drittland - steuerfr. §4 Nr.1a,2-7 UStG		5.706,40 EUR		5.706,40 EUR		0,00 EUR		0,00 EUR
8400 - Erlöse 16% USt / 19% USt		24.485,00 EUR		24.485,00 EUR		0,00 EUR		0,00 EUR
3000 - Einkauf Roh-, Hilfs- und Betriebsstoffe	6.101,98 EUR		6.101,98 EUR		0,00 EUR		0,00 EUR	
2150 - Aufwendungen aus Kursdifferenzen	390,60 EUR		390,60 EUR		0,00 EUR		0,00 EUR	
4901 - Sonstiger Betriebsbedarf	120,00 EUR		0,00 EUR		0,00 EUR		120,00 EUR	
4909 - Fremdleistungen	500,00 EUR		500,00 EUR		0,00 EUR		0,00 EUR	
4930 - Bürobedarf (Berlin)	150,00 EUR		0,00 EUR		0,00 EUR		150,00 EUR	
2153 - Kostenrechnungsanpassung	0,00 EUR		0,00 EUR		0,00 EUR		0,00 EUR	
	7.262,58 EUR	**30.191,40 EUR**	**6.992,58 EUR**	**30.191,40 EUR**	**0,00 EUR**	**0,00 EUR**	**270,00 EUR**	**0,00 EUR**
Gesamt		**22.928,82 EUR**		**23.198,82 EUR**		**0,00 EUR**		**-270,00 EUR**
Finanzbuchhaltung GuV		**22.928,82 EUR**	**Neutrale GuV**			**23.198,82 EUR**	**Kostenrechnung GuV**	**-270,00 EUR**

Abbildung 12.51: Abstimmungsbericht Kostenrechnung

Dieser Bericht kann natürlich nur für jeweils eine Dimension erstellt werden – es geht ja darum, herauszufinden, inwieweit die GuV von der Kostenrechnung einer konkreten Dimension abweicht. Demensprechend ist dieser Bericht für jede Dimension auszuwerten. Weitere Berichte zur Kostenrechnung erläutern wir im folgenden Abschnitt.

12.9 Finanzberichte

SAP Business One bietet eine Reihe von Finanzberichten (über **Finanzwesen • Finanzberichte**). Es würde den Rahmen dieses Buches sprengen, alle Finanzberichte im Detail zu beschreiben; die gängigsten Berichte behandeln wir an dieser Stelle. Die folgenden Finanzberichte finden Sie im Ordner **Buchhaltung**:

- **Bericht »Sachkonten und Geschäftspartner«**
  Dieser Bericht zeigt Ihnen eine Übersicht über alle Sachkonten und Geschäftspartner mit dem gerade aktuellen Saldo. Im Fenster **Sachkonten und GP – Auswahlkriterien** können Sie auf der linken Seite die Geschäftspartner auf **Code**, **Gruppe** und **Eigenschaften** einschränken. Dazu muss die Checkbox **GP** markiert sein. Mit der Checkbox **Interessenten anzeig.** können Sie sich auch die nicht buchhaltungsrelevanten Interessenten anzeigen lassen. Die Intention dabei ist unklar, da Interessenten per Definitionem keinen Saldo aufweisen können, da sie weder in Journalbuchungen noch in FiBu-relevanten Transaktionen ausgewählt werden können.
  - Um die Sachkonten auf der rechten Seite der Auswahlkriterien einzuschränken, markieren Sie zunächst die Checkbox **Sachkonten**.
  - Die Dropdown-Liste ganz rechts oben enthält die Ebene aus dem Kontenplan. Voreingestellt ist die Ebene 1, das sind die einzelnen Kategorien oder Schubladen des

Aktenschranks (**Vermögen**, **Verbindlichkeiten**, **Eigenkapital**, **Erlöse**, **Aufwand** etc.). Wenn Sie eine untere Ebene einstellen, wird die Anzeige bis zu den einzelnen Konten auf Ebene 10 weiter expandiert.

- Setzen Sie jeweils ein »x« in der Spalte **x** neben die gewünschte Kategorie oder das gewünschte Konto. Wenn Sie alle Kategorien auswählen möchten, klicken Sie auf die Spaltenüberschrift der Spalte **x**, und es wird ein »x« in jede Kategorie der Spalte gesetzt. Klicken Sie auf den Button **Alle auswählen**, um sowohl alle Sachkonten als auch alle Geschäftspartner auszuwählen.
- Klicken Sie abschließend auf den Button **OK**, um den Bericht zu starten.

- **Bericht »Hauptbuch«**
  Der Bericht **Hauptbuch** zeigt alle Journalbuchungen pro Sachkonto bzw. pro Geschäftspartner (siehe Abbildung 12.52).

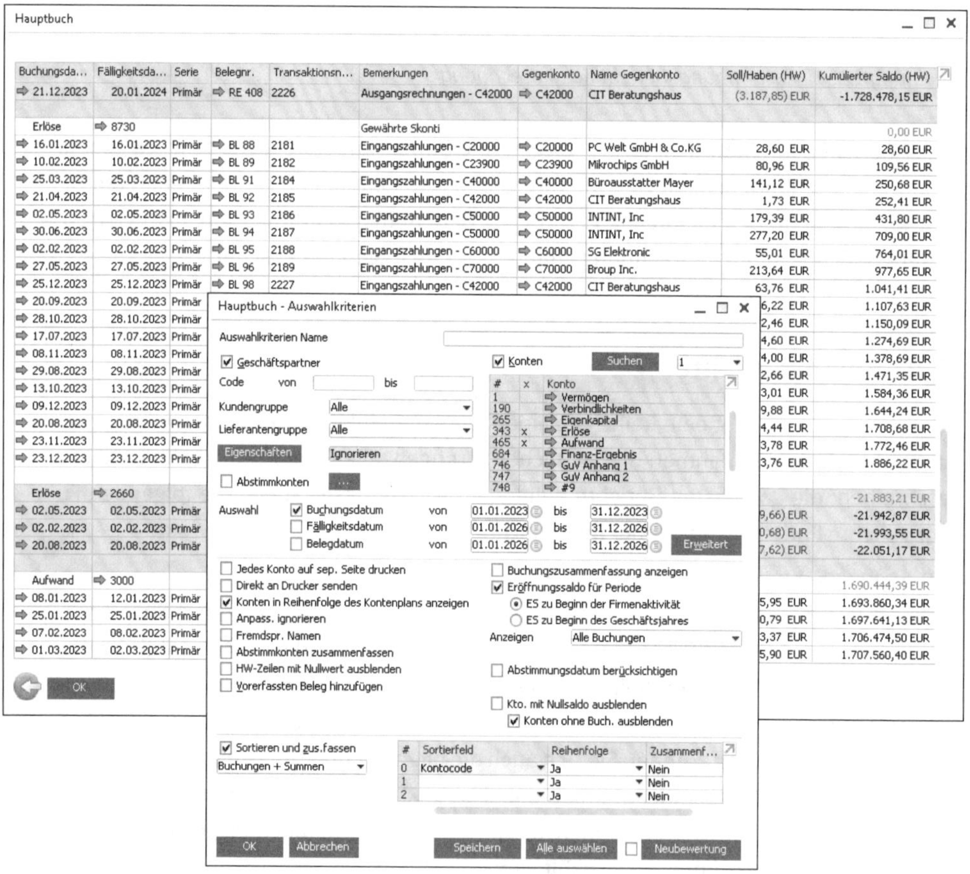

Abbildung 12.52: Bericht »Hauptbuch« und Fenster »Auswahlkriterien«

Die Einschränkung der Auswahlkriterien nach den Sachkonten und den Geschäftspartnern erfolgt auf die gleiche Weise wie im Bericht **Sachkonten und Geschäftspartner**.

- Schränken Sie die Anzeige der Buchungen nach **Buchungsdatum**, **Belegdatum** und **Fälligkeitsdatum** ein.
- Im unteren Teil des Fensters **Hauptbuch – Auswahlkriterien** haben Sie die Möglichkeit, nach einer Reihe von Kriterien zu sortieren, wie z. B. Kontocode, Kostenstelle, Belegnummer oder Gegenkonto.
- Zudem haben Sie eine Reihe von Kriterien in der Mitte des Fensters zur Auswahl.
- Um nur jene Konten mit einem Saldo anzuzeigen, markieren Sie die Checkbox **Kto. mit Nullsaldo ausblenden**. Wenn Sie Konten mit Nullsaldo nur dann ausblenden wollen, wenn es auf diesen Konten keine Buchungen gibt, aktivieren Sie stattdessen **Konten ohne Buch. ausblenden**.

■ **Forderung/Verbindlichkeit (Fälligkeitsberichte)**
Die Fälligkeitsberichte **Kundenforderungen** und **Lieferantenverbindlichkeiten** zeigen eine stufenweise Aufstellung der offenen (also noch nicht bezahlten) Ausgangsrechnungen (Kundenforderungen) bzw. Eingangsrechnungen (Lieferantenverbindlichkeiten) an.

- Im Fenster **Fälligkeit Kundenforderung (bzw. Lieferantenverbindlichkeiten) – Auswahlkriterien** können Sie Kunde (Lieferant) und Datum wählen.
- Darüber hinaus geben Sie das Intervall der Betrachtung und das Fälligkeitsdatum an, bis zu dem betrachtet werden soll.

Fälligkeitsdatum [zB]

Intervall 30 Tage, Fälligkeitsdatum 30.11.: Es werden die offenen Belege mit Fälligkeit bis zum 30.11. angezeigt, und zwar mit Überfälligkeit (gemäß Intervall) bis 30, bis 60 und bis 90 Tage.

■ **Bericht »Buchungsjournalbericht«**
Dieser Bericht zeigt eine Aufstellung aller Buchungen nach der Belegart an. Ihnen stehen in der Auswahlliste im Fenster **Buchungsjournalbericht – Auswahlkriterien** alle Belegarten zur Verfügung, die eine automatische Buchung nach sich ziehen. Dieser Bericht eignet sich daher hervorragend um die Buchungen, die einzelne Transaktionen erzeugen zu kontrollieren.

■ **Bericht »Belegjournal«**
Der Bericht **Belegjournal** zeigt einen klassischen Journalbericht mit einer chronologischen Aufstellung der Journalbuchungen.

Steuerberichte und sonstige Reports an Behörden [«]

SAP Business One unterstützt eine Reihe von – meist elektronischen – Berichten wie Steueranmeldungen, *Zusammenfassende Meldung* und *Intrastat*. Diese Berichte sind in der Regel Bestandteil der jeweiligen Lokalisierung und unterscheiden sich von

Land zu Land. Zusätzlich verstärkt sich der Trend zu einer immer größeren Menge von notwendigen elektronischen Berichten mit teilweise hoher Komplexität wie z. B. *e-Transport, e-Factura, SAFT-T*.

Erste Informationen finden Sie in den länderspezifischen Hilfetexten, die sie aus der oberen Menüleiste abrufen können: **Hilfe • Dokumentation • Länder-/regionsspezifische Informationen**. Diese Dokumentation bietet einen ersten Überblick aber nicht die notwendigen Details. Daher werden diese Themen an dieser Stelle nicht behandelt, es sind weiterführende Themen, die teilweise spezifisches fachliches Knowhow und zusätzliches technisches Wissen (z. B. über den *Electronic File Manager*) erfordern. Besprechen Sie diese Themen mit Ihrem Steuerberater und Ihrem Consultant um die jeweils notwendigen Berichte inhaltlich und technisch einzurichten.

- **Bericht »Steuerbericht«**
  Dieser Bericht im Ordner **Steuern** zeigt eine Aufstellung aller Buchungen, gruppiert nach dem Steuerkennzeichen (siehe Abbildung 12.53).

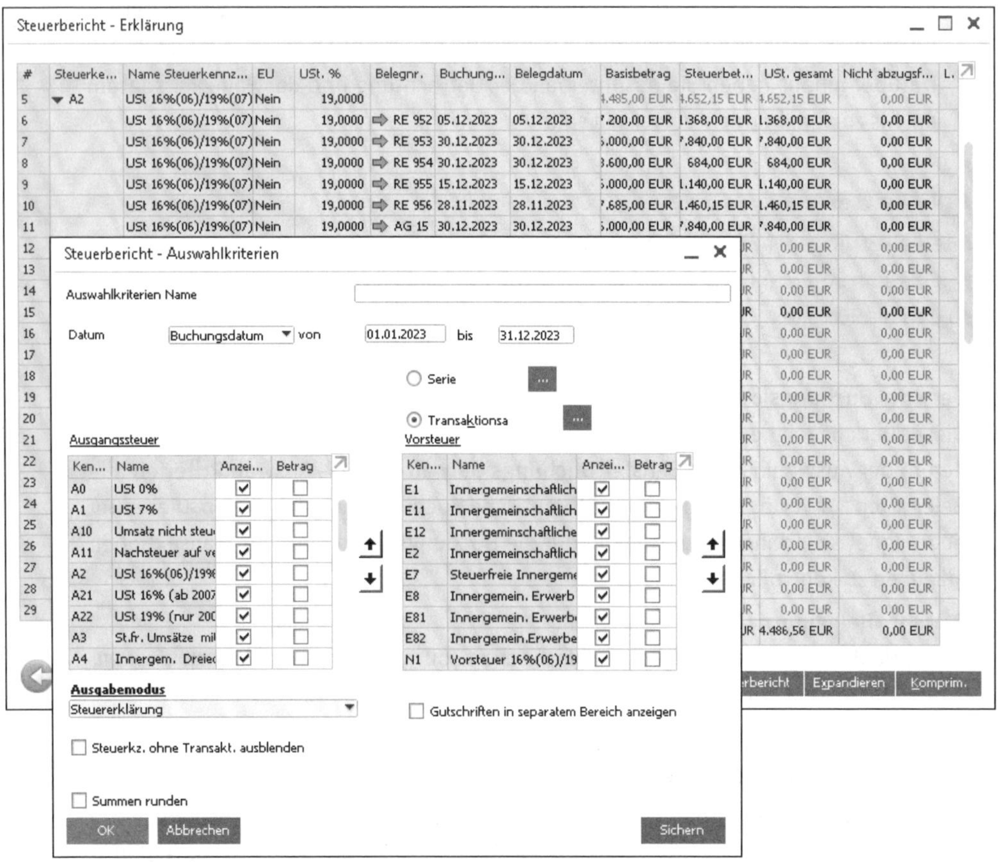

Abbildung 12.53: Steuerbericht und Auswahlkriterien

- Markieren Sie im Fenster **Steuerbericht – Auswahlkriterien** die gewünschten Steuercodes (linker Bereich **Ausgangssteuer** = Umsatzsteuer, rechter Bereich **Vorsteuer**), und geben Sie den Zeitraum ein.
- Im Bericht selbst werden zu jedem ausgewählten Steuercode die einzelnen Buchungen aufgelistet. Klicken Sie auf das schwarze Dreieck [▶], um die Buchungen zu komprimieren bzw. zu expandieren.
- Wollen Sie bestimmte Einstellungen regelmäßig wiederholen, können Sie sie speichern. Drücken Sie zunächst die Tastenkombination [Strg]+[A], um in den Hinzufügmodus zu wechseln. Danach tragen Sie in das Feld **Auswahlkriterien Name** einen möglichst sprechenden Text ein und klicken auf den Button **Sichern**. Ab nun stehen Ihnen die Auswahlkriterien in der Auswahlliste [⊜] zur Verfügung.

Im Ordner **Ist-Berichte** finden Sie die im Folgenden aufgeführten Berichte:

- **Bericht »Bilanz«**
  Die Bilanz ist eine Aufstellung aller Vermögens- und Kapitalwerte eines Unternehmens zu einem bestimmten Zeitpunkt. Geben Sie im Fenster **Auswahlkriterien** an, ob Sie die Jahres-, Quartals-, Monats- oder Periodenbilanz haben möchten. Zudem geben Sie an, welche Währung in der ersten und zweiten Spalte angezeigt werden soll, sowie das Datum, bis zu dem die Daten angezeigt werden sollen. Über die Checkbox **Vorerf. Beleg hinzufügen** können Sie steuern, ob noch nicht gebuchte Buchungsstapel aus dem Programmteil **Vorerfasste Belege** mitgerechnet werden sollen oder nicht. Vorlagen ermöglichen Ihnen, die Anordnung der einzelnen Konten und die Bildung von Zwischensummen zu gestalten. Dies geschieht über die Anlage von Finanzberichtvorlagen im Programmteil **Finanzwesen • Finanzberichtsvorlagen**. Sie können Vorlagen für die Bilanz, die Saldenliste, die Gewinn-und-Verlust-Rechnungen und eine Reihe weiterer Auswertungen erstellen, wobei es sich um ein weiterführendes Thema handelt, das Sie mit Ihrem Consultant erarbeiten sollten. Ist keine Vorlage vorhanden, wird standardmäßig die Struktur des Kontenrahmens verwendet.

  Die Checkbox **Abschlusssaldo hzfg.** steuert, ob der Saldo des Periodenabschlusskontos zu der vom Programm errechneten Position **Gewinnperiode** addiert werden soll oder nicht. Die Bilanz wird zur Echtzeit berechnet, das bedeutet, es werden keine Salden auf den Konten gespeichert, sondern sie werden nach einem Klick auf den Button **OK** jeweils neu errechnet. Im eigentlichen Bericht können Sie in der Dropdown-Liste im rechten oberen Bereich die Kontenebene einstellen und so den Detaillierungsgrad der Bilanz bestimmen.
- **Bericht »Summen- und Saldenliste«**
  Die Summen- und Saldenliste ist eine Aufstellung aller Salden für Sachkonten und Geschäftspartner. Das Fenster **Auswahlkriterien** enthält bereits bekannte Einschränkungen nach **Sachkonto**, **Geschäftspartner**, **Währung**, **Periodizität** (Jahr, Quartal, Monat, Periode), **Zeitraum** etc. Mit dem Button **Erweitert** können Sie wiederum die Summen- und Saldenliste auf ausgewählte **Projekte Von … Bis** und **Kostenstellen und Dimensionen Von … Bis** einschränken.

- **Bericht »Gewinn- und Verlustrechnung«**
  Die Gewinn-und-Verlust-Rechnung (GuV) ist eine Aufstellung aller Aufwendungen und Erlöse und des daraus resultierenden Gewinns bzw. Verlusts in einem angegebenen Zeitraum. Das Fenster **Auswahlkriterien** enthält beinahe die gleichen Parameter wie die Bilanz. Zusätzlich können Sie noch einen Betrachtungszeitraum angeben. Mit dem Button **Erweitert** können Sie die GuV auf ausgewählte **Projekte Von ... Bis** und **Kostenstellen und Dimensionen Von ... Bis** einschränken.
- **Bericht »Cashflow«**
  Der Cashflow-Bericht ist eine wöchentliche Aufstellung aller geplanten und tatsächlichen Ein- und Auszahlungen Ihres Unternehmens. Dabei werden alle Geldkonten sowie alle tatsächlichen Geldströme in und aus Ihrem Unternehmen anhand von Eingangs- und Ausgangszahlungen berücksichtigt. Darüber hinaus wird anhand der Fälligkeitsdaten der einzelnen Eingangs- und Ausgangsrechnungen die künftige Über- und Unterdeckung an liquiden Mitteln berechnet. Zusätzlich können Sie zukünftige Buchungen und Dauerbuchungen berücksichtigen. Außerdem haben Sie die Möglichkeit, geplante Eingangs- und Ausgangszahlungen, die nicht bereits in Belegform vorhanden sind, mit einfließen zu lassen.

Im Ordner **Vergleich** befinden sich bereits bekannte Berichte wie **Bilanz, Summen- und Saldenliste, Gewinn- und Verlustrechnung**. In diesem Fall jedoch können jeweils zwei dieser Berichte mit unterschiedlichen Geschäftsjahren und/oder Firmen nebeneinandergelegt und verglichen werden (Fenster **Vergleich Gewinn- und Verlustrechnung – Auswahlkriterien**, siehe Abbildung 12.54).

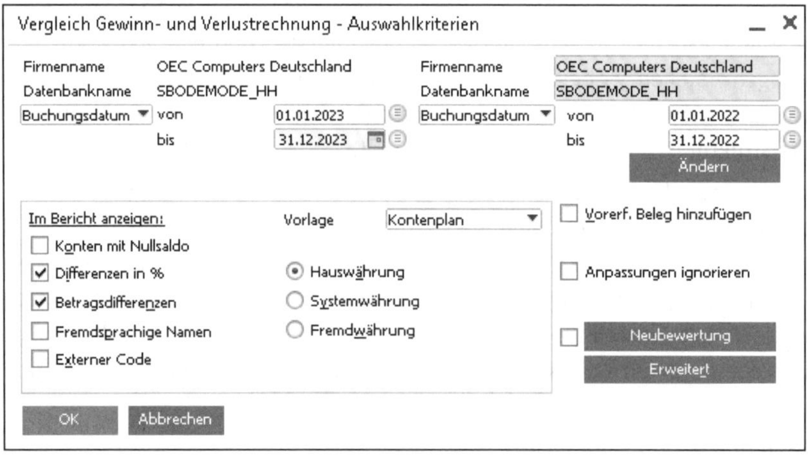

Abbildung 12.54: Vergleich Gewinn-und-Verlust-Rechnung – Auswahlkriterien

Im oberen Bereich des Fensters können Sie die Auswahl zu Geschäftsjahr und Firma vornehmen. Die erste Firma ist jeweils das Unternehmen, in dem Sie sich gerade befinden. Mit dem Button **Ändern** im rechten Bereich des Fensters können Sie im zweiten Schritt die Firma (= die Datenbank) und das Geschäftsjahr ändern.

Die kostenrechnerischen Buchungen auf Projekt und Kostenstelle können Sie mit den gleichen Berichten wie in der Buchhaltung (z. B. **Summen- und Saldenliste**, **Gewinn- und Verlustrechnung**) betrachten. Sie müssen nur jeweils über den Button **Erweitert** im Fenster **Erweiterte Auswahlkriterien** die Auswahl auf das bzw. die gewünschten Projekte oder Kostenstellen innerhalb der angelegten Dimensionen einschränken. Das Beispiel in Abbildung 12.55 zeigt die Einschränkung des Berichts **Hauptbuch** auf die Kostenstelle **Lager**.

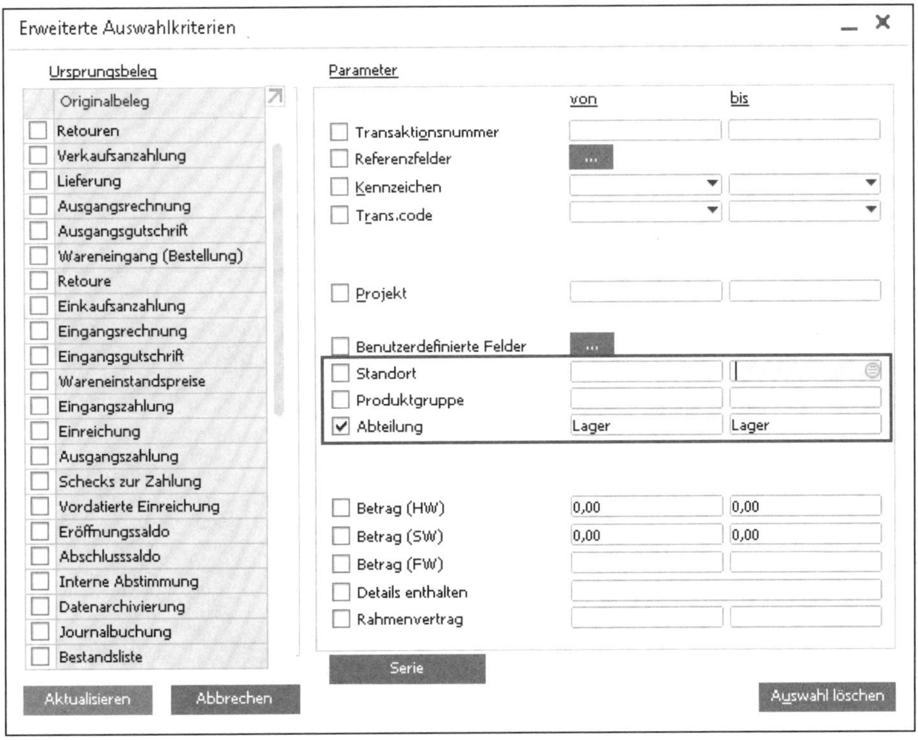

Abbildung 12.55: Bericht »Hauptbuch« auf ausgewählte Kostenstellen einschränken

Der *Kostenstellenbericht* (ab Release 8.8) bietet eine Übersicht über alle Buchungen, die einer Kostenstelle zugeordnet wurden. Öffnen Sie diesen Bericht über den Pfad **Finanzwesen • Kostenrechnung • Kostenstellenbericht**.

In den Auswahlkriterien haben Sie die Möglichkeit, auf Dimension, Kostenstelle, Sortiercode sowie Datum einzuschränken.

Darüber hinaus können Sie die Buchungen auf den Kostenstellen mithilfe der Dropdown-Liste **Zusammenfassung von** ❶ bezüglich Sortiercode, Aufteilungsregeln, verknüpfter Konten aus der Finanzbuchhaltung und Monaten zusammenfassen. Abbildung 12.56 zeigt Ihnen eine Zusammenfassung von verknüpften Konten. Klicken Sie bei der einzelnen Buchungszeile auf den orangefarbenen Pfeil ⇨, und Sie gelangen zum Ursprung der Buchung ❷. In unserem Beispiel stammen alle Einträge aus Journalbuchungen (die Abkürzung **JE** in der Spalte **Ursprung** steht für *Journal Entry*) oder aus Ausgangsrechnungen (die Abkürzung **RE** steht für *Rechnung*) sowie **BE** für Eingangsrechnungen.

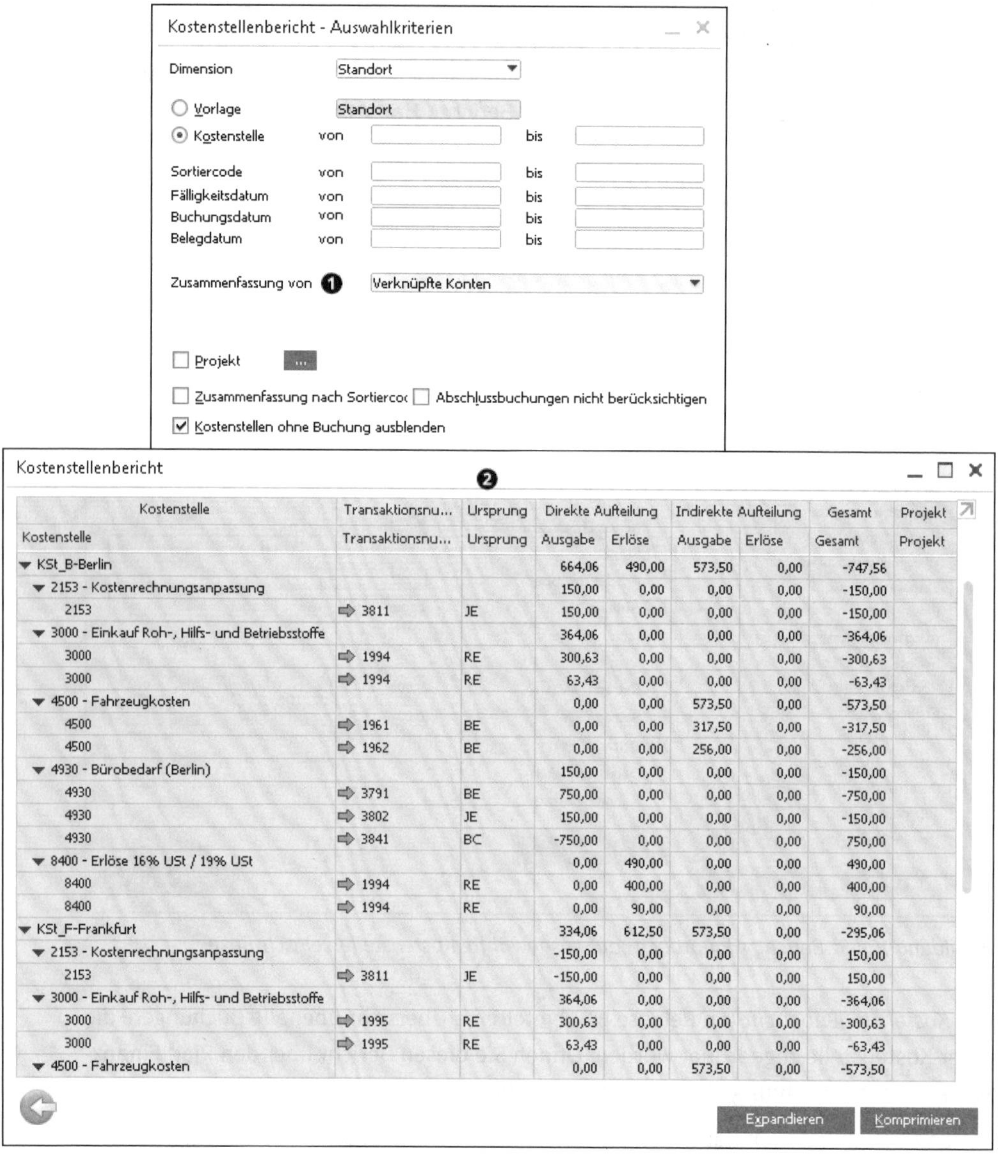

Kostenstelle	Transaktionsnu...	Ursprung	Direkte Aufteilung		Indirekte Aufteilung		Gesamt	Projekt
Kostenstelle	Transaktionsnu...	Ursprung	Ausgabe	Erlöse	Ausgabe	Erlöse	Gesamt	Projekt
▼ KSt_B-Berlin			664,06	490,00	573,50	0,00	-747,56	
▼ 2153 - Kostenrechnungsanpassung			150,00	0,00	0,00	0,00	-150,00	
2153	⇨ 3811	JE	150,00	0,00	0,00	0,00	-150,00	
▼ 3000 - Einkauf Roh-, Hilfs- und Betriebsstoffe			364,06	0,00	0,00	0,00	-364,06	
3000	⇨ 1994	RE	300,63	0,00	0,00	0,00	-300,63	
3000	⇨ 1994	RE	63,43	0,00	0,00	0,00	-63,43	
▼ 4500 - Fahrzeugkosten			0,00	0,00	573,50	0,00	-573,50	
4500	⇨ 1961	BE	0,00	0,00	317,50	0,00	-317,50	
4500	⇨ 1962	BE	0,00	0,00	256,00	0,00	-256,00	
▼ 4930 - Bürobedarf (Berlin)			150,00	0,00	0,00	0,00	-150,00	
4930	⇨ 3791	BE	750,00	0,00	0,00	0,00	-750,00	
4930	⇨ 3802	JE	150,00	0,00	0,00	0,00	-150,00	
4930	⇨ 3841	BC	-750,00	0,00	0,00	0,00	750,00	
▼ 8400 - Erlöse 16% USt / 19% USt			0,00	490,00	0,00	0,00	490,00	
8400	⇨ 1994	RE	0,00	400,00	0,00	0,00	400,00	
8400	⇨ 1994	RE	0,00	90,00	0,00	0,00	90,00	
▼ KSt_F-Frankfurt			334,06	612,50	573,50	0,00	-295,06	
▼ 2153 - Kostenrechnungsanpassung			-150,00	0,00	0,00	0,00	150,00	
2153	⇨ 3811	JE	-150,00	0,00	0,00	0,00	150,00	
▼ 3000 - Einkauf Roh-, Hilfs- und Betriebsstoffe			364,06	0,00	0,00	0,00	-364,06	
3000	⇨ 1995	RE	300,63	0,00	0,00	0,00	-300,63	
3000	⇨ 1995	RE	63,43	0,00	0,00	0,00	-63,43	
▼ 4500 - Fahrzeugkosten			0,00	0,00	573,50	0,00	-573,50	

Abbildung 12.56: Kostenstellenbericht, zusammengefasst bezüglich verknüpfter Konten

Der Aufteilungsbericht bietet eine sehr gute Übersicht über alle Aufwendungen und Erträge, die den diversen Kostenstellen über Aufteilungsregeln zugeordnet wurden. Er findet sich unter **Finanzwesen • Kostenrechnung • Aufteilungsbericht** (siehe Abbildung 12.57). Senkrecht werden die einzelnen empfangenden Kostenstellen (Kosten) und waagerecht die einzelnen Aufteilungsregeln (Kosten und Erlöse) aufgelistet. Eingeschränkt werden kann der Aufteilungsbericht nach Dimension, Aufteilungsregeln und Datum. Darüber hinaus kann der Bericht einem Budgetszenario gegenübergestellt werden.

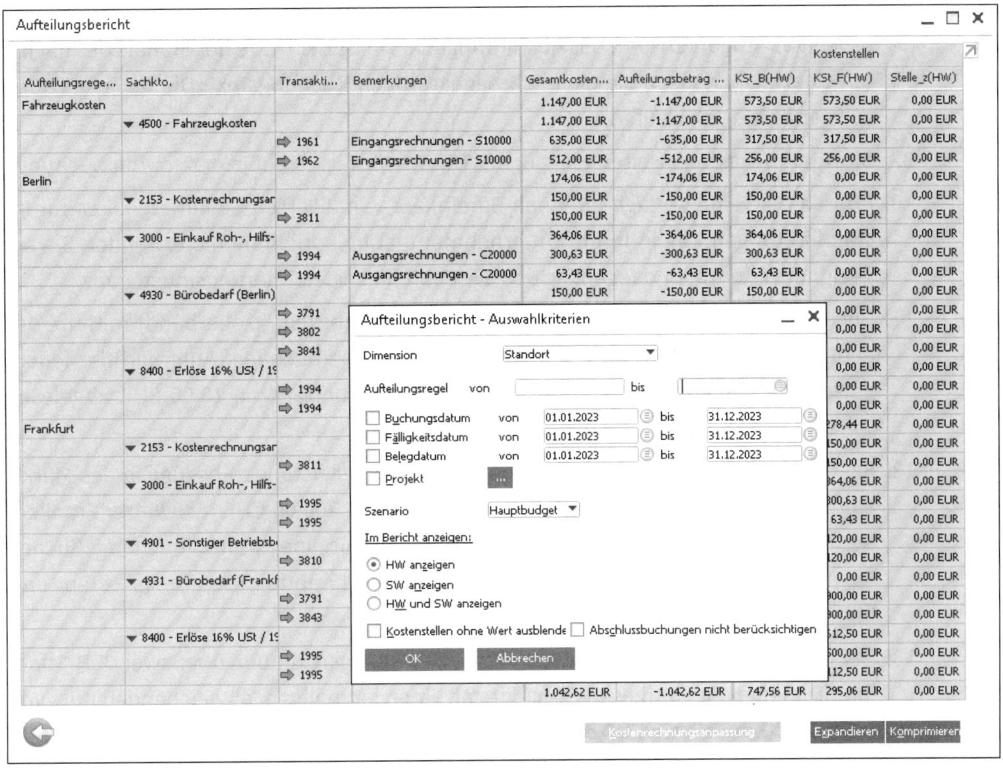

Abbildung 12.57: Aufteilungsbericht

12.10 Übungsaufgaben

1. Legen Sie unterhalb des Kontos »1200 –Bank 1« das Konto »1205 – Commerzbank« an. Markieren Sie dieses als »Geldkonto«.
2. Legen Sie unterhalb des Kontos »4210« das Konto »4220 – Miete Reparaturlager« an. Überprüfen Sie, ob das zugeordnete Umsatzsteuerkennzeichen »V2« ist.
3. Mit welchen Schritten und Buchungen werden Wareneinkäufe in SAP Business One gebucht?
4. Buchen Sie einen Bareinkauf von Büromaterial mit dem heutigen Datum.
5. Duplizieren Sie die Buchung, und verdoppeln Sie den eingekauften Betrag einen Tag später.
6. Überprüfen Sie den Saldo des Kassenkontos direkt aus dem Kontenplan, und gehen Sie mithilfe der orangefarbenen Pfeile ⇨ bis zur eigentlichen Journalbuchung.

7. Buchen Sie die Miete für das Reparaturlager auf das neu angelegte Konto »4220« mit einem Betrag von 800,00 EUR netto. Buchen Sie gegen das neu angelegte Bankkonto.
8. Erstellen Sie eine Dauerbuchung für die monatliche Miete des Reparaturlagers zum jeweiligen Monatsdritten. Das Ausführungsdatum ist der Dritte des Monats des nächsten Quartals. Erfassen Sie einen aussagekräftigen Buchungstext. Die Dauerbuchung soll genau ein Jahr laufen.
9. Stornieren Sie den zweiten Einkauf des Büromaterials direkt in der Journalbuchung.
10. Erfassen Sie eine Vorlage für einen Bareinkauf von diversen Kleinmaterialien für Instandhaltungen, die in Ihrem Unternehmen häufig vorkommen. Verwenden Sie ein geeignetes Konto, und legen Sie den Geschäftsfall als Kontierungsmuster an.
11. Buchen Sie einen Einkauf von Kleinmaterial (Glühbirnen, Isolierband) mithilfe des eben angelegten Kontierungsmusters in der Journalbuchung. Aufgrund der feucht gewordenen Rechnung kann nur noch der Steuerbetrag von 19,00 EUR abgelesen werden.
12. Sie bezahlen einen Berater, von dem Sie Beratungsleistungen bezüglich des Markteintritts in der Schweiz in Anspruch nehmen, mit 1.200,00 CHF (Schweizer Franken) per Barzahlung. Buchen Sie diesen Geschäftsfall mit einer Journalbuchung. Suchen Sie dabei nach einem Konto, das in der Kontenbeschreibung »Beratungskosten« enthält.
13. Der von Ihnen angelegte Kunde erhält eine Ausgangsrechnung über zwei USB-Sticks in USD. Geben Sie für diesen Geschäftsfall einen einmaligen, abweichenden Kurs von 1.1856 USD pro einem EUR ein.
14. Legen Sie eine Kostenstelle »Verwaltung« an. Weisen Sie den Journalbuchungen für den Einkauf des Bürobedarfs und des Kleinmaterials in der Buchungszeile jeweils die Kostenstelle »Verwaltung« zu.

Kapitel 13
Bankenabwicklung

Die Bankenabwicklung in SAP Business One ist ein selbstständiger Bereich, der die Verwaltung von Bankdaten, die Abwicklung von Eingangs- und Ausgangszahlungen sowie deren Buchung umfasst.

In diesem Kapitel beschäftigen wir uns mit dem gesamten Bereich der Bankenabwicklung. Im folgenden Abschnitt gehen wir dabei zunächst auf die Stammdaten in der Bankenabwicklung ein, bevor wir uns näher mit Eingangs- und Ausgangszahlungen sowie weiteren Kontenbewegungen beschäftigen. Außerdem erfahren Sie, wie Ihnen der Zahlungsassistent die Arbeit erleichtert und wie Sie Konten gegeneinander abstimmen.

Grundsätzlich lässt sich die Umsetzung der Bankenabwicklung in zwei große Bereiche teilen:

- die Module **Eingangszahlungen** und **Ausgangszahlungen**
- die Module **Zahlungsassistent** und **Kontoauszüge und externe Abstimmungen**

Im Folgenden beschreiben wir die Module **Eingangszahlungen** und **Ausgangszahlungen**. In der Praxis haben sie allerdings kaum Bedeutung. Denn selbst wenn etwa eine Ausgangszahlung im Programm als ausgeglichen gilt, müsste die tatsächliche Zahlung trotzdem noch manuell im Electronic-Banking-Programm erfolgen.

Es wird also üblicherweise mithilfe des Moduls **Zahlungsassistent** ein Datenträger für den Upload im Electronic Banking erzeugt bzw. ein Kontoauszug mithilfe des Moduls **Kontoauszüge und externe Abstimmungen** gebucht oder auch hier eine entsprechende Datei importiert. Trotzdem ist es wichtig, die Transaktionen **Eingangszahlungen** und **Ausgangszahlungen** zu kennen, da sie letztlich das Ergebnis des Zahlungsassistenten und des Einlesens bzw. Buchens von Kontoauszügen darstellen.

Der Themenbereich Schecks, der ebenfalls zur Bankenabwicklung gehört, wird im Folgenden nicht näher behandelt, da dieses Zahlungsmittel in Deutschland, Österreich und der Schweiz im Geschäftsleben praktisch nicht mehr verwendet wird.

13.1 Stammdaten in der Bankenabwicklung

Als Stammdaten in der Bankenabwicklung gelten die Verwaltung der Banken selbst, die Zuordnung der eigenen Hausbanken sowie die Pflege der Bankverbindungen des Geschäftspartners. Bevor eine Bank als *Hausbank* oder als *Geschäftspartnerbank* zugeordnet werden kann, müssen Sie überprüfen, ob sie bereits im System vorhanden ist. Falls dies nicht der Fall ist, müssen Sie die Bank zunächst einmal definieren.

[+]

Banken importieren oder anlegen

Da die Zahl der Banken groß ist – allein die deutsche Bundesbank listet rund 15.000 Banken auf (wobei vielen davon lediglich Zweigstellen sind) –, liefert SAP je nach Lokalisierung einen mehr oder weniger reduzierten Bankenstamm aus. In der österreichischen Lokalisierung umfasst dieser etwa 10 Banken, in der deutschen immerhin rund 4.300. In jedem Fall ist die Wahrscheinlichkeit hoch, dass Hausbanken Ihrer Lieferanten nicht im Datenbestand vorhanden sind.

Sollten Sie aus einem anderen Programm nach SAP Business One migrieren, sind daher die Banken aus dem Altsystem zu exportieren und in SAP Business One zu importieren. Im laufenden Betrieb kann im Zuge der Lieferantenneuanlage auch die eventuell benötigte Bank leicht angelegt werden.

Ein Import aller Banken der Länder, aus denen Waren oder Leitungen bezogen werden, empfiehlt sich nicht, um den Bankenstamm nicht unnötig aufzublähen.

Die Definition der Banken erfolgt im Fenster **Banken** (über **Administration • Definitionen • Bankenabwicklung • Banken**). Bei der Neuanlage Ihres Unternehmens wird bereits (sowohl in der deutschen als auch in der österreichischen Lokalisierung) eine Reihe von Banken angelegt. Falls dennoch Banken fehlen, legen Sie sie mit den Angaben **Land**, **Bankencode** (Bankleitzahl), **Bankname** und dem **BIC/SWIFT-Code** an.

Das Festlegen der eigenen Bankkonten erfolgt im Fenster **Hausbankkonten** unter **Administration • Definitionen • Bankenabwicklung • Hausbankkonten**. Um ein Hausbankkonto anzulegen, müssen Sie folgende Felder pflegen:

- **Feld »BLZ«**
  Verwenden Sie die ⇆-Taste, um die Auswahlliste der Banken zu öffnen. Wählen Sie Ihre Hausbank aus, und bestätigen Sie dies mit dem Button **Auswählen**. Das Feld **Land** wird automatisch ausgefüllt.
- **Feld »Filiale«**
  Geben Sie – falls bekannt – die Nummer oder Bezeichnung der Filiale an, bei der Sie Kunde sind.
- **Feld »Kontonummer«**
  Geben Sie Ihre Kontonummer an. Falls Sie mehrere Konten bei einer Bank haben, müssen Sie pro Kontonummer eine Zeile (= ein Hausbankkonto) anlegen. Die Kontonummer darf nur Zahlen und keine alphanumerischen Zeichen wie Bindestrich, Schrägstrich etc. enthalten.

  Beachten Sie, dass das Programm in weiterer Folge zur Erzeugung von Bankdatenträgern zwar einen IBAN benötigt, Sie eine Hausbank jedoch auch ohne Eingabe eine IBAN anlegen können. Im Gegenzug wird die Kontonummer de facto nicht mehr benötigt, trotzdem ist dieses Feld ein Pflichtfeld.

- **Feld »Vorlagenname«**
  Geben Sie den Namen ein, auf den das Bankkonto lautet.
- **Feld »Nächste Schecknr.«**
  Geben Sie bei Bedarf die nächsthöhere Schecknummer für dieses Konto ein. Die Schecks werden von der eingegebenen Nummer an lückenlos fortgezählt.
- **Feld »BIC/SWIFT-Code«**
  Dieses Feld wird automatisch mit dem BIC/SWIFT-Code befüllt, der bei der Anlage der Bank eingegeben wurde.
- **Feld »Sachkonto«**
  Geben Sie eine Sachkontonummer für dieses Bankkonto an, oder verwenden Sie die [⇆]-Taste, um eine Sachkontonummer aus der Auswahlliste des Kontenplans auszuwählen.

[+]

Pro Bankkonto ein Buchhaltungskonto

In der Buchhaltungspraxis wird für jedes eigene Bankkonto auch ein Buchhaltungskonto geführt. In der Regel wird das Bankkonto mit den Kontoauszügen meist täglich, zumindest aber monatlich abgestimmt.

Diese Aufgabe ist wesentlich schwieriger, wenn Sie mehrere Bankkonten auf ein Buchhaltungskonto buchen.

- **Feld »Interimssachkonto«**
  Das Interimssachkonto wird für den elektronischen Zahlungsverkehr verwendet. Der elektronische Zahlungsverkehr, der unter Umständen das landesabhängige Add-on *Payment Engine* voraussetzt, wird in Abschnitt 13.4, »Zahlungsassistent und elektronischer Zahlungsverkehr«, behandelt. Hier wird auch dargestellt, unter welchen Umständen das Add-on benötigt wird und wann das nicht notwendig ist.

  Falls Sie den automatischen Zahlungsverkehr nutzen möchten, sollte dies in Absprache mit einem Consultant erfolgen, da hier einige landesspezifische Besonderheiten zu beachten sind.
- **Feld »IBAN«**
  Die *International Bank Account Number* (IBAN) ist die internationale Bankkontonummer Ihres Kontos. Sie setzt sich aus dem Kürzel für das Land und die Bank und aus Ihrer Kontonummer zusammen.

  Für Euro-Zahlungen innerhalb des EWR (= Europäischer Wirtschaftsraum) muss seit dem 1. Februar 2016 lediglich die IBAN angegeben werden. Der BIC ist für diese Zahlungen nicht mehr erforderlich.

[+]

Änderungen durch SEPA

Im Rahmen des Euro-Zahlungsverkehrsraums SEPA (= Single European Payment Area) müssen Zahlungsanweisungen und Überweisungen seit dem 1. August 2014 IBAN und BIC (= Bank Identifier Code) enthalten.

- **Adressfelder**
  Füllen Sie die Adressfelder für Ihre Bank bzw. Ihre Bankfiliale aus.

Klicken Sie abschließend auf den Button **Aktualisieren**, um das Hausbankkonto anzulegen.

Die Zuordnung der Bankverbindungen zum Geschäftspartner erfolgt im Fenster **Geschäftspartner-Stammdaten** auf der Registerkarte **Zahlungsbedingungen**. Die Vorgehensweise haben wir bereits in Abschnitt 4.4, »Zahlungsbedingungen«, erläutert.

Die Definition, von welcher Bank bzw. auf welche eigene Bank beim einzelnen Geschäftspartner bezahlt wird, erfolgt ebenfalls im Fenster **Geschäftspartner-Stammdaten** auf der Registerkarte **Zahlungslauf**. Klicken Sie dazu auf den Button (**Aus Struktur auswählen**), und wählen Sie die gewünschte Hausbank aus dem Fenster **Bank auswählen** aus.

13.2 Eingangszahlungen und Ausgangszahlungen

Eingangszahlung und Ausgangszahlung funktionieren auf die gleiche Weise. Betrachten wir zunächst die Eingangszahlung.

13.2.1 Eingangszahlung

Das letzte Glied der Belegkette im Verkauf ist die *Eingangszahlung*, die besagt, dass Ihr Kunde die offene Forderung komplett oder teilweise zahlt. Dementsprechend basiert die Eingangszahlung auf den offenen Ausgangsrechnungen. Zusätzlich können die offenen Ausgangsgutschriften einbezogen werden, die Sie Ihren Kunden gewähren, die aber keiner Ausgangsrechnung unmittelbar zugeordnet sind.

Eingangszahlungen werden unter **Bankenabwicklung** • Ordner **Eingangszahlungen** • Fenster **Eingangszahlungen** erfasst (siehe Abbildung 13.1).

Um eine Eingangszahlung anzulegen, geben Sie die folgenden Informationen an:

- **Felder »Code«, »Name«, »Rechnungsadr.« und »Ansprechpartner«**
  Wählen Sie den Kunden und Ansprechpartner aus, für den Sie die Eingangszahlung anlegen möchten. Das Feld **Rechnungsadr.** wird automatisch gefüllt und zeigt die beim Kunden hinterlegte Adresse an. Nach Auswahl des Kunden werden alle offenen Eingangsrechnungen und Ausgangsgutschriften in der Tabelle angezeigt.

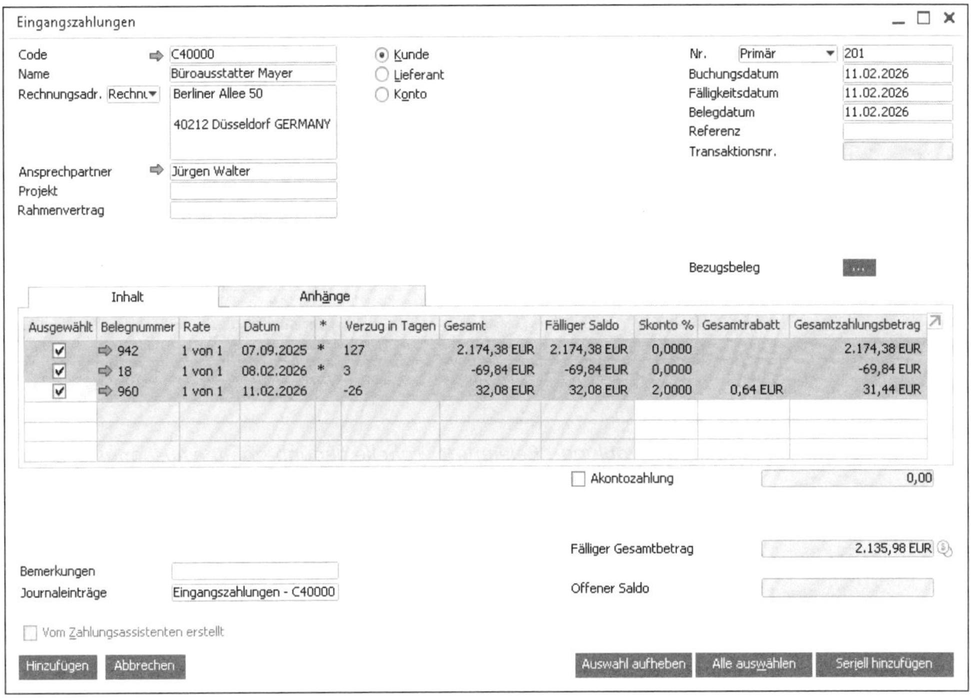

Abbildung 13.1: Fenster »Eingangszahlungen« mit markierten Rechnungen

- **Feld »Nr.«**
  Wählen Sie eine Belegnummernserie aus der Werteliste aus. Die nächsthöhere Belegnummer für die Eingangszahlung wird automatisch vorgeschlagen. Wenn Sie selbst eine Nummer vergeben möchten, wählen Sie den Eintrag **Manuell** aus der Dropdown-Liste aus und geben die selbst gewählte Zahlungsnummer im Feld rechts daneben ein.
- **Felder »Buchungsdatum«, »Fälligkeitsdatum« und »Belegdatum«**
  Geben Sie in diesen drei Feldern ein Datum für die Eingangszahlung an. Dieses darf nicht vor dem Buchungsdatum der Ausgangsrechnung liegen.
- **Feld »Referenz«**
  Geben Sie eine Referenz – das ist eine Belegnummer (z. B. die Nummer des Kontoauszugs) – zu dieser Eingangszahlung an.
- **Feld »Transaktionsnr.«**
  Nach dem Hinzufügen der Eingangszahlung wird in diesem Feld die Journalnummer angezeigt. Klicken Sie auf den orangefarbenen Pfeil ⇨, um die Journalbuchung dieser Eingangszahlung aufzurufen.
- **Feld »Projekt«**
  Wählen Sie ein Projekt aus, dem Sie die Eingangszahlung zuordnen.

- **Feld »Fälliger Gesamtbetrag«**
  Markieren Sie die Ausgangsrechnungen in der Tabelle, die vom Kunden bezahlt worden sind, indem Sie die Checkbox in der Spalte **Ausgewählt** markieren. Das Feld **Fälliger Gesamtbetrag** im rechten unteren Bereich zeigt jeweils die Summe der Zahlungsbeträge der ausgewählten Rechnungen an.

In der Tabelle der Ausgangsrechnungen stehen Ihnen in der Belegmitte die folgenden Felder standardmäßig zur Verfügung (siehe Abbildung 13.2).

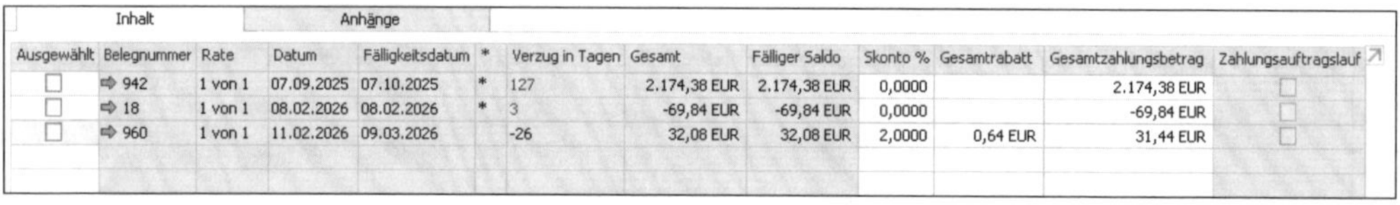

Ausgewählt	Belegnummer	Rate	Datum	Fälligkeitsdatum	*	Verzug in Tagen	Gesamt	Fälliger Saldo	Skonto %	Gesamtrabatt	Gesamtzahlungsbetrag	Zahlungsauftragslauf
☐	⇨ 942	1 von 1	07.09.2025	07.10.2025	*	127	2.174,38 EUR	2.174,38 EUR	0,0000		2.174,38 EUR	☐
☐	⇨ 18	1 von 1	08.02.2026	08.02.2026	*	3	-69,84 EUR	-69,84 EUR	0,0000		-69,84 EUR	☐
☐	⇨ 960	1 von 1	11.02.2026	09.03.2026		-26	32,08 EUR	32,08 EUR	2,0000	0,64 EUR	31,44 EUR	☐

Abbildung 13.2: Eingangszahlung – Belegmitte: Tabelle der unbezahlten Ausgangsrechnungen

- **Checkbox »Ausgewählt«**
  Markieren Sie die Checkbox bei jenen Ausgangsrechnungen, die laut Kontoauszug von Ihren Kunden bezahlt wurden. Wie Sie in Abbildung 13.2 erkennen, können selbstverständlich auch noch nicht fällige Rechnungen ausgewählt werden, um die Fakten, wie sie sich im Kontoauszug darstellen, abbilden zu können.
- **Feld »Belegnummer«**
  Zeigt die Belegnummer der Ausgangsrechnung bzw. Gutschrift an. Klicken Sie auf den orangefarbenen Pfeil ⇨, um den Beleg zu öffnen.
- **Feld »Rate«**
  Zeigt die Anzahl der Raten an. Der Feldinhalt »4 von 6« würde z. B. die vierte Rate von insgesamt sechs Raten bedeuten. Bei einer Ratenzahlung werden die Raten als eigene offene Ausgangsrechnungen angezeigt.
- **Feld »Belegart«**
  Zeigt die Belegart an – etwa **RE** für Ausgangsrechnung und **AG** für Ausgangsgutschrift (im Screenshot nicht zu sehen).
- **Feld »Datum«**
  Zeigt das Datum des Belegs an.
- **Feld »*« (Stern)**
  Ein Stern »*« in diesem Feld zeigt an, dass die Ausgangsrechnung bereits überfällig ist.
- **Feld »Verzug in Tagen«**
  Dieses Feld zeigt, wie viele Tage eine Rechnung überfällig ist. Überfällige Rechnungen erscheinen rot, noch nicht fällige schwarz. Ein negativer Wert kennzeichnet eine Gutschrift, die von der Rechnungssumme abgezogen wird. Mit einem Doppelklick auf den Spaltenkopf sortieren Sie nach dieser Spalte. So erscheinen die am längsten überfälligen Rechnungen ganz oben.

- **Feld »Gesamt«**
  Zeigt den Betrag der Ausgangsrechnung bzw. Ausgangsgutschrift an.
- **Feld »Fälliger Saldo«**
  Zeigt den noch offenen, also noch nicht bezahlten Betrag des Belegs an. In der Regel entspricht der Wert im Feld **Fälliger Saldo** dem Wert im Feld **Gesamt**, es sei denn, es wurde für diese Faktura eine Teilzahlung getätigt.
- **Feld »Skonto %«**
  Dieses Feld enthält den Skontoprozentsatz. Er wird entweder anhand der Zahlungsbedingung in diesem Feld angezeigt oder kann manuell eingegeben werden.
- **Feld »Gesamtzahlungsbetrag«**
  Dieses Feld zeigt den zu zahlenden Betrag dieser Rechnung an. Als Vorschlagswert wird der fällige Saldo angezeigt. Der Gesamtzahlungsbetrag wird reduziert, sobald Sie einen Wert im Feld **Skonto %** eingeben. Falls Sie nur eine Teilzahlung vornehmen möchten, überschreiben Sie den Gesamtzahlungsbetrag mit dem gewünschten Zahlungsbetrag.

Checkbox »Zahlungsauftragslauf«

Die Checkbox im Feld **Zahlungsauftragslauf** ist markiert, wenn im Zahlungsassistenten ein Zahlungsauftrag für diese Rechnung erstellt wurde. Das bedeutet, mithilfe des Zahlungsassistenten wurde eine elektronische Bankdatei generiert, die per Telebanking abgeschickt werden kann – sie wurde aber noch nicht an die Bank übertragen.

Rechnungen mit Zahlungsauftrag nicht manuell zahlen

Wenn in den Fenstern **Eingangszahlungen** und/oder **Ausgangszahlungen** bei einer Rechnung die Checkbox **Zahlungsauftragslauf** markiert ist, sollte diese Rechnung nicht mehr manuell in SAP Business One bezahlt werden. Sobald die Zahlung auf dem Kontoauszug erscheint, kann diese dann nicht mehr entsprechend gebucht werden, da die Rechnung in SAP Business One nicht mehr offen ist. Dies kann vor allem dann zu Unklarheiten führen, wenn mehrere Mitarbeiter dazu berechtigt sind, die Zahlungen zu buchen.

Die folgende Spalte sollten Sie noch für das Anlegen einer Eingangszahlung einblenden. Dies können Sie mithilfe des Buttons (**Formulareinstellungen**) in der Symbolleiste. In Abbildung 13.2 wurden die Spalten bereits eingeblendet.

- **Feld »Fälligkeitsdatum«**
  Zeigt das Fälligkeitsdatum des Belegs an.

- **Feld »Gesamtrabatt«**
  Dieses Feld zeigt den Skontobetrag für die Ausgangsrechnung an. Das bedeutet, Sie können einen Skontoprozentsatz im Feld **Skonto %** eingeben, und der Skontobetrag im Feld **Gesamtrabatt** wird errechnet, oder Sie geben umgekehrt einen Skontobetrag ein, und der Skontoprozentsatz wird berechnet. Insofern ist die Bezeichnung »Gesamtrabatt« nicht ganz korrekt; es sollte »Gesamtskonto« heißen.

Markieren Sie alle Ausgangsrechnungen, die von Ihrem Kunden bezahlt wurden, und nehmen Sie bei **Rabatt %**, **Gesamtrabatt** und **Gesamtzahlungsbetrag** die notwendigen Änderungen vor. Im Feld **Fälliger Gesamtbetrag** wird der aktuelle Gesamtzahlungsbetrag aus allen Ausgangsrechnungen angezeigt. Falls Sie eine Ausgangsgutschrift markiert haben, wird der Gutschriftbetrag vom Gesamtzahlungsbetrag abgezogen. In unserem Beispiel in Abbildung 13.2 sehen Sie eine Ausgangsgutschrift in der zweiten Zeile der Belegmitte bei Belegnummer 18 mit einem Betrag von –69,84 EUR. Dieser wird vom fälligen Gesamtbetrag abgezogen.

Anschließend – bevor Sie die Eingangszahlung hinzufügen – klicken Sie entweder direkt neben dem Feld **Fälliger Gesamtbetrag** oder in der Symbolleiste auf den Button (**Zahlungsmethoden**), um die Methode der Zahlung für die ausgewählten Ausgangsrechnungen festzulegen (siehe Abbildung 13.3).

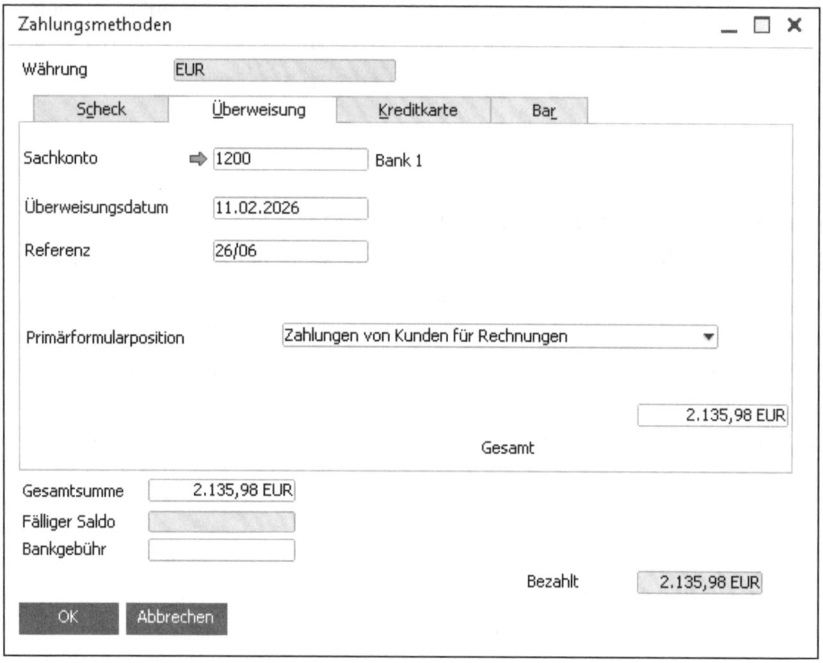

Abbildung 13.3: Zahlungsmethode »Überweisung« festlegen

In SAP Business One können Sie für Eingangs- und Ausgangszahlungen eine der vier Zahlungsmethoden **Scheck**, **Überweisung**, **Kreditkarte** und **Bar** festlegen. Im Fenster **Zah-**

lungsmethoden steht Ihnen für jede Zahlungsmethode eine Registerkarte zur Verfügung. In diesem Buch werden exemplarisch die am weitesten verbreiteten Zahlungsmethoden **Überweisung** und **Bar** behandelt.

Für die Zahlungsmethoden **Überweisung** und **Bar** gehen Sie die folgenden Schritte durch (siehe Abbildung 13.3):

1. **Feld »Sachkonto« pflegen**
   Geben Sie das Bankkonto im Feld **Sachkonto** an. Auf das ausgewählte Bankkonto wird der Zahlungsbetrag überwiesen. Öffnen Sie mit der [⇆]-Taste oder über den Button [⊜] (**Auswahlliste Konten**) die Auswahlliste der Konten im Feld **Sachkonto**. Das Sachkonto bei der Zahlungsmethode **Bar** wird Ihnen bereits anhand der Angabe unter **Kontenfindung Sachkonten** (**Administration • Definitionen • Finanzwesen • Kontenfindung Sachkonten**) vorgeschlagen.
2. **Felder »Überweisungsdatum« und »Referenz« pflegen (nur bei Überweisung)**
   Geben Sie das Durchführungsdatum der Überweisung und eine Referenz an, z. B. eine Kontoauszugsnummer.
3. **Feld »Gesamt« pflegen**
   Verwenden Sie die Tastenkombination [Strg]+[B], um den Gesamtzahlungsbetrag aus dem Fenster **Eingangszahlung** in dieses Feld zu kopieren.
4. **Feld »Bankgebühr« pflegen**
   Geben Sie den Betrag der Bankgebühr für die entsprechende Zahlung an. Diese wird zum Betrag im Feld **Gesamt** addiert, und das Bankkonto wird mit diesem Gesamtbetrag belastet. Die Bankgebühr wird auf das Konto gebucht, das Sie auf der Registerkarte **Allgemein** im Programmteil **Kontenfindung Sachkonten** im Feld **Bankspesenkonto** hinterlegt haben. Alternativ kann die Bankgebühr vom Betrag in Feld **Gesamt** auch subtrahiert werden. Dann wird ein weiteres Konto herangezogen, auf dem der Differenzbetrag zwischen dem offenen Fakturenbetrag und dem Gesamtbetrag gebucht wird. Auch dieses Konto stammt aus der Funktion **Kontenfindung Sachkonten**, allerdings aus der Registerkarte **Einkauf,** Feld **Unterzahlung Kreditorenkonto**.
5. **Bestätigen**
   Klicken Sie auf den Button **OK**, um die Festlegung der Zahlungsmethode abzuschließen.
6. **Eingangszahlung anlegen**
   Klicken Sie im Fenster **Eingangszahlungen** auf den Button **Hinzufügen**, um die Eingangszahlung anzulegen.

Mit dem Hinzufügen der Eingangszahlung wird automatisch eine Journalbuchung abgesetzt. Die Journalbuchung für das Beispiel in Abbildung 13.3 sehen Sie in Abbildung 13.4.

In der Journalbuchung in Abbildung 13.4 sehen Sie den Eingang des Gesamtzahlungsbetrags auf dem Bankkonto (**Konto – 1200 Bank1** im **Soll**), die Buchung des an den Kunden gewährten Skontos (**Konto 8730 – Gewährte Skonti** im **Soll**), die Korrektur der Umsatzsteuer aufgrund der Skontobuchung (**Konto 1776 – Umsatzsteuer** im **Soll**) und den Ausgleich der Kundenforderung (**Konto C40000 – Büroausstatter Mayer**) im **Haben**.

Die automatische Buchung des Skontos erfolgt auf die im Bereich **Kontenfindung Sachkonten** (**Administration • Definitionen • Finanzwesen • Kontenfindung Sachkonten**) hinterlegten Konten.

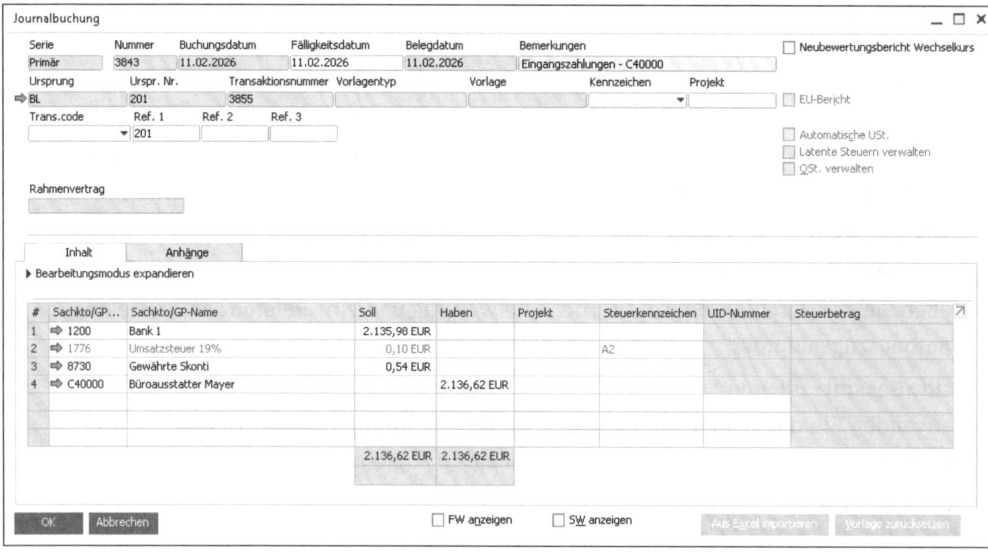

Abbildung 13.4: Journalbuchung für Eingangszahlung

Eine Akontozahlung ist eine teilweise oder vollständige Vorauszahlung eines Kunden oder an den Lieferanten. Um eine Akontozahlung in SAP Business One anzulegen, öffnen Sie das Fenster **Eingangszahlungen** oder **Ausgangszahlungen** (siehe z. B. Abbildung 13.1) und gehen folgendermaßen vor:

1. **Checkbox »Akontozahlung« pflegen**
   Markieren Sie diese Checkbox, um die Zahlung als Akontozahlung zu kennzeichnen.
2. **Feld »Akontobetrag« pflegen**
   Im rechten unteren Bereich können Sie in einem nun bereitstehenden Feld die Höhe der Akontozahlung festlegen.
3. **Zahlungsmethode festlegen**
   Legen Sie die Zahlungsmethode wie bei einer gewöhnlichen Zahlung fest. Bestätigen Sie dies mit dem Button **OK**.
4. **Zahlung anlegen**
   Klicken Sie auf den Button **Hinzufügen**, um die Zahlung anzulegen.

Wenn nun die Restzahlung erfolgt, müssen Sie neben der bzw. den Rechnungen, die bezahlt werden, zusätzlich die zuvor angelegte Akontozahlung auswählen. Abbildung 13.5 zeigt dies anhand einer eingehenden Akontozahlung.

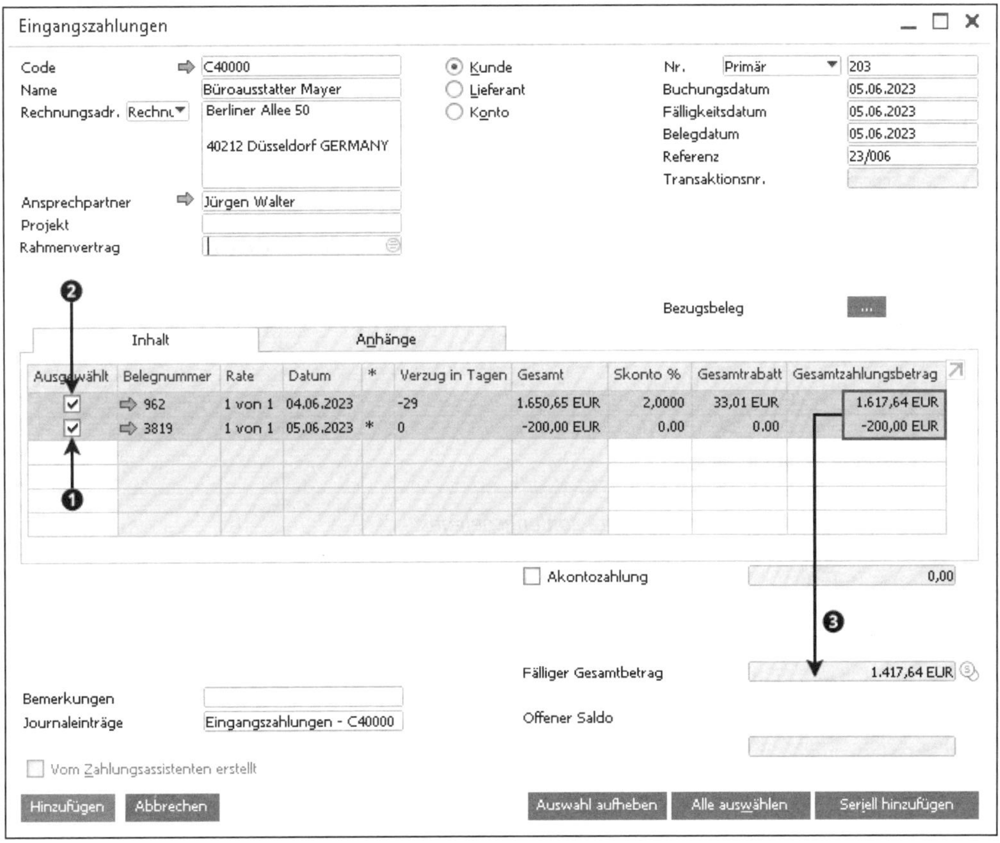

Abbildung 13.5: Ausgangsrechnung mit Akontozahlung bezahlen

Markieren Sie bei Erfassung der Restzahlung sowohl die mit einem negativen Vorzeichen angezeigte Akontozahlung (siehe ❶ in Abbildung 13.5) als auch die noch offene Rechnung ❷. Das Feld **Fälliger Gesamtbetrag** zeigt nun den Rechnungsbetrag minus der bereits geleisteten Akontozahlung ❸.

13.2.2 Ausgangszahlung

Die *Ausgangszahlung* ist der letzte Schritt der Belegkette im Einkauf. Das Anlegen der Ausgangszahlung erfolgt mit den gleichen Schritten wie bei der Eingangszahlung. Das bedeutet, Sie bezahlen die offenen Verbindlichkeiten Ihres Lieferanten. Dementsprechend basiert die Ausgangszahlung auf den offenen Eingangsrechnungen und den Eingangsgutschriften, die keiner Eingangsrechnung zugeordnet wurden.

Sowohl in der Ausgangszahlung als auch in der Eingangszahlung haben Sie die Möglichkeit, eine geparkte Zahlung zu erstellen. Dazu klicken Sie vor dem Hinzufügen des Belegs mit der rechten Maustaste auf das Zahlungsfenster und wählen den Eintrag **Als geparkten Beleg speichern** aus dem Kontextmenü aus. Alternativ dazu wählen Sie die gleiche

Option im Menü **Datei**. Den geparkten Beleg können Sie im Fenster **Bericht: Geparkte Zahlungsbelege** (über **Bankenabwicklung • Bankberichte • Geparkte Zahlungsbelege – Bericht**) anzeigen und mit einem Doppelklick auf den Eintrag aufrufen und weiterbearbeiten, wie in Abbildung 13.6 zu sehen ist.

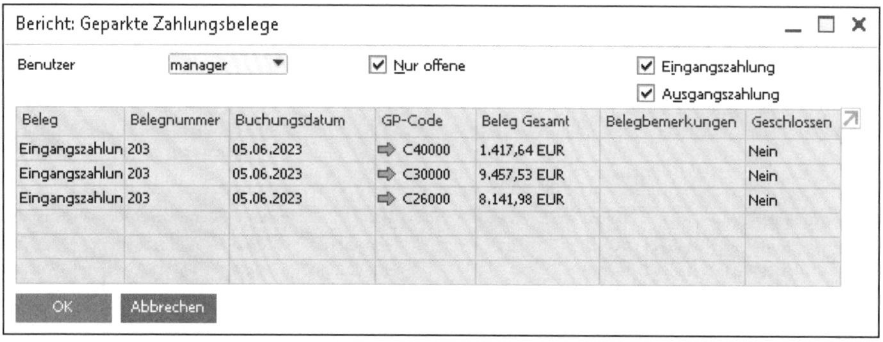

Abbildung 13.6: Bericht »Geparkte Zahlungsbelege«

13.3 Bankgebühren und Zinsen buchen

Bei der Behandlung des Bankkontos bleiben nun nach den Eingangs- und Ausgangszahlungen noch die sonstigen Bankbewegungen übrig. Dazu zählen alle Zinsen (Soll- und Haben-Zinsen), Spesen, Kontoführungsgebühren, Überziehungsprovisionen etc.

Bankgebühren, die direkt bei einer Überweisung entstehen und dementsprechend buchhalterisch zur Zahlung gehören, können direkt bei der Eingangs- bzw. Ausgangszahlung automatisch mitgebucht werden.

Dazu legen Sie die Zahlung an, wie in Abschnitt 13.2, »Eingangszahlungen und Ausgangszahlungen«, beschrieben. Der einzige Unterschied liegt im Fenster **Zahlungsmethoden**. Im linken unteren Bereich wird hier nun das Feld **Bankgebühr** angezeigt (siehe Abbildung 13.7, Fenster **Zahlungsmethoden** rechts unten).

Geben Sie zunächst die von der Bank verrechneten Bankgebühren im Feld **Bankgebühr** ein. Erst danach übertragen Sie den gesamten Zahlungsbetrag mit der Tastenkombination `Strg`+`B` in das Feld **Gesamt**.

Wie Sie in Abbildung 13.7 sehen können, werden die 5,00 EUR Bankgebühr automatisch in der Journalbuchung berücksichtigt. In diesem Fall wird das »Konto 4970 – Nebenkosten des Geldverkehrs« verwendet. Welches Konto verwendet wird, muss im Bereich **Kontenfindung Sachkonten** auf der Registerkarte **Allgemein** unter **Administration • Definitionen • Finanzwesen** hinterlegt werden. Die Gebühren reduzieren den eingehenden Betrag, werden in diesem Beispiel also vom Zahlungsempfänger getragen.

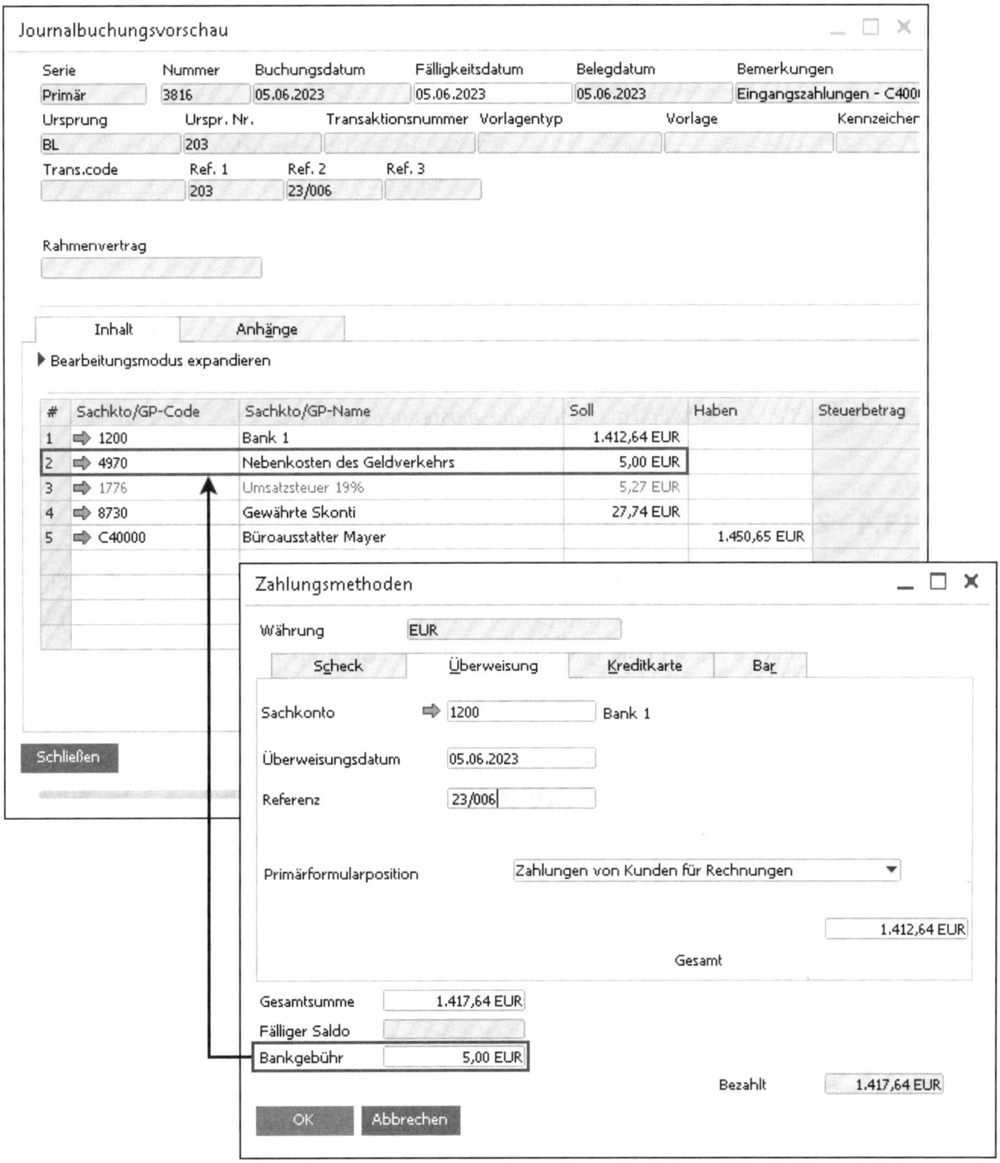

Abbildung 13.7: Bankgebühren automatisch buchen

Diese sonstigen Bankgebühren werden mit Journalbuchungen abgedeckt. Als Unterstützung können Sie **Kontierungsmuster** (über **Finanzwesen • Kontierungsmuster**) bzw. bei wiederkehrenden Buchungen auch **Dauerbuchungen** (über **Finanzwesen • Dauerbuchungen**) verwenden. Ein Beispiel für Zinsaufwendungen oder Soll-Zinsen finden Sie in Abbildung 13.8.

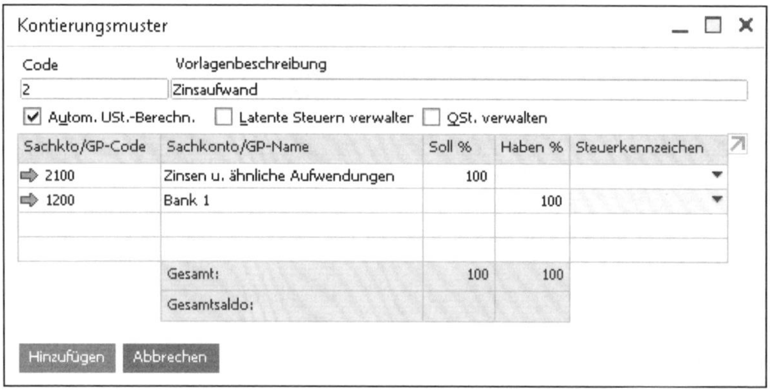

Abbildung 13.8: Zinsaufwand als Kontierungsmuster definieren

13.4 Zahlungsassistent und elektronischer Zahlungsverkehr

Der Zahlungsassistent ist ein übersichtliches und effektives Hilfsmittel, mit dem Sie einerseits mehrere Ausgangszahlungen für offene Eingangsrechnungen vornehmen können. Andererseits können Sie mit dem Zahlungsassistenten auch offene Ausgangsrechnungen einziehen und damit Eingangszahlungen generieren. Voraussetzung für die Durchführung von Eingangszahlungen ist, dass Sie mit Ihren Kunden *Lastschriftverfahren* vereinbart und den Kundenstamm mit entsprechenden Informationen, vor allen Dingen den Bankverbindungen, versorgt haben. Dieses weiterführende Thema ist eine Aufgabe für Consultants. Darüber hinaus unterstützt der Zahlungsassistent mehrere Formate im elektronischen Zahlungsverkehr.

13.4.1 Zahlweg als Grundlage für den Zahlungsassistenten

Voraussetzungen für den Einsatz des Zahlungsassistenten sind das Anlegen von Zahlwegen und die Zuordnung dieser Zahlwege zum Geschäftspartner.

Zahlwege können Sie im Fenster **Zahlwege – Definition** unter **Administration • Definitionen • Bankenabwicklung** anlegen (siehe Abbildung 13.9). Dort stehen Ihnen die folgenden Felder zur Verfügung:

- **Feld »Zahlwegscode«**
  Geben Sie einen eindeutigen, maximal 15-stelligen Code für den Zahlweg ein.
- **Checkbox »Aktiv«**
  Standardmäßig ist diese Checkbox markiert. Soll der Zahlweg nicht mehr verwendet werden, deaktivieren Sie diese Checkbox.
- **Feld »Beschreibung«**
  Geben Sie eine aussagekräftige Beschreibung für den Zahlweg ein. Diese sollte einen Hinweis auf die **Zahlungsart** (**Eingang** oder **Ausgang**) und auf die **Zahlungsmethode**

(**Überweisung** oder **Scheck**) geben. **Überweisung** gilt dabei auch für eingehende Transaktionen, also für Einzugsverfahren gegenüber Kunden.

- **Dropdown-Liste »Zahlungsart«**
  Wählen Sie aus der Dropdown-Liste aus, ob es sich um einen Zahlungsausgang (z. B. Überweisung an den Lieferanten) oder einen Zahlungseingang (z. B. Bankeinzug von einem Kunden) handelt.
- **Dropdown-Liste »Zahlungsmethoden«**
  Wählen Sie aus der Dropdown-Liste, ob es sich um eine Überweisung oder eine Zahlung per Scheck handelt.

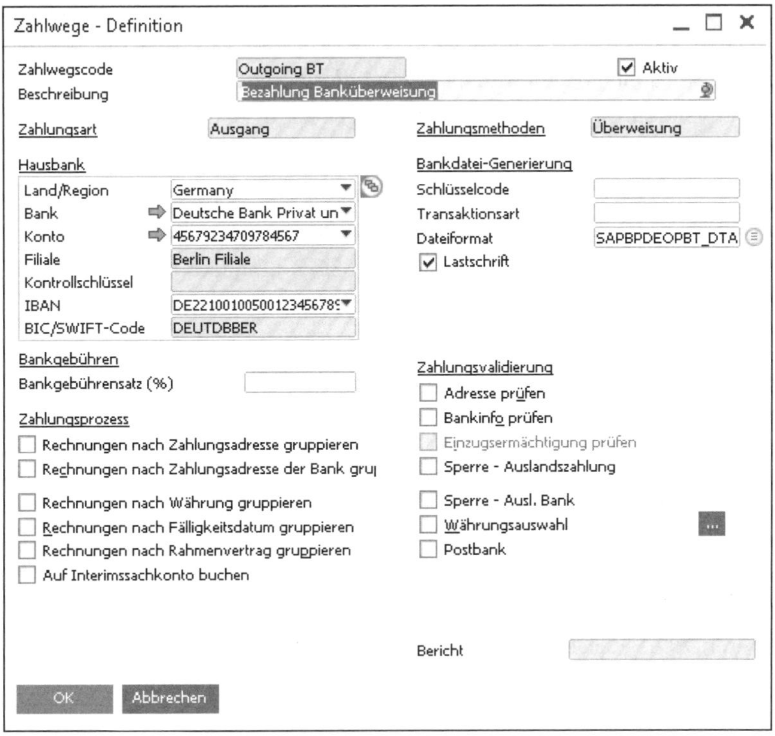

Abbildung 13.9: Zahlweg anlegen

- **Feldgruppe »Hausbank«**
  Klicken Sie auf den Button (**Aus Struktur auswählen**), und wählen Sie jene Hausbank aus, die für die eingehende oder ausgehende Zahlung verwendet wird.
- **Feld »Schlüsselcode«**
  Geben Sie einen sechsstelligen alphanumerischen Schlüsselcode ein. Dieser wird beim Anlegen der Bankdatei verwendet.
- **Feld »Transaktionsart«**
  Geben Sie die zweistellige alphanumerische Transaktionsart ein. Diese wird beim Anlegen der Bankdatei verwendet.

- **Feld »Dateiformat«**
  Öffnen Sie die Auswahlliste mit der [⇆]-Taste, und wählen Sie das gewünschte Dateiformat aus. Das Dateiformat wird ausschließlich für das Erstellen der Bankdatei für den elektronischen Zahlungsverkehr verwendet.

[+]

Dateiformate im elektronischen Zahlungsverkehr

SAP Business One verwendet ab Release 8.8 die Standards EDIFACT (= Electronic Data Interchange) und SEPA (= Single European Payment Area) für die Erstellung der Bankdatei. Der EDIFACT-Standard richtet sich grundsätzlich nach der Lokalisierung, die Sie verwenden, und ist in jedem Land unterschiedlich. Das bedeutet, nur mit einer deutschen Lokalisierung können Sie eine Bankdatei für ein deutsches Telebanking erzeugen. SAP stellt aber eine Reihe von Dateiformaten zur Verfügung, die gegebenenfalls verwendbar sind, sollten Sie Datenträger erzeugen müssen, die nicht von den gängigen Lokalisierungen unterstützt werden. Wenden Sie sich diesbezüglich an Ihren Berater.

Der SEPA-Standard, der den europäischen Zahlungsverkehr vereinheitlicht, verwendet ein gemeinsames Format. Dateien nach dem SEPA-Standard tragen das Kürzel »SEPA« in der Bezeichnung. Das Kürzel »CT« steht für »Credit Transfer«, das bedeutet ausgehende Banküberweisung, also Zahlungsart **Ausgang**. Das Kürzel »DD« steht für »Direct Debit«, das bedeutet Lastschriftverfahren, also Zahlungsart **Eingang**. (Sollen Datenträger nach SEPA-Standard erzeugt werden, ist das Add-on *Payment Engine* nicht mehr notwendig; diese Funktion wurde mit Release 9.3 in die Kernfunktion von SAP Business One aufgenommen.)

Je nach gewählter Zahlungsart bietet SAP die dazu passenden Formate für Eingang und Ausgang an.

Für genaue Informationen dazu, welches Dateiformat Sie in Ihrer Lokalisierung verwenden sollten, ziehen Sie einen Consultant zurate. Sollte keines der von SAP ausgelieferten Dateiformate für die Kommunikation mit Ihrer Hausbank passend sein, besteht immer noch die Möglichkeit, die Formate mit dem *Electronic File Manager* zu bearbeiten; auch das ist eine Aufgabe für einen Consultant.

- **Checkbox »Lastschrift«**
  Markieren Sie diese Checkbox, wird beim Dateiformat für den Bankeinzug das Lastschriftverfahren verwendet, anderenfalls wird das Einzugsermächtigungsverfahren genutzt. Die Differenz liegt in einer unterschiedlichen Reklamationsdauer seitens des Zahlungspflichtigen. Für genaue Informationen über die Unterschiede der beiden Verfahren in Ihrem Land wenden Sie sich an Ihre Hausbank.
- **Feld »Bankgebührensatz (%)«**
  Geben Sie – falls erforderlich – den Bankgebührensatz für die Zahlung in % ein. Dieser Prozentsatz wird im Zahlungsassistenten mit dem Zahlungsbetrag multipliziert.

- **Checkbox-Gruppe »Zahlungsprozess«**
  Diese Optionen stehen nur bei der Zahlungsart **Ausgang** zur Verfügung. Je nach markierter Checkbox (eine Mehrfachauswahl ist möglich) wird die Zahlung dementsprechend gruppiert.
- **Checkbox »Auf Interimssachkonto buchen«**
  Markieren Sie diese Checkbox, wenn die Buchung der Zahlung nicht direkt auf das Sachkonto der Bank, sondern auf das bei der Hausbank angegebene Interimssachkonto erfolgen soll. Dieses Vorgehen ist jedenfalls empfehlenswert. Die Entlastung des Interimssachkontos gegen das Bankkonto erfolgt dann im Zuge der Kontoauszugsbearbeitung (siehe Abschnitt 13.5, »Abstimmung von Konten«).
- **Dropdown-Liste »SEPA-Lastschrift«**
  Dieses Feld erscheint nur bei Zahlwegen, bei denen die Zahlungsart **Eingang** ausgewählt wurde. Entsprechend ist es nicht in Abbildung 13.9 zu sehen. Wählen Sie aus der Dropdown-Liste aus, ob es sich bei diesem Zahlweg um eine SEPA-Lastschrift mit dem Typ »CORE« (= SEPA-Standardlastschrift), »COR1« (= SEPA-Eillastschrift mit verkürzter Einreichzeit) oder »B2B« (= SEPA-Firmenlastschrift) handelt.
- **Checkbox-Gruppe »Zahlungsvalidierung«**
  Mit dieser Checkbox-Gruppe im rechten Bereich des Fensters können Sie veranlassen, dass vor dem Anlegen der Zahlung gewisse Einschränkungen getroffen werden. Zum Beispiel können Auslandszahlungen gesperrt oder auf bestimmte Währungen eingeschränkt werden.

[+]

Einzugsermächtigung prüfen

Die Checkbox **Einzugsermächtigung prüfen** bedarf genauerer Erklärung. Grundsätzlich ist diese Checkbox nur aktiv, wenn die Zahlungsart **Eingang** gewählt wurde. Wenn Sie diese Checkbox markieren, wird in den **Geschäftspartner-Stammdaten** geprüft, ob auf der Registerkarte **Zahlungslauf** die Checkbox **Einzugsermächtigung** aktiviert ist. Ist dies nicht der Fall, erscheint eine fällige Zahlung für diesen Kunden nicht im Zahlungsassistenten.

Wird die Checkbox **Einzugsermächtigung** beim Kunden jedoch markiert, erscheint dieser Kunde nicht im Mahnassistenten, da angenommen wird, dass jede offene Rechnung von diesem Kunden ohnehin per Bankeinzug abgewickelt wird.

Klicken Sie abschließend auf den Button **Aktualisieren**, um den Zahlweg anzulegen.

Im nächsten Schritt muss der Zahlweg nun dem Geschäftspartner zugeordnet werden. Um diesen Prozess zu vereinfachen, legen Sie im Fenster **Allgemeine Einstellungen** (**Administration • Systeminitialisierung**) auf der Registerkarte **GP** einen Standardzahlweg für Kunden und Lieferanten fest, wie Abbildung 13.10 zeigt.

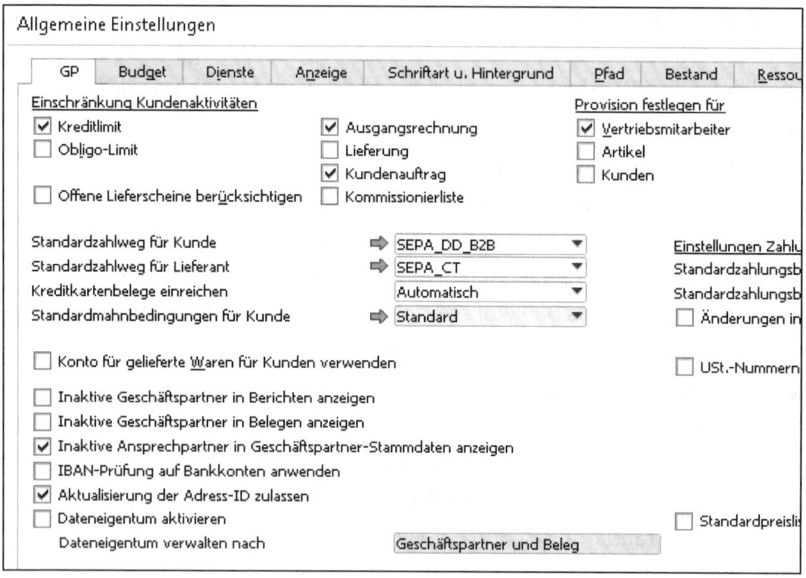

Abbildung 13.10: Standardzahlweg festlegen

Dieser wird dann automatisch beim Geschäftspartner markiert und als Standard gesetzt, wie Abbildung 13.11 zeigt.

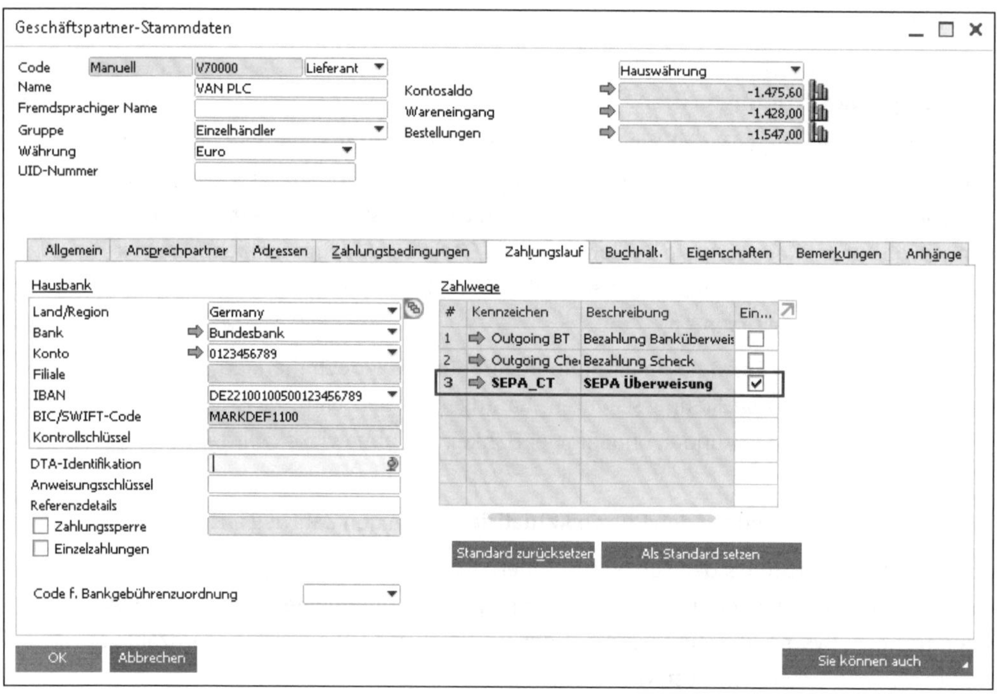

Abbildung 13.11: Zugeordneter Zahlweg beim Geschäftspartner

Der Standardzahlweg im Geschäftspartner wird dann in weiterer Folge in die für diesen Geschäftspartner erstellte Rechnung übernommen. Der Zahlweg kann in der Rechnung jederzeit – auch nach dem Hinzufügen – geändert werden. Der Zahlweg in der Rechnung ist die Grundlage dafür, dass die Rechnung im Zahlungsassistenten vorgeschlagen wird.

[+]

Bank für Überweisung dynamisch auswählen

Wenn Sie die Eingangsrechnungen eines Lieferanten nicht immer vom gleichen Konto bezahlen, sondern pro Zahlungslauf dynamisch entscheiden wollen, von welchem Konto die Zahlung abgebucht werden soll, markieren Sie keinen der Zahlwege als Standard. Sie können dann während der Bearbeitung des Zahlungsassistenten zunächst einen Datenträger für ein Konto erstellen, indem Sie betreffende Fakturen auswählen. In einem zweiten Schritt ordnen Sie dann weitere Fakturen einem weiteren, alternativen Zahlweg und damit einem alternativen Bankkonto zu.

13.4.2 Zahlungen mit dem Zahlungsassistenten anlegen

Nachdem alle Voraussetzungen dafür behandelt wurden, betrachten wir nun den Zahlungsassistenten näher. Öffnen Sie das Fenster **Zahlungsassistent** über **Bankenabwicklung • Zahlungsassistent**.

Klicken Sie zunächst auf den Button **Weiter**, anschließend leitet Sie der Zahlungsassistent in acht Schritten bis zu den gewünschten Zahlungen:

1. **Zahlungslaufauswahl**
   Wählen Sie aus den beiden Optionen aus, ob Sie einen neuen Zahlungslauf starten oder einen bestehenden Zahlungslauf nochmals aufrufen möchten.

   Wenn Sie die Option **Gespeicherten Zahlungslauf laden** wählen, werden alle Zahlungsauftragsläufe angezeigt. Bei einem Zahlungsauftragslauf wurde noch keine Zahlung in SAP Business One angelegt. Wenn Sie zusätzlich die Checkbox **Ausgeführte Zahlungsläufe anzeigen** markieren, werden alle tatsächlich ausgeführten Zahlungsläufe angezeigt. Das bedeutet, es wurden tatsächlich schon Zahlungen angelegt.

   Markieren Sie den gewünschten Zahlungslauf, und klicken Sie auf den Button **Weiter**. Darüber hinaus können Sie jeweils auf den Button **Zurück** klicken, um im Assistenten einen Schritt zurückzugehen, oder Sie klicken auf den Button **Abbrechen**, um den Zahlungsassistenten ungespeichert zu beenden.

2. **Allgemeine Parameter**
   Geben Sie in diesem Schritt einen aussagekräftigen **Zahlungslaufnamen**, die **Zahlungsart**, die **Zahlungsmethode** sowie die **Nummerierungsserien** an, sofern nicht bereits die korrekte Serie vorgeschlagen wird. Das wird in der Regel der Fall sein, da es üblicherweise nur eine Nummerierungsserie für Ein- und Ausgangszahlungen gibt und diese dann als Standard gesetzt ist. Im Feld **Pfad zur Bankdatei**, das nur bei der Zah-

lungsmethode **Überweisung** angezeigt wird, legen Sie fest, wo die Datei abgelegt werden soll, die der Zahlungsassistent erzeugen wird.

Im Bereich **Min. Zahlungsbetrag** können Sie für Ein- und Ausgangszahlungen Mindestbeträge für Rechnungen eingeben, die bei diesem Zahlungslauf angezeigt werden sollen.

Im Feld **Zahlungslaufdatum** definieren Sie das Datum, das das Buchungsdatum der Journalbuchung sein wird, die am Ende des Zahlungslaufs erzeugt werden wird. Das Vorschlagsdatum ist das aktuelle Datum.

Im Feld **Nächster Zahlungslauf** geben Sie das Datum ein, an dem Sie den nächsten Zahlungslauf planen. Sie erreichen dadurch eine Skontooptimierung durch das Programm. Der Zahlungsassistent wird Zahlungen, deren Skontofälligkeit zwischen dem aktuellen und dem nächsten geplanten Zahlungslauf liegt, im aktuellen Zahlungslauf vorschlagen, alle andere Fakturen mit Skonto nicht. Gäben Sie das Datum des nächsten Zahlungslaufs nicht ein, würde das Programm aus Sicherheitsgründen (um den Skontoanspruch nicht zu gefährden) Fakturen, für die Skonto vereinbart ist, auf alle Fälle zur Zahlung vorschlagen.

Das Feld **SEPA-Sequenztyp** wird nur benötigt, wenn Sie ein Lastschriftverfahren umsetzen wollen. Der Sequenztyp wird im Kundenstamm auf der Registerkarte **Zahlungsbedingungen** gepflegt. Im Zahlungsassistenten können Sie in diesem Feld filtern, dass nur Kunden vorgeschlagen werden, die entsprechende Sequenztypen hinterlegt haben. Es stehen folgenden Sequenztypen zur Verfügung:

- OOFF – einmalige Lastschrift
- FRST – erste von wiederkehrenden Lastschriften
- RCUR – Mehrfachlastschrift
- FNAL – Letze in einer Folge von Lastschriften

Standardmäßig ist seit Einführung von SEPA 3.0 RCUR die empfehlenswerte Wahl, da FRST und FNAL ab dieser Version nicht mehr relevant sind.

Der Sequenztyp wird unter Umständen von Banken bei Bearbeitung der XML-Lastschriften geprüft; bei mangelnder Übereinstimmung kann der Datenträger von der Bank verworfen werden.

Die Auswahlgruppe **Zahlungsterminbestimmung** erlaubt es Ihnen, zu steuern, wann die Transaktion durchgeführt werden soll. Wählen Sie **Zahlungslaufdatum**, wenn die Buchung mit dem Datum des Zahlungslaufs durchgeführt werden soll. Wählen Sie **Fälligkeitsdatum**, wenn das Fälligkeitsdatum des Belegs das Durchführungsdatum sein soll.

3. **Geschäftspartner – Auswahlkriterien**
   In diesem Schritt erfolgt die Auswahl der Geschäftspartner, deren Rechnungen ausgeglichen werden sollen. Dafür steht Ihnen eine Reihe von Feldern zur Verfügung, um die Auswahl einzuschränken (siehe Abbildung 13.12).

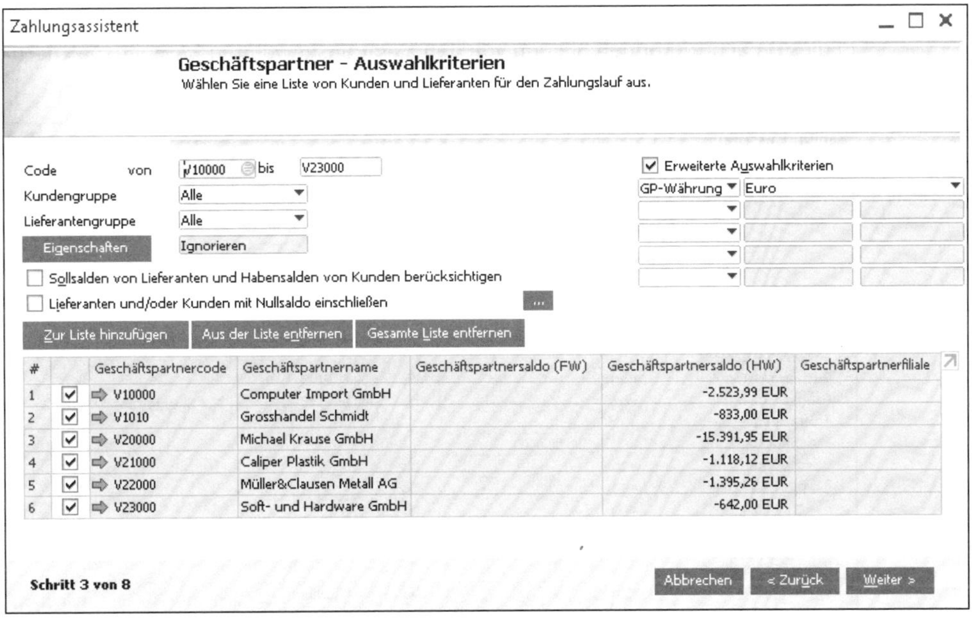

Abbildung 13.12: Zahlungsassistent: Schritt 3 – Geschäftspartner auswählen

Grundsätzlich legen Sie zunächst im oberen Bereich des Fensters alle Auswahlkriterien fest, nach denen Sie die Geschäftspartner einschränken möchten. Anschließend klicken Sie auf den Button **Zur Liste hinzufügen**, um die anhand Ihrer Auswahlkriterien gewünschten Geschäftspartner in die Tabellenstruktur in der Mitte zu »laden«.

Als Auswahlkriterien können die Geschäftspartnernummer (Felder **Code von … bis**), die Lieferantengruppe und die Eigenschaften des Geschäftspartners herangezogen werden. Darüber hinaus können Sie mit der Checkbox **Erweiterte Auswahlkriterien** und den darunterliegenden Dropdown-Listen beinahe alle Felder, die in den Geschäftspartner-Stammdaten vorkommen, als Auswahlkriterien verwenden.

Das Beispiel in Abbildung 13.12 zeigt Ihnen eine Auswahl nach Lieferantennummer (»V10000« bis »V23000«), und es sollen alle Lieferanten angezeigt werden, deren Währung »Euro« lautet.

Falls Sie einen Teil der Geschäftspartnerauswahl wieder entfernen möchten, ändern Sie die Auswahlkriterien und klicken auf den Button **Aus der Liste entfernen**, oder Sie klicken auf den Button **Gesamte Liste entfernen**, wenn Sie die Auswahl komplett zurücksetzen möchten.

Markieren Sie die Checkbox **Sollsalden von Lieferanten und Habensalden von Kunden berücksichtigen**, wenn Sie Kunden mit einer Verbindlichkeit gegen Ihr Unternehmen oder Lieferanten, an die noch offene Forderungen bestehen, mit einbeziehen möchten.

4. **Belegparameter**
   In diesem Schritt können Sie nun von den zuvor ausgewählten Geschäftspartnern die offenen Belege weiter einschränken (siehe Abbildung 13.13).

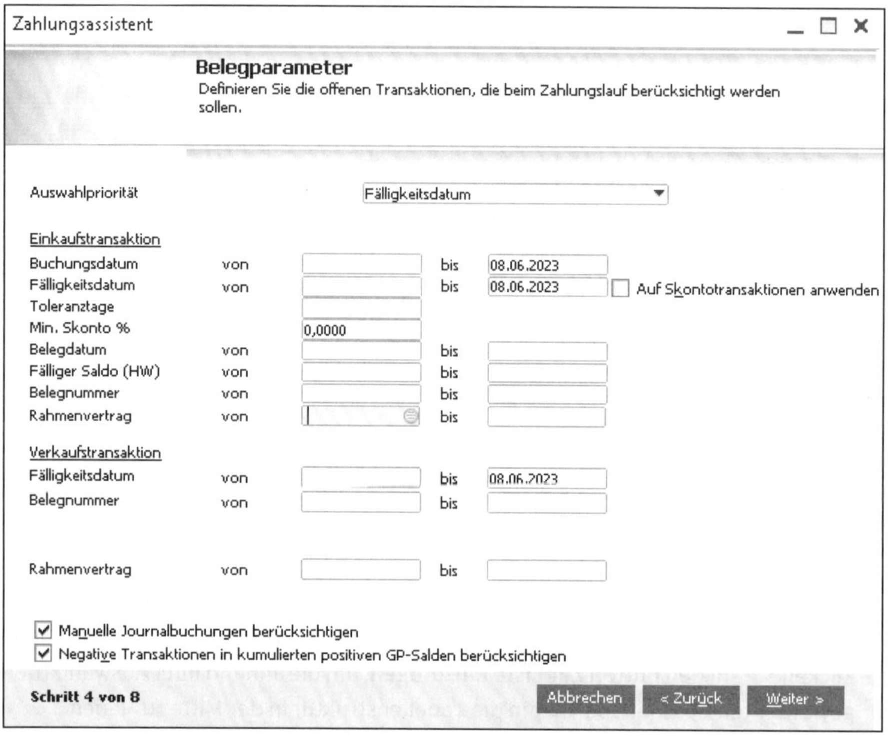

Abbildung 13.13: Zahlungsassistent: Schritt 4 – offene Belege auswählen

Machen Sie zunächst eine Angabe im Feld **Auswahlpriorität**. Diese Angabe bestimmt die Reihenfolge in den folgenden Schritten. Anschließend können Sie die offenen Belege entsprechend den Feldern **Buchungsdatum**, **Fälligkeitsdatum**, **Min. Skonto %**, **Fälliger Saldo (HW)**, **Belegnummer** etc. einschränken.

[+] **Fälligkeitsdatum optimieren**

In der Praxis wird das Fälligkeitsdatum so gesetzt, dass es dem nächsten geplanten Zahlungslauf entspricht. Dadurch wird gewährleistet, dass Fakturen, die noch nicht fällig sind, nicht zu früh bezahlt, sondern erst im nächsten Zahlungslauf berücksichtigt werden.

Die Checkbox **Auf Skontotransaktionen anwenden** bezieht sich auf die Skontofälligkeit. Bei markierter Checkbox wird die Transaktion selbst dann angezeigt, wenn sie sich außerhalb der gewählten Nettofälligkeit befindet, der Beleg aber sonst den Auswahlkriterien entspricht.

Das Feld **Toleranztage** bewirkt, dass das Fälligkeitsdatum des Belegs um die angegebenen Tage vorverlegt wird. Ist eine Rechnung am 15. fällig und wurden zwei Toleranztage eingegeben, wird diese Rechnung bereits in einem Zahlungslauf vorgeschlagen, dessen Fälligkeitsdatum nur den 13. einschließt. So ist sichergestellt, dass bei Zahlungsläufen, die etwa nur einmal wöchentlich durchgeführt werden, Rechnungen rechtzeitig bezahlt werden.

Die restlichen Selektionsfelder dienen der Eingrenzung der zu zahlenden oder einzuziehenden Rechnungen und sind selbsterklärend.

Markieren Sie die Checkbox **Manuelle Journalbuchungen berücksichtigen**, wenn nicht nur Eingangs- oder Ausgangsrechnungen, sondern auch Journalbuchungen an einen Geschäftspartner berücksichtigt werden sollen. Die Checkbox **Negative Transaktionen in kumulierten positiven GP-Salden berücksichtigen** markieren Sie, wenn negative Transaktionen (z. B. Gutschriften, die nicht einer Rechnung zugeordnet wurden) vom Zahlungsassistenten angezeigt werden sollen. Sie können im Folgenden ausgewählt werden und reduzieren den Zahlungsbetrag.

5. **Zahlweg – Auswahlkriterien**
   Wählen Sie in diesem Schritt den gewünschten Zahlweg mithilfe der entsprechenden Checkbox aus. In unserem Beispiel wäre dies nun der zuvor beim Geschäftspartner und der Eingangsrechnung zugewiesene Zahlweg **SEPA Ausgangszahlung**.

   Das Programm zeigt neben den allgemeinen Informationen des entsprechenden Hausbankkontos vor allem den aktuell in SAP gebuchten Saldo des Hausbankkontos im Feld **Max. ausgehender Betrag** an. Das Programm wird nur Fakturen zur Zahlung anzeigen, bis dieser maximal ausgehende Betrag erreicht ist. Haben Sie auf dem gewählten Konto einen Überziehungsrahmen und wollen Sie diesen nutzen, müssen Sie diesen Betrag daher editieren.

6. **Empfehlungsbericht**
   In diesem Schritt sehen Sie nun alle offenen Belege, die aufgrund der Auswahlkriterien aus den vorangegangenen Schritten übrig bleiben. Klicken Sie zunächst auf den Button **Alles expandieren**, um neben den Geschäftspartnern alle zugehörigen offenen Belege anzuzeigen (siehe Abbildung 13.14).

   Im Empfehlungsbericht des Zahlungsassistenten können Sie nun die Checkbox in der ersten Spalte entweder bei einzelnen Belegen oder beim Geschäftspartner deaktivieren, um diese Belege nicht zu zahlen.

   Das Beispiel in Abbildung 13.14 zeigt in der Spalte **Belegart** neben der offenen Eingangsrechnung (Belegart **BE**) zusätzlich eine offene, das bedeutet nicht einer Rechnung zugeordnete Eingangsgutschrift (Belegart **BK**) beim Lieferanten »V10000« und eine Journalbuchung (Belegart **JE**) beim Lieferanten »V20000«. Diese werden ebenfalls zur Überweisung kommen.

   Bevor Sie die Zahlungen mit dem Button **Weiter** bestätigen, können Sie die Spalten **Rabatt %** (= Skontoprozentsatz), **Rabattbetrag** (= Skontobetrag) und **Belegbetrag** noch verändern. Bei Veränderung des Belegbetrags wird eine Teilzahlung der offenen Rechnung angelegt. Bei Veränderung des Skontoprozentsatzes oder des Skontobetrags werden bei Lieferanten automatisch Skontoerlöse gebucht, bei Kunden Skontoaufwände. Vor- bzw. Umsatzsteuer werden entsprechend justiert.

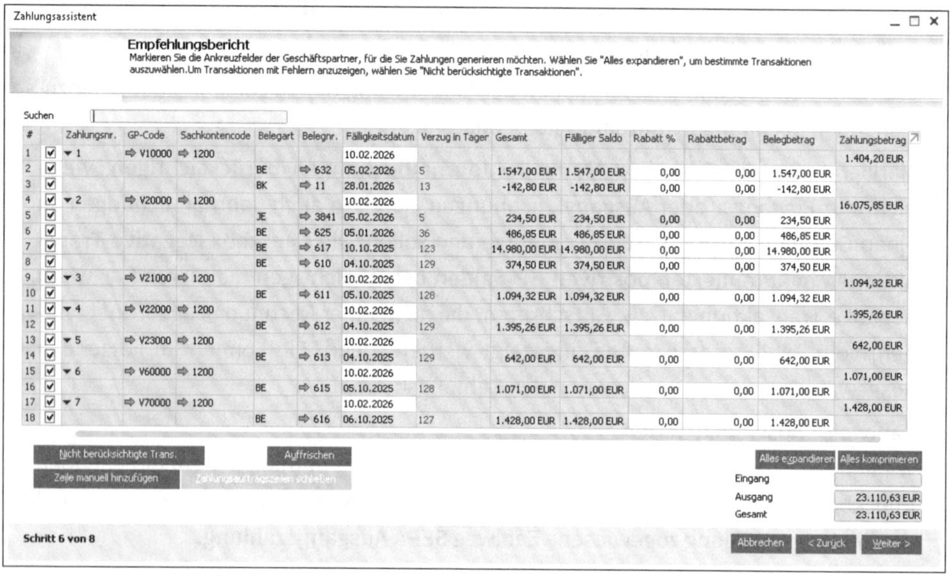

Abbildung 13.14: Zahlungsassistent: Schritt 6 – zu zahlende offene Belege

Wenn Sie im Hintergrund Änderungen an den offenen Belegen vornehmen, während der Zahlungsassistent geöffnet ist, klicken Sie anschließend auf den Button **Auffrischen**, um die Änderungen sofort im Zahlungsassistenten anzuzeigen, ohne den Zahlungslauf von vorn beginnen zu müssen.

Klicken Sie auf den Button **Nicht berücksichtigte Trans.**, um eine Liste offener Belege zu erhalten, die aus irgendeinem Grund nicht im Zahlungslauf erscheinen, beispielsweise weil im Beleg kein Zahlungsweg hinterlegt ist.

Im rechten unteren Bildbereich werden Ihnen die Summe der Eingänge, die Summe der Ausgänge und die entsprechende Gesamtsumme angezeigt. Sie können hier also durch Aktivierung oder Deaktivierung einzelner Zeilen eingreifen, wenn z. B. die Summer der Ausgänge zu hoch ist.

7. **Speicheroptionen**
   In diesem Schritt stehen Ihnen abschließend die folgenden Optionen zur Verfügung:
   - **Nur Auswahlkriterien speichern**: Wählen Sie diese Option, um lediglich die Auswahlkriterien für Geschäftspartner und Belege zu speichern, nicht jedoch die empfohlenen Zahlungen. Diesen Zahlungslauf können Sie zu einem späteren Zeitpunkt wieder aufrufen und vervollständigen.

- **Empfehlungen speichern**: Wählen Sie diese Option, um sowohl die Auswahlkriterien als auch die empfohlenen Zahlungen zu speichern. Diesen Zahlungslauf können Sie zu einem späteren Zeitpunkt wieder aufrufen und vervollständigen.
- **Zahlungsauftragslauf ausführen**: Bei dieser Option wird der Lauf zwar beendet, es werden jedoch noch keine Zahlungen angelegt. Sie verwenden diese Möglichkeit, um am Ende des Zahlungsauftragslaufs im achten Schritt mit dem Payment-Add-on eine Bankdatei zu erstellen. Diese Bankdatei wird in Ihr Telebanking geladen und der Zahlungsauftrag an die Bank elektronisch übermittelt. Sobald die Zahlungen auf dem Kontoauszug bestätigt werden, kann der Zahlungsauftragslauf nochmals aufgerufen werden, um den Zahlungslauf im siebten Schritt auszuführen und damit die Zahlungen in SAP Business One anzulegen. Offene Rechnungen, die sich im Zahlungslauf befinden, werden mit der Checkbox **Zahlungsauftragslauf** markiert, damit sie nicht irrtümlich manuell bezahlt werden. Diese Methode ist wenig gebräuchlich, da der Zahlungslauf ohnehin auf ein Interimskonto gebucht wird. Erst bei der Kontoauszugsverarbeitung erfolgt die Umbuchung auf das Bankkonto.
- **Zahlungslauf ausführen**: Bei dieser Option wird der Zahlungslauf ausgeführt. Die Zahlungen werden inklusive der automatischen Buchung angelegt. SAP Business One bestätigt dies mit einer Hinweismeldung. Ein ausgeführter Zahlungslauf kann nur noch zu Informationszwecken bei den gespeicherten Zahlungsläufen aufgerufen, jedoch nicht mehr verändert werden.

Sobald Sie den Button Weiter > klicken, wird der Hinweis aus Abbildung 13.14 angezeigt.

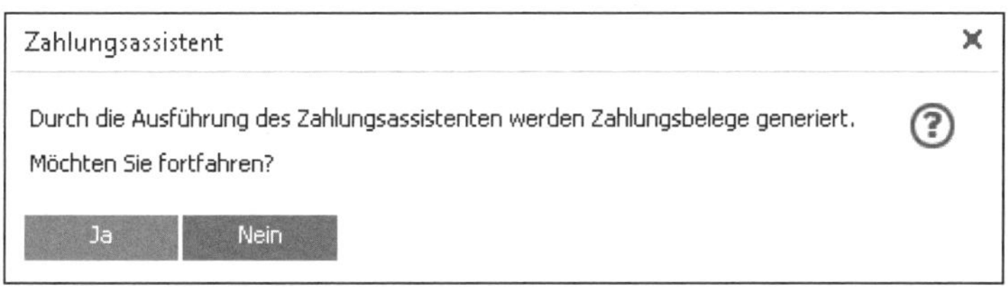

Abbildung 13.15: Meldung zur Generierung von Zahlungsbelegen

Bestätigen Sie diese Meldung mit einem Klick auf **Ja**, um die Zahlungen anzulegen und damit die Voraussetzung für die Erzeugung eines Datenträgers zu schaffen.

8. **Zahlungslaufzusammenfassung und Druck**
   Dieser Schritt zeigt in einer Zusammenfassung, wie viele Zahlungen angelegt wurden. Darüber hinaus können im rechten Bereich des Fensters diverse Ausdrucke zum abgeschlossenen Zahlungslauf gestartet werden. Schlussendlich können Sie den Datenträger erzeugen, der in Ihrer elektronischen Banklösung hochgeladen werden kann.

Klicken Sie abschließend auf den Button **Fertigstellen**, um den Zahlungslauf zu beenden. Die angelegten Zahlungen finden Sie – wie gewohnt – im Fenster **Eingangszahlungen** bzw. **Ausgangszahlungen**. Im linken unteren Bereich des Fensters ist die Checkbox **Vom Zahlungsassistenten erstellt** markiert.

Wollen Sie nun einen Datenträger erzeugen, dann klicken Sie auf den Button Bankdatei (**Bankdatei**).

Das Programm öffnet das Bild **Payment Engine – Bankdatei-Generierung**. Zunächst können Sie nur den Pfad auswählen, auf dem die Bankdatei abgelegt werden soll. Drücken Sie danach auf den Button Dat. erstellen (**Datei erstellen**). Wie in Abbildung 13.16 zu sehen, wird zunächst ein Testlauf ausgeführt.

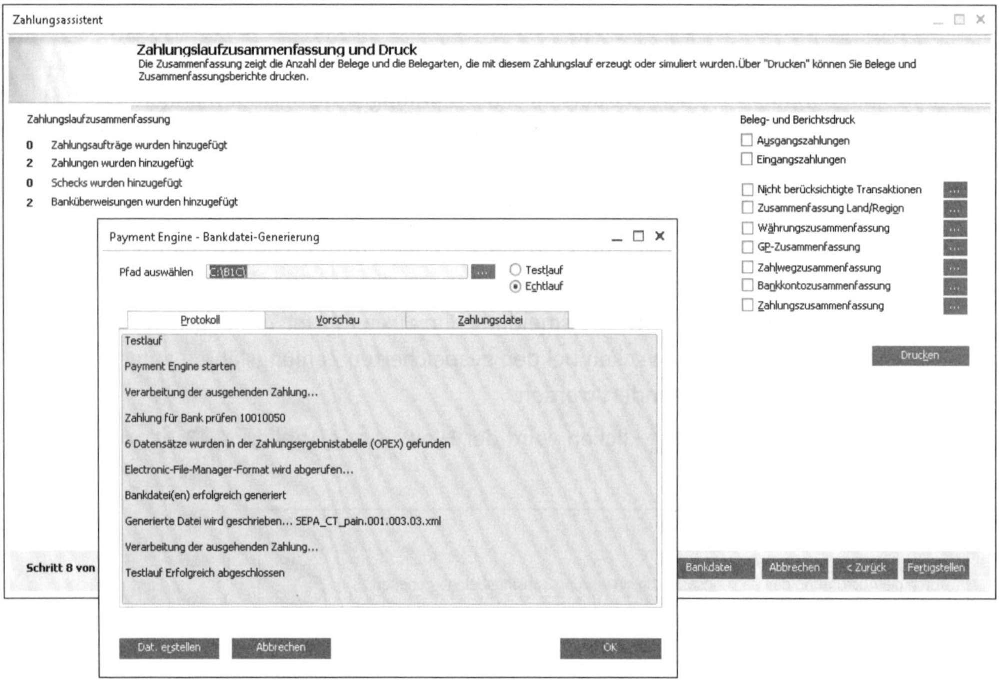

Abbildung 13.16: Generierung der Bankdatei

Ist der Testlauf erfolgreich abgeschlossen, dann klicken Sie erneut auf den Button Dat. erstellen. Es wird nun automatisch der Echtlauf durchgeführt. Im Protokoll soll jetzt gemeldet werden: »Echtlauf erfolgreich abgeschlossen«.

Die nun generierte Datei können Sie in Ihre elektronische Bank-Software laden und Überweisungen oder Bankeinzüge durchführen.

13.5 Abstimmung von Konten

Eine der Kernaufgaben eines Buchhalters besteht darin, darauf zu achten, dass wichtige Konten im Hauptbuch, wie etwa Steuerkonten, Verrechnungskonten, Kassa oder Bank, aber auch Kunden und Lieferanten ordnungsgemäß abgestimmt sind. Das bedeutet, dass

Buchungen, die miteinander in Zusammenhang stehen, wie Rechnung und Gutschrift oder Zahlung und Gutschrift, gegeneinander abgestimmt werden müssen.

In der Regel geschieht das in SAP Business One automatisch, indem, wie in diesem Kapitel beschrieben, Ein- und Ausgangszahlungen auf offene Rechnungen Bezug nehmen oder mit dem Zahlungsassistenten gearbeitet wird, der diese Abstimmung vornimmt. In manchen Fällen werden Buchungen vorgenommen, die eigentlich einem offenen Beleg zugeordnet sein sollten, dies aber tatsächlich nicht sind, z. B. eine Gutschrift ohne Rechnungsbezug, eine Journalbuchung oder eine Akontozahlung ohne Bezug zur offenen Rechnung. In diesem Fall haben Sie in SAP Business One die Möglichkeit, im Nachhinein diese nicht zugeordneten Buchungen zusammenzuführen und abzustimmen.

Diese Abstimmung ist wichtig, da sonst Transaktionen in SAP nicht mehr korrekt funktionieren können. Würden Sie beispielsweise eine Ausgangszahlung nicht mit der entsprechenden Eingangsrechnungen abstimmen, bestünde die Gefahr, dass die Eingangsrechnung ein weiteres Mal bezahlt wird. Umgekehrt brächte eine Eingangszahlung, die nicht mit einer Ausgangsrechnung abgestimmt ist, das Risiko mit sich, dass Kunden gemahnt werden, obwohl sie bereits bezahlt haben.

Am besten funktioniert dies über das Fenster **Kontensaldo**. Klicken Sie im Fenster **Geschäftspartner-Stammdaten** auf den orangefarbenen Pfeil ⇨ neben dem Feld **Kontensaldo**, um den Kontosaldo aufzurufen (siehe Abbildung 13.17).

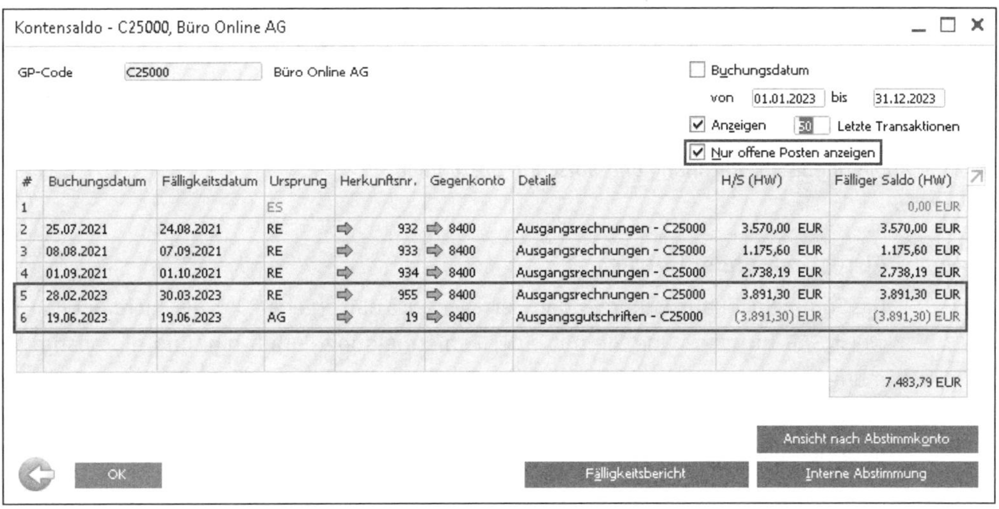

Abbildung 13.17: Kontensaldo eines Geschäftspartners (»Kunde«)

Im Fenster **Kontensaldo** haben Sie im rechten oberen Bereich weitere Möglichkeiten, um die Anzeige der Buchung einzuschränken. Markieren Sie die Checkbox **Buchungsdatum**, um auf Buchungen in einem festgelegten Zeitraum einzuschränken. Markieren Sie die Checkbox **Anzeigen**, und nehmen Sie eine Angabe im Feld **Letzte Transaktionen** vor, um nach der Anzahl der zuletzt gebuchten Transaktionen einzuschränken. Markieren Sie schließlich die Checkbox **Nur offene Posten anzeigen**, um alle noch nicht abgestimmten Transaktionen anzuzeigen.

In diesem Fall zeigt sich, dass die letzten beiden Buchungen, eine Ausgangsrechnung (Herkunftsnummer 955) und eine Ausgangsgutschrift (Herkunftsnummer 19), zwar den gleichen Betrag aufweisen, aber beide Buchungen als offene Posten angezeigt werden.

Um die beiden Buchungen nun gegeneinander abzustimmen, klicken Sie auf den Button **Interne Abstimmung** (siehe Abbildung 13.17).

Markieren Sie im sich daraufhin öffnenden Fenster **Interne Abstimmung** die abzustimmenden Buchungen per Checkbox, und klicken Sie abschließend auf den Button **Abstimmen** (siehe Abbildung 13.18). Folglich werden beide Buchungen nicht mehr als offene Posten angezeigt und sind nun gegeneinander abgestimmt.

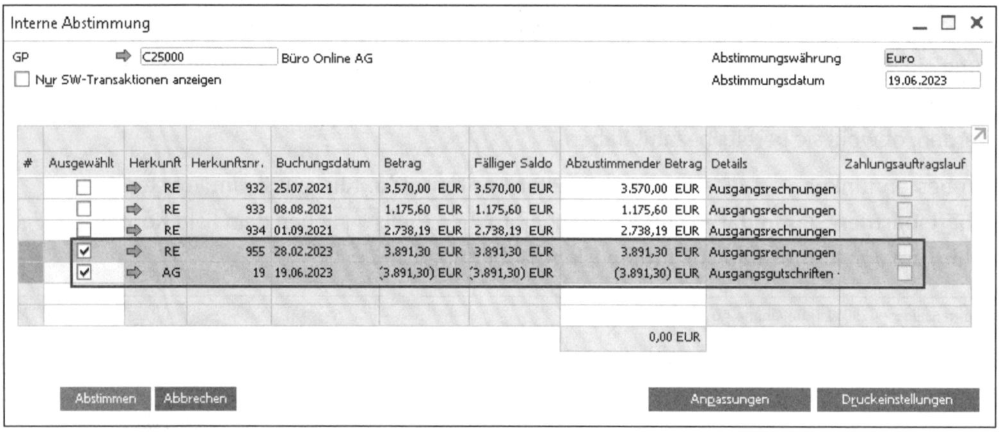

Abbildung 13.18: Rechnung und Gutschrift abstimmen

[+]

Abzustimmender Betrag

Die Summe aller abzustimmenden Beträge muss null ergeben. Ist dies nicht der Fall, weist SAP Business One Sie mit einer Fehlermeldung darauf hin, und die Abstimmung kann nicht durchgeführt werden. In diesem Fall klicken Sie im Fenster **Interne Abstimmung** auf den Button **Anpassungen** und wählen eine passende Transaktion (Journalbuchung, Eingangszahlung, Ausgangszahlung) aus, damit Sie eine Ergänzungsbuchung in der Höhe des Saldos anlegen können, um den abzustimmenden Saldo wieder auf null zu bringen. Es ist ratsam, zu einem späteren Zeitpunkt auch diese Ergänzungsbuchung gegen weitere Rechnungen oder Gutschriften abzustimmen.

Einen anderen Weg zur Abstimmung eines Geschäftspartners erreichen Sie über den Pfad **Geschäftspartner • Interne Abstimmungen • Abstimmung**. Wählen Sie danach den gewünschten Geschäftspartner aus, belassen Sie die Option **Abstimmungsart** auf **Manuell**, und klicken Sie auf den Button **Abstimmen**. Der weitere Vorgang läuft so ab wie in Abbildung 13.18 dargestellt.

Alternativ können Sie, wie in Abbildung 13.19 dargestellt, Transaktionen auch automatisch abstimmen lassen.

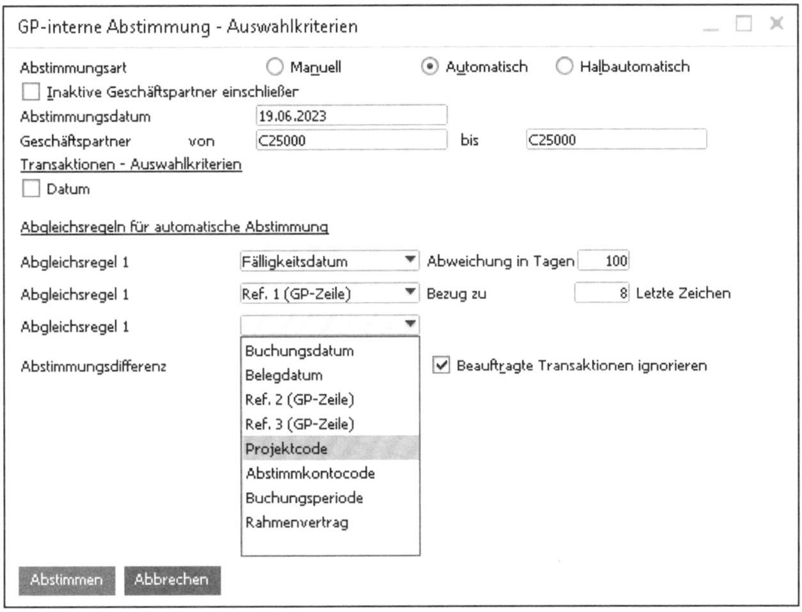

Abbildung 13.19: Automatische GP-interne Abstimmung

Wählen Sie zunächst **Abstimmungsart Automatisch** aus. Danach selektieren Sie die Geschäftspartner, die das Programm intern und automatisch abstimmen soll.

Die Checkbox **Beauftragte Transaktionen ignorieren** sorgt dafür, dass Transaktionen in gespeicherten, aber noch nicht durchgeführten Zahlungsläufen bei der automatischen Abstimmung nicht berücksichtigt werden. Diese Checkbox ist grundsätzlich aktiv und soll es in der Regel auch bleiben, um zu verhindern, dass noch nicht durchgeführte Zahlungen bereits abgestimmt werden.

Entscheidend für den Erfolg der Abstimmung sind die Abgleichsregeln. Sie können bis zu drei Abgleichsregeln verwenden, um Transaktionen gegeneinander abzustimmen. Das Beispiel in Abbildung 13.19 zeigt die zehn Optionen, aus denen Sie die drei Abgleichsregeln wählen können.

So können Sie beispielsweise das Fälligkeitsdatum der Rechnung und das Zahlungsdatum vergleichen. Das Feld **Abweichung in Tagen** zeigt an, um welchen Zeitraum diese beiden Daten voneinander differieren dürfen.

Um Transaktionen erfolgreich abzustimmen, müssen alle Abgleichsregeln erfüllt sein. Je weniger Abgleichsregeln Sie eingeben desto eher wird die Abstimmung erfolgreich sein,

[»]

Fehler in der Feldbeschriftung

Wie Sie in Abbildung 13.19 erkennen, tragen alle drei Aufteilungsregeln die Nummer 1 – es stehen aber tatsächlich drei Aufteilungsregeln zur Verfügung; die fehlerhafte Bezeichnung hat keinen Einfluss auf die Funktionalität.

Das Ergebnis diese Abstimmung können Sie im Programmpunkt **Geschäftspartner • Interne Abstimmung • Frühere Abstimmungen** überprüfen. Der Vorgang ist in Abbildung 13.20 dargestellt.

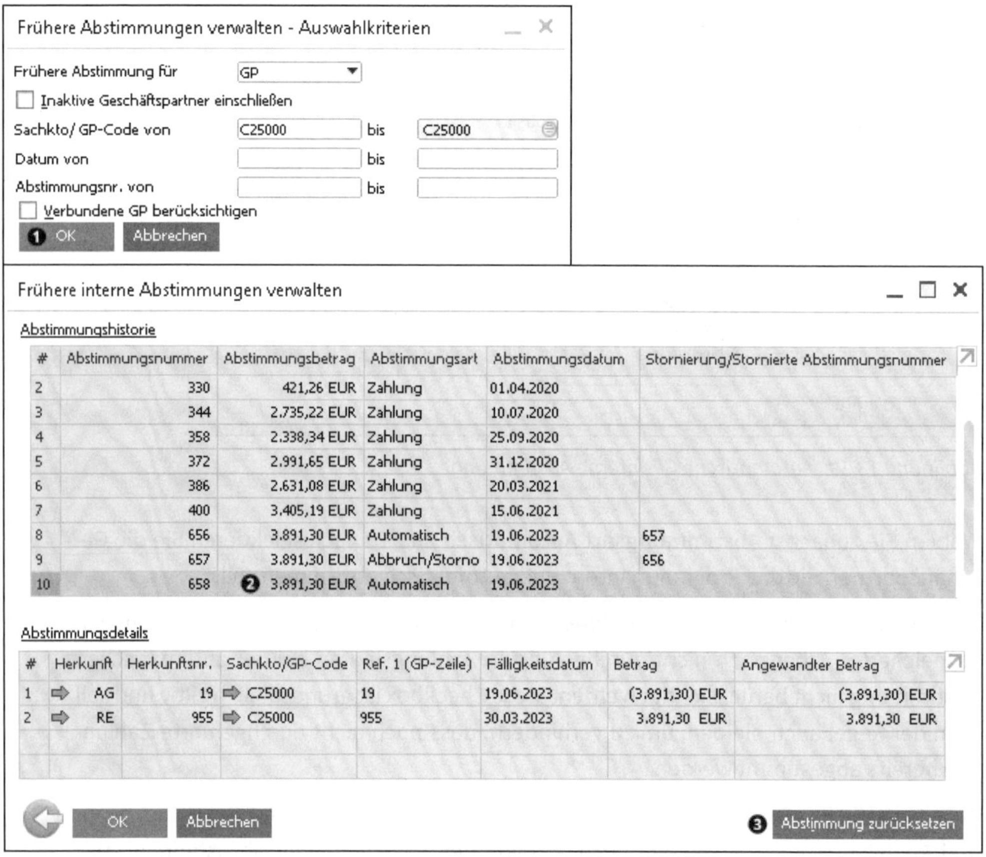

Abbildung 13.20: Abstimmung rückgängig machen

Ein Sachkonto können Sie über den Kontenplan abstimmen. Rufen Sie im Kontenplan (**Finanzwesen • Kontenplan**) das gewünschte Konto auf, klicken Sie auf den orangefarbenen Pfeil [⇨] beim Kontosaldo, und klicken Sie im nun geöffneten Fenster **Kontosaldo** auf den Button **Interne Abstimmung**. Das nun geöffnete Fenster **Interne Abstimmung** hat die gleiche Funktion, wie bereits beim Geschäftspartner beschrieben.

Sollte Ihnen bei einer manuellen oder automatischen Abstimmung ein Fehler unterlaufen, haben Sie jederzeit die Möglichkeit, diese Abstimmung wieder rückgängig zu machen. Dies erreichen Sie im Fenster **Frühere Abstimmungen verwalten** unter **Geschäftspartner • Interne Abstimmungen** (siehe Abbildung 13.20).

Wählen Sie zunächst aus der Dropdown-Liste **Frühere Abstimmung für** aus, ob Sie bei einem Geschäftspartner (**GP**) oder einem Sachkonto eine Abstimmung rückgängig machen möchten. Geben Sie anschließend im Feld **Sachkto/GP-Code von** und **bis** das Sachkonto oder den Geschäftspartner ein, und klicken Sie auf den Button **OK** (siehe ❶ in Abbildung 13.20).

Im nächsten Fenster, **Frühere interne Abstimmung verwalte**n, markieren Sie die rückgängig zu machende Abstimmung in der oberen Tabelle ❷ und klicken auf den Button **Abstimmung zurücksetzen** ❸, damit die verknüpfende Abstimmung wieder aufgelöst wird. Das Beispiel in Abbildung 13.20 zeigt die zuvor abgestimmte Rechnung und Gutschrift. In der Spalte **Abstimmungsart** ist ersichtlich, dass die Abstimmung zuvor **Automatisch** vorgenommen wurde.

Nach dem Zurücksetzen der Abstimmung könnte die Abstimmung mit den gleichen oder anderen Buchungen erneut vorgenommen werden.

13.6 Kontoauszugsverarbeitung

Eine in der Praxis wichtige Option in der Bankenabwicklung ist die Kontoauszugsverarbeitung. Sie ermöglicht es Ihnen, den Kontoauszug, den Sie von Ihren Hausbanken herunterladen, zu buchen. Des Weiteren können Sie kontrollieren, ob nach Erfassung der Buchungen der Banksaldo in SAP Business One mit dem Banksaldo laut Auszug übereinstimmt. Um diesen Vorgang zu vereinfachen, können Sie optional den Kontoauszug in Ihrer Electronic-Banking-Lösung herunterladen und in SAP Business One importieren. Sie sparen sich damit den Erfassungsaufwand für die Bankbuchungen.

Die Voraussetzung für die Kontoauszugsverarbeitung stellen Sie her, indem Sie im Programmpunkt **Administration • Systeminitialisierung • Firmendetails** auf der Registerkarte **Basisinitialisierung** die Checkbox **Kontoauszugsverarbeitung installieren** aktivieren. Das Programm weist Sie mit einer Meldung darauf hin, dass die Verwendung der integrierten Kontoauszugsverarbeitung das Add-on Payment Engine löscht (siehe Abbildung 13.21. Da die Payment Engine in der Regel in Deutschland, Österreich und der Schweiz nicht mehr benötigt wird, können Sie die Meldung mit dem Button **Ja** quittieren. Im Zweifelsfall wenden Sie sich an Ihren SAP-Betreuer.

Wollen Sie nicht nur die Kontoauszugsverarbeitung aktivieren, sondern die Kontoauszüge auch importieren, schaffen Sie die Voraussetzungen dafür im Programmpunkt **Administration • Definition • Bankenabwicklung • Hausbankkonto**.

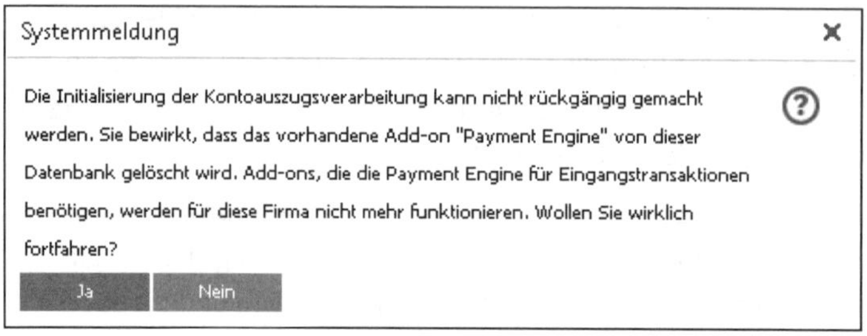

Abbildung 13.21: Meldung zur Aktivierung der Kontoauszugsverarbeitung

Wie in Abbildung 13.22 ersichtlich, sind bei den Hausbankkonten, für die Sie Kontoauszüge importieren wollen, folgende Anpassungen vorzunehmen:

1. Die Checkbox **Importierter Kontoauszug** ist zu setzen.
2. Das Importformat ist im Feld **Importdateiname** zu wählen. Klicken Sie dazu auf das Symbol der Auswahlliste . Die Feldbezeichnung **Dateiname** ist insofern irritierend, als Sie eben nicht nach dem Namen der zukünftig zu importierenden Datei gefragt werden, sondern nach dem Format, das diese Datei haben wird. Je nach Lokalisierung stehen Ihnen im Standard unter anderem folgende Formate zur Verfügung:
   - MT940 – dieses Format ist nicht mehr aktuell, wird aber von einigen Banken nach wie vor angeboten.
   - Ein Derivat davon ist MT940 MBS (Multi Banks Standard).
   - Multicash ist in Deutschland gebräuchlich.
   - CAMPT53 ist in Österreich gebräuchlich.

   Sollte das für Ihre Hausbank benötigte Format nicht zur Verfügung stehen, kontaktieren Sie Ihren SAP-Betreuer, er kann weitere Formate installieren oder mit dem *Electronic File Manager* neue Vorlagen erzeugen.

   Um die Einstellungen zu komplettieren, überprüfen Sie die Parameter, die Sie im Programmpunkt **Administration • Definition • Bankenabwicklung • Kontoauszugsverarbeitung** finden.

   Die Felder **Externen Bankvorgangscodes** und **Internen Bankvorgangscodes** dienen dazu, eine Banktransaktion in eine SAP-Transaktion zu übersetzen. Diese Codes sind in den Beispieldatenbeständen gut definiert und können von Ihnen – sollten sie in Ihrem Datenbestand nicht vorhanden sein – von dort übernommen werden.

   Die Abgleichskriterien dienen dazu, Transaktionen, die im Zuge des Imports eines Kontoauszugs erstellt werden, zu komplettieren und mit einer SAP-Transaktion abzustimmen.

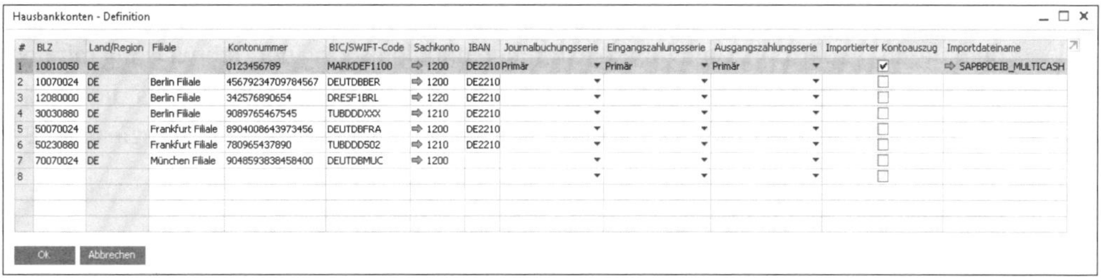

Hausbankkonten - Definition

#	BLZ	Land/Region	Filiale	Kontonummer	BIC/SWIFT-Code	Sachkonto	IBAN	Journalbuchungsserie	Eingangszahlungsserie	Ausgangszahlungsserie	Importierter Kontoauszug	Importdateiname
1	10010050	DE		0123456789	MARKDEF1100	1200	DE2210	Primär	Primär	Primär	☑	SAPBPDEIB_MULTICASH
2	10070024	DE	Berlin Filiale	45679234709784567	DEUTDBBER	1200	DE2210				☐	
3	12080000	DE	Berlin Filiale	342576890654	DRESF1BRL	1220	DE2210				☐	
4	30030880	DE	Berlin Filiale	9089765467545	TUBDDDXXX	1210	DE2210				☐	
5	50070024	DE	Frankfurt Filiale	8904008643973456	DEUTDBFRA	1200	DE2210				☐	
6	50230880	DE	Frankfurt Filiale	780965437890	TUBDDD502	1210	DE2210				☐	
7	70070024	DE	München Filiale	9048593838458400	DEUTDBMUC	1200					☐	
8											☐	

Ok | Abbrechen

Abbildung 13.22: Hausbank – Kontoauszug importieren

Beispiel für Abgleich und Komplettierung

[zB]

In Ihrem Bankauszug befindet sich eine Eingangszahlung. Die Information, die Sie im Bankauszug erhalten, umfasst neben dem externen Bankvorgangscode ein Überweisungsdatum und einen Überweisungsbetrag. Im Idealfall ist noch ein strukturierter Verwendungszweck vorhanden. Um die Transaktion ordnungsgemäß buchen zu können, benötigen Sie nun die Kundennummer und die Rechnungsnummer, gegen die die Zahlung abgestimmt werden soll. Die Abgleichskriterien sorgen dafür, dass im besten Fall diese Informationen auch tatsächlich gefunden werden und automatisch ein Buchungssatz gebildet wird.

Die Abgleichskriterien bestehen aus bis zu drei Regeln (siehe Abbildung 13.23). Die Regeln werden von SAP vorgegeben. Sie werden in bis zu drei Runden durchlaufen. Dabei gilt, dass pro Runde *alle* definierten Regeln erfüllt sein müssen. Ist das nicht der Fall, wird die nächste Runde gestartet. Dementsprechend ist es sinnvoll, dass die Abgleichskriterien von Runde zu Runde »toleranter« werden, um eine passende Transaktion für die Abstimmung zu finden.

In Abbildung 13.23 sehen Sie, dass in **Runde 1** die Referenz 1 des Beleges in der Überweisung gefunden werden muss. Die Referenz 1 ist im Standard die Belegnummer (Sie können die Referenzfeldverknüpfungen im Programmpunkt **Administration • Definition • Allgemein • Referenzfeldverknüpfungen** prüfen oder adaptieren). Das Programm will also die Ausgangsrechnungsnummer in der Banktransaktion finden. Zusätzlich soll das Datum der Banktransaktion mit dem Fälligkeitsdatum übereinstimmen, wobei eine Abweichung von +/– zwei Tagen toleriert wird. Schlussendlich soll der Überweisungsbetrag mit dem Rechnungsbetrag übereinstimmen; eine Abweichung von 3,00 EUR wird toleriert. Wir haben also sehr spezifische Kriterien festgelegt, um eine konkrete Ausgangsrechnung mit einer Eingangszahlung abzustimmen.

In **Runde 2** werden wir toleranter. Wir wollen nach wie vor eine Übereinstimmung der Fakturennummer und des Betrags, wir akzeptieren aber, dass Überweisungsdatum und Fälligkeitsdatum nicht übereinstimmen.

In **Runde 3** reicht es uns, wenn Bankleitzahl und Konto der Banktransaktion mit jener aus dem Geschäftspartnerstamm übereinstimmen und der Betrag der Überweisung mit dem der offenen Rechnung. Wir nehmen also in Kauf, dass wir gegebenenfalls die falsche Rechnung abstimmen, sollte der Kunde zwei offene Rechnungen mit dem gleichen Betrag haben.

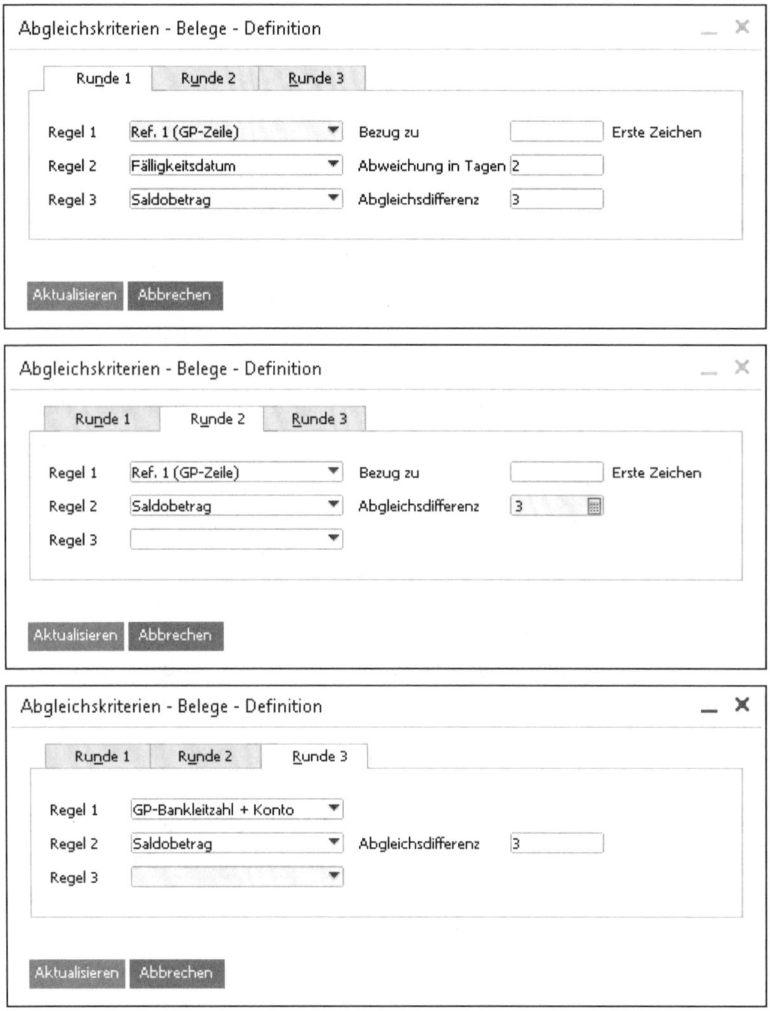

Abbildung 13.23: Drei Runden von Abgleichskriterien

Sie haben nun die Voraussetzung geschaffen, um mit der Kontoauszugsverarbeitung zu arbeiten und optional Kontoauszüge zu importieren.

Starten Sie nun die Kontoauszugsverarbeitung durch Wahl des Programmpunkts **Bankenabwicklung • Kontoauszüge und externe Abstimmungen • Kontoauszugsverarbeitung**. In Abbildung 13.24 sehen Sie, wie sich das Bild im Beispieldatenbestand darstellt.

Links oben wurde das Bankkonto ausgewählt, das wir für den Import von Kontoauszügen vorbereitet haben.

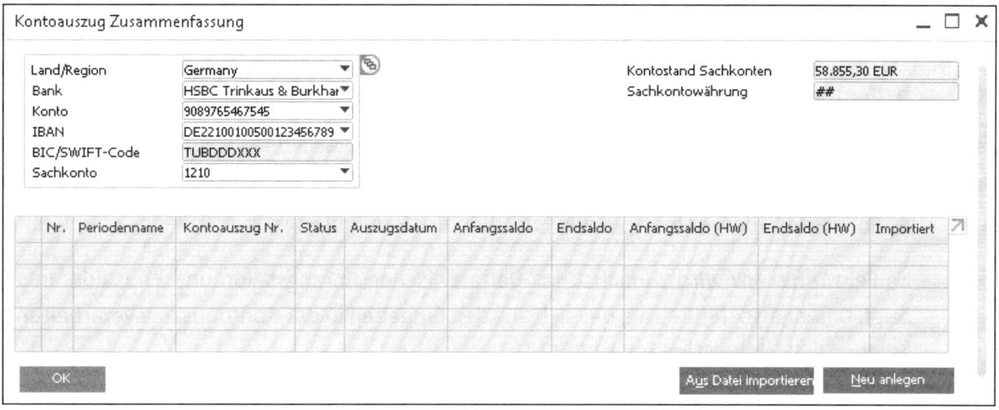

Abbildung 13.24: Kontoauszug – Zusammenfassung

Wählen Sie dazu zunächst im Feld **Land/Region** das Land der Hausbank, danach in den jeweiligen Feldern die Bank und schlussendlich das Konto. Das Programm zeigt Ihnen dabei die Optionen, die unter **Hausbankkonten** angelegt wurden.

Die übrigen Felder sind Informationsfelder, die automatisch gefüllt werden. Unter anderem wird der aktuelle Saldo des Bankkontos laut SAP Business One im Feld **Kontostand Sachkonto** angezeigt.

Banksaldo in SAP mit Saldo laut Bank synchron halten

In der Regel verbucht man den Kontoauszug der Bank in regelmäßigen Abständen, beispielsweise wöchentlich. Dabei ist es sinnvoll, dass zu Beginn der Verarbeitung des Kontoauszugs der Banksaldo laut SAP dem Anfangssaldo des Bankauszugs entspricht. Sind alle Banktransaktionen erfasst, muss der Banksaldo laut SAP dem Endsaldo laut Bankauszug entsprechen. Um das zu gewährleisten, darf die Bank zwischen der Erfassung von zwei Bankauszügen nicht bebucht werden. Sie erreichen dieses Ergebnis, indem Sie beispielsweise für den Zahlungsassistenten ein Interimssachkonto festlegen. Sie definieren dieses im entsprechenden Feld der Hausbank und aktivieren es durch Anwählen der Checkbox **Auf Interimssachkonto buchen** (siehe Abbildung 13.9).

Die Tabelle unter dem Bankkonto ist im Beispieldatenbestand leer, sie würde bereits erfasst Kontoauszüge zeigen.

Sie können nun entweder einen von der Bank heruntergeladenen Kontoauszug importieren, indem Sie den Button **Aus Datei importieren** drücken und eine vorbereitete Datei auswählen. Oder Sie erfassen einen Kontoauszug manuell, indem Sie einen ausgedruckten Bankkontoauszug Zeile für Zeile erfassen. Dazu klicken Sie auf den Button **Neu anlegen**.

Zunächst öffnet sich das Fenster **Kontoauszug Details**. Geben Sie in dessen Kopfteil folgende Informationen ein:

- **Kontoauszug Nr.**: Geben Sie hier die Nummer des Bankkontoauszugs ein.
- **Auszugsdatum**: Geben Sie das Datum des Bankauszugs ein.
- **Anfangssaldo**: Übernehmen Sie den Anfangssaldo des Bankauszugs.
- **Endsaldo**: Übernehmen Sie den Endsaldo des Bankauszugs.

Im Feld **Differenz** wird zunächst das Delta zwischen Anfangssaldo und Endsaldo angezeigt. Das ist also der Betrag, der sich aus den Eingaben in der Kontoauszugsverarbeitung ergeben soll (siehe Abbildung 13.25).

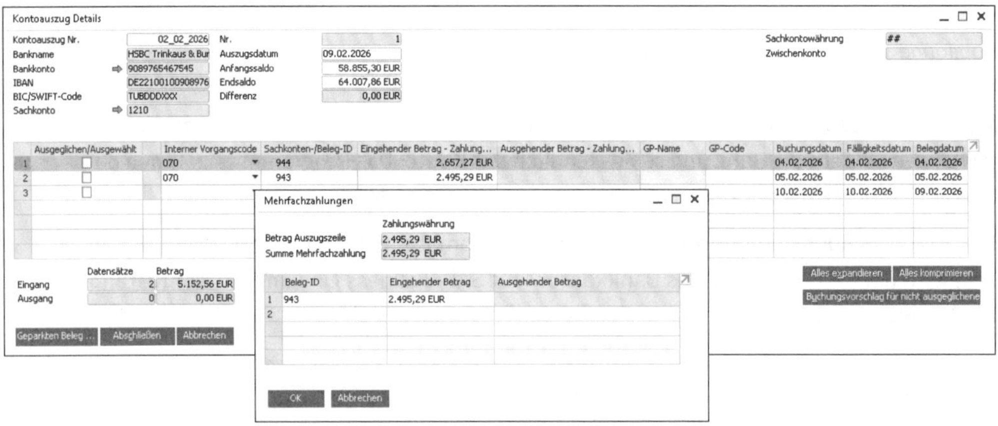

Abbildung 13.25: Manuelle Erfassung eines Kontoauszugs

In den Zeilen der Tabelle geben wir nun die einzelnen Positionen des Kontoauszugs ein. Folgende Eingaben sind notwendig:

- **Interner Vorgangscode**: Wählen Sie einen passenden internen Bankvorgangscode
- **Sachkonten-/Beleg-ID**: Klicken Sie auf den Button [≡] (**Auswahlliste**), um das Fenster **Mehrfachzahlung** zu öffnen.

Im Fenster **Mehrfachzahlung** geben Sie nun die Ihnen aus dem Bankkontoauszug bekannten Informationen bezüglich der Zahlung ein. In unserem Fall kennen wir neben dem Überweisungsbetrag auch den Beleg, der überwiesen wurde.

- **Beleg-ID**: Geben Sie die Nummer des Belegs ein; sie wird in der Regel aus dem Verwendungszweck der Überweisung ableitbar sein.
- **Eingehender Betrag**: Geben Sie den Betrag der Überweisung ein.

Bestätigen Sie nun das Fenster **Mehrfachzahlung** durch Klick auf den Button **OK.**

Zu diesem Zeitpunkt sind die Eingangszahlungen noch nicht mit den Ausgangsrechnungen abgestimmt. Um die Abstimmung zu starten, klicken Sie auf den Button **Buchungsvorschlag für nicht ausgeglichene Zeilen**.

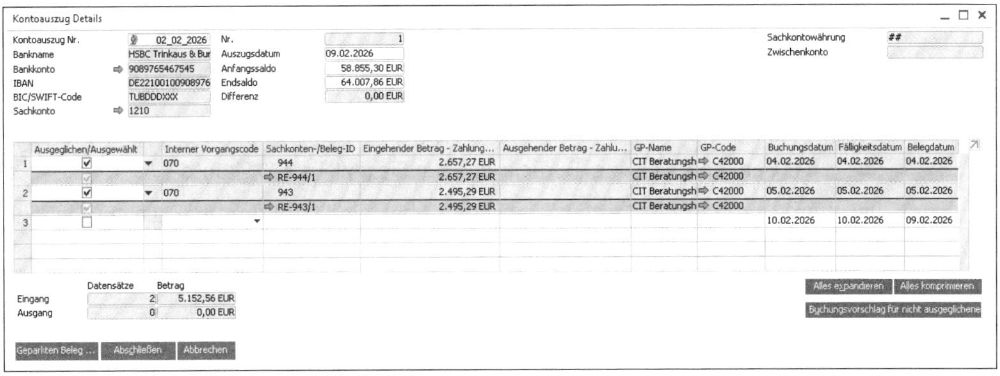

Abbildung 13.26: Ausgeglichener Kontoauszug

Das Ergebnis ist in Abbildung 13.26 dargestellt:

- Die Zeilen sind als **Ausgeglichen** markiert.
- Die jeweiligen Einträge unter **GP-Code** (Geschäftspartner-Codes) wurden automatisch ausgefüllt.

Sie können den Beleg nun parken, indem Sie auf den Button **Geparkten Beleg speichern** klicken. Sie können den Beleg abschließen, indem Sie den Button **Abschließen** klicken.

Die hier beschriebenen Vorgänge der manuellen Eingabe eines Kontoauszugs können Sie einsparen, indem Sie die Kontoauszüge aus Ihrem jeweiligen Electronic-Banking-Programm herunterladen und in die Kontoauszugsverarbeitung importieren.

Klicken Sie dazu auf dem Bild **Kontoauszug Zusammenfassung** auf den Button **Aus Datei importieren** (siehe Abbildung 13.24). Wählen Sie die vorbereitete Datei aus, und importieren Sie sie – Sie erhalten eine entsprechende Erfolgsmeldung (siehe Abbildung 13.27).

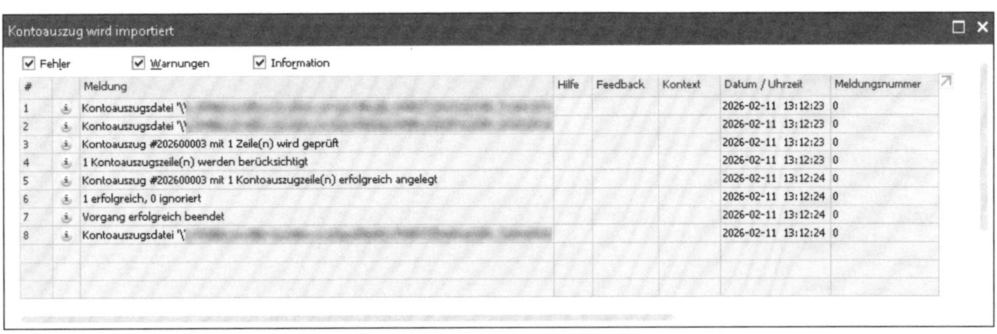

Abbildung 13.27: Erfolgreicher Import eines Kontoauszugs

Der restliche Vorgang entspricht der manuellen Kontoauszugsverarbeitung. Sie ersparen sich aber die Eingabe der einzelnen Kontoauszugszeilen. Daher ist es empfehlenswert, den Import von Kontoauszügen einzuführen, um den Arbeitsaufwand zu reduzieren.

13.7 Übungsaufgaben

1. Bezahlen Sie die beiden von Ihnen angelegten Eingangsrechnungen über die USB-Sticks per Banküberweisung. Berücksichtigen Sie jeweils 3 % Skonto.
2. Der Kunde bezahlt die Ausgangsrechnung über die USB-Sticks bar. Legen Sie eine Akontozahlung in Höhe der Rechnung an.
3. Stimmen Sie die Ausgangsrechnung mit der Akontozahlung ab.

Kapitel 14
Customer Relationship Management (CRM)

Das Customer Relationship Management (CRM) beschäftigt sich mit der Etablierung und Pflege von Kundenbeziehungen. Dabei geht es sowohl um bestehende als auch um noch zu gewinnende Kunden (Interessenten). Im Kontext von SAP Business One sind damit datengesteuerte Lösungen gemeint, die uns helfen, Kunden- und Interessentenbedürfnisse zu verstehen und zu befriedigen und so eine maximale Kundenorientierung zu gewährleisten.

In diesem Kapitel beschäftigen wir uns mit dem gesamten Bereich *CRM*. SAP hat in diesem in Version 10 neu etablierten Programmpunkt Themen zusammengefasst, die im Allgemeinen als Kernbereiche von CRM-Lösungen betrachtet werden:

- **Opportunity** – ein Instrument, das es ermöglicht, strukturiert Verkaufschancen zu verfolgen und zu einem erfolgreichen Abschluss zu bringen
- **Kampagne** und **Kampagnenassistent** – Instrumente für die Planung und Durchführung von Marketing-Kampagnen
- **Kunde 360** – ein Programmpunkt, der HANA-basierten Installationen vorbehalten ist und eine 360-Grad-Information über Kunden liefert
- **CRM-Berichte** – bieten eine Reihe von Auswertungen

Diese Themen werden wir in diesem Kapitel genau betrachten.

Die folgenden Menüpunkte, die auch Bestandteil anderer Module sind, wurden von SAP in den Hauptprogrammpunkt CRM integriert, um alle Aspekte des CRMs in einem Programmpunkt gesammelt darzustellen:

- **Geschäftspartnerstammdaten**
- **Aktivität**
- **Angebot**
- **Kundenauftrag**

Diese Programmpunkte werden wir in diesem Kapitel nicht beschreiben, da sie Bestandteil anderer Kapitel sind. Diese Zusammenstellung des Programmpunkts CRM deckt sich mit den wichtigsten Möglichkeiten, die der Lizenztyp »SAP Business One CRM Sales User« bietet.

Zu Beginn des Kapitels werden wir vertriebliche Aspekte in kleinen und mittleren Unternehmen beleuchten und zeigen, wie Sie sie mit den *Opportunities* von SAP Business One unterstützen können. Es werden mit dem Festlegen der Verkaufsgebiete und Opportunity-Stufen (Verkaufsstufen) Vorbereitungen für die Verwendung der Opportunities getroffen. Danach werden wir die Verwendung von Opportunities genauer erläutern.

Der zweite große Teilbereich des Kapitels ist den *Kampagnen* gewidmet (Abschnitt 14.2). Das Kapitel schließt in Abschnitt 14.4 mit einer Darstellung der wichtigsten Berichte im Modul **CRM**.

14.1 Opportunities

Dass die systematische Vertriebssteuerung von kleineren und mittleren Unternehmen bislang oft nicht als lohnendes Tätigkeitsfeld entdeckt wurde, liegt in erster Linie daran, dass der Vertrieb hier stark personenzentriert abläuft und ihm nicht die für die Unternehmensgröße passenden Methoden und Instrumente zur Verfügung stehen.

Mit den *Opportunities* in SAP Business One steht jedoch ein Instrument bereit, das in eine komplette Unternehmenssoftware eingebettet ist und mit dem Sie die Steuerung eines ganzen Vertriebsteams realisieren und den Vertriebsprozess in Ihrem Unternehmen standardisieren können. »Standardisieren« bedeutet hier, dass Sie die Chance haben, den Vertrieb personenunabhängig zu gestalten, ihn also auf andere Mitarbeiter zu übertragen: Sie bilden Ihren Vertriebsprozess so weit wie möglich mit SAP Business One ab und können objektive Qualitätskriterien für die Gestaltung des Akquisitions- und Verkaufsprozesses definieren.

[+]

Mitarbeiterwechsel

Gibt es einen Mitarbeiterwechsel, sind Sie nicht an die individuellen Kenntnisse und an die Arbeitsweise des früheren Mitarbeiters gebunden. Der neue Mitarbeiter fügt sich in den bereits bestehenden Vertriebsprozess in SAP Business One ein und verwendet die vorhandenen Instrumente, wie eben die Opportunities. Vor allen Dingen kann er auf Informationen zurückgreifen, die im Laufe der Zeit gesammelt wurden: Ansprechpartner beim Kunden, historische Vertriebszyklen, Gesprächsnotizen, Informationen zu Ansprechpartnern. Diese Informationen können sich sowohl auf existierende Kunden als auch auf Interessenten beziehen.

Opportunities sind Verkaufschancen – Chancen für Ihr Unternehmen, ein Geschäft abzuschließen und einen Auftrag von Ihrem Kunden zu erhalten. Dabei spielt es keine Rolle, ob der Geschäftspartner ein neuer Interessent oder ein langjähriger Kunde ist. Mit Opportunities haben Sie in SAP Business One die Möglichkeit, Ihre Verkaufschancen nicht nur zu verwalten, sondern sie mithilfe einer Reihe von Daten und Berichten auch adäquat voranzutreiben.

Auch in kleineren und mittleren Unternehmen besteht immer mehr die Notwendigkeit, den Vertrieb – mit einem in der Regel überschaubaren IT-Budget – möglichst so professionell und effizient zu gestalten wie in großen Unternehmen.

Darüber hinaus haben Sie die Möglichkeit, den kompletten Funktionsumfang der Opportunities für Lieferanten zu verwenden, um komplexe Beschaffungsprozesse strukturiert abzuarbeiten.

14.1.1 Opportunities definieren

Bevor Sie mit Opportunities arbeiten können, müssen Sie Vorbereitungen treffen. Die im Folgenden dargestellten Aufgaben sollten vor dem Anlegen der ersten Opportunity erledigt werden.

Sie haben die Möglichkeit, Ihre Kunden und Interessenten in *Verkaufsgebiete* oder *Vertriebsgebiete* einzuteilen. Die Einteilung der Gebiete sollte gemäß der Gebietsaufteilung Ihrer Vertriebsmannschaft erfolgen. Dementsprechend haben Sie dann mit dem Verkaufsgebiet ein weiteres Merkmal, um Auswertungen durchzuführen. Die Verkaufsgebiete legen Sie in der Ansicht **Gebiete – Definition** (siehe Abbildung 14.1) über den Pfad **Administration • Definitionen • Allgemein • Gebiete** fest.

Um ein neues Verkaufsgebiet anzulegen, gehen Sie folgendermaßen vor:

1. Markieren Sie ein Gebiet (im rechten Fensterteil in Abbildung 14.1), und klicken Sie auf den Button **Gleichrang. Element hinzufüg.**, um ein Verkaufsgebiet auf derselben Ebene (bzw. das erste Gebiet) anzulegen, oder auf den Button **Untergeordn. Element hinzufüg**, um ein Gebiet unterhalb eines bereits angelegten Gebiets zu erstellen.
2. Geben Sie den Namen des Gebiets im Feld **Name** ein. Das Feld **Übergeordnetes Gebiet** ist vorbesetzt und kann von Ihnen geändert werden. Das übergeordnete Gebiet muss zuvor erstellt worden sein. Falls das angelegte Gebiet an höchster Stelle steht, wählen Sie den leeren Eintrag aus der Werteliste aus.

   Geben Sie im Feld **Standortfolge** die Position oder die Sortierung des angelegten Gebiets in der Hierarchie bzw. auf dem Zweig der gleichrangigen Elemente an. Sie können das angelegte Gebiet als erstes, hinter einem auszuwählenden Gebiet oder als letztes einsortieren.

   Mit den beiden Feldern **Übergeordnetes Gebiet** und **Standortfolge** können Sie eine beliebige Hierarchie oder eine Baumstruktur der Verkaufsgebiete abbilden und so die Verknüpfungen innerhalb Ihrer Gebietsaufteilung darstellen. Ein Beispiel für eine derartige Baumstruktur sehen Sie im rechten Bereich von Abbildung 14.1.
3. Im Grunde ist das Verkaufsgebiet nun fertig angelegt. Möchten Sie ein Gebiet inaktiv setzen, markieren Sie es und klicken auf den Button **Inaktiv setzen**. Es kann anschließend nicht mehr im Fenster **Geschäftspartner-Stammdaten** oder im Fenster **Opportunities** verwendet werden.

4. Möchten Sie Ihre Änderungen speichern, klicken Sie auf den Button **Aktualisieren** und anschließend auf **OK**, um das Fenster zu schließen.

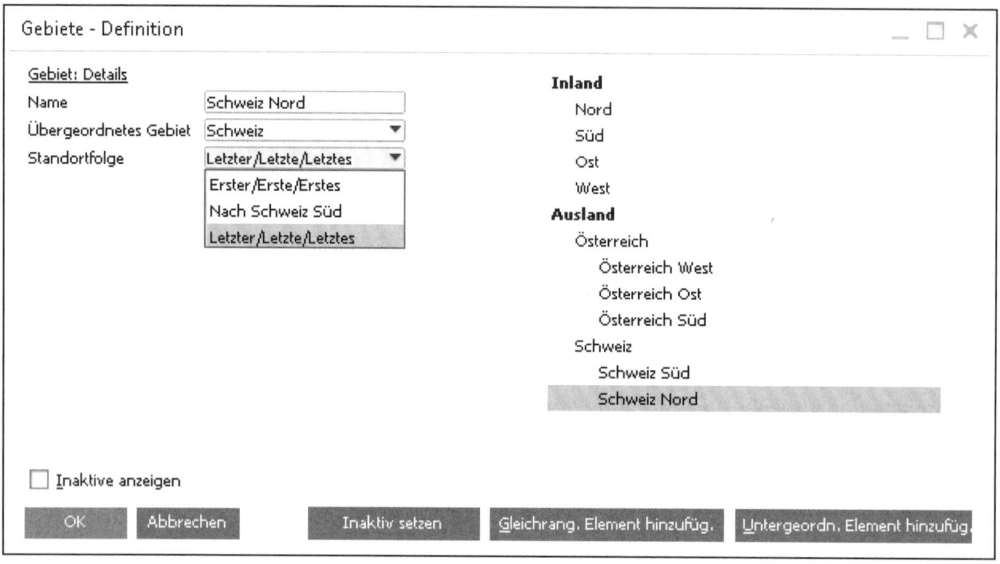

Abbildung 14.1: Verkaufs- bzw. Geschäftspartnergebiete definieren

Das Verkaufsgebiet können Sie dem Geschäftspartner im Fenster **Geschäftspartner-Stammdaten** auf der Registerkarte **Allgemein** zuordnen. Es wird im Fenster **Opportunities** vorgeschlagen und kann dort geändert werden.

[+]

Faustregel für das Festlegen der Verkaufsgebiete

Sie fragen sich vielleicht, die Einrichtung wie vieler Verkaufsgebiete sinnvoll ist. Als Faustregel gilt: so viele wie nötig (um auszuwerten), so wenige wie möglich (um zu arbeiten). Es ist nicht sinnvoll, einen regionalen Markt unter allen Umständen in Verkaufsgebiete zu unterteilen. Genauso wenig ist es sinnvoll, z. B. den Zielmarkt Deutschland als Ganzes zu bearbeiten.

Die wichtigste Vorbereitung, die Sie zu leisten haben, bevor Sie Opportunities verwenden können, ist die Festlegung der *Opportunity-Stufen*. Mit ihnen definieren Sie einen idealtypischen Verkaufsprozess oder Verkaufsweg für Ihr Unternehmen. Das bedeutet, Sie legen fest, welche Phasen in einem derartigen Verkaufsprozess in Ihrem Unternehmen zu durchlaufen sind, bevor das Geschäft abgeschlossen und die Opportunity gewonnen wird.

Der idealtypische Verkaufsprozess eines Unternehmens wird üblicherweise durch die folgenden Kriterien beeinflusst:

- Ihre Erfahrung
- persönliche Intuition

- Branchenwissen
- Kenntnis Ihrer Kundenstruktur
- gesammelte Werte aus dem Vertrieb im Allgemeinen

In der Regel sind die Opportunity-Stufen oder auch *Verkaufsstufen* ein stark individualisiertes Bild Ihres Unternehmens und können aus diesem Grund nur bedingt auf ein anderes Unternehmen übertragen werden – selbst wenn es aus derselben Branche stammt. Jede Opportunity-Stufe ist mit einer vorgegebenen Wahrscheinlichkeit des positiven Geschäftsabschlusses verknüpft. Das bedeutet, jeder Stufe ordnen Sie eine Wahrscheinlichkeit zu, mit der auf dieser Stufe ein Geschäft abgeschlossen wird. Naturgemäß steigert sich dieser Prozentsatz, je höher die Opportunity-Stufe ist.

[+]

Anzahl der Opportunity-Stufen

Wie so oft gilt: Weniger ist mehr. Überlegen Sie, wie Sie dieses Instrument verwenden werden. Ein sinnvoller Einsatz ist, die Liste der Opportunities als Grundlage für Vertriebsmeetings zu nutzen und zu überprüfen, ob sich einzelne Opportunities »in der Pipeline« vorwärtsbewegt haben, also zwischen zwei Meetings von einer Stufe auf die nächsthöhere gerückt sind. Das setzt voraus, dass die Opportunities zwischen den Meetings gepflegt und Fortschritte in den Opportunities eingetragen werden. Weniger Stufen bedeuten weniger Pflegeaufwand und damit höhere Akzeptanz durch die Anwender. In der Regel wird man mit vier bis sechs Stufen einen üblichen Verkaufsprozess gut abbilden können.

[zB]

Abschlusswahrscheinlichkeit

In Ihrem Unternehmen werden z. B. 1 % aller Erstkontakte bzw. Interessenten, die in das Unternehmen kommen, zu Kunden. Das bedeutet, aus 100 Erstkontakten bzw. Interessenten geht ein Kunde hervor. Wenn Sie von Ihrem Interessenten eingeladen werden, ein Angebot vorzulegen, haben Sie bereits eine höhere Abschlusswahrscheinlichkeit. Zum Beispiel könnten 60 % der Interessenten, die ein Angebot von Ihnen erhalten, auch zu Kunden werden. Je weiter der Verkaufsprozess fortgeschritten ist, desto höher ist die Abschlusswahrscheinlichkeit. Wichtig ist, diese Abschlusswahrscheinlichkeiten von Zeit zu Zeit zu evaluieren. Sie werden mit einer Annahme starten und nach einigen Monaten überprüfen, ob diese Annahme der Realität standgehalten hat oder angepasst werden muss.

Das Anlegen der Opportunity-Stufen ist denkbar einfach. Öffnen Sie das Fenster **Opportunity-Stufen – Definition** (siehe Abbildung 14.2) über den Pfad **Administration • Definitionen • Opportunities**.

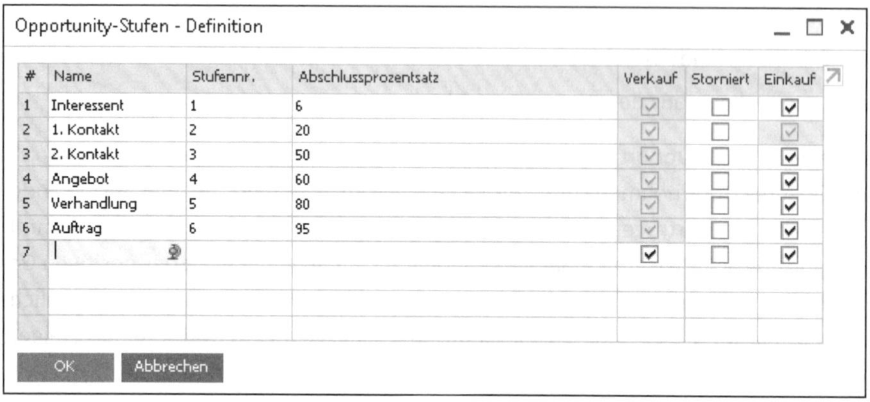
Opportunity-Stufen - Definition

#	Name	Stufennr.	Abschlussprozentsatz	Verkauf	Storniert	Einkauf
1	Interessent	1	6	☑	☐	☑
2	1. Kontakt	2	20	☑	☐	☑
3	2. Kontakt	3	50	☑	☐	☑
4	Angebot	4	60	☑	☐	☑
5	Verhandlung	5	80	☑	☐	☑
6	Auftrag	6	95	☑	☐	☑
7				☑	☐	☑

OK Abbrechen

Abbildung 14.2: Opportunity-Stufen festlegen

Für das Festlegen der Opportunity-Stufen sind folgende Felder und Checkboxen zu berücksichtigen:

- **Feld »Name«**
  Legen Sie hier einen Namen für die Opportunity-Stufe fest (maximal 30 Zeichen).
- **Feld »Stufennr.«**
  Legen Sie hier die Reihenfolge der Opportunity-Stufen mit der Stufennummer fest. Da Sie in dieser Tabelle keine Zeilen einfügen können, wenn Sie zu einem späteren Zeitpunkt feststellen, dass Sie die Struktur des Verkaufsprozesses ergänzen wollen, können Sie über das Ändern der Stufennummern die Reihenfolge neu festlegen.
- **Feld »Abschlussprozentsatz«**
  Geben Sie einen Prozentsatz für die Abschlusswahrscheinlichkeit an. Mit dieser Wahrscheinlichkeit wird in dieser Opportunity-Stufe das Geschäft positiv abgeschlossen. Wie in Abbildung 14.2 zu sehen ist, steigt der Prozentsatz mit jeder Stufe an, in die der Interessent bzw. das Verkaufsprojekt weitergetragen wird. Die Abschlusswahrscheinlichkeit gewichtet den Wert einer Opportunity. Gehen Sie z. B. von einem Geschäft in der Größenordnung von 10.000 EUR aus und befindet sich diese Opportunity auf der Stufe **Angebot** (in unserem Beispiel mit 60 % definiert), dann wird das Programm diese Opportunity mit 6.000 EUR bewerten. In der Gesamtschau über alle Opportunities sollten Sie so zumindest einen groben Überblick über die zu erwartenden Einnahmen bekommen.

[zB]

Abschlussprozentsatz

Die Opportunity-Stufe **Angebot** hat eine Abschlusswahrscheinlichkeit von 60 %. Das bedeutet, sobald ein Interessent auf diese Stufe gelangt, folgt im Durchschnitt auf sechs von zehn Angeboten ein Auftrag vonseiten des Kunden. Der Abschlussprozentsatz ist vom jeweiligen Unternehmen bzw. der Branche abhängig. Diese Wahrscheinlichkeiten sollten in regelmäßigen Abständen überprüft und anhand von Auswertungen der in der Überprüfungsperiode abgeschlossenen Opportunities angepasst werden (z. B. einmal jährlich).

- **Checkbox »Verkauf«**
  Diese Checkbox ist standardmäßig aktiviert und zeigt, dass die angelegte Opportunity-Stufe bei Opportunities für Kunden verwendet werden kann.
- **Checkbox »Storniert«**
  Markieren Sie die Checkbox in der Spalte **Storniert**, um diese Opportunity-Stufe inaktiv zu setzen. Diese Stufe kann dann in einer neu anzulegenden Opportunity nicht mehr ausgewählt werden und ist in der entsprechenden Auswahlliste ausgegraut.
- **Checkbox »Einkauf«**
  Markieren Sie die Checkbox **Einkauf**, um diese Stufe auch bei Opportunities für Lieferanten verwenden zu können.

Wie Sie sehen, gibt es nur einen Datensatz für Einkauf und Verkauf. Verwenden Sie die Opportunities für beide Bereiche, sollten Sie also alle Stufen beider Bereiche definieren und dann wechselweise die entsprechenden Checkboxen aktivieren. Das ist in der Anlage zwar etwas unübersichtlich, in der täglichen Anwendung aber klarer, da die Stufenbezeichnungen zwischen Einkaufs- und Verkaufsprozess klar unterschieden bzw. so auch unterschiedliche Prozesse leicht abgebildet werden können.

Nicht möglich ist es, unterschiedliche Verkaufsprozesse innerhalb eines Unternehmens abzubilden. Hier bleibt Ihnen nichts anderes übrig, als alle Stufen zu definieren und bei einfacheren Verkaufsprozessen Zwischenstufen zu überspringen.

Klicken Sie jeweils auf den Button **Aktualisieren**, um die eingegebene Opportunity-Stufe hinzuzufügen oder um die Änderungen zu speichern. Klicken Sie anschließend auf den Button **OK**, um das Fenster **Opportunity-Stufen – Definition** zu schließen.

[+]

Angelegte Opportunity-Stufen können nicht gelöscht werden

Einmal angelegte Opportunity-Stufen können nicht einfach wieder gelöscht werden. Überlegen Sie daher zunächst »am Reißbrett«, welche Stufen Sie anlegen möchten. Erst nachdem Sie in Ihrem Unternehmen einen Konsens geschaffen haben, geben Sie die Opportunity-Stufen in SAP Business One ein.

Nicht verwendete Stufen können Sie mit der Checkbox **Storniert** inaktiv setzen. Sie werden dann im Fenster **Opportunities** nicht mehr in der Werteliste der Verkaufsstufen angezeigt.

Die Opportunity-Stufen in Abbildung 14.2 stellen ein Beispiel eines kleinen oder mittleren Unternehmens dar, das im Projektgeschäft (z. B. in der IT-Branche) tätig ist:

1. **Interessent**
   Die erste Stufe der softwaremäßigen Erfassung ist der Interessent. Sie lernen Ihren Kontakt z. B. auf einer Messe, einer Verkaufsveranstaltung, über einen Netzwerkpartner oder durch seine eigene Initiative kennen und erfassen seine Daten. Nur 1 % der so erfassten Erstkontakte wird auch zu Kunden, die Sie letztlich beauftragen.
2. **1. Kontakt**
   Die zweite Stufe bedeutet, dass Sie das erste Mal aktiv mit Ihrem Interessenten in Kontakt treten, z. B. um seine Anforderungen zu erheben. Durch die Einladung zu einem Termin steigt die Abschlusswahrscheinlichkeit auf 20 %.
3. **2. Kontakt**
   Nach einem Ersttermin mit dem Interessenten kann in einem zweiten Kontakt der Lösungs- oder Produktvorschlag präsentiert werden.
4. **Angebot**
   Nachdem das Interessensgebiet feststeht, werden Sie dem Interessenten in dieser Stufe ein Angebot (in SAP Business One) unterbreiten. 60 % Ihrer Angebote führen zu einem Verkaufsabschluss.
5. **Verhandlung**
   Das Angebot und weitere Aspekte sind Gegenstand der Verhandlung. Wenn man in diese Stufe eintritt, werden 80 % der verhandelten Angebote zum konkreten Auftrag.
6. **Auftrag**
   Die letzte Stufe, der Auftrag, dient nur administrativen Zwecken und hat dementsprechend eine Abschlusswahrscheinlichkeit von 100 %. Das Geschäft ist an dieser Stelle bereits gewonnen. Diese Stufe kann ggf. auch entfallen.

Die einzelnen Opportunity-Stufen stellen die sogenannte *Pipeline* im Vertrieb dar. Da die Abschlusswahrscheinlichkeit mit jeder höheren Stufe steigt, fallen mit jeder niedrigeren Stufe mehr verlorene Opportunities weg. Aus diesem Grund muss die Anzahl der vorhandenen Opportunities höher sein, je niedriger die Opportunity- oder Verkaufsstufe und – damit verknüpft – je geringer die Abschlusswahrscheinlichkeit ist. Im Idealfall hat die Pipeline also eine Trichterform, in der mehr Opportunities zu Beginn der Pipeline vorhanden sind und immer weniger gegen Ende. Falls zu Beginn der Pipeline zu wenige Opportunities vorhanden sind, kann dies mittelfristig zu Problemen im permanenten Vertriebsfluss führen. Aus diesem Grund muss die Pipeline laufend gefüllt werden. Die Visualisierung dieser Pipeline ist also ein sehr effizientes Instrument für die Gestaltung von Vertriebs- und Marketinggesprächen und zeigt klar an, ob Maßnahmen zur Opportunity-Gewinnung notwendig sind oder ob die Vertriebspipeline zufriedenstellend ist.

14.1.2 Verkaufschancen verwalten

Die gesamte Verwaltung der Verkaufschancen spielt sich im Fenster **Opportunity** im Modul **CRM** ab. Opportunities können sowohl für den Geschäftspartnertyp »Interessent« als auch für den Typ »Kunde« angelegt werden. Denn nur, weil es sich bereits um einen bestehenden Kunden handelt, bedeutet dies nicht, dass Sie keine weiteren Geschäfte über die Opportunities verfolgen möchten.

Bei der einzelnen Opportunity können Sie eine Reihe von Informationen zu der jeweiligen Verkaufschance mitführen. Dazu sollten Sie sich für das Anlegen Zeit nehmen und die Daten, die Sie mitführen möchten, evaluieren und festlegen. Sie müssen jedoch nicht alle Felder pflegen, die vorhanden sind, sondern können sich auch auf einige wenige beschränken; dann ist die Erfassung der Opportunity recht schnell möglich. Die Opportunity ist wie gewohnt in Kopfdaten und einzelne Registerkarten mit speziellen Informationen unterteilt (siehe Abbildung 14.3).

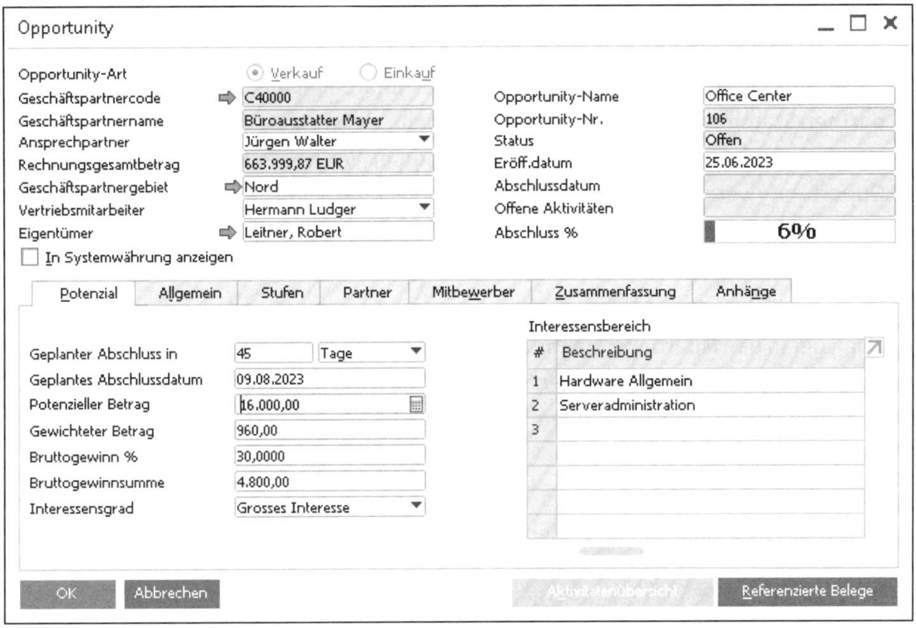

Abbildung 14.3: Fenster »Opportunity« – Kopfdaten und Registerkarte »Potenzial«

Opportunity – Kopfdaten

Die folgenden Felder finden Sie in den Kopfdaten, das bedeutet, dass sie auf jeder Registerkarte angezeigt werden:

- **Optionsgruppe »Opportunity-Art«**
  Wählen Sie beim Anlegen der Opportunity, ob es sich um eine Opportunity für den **Verkauf** (also für einen Kunden) oder für den **Einkauf** (also für den Lieferanten) handelt. Nach dem Hinzufügen der Opportunity kann diese Option nicht mehr verändert werden. Da wir hier die Option **Verkauf** gewählt haben, sprechen wir bei der weiteren Erläuterung nur von Kunden und nicht von Lieferanten.
- **Felder »Geschäftspartnercode« und »Geschäftspartnername«**
  Wählen Sie einen Kunden oder einen Interessenten aus der Werteliste aus.

- **Feld »Ansprechpartner«**
  Standardmäßig wird der Hauptansprechpartner angezeigt. Falls Sie einen abweichenden Ansprechpartner eingeben möchten, wählen Sie ihn aus der Werteliste aus.
- **Feld »Rechnungsgesamtbetrag«**
  Dieser Betrag wird aus der Bruttosumme aller Ausgangsrechnungen minus der Summe aller Ausgangsgutschriften für diesen Kunden berechnet und hilft, das Potenzial eines Kunden einzuschätzen.
- **Feld »Geschäftspartnergebiet«**
  In diesem Feld wird das Geschäftspartnergebiet aus dem Fenster **Geschäftspartner-Stammdaten**, Registerkarte **Allgemein**, angezeigt. Sie können diesen Wert hier ändern.
- **Feld »Vertriebsmitarbeiter«**
  In diesem Feld wird der zugeordnete Vertriebsmitarbeiter aus dem Fenster **Geschäftspartner-Stammdaten**, Registerkarte **Allgemein**, angezeigt. Sie können den Wert hier ebenfalls ändern, falls in diesem Fall ein anderer Vertriebsmitarbeiter für diese eine Opportunity verantwortlich ist. Neue Vertriebsmitarbeiter legen Sie über den Pfad **Administration • Definitionen • Allgemein • Vertriebsmitarbeiter/Käufer** an.
- **Feld »Eigentümer«**
  In diesem Feld wird jener Mitarbeiter als Verantwortlicher für dieses Dokument angezeigt, der in den Mitarbeiterstammdaten mit dem Benutzer verknüpft wurde, der diese Opportunity erfasst hat. Der Eigentümer wird für das Thema Dateneigentum benötigt. Dies zählt zu den weiterführenden Themen und wird aus diesem Grund in diesem Buch nicht eingehender behandelt.
- **Feld »Opportunity-Name«**
  Geben Sie hier einen Namen oder ein Schlagwort ein, anhand dessen Sie diese Verkaufschance besser wiedererkennen.
- **Feld »Opportunity-Nr.«**
  Diese fortlaufende Nummer wird von SAP Business One automatisch vergeben.
- **Feld »Status«**
  Auch der Status wird von SAP Business One automatisch vergeben. Beim Eröffnen wird der Status **Offen** angezeigt. Nach Abschluss zeigt dieses Feld, entsprechend der Option auf der Registerkarte **Zusammenfassung**, entweder den Status **Gewonnen** oder **Verloren** an.
- **Feld »Eröff.datum«**
  Dies ist das Datum beim Anlegen der Opportunity, es wird automatisch mit dem Tagesdatum befüllt, kann jedoch geändert werden.
- **Feld »Abschlussdatum«**
  Dies ist das Datum beim Abschließen der Opportunity (gewonnen oder verloren) und wird ebenfalls automatisch vergeben.

- **Feld »Offene Aktivitäten«**
  Dieses Feld zeigt die Anzahl aller offenen Aktivitäten an, die mit dieser Opportunity verknüpft sind.
- **Feld »Abschluss %«**
  Dieses Feld zeigt die aktuelle Abschlusswahrscheinlichkeit der Opportunity an. Sie wird gemäß der Opportunity-Stufe vorgegeben und kann nur direkt bei der Opportunity-Stufe geändert werden.
- **Button »Aktivitätenübersicht«**
  Klicken Sie auf diesen Button, um eine Aufstellung aller Aktivitäten zu dieser Opportunity zu erhalten. Mit dem orangefarbenen Pfeil ⇨ in der Liste verzweigen Sie zu der einzelnen Aktivität. Der Button ist nur aktiv, wenn tatsächlich Aktivitäten mit der Opportunity verknüpft sind.
- **Button »Referenzierte Belege«**
  Klicken Sie auf diesen Button, um eine Liste aller Verkaufsbelege (z. B. Angebote) zu erhalten, die mit dieser Opportunity verknüpft sind. Klicken Sie auf den orangefarbenen Pfeil ⇨ neben der Belegnummer, um zum angezeigten Beleg zu verzweigen. Der Button ist immer aktiv; sind keine Belege verknüpft, erfolgt ein entsprechender Hinweis.

Die Opportunity benötigt nur wenige Pflichtfelder (die Felder **Geschäftspartnercode** und **Geschäftspartnername** in den Kopfdaten sowie das Feld **Potenzieller Betrag** auf der Registerkarte **Potenzial**). Klicken Sie nach der Angabe dieser Felder auf den Button **Hinzufügen**, um die Opportunity anzulegen.

Registerkarte »Potenzial«

Auf der Registerkarte **Potenzial** können Sie zudem die Eckdaten zur Verkaufschance angeben. Folgende Felder können gefüllt werden:

- **Feld »Geplanter Abschluss in«**
  Planen Sie in diesem Feld, bis wann Sie spätestens das Geschäft gewinnen möchten. Mit der Werteliste rechts daneben geben Sie die Zeiteinheit (Tage, Wochen, Monate) an.
- **Feld »Geplantes Abschlussdatum«**
  Dieses Datum wird aus dem Eröffnungsdatum und der Anzahl der Tage, Wochen und Monate errechnet und kann für Vergleiche mit dem tatsächlichen Abschlussdatum herangezogen werden. Zusätzlich erlaubt es eine Hochrechnung der geplanten Eingänge.
- **Feld »Potenzieller Betrag«**
  Geben Sie hier den Betrag ein, den Sie aus diesem Geschäft erwarten.
- **Feld »Gewichteter Betrag«**
  Dieser Betrag errechnet sich aus dem potenziellen Betrag multipliziert mit der Abschlusswahrscheinlichkeit. Wenn einer der beiden Faktoren verändert wird, wird der gewichtete Betrag neu errechnet.

- **Felder »Bruttogewinn %« und »Bruttogewinnsumme«**
  Geben Sie hier den geschätzten Bruttogewinn in % oder als Betrag ein, das reziproke Feld wird jeweils berechnet.
- **Feld »Interessensgrad«**
  Wählen Sie den Interessensgrad aus der Werteliste aus, oder wählen Sie den Eintrag **Neu definieren**, um einen neuen Interessensgrad anzulegen. Der Interessensgrad signalisiert die Stärke des Interesses beim Interessenten. Dadurch kann er als Priorisierungsmerkmal für Opportunities verwendet werden.
- **Tabelle »Interessensbereich«**
  Wählen Sie den Interessensbereich aus der Dropdown-Liste aus, oder wählen Sie über die Auswahlliste den Eintrag **Neu definieren**, um einen neuen Interessensbereich anzulegen. Hier sollen alle Interessensbereiche des Interessenten aufgelistet werden, die für ein mögliches Geschäft infrage kommen. Dazu füllen Sie die Liste, bis Sie alle Interessensbereiche abgebildet haben, und markieren die Checkbox in der Spalte **Primär**, die das vorrangige Interesse darstellt (siehe Abbildung 14.3).

Registerkarte »Allgemein«

Auf der Registerkarte **Allgemein** können Sie die folgenden Felder füllen:

- **Felder »GP-Channel Code«, »Name« und »Ansprechpartner«**
  Geben Sie in diesen Feldern einen Channel-Partner an. Ein Channel-Partner ist ein dritter Geschäftspartner, der als Vermittler für dieses Geschäft fungieren kann. Alternativ könnte es auch eine Klammer über verschiedene Geschäftspartner sein, z. B. eine Einkaufsgenossenschaft.
- **Feld »GP-Projekt«**
  Wählen Sie ein Projekt aus der Werteliste aus, oder wählen Sie den Eintrag **Neu definieren**, um ein neues Projekt anzulegen. Projekte sind Teil der Kostenrechnung. Sie können also schon Kosten für den Bearbeitung der Opportunity sammeln, indem Sie bei der Buchung der Eingangsrechnungen (z. B. für Spesen, Veranstaltungen oder Prototypen) auch das entsprechende Projekt bebuchen.
- **Feld »Informationsquelle«**
  Wählen Sie eine Informationsquelle aus der Werteliste aus, oder wählen Sie den Eintrag **Neu definieren**, um eine neue Informationsquelle anzulegen. Mit der Informationsquelle geben Sie an, auf welche Weise Sie die Verkaufschance erlangt haben.
- **Feld »Branche«**
  Wählen Sie eine Branche aus der Werteliste aus, oder wählen Sie den Eintrag **Neu definieren**, um eine neue Branche anzulegen. Mit dieser Werteliste können Sie die verschiedenen Branchen kategorisieren, aus denen Ihre Kunden und Interessenten stammen.
- **Feld »Bemerkungen«**
  Geben Sie in dieses Feld weitere Informationen zu dem Interessenten ein.

Registerkarte »Stufen«

Auf der Registerkarte **Stufen** legen Sie alle Stufen an, die Sie konkret mit diesem Interessenten durchlaufen. Jede Stufe kann dabei beliebig oft durchlaufen und es können auch Stufen übersprungen werden. Standardmäßig wird beim Anlegen der Opportunity die erste Stufe voreingestellt. Abbildung 14.4 zeigt ein Beispiel für eine Opportunity, die sich gerade in Stufe **3** befindet.

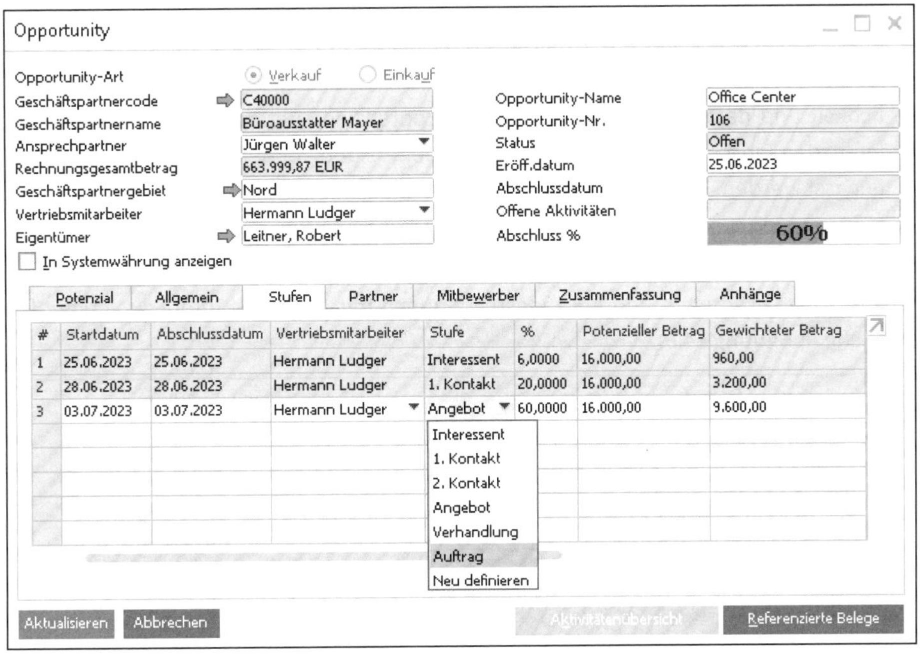

Abbildung 14.4: Stufen einer Opportunity erfassen

Um eine neue Stufe zu erfassen, klicken Sie in einer bestehenden Zeile auf die rechte Maustaste und wählen aus dem Kontextmenü die Option **Zeile hinzufügen**. Wenn Sie eine neue Zeile erfassen, wird die darüber liegende Zeile ausgegraut und kann nicht mehr bearbeitet werden. Sie können Sie aber nach wie vor über das Kontextmenü durch Wahl der Option **Zeile löschen** entfernen.

Für die einzelnen Stufen erfassen Sie die folgenden Angaben:

- **Felder »Startdatum« und »Abschlussdatum«**
  Geben Sie das Start- und das Abschlussdatum jeder Stufe ein. Der Zeitraum zweier Stufen darf sich jeweils nicht überschneiden.
- **Feld »Vertriebsmitarbeiter«**
  Standardmäßig wird hier der Vertriebsmitarbeiter der Opportunity angezeigt. Sollte für eine Stufe ein anderer Vertriebsmitarbeiter relevant sein, wählen Sie ihn aus der Werteliste aus.

- **Feld »Stufe«**
  Wählen Sie die aktuelle Stufe aus. Die Stufe kann in mehreren Zeilen die gleiche sein. Sie können in einer neuen Zeile auch eine niedrigere Stufe erfassen, als sie in der Opportunity schon verwendet wurde. Das entspricht einem Rückschritt im Verkaufsprozess.
- **Felder »%«, »Potenzieller Betrag« und »Gewichteter Betrag«**
  Diese Daten werden aus der Opportunity-Stufe bzw. von der Registerkarte **Potenzial** angezeigt und können pro Stufe angepasst werden. Die Systematik der Abschlusswahrscheinlichkeiten in den Opportunity-Stufen ist flexibel. Die Abschlusswahrscheinlichkeit und damit zusammenhängend der potenzielle Betrag sind ein Ergebnis der laufenden Einschätzung des Vertriebsmitarbeiters und können aus diesem Grund angepasst werden. Die Vorschlagswerte dienen dabei nur als Richtwerte.
- **Felder »GP-Belege anzeigen«, »Belegart« und »Belegnr.«**
  Mit diesen Feldern haben Sie die Möglichkeit, Verkaufsbelege wie Angebote, Kundenaufträge, Lieferungen und Ausgangsrechnungen mit der Opportunity zu verknüpfen (siehe Abbildung 14.5).

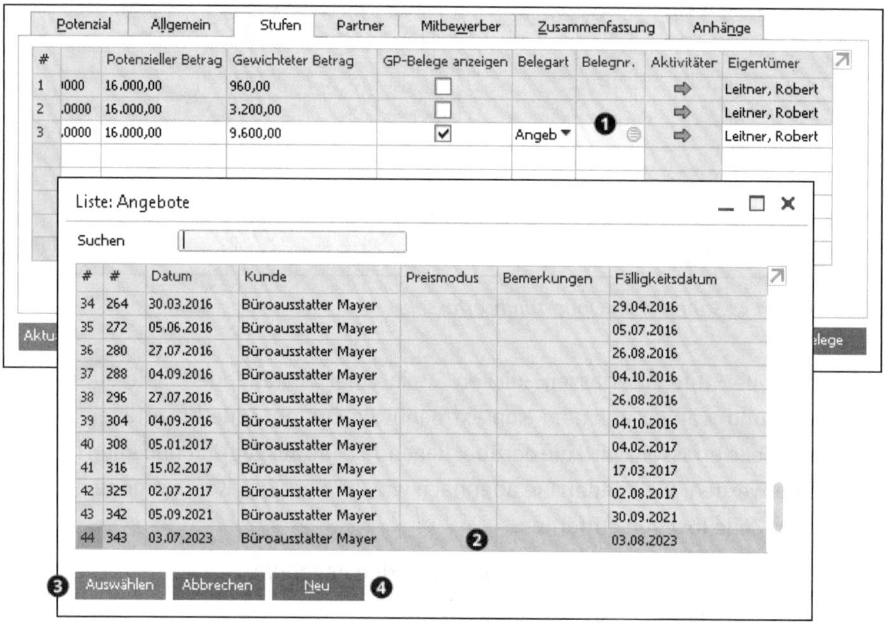

Abbildung 14.5: Einen Beleg einer Opportunity zuordnen

Dazu wählen Sie zunächst im Feld **Belegart** die entsprechende Belegart aus und aktivieren die Checkbox **GP-Belege anzeigen**, um in der darauffolgenden Auswahl der Belege nur Belege des aktuellen Geschäftspartners selektieren zu können. Aktivieren Sie die Checkbox nicht, werden Ihnen die Belege aller Geschäftspartner angezeigt; das kann sinnvoll sein, ist es in der Regel aber nicht. Für die Auswahl eines Belegs positionieren Sie den Cursor im Feld **Belegnr.** und drücken die [⇆]-Taste (❶ in Abbildung 14.5). Wählen Sie dann den gewünschten Beleg aus ❷, und bestätigen Sie Ihre Wahl mit dem Button **Auswählen** ❸. Der jeweilige Beleg wird eingefügt. Alternativ dazu klicken Sie auf den Button **Neu** ❹, um einen neuen Beleg anzulegen.

Bei dieser Gelegenheit könnten Sie den erwarteten Betrag und Bruttogewinn der Opportunity an die Daten des Belegs anpassen, das Programm macht Sie mit einer entsprechenden Meldung darauf aufmerksam.

- **Feld »Aktivitäten«**
  In dieser Spalte können Sie der Opportunity Aktivitäten zuweisen (siehe Abschnitt 4.5, »Aktivitäten«). Klicken Sie auf den orangefarbenen Pfeil [⇨], um eine neue Aktivität anzulegen. Wenn bereits Aktivitäten zu einer Stufe existieren, wird mit einem Klick auf den orangefarbenen Pfeil [⇨] die Aktivitätenübersicht angezeigt. Pro Opportunity-Stufe können Sie beliebig viele Aktivitäten anlegen.

Aktivitäten auf der Opportunity-Stufe »Verhandlung«
Sie benötigen drei Meetings und zwei Telefonate auf der Opportunity-Stufe **Verhandlung**. Legen Sie daher auf dieser Verkaufsstufe fünf Aktivitäten an.

Registerkarte »Partner«

Auf der Registerkarte **Partner** können Sie Ihre Partner zu der entsprechenden Opportunity festlegen (siehe Abbildung 14.6).

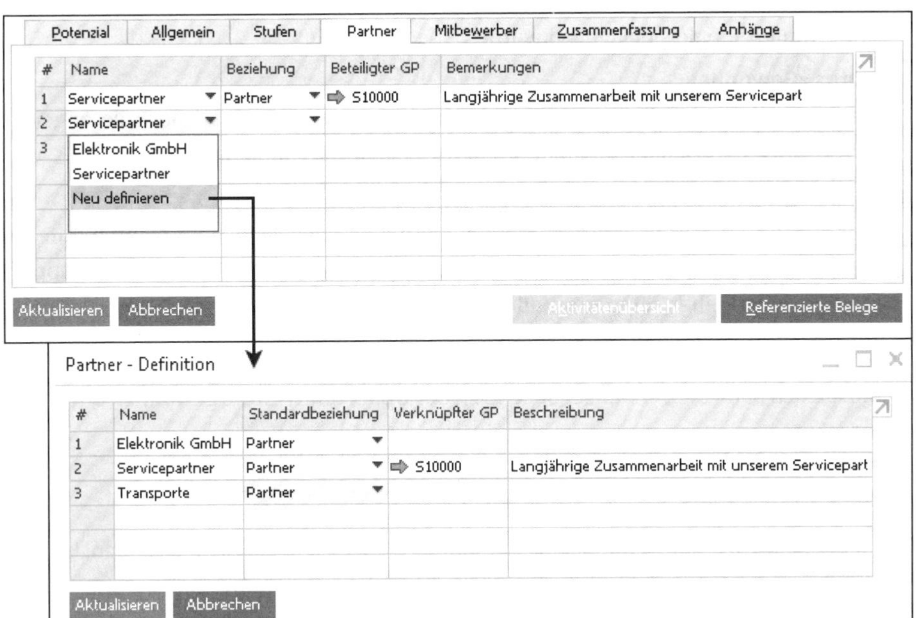

Abbildung 14.6: Einen bestehenden Partner zuweisen bzw. einen neuen Partner anlegen

Die Partner können optional auch Geschäftspartner sein und im Feld **Beteiligter GP** angezeigt werden. Um einen neuen Partner anzulegen, der anschließend für alle Opportunities zur Verfügung steht, klicken Sie auf den Eintrag **Neu definieren** im Feld **Name**. Es öffnet sich das Fenster **Partner – Definition**. Geben Sie hier einen Namen, die Beziehung zu diesem Partner, eine Verknüpfung zu einem bereits angelegten Geschäftspartner und eine Beschreibung in dem jeweiligen Feld an, und bestätigen Sie dies mit den Buttons **Aktualisieren** und anschließend **OK**.

Registerkarte »Mitbewerber«

Auf der Registerkarte **Mitbewerber** geben Sie alle Mitbewerber an, die sich mit Ihnen um dieses Geschäft bemühen. Der Mitbewerber wird nach dem gleichen Muster wie der Partner angelegt. Zusätzlich geben Sie die **Gefahrenstufe** an, mit der Sie die Gefahr definieren, die von dem Mitbewerber ausgeht. Darüber hinaus aktivieren Sie die Checkbox **Gewonnen**, um zu dokumentieren, welcher Ihrer Mitbewerber diese für Sie verlorene Opportunity gewonnen hat. Sie erhalten so einen Überblick über die Wettbewerbssituation.

Registerkarte »Zusammenfassung«

Auf der Registerkarte **Zusammenfassung** erhalten Sie einen Überblick über den aktuellen Status der Opportunity. Bis zum Abschluss der Opportunity lautet der Status **Offen**; bei Abschluss gibt es lediglich zwei Möglichkeiten:

- **Status »Offen«**
  Die Opportunity ist derzeit weder gewonnen noch verloren. Diesen Status erhält die Opportunity, sobald sie angelegt wurde.
- **Status »Gewonnen«**
  Die Opportunity wurde gewonnen. Wählen Sie dazu die Belegart aus, die angelegt wurde, um den Abschluss zu dokumentieren (z. B. **Kundenauftrag**).
- **Status »Verloren«**
  Die Opportunity wurde verloren. Wählen Sie dazu in der Tabelle im rechten unteren Bereich den oder die Gründe aus der Dropdown-Liste, die zu der verlorenen Opportunity geführt haben. Eine profunde Ex-post-Analyse der verlorenen Opportunity ist Teil der kontinuierlichen Verbesserung des Verkaufsprozesses.

Grundsätzlich kann die Verkaufschance auf jeder Opportunity-Stufe gewonnen oder auch verloren werden.

Registerkarte »Anhänge«

Die Registerkarte **Anhänge** können Sie für Dateianhänge jeglicher Art verwenden. Um Dateianhänge anzufügen, müssen Sie über **Administration • Systeminitialisierung • Allgemeine Einstellungen** im Fenster **Allgemeine Einstellungen** auf der Registerkarte **Pfad** ein Verzeichnis für Dateianhänge definieren. Hier haben Sie folgende Möglichkeiten:

- Klicken Sie auf den Button **Durchsuchen**, um eine Datei auszuwählen und anzuhängen.
- Markieren Sie den Eintrag, und klicken Sie dann auf den Button **Anzeigen**, um den Dateianhang zu öffnen.
- Markieren Sie den Eintrag, und klicken Sie auf den Button **Löschen**, um den Dateianhang zu entfernen.

Damit ist die Anlage der Opportunity vollständig. und auch die Voraussetzungen für die – wichtige – laufende Pflege sind geschaffen.

14.1.3 Opportunity-Berichte

Opportunities bilden die Grundlage des Vertriebsbereichs. Von entscheidender Bedeutung ist es jedoch, den Überblick über eine Vielzahl verschiedener Opportunities, die zugeordneten Geschäftspartner und verantwortliche Vertriebsmitarbeiter zu behalten. SAP Business One bietet zu diesem Zweck eine Reihe von Berichten (unter **CRM • CRM-Bericht • Opportunity-Berichte**), die im Folgenden kurz dargestellt werden sollen:

- **Opportunity-Prognose**
  Die Opportunity-Prognose zeigt eine Auflistung von Opportunities mit den wichtigsten Angaben wie dem potenziellen Betrag, dem gewichteten Betrag, dem geplanten Abschlussdatum etc. Im Fenster **Auswahlkriterien**, das zunächst geöffnet wird, können Sie die Anzeige auf beinahe alle Felder einschränken. Dazu klicken Sie auf den Button [...] neben dem Kriterium. Sobald Sie eine Auswahl treffen, wird die Checkbox daneben aktiviert, und dieses Kriterium wird nun berücksichtigt. Im unteren Bereich des Fensters **Auswahlkriterien** haben Sie die Möglichkeit, den Bericht nach Gebiet, Hauptvertriebsmitarbeiter sowie Geschäftspartner zu gruppieren. Im Bericht klicken Sie auf das schwarze Dreieck [▶], um sich Detailinformationen zur jeweiligen Gruppierung anzeigen zu lassen.
- **Opportunity-Bericht**
  Der Opportunity-Bericht stellt eine Übersicht über alle Opportunities mit den wichtigsten Feldern dar. Die Auswahlkriterien entsprechen der Opportunity-Prognose, es gibt allerdings keine Gruppierungsmöglichkeit.
- **Opportunity-Prognoseverlauf**
  Der Opportunity-Prognoseverlauf hat ähnliche Auswahlkriterien wie die bereits genannte Opportunity-Prognose, allerdings können Sie hier nach Monat, Quartal oder Jahr gruppieren. Im Bericht erhalten Sie eine zusammengefasste Übersicht der Opportunities, gruppiert nach der gewählten Zeiteinheit (siehe Abbildung 14.7).

  Der Bericht zeigt pro Monat jeweils den offenen, nicht gewichteten Betrag sowie die Anzahl der offenen und abgeschlossenen (und davon die gewonnenen und verlorenen) Opportunities an. Klicken Sie in der Spalte **Gesamt offen** auf den orangefarbenen Pfeil [⇨] im Fenster **Opportunity-Prognoseverlauf**, um in die einzelnen Opportunities abzuspringen. Dieser Bericht ist ein perfektes Instrument, um im Vertriebsmeeting einen ersten Überblick über die Vertriebssituation zu gewinnen.

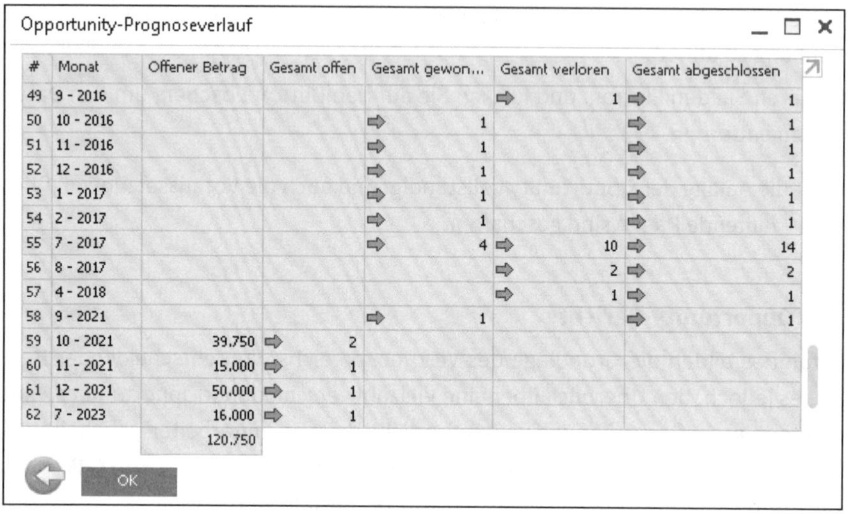

#	Monat	Offener Betrag	Gesamt offen	Gesamt gewon...	Gesamt verloren	Gesamt abgeschlossen
49	9 - 2016				1	1
50	10 - 2016			1		1
51	11 - 2016			1		1
52	12 - 2016			1		1
53	1 - 2017			1		1
54	2 - 2017			1		1
55	7 - 2017			4	10	14
56	8 - 2017				2	2
57	4 - 2018				1	1
58	9 - 2021			1		1
59	10 - 2021	39.750	2			
60	11 - 2021	15.000	1			
61	12 - 2021	50.000	1			
62	7 - 2023	16.000	1			
		120.750				

Abbildung 14.7: Prognoseverlaufsbericht

- **Opportunity-Statistik**
  Die Opportunity-Statistik zeigt eine Aufstellung von Opportunities, gruppiert nach Geschäftspartner, mit der Anzahl der offenen, abgeschlossenen, davon gewonnenen und verlorenen Opportunities sowie eine Aufstellung der Beträge in denselben Kategorien.
- **Stufenanalyse**
  Die Stufenanalyse zeigt eine Übersicht über die einzelnen Opportunity-Stufen auf der vertikalen Achse und die Anzahl der Interessenten sowie eine Prozentaufteilung auf die einzelnen Vertriebsmitarbeiter auf der horizontalen Achse. Ein Doppelklick auf die Stufennummer ganz links im Bild öffnet den **Spezifizierten Stufenanalysebericht**. Dieser zeigt die Verteilung der Stufe auf die einzelnen Vertriebsmitarbeiter.

[+]

Marketingaktivitäten evaluieren

Die Stufenanalyse eignet sich unter anderem hervorragend, um zu evaluieren, ob das Marketing ausreichend Leads zur Verfügung stellt. Je nach gewähltem Abschlussprozentsatz pro Stufe müsste der Balken in Stufe 1 proportional zum Prozentsatz am höchsten sein und dann von Stufe zu Stufe abfallen. Eine gleichmäßige Höhe der Balken, die die Stufen repräsentieren, ist ein Alarmsignal und deutet auf zu wenig Nachschub an Leads hin.

- **Informationsquellenanalyse**
  Die Informationsquellenanalyse zeigt eine Zusammenfassung von Opportunities, gruppiert nach Tagen, Wochen oder Monaten, auf der vertikalen Achse und die Infor-

mationsquellen, aus denen die einzelnen Opportunities stammen, auf der horizontalen Achse.

- **Gewonnene bzw. verlorene Opportunities**
  Dieser Bericht zeigt eine Übersicht über alle gewonnenen bzw. verlorenen Opportunities im Zeitablauf an. Im Fenster **Auswahlkriterien** legen Sie im Feld **Zeitraum in Tagen** im rechten unteren Bereich das Intervall der Tage bis zum Abschluss fest, das auf der vertikalen Achse im Bericht erscheint.
- **Eigene offene bzw. geschlossene Opportunities**
  Dieser Bericht zeigt eine Aufstellung über die offenen bzw. geschlossenen Opportunities des eigenen Benutzers. Die Verknüpfung zum eigenen Benutzer kann jedoch nur über die Mitarbeiterstammdaten im Modul **Personal** erfolgen. Dazu müssen Sie als Mitarbeiter, als Benutzer und als Vertriebsmitarbeiter angelegt sein. Im Fenster **Personalstammdaten** (linker oberer Bereich) müssen dem angelegten Mitarbeiter der Vertriebsmitarbeiter und der Benutzer zugeordnet sein. Diese Zuordnung wird in Abschnitt 16.2, »Mitarbeiterstammdaten«, detailliert erklärt.

Zwei weitere zur Verfügung stehende Opportunity-Berichte erläutern wir im Folgenden etwas ausführlicher: die Opportunity-Pipeline und die dynamische Opportunity-Analyse.

Opportunity-Pipeline

Die *Opportunity-Pipeline* stellt eine grafische Aufbereitung der trichterförmigen Pipeline im Vertrieb dar (siehe Abbildung 14.8).

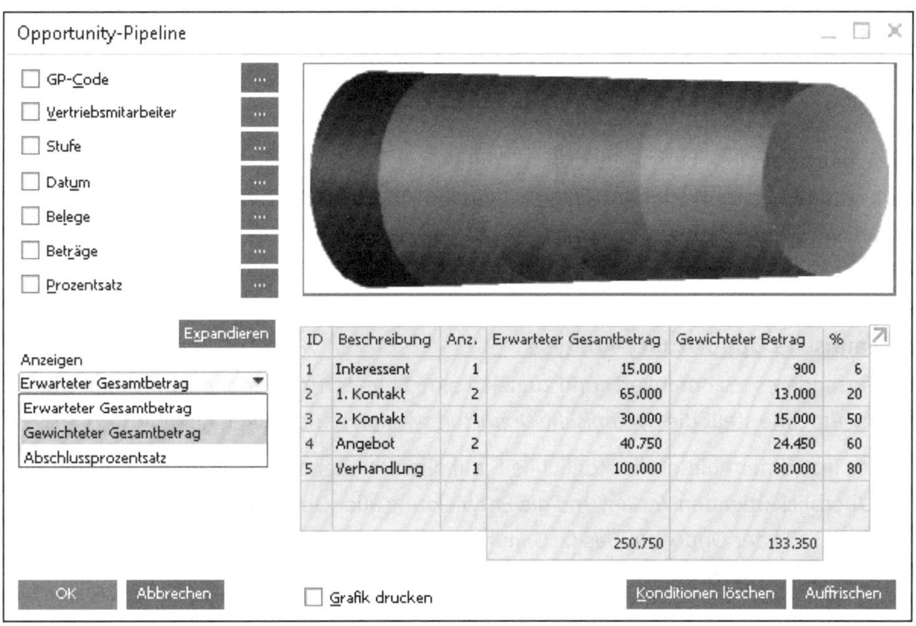

Abbildung 14.8: Opportunity-Pipeline

Jede der farbigen Scheiben der Pipeline im oberen Bereich stellt von links nach rechts aufsteigend eine der Opportunity-Stufen dar. Die Breite der Scheiben entspricht im Wesentlichen dem Größenfaktor der Anzeige, der in der Tabelle unter der Grafik ausgewählt werden kann. Ihnen stehen die Optionen **Erwarteter Gesamtbetrag**, **Gewichteter Gesamtbetrag** und **Abschlussprozentsatz** (Feld %) zur Verfügung.

Verhältnis des Gesamtbetrags zur Breite der Scheibe
Je höher der summierte gewichtete Gesamtbetrag einer Opportunity-Stufe ist, desto breiter ist die Scheibe, die diese Stufe repräsentiert.

Im linken oberen Bereich können Sie die Anzeige einschränken. Klicken Sie auf den Button ... neben dem gewünschten Kriterium, um eine Einschränkung vorzunehmen.

Zudem haben Sie folgende Bearbeitungsmöglichkeiten:

- Klicken Sie auf den Button **Auffrischen** im rechten unteren Bereich, um die Einschränkungen, die über den Button ... vorgenommen wurden, auf die Anzeige anzuwenden.
- Mit dem Button **Konditionen löschen** können Sie die Einschränkungen wieder aufheben.
- Klicken Sie anschließend erneut auf den Button **Auffrischen**, um die ursprüngliche Anzeige wiederherzustellen.
- Klicken Sie doppelt auf eine der Scheiben, um eine Liste der Opportunities dieser Verkaufsstufe zu öffnen. Anschließend klicken Sie auf den orangefarbenen Pfeil ⇨ neben der Opportunity-Nummer, um die einzelne Opportunity anzuzeigen. Dieselbe Liste mit Opportunities erhalten Sie über einen Doppelklick auf die Zeilennummer in der Tabelle der Opportunity-Stufen im unteren Bereich.

Die Pipeline ist ein wichtiges Instrument der Vertriebssteuerung. Haben Sie die Stufen der Opportunities gut gewählt und entsprechen die **Abschluss %** etwa der Realität, sehen Sie sofort, ob genug neue Vertriebsprojekte in der Pipeline sind, um die gewünschten Vertriebsziele zu erreichen.

Dynamische Opportunity-Analyse

Ein besonderes »Schmankerl« und zugleich eine Erweiterung der eher statischen Opportunity-Pipeline stellt die *dynamische Opportunity-Analyse* dar (siehe Abbildung 14.9).

Dieses Instrument bietet die Möglichkeit, auf einer Metaebene einen grafisch aufbereiteten Überblick über den Verlauf und die Entwicklung aller Opportunities oder eines ausgewählten Teils der Opportunities (z. B. nur eines bestimmten Vertriebsmitarbeiters) Ihres Unternehmens zu erhalten.

Der zentrale Nutzen dieser Analyse: Sie visualisiert den Faktor Zeit. Opportunities, die nicht bearbeitet werden, drohen verloren zu gehen – denn Wettbewerber können den Bedarf schneller decken. Stillstand bei der Bearbeitung von Verkaufschancen ist daher eine wichtige Warnung.

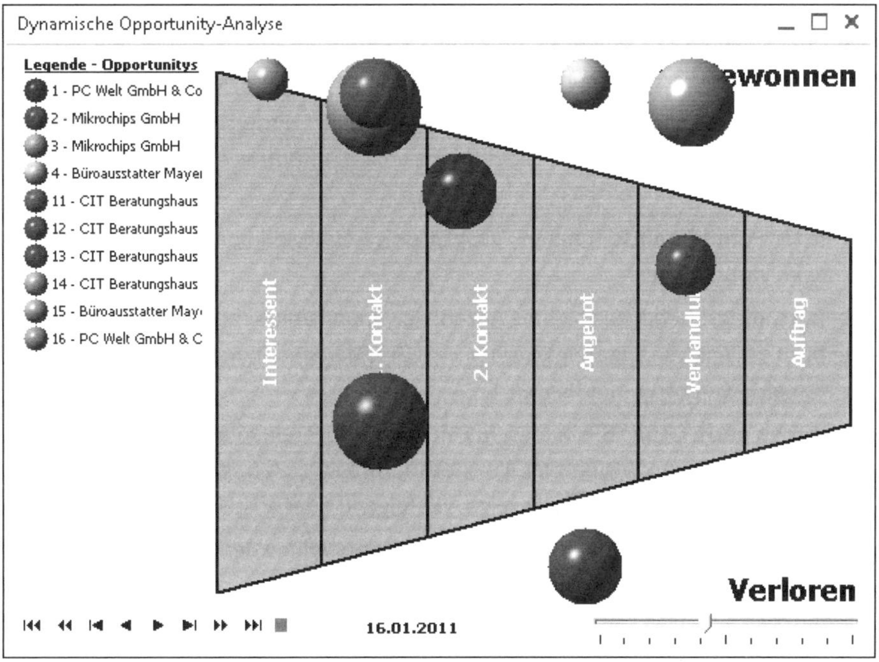

Abbildung 14.9: Fenster »Dynamische Opportunity-Analyse«

Um diese Analyse durchzuführen, gehen Sie folgendermaßen vor:

1. Klicken Sie mit der rechten Maustaste auf die Opportunity-Pipeline, und wählen Sie den Eintrag **Dynamische Opportunity-Analyse** aus, um das gleichnamige Fenster zu öffnen. Alternativ dazu wählen Sie den gleichnamigen Eintrag im Menü **Springen** in der oberen waagerechten Menüleiste.
2. Im Hauptteil der dynamischen Opportunity-Analyse in Abbildung 14.9 wird die trichterförmige Pipeline im Hintergrund mit den einzelnen Opportunity-Stufen von links nach rechts angezeigt. Auf dieser trichterförmigen Pipeline bewegen sich die einzelnen Opportunities als bunte Kugeln im Zeitablauf.
   - Die Geschwindigkeit der Kugeln stellt den Fortschritt der Opportunity im Zeitablauf dar, wobei standardmäßig pro Sekunde ein Tag fortgeschritten wird.
   - Die Größe der Kugeln repräsentiert den potenziellen Betrag.
   - Im linken unteren Bereich sehen Sie eine Reihe von Buttons, die den Knöpfen eines DVD-Players entsprechen. Mit dem Button ▶ (**Play**) starten Sie die dynamische Opportunity-Analyse, und mit dem Button ■ (**Pause**) unterbrechen Sie sie.
   - Klicken Sie doppelt auf eine der bunten Kugeln, um zur dahinterliegenden Opportunity zu gelangen.

   - Falls die Opportunity nach oben »abbiegt«, wurde sie gewonnen; wenn sie nach unten »abbiegt«, wurde sie verloren. Die Opportunity kann in jeder Opportunity-Stufe der trichterförmigen Pipeline gewonnen oder verloren werden.
   - Auf der linken Seite sehen Sie eine Legende, die Auskunft darüber gibt, welche Farbe welchen Geschäftspartner, Vertriebsmitarbeiter etc. symbolisiert.
3. Alle Einstellungen nehmen Sie im Fenster **Formulareinstellungen – Opportunity-Analyse** (siehe Abbildung 14.10) vor. Sie öffnen es mit dem Button (**Formulareinstellungen**).
4. Im Fenster **Formulareinstellungen – Opportunity-Analyse** können Sie folgende Einstellungen vornehmen:
   - **Opportunities**: Geben Sie hier die Anzahl der Opportunities an, die maximal gleichzeitig in der Analyse angezeigt werden. Aus Gründen der Übersichtlichkeit ist sie auf maximal 30 Opportunities begrenzt.
   - **Sortieren nach**: Geben Sie in diesem Feld die Anzeigereihenfolge an, wie z. B. nach laufender Opportunity-Nummer, Vertriebsmitarbeiter, Betrag oder Anfangsdatum. Darunter geben Sie an, ob die Anzeige aufsteigend oder absteigend erfolgen soll.
   - **Farbe**: Mit der Farbzuordnung können Sie die Darstellung der Opportunities erheblich beeinflussen. Ordnen Sie die Farbe z. B. nach Vertriebsmitarbeiter, nach Geschäftspartner, nach Geschäftspartnergruppen oder zufällig zu.
   - **Schrittgröße** und **Schrittverzögerung**: Mit diesen Feldern bestimmen Sie die Durchlaufgeschwindigkeit der Analyse. Geben Sie an, wie viele Tage wie vielen Sekunden entsprechen sollen.

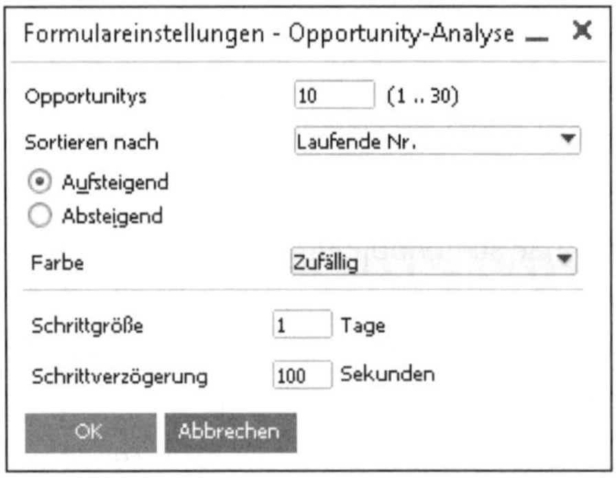

Abbildung 14.10: Fenster »Formulareinstellungen – Opportunity-Analyse«

Die dynamische Opportunity-Analyse eignet sich besonders, um Vertriebsmeetings grafisch aufzubereiten und den beabsichtigten Kernaussagen des Vertriebsleiters Nachdruck zu verleihen. Die folgenden Fragen lassen sich sehr gut mit der dynamischen Analyse darstellen:

- Besteht ein konstanter Fluss in der Pipeline im Zeitablauf? Besonders spannend: Steht eine Opportunity über einen langen Zeitraum auf der gleichen Stufe? Warum wird daher im Verkaufsprozess kein Fortschritt gemacht?
- Welchen Stellenwert nehmen die einzelnen Opportunities im Gesamtgefüge ein?
- Werden entscheidende Opportunities genügend vorangetrieben?
- Wie ist die mengen- und wertmäßige Verteilung der Opportunities unter den Vertriebsmitarbeitern?
- Gibt es eine mengen- und wertmäßige Konzentration von Opportunities bei bestimmten Geschäftspartnern?
- Bewegen sich ausgewählte Opportunities in einem definierten Beobachtungszeitraum?
- Auf welcher Opportunity-Stufe werden die meisten Opportunities gewonnen bzw. verloren? Erkennen Sie eine hohe Verlustrate immer auf der gleichen Opportunity-Stufe, sollten Sie diesen Schritt im Verkaufsprozess genauer analysieren und verbessern.
- Werden betragsmäßig größere Opportunities eher früher oder später in der Pipeline gewonnen bzw. verloren?

Diese Fragen sind nur ein exemplarischer Ausschnitt aus einer ganzen Reihe von Fragen, die beliebig für Ihren Vertrieb formuliert werden können. Mit tabellarischen Darstellungen zu den aktuellen Opportunities lassen sich diese Fragen nicht in solcher Deutlichkeit visualisieren.

14.2 Kampagnenmanagement

Das Kampagnenmanagement erweitert den Funktionsumfang von SAP Business One im Bereich Marketing und Pre-Sales. In Kombination mit Geschäftspartnern, Aktivitäten, Opportunities und Verkaufsbelegen ist dies ein wirkungsvolles Werkzeug.

Das Kampagnenmanagement unterteilt sich in mehrere Prozesse. Die Kampagne muss geplant werden, das bedeutet, die Daten der Geschäftspartner müssen laufend gepflegt, Zielgruppen müssen definiert und schließlich muss die Kampagne durchgeführt werden.

Sobald die Kampagne läuft, muss sie gepflegt und ihr Erfolg verfolgt werden. Dafür steht ein Kampagnenbericht zur Verfügung, der gewährleistet, dass der Überblick über die Kampagne erhalten bleibt. In diesem Kapitel sollen anhand eines durchgängigen Beispiels die Planung, Durchführung und Verfolgung der Kampagne illustriert werden.

OEC Computers Deutschland möchte mittels einer E-Mail-Kampagne alle Kunden und Interessenten in Deutschland erreichen. Da sie den Umsatzerwartungen hinterherhinken, sollen alle Artikel der Produktgruppe »Zubehör« massiv beworben werden. Zusätzlich zu den bereits in SAP Business One erfassten Kunden und Interessenten stehen einige Leads in einer Microsoft-Excel-Liste zur Verfügung, die während diverser Messen in den letzten Monaten gesammelt wurden.

Aus der Kampagne soll eine Reihe von Opportunities inklusive konkreter Angebote generiert werden. Die gesamte Kampagne soll außerdem lückenlos nachverfolgt und mittels Aktivitäten in SAP Business One dokumentiert werden. Der Vertriebsleiter Robert Leitner ist für die Kampagne verantwortlich.

14.2.1 Kampagne planen

Eine Kampagne zu planen bedeutet zunächst einmal, eine Basis zu schaffen, auf der die Kampagne aufgesetzt werden kann. Unabdingbare Voraussetzung ist die akribische Pflege der vorhandenen Geschäftspartner, gleichgültig, ob Kunden oder Interessenten. Zusätzlich kann man für eine Kampagne auf externe Daten zurückgreifen, die z. B. zugekauft wurden.

Zielgruppen definieren Sie im Fenster **Zielgruppe – Definition** unter **Administration • Definitionen • Geschäftspartner**. Füllen Sie die Felder **Zielgruppe Code** und **Zielgruppe Name**, wählen Sie den **Zielgruppentyp** aus der Werteliste (**Kunde** oder **Lieferant**), und klicken Sie abschließend auf den Button **Aktualisieren**, um die Zielgruppe zu speichern (siehe Abbildung 14.11).

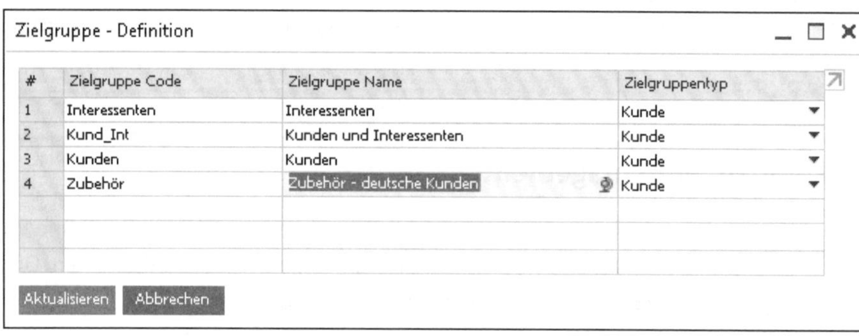

Abbildung 14.11: Zielgruppe definieren

Anschließend klicken Sie doppelt auf die gewünschte Nummer in der Spalte **#**, um das Fenster **Zielgruppe Details** zu öffnen und die restlichen Daten zur Zielgruppe einzugeben (siehe Abbildung 14.12). Wenn Sie das bei einer gerade neu erstellten Zielgruppe machen wollen, vergessen Sie nicht, vorher auf den Button **Aktualisieren** zu klicken, damit der Datensatz auch tatsächlich gespeichert ist.

Um die Zielgruppe mit Geschäftspartnern zu befüllen, öffnen Sie die Auswahlliste für Geschäftspartner im Feld **GP-Code** in der ersten freien Zeile mit der ⇆-Taste oder über den Button (**Liste: Geschäftspartner**) im Tabellenkopf.

Markieren Sie in der nun geöffneten Liste der Geschäftspartner alle gewünschten Geschäftspartner. Indem Sie die ⇧-Taste geklickt lassen, können Sie einen Kundenbereich auswählen. Halten Sie die [Strg]-Taste gedrückt, können Sie Kunden und Interessenten auswählen, die sich nicht in einem geschlossenen Bereich befinden, klicken Sie auf den Button **Auswählen**, um Ihre Auswahl zu bestätigen. Alternativ klicken Sie auf den Button **Auswahlkriterien** rechts unten in Abbildung 14.12. Im nun geöffneten Fenster **Geschäftspartner** haben Sie die Möglichkeit, die Geschäftspartner anhand der Kriterien **Code von/bis**, **Kundengruppe** und **Eigenschaften** auszuwählen. Abbildung 14.13 zeigt die Auswahl der Kunden anhand der GP-Codes »C20000« bis »C42000«.

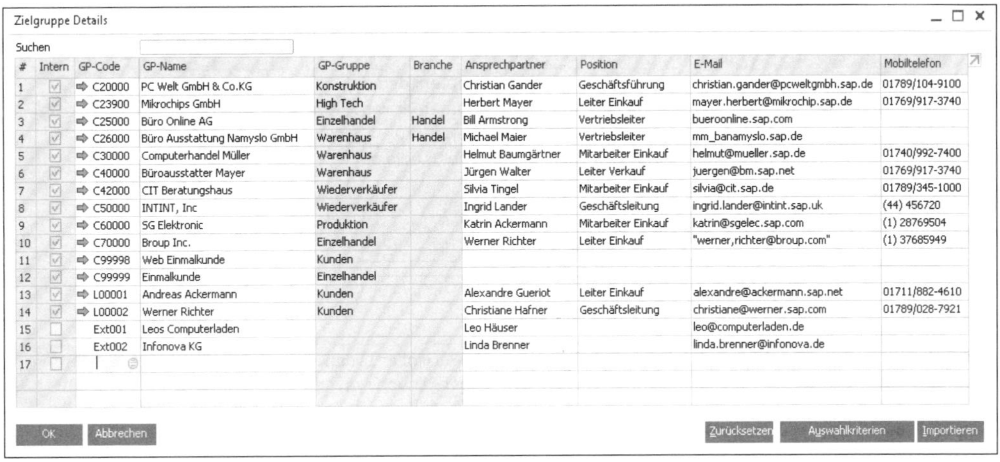

Abbildung 14.12: Details der Zielgruppe

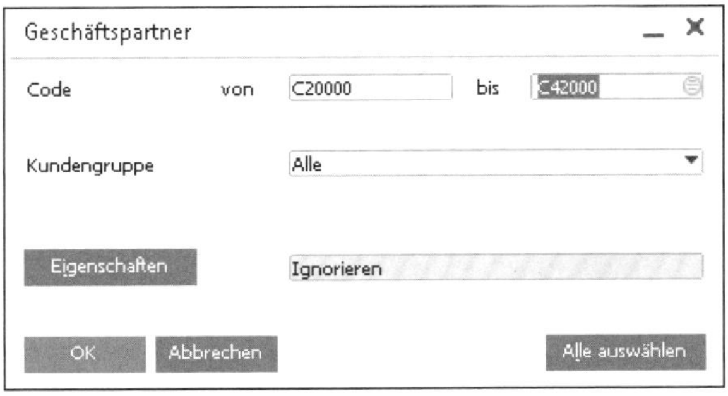

Abbildung 14.13: Auswahlkriterien für Geschäftspartner

Klicken Sie auf den Button **OK**, um die ausgewählten Geschäftspartner von »C20000« bis »C42000« in das Fenster **Zielgruppe Details** einzufügen.

Klicken Sie im Fenster **Zielgruppe Details** auf den Button **Zurücksetzen**, wenn Sie die gesamte Liste leeren möchten.

Nachdem Sie die Zielgruppe definiert haben, müssen im nächsten Schritt die Interessenten bzw. Leads importiert werden, die nicht in SAP Business One angelegt sind. Die externen Daten können in Form einer Microsoft-Excel-Liste vorhanden sein (siehe ❶ in Abbildung 14.14). Diese speichern Sie jedoch als Textdatei mit Tabstopp getrennt, da SAP

Business One dieses Dateiformat zum Importieren benötigt ❷. Klicken Sie anschließend im Fenster **Zielgruppe Details** auf den Button **Importieren**, um die gespeicherte Textdatei zu importieren. Anschließend müssen Sie mittels Dropdown-Listen auswählen, welche Daten in welchen Spalten positioniert werden ❸.

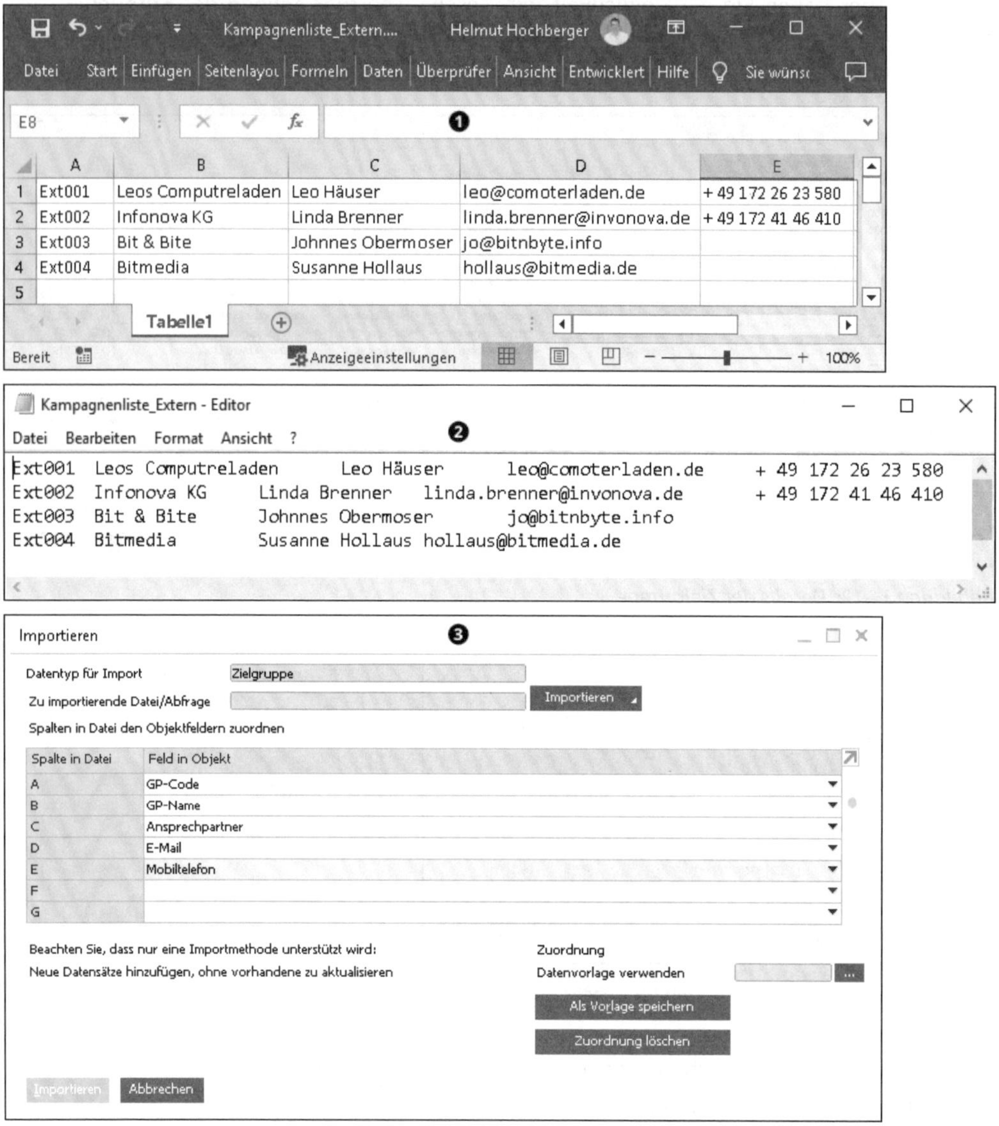

Abbildung 14.14: Externe Daten importieren

Dazu wählen Sie im Fenster **Aus Excel importieren** aus den Dropdown-Listen der Zeilen A, B, C, D etc. den jeweiligen Datentyp aus, etwa **GP-Name**, **E-Mail**, **Telefon** etc. So können Sie die Spalten im Fenster **Aus Excel importieren** so anordnen, dass sie der ursprünglichen Microsoft-Excel-Liste entsprechen.

Die Reihenfolge der Spalten bleibt bis zum nächsten Import bestehen und kann mit dem Button **Speichern unter** als Datenimportvorlage gespeichert werden. Mit dem Button **Löschen** leeren Sie diese Vorlage.

Klicken Sie anschließend auf den Button **OK**, öffnet sich ein Microsoft-Windows-Dialogfenster, in dem Sie die zuvor abgespeicherte Textdatei auswählen können. Die externen Daten werden dann zur Zielgruppe hinzugefügt. Dies erkennen Sie daran, dass die Checkbox in der Spalte **Intern** nicht aktiviert ist (siehe Abbildung 14.12).

Sie haben nun die Zielgruppe mit Kunden und Interessenten befüllt, die bereits in SAP Business One verfügbar waren, und auch Interessenten (Leads) aus externen Datenquellen importiert. Die Kampagne kann nun durchgeführt werden.

14.2.2 Kampagne durchführen

Zur Durchführung einer Kampagne muss diese zunächst einmal angelegt werden. Dies erledigen Sie entweder direkt im Fenster **Kampagne** im Modul **CRM** oder mit Unterstützung durch SAP Business One im Kampagnenassistenten im selben Modul. Alternativ können Sie beide Fenster auch über den Menüpunkt **Geschäftspartner** aufrufen. Mithilfe des Kampagnenassistenten können Sie eine Kampagne in fünf Schritten anlegen:

Schritt 1: Optionen für die Kampagnenerstellung

Wählen Sie im ersten Schritt die Option **Neue Kampagne anlegen**, um eine neue Kampagne von Grund auf zu erstellen (siehe Abbildung 14.15). Wählen Sie die Option **Kampagne auf bestehender Kampagne anlegen**, um eine bereits bestehende Kampagne zu duplizieren und abzuändern.

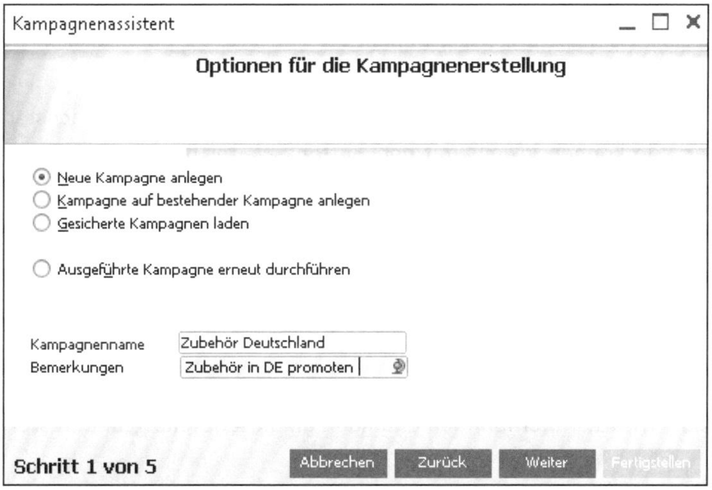

Abbildung 14.15: Neue Kampagne anlegen – Schritt 1 von 5

Eine zuvor erstellte und gespeicherte Kampagne kann mit der Option **Gesicherte Kampagne laden** abgerufen werden. Unter diesem Menüpunkt können Sie entweder nur gesicherte Kampagnen oder aber auch bereits ausgeführte Kampagnen einschließen. Die Option **Kampagne auf bestehender Kampagne anlegen** bietet die Möglichkeit, eine früher bereits angelegte und abgeschlossene Kampagne erneut laufen zu lassen (siehe Abbildung 14.16). Dies hat den Vorteil, dass die Daten und Parameter zu dieser Kampagne nicht erneut erfasst werden müssen. Zum Beispiel könnte ein Sportartikelgroßhändler jedes Jahr im Herbst eine Kampagne für die neuesten Carving-Ski-Modelle erneut laufen lassen.

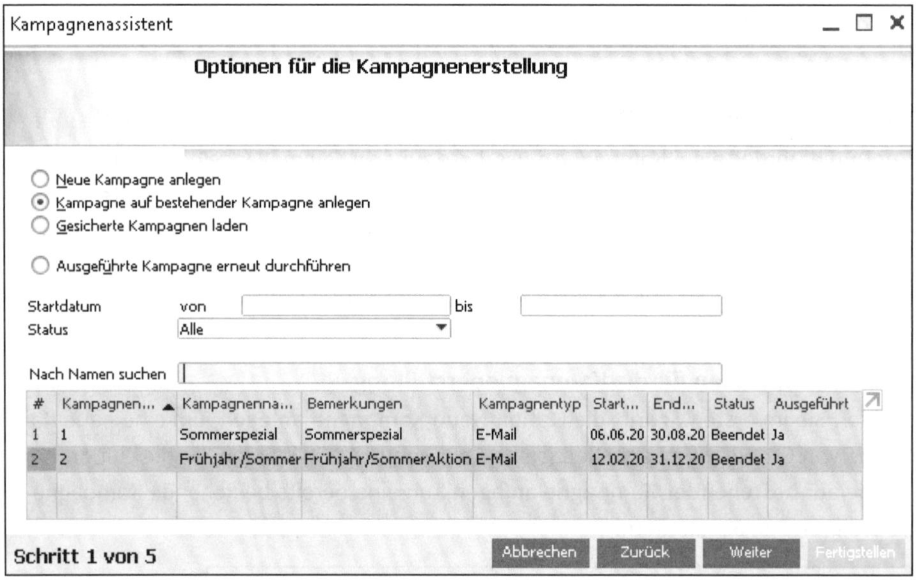

Abbildung 14.16: Bestehende Kampagne neu durchführen

Füllen Sie die Felder **Kampagnenname** und **Bemerkungen**. Diese werden in die nächsten Schritte übernommen. Sie können jeweils mit den Buttons **Weiter** bzw. **Zurück** einen Schritt vor- bzw. zurückgehen oder den Assistenten mit dem Button **Abbrechen** beenden.

Schritt 2: Kampagnendetails

In Schritt 2 des Kampagnenassistenten müssen Sie folgende Felder pflegen (siehe Abbildung 14.17):

- **Feld »Kampagnenname«**
  Dieses Feld wird aus Schritt 1 übernommen und kann an dieser Stelle geändert werden.
- **Feld »Kampagnentyp«**
  Sie wählen den Typ der Kampagne aus der Werteliste aus. Diese Kampagne richtet sich nach dem Kommunikationskanal. Wählen Sie z. B. **E-Mail**, **Fax**, **Telefonat**, **Postsen-**

dung oder **Besprechung (Aktivität)**. In Abbildung 14.17 wird eine E-Mail-Kampagne erstellt.

- **Optionsgruppe »Zielgruppentyp«**
  Wählen Sie hier aus, ob Sie eine Kampagne für einen Kunden oder einen Lieferanten durchführen möchten.

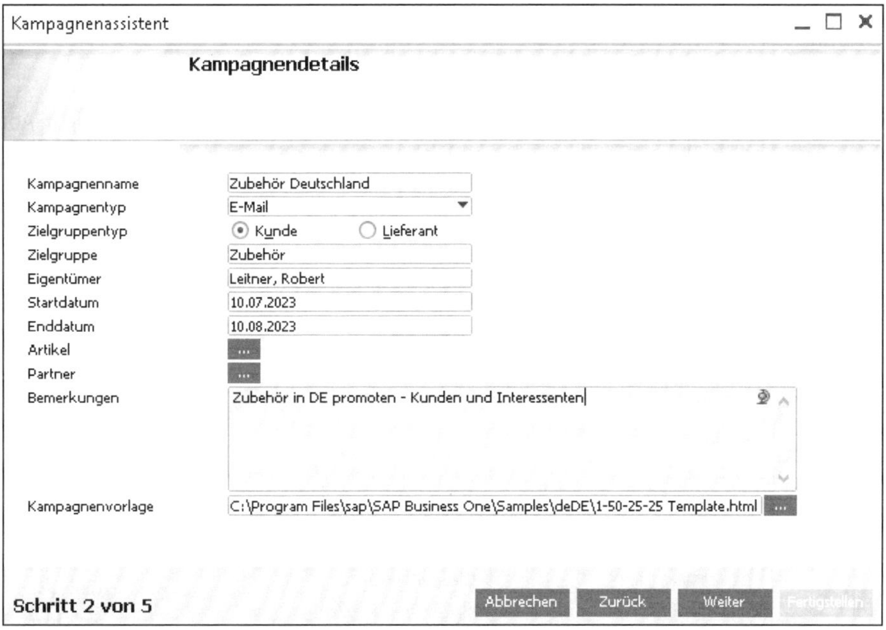

Abbildung 14.17: Kampagnenassistent – Schritt 2 von 5

- **Feld »Zielgruppe«**
  Wählen Sie die Zielgruppe für diese Kampagne aus der Werteliste aus. Über den Button im Feld wird das Fenster in Abbildung 14.18 aufgerufen. Hier wird die Zielgruppe **Zubehör** gewählt.

Abbildung 14.18: Zielgruppe auswählen

- **Feld »Eigentümer«**
  Wählen Sie über den Button (**Auswahlliste**) einen Eigentümer, also einen Verantwortlichen für diese Kampagne. Der Eigentümer ist wichtig für das Thema Dateneigentum.
- **Felder »Startdatum« und »Enddatum«**
  Geben Sie ein Start- und ein Enddatum an, innerhalb derer die Kampagne ausgeführt wird.
- **Feld »Artikel«**
  Klicken Sie auf den Button (**Artikel auswählen**), öffnet sich ein Fenster wie in Abbildung 14.19. Wählen Sie hier alle Artikel aus, die Sie in dieser Kampagne bewerben möchten.

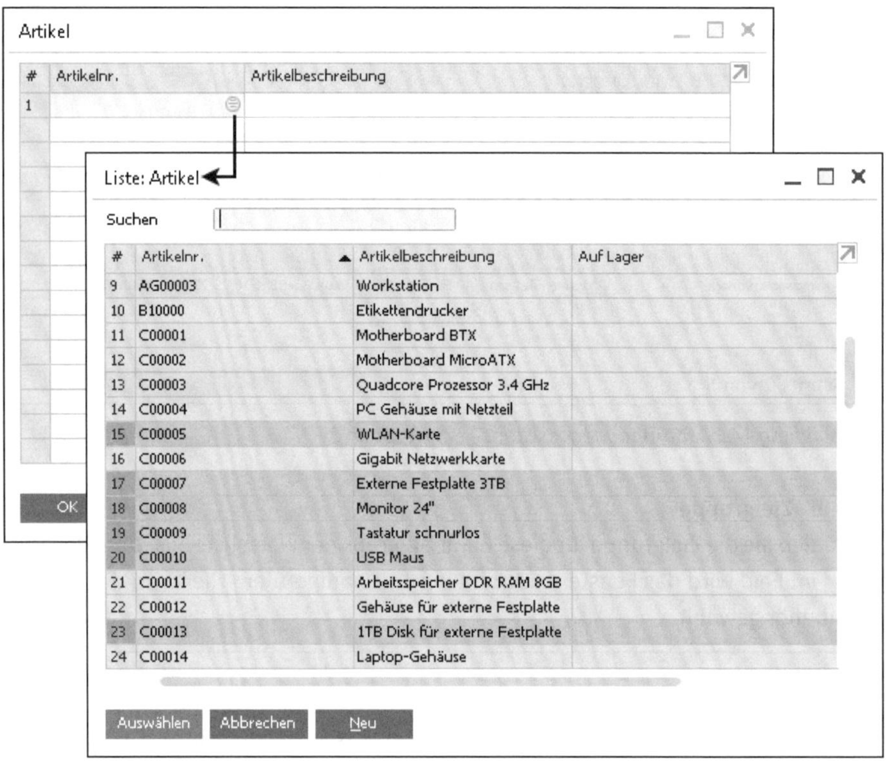

Abbildung 14.19: Artikel auswählen

[+]

Selektiv Artikel auswählen

Im Fenster **Artikel** steht Ihnen der Button **Auswahlkriterien** zur Verfügung. Hier können Sie nach Artikelgruppen und Eigenschafen sowie nach einem geschlossenen Artikelnummernbereich selektieren. Das einmal ausgewählte Ergebnis können Sie nicht weiter eingrenzen. Daher empfiehlt es sich, über den Button der Auswahlliste zu arbeiten. Hier können Sie durch Klicken bei gedrückter Strg-Taste ein individuelles Set an Artikeln zusammenzustellen.

- **Feld »Partner«**
  Klicken Sie auf den Button ... (**Partner auswählen**), und wählen Sie die Partner aus, die mit Ihnen gemeinsam diese Kampagne durchführen.
- **Feld »Bemerkungen«**
  Der Inhalt dieses Feldes wird aus dem ersten Schritt übernommen und kann an dieser Stelle geändert werden.
- **Feld »Kampagnenvorlage«**
  Klicken Sie auf den Button ... (**Durchsuchen**), wählen Sie den Ordner Ihrer Landessprache (z. B. Ordner **deDE** für Deutsch, siehe Abbildung 14.20) und aus diesem Ordner ein gewünschtes Template aus. Templates sind HTML-Vorlagen, die bei einem späteren Schritt der E-Mail-Kampagne als Vorlage für Ihr Kampagnenschreiben z. B. in Microsoft Outlook dienen. Vor dem Abschicken der E-Mails können Sie die Vorlage nach Ihren Wünschen ändern.

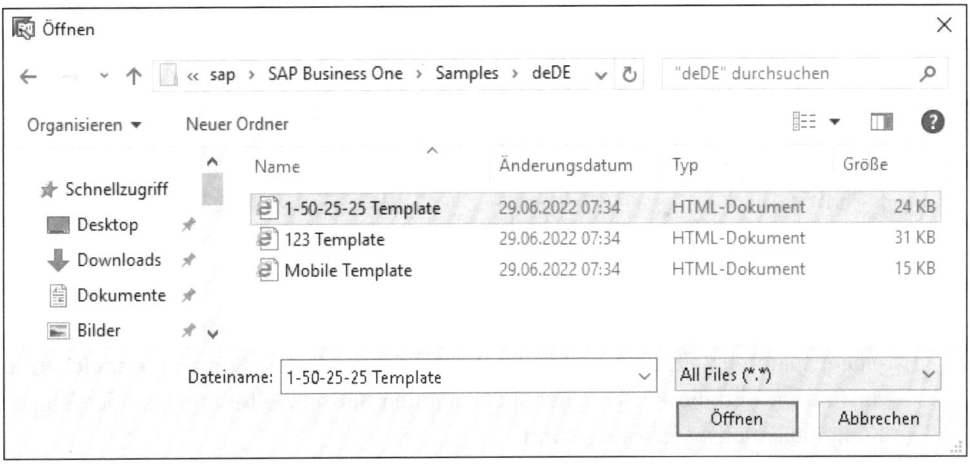

Abbildung 14.20: Kampagnenvorlage auswählen

Schritt 3: Zielgeschäftspartner

Im dritten Schritt haben Sie die Möglichkeit, die internen und externen Geschäftspartner der ausgewählten Zielgruppe noch einmal zu verändern oder zu ergänzen:

- Über den Button **Hinzufügen** können Sie weitere Geschäftspartner in die Zielgruppe aufnehmen.
- Wenn Sie einen Geschäftspartner markieren und den Button **Löschen** anklicken, entfernen Sie den Geschäftspartner aus der Zielgruppe.

- Klicken Sie auf den Button **Importieren**, um weitere externe Geschäftspartner aus Microsoft Excel bzw. einer Textdatei mit Tabstopp zu ergänzen.
- Wenn Sie die Checkbox in der Spalte **Aktivität anlegen** deaktivieren, wird für diese Kampagne nach Abschluss des Kampagnenassistenten keine Aktivität angelegt. Wenn automatisch eine Aktivität angelegt werden soll, lassen Sie diese Checkbox aktiviert.

Schritt 4: Speicher- und Ausführoptionen

Im vorletzten Schritt 4 legen Sie fest, auf welche Weise Sie die Kampagne letztlich ausführen möchten (siehe Abbildung 14.21).

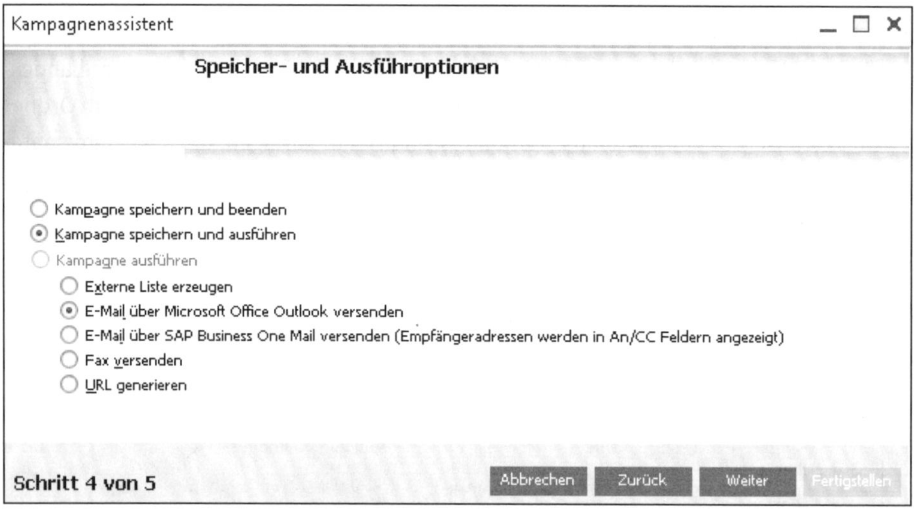

Abbildung 14.21: Kampagnenassistent: Schritt 4 von 5

Wählen Sie die Option **Kampagne speichern und beenden**, können Sie die Kampagne zu einem späteren Zeitpunkt ausführen. Wählen Sie die Option **Kampagne speichern und ausführen**, wird diese nach einem Klick auf den Button **Weiter** in einem der folgenden Kommunikationskanäle ausgeführt:

- **Externe Liste erzeugen**
  Es öffnet sich das Dialogfenster **Speichern**. Wählen Sie Speicherort und -name für die Liste, und geben Sie im nächsten Schritt an, ob Sie Währungssymbole exportieren möchten. SAP Business One exportiert eine Kampagnenliste im Microsoft-Word-Format, die Sie mit Microsoft Excel öffnen können. Diese Liste können Sie z. B. als Basis für eine Massen-E-Mail oder zum Nachtelefonieren verwenden.
- **E-Mail über Microsoft Outlook versenden**
  Es öffnet sich eine neue Microsoft-Outlook-Nachricht, die die E-Mail-Adressen aller Geschäftspartner aus der Kampagne im Abschnitt **Bcc...** (Blind Carbon Copy) enthält. Zudem wird das HTML-Template im Nachrichtenbereich angezeigt (siehe Abbildung 14.22). Voraussetzung dafür ist, dass die Option **Outlook E-Mail** als Standard-E-Mail-

Methode eingerichtet wurde. Die Einrichtung der E-Mail-Methode ist ein weiterführendes Thema, wenden Sie sich dazu an Ihren SAP-Partner.

Abbildung 14.22: E-Mail-Vorlage in Microsoft-Outlook-Nachricht

Geben Sie im Feld **An...** der Outlook-Nachricht eine offizielle E-Mail-Adresse Ihres Unternehmens ein. Diese Adresse sehen Ihre Geschäftspartner als Absender und nutzen sie für Antworten. Ersetzen Sie nun die HTML-Vorlage durch den Inhalt Ihres Kampagnenschreibens und senden Sie die E-Mail.

- **E-Mail über SAP Business One Mail versenden**
  Es öffnet sich eine neue SAP-Business-One-Nachricht, die alle Geschäftspartner der Kampagne mit E-Mail-Adresse auflistet. Das HTML-Template kann in diesem Fall nicht verwendet werden. Voraussetzung dafür ist, dass SAP Business One Mailer als Standard-E-Mail-Methode eingerichtet wurde. Die Einrichtung der E-Mail-Methode ist ein weiterführendes Thema, wenden Sie sich dazu an Ihren SAP-Partner.
- **Fax versenden**
  Es öffnet sich eine neue SAP-Business-One-Nachricht, die alle Geschäftspartner der Kampagne mit Faxnummer auflistet. Das HTML-Template kann in diesem Fall ebenfalls nicht verwendet werden.
- **URL generieren**
  Diese Option kann nur verwendet werden, wenn das Integration Framework (B1i) von SAP Business One genutzt wird. Es wird eine URL generiert und im nächsten Schritt,

dem Zusammenfassungsbericht, angezeigt. Diese URL führt zu einer Webseite, die die Kampagnennachricht enthält und die die Geschäftspartner der Kampagne besuchen können.

Schritt 5: Zusammenfassungsbericht

Im fünften und abschließenden Schritt wird nach Ausführung der Kampagne ein Zusammenfassungsbericht angezeigt, der die Kampagnen darstellt und etwaige Fehler und Meldungen beinhaltet.

Klicken Sie abschließend auf den Button **Schließen**, um den Kampagnenassistenten zu beenden. Zusätzlich zur eigentlichen Kampagne wird pro Geschäftspartner eine Aktivität der Art **Kampagne** angelegt, sofern Sie im dritten Schritt des Kampagnenassistenten die Checkbox **Aktivität anlegen** aktiviert haben.

14.2.3 Kampagne verfolgen

Nachdem die Kampagne nun mit dem Kampagnenassistenten angelegt und ausgeführt wurde, kann sie im Fenster **Kampagne** vorangetrieben werden. »Vorangetrieben« bedeutet in diesem Zusammenhang, dass aus der Kampagne ein vertrieblicher Mehrwert generiert werden soll, z. B. eine Opportunity, ein Angebot oder ein Kundenauftrag.

Jede Reaktion des Kunden und weitere Schritte können Sie im Fenster **Kampagne** in den Modulen **CRM** oder **Geschäftspartner** verwalten (siehe Abbildung 14.23).

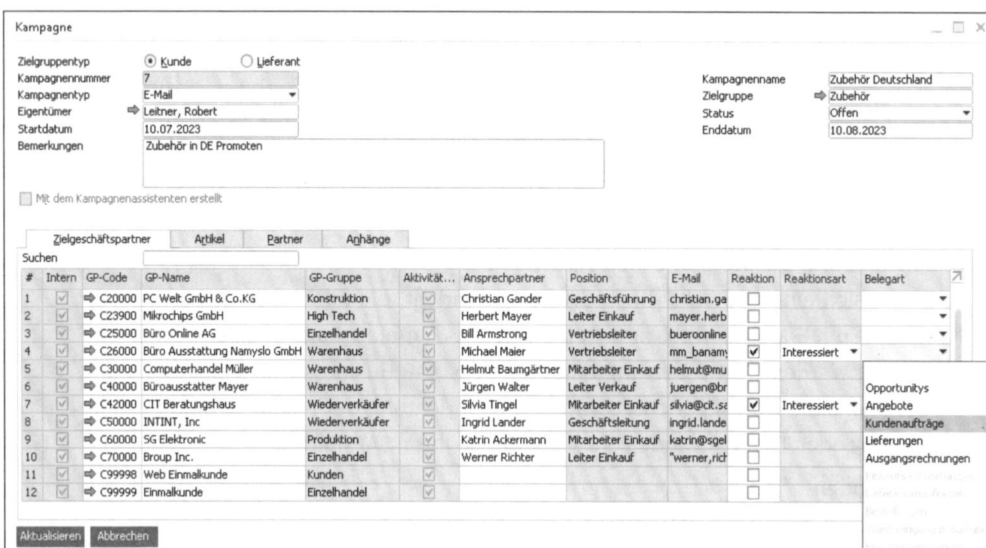

Abbildung 14.23: Mit dem Kampagnenassistenten erstellte Kampagne bearbeiten

Registerkarten »Artikel«, »Partner« und »Anhänge«

Das Fenster **Kampagne** zeigt alle Daten, die Sie über die Zielgruppe und den Kampagnenassistenten eingegeben haben, und kennzeichnet eine mit dem Kampagnenassistenten erstellte Kampagne (Checkbox **Mit dem Kampagnenassistenten erstellt**). Auf der Registerkarte **Artikel** finden sich alle Artikel, die für diese Kampagne ausgewählt wurden. Auf der Registerkarte **Partner** können Sie etwaige Partner für diese Kampagne festlegen. Die Auswahl der Partner erfolgt auf die gleiche Weise wie auf der Registerkarte **Partner** im Fenster **Opportunity** (siehe Abschnitt 14.1.1, »Opportunities definieren«). Auf der Registerkarte **Anhänge** haben Sie die Möglichkeit, jede beliebige Datei an die Kampagne anzuhängen.

Registerkarte »Zielgeschäftspartner«

Auf der Registerkarte **Zielgeschäftspartner** pflegen Sie alle Reaktionen Ihrer Geschäftspartner mithilfe der folgenden Felder ein:

- **Checkbox »Reaktion«**
  Aktivieren Sie diese Checkbox, wenn es eine Reaktion des Geschäftspartners gegeben hat.
- **Feld »Reaktionsart«**
  Wählen Sie im Feld **Reaktionsart** die Art der Reaktion aus der Werteliste, die für diesen Geschäftspartner passt (die Spalte **Reaktionsart** ist in Abbildung 14.23 zu sehen). Die Einträge **Interessiert** und **Nicht interessiert** sind bereits vordefiniert und stehen standardmäßig in der Werteliste zur Verfügung. Alternativ klicken Sie auf den Eintrag **Neu definieren**, um eigene Reaktionsarten für Ihre Kampagne zu definieren.
- **Feld »Belegart«**
  Wählen Sie eine Belegart aus der Werteliste aus. Entweder entsteht durch die Reaktion des Kunden sofort ein konkreter Beleg (ein Angebot, ein Kundenauftrag, eine Lieferung oder eine Ausgangsrechnung), oder es entsteht eine vertriebliche Chance, ein Geschäft abzuschließen (dann wählen Sie den Eintrag **Opportunities**, siehe Abbildung 14.24).
- **Checkbox »GP-Belege anzeigen«**
  Aktivieren Sie diese Checkbox, werden im Feld **Belegnummer** bei der Auswahl der Belege (Opportunities, Angebote, Kundenaufträge etc.) nur Belege des soeben bearbeiteten Zielgeschäftspartners angezeigt.
- **Feld »Belegnummer«**
  Klicken Sie auf den Button (**Auswahlliste**), und wählen Sie einen bereits vorhandenen Beleg aus der sich öffnenden Liste aus, oder klicken Sie auf den Button **Neu** in der Auswahlliste, um einen neuen Beleg anzulegen (siehe Abbildung 14.25). Sobald Sie einen vorhandenen Beleg auswählen oder einen neuen Beleg anlegen, werden die Belegnummer und ein orangefarbener Pfeil angezeigt, mit dem Sie den verknüpften Beleg öffnen können.

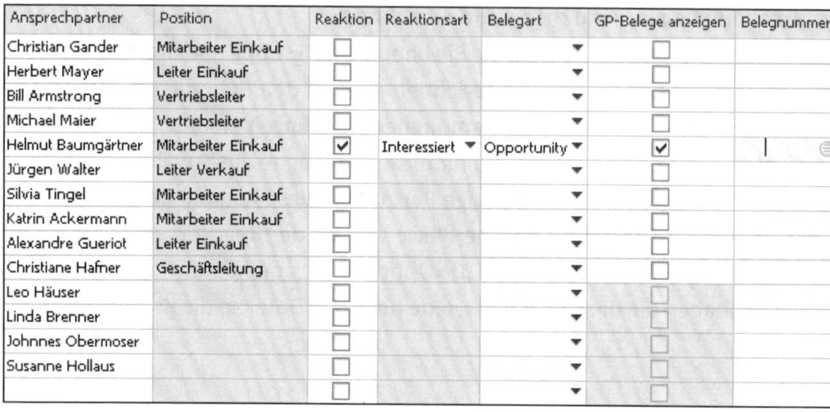

Abbildung 14.24: Neue Opportunity als Reaktion auf eine Kampagne anlegen

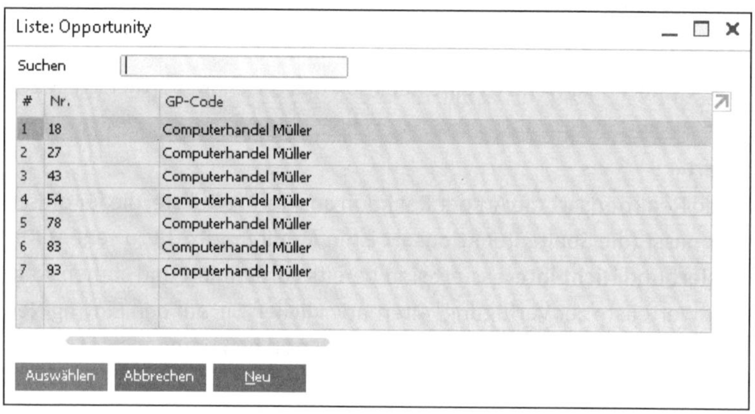

Abbildung 14.25: Opportunity auswählen oder anlegen

Klicken Sie abschließend auf den Button **Aktualisieren**, um alle Reaktionen und verknüpften Belege für diese Kampagne zu speichern.

Sobald Sie die Kampagne komplett abgearbeitet und die Reaktionen bzw. Belege eingepflegt haben, können Sie abschließend noch den Status (Feld **Status**) im rechten oberen Bereich des Fensters anpassen (siehe Abbildung 14.23). Es stehen Ihnen die folgenden Optionen zur Verfügung:

- **Offen**, der Status, nachdem die Kampagne angelegt wurde
- **Storniert**
- **Beendet**

14.2.4 Kampagnenliste

Dieses Kapitel behandelt den für das Kampagnenmanagement verfügbaren Bericht **Kampagnenliste**. Er wird über den Menüpunkt **CRM • CRM-Bericht • Kampagnenliste** aufgerufen.

Die *Kampagnenliste* kann nach Artikel, Geschäftspartner, Kampagnennummer und -typ, Status, Zielgruppe, Start- und Enddatum eingeschränkt werden. Die nach diesen Kriterien eingeschränkte Liste zeigt die wichtigsten Informationen zur Kampagne einschließlich der erfolgswirksamen Kriterien an, wie z. B. die Anzahl der reagierenden Geschäftspartner, die Reaktionsrate, die Anzahl generierter Interessenten oder die Anzahl angelegter Opportunities (siehe Abbildung 14.26).

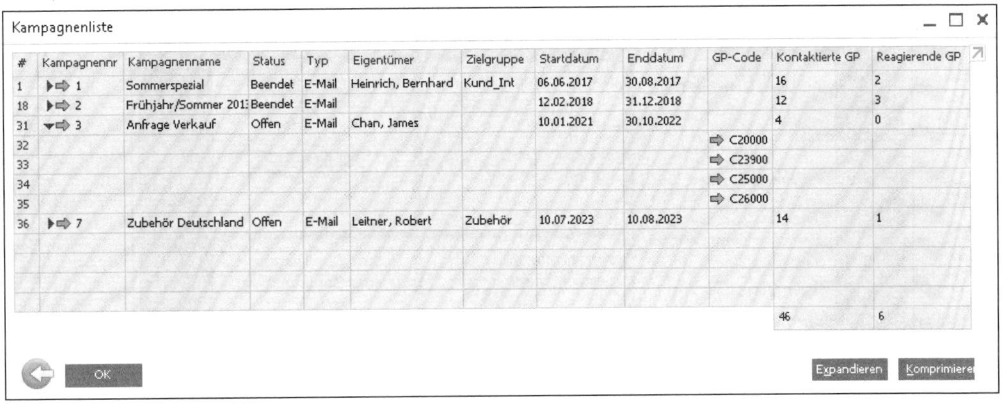

#	Kampagnennr	Kampagnenname	Status	Typ	Eigentümer	Zielgruppe	Startdatum	Enddatum	GP-Code	Kontaktierte GP	Reagierende GP
1	1	Sommerspezial	Beendet	E-Mail	Heinrich, Bernhard	Kund_Int	06.06.2017	30.08.2017		16	2
18	2	Frühjahr/Sommer 201	Beendet	E-Mail			12.02.2018	31.12.2018		12	3
31	3	Anfrage Verkauf	Offen	E-Mail	Chan, James		10.01.2021	30.10.2022		4	0
32									C20000		
33									C23900		
34									C25000		
35									C26000		
36	7	Zubehör Deutschland	Offen	E-Mail	Leitner, Robert	Zubehör	10.07.2023	10.08.2023		14	1
										46	6

Abbildung 14.26: Kampagnenliste

Mit dem Button (**Formulareinstellungen**) in der Symbolleiste haben Sie die Möglichkeit, die Vielzahl von Feldern nach Ihren Bedürfnissen einzuschränken und anzuordnen.

14.3 Kunde 360

Die Auswertung **Kunde 360** liefert eine 360°-Ansicht des Kunden von allgemeinen Informationen wie Kommunikationskanälen über Verkaufsinformationen und Serviceabrufe bis hin zur Auftragserfüllung und der Situation der offenen Posten.

Die Auswertung ist ein mit dem *Pervasive Analytics Designer* erstelltes erweitertes Dashboard. Diese Funktion steht nur in Installationen zur Verfügung, die auf der Datenbank SAP HANA aufbauen – die Datenbank MS SQL Server unterstützt die Auswertung **Kunde 360** nicht. Das Dashboard gliedert sich in seiner Standard-Auslieferung in die folgenden Bereiche:

- **Allgemein** – siehe Abbildung 14.27
- **Verkauf**
- **Auftragserfüllung**
- **Forderungen**

Optional können Bereiche gelöscht oder neue hinzugefügt und mit selbst erstellten oder vorhandenen *Widgets* gefüllt werden. Dies ist in der Regel eine weiterführende Aufgabe für Ihren SAP-Partner. Wir beschreiben aber in Abschnitt 3.4.5, »Eigene Widgets erstellen«, wie Sie neue Widgets erstellen.

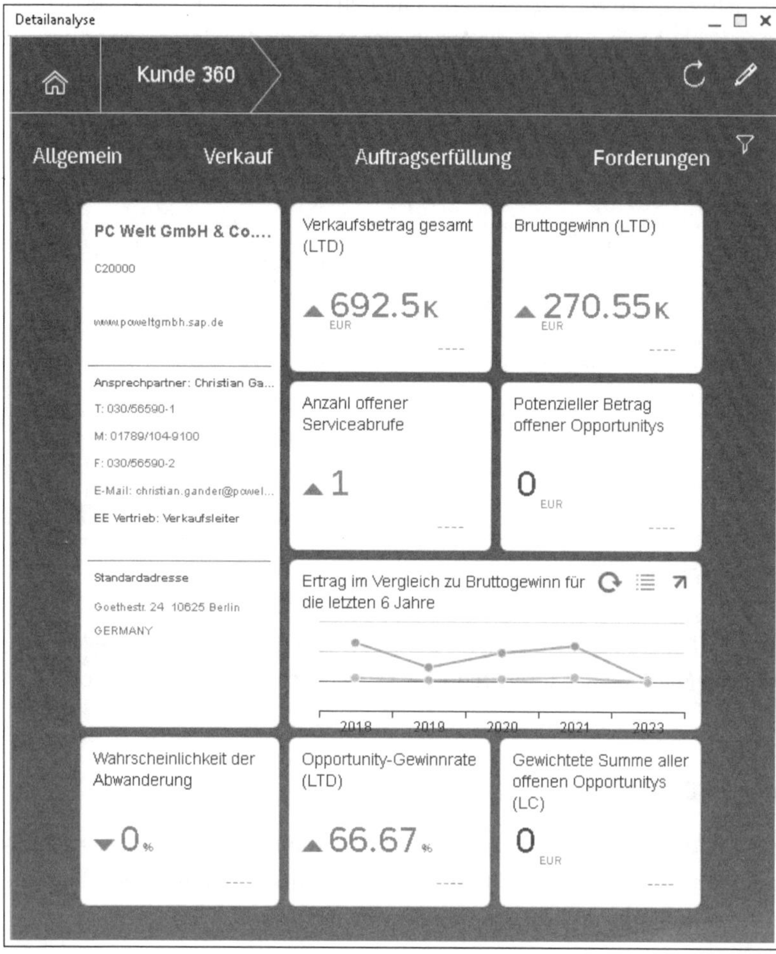

Abbildung 14.27: Kunde 360 – allgemeine Informationen

Sie haben mehrere Möglichkeiten, diese Auswertung aufzurufen:

- Direkt aus dem Geschäftspartnerstamm, indem Sie auf den Button **Sie können auch** klicken und dann die Option **Kunde 360 anzeigen** wählen. In diesem Fall ist der Kunde schon ausgewählt, dessen Informationen gezeigt werden.
- Aus dem Programmpunkt **CRM • Kunde 360**. In diesem Fall wird der letzte Kunde, der gewählt wurde, vorgeschlagen. Wollen Sie Informationen eines anderen Kunden (oder optional eines anderen Lieferanten) sehen, dann klicken Sie auf das Symbol (**Ta-**

belle filtern) rechts oben auf dem Bild. Wählen Sie die Option **Geschäftspartnercode**, und selektieren Sie anschließend aus der Liste der Geschäftspartner das gewünschte Element. Bestätigen Sie durch einen Klick auf **OK**.

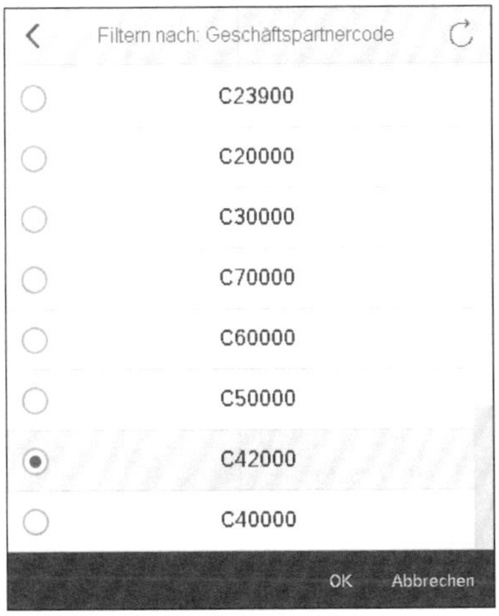

Abbildung 14.28: Filtern nach Geschäftspartner

Kunde 360 ist eine perfekte Möglichkeit, sich schnell und komprimiert Informationen über die aktuelle Situation bei Kunden zu beschaffen, und daher sowohl für den Vertriebsaußendienst als auch für den Innendienst ein optimales Werkzeug.

14.4 Weitere CRM-Berichte

Neben den schon beschriebenen Berichten zu Opportunities und Kampagnen finden sich im Modul **CRM** einige zusätzliche Berichte, die im Folgenden kurz beschrieben werden.

14.4.1 Aktivitätenübersicht

Bei der Erstellung der Kampagne per Kampagnenassistent wird jeweils eine Aktivität der Art **Kampagne** angelegt. Diese Aktivitäten können mithilfe der Aktivitätenübersicht aufgelistet werden. Zunächst wird das Fenster **Aktivitätenübersicht – Auswahlkriterien** geöffnet (siehe Abbildung 14.29).

Wählen Sie den Eintrag **Kampagne** aus der Dropdown-Liste **Aktivität** aus. Anschließend haben Sie die Möglichkeit, die Aktivitäten weiter einzuschränken. Weitere Kriterien sind Geschäftspartner (**GP-Code**), **Benutzer**, **Mitarbeiter**, **Typ**, **Thema**, **Start**- und **Abschlussdatum**.

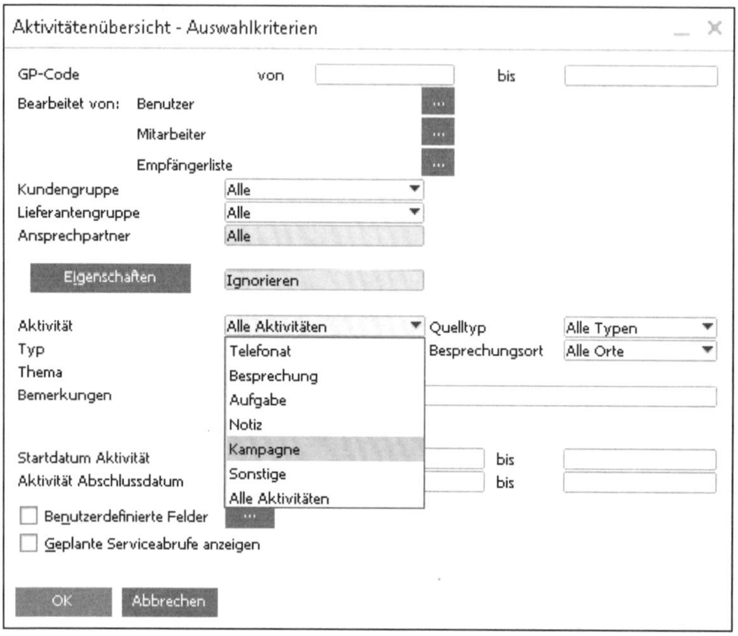

Abbildung 14.29: Aktivitätenübersicht – Auswahlkriterien

14.4.2 Meine Aktivitäten

Der Bericht **Meine Aktivitäten** zeigt alle offenen Aktivitäten des aktiven Benutzers. Die Liste ist so vorbesetzt, dass nur offene Aktivitäten angezeigt werden; diese Vorbesetzung kann so geändert werden, dass alle Aktivitäten gezeigt werden. Mit Klick auf den orangefarbenen Pfeil können Sie in die jeweilige Aktivität abspringen.

14.4.3 Inaktive Kunden

Die Bezeichnung des Berichts **Inaktive Kunden** ist ein wenig irreführend. Inaktiv bedeutet hier nicht, dass der Kunde im Geschäftspartnerstamm das entsprechende Kennzeichen erhalten hat und nicht mehr zur Bearbeitung zur Verfügung steht. Es bedeutet, dass Kunden, die ab einem bestimmten Datum keine Aktivitäten mehr entfaltet haben, angezeigt werden. Das Datum geben Sie in den Auswahlkriterien des Reports an (siehe Abbildung 14.30).

Was genau unter Aktivitäten zu verstehen ist, definieren Sie im Report selbst. Es stehen Ihnen Transaktionen zur Verfügung, die eine mehr oder weniger verbindliche und aufrechte Geschäftsbeziehung signalisieren:

- Angebote
- Aufträge
- Lieferscheine

- Ausgangsrechnungen
- Verkaufsanzahlungen

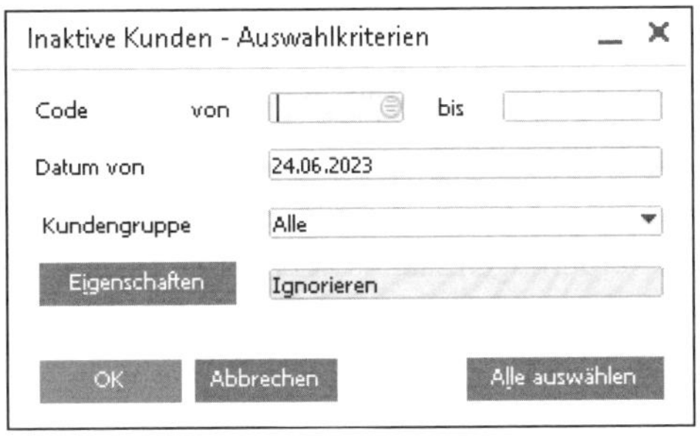

Abbildung 14.30: Datumsauswahl für inaktive Kunden

Sie können mit diesem Report überwachen, welche Kunden schon seit einem definierten Zeitraum nicht mehr aktiv sind und daher vertrieblich betreut werden müssen, um eine Abwanderung zum Mitbewerb zu verhindern oder sie für neue Produkte und Dienstleistungen zu begeistern.

14.5 Übungsaufgaben

1. Legen Sie eine komplette Opportunity für den Geschäftspartner »C23900 Mikrochips GmbH« in der Stufe »Interessent« auf der IT-Messe an. Es geht um den Austausch der gesamten Druckerlandschaft beim Kunden Mikrochips inklusive der Lieferung von 40 Druckern. Berücksichtigen Sie darüber hinaus die folgenden Angaben:
   - Weisen Sie einen neu angelegten Vertriebsmitarbeiter zu. Die Opportunity läuft unter dem Namen »Gesamter Druckeraustausch«.
   - Das Geschäft soll in spätestens einem Monat abgeschlossen sein. Der potenzielle Betrag liegt bei 16.000 EUR. Es wird der übliche Verkaufspfad gewählt. Der Bruttogewinn soll bei mindestens 15 % liegen.
   - Definieren Sie drei passende Interessensbereiche für diese Opportunity.
   - Die Opportunity entstand während eines Messegesprächs mit dem Kunden. Geben Sie eine kurze Beschreibung und die Branche an.
   - Unser Partner ist der Hersteller der Drucker, der auch die Wartung für die Geräte übernimmt.
   - Unser Mitbewerber ist Ihr örtlicher Hardwarehändler.
   - Erfassen Sie ein beliebiges Microsoft-Excel-Dokument als Dateianhang, das als Kalkulationsbasis fungiert.

   Für den weiteren Verlauf der Opportunity gelten die in Tabelle 14.1 aufgeführten Meilensteine (ab Eröffnung der Opportunity).

Zeitpunkt	Beschreibung
nach drei Tagen	Das erste Telefonat seit der Messe erfolgt; es wird ein Folgetermin beim Interessenten in einer Woche vereinbart, bei dem die Details des Outsourcings besprochen werden. Fügen Sie die Stufe »1. Kontakt« hinzu. Erfassen Sie das Telefonat und das Treffen beim Interessenten als Aktivität.
nach zehn Tagen	Beim Treffen wurden alle Anforderungen seitens des Kunden besprochen. Der Kunde erwartet binnen einer Woche ein Angebot. Ergänzen Sie die Erkenntnisse aus dem Kundenmeeting. Fügen Sie die Stufe »Angebot« hinzu.
nach zwölf Tagen	Sie führen eine Telefonkonferenz mit Ihrem Partner, um das Angebot für den Kunden zu besprechen. Alle Informationen für die Erstellung des Angebots liegen nun vor.
nach 15 Tagen	Sie erstellen ein Angebot in SAP Business One über 40 Drucker mit dem Gesamtbetrag von 16.750 EUR. Verknüpfen Sie das Angebot mit der Opportunity, und erhöhen Sie den potenziellen Betrag auf den Angebotswert von 16.750 EUR.
nach 17 Tagen	Sie fassen telefonisch nach und erfassen dazu eine Aktivität. Der Kunde erbittet sich Bedenkzeit.
nach 20 Tagen	Der Kunde vereinbart per E-Mail einen Termin in zwei Tagen. Fügen Sie eine neue Stufe »Erste Verhandlung« hinzu, und erfassen Sie die E-Mail.
nach 22 Tagen	Nach harten Verhandlungen und einer Reduktion des Angebotspreises auf insgesamt 15.000 EUR stimmt der Kunde zu. Erfassen Sie die Aktivität.
nach 23 Tagen	Ändern Sie das bestehende Angebot auf die vereinbarte Summe (oder duplizieren Sie es zu einem neuen), und erstellen Sie auf dieser Basis einen Kundenauftrag. Fügen Sie eine neue Opportunity-Stufe »Order« hinzu, erfassen Sie sie in der aktuellen Opportunity, und setzen Sie deren Status auf **Gewonnen**.

Tabelle 14.1: Meilensteine der Opportunity

2. Öffnen Sie die Opportunity-Pipeline, und starten Sie die dynamische Opportunity-Analyse, eingeschränkt auf den Geschäftspartner »Mikrochips«.
3. Erstellen Sie eine neue Zielgruppe. Diese soll alle Einzelhändler umfassen, die in SAP Business One angelegt sind. Dazu blenden Sie in der Liste der Geschäftspartner mit dem Button (**Formulareinstellungen**) die Geschäftspartnergruppe ein. Anschließend schließen Sie die Liste mit den Geschäftspartnern, öffnen diese neu und wählen alle Kunden mit der Gruppe »Einzelhandel« aus.

4. Legen Sie anschließend mit dem Kampagnenassistenten eine neue Kampagne mit dem Typ **E-Mail** mit dieser Zielgruppe an. Wählen Sie die Artikel »C00001« bis »C00005« aus.

   Wählen Sie in Schritt 4 die Option **Kampagne speichern und ausführen** sowie die Option **Externe Liste** erstellen. Speichern Sie diese Liste an einem beliebigen Speicherort.
5. Anschließend rufen Sie die eben erstellte Kampagne auf und erfassen zu allen Geschäftspartnern Reaktionen.
6. Erstellen Sie ein Angebot, eine Opportunity und einen Kundenauftrag nach eigenem Ermessen.

Führen Sie abschließend den Bericht **Kampagnenliste** für diese Kampagne aus.

Kapitel 15
Service

Der Servicebereich wird für kleine und mittlere Unternehmen, die sich über die Qualität und nicht über den Preis ihrer Leistungen definieren, immer wichtiger. Besonders der After-Sales-Service, also die Betreuung des Kunden nach Vertragsabschluss, gewinnt an Bedeutung.

Im vorliegenden Kapitel beschäftigen wir uns mit dem gesamten Bereich *Service*. Das Kapitel beginnt mit einer Beschreibung der typischen Servicestruktur eines kleinen bzw. mittleren Unternehmens. Anschließend werden wir ihre einzelnen Komponenten sowie deren Einsatz in SAP Business One beschreiben.

Die Servicestruktur in SAP Business One enthält einige Komponenten, die sehr tief integriert sind. Das Fundament dafür bildet der *Servicevertrag*, den wir zunächst ausführlich darstellen. Darauf aufbauend, werden laufend *Serviceabrufe* erfasst und abgearbeitet. Bei der Auslieferung von Seriennummernartikeln wird ein Stammdateneintrag für Kundenequipment erstellt.

Die Behandlung von Kundenequipment oder Geräten, die beim Kunden stehen, werden wir im Folgenden erläutern.

Das Nebenprodukt zum Service sind die Lösungen, die aus den Problembehebungen generiert werden. Diese werden in der *Lösungsdatenbank* gesammelt. Abschließend werden wir die wichtigsten *Serviceberichte* zur Überwachung der offenen und überfälligen Serviceabrufe vorstellen.

15.1 Servicevertrag als Grundlage

Die Grundlage für Serviceleistungen in SAP Business One ist der *Servicevertrag*. Er hat eine zweistufige Struktur: Auf der einen Seite muss jedem Kunden, der im Modul **Service** erfasst wird, ein Servicevertrag zugeordnet werden. Auf der anderen Seite können Sie Vertragsvorlagen definieren, die den Standardverträgen in Ihrem Unternehmen entsprechen. Diese können für jeden Kunden individuell angepasst werden. Darüber hinaus kann dem Kunden mit der Vertragsvorlage automatisch ein Servicevertrag zugeordnet werden, wenn er einen Artikel mit Seriennummer kauft, für den Ihr Unternehmen Service leistet.

[»]

Definition von »Vertrag«

Lassen Sie sich vom Wort *Vertrag* nicht irritieren. Technisch ist es notwendig, für Kunden, die über das Servicemodul bearbeitet werden, einen Vertrag zu definieren. Wenn es in der Realität keinen Vertrag mit dem Kunden gibt, weil Sie Dienstleistungen ohne Vertrag, aber gegen Verrechnung des tatsächlichen Aufwands erbringen, dann legen Sie einen virtuellen Vertrag an.

Vertragsvorlagen definieren Sie unter **Administration • Definitionen • Service • Vertragsvorlagen** (siehe Abbildung 15.1).

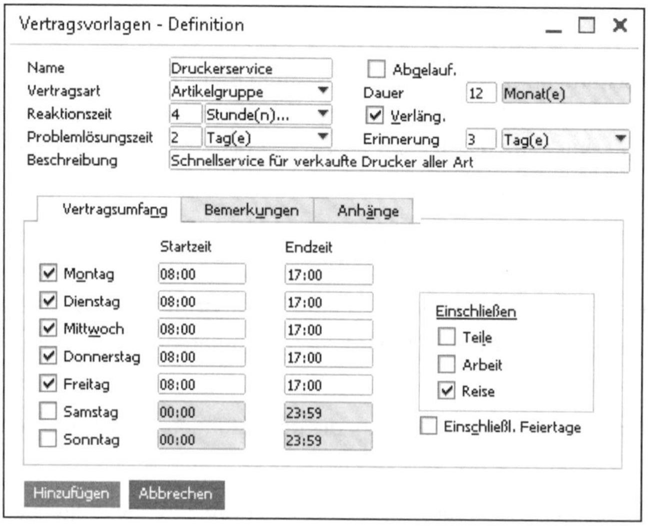

Abbildung 15.1: Vertragsvorlagen definieren

Um eine Vertragsvorlage wie in Abbildung 15.1 anzulegen, bearbeiten Sie folgende Felder:

1. **Feld »Name«**
   Geben Sie einen Namen für die Vertragsvorlage an. Der Name sollte Rückschlüsse auf die Vertragsart zulassen.
2. **Feld »Vertragsart«**
   Wählen Sie die Vertragsart aus der Werteliste aus. Die Vertragsart definiert die Systematik der Vorgehensweise bei der Bearbeitung eines Servicefalls. Sie haben hier drei Optionen zur Auswahl:
   - **Kunde**: Diese Vertragsart enthält Serviceleistungen für einen Kunden, unabhängig davon, für welche Artikel Service geleistet werden soll.
   - **Artikelgruppe**: Diese Vertragsart deckt die Serviceleistungen für eine komplette Artikelgruppe ab.

- **Seriennummer**: Diese Vertragsart umfasst lediglich Artikel, die seriennummerngeführt sind. Die Vertragsart kann in den Artikelstammdaten einem Seriennummernartikel zugeordnet werden. Das Feld im Artikelstamm hat die Bezeichnung **Garantievorlage**. Bei jeder Lieferung dieses Artikels an einen Kunden wird für diesen Kunden automatisch ein Eintrag in den Kundenequipment-Stammdaten angelegt und ein Servicevertrag auf Basis der Vertragsvorlage zugeordnet.

[+]

Änderbare Vertragsvorlagen und Ausnahme

Für alle drei Vertragsarten gilt, dass es sich in diesem Stadium lediglich um eine Vertragsvorlage handelt, die bei der tatsächlichen Zuordnung zum Kunden noch abgeändert werden kann. Dies gilt mit Ausnahme der automatisch zugeordneten Serviceverträge bei den Seriennummernartikeln.

3. **Feld »Reaktionszeit«**
   Geben Sie die dem Kunden garantierte Reaktionszeit und die entsprechende Zeiteinheit (Stunden, Tage) ein.
4. **Feld »Problemlösungszeit«**
   Geben Sie die dem Kunden garantierte Problemlösungszeit und die entsprechende Zeiteinheit (Stunden, Tage) ein. Alternativ können Sie hier auch die durchschnittliche Problemlösungszeit angeben. In der Regel wird in Serviceverträgen nur eine Mindestreaktionszeit garantiert.
5. **Feld »Beschreibung«**
   Erläutern Sie die Vertragsvorlage mit einer kurzen Beschreibung.
6. **Checkbox »Abgelauf.«**
   Aktivieren Sie diese Checkbox, falls die Vertragsvorlage nicht mehr verwendet wird.
7. **Feld »Dauer«**
   Geben Sie die Laufzeit des Vertrags in Monaten an.
8. **Checkbox »Verläng.«**
   Markieren Sie diese Checkbox, wenn Sie möchten, dass der Vertrag nach Ablauf verlängert werden kann.
9. **Feld »Erinnerung«**
   Geben Sie an, wie viele Tage, Wochen oder Monate vor dem Auslaufen eines Vertrags SAP Business One Sie an die Verlängerung erinnern soll. Die Erinnerung erfolgt durch Versendung eines Alarms.
10. **Registerkarte »Vertragsumfang«**
    Auf der Registerkarte **Vertragsumfang** geben Sie die zeitliche Abdeckung der Vertragsvorlage an. Dazu markieren Sie die gewünschten Wochentage und geben jeweils Start- und Endzeit ein.

[zB]

Registerkarte »Vertragsumfang«

Die Vertragsvorlage in Abbildung 15.1 gilt für montags bis freitags von 8:00 bis 17:00 Uhr. Samstags und sonntags werden keine Servicefälle entgegengenommen.

Aktivieren Sie die Checkbox **Einschließl. Feiertage**, wenn auch an Feiertagen Servicefälle entgegengenommen werden. Im Block **Einschließen** auf der rechten Seite geben Sie mittels Checkboxen an, welche der Komponenten, die üblicherweise bei einem Servicefall auftreten, im Servicevertrag enthalten sind:

- **Teile**: Der Servicevertrag enthält alle Ersatzteile, die verwendet werden.
- **Arbeit**: Der Servicevertrag enthält die Arbeitszeit.
- **Reise**: Der Servicevertrag enthält alle Reisekosten und die Reisezeit.

Markieren Sie einfach jene Komponenten, die vom Servicevertrag abgedeckt werden; die nicht markierten Komponenten werden extra verrechnet.

[+]

Feld »Artikelstammdaten«

Die Aufteilung in **Teile**, **Arbeit** und **Reise** entspricht exakt der Aufteilung im Feld **Artikelart** im Fenster **Artikelstammdaten** mit den Optionen **Artikel**, **Arbeit** und **Reise**. Über diese Verknüpfung »weiß« SAP Business One, welche Artikelzeilen in einer Ausgangsrechnung an den Servicekunden verrechnet werden und welche nicht. Nicht zu verrechnende Positionen werden zwar in der Ausgangsrechnung angeführt, der Preis ist aber 0.

11. **Registerkarte »Bemerkungen«**
    Auf dieser Registerkarte haben Sie die Möglichkeit, eine ausführliche Beschreibung der Vertragsvorlage einzugeben.
12. **Registerkarte »Anhänge«**
    Auf dieser Registerkarte können Sie der Vertragsvorlage Dateianhänge beifügen. So können Sie z. B. den Servicevertrag als Microsoft-Word-Dokument an die Vertragsvorlage anhängen.

Klicken Sie auf den Button **Hinzufügen**, um die Vertragsvorlage anzulegen.

Damit haben Sie eine neue Vertragsvorlage angelegt. Um nun Änderungen an einer Vertragsvorlage vorzunehmen und zu speichern, rufen Sie eine bestehende Vertragsvorlage auf und klicken auf den Button **Aktualisieren.** Um das Fenster zu schließen, klicken Sie auf den Button **OK**.

Die Basis für jede Serviceleistung ist der zugrunde liegende Vertrag. Den Servicevertrag legen Sie (mit Ausnahme der automatisch erstellten Garantieverträge für Seriennummernartikel) über den Pfad **Service • Servicevertrag** an (siehe Abbildung 15.2). Der Servicevertrag kann einem Kunden oder einem Lieferanten, nicht jedoch einem Interessenten zugeordnet werden. Er kann sowohl komplett neu angelegt als auch aus einer Vertragsvorlage herauskopiert werden.

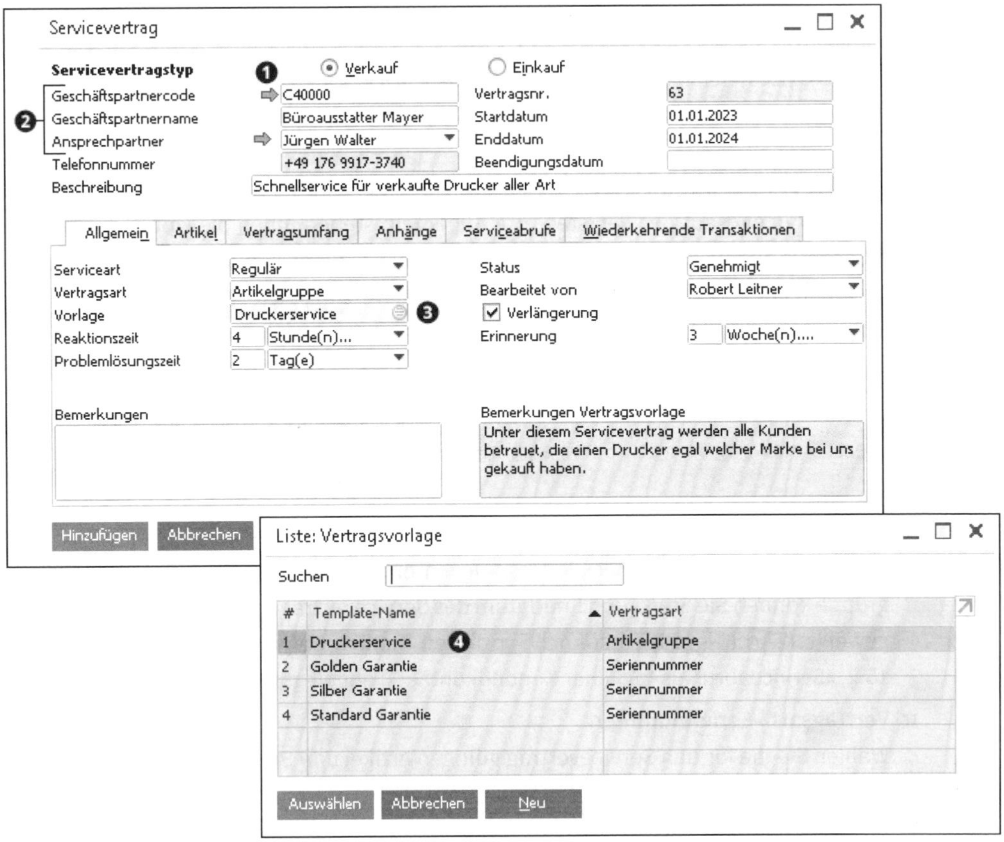

Abbildung 15.2: Einen Servicevertrag unter Verwendung einer Vertragsvorlage anlegen

Zunächst wählen Sie als Servicevertragstyp ❶ die Option **Verkauf** (für einen Kunden) oder die Option **Einkauf** (für einen Lieferanten) aus. Mit den Feldern **Geschäftspartnercode**, **Geschäftspartnername** und **Ansprechpartner** ❷ wählen Sie den relevanten Geschäftspartner und seinen Ansprechpartner aus. Die weiteren Informationen und Felder im Fenster **Servicevertrag** entsprechen im Wesentlichen denen der Vertragsvorlage. Um die Vertragsvorlage in den Servicevertrag zu laden, klicken Sie auf den Button im Feld **Vorlage** ❸ (auf der Registerkarte **Allgemein**) und wählen die gewünschte Vorlage aus ❹.

Wenn Sie bereits Daten in die Vertragsvorlagefelder eingegeben haben und dann die Vorlage geladen wird, werden diese Felder überschrieben. SAP Business One weist Sie auf diesen Umstand mit einer Systemmeldung hin (siehe Abbildung 15.3). Alle Felder, die Sie bereits in der Vertragsvorlage gefüllt haben, können nun beim konkreten Servicevertrag geändert werden.

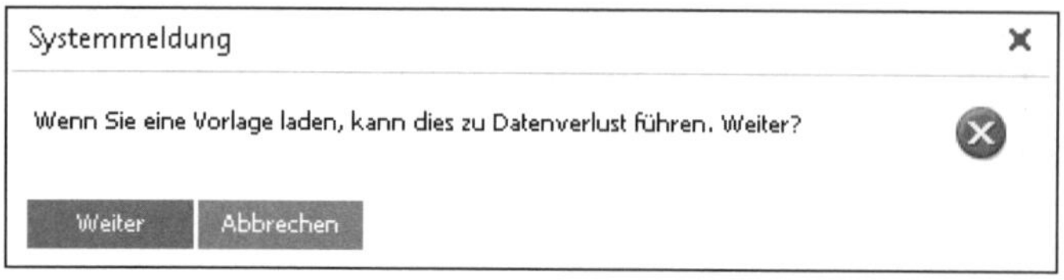

Abbildung 15.3: Systemmeldung – bereits eingegebene Felder werden von der Vertragsvorlage überschrieben.

Klicken Sie auf den Button **Weiter**, um mit dem Anlegen des Servicevertrags fortzufahren. Im Feld **Serviceart** auf der Registerkarte **Allgemein** stehen Ihnen die Optionen **Regulär** und **Garantie** zur Auswahl. Jeder Servicevertrag, der *manuell* in diesem Fenster angelegt wird, erhält die Serviceart **Regulär**. Jeder Servicevertrag, der automatisch in diesem Fenster angelegt wird (gelieferte Seriennummernartikel mit Stammdaten zum Kundenequipment), erhält die Serviceart **Garantie**.

Zusätzlich zu den bereits bekannten Informationen ist die Registerkarte **Artikel** von besonderer Relevanz. Je nach Serviceart müssen Sie auf dieser Registerkarte Folgendes tun:

- **Vertragsart »Artikelgruppe«**
  Wählen Sie die für den Servicevertrag relevanten Artikelgruppen aus. Bei jeder Artikelgruppe können Sie Start- und Enddatum des Servicevertrags angeben. Nur für die ausgewählten Artikelgruppen können für diesen Kunden Serviceabrufe (siehe Abschnitt 15.2, »Serviceabruf als täglicher Kundenkontakt«) angelegt werden.
- **Vertragsart »Seriennummer«**
  Wählen Sie die für den Servicevertrag gültigen Artikel und Seriennummern aus. Für jeden Artikel können Sie Start- und Enddatum angeben. Nur für die ausgewählten Artikel und Seriennummern lassen sich für diesen Kunden Serviceabrufe (siehe ebenfalls Abschnitt 15.2) anlegen.
- **Vertragsart »Geschäftspartner«**
  Bei dieser Vertragsart ist die Registerkarte **Artikel** deaktiviert.

Auf der Registerkarte **Serviceabrufe** finden Sie eine Auflistung aller Serviceabrufe für diesen Servicevertrag (siehe Abschnitt 15.2). Klicken Sie auf den orangefarbenen Pfeil ⇨ in der Spalte **Abruf-Nr.**, um in den dahinterliegenden Serviceabruf zu verzweigen. Auf der Registerkarte **Wiederkehrende Transaktionen** haben Sie die Möglichkeit, dem Servicevertrag eine wiederkehrende Transaktionsvorlage zuzuordnen. Doppelklicken Sie dazu auf die Checkbox in der 1. Spalte des Bereichs **Wiederholungsvorlagen**, und wählen Sie eine wiederkehrende Vorlage in der Spalte **Vorlage** aus. Im Bereich **Wiederkehrende Transaktionen** sehen Sie dann alle wiederkehrenden Transaktionen zu dieser Vorlage mit ihrem Status (**Ausgeführt** oder **Nicht ausgeführt**). Diese Option bietet sich an, wenn

Wartungsverträge tatsächlich zyklisch verrechnet und nicht nur z. B. für die Abwicklung von Garantien verwendet werden.

Zum Abschluss müssen Sie den Servicevertrag noch *genehmigen*. Beim Anlegen des Servicevertrags wird dieser automatisch mit dem Status **Geparkter Beleg** gespeichert. Ändern Sie den Status im Feld **Status** auf der Registerkarte **Allgemein** im rechten oberen Bereich in **Genehmigt**, damit der Servicevertrag seine Gültigkeit erhält. Klicken Sie abschließend auf den Button **Hinzufügen** bzw. **Aktualisieren**, falls der Servicevertrag bereits angelegt wurde.

Genehmigungsverfahren etablieren

Der Servicevertrag hat zwar die Eigenschaft **Genehmigt**, ist allerdings kein Objekt des Genehmigungsverfahrens. Trotzdem können Sie relativ leicht ein Vier-Augen-Prinzip für diesen wichtigen Themenbereich etablieren. Im Programmunkt **Administration • Systeminitialisierung • Berechtigungen • Allgemeine Berechtigungen** haben Sie die Möglichkeit, **Status ändern** zu aktivieren oder zu deaktivieren. Bei entsprechender Definition der Berechtigung bedeutet das, dass ein Mitarbeiter den Servicevertrag anlegen und ein anderer ihn genehmigen kann.

15.2 Serviceabruf als täglicher Kundenkontakt

Der Serviceabruf (unter **Service • Serviceabruf**) ist der laufende Kontakt zu Ihrem Kunden in allen Servicebelangen. Jeder Servicefall wird mithilfe eines Serviceabrufs erfasst (siehe Abbildung 15.4) und kann von verschiedenen Mitarbeitern abgearbeitet werden.

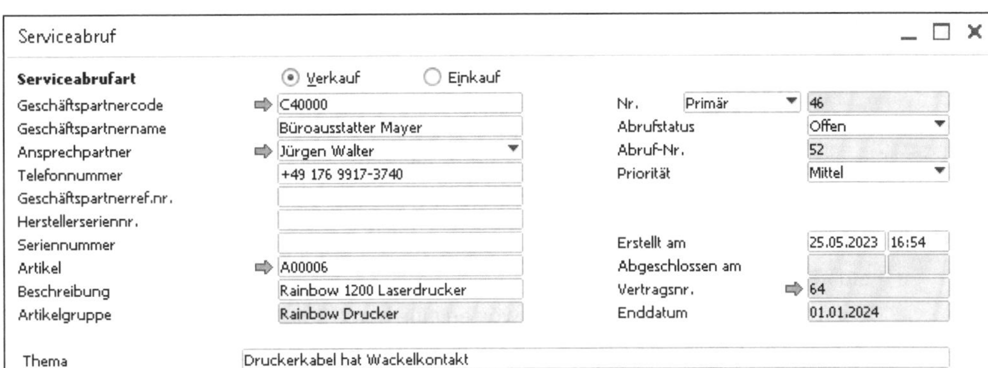

Abbildung 15.4: Serviceabruf – Wackelkontakt beim Druckerkabel

Um einen Serviceabruf anzulegen, pflegen Sie die folgenden Felder und Checkboxen im Kopfbereich:

- **Felder »Serviceabrufart«, »Geschäftspartnercode«, »Geschäftspartnername«, »Ansprechpartner« und »Telefonnummer«**
  Wählen Sie einen Kunden und einen Ansprechpartner aus der Werteliste aus. Im Feld **Telefonnummer** wird die Nummer des Ansprechpartners oder die Hauptnummer des Kunden angezeigt.
- **Feld »Geschäftspartnerref.nr.«**
  Geben Sie hier eine Referenznummer für diesen Serviceabruf für diesen Geschäftspartner ein. Ähnlich wie bei der Bestellnummer des Kunden bei einem Kundenauftrag kann dies eine eindeutige Nummer des Geschäftspartners sein. Anhand dieser Nummer kann der Serviceabruf dann eindeutig identifiziert werden.
- **Felder »Herstellerseriennr.«, »Seriennummer«, »Artikel«, »Beschreibung« und »Artikelgruppe«**
  Wählen Sie hier die entsprechenden Daten aus, die für den Servicefall gelten. Dabei richten sich die Auswahl und der Inhalt der Felder immer nach der dahinterliegenden Vertragsart. Wählen Sie den relevanten Artikel aus, die Felder **Beschreibung** und **Artikelgruppe** werden dann automatisch gefüllt. Im Feld **Seriennummer** wählen Sie optional die Seriennummer über den Button (**Auswahlliste Stammdaten Kundenequipment**). In diesem Fall werden alle Seriennummern der Artikel vorgeschlagen, die der entsprechende Kunde gekauft hat. Die Eingabe einer beliebigen Seriennummer ist hier nicht möglich.

  Welche Seriennummer Sie für den Servicefall verwenden müssen (Herstellerseriennummer oder Seriennummer), richtet sich nach der Einstellung, die Sie im Feld **Eindeutige Seriennummern nach** im Fenster **Allgemeine Einstellungen** auf der Registerkarte **Bestand** unter **Administration • Systeminitialisierung • Allgemeine Einstellungen** vorgenommen haben.

[+]

Eindeutige Seriennummer

Die Seriennummernart, die Sie an dieser Stelle als eindeutig festlegen, *muss* beim Serviceabruf/Vertragstyp Seriennummer unbedingt angegeben werden, die andere Seriennummernart *kann* angegeben werden.

- **Feld »Thema«**
  Geben Sie an dieser Stelle in Schlagworten eine kurze Beschreibung zum Serviceabruf ein. Eine organisatorische Maßnahme in Ihrem Unternehmen wäre es, eine Nomenklatur für die Formulierung festzulegen.

[zB]

Formulierung eines Themas im Serviceabruf

Angabe des Themas – Angabe des Problems – Angabe der Herkunft: »unscharfer Druck – Druckerpatrone – Kunde per E-Mail«

- **Feld »Nr.«**
  Das Feld **Nr.** zeigt die nächsthöhere Nummer aus der definierten Nummerierungsserie (über den Pfad **Administration • Systeminitialisierung • Belegnummerierung einstellbar**). Wählen Sie vor Hinzufügen des Serviceabrufs optional aus dem Dropdown-Feld den Eintrag **Manuell** aus, um selbst eine Nummer zu vergeben. Diese Nummer muss in jedem Fall eindeutig sein.
- **Feld »Abrufstatus«**
  Dieses Feld zeigt den Status des Serviceabrufs. Bei Anlage des Serviceabrufs ist der Status **Offen**. Nachdem der Serviceabruf erledigt ist, wird der Status auf **Abgeschlossen** gesetzt. Der Status **Ausstehend** steht für den Fall zur Verfügung, dass der Vorgang im Moment ruht, was bedeutet, dass er aus dem üblichen Prozess der Serviceabrufe herausgenommen wird. Die drei beschriebenen Status sind standardmäßig bereits vorhanden und können auch nicht verändert werden. Darüber hinaus haben Sie die Möglichkeit, mit dem Eintrag **Neu definieren** in der Werteliste beliebig viele eigene Status anzulegen und dem Serviceabruf zuzuweisen.
- **Feld »Abruf-Nr.«**
  Dies ist eine fortlaufende Nummer, die von SAP Business One automatisch vergeben wird.
- **Feld »Priorität«**
  In diesem Feld ordnen Sie dem Serviceabruf eine Priorität zu. Es stehen Ihnen die Optionen **Niedrig**, **Mittel** und **Hoch** zur Verfügung. Die Priorität wird in den Serviceberichten als Selektionskriterium verwendet. Organisatorisch könnte die Priorität auch eine Rolle in Ihrem Serviceprozess spielen. So können Sie z. B. die Bearbeitungsreihenfolge beeinflussen.
- **Felder »Erstellt am«, »Abgeschlossen am« und »Enddatum«**
  Diese Daten werden automatisch von SAP Business One hinzugefügt.
- **Feld »Vertragsnr.«**
  Klicken Sie auf den orangefarbenen Pfeil ⇨, um den verknüpften Servicevertrag für diesen Serviceabruf aufzurufen.

15.2.1 Registerkarte »Allgemein«

Auf der Registerkarte **Allgemein** im unteren Teil des Fensters **Serviceabruf** sind weitere allgemeine Informationen zum Serviceabruf zu finden (siehe Abbildung 15.5).

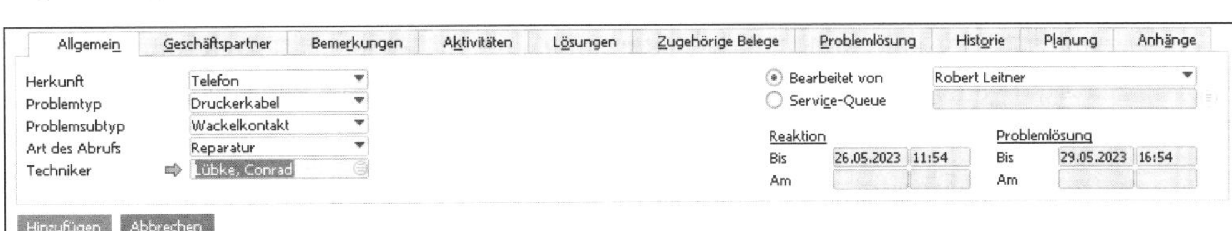

Abbildung 15.5: Serviceabruf – Registerkarte »Allgemein«

Auf der Registerkarte **Allgemein** müssen Sie nun folgende Felder pflegen:

- **Feld »Herkunft«**
  Geben Sie an, auf welchem Weg Sie der Serviceabruf erreicht hat. Die Optionen **E-Mail**, **Telefon** und **Web** sind bereits angelegt und können auch nicht entfernt werden. Wählen Sie den Eintrag **Neu definieren**, um weitere Herkunftsarten anzulegen, die für Ihr Unternehmen spezifisch sind.
- **Feld »Problemtyp«**
  Wählen Sie einen Problemtyp aus der Werteliste aus, oder wählen Sie den Eintrag **Neu definieren**, um einen neuen Problemtyp anzulegen. Der Problemtyp ist eine grobe Klassifizierung Ihrer Serviceabrufe. Diese Einteilung sollte wenige gut unterscheidbare Problemtypen enthalten, die Ihrer Servicestruktur entsprechen. Zum Beispiel könnten Sie die Problemtypen so anlegen, dass sie sich eindeutig den einzelnen Abteilungen oder Technikern zuordnen lassen.
- **Feld »Problemsubtyp«**
  Wählen Sie einen Problemsubtyp aus der Werteliste aus, oder wählen Sie den Eintrag **Neu definieren**, um einen neuen Problemsubtyp anzulegen.

  Der Problemsubtyp ist eine weitere, feingliedrigere Klassifizierung Ihrer Serviceabrufe. Obwohl die Bezeichnung »Problemsubtyp« vermuten lassen könnte, dass der Problemsubtyp hierarchisch unterhalb des Problemtyps steht, ist dies nicht der Fall. Ein Problemsubtyp lässt sich stattdessen jedem beliebigen Problemtyp zuordnen. Dadurch erhalten Sie bei der Definition des Problemsubtyps eine ebenso große Flexibilität wie bei der Definition des Problemtyps. Das Problem ergibt sich dann aus der Schnittmenge der beiden Angaben und kann besser eingeschätzt werden – etwa, wenn Sie dem Problemtyp **Druckerkabel** die häufig vorkommende Fehlfunktion **Wackelkontakt** als Problemsubtyp zuordnen (siehe Abbildung 15.5).
- **Feld »Art des Abrufs«**
  Wählen Sie eine Abrufart aus der Werteliste aus, oder wählen Sie den Eintrag **Neu definieren**, um eine neue Abrufart anzulegen. Die Abrufart ist ein weiteres Einteilungsmerkmal für den Serviceabruf. Während der Problemtyp eher technisch orientiert ist, wird die Abrufart mehr dem organisatorischen Bereich zugerechnet. Zum Beispiel können Sie hier zwischen Garantie, Reparatur, Wartung und Gewährleistung unterscheiden.
- **Feld »Techniker«**
  Wählen Sie einen Techniker aus, dem dieser Serviceabruf zugeordnet wird. Die Auswahlliste enthält eine Liste der Mitarbeiter, die im Fenster **Mitarbeiterstammdaten** (Modul **Personal**) auf der Registerkarte **Zugehörigkeit** im Feld **Rolle** als Techniker definiert sind (siehe Abschnitt 16.2, »Mitarbeiterstammdaten«).
- **Option »Bearbeitet von«**
  Neben dem Techniker ist der Bearbeiter die zweite Person, die in die Bearbeitung eines Serviceabrufs involviert ist. Bei beiden Rollen kann es sich natürlich auch um ein und

dieselbe Person handeln. Als Vorschlagswert wird hier der Benutzer eingetragen, der den Servicevertrag angelegt hat. Während der Bearbeiter für den Serviceabruf die Bearbeitung übernimmt und für die Koordination, Entscheidungsfindung und das Vorantreiben des Serviceabrufs verantwortlich ist, ist der Techniker die ausführende Person, die den technischen Part des Serviceabrufs abdeckt. Wenn der Bearbeiter geändert wird, erhält der neu zugeordnete Bearbeiter eine Benachrichtigung in der Alarmübersicht. Diese können Sie auch mit dem Button (**Übersicht Nachrichten/Alarme**) in der Symbolleiste aufrufen.

- **Felder »Reaktion« und »Problemlösung«**
  Diese Felder sind reine Anzeigefelder. Sie zeigen Datum und Uhrzeit, bis zu denen die Reaktion bzw. die Problemlösung laut Vertrag erfolgen soll. Nach Abschluss zeigen sie das tatsächliche Abschlussdatum.

  Das Programm prüft, ob der Tag, für den der Serviceabruf erfasst wird, vom Vertrag gedeckt ist. Falls nicht, erscheint eine Meldung. Für die Felder **Reaktion** und **Problemlösung** erfolgt diese Prüfung jedoch nicht. Die vorgeschlagene Reaktionszeit kann daher auf einem Samstag liegen, auch wenn dieser Tag nicht im Servicevertrag enthalten ist.

- **Option »Service-Queue«**
  Wählen Sie die Option **Service-Queue** und anschließend eine Service-Queue aus der Auswahlliste aus, wenn kein einzelner Bearbeiter den Serviceabruf lösen soll, sondern dieser Abruf einem Team zugewiesen wird. Auf diese Weise können Sie spezialisierte Teams bilden, denen z. B. anhand der Art des Serviceabrufs oder des Problemtyps die Serviceabrufe zugeordnet werden. Jedes Mitglied des Service-Queue-Teams kann einen Serviceabruf je nach Verfügbarkeit an sich nehmen und ihn abarbeiten. Um das zu tun, muss wieder die Option **Bearbeitet von** aktiviert und der entsprechende Mitarbeiter eingetragen werden. Beachten Sie, dass ein Serviceabruf, der einer Queue zugewiesen ist, nicht den Abrufstatus **Abgeschlossen** erhalten kann. Mit dem Servicebericht **Serviceabrufe nach Service-Queue** können die Mitglieder der Service-Queue die aktuell zugeordneten Serviceabrufe überwachen. Die verschiedenen Service-Queues und ihre Teammitglieder legen Sie im Fenster **Service-Queues – Definition** (unter **Administration • Definitionen • Service • Service-Queues**) an.

Im Fenster **Service-Queues – Definition** (siehe Abbildung 15.6) legen Sie die Service-Queue mit einem Namen in der Spalte **Service-Queue-ID**, einer kurzen Beschreibung, dem verantwortlichen Queue-Manager und der E-Mail-Adresse dieses Teams an. Falls eine Service-Queue (vorübergehend) nicht verwendet wird, markieren Sie die Checkbox in der Spalte **Inaktiv**. Um die Teammitglieder der Service-Queue anzulegen, positionieren Sie den Cursor auf der gewünschten Zeile und klicken auf den Button **Mitarbeiter in Service-Queue** ❶.

Wählen Sie nun im Fenster **Mitarbeiter in Service-Queue – Definition: [Name der Service-Queue]** mittels der Dropdown-Liste, in der alle angelegten Benutzer angezeigt werden, alle Mitglieder Ihres Teams aus ❷, und bestätigen Sie dies mit den Buttons **Aktualisieren** ❸ und **OK**.

Beachten Sie, dass in diesem Fenster zwar von »Mitarbeitern« die Rede ist, das Programm aber »Benutzer« zur Auswahl anbietet. Dies im Unterschied zum Techniker, der sehr wohl ein Mitarbeiter mit dem entsprechenden Kennzeichen sein muss.

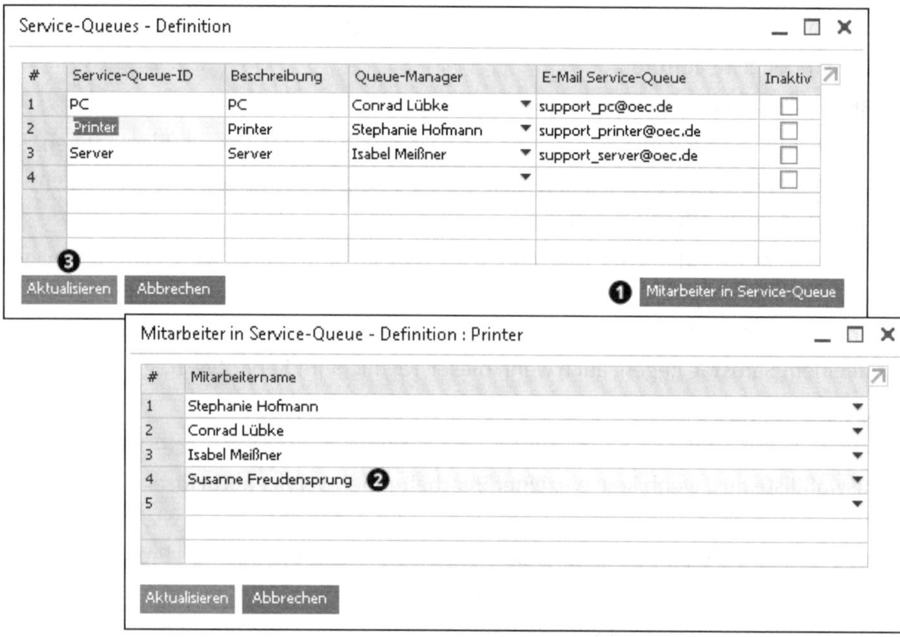

Abbildung 15.6: Service-Queue und Teammitglieder definieren

Der Servicebereich zeichnet sich unter anderem dadurch aus, dass mehrere Personen im Unternehmen in den Serviceprozess eingebunden werden, und es kann auch sein, dass mehrere Personen an einem Serviceabruf arbeiten müssen. Ein solcher Geschäftsprozess muss im Unternehmen abgebildet werden können. SAP Business One unterstützt Sie dabei und bietet die Möglichkeit, Serviceabrufe an andere Mitarbeiter weiterzuleiten oder sie wieder zurückzuschicken. Um einen Serviceabruf weiterzuleiten, ändern Sie den Namen bei der Option **Bearbeitet von** auf der Registerkarte **Allgemein** (siehe Abbildung 15.7).

Der neu zugewiesene Bearbeiter (Benutzer) erhält umgehend eine Nachricht im Fenster **Übersicht Nachrichten/Alarme** (siehe Abbildung 15.8).

Klicken Sie auf die Meldung, werden Details angezeigt. Bei einem weitergeleiteten Serviceabruf werden das Thema, die Priorität und die Serviceabrufnummer angezeigt. Klicken Sie auf den Button [⇨] neben der Ziffer in der Spalte **Abruf-Nr.**, um den Serviceabruf aufzurufen.

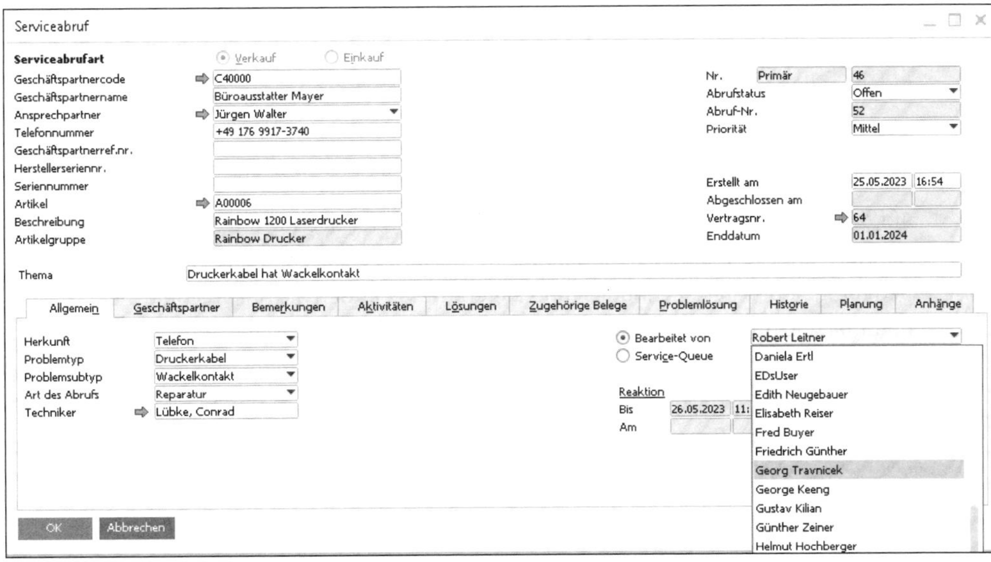

Abbildung 15.7: Serviceabruf weiterleiten

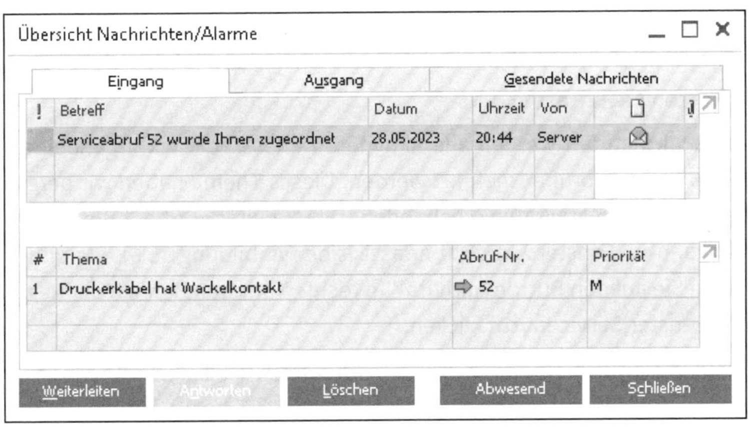

Abbildung 15.8: Meldungsübersicht mit weitergeleitetem Serviceabruf

[+]

Aktualisierungszeit überprüfen

Falls der Alarm nicht sofort angezeigt wird, kann es sein, dass die Aktualisierungszeit für Meldungen zu lang eingestellt ist. Geben Sie im Feld **Nachrichten aktualisieren (Minuten)** im Fenster **Allgemeine Einstellungen** (Registerkarte **Dienste** unter **Administration • Systeminitialisierung • Allgemeine Einstellungen**) den Wert »0« ein. Dadurch wird die Aktualisierungszeit auf »null Minuten« heruntergesetzt, und alle Meldungen werden unmittelbar angezeigt.

Der neu zugeordnete Mitarbeiter hat nun die Aufgabe, den Serviceabruf abzuarbeiten. Er kann ihn aber auch einem anderen Mitarbeiter zuordnen oder wieder zurückschicken, indem er den ursprünglichen Bearbeiter erneut auswählt.

15.2.2 Registerkarte »Geschäftspartner«

Auf der Registerkarte **Geschäftspartner** im Fenster **Serviceabruf** werden die wichtigsten Kontakt- und Adressinformationen des ausgewählten Geschäftspartners angezeigt. Das bedeutet, neben der Rechnungs- und Lieferadresse finden Sie Ansprechpartner, Telefonnummer, Faxnummer, E-Mail-Adresse, das Gebiet des Geschäftspartners und einige weitere Informationen. Sie müssen also nicht mehr über den orangefarbenen Pfeil ⇨ in das Fenster **Geschäftspartner-Stammdaten** verzweigen, sondern haben alle Basisinformationen des Geschäftspartners auf dieser Registerkarte auf einen Blick zur Verfügung.

15.2.3 Registerkarte »Bemerkungen«

Auf der Registerkarte **Bemerkungen** geben Sie die genaue Fallbeschreibung des Serviceabrufs ein. Hier können Sie z. B. einfach Problembeschreibungen hineinkopieren, die Sie per E-Mail erhalten haben.

15.2.4 Registerkarte »Aktivitäten«

Auf der Registerkarte **Aktivitäten** werden alle Aktivitäten erfasst, die von irgendeinem Mitarbeiter für diesen Serviceabruf ausgeführt werden. Dieses Thema haben wir bereits ausführlich in Abschnitt 4.5, »Aktivitäten«, behandelt. Die Aktivität wird auf die gleiche Weise im bereits bekannten Fenster **Aktivität** erfasst (siehe Abbildung 15.9). Sie öffnen dieses Fenster, indem Sie auf den Button **Aktivität** im rechten unteren Bereich der Registerkare **Aktivität** im Fenster **Serviceabruf** klicken.

Hinsichtlich der Felder **Typ** und **Thema** im Fenster **Aktivität** ist es sinnvoll, an dieser Stelle speziell für den Servicebereich entsprechende Kategorien anzulegen. Zumindest für den Typ sollte eine eigene Kategorie **Service**, wie in Abbildung 15.9 zu sehen ist, angelegt werden. Die Themen sind jeweils mit dem Typ verknüpft und lassen sich beliebig unterteilen und anlegen. Sie können z. B. in der Reihenfolge der typischen Abhandlung eines Servicefalls angelegt sein. Klicken Sie abschließend auf den Button **Hinzufügen** und im Fenster **Serviceabruf** auf **Aktualisieren**, um die Aktivität anzulegen und dem Serviceabruf zuzuordnen. Nach dem Anlegen erscheint der Eintrag der Aktivität in der Tabelle der Registerkarte **Aktivitäten**.

Klicken Sie auf den orangefarbenen Pfeil ⇨, um die Aktivität aufzurufen. Auf der Registerkarte **Verknüpfter Beleg** im Fenster **Aktivität** erscheint im Feld **Ursprungsobjekttyp** der Eintrag **Serviceabruf** und im Feld **Ursprungsobjektnr.** die Nummer des Serviceabrufs. Klicken Sie hier auf den orangefarbenen Pfeil [⇨], um den dazugehörigen Serviceabruf aufzurufen.

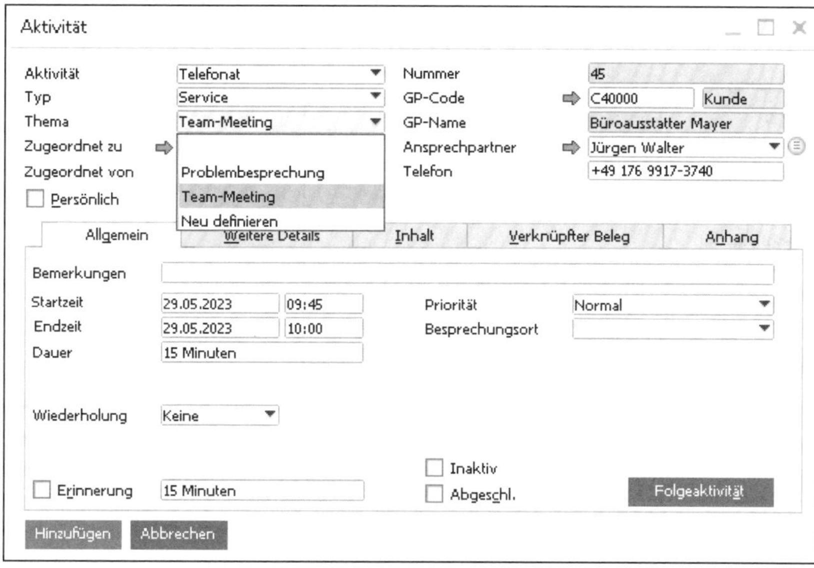

Abbildung 15.9: Aktivität zu Serviceabruf erfassen

15.2.5 Registerkarte »Lösungen«

Die Registerkarte **Lösungen** im Fenster **Serviceabruf** (siehe Abbildung 15.7) ist eng verknüpft mit der Lösungsdatenbank und wird aus diesem Grund in Abschnitt 15.4, »Lösungsdatenbank als Nebenprodukt«, behandelt.

15.2.6 Registerkarte »Zugehörige Belege«

Auf der Registerkarte **Zugehörige Belege** können Sie alle Transaktionen und Aufwendungen erfassen, die bei diesem Serviceabruf anfallen. Für diesen Prozess sind mehrere Schritte erforderlich:

1. Klicken Sie auf den Button **Details** im rechten unteren Bereich der Registerkarte **Zugehörige Belege**. Im nun geöffneten Fenster **Auf Serviceabruf bezogene Belegdetails** werden alle Aufwendungen getrennt nach Artikel, Arbeit und Reise angezeigt. Diese Aufteilung entspricht der Unterscheidung nach Artikelart in den Artikelstammdaten.
2. Klicken Sie auf den Button **Neuer Beleg** im rechten unteren Bereich, um neue Aufwendungen zu erfassen.
3. Wählen Sie im nun geöffneten Fenster im Feld **Belegart** die gewünschte Belegart aus (siehe Abbildung 15.10).

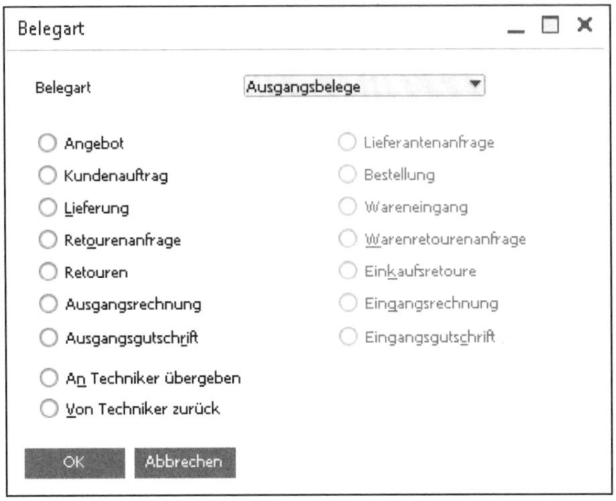

Abbildung 15.10: Serviceabruf – Belegarten für Aufwendungen

Belegarten repräsentieren die verschiedenen Möglichkeiten, die Ihnen im Serviceprozess in SAP Business One zur Verfügung stehen. Hinter jeder Belegart steckt eine Transaktion, die in SAP Business One angelegt wird. Einen Überblick über die verschiedenen Möglichkeiten zeigt Tabelle 15.1 am Beispiel eines Serviceabrufs für einen Kunden.

Belegart Aufwendung	**Transaktion in SAP Business One (Modul)**	**Anmerkung**
An Techniker übergeben	Bestandsumlagerung (Lagerverwaltung)	Wird für das Einsenden des Artikels an den Hersteller verwendet, wenn dieser als virtuelles Lager definiert ist. Alternativ kann auch eine Umlagerung vom Hauptlager in ein Technikerfahrzeug damit abgebildet werden.
Kundenauftrag	Kundenauftrag (Verkauf)	Kunde erteilt einen Reparaturauftrag.
Lieferung	Lieferung (Verkauf)	Ersatzteile oder der reparierte Artikel werden an den Kunden geliefert.
Von Techniker zurück	Bestandsumlagerung (Lagerverwaltung)	Der reparierte Artikel kommt vom Hersteller zurück. Ersatzteile werden vom Werkstattfahrzeug wieder in das Hauptlager zurückgebracht.

Tabelle 15.1: Übersicht über Belegarten im Rahmen eines Servicefalls

Belegart Aufwendung	Transaktion in SAP Business One (Modul)	Anmerkung
Retourenanfrage	Retourenanfrage (Verkauf)	Es wird ein Beleg erzeugt, mit dem der Kunde über die bevorstehende Abholung informiert wird.
Retouren	Retoure (Verkauf)	Der zu reparierende Artikel wird beim Kunden abgeholt; dies ist in der Regel der erste Schritt im Reparaturprozess.
Rechnung	Ausgangsrechnung (Verkauf)	Verrechnung von Ersatzteilen, Arbeitszeit, Reisekosten (falls im Servicevertrag nicht enthalten)
Gutschrift	Ausgangsgutschrift (Verkauf)	nachträgliche Gutschrift, z. B. in Gewährleistungsfällen

Tabelle 15.1: Übersicht über Belegarten im Rahmen eines Servicefalls (Forts.)

Bei der Übergabe an den Techniker hat es sich bewährt, ein eigenes Reparaturlager anzulegen, auf das die zu reparierenden Waren gelegt werden. Das hat folgende Vorteile:

- Die vom Kunden retournierten Artikel werden mengen- und wertmäßig separiert. Dazu muss auch die Lagerbewertungsmethode im Feld **Artikelkosten je Lager verwalten** im Fenster **Firmendetails** auf der Registerkarte **Basisinitialisierung** unter **Administration • Systeminitialisierung • Firmendetails** pro Lager eingestellt werden. Auf dieses Reparaturlager kann jeder Artikel des Kunden beliebig oft transferiert werden. Die Einstellung kann jedoch nach der ersten lagerwirksamen Transaktion nicht mehr geändert werden.
- Das Lager soll nicht disporelevant sein. Das ist im Programmpunkt **Administration • Definition • Lagerverwaltung • Lager** einzustellen. Damit verhindern Sie, dass Bestände auf diesem Lager beim Beschaffungsprozess berücksichtigt werden.
- Zusätzlich kann dieses Lager verwendet werden, wenn der zu reparierende Artikel an den Hersteller geschickt wird.
- Außerdem können Sie mit einem Lagerbestandsbericht für dieses Reparaturlager feststellen, welche Artikel sich aktuell auf diesem Lager befinden.

Nachdem die Belegart ausgewählt wurde, wird die dahinterliegende Transaktion in SAP Business One geöffnet. Geben Sie alle Daten ein, und klicken Sie auf den Button **Hinzufügen**, um den Beleg anzulegen. Falls Sie eine Ausgangsrechnung angelegt haben, werden die Aufwendungen für den Kunden im Fenster **Auf Serviceabruf bezogene Belegdetails** angezeigt.

4. Klicken Sie im Fenster **Auf Serviceabruf bezogene Belegdetails** auf den Button **Aktualisieren** im linken unteren Bereich, um die Änderungen zu speichern.
5. Klicken Sie auf den Button **OK**, um das Fenster **Auf Serviceabruf bezogene Belegdetails** zu schließen und zum Fenster **Serviceabruf** zurückzukehren. Auf der Registerkarte **Zugehörige Belege** werden alle Transaktionen mit Belegart, Belegnummer, Datum, Artikel, Menge, Quell- und Ziellager angezeigt.

Am Ende dieses Abschnitts wird ein vollständiger Serviceprozess mit den dazugehörigen Belegen dargestellt.

Analog zum hier dargestellten Ablauf für einen Kunden stehen auch für einen Lieferanten die entsprechenden Einkaufsbelege wie **Lieferantenanfrage**, **Bestellung**, **Wareneingang**, **Einkaufsretoure**, **Eingangsrechnung** und **Eingangsgutschrift** zur Verfügung.

15.2.7 Registerkarte »Problemlösung«

Auf der Registerkarte **Problemlösung** können Sie außerdem ein großes Textfeld nutzen. Jeder Eintrag in diesem Feld aktualisiert gleichzeitig die Uhrzeit und das Datum im Feld **Problemlösung Bis und Am** auf der Registerkarte **Allgemein** und stellt damit eine vorläufige Problemlösungszeit dar.

15.2.8 Registerkarte »Lösung«

Sobald die Lösung des Problems gefunden ist, soll diese auf der Registerkarte **Lösungen** eingetragen werden. Danach ist das Feld **Abrufstatus** auf **Abgeschlossen** zu setzen und ein Datum in das Feld **Abgeschlossen am** einzugeben. Sie können den Abrufstatus zu einem späteren Zeitpunkt ändern, damit wird auch das Feld **Abgeschlossen am** wieder editierbar. Wie Sie dieses Feld verwenden, obliegt Ihrer Kreativität. Sie könnten z. B. die vermutete Problemlösung bereits beim Anlegen des Serviceabrufs hineinschreiben. Der Techniker, der das Problem behebt, ergänzt jeweils den Problemlösungspfad, und Sie erhalten so eine komplette Übersicht von der ersten Problemvermutung über die Diagnose bis hin zur eigentlichen Problembehebung.

15.2.9 Registerkarte »Historie«

Auf der Registerkarte **Historie** werden alle Änderungen an einem Serviceabruf automatisch von SAP Business One protokolliert. Pro Änderung (also bei jedem Klick auf den Button **Aktualisieren**) werden der Benutzer, das Aktualisierungsdatum, die Aktualisierungszeit und die eigentliche Änderung gespeichert (siehe Abbildung 15.11).

Die gespeicherten Änderungen werden jeweils pro Feld mit dem alten (Spalte **Vorheriger Wert**) und dem neu gespeicherten Wert (Spalte **Neuer Wert**) protokolliert. Klicken Sie auf den Button ▶ (**Daten expandieren**) bzw. ▼ (**Daten komprimieren**) in der Spalte **Aktua-**

lisierungsdatum ganz links oder auf die Buttons **Alles komprimieren** bzw. **Alles expandieren** rechts unten, um die dahinterliegenden Änderungen zu expandieren bzw. zu komprimieren.

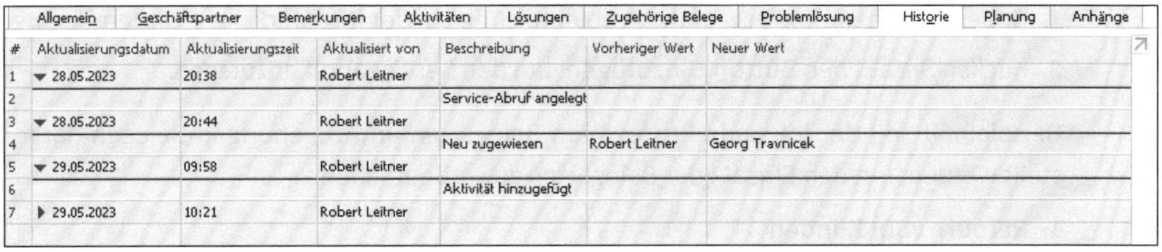

#	Aktualisierungsdatum	Aktualisierungszeit	Aktualisiert von	Beschreibung	Vorheriger Wert	Neuer Wert
1	▾ 28.05.2023	20:38	Robert Leitner			
2				Service-Abruf angelegt		
3	▾ 28.05.2023	20:44	Robert Leitner			
4				Neu zugewiesen	Robert Leitner	Georg Travnicek
5	▾ 29.05.2023	09:58	Robert Leitner			
6				Aktivität hinzugefügt		
7	▸ 29.05.2023	10:21	Robert Leitner			

Abbildung 15.11: Historie zum Serviceabruf

15.2.10 Registerkarte »Planung«

Auf der Registerkarte **Planung** finden Sie viele Elemente, die Sie bereits von einer Aktivität kennen und die die Terminierung und Anzeige im SAP-Business-One-Kalender steuern. Legen Sie Startzeit, Endzeit sowie den Besprechungsort fest. Darüber hinaus markieren Sie die Checkbox **Erinnerung** und geben rechts daneben an, in welchem Zeitraum SAP Business One Sie an die angegebene Startzeit erinnern soll. Markieren Sie außerdem die Checkbox **Im Kalender anzeigen**, wenn der SAP-Business-One-Kalender den terminierten Serviceabruf anzeigen soll. Klicken Sie auf den Button (**Kalender...**) in der Symbolleiste, um den Kalender zu öffnen.

15.2.11 Registerkarte »Anhänge«

Auf der Registerkarte **Anhänge** haben Sie die Möglichkeit, dem Serviceabruf beliebige Dateien anzuhängen. Klicken Sie dazu auf den Button **Durchsuchen**, wählen Sie im sich öffnenden Dialogfenster ein Dokument aus Ihrem lokalen Ordner, und bestätigen Sie Ihre Auswahl mit dem Button **Öffnen**.

Nachdem alle Daten für den Serviceabruf eingegeben wurden, klicken Sie auf den Button **Hinzufügen**, um den Serviceabruf tatsächlich anzulegen.

Das Fenster **Serviceabruf** enthält eine Reihe von Feldern, die wertvolle Zusatzinformationen liefern. Wenn Sie jedoch nur ein Mindestmaß an Informationen zu einem Serviceabruf erfassen möchten, können Sie den Serviceabruf z. B. auf die folgende Weise anlegen:

1. Wählen Sie einen Geschäftspartner und einen Ansprechpartner aus der Werteliste aus.
2. Wählen Sie einen Artikel aus der Werteliste aus, und geben Sie bei Bedarf eine Seriennummer an.
3. Geben Sie ein Thema für den Serviceabruf an.
4. Wählen Sie einen Problemtyp und eine Art des Abrufs aus der Werteliste aus.

5. Ordnen Sie dem Serviceabruf einen Techniker sowie einen Bearbeiter oder eine Service-Queue zu.
6. Erläutern Sie den Serviceabruf auf der Registerkarte **Bemerkungen**.
7. Geben Sie einen Hinweis auf die Problemlösung auf der Registerkarte **Problemlösung**.
8. Klicken Sie auf den Button **Hinzufügen**, um den Serviceabruf anzulegen.

Beispielhaft soll der folgende Prozess von Belegarten und zugehörigen Belegen dargestellt werden, um den Einsatz der Belegarten zu verdeutlichen.

1. **Retoure vom Kunden**

   Im ersten Schritt wird der beanstandete Artikel vom Kunden zurückgeholt. Der Preis wird mit null angesetzt, da der Artikel ein Fremdartikel des Kunden ist. Damit wird verhindert, dass wir den Lagerwert erhöhen und dass eine Buchung im Bereich Finanzwesen stattfindet.

   Für diesen Beleg und für die im Folgenden beschriebenen Belege **An Techniker übergeben**, **Von Techniker zurück** und **Lieferschein** gilt, dass die Seriennummer des Artikels ausgewählt werden muss, wenn die Artikel seriennummerngeführt sind. Das Auswahlfenster öffnen Sie, indem Sie im Feld **Menge** die Tastenkombination [Strg]+[⇥] drücken. Alternativ wird das Programm das Auswahlfenster automatisch öffnen, wenn Sie versuchen, den Beleg hinzuzufügen.

   Wie Sie in Abbildung 15.12 erkennen, wird in der oberen Tabelle der Artikel dargestellt, der retourniert werden soll. Werden mehrere Artikel retourniert, werden entsprechend mehrere Artikel angezeigt.

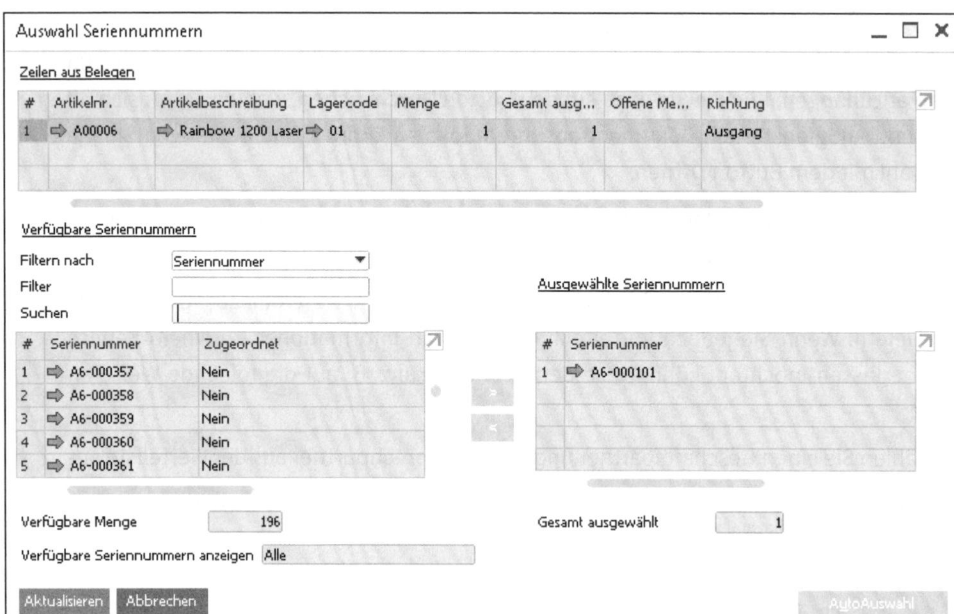

Abbildung 15.12: Seriennummernauswahl

In der linken unteren Tabelle sehen Sie alle Seriennummern, die für diese Kombination von Kunden und Artikel ausgeliefert wurden. In der rechten Tabelle sehen Sie die Seriennummer, die Sie ausgewählt haben und die Inhalt des Serviceabrufs ist. Sie transferieren die betroffene Seriennummer von der linken in die rechte Tabelle, indem Sie den Artikel durch Klick auswählen und danach auf den Button > klicken. Die Verwendung des Buttons **AutoAuswahl** empfiehlt sich nicht, da Sie ja eine konkrete Seriennummer auswählen wollen und nicht eine willkürlich vom Programm vorgeschlagene.

2. **An Techniker übergeben – Umlagerung auf Reparaturlager**
   Im nächsten Schritt erfolgt die Übergabe an den Techniker des Herstellers auf das Reparaturlager. Abbildung 15.13 zeigt, dass der Artikel auf das Lager **06 – Reparaturlager** umgelagert wird (Spalte **Ziellager**). Der Preis ist null (Spalte **Info Preis**). Optional könnte das Reparaturlager auch im Zuge der Retourenerfassung ausgewählt werden. Das Vorgehen hängt davon ab, wie der Retourenprozess im Detail organisiert ist.

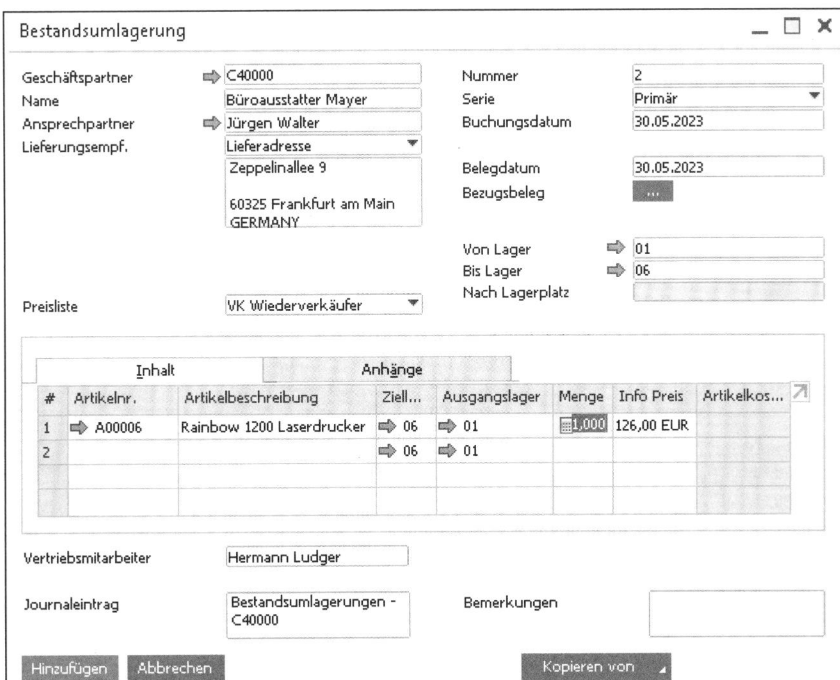

Abbildung 15.13: Umlagerung zum Reparaturlager

3. **Von Techniker zurück – Rückumlagerung von Reparaturlager**
   Nach Abschluss der Reparaturen wird der Artikel vom Hersteller wieder zurückgeliefert.

4. **Lieferung an den Kunden**
   Der reparierte Artikel wird an den Kunden geliefert.

5. **Ausgangsrechnung an den Kunden**
   Die erbrachten Leistungen werden dem Kunden in Rechnung gestellt. Wenn Leistungen durch den Servicevertrag abgedeckt werden, können sie dennoch in der Ausgangsrechnung erscheinen. Sie haben allerdings keinen Preis. Sollten im Servicevertrag enthaltene Leistungen auf der Ausgangsrechnung stehen, erhalten Sie von SAP Business One beim Hinzufügen eine Warnmeldung (siehe Abbildung 15.14).

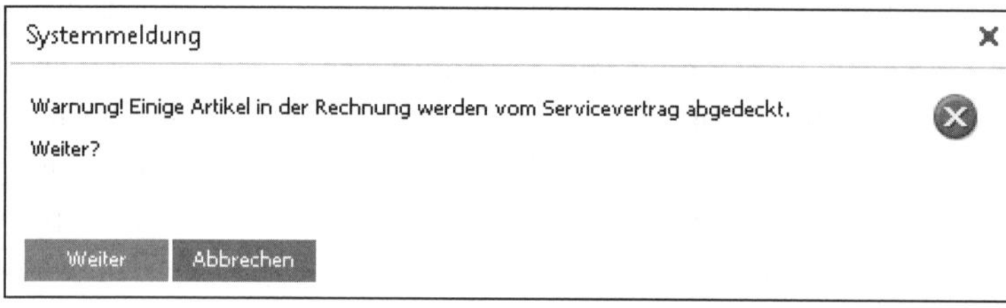

Abbildung 15.14: Hinweismeldung – im Servicevertrag enthaltene Leistungen in Ausgangsrechnung

Klicken Sie auf den Button **Weiter**, um die Ausgangsrechnung hinzuzufügen.

Auf der Registerkarte **Zugehörige Belege** klicken Sie auf den Button **Details**, um das Fenster **Auf Serviceabruf bezogene Belegdetails** zu öffnen. Hier sehen Sie die verrechneten Artikel, Arbeits- und Reisekosten für diesen Serviceabruf (siehe Abbildung 15.15).

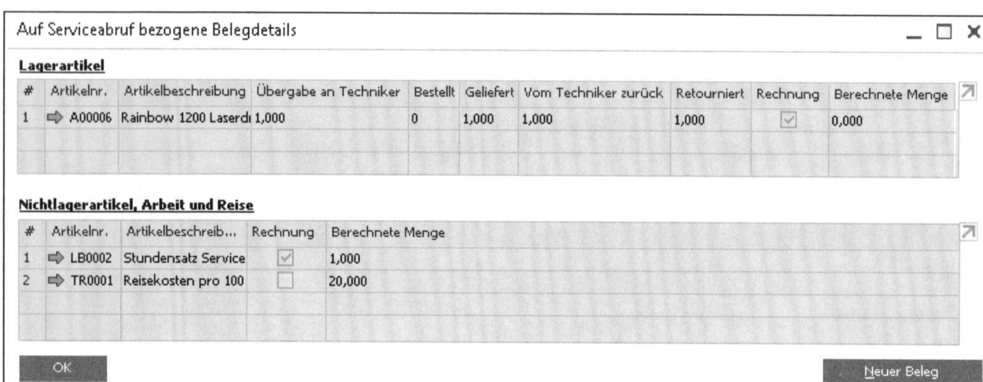
Auf Serviceabruf bezogene Belegdetails

Lagerartikel

#	Artikelnr.	Artikelbeschreibung	Übergabe an Techniker	Bestellt	Geliefert	Vom Techniker zurück	Retourniert	Rechnung	Berechnete Menge
1	A00006	Rainbow 1200 Laserdı	1,000	0	1,000	1,000	1,000	☑	0,000

Nichtlagerartikel, Arbeit und Reise

#	Artikelnr.	Artikelbeschreib...	Rechnung	Berechnete Menge
1	LB0002	Stundensatz Service	☑	1,000
2	TR0001	Reisekosten pro 100	☐	20,000

OK   Neuer Beleg

Abbildung 15.15: Aufwendungen – getrennt nach »Artikel«, »Arbeit« und »Reise«

In der Tabelle **Lagerartikel** in Abbildung 15.15 ist Folgendes leicht erkennbar:

- Der Artikel »A00006 Rainbow 1200 Laserdrucker« wurde vom Kunden als defekt retourniert (Spalte **Retourniert**).
- Danach wurde er mit einer Bestandsumlagerung an den Techniker geliefert (Spalte **Übergabe an Techniker**).
- Derselbe Artikel kam mit einer Bestandsumlagerung vom Techniker retour (Spalte **Vom Techniker zurück**).

- Der reparierte Artikel wurde an den Kunden geliefert (Spalte **Geliefert**).
- Dieser Artikel wurde nicht in der Ausgangsrechnung verrechnet. (Die Spalte **Berechnete Menge** zeigt die Anzahl in der Ausgangsrechnung. Die Spalte **Rechnung** ist markiert und zeigt an, dass zu diesem Serviceabruf eine Rechnung existiert. Hier handelt es sich aber nicht um den Drucker selbst, sondern um die berechneten Services.)

In der Tabelle **Nichtlagerartikel, Arbeit und Reise** in Abbildung 15.15 ist zu sehen, dass die Reisekosten in der Ausgangsrechnung erfasst wurden. Die markierte Checkbox in der Spalte **Rechnung** zeigt, dass die Arbeit und die Ersatzteile, aber nicht die Reisekosten verrechnet werden, wie auch aus dem dahinterliegenden Servicevertrag ersichtlich ist (siehe Abbildung 15.16).

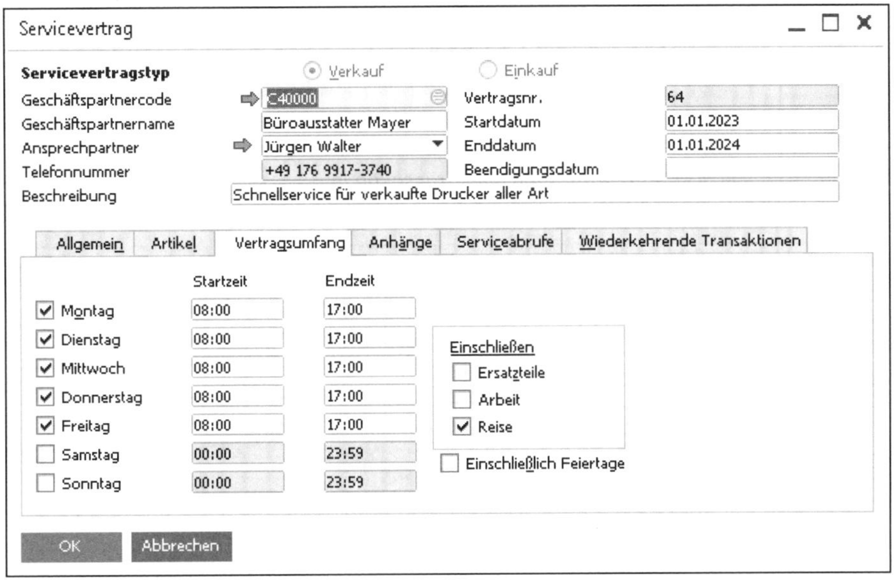

Abbildung 15.16: Servicevertrag – Reisekosten im Servicevertrag enthalten

Im Fenster **Serviceabruf** werden auf der Registerkarte **Zugehörige Belege** alle Transaktionen detailliert aufgelistet (siehe Abbildung 15.17). Aktivieren Sie die Checkbox **Alle Belege anzeigen** im unteren Bereich des Fensters, um auch die Bestandsumlagerungen sehen zu können.

Eine exzellente Übersicht über die mit dem Serviceabruf verknüpften Belege bietet darüber hinaus der Verknüpfungsplan für den Serviceabruf (siehe Abbildung 15.18).

Klicken Sie mit der rechten Maustaste auf den Serviceabruf, und wählen Sie den Eintrag **Verknüpfungsplan** aus dem Kontextmenü aus. Es öffnet sich die Ansicht in Abbildung 15.18, hier werden alle mit dem Serviceabruf verknüpften Belege angezeigt. Klicken Sie doppelt auf einen der Belege, um das Belegfenster aufzurufen.

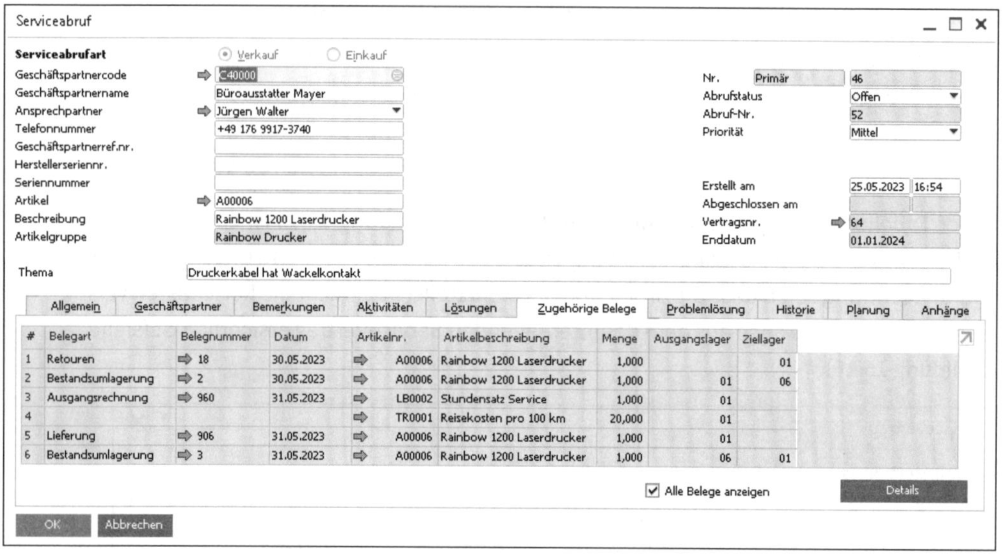

Abbildung 15.17: Serviceabruf – Auflistung aller Transaktionen

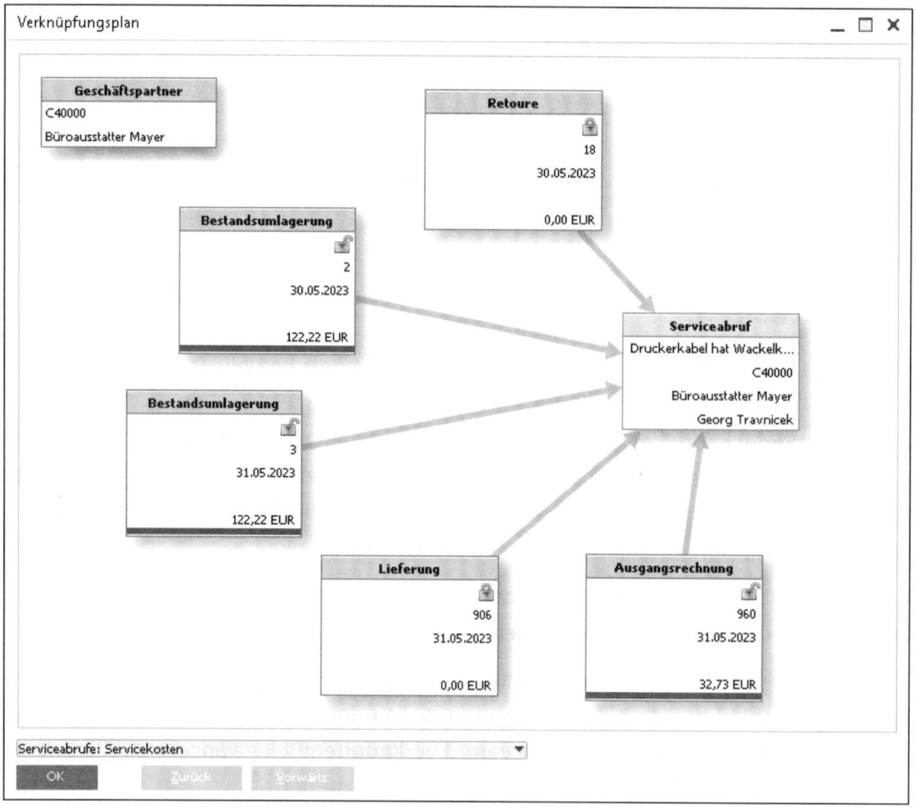

Abbildung 15.18: Verknüpfungsplan zum Serviceabruf

[+]

Belege schließen

Wie Sie in Abbildung 15.18 sehen, sind einige Belege mit einem Symbol eines geschlossenen Vorhängeschlosses markiert. Diese Belege wurden vom Bearbeiter manuell geschlossen. Dazu klicken Sie mit der rechten Maustaste in den jeweiligen geöffneten Beleg. Wählen Sie aus dem Kontextmenü die Option **Schließen**. Das empfiehlt sich für alle Belege, die keinen Folgebeleg haben werden, z. B. den Lieferschein und die Retoure. So verhindern Sie, dass diese Belege später irrtümlich in die Folgebelegstufe kopiert werden.

15.3 Verwaltung der Geschäftspartnergeräte – Equipment-Stammdaten

Eine Besonderheit bietet SAP Business One bei den Seriennummernartikeln. In dem Moment, in dem Sie einen dieser Artikel an Ihren Kunden liefern, wird – falls Sie dies in SAP Business One so eingestellt haben – automatisch ein Eintrag im Fenster **Equipment-Stammdaten** angelegt. Das sind sogenannte *Gerätekarten* (*Equipment Cards*). Dabei handelt es sich um Datensätze, mit deren Hilfe Sie eine Übersicht darüber erhalten, welches Gerät sich mit welcher Seriennummer bei welchem Geschäftspartner befindet und welche Transaktionen mit dieser spezifischen Seriennummer in Verbindung stehen. Pro Gerät, das beim Geschäftspartner steht, wird eine Gerätekarte angelegt.

Sie aktivieren diesen Mechanismus im Fenster **Allgemeine Einstellungen** auf der Registerkarte **Bestand** (über den Pfad **Administration • Systeminitialisierung • Allgemeine Einstellungen**). Wählen Sie im Feld **Eindeutige Seriennummer nach** entweder die Option **Herstellerseriennummer** oder **Seriennummer** aus. Die ausgewählte Seriennummernart muss dann obligatorisch jeweils bei einem Seriennummernartikel eingegeben werden. Zudem muss die Checkbox **Equipment-Stammdaten automatisch erstellen** markiert sein. Bei jeder Lieferung, die einen Seriennummernartikel enthält, wird daraufhin ein Stammdateneintrag für Equipment angelegt.

In Abbildung 15.19 ist zu erkennen, dass die in der Lieferung »LS 907« ❶ verwendete Seriennummer »A6-000136« (❷ im Fenster **Transaktionsbericht Seriennummern**) als Stammdateneintrag für das Equipment automatisch angelegt wird (❸ im Fenster **Equipment-Stammdaten**). Das Fenster **Equipment-Stammdaten** finden Sie direkt im Modul **Service**. Es enthält die folgenden Informationen:

Im Kopfbereich finden Sie alle Informationen zum Artikel samt Seriennummer und Kunde sowie den Status des Kundenequipments, den zugeordneten Techniker und das Gebiet. Das Feld **Status** sollte unbedingt gepflegt werden, da es eine wertvolle Information ist, die die Geräteverwaltung erst komplettiert. Es stehen Ihnen die folgenden Optionen zur Verfügung:

- **Aktiv**: Das Gerät ist in Ordnung und steht beim Kunden.
- **Retourniert**: Das Gerät hat ein Problem und wurde vom Kunden retourniert.
- **Beendet**: Das Gerät wurde retourniert und ist nicht mehr verfügbar.
- **Leihgerät**: Der Kunde hat für die Zeit der Reparatur ein Leihgerät erhalten. Dieses wird retourniert, sobald die Reparatur abgeschlossen wurde. Stellt sich heraus, dass das Gerät mit der ursprünglichen Seriennummer nicht repariert werden kann, und wird entweder das Leihgerät oder ein Ersatzgerät geliefert, muss dies in den Feldern **Vorherige Seriennr.** und **Neue Seriennr.** vermerkt werden.
- **In Werkstatt**: Der Artikel befindet sich in der Werkstatt zur Reparatur (z. B. in der eigenen Werkstatt oder beim Hersteller). Falls der Kunde ein Ersatzgerät erhalten hat, tragen Sie die Seriennummer des Ersatzgeräts im Feld **Neue Seriennr.** ein. Das Ersatzgerät ist damit diesem Serviceabruf zugeordnet und steht nicht mehr für andere Kunden zur Verfügung.

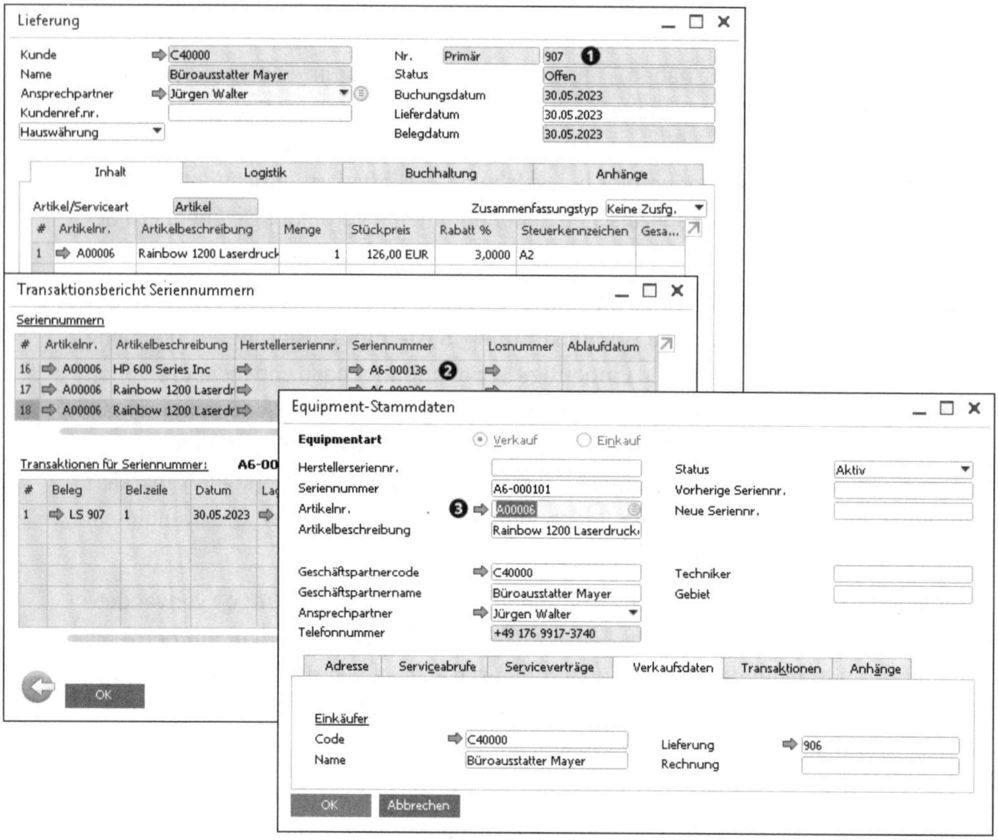

Abbildung 15.19: Stammdaten Kundenequipment anhand einer Lieferung automatisch anlegen

Auf der Registerkarte **Adresse** wird die Lieferadresse des Geschäftspartners angezeigt, an die diese Seriennummer geliefert wurde.

Auf der Registerkarte **Serviceabrufe** finden Sie eine Übersicht über alle Serviceabrufe samt Erstellungsdatum, Betreff, Status etc., die für dieses Kundenequipment angelegt wurden. Klicken Sie auf den orangefarbenen Pfeil in der Spalte **Abruf-Nr.**, um den betreffenden Serviceabruf aufzurufen.

Auf der Registerkarte **Serviceverträge** sehen Sie eine Übersicht über alle Serviceverträge, die für diesen Seriennummernartikel gültig sind.

Auf der Registerkarte **Verkaufsdaten** finden Sie die Nummer der Lieferung bzw. der Rechnung, mit der der Seriennummernartikel geliefert wurde. Klicken Sie auf den orangefarbenen Pfeil neben der Belegnummer, um die betreffende Lieferung bzw. Ausgangsrechnung zu öffnen.

Die Registerkarte **Transaktionen** umfasst alle Bewegungen der Seriennummer des Equipments in SAP Business One (siehe Abbildung 15.20).

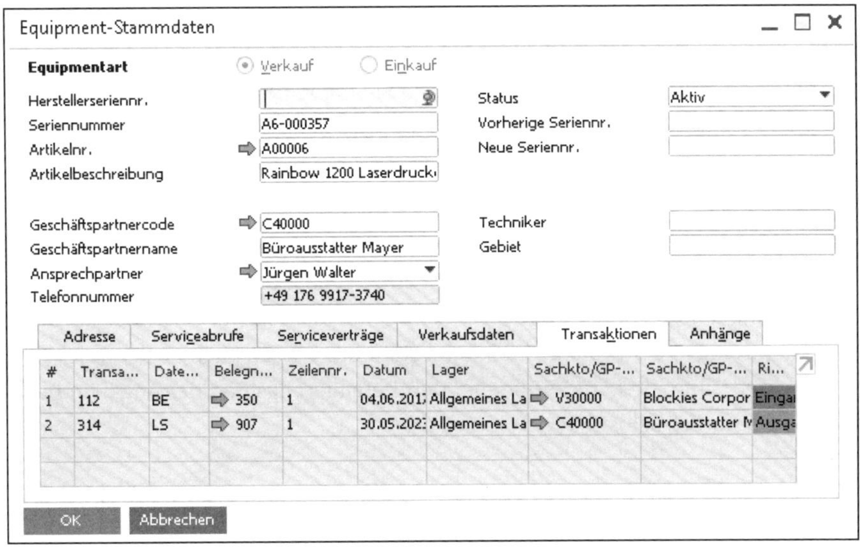

Abbildung 15.20: Transaktionen der Seriennummer des Kundenequipments

Die Aufstellung entspricht dem Transaktionsbericht **Seriennummern** (siehe Abschnitt 7.7.1, »Seriennummern«). Sie zeigt etwa, mit welchem Beleg die Seriennummer in Ihr Unternehmen gekommen ist und mit welchem sie es wieder verlassen hat. Auch mehr als zwei Zeilen sind möglich, etwa wenn ein Artikel zur Reparatur angenommen und später wieder ausgeliefert wurde.

Auf der Registerkarte **Anhänge** haben Sie die Möglichkeit, diesem Kundenequipment Dateianhänge beizufügen.

Die Equipment-Stammdaten stellen eine perfekte Möglichkeit dar, den Produktlebenszyklus von höherwertigen Produkten immer im Auge zu behalten.

15.4 Lösungsdatenbank als Nebenprodukt

In vielen kleinen und mittleren Unternehmen besteht häufig das Problem, dass der Unternehmensbereich Service, Wartung, Reparatur, Support etc. sehr personenorientiert gestaltet ist, denn gerade dieser Unternehmensbereich ist sehr stark durch Erfahrung geprägt. Die Qualität der Problemlösungen hängt außer vom Einfallsreichtum der zuständigen Mitarbeiter vor allem von der Frage ab, ob ein bestimmter Problemfall bereits aufgetreten ist oder nicht. Die Zahl der Kompetenzträger ist jedoch oft gering. Sind erfahrene Mitarbeiter im Urlaub, erkrankt oder verlassen sie das Unternehmen, steht das mit diesen Personen verbundene Wissen in vielen Fällen nicht mehr zur Verfügung.

Die Lösungsdatenbank in SAP Business One ist ein Instrument, das Ihnen hilft, das in den Serviceabrufen erworbene Wissen aufzuzeichnen, zu abstrahieren und damit auf ähnlich gelagerte Problemfälle übertragen zu können.

[+]

Lösung erfassen, bevor der Serviceabruf abgeschlossen ist

Eine wichtige organisatorische Maßnahme, die Sie implementieren müssen, ist die jeweilige Erfassung einer Lösung, bevor der Serviceabruf abgeschlossen wird. Nur zu diesem Zeitpunkt ist das Wissen noch vorhanden und muss vom Techniker unbedingt erfasst werden.

Da der Unternehmensbereich Service traditionell überbeansprucht ist und unter Zeitdruck steht, ist es von entscheidender Bedeutung, dass die Unternehmens- oder Bereichsleitung auf die Einhaltung dieser Maßnahme achtet. Nur mit einer konsequenten Erfassung in der Lösungsdatenbank steht das Wissen auch nach Ausscheiden erfahrener Mitarbeiter zur Verfügung. Den Detaillierungsgrad der Angaben bestimmen Sie natürlich selbst.

Um einen neuen Eintrag in der Lösungsdatenbank anzulegen, gehen Sie folgendermaßen vor:

1. Klicken Sie auf der Registerkarte **Lösungen** im Fenster **Serviceabruf** auf den Button **Neu**, um das Fenster **Lösungsdatenbank** zu öffnen (siehe Abbildung 15.21).
2. Das Feld **Artikel** ist bereits mit der Artikelnummer aus dem Serviceabruf vorbelegt.
3. Geben Sie eine Lösung ein; sie sollte schlagwortartig und strukturiert sein, und ein Symptom – also ein Merkmal oder einen Sachverhalt –, an dem das Problem zu erkennen ist. Der Eintrag in diesem Feld könnte z. B. ähnlich wie das Feld **Thema** im Fenster **Serviceabruf** formuliert sein.
4. Halten Sie im Feld **Ursache** fest, wie das Problem entstanden ist, und tragen Sie im Feld **Bemerkung** weitere Angaben zum Problem, zum Symptom oder zur Lösung ein. Geben Sie z. B. einen Hinweis auf weitere Lösungen.

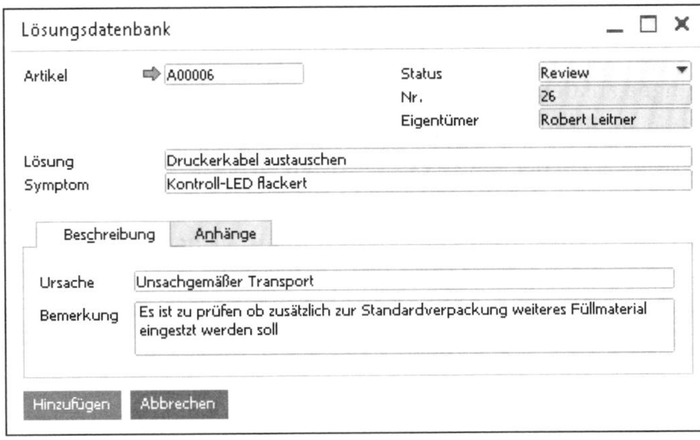

Abbildung 15.21: Eintrag in Lösungsdatenbank

5. Geben Sie im rechten oberen Bereich den Status an. Sie haben hier folgende Möglichkeiten:
   - **Veröffentlichen**: Die Lösung ist bereits überprüft und freigegeben.
   - **Review**: Die Lösung wird noch überarbeitet oder kann nochmals geändert werden. Sie kann aber bereits weiterempfohlen werden.
   - **Intern**: Diese Lösung dient nur zum internen Wissensaufbau und betrifft keinen konkreten Serviceabruf. Einträge in der Lösungsdatenbank müssen nicht aus einem Serviceabruf kommen, sondern können auch direkt über das Fenster **Lösungsdatenbank** im Modul **Service** erfasst werden.
   - **Neu definieren**: Wählen Sie diesen Eintrag, um eigene Kategorien anzulegen.
6. Klicken Sie auf den Button **Hinzufügen**, um die Lösung anzulegen. Sie erscheint auf der Registerkarte **Lösungen** im Fenster **Serviceabruf** (siehe Abbildung 15.22).

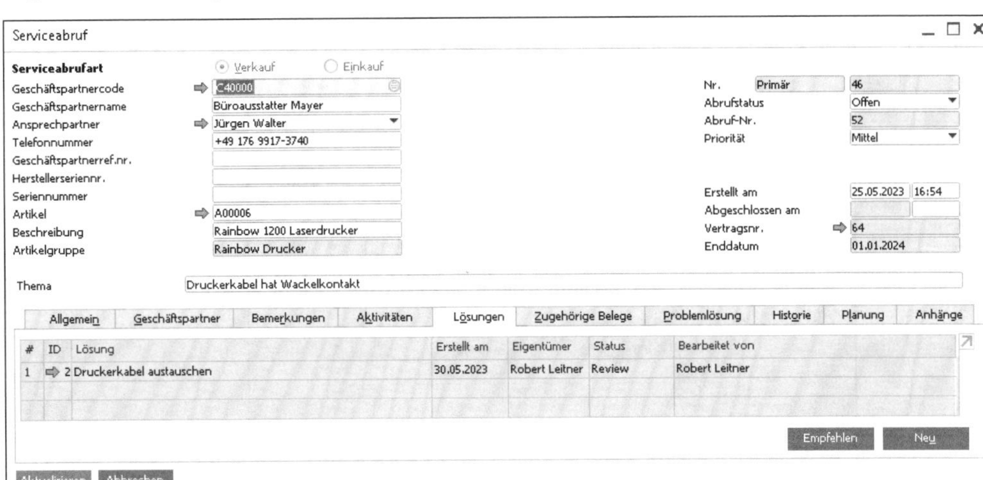

Abbildung 15.22: Lösung im Fenster »Serviceabruf«

Wenn Sie Lösungen in der Lösungsdatenbank erfasst haben, können Sie sich auch – als Nutznießer dieser Lösungsdatenbank – Lösungen empfehlen lassen. Dazu klicken Sie auf der Registerkarte **Lösungen** auf den Button **Empfehlen**. Daraufhin erhalten Sie eine Liste aller Lösungen. Markieren Sie eine der Lösungen, und klicken Sie auf den Button **Auswählen**, um die Lösung der Tabelle auf der Registerkarte **Lösungen** hinzuzufügen. Klicken Sie auf den Button **Suchen**, um die Lösungsdatenbank im **Suchen**-Modus zu öffnen. Dort können Sie bequem nach den zur Verfügung stehenden Feldern suchen.

15.5 Serviceberichte

Im Modul **Service** steht Ihnen eine Reihe von Berichten zur Verfügung, mit denen Sie einen Überblick über offene, überfällige und kritische Serviceabrufe erhalten. Darüber hinaus erhalten Sie eine grafische Darstellung der aktuellen Auslastung in diesem Unternehmensbereich. Die folgenden Serviceberichte sollen nun kurz dargestellt werden:

- **»Bericht Serviceabrufe«**
  Mit diesem Bericht erhalten Sie eine Aufstellung aller Serviceabrufe mit den wichtigsten Feldern. Im Fenster **Bericht Serviceabrufe – Auswahlkriterien** (siehe Abbildung 15.23) können Sie Einschränkungen hinsichtlich Problemtyp, Priorität, Art des Abrufs, Herkunft, Abrufstatus etc. vornehmen. Klicken Sie jeweils auf den Button ..., um zur jeweiligen Auswahl der Kriterien zu gelangen. Sie können die Checkbox neben den Auswahlkriterien nicht aktivieren; sie wird vom Programm aktiviert, nachdem Sie Ihre Kriterien eingegeben haben. Zusätzlich erhalten Sie im linken unteren Bereich des Berichts eine grafische Aufbereitung der Anzahl der Serviceabrufe nach Wochen oder Monaten.

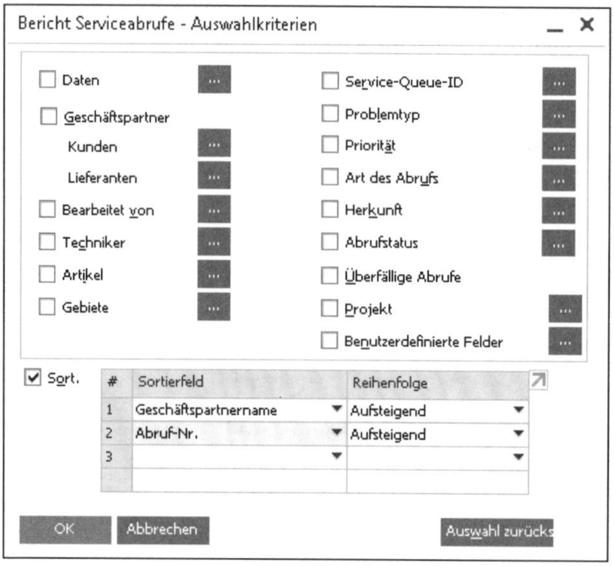

Abbildung 15.23: Auswahlkriterien im »Bericht Serviceabrufe«

Im unteren Bereich haben Sie die Möglichkeit, nach festgelegten Feldern aufsteigend oder absteigend zu sortieren.

- **Bericht »Serviceabrufe nach Service-Queue«**
  Der Bericht **Serviceabrufe nach Service-Queue** zeigt eine ähnliche Aufstellung wie der Bericht **Serviceabrufe**, allerdings gruppiert nach den einzelnen Service-Queues. Die Auswahlkriterien entsprechen denen des Berichts **Serviceabrufe**. Wichtig ist hier auch die Auswahl der Service-Queue-ID in den Feldern **von** und **bis** im Fenster **Bericht Serviceabrufe – Auswahlkriterien** (siehe Abbildung 15.23). Die Gruppierung nach Service-Queues ist in Abbildung 15.24 gut zu sehen.

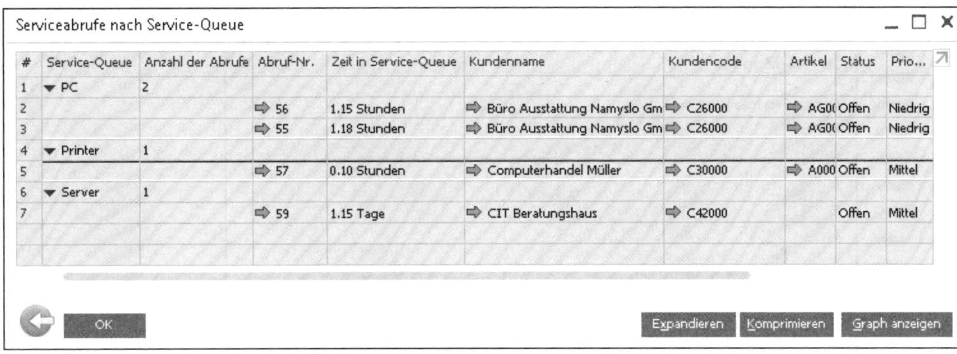

Abbildung 15.24: Serviceabrufe – gruppiert nach Service-Queue

Klicken Sie auf den Button ▸ in der Spalte **Service-Queue**, um die dieser Service-Queue zugeordneten Serviceabrufe anzuzeigen bzw. wieder zu verdecken. Klicken Sie rechts unten auf den Button **Graph anzeigen**, um eine mengenmäßige Gegenüberstellung der einzelnen Service-Queues in grafischer Darstellung zu erhalten.

- **Bericht »Reaktionszeit nach Verantwortlichem«**
  Dieser Bericht zeigt eine Aufstellung von Serviceabrufen, gruppiert nach dem Verantwortlichen. Im Mittelpunkt des Berichts steht die Reaktionszeit des jeweiligen Verantwortlichen. Die Reaktionszeit ergibt sich aus dem Vergleich der im Servicevertrag definierten Reaktionszeit mit der tatsächlichen. Das Fenster **Auswahlkriterien** entspricht dem aus Abbildung 15.23.

- **Bericht »Durchschnittliche Zeit bis zum Abschluss«**
  In diesem Bericht erhalten Sie eine Übersicht über die abgeschlossenen Serviceabrufe und die jeweilige Qualität, mit der diese Serviceabrufe abgearbeitet wurden. Das bedeutet, Sie erhalten einen Vergleich von Erstellungsdatum und -zeit, Abschlussdatum und -zeit sowie der erforderlichen Tage für die Abarbeitung.

- **Bericht »Serviceverträge«**
  Dieser Bericht zeigt eine Übersicht über alle Serviceverträge mit Kunde, Status, Vertragsart, Beginn und Ende, einer Verlängerungsoption sowie der eingestellten Erinnerungszeit. Schränken Sie die Anzeige im Fenster **Auswahlkriterien** hinsichtlich Vertragsart, Vertragsstatus, Serviceart etc. ein.

- **Bericht »Stammdaten Kundenequipment«**
  Dieser Bericht liefert eine Übersicht über alle Geräte, die an einen Kunden ausgeliefert und aus diesem Grund im Fenster **Stammdaten Kundenequipment** automatisch angelegt wurden. Die Übersicht zeigt Daten zum Kunden und zum Artikel, zu Seriennummer und Status. Schränken Sie im Fenster **Auswahlkriterien** die Anzeige bezüglich Kunde, Artikel, Artikelgruppe und Status ein.
- **Service-Monitor**
  Der Service-Monitor ist ein Überwachungsinstrument für Ihre derzeit offenen und überfälligen Serviceabrufe und zeigt die aktuelle »Fieberkurve« im Servicebereich an (siehe Abbildung 15.25).

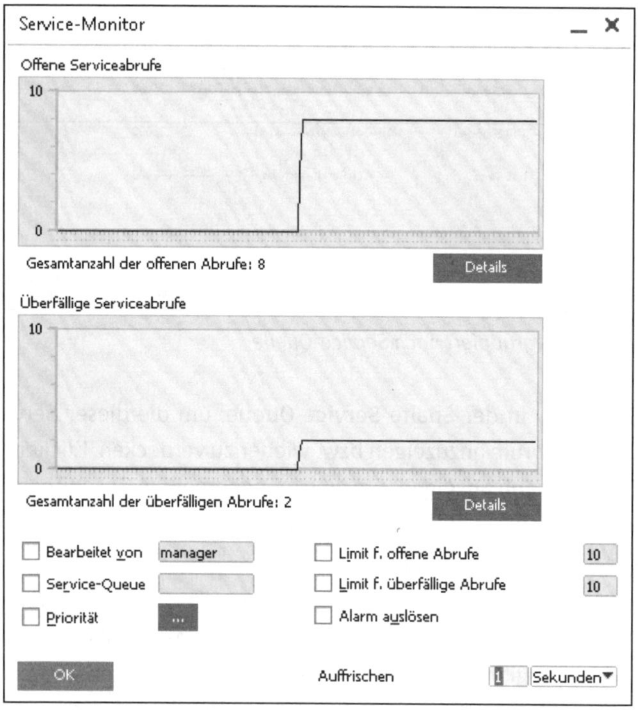

Abbildung 15.25: Service-Monitor für offene und überfällige Serviceabrufe

Das Fenster **Service-Monitor** ist zweigeteilt. Im oberen Bereich sehen Sie die Anzahl der derzeit offenen Serviceabrufe. Im unteren Bereich finden Sie die Anzahl der derzeit überfälligen Serviceabrufe.

[+]

Offene und überfällige Services abrufen

Es ist kein Problem, wenn Sie eine hohe Kurve bei den offenen Serviceabrufen haben, solange die Kurve der überfälligen Serviceabrufe niedrig verläuft.

Das Beispiel in Abbildung 15.25 zeigt eine eher bedrohliche Situation, da von sieben offenen Serviceabrufen gleich zwei überfällig sind. In diesem Fall müssen die Bearbeiter der Serviceabrufe reagieren und die Anzahl der überfälligen Fälle reduzieren. Für den Hauptverantwortlichen im Servicebereich (z. B. Abteilungsleiter, Geschäftsführer) ist der Service-Monitor eine exzellente Überwachungs- und Kontrollmöglichkeit, über die er auf einen Blick sehen kann, ob das Gesamtbild in diesem Bereich in Ordnung ist.

Mit dem Button **Details** unterhalb der jeweiligen Kurven gelangen Sie zu den eigentlichen Serviceabrufen. Im unteren Bereich steht Ihnen eine Reihe von Kriterien zur Verfügung, anhand derer Sie die laufende Anzeige einschränken können. Dies betrifft unter anderem den Bearbeiter, die Service-Queue und die Priorität.

Im Feld **Auffrischen** können Sie das Intervall bestimmen, in dem die Anzeige aktualisiert wird. Geben Sie die Zeit in das Feld ein, und wählen Sie die Zeiteinheit aus der Auswahlliste aus. Als Vorschlagswert ist hier eine Sekunde eingestellt. Das bedeutet, die Kurve wird im Sekundenrhythmus aktualisiert. Wenn Sie nur wenige Serviceabrufe pro Tag haben, reicht sicherlich auch ein größeres Intervall.

- **Bericht »Meine Serviceabrufe«**
  Dieser Bericht zeigt eine Aufstellung aller Serviceabrufe des Benutzers, der diesen Bericht öffnet.
- **Bericht »Meine offenen Serviceabrufe«**
  Dieser Bericht zeigt die gleiche Aufstellung wie der Bericht **Meine Serviceabrufe**, jedoch für alle Serviceabrufe mit dem Status **Offen**.
- **Bericht »Meine überfälligen Serviceabrufe«**
  Dieser Bericht zeigt die gleiche Aufstellung wie der Bericht **Meine offenen Serviceabrufe**, jedoch für alle Serviceabrufe, die bereits die angegebene Problemlösungszeit überschritten haben und damit in SAP Business One als überfällig geführt werden.

15.6 Übungsaufgaben

1. Erfassen Sie einen Servicevertrag für den Austausch der gesamten Druckerlandschaft beim Kunden »C23900 – Mikrochips GmbH« inklusive der Lieferung von 40 Druckern. Reaktionszeit ist vier Stunden, Problemlösungszeit ist ein Tag, Laufzeit ist ein Jahr, vier Wochen vor Abschluss soll der Vertrag verlängert werden. Der Vertragsumfang ist mit Montag bis Freitag von 8 bis 18 Uhr und Samstag von 8 bis 13 Uhr fixiert. Arbeit und Reisekosten sind eingeschlossen, Ersatzteile werden extra verrechnet.
2. Erfassen Sie einen Lieferschein, mit dem die 40 vereinbarten Drucker geliefert werden. Wählen Sie beliebige Seriennummern aus. Kontrollieren Sie nach dem Hinzufügen, ob die Einträge für die **Stammdaten Kundenequipment** vorgenommen wurden.

3. Erfassen Sie einen Serviceabruf, da bei einem der Drucker das Display defekt ist. Tragen Sie auf jeden Fall die folgenden Angaben ein:
   - Geben Sie ein aussagekräftiges Thema an.
   - Der Defekt wurde per Telefon gemeldet.
   - Definieren Sie einen neuen Problemtyp für den Drucker. Aus der Bezeichnung soll hervorgehen, dass es sich um einen Defekt eines Druckers handelt.
   - Die Art des Abrufs ist »Service«. Legen Sie diese Art neu an.
   - Mithilfe einer Retoure in das Lager »05 – Reparaturlager« (angelegt in Kapitel 7, »Lagerverwaltung«) wird der Drucker in Ihr Unternehmen geholt. Dokumentieren Sie den Transport ebenfalls mit einer Aktivität.
   - Leiten Sie den Serviceabruf an Ihren in Kapitel 3, »Grundlegende Programmbedienung«, angelegten Superuser weiter.
   - Wechseln Sie den Benutzer, und erfassen Sie eine Aktivität. Sie haben als Techniker das Gerät analysiert und den Schaden behoben.
   - Leiten Sie den Serviceabruf zurück an den Benutzer »manager«.
   - Mit einer Lieferung wird der Drucker wieder an den Kunden geliefert. Achten Sie auf die richtige Seriennummer.
   - Abschließend erfassen Sie einen Eintrag in der Lösungsdatenbank mit entsprechender Problemursache und Symptom. Als Lösung war der Austausch der LED-Anzeige erfolgreich.
   - Überprüfen Sie, ob der noch offene Serviceabruf im Servicebericht **Meine offenen Serviceabrufe** vorhanden ist.
   - Öffnen Sie den Service-Monitor.

Schließen Sie den Serviceabruf, und beobachten Sie die Veränderung im Service-Monitor.

Kapitel 16
Personal

SAP Business One bietet die Möglichkeit, das Personalwesen in einem für den Mittelstand adäquaten Maß zu unterstützen. Es stehen nützliche Instrumente zur Verfügung, um Personal in kleinen und mittleren Unternehmen im Rahmen einer umfassenden Unternehmenssoftware zu verwalten.

In diesem Kapitel beschäftigen wir uns mit dem gesamten Bereich *Personal*. Das Kapitel startet mit einem Überblick über das Thema Personalwesen bzw. Human Resources. Anschließend lernen Sie mit den Mitarbeiterstammdaten das zentrale Element des Moduls **Personal** kennen. Zum Abschluss stellen wir das Arbeitszeitblatt sowie die drei vorhandenen Berichte zum Thema Personal dar.

16.1 Personaladministration in kleinen und mittleren Unternehmen (KMUs)

Ein wichtiges Aufgabenfeld des betrieblichen Personalwesens ist die Personaladministration oder -verwaltung. Dazu gehören unter anderem die Personalstandsführung (Stellenplan, Personaldatenbank und Personalakten), die Lohn- und Gehaltsabrechnung, die Anweisung der Gehaltszahlungen, die administrative Abwicklung von Personaleinstellungen, Versetzung, Umgruppierung oder Entlassung sowie die Führung von Personalstatistiken. Auch die Lohn- und Gehaltsabrechnung, die in KMUs oft zum Steuerberater oder ähnlichen Dienstleistern ausgelagert ist, wird vom Modul **Personal** abgedeckt. Es kann auch Grundlagen für die Personalabrechnung liefern, z. B. in Form von Arbeitszeitblättern oder Abwesenheitslisten.

16.2 Mitarbeiterstammdaten

Die Mitarbeiterstammdaten im Modul **Personal** sind denkbar einfach aufgebaut und bestehen aus einer Reihe von beschreibenden Feldern, deren Bezeichnungen bereits den Inhalt und Zweck verraten und aus diesem Grund nicht weiter ausgeführt werden müssen. In diesem Kapitel werden nur die Felder und Funktionen beschrieben, die von diesem Schema abweichen. Der Kopfbereich der Mitarbeiterstammdaten oberhalb der Registerkarten (siehe Abbildung 16.1) enthält neben dem Namen im oberen Bereich und den Kontaktdaten im rechten Bereich auch die Einordnung des Mitarbeiters im Unternehmen.

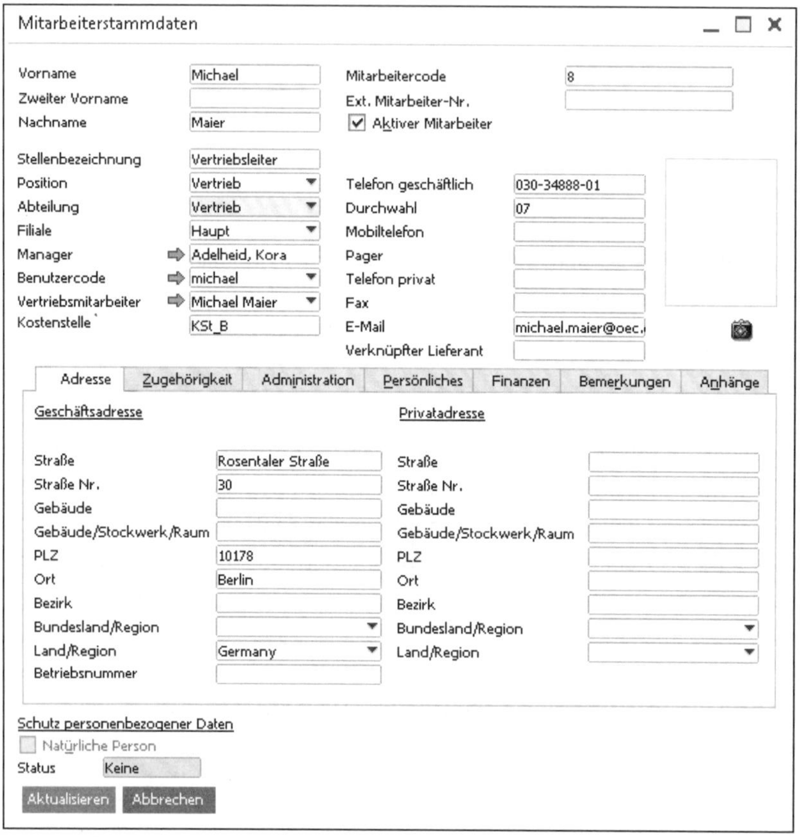

Abbildung 16.1: Mitarbeiterstammdaten mit Geschäfts- und Privatadresse

16.2.1 Kopfbereich

Folgende Informationen werden für die Einordnung des Mitarbeiters herangezogen:

- **Feld »Stellenbezeichnung«**
  Geben Sie hier eine kurze Bezeichnung/Beschreibung der Stelle ein.
- **Feld »Position«**
  Wählen Sie die Position aus der Werteliste oder den Eintrag **Neu definieren** aus, um eine neue Position anzulegen. Da die Position im gesamten Unternehmen einheitlich sein sollte, ist es empfehlenswert, alle Positionen im Unternehmen erst in der Werteliste zu definieren, bevor Sie mit der Eingabe beginnen.
- **Feld »Abteilung«**
  Die Abteilung repräsentiert die organisatorische Zugehörigkeit des Mitarbeiters. Sie ist ebenfalls ein Auswahlliste, um einheitliche Abteilungsbezeichnungen pro Mitarbeiter zu gewährleisten.
- **Feld »Filiale«**
  Im Fall eines Unternehmens mit mehreren Standorten wählen Sie hier die Filiale aus.

- **Feld »Manager«**
  Geben Sie in diesem Feld den Vorgesetzten des Mitarbeiters an. Mit der [Tab]-Taste im Feld **Manager** oder mit einem Klick auf den Button [Auswahlliste] (**Auswahlliste Mitarbeiteransicht**) öffnen Sie die Auswahlliste mit allen Mitarbeitern. Markieren Sie den Vorgesetzten, und bestätigen Sie dies mit dem Button **Auswählen**. Auf diese Weise können Sie organisatorische Hierarchien in einem Unternehmen darstellen.
- **Feld »Benutzercode«**
  Falls der Mitarbeiter auch ein SAP-Business-One-Benutzer ist, weisen Sie aus dieser Liste der Benutzer den korrekten zu.
- **Feld »Vertriebsmitarbeiter«**
  Falls der Mitarbeiter auch ein Vertriebsmitarbeiter ist, weisen Sie aus dieser Liste der Vertriebsmitarbeiter den korrekten zu.

In dem Block der genannten Felder laufen die »Fäden« aus verschiedenen Bereichen von SAP Business One zusammen. Der Mitarbeiter kann gleichzeitig ein Benutzer, ein Vertriebsmitarbeiter, ein Vorgesetzter, ein Untergeordneter, ein Techniker etc. sein. Nur hier im Mitarbeiterstamm fügen sich die Puzzleteile ineinander: An dieser Stelle teilen Sie SAP Business One mit, dass der Mitarbeiter Maier (❶ in Abbildung 16.2) z. B. gleichzeitig Benutzer ❷ und Vertriebsmitarbeiter ❸ ist und somit z. B. auch in Verkaufsbelegen auftauchen kann.

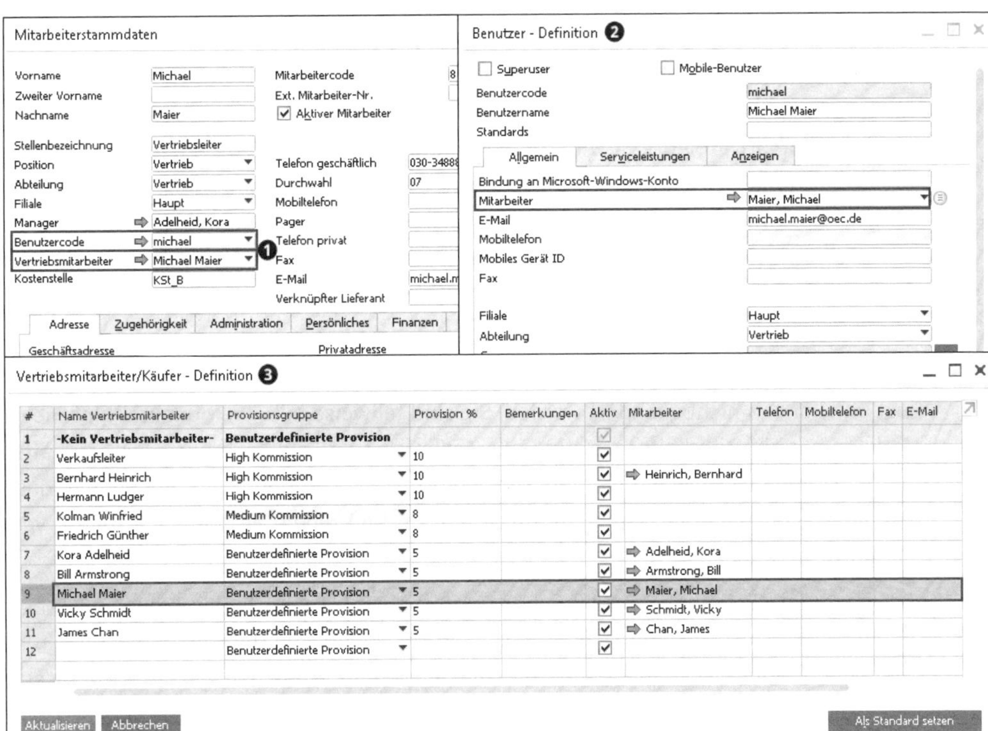

Abbildung 16.2: Zusammenhang Mitarbeiter – Benutzer – Vertriebsmitarbeiter

Da einige Informationen sowohl im Mitarbeiter- als auch im Benutzerstamm hinterlegt sind, kann eine Änderung dieser Informationen im Mitarbeiterstamm beim Hinzufügen oder Speichern der Daten gleich in den Benutzerstamm zurückgespeichert werden. Das Programm macht mit einer Meldung darauf aufmerksam und zeigt auch, welche Informationen grundsätzlich abgeglichen werden (siehe Abbildung 16.3).

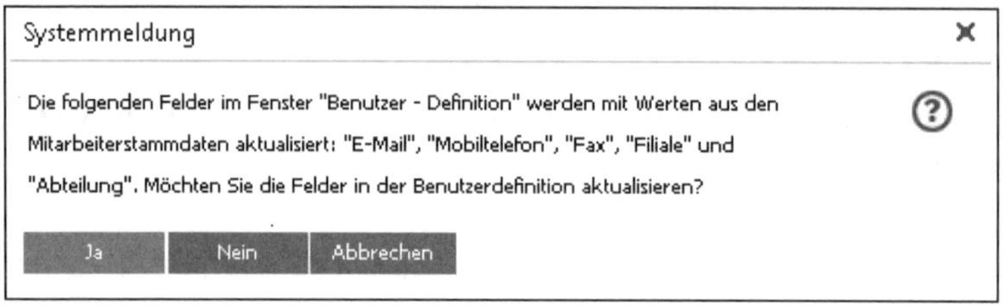

Abbildung 16.3: Abgleich des Mitarbeiterstamms mit dem Benutzerstamm

Der im Fußteil angeordnete Bereich **Schutz personenbezogener Daten** dient der Umsetzung der Anforderungen der Datenschutzgrundverordnung (DSGVO). Da es sich um eine übergreifende Lösung handelt, die analog auch für Benutzer, Geschäftspartner und Ansprechpartner zur Anwendung kommt, beschreiben wir sie allgemein in Kapitel 18, »Highlights in SAP Business One«.

16.2.2 Registerkarten »Adresse« und »Zugehörigkeit«

Kommen wir nun im Weiteren zu den einzelnen Registerkarten. Auf der Registerkarte **Adresse** finden Sie im linken Bereich die Geschäftsadresse des Mitarbeiters, im rechten Bereich seine private Adresse. Auf der Registerkarte **Zugehörigkeit** geben Sie im linken Bereich die Rolle des Mitarbeiters an, im rechten Bereich das Team, zu dem der Mitarbeiter gehört, sowie die Teamrolle, die er in diesem Team ausfüllt. Mit den Einordnungen in eine Rolle, ein Team und eine Teamrolle werden hierarchische Abhängigkeiten in SAP Business One abgebildet.

Die Rollen **Technician**, **Sales Employee** und **Purchasing** (die Rollenbezeichnungen sind auch im deutschen Datenbestand in englischer Sprache) sind von SAP schon vorab angelegt und können nicht geändert werden. Sie sind teilweise mit Funktionalität hinterlegt. So kann nur ein Mitarbeiter mit der Rolle **Technician** im Feld **Techniker** des Geschäftspartnerstamms ausgewählt werden. Umgekehrt ist es allerdings nicht notwendig, dass ein Mitarbeiter die Rolle **Sales Employee** hat, um mit einem Vertriebsmitarbeiter verknüpft zu werden.

Das bedeutet, Sie können quer durch Ihr Unternehmen Teams bilden, Rollen vergeben und die hierarchische Stellung jedes einzelnen Mitarbeiters im Unternehmen definieren. Diese Informationen bilden – gemeinsam mit der Definition des Managers (des Vorgesetzten) – die Grundlage für die Funktion des *Dateneigentums* in SAP Business One.

Mit dem Konzept des Dateneigentums haben Sie nicht nur die Möglichkeit, eine Funktion, wie z. B. das Angebot, als Ganzes zu berechtigen, sondern zu unterscheiden, wem die Daten »gehören«, wer sie also angelegt hat. Dahinter steht die Idee, für den Zugriff auf sensitive oder kritische Daten, wie z. B. Finanzdaten, Angebote oder Provisionen, nur einen bestimmten Personenkreis zu berechtigen. Das Dateneigentum als solches zählt zu den weiterführenden Themen und wird deshalb in diesem Buch nicht behandelt.

Bezüglich der hierarchischen Zusammenhänge in Ihrem Unternehmen besteht seit Release 9.2 von SAP Business One die Möglichkeit, den Verknüpfungsplan auch für Mitarbeiterstammdaten zu nutzen. Klicken Sie dazu mit der rechten Maustaste auf das Fenster **Mitarbeiterstammdaten** (siehe Abbildung 16.4), und wählen Sie den Eintrag **Verknüpfungsplan** aus dem Kontextmenü.

Abbildung 16.4: Verknüpfungsplan (Organigramm) in den Mitarbeiterstammdaten

Den Verknüpfungsplan können Sie auf drei verschiedene Arten verwenden:

- **Hierarchie**
  Wählen Sie zunächst den gewünschten Mitarbeiter aus. Die Darstellung **Hierarchie** in der Auswahlliste im linken unteren Bereich des Fensters zeigt den ausgewählten Mitarbeiter und nur dessen über- und untergeordnete Stellen im Unternehmen. Der ausgewählte Mitarbeiter erscheint gelb hinterlegt, die anderen Mitarbeiter werden blau hinterlegt.

- **Organigramm**
  Wählen Sie zunächst den gewünschten Mitarbeiter aus. Die Darstellung **Organigramm** zeigt den ausgewählten Mitarbeiter und alle Stellen im Unternehmen als Organigramm, also als hierarchische Baumstruktur (siehe Abbildung 16.4). Der ausgewählte Mitarbeiter erscheint gelb hinterlegt, die anderen Mitarbeiter werden auch hier blau hinterlegt.
- **Teams und Rollen**
  Wählen Sie wieder den gewünschten Mitarbeiter aus. Die Darstellung **Teams und Rollen** zeigt ihn und seine Rolle sowie seine Eingliederung in die Teams, die auf der Registerkarte **Zugehörigkeit** definiert wurde. Der ausgewählte Mitarbeiter erscheint gelb hinterlegt, die anderen Mitarbeiter werden wie gehabt blau hinterlegt.

16.2.3 Registerkarte »Administration«

Die Registerkarte **Administration** der Mitarbeiterstammdaten enthält neben dem Eintrittsdatum und dem Status des Dienstverhältnisses Elemente, die bereits das Fachgebiet Personalwirtschaft (*Human Resources*) betreffen.

[+]

Human Resources im Unternehmen

Die Idee von Human-Resources-Lösungen ist es, das Potenzial des eigenen Personals besser auszuschöpfen. Dies soll mithilfe der Kenntnis umfassender Daten des eigenen Personals erreicht werden (z. B. Fähigkeiten, Talente, Ausbildung, frühere Beschäftigungen, Leistungsbewertungen). Indem diese Daten verfügbar sind, erhofft man sich, die Fähigkeiten und das Potenzial des einzelnen Mitarbeiters effizienter im Unternehmen einsetzen zu können.

Mit den einzelnen Buttons **Abwesenheit**, **Ausbildung**, **Bewertungen**, **Frühere Beschäftigungsverhältnisse** und **Arbeitszeitblatt** ❶ auf der rechten Seite der Registerkarte **Administration** können Sie entsprechende Aspekte erfassen bzw. in anderen Modulen erfasste Daten anzeigen (Arbeitszeitblatt). Ein Beispiel für die Ausbildung eines Mitarbeiters finden Sie in Abbildung 16.5.

16.2.4 Registerkarte »Persönliches«

Auf der Registerkarte **Persönliches** können Sie persönliche Daten des Mitarbeiters wie Familienstand, Anzahl der Kinder, Staatsangehörigkeit, Reisepassnummer, Krankenkasse und Sozialversicherungsnummer erfassen.

Abbildung 16.5: Mitarbeiterstammdaten – Ausbildung

16.2.5 Registerkarten »Finanzen«, »Bemerkungen«, »Anhänge«

Auf der Registerkarte **Finanzen** erfassen Sie die Bankverbindung und die Gehaltsdaten sowie Kosten des Mitarbeiters. Die Registerkarte **Bemerkungen** steht für unbegrenzten Langtext zur Verfügung, und die Registerkarte **Anhänge** können Sie für Dateianhänge jeglicher Art verwenden. Um Dateianhänge anzufügen, müssen Sie über den Pfad **Administration • Systeminitialisierung • Allgemeine Einstellungen** im Fenster **Allgemeine Einstellungen** auf der Registerkarte **Pfad** ein Verzeichnis für Dateianhänge definieren.

[+]

Berechtigung nicht vergessen

Da im Modul **Personal** eine Reihe von sensiblen und vertraulichen Daten gespeichert werden können, sollten Sie unbedingt darauf achten, diesen Programmteil zu berechtigen, sodass unbefugter Zugriff auf die Daten ausgeschlossen werden kann.

16.3 Arbeitszeitblatt

Eine Möglichkeit der Zeit- bzw. Leistungserfassung für die Benutzer bietet SAP Business One mit dem Arbeitszeitblatt, das auch im Modul **Personal** angesiedelt ist. Das Arbeitszeitblatt steht wie das Modul **Projektmanagement** seit Release 9.2 von SAP Business One zur Verfügung und ist mit diesem funktional verknüpft.

Die Erfassung von Arbeitszeiten kann in SAP Business One vier unterschiedliche Ziele verfolgen:

- **Gesetzliche und organisatorische Zwecke**
  Das Arbeitszeitblatt kann rein administrativen Zwecken dienen, etwa um Arbeitgeber und Arbeitnehmer Klarheit über die geleistete Arbeitszeit zu schaffen. Darüber hinaus kann es helfen, gesetzliche Verpflichtungen zur Zeiterfassung zu erfüllen. Dabei ist jedoch zu beachten, dass es keine Automatismen z. B. hinsichtlich der täglichen Höchstarbeitszeit, der Pausenregelungen oder der Zulässigkeit von Überstunden gibt. Das Arbeitszeitblatt kann daher nur eine Grundaufzeichnung sein.
- **Bebuchen von Arbeitsaufträgen**
  Sind Mitarbeiter gleichzeitig Ressourcen (siehe Kapitel 10, »Ressourcen«) und sind diese in Produktionsaufträgen eingeplant und freigegeben, kann dieser Arbeitsauftrag im Arbeitszeitblatt bebucht werden.
- **Bebuchen von Projektmanagement-Projekten**
  Sind Mitarbeiter in Projekten im Modul **Projektmanagement** eingeplant, kann dies ebenfalls im Arbeitszeitblatt vermerkt werden. Diese erfassten Zeiten können dann automatisch in Ausgangsrechnungen übertragen werden.
- **Verknüpfung mit Serviceabrufen**
  Wenn mit dem Modul **Service** gearbeitet wird, können Aktivitäten im Rahmen eines Serviceabrufs mit dem Arbeitszeitblatt verknüpft werden.

Voraussetzung für die Abrechnung der auf Projekten erfassten Arbeitszeiten ist, dass Mitarbeiter mit einem Artikel und damit mit einem Tages- oder Stundensatz verknüpft werden. Diese Verknüpfung erfolgt über den *Aktivitätstyp*. Aktivitätstypen werden im Programmteil **Administration • Definition • Personal • Arbeitszeitblatt • Aktivitätstypen Arbeitszeitblatt** angelegt (siehe Abbildung 16.6).

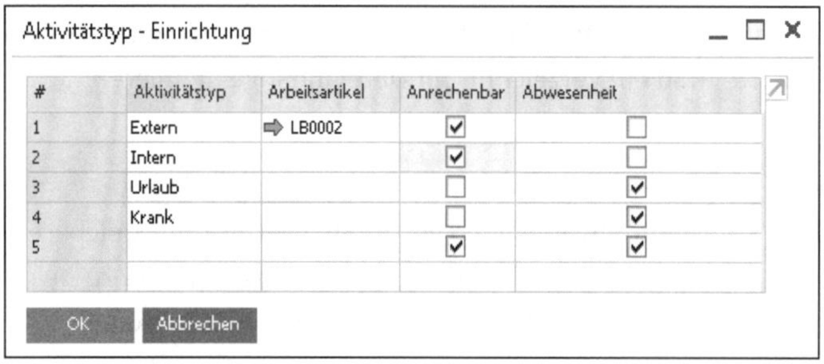

Abbildung 16.6: Aktivitätstypen – Einrichtung

Im Fenster **Aktivitätstyp – Einrichtung** stehen Ihnen folgende Felder zur Verfügung:

- **Feld »Aktivitätstyp«**
  Geben Sie die Bezeichnung des Aktivitätstyps ein – sie sollte möglichst sprechend sein, sodass bei der Erfassung im Arbeitszeitblatt für den Benutzer Klarheit herrscht.
- **Feld »Arbeitsartikel«**
  Soll eine Aktivität in Projekten automatisch verrechnet werden, geben Sie hier den entsprechenden Arbeitsartikel ein. Das Programm lässt nur Artikel vom Typ »Arbeit« zu. Öffnen Sie die Auswahlliste durch Klick auf den Button [⊜] (**Auswahlliste**).
- **Checkbox »Anrechenbar«**
  Aktivieren Sie diese Checkbox, wenn die Aktivität verrechenbar ist.
- **Checkbox »Abwesenheit«**
  Aktivieren Sie diese Checkbox, wenn die Aktivität eine Abwesenheit signalisiert.

Nachdem Sie eine Aktivität definiert haben, klicken Sie auf den Button **Aktualisieren**, um eine weitere Aktivität anzulegen.

Damit haben Sie alle Voraussetzungen geschaffen, um Leistungen in Arbeitsblättern zu erfassen (siehe Abbildung 16.7).

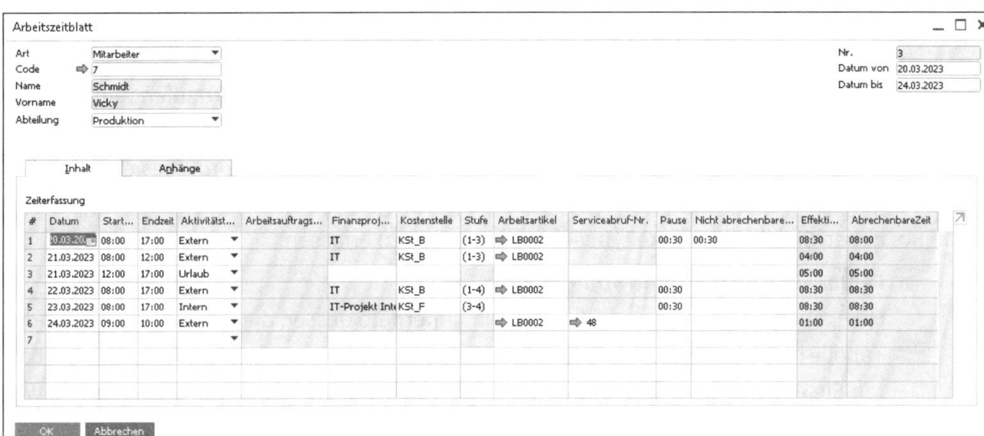

Abbildung 16.7: Arbeitszeitblatt mit erfassten Leistungen

Für die Erfassung der Arbeits- bzw. Leistungszeiten stehen Ihnen im Kopfbereich des Arbeitszeitblatts die folgenden Felder zur Verfügung:

- **Feld »Art«**
  Wählen Sie aus der Dropdown-Liste, für wen Zeiten erfasst werden sollen: für Mitarbeitende, Benutzer oder sonstige Personen.
- **Feld »Code«**
  Klicken Sie auf den Button [⊜] (**Auswahlliste**), oder drücken Sie die [⇆]-Taste, um die Auswahlliste zu öffnen. Der Inhalt der Auswahlliste ist abhängig von dem gewählten

Eintrag im Feld **Art**. Im Beispiel in der Abbildung wurde die Liste mit den Mitarbeitern geöffnet, und es wurden Leistungen der Mitarbeiterin Vicky Schmid (Mitarbeiternummer/Code 7) erfasst.

Sobald im Feld **Code** ein Benutzer oder ein Mitarbeiter ausgewählt wurde, erscheint der orangefarbene Pfeil, über den Sie in das entsprechende Fenster verzweigen können. Haben Sie die **Art »Extern«** gewählt, müssen Sie den Namen und Vornamen manuell eingeben.

[»]

Wer kann erfassen?

Benutzer sind in SAP angemeldet und können ihre eigenen Arbeitszeitblätter anlegen, aufrufen und bearbeiten. Mitarbeiter, die nicht gleichzeitig Benutzer sind, sowie Externe haben diese Möglichkeit nicht. Daher muss die Erfassung durch einen Benutzer erfolgen. Alternativ kann ein externes Zeiterfassungsprogramm die Daten in das Arbeitszeitblatt übergeben. Wenden Sie sich hierzu an Ihren SAP-Partner.

- **Felder »Name«, »Vorname« und »Abteilung«**
  Diese Felder werden automatisch mit den Werten des ausgewählten Benutzers bzw. Mitarbeiters befüllt.
- **Feld »Nr.«**
  Dieses Feld wird von SAP Business One automatisch mit einer fortlaufenden Nummer befüllt. Das bedeutet, dass diese Nummer jedes Mal, wenn Sie das Fenster **Arbeitszeitblatt** im **Hinzufügen**-Modus öffnen, automatisch hochgezählt wird. Dies entspricht in gewisser Weise einem eigenen »Erfassungsbeleg«. In jedem dieser Erfassungsbelege haben Sie die Möglichkeit, beliebig viele Zeilen zu erfassen.
- **Felder »Datum von« und »Datum bis«**
  Hier geben Sie einen Datumsbereich ein, innerhalb dessen die erfassten Zeiten in der Tabelle liegen müssen. Falls Sie bei der Eingabe von diesem Bereich abweichen, erhalten Sie eine Fehlermeldung. Der Datumsbereich soll die Regeln zur Zeiterfassung widerspiegeln. Ist es z. B. verpflichtend, die Zeiten wochengenau zu erfassen, dann soll der Bereich eine Woche umfassen, bei taggenauer Eingabe einen Tag.

Damit sind die Kopfangaben im Arbeitszeitblatt erläutert, betrachten wir nun den Zeilenbereich:

- **Felder »Datum«, »Startzeit« und »Endzeit«**
  In diesen Feldern wählen Sie für Ihre zu erfassende Arbeits- oder Leistungszeit ein Datum, eine Startzeit und eine Endzeit. Falls in diesem Zeitbereich eine Pause oder eine andere nicht abrechenbare Zeit liegt, können Sie dies weiter hinten in der jeweiligen Zeile erfassen (Felder **Pause** und **Nicht abrechenbare Zeit**). Sie können an einem Tag mehrere Zeilen erfassen. Das ist notwendig, wenn Sie an verschiedenen Projekten ar-

beiten, mehrere Serviceabrufe bearbeiten oder insgesamt unterschiedliche Aktivitätstypen erfassen müssen. Abbildung 16.7 zeigt in den Zeilen 2 und 3 ein entsprechendes Beispiel.

- **Feld »Aktivitätstyp«**
  Wählen Sie einen passenden Aktivitätstyp aus der Dropdown-Liste. Der Aktivitätstyp richtet sich nach der Dienstleistung, die Sie Ihren Kunden anbieten. Für einen Wirtschaftstreuhänder wären dies z. B. »Buchhaltung«, »Lohnverrechnung« oder »Bilanzbesprechung« (siehe Abbildung 16.6).
- **Feld »Arbeitsauftragsnr.«**
  In diesem Feld kann ein Arbeitsauftrag ausgewählt werden. Voraussetzung dafür ist, dass der Mitarbeiter mit einer Ressource verknüpft ist und diese Ressource in einem Produktionsauftrag eingeplant und freigegeben ist. Mehr Informationen dazu finden Sie in Kapitel 10, »Ressourcen«.
- **Feld »Finanzprojekt«**
  Klicken Sie auf den Button (**Auswahlliste**), oder drücken Sie die ⇥-Taste, um die Auswahlliste der Projekte zu öffnen. Markieren Sie dann das gewünschte Projekt, und bestätigen Sie Ihre Auswahl mit dem Button **Auswählen**.

  Sobald Sie die erfasste Zeit einem Projekt zuordnen, handelt es sich um eine Leistungserfassung. Dies könnte z. B. in einem Beratungsunternehmen die verrechenbare Zeit für ein Kundenprojekt sein. Die Auswahl eines Finanzprojekts ist die Voraussetzung dafür, dass die Zeiten im Rahmen eines Projektmanagementprojekts automatisch abgerechnet werden können. Mehr Informationen dazu folgen in der Beschreibung des Felds **Stufe**.
- **Feld »Kostenstelle«**
  Klicken Sie auf den Button (**Auswahlliste**), oder drücken Sie die ⇥-Taste, um auch für dieses Feld die Auswahlliste zu öffnen. Markieren Sie auch hier die gewünschte Kostenstelle, und bestätigen Sie mit dem Button **Auswählen**.
- **Feld »Stufe«**
  Klicken Sie auf den Button (**Auswahlliste**), oder drücken Sie die ⇥-Taste, um die Auswahlliste für die Stufen, die mit einem Projektmanagementprojekt verbunden sind. anzuzeigen. Das Feld ist nur unter folgenden Bedingungen aktiv:
  - Im Feld **Finanzprojekt** wurde eine Auswahl getroffen.
  - Das Finanzprojekt ist bei einem Projektmanagementprojekt angelegt.

  Wenn Sie die Auswahlliste geöffnet haben, öffnet sich das Fenster, das in Abbildung 16.8 zu sehen ist.

  Aktivieren Sie die Checkbox **Alle Stufen anzeigen**, um die diversen Arbeitspakete des Projekts zu sehen. Achtung: Das Programm zeigt alle Stufen, nicht nur jene, für die der Mitarbeiter eingeplant ist.

Wählen Sie die Stufe aus, für die die Zeit gebucht werden soll und die später automatisch im Zuge der Projektabrechnung in eine Ausgangsrechnung übernommen werden soll. Mehr Informationen dazu erhalten Sie in Kapitel 17, »Projektmanagement«.

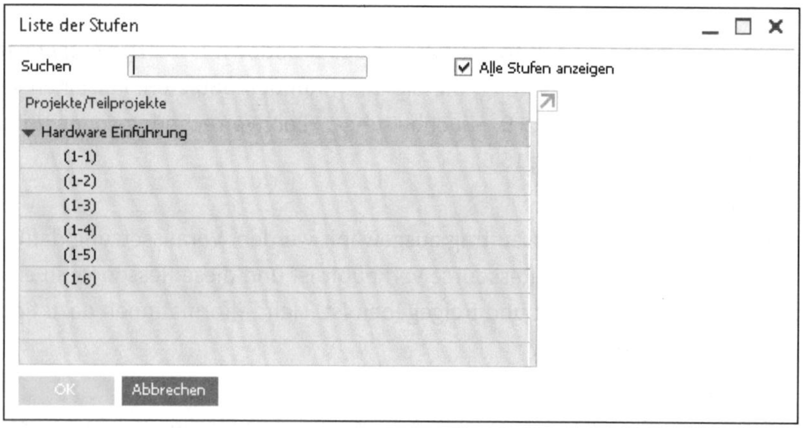

Abbildung 16.8: Auswahl der Projektstufen

- **Feld »Arbeitsartikel«**
  Klicken Sie auf den Button (**Auswahlliste**), oder drücken Sie die ⇆-Taste, um die Auswahlliste der Arbeitsartikel zu öffnen. Markieren Sie wie gewohnt den gewünschten Eintrag, und bestätigen Sie mit dem Button **Auswählen**.

  In der Auswahlliste werden nur Artikel angezeigt, für die im Fenster **Artikelstammdaten** die Artikelart **Arbeit** ausgewählt wurde.

  Das Feld **Arbeitsartikel** wird automatisch befüllt, wenn durch die Auswahl im Feld **Aktivitätstyp** bereits per Definition ein Arbeitsartikel verknüpft wurde. Das ist auch die empfohlene Variante, da es die Wahl des richtigen Artikels und damit des richtigen Stundensatz erleichtert und stabilisiert.
- **Feld »Serviceabruf-Nr.«**
  In diesem Feld können Sie auf eine Serviceabruf-Nummer verweisen. Voraussetzung dafür ist, dass der Benutzer (nicht der Mitarbeiter!) einer Aktivität zugeordnet wurde, die mit einem Serviceabruf verknüpft ist. Mehr dazu erfahren Sie in Kapitel 15, »Service«.
- **Feld »Pause«**
  Geben Sie hier die Dauer einer etwaigen Pause ein, die Sie innerhalb der Startzeit und Endzeit gemacht haben und die in der Zeitberechnung nicht mitgerechnet werden darf.
- **Feld »Nicht abrechenbare Zeit«**
  Geben Sie hier die Dauer einer etwaigen nicht abrechenbaren Zeit ein, die innerhalb der Startzeit und Endzeit anfällt und die in der Berechnung der abrechenbaren Zeit

nicht mitgerechnet werden darf. Das könnte z. B. bei einem Berater die Zeit für eine Literaturrecherche sein, die jedoch nicht auf der Ausgangsrechnung für den Kunden erscheinen soll.

- **Feld »Effektive Zeit«**
  Die effektive Zeit errechnet sich aus **Endzeit** minus **Startzeit** minus **Pause**. Dieses Feld ist grau hinterlegt und kann an dieser Stelle nicht verändert werden.
- **Feld »Abrechenbare Zeit«**
  Die abrechenbare Zeit errechnet sich aus **Endzeit** minus **Startzeit** minus **Pause** minus **Nicht abrechenbare Zeit**. Dieses Feld ist ebenfalls grau hinterlegt und kann an dieser Stelle nicht verändert werden.

Klicken Sie abschließend auf den Button **Hinzufügen**, um das Arbeitszeitblatt mit den erfassten Arbeitszeiten bzw. Leistungen für diesen Benutzer bzw. Mitarbeiter zu speichern. Sie können dieses Arbeitszeitblatt jederzeit ändern. Bestätigen Sie diese Änderungen jeweils mit dem Button **Aktualisieren**, der erscheint, sobald Sie eine Änderung an einem bestehenden Arbeitszeitblatt vornehmen.

Um für einen bestimmten Mitarbeiter alle erfassten Arbeitszeitblätter aufzurufen, öffnen Sie das Fenster **Mitarbeiterstammdaten** im Modul **Personal**. Suchen Sie dort nach dem gewünschten Mitarbeiter, wechseln Sie zur Registerkarte **Administration**, und klicken Sie anschließend auf den Button **Arbeitszeitblatt**.

Es öffnet sich eine Auswahlliste mit allen für diesen Mitarbeiter erfassten Arbeitszeitblättern. Markieren Sie das gewünschte Arbeitszeitblatt, und bestätigen Sie mit dem Button **Auswählen**.

16.4 Berichte im Personalwesen

Alle Berichte zum Personalwesen finden Sie über den Pfad **Personal • Berichte Personalwesen**. Die Berichte sind bezüglich des Aufbaus und der Auswahlkriterien leicht verständlich. Im Folgenden soll der Gegenstand der Berichte umrissen werden.

- **Mitarbeiterliste**
  Mit der Mitarbeiterliste steht Ihnen ein Bericht zur Verfügung, mit dem Sie eine Übersicht über Ihren Personalstand nach Abteilung, Filiale, Geschlecht und Vorgesetztem haben. Im Fenster **Auswahlkriterien** können Sie nach Filiale, Abteilung und Rolle selektieren.
- **Abwesenheitsbericht**
  Der Abwesenheitsbericht gibt Ihnen eine Übersicht über alle Abwesenheiten Ihrer Mitarbeiter. Sie können die Anzeige hinsichtlich Mitarbeitername (Bereich von ... bis), Filiale, Abteilung, Vorgesetztem und Zeitraum einschränken.

[»]

Abwesenheiten

Der Abwesenheitsbericht zeigt nur Abwesenheiten, die in den Mitarbeiterstammdaten in der Registerkarte **Administration** über den Button **Abwesenheit** erfasst wurden (siehe Abbildung 16.5). Die User haben allerdings die Möglichkeit, die Abwesenheiten auch im Arbeitszeitblatt durch Wahl eines entsprechenden Aktivitätstyps zu erfassen. Um den Abwesenheitsbericht zu nutzen, müssten Mitarbeiter also ihre aktiven Zeiten im Arbeitszeitblatt und ihre Abwesenheiten im Mitarbeiterstamm erfassen. Dieses Vorgehen ist jedoch nicht besonders benutzerfreundlich. Es empfiehlt sich daher eine einheitliche Zeiterfassung im Arbeitszeitblatt und die Erstellung eines individuellen Berichts für die Abwesenheiten.

- **Telefonbuch**
  Das Telefonbuch zeigt Ihnen für jede gewünschte Filiale und Abteilung eine Übersicht über alle Kontaktdaten wie Telefon, E-Mail, Mobiltelefon, Pager und Fax.

16.5 Übungsaufgaben

1. Legen Sie sich selbst als Mitarbeiter an. Ergänzen Sie dabei alle tatsächlichen privaten Daten (z. B. Privatadresse, Privatmobiltelefon, Geburtsdatum, Reisepassnummer), soweit dies möglich ist.
2. Berücksichtigen Sie außerdem die folgenden Informationen:
   - Erfassen Sie Ihre drei letzten Beschäftigungsverhältnisse.
   - Erfassen Sie Ihre letzten beiden Urlaube als Abwesenheitszeiten.
   - Erfassen Sie Ihre letzten beiden Seminare als Ausbildung.
   - Definieren Sie die Rolle des Controllers.
   - Erstellen Sie das Team »Finanzen«.
3. Erfassen Sie für den angelegten Mitarbeiter zwei Leistungen mit der Dauer von je zwei Stunden für den heutigen und den gestrigen Tag. Ordnen Sie einmal ein beliebiges Projekt und eine beliebige Kostenstelle zu.

Kapitel 17
Projektmanagement

Projekte werden in allen Unternehmen durchgeführt. Sie können, wie bei Firmen aus dem Beratungssektor, zentraler Unternehmenszweck sein oder nur punktuell auftreten. Das integrierte Projektmanagement von SAP Business One stellt eine perfekte Möglichkeit dar, Projekte zu planen, zu kontrollieren und Informationen aus allen ERP-Bereichen zu bündeln, um immer den Überblick über die laufenden Projekte zu behalten.

Das Projektmanagement ist eine in einer Reihe von Funktionen, die eine Verbindung zwischen verschiedenen Bereichen wie Geschäftspartnern, Belegen, Aktivitäten, Ressourcen und Finanzwesen inklusive Kostenrechnung schaffen. Dieses Modul wurde mit Release 9.2 von SAP Business One eingeführt und seither laufend erweitert.

Bevor Sie das Projektmanagement verwenden können, müssen Sie diese Funktion zunächst aktivieren. Öffnen Sie dazu das Fenster **Firmendetails** unter **Administration • Systeminitialisierung**. Markieren Sie dann auf der Registerkarte **Basisinitialisierung** die Checkbox **Projektmanagement aktivieren**, und bestätigen Sie Ihre Eingabe mit dem Button **Aktualisieren**. Anschließend wird das Modul **Projektmanagement** im Hauptmenü sichtbar. In diesem Menü befinden sich das Fenster **Projekt**, der mit Release 9.3 neue **Assistent zur Generierung von Abrechnungsbelegen** sowie der Ordner **Projektberichte**.

In diesem Kapitel erfahren Sie zunächst, wie Sie ein Projekt anlegen und die einzelnen Stufen bzw. Aufgaben planen (Abschnitt 17.1, »Projekte anlegen«). Anschließend behandeln wir in Abschnitt 17.2, »Belegzuordnung«. und Abschnitt 17.3, »Abrechnungsassistent«, die weiteren Projektbestandteile wie Aktivitäten, offene Probleme oder Belege. Nach einer Beschreibung des Einsatzes von Teilprojekten und der Belegzuordnung sowie der Abrechnung von Projekten in Abschnitt 17.4, »Teilprojekte verwenden«, schließt das Kapitel in Abschnitt 17.5, »Projektberichte«, mit den zur Verfügung stehenden Projektberichten.

17.1 Projekte anlegen

Wir starten in diesem Kapitel zunächst mit der Anlage von einfachen Projekten und definieren deren Kopf und Mittelteil. Dabei werden wir uns Gedanken über die sinnvolle Gestaltung von Projektstufen – die in SAP Business One das wesentliche Element des Projektmittelteils sind – machen, um diese dann auch anzulegen. Schlussendlich werden wir das Projekt mit seinen verschiedenen Elementen wie Belegen und Aktivitäten verbinden.

[»]

Aufbau des Beispiels »Projektmanagement«

Um die Funktionen und Zusammenhänge des Projektmanagements besser zu illustrieren, nutzen wir ein durchgängiges Beispiel, dessen Ausgangssituation wir im Folgenden darstellen:

Ihr Unternehmen ist Spezialist für die Implementierung, Schulung und den Support von SAP Business One. Bei einem Ihrer Kunden, einem Händler für IT-Hardware und Zubehör, wird binnen eines halben Jahres SAP Business One eingeführt. Das Projekt zeigt den kompletten Verlauf der Implementierung inklusive der geplanten Kosten. Sie können dieses Beispiel ausgehend vom jeweiligen Demodatenbestand Schritt für Schritt nachvollziehen.

Die im Folgenden erläuterten und in Abbildung 17.1 dargestellten Felder finden Sie in den Kopfdaten. Diese Felder werden also auf jeder Registerkarte angezeigt.

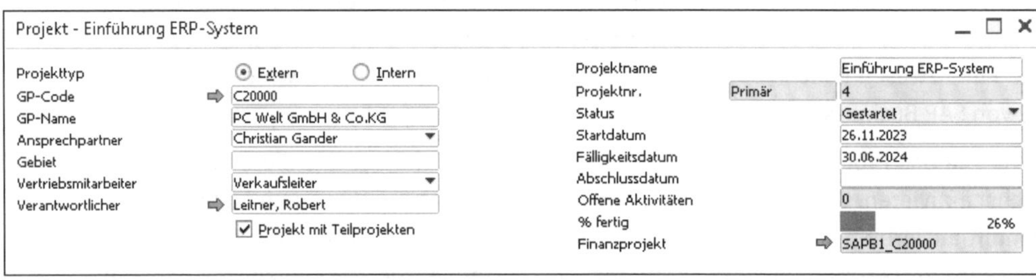

Abbildung 17.1: Fenster »Projekt« – »Kopfdaten«

- **Optionsgruppe »Projekttyp«**
  Wählen Sie bei dieser Optionsgruppe zwischen einem internen und einem externen Projekt. Für ein internes Projekt werden die Felder, die sich auf einen Geschäftspartner beziehen (z. B. **GP-Code** oder **GP-Name**), deaktiviert.
- **Felder »GP-Code« und »GP-Name«**
  Wählen Sie einen Kunden oder Lieferanten als Geschäftspartner für dieses Projekt aus. Ein Interessent kann an dieser Stelle nicht ausgewählt werden.
- **Feld »Ansprechpartner«**
  Standardmäßig wird der Hauptansprechpartner angezeigt. Falls Sie einen abweichenden Ansprechpartner eingeben möchten, wählen Sie iihn aus der Werteliste.
- **Feld »Gebiet«**
  In diesem Feld wird das Geschäftspartnergebiet aus dem Fenster **Geschäftspartner-Stammdaten** und hier aus der Registerkarte **Allgemein** angezeigt. Diesen Wert können Sie hier ändern.
- **Feld »Vertriebsmitarbeiter«**
  In diesem Feld wird der zugeordnete Vertriebsmitarbeiter aus der Registerkarte **Allgemein** im Fenster **Geschäftspartner-Stammdaten** angezeigt. Sie können diesen Wert

hier ebenfalls ändern, falls ein anderer Vertriebsmitarbeiter für dieses Projekt verantwortlich ist. Neue Vertriebsmitarbeiter legen Sie über den Pfad **Administration • Definitionen • Allgemein • Vertriebsmitarbeiter/Käufer** an.

- **Feld »Verantwortlicher«**
  In diesem Feld wird der Mitarbeiter als Verantwortlicher für dieses Projekt angezeigt, der in den Mitarbeiterstammdaten dem Benutzer entspricht, der dieses Projekt erfasst hat. Der automatische Vorschlag kann überschrieben werden.
- **Checkbox »Projekt mit Teilprojekten«**
  Markieren Sie diese Checkbox, wenn Ihr Projekt aus untergeordneten Teilprojekten besteht. Dies trifft in erster Linie auf größere Projektvorhaben zu. Nach dem Markieren der Checkbox wird die Registerkarte **Teilprojekte** eingeblendet. Über diese Registerkarte haben Sie die Möglichkeit, mehrere Teilprojekte zu dem gerade erfassten »Hauptprojekt« anzulegen.

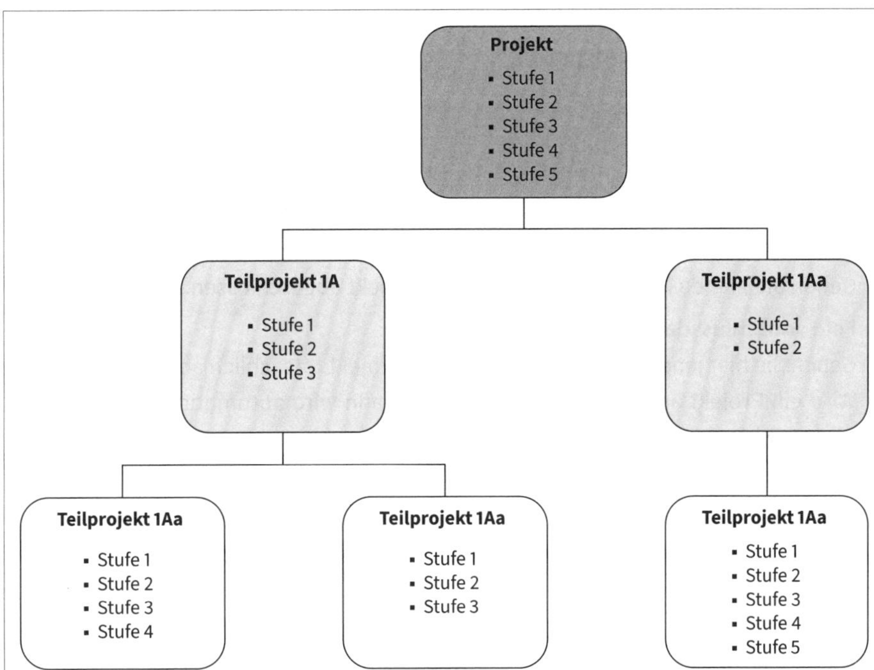

Abbildung 17.2: Mögliche Struktur von Projekten

Wie in Abbildung 17.2 dargestellt, verfügt ein Projekt über *Stufen* und kann darüber hinaus *Teilprojekte* haben. Diese bestehen ihrerseits aus Stufen und können auf weitere Teilprojekte verweisen. Stufen kann man als eine Sammlung von Aufgaben (= Arbeitspakete) sehen. Alternativ können Sie auch folgende Organisation umsetzen:

- *Stufen* werden als Arbeitspaketgruppen aufgefasst.
- *Teilprojekte* werden als Projektphasen aufgefasst.

Ob Sie mit Teilprojekten arbeiten oder nicht, hängt letztlich davon ab, wie umfangreich das Projekt wird. Umfangreiche Projekte sind in der Regel dafür prädestiniert, durch Teilprojekte gegliedert und übersichtlich gestaltet zu werden.

- **Feld »Projektname«**
  Geben Sie hier einen Namen oder ein Schlagwort ein, anhand dessen Sie dieses Projekt besser wiedererkennen.
- **Feld »Projektnr.«**
  Diese fortlaufende Nummer wird von SAP Business One gemäß der von Ihnen eingestellten Nummernserie automatisch vergeben. Wie Sie die Einstellungen der Nummerierung für Ihre Projekte ändern, beschreiben wir ausführlich in Abschnitt 4.7, »Belegnummerierung«.
- **Feld »Status«**
  In diesem Feld wird der Status zum ausgewählten Projekt angezeigt. Nachdem Sie das Projekt angelegt haben, wird automatisch der Status **Gestartet** angezeigt. Darüber hinaus stehen die Status **Angehalten**, **Gestoppt**, **Fertig** und **Abgebrochen/Storniert** zur Verfügung.
- **Feld »Startdatum«**
  Dies ist das Anlagedatum des Projekts, es wird automatisch mit dem Tagesdatum befüllt, kann jedoch geändert werden.
- **Feld »Fälligkeitsdatum«**
  Geben Sie hier das Datum ein, zu dem das Projekt abgeschlossen sein sollte.
- **Feld »Abschlussdatum«**
  Geben Sie hier jenes Datum ein, zu dem das Projekt tatsächlich abgeschlossen wurde. Wird ein Projekt angehalten oder gestoppt, dann wird automatisch das Tagesdatum als Abschlussdatum übernommen.
- **Feld »Offene Aktivitäten«**
  Dieses Feld zeigt Ihnen die Anzahl der *offenen* Aktivitäten aus allen Stufen des Projekts an. Im Projekt haben Sie die Möglichkeit, Aktivitäten zuzuordnen. Alle zugeordneten Aktivitäten, die noch nicht abgeschlossen sind, werden zahlenmäßig in diesem Feld angezeigt.
- **Feld »% fertig«**
  Dieses Feld zeigt Ihnen den Fertigstellungsgrad in % an. Dieser Grad entspricht der Summe jener Prozentsätze, die Sie den einzelnen Projektstufen hinzugefügt und als fertig markiert haben.
- **Feld »Finanzprojekt«**
  Wählen Sie hier ein bereits bestehendes Finanzprojekt aus der Werteliste, mit dem Sie dieses Projekt verknüpfen möchten. Eine Verknüpfung ist dann sinnvoll, wenn Sie einen kommerziellen Blick auf Projekte haben oder Belege mit dem Projekt verknüpfen wollen. So können Sie z. B. eine Gewinn-und-Verlust-Rechnung nach Finanzprojekt ausgeben. Die Verknüpfung ist in jedem Fall dringend zu empfehlen.

17.1.1 Registerkarte »Übersicht«

Auf der Registerkarte **Übersicht** finden sich die im Folgenden beschriebenen Felder:

- **Feld »Risikostufe«**
  Wählen Sie eine der Risikostufen **Niedrig**, **Mittel** und **Hoch** aus der Werteliste aus. Die Eingabe der Risikostufe hat im Standard des Programms keine weiteren Auswirkungen. Sie könnte aber z. B. ein guter Ansatzpunkt dafür sein, Beleggenehmigungsverfahren für Belege auszulösen, die mit dem Projekt in Zusammenhang stehen.
- **Feld »Branche«**
  Wählen Sie eine Branche aus der Werteliste aus, oder wählen Sie den Eintrag **Neu definieren**, um eine neue Branche anzulegen. Mit dieser Branche können Sie die verschiedenen Geschäftsfelder kategorisieren, aus denen Ihre Kunden und Lieferanten stammen.
- **Feld »Bemerkungen«**
  Geben Sie in diesem Feld weitere Informationen zu diesem Projekt ein.
- **Tabelle »Teilprojekte«**
  Dieses Raster bietet Ihnen eine Übersicht über die zugehörigen Teilprojekte zu diesem »Hauptprojekt« sowie über ihren Erfüllungsgrad und Status.

17.1.2 Registerkarte »Stufen«

Auf der Registerkarte **Stufen** erfolgt die eigentliche Arbeit des Projektmanagements, hier werden die verschiedenen Stufen, Aufgaben, Aktivitäten, Arbeitsaufträge, offenen Probleme etc. des Projekts angelegt und verwaltet. In einem klassischen Projektmanagement besteht ein Projekt aus *Arbeitspaketen*, *Meilensteinen* und *Phasen*. SAP Business One geht an dieser Stelle noch weiter ins Detail und stellt noch weitere Projektbestandteile zur Verfügung (siehe Tabelle 17.1).

Projektbestandteil	Beschreibung
Projekt	Das Projekt muss mindestens eine Stufe haben, darüber hinaus sind weitere Elemente optional.
Teilprojekt	Mehrere Teilprojekte ergeben ein Projekt. Teilprojekte sind wie schon beschrieben eine Option; ein Projekt muss keine Teilprojekte haben.
Stufe	Mehrere Stufen ergeben ein Projekt oder Teilprojekt.
Aufgaben	Eine oder mehrere Aufgaben ergeben eine Stufe.
Offene Probleme	Pro Aufgabe in der Stufe können mehrere offene Probleme erfasst werden.

Tabelle 17.1: Projektbestandteile in SAP Business One

Projektbestandteil	Beschreibung
Anhänge	Pro Aufgabe in der Stufe können mehrere Anhänge hinzugefügt werden.
Belege	Pro Aufgabe in der Stufe können mehrere Belege angezeigt werden.
Arbeitsaufträge	Pro Aufgabe in der Stufe können mehrere Arbeitsaufträge = Produktionsaufträge angelegt und angezeigt werden.
Aktivitäten	Pro Aufgabe in der Stufe können mehrere Aktivitäten angelegt und angezeigt werden.

Tabelle 17.1: Projektbestandteile in SAP Business One (Forts.)

Diese Projektbestandteile aus Tabelle 17.1 werden im Folgenden näher erläutert. Zunächst sollen jedoch die einzelnen Stufen bzw. Aufgaben erfasst werden.

Um eine Stufe bzw. Aufgabe in der oberen Tabelle der Registerkarte **Stufen** zu erfassen, stehen Ihnen die folgenden Felder zur Verfügung (siehe Abbildung 17.3):

- **Feld »Position«**
  Dieses Feld zeigt eine fortlaufende Nummer aller Stufen und Aufgaben und kann vom Benutzer nicht verändert werden. Da die Zeilen ohnedies zusätzlich fortlaufend im Feld # nummeriert werden, ist dieses Feld bedeutungslos und kann über das Icon (Formulareinstellungen) ausgeblendet werden.
- **Felder »Startdatum« und »Abschlussdatum«**
  Geben Sie das Start- und Abschlussdatum jeder Stufe bzw. Aufgabe ein. Der Zeitraum der verschiedenen Stufen und Aufgaben darf sich auch überschneiden. Die beiden Felder sind keine Pflichtfelder, das bedeutet, Sie können das jeweilige Datum auch weglassen. Wenn Sie jedoch ein Abschlussdatum hinzufügen möchten, müssen Sie auch ein Startdatum angeben. Die Zeitspanne, die zwischen Start- und Abschlussdatum liegt, ist als Durchlaufzeit für diese Projektstufe zu verstehen. Die tatsächliche Arbeitszeit, die für diese Stufe geplant ist, kann in dieser Ansicht nicht eingegeben werden. Soll sie ebenfalls dargestellt werden, empfiehlt es sich eine neue Spalte in Form eines benutzerdefinierten Felds anzulegen.
- **Feld »Stufe«**
  Wählen Sie die gewünschte Projektstufe aus der Auswahlliste. SAP Business One bietet Ihnen fünf vordefinierte Projektstufen, die im Wesentlichen einem klassischen Fünf-Phasen-Projektmanagement-Modell entsprechen. Sie können unter **Administration • Definition • Projektmanagement • Stufen** aber auch neue Projektstufen anlegen.

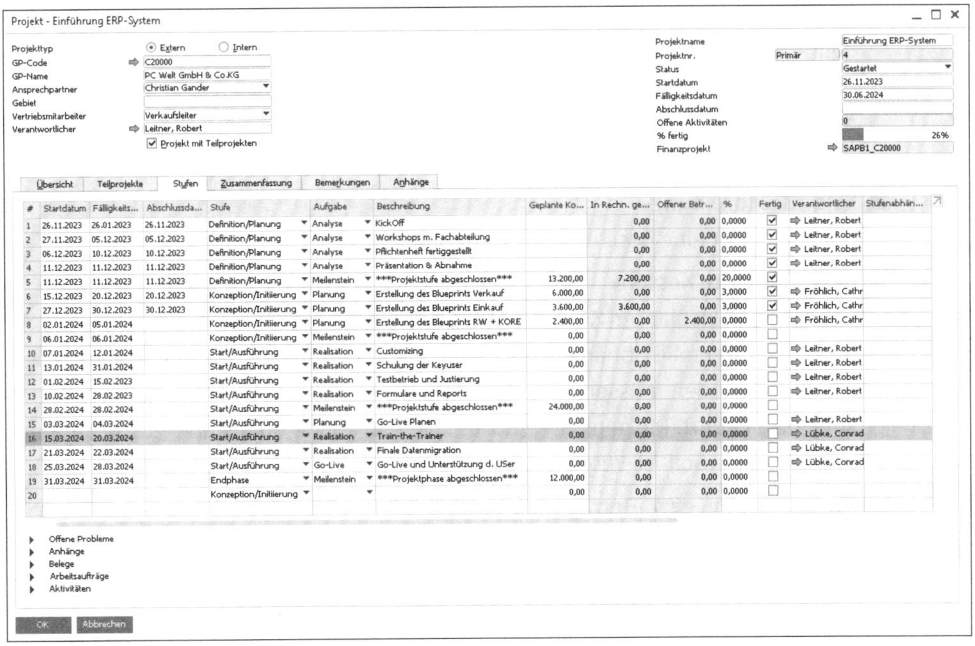

Abbildung 17.3: Fenster »Projekt« – Registerkarte »Stufen«

[+]

Gliederung der Projektstufen

Beim Definieren der Projektstufen ist es zunächst sinnvoll, sich am »Reißbrett« zu überlegen, wie die Projekte Ihres Unternehmens typischerweise aufgebaut sind und in welche Phasen Sie diese Projekte üblicherweise zerlegen können. Das heißt, Sie bilden den Ablauf eines typischen Projekts mithilfe der Stufen ab. Die Anzahl der Stufen sollte nicht zu hoch sein (nicht mehr als zehn Stufen), da sich mehrere Vorgänge innerhalb einer Stufe mithilfe mehrerer Aufgaben abbilden lassen. Eine Stufe (je nach Anwendungsfall eine Arbeitspaketgruppe oder sogar eine Projekthase) sollte mit einem *Quality Gate* abgeschlossen werden können. Das ist ein Ereignis, das den Abschluss einer Stufe oder eines (Teil-)Projekts klar signalisiert. Erst wenn die definierte Qualität des Quality Gates erreicht ist, soll die Folgestufe gestartet werden. Dieses Quality Gate (in der Regel ein Projektmeilenstein) existiert in SAP Business One nicht als eigenes Element. Wie in Abbildung 17.3 dargestellt, kann diese aber einfach erzeugt werden, indem z. B. die Beschreibung der Aufgabe entsprechend gestaltet wird und die Aufgabe selbst als »Meilenstein« bezeichnet wird.

- **Feld »Aufgabe«**
  Wählen Sie die gewünschte Aufgabe aus der Auswahlliste, oder wählen Sie den Eintrag **Neu definieren**, um eine neue Aufgabe anzulegen. Eine Aufgabe umfasst jegliche Tätigkeit, die ein konkretes Tun eines Mitarbeiters erfordert bzw. umfasst, das könnte also

z. B. eine Tätigkeit, ein Task, ein Telefonat, ein Meeting oder ein Vorgang sein. Das bedeutet, jegliche Tätigkeit, die projektrelevant ist und auch geplant wird, sollte in dieser Liste enthalten sein. Auf diese Weise ließe sich auch ein Meilenstein als Aufgabe abbilden. Um mehrere Aufgaben pro Stufe abzubilden, wählen Sie einfach in einer weiteren Zeile die gleiche Stufe, aber eine andere Aufgabe aus der Auswahlliste.

- **Feld »Beschreibung«**
  Geben Sie hier eine Beschreibung zu der Stufe bzw. zu der Aufgabe ein.
- **Feld »Geplante Kosten«**
  Geben Sie die geplanten Kosten dieser Stufe bzw. dieser Aufgabe an. Der gewählte Betrag ist naturgemäß abhängig von den geplanten Stunden, die für diese Aufgabe aufgewendet werden müssen, und dem Stundenkostensatz des Mitarbeiters, der diese Aufgabe ausführt. Die geplanten Kosten werden auf der Registerkarte **Zusammenfassung** für einen Soll-Ist-Vergleich verwendet.
- **Feld »In Rechn. gest. Betrag (Debitoren)«**
  Dieses Feld zeigt den Umsatz an, der für diese Stufe mittels Ausgangsrechnungen an den Kunden verrechnet wurde. Dieses und die folgenden drei Felder sind Anzeigefelder und können vom Benutzer nicht verändert werden. Sie werden vom Programm befüllt, indem Ausgangsrechnungen mit diesen Projektzeilen verbunden werden.
- **Feld »Offener Betrag (Debitoren)«**
  Dieses Feld zeigt den Umsatz, der für diese Stufe beauftragt (Kundenauftrag) oder geliefert (Lieferung), aber noch nicht verrechnet (Ausgangsrechnung) wurde.

[+]

Kosten planen

Wenn Sie Umsätze oder Kosten planen, wollen Sie sie in der Regel auch kontrollieren. In den gerade besprochenen Feldern **Geplante Kosten** und **Offener Betrag** können Sie das grundsätzlich auch tun. Allerdings sollten Sie bedenken, dass eine sehr feine Planung auf Ebene einzelner Zeilen auch bedingt, dass Sie einzelne Belege (z. B. Ausgangsrechnungen oder Kundenaufträge) erstellen, um den geplanten Kosten in Rechnung gestellte oder offene Beträge gegenüberstellen zu können.

Daher kann es sinnvoll sein, die Kosten nicht auf Ebene einzelner Zeilen, sondern auf der Ebene von Meilensteinen zu planen und zu kontrollieren.

In Abbildung 17.3 sehen Sie in den Zeilen 7 und 8 eine Planung auf Basis einzelner Aufgaben. Hier wird also pro Aufgabe ein Kundenauftrag und in weiterer Folge eine Ausgangsrechnung erzeugt. In den Zeilen 5, 14 und 19 erfolgt die Planung und in weiterer Folge die Rechnungslegung auf Basis der Projektmeilensteine.

Welches Vorgehen Sie wählen, wird letztlich vom einzelnen Projekt und von den Bedürfnissen Ihrer Kunden abhängen.

- **Feld »In Rechn. Gest. Betrag (Kreditoren)«**
  Dieses Feld zeigt analog den Einkaufswert, der für diese Stufe mittels Eingangsrechnungen vom Lieferanten verrechnet wurde.
- **Feld »Offener Betrag (Kreditoren)«**
  Dieses Feld zeigt den Einkaufswert, der für diese Stufe beauftragt (Bestellung) oder geliefert (Wareneingang), aber noch nicht verrechnet (Eingangsrechnung) wurde.
- **Feld »%«**
  Geben Sie her den Prozentsatz ein, zu dem das Projekt mit dieser Stufe bzw. Aufgabe fertiggestellt ist. Das Feld % zeigt also nicht den Fertigstellungsgrad der jeweiligen Stufe an, sondern den Anteil den die Stufe zum Fertigstellungsgrad des Gesamtprojekts liefern wird. Dieses Feld ist kein Pflichtfeld und dient dem Projektverantwortlichen als Gradmesser für die Fertigstellung. Dementsprechend müssen auch nicht alle Stufen bzw. Aufgaben mit einem Prozentsatz versehen werden – wobei das natürlich die Voraussetzung für eine aussagekräftige Projektevaluation ist. Zum Beispiel könnten nur die Grobphasen oder Meilensteine um einen Prozentsatz ergänzt werden. Die Summe der Prozentsätze des Gesamtprojekts inklusive aller Stufen und Teilprojekte sollte 100 ergeben. Sie dürfen aber in Summe nicht größer als 100 sein. Werden einzelne Stufen als fertig markiert, wird ihr Wert in das Feld **% fertig** im Kopfbereich des Projekts addiert und zeigt somit den Gesamtfertigstellungsgrad des Projekts an.
- **Definition Fertigstellungsgrad**
  Ein Projekt besteht aus Stufen, die insgesamt 90 % des Gesamtprojektumfangs ausmachen. Darüber hinaus umfasst das Projekt ein Teilprojekt, das wiederum aus Stufen besteht. Diese machen in Summe 10 % des Projektumfangs aus.

  Die Stufen des Hauptprojekts sind zu 23 % fertiggestellt. Die Stufen des Teilprojekts sind zu 20 % fertiggestellt. Daraus ergibt sich ein Gesamtfertigstellungsgrad von 25 %. Dieser setzt sich aus den 23 % des Hauptprojekts und 20 % des 10 %-Anteils des Teilprojekts zusammen. Abbildung 17.4 illustriert das Prinzip.
- **Checkbox »Fertig«**
  Markieren Sie diese Checkbox, wenn die jeweilige Stufe bzw. Aufgabe erledigt wurde. Nur dann wird der Prozentsatz der Stufe dem Fertigstellungsgrad des Projekts zugerechnet.
- **Feld »Verantwortlicher«**
  Wählen Sie einen Verantwortlichen für diese Stufe bzw. Aufgabe aus der Auswahlliste aus. Die Auswahlliste zeigt Ihnen eine Liste aller Mitarbeiter. Wie Sie einen neuen Mitarbeiter anlegen, wird in Abschnitt 16.2, »Mitarbeiterstammdaten«, ausführlich beschrieben.

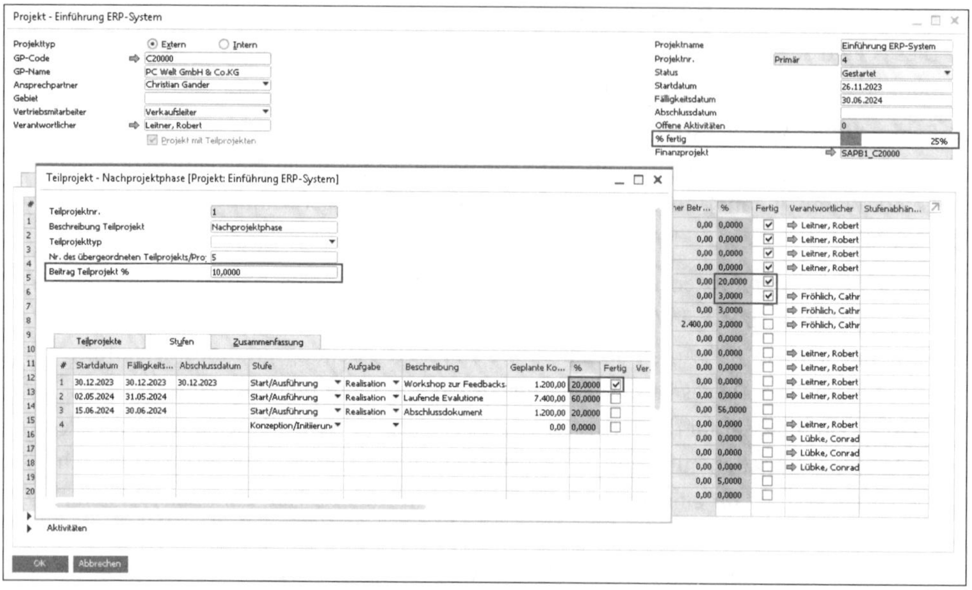

Abbildung 17.4: Fertigstellungsgrade bei Teilprojekten

- **Felder »Stufenabhängigkeit (1) bis (4)«**
  Diese vier Felder dienen dazu, eine Stufe bzw. Aufgabe mit einer anderen zu verknüpfen. Dazu klicken Sie mit dem Cursor in das Feld und verwenden die ⇆-Taste oder klicken auf den Button (**Auswahlliste Projektstufen**), um die Auswahlliste zu öffnen. Wählen Sie eine der vorhandenen Stufen aus der Liste, um jene Stufe anzuzeigen, die vor der gegenständlichen Stufe erledigt werden muss. Sie können bis zu vier Stufen mit der gegenständlichen Stufe verknüpfen. Das Programm prüft beim Setzen der Checkbox **Fertig** in einer Zeile, ob die abhängigen Zeilen ebenfalls fertig sind. In diesem Sinne handelt es sich also eher um eine Zeilen- als um eine Stufenabhängigkeit. Auf diese Art kann ein *kritischer Pfad* des Projekts dargestellt werden. Dieser wird dann im Gantt-Diagramm auch grafisch dargestellt.

Klicken Sie abschließend auf den Button **Hinzufügen**, um das Projekt anzulegen. Sobald Sie Änderungen an einem bestehenden Projekt vornehmen, bestätigen Sie mit dem Button **Aktualisieren**.

Die Registerkarte **Stufen** ist zweigeteilt (siehe Abbildung 17.5): In der bereits erläuterten Tabelle im oberen Bereich werden alle Stufen und die damit verknüpften Aufgaben angezeigt. Der untere Bereich bezieht sich auf die jeweils markierte Stufe und zeigt alle zugehörigen weiteren Projektbestandteile wie offene Probleme, Anhänge, Belege, Arbeitsaufträge und Aktivitäten.

Generell gilt, dass Sie für die weiteren Projektbestandteile zwei Bedienungsoptionen haben:

1. Wählen Sie eine Stufe im Projektplan (diese wird farblich hinterlegt (siehe Abbildung 17.5) und wählen dann einen Projektbestandteil, dann sehen Sie die Projektbestandteile (Aktivität, Arbeitsauftrag etc.), die unmittelbar zu diesem Bestandteil gehören. In der Regel können Sie dann auch einen neuen Bestandteil auswählen (z. B. Aktivität, Arbeitsauftrag, offene Probleme) oder zumindest einen bestehenden Bestandteil neu zu dieser Stufe hinzufügen (Belege, Anhänge).
2. Ist keine Stufe ausgewählt, sehen Sie alle Projektbestandteile, die Sie jeweils ausklappen (offene Probleme, Anhänge, Belege etc.). Es ist in dieser Option aber nicht ersichtlich, zu welcher Stufe die Bestandteile gehören. Außerdem haben Sie keine Möglichkeit, einen neuen Bestandteil zu erfassen oder einen existierenden hinzuzufügen, da das Programm in dieser Situation keine Möglichkeit hat, den Projektbestandteil automatisch einer Stufe zuzuordnen.

Um sich also weitere Projektbestandteile anzusehen, markieren Sie zunächst im oberen Bereich eine gewünschte Stufe bzw. Aufgabe. Anschließend klicken Sie auf eines der Dreiecke im unteren Bereich und klappen dadurch die dazugehörigen Projektbestandteile im unteren Bereich auf. Abbildung 17.5 zeigt z. B. die Stufe **Kick-Off** im oberen Bereich und drei dazugehörige Aktivitäten im unteren Bereich.

Wenn Sie eine Stufe in einer anderen Zeile markieren, werden diese drei Aktivitäten nicht mehr angezeigt.

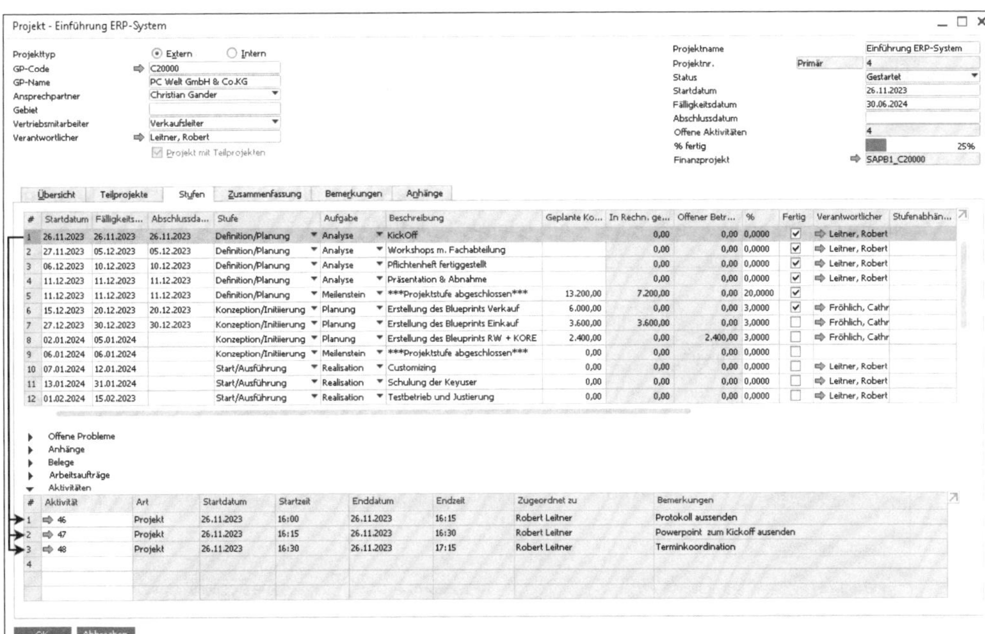

#	Startdatum	Fälligkeits...	Abschlussda...	Stufe	Aufgabe	Beschreibung	Geplante Ko...	In Rechn. ge...	Offener Betr...	%	Fertig	Verantwortlicher	Stufenabhän...
1	26.11.2023	26.11.2023	26.11.2023	Definition/Planung	Analyse	KickOff		0,00	0,00	0,0000	☑	Leitner, Robert	
2	27.11.2023	05.12.2023	05.12.2023	Definition/Planung	Analyse	Workshops m. Fachabteilung		0,00	0,00	0,0000	☑	Leitner, Robert	
3	06.12.2023	10.12.2023	10.12.2023	Definition/Planung	Analyse	Pflichtenheft fertiggestellt		0,00	0,00	0,0000	☑	Leitner, Robert	
4	11.12.2023	11.12.2023	11.12.2023	Definition/Planung	Analyse	Präsentation & Abnahme		0,00	0,00	0,0000	☑	Leitner, Robert	
5	11.12.2023	11.12.2023	11.12.2023	Definition/Planung	Meilenstein	***Projektstufe abgeschlossen***	13.200,00	7.200,00	0,00	20,0000	☑		
6	15.12.2023	20.12.2023	20.12.2023	Konzeption/Initiierung	Planung	Erstellung des Blueprints Verkauf	6.000,00	0,00	0,00	3,0000	☑	Fröhlich, Cathr	
7	27.12.2023	30.12.2023	30.12.2023	Konzeption/Initiierung	Planung	Erstellung des Blueprints Einkauf	3.600,00	3.600,00	0,00	3,0000	☐	Fröhlich, Cathr	
8	02.01.2024	05.01.2024		Konzeption/Initiierung	Planung	Erstellung des Bleuprints RW + KORE	2.400,00	0,00	2.400,00	3,0000	☐	Fröhlich, Cathr	
9	06.01.2024	06.01.2024		Konzeption/Initiierung	Meilenstein	***Projektstufe abgeschlossen***	0,00	0,00	0,00	0,0000	☐		
10	07.01.2024	12.01.2024		Start/Ausführung	Realisation	Customizing	0,00	0,00	0,00	0,0000	☐	Leitner, Robert	
11	13.01.2024	31.01.2024		Start/Ausführung	Realisation	Schulung der Keyuser	0,00	0,00	0,00	0,0000	☐	Leitner, Robert	
12	01.02.2024	15.02.2024		Start/Ausführung	Realisation	Testbetrieb und Justierung	0,00	0,00	0,00	0,0000	☐	Leitner, Robert	

#	Aktivität	Art	Startdatum	Startzeit	Enddatum	Endzeit	Zugeordnet zu	Bemerkungen
1	46	Projekt	26.11.2023	16:00	26.11.2023	16:15	Robert Leitner	Protokoll aussenden
2	47	Projekt	26.11.2023	16:15	26.11.2023	16:30	Robert Leitner	Powerpoint zum Kickoff ausenden
3	48	Projekt	26.11.2023	16:30	26.11.2023	17:15	Robert Leitner	Terminkoordination
4								

Abbildung 17.5: Zusammenhang von Stufe und Aktivitäten

Um nun eine Aktivität einem Projekt zuzuordnen, gehen Sie folgendermaßen vor:

1. Markieren Sie zunächst die Stufe, der die Aktivität zugeordnet werden soll, im oberen Bereich.
2. Anschließend klicken Sie im unteren Bereich in der Spalte **Aktivität** in die nächste freie Zeile.
3. Drücken Sie die [Tab]-Taste, oder klicken Sie auf den Button [☰] (**Auswahlliste Aktivitäten**), um die Auswahlliste mit den bereits vorhandenen Aktivitäten zu öffnen.
4. Wählen Sie nun eine Aktivität aus der Liste aus, und bestätigen Sie Ihre Wahl mit dem Button **Auswählen**, um eine bestehende Aktivität dieser Stufe zuzuordnen. Es werden nur jene Aktivitäten vorgeschlagen, deren Datum zwischen dem Start- und dem Fälligkeitsdatum der ausgewählten Stufe liegen.
5. Alternativ dazu klicken Sie auf den Button **Neu**, um eine neue Aktivität anzulegen. Daraufhin öffnet sich das Fenster **Aktivität**. Geben Sie die Daten zu dieser Aktivität ein, und bestätigen Sie Ihre Eingabe mit dem Button **Hinzufügen**. Das Fenster **Aktivität** wird geschlossen, und Sie kehren zum Fenster **Projekte** zurück. Wie Sie eine Aktivität anlegen, erfahren Sie in Abschnitt 4.5, »Aktivitäten«.
6. Klicken Sie abschließend im Fenster **Projekte** auf den Button **Aktualisieren**, um die Zuordnung der Aktivität zu speichern. In der Rubrik **Weitere Details** der verknüpften Aktivität erkennen Sie die Verbindung zum Projekt und zur Stufe im rechten Bildbereich.

Sie können den Vorgang aber auch umkehren und gleich beim Erfassen der Aktivität das Finanzprojekt und die Stufe hinterlegen. In diesem Fall wird die Aktivität dem Projekt automatisch zugeordnet. Das ist z. B. dann sinnvoll, wenn User keine Zugriffsrechte auf die Projekte haben und daher eine Anlage aus dem Projekt heraus gar nicht möglich ist.

Im linken Bildbereich wurde im Feld **Leistungsart** ebendiese hinterlegt; sie kann mit einem Arbeitsartikel verbunden sein (siehe Abbildung 17.6).

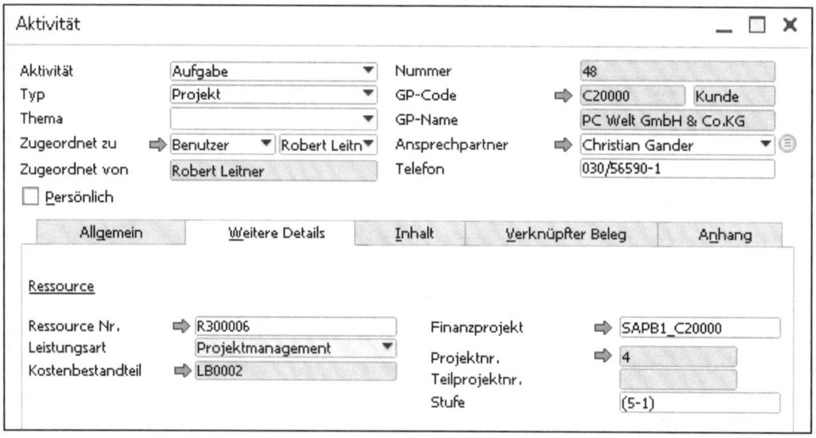

Abbildung 17.6: Details einer verknüpften Aktivität

Die Definition selbst erfolgt im Programmteil **Administration • Definition • Projektmanagement • Aktivitätstypen.** Der Begriff **Aktivitätstyp** in der Definition entspricht dem Begriff **Leistungsart** in der Aktivität, der Begriff **Arbeitsartikel** entspricht dem Begriff **Kostenbestandteil**, wie in Abbildung 17.7 zu sehen ist.

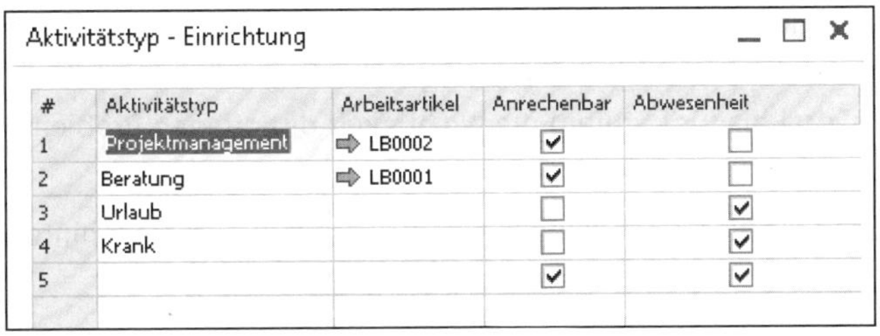

Abbildung 17.7: Definition einer Leistungsart

Neben der Zuordnung von Aktivitäten bietet SAP Business One weitere Projektbestandteile, die das Verwalten von Projekten unterstützen. Diese Projektbestandteile beziehen sich – wie bei den zuvor beschriebenen Aktivitäten – auf jeweils eine Stufe im Projekt und werden im Folgenden erläutert.

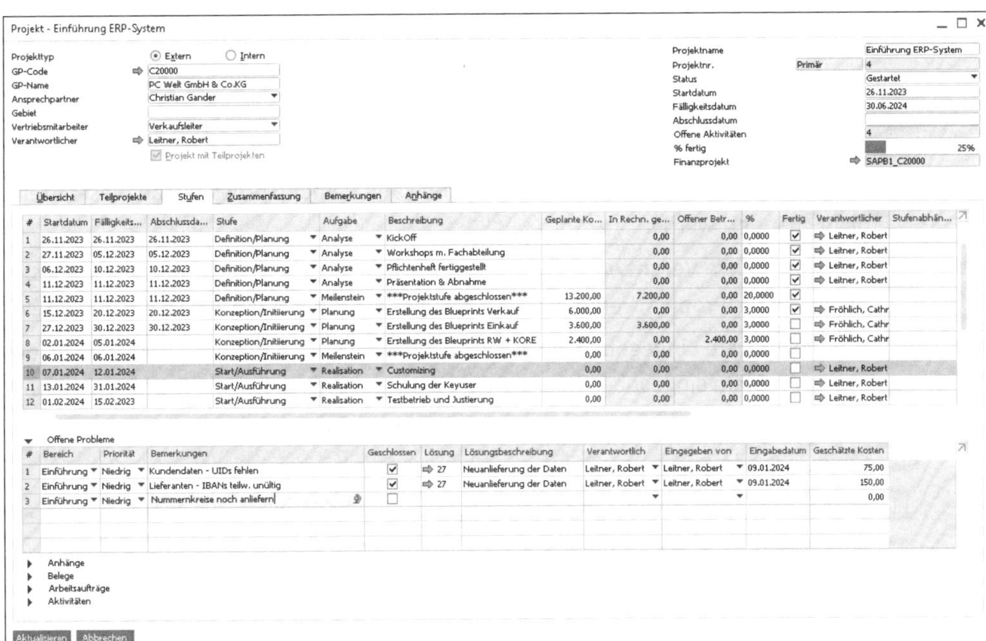

Abbildung 17.8: Registerkarte »Stufen« – Bereich »Offene Probleme«

Der Bereich **Offene Probleme** erlaubt die freie und unkomplizierte Dokumentation der Probleme, die in der markierten Stufe auftreten. Dabei können Sie die folgenden Details erfassen (siehe Abbildung 17.8):

1. Markieren Sie zunächst jene Stufe, für die Sie das Problem definieren möchten.
2. Feld **Bereich**: Wählen Sie einen Bereich aus der Werteliste, oder klicken Sie auf den Eintrag **Neu definieren**, um einen neuen Bereich anzulegen. Der Bereich sollte die gängigsten Problemfelder, die in einem Projekt auftreten können, abdecken.
3. Feld **Priorität**: Wählen Sie eine Priorität aus der Werteliste, oder klicken Sie auf den Eintrag **Neu definieren**, um eine neue Priorität anzulegen. Die Priorität sollte mit wenigen Abstufungen (z. B. drei bis fünf Stufen) die Wichtigkeit der offenen Probleme widerspiegeln.
4. Feld **Bemerkungen**: Geben Sie hier Bemerkungen ein, die das offene Problem hinreichend beschreiben.
5. Checkbox **Geschlossen**: Markieren Sie diese Checkbox, wenn das Problem bereits erledigt ist.
6. Feld **Lösung**: Positionieren Sie den Cursor in dem Feld, drücken Sie die [Tab]-Taste, oder klicken Sie auf den Button [⊜] (**Auswahlliste Lösung Serviceabruf**), um die Auswahlliste für Lösungen zu öffnen. Wählen Sie im nun geöffneten Fenster **Liste: Lösung Serviceabruf** eine der vorhandenen Lösungen aus der Auswahlliste, oder klicken Sie auf den Button **Neu**, um eine neue Lösung anzulegen.

   An dieser Stelle wird die Lösungsdatenbank aus dem Modul **Service** herangezogen. Die Verwendung dieser Lösungsdatenbank behandeln wir ausführlich in Abschnitt 15.4, »Lösungsdatenbank als Nebenprodukt«.
7. Feld **Lösungsbeschreibung**: Dieses Feld zeigt die Beschreibung der zuvor aus der Lösungsdatenbank ausgewählten Lösung und kann dementsprechend an dieser Stelle nicht geändert werden.
8. Dropdown-Liste **Verantwortlich**: Wählen Sie den Mitarbeiter aus dieser Werteliste, der für dieses Problem verantwortlich ist. Das Feld **Verantwortlich** ist ein Pflichtfeld.
9. Dropdown-Liste **Eingegeben von**: Wählen Sie den Mitarbeiter aus der Werteliste, der dieses Problem eingegeben hat. Das Feld **Eingegeben von** ist ein Pflichtfeld.
10. Feld **Eingabedatum**: Geben Sie ein Eingabedatum ein. Dies ist typischerweise das aktuelle Tagesdatum.
11. Feld **Geschätzte Kosten**: Geben Sie die geschätzten Kosten an, die zur Lösung dieses Problems nötig sind.
12. Klicken Sie abschließend auf den Button **Aktualisieren**, um die Eingabe zu speichern.

Als Nächstes haben Sie die Möglichkeit, zu jeder einzelnen Stufe Dateianhänge zuzuordnen. Dazu markieren Sie die gewünschte Stufe im oberen Bereich und klicken im unteren Bereich auf das Feld **Durchsuchen**. Daraufhin öffnet sich ein Windows-Dialogfenster, in dem Sie die gewünschte Datei auswählen und mit dem Button **Öffnen** bestätigen können. So können Sie z. B. Angebote, Verträge, Lastenhefte, Pflichtenhefte oder Business Blueprints an die relevanten Stufen im Projekt hängen.

Zusätzlich zu Dateianhängen ist es sinnvoll, SAP-Business-One-Belege an die relevanten Stufen im Projekt zu hängen. Zum Beispiel könnte eine Bestellung, ein Angebot oder ein Lieferschein an die gewünschte Stufe gehängt werden. Wie schon beschrieben, sind die verknüpften Belege Voraussetzung dafür, dass die Felder **In Rechnung gestellter Betrag** und **Offener Betrag** (jeweils für Debitoren und Kreditoren) mit Werten gefüllt werden. Dieser Vorgang ist also relevant für das Projekt-Kostencontrolling. Um einen Beleg mit dem Projekt zu verknüpfen, markieren Sie wieder die entsprechende Stufe im oberen Bereich. Anschließend wählen Sie in der Dropdown-Liste **Belegart** die gewünschte Belegart (z. B. **Kundenauftrag**) aus.

Positionieren Sie anschließend den Cursor in der nächsten freien Zeile im Feld **Belegnr.**, drücken Sie die [⇥]-Taste, oder klicken Sie auf den Button, um die Auswahlliste für Belege zu öffnen. Wählen Sie im nun geöffneten Fenster einen der vorhandenen Belege aus der Auswahlliste. Die restlichen Felder der Zeile, wie **Belegdatum**, **Gesamt** etc., werden automatisch aus dem Beleg geladen.

Alternativ zum Zuordnen von Belegen zu definierten Zeilen (Stufen), kann auch hier – ähnlich wie bei den Aktivitäten – der Prozess umgekehrt werden. Voraussetzung ist, dass in den *Formulareinstellungen* des jeweiligen Beleges schon das (Finanzbuchhaltungs-) Projekt, das mit dem Projektmanagementprojekt verknüpft ist, eingetragen ist. Ist das der Fall und wird das Projekt aufgerufen, macht das Programm darauf aufmerksam, dass es Belege gibt, die zum Projekt gehören, aber noch nicht einer Zeile zugewiesen wurden (siehe Abbildung 17.9).

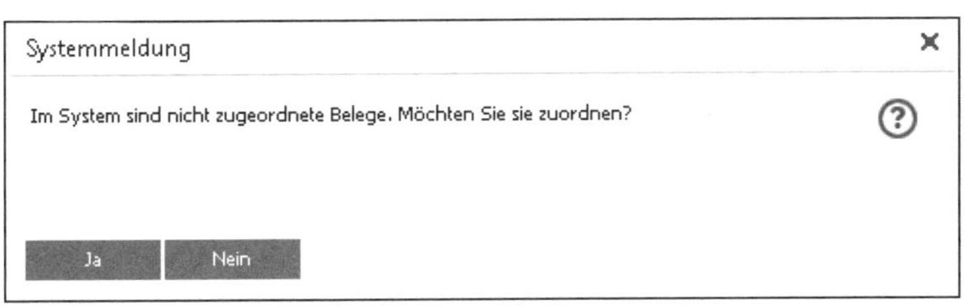

Abbildung 17.9: Beleg zuordnen – Systemmeldung

Wenn Sie die Meldung mit **Ja** bestätigen, zeigt Ihnen das Programm die noch nicht zugeordneten Belege und erlaubt Ihnen die Verknüpfung zu den Zeilen (Projektstufen) – siehe Abbildung 17.10.

Um einen Beleg einer Stufe zuzuordnen, gehen Sie wie folgt vor:

❶ Markieren Sie im linken Bildbereich den zuzuordnenden Beleg.

❷ Markieren Sie im rechten Bildbereich eine leere Zeile unter der Stufe, der der Beleg zugeordnet werden soll.

❸ Klicken Sie auf den Button, um den Beleg zuzuordnen; der Beleg wird vom linken in den rechten Bildbereich verschoben.

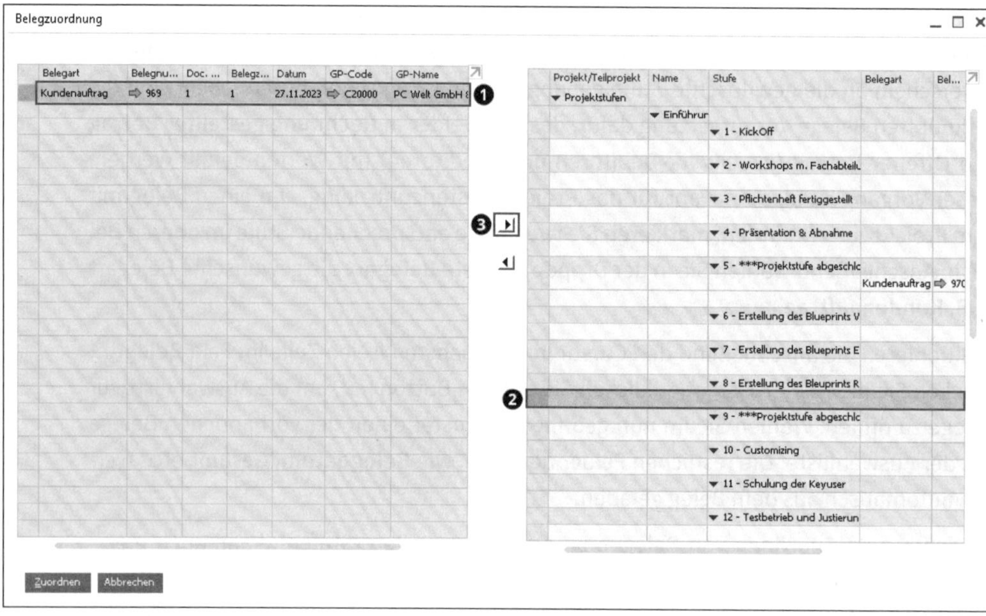

Abbildung 17.10: Belege zu Stufen zuordnen

Wenn Sie alle Belege zugeordnet haben, drücken Sie den Button **Zuordnen**. Ihre Zuordnungen werden gespeichert, und das Fenster wird geschlossen.

Der Bereich **Arbeitsaufträge** ist verknüpft mit den Produktionsaufträgen aus dem Modul **Produktion**. Um einen Produktionsauftrag zuzuordnen, markieren Sie die entsprechende Stufe im oberen Bereich. Positionieren Sie anschließend den Cursor im Feld **Belegnr.** in der nächsten freien Zeile, drücken Sie die [Tab]-Taste, oder klicken Sie auf den Button [Button] (**Auswahlliste Produktionsaufträge**), um die Auswahlliste für Produktionsaufträge zu öffnen. Wählen Sie im nun geöffneten Fenster einen der vorhandenen Produktionsaufträge aus der Auswahlliste, oder klicken Sie auf den Button **Neu**, um einen neuen Produktionsauftrag anzulegen. Die restlichen Felder der Zeile werden automatisch aus dem Beleg geladen.

Auf der Registerkarte **Zusammenfassung** finden Sie alle wichtigen Informationen gesammelt auf einer übersichtlichen Registerkarte sowie eine Gegenüberstellung von Planwerten (= Budget) und Ist-Werten (= Gewinnwerte) sowohl für das gesamte Projekt als auch für Teilprojekte.

Wir beginnen mit dem linken oberen Block namens **Budget**, der die Plan- und Ist-Kosten des Projekts anzeigt:

- **Feld »Budget«**
  Dies ist die Summe aller Kosten, die in der Spalte **Geplante Kosten** auf der Registerkarte **Stufen** für die einzelnen Stufen des Projekts geplant wurden (= Plankosten). Falls das angezeigte Projekt keine Teilprojekte hat, werden die Kosten des gesamten Projekts angezeigt.
- **Feld »Offener Betrag (Kreditoren)«**
  Dies ist die Summe der (noch nicht realisierten) Aufwendungen bzw. Kosten aus allen offenen Bestellungen, die diesem Projekt zugeordnet wurden. Das bedeutet, die Bestellung wurde angelegt, aber noch nicht mittels einer Eingangsrechnung in Rechnung gestellt. Die genaue Vorgehensweise, wie mehrere Belege möglichst effizient einem Projekt zugeordnet werden, beschreiben wir in Abschnitt 17.2, »Belegzuordnung«.
- **Feld »In Rechnung gestellt (Kreditoren)«**
  Dies ist die Summe der Aufwendungen bzw. Kosten aus allen Eingangsrechnungen, die diesem Projekt zugeordnet wurden.
- **Feld »Gesamt (Kreditoren)«**
  Dies ist die Summe aus den Feldern **Offener Betrag** (Kreditoren) und **In Rechnung gestellt** (Kreditoren). Sie umfasst alle Aufwendungen bzw. Kosten, für die bereits eine Bestellung vorliegt, die aber noch nicht abgerechnet wurden, sowie alle bereits mit einer Eingangsrechnung abgerechneten Kosten (Ist-Kosten).
- **Feld »Gesamtabweichung«**
  Die Differenz aus den Feldern **Budget** und **Gesamt (Kreditoren)**. Ein negativer Betrag zeigt eine Budgetunterschreitung, ein positiver Betrag eine Budgetüberschreitung an.
- **Feld »Abweichung in %«**
  Dieses Feld zeigt die prozentuale Budgetabweichung an. Ein negativer Betrag zeigt auch hier eine Budgetunterschreitung, ein positiver Betrag eine Budgetüberschreitung an. Der Eintrag im Feld **Abweichung in %** wird wie folgt berechnet:
  Gesamt (Kreditoren) ÷ Budget × 100

Alle oben genannten Felder sind reine Anzeigefelder und summieren die Werte aus der Projektplanung und den Einkaufsbelegen.

Der Block **Kumuliertes Budget** im linken unteren Bereich der Registerkarte weist die gleichen Felder wie der Block **Budget** darüber auf. Wenn ein Projekt keine Teilprojekte enthält, werden sowohl im oberen Block **Budget** als auch im unteren Block **Kumuliertes Budget** die gleichen Zahlen angezeigt. Wenn ein Projekt Teilprojekte beinhaltet, werden im oberen Block **Budget** lediglich die Zahlen des ausgewählten Projekts und im unteren Block **Kumuliertes Budget** das Projekt und alle seine Teilprojekte kumuliert (= summiert) angezeigt. Wird ein Teilprojekt ausgewertet, das seinerseits keine Teilprojekte mehr hat, sind die Blöcke **Budget** und **Kumuliertes Budget** immer identisch.

Im mittleren oberen Block **Gewinnwerte** werden alle Zahlen zu Plan- und Ist-Erlösen des Projekts angezeigt:

- **Feld »Potenzieller Betrag Teilprojekt« bzw. »Potenzieller Betrag«**
  Dieses Feld ist das einzige auf dieser Registerkarte, das vom Projektverantwortlichen manuell befüllt werden muss. Hier geben Sie den Planerlös zu diesem Projekt ein. Dieser wird den Ist-Erlösen aus Ausgangsrechnungen gegenübergestellt.
- **Feld »Offener Betrag (Debitoren)«**
  Dies ist die Summe der (noch nicht realisierten) Erlöse aus allen offenen Kundenaufträgen, die diesem Projekt zugeordnet wurden. Das bedeutet, der Kundenauftrag wurde angelegt, aber noch nicht mittels einer Ausgangsrechnung in Rechnung gestellt. Die genaue Vorgehensweise, wie mehrere Belege möglichst effizient einem Projekt zugeordnet werden, beschreiben wir in Abschnitt 17.2, »Belegzuordnung«.
- **Feld »In Rechnung gestellt (Debitoren)«**
  Dies ist die Summe der Erlöse aus allen Ausgangsrechnungen, die diesem Projekt zugeordnet wurden.
- **Feld »Gesamt (Debitoren)«**
  Dabei handelt es sich um die Summe aus den Feldern **Offener Betrag (Debitoren)** und **In Rechnung gestellt (Debitoren)**. Das bedeutet, dies ist die Summe aus den Erlösen, die beauftragt, aber noch nicht verrechnet wurden, und den Erlösen, die schon mit einer Ausgangsrechnung verrechnet wurden (= Ist-Erlöse).
- **Feld »Gesamtabweichung«**
  Dies ist die Differenz aus den Feldern **Potenzieller Betrag** und **Gesamt (Debitoren)**. Ein negativer Betrag zeigt eine Planunterschreitung, ein positiver Betrag eine Planüberschreitung an.
- **Feld »Abweichung in %«**
  Dieses Feld zeigt die prozentuale Planabweichung an. Ein negativer Betrag zeigt auch hier eine Planunterschreitung, ein positiver Betrag eine Planüberschreitung an. Berechnung:

  Gesamt (Debitoren) ÷ potenzieller Betrag × 100

Der Block **Kumulierte Gewinnwerte** im mittleren unteren Bereich der Registerkarte weist die gleichen Felder wie der Block **Gewinnwerte** darüber auf. Analog zu den **Budget**-Blöcken gilt auch hier: Wenn ein Projekt keine Teilprojekte enthält, werden sowohl im oberen Block **Gewinnwerte** als auch im unteren Block **Kumulierte Gewinnwerte** die gleichen Zahlen angezeigt. Wenn ein Projekt Teilprojekte beinhaltet, werden im oberen Block **Gewinnwerte** lediglich die Zahlen des ausgewählten Teilprojekts und im unteren Block **Kumulierte Gewinnwerte** das Projekt und alle seine Teilprojekte kumuliert (= summiert) angezeigt.

Der Block **Arbeitsauftragskosten** im rechten oberen Bereich stellt die Verknüpfung zu den Produktionsaufträgen im Bereich **Arbeitsaufträge** auf der Registerkarte **Stufen** her. An dieser Stelle werden die summierten Werte aus den Produktionsaufträgen angezeigt. Die Inhalte dieser Felder werden ausführlich in Kapitel 8, »Produktion«, behandelt.

Der Block **Daten** im rechten unteren Bereich zeigt im Feld **Fälligkeitsdatum** das geplante Abschlussdatum, das Sie im Kopfbereich des Fensters **Projekt** eingegeben haben. Das Feld **Tatsächliches Abschlussdatum** zeigt das Datum, das im Kopfbereich im Feld **Abschlussdatum** errechnet wird, nachdem Sie im Feld **Status** den Projektstatus auf **Gestoppt** oder **Fertig** gesetzt haben. Das Feld **Überfällig** zeigt die Differenz aus Fälligkeitsdatum und tatsächlichem Abschlussdatum. Eine negative Differenz zeigt, dass Sie das Projekt früher als geplant fertiggestellt haben, eine positive Differenz bedeutet das Gegenteil.

17.1.3 Registerkarte »Bemerkungen«

Auf der Registerkarte **Bemerkungen** haben Sie die Möglichkeit, eine genaue Projektbeschreibung zu erfassen. Diese Registerkarte bietet sich darüber hinaus an, um detailliertere Informationen zu diesem Projekt entweder selbst zu verfassen oder aus diversen Quellen zu kopieren.

17.1.4 Registerkarte »Anhänge«

Auf der Registerkarte **Anhänge** haben Sie die Möglichkeit, alle Arten von Dateien an das Projekt anzuhängen. Dies könnten z. B. Verträge, Vereinbarungen, Pläne, Entwürfe oder Kalkulationen sein. Die hier hinterlegten Dateien werden allgemein für das Projekt abgelegt und keiner Stufe zugeordnet. Die Vorgehensweise beim Hinzufügen von Anhängen haben wir bereits mehrfach beschrieben. So bietet etwa Abschnitt 4.5, »Aktivitäten«, genauere Ausführungen.

Mit Release 9.3 wurden eine neue Projektübersicht sowie ein *Gantt-Diagramm* hinzugefügt; diese wurden mit Release 10.0 noch einmal erweitert. Mithilfe des Gantt-Diagramms können Sie alle zeitabhängigen Details und die Struktur Ihres Projekts auf einen Blick anzeigen und verwalten, wobei das Hauptaugenmerk auf dem Zeitplan und dem Fortschritt des Projekts liegt. Sie rufen das Gantt-Diagramm über das Kontextmenü (rechte Maustaste) im Fenster **Projekt** auf (siehe Abbildung 17.11).

Das Gantt-Diagramm gliedert sich in zwei Abschnitte: einen Tabellenabschnitt links und einen Grafikabschnitt rechts. Der Tabellenabschnitt enthält relevante Schlüsselinformationen: den Aufgabennamen, die Dauer in Tagen, das Start-, Fälligkeits- und Abschlussdatum sowie den Fertigstellungsgrad der einzelnen Stufen und Teilprojekte (siehe Abbildung 17.12).

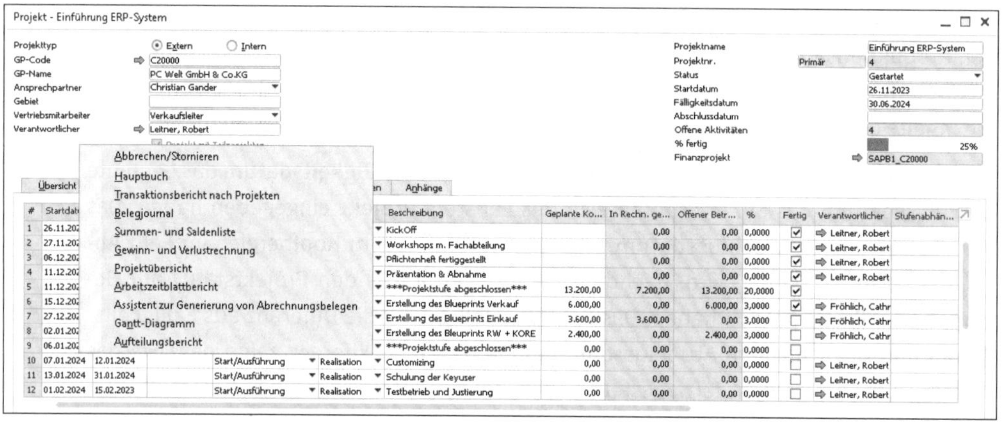

Abbildung 17.11: Öffnen des Gantt-Diagramms im Fenster »Projekt«

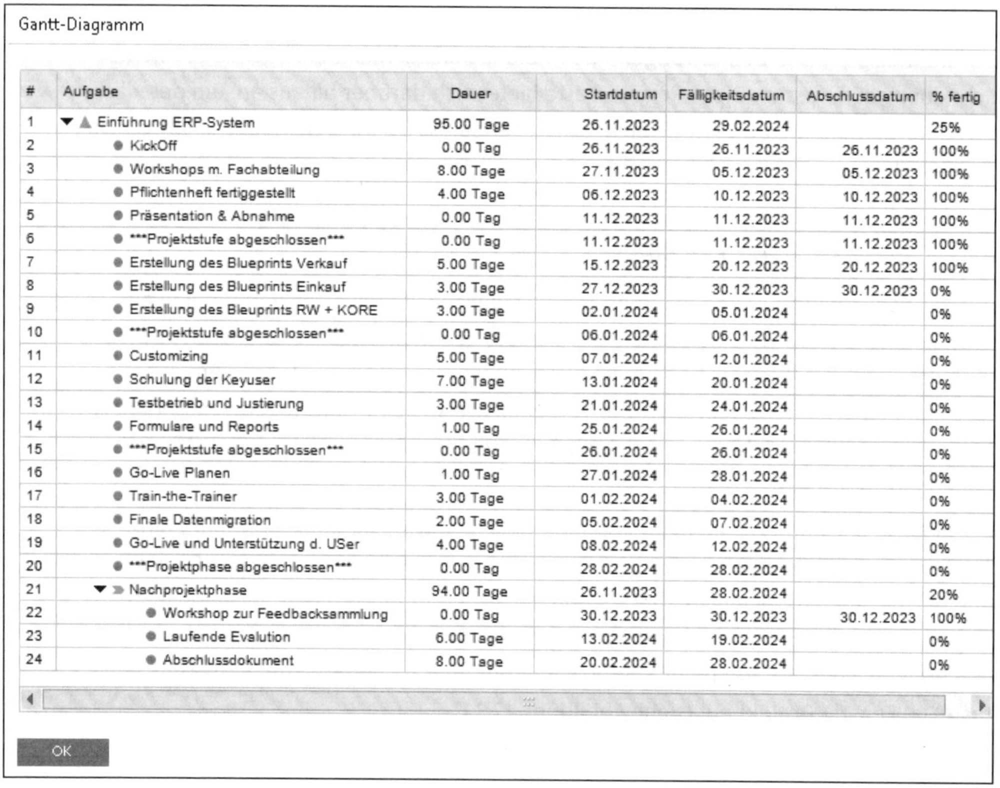

Gantt-Diagramm

#	Aufgabe	Dauer	Startdatum	Fälligkeitsdatum	Abschlussdatum	% fertig
1	Einführung ERP-System	95.00 Tage	26.11.2023	29.02.2024		25%
2	KickOff	0.00 Tag	26.11.2023	26.11.2023	26.11.2023	100%
3	Workshops m. Fachabteilung	8.00 Tage	27.11.2023	05.12.2023	05.12.2023	100%
4	Pflichtenheft fertiggestellt	4.00 Tage	06.12.2023	10.12.2023	10.12.2023	100%
5	Präsentation & Abnahme	0.00 Tag	11.12.2023	11.12.2023	11.12.2023	100%
6	***Projektstufe abgeschlossen***	0.00 Tag	11.12.2023	11.12.2023	11.12.2023	100%
7	Erstellung des Blueprints Verkauf	5.00 Tage	15.12.2023	20.12.2023	20.12.2023	100%
8	Erstellung des Blueprints Einkauf	3.00 Tage	27.12.2023	30.12.2023	30.12.2023	0%
9	Erstellung des Bleuprints RW + KORE	3.00 Tage	02.01.2024	05.01.2024		0%
10	***Projektstufe abgeschlossen***	0.00 Tag	06.01.2024	06.01.2024		0%
11	Customizing	5.00 Tage	07.01.2024	12.01.2024		0%
12	Schulung der Keyuser	7.00 Tage	13.01.2024	20.01.2024		0%
13	Testbetrieb und Justierung	3.00 Tage	21.01.2024	24.01.2024		0%
14	Formulare und Reports	1.00 Tag	25.01.2024	26.01.2024		0%
15	***Projektstufe abgeschlossen***	0.00 Tag	26.01.2024	26.01.2024		0%
16	Go-Live Planen	1.00 Tag	27.01.2024	28.01.2024		0%
17	Train-the-Trainer	3.00 Tage	01.02.2024	04.02.2024		0%
18	Finale Datenmigration	2.00 Tage	05.02.2024	07.02.2024		0%
19	Go-Live und Unterstützung d. USer	4.00 Tage	08.02.2024	12.02.2024		0%
20	***Projektphase abgeschlossen***	0.00 Tag	28.02.2024	28.02.2024		0%
21	Nachprojektphase	94.00 Tage	26.11.2023	28.02.2024		20%
22	Workshop zur Feedbacksammlung	0.00 Tag	30.12.2023	30.12.2023	30.12.2023	100%
23	Laufende Evalution	6.00 Tage	13.02.2024	19.02.2024		0%
24	Abschlussdokument	8.00 Tage	20.02.2024	28.02.2024		0%

OK

Abbildung 17.12: Tabellenabschnitt des Gantt-Diagramms

Die folgenden Buttons steuern die Darstellung bzw. signalisieren die Eigenschaften der einzelnen Zeilen:

- **Komprimieren**
  Ein nach unten weisendes Dreieck [▾] zeigt an, dass ein Projekt oder Teilprojekt expandiert ist. Durch einen Klick auf das Dreieck wird die Darstellung komprimiert.
- **Expandieren**
  Ein nach rechts zeigendes Dreieck [▸] bedeutet, dass ein Projekt oder Teilprojekt komprimiert ist. Mit einem Klick auf das Dreieck wird die Darstellung expandiert.
- **Hauptprojekt**
  Ein nach oben weisendes graues Dreieck [▴] signalisiert ein Hauptprojekt. Das Icon ist funktionslos.
- **Teilprojekt**
  Ein nach rechts zeigender grauer Pfeil [»] signalisiert ein Teilprojekt. Das Icon ist ebenfalls funktionslos.
- **Stufe**
  Ein blauer Punkt [•] signalisiert eine Stufe. Auch dieses Icon ist funktionslos.

Im Diagrammbereich finden Sie eine Darstellung der Projektstufen anhand eines Zeitplans inklusive etwaiger Stufenabhängigkeiten (siehe Abbildung 17.13):

- Projekte werden als graue Balken dargestellt.
- Teilprojekte werden als gelbe Balken dargestellt.
- Offene Stufen werden als blaue Balken dargestellt.
- Fertige Stufen werden als blaue Balken mit einem gelben Streifen dargestellt.
- Meilensteine (alle Stufen, die ein Abschlussdatum haben oder deren Startdatum gleich dem Fälligkeitsdatum ist) werden als dunkelblaue, nach unten weisende Pfeile dargestellt.

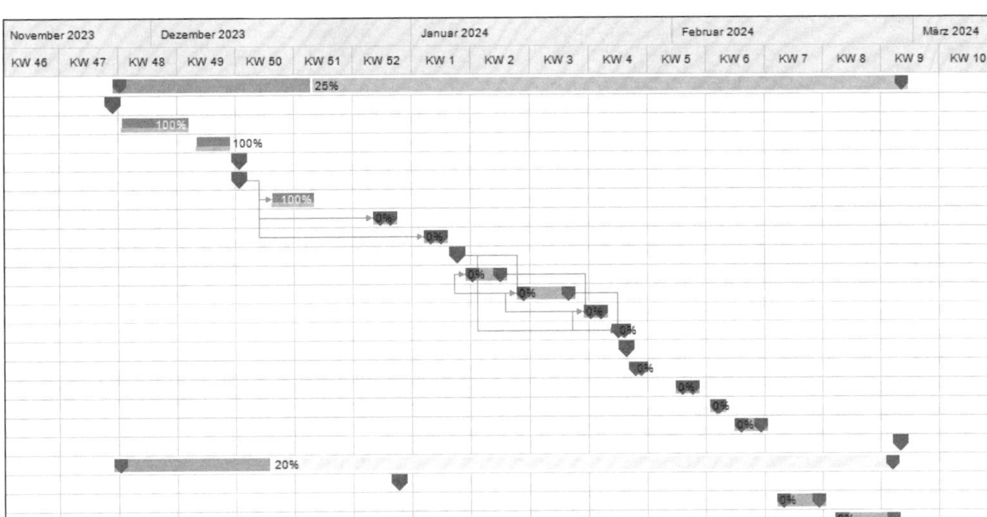

Abbildung 17.13: Grafikabschnitt des Gantt-Diagramms

Mit dem Schieberegler 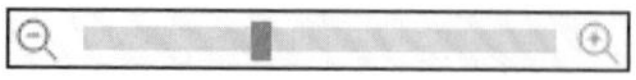 können Sie die Größe der Kalenderansicht justieren.

Das Gantt-Diagramm dient nicht nur der grafischen Darstellung von Daten, Sie können hier auch Start- und Fälligkeitsdaten von Stufen und damit ihre Dauer oder den Zeitpunkt der Durchführung einer Stufe dynamisch ändern. Fassen Sie mit gedrückter linker Maustaste den Balken mittig an, und verschieben Sie die Stufe. Fassen Sie den Balken links oder rechts an, um das Start- oder Fertigstellungsdatum zu verändern. Analog dazu, wie Sie im Grafikabschnitt des Gantt-Diagramms die Balken verändern, werden die Daten im Tabellenabschnitt simultan auf den letzten Stand gebracht. Klicken Sie auf den Button **Aktualisieren**, um die geänderten Daten in das Projekt zurückzuspeichern.

Die in Abbildung 17.14 dargestellte *Projektübersicht* wird genau wie das Gantt-Diagramm über das Kontextmenü (rechte Maustaste) im Projekt aufgerufen.

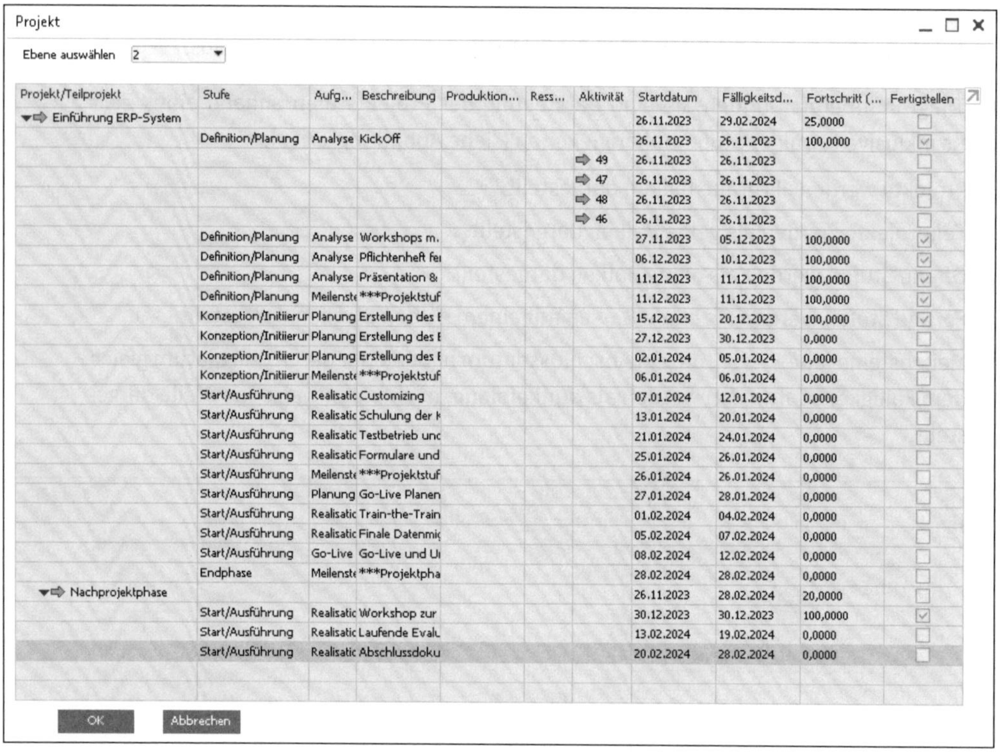

Projekt/Teilprojekt	Stufe	Aufg...	Beschreibung	Produktion...	Ress...	Aktivität	Startdatum	Fälligkeitsd...	Fortschritt (...	Fertigstellen
Einführung ERP-System							26.11.2023	29.02.2024	25,0000	☐
	Definition/Planung	Analyse	KickOff				26.11.2023	26.11.2023	100,0000	☑
						49	26.11.2023	26.11.2023		☐
						47	26.11.2023	26.11.2023		☐
						48	26.11.2023	26.11.2023		☐
						46	26.11.2023	26.11.2023		☐
	Definition/Planung	Analyse	Workshops m.				27.11.2023	05.12.2023	100,0000	☑
	Definition/Planung	Analyse	Pflichtenheft fe				06.12.2023	10.12.2023	100,0000	☑
	Definition/Planung	Analyse	Präsentation &				11.12.2023	11.12.2023	100,0000	☑
	Definition/Planung	Meilenste	***Projektstuf				11.12.2023	11.12.2023	100,0000	☑
	Konzeption/Initiierur	Planung	Erstellung des E				15.12.2023	20.12.2023	100,0000	☑
	Konzeption/Initiierur	Planung	Erstellung des E				27.12.2023	30.12.2023	0,0000	☐
	Konzeption/Initiierur	Planung	Erstellung des E				02.01.2024	05.01.2024	0,0000	☐
	Konzeption/Initiierur	Meilenste	***Projektstuf				06.01.2024	06.01.2024	0,0000	☐
	Start/Ausführung	Realisatic	Customizing				07.01.2024	12.01.2024	0,0000	☐
	Start/Ausführung	Realisatic	Schulung der k				13.01.2024	20.01.2024	0,0000	☐
	Start/Ausführung	Realisatic	Testbetrieb unc				21.01.2024	24.01.2024	0,0000	☐
	Start/Ausführung	Realisatic	Formulare und				25.01.2024	26.01.2024	0,0000	☐
	Start/Ausführung	Meilenste	***Projektstuf				26.01.2024	26.01.2024	0,0000	☐
	Start/Ausführung	Planung	Go-Live Planen				27.01.2024	28.01.2024	0,0000	☐
	Start/Ausführung	Realisatic	Train-the-Train				01.02.2024	04.02.2024	0,0000	☐
	Start/Ausführung	Realisatic	Finale Datenmi(				05.02.2024	07.02.2024	0,0000	☐
	Start/Ausführung	Go-Live	Go-Live und Ui				08.02.2024	12.02.2024	0,0000	☐
	Endphase	Meilenste	***Projektpha				28.02.2024	28.02.2024	0,0000	☐
Nachprojektphase							26.11.2023	28.02.2024	20,0000	☐
	Start/Ausführung	Realisatic	Workshop zur				30.12.2023	30.12.2023	100,0000	☑
	Start/Ausführung	Realisatic	Laufende Evalu				13.02.2024	19.02.2024	0,0000	☐
	Start/Ausführung	Realisatic	Abschlussdoku				20.02.2024	28.02.2024	0,0000	☐

Abbildung 17.14: Projektübersicht

Die Projektübersicht bietet Ihnen einen Gesamtüberblick über alle Projektstufen und die zugehörigen Produktionsaufträge, Ressourcen und Aktivitäten.

17.2 Belegzuordnung

In diesem Abschnitt geht es um die Zuordnung von bereits erstellten Belegen zu einem Projekt und die Auswirkungen auf dieses Projekt.

Das Projekt ist die Instanz, bei der alle Kosten und Erlöse aus den zugeordneten Belegen zusammenlaufen. Dazu ist es notwendig, die erstellten Einkaufs- und Verkaufsbelege möglichst effizient dem Projekt im Allgemeinen und den Projektstufen im Speziellen zuzuordnen. Die Verknüpfung zwischen Belegen und Projekt wird dabei über das *Finanzprojekt* geschaffen. Das bedeutet, wenn Sie Kosten und Erlöse aus Belegen zuordnen möchten, müssen Sie in den Kopfdaten im Fenster **Projekt** das Feld **Finanzprojekt** befüllen (siehe auch Abbildung 17.1).

Bei jedem Beleg, der dem jeweiligen Projekt zugeordnet werden soll, müssen Sie nun ebenfalls das Finanzprojekt auswählen. Machen Sie das nicht, können Sie es noch manuell im Projekt zuordnen, hier ist der Aufwand aber höher und das Risiko, einen Beleg zu übersehen, größer. In unserem Projektbeispiel, der SAP-Business-One-Einführung, wollen wir das zunächst anhand einer Bestellung illustrieren (siehe Abbildung 17.15).

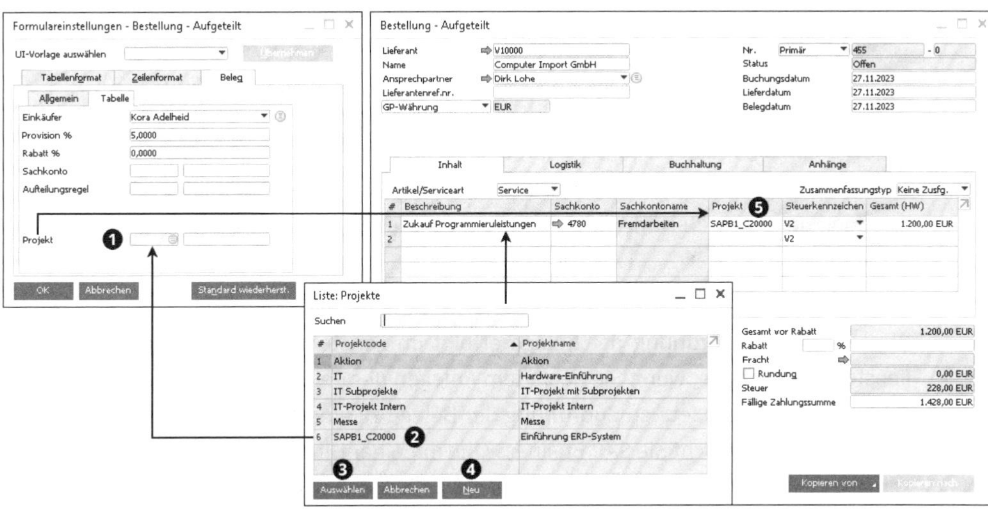

Abbildung 17.15: Ein Finanzprojekt zur Bestellung zuordnen

1. Legen Sie zunächst eine Bestellung mit einem Lieferanten an, von dem Sie z. B. eine Fremdleistung beziehen. Klicken Sie auf den Button (**Formulareinstellungen**). Auf der Registerkarte **Beleg • Tabelle** finden Sie das Feld **Projekt** ❶. Positionieren Sie den Cursor im Feld; drücken Sie die ↹-Taste, oder klicken Sie auf den Button (**Auswahlliste Projekte**), um die Auswahlliste für Finanzprojekte zu öffnen. Wählen Sie im nun geöffneten Fenster **Liste: Projekte** ein vorhandenes Projekt aus der Auswahlliste ❷, und bestätigen Sie mit dem Button **Auswählen** ❸, oder klicken Sie auf den Button **Neu** ❹, um ein neues Projekt anzulegen. Das Projekt erscheint daraufhin im entspre-

chenden Feld auf der Registerkarte **Beleg • Tabelle**. Bestätigen Sie Ihre Eingabe mit dem Button **OK**, und das ausgewählte Projekt wird (nach einer Sicherheitsabfrage) in alle Belegzeilen der Bestellung geschrieben ❺.

Darüber hinaus können Sie über die **Formulareinstellungen** die Spalte **Stufe** im Beleg hinzufügen und dadurch die Projektstufe direkt im Zuge der Belegerstellung zuordnen. Verwenden Sie dazu den schon bekannten Button (Formulareinstellungen) in der oberen Menüleiste.

Klicken Sie abschließend im Fenster **Bestellung** auf den Button **Hinzufügen** (bei einer neu angelegten Bestellung) oder **Aktualisieren** (bei einer bereits vorhandenen Bestellung). Die Zuordnung der Projekte zu Belegen erfolgt bei anderen Belegarten auf die gleiche Weise.

[+]

Projektzuordnung zu Belegen

Die Projektzuordnung kann in der Bestellung und dem Kundenauftrag sowohl bei einem neuen als auch bei einem vorhandenen offenen Beleg jederzeit erfolgen. In der Eingangs- oder Ausgangsrechnung muss die Projektzuordnung je nach eingesetzter Version noch vor dem Hinzufügen korrekt erfolgen. In Release 10.0 ist ein nachträgliches Ändern wieder möglich. Dies steht nach unserer Meinung nicht im Widerspruch zum Radierverbot, da die Projektzuordnung legistisch irrelevant ist. Jedoch kann diese Möglichkeit im Konflikt mit Compliance-Regeln mancher Unternehmen stehen und wäre dann über Berechtigungen zu regeln. Dabei handelt es sich jedoch um ein weiterführendes Thema, das in diesem Buch nicht eingehender behandelt wird.

Die eigentliche Zuordnung der Belege erfolgt im Fenster **Belegzuordnung**. Zu diesem Fenster gelangen Sie, wenn Sie nach dem Anlegen der Belege das Projekt nochmals aufrufen. Wenn seit der letzten Zuordnung der Belege zu einem Projekt neue Belege hinzugekommen sind, macht Sie SAP Business One mit einer Hinweismeldung darauf aufmerksam (siehe Abbildung 17.16).

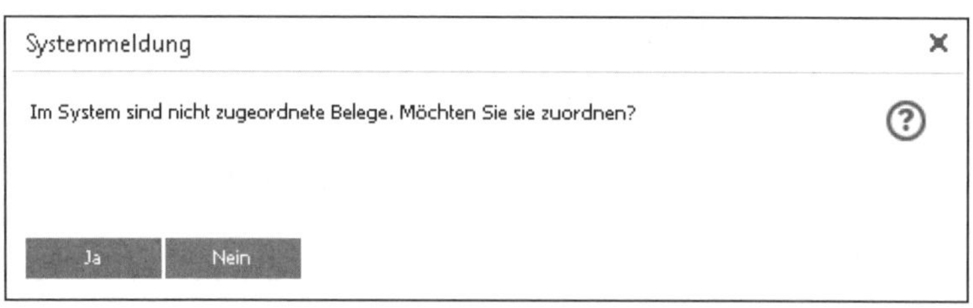

Abbildung 17.16: Hinweismeldung, dass nicht zugeordnete Belege für das ausgewählte Projekt vorhanden sind

Klicken Sie auf den Button **Nein**, werden die nicht zugeordneten Belege auch in diesem Moment nicht zugeordnet, und Sie können das gewünschte Projekt bearbeiten. Die Zuordnung kann zu jedem beliebigen späteren Zeitpunkt erfolgen.

Klicken Sie auf den Button **Ja**, und das Fenster **Belegzuordnung** wird geöffnet (siehe Abbildung 17.17). Es fungiert als kleiner Assistent, der Ihnen dabei hilft, vorhandene Belege über die Verknüpfung des Finanzprojekts einer Projektstufe zuzuordnen.

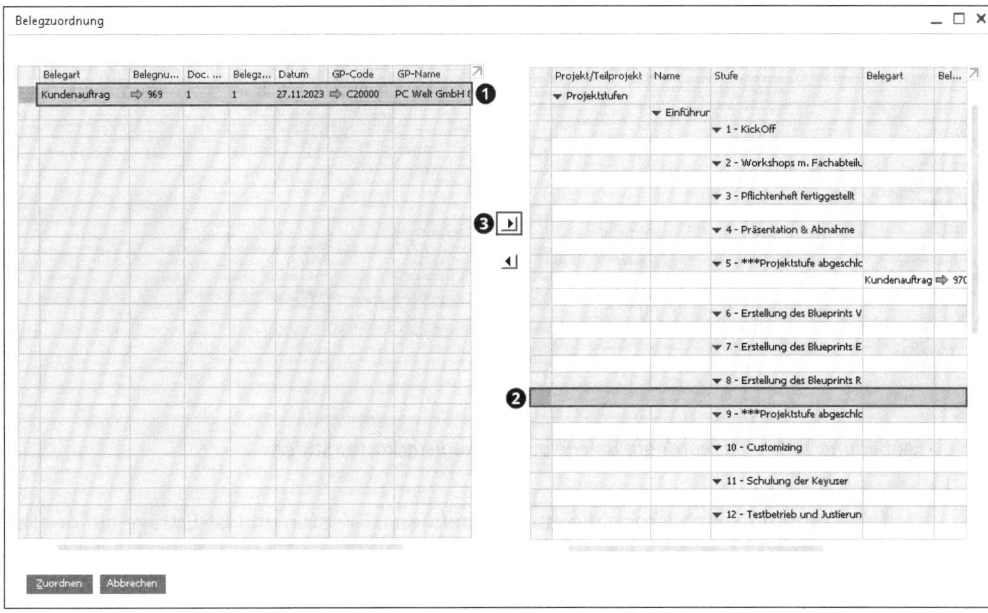

Abbildung 17.17: Belege zu einer Projektstufe zuordnen

Im linken Bereich des Fensters finden Sie all jene Belege aufgelistet, denen das gleiche Finanzprojekt wie dem ursprünglichen Projekt aus dem Fenster **Projekt** zugeordnet ist. Im rechten Bereich des Fensters finden Sie Ihre komplette geplante Projektstruktur aus der Registerkarte **Stufen** im Fenster **Projekt**.

Für die Zuordnung markieren Sie die Belege, die Sie zuordnen möchten, im linken Bereich ❶ und die gewünschte Projektstufe, der die Belege zugeordnet werden sollen, im rechten Bereich ❷. Klicken Sie dann auf den Button [▶|] (**Belege zuordnen**) ❸. Daraufhin werden die Belege vom linken in den rechten Bereich übertragen und damit der Projektstufe zugeordnet. Falls Sie einen Beleg falsch zugeordnet haben, können Sie ihn mit dem Button [◀|] (**Belegzuordnung aufheben**) wieder herausnehmen. Bestätigen Sie abschließend mit dem Button **Zuordnen** links unten, und die Zuordnung ist erfolgt.

Die erfolgte Belegzuordnung schlägt sich nun in zwei Bereichen nieder. Zunächst werden auf der Registerkarte **Stufen** bei der entsprechenden Projektstufe die zugeordneten Belege im Bereich **Belege** angezeigt (siehe Abbildung 17.18).

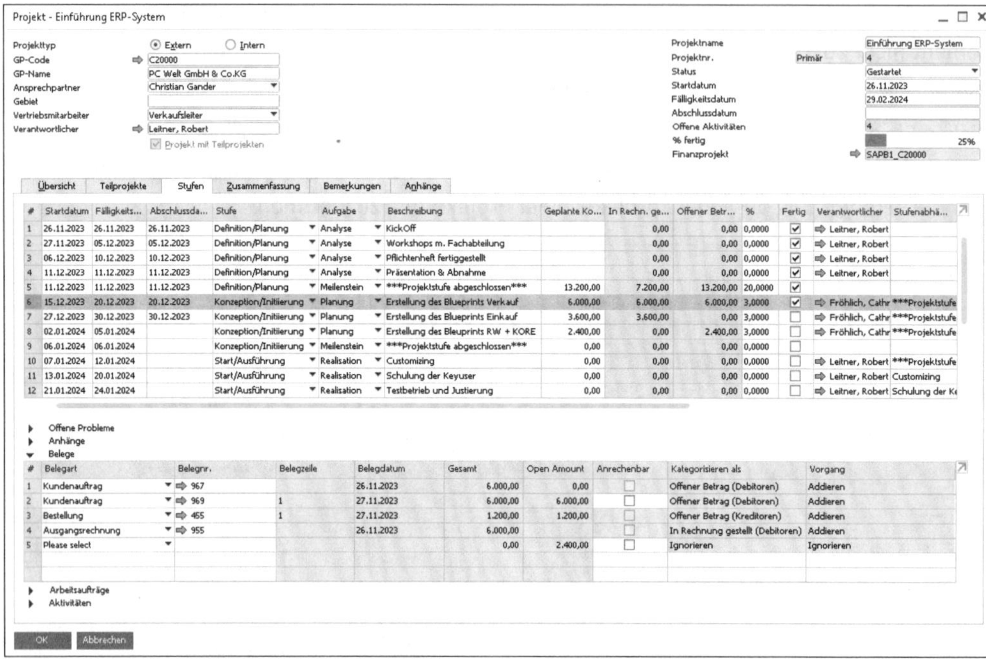

Abbildung 17.18: Zugeordnete Belege auf der Registerkarte »Stufen«

Auf der anderen Seite werden die entsprechenden Ist-Kosten und Ist-Erträge auf der Registerkarte **Zusammenfassung** aktualisiert (siehe Abbildung 17.19).

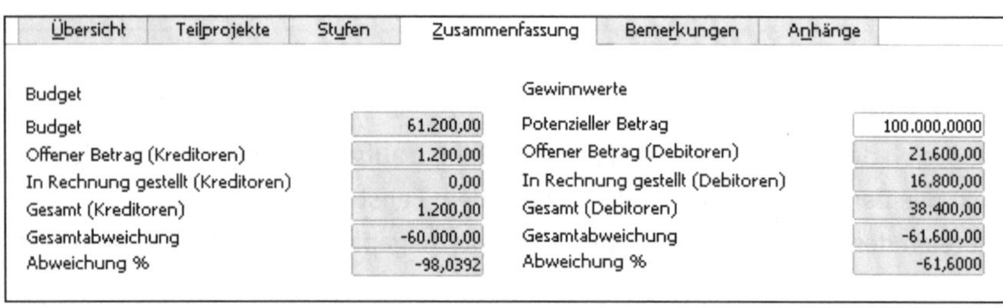

Abbildung 17.19: Aktualisierte Werte auf der Registerkarte »Zusammenfassung«

Folgende Werte wurden in unserem Beispiel aktualisiert:

- Das Feld **Offener Betrag (Kreditoren)** wurde mit dem Wert der offenen (noch nicht verrechneten) Bestellung aktualisiert.
- Das Feld **Offener Betrag (Debitoren)** wurde mit dem Wert des offenen (noch nicht verrechneten) Kundenauftrags aktualisiert.
- Das Feld **In Rechnung gestellt (Debitoren)** wurde mit dem Wert der Ausgangsrechnung aktualisiert.
- Die Felder **Gesamtabweichung** und **Abweichung %** wurden in Bezug auf die Planzahlen aktualisiert.

Die Berichte zur Überwachung und Steuerung von Projekten werden in Abschnitt 17.5, »Projektberichte«, behandelt.

17.3 Abrechnungsassistent

Die Implementierung des Assistenten zur Generierung von Abrechnungsbelegen mit Release 9.3 erleichtert die Erstellung von Abrechnungsdokumenten für abrechnungsfähige Komponenten, die sich auf ein Projekt beziehen. Der Assistent unterstützt Sie beim Sammeln offener Belege und abrechnungsfähiger Projektinformationen. Er verarbeitet diese Daten und generiert daraus eine Ausgangsrechnung oder einen Lieferschein.

Folgende Datenquellen werden vom Assistenten bei der Generierung von Abrechnungsbelegen berücksichtigt:

- Eingangsrechnungen, die als Projektkosten ausgestellt wurden
- Angebote, Kundenaufträge oder Lieferungen, die bereits an den Projektkunden ausgestellt wurden und in eine Ausgangsrechnung kopiert werden können
- geschlossene Arbeitsaufträge, die für das Projekt erstellt wurden
- Aktivitäten wie Besprechungen, Telefonate oder Aufgaben, die im Zusammenhang mit dem Projekt durchgeführt wurden

Der Assistent zur Generierung von Abrechnungsbelegen erfasst nur Belege, Arbeitsaufträge und Aktivitäten, die als anrechenbar (kostenpflichtig) markiert sind. Anrechenbare Belege und Arbeitsaufträge können Sie auf der Registerkarte **Stufen** des Fensters **Projekt** in der unteren Tabelle (die die jeweiligen Transaktionen zeigt) über die Checkbox **Anrechenbar** als solche markieren (siehe dazu Abbildung 17.18).

Aktivitäten und Arbeitszeitnachweise werden auf andere Weise als anrechenbar gekennzeichnet. Zuerst müssen Sie unter **Administration • Definition • Projektmanagement** den Aktivitätstyp definieren. Legen Sie hier für jeden Aktivitätstyp mittels einer Checkbox fest, ob er anrechenbar ist oder nicht (siehe Abbildung 17.20).

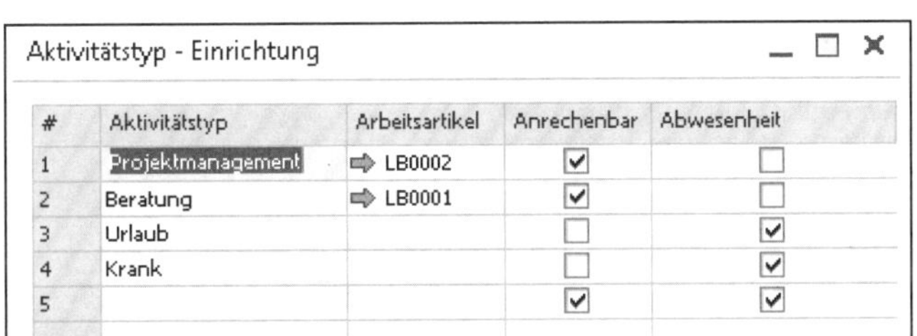

#	Aktivitätstyp	Arbeitsartikel	Anrechenbar	Abwesenheit
1	Projektmanagement	LB0002	☑	☐
2	Beratung	LB0001	☑	☐
3	Urlaub		☐	☑
4	Krank		☐	☑
5			☑	☑

Abbildung 17.20: Definition von Aktivitätstypen im Fenster »Aktivitätstyp – Einrichtung«

Anschließend verbinden Sie einen anrechenbaren Aktivitätstyp mit einer Aktivität oder einem Arbeitszeitblattdatensatz. Im Rahmen einer Aktivität muss die Verknüpfung des Aktivitätstyps im Feld **Leistungsart** auf der Registerkarte **Weitere Details** ausgewählt werden. Im Fenster **Arbeitszeitblatt** erfolgt die Verknüpfung direkt in der Belegzeile durch Auswahl des Aktivitätstyps (siehe Abbildung 17.21). Das Fenster **Arbeitszeitblatt** finden Sie im Modul **Personal**. Es wird verwendet, um die Dauer verschiedenster Aktivitäten eines Mitarbeiters aufzuzeichnen. Außerdem kann es dazu genutzt werden, die Anwesenheit oder Leistungen von Mitarbeitern manuell aufzuzeichnen.

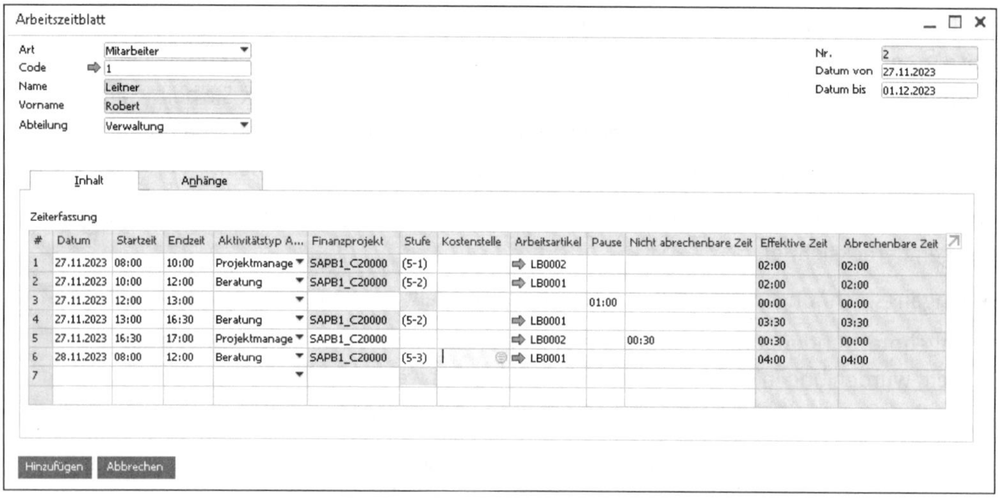

Abbildung 17.21: Zuordnung des Aktivitätstyps im Fenster »Arbeitszeitblatt«

Um einen raschen Überblick über die bereits verwendete und anrechenbare Zeit in einem Projekt zu erhalten, können Sie direkt im Projekt über das Kontextmenü einen **Arbeitszeitblattbericht** abrufen (siehe Abbildung 17.22).

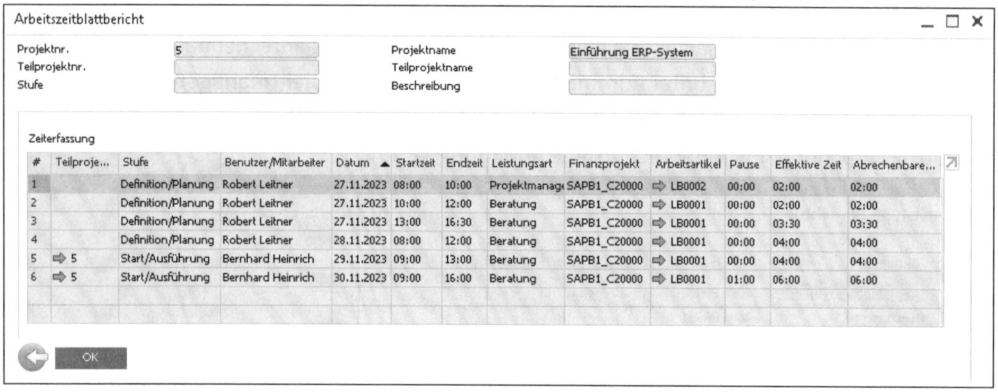

Abbildung 17.22: Fenster »Arbeitszeitblattbericht«

Der Assistent zur Generierung von Abrechnungsbelegen erfasst alle offenen Belege und abrechenbaren Dokumente, die mit einem Projekt verbunden sind, und generiert daraus eine Ausgangsrechnung oder einen Lieferschein. Der erste Schritt des Assistenten gliedert sich in zwei Bereiche: die Zielinformationen im oberen Bereich und die Informationsquellen bzw. Quellenarten im unteren Bereich des Fensters (siehe Abbildung 17.23).

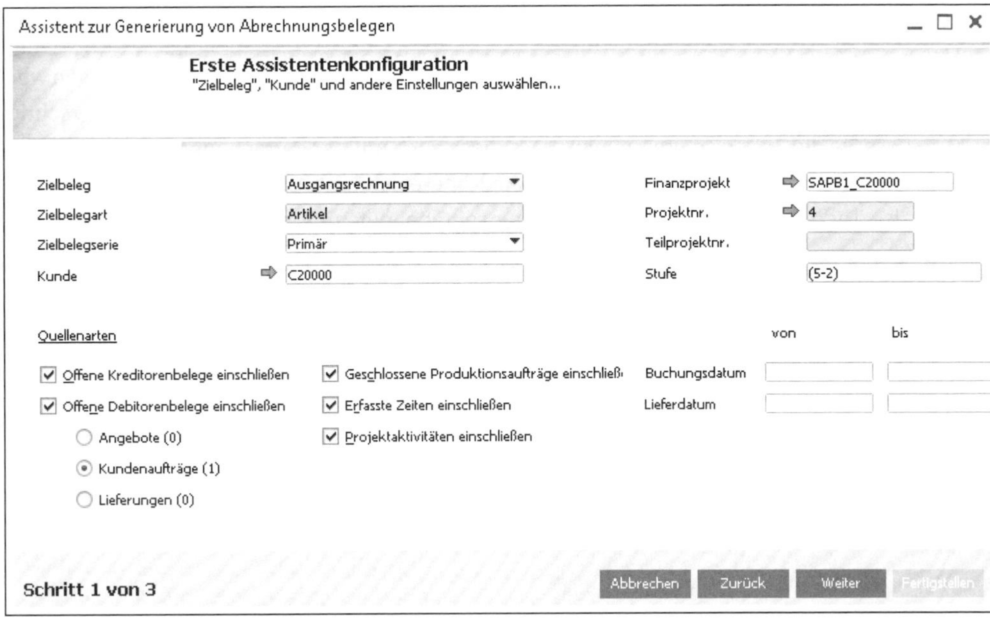

Abbildung 17.23: Assistent zur Generierung von Abrechnungsbelegen – Schritt 1

In den Zielinformationen müssen Sie den zu generierenden Belegtyp, das relevante Finanzprojekt und die Stufe, mit der das generierte Dokument verbunden werden soll, wählen.

Die Stufe ist das Ziel des Belegs, nicht die Quelle. Die Stufe limitiert in diesem Zusammenhang daher nicht die Menge der Belege, die in eine Ausgangsrechnung oder Lieferung umgewandelt werden sollen, sondern definiert, wo der zu erzeugende Beleg abgelegt werden soll.

Bei den Quellenarten müssen Sie wählen, welche Informationsquellen bei der Durchführung des Assistenten berücksichtigt werden sollen. Beachten Sie, dass der Assistent nicht nur Ausgangsbelege auf der Grundlage von Kreditorenbelegen generiert, sondern auch auf Basis von Debitorenbelegen wie Angeboten, Kundenaufträgen oder Lieferungen, die mit dem Projekt verknüpft sind. Darüber hinaus können Sie Produktionsaufträge (Arbeitsaufträge), erfasste Zeiten (Arbeitszeitblatt) und Aktivitäten in den Assistentenlauf einschließen. Alle Quellentypen, die in die Generierung mit einbezogen werden sollen, müssen jedoch mit dem (Finanz-)Projekt verbunden sein.

Im zweiten Schritt des Assistenten wird die Liste der mit dem Projekt verbundenen und in Schritt 1 als Quellenarten markierten Dokumente angezeigt. In diesem Schritt können Sie noch Anpassungen bei der Aktivitätsart (Leistungsart), der Menge und dem Lieferdatum vornehmen. Zeilen, die aus dem Arbeitszeitblatt kommen, übernehmen die Stunden aus dem Arbeitszeitblatt in das Feld **Menge**. Zeilen, die aus den Aktivitäten kommen, tun das nicht. Hier wird die Zeitspanne, die in der Aktivität eingegeben wurde, in der Spalte **Anrechenbare Zeit** in Sekunden dargestellt und muss von Ihnen noch in die entsprechende Mengeneinheit des *Arbeitsartikels* umgerechnet sowie in das Feld **Menge** übertragen werden. Zeilen ohne Menge können nicht in den Beleg übernommen werden. Es ist wichtig, dass Sie die Zeiten so umrechnen, dass diese auch mit der Verrechnungseinheit des Kostenbestandteils in der Aktivität (= Artikel) übereinstimmt. Bei einem Tagessatz müssen also Tage das Ergebnis der Berechnung sein; bei einem Stundensatz ist die Menge auf Stunden umzurechnen, etc. Außerdem müssen Sie die Belegzeilen, die in den Zielbeleg übernommen werden sollen, markieren, indem Sie die Checkbox **Bestätigt** aktivieren (siehe Abbildung 17.24). Beachten Sie, dass Sie die Basisbelegart **Aktivität** nur dann bestätigen können, wenn auch eine Leistungsart im gleichnamigen Feld eingetragen ist. Das ist nicht zwingend der Fall; Sie können eine Aktivität auch einem Finanzprojekt zuordnen, ohne eine Leistungsart zu hinterlegen.

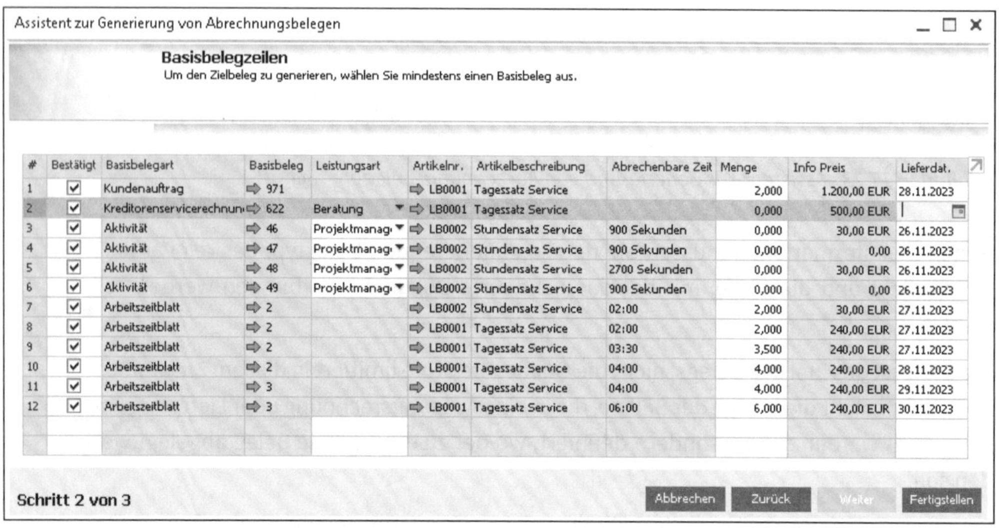

#	Bestätigt	Basisbelegart	Basisbeleg	Leistungsart	Artikelnr.	Artikelbeschreibung	Abrechenbare Zeit	Menge	Info Preis	Lieferdat.
1	☑	Kundenauftrag	971		LB0001	Tagessatz Service		2,000	1.200,00 EUR	28.11.2023
2	☑	Kreditorenservicerechnun	622	Beratung	LB0001	Tagessatz Service		0,000	500,00 EUR	
3	☑	Aktivität	46	Projektmanag	LB0002	Stundensatz Service	900 Sekunden	0,000	30,00 EUR	26.11.2023
4	☑	Aktivität	47	Projektmanag	LB0002	Stundensatz Service	900 Sekunden	0,000	0,00	26.11.2023
5	☑	Aktivität	48	Projektmanag	LB0002	Stundensatz Service	2700 Sekunden	0,000	30,00 EUR	26.11.2023
6	☑	Aktivität	49	Projektmanag	LB0002	Stundensatz Service	900 Sekunden	0,000	0,00	26.11.2023
7	☑	Arbeitszeitblatt	2		LB0002	Stundensatz Service	02:00	2,000	30,00 EUR	27.11.2023
8	☑	Arbeitszeitblatt	2		LB0001	Tagessatz Service	02:00	2,000	240,00 EUR	27.11.2023
9	☑	Arbeitszeitblatt	2		LB0001	Tagessatz Service	03:30	3,500	240,00 EUR	27.11.2023
10	☑	Arbeitszeitblatt	2		LB0001	Tagessatz Service	04:00	4,000	240,00 EUR	28.11.2023
11	☑	Arbeitszeitblatt	3		LB0001	Tagessatz Service	04:00	4,000	240,00 EUR	29.11.2023
12	☑	Arbeitszeitblatt	3		LB0001	Tagessatz Service	06:00	6,000	240,00 EUR	30.11.2023

Abbildung 17.24: Assistent zur Generierung von Abrechnungsbelegen – Schritt 2

Sobald Sie alle Anpassungen vorgenommen und die entsprechenden Belegzeilen gewählt haben, klicken Sie auf den Button **Fertigstellen**, um den Zielbeleg zu generieren.

Nachdem Sie Schritt 2 abgeschlossen haben, öffnet sich das Zieldokument automatisch im **Hinzufügen**-Modus. In diesem Modus können Sie weitere Änderungen im Beleg vornehmen und den Beleg anschließend hinzufügen (siehe Abbildung 17.25). Sobald der Beleg hinzugefügt wurde, wird er automatisch mit der Projektstufe verbunden, und das Feld **Anrechenbar** wird inaktiv (ausgegraut). Außerdem erhalten Sie gleichzeitig in Schritt 3 des Assistenten eine Erfolgsmeldung inklusive eines Verweises zum Zielbeleg.

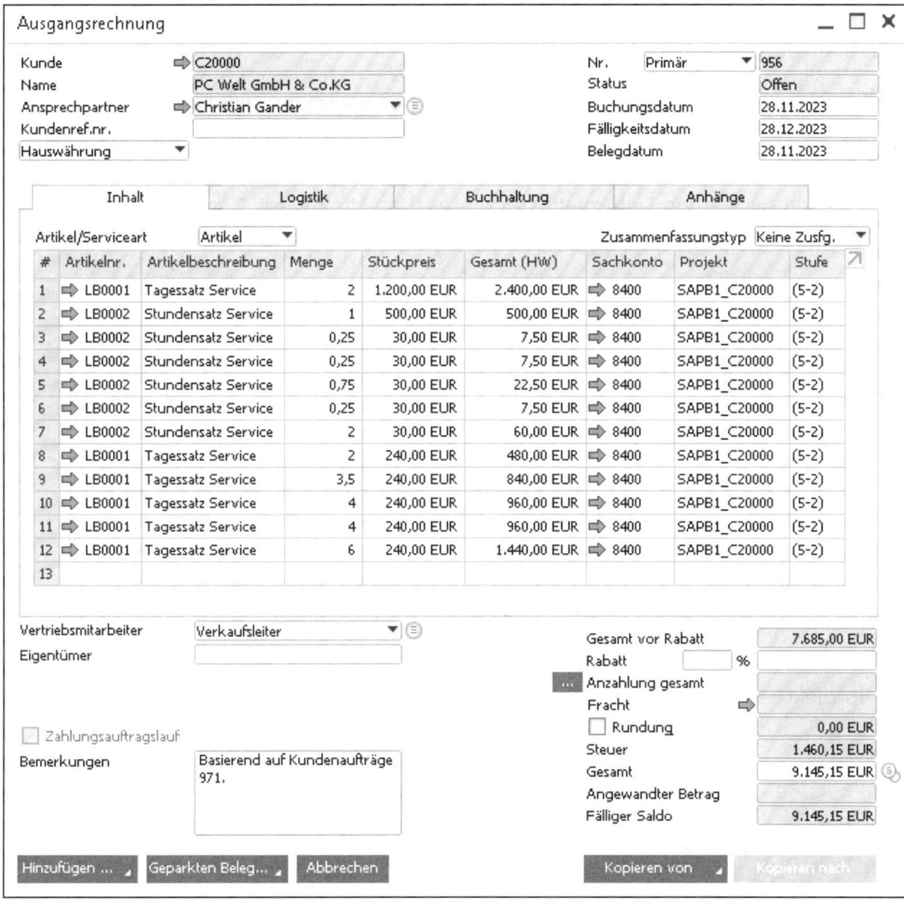

Abbildung 17.25: Assistent zur Generierung von Abrechnungsbelegen – Zielbeleg

[+]

Beleggestaltung

Wie Sie in Abbildung 17.25 sehen, stehen in den generierten Belegen die Nummer des Finanzprojekts und die Stufe zur Verfügung. Damit ist die Grundlage für den Andruck von Projektinformationen gelegt. Umzusetzen ist dieser Andruck mit den von SAP vorgesehenen Report-Generatoren, vorzugsweise mit SAP Crystal Reports. Dies ist ein weiterführendes Thema, das Ihr Consultant umsetzen sollte.

17.4 Teilprojekte verwenden

SAP Business One bietet die Möglichkeit, Teilprojekte zu führen. Sollte ein Projekt ein derartiges Ausmaß annehmen, dass das gesamte Projekt die Darstellungsweise sprengen würde, oder wenn es sich um logisch, rechtlich oder technisch abgrenzbare Teile handelt, ist es sinnvoll, diese als Teilprojekte darzustellen.

Sie legen ein Teilprojekt wie jedes andere Projekt an, das keine Teilprojekte enthält. Starten Sie die Anlage des Teilprojekts, indem Sie die Checkbox **Projekt mit Teilprojekten** (siehe Abbildung 17.26) in den Kopfdaten im Fenster **Projekt** aktivieren. Markieren Sie diese Checkbox, werden Teilprojekte für dieses Projekt aktiviert. Darüber hinaus wird die Registerkarte **Teilprojekte** eingeblendet.

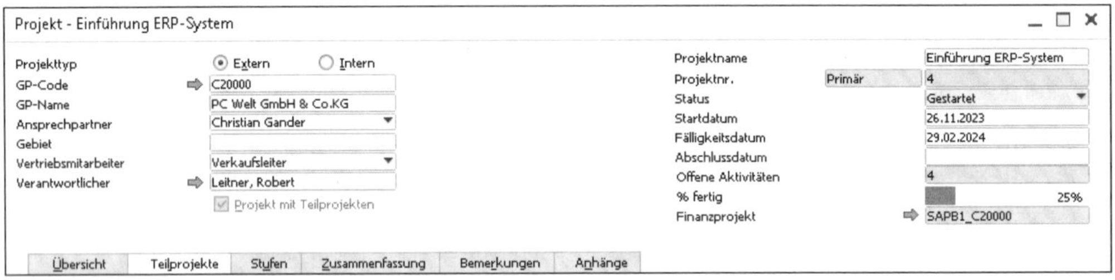

Abbildung 17.26: Projekt mit aktivierten Teilprojekten

Auf dieser Registerkarte legen Sie nun die Teilprojekte zu Ihrem Hauptprojekt an. In unserem Projektbeispiel der SAP-Business-One-Implementierung sollen zwei Folge- bzw. Parallelprojekte angelegt werden (siehe Abbildung 17.27).

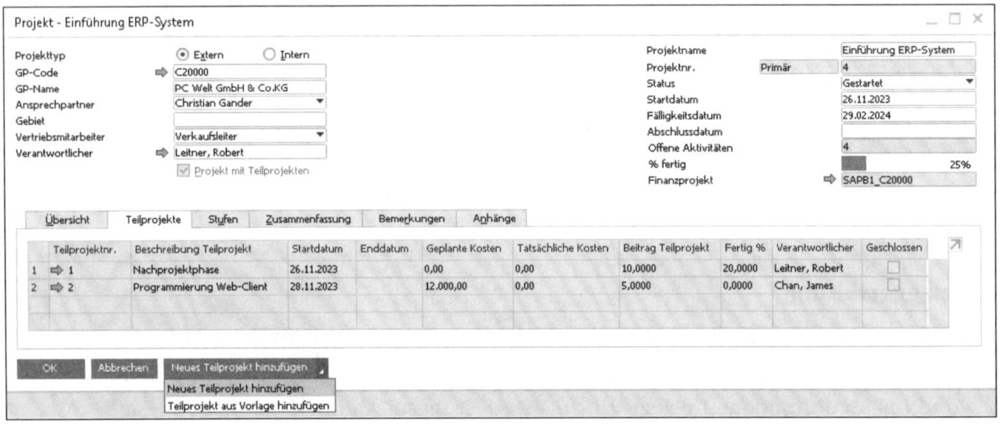

Abbildung 17.27: Teilprojekte anlegen

Zu diesem Zweck benötigen Sie den Button **Neues Teilprojekt hinzufügen** im linken unteren Bereich. Klicken Sie auf das kleine Dreieck an der rechten Kante des Buttons, öffnet sich ein Menü (siehe ebenfalls Abbildung 17.27). Nun haben Sie die Wahl, ob Sie ein neues Teilprojekt oder ein Teilprojekt aus einem bereits vorhandenen Teilprojekt anlegen möchten (mit der Option **Teilprojekt aus Vorlage hinzufügen**). Nachdem Sie diese Wahl getroffen haben, wird der Text des Buttons verändert. Klicken Sie nun auf den Button, um das neue Teilprojekt anzulegen.

Es öffnet sich das Fenster **Teilprojekt** (siehe Abbildung 17.28), das auf die gleiche Weise wie das Projektfenster funktioniert.

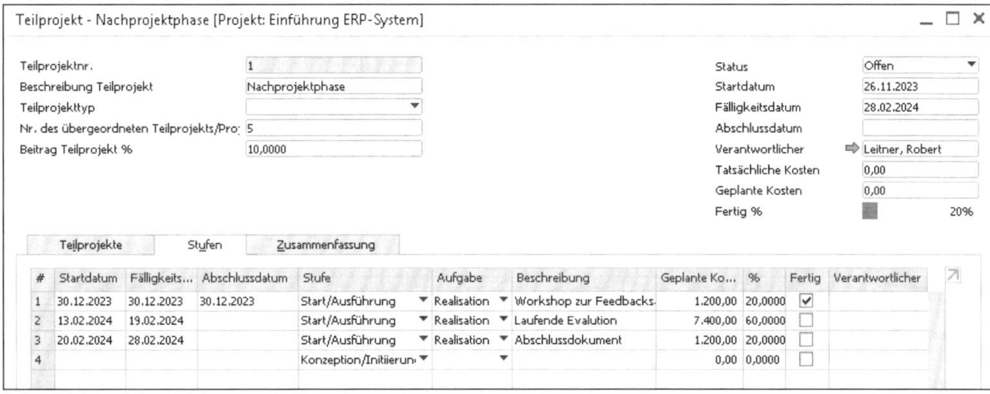

Abbildung 17.28: Teilprojekt definieren

Ein Unterschied zum (Haupt-)Projekt liegt nun in der Dropdown-Liste **Teilprojekttyp**. Wählen Sie hier einen Teilprojekttyp aus der Werteliste, oder klicken Sie auf den Eintrag **Neu definieren**, um einen neuen Teilprojekttyp anzulegen. Diese Werte stehen ausschließlich für Teilprojekte, nicht jedoch für Projekte zur Verfügung. Geben Sie also alle relevanten Daten des Projekts inklusive der Stufen ein, und klicken Sie abschließend auf den Button **Hinzufügen**, um das Teilprojekt auch tatsächlich anzulegen.

Beitrag Teilprojekt in % kalkulieren

Um bei der Eingabe des Beitrags eines Teilprojekts zum Gesamtprojekt in % effizient vorzugehen, überlegen Sie sich vor der Anlage des Teilprojekts, welchen Anteil es haben wird, und sorgen Sie dafür, dass es auch genug »Platz« für diesen Prozentsatz gibt. Die Summe aller Teilprojekte und die Summe der Stufen des Hauptprojekts dürfen 100 % nicht überschreiten. Diese Summe wird vom Programm geprüft, und gegebenenfalls wird eine entsprechende Fehlermeldung ausgegeben – das Hinzufügen des Teilprojekts wird unterbunden, bis die Beitragssummen angeglichen sind.

Klicken Sie schließlich im Fenster **Projekt** auf den Button **Aktualisieren**, um alle Änderungen zu speichern, die aus den Teilprojekten resultieren.

17.5 Projektberichte

Um Informationen zu Ihren angelegten Projekten zu erhalten, stehen Ihnen sowohl Berichte im Ordner **Projektberichte** als auch die Berichte aus dem Finanzwesen über die rechte Maustaste und das Kontextmenü zur Verfügung.

17.5.1 Berichte im Ordner »Projektberichte«

Die folgenden Berichte rufen Sie im Modul **Projektmanagement** im Ordner **Projektberichte** auf.

Der Bericht **Stufenanalyse** bietet eine Übersicht über alle Projekte mit den meisten Daten, die im Projekt vorkommen, inklusive der Zahlen aus der Zusammenfassung. Schränken Sie den Bericht **Stufenanalyse** nach Start- und Abschlussdatum sowie Projektstufe, verantwortlichem Mitarbeiter und Geschäftspartner ein (siehe Abbildung 17.29). Markieren Sie die Checkbox **Fertige Stufen hinzufügen**, wenn auch bereits abgeschlossene Projektstufen angezeigt werden sollen.

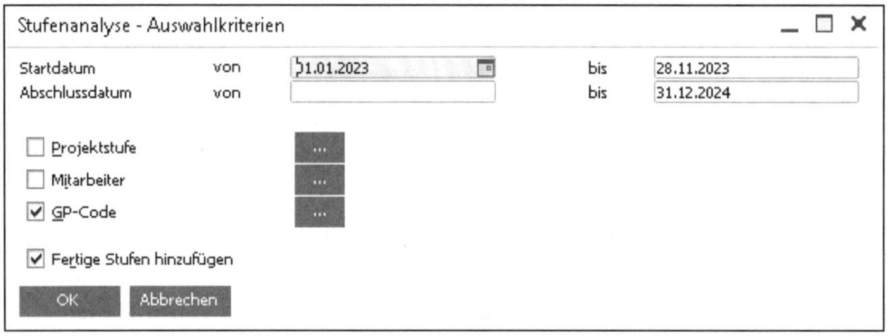

Abbildung 17.29: Bericht »Stufenanalyse« – Auswahlkriterien

Als Ergebnis erhalten Sie eine Übersicht mit den wichtigsten Informationen aus dem Projekt (siehe Abbildung 17.30); blenden Sie mithilfe des Buttons (**Formulareinstellungen**) die Informationen ein, die für Sie wichtig sind.

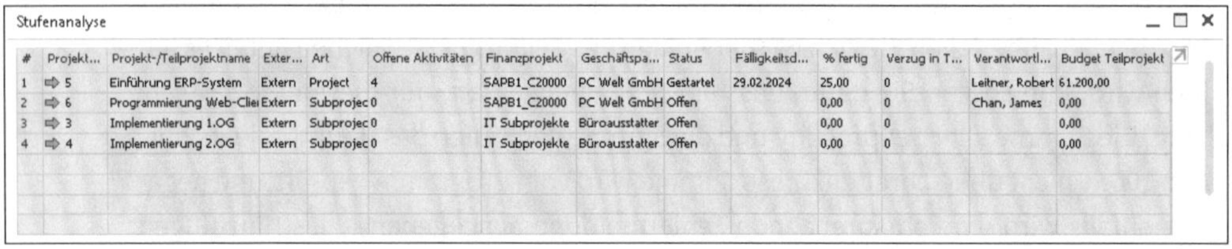
Stufenanalyse

#	Projekt...	Projekt-/Teilprojektname	Exter...	Art	Offene Aktivitäten	Finanzprojekt	Geschäftspa...	Status	Fälligkeitsd...	% fertig	Verzug in T...	Verantwortl...	Budget Teilprojekt
1	5	Einführung ERP-System	Extern	Project	4	SAPB1_C20000	PC Welt GmbH	Gestartet	29.02.2024	25,00	0	Leitner, Robert	61.200,00
2	6	Programmierung Web-Clie	Extern	Subprojec	0	SAPB1_C20000	PC Welt GmbH	Offen		0,00	0	Chan, James	0,00
3	3	Implementierung 1.OG	Extern	Subprojec	0	IT Subprojekte	Büroausstatter	Offen		0,00	0		0,00
4	4	Implementierung 2.OG	Extern	Subprojec	0	IT Subprojekte	Büroausstatter	Offen		0,00	0		0,00

Abbildung 17.30: Bericht »Stufenanalyse«

Mit einem Doppelklick auf die Zeilennummer ganz links in der Tabelle erhalten Sie Detailinformationen zu den einzelnen Stufen des Projekts (siehe Abbildung 17.31). Auch hier können Sie mit den Formulareinstellungen aus einer Vielzahl von Informationen die für Sie relevante Kombination zusammenstellen.

Der Bericht **Offene Probleme** zeigt eine Übersicht über alle Probleme, die in laufenden Projekten noch nicht gelöst wurden, mit verantwortlichem Mitarbeiter und Fälligkeitsdatum. Der Bericht kann nach Projekt, Verantwortlichem, Fälligkeitsdatum sowie nach Priorität und Problembereich eingeschränkt werden. Allerdings zeigt der Bericht nicht eine Liste der Probleme an sich, sondern zunächst nur die Projekte, bei denen Probleme ungelöst sind. Erst nachdem diese Projekte geöffnet wurden, kann in die offenen Probleme verzweigt werden. Für eine effiziente Darstellung ist daher unter Umständen ein individueller Bericht die bessere Lösung (dies ist in der Regel ein weiterführendes Thema, das Sie mit Ihrem SAP-Betreuer besprechen sollten).

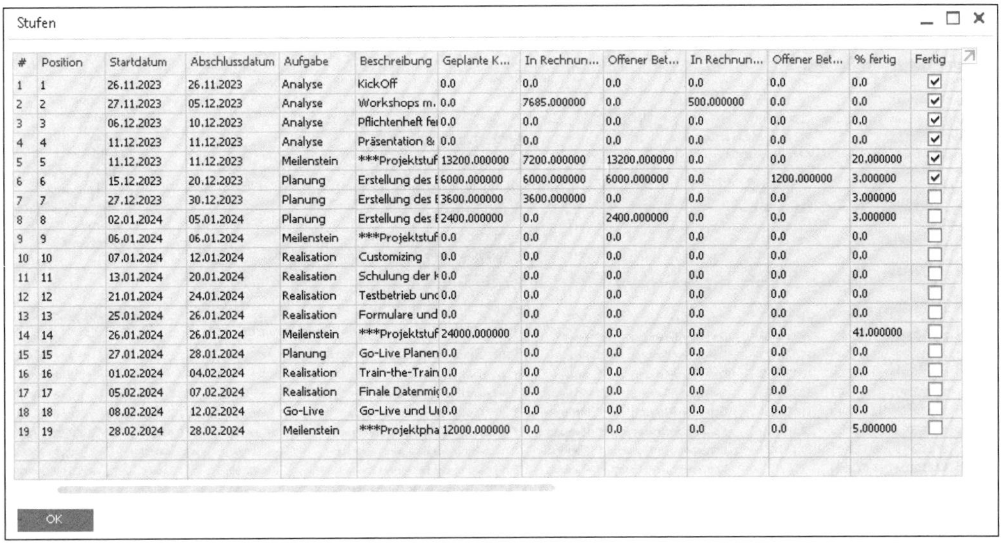
Stufen

#	Position	Startdatum	Abschlussdatum	Aufgabe	Beschreibung	Geplante K...	In Rechnun...	Offener Bet...	In Rechnun...	Offener Bet...	% fertig	Fertig
1	1	26.11.2023	26.11.2023	Analyse	KickOff	0.0	0.0	0.0	0.0	0.0	0.0	☑
2	2	27.11.2023	05.12.2023	Analyse	Workshops m.	0.0	7685.000000	0.0	500.000000	0.0	0.0	☑
3	3	06.12.2023	10.12.2023	Analyse	Pflichtenheft fe	0.0	0.0	0.0	0.0	0.0	0.0	☑
4	4	11.12.2023	11.12.2023	Analyse	Präsentation &	0.0	0.0	0.0	0.0	0.0	0.0	☑
5	5	11.12.2023	11.12.2023	Meilenstein	***Projektstuf	13200.000000	7200.000000	13200.000000	0.0	0.0	20.000000	☑
6	6	15.12.2023	20.12.2023	Planung	Erstellung des E	6000.000000	6000.000000	6000.000000	0.0	1200.000000	3.000000	☑
7	7	27.12.2023	30.12.2023	Planung	Erstellung des E	3600.000000	3600.000000	0.0	0.0	0.0	3.000000	☐
8	8	02.01.2024	05.01.2024	Planung	Erstellung des E	2400.000000	0.0	2400.000000	0.0	0.0	3.000000	☐
9	9	06.01.2024	06.01.2024	Meilenstein	***Projektstuf	0.0	0.0	0.0	0.0	0.0	0.0	☐
10	10	07.01.2024	12.01.2024	Realisation	Customizing	0.0	0.0	0.0	0.0	0.0	0.0	☐
11	11	13.01.2024	20.01.2024	Realisation	Schulung der k	0.0	0.0	0.0	0.0	0.0	0.0	☐
12	12	21.01.2024	24.01.2024	Realisation	Testbetrieb unc	0.0	0.0	0.0	0.0	0.0	0.0	☐
13	13	25.01.2024	26.01.2024	Realisation	Formulare und	0.0	0.0	0.0	0.0	0.0	0.0	☐
14	14	26.01.2024	26.01.2024	Meilenstein	***Projektstuf	24000.000000	0.0	0.0	0.0	0.0	41.000000	☐
15	15	27.01.2024	28.01.2024	Planung	Go-Live Planen	0.0	0.0	0.0	0.0	0.0	0.0	☐
16	16	01.02.2024	04.02.2024	Realisation	Train-the-Train	0.0	0.0	0.0	0.0	0.0	0.0	☐
17	17	05.02.2024	07.02.2024	Realisation	Finale Datenmi	0.0	0.0	0.0	0.0	0.0	0.0	☐
18	18	08.02.2024	12.02.2024	Go-Live	Go-Live und U	0.0	0.0	0.0	0.0	0.0	0.0	☐
19	19	28.02.2024	28.02.2024	Meilenstein	***Projektpha	12000.000000	0.0	0.0	0.0	0.0	5.000000	☐

OK

Abbildung 17.31: Detailansicht des Berichts »Stufenanalyse«

Der Bericht **Ressourcen** schafft eine Verknüpfung zum Modul **Produktion** und den Ressourcen. Mehr Details zu den Ressourcen finden Sie in Kapitel 10, »Ressourcen«.

Der mit Release 9.3 neu eingeführte Bericht **Arbeitszeitblattbericht** schafft eine Verknüpfung zum Modul **Personal** und bietet Ihnen einen raschen Überblick über die im Zusammenhang mit dem Projekt aufgewendeten Zeiten. Sie können den Bericht **Arbeitszeitblattbericht** nach Projekt, Teilprojekt und Projektstufe einschränken (siehe Abbildung 17.32). Die Verknüpfung zwischen dem Arbeitszeitblatt aus dem Modul **Personal** und dem Bericht **Arbeitszeitblattbericht** wird in Abschnitt 17.3, »Abrechnungsassistent«, dargestellt (inklusive des Berichts **Arbeitszeitblattbericht** in Abbildung 17.22).

Abbildung 17.32: Bericht »Arbeitszeitblattbericht« – Auswahlkriterien

17.5.2 Finanzberichte über das Kontextmenü

Zusätzlich zu den Berichten aus dem Ordner **Projektberichte** stehen Ihnen grundlegende Finanzberichte über das Kontextmenü zur Verfügung. Dazu rufen Sie zunächst das zu analysierende Projekt auf und klicken mit der rechten Maustaste in einen freien Bereich im Fenster **Projekt** (siehe Abbildung 17.33).

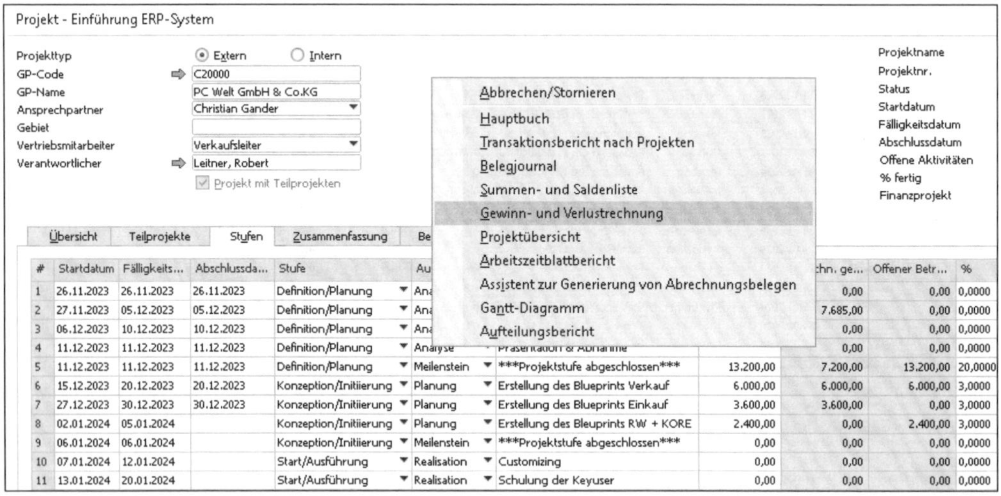

Abbildung 17.33: Fenster »Projekt« mit geöffnetem Kontextmenü

Wählen Sie nun den gewünschten Finanzbericht aus dem Kontextmenü. Es stehen Ihnen die folgenden Berichte zur Verfügung:

- **Hauptbuch**
- **Transaktionsbericht nach Projekten**
- **Belegjournal**
- **Summen- und Saldenliste**
- **Gewinn- und Verlustrechnung**

Diese Berichte haben wir bereits in Abschnitt 12.9, »Finanzberichte«, ausführlich behandelt. Der Vorteil beim Aufrufen dieser Berichte über das Kontextmenü liegt darin, dass bereits in den Auswahlkriterien nach dem derzeit aufgerufenen Projekt eingeschränkt wird.

Exemplarisch wollen wir uns den Transaktionsbericht nach Projekten näher ansehen (siehe Abbildung 17.34).

Aus Abbildung 17.34 geht hervor, dass das zuvor aufgerufene SAP-Business-One-Implementierungsprojekt in den Auswahlkriterien vorausgefüllt ist. Der Transaktionsbericht, der dementsprechend auf dieses Projekt eingeschränkt ist, zeigt eine Auflistung aller Kosten und Erlöse, die durch die zugeordneten Belege mit diesem Projekt generiert worden sind. Darüber hinaus wurde das Buchungsdatum anhand von Start- und Fälligkeitsdatum des Projekts gleich korrekt ausgefüllt. Klicken Sie auf den orangefarbenen Pfeil in der Spalte **Transaktionsnummer**, um zum zugeordneten Beleg zu verzweigen.

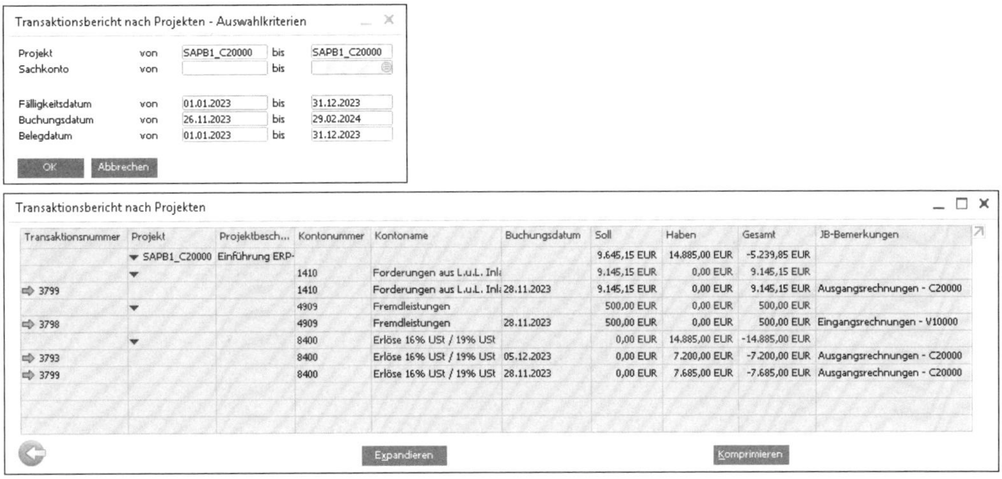

Abbildung 17.34: Transaktionsbericht nach Projekten – aufgerufen über das Kontextmenü im Fenster »Projekt«

Die Projektberichte in SAP Business One sind ein wesentliches Instrument für ein sinnvolles Projektmanagement. Die Projekte selbst bedienen sich der vorhandenen Funktionen – etwa Geschäftspartner, Belege oder Finanzprojekte – und werden in Zukunft gerade für Dienstleister eine noch wichtigere Rolle im Funktionsspektrum von SAP Business One einnehmen.

Kapitel 18

Highlights in SAP Business One

SAP Business One bietet neben den klassischen Funktionen einige Besonderheiten in der Handhabung. Dadurch unterscheidet sich SAP Business One von anderen Systemen. Diese Highlights der Software erläutern wir in diesem Kapitel.

SAP Business One hält neben den Hauptfunktionen, die wir Ihnen in den vorangegangenen Kapiteln vorgestellt haben, noch einige »Schmankerl« für Sie bereit. In diesem Kapitel erläutern wir hilfreiche Funktionen, die die Handhabung von SAP Business One erleichtern. Darüber hinaus enthält dieses Kapitel auch »Querschnittsthemen«, also Funktionen, die in mehr als einem Modul sinnvoll anwendbar oder modulübergreifend sind. Ein gutes Beispiel dafür ist das Thema Datenschutzgrundverordnung in Abschnitt 18.11, »Datenschutzgrundverordnung (DSGVO)«.

18.1 Alarmfunktionen

Eine Besonderheit in SAP Business One sind die *Alarmfunktionen*. Während in der Regel der Benutzer Daten in SAP Business One eingibt oder Daten proaktiv abfragt, werden dieser und meist auch weitere Benutzer durch die Alarmfunktionen von SAP Business One automatisch bei Eintreten eines Ereignisses »alarmiert«. Die Regeln, die diesen Alarm aufgrund eines Ereignisses auslösen, legen Sie selbst fest. Sie werden im Folgenden erläutert.

Um mit Alarmen zu arbeiten, müssen Sie zunächst im Programmteil **Administration • Systeminitialisierung • Allgemeine Einstellungen** im Registerblatt **Dienste** zwei Einstellungen vornehmen.

Aktivieren Sie die Checkbox **Alarmservice aktivieren** im rechten oberen Bildschirmbereich, damit Alarme überhaupt verwendet werden.

Im linken mittleren Bildschirmbereich stellen Sie im Feld **Nachrichten aktualisieren (Minuten)** ein, in welchem zeitlichen Abstand auf neue Alarme geprüft werden soll. Diese pauschale Einstellung kann von den einzelnen Benutzern in den Benutzerdefinitionen noch übersteuert werden. Dieses Fenster kann z. B. durch einen Klick auf den Button in der Button-Leiste geöffnet werden.

Grundsätzlich haben Sie die Möglichkeit, vordefinierte Alarmfunktionen zu verwenden und zusätzlich eigene Alarme mittels einer SQL-Abfrage zu definieren.

Von den vordefinierten Alarmfunktionen stehen Ihnen die folgenden zur Verfügung:

- Abweichung vom Budget
- Abweichung vom Kreditlimit
- Abweichung vom Mindestbestand
- Abweichung vom Obligo-Limit
- Abweichung vom prozent. Bruttogewinn
- Abweichung vom Rabatt (in %)
- fällige Dispositionsempfehlungen

Die Mehrzahl der vordefinierten Alarmfunktionen hat das Ziel, Sie auf Abweichungen von kaufmännischen Kriterien oder Standards hinzuweisen, die in Ihrem Unternehmen festgelegt wurden.

[zB]

Abweichung von kaufmännischen Kriterien

Exemplarisch soll hier die Abweichung vom Rabatt (in %) herangezogen werden. Für die Vertriebsmannschaft in Ihrem Unternehmen wurde festgelegt, dass der Geschäftsführer bei Angeboten und Kundenaufträgen mit einem Rabatt von mehr als 10 % Abweichung vom Preis informiert werden muss. Beachten Sie also, dass es sich bei der Alarmfunktion nicht um die Umsetzung eines Vier-Augen-Prinzips handelt. Der alarmierte Benutzer wird eben über ein bestimmtes Ereignis informiert, er muss **nicht** zustimmen. Um ein Vier-Augen-Prinzip umzusetzen, verwenden Sie den Genehmigungsprozess (siehe Abschnitt 18.2, »Genehmigungsprozess«).

Die Alarmfunktionen definieren Sie unter **Administration • Alarmfunktionen**. Um einen vordefinierten Alarm zu verwenden, wählen Sie im Auswahlfeld **Alarmstatus** die Option **Alle** aus. Es werden nun alle von SAP vordefinierten Alarme und, so vorhanden, auch individuell erstellte Alarme in einer Tabelle angezeigt. Aktivieren Sie nun den gewünschten Alarm, indem Sie die entsprechende Checkbox in der Spalte **Aktiv** anklicken. In unserem Beispiel tun Sie das für den vordefinierten Alarm **Abweichung vom Rabatt (in %)** (siehe Abbildung 18.1).

Klicken Sie nun auf den orangefarbenen Pfeil links neben dem Alarm, den Sie konfigurieren möchten. Es öffnet sich das Fenster **Alarmfunktionen – Alarmdetails** (siehe Abbildung 18.2).

Bei Bedarf ändern Sie im Feld **Name** die bereits angegebene Bezeichnung. Wählen Sie darüber hinaus die Option **Niedrig**, **Normal** oder **Hoch** aus der Dropdown-Liste **Priorität** aus – diese Priorität wird beim Auslösen des Alarms in der SAP-Alarmübersicht angezeigt. Markieren Sie dann die Checkbox **Aktiv**, damit diese Alarmfunktion aktiviert wird. In unserem Beispiel haben wir das bereits in der Übersicht der Alarmfunktionen erledigt.

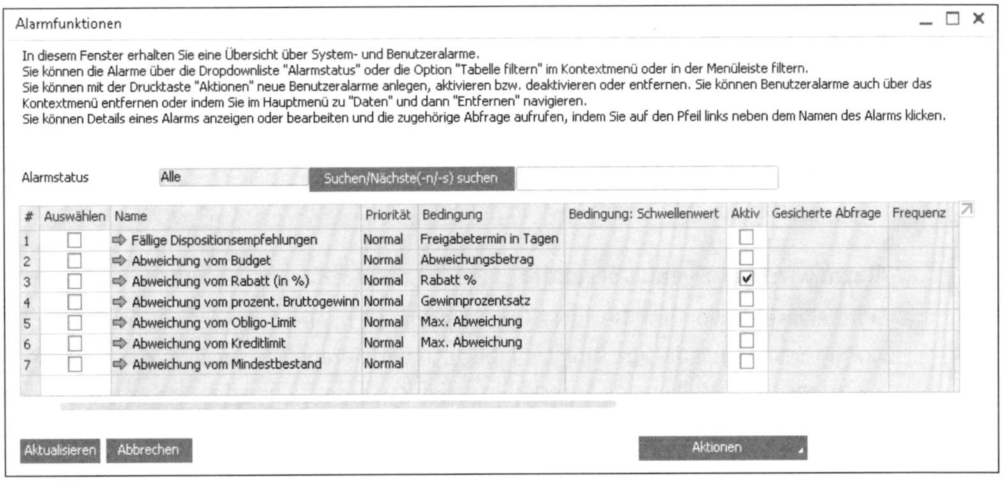

Abbildung 18.1: Alarmfunktion aktivieren und auswählen

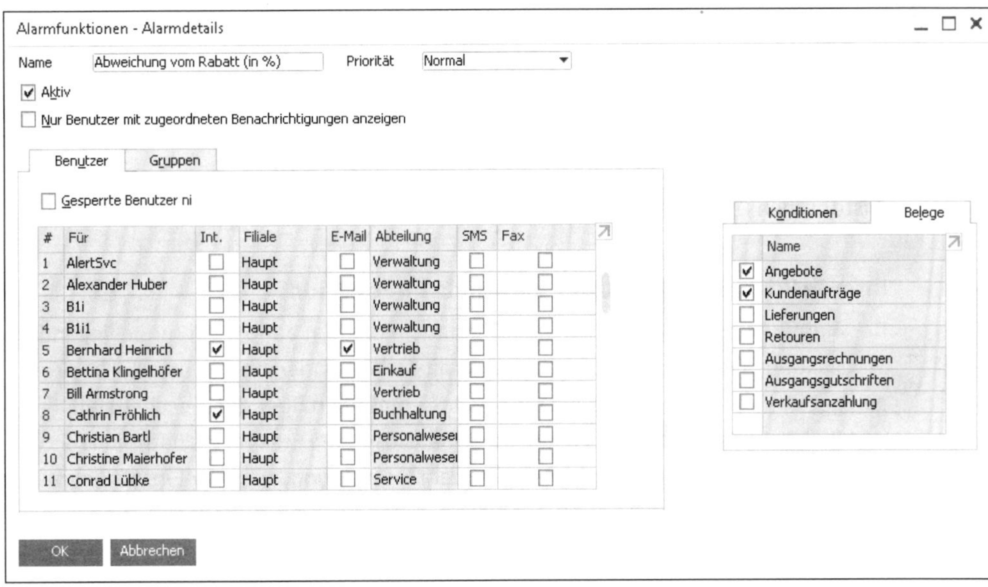

Abbildung 18.2: Vordefinierte Alarmfunktion konfigurieren

Anschließend wählen Sie im linken Bereich des Fensters die Benutzer oder Benutzergruppen aus, denen der Alarm angezeigt werden soll. Der Alarm kann über die folgenden Kanäle übermittelt werden:

- **Feld »Int.«**
  Mit dieser Option erhalten Sie eine interne SAP-Business-One-Nachricht, die im Fenster **Übersicht Nachrichten/Alarme** erscheint.

- **Feld »E-Mail«**
  Mit dieser Option erhalten Sie den Alarm als E-Mail. Dazu müssen der SBO Mailer installiert und die E-Mail-Funktion im Service-Manager eingerichtet sein. Außerdem muss im Fenster **Benutzer** (unter **Administration • Definitionen • Allgemein**) die E-Mail-Adresse hinterlegt sein. Für diese Einstellungen sollten Sie die Hilfe jenes Key-Users bzw. Consultants zurate ziehen, der auch die Installation vorgenommen hat.

[+]

Alarm wird per E-Mail versendet

Seit Release 9.2 von SAP Business One ist es möglich, einen serverseitigen Job-Service im System Landscape Directory (SLD) zu definieren. Dies bewirkt, dass Alarme auch dann per E-Mail an den Adressaten geliefert werden, wenn der Benutzer nicht in SAP Business One eingeloggt ist. Auch für diese Einstellungen sollten Sie die Hilfe eines Key-Users bzw. Consultants zurate ziehen.

- **Feld »SMS«**
  Diese Funktion steht in den deutschsprachigen Ländern nicht zur Verfügung.
- **Feld »Fax«**
  Mit dieser Option erhalten Sie den Alarm als Fax. Auch um diese Option zu nutzen, müssen der SBO Mailer installiert und die Faxfunktion im Service-Manager eingerichtet sein. Außerdem muss beim Benutzer die Faxnummer hinterlegt sein. Diese Option hat historischen Charakter und wird praktisch nicht mehr verwendet.

[+]

Interne Benachrichtigung für maximale Information

Der Alarm umfasst immer auch eine Drilldown-Funktion auf die zugrunde liegende Transaktion, die nur dann verfügbar ist, wenn der Anwender in SAP Business One eingeloggt ist. Erst diese liefert vollständige Informationen über den Geschäftsfall. Für mobile Anwender ist der Eintritt eines alarmauslösenden Ereignisses natürlich schon per se informativ. Wollen diese Benutzer mehr Information, wäre der Einsatz der mobilen SAP-Lösung sinnvoll, die ebenfalls einen Drilldown bis zum alarmauslösenden Beleg erlaubt.

Im rechten Bereich des Fensters **Alarmfunktionen** geben Sie auf der Registerkarte **Konditionen** die Bedingung für diesen Alarm ein. In diesem Beispiel ist dies die Rabattgrenze von 10 %. Auf der Registerkarte **Belege** markieren Sie die Belegstufen, für die dieser Alarm gelten soll. Hier sind dies die Stufen **Angebot** und **Kundenaufträge** (siehe Abbildung 18.2).

Der Alarm wird in diesem Beispiel also ausgelöst, sobald ein Angebot oder ein Kundenauftrag mit einem Rabatt von mehr als 10 % hinzugefügt wird. Abbildung 18.3 zeigt den Kundenauftrag 978 mit einem Rabatt von 12 %.

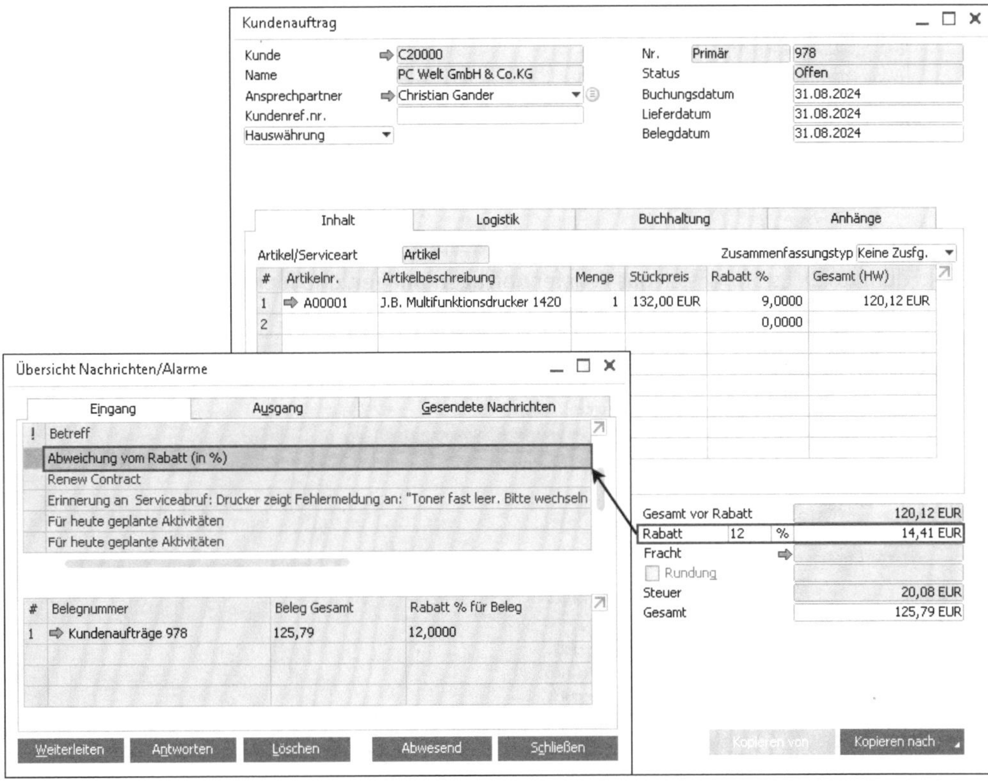

Abbildung 18.3: Aufgrund eines Kundenauftrags ausgelöster Alarm

In diesem Fall wird bei den Benutzern Bernhard Heinrich und Catrin Fröhlich ein interner Alarm ausgelöst. Beachten Sie, dass bei diesem Alarm der *Belegrabatt* abgefragt wird. Ein *Zeilenrabatt* größer als 10 % würde den Alarm nicht auslösen. Diese Anforderung wäre mit einem Alarm auf Basis einer individuellen Abfrage zu lösen.

Einen neuen Alarm definieren Sie mithilfe einer SQL-Abfrage, in der die Bedingungen zum Auslösen des Alarms verpackt sind.

Neuen Alarm definieren

Es sollen täglich alle Kundenaufträge angezeigt werden, die in den nächsten fünf Tagen ausgeliefert werden müssen.

[zB]

Dazu wählen Sie im Fenster **Alarmfunktionen** den Button **Aktionen** und im sich öffnenden Untermenü die Aktion **Benutzeralarm anlegen** (siehe Abbildung 18.4).

Geben Sie wie bei den vordefinierten Alarmfunktionen einen Namen ein, wählen Sie die Priorität aus, markieren Sie die Checkbox **Aktiv**, und wählen Sie die Benutzer und Übermittlungswege im linken Bereich aus.

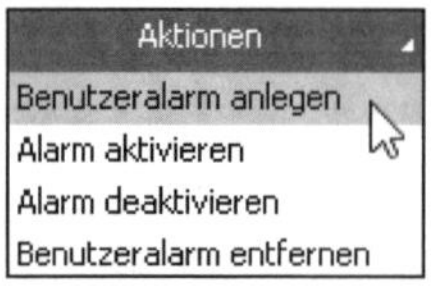

Abbildung 18.4: Mögliche Aktionen in den Alarmfunktionen

Anschließend klicken Sie auf den Button **Gespeicherte Abfrage öffnen** (siehe ❶ in Abbildung 18.5). Es öffnet sich das Fenster **Abfragemanager**, und hier wählen Sie die für diesen Alarm gewünschte Abfrage aus ❷.

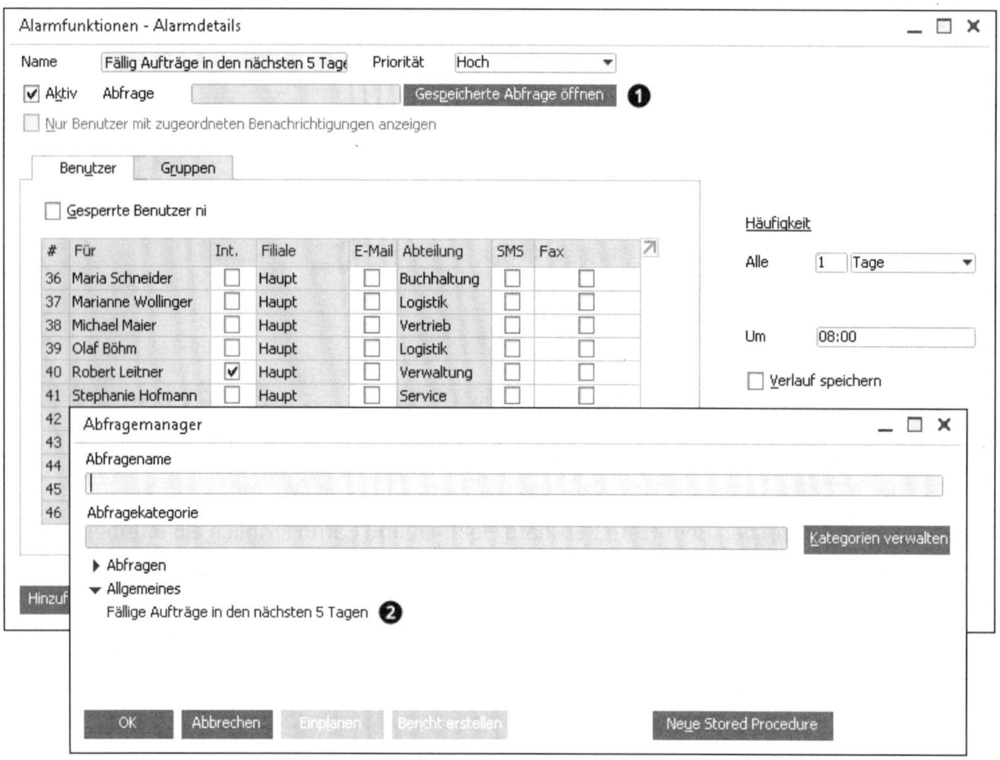

Abbildung 18.5: Individuellen Alarm anlegen

Im nächsten Schritt legen Sie noch die gewünschte Häufigkeit im Fenster **Alarmfunktionen** fest. Dazu wählen Sie die Zeiteinheit (von **Minuten** über **Tage** bis **Monate**) aus der Dropdown-Liste im rechten Bereich aus und geben die Anzahl im Feld **Alle** ein. Anschließend legen Sie noch die genaue Uhrzeit fest, wann der Alarm übermittelt werden soll (Feld **Um**). Markieren Sie zudem die Checkbox **Verlauf speichern**, wenn die Benachrichtigung so oft im Alarmfenster angezeigt werden soll, wie sie gesendet wurde. Dies kann jedoch zu einer raschen Ansammlung von Benachrichtigungen führen, wenn die Alarmhäufigkeit auf ein sehr kurzes Intervall eingestellt ist. Andernfalls überschreibt ein Alarm mit jeder Auslösung die Meldung, die er bei der vorhergehenden Auslösung erzeugt hat. Klicken Sie abschließend auf den Button **OK**, um den Alarm anzulegen. Der Alarm in Abbildung 18.5 wird täglich um 08:00 Uhr übermittelt.

[+]

Erstellung von SQL-Abfragen

Aufgrund der offenen Datenbankarchitektur von SAP Business One kann jegliche lesende (!) SQL-Abfrage direkt in SAP Business One verwendet werden. SQL-Abfragen, die Werte in die Datenbank schreiben, sind von SAP ausdrücklich untersagt und haben die Einstellung des Supports zur Folge. Mit SQL-Abfragen steht Ihnen ein sehr mächtiges Werkzeug zur Auswertung beliebiger Daten sowie zur Einrichtung von Alarmfunktionen und Genehmigungsprozessen zur Verfügung. Die Erstellung von SQL-Abfragen erfolgt über den Menüpunkt **Abfragegenerator** oder etwas vereinfacht über den Menüpunkt **Abfrageassistent** (beides im Menü **Extras • Abfragen**).

Das Ausführen dieser Abfragen erfolgt über den Button (**Abfragemanager**) in der Symbolleiste oder über den Menüpunkt **Abfragemanager** (im Menü **Extras • Abfragen**). Die Erstellung von Abfragen zählt zu den weiterführenden Themen und wird daher in diesem Buch nicht behandelt.

18.2 Genehmigungsprozess

Der Genehmigungsprozess geht einen Schritt weiter als die Alarmfunktionen und bildet bereits eine Art einfachen Workflow – also aufeinanderfolgende Aufgaben von mehreren beteiligten Mitarbeitern – in SAP Business One ab. Die Idee dabei ist, Belege bzw. andere Transaktionen, die gewisse Kriterien nicht erfüllen, nicht nur – wie bei den Alarmfunktionen – an einen oder mehrere Benutzer zu melden, sondern sie direkt in SAP Business One von einem oder mehreren Benutzern, meist Vorgesetzten, vor dem Hinzufügen genehmigen zu lassen. Erfolgt keine Genehmigung, kann der Prozess nicht durchgeführt werden. Es muss dann entweder die Transaktion verändert werden, oder sie unterbleibt ganz.

[zB]

Genehmigungsprozess im Vertrieb

In Fortsetzung des Beispiels aus den Alarmfunktionen sollen alle Angebote und Kundenaufträge, bei denen 10 % Rabatt oder mehr vergeben werden, durch mindestens einen Vorgesetzten genehmigt werden.

Zunächst einmal müssen Sie die Genehmigungsstufen definieren. Diese beschreiben, wer eine bestimmte Transaktion genehmigen darf und wie viele Genehmigungen zur Freigabe einer Transaktion notwendig sind. Dies erfolgt im Fenster **Genehmigungsstufen – Definition** über den Pfad **Administration • Genehmigungsprozess** (siehe Abbildung 18.6).

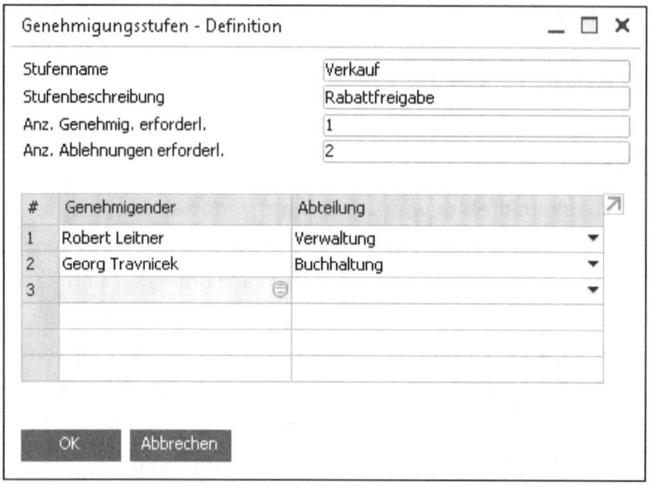

Abbildung 18.6: Genehmigungsstufen definieren

Das Fenster wird im **Hinzufügen**-Modus geöffnet, anschließend geben Sie die folgenden Daten ein:

- **Feld »Stufenname«**
  Geben Sie einen Namen für die Genehmigungsstufe ein. In Abbildung 18.6 wurde der Name als Hinweis auf die Abteilung verwendet.
- **Feld »Stufenbeschreibung«**
  Tragen Sie eine detaillierte Stufenbeschreibung ein, die einen Hinweis auf das genaue Anwendungsgebiet gibt.
- **Feld »Anz. Genehmig. erforderl.«**
  Geben Sie hier die Anzahl der Genehmigungen ein, die erforderlich sind, damit die Transaktion genehmigt wird.
- **Feld »Anz. Ablehnungen erforderl.«**
  Geben Sie hier die Anzahl der Ablehnungen ein, die erforderlich sind, damit die Transaktion nicht genehmigt wird.
- **Felder »Genehmigender« und »Abteilung«**
  Wählen Sie hier jene Benutzer aus der Dropdown-Liste **Genehmigender** aus, die den Beleg genehmigen müssen. Das Feld **Abteilung** wird automatisch mit den Daten des Benutzers befüllt. Wichtig ist, dass der Genehmiger auch mindestens über Leserechte für jene Transaktionen verfügt, die er genehmigen soll.

Klicken Sie abschließend auf den Button **Hinzufügen**, um die Genehmigungsstufe anzulegen.

Im Beispiel in Abbildung 18.6 haben die Benutzer Robert Leitner als Leiter der Verwaltung und Georg Travnicek aus der Buchhaltung die Berechtigung, Belege zu genehmigen. Für die Genehmigung ist nur die Zustimmung eines der beiden Benutzer notwendig, für die Ablehnung der Transaktion sind jedoch beide Benutzer erforderlich. Dies steuern Sie mit den Feldern zur Anzahl der erforderlichen Genehmigungen und Ablehnungen.

[+]

Mehrfaches Verwenden von Genehmigungsstufen

Einmal angelegte Genehmigungsstufen können bei Bedarf in mehreren Genehmigungsvorlagen verwendet werden. Aus diesem Grund ist es sinnvoll, Genehmigungsstufen für gleichartige Abläufe oder sogar Abteilungen in Ihrem Unternehmen festzulegen.

Analog zu den Alarmfunktionen gibt es bereits vorhandene Genehmigungsvorlagen, bei denen Sie lediglich nähere Angaben machen und diese aktivieren müssen. Darüber hinaus können Sie mittels eigener SQL-Abfragen völlig neuartige Genehmigungsvorlagen definieren.

[+]

Neue Genehmigungsvorlagen anlegen

Möchten Sie eine SQL-Abfrage in einer neuen Genehmigungsvorlage verwenden, muss sie als Ergebnis den Wert `True` zurückliefern. Das bedeutet, Sie müssen die SQL-Abfrage so gestalten, dass mit dem gelieferten Wert `True` der Genehmigungsmechanismus im Hintergrund von SAP Business One in Gang gesetzt wird.

Im Folgenden erläutern wir, wie Sie eine bereits vorhandene Genehmigungsvorlage verwenden. Öffnen Sie dazu das Fenster **Genehmigungsvorlagen – Definition** über den Pfad **Administration • Genehmigungsprozess**. Um vordefinierte Genehmigungsvorlagen zu verwenden, blättern Sie mit den Datensatzbuttons (|← ← → →|) durch die bereits vorhandenen Genehmigungsvorlagen oder wechseln in den **Suchen**-Modus, geben »*« (Sternchen) ein und klicken auf den Button **Suchen**.

Wählen Sie anschließend – entsprechend unserem Beispiel – die vordefinierte Genehmigungsvorlage **Rabatt 10**, und ändern Sie zunächst bei Bedarf die Einträge in den Feldern **Name** und **Beschreibung**. Markieren Sie dann die Checkboxen **Aktiv** und **Beim Aktualisieren von nicht über den Genehmigungsprozess generierten Belegen aktiv** (siehe Abbildung 18.7). Letztere bewirkt, dass der Genehmigungsprozess nicht nur beim erstmaligen Erstellen des Belegs ausgelöst wird, sondern auch dann, wenn ein bereits bestehender, ursprünglich nicht genehmigungspflichtiger Beleg so verändert wird, dass er nun genehmigungspflichtig ist.

Auf der Registerkarte **Ersteller** wählen Sie dann alle Benutzer aus, für die die Genehmigungsvorlage gelten soll. Wenn einer dieser Benutzer aus der Liste die fragliche Transaktion erstellt, wird der Genehmigungsmechanismus in Gang gesetzt.

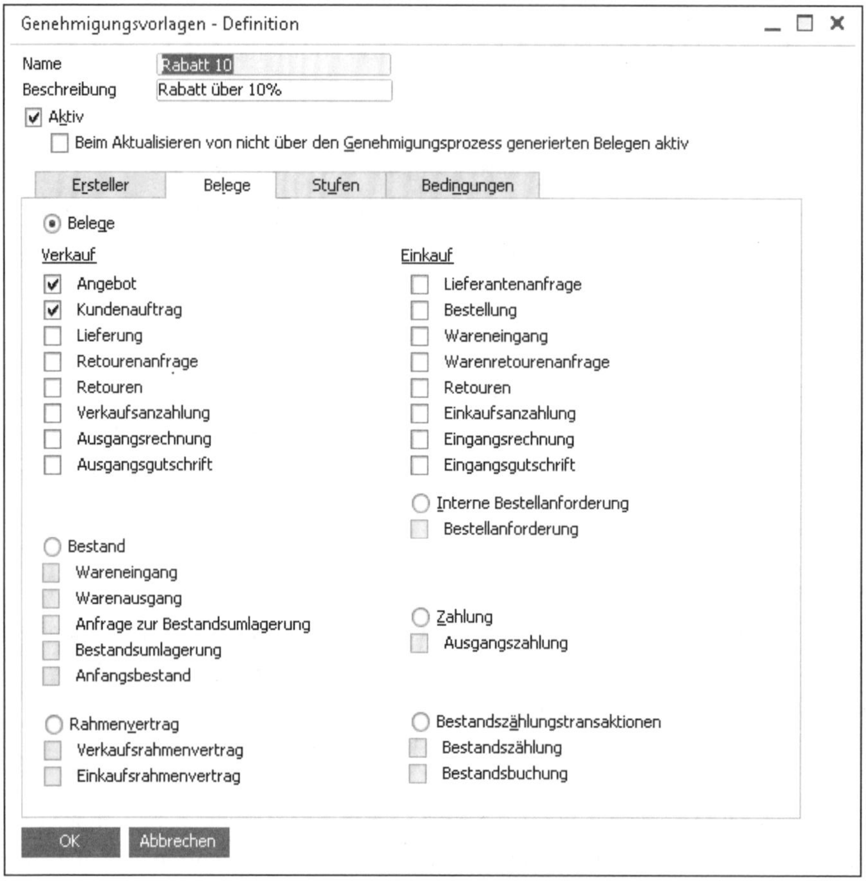

Abbildung 18.7: Beleg beim Genehmigungsprozess auswählen

Nicht genehmigungspflichtige Belege genehmigen

User A hat einen Auftrag erstellt, dieser User unterliegt keinem Genehmigungsverfahren, d. h., er ist in der Liste der **Ersteller** nicht enthalten. User B verändert diesen Auftrag, dieser User unterliegt dem Genehmigungsverfahren. Die Erstellung des Belegs durch User A wird keinen Genehmigungsprozess auslösen, das Ändern des Auftrags aber sehr wohl, wenn die oben beschriebene Checkbox aktiv ist. Die Änderung muss natürlich wieder die Bedingung der Genehmigungsvorlage erfüllen, also muss z. B. der Rabatt jetzt größer als 10 % sein.

Vollständige Benutzerbeschreibung ist wichtig

Setzen Sie das Modul **Genehmigung** ein, weil in Ihrem Unternehmen entsprechende Compliance-Regeln gelten, ist es wichtig, dass alle Benutzer, die eine bestimmte Transaktion durchführen dürfen (also schreibenden Zugriff haben), auch gleichzeitig

Auslöser des Genehmigungsprozesses sind. Andernfalls werden die Compliance-Regeln unterlaufen. Wichtig ist in diesem Zusammenhang auch eine lückenlose Beachtung von neu hinzukommenden Usern. Diese müssen neben der Definition der entsprechenden Berechtigungen auch in die Genehmigungsprozesse aufgenommen werden.

Ebenfalls darauf zu achten ist, dass Genehmiger nicht ihre eigenen Transaktionen genehmigen können. Das kann z. B. gewährleistet werden, indem die Zahl der notwendigen Genehmigungen erhöht wird, sodass mindestens eine zusätzliche Person zur Genehmigung notwendig ist.

Auf der Registerkarte **Belege** markieren Sie alle Belegstufen, für die der Genehmigungsprozess gelten soll. In unserem Beispiel wären das, wie Sie in Abbildung 18.7 sehen, die Belegstufen **Angebot** und **Kundenauftrag**. Ab Release 9.3 kann ein Rahmenvertrag auch einem Genehmigungsprozess unterworfen werden (siehe Abschnitt 11.1, »Rahmenvertrag anlegen«).

Auf der Registerkarte **Stufen** wählen Sie in der Spalte **Stufenname** die zuvor erstellte Genehmigungsstufe namens **Verkauf – Rabattfreigabe** aus (siehe Abbildung 18.6). Die Stufenbeschreibung wird automatisch in das entsprechende Feld kopiert. Hier können Sie nun komplexe Genehmigungsprozesse definieren, indem Sie mehr als eine Zeile erfassen. Es muss dann zunächst der Genehmiger der ersten Stufe zustimmen, danach die Genehmiger der zweiten Stufe usw. Wird eine Vorstufe nicht erfolgreich durchlaufen, wird die Folgestufe nicht gestartet.

Auf der Registerkarte **Bedingungen** geben Sie nun alle sonstigen Kriterien für den Genehmigungsprozess an (siehe Abbildung 18.8).

Wählen Sie dazu im oberen Bereich der Registerkarte die Option **Anwenden bei folgenden Bedingungen**, und markieren Sie in der Tabelle die gewünschte Bedingung (Feld **Auswählen**, im Beispiel wird die Option **Rabatt %** ausgewählt). Wählen Sie dann die gewünschte Option in der Dropdown-Liste **Verhältnis** aus (in unserem Beispiel **Größer oder gleich**), und geben Sie den gewünschten **Wert** ein (in unserem Beispiel 10,0000 für 10 % Rabatt). Klicken Sie abschließend auf den Button **Hinzufügen**, um die Genehmigungsvorlage anzulegen.

Natürlich können Sie für eine Genehmigungsvorlage mehrere Bedingungen verwenden, von denen aber nur eine Bedingung zutreffen muss, um den Genehmigungsprozess auszulösen. Zusätzlich können Sie die Genehmigungsvorlage im Bereich **Bedingungen basierend auf Benutzerabfragen** mit einer SQL-Abfrage ergänzen. Dazu klicken Sie doppelt in das erste freie Feld in der Spalte **Abfragename** und wählen die gewünschte Abfrage aus dem Abfragemanager aus.

Wenn Sie nun ein Angebot oder einen Kundenauftrag mit einem Rabatt von 10 % oder mehr hinzufügen oder ein bestehendes Angebot auf einen Rabatt von 10 % oder mehr aktualisieren, öffnet sich für Sie als Ersteller ein Fenster, in dem Sie auf den in Gang gesetzten Genehmigungsprozess hingewiesen werden (siehe Abbildung 18.9). Geben Sie hier eine erklärende Bemerkung für den Genehmiger ein, und bestätigen Sie dies mit dem Button **OK**. Der Beleg ist zu diesem Zeitpunkt nicht hinzugefügt, sondern geparkt.

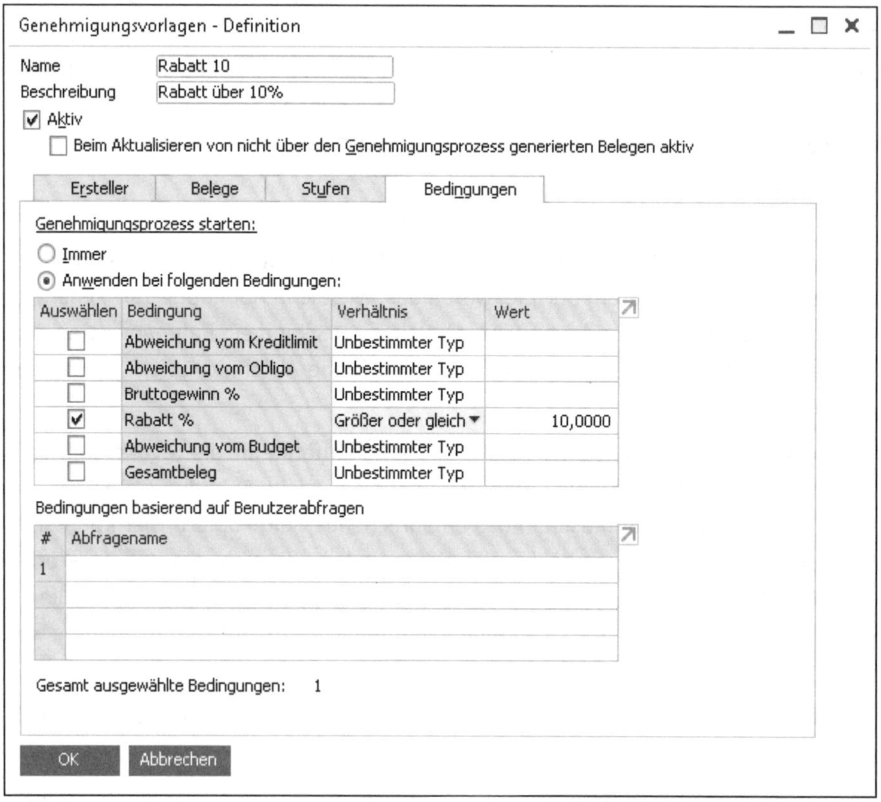

Abbildung 18.8: Bedingungen bei der Genehmigungsvorlage eingeben

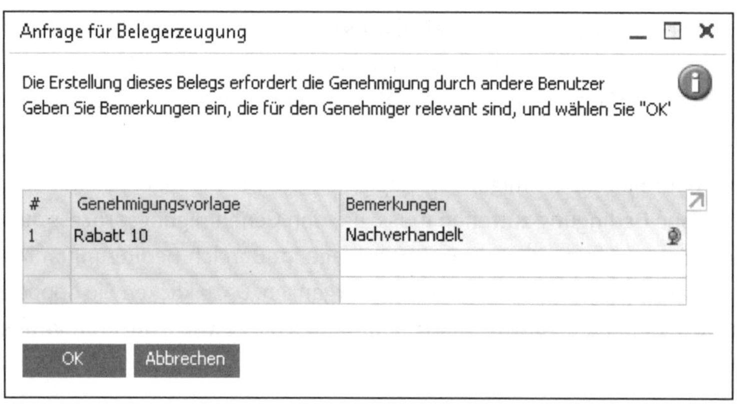

Abbildung 18.9: Der Genehmigungsprozess wird in Gang gesetzt.

Bei Ihnen als Genehmiger erscheint eine Nachricht im Fenster **Übersicht Nachrichten/Alarme**, das sich nach der vordefinierten Zeit automatisch öffnet (siehe Abbildung 18.10).

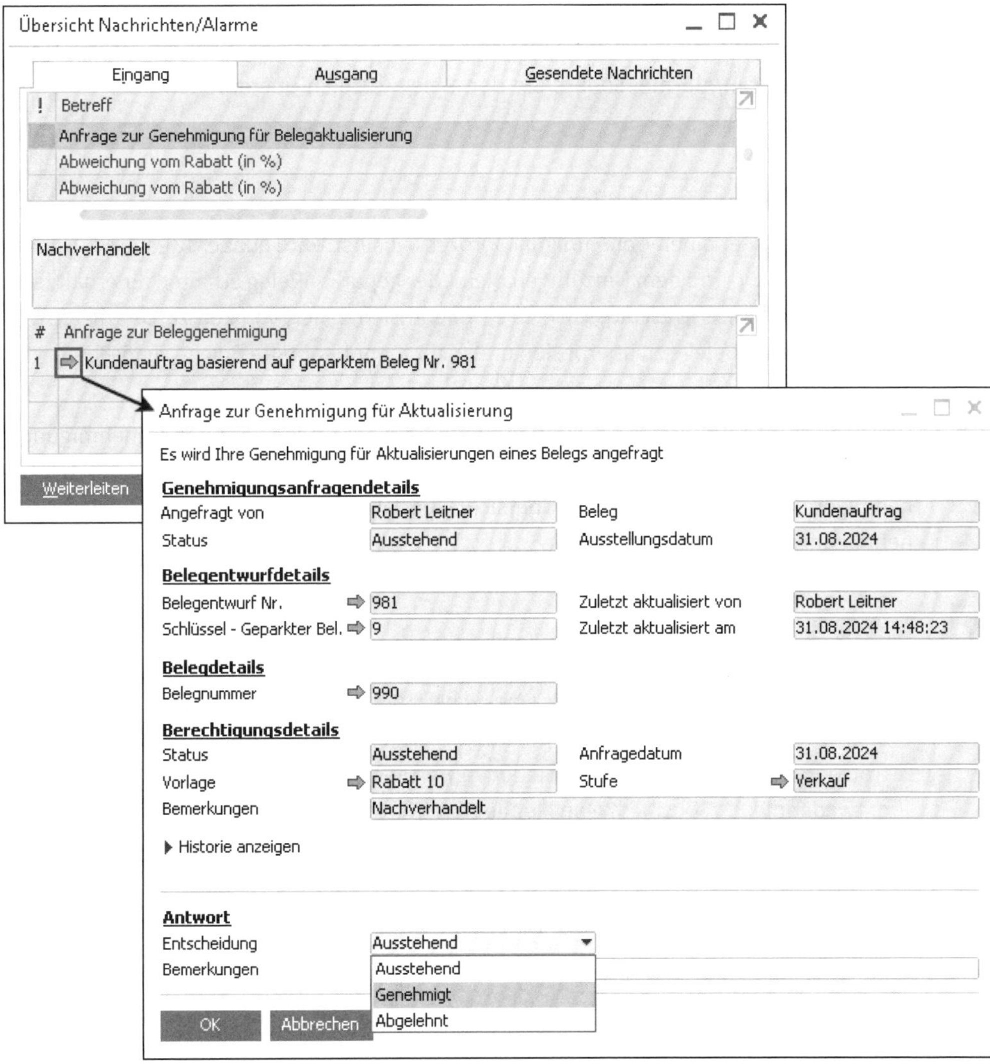

Abbildung 18.10: Entscheidung des Genehmigers

Klicken Sie auf den Button im Feld **Anfrage zur Beleggenehmigung**, öffnet sich das Fenster **Anfrage zur Genehmigung für Aktualisierung**. Der Status der Genehmigung im Feld **Entscheidung** lautet zu diesem Zeitpunkt **Ausstehend**. Bei Bedarf können Sie den in der Zwischenzeit geparkten Beleg betrachten, indem Sie auf den Button vor dem Feld **Belegentwurf Nr.** klicken (es handelt sich um die Belegnummer 981 in Abbildung 18.10). Das gleiche Ergebnis erzielen Sie, wenn Sie den Vorgang im Feld **Schlüssel – Geparkter**

Bel. durchführen (die Nummer ist hier 9). Anschließend geben Sie im Feld **Bemerkungen** eine Begründung ein und ändern den Status der Genehmigung im Feld **Entscheidung** in **Genehmigt** oder **Abgelehnt**. Klicken Sie abschließend auf die Buttons **Aktualisieren** und **OK**, um den Genehmigungsprozess abzuschließen.

Abschließend erhalten Sie als Ersteller eine entsprechende Nachricht im Fenster **Übersicht Nachrichten/Alarme**, sodass Sie den Beleg letztlich überarbeiten oder endgültig hinzufügen können.

[»]

Geparkte Belege kontrollieren

Jeder Beleg, der einen Genehmigungsprozess auslöst, wird zunächst geparkt. Nach seiner Freigabe und dem Hinzufügen bleibt der geparkte Beleg erhalten. Er erhält lediglich den Status »geschlossen«. Es empfiehlt sich daher, von Zeit zu Zeit die Liste der geparkten Belege zu überprüfen und nicht mehr benötigte Belege zu löschen.

Über den Pfad **Administration • Genehmigungsprozess** finden Sie den Genehmigungsstatusbericht und den Genehmigungsbericht, die sowohl den Ersteller als auch den Genehmiger dabei unterstützen, die Übersicht über alle ausstehenden und erledigten Genehmigungsprozesse zu behalten.

[»]

Genehmigung über Mail

Es wird oft der Wunsch geäußert, Genehmigungen über Mail durchführen zu können. Diese Funktion ist in SAP Business One nicht vorgesehen, da eine Anzeige der Belege über Mail technisch nur schwer darstellbar ist. Eine mobile Genehmigung ist aber trotzdem denkbar. Neben verschiedenen Partnerlösungen bietet SAP im Standard entweder die SAP Business One Mobile App (für Android und iOS) kostenfrei an. Einige Informationen dazu finden Sie in Kapitel 2, »Einführung in SAP Business One«. Oder Sie verwenden den Webclient von SAP Business One – hierzu finden Sie Informationen in Kapitel 2.

18.3 Drag & Relate

Drag & Relate ist eine besondere Funktion, mit der Sie mit einfachsten Verknüpfungen Daten miteinander verbinden und Ad-hoc-Abfragen gestalten können. Die Idee dabei ist, Daten aus unterschiedlichen Bereichen miteinander zu verknüpfen, um möglichst rasch das gewünschte Ergebnis zu erhalten. Für Drag & Relate stehen Ihnen Daten aus dem Verkauf, dem Einkauf, dem Lagerbestand, der Produktion, dem Service, den Journalbuchungen und Sachkonten sowie Geschäftspartnerdaten zur Verfügung. Klicken Sie auf die Registerkarte **Drag&Relate** im Hauptmenü, um die unterstützten Bereiche anzuzeigen (siehe Abbildung 18.11).

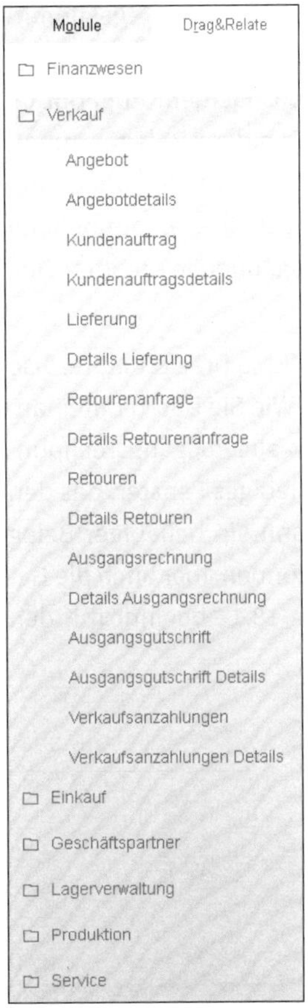

Abbildung 18.11: Drag & Relate – Bereiche

Die Bereiche sind jeweils in Ordnern angelegt, darunter befinden sich die einzelnen Unterbereiche, die die Daten enthalten. Diese wiederum sind in der Regel so organisiert, dass entweder die Kopfinformationen einer Transaktion ausgewertet werden (z. B. Ausgangsrechnungen als Ganzes mit ihren Beleggesamtsummen), oder es werden die Zeilen der Transaktionen ausgewertet (z. B. einzelne Zeilen mit Artikelinformationen). Tabelle 18.1 zeigt alle verfügbaren Elemente von Drag & Relate samt einem Beispiel.

SQL	SAP HANA	Bezeichnung	Beispiel
		Ordner	Verkauf
		Belegkopfinformationen	Ausgangsrechnung
		Zeilendetails	Details Ausgangsrechnung

Tabelle 18.1: Elemente in Drag & Relate

Klicken Sie doppelt auf eine Transkation oder auf ihre Details, die sich in der Regel unmittelbar darunter im **Drag&Relate**-Menü befinden, und Sie erhalten eine Liste der Daten, die hinter diesem Eintrag stecken. Klicken Sie z. B. doppelt auf das Element **Angebot** im Ordner **Verkauf**, erhalten Sie eine Liste aller Angebote mit den Feldern **Belegnummer**, **Belegart** (Artikel und Service), **Status** (offen, abgeschlossen und storniert), **Buch.dat.**, **Kunden-/Lieferantencode** sowie **-Name** und **Beleg Gesamt**. Klicken Sie z. B. doppelt auf das Element **Details Journalbuchung** im Ordner **Journalbuchung**, und Sie erhalten eine Liste mit allen Journalzeilen, die bereits gebucht wurden.

Das ist allerdings nur eine Zusatzfunktion – der Programmteil heißt ja Drag & Relate, also Ziehen & Verbinden, und wird erst dadurch wirklich interessant. Wie Sie Daten miteinander verbinden, erläutern wir an folgendem Beispiel: Sie möchten alle Ausgangsrechnungen eines bestimmten Kunden anzeigen. Dazu öffnen Sie ein beliebiges Fenster, das den gewünschten Kundencode oder Kundennamen enthält. Dies kann ein beliebiger Beleg mit diesem Kunden sein, ein Serviceabruf, eine Opportunity, es können aber auch die Geschäftspartner-Stammdaten sein etc. Das Beispiel in Abbildung 18.12 beginnt mit den Geschäftspartner-Stammdaten.

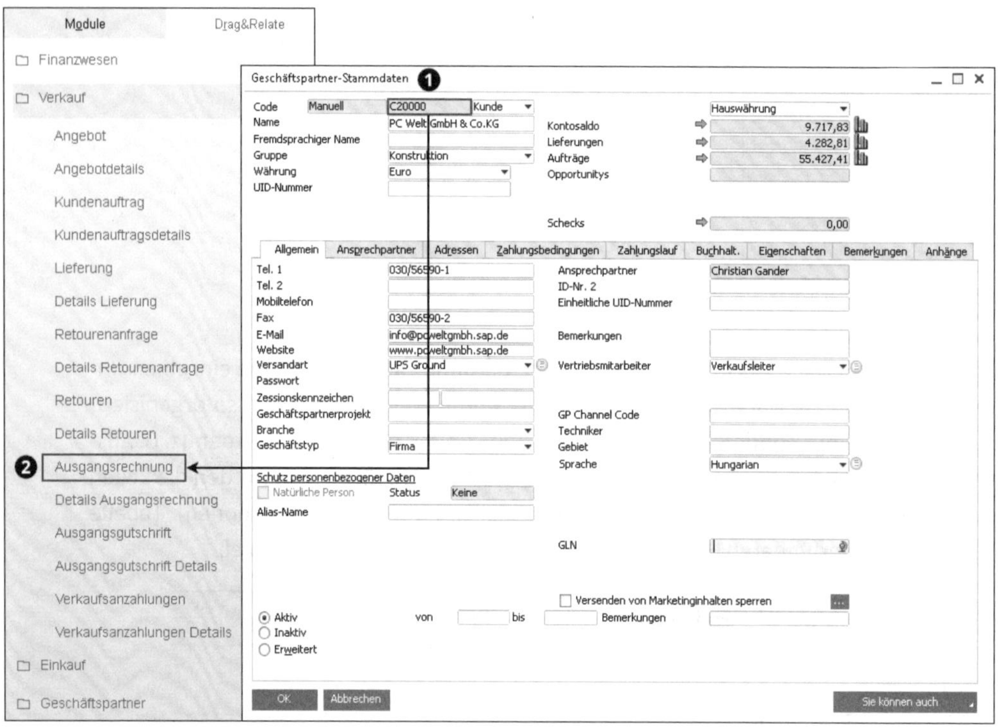

Abbildung 18.12: Vorgehensweise bei Drag & Relate

Wenn Sie die Datenquelle geöffnet haben, gehen Sie folgendermaßen vor (siehe Abbildung 18.12):

1. Klicken Sie mit der linken Maustaste auf den Eintrag im Feld **Code** oder **Name**, und halten Sie die Taste gedrückt, bis ein schwarzer Rahmen um das Feld erscheint ❶.
2. Halten Sie die linke Maustaste weiterhin gedrückt, und ziehen Sie den Rahmen auf die gewünschten Daten auf der Registerkarte **Drag&Relate** ❷.
3. Lassen Sie den schwarzen Rahmen auf den gewünschten Daten »fallen« (indem Sie die Maustaste loslassen), um die Daten zu verbinden. In Abbildung 18.12 wird der Geschäftspartnercode beim Eintrag **Ausgangsrechnung** fallengelassen.
4. Die Daten werden verknüpft, und Sie erhalten eine Übersicht mit allen Ausgangsrechnungen des gewählten Kunden (siehe Abbildung 18.13).

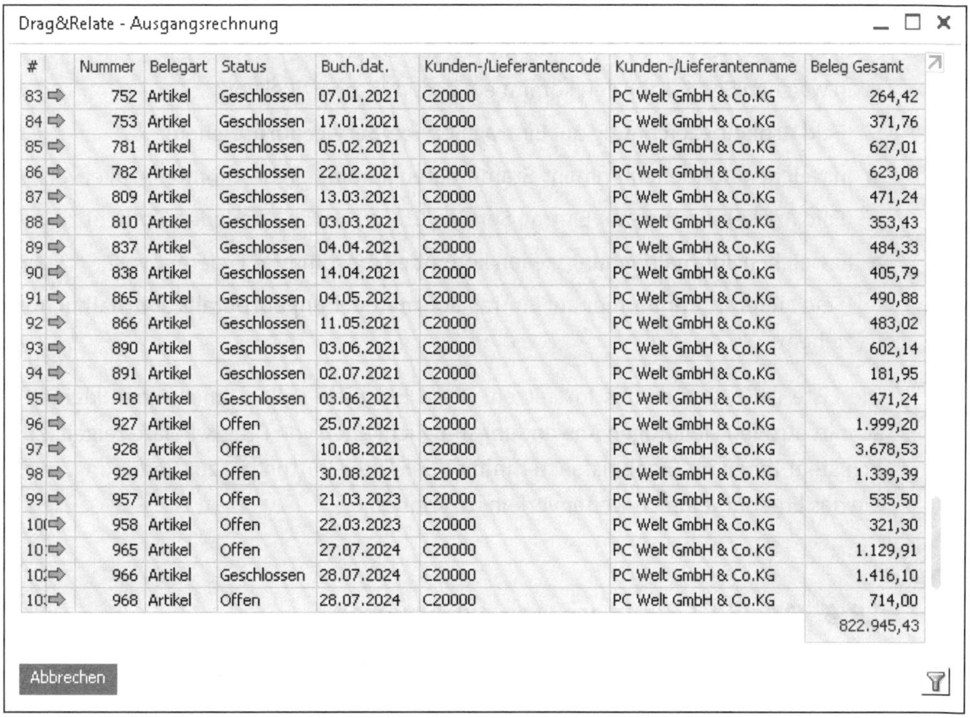

#		Nummer	Belegart	Status	Buch.dat.	Kunden-/Lieferantencode	Kunden-/Lieferantenname	Beleg Gesamt
83	⇨	752	Artikel	Geschlossen	07.01.2021	C20000	PC Welt GmbH & Co.KG	264,42
84	⇨	753	Artikel	Geschlossen	17.01.2021	C20000	PC Welt GmbH & Co.KG	371,76
85	⇨	781	Artikel	Geschlossen	05.02.2021	C20000	PC Welt GmbH & Co.KG	627,01
86	⇨	782	Artikel	Geschlossen	22.02.2021	C20000	PC Welt GmbH & Co.KG	623,08
87	⇨	809	Artikel	Geschlossen	13.03.2021	C20000	PC Welt GmbH & Co.KG	471,24
88	⇨	810	Artikel	Geschlossen	03.03.2021	C20000	PC Welt GmbH & Co.KG	353,43
89	⇨	837	Artikel	Geschlossen	04.04.2021	C20000	PC Welt GmbH & Co.KG	484,33
90	⇨	838	Artikel	Geschlossen	14.04.2021	C20000	PC Welt GmbH & Co.KG	405,79
91	⇨	865	Artikel	Geschlossen	04.05.2021	C20000	PC Welt GmbH & Co.KG	490,88
92	⇨	866	Artikel	Geschlossen	11.05.2021	C20000	PC Welt GmbH & Co.KG	483,02
93	⇨	890	Artikel	Geschlossen	03.06.2021	C20000	PC Welt GmbH & Co.KG	602,14
94	⇨	891	Artikel	Geschlossen	02.07.2021	C20000	PC Welt GmbH & Co.KG	181,95
95	⇨	918	Artikel	Geschlossen	03.06.2021	C20000	PC Welt GmbH & Co.KG	471,24
96	⇨	927	Artikel	Offen	25.07.2021	C20000	PC Welt GmbH & Co.KG	1.999,20
97	⇨	928	Artikel	Offen	10.08.2021	C20000	PC Welt GmbH & Co.KG	3.678,53
98	⇨	929	Artikel	Offen	30.08.2021	C20000	PC Welt GmbH & Co.KG	1.339,39
99	⇨	957	Artikel	Offen	21.03.2023	C20000	PC Welt GmbH & Co.KG	535,50
10(	⇨	958	Artikel	Offen	22.03.2023	C20000	PC Welt GmbH & Co.KG	321,30
10:	⇨	965	Artikel	Offen	27.07.2024	C20000	PC Welt GmbH & Co.KG	1.129,91
10;	⇨	966	Artikel	Geschlossen	28.07.2024	C20000	PC Welt GmbH & Co.KG	1.416,10
10;	⇨	968	Artikel	Offen	28.07.2024	C20000	PC Welt GmbH & Co.KG	714,00
								822.945,43

Abbildung 18.13: Liste aller Ausgangsrechnungen des Kunden »C20000«

Klicken Sie im Fenster **Drag&Relate** auf den Button ⇨, um die jeweilige Ausgangsrechnung zu öffnen. Wenn Sie den Kundencode statt auf **Ausgangsrechnung** auf **Ausgangsrechnung – Details** ziehen und verbinden, erhalten Sie alle Rechnungszeilen des ausgewählten Kunden.

Mit dieser Methode können Sie live, z. B. am Telefon, Auskünfte erteilen, da Sie die Daten sehr schnell abfragen können. Auf diese Weise können Sie auch eine Reihe von Abfragen durchführen und z. B. die folgenden Fragen beantworten:

- Welche Kundenauftragszeilen wurden für einen bestimmten Kunden erstellt?
  (Feld **Kundennummer** auf Eintrag **Verkauf/Kundenauftragsdetails** ziehen)

- In welchen Ausgangsrechnungen kommt ein bestimmter Artikel vor?
  (Feld **Artikelnummer** auf Eintrag **Verkauf/Ausgangsrechnung** ziehen)
- In welchen Lieferscheinen kommt ein bestimmter Ansprechpartner eines Kunden vor?
  (Feld **Ansprechpartner** auf Eintrag **Verkauf/Lieferung** ziehen)
- Welche Artikel gehören zu einer bestimmten Artikelgruppe?
  (Feld **Artikelbezeichnung** auf Eintrag **Lagerbestand/Artikelgruppe** ziehen)
- Welchen Artikeln ist ein bestimmter Hersteller zugeordnet?
  (Feld **Herstellername** auf Eintrag **Lagerbestand/Artikel** ziehen)
- Welche Serviceabrufe hat ein bestimmter Kunde?
  (Feld **Kundennummer** auf Eintrag **Service/Serviceabruf** ziehen)
- In welchen Serviceabrufen kommt ein bestimmter Artikel vor?
  (Feld **Artikelbezeichnung** auf Eintrag **Service/Serviceabruf** ziehen)
- In welchen Kundenequipment-Stammdaten kommt ein bestimmter Artikel vor?
  (Feld **Artikelnummer** auf Eintrag **Service/Stammdaten Kundenequipment** ziehen)
- In welchen Journalbuchungszeilen kommt ein bestimmter Lieferant vor?
  (Feld **Lieferantennummer** auf Eintrag **Journalbuchungen/Details Journalbuchungen** ziehen)

Die Liste ließe sich endlos fortsetzen. Diese Beispiele sollen Ihnen einen kleinen Ausschnitt aus den vielfältigen Anwendungsmöglichkeiten von Drag & Relate zeigen. Zusätzlich steht Ihnen im Ergebnisfenster immer der Filter-Button zur Verfügung, mit dem Sie das Ergebnis einfach weiter verfeinern können.

18.4 Aus SAP Business One exportieren

SAP Business One ist hinsichtlich des Exports von Daten sehr flexibel. Sie haben die Möglichkeit, jede tabellenartige Datenauflistung wie Berichte, Drag-&-Relate-Listen, aber auch den Zeilenbereich von Belegen wie Bestellungen oder Rechnungen nach Microsoft Excel zu exportieren. Darüber hinaus können Sie Daten als PDF, Text, XML, Bild oder Microsoft-Word-Dokument exportieren. Aufgrund der Beschaffenheit und Art der Daten lässt sich aber nicht der Inhalt jedes Fensters in jeden beliebigen Exportdatentyp exportieren. Sie erkennen dies relativ einfach, da bei einem Fenster die entsprechende Option im Menü bzw. auch der Button aktiv oder grau hinterlegt ist.

Bevor Sie einen Export starten, müssen Sie im Fenster **Allgemeine Einstellungen** auf der Registerkarte **Pfad** (über **Administration • Systeminitialisierung • Allgemeine Einstellungen**) einen Exportordner für Microsoft-Excel- oder Microsoft-Word-Vorlagen, Bilder, Dateianhänge (für den Export in Textdateien) und XML-Dateien hinterlegen. Um den Microsoft-Excel-Ordner anzulegen, gehen Sie z. B. folgendermaßen vor:

1. Klicken Sie auf den Button ..., um den Pfad auszuwählen. Bei der Installation von SAP Business One wurde bereits automatisch ein Microsoft-Excel-Verzeichnis auf Ihrem Computer angelegt. Es befindet sich standardmäßig unter */usr/sap/SAPBusinessOne/B1_SHF/ExclDocs/*. Es ist hier zu beachten, dass die Anwender auf diesem Pfad Lese- und Schreibrechte benötigen, um die Exportfunktion nutzen zu können. Im Zweifel besprechen Sie das mit Ihrem Systemadministrator oder IT-Betreuer.
2. Wählen Sie dieses oder ein anderes Verzeichnis aus, in das Sie Daten als Microsoft-Excel-Dokumente exportieren möchten. Im Standardordner befindet sich bereits eine Microsoft-Excel-Datei namens *AutoOpen.xls*.

   Diese Datei wird benötigt, um die Daten aus SAP Business One (die als TXT-Datei exportiert werden) in Microsoft Excel zu öffnen.

   Falls Sie einen abweichenden Pfad in den allgemeinen Einstellungen hinterlegen, müssen Sie *AutoOpen.xls* ebenfalls in den neuen Zielordner kopieren.

   Das hinterlegte Verzeichnis bedeutet nicht, dass die exportierten Daten auch notwendigerweise in diesem Verzeichnis gespeichert werden müssen. Beim eigentlichen Exportvorgang werden Sie nochmals nach einem Speicherort gefragt; diesen können Sie dann beliebig wählen.

Eine weitere Voraussetzung muss in Microsoft Excel selbst überprüft und gegebenenfalls eingestellt werden. Überprüfen Sie unter **Datei • Optionen • Trust Center** • Button **Einstellungen für das Trust Center • Makroeinstellungen**, ob Makros aktiviert sind. Da ein Makro verwendet wird, um die Daten automatisch nach Microsoft Excel zu kopieren, darf dieses Makro nicht durch eine hohe oder sehr hohe Sicherheitsstufe blockiert werden: Falls Sie einstellen, für das Makro eine Benachrichtigung zu erhalten, meldet sich Microsoft Excel mit einer Sicherheitsabfrage, ob das Ausführen des Makros erlaubt werden soll. Klicken Sie auf den Button **Makros aktivieren**, um den Export zu ermöglichen. Bei aktivierten Makros erhalten Sie diese Sicherheitsabfrage nicht. Der hier beschriebene Pfad in Microsoft Excel kann versionsabhängig auch anders lauten; fragen Sie unter Umständen bei Ihrem Systemadministrator oder IT-Betreuer nach.

Den Export in die verschiedenen Exportdatentypen demonstrieren wir im folgenden Beispiel anhand des Berichts **Offene Belege (Kundenaufträge)** (siehe Abbildung 18.14).

Für den Export müssen Sie die folgenden Schritte ausführen:

1. Öffnen Sie das Fenster, aus dem Sie exportieren möchten. Für das Beispiel in Abbildung 18.14 öffnen Sie den Bericht **Offene Belege** unter **Verkauf • Umsatzberichte** und wählen die Option **Kundenaufträge**.
2. Klicken Sie auf den Button (**In Microsoft Excel exportieren**), öffnet sich das Microsoft-Windows-Dialogfenster **Speichern unter** (siehe Abbildung 18.15).

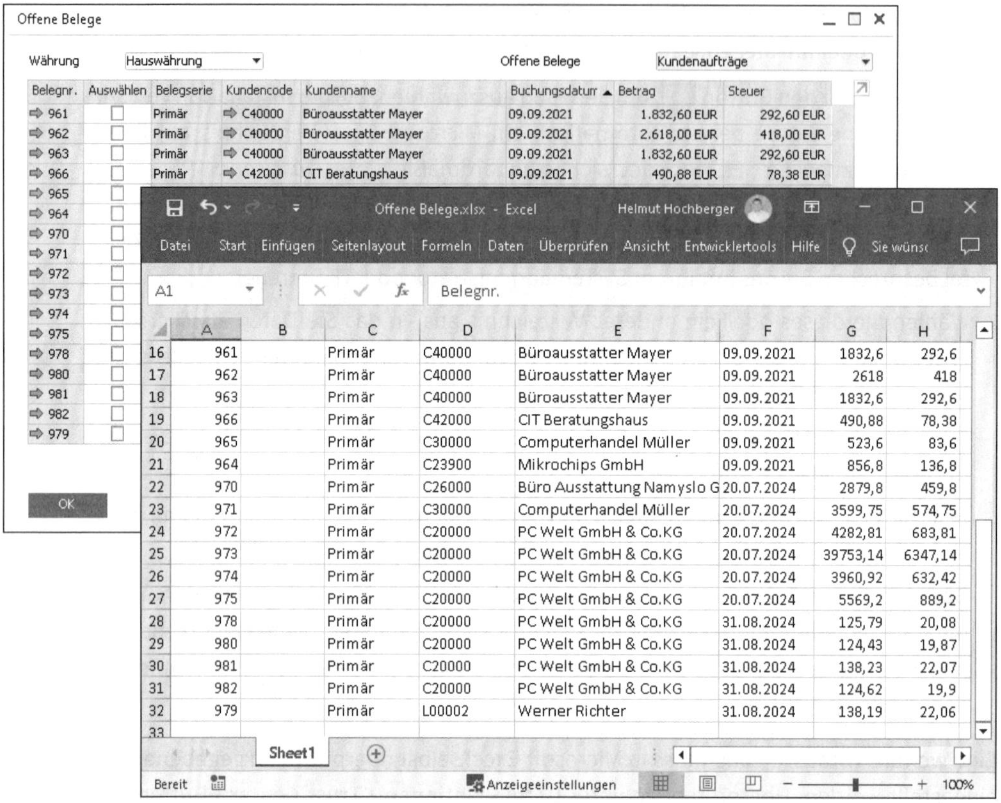

Abbildung 18.14: Offene Kundenaufträge nach Microsoft Excel exportieren

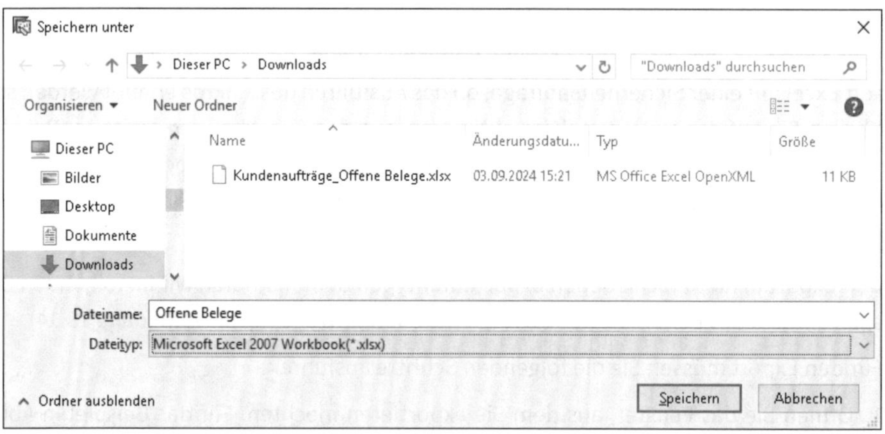

Abbildung 18.15: Dialogfenster »Speichern unter«

3. Geben Sie den gewünschten Speicherort an (siehe Abbildung 18.15). Auch wenn Sie in den allgemeinen Einstellungen bereits einen vordefinierten Ordner angegeben haben,

können Sie jeden beliebigen Ordner als Speicherort wählen. Wichtig ist, dass Sie in diesem Bildschirm das gewünschte Format eingeben, SAP schlägt hier immer ***.txt**, also eine einfache Textdatei, vor. In der Regel werden Sie eher ein Excel-Format, also ***.xlsx**, bevorzugen und sollten daher die Auswahlbox im Feld **Dateityp** entsprechend bearbeiten.

4. Geben Sie in der folgenden Hinweismeldung an, ob Sie die Währungssymbole – z. B. € für EUR – mit exportieren möchten. Wählen Sie die gewünschte Option gemäß Abbildung 18.16 aus, und bestätigen Sie sie mit dem Button **OK**. In der Regel werden Sie die Währungssymbole *nicht* exportieren wollen, da dies zur Folge hat, dass die entsprechende Spalte in Excel als Text formatiert wurde und in weiterer Folge nicht mehr für Berechnungen zur Verfügung steht. Eine Ausnahme würden Auswertungen in SAP bilden, bei denen mehr als Währungssymbol pro Spalte Verwendung findet. In diesem Fall ist ein späteres Formatieren in Excel als Währung natürlich fehlerbehaftet. Es müssten komplexere Excel-Funktionen verwendet werden, um die unterschiedlichen Währungen beizubehalten und die entsprechenden Spalten trotzdem als Rechenfelder verwenden zu können.

Abbildung 18.16: Hinweismeldung – Währungssymbole nach Microsoft Excel exportieren?

5. Die Daten werden nun nach Microsoft Excel exportiert (siehe Abbildung 18.14). Falls Sie in Microsoft Excel für Makros die Option **mit Benachrichtigung** eingestellt haben, bestätigen Sie, dass die Makros aktiviert werden sollen.

Neben dem Export nach Microsoft Excel haben Sie die Möglichkeit, tabellenartig angeordnete Daten als Text (TXT-Format), als Bild (JPEG-Format), als PDF-Dokument (siehe Abschnitt 5.3, »Wichtige Funktionen im Beleg«) und im XML-Format zu exportieren.

Die Vorgehensweise entspricht im Wesentlichen der beim Export nach Microsoft Excel: Öffnen Sie das Fenster, aus dem die Daten exportiert werden sollen. Wählen Sie dann allerdings keinen Button in der Button-Leiste, sondern im Menü am oberen Bildschirmrand **Datei • Exportieren** und dann das entsprechende Exportformat, z. B. **Text**, **Bild**, **XML** oder **PDF**. **Unformatierter Text** und **Microsoft XML** haben wir schon mithilfe des Excel-Buttons  erzeugt. Abbildung 18.17 zeigt den Export der offenen Kundenaufträge als PDF.

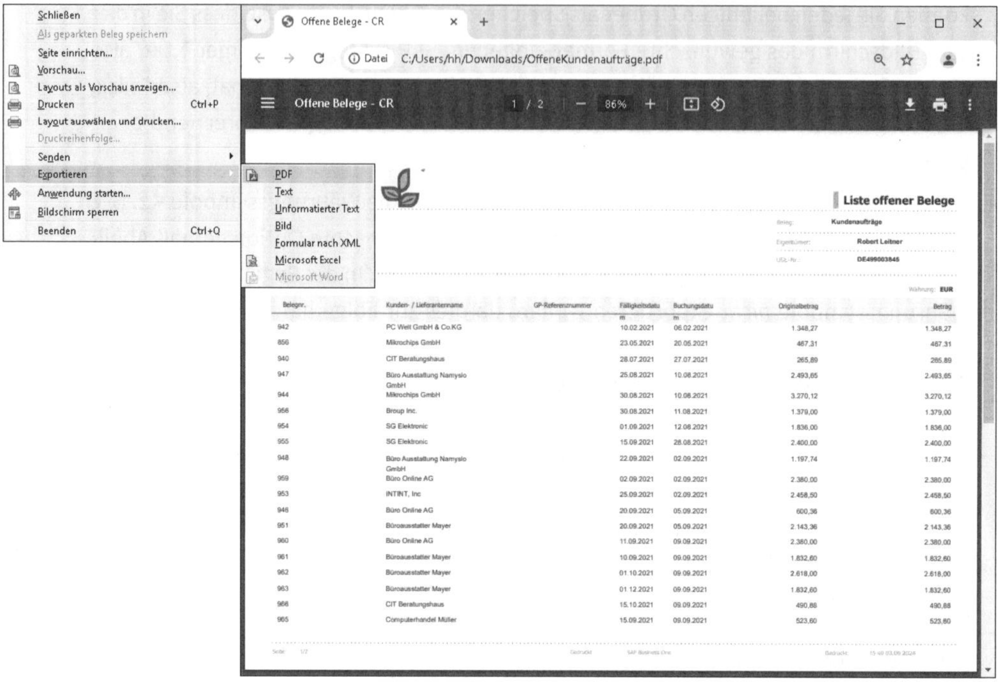

Abbildung 18.17: Offene Kundenaufträge als PDF-, Text- oder Bilddatei exportieren

Beim Export als PDF- und Bilddatei können Sie mit dem Button (**Layoutdesigner**) das Drucklayout für den Export festlegen.

18.5 Anpassungsmöglichkeiten

SAP Business One bietet für Sie als Benutzer einige Funktionen, damit Sie das Programm an Ihre Wünsche und Bedürfnisse anpassen können.

18.5.1 Benutzertastaturkürzel

Mit den *Benutzertastaturkürzeln* können Sie häufig genutzte Fenster und Funktionen den Funktionstasten F2 bis F10 Ihrer Tastatur zuweisen. Um Funktionstasten zu belegen, öffnen Sie das Fenster **Konfigurieren** und hier die Registerkarte **Zuordnung** über das Menü **Extras • Benutzertastaturkürzel • Konfigurieren** (siehe Abbildung 18.18).

Um Funktionstasten zu belegen, gehen Sie im Einzelnen folgendermaßen vor:

1. Wählen Sie im Feld **Tastenkomb.** eine Funktionstaste aus der Auswahlliste im linken oberen Bereich aus. Es stehen Ihnen die Funktionstasten F2 bis F12 zur Verfügung (F1 ist für die Hilfe reserviert).
2. Wählen Sie in der Spalte **Modul** das Modul, in dem sich das Fenster befindet.

3. Wählen Sie in der Spalte **Fenster** das Fenster, das Sie der Funktionstaste zuweisen möchten.
4. Klicken Sie auf den Button **Zuweisen**, um die Funktionstaste zu belegen. Das zugewiesene Fenster erscheint daraufhin im Feld **Aktuelles Fenster**. Im Beispiel in Abbildung 18.18 wird der Funktionstaste F2 das Fenster **Kundenauftrag** zugewiesen. Um eine Funktionstaste wieder von der Belegung zu lösen, wählen Sie sie aus und klicken auf den Button **Entfernen**.

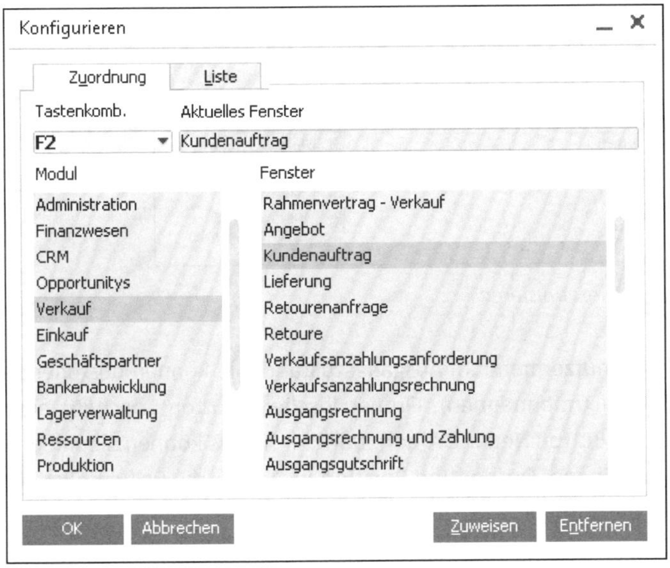

Abbildung 18.18: Benutzertastaturkürzel zuweisen

Eine Liste der belegten Funktionstasten samt den zugeordneten Fenstern finden Sie im Fenster **Konfigurieren** auf der Registerkarte **Liste** oder unter **Extras • Benutzertastaturkürzel • Tastaturkürzel**.

18.5.2 Benutzermenü

Neben einer individuellen Belegung der Funktionstasten haben Sie zudem die Möglichkeit, ein eigenes Benutzermenü zu gestalten.

> **Benutzermenü nicht im Cockpit möglich**
> Das von Ihnen organisierte Benutzermenü ist nur in der klassischen Ansicht von SAP Business One und nicht bei aktiviertem Cockpit sichtbar. Die Funktionen des Benutzermenüs werden im Cockpit vom Widget **Häufig genutzte Funktionen** abgedeckt. Die Konfiguration kann trotzdem auch bei aktiviertem Cockpit vorgenommen werden.

Bevor Sie Ihrem eigenen Benutzermenü Fenster oder Funktionen zuweisen, sollten Sie ein Benutzermenü anlegen. In SAP Business One nennt man dies auch »organisieren«. Dazu öffnen Sie das Fenster **Benutzermenü bearbeiten** unter **Extras • Benutzermenü • Organisieren...** (siehe Abbildung 18.19).

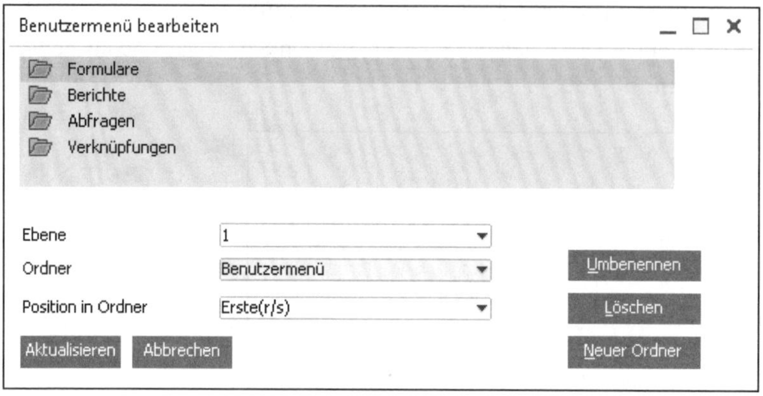

Abbildung 18.19: Benutzermenü organisieren

Abbildung 18.19 zeigt das Benutzermenü im Ausgangszustand. Sie können bestehende Ordner umbenennen (Button **Umbenennen**), Ordner löschen (Button **Löschen**) oder einen neuen Ordner anlegen (Button **Neuer Ordner**). Darüber hinaus können Sie mit den Feldern (und Auswahllisten) **Ebene**, **Ordner** und **Position in Ordner** die Reihenfolge der Ordner und die Hierarchie bestimmen.

Um dem Benutzermenü ein Fenster hinzuzufügen, öffnen Sie dieses Fenster und wählen den Befehl **Zu Benutzermenü hinzufügen** unter **Extras • Benutzermenü • Zu Benutzermenü hinzufügen**. Das Fenster **Zu Benutzermenü hinzufügen** wird anschließend geöffnet (siehe Abbildung 18.20).

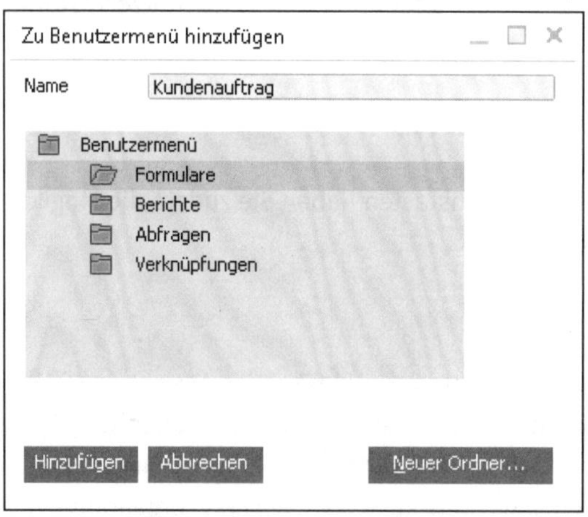

Abbildung 18.20: Fenster »Kundenauftrag« dem Benutzermenü hinzufügen

Wählen Sie nun den Ordner aus, in dem das Fenster gespeichert werden soll, und klicken Sie auf den Button **Hinzufügen**. Sie können das Benutzermenü auf der Registerkarte **Benutzermenü** im Hauptmenü aufrufen. Dort finden Sie die angelegte Ordnerstruktur samt den zugeordneten Fenstern wieder. Abbildung 18.21 zeigt ein Beispiel für eine mögliche Anordnung des Benutzermenüs eines Vertriebsmitarbeiters.

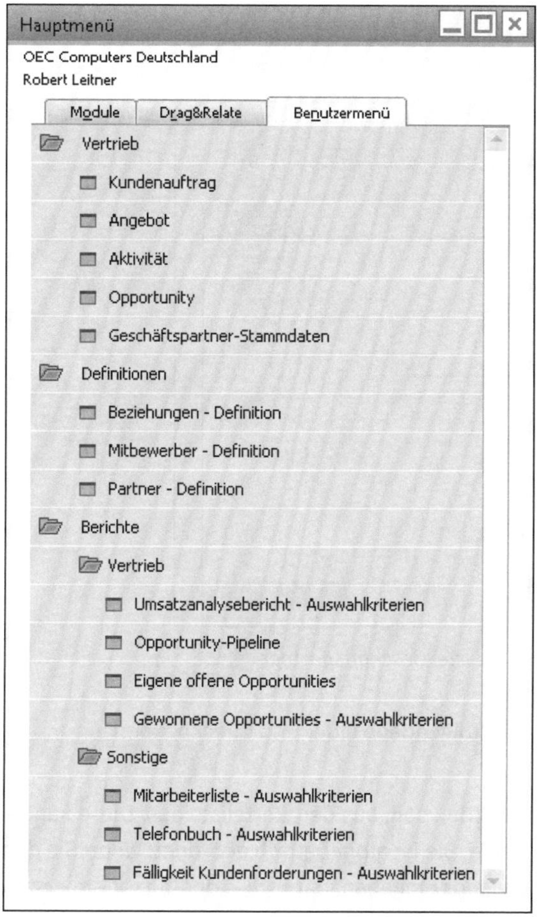

Abbildung 18.21: Beispiel für ein organisiertes Benutzermenü

Der Vorteil des organisierten Benutzermenüs liegt darin, dass Sie sich nicht an die Struktur des Hauptmenüs mit den einzelnen Modulen halten müssen.

18.5.3 Spalten in Auswahllisten anpassen

Wie bereits verdeutlicht, haben Sie bei nahezu jedem Fenster in SAP Business One die Möglichkeit, über den Button  (**Formulareinstellungen**) in der Symbolleiste alle Spalten eines Fensters Ihren Wünschen entsprechend zu arrangieren. Neben den üblichen Fenstern steht Ihnen diese Technik auch in den Auswahllisten zur Verfügung. Öffnen Sie

z. B. das Fenster **Bestellung** im Modul **Einkauf**, und drücken Sie im Feld **Kunde** die ⇥-Taste, um die Auswahlliste (Fenster **Liste: Geschäftspartner**) zu öffnen. Klicken Sie nun auf den Button (**Formulareinstellungen**), um die Spalten für die geöffnete Auswahlliste der Kunden anzupassen. Im nun geöffneten Fenster **Liste – Einstellungen** sehen Sie die im Moment eingeblendeten Spalten der Auswahlliste in Tabellenform (siehe Abbildung 18.22).

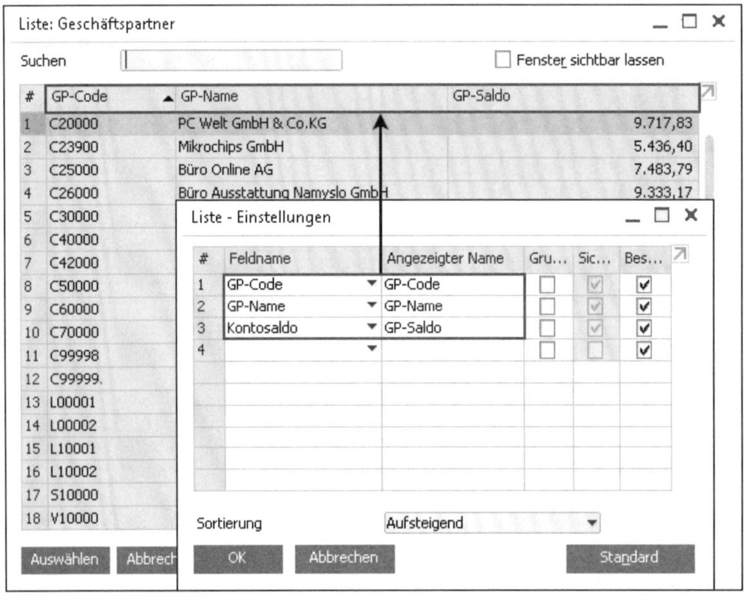

Abbildung 18.22: Formulareinstellungen für »Liste: Geschäftspartner«

Um die Spalten zu ändern, pflegen Sie die folgenden Felder und Checkboxen:

- **Spalte »Feldname«**
  Wählen Sie das Feld, das angezeigt werden soll, aus der Werteliste aus. Diese kann – wie in unserem Beispiel – sehr lang sein. Sie ist alphabetisch geordnet; wenn Sie den ersten Buchstaben des gewünschten Felds eingeben, dann wird der Cursor am ersten Element, das mit diesem Buchstaben beginnt, positioniert, und die Suche kann beschleunigt werden.
- **Spalte »Angezeigter Name«**
  Geben Sie den Spaltennamen ein, der in der Auswahlliste tatsächlich angezeigt werden soll.
- **Spalte »Gruppieren«**
  Aktivieren Sie diese Checkbox, um die angezeigten Einträge der Auswahlliste nach diesem Feld zu gruppieren.
- **Spalte »Sichtbar«**
  Markieren Sie diese Checkbox, wenn das Gruppierungskriterium auch sichtbar sein soll. Diese Checkbox ist immer aktiviert, wenn es sich um nicht gruppierte Felder handelt.

- **Spalte »Beschreibung anzeigen«**
  Markieren Sie diese Checkbox, um die Feldbeschreibung und nicht den Feldcode anzuzeigen.

> **Feld »Gruppencode«**
> Beim Feld **Gruppencode** würde ohne diese Beschreibung die interne Nummer der Lieferantengruppe und nicht der Name angezeigt.

[zB]

- **Feld »Sortierung«**
  Geben Sie hier an, ob die Einträge für dieses Feld aufsteigend oder absteigend angezeigt werden sollen.

Bestätigen Sie die Änderungen mit den Buttons **Aktualisieren** und **OK**. Klicken Sie auf den Button **Standard**, um die ursprüngliche Einstellung wieder aufzurufen. Um die Änderungen sichtbar zu machen, schließen Sie die Auswahlliste und öffnen sie erneut.

Im Folgenden sehen Sie zwei Beispiele dafür, wie die bereits beschriebene Auswahlliste **Geschäftspartner** (Fenster **Liste: Geschäftspartner** im Fenster **Geschäftspartner-Stammdaten**) dargestellt werden kann.

- **Anzeige der Geschäftspartner plus Gruppencode**
  Wählen Sie im Fenster **Liste – Einstellungen** in der vierten Zeile den Eintrag **Gruppencode** aus der Auswahlliste (siehe Abbildung 18.23) aus.

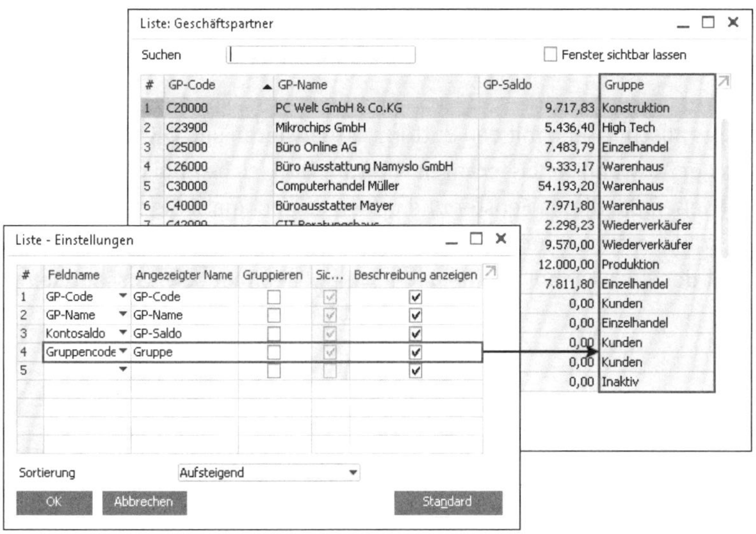

Abbildung 18.23: Auswahlliste »Geschäftspartner« mit Gruppencode

Bestätigen Sie dies abschließend mit den Buttons **Aktualisieren** und **OK**. Damit die geänderte Anzeige in der Auswahlliste **Geschäftspartner** wirksam wird, schließen Sie dieses Fenster und öffnen es nochmals.

- **Anzeige der Geschäftspartner, gruppiert nach Gruppencode**
  Wählen Sie im Fenster **Liste – Einstellungen** in der vierten Zeile den Eintrag **Gruppencode** aus der Auswahlliste aus, und markieren Sie die Checkboxen **Gruppieren** und **Sichtbar** (siehe Abbildung 18.24, unteres Fenster).

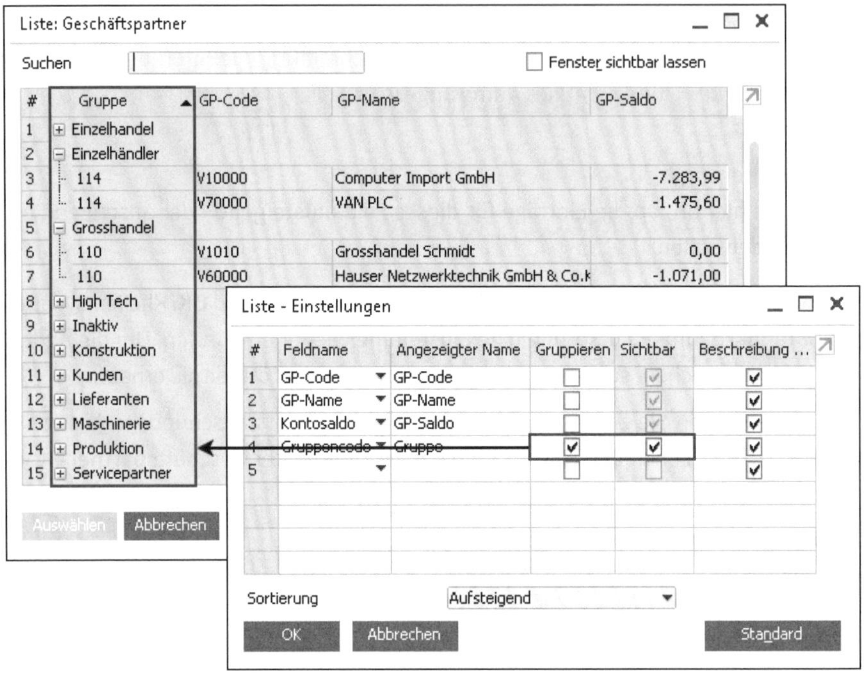

Abbildung 18.24: Auswahlliste »Lieferanten«, gruppiert nach Lieferantengruppe

Bestätigen Sie dies abschließend mit den Buttons **Aktualisieren** und **OK**. Damit die geänderte Anzeige in der Auswahlliste **Lieferanten** wirksam wird (siehe Abbildung 18.24, oberes Fenster), schließen Sie dieses Fenster und öffnen es nochmals. Sie sehen, dass sich die Darstellung stark verändert hat und nun zunächst die Gruppen dargestellt werden. Diese können mit dem ⊞-Symbol und dem ⊟-Symbol geöffnet bzw. geschlossen werden.

18.5.4 Eigene Benutzereinstellungen

Mit Release 9.3 von SAP Business One wurde eine neue Funktion eingeführt, die persönliche Einstellungen und Personalisierungsoptionen für Benutzer ermöglicht. Die **Allgemeinen Einstellungen** wurden zwar beibehalten, sind nun aber in einigen Bereichen nur noch Vorschläge für individuelle Benutzereinstellungen. Bei einer Änderung der **Allgemeinen Einstellungen** auf den Registerkarten **Anzeige** und **Schriftart u. Hintergrund** unter **Administration • Systeminitialisierung** ist es nun möglich, die Anpassungen entweder nur auf neue oder auf alle Benutzer einer Firma anzuwenden – sie können dann aber wieder durch die Benutzereinstellungen übersteuert werden.

Benutzer können die Personalisierung ihrer Benutzeroberfläche selbstständig durchführen. Die Standardeinstellungen werden durch die eigene Benutzereinstellung überschrieben. Wechseln Sie im Fenster **Benutzer – Definition** auf die Registerkarte **Anzeigen** unter **Administration • Definition • Allgemein • Benutzer**, um die Funktionen anzuzeigen. Sie können das Fenster auch direkt über den Button öffnen.

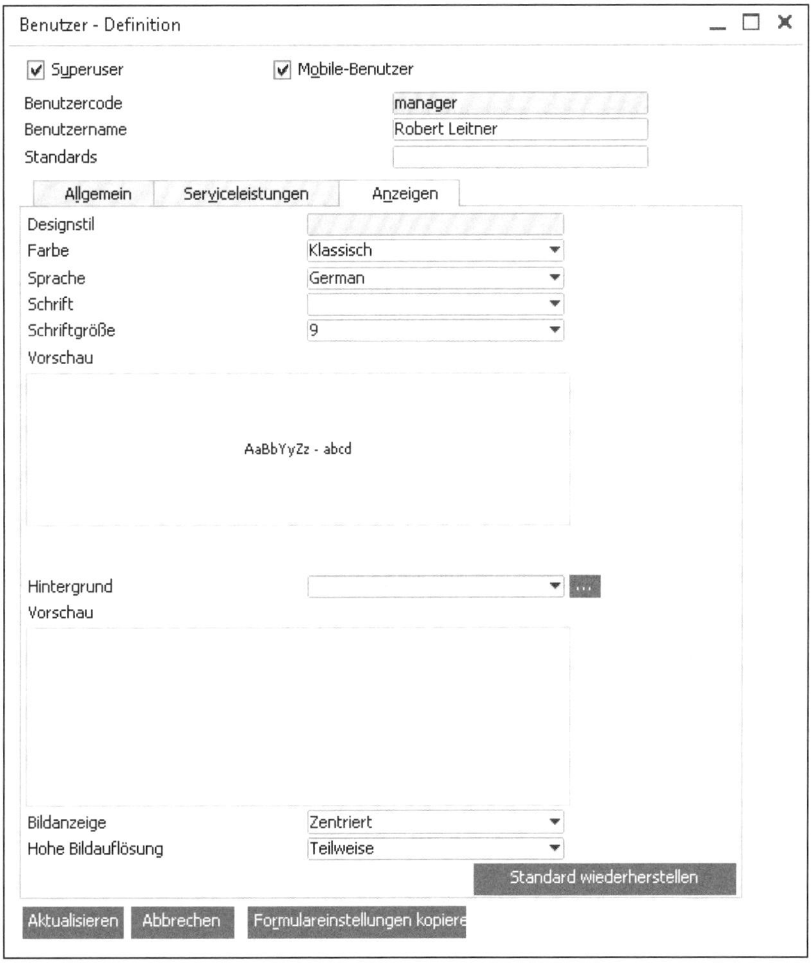

Abbildung 18.25: Benutzereinstellungen

Wie in Abbildung 18.25 dargestellt, können Sie mithilfe dieser Registerkarte Designstil, Farbe, Sprache, Schriftart und Schriftgröße für das Anzeigen von Texten sowie das Hintergrundbild einstellen. Jeder Benutzer kann sich so sein eigenes Layout gestalten und es an seine individuellen Bedürfnisse anpassen. Diese Funktion ist vor allem nützlich, wenn Sie z. B. Mitarbeiter mit unterschiedlichen Sprachen beschäftigen, da die Sprache nun individuell anpassbar ist und nicht vom Administrator zugewiesen werden muss, oder wenn unterschiedliche Bildschirme mit verschiedenen Auflösungen eingesetzt werden.

Besonders nützlich ist der Button **Formulareinstellungen kopieren**. Wie Sie unter anderem in Abschnitt 18.5.3, »Spalten in Auswahllisten anpassen«, gesehen haben, können die Spalten der tabellarischen Darstellungen benutzerspezifisch angepasst werden. Das gilt nicht nur für den beispielhaft dargestellten Geschäftspartner-Matchcode, sondern für alle Tabellen, z. B. die Stückliste oder den Artikelbereich von Belegen. Es ist also naheliegend, dass mit der gewählten Darstellung die für den jeweiligen Geschäftsprozess wichtigsten Informationen übersichtlich dargestellt werden. Wird dieser Prozess von mehreren Teammitgliedern parallel durchgeführt, dann können die Formulareinstellungen bequem von einem Benutzer auf den anderen übertragen werden.

18.6 Änderungsprotokoll

Mit dem Änderungsprotokoll ist die Nachverfolgung von Daten und ihrer Historie in SAP Business One gewährleistet. Gerade in einem System, in dem mehrere Benutzer mit denselben Daten arbeiten, ist es für die Kontrolle und Nachverfolgung bei eventuell auftretenden Schwierigkeiten ein wichtiges Hilfsmittel, die Änderungen z. B. an Stammdaten oder Transaktionen nachvollziehen zu können. Darüber hinaus gewinnt dieses Thema in Zeiten immer höherer Ansprüche an Compliance stetig größere Bedeutung. Öffnen Sie das Fenster, für das Sie das Änderungsprotokoll einsehen möchten. Öffnen Sie zusätzlich das Fenster **Änderungsprotokoll** (siehe Abbildung 18.26) über das Menü **Extras**.

Im Fenster **Änderungsprotokoll** sehen Sie alle Änderungen des zuvor geöffneten Fensters. Abbildung 18.26 zeigt das Änderungsprotokoll eines Geschäftspartners. Jeder Eintrag steht für eine oder mehrere Änderungen zu einem bestimmten Zeitpunkt. Der erste Eintrag zeigt den Geschäftspartner direkt nach dem Anlegen. Pro Änderung werden Aktualisierungsdatum und Benutzer protokolliert. Klicken Sie doppelt auf die Zeilennummer (Spalte **#**, nicht auf die Spalte **Instanz**), um den Datensatz im Zustand vor dieser Änderung anzuzeigen.

Er dient nur als Abbild des historischen Bestands und kann nicht bearbeitet werden.

[zB]

Fenster »Änderungsprotokoll«

Sie öffnen die Instanz 29 vom 08.09.2021 im Fenster **Änderungsprotokoll** in Abbildung 18.26 und erhalten das Fenster **Geschäftspartner** in dem Zustand, den es zu diesem Zeitpunkt hatte.

Darüber hinaus können Sie hintereinander angeordnete Änderungen miteinander vergleichen. In Abbildung 18.26 wird die drittletzte mit der letzten Version des Geschäftspartners verglichen. Dazu markieren Sie den drittletzten Eintrag und klicken auf den Button **Differenzen anzeigen**. Es öffnet sich das Fenster **Differenzen**, wie in Abbildung 18.26 zu sehen ist. Im Fenster **Differenzen** sehen Sie die Spalten **Geändertes Feld**, **Vorheriger Wert, Neuer Wert und Aktualisiert von**. Beachten Sie, dass die Darstellung im letzten

Block immer eine summarische Darstellung *aller* Änderungen von der Ausgangsversion ist. So enthält die Auflistung der Änderungen, die in Abbildung 18.26 zur Version 36 geführt haben, auch die Änderungen der Version 35. Die Anzeige der Differenzen zu einer sehr frühen Version kann dementsprechend zu einer sehr umfangreichen Auswertung führen.

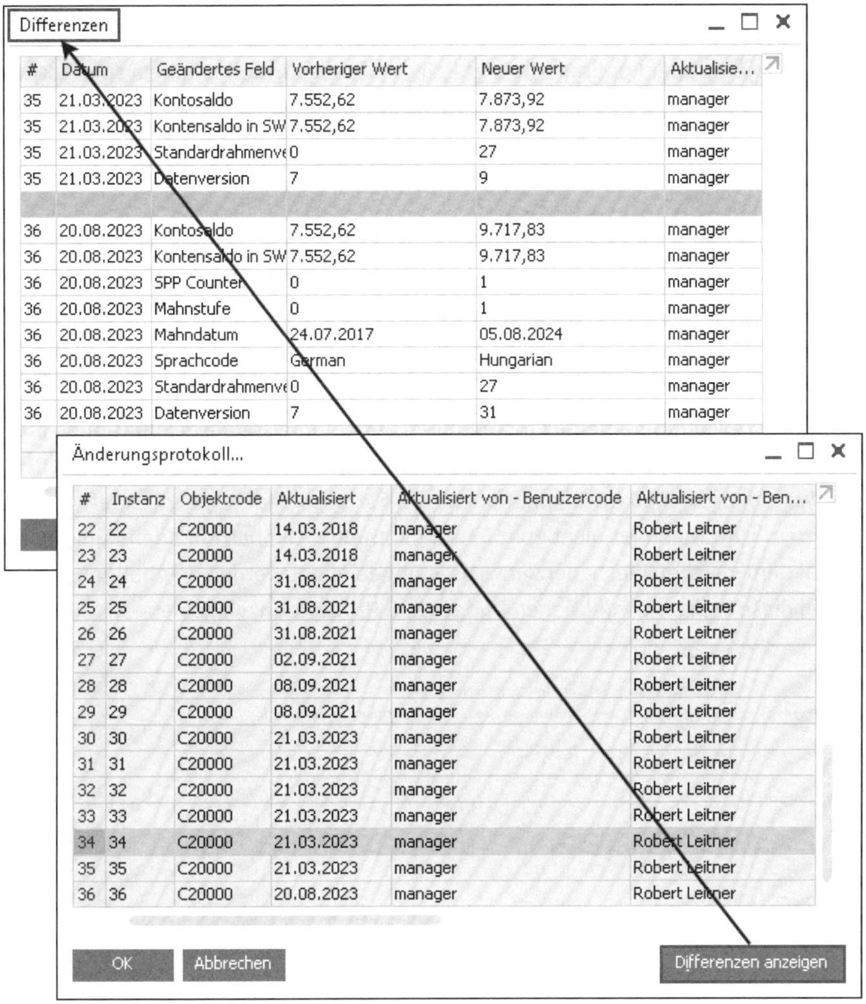

Abbildung 18.26: Änderungsprotokoll und Differenzen zwischen den einzelnen Änderungen

Anzahl Protokolleinträge

Im Programmteil **Administration • Systeminitialisierung • Allgemeine Einstellungen** im Registerblatt **Dienste** findet sich das Feld **Historie/Protokoll.** Darin kann die Zahl der zu protokollierenden Versionen definiert werden. Zumindest in der aktuellen Version 10.0 hat dies keinen Einfluss auf die Zahl der gespeicherten Versionen.

Weder werden – entgegen dem Hinweis – Protokolleinträge gelöscht, noch wird die Protokollierung nach Erreichen der Höchstzahl aus- oder zurückgesetzt. Bei hohen Compliance-Bedürfnissen empfiehlt es sich, diese Einstellung in der jeweils aktuellen Version zu überprüfen und zu testen.

Das Änderungsprotokoll steht nicht für alle Datenobjekte zur Verfügung, SAP erweitert die Liste der Objekte aber kontinuierlich. Ist kein Änderungsprotokoll für ein spezifisches Datenobjekt vorhanden, ist der Menüpunkt **Änderungsprotokoll** ausgegraut.

18.7 Funktionen ausblenden

SAP Business One bietet die Möglichkeit, bestimmte nicht benötigte Funktionen komplett auszublenden und so die angezeigten Felder, Registerkarten und Fenster deutlich zu reduzieren. Dies trägt wiederum zu einer besseren Übersicht und zu einer vereinfachten Bedienung für den Benutzer bei.

Gehen Sie zum Fenster **Allgemeine Einstellungen** auf der Registerkarte **Funktionen ausblenden** unter **Administration • Systeminitialisierung**, um Funktionen auszublenden. Markieren Sie die Checkbox der Funktionen, die Sie ausblenden möchten, etwa, weil diese in Ihrem Unternehmen nicht zum Einsatz kommen. Die betreffenden Funktionen können auf dem gleichen Weg jederzeit wieder eingeblendet werden. In Abbildung 18.27 werden auf diese Weise die Funktionen **Budget** und **Produktion** ausgeblendet.

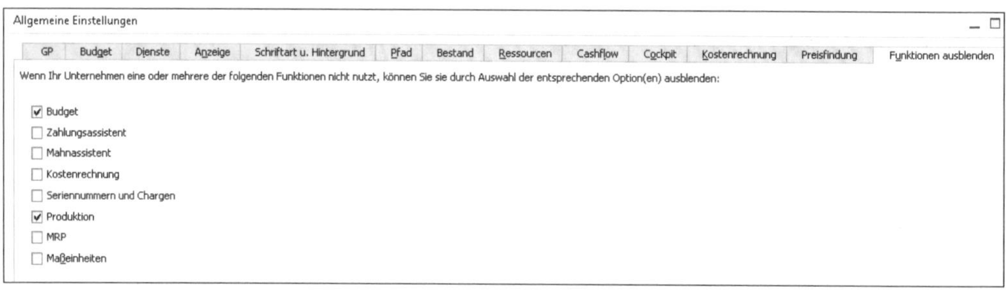

Abbildung 18.27: Fenster »Allgemeine Einstellungen« – Funktionen ausblenden

Alle Felder, Registerkarten und Fenster, die mit diesen Funktionen in Zusammenhang stehen, werden daraufhin mandantenweit nicht mehr angezeigt. Nachdem Sie die gewünschten Funktionen markiert haben, bestätigen Sie mit dem Button **Aktualisieren**.

18.8 Konfigurierbares User Interface

Das *konfigurierbare User Interface* (= UI) stellt ein besonderes Highlight bei den Anpassungsmöglichkeiten für den Benutzer dar. Mit dieser Funktion bietet SAP Business One die Möglichkeit, die Anordnung und die Eigenschaften der Felder in den Fenstern entsprechend den Wünschen des Benutzers frei zu gestalten. Weil es sich dabei um eine sehr mächtige Funktion handelt, sind straffe Regeln bei ihrer Anwendung erforderlich. Die Funktion sollte auch nur durch oder mit Unterstützung eines Key-Users eingesetzt werden.

Als Beispiel für die Anpassungsmöglichkeiten von SAP-Business-One-Fenstern sehen Sie in Abbildung 18.28 das Fenster **Geschäftspartner-Stammdaten** mit dem Kunden »C30000 – Computerhandel Müller« mit der standardmäßigen Anordnung der Felder.

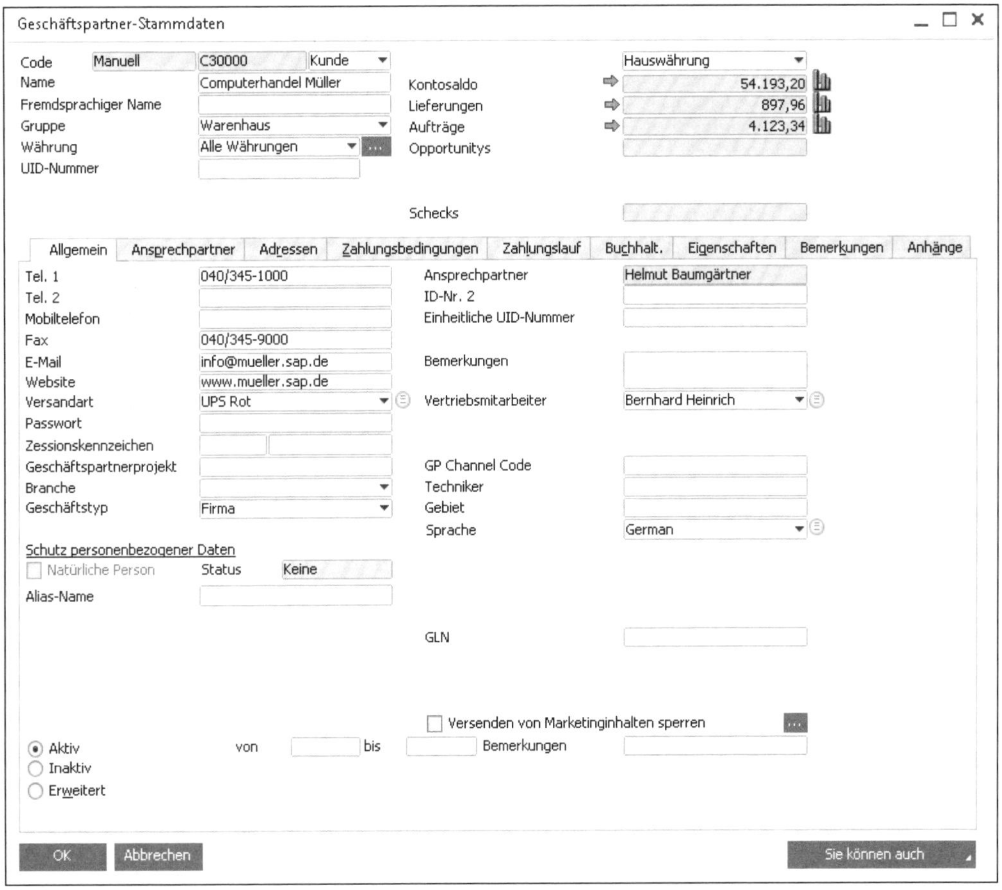

Abbildung 18.28: Fenster »Geschäftspartner-Stammdaten« – vor der Anpassung

Klicken Sie nun im Menü **Extras** auf den Menüeintrag **Formular-UI bearbeiten...**, um das derzeit aktive und in Abbildung 18.28 gezeigte Fenster anzupassen. Nach einem Klick auf den Eintrag **Formular-UI bearbeiten...** wechselt das Fenster in den UI-Bearbeitungsmodus. Den Bearbeitungsmodus erkennen Sie an der schwarzen Leiste am oberen Rand des Fensters (siehe Abbildung 18.29).

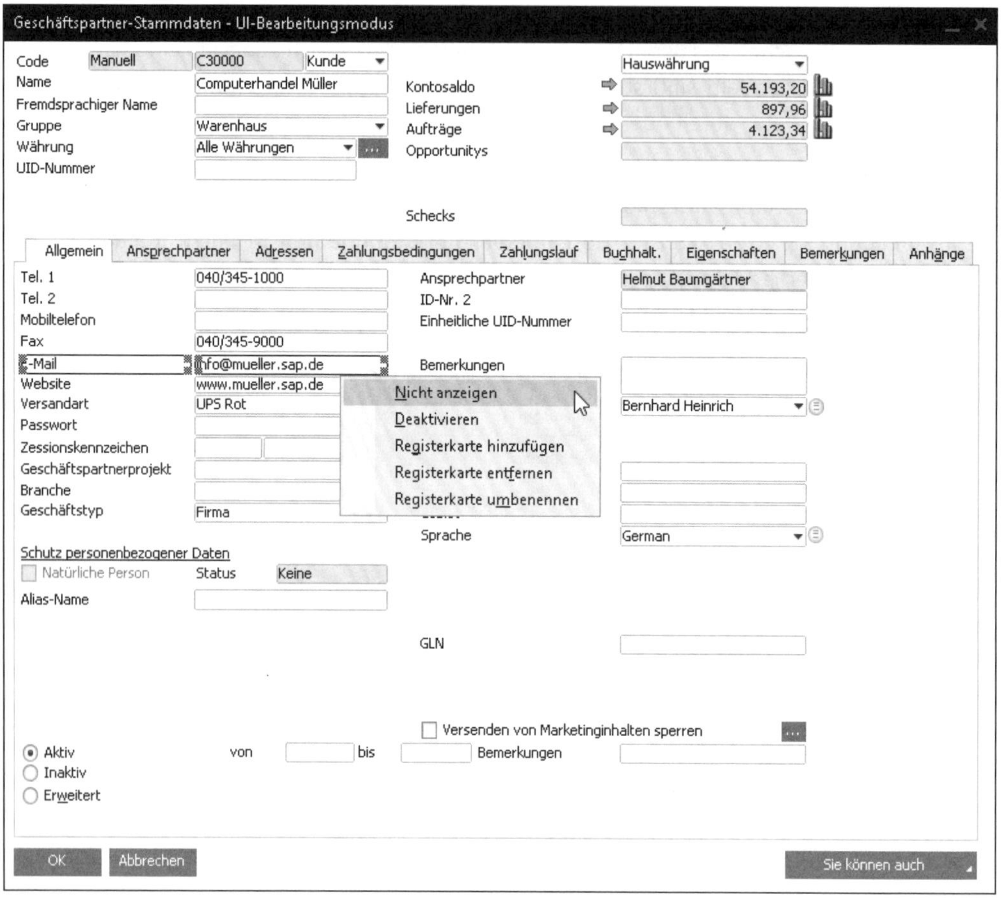

Abbildung 18.29: Fenster »Geschäftspartner-Stammdaten« im UI-Bearbeitungsmodus

Bevor Sie ein Fenster auf diese Weise verändern, sollten Sie eine Grundsatzfrage klären: Soll die Änderung nur für den aktuellen Benutzer gelten, oder sollen mehrere Benutzer oder eine Benutzergruppe davon profitieren? In der Regel trifft die zweite Option zu. Starten Sie also nicht gleich mit der Anpassung des User Interfaces, sondern machen Sie zunächst einen vorbereitenden Schritt. Wählen Sie dazu den Programmpunkt **Administration • Dienstprogramme • UI-Konfigurationsvorlagen** aus.

Das Fenster wie in Abbildung 18.30 öffnet sich im Hinzufügemodus. Gehen Sie nun wie folgt vor:

Vergeben Sie einen möglichst sprechenden Namen für die Vorlage im Feld **Name**, und ergänzen Sie ihn mit einer entsprechenden **Beschreibung** ❶. Da sich das Programm im Hinzufügemodus befindet und Sie gerade einen neuen Datensatz anlegen, muss dieser zunächst mit dem Button **Hinzufügen** gespeichert werden.

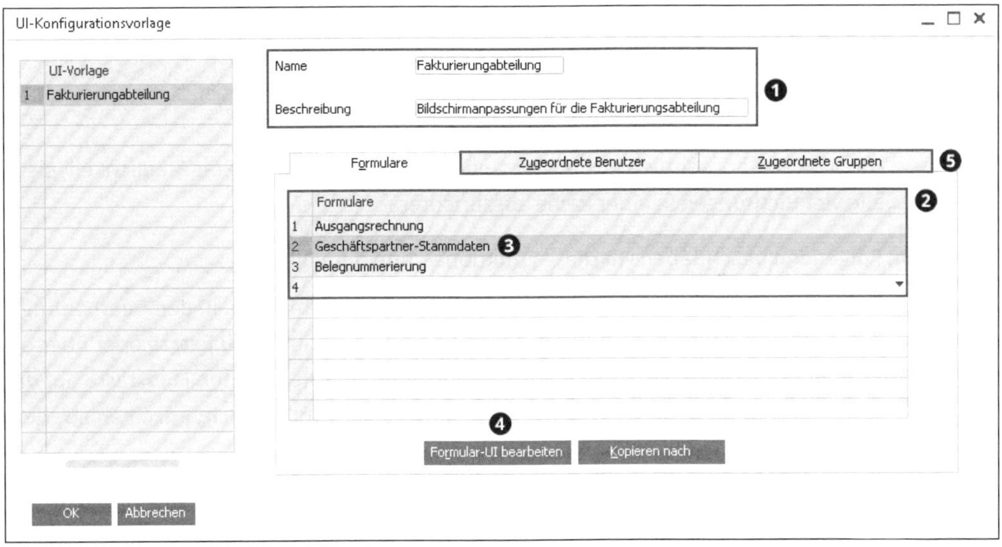

Abbildung 18.30: Anlage und Bearbeitung einer UI-Konfigurationsvorlage

Fügen Sie jetzt in Schritt ❷ alle Formulare (= Bildschirme) hinzu, die Sie für die entsprechenden User oder Usergruppen vorgesehen haben. Die Liste kann zu einem späteren Zeitpunkt ergänzt werden.

In Schritt ❸ klicken Sie nun das Formular an, das Sie bearbeiten wollen.

Die Bearbeitung starten Sie durch Klick auf den Button **Formular-UI bearbeiten** ❹.

Im ❺ und letzten Schritt, nachdem das Formular fertig bearbeitet und gespeichert wurde, wählen Sie die Benutzer oder Benutzergruppen aus, für die das bearbeitete Formular Gültigkeit haben soll. Öffnen Sie dazu die Registerblätter **Zugeordnete Benutzer** oder **Zugeordnete Benutzergruppen**.

Unabhängig davon, ob Sie den Bearbeitungsmodus über den Programmteil **Administration** oder den Menüpunkt **Extras** gestartet haben, können die im jeweiligen Fenster enthaltenen Felder nun auf die folgende Weise angepasst werden:

- **Feld ausblenden**
  Das Feld wird nicht mehr im Fenster angezeigt. Damit lassen sich Felder, die der Benutzer nicht benötigt, komplett ausblenden. Durch Nachrücken von darunterliegenden Feldern lassen sich kompaktere, übersichtlichere Bildschirme erzeugen.
- **Feld deaktivieren**
  Das Feld wird grau hinterlegt angezeigt und kann vom Benutzer nicht mehr verändert werden. Es steht aber zu Informationszwecken weiterhin zur Verfügung.

- **Feld innerhalb des Fensters verschieben**
  Das Feld lässt sich an einer beliebigen Stelle positionieren, sodass die Feldanzeige an die Bedürfnisse des Benutzers angepasst werden kann.
- **Mehrere Felder ausrichten**
  Um die Felder ordentlich im Fenster zu positionieren, haben Sie die Möglichkeit, sie in alle vier Richtungen in einer Reihe auszurichten.

Im Folgenden beschrieben wir diese Funktionen nun detailliert.

Um ein Feld auszublenden, wechseln Sie, wie bereits beschrieben, in den Bearbeitungsmodus (über den Menüeintrag **Formular-UI bearbeiten...** im Menü **Extras** oder über die **UI-Konfigurationsvorlage**). Klicken Sie anschließend mit der rechten Maustaste auf das Feld, das ausgeblendet werden soll, und wählen Sie den Eintrag **Nicht anzeigen** aus dem Kontextmenü. Das Feld wird daraufhin nicht mehr angezeigt.

In Abbildung 18.29 wird das Kontextmenü beim Feld **E-Mail** aufgerufen und bezüglich dieses Feldes der Eintrag **Nicht anzeigen** gewählt. Sollte die Änderung gespeichert werden, wird das Feld **E-Mail** nicht mehr eingeblendet. Diese Funktion eignet sich sehr gut dafür, etwaige Felder, die (derzeit) nicht benötigt werden, auszublenden.

Um ein Feld zu deaktivieren, klicken Sie im UI-Bearbeitungsmodus mit der rechten Maustaste auf das Feld, das ausgeblendet werden soll, und wählen den zweiten Eintrag, **Deaktivieren,** aus dem Kontextmenü. Das Feld wird anschließend grau hinterlegt angezeigt und kann vom Benutzer nicht mehr verändert werden.

Um ein Feld zu verschieben, klicken Sie mit der linken Maustaste auf dieses Feld, bis die kleinen grauen quadratischen Anfasspunkte in den Ecken des Feldes sichtbar werden. Dabei werden das Feld selbst und gleichzeitig die Feldbeschreibung markiert. Fassen Sie nun eines der Felder mit der linken Maustaste an, ziehen Sie das Feld an die gewünschte Position, und lassen Sie es dort fallen (Drag and Drop, siehe Abbildung 18.31).

Alternativ können Sie die Felder auch verschieben, indem Sie die grauen Anfasser anklicken. Das ist aber nicht notwendig und ist eher unkomfortabel. Das Programm springt in dieser Situation gerne in einen Modus, in dem die Feldlängen oder Feldhöhen verändert werden. Sie erkennen diesen Modus daran, dass das Cursor-Symbol sich in einen waagerechten oder senkrechten zweispitzigen Pfeil verwandelt.

Alle Änderungen können Sie auch für mehrere Felder gleichzeitig vornehmen, indem Sie jedes einzelne Feld markieren, die `Strg`-Taste gedrückt halten und die weiteren gewünschten Felder nacheinander mit der linken Maustaste anklicken und so ebenfalls markieren.

Alternativ dazu klicken Sie mit der linken Maustaste auf eine den zu markierenden Feldern nahe gelegene leere Stelle und ziehen einen Rahmen um diese Felder. Die Felder werden daraufhin markiert.

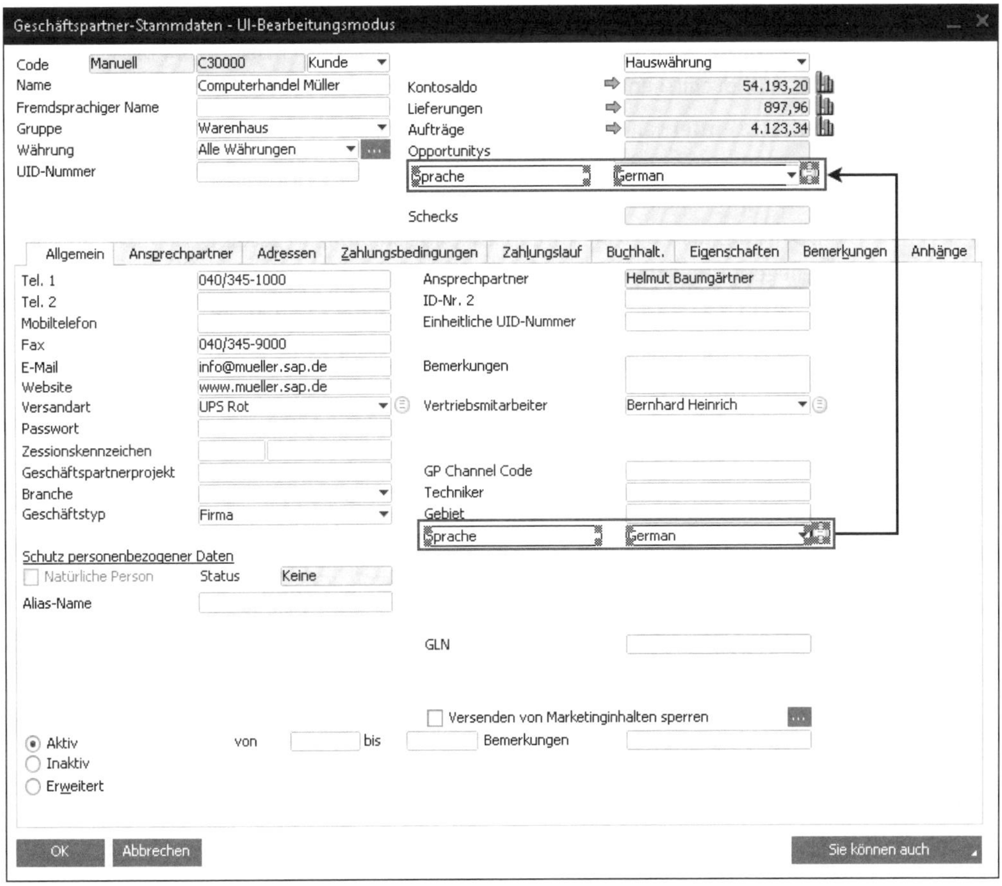

Abbildung 18.31: Fenster »Geschäftspartner-Stammdaten« mit verschobenem Feld »Sprache«

Nachdem Sie alle gewünschten Anpassungen vorgenommen haben, klicken Sie abschließend mit der rechten Maustaste auf eine freie Stelle im gerade bearbeiteten Fenster. Im nun geöffneten Kontextmenü haben Sie folgende Möglichkeiten:

- **Speichern**
  Wählen Sie diesen Eintrag, um alle vorgenommenen Änderungen in dem Fenster zu speichern. Das Fenster bleibt im UI-Bearbeitungsmodus.
- **UI-Bearbeitungsmodus verlassen**
  Wählen Sie diesen Eintrag, um den UI-Bearbeitungsmodus zu beenden. SAP Business One fragt Sie daraufhin, ob Sie die Änderungen speichern möchten.
- **Standard wiederherstellen**
  Wählen Sie diesen Eintrag, um alle Änderungen wieder rückgängig zu machen und den Ausgangszustand des Fensters wiederherzustellen.

- **Registerkarte hinzufügen**
  Wählen Sie diesen Eintrag, um eine neue Registerkarte hinzuzufügen. Diese Funktion kann nur in Bildschirmen verwendet werden, die bereits über Registerkarten verfügen.
- **Registerkarte entfernen**
  Mit dieser Funktion können Sie Registerkarten entfernen, die Sie zuvor selbst angelegt haben. Sie können keine vom Programm zur Verfügung gestellten Registerkarten entfernen. Beim Versuch wird eine entsprechende Meldung angezeigt. Grundsätzlich wäre es naheliegend, Registerkarten, die für bestimmte Benutzergruppen irrelevant sind, auszublenden. Das ist aber nicht möglich. Alternativ können Sie alle Felder der entsprechenden Registerkarte deaktivieren oder ausblenden.
- **Registerkarte umbenennen**
  Mit dieser Funktion können Sie die Bezeichnungen von bestehenden Registerkarten verändern.

In Abbildung 18.32 sehen Sie die zuvor vorgenommenen Änderungen: Das Feld **E-Mail** wurde ausgeblendet ❶, das Feld **Sprache** ❷ wurde verschoben, und anhand der grauen Hinterlegung sehen Sie, dass das Feld **Versandart** ❸ deaktiviert wurde.

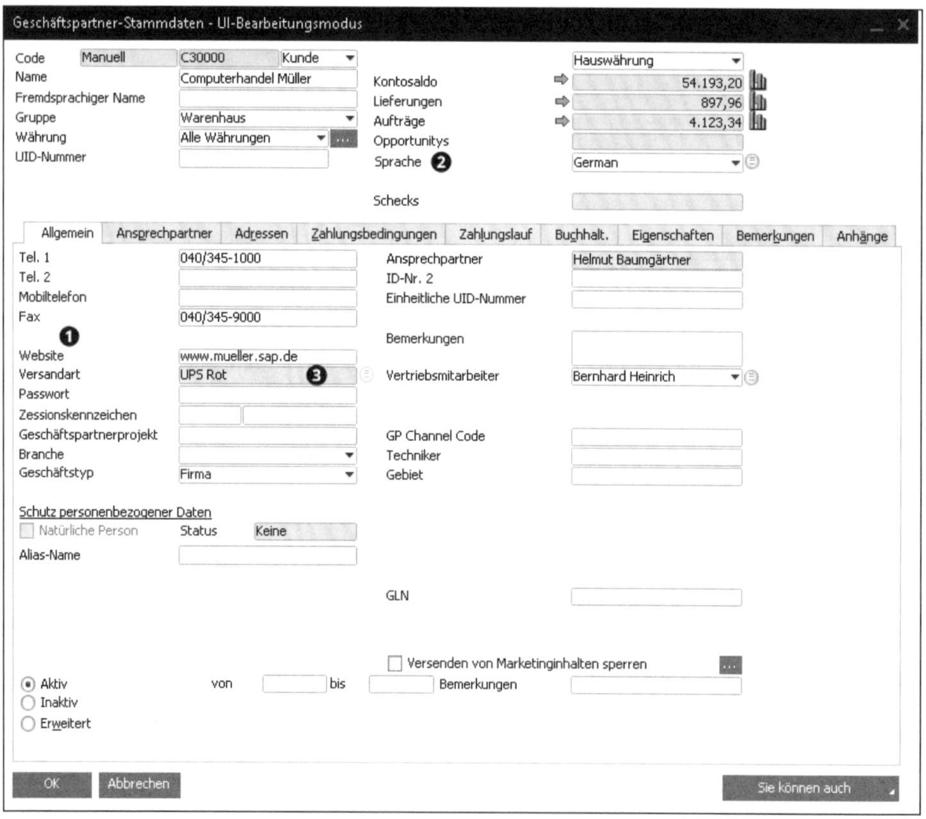

Abbildung 18.32: Fenster »Geschäftspartner-Stammdaten« mit Änderungen in der Benutzeroberfläche

Um die gespeicherten Änderungen wieder rückgängig zu machen, wechseln Sie erneut in den UI-Bearbeitungsmodus und klicken mit der rechten Maustaste auf eine freie Stelle im bearbeiteten Fenster. Im nun geöffneten Kontextmenü wählen Sie den Eintrag **Standard wiederherstellen** und bestätigen die folgende Sicherheitsfrage mit dem Button **Ja**. Anschließend können Sie den UI-Bearbeitungsmodus wieder verlassen.

[+]

Verschobene Felder anordnen

Der UI-Editor ist zwar ein nützliches Instrument, das die Produktivität der Anwender erhöht. Er ist aber nicht besonders komfortabel. So ist es in einigen Versionen nicht möglich oder schwierig, die beiden Elemente *Feldbezeichnung* und *Feldinhalt* getrennt voneinander zu verschieben. Das kann aber wünschenswert sein, um beim Verschieben oder Anordnen von Feldern unter bestehende Textblöcke ein einheitliches Bild zu erreichen. Abbildung 18.31 liefert dafür ein Beispiel: die Feldbezeichnung **Sprache** soll unter der Feldbezeichnung **Opportunitys** linksbündig angeordnet werden, was ohne Weiteres möglich ist. Der Feldinhalt der Sprache steht nun aber zu weit links, da der Abstand zwischen Feldbezeichnung und Feldinhalt an der ursprünglichen Position kleiner war als der zwischen Feldbezeichnung und Feldinhalt der Opportunity. Ein kleiner Trick schafft Abhilfe: Verbreitern Sie den Feldinhalt der Sprache so weit nach rechts, dass das Feld nun rechtsbündig unter den darüber liegenden Feldern *endet*. Verschmälern Sie nun das gleiche Feld so weit von links, dass es auch linksbündig unter den darüber liegenden Feldern *beginnt*. Um die Breite oder Höhe von Feldern zu verändern, positionieren Sie den Cursor zwischen den Anfassern am Rahmen des Feldes, bis sich der Cursor in einen zweispitzigen Pfeil wandelt. Mit gedrückter linker Maustaste können Sie nun die Feldgröße verändern.

Um mehrere Felder an einer Linie auszurichten, markieren Sie die auszurichtenden Felder (wie eben erläutert, entweder mithilfe der `Strg`-Taste oder indem Sie einen Rahmen um die Felder ziehen). Klicken Sie anschließend mit der rechten Maustaste auf eines der markierten Felder, und wählen Sie aus dem Kontextmenü zunächst den Eintrag **Ausrichten** und anschließend die gewünschte Richtung, in die ausgerichtet werden soll: **Links**, **Rechts**, **Oben**, **Unten**).

[+]

Benutzerdefinierte Felder verschieben

Die Möglichkeiten zur Anpassung der Fenster in SAP Business One sind derart ausgeprägt, dass sogar benutzerdefinierte Felder aus dem angehängten Zusatzfenster in das Hauptfenster verschoben werden können. Dadurch erhöht sich der Nutzen benutzerdefinierter Felder stark, da sie wie ein Standardfeld in das Hauptfenster integriert werden können. Darüber hinaus können Sie auch eine neue Registerkarte erstellen und hier neue Felder einfügen. Klicken Sie dazu mit der rechten Maustaste in das Fenster, und wählen Sie aus dem Kontextmenü **Registerkarte hinzufügen**. Das

> Hauptfenster kann dadurch fast beliebig mit Feldern erweitert werden, und Sie müssen kein Zusatzfenster öffnen. Bedenken Sie aber immer, dass ein starkes Umgruppieren von Standardfeldern unter Umständen nach einem Update nachgezogen werden muss, da ja SAP in neuen Versionen das Layout der Fenster überarbeiten bzw. neue Felder einfügen kann.
>
> Die Verwaltung und der Einsatz benutzerdefinierter Felder stellen ein weiterführendes Thema dar, für das Sie einen Consultant zurate ziehen sollten.

Zum Schluss beachten Sie noch, dass Sie den Bearbeitungsmodus von Fenstern auch zwischen *Suchmodus* und *Hinzufügemodus* unterscheiden können und auch müssen. Öffnen Sie über die UI-Konfigurationsvorlagen ein *Stammdatenfenster* (z. B. den Geschäftspartnerstamm), so wird es im Suchmodus geöffnet. Öffnen Sie eine *Transaktion* (z. B. die Ausgangsrechnung), wird das Fenster im Hinzufügemodus geöffnet. Oft verfügt der Hinzufügemodus über mehr Felder als der Suchmodus, er bietet daher auch mehr Möglichkeiten für die Bearbeitung. Stellen Sie daher sicher, dass sich das Programm in dem für Ihre Absichten richtigen Modus befindet.

18.9 Microsoft-Excel-Import nach SAP Business One

Externe Daten können ab Release 9.3 aus Microsoft Excel importiert werden. Mit der Funktion **Aus Excel importieren** können Sie Geschäftspartner, Artikel, Preislisten, Geschäftspartnerkatalognummern und Journalbuchungen in SAP Business One importieren oder bestehende Daten aktualisieren (siehe Abbildung 18.33).

Diese Funktion stellt eine Ergänzung der schon existierenden *Data Transfer Workbench* (DTW) dar. Die Abgrenzung liegt in der Funktionalität (die DTW bietet deutlich mehr Datenobjekte) und in der Einfachheit (der Excel-Import ist deutlich einfacher). Die Funktion **Aus Excel importieren** finden Sie unter **Administration • Datenimport/-export • Datenimport**.

Im Fenster **Aus Excel importieren** können Sie aus den Dropdown-Listen der Zeilen A, B, C, D etc. das jeweilige Feld des gewählten Datenobjekts auswählen, etwa GP-Name, E-Mail, Telefon etc. Sie müssen die Spalten im Fenster **Aus Excel importieren** so anordnen, dass sie der ursprünglichen Microsoft-Excel-Liste entsprechen. Die Reihenfolge der Spalten bleibt bis zum nächsten Import bestehen und kann mit dem Button **Als Vorlage speichern** als Datenimportvorlage gespeichert werden. Mit dem Button **Zuordnung löschen** leeren Sie diese Vorlage. Wichtig ist, dass die zu importierende Excel-Datei als Textdatei mit Tabstopp getrennt gespeichert wird, da SAP Business One dieses Dateiformat zum Importieren benötigt.

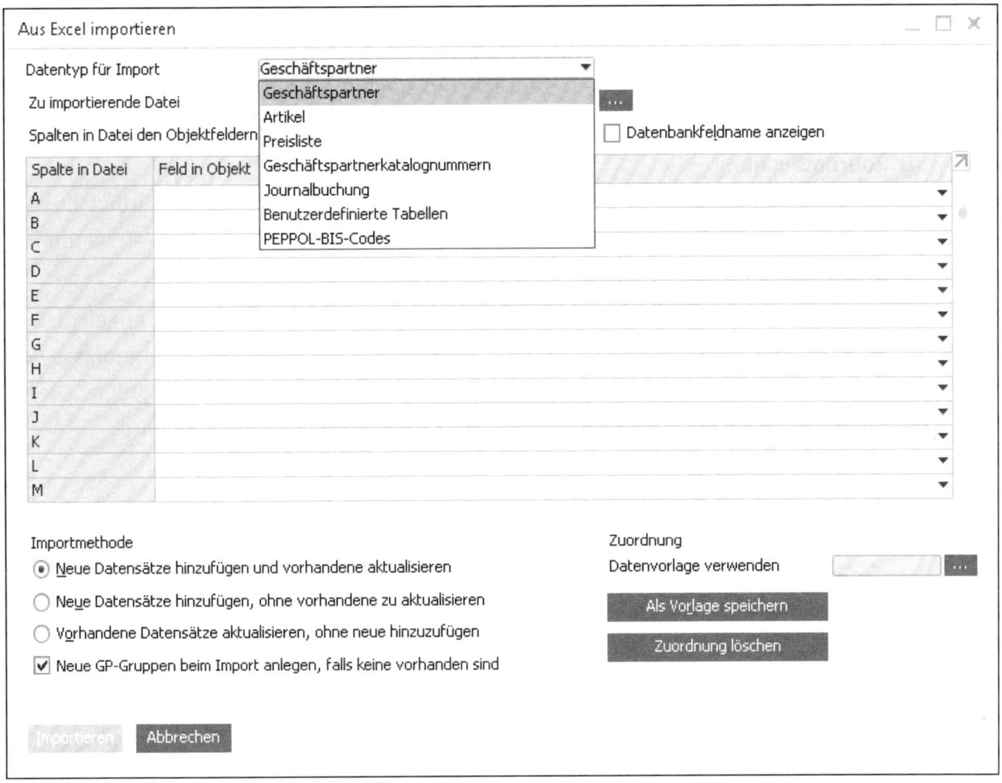

Abbildung 18.33: Fenster »Aus Excel importieren« mit Importoptionen

Bei den einzelnen Datentypen gibt es jedoch Unterschiede bei den Importmethoden. Ihnen stehen für einen Excel-Import folgende Funktionen zur Auswahl:

- **Geschäftspartner**
  Beim Import von Geschäftspartnerdaten können Sie sowohl neue Datensätze hinzufügen als auch vorhandene aktualisieren. Darüber hinaus können auch, wie aus Abbildung 18.33 hervorgeht, neue GP-Gruppen beim Import angelegt werden, falls keine vorhanden sind. Der Import von Geschäftspartnerdaten ist identisch mit dem von Zielgruppendaten. Mehr darüber erfahren Sie in Abschnitt 14.2.1, »Kampagne planen«.
- **Artikel**
  Der Import der Artikeldaten ähnelt dem der Geschäftspartnerdaten. Sie können neue Datensätze hinzufügen und vorhandene aktualisieren. Außerdem lassen sich beim Import neue Artikelgruppen, Hersteller und bevorzugte Lieferanten anlegen, falls diese noch nicht vorhanden sind.
- **Preisliste**
  Beim Preislistenimport können Sie nur vorhandene Datensätze aktualisieren, nicht jedoch neue Daten hinzufügen.

- **Geschäftspartnerkatalognummern**
  Beim Import von Geschäftspartnerkatalognummern wird nur eine Importmethode unterstützt. Es können nur neue Datensätze hinzugefügt, aber keine vorhandenen Daten aktualisiert werden.
- **Journalbuchung**
  Beim Import von Journalbuchungen wird nur eine Importmethode unterstützt: Es können nur neue Datensätze hinzugefügt, aber keine vorhandenen aktualisiert werden.
- **Benutzerdefinierte Tabellen**
  Benutzerdefinierte Tabellen werden in der Regel von Ihrem Consultant angelegt. Das Kopieren der Tabellen kann z. B. dadurch motiviert sein, dass Arbeitsergebnisse von einem *Testmandanten* auf einen *Produktivmandanten* übertragen werden. Dieses Thema ist daher ein weiterführendes Thema, das hier nicht behandelt wird.
- **Peppol-BIS-Codes**
  Peppol ist ein offener Standard zur Übertragung von Geschäftsdokumenten wie z. B. Aufträgen und Rechnungen. Die BIS-Codes sind ein Bestandteil dieser Lösung und können in diesem Programmteil importiert werden. Das Thema dieser *elektronischen Belege* sprengt den Rahmen dieses Buchs und wird hier daher nicht weiter beschrieben. Sprechen Sie bei Bedarf mit Ihrem Consultant.

Darüber hinaus können Sie Daten zur Zielgruppe oder Serien- und Chargennummern aus Excel importieren. Diese Funktion befindet sich jedoch nicht unter dem Menüpunkt **Aus Excel importieren**, sondern direkt in den einzelnen Funktionen. Der Import von Zielgruppendaten wird in Abschnitt 14.2.1 näher erläutert und ist mit dem Import von Geschäftspartnerdaten nahezu identisch. Der Import von Serien- und Chargennummern wird aus einem Wareneingang durchgeführt. Beim Hinzufügen eines Wareneingangs über den Menüpunkt **Einkauf** müssen Sie bei einem Artikel, der nach Serien- oder Chargennummern verwaltet wird, diese hinzufügen. Klicken Sie dazu entweder mit der rechten Maustaste in das Feld **Menge** und wählen im Kontextmenü **Chargen-/Seriennummern** (siehe Abbildung 18.34), oder das Fenster **Seriennummern – Definition** wird beim Hinzufügen des Belegs automatisch geöffnet.

Im Fenster **Seriennummern – Definition** können Sie den Button **Sie können auch** rechts unten im Fenster **Aus Excel importieren** anklicken. Anschließend öffnet sich das Fenster **Aus Excel importieren**, und Sie können die gewünschten Objekte für den Datenimport auswählen (siehe Abbildung 18.35).

Abbildung 18.34: Fenster »Wareneingang« – Serien- und Chargennummern

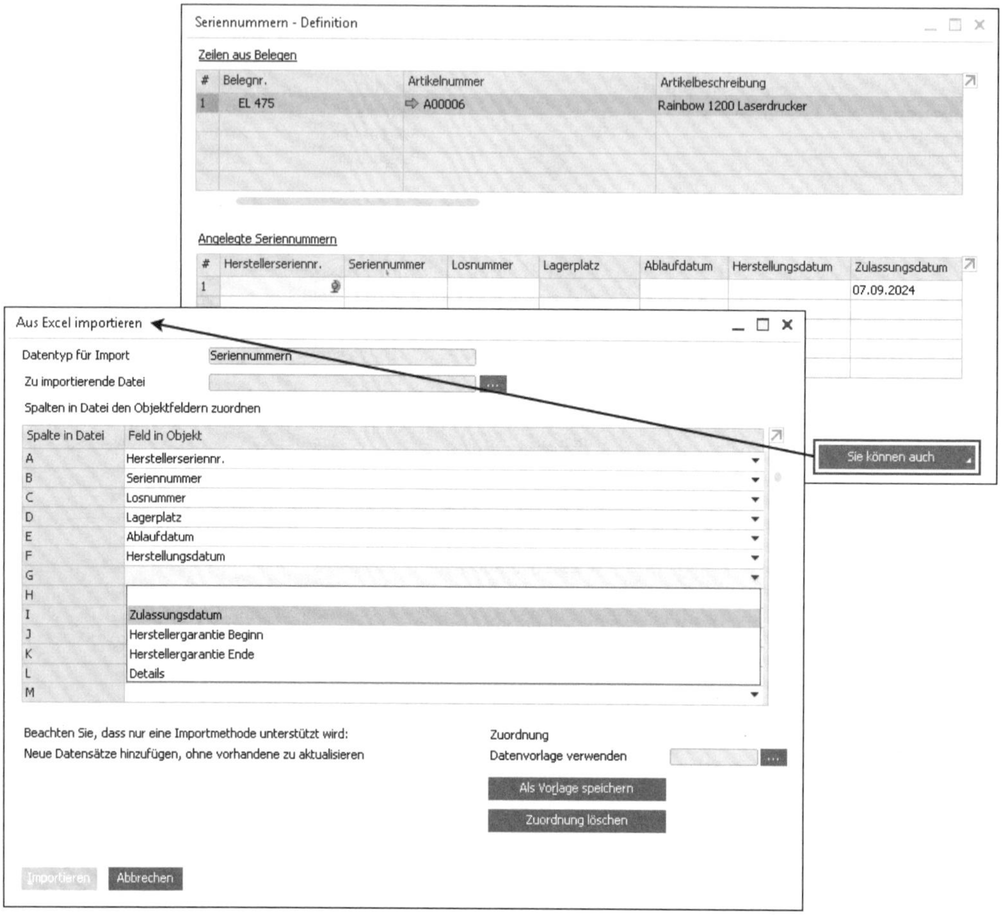

Abbildung 18.35: »Aus Excel importieren« – Serien- und Chargennummern

18.10 Alternative Tastaturbelegung

Standardmäßig ist in SAP Business One die [Tab]-Taste ein sehr wichtiges Instrument bei der Bedienung, z. B. in Belegfenstern oder bei Journalbuchungen. Sie wird dabei so gehandhabt, wie es dem Windows-Standard entspricht, d. h., sie dient dem Springen von Feld zu Feld. In neueren Releases von SAP Business One haben Sie die Möglichkeit, die Tastaturbelegung in SAP Business One so zu ändern, dass die [Tab]-Taste durch die [Enter]-Taste des Nummernblocks Ihrer Tastatur ergänzt wird. Diese Einstellung nehmen Sie im Fenster **Allgemeine Einstellungen** auf der Registerkarte **Dienste** unter **Administration • Systeminitialisierung** vor (siehe Abbildung 18.36).

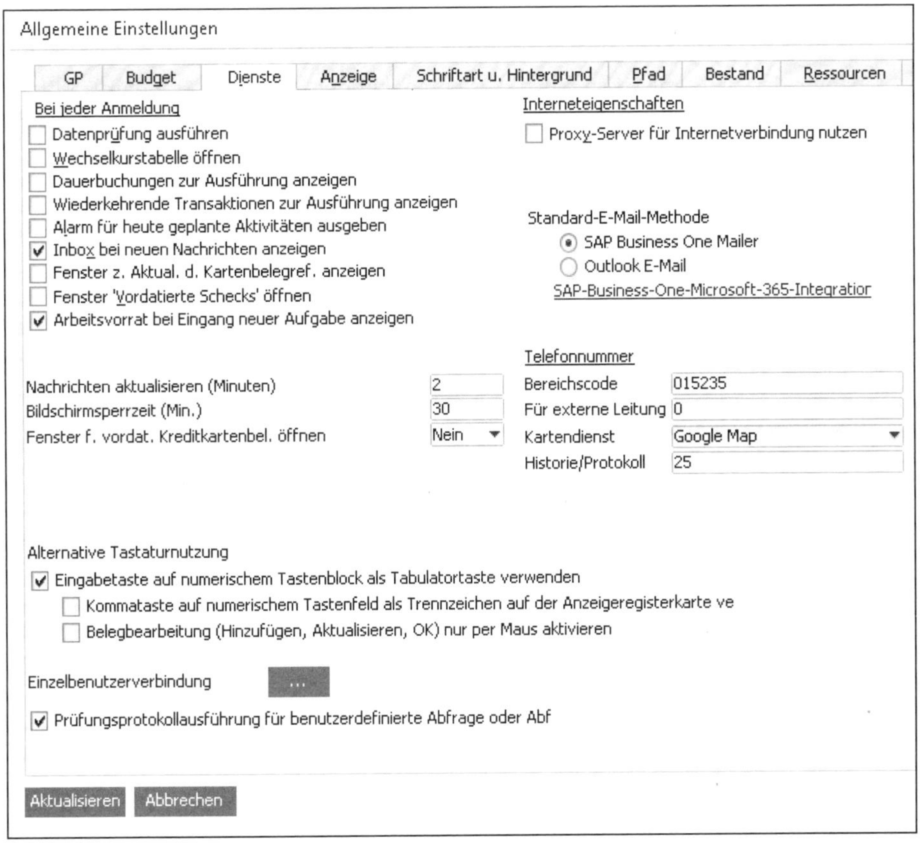

Abbildung 18.36: Alternative Tastaturbelegung einstellen

Generell können Sie an dieser Stelle drei Einstellungen vornehmen:

- **Checkbox »Eingabetaste auf numerischem Tastenblock als Tabulatortaste verwenden«**
  Diese Einstellung ermöglicht generell das Ergänzen der [Tab]-Taste durch die [Enter]-Taste. Sie kommt z. B. Anwendern entgegen, die intensiv mit dem Nummernblock der Tastatur arbeiten und darauf zum Weiterbewegen des Cursors die [Enter]-Taste verwenden können, was wesentlich effizienter ist.
- **Checkbox »Kommataste auf numerischem Tastenfeld als Trennzeichen auf der Anzeigeregisterkarte verwenden«**
  Mit dieser Einstellung belegen Sie die [Entf]-Taste auf dem Nummernblock mit dem Trennzeichen, das Sie im Registerblatt **Anzeige** in den **Allgemeinen Einstellungen** im Feld **Dezimaltrennzeichen** definiert haben.
- **Checkbox »Belegbearbeitung (Hinzufügen, Aktualisieren, OK) nur per Maus aktivieren«**
  Grundsätzlich liegt in einem SAP-Business-One-Fenster der Inputfokus der Tastatur auf dem Button ganz links unten in diesem Fenster. Zum Beispiel liegt der **Aktualisie-**

ren-Button unten links, der bei Änderung einer bestehenden Bestellung angeklickt werden müsste. Mit der ↵-Taste können Sie diesen Button in der Regel ohne Zuhilfenahme der Maus anklicken (auch dies entspricht dem Windows-Standard). Mithilfe der Checkbox **Belegbearbeitung (Hinzufügen, Aktualisieren, OK) nur per Maus aktivieren** können Sie dies unterdrücken, und der Button **Aktualisieren** muss mit der Maus angeklickt werden. Dadurch verhindern Sie ein irrtümliches Hinzufügen einer Transaktion oder eines Datenobjekts.

[+]

Verwenden der alternativen Tastaturbelegung

Die alternative Tastaturbelegung wird vor allem jene Benutzer erfreuen, die eine Vielzahl an Bewegungsdaten wie Journalbuchungen, Zahlungen, Einkaufs- und Verkaufsbelege etc. eingeben bzw. die Arbeit am Nummernblock gewohnt sind.

Probieren Sie alle drei Einstellungen aus, und finden Sie die für Sie ideale Kombination. Das kann z. B. für einen Buchhalter, der eine Journalbuchung anlegt, eine andere Einstellung sein als für einen Einkäufer, der täglich eine Vielzahl an Bestellungen bearbeitet. Dementsprechend sind diese Einstellungen nun auch in den persönlichen Einstellungen zu finden.

18.11 Datenschutzgrundverordnung (DSGVO)

Seit dem 25. Mai 2018 ist die Datenschutzgrundverordnung, kurz DSGVO, in allen Ländern der Europäischen Union und des Europäischen Wirtschaftsraums in Kraft und muss von allen Unternehmen beachtet werden. Die DSGVO ist zwar als EU-Verordnung grundsätzlich in jedem EU-Mitgliedsstaat unmittelbar anwendbar, jedoch sind zahlreiche Öffnungsklauseln enthalten, die dem nationalen Gesetzgeber gewisse Spielräume lassen. Die Datenschutzgrundverordnung bietet Einzelpersonen die Kontrolle und den Schutz ihrer personenbezogenen Daten. Personenbezogene Daten sind alle Daten, die eine einzelne natürliche Person identifizieren oder zur Identifizierung verwendet werden können. Im Allgemeinen dürfen keine personenbezogenen Daten ohne Zweck und ausdrückliche Zustimmung gespeichert werden. Insgesamt kann gesagt werden, dass sich die Anforderungen an die gesetzeskonforme Verarbeitung und Behandlung von personenbezogenen Daten in den folgenden Bereichen erhöhen:

- Bereitstellung von Berichten bzw. Funktionen, mit denen Personen über ihre gespeicherten persönlichen Daten informiert werden können
- Löschung der persönlichen Daten, sogenanntes »Recht auf Vergessenwerden«
- Aufzeichnung bei Änderungen von persönlichen Daten
- Aufzeichnung bei Lesezugriff auf sensible persönliche Daten

Die in diesem Buch enthaltenen Informationen dienen nur der allgemeinen Orientierung und ersetzen keine individuelle rechtliche Beratung sowie Einzelfallprüfung. Geeignete Maßnahmen zur Einhaltung der DSGVO-Richtlinien zu ergreifen, unterliegt dem Verantwortungsbereich jedes Unternehmens.

18.11.1 DSGVO-Werkzeuge in SAP Business One aktivieren

Mit Release 9.3 PL04 wurde SAP Business One um zahlreiche Funktionen, die Kunden bei der Einhaltung der Datenschutzbestimmungen unterstützen, erweitert.

Um die von SAP Business One bereitgestellten Funktionen nutzen zu können, müssen Sie einerseits über die **Allgemeine Berechtigung** für die Nutzung der Datenschutzwerkzeuge unter **Administration • Systeminitialisierung • Berechtigungen** verfügen (siehe Abbildung 18.37). Sie finden diese Berechtigungen am einfachsten, indem Sie neben dem Button **Nächste suchen** im oberen rechten Bildschirmbereich den Begriff »Datenschutz« eingeben.

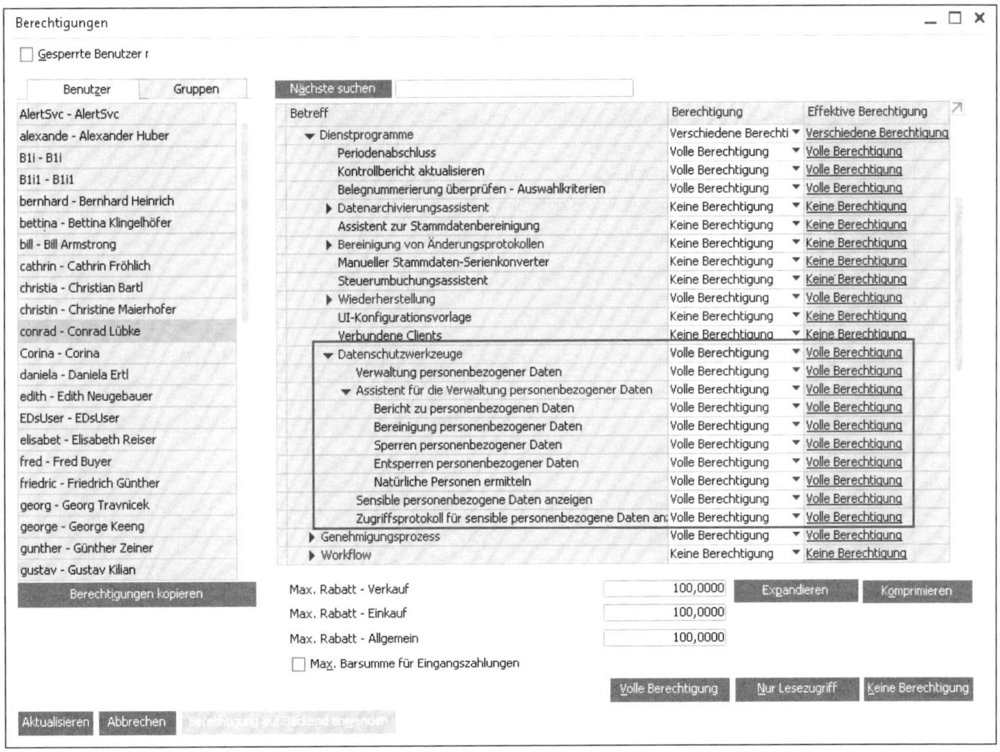

Abbildung 18.37: Berechtigungen für Datenschutzwerkzeuge, Fenster »Berechtigungen«

Andererseits müssen Sie die Checkbox **Verwaltung des Schutzes personenbezogener Daten aktivieren** im Fenster **Firmendetails** auf der Registerkarte **Basisinitialisierung** unter **Administration • Systeminitialisierung • Firmendetails** markieren (siehe Abbildung 18.38). Im Standard ist die DSGVO bereits für alle EU-Länder aktiviert, eine Deaktivierung (nicht empfohlen) ist nur möglich, bevor eine natürliche Person bestimmt oder eine Löschung oder Sperrung personenbezogener Daten ausgeführt wurde.

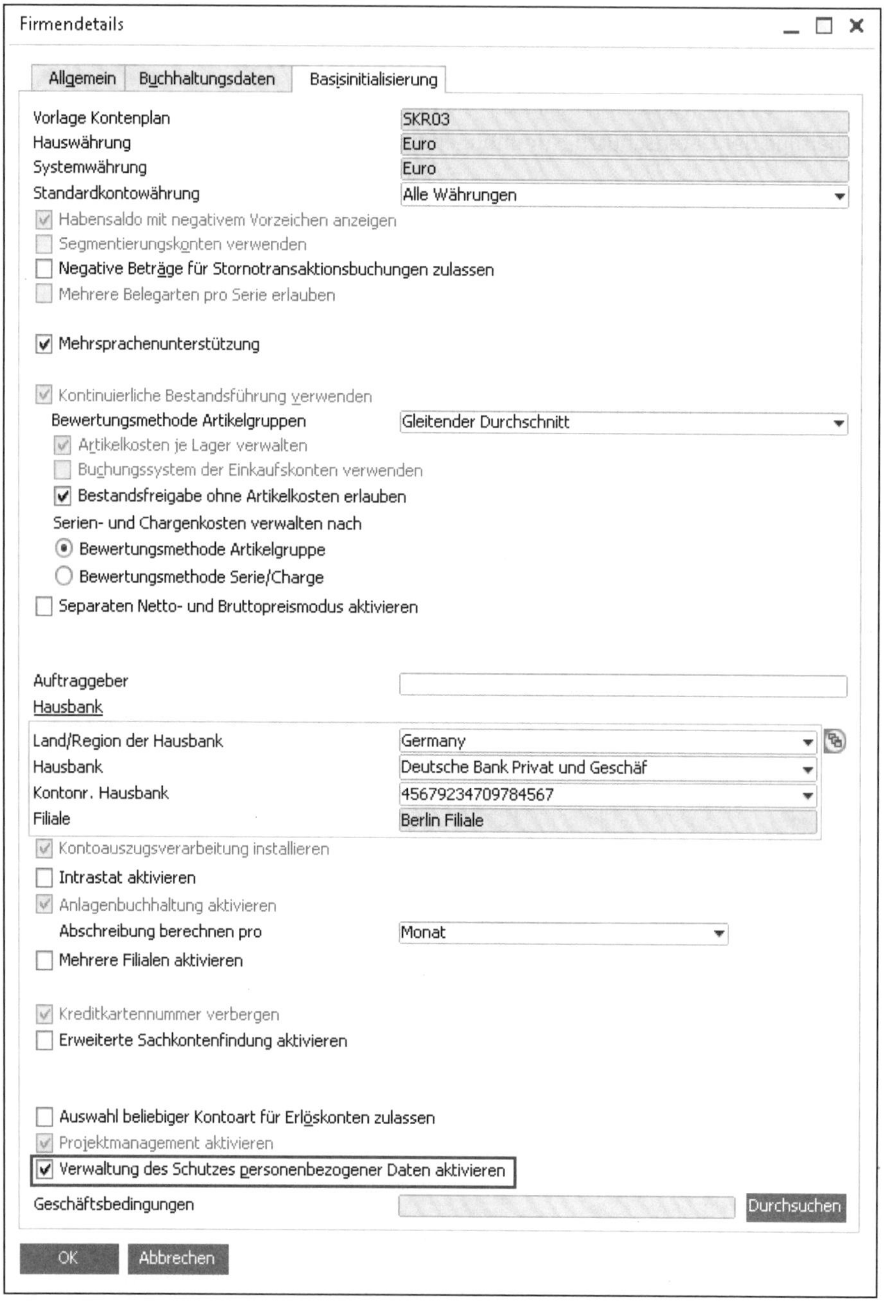

Abbildung 18.38: Aktivierung der DSGVO-Funktion

Nach der Aktivierung der Checkbox **Verwaltung des Schutzes personenbezogener Daten** stehen Ihnen die folgenden Funktionen unter **Administration • Dienstprogramme • Datenschutzwerkzeuge** zur Verfügung:

- Verwaltung personenbezogener Daten
- Assistent für die Verwaltung personenbezogener Daten
- Zugriffsprotokoll für sensible personenbezogene Daten

Darüber hinaus ändert sich die Form, in der als *sensibel personenbezogen* definierte Daten verarbeitet werden.

Damit ist die grundsätzliche Aktivierung des DSGVO-Moduls abgeschlossen, und wir können uns der detaillierten Definition der Daten zuwenden, die wir als personenbezogen betrachten.

18.11.2 Verwaltung personenbezogener Daten

Das Fenster **Verwaltung personenbezogener Daten** unter **Administration • Dienstprogramme • Datenschutzwerkzeuge** bildet den zentralen Ort zur Datenkategorisierung. Daten, die als personenbezogen oder sensibel eingestuft sind, werden in andere Prozesse für personenbezogene Daten einbezogen. Sie müssen verschiedene Datentypen ordnungsgemäß klassifizieren, damit die Funktionen zum Schutz der personenbezogenen Daten effektiv genutzt werden können. Nicht alle Daten können als personenbezogene Daten klassifiziert werden. Nur Daten, die im Fenster **Verwaltung personenbezogener Daten** dargestellt sind, können als personenbezogene Daten klassifiziert werden – es wird vom Programm also schon eine Vorauswahl geliefert, die durch Sie reduziert aber (abgesehen von benutzerdefinierten Feldern) kaum erweitert werden kann. Daten können in SAP Business One als *personenbezogen*, *nicht personenbezogen* oder in besonderen Fällen als *sensibel personenbezogen* klassifiziert werden (siehe Abbildung 18.40). Beispiele für Felder, die als sensible personenbezogene Daten klassifiziert werden können, sind Bankkonten, Reisepassnummer sowie benutzerdefinierte Felder (UDF), wenn diese mit personenbezogenen Datenobjekten verbunden sind. Felder, die als sensibel personenbezogen klassifiziert sind, werden automatisch verschlüsselt, und der Zugriff wird über Berechtigungen eingeschränkt und protokolliert.

In Abbildung 18.39 sehen Sie, dass als **sensibel personenbezogen** markierte Daten zunächst ausgegraut sind, die Feldinhalte werden durch einen * maskiert. Erst durch rechten Mausklick in das entsprechende Feld und Wahl der Option **Sensible Daten anzeigen** im Kontextmenü wird der Feldinhalt angezeigt und zur Bearbeitung freigegeben. Dies nur dann, wenn der Benutzer über die entsprechende Berechtigung **Sensible personenbezogene Daten anzeigen** (siehe Abbildung 18.37) verfügt.

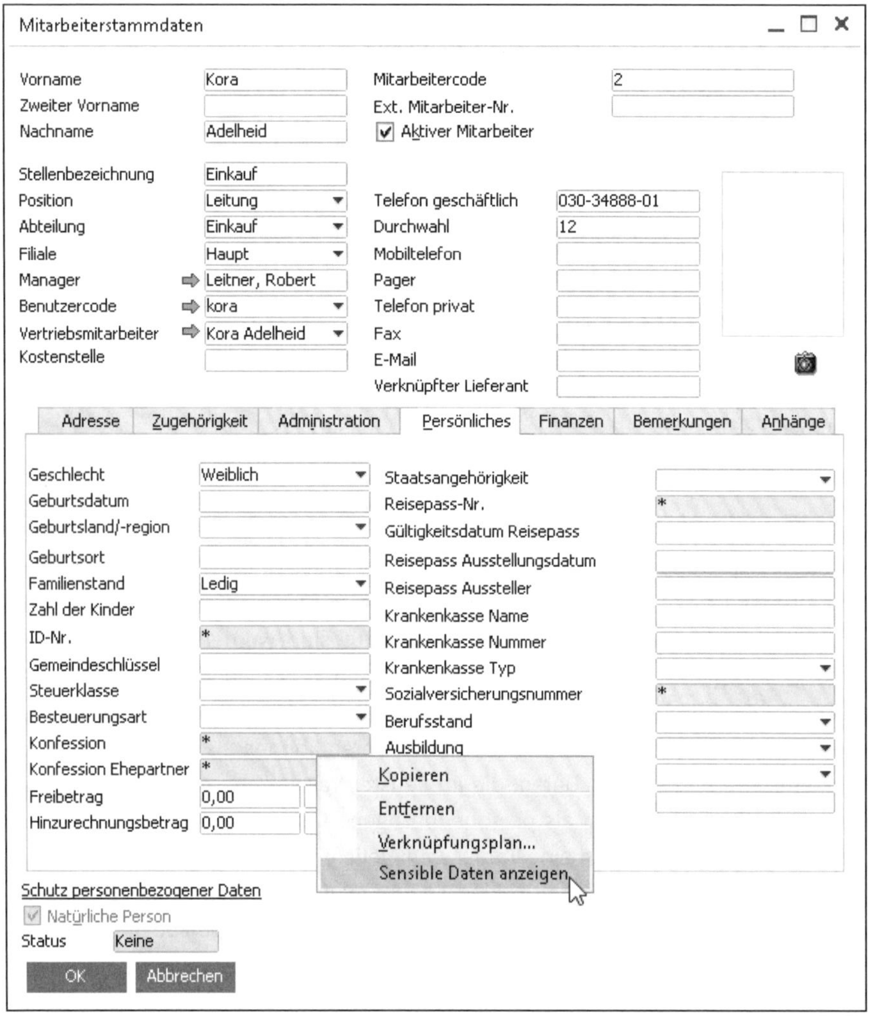

Abbildung 18.39: Bearbeitung sensibler Daten

Durch das Ändern der Klassifizierung von sensiblen in personenbezogene oder nicht personenbezogene Daten werden die Verschlüsselung sowie die Zugriffsbeschränkungen aufgehoben.

Das Beispiel in Abbildung 18.40 zeigt, wie in der letzten Zeile ein benutzerdefiniertes Feld (UDF) eingefügt wird. Benutzerdefinierte Felder zu klassifizieren ist ein typischer Anwendungsfall für diese Funktion. Ansonsten ist der ausgelieferte Standardumfang meist ausreichend und gut verwendbar.

Mit der Funktion **Sie können auch** im rechten unteren Bereich des Fensters können Sie die Klassifizierung für alle Daten ändern (siehe Abbildung 18.41). Außerdem können Sie, um eine eben durchgeführte Änderung rückgängig zu machen, mit der rechten Maustaste auf das betroffene Feld im Fenster die Option **Typ auf Standard zurücksetzen** wählen. Darüber hinaus können Sie mit der rechten Maustaste das **Änderungsprotokoll...** aufrufen, darin werden alle Änderungen aufgezeichnet.

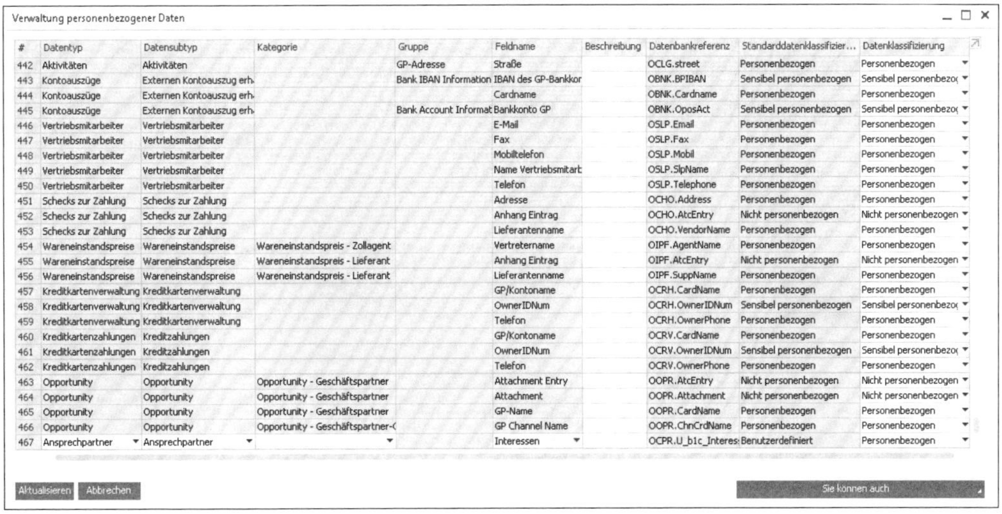

Abbildung 18.40: Klassifizierung personenbezogener Daten, Fenster »Verwaltung personenbezogener Daten«

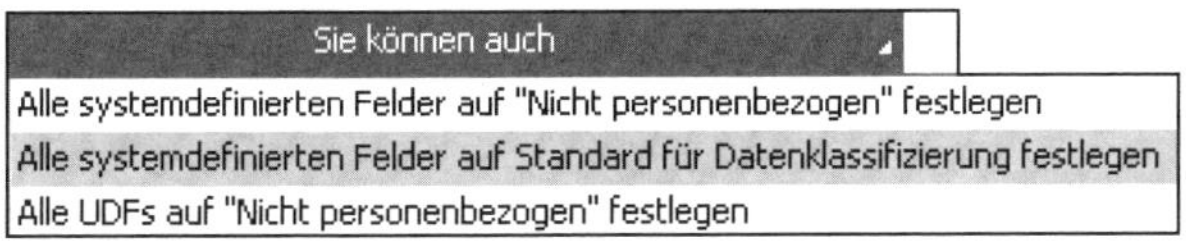

Abbildung 18.41: Klassifizierung personenbezogener Daten mit der Funktion »Sie können auch« im Fenster »Verwaltung personenbezogener Daten«

[+]

Add-on

Überprüfen Sie alle Add-ons, die Sie von SAP-Partnern erhalten haben, daraufhin, ob sie durch die Datenverschlüsselung eingeschränkt werden bzw. ob sie benutzerdefinierte Felder anlegen, die sinnvollerweise klassifiziert werden sollten, und ziehen Sie dazu eventuell einen Consultant zurate.

18.11.3 Assistent für die Verwaltung personenbezogener Daten

Der **Assistent für die Verwaltung personenbezogener Daten** unter **Administration • Dienstprogramme • Datenschutzwerkzeuge** bildet neben der Klassifikation wie in Abbildung 18.40 dargestellt die Grundlage für die Verwaltung personenbezogener Daten. Dazu bietet er Ihnen in Schritt 2 sechs verschiedene Optionen zur Verwaltung personenbezogener Daten an (siehe Abbildung 18.42):

- natürliche Personen ermitteln
- Ermittlung natürlicher Personen rückgängig machen
- Bericht zu personenbezogenen Daten
- Bereinigung personenbezogener Daten
- Sperren personenbezogener Daten
- Entsperren personenbezogener Daten

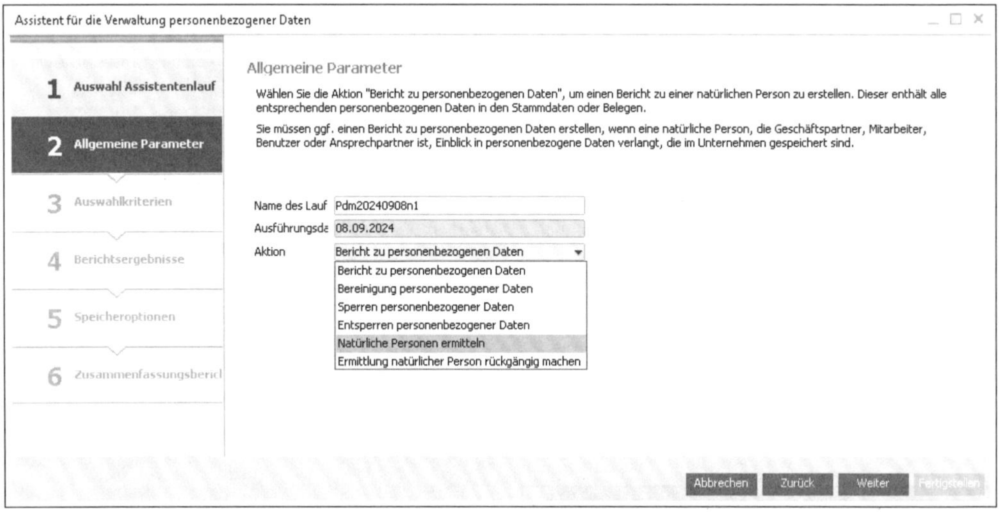

Abbildung 18.42: Optionen zur Verwaltung von personenbezogenen Daten, Fenster »Assistent für die Verwaltung personenbezogener Daten«

Es können jedoch nicht alle persönlichen Daten vom Assistenten verwaltet werden. So müssen z. B. bei den folgenden Objekten die persönlichen Daten manuell verwaltet und entfernt werden:

1. Arbeitszeitblätter, deren Typ auf **Sonstige** gestellt ist
2. in Kampagnen enthaltene Zielgruppen
3. Registerkarte **Bemerkungen** in den Stammdaten der Geschäftspartner
4. Registerkarte **Inhalt** in Aktivitäten

Im Folgenden werden die einzelnen Optionen dargestellt:

- **Option »Natürliche Personen ermitteln« und Option »Ermittlung natürlicher Personen rückgängig machen«**
  Natürliche Personen können in SAP Business One über den Assistenten bestimmt und identifiziert werden. Sie können mithilfe der Assistentenfunktion in Schritt 3 bestimmen, welche Daten als natürliche Personen zu klassifizieren sind und welche nicht (siehe Abbildung 18.43).

Als persönliche Daten werden Daten beschrieben, die zur Identifizierung einer natürlichen Person genutzt werden können. Durch den Assistenten wird nach Klassifizierung einer natürlichen Person die Checkbox **Natürliche Person** im Abschnitt **Schutz personenbezogener Daten** in den jeweiligen Stammdaten (z. B. Mitarbeiterstammdaten, Benutzerstammdaten, Geschäftspartner, Ansprechpartner) automatisch aktiviert. Nachdem Sie natürliche Personen ermittelt haben, können Sie die entsprechenden persönlichen Daten verwalten sowie weitere Funktionen des Assistenten ausführen. Mit der Option **Ermittlung natürlicher Personen rückgängig machen** in Schritt 2 des Assistenten können Sie die Identifizierung bzw. Klassifizierung einer natürlichen Person wieder zurücknehmen.

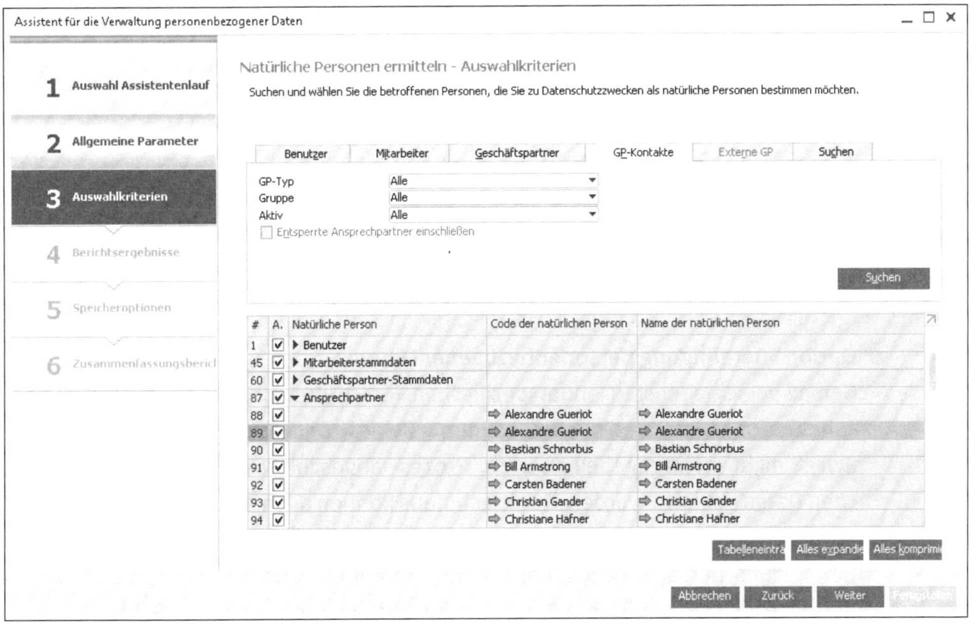

Abbildung 18.43: Option »Natürliche Personen ermitteln«, Fenster »Assistent für die Verwaltung personenbezogener Daten«

- **Option »Bericht zu personenbezogenen Daten«**
  Der Bericht zu personenbezogenen Daten kann in SAP Business One nur über den Assistenten abgerufen werden. Voraussetzung für die Erstellung des Berichts ist jedoch, dass Sie den zugehörigen Crystal-Reports-Bericht installiert haben. Der Bericht über personenbezogene Daten bietet Ihnen eine Abruffunktion, mit der Sie betroffene Personen über die über sie gespeicherten personenbezogenen Daten informieren können (siehe Abbildung 18.44). In der Regel haben natürliche Personen das Recht, einen Bericht über alle gespeicherten Informationen über sie selbst anzufordern. Zum Drucken eines Berichts zu personenbezogenen Daten werden diese in einem temporären Ordner auf Ihrem Computer gespeichert. Nach Abschluss des Druckvorgangs wird der Bericht automatisch gelöscht, und Sie erhalten dazu eine Benachrichtigung.

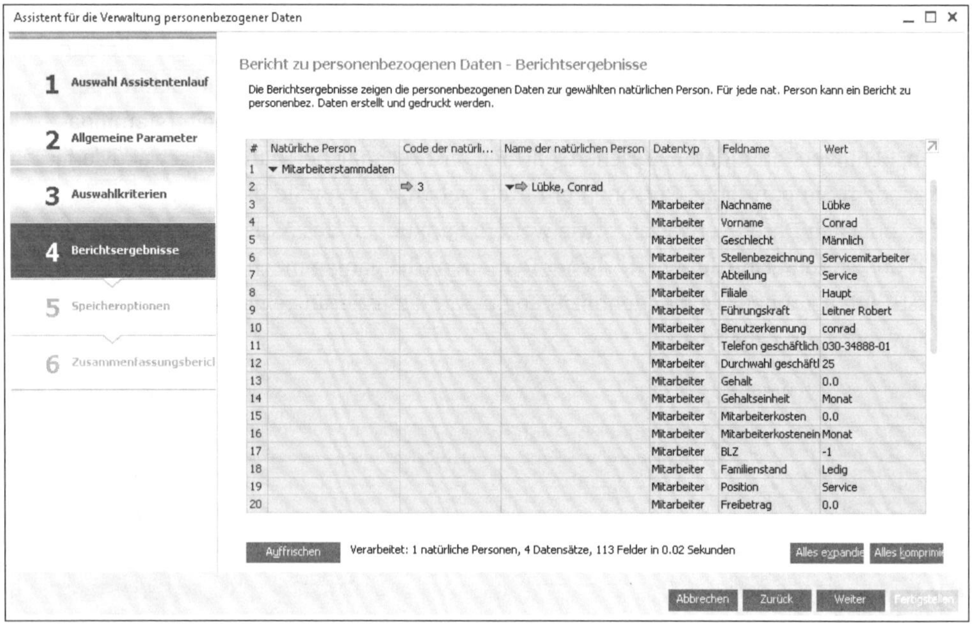

Abbildung 18.44: Option »Bericht zu personenbezogenen Daten«

- **Option »Bereinigung personenbezogener Daten«**
  Gemäß verschiedensten länderspezifischen Vorschriften darf die Speicherung von personenbezogenem Daten nur für bestimmte Zwecke oder Prozesse erfolgen. Sobald der Zweck nicht mehr gegeben oder der Prozess abgeschlossen ist, sollten die persönlichen Daten gelöscht werden. Darüber hinaus können auch natürliche Personen die Löschung ihrer persönlichen Daten beantragen. Mithilfe des Assistenten können Sie die Bereinigung personenbezogener Daten durchführen und diese Daten aus SAP Business One löschen. Gelöschte Daten werden mit der Kennzeichnung **Gelöscht** versehen und können am Bildschirm nicht mehr dargestellt werden (siehe Abbildung 18.45).
- **Option »Sperren personenbezogener Daten« und Option »Entsperren personenbezogener Daten«**
  Sollten Sie gemäß einer Aufbewahrungsfrist für personenbezogene Daten zur Aufbewahrung verpflichtet sein (also Daten nicht löschen bzw. *bereinigen* dürfen), können Sie den Datenzugriff sperren. Nach einer Sperrung der personenbezogenen Daten bleiben die Daten zwar im System erhalten, ein Zugriff kann jedoch nur mittels Entsperrung erfolgen. Durch das Sperren personenbezogener Daten ausgewählter natürlicher Personen werden die Datenbankeinträge verschlüsselt und die Daten auf der Benutzeroberfläche anonymisiert.

Gesperrte Daten werden mit der Kennzeichnung **Gelöscht** versehen (das sehen Sie am Beispiel der Mitarbeiterstammdaten in Abbildung 18.46). Persönliche Daten können nur über den Assistenten wieder entsperrt werden. Durch das Entsperren der persönlichen

Daten werden die Datenbankeinträge entschlüsselt und die Daten auf der Benutzeroberfläche verfügbar gemacht. Dabei ist aber zu beachten, dass sowohl gesperrte als auch entsperrte Datensätze nicht mehr in zukünftigen Marketingdokumenten oder anderen Geschäftsprozessen verwendet werden können.

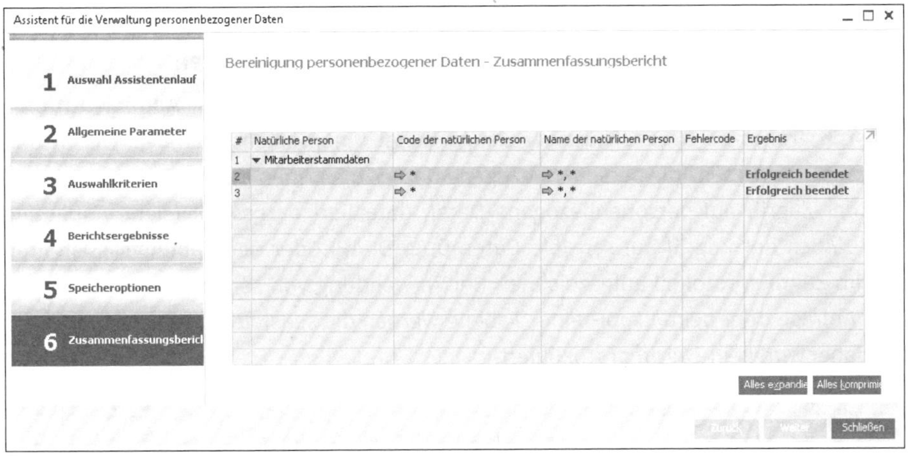

Abbildung 18.45: Bereinigung von personenbezogenen Daten

Abbildung 18.46: Personenbezogene Daten gesperrt, Fenster »Mitarbeiterstammdaten«

Wie in Abbildung 18.46 erkennbar ist, war der Mitarbeiter auch mit einem Vertriebsmitarbeiterstammsatz verknüpft. Da dieser Vertriebsmitarbeiter in Transaktionen wie z. B. Ausgangsrechnungen enthalten sein kann, wurde der ursprüngliche Vertriebsmitarbeiter-Code durch einen eindeutigen neuen Code ersetzt.

18.11.4 Zugriffsprotokoll für sensible personenbezogene Daten

Das **Zugriffsprotokoll für sensible personenbezogene Daten** unter **Administration • Dienstprogramme • Datenschutzwerkzeuge** bietet Ihnen einen Überblick, wer in SAP Business One auf sensible personenbezogene Daten zugegriffen hat. Im Zugriffsprotokoll wird der Zugriff auf personenbezogene Daten detailliert dargestellt (siehe Abbildung 18.47). Auch der Zugriff auf sensible Daten über DI-API oder den Zahlungsassistenten wird im Zugriffsprotokoll aufgezeichnet. Bei Verwendung von sensiblen Daten im Zuge einer Abfrage oder beim Export einer Tabelle werden die sensiblen Daten verschlüsselt, und daher wird kein Zugriff protokolliert.

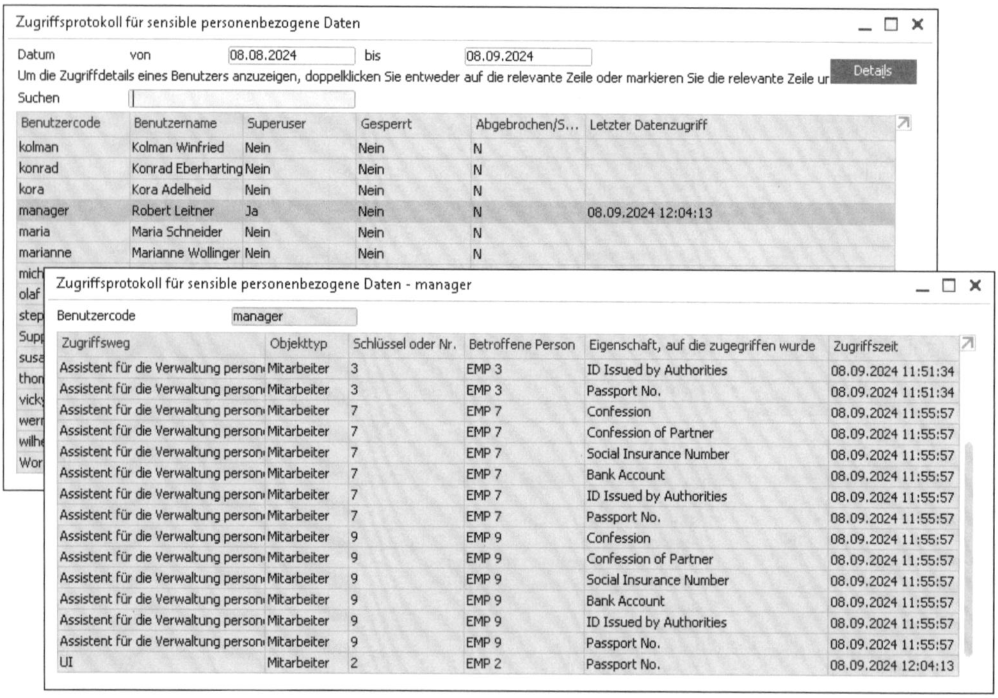

Abbildung 18.47: Zugriffsprotokoll für sensible personenbezogene Daten

Wie in Abbildung 18.47 zu sehen, hat der Benutzer »manager« einerseits über die Funktion des Assistenten mehrmals auf den Mitarbeiter 9 zugegriffen. Er hat außerdem direkt auf die Stammdaten des Mitarbeiters 2 zugegriffen, um das Feld für die Passnummer (**Passport No.**) zu bearbeiten.

18.12 360°-Kundenansicht

Die Funktion **Kunde 360** haben wir in Abschnitt 14.3 kurz angerissen und werden sie im Folgenden detailliert beschreiben. Die SAP-360°-Kundenansicht bietet Unternehmen eine Funktion, die aus Informationen konkrete Maßnahmen ableitet und anhand von Echtzeitdaten einzelne Kunden analysiert. Die Analysefunktion **Kunde 360** bietet eine Gesamtübersicht über die Kunden in alle Richtungen; operative Abläufe können effizienter gestaltet werden. Die Analyse **Kunde 360** ist eines der erweiterten Dashboards, das Bestandteil der Funktion **Detailanalysen** ist.

Mit Detailanalysen können mittels des Dashboard Designers individuelle detaillierte Dashboards auf Basis von Abfragen in der SAP-HANA-Version von SAP Business One sowie Analyse- und Berechnungssichten in der SAP-HANA-Datenbank erstellt oder bereits von SAP ausgelieferte Dashboards bearbeitet werden. Wichtig ist, dass die Funktion für Detailanalysen nur in der SAP-HANA-Version von SAP Business One verfügbar ist. Außerdem müssen Sie über die Berechtigung für den Abfragemanager verfügen.

Die Funktion der Detailanalyse können Sie entweder direkt über den Button (**Dashboard Designer**) in der Symbolleiste oder über **Extras • Detailanalyse** aufrufen. SAP bietet Ihnen vorkonfigurierte Dashboards für Detailanalysen, KPIs (Key Performance Indicators – Kennzahlen) und erweiterte Dashboards. Außerdem können Sie zusätzlich individuelle Dashboards, KPIs und erweiterte Dashboards erstellen (siehe Abbildung 18.48).

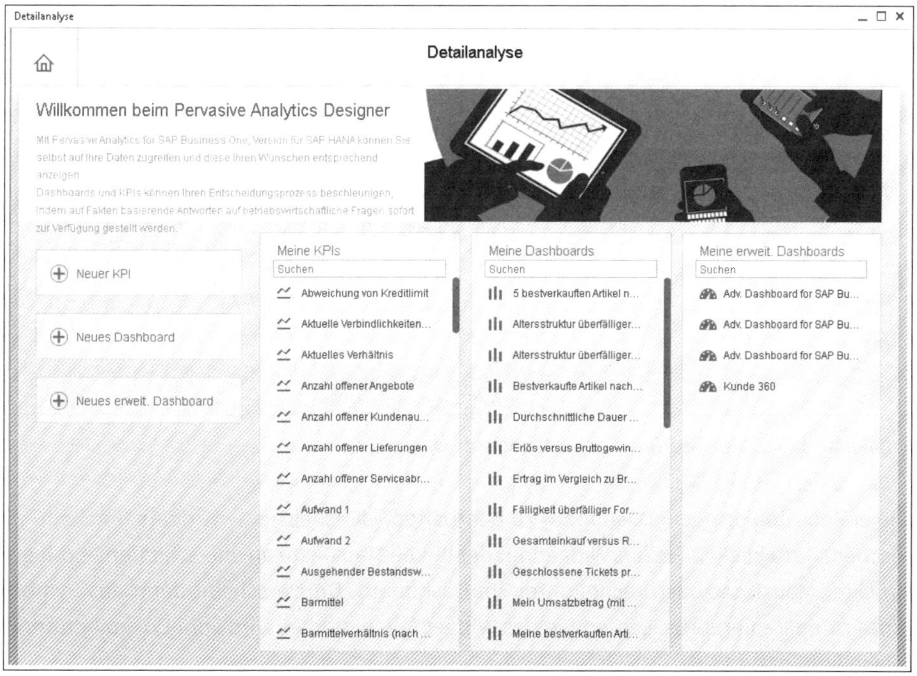

Abbildung 18.48: Fenster »Detailanalyse«

Die Analysefunktion **Kunde 360** finden Sie in der rechten Spalte in Abbildung 18.48 unter dem Menüpunkt **Meine erweit. Dashboards**. Erweiterte Dashboards sind rollenspezifische Cockpits, mit denen Sie Daten in der Form von Dashboards, Widgets, Zähl-Widgets und Workbenches anzeigen können. Dies bedeutet, dass erweiterte Dashboards durch das Auswählen bereits vorhandener Widgets, etwa Dashboards für Detailanalysen, KPIs, Zähl-Widgets und Anschrift und Kontaktdaten von Geschäftspartnern, erstellt werden (siehe dazu auch Abschnitt 3.4, »Navigation mit dem Cockpit (SAP-HANA-basierte Installationen)«). Das Spezifikum eines erweiterten Dashboards ist dabei, dass es mehrseitig sein kann (aber nicht muss). Die **Kunde 360**-Ansicht stellt ein von SAP vordefiniertes Dashboard dar und hat standardmäßig folgende vier Seiten: **Allgemein**, **Verkauf**, **Auftragserfüllung** und **Forderungen** (siehe Abbildung 18.49), kann jedoch individuell angepasst und erweitert werden.

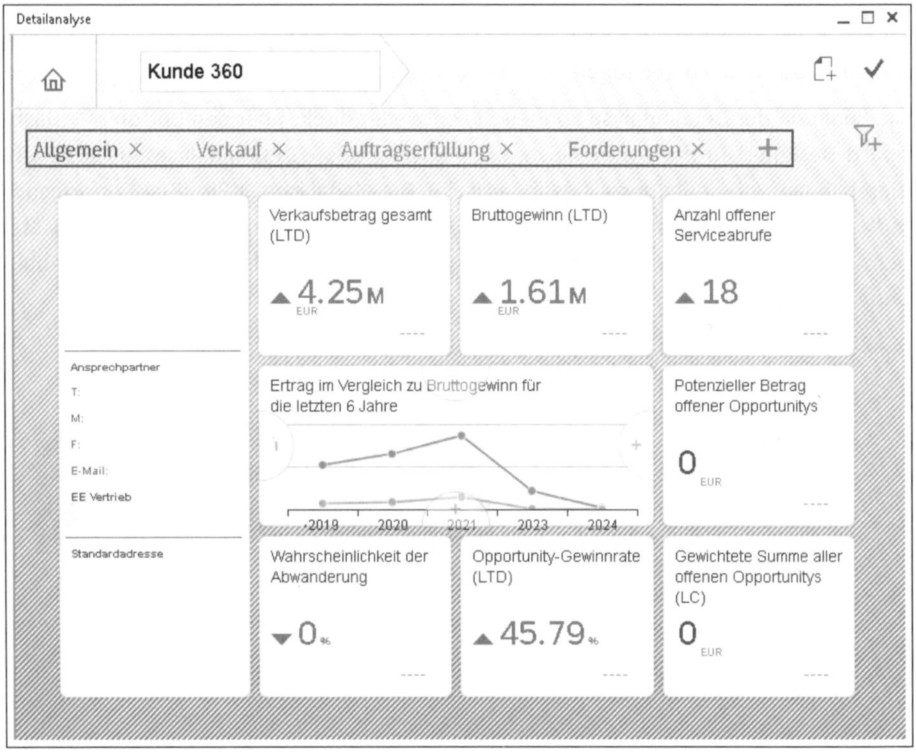

Abbildung 18.49: Konfiguration des Dashboards »Kunde 360«

Die einfachste Form, ein Dashboard zu bearbeiten, ist es, einzelne Widgets (Kacheln) zu löschen. Dazu klicken Sie das Widget mit der linken Maustaste an und schieben es mit gedrückter Maustaste nach rechts unten im Dashboard. Dort erscheint dann das Symbol eines roten Papierkorbs. Lassen Sie das Widget fallen, und es wird vom Cockpit entfernt (siehe Abbildung 18.50).

Abbildung 18.50: Löschen eines Widgets aus Kunde 360

Darüber hinaus können Sie weitere Fenster hinzufügen, indem Sie den Button [+] (**Neue Seite hinzufügen**) wählen und im sich öffnenden Feld den gewünschten Namen eingeben.

Sie können in allen Fenstern aus dem Vorrat der existierenden Widgets weitere Widgets hinzufügen, indem Sie den Button [ ] (**Widgets hinzufügen**) wählen. Im nun geöffneten Kachelkatalog markieren Sie nun die gewünschte Kachel (= Widget) am unteren Anfasser, sodass dieser sich in einen Haken auf grünem Untergrund wandelt (siehe Abbildung 18.51). Sollte das Widget bereits so markiert sein, bedeutet das, dass es bereits im aktuell bearbeiteten Cockpit verwendet wird. Verlassen Sie den Widget-Katalog nun durch Klicken auf den Button [←] (**zurück**) am linken oberen Bildschirmrand.

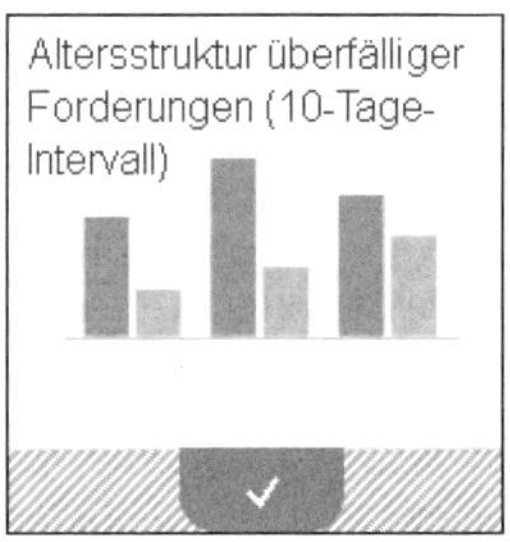

Abbildung 18.51: Kachel (Widget) zu einem Cockpit hinzufügen

Nachdem Sie alle Änderungen durchgeführt haben, speichern Sie das Cockpit durch Klicken auf den Button [✓] (**Save**) im rechten oberen Bildschirmrand.

[»]

Speichern von Cockpits

Von SAP ausgelieferte Cockpits können nicht editiert werden. Sie können allerdings die Ausgangsbasis sein und unter einem neuen Namen als Alternativen gespeichert werden. Für die meisten Cockpits ist das eine gute Option, da das zum Einsatz kommende Cockpit ja jederzeit aus dem individuellen Vorrat benutzerspezifisch ausgewählt werden kann. Für Kunde 360 ist das nur mit Einschränkung eine Option, da derzeit sowohl der Menüpunkt unter dem Bereich **CRM** als auch der Aufruf über den Geschäftspartnerstamm immer nur die Standardfunktion zeigt. Somit kann das überarbeitete Dashboard zwar geladen werden, hat aber keinen Bezug zu einem definierten Kunden. In dieser individualisierten Auswertung sind also nur Kennzahlen sinnvoll, die kundenübergreifend sind.

Das Dashboard **Kunde 360** kann zur Kundenanalyse direkt aus den Geschäftspartner-Stammdaten über die Funktion **Sie können auch** aufgerufen werden (siehe Abbildung 18.52) oder ist ein Unterprogrammpunkt im Menüpunkt **CRM**.

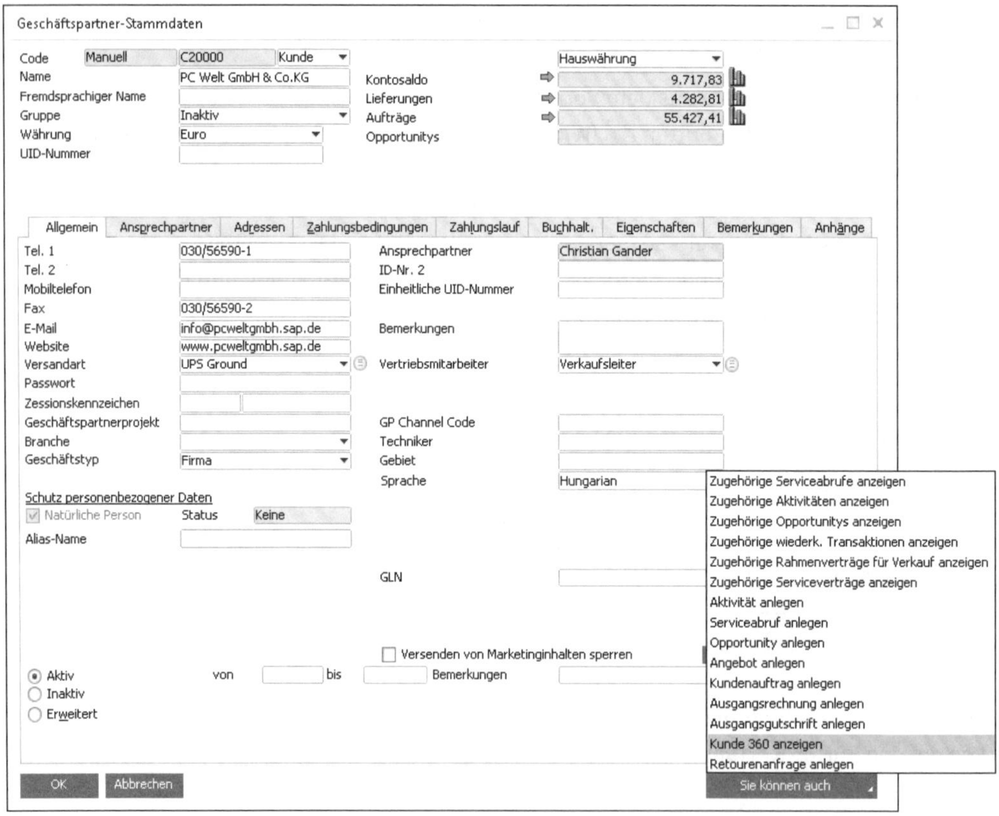

Abbildung 18.52: Aufrufen der Ansicht »Kunde 360«, Fenster »Geschäftspartner-Stammdaten«

Sie erhalten eine Übersicht über alle mit dem spezifischen Kunden verbundenen Kennzahlen (siehe Abbildung 18.53).

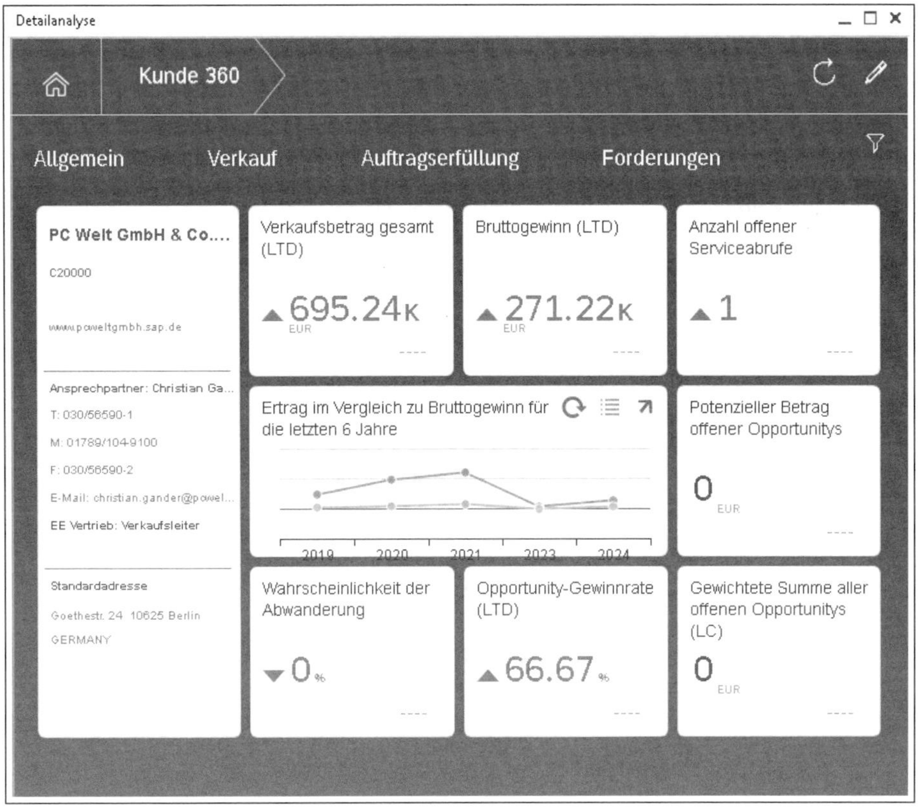

Abbildung 18.53: »Kunde 360«, Fenster »Detailanalyse«

Im Unterschied zur Designeransicht in Abbildung 18.49 sind nun tatsächlich die Daten des Kunden dargestellt, aus dessen Kundenstamm heraus die Detailanalyse aufgerufen wurde.

18.13 Übungsaufgaben

1. Überlegen Sie, welche Funktionen bzw. Fenster ein Einkaufsmitarbeiter benötigt, der gleichzeitig im Service tätig ist. Deaktivieren Sie das Cockpit, falls es aktiv ist. Erstellen Sie anschließend ein sinnvolles Benutzermenü, das die Ordner *Meine Fenster* für die wichtigsten Fenster und *Meine Berichte* für die wichtigsten Berichte enthält.
2. Belegen Sie die Tasten F2 bis F5 mit den Fenstern **Bestellung**, **Eingangsrechnung**, **Offene Belege**, **Aktivität** und **Rabattgruppen**.
3. Erstellen Sie eine Liste mit allen offenen Aufträgen des Kunden »C23900 – Mikrochips GmbH«. Exportieren Sie diese in Microsoft Excel.

4. Erstellen Sie eine Liste mit allen Eingangsrechnungen des Lieferanten »V10000 – Computer Import GmbH«.
5. Erstellen Sie eine Liste aller Wareneingangszeilen des Artikels »A00001 – J.B. Multifunktionsdrucker 1420«. Sortieren Sie diese nach Datum.
6. Überprüfen Sie, welcher Benutzer die erste Änderung beim Geschäftspartner »C20000« vorgenommen hat. Stellen Sie die Unterschiede zur nachfolgenden Änderung dar.
7. Erstellen Sie eine Liste aller offenen Angebote mit dem Artikel »A00003«. Schließen Sie das jüngste Angebot, das nicht den Status **Geschlossen** hat.

Anhang

Anhang A
SAP Business One kompakt

Die folgenden Informationen gelten im Wesentlichen für den klassischen SAP-Client. Der Webclient unterstützt die Tastaturbefehle aus technischen Gründen nicht. Auch die Buttons innerhalb der Belege werden dort anders oder gar nicht dargestellt. Für den Webclient sind lediglich die in Abschnitt A.3 beschriebenen Belegkürzel relevant.

A.1 Tastaturbefehle

Eine umfassende Übersicht über alle *allgemeinen Shortcuts* (oder auch Tastaturbefehle/Tastenkürzel) finden Sie in Tabelle A.1.

Funktion	Shortcut/Tastaturbefehl
Hauptmenü anzeigen/ausblenden	Strg + 0
in das nächste eingabebereite Feld springen	⭾-Taste
in das vorangegangene eingabebereite Feld springen	⇧ + ⭾-Taste
in einem Textfeld mit mehr als einer Zeile von Zeile zu Zeile springen	↵-Taste
rückgängig machen (wird in der Regel nur in mehrzeiligen Textfeldern unterstützt)	Strg + Z
wiederherstellen	Strg + ⇧ + Z
Text kopieren	Text markieren und Strg + C
Text ausschneiden	Text markieren und Strg + X
Text einfügen	Cursor in Zielfeld positionieren und Strg + V

Tabelle A.1: Allgemeine Tastaturbefehle

Funktion	Shortcut/Tastaturbefehl
Auswahl einer Funktion, die mit einem Unterstrich in der Beschreibung am Bildschirm versehen ist	[Alt]+[Buchstabe], der mit Unterstrich versehen ist. Zum Beispiel können Sie im Bildschirm **Journalbuchung** mit [Alt]+[W] die Checkbox **SW anzeigen** aktivieren oder deaktivieren.
aktuelles Dokument drucken	[Strg]+[P]
aufeinanderfolgende Zeilen auswählen	auf erste Zeile klicken, dann [⇧]-Taste gedrückt halten und auf letzte Zeile des gewünschten Bereichs klicken
separate Zeilen auswählen	auf erste Zeile klicken, dann [Strg]-Taste gedrückt halten und auf andere Zeile klicken
Auswahl einer Zeile zurücknehmen	[Strg]-Taste gedrückt halten und auf Zeile klicken
in Hinzufügen-Modus wechseln	[Strg]+[A]
in Suchen-Modus wechseln	[Strg]+[F]
zu vorangegangenem Datensatz blättern	[Strg]+[←]
zu nächstem Datensatz blättern	[Strg]+[→]
Datensatz duplizieren	[Strg]+[D]
Feldnamen in einem Bearbeitungsfenster ändern. Der geänderte Name gilt für alle Benutzer und übersteuert auch die Spracheinstellungen.	[Strg]+Doppelklick auf den Feldnamen
Eingabe des Tagesdatums	beliebiger Buchstabe und [⇆]-Taste
Eingabe eines Datums im aktuellen Monat	Tag (TT) eingeben (z. B. »12«) und [⇆]-Taste für den entsprechenden Tag des aktuellen Monats des aktuellen Jahres
Eingabe eines Datums im aktuellen Jahr	Tag und Monat (TTMM) in Ziffern eingeben (z. B. »1210«) und [⇆]-Taste für 12. Oktober, das aktuelle Jahr wird ergänzt.

Tabelle A.1: Allgemeine Tastaturbefehle (Forts.)

Funktion	Shortcut/Tastaturbefehl
Eingabe eines beliebigen Datums	Tag, Monat und Jahr (TTMMJJ) in Ziffern (z. B. »121024«) eingeben und ⇆-Taste für 12. Oktober 2024
Kontextmenü öffnen – vor allen Dingen dann sinnvoll, wenn ein Datensatz wie z. B. Kunde oder Lieferant ausgewählt ist	Strg+⇧+F10
benutzerdefinierte Felder anzeigen/ausblenden	Strg+⇧ + U
aktuelles Fenster schließen	Esc
alle Fenster schließen	⇧+Fenster über das **X** rechts oben in einem der Fenster schließen. Die anderen offenen Fenster werden ebenfalls geschlossen.
SAP Business One schließen	Strg+Q

Tabelle A.1: Allgemeine Tastaturbefehle (Forts.)

Eine umfassende Übersicht über alle Shortcuts (oder auch Tastaturbefehle) zur Anwendung innerhalb einer *Tabelle* finden Sie in Tabelle A.2.

Funktion	Shortcut/Tastaturbefehl
Zeile an der aktuellen Position einfügen	Strg+I
Zeile duplizieren	Strg+M
Zeile löschen	Strg+K
Zeilendetails anzeigen	Strg+L
Bestätigung eines Geschäftspartners in der Journalbuchung	Strg+⇆-Taste
Tabelle nach einer Spalte aufsteigend sortieren	Doppelklick auf die Spaltenüberschrift
Tabelle nach einer Spalte absteigend sortieren	Alt+Doppelklick auf die Spaltenüberschrift
Feld von darüberliegender Zeile kopieren	Strg+↑
Feld von darunterliegender Zeile kopieren	Strg+↓

Tabelle A.2: Tastaturbefehle in einer Tabelle

Eine umfassende Übersicht über alle Shortcuts (oder auch Tastaturbefehle) in *Einkaufs- und Verkaufsbelegen* finden Sie in Tabelle A.3.

Funktion	**Shortcut/Tastaturbefehl**
Detailinformation für Zeile anzeigen	Strg+L
Bruttogewinnfenster öffnen	Strg+G
Zahlungsmethodenfenster öffnen	Strg+Y
Volumen- und Gewicht-Fenster öffnen	Strg+W
Buchungsjournalbericht	Strg+J
Basisbeleg öffnen	Strg+N
Zielbeleg öffnen	Strg+T
in das Eingabefeld für die Nummer des Geschäftspartners (**Geschäftspartnercode**) springen (nur bei noch nicht hinzugefügten Belegen)	Strg+U
in die erste Zeile der Tabelle springen	Strg+H
in die letzte Zeile der Tabelle springen	Strg+E
in das Feld **Bemerkungen** springen	Strg+R
Seriennummer für einen Artikel beim Hinzufügen eines Verkaufsbelegs aufrufen	Strg+⭾-Taste im Mengenfeld des Artikels im Beleg oder in den Zeilendetails
Liste **Alternativartikel** anzeigen	Strg+⭾-Taste im Feld **Artikelnummer**
die letzten Preise in einem Verkaufsbeleg aufrufen	Strg+⭾-Taste im Preisfeld des Artikels im Beleg oder in den Zeilendetails
Bestandsbericht für ein Lager in einem Verkaufsbeleg aufrufen	Strg+⭾-Taste im Feld **Lager** für den Artikel im Beleg oder in den Zeilendetails
Kopieren des fälligen Betrags im Feld **Gesamt** auf der Registerkarte des Zahlungsmittels (Fenster **Eingangszahlung**, **Ausgangszahlung**)	Strg+B

Tabelle A.3: Tastaturbefehle in Einkaufs- und Verkaufsbelegen

Darüber hinaus ist es möglich, benutzerdefinierte Tastenkürzel unter **Extras • Benutzertastenkürzel** zu definieren. Hier können Sie die Funktionstasten F2 bis F12 mit Programmfunktionen belegen.

A.2 Icon und Buttons

Eine Übersicht über die Icons und Buttons zur Programmbedienung finden Sie in Tabelle A.4. Sie stehen je nach Funktion des Fensters innerhalb der Fenster zur Verfügung.

Button	Bedeutung/Anmerkung
	Orangefarbener Pfeil – öffnet das dahinterliegende Fenster (Verknüpfungspfeil).
	Dropdown – öffnet das dahinterliegende Dropdown-Fenster.
	Listenauswahl – öffnet die Listenauswahl.
	Schwarzes Dreieck – expandiert die dahinterliegende Struktur; ein erneuter Klick komprimiert die Struktur.
	Kalenderfunktion – verfügbar in Datumsfeldern
	Rechnerfunktion – verfügbar in Betragsfeldern
	Übersetzbares Feld – es wurde (noch) keine Übersetzung vorgenommen.
	Übersetzbares Feld – Übersetzung wurde bereits vorgenommen; der stilisierte Globus ist ausgefüllt.
	Öffnet ein Fenster mit Auswahl- oder Eingabemöglichkeiten.
	Zeigt an, dass eine grafische Auswertung aufgerufen werden kann – vor allen Dingen im Geschäftspartnerstamm und Artikelstamm.

Tabelle A.4: Generelle Übersicht über Icons und Buttons in SAP Business One

In der Symbolleiste haben Sie die Buttons aus Tabelle A.5 zur Verfügung.

Button	Bedeutung/Anmerkung
	**Druckvorschau**: Wenn dieses Icon aktiv ist, können Sie eine Berichtsansicht zu dem gerade aktuellen Fenster in der Druckvorschau (z. B. **Bestellung**) aufrufen.

Tabelle A.5: Übersicht über die Buttons in der Symbolleiste

Button	Bedeutung/Anmerkung
	**Drucken**: Wenn dieses Icon aktiv ist, können Sie eine Berichtsansicht zu dem gerade aktuellen Fenster (z. B. **Bestellung**) ausdrucken.
	**E-Mail**: Mit diesem Icon haben Sie die Möglichkeit, den gerade aktuellen Beleg (z. B. Ausgangsrechnung) per E-Mail zu versenden. Klicken Sie auf den Button, bestätigen Sie, dass der Beleg an die E-Mail angehängt wird, und klicken Sie abschließend auf **Senden**.
	**SMS**: Mit diesem Icon können Sie das gerade aktuelle Dokument per SMS versenden. In den meisten Lokalisierungen wird diese Option nicht unterstützt, sondern, wenn gewünscht, durch Add-ons realisiert. Das Icon ist daher in der Regel ausgegraut.
	**Fax**: Mit diesem Icon haben Sie die Möglichkeit, den gerade aktuellen Beleg (z. B. Ausgangsrechnung) per Fax zu versenden. Klicken Sie auf den Button, bestätigen Sie, dass der Beleg an die elektronische Faxnachricht angehängt wird, und klicken Sie abschließend auf **Senden**. Diese Funktion setzt die Installation und Konfiguration des Microsoft-Fax-Services voraus.
	**Eine Tabelle nach MS Excel exportieren**
	**Einen Beleg nach MS Word exportieren**
	**In PDF exportieren**
	**Anwendung starten**: Über dieses Icon haben Sie die Möglichkeit, andere Programme zu starten.
	**Bildschirm sperren**: Klicken Sie auf diesen Button, um den Bildschirm zu sperren und Ihre Daten beim Verlassen des Computers zu schützen. Sie können die Sperre mit Ihrem Log-in und Passwort oder dem eines Superusers wieder aufheben.
	**Datensatz suchen – in den Suchmodus wechseln**
	**Datensatz hinzufügen – in den Hinzufügemodus wechseln**
	**Erster Datensatz**
	**Voriger Datensatz**
	**Nächster Datensatz**

Tabelle A.5: Übersicht über die Buttons in der Symbolleiste (Forts.)

Button	Bedeutung/Anmerkung
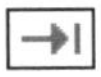	**Letzter Datensatz**
	**Tabelle auffrischen/aktualisieren**
	**Tabelle filtern**
	**Tabelle sortieren**
	**Basisbeleg**: Zeigt den Beleg an, aus dem der aktuelle Beleg entstanden ist.
	**Zielbeleg**: Zeigt den Folgebeleg des aktuellen Belegs an.
	**Bruttogewinn**: Zeigt den Bruttogewinn eines Marketingdokuments an.
	**Zahlungsmethoden**: verwendbar in Marketingdokumenten, wenn auch eine (Sofort-)Zahlung eingegeben werden soll
	**Berechnung Volumen und Gewicht**: Gesamtvolumen und -gewicht der Artikel des aktuellen Belegs
	**Buchungsjournal**: Mit diesem Button rufen Sie den Buchungsjournalbericht auf.
	**Journalbuchungsvorschau**: zeigt die Journalbuchung an, die erstellt würde, wenn der aktuelle Beleg gespeichert wird.
	**Layoutdesigner**: startet den Layoutdesigner bzw. ermöglicht es, die Formularvorlage zu ändern.
	**Formulareinstellungen**
	**Abfragemanager**
	**Live-Zusammenarbeit**: Chat-Funktion für die angelegten Benutzer
	**An Konversation senden**: Ermöglicht das Senden definierter Dokumente (z. B. Einkaufs-, Verkaufs- und Bestandstransaktionen) an einen geöffneten Chat.
	Übersicht der Meldungen zum Arbeitsvorrat
	Öffnet die **Übersicht Nachrichten/Alarme**.

Tabelle A.5: Übersicht über die Buttons in der Symbolleiste (Forts.)

Button	Bedeutung/Anmerkung
	Zeigt den **Kalender** des angemeldeten Users.
	**Filialauswahl**: Ist der Mandant für mehrere Filialen initialisiert und ist der Benutzer mehreren Filialen zugeordnet, kann hier die Standardfiliale für die aktuelle Sitzung definiert werden.
	**Meine persönlichen Einstellungen**: wie z. B. Sprache, Bildschirmauflösung und Design
	Öffnet den Webclient von SAP Business One.
	**Kontexthilfe**
	**Available-to-Promise-Prüfung**: Dieser Button ist nur in der SAP-HANA-Version von SAP Business One verfügbar und muss separat aktiviert und konfiguriert werden. Er führt in definierten, artikelbezogenen Programmpunkten (Artikelstamm, Kundenauftrag, Produktionsauftrag etc.) zu einer erweiterten Verfügbarkeitsprüfung.
	**Lieferplanverwaltung**: Dieser Button ist nur in der SAP-HANA-Version von SAP Business One verfügbar.
	**Cashflow-Prognose**: Dieser Button ist nur in der SAP-HANA-Version von SAP Business One verfügbar.
	**Detailanalyse**: Dieser Button ist nur in der SAP-HANA-Version von SAP Business One verfügbar.
	**Cockpitverwaltung**: Dieser Button ermöglicht es Ihnen in MS-SQL-basierten Versionen, die Auswahl der vorhandenen Cockpits zu öffnen.
	**Ursprüngliche Cockpit-Vorlage anwenden**: Dieser Button ermöglicht es Ihnen in MS-SQL-basierten Versionen, Änderungen des aktuellen Cockpits zu verwerfen und das ursprüngliche Cockpit wiederherzustellen.

Tabelle A.5: Übersicht über die Buttons in der Symbolleiste (Forts.)

Um die Symbolleiste zu konfigurieren, klicken Sie mit der rechten Maustaste hinein. Sie können nun die in Abbildung A.1 dargestellten Icon-Gruppen aktivieren oder deaktivieren, um die Symbolleiste übersichtlicher zu gestalten.

Abbildung A.1: Symbolleiste konfigurieren

A.3 Belegkürzel

In Tabelle A.6 finden Sie eine Aufstellung aller in SAP Business One verwendeten Belegkürzel in alphabetischer Reihenfolge.

Belegkürzel	Belegart
AG	Ausgangsgutschrift
AU	Kundenauftrag
BC	Abschlusssaldo
BE	Eingangsrechnung
BE	Eingangsvorausrechnung
BE	interne Rechnung
BE	Eingangslastschrift
BK	Eingangsgutschrift
BL	Eingangszahlung
BR	Einkaufsretoure
CP	Schecks zur Zahlung
DT	Ausgangsanzahlungsrechnung
DT	Eingangsanzahlungsrechnung
EL	Wareneingang (Bestellung)

Tabelle A.6: Aufstellung aller Belegkürzel in SAP Business One

Belegkürzel	Belegart
ES	Eröffnungssaldo
EZ	Einzahlung
GV	Wechsel – eingereicht/bezahlt
IF	Wareneinstandspreise
IM	Bestandsumlagerung
JE	Journalbuchung
JR	Journalabstimmung
KR	Korrekturrechnung
LS	Lieferung
LT	Bestandsbuchung
MR	Bestandsneubewertung
PA	Produktionsauftrag
PO	Bestellung
QU	Angebot
RE	Ausgangsrechnung
RE	Ausgangsrechnung und Zahlung
RE	Ausgangsvorausrechnung
RE	Ausgangslastschrift
RE	Ausgangsrechnungsfreistellung
RE	Verkauf Rechnung
RE	Verkauf befreite Rechnung
RE	Ausgangsexportrechnung
RU	Verkaufsretoure
SI	Wareneingang

Tabelle A.6: Aufstellung aller Belegkürzel in SAP Business One (Forts.)

Belegkürzel	Belegart
SI	Eingang aus Produktion
SO	Warenausgang
SO	Ausgabe für Produktion
TT	vordatierte Kreditkartenbelege
ZL	Ausgangszahlungen

Tabelle A.6: Aufstellung aller Belegkürzel in SAP Business One (Forts.)

Anhang B
SAP Business One Webclient

Der Webclient ist eine browserbasierte Alternative zum klassischen Client. Er eignet sich besonders für Cloud-Umgebungen und kann parallel zum oder anstelle des klassischen Clients genutzt werden. Da er auf einer anderen Technologie basiert, unterscheidet sich die Bedienung. Dieses Kapitel gibt Ihnen einen Überblick.

Der klassische Client ist eine bewährte Methode, SAP Business One zu nutzen. In Cloud-Umgebungen – heute eher die Regel als die Ausnahme – erfordert er jedoch zusätzliche Infrastruktur: einen lizenzierten Windows-Terminalserver mit entsprechender Hardware, die je nach Benutzerzahl dimensioniert werden muss. Der Zugriff über einen Webbrowser kann diese Infrastruktur ersetzen und so Aufwand und Kosten reduzieren.

B.1 Einordnung und Voraussetzung

Die Entwicklung des Webclients erfolgte schrittweise. In Version 10.0 entspricht sein Funktionsumfang nun weitgehend dem klassischen Client. Insbesondere die für die tägliche Arbeit wichtigen Funktionen sind vollständig verfügbar. Mit Version 11, geplant für 2027, soll diese Entwicklung abgeschlossen sein. Zusätzlich hat SAP für diese Version Erweiterungen für den Cloud-Betrieb und die Unterstützung von künstlicher Intelligenz (KI) angekündigt.

Seine Stärke zeigt der Webclient vor allem auf mobilen Geräten wie Laptops, Tablets oder Smartphones. Beispiele dafür finden Sie in den folgenden Abschnitten.

Der Webclient in Version 10.0 läuft sowohl auf SAP HANA als auch auf Microsoft SQL Server. SAP empfiehlt die Nutzung mit Google Chrome, Mozilla Firefox oder Apple Safari (für Mac und iPad).

Lokalisierung

Einschränkungen bei der Lokalisierung gibt es praktisch nicht mehr: Aktuell werden 50 Lokalisierungen für 170 Länder unterstützt. Ob Ihre benötigte Lokalisierung verfügbar ist, prüfen Sie unter *https://help.sap.com/docs/SAP_BUSINESS_ONE*. Dort finden Sie auch die Systemvoraussetzungen für die Installation, die Ihr SAP-Consultant durchführen sollte.

Aus Sicht der Lizenz hat jeder SAP-Benutzer das Recht, SAP Business One über einen der verfügbaren Clients zu benutzen; es stehen die folgenden Clients zur Verfügung:

- der »klassische« Client
- der Webclient
- die mobilen Clients (Mobile Sales und Mobile Service)

Sie können theoretisch auch beide Clients parallel nutzen, das heißt, mit demselben Benutzer im klassischen Client und im Webclient, im gleichen Mandanten oder in unterschiedlichen Mandanten. Da sich die Bedienung jedoch erheblich unterscheidet, empfiehlt es sich, mit einem Client zu arbeiten. Ein paralleler Einsatz kann sinnvoll sein, wenn eine benötigte Funktion im Webclient noch nicht verfügbar ist.

[zB]

Anlegen einer Kampagne

Sie sind im Vertrieb tätig und verwenden den Webclient für alltägliche Tätigkeiten wie dem Suchen nach Kundendaten, dem Erfassen von Aktivitäten, um Kundenbesuchsberichte zu verfassen oder um Angebote zu schreiben. Von Zeit zu Zeit wird eine Kampagne definiert und durchgeführt. Um diese in SAP Business One anzulegen, verwenden Sie den »klassischen« Client, da die Funktion »Kampagne« im Webclient noch nicht (Stand 2026) verfügbar ist.

Abgesehen von der initialen Installation der benötigten Komponenten für den Webclient sind praktisch keine weiteren Einstellungen vorzunehmen, um mit der Arbeit mit dem Webclient zu starten.

Die einzige Ausnahme bildet die Möglichkeit, den Webclient im schreibgeschützten Modus zu betreiben. Sie können damit Benutzern oder Benutzergruppen einen lediglich lesenden Zugriff auf das Programm gewähren. Die Einstellung nehmen Sie im Programmteil **Administration • Systeminitialisierung • Berechtigungen • Allgemeine Berechtigungen** vor (siehe Abbildung B.1).

Markieren Sie dazu den entsprechenden Benutzer oder die Benutzergruppe, und aktivieren Sie die Checkbox **Web Client im schreibgeschützten Modus starten**. Damit sind praktisch alle Fenster im Webclient nicht mehr bearbeitbar, Daten können nicht erfasst oder geändert werden. Eingaben sind nur noch in folgenden Bereichen möglich:

- Es können Daten gefiltert werden.
- Es können neue Ansichten gespeichert werden.
- Es kann die Enterprise Search genutzt werden.
- Es können Freigabeanfragen bearbeitet werden.

Die Einstellung wird nach dem nächsten Start des Webclients durch die betroffenen User wirksam.

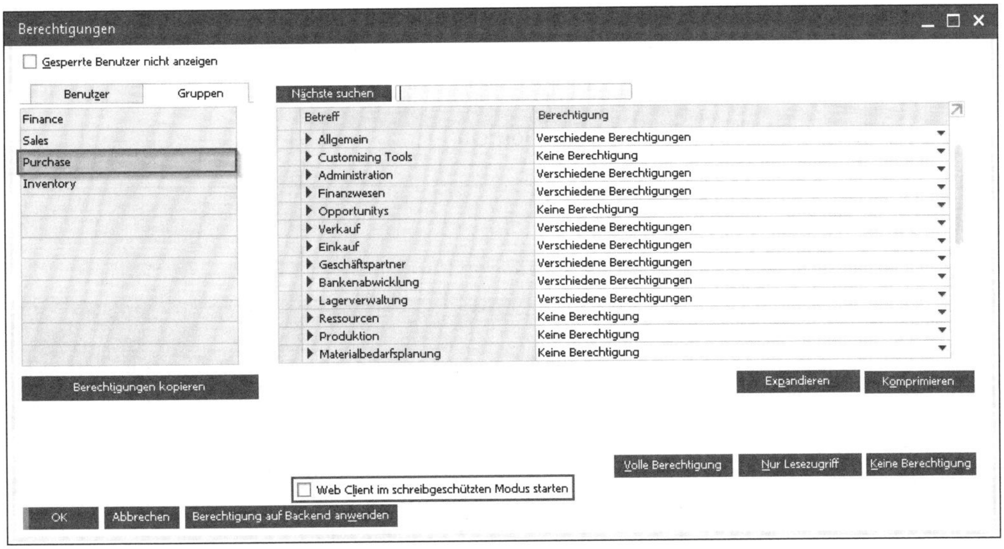

Abbildung B.1: Webclient im schreibgeschützten Modus betreiben

B.2 Einstieg und wichtige Bedienelemente

In diesem Abschnitt beschreiben wir den Start des Webclients, die Bedienelemente und ihre Funktion sowie die Möglichkeiten der Anpassung.

B.2.1 Einstieg in den Webclient

Der Einstieg in den Webclient kann über zwei Arten erfolgen:

- über den »klassischen« Client
- direkt über einen Webbrowser

Wenn Sie über den »klassischen« Client einsteigen wollen, dann wählen Sie in der oberen Button-Leiste den Button (**Webclient**). Es öffnet sich dann ein Log-in-Bild wie in Abbildung B.2 dargestellt. Das Log-in-Bild ist also für beide Einstiegsarten – über den »klassischen« Client oder direkt über den Webbrowser – identisch.

Um sich anzumelden, gehen Sie wie folgt vor:

- Das erste Feld enthält den Verbindungslink, der im Wesentlichen aus dem Benutzernamen und dem Namen des Datenbankservers besteht. Er wird beim Start über den klassischen Client bereits vorgeschlagen und kann nicht manuell bearbeitet werden. In diesem Feld können Sie lediglich mit dem Button (**Auswahlliste**) aus bestehenden Optionen wählen.

- Das zweite Feld ermöglicht die Auswahl des Mandanten. Alle Mandanten, die auf der zuvor ausgewählten Datenbank vorhanden sind, werden angezeigt.
- Im dritten Feld geben Sie Ihren Benutzernamen ein.
- Im vierten Feld geben Sie Ihr Passwort ein.

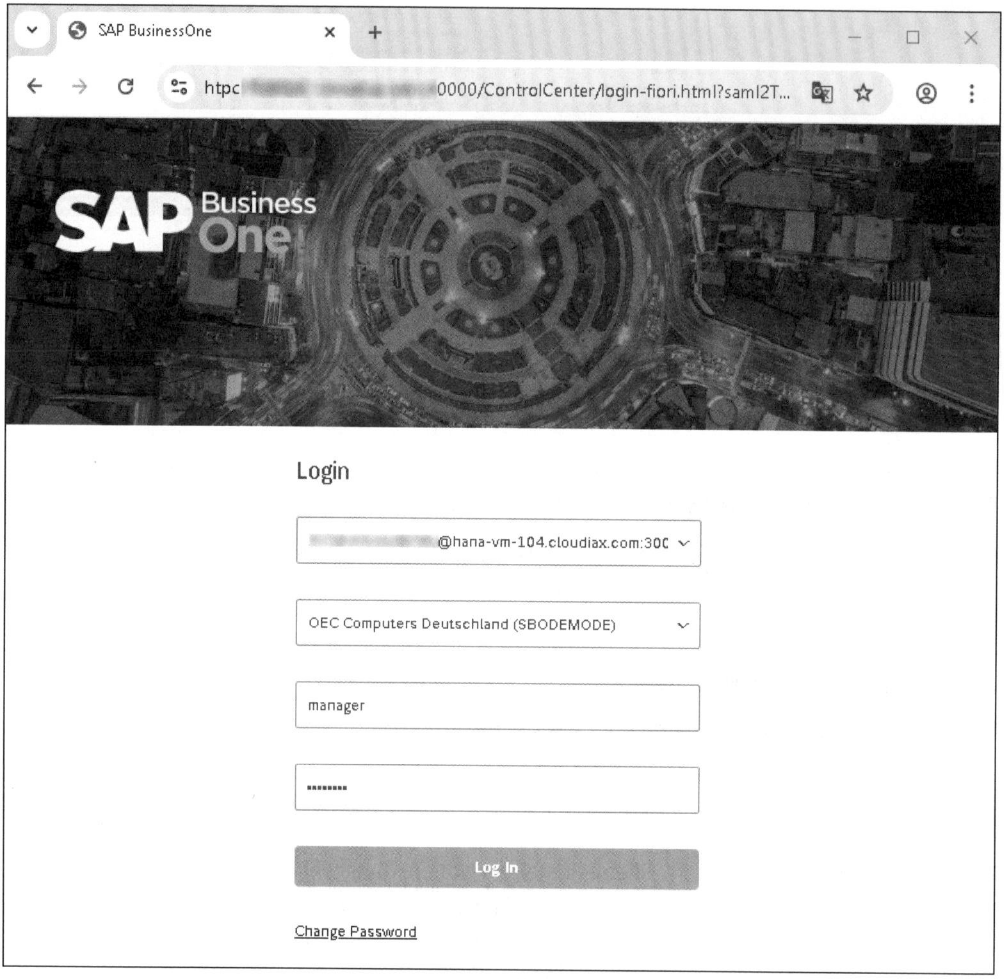

Abbildung B.2: Einstieg über einen Webbrowser

Die Anmeldung direkt über den Webbrowser erfolgt analog dazu, der einzige Unterschied besteht darin, dass Sie den Webclient nicht über den Button starten, sondern die Internetadresse (URL), die Sie von Ihrem SAP-Business-One-Partner erhalten haben, direkt in Ihren Browser eingeben. Das Ergebnis ist die Anzeige der Startseite von SAP Business One in Ihrem Browser (siehe Abbildung B.3).

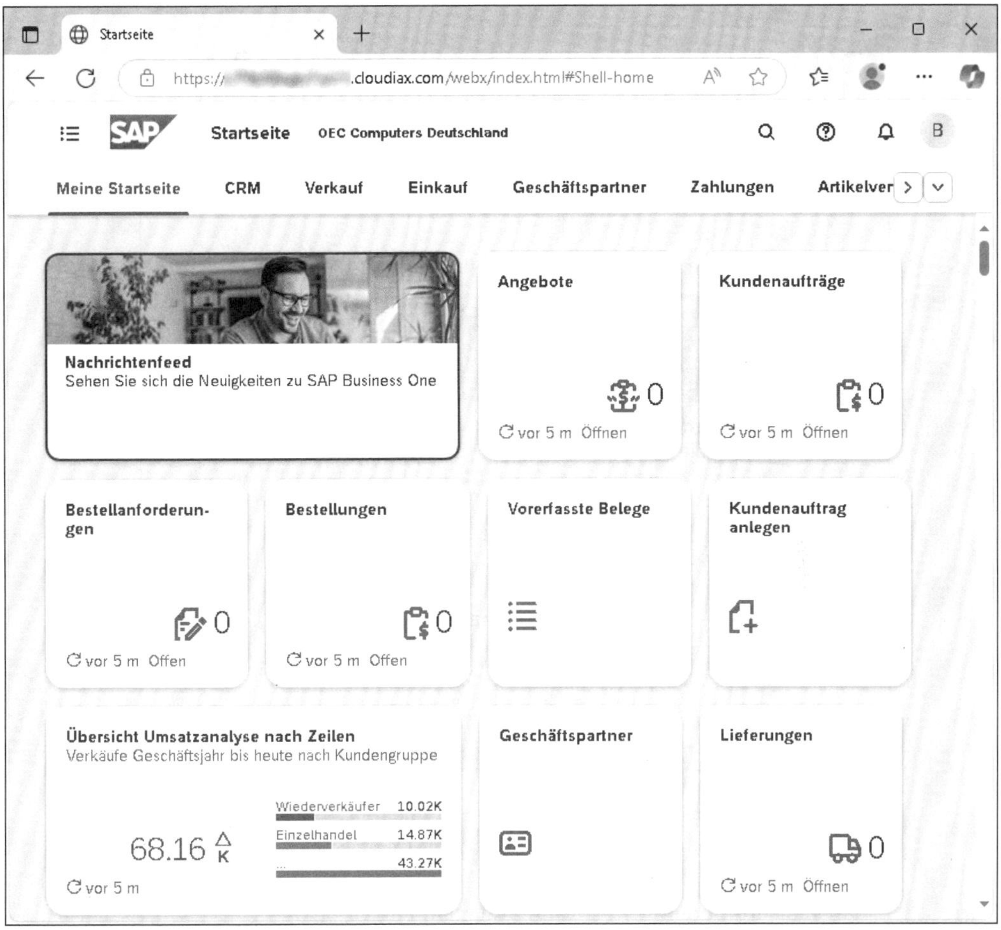

Abbildung B.3: Startseite von SAP Business One im Webbrowser

Der Webclient ist »responsive«

Wie Sie in Abbildung B.4 sehen, ist der Webbrowser stark verschmälert worden. Trotzdem sind die Bedienelemente gut lesbar. Der Webclient reagiert auf das geringere Platzangebot und ordnet die Elemente so an, dass sie aus dem vorhandenen Platz das Beste machen. So werden die Kacheln nun nicht mehr in vier Reihen, sondern nur in zwei Reihen angeordnet. In Eingabemasken werden Felder unter Umständen nicht mehr nebeneinander, sondern untereinander angezeigt. Damit ist gewährleistet, dass jedes Gerät, auf dem der Webbrowser läuft, optimal genutzt werden kann; der Webclient kann daher sowohl auf einem Smartphone mit dessen geringem Platzangebot als auch auf einem Desktopcomputer mit einem großen Bildschirm verwendet werden.

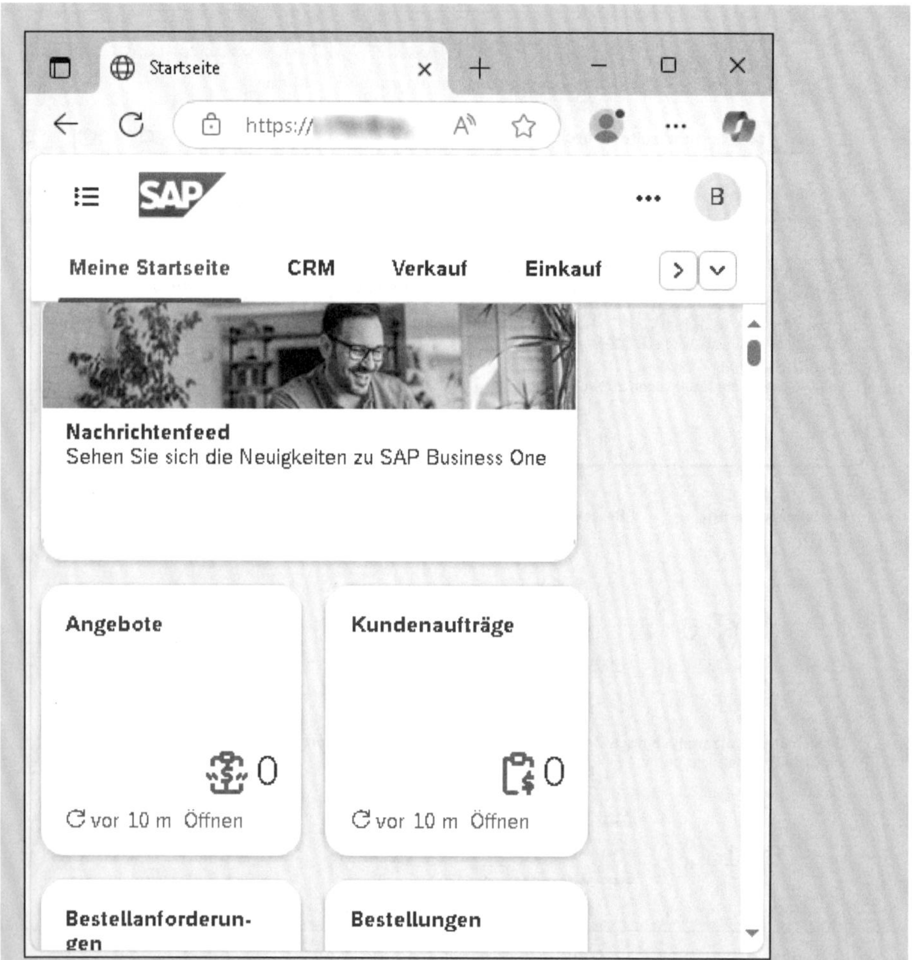

Abbildung B.4: Startseite auf schmalem Webbrowser

Die Startseite, die in Abbildung B.3 und Abbildung B.4 noch nicht individualisiert wurde, enthält schon die wichtigsten Bedienelemente des Webclients. Diese beschreiben wir in Abschnitt B.2.2, »Bedienelemente«.

B.2.2 Bedienelemente

Die folgenden Bedienelemente entsprechen hinsichtlich ihrer Bezeichnung denen in der deutschsprachigen SAP-Dokumentation und im Programm, soweit sie dort konsistent verwendet werden.

Eine *Kachel* ist eine Verknüpfung, die eine *SAP-Fiori-App* öffnet. Je nach Art der App hat die Kachel unterschiedliche Erscheinungsformen. Abbildung B.5 zeigt eine Kachel zum Aufrufen von Datensätzen – hier Geschäftspartner. Klicken Sie darauf, erscheint eine Liste aller entsprechenden Einträge.

Abbildung B.5: Die Kachel »Geschäftspartner«

Die Listenansicht entspricht der Suche im klassischen Client. Sie zeigt alle Datensätze in einer Übersicht. Von hier aus können Sie einen Datensatz auswählen, um ihn anzuzeigen oder zu bearbeiten, oder einen neuen Datensatz anlegen (siehe Abbildung B.6).

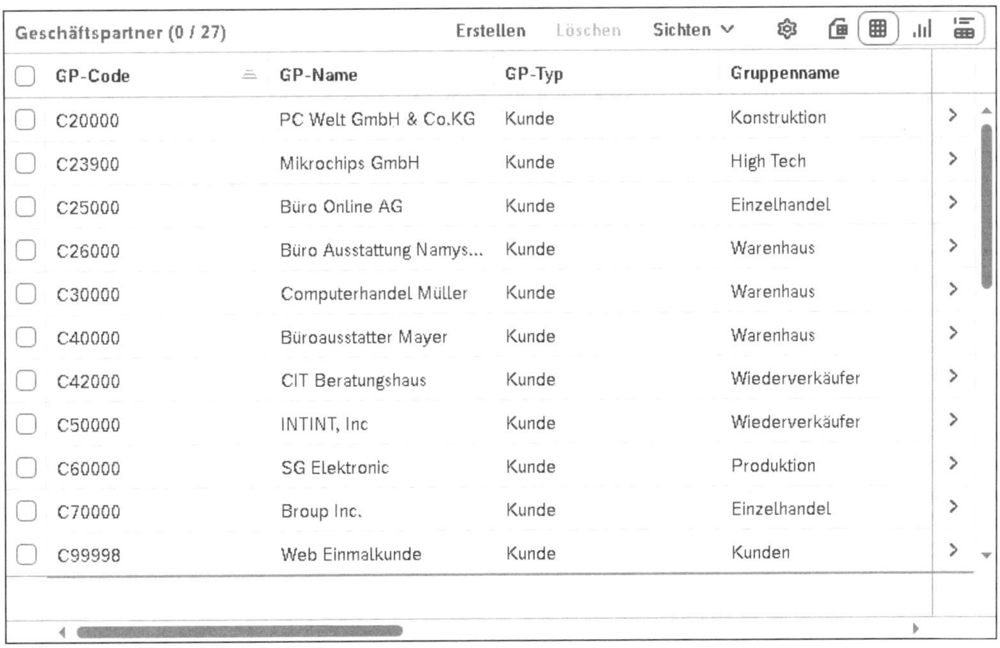

GP-Code	GP-Name	GP-Typ	Gruppenname
C20000	PC Welt GmbH & Co.KG	Kunde	Konstruktion
C23900	Mikrochips GmbH	Kunde	High Tech
C25000	Büro Online AG	Kunde	Einzelhandel
C26000	Büro Ausstattung Namys...	Kunde	Warenhaus
C30000	Computerhandel Müller	Kunde	Warenhaus
C40000	Büroausstatter Mayer	Kunde	Warenhaus
C42000	CIT Beratungshaus	Kunde	Wiederverkäufer
C50000	INTINT, Inc	Kunde	Wiederverkäufer
C60000	SG Elektronic	Kunde	Produktion
C70000	Broup Inc.	Kunde	Einzelhandel
C99998	Web Einmalkunde	Kunde	Kunden

Abbildung B.6: Listensicht von Kunden

Mit einem Klick auf den Button [>] (**Detail**) öffnen Sie die *Detailansicht* des jeweiligen Datensatzes. Mit dem Button [Erstellen] (**Erstellen**) wechseln Sie in die App zur Neuanlage eines Datensatzes. Auch sie stellt eine Detailansicht dar.

Mit dem Button [Löschen] (**Löschen**) können Sie alle Datensätze löschen, die Sie zuvor mit den Checkboxen im linken Bereich des Fensters ausgewählt haben. Im Unterschied zum »klassischen« Client kann hier mehr als ein Datensatz auf einmal gelöscht werden. Daher ist die in Abbildung B.7 gezeigte Sicherheitsabfrage besonders wichtig.

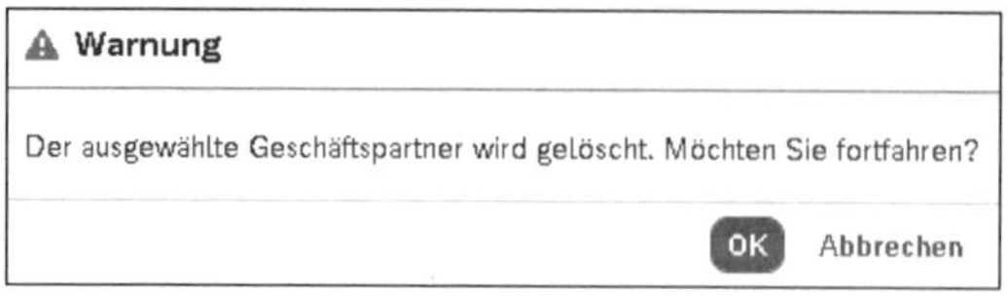

Abbildung B.7: Sicherheitsabfragen zum Löschen

Auch im Webclient gilt die referentielle Integrität: Datensätze, die bereits in Transaktionen verwendet wurden, lassen sich nicht löschen (siehe Abbildung B.8).

Abbildung B.8: Bebuchte Datensätze werden nicht gelöscht.

Der Button ⚙ (**Einstellungen anzeigen**) ermöglicht es Ihnen, die angezeigten Spalten sowie ihre Sortierung und Gruppierung zu bearbeiten. Abbildung B.9 zeigt die Optionen.

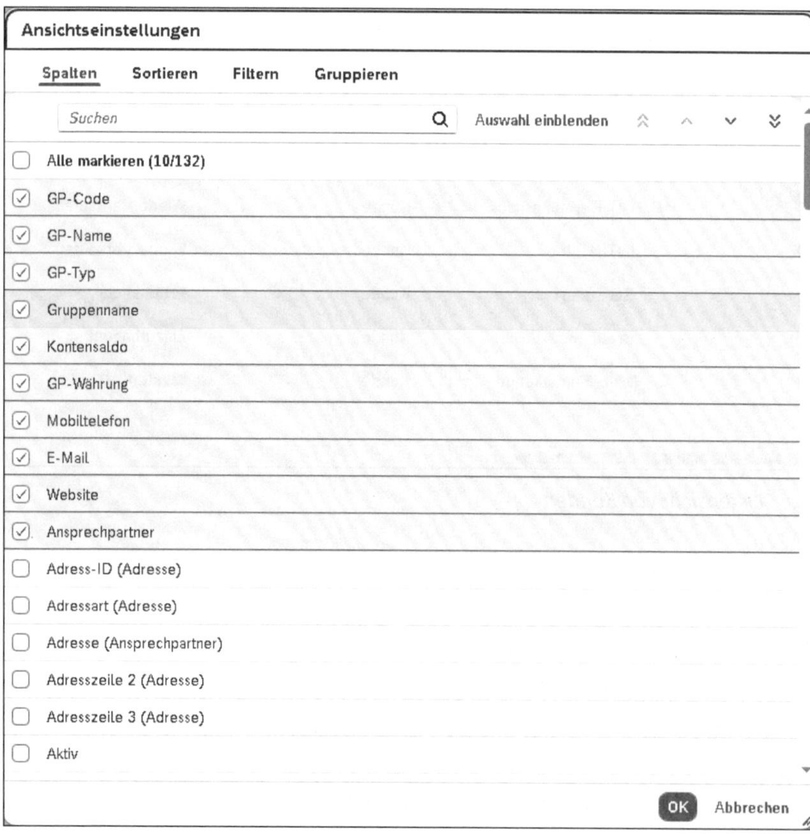

Abbildung B.9: Ansichtseinstellungen

Sie können wählen, welche Variablen in der Listenansicht gezeigt werden sollen, nach welcher Spalte standardmäßig sortiert werden soll, ob und, wenn ja, wonach die Datensätze gefiltert werden sollen. Alle diese Einstellungen – abgesehen vom Filtern – können auch dynamisch in der Listenansicht vorgenommen werden.

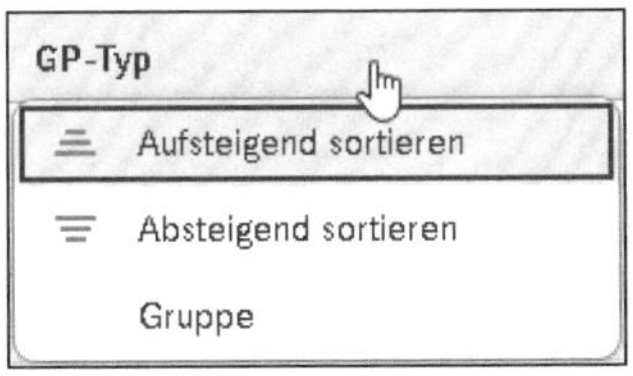

Abbildung B.10: Dynamisch in der Listenansicht sortieren und gruppieren

Dazu klicken Sie wie in Abbildung B.10 dargestellt auf die Spaltenüberschrift. Es öffnet sich ein Kontextmenü, in dem Sie die Sortierung der Listenansicht nach der entsprechenden Spalte festlegen können. Wählen Sie die Option **Gruppe**, wird die Listenansicht nach diesem Feld gruppiert. Sinnvoll ist das Gruppieren nur bei Feldern, deren Werte in der Listenansicht mehrfach vorkommen.

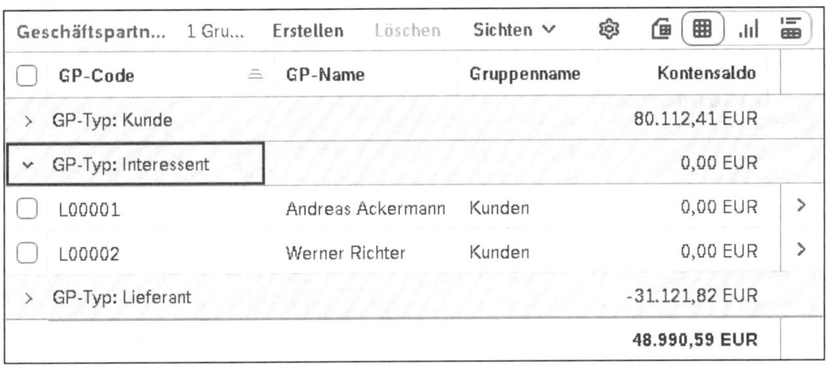

Abbildung B.11: Gruppierte Listenansicht

So zeigt Abbildung B.11 eine Listenansicht der Geschäftspartner gruppiert nach Geschäftspartnertyp, wobei der Typ **Interessent** expandiert ist. Das bedeutet, die Datensätze, die zur Gruppe **Interessent** gehören, werden angezeigt.

Der Button (**In Microsoft Excel exportieren**) erzeugt aus der Listenansicht eine *.xlsx*-Datei, die standardmäßig im Download-Verzeichnis abgelegt wird.

Wie eine Listensicht in der Kachel interpretiert wird, stellen Sie im Kopfbereich der Ansicht ein. Diese befindet sich oberhalb der Listenansicht und kann mithilfe der Buttons und auf- und zugeklappt werden. Als Beispiel klicken wir auf die Kachel **Kundenaufträge** (siehe Abbildung B.12).

Abbildung B.12: Kachel »Kundenaufträge«

Das Symbol zeigt die offenen Kundenaufträge. Die Symbole werden von SAP für jede Kachel individuell gestaltet. Die Zahl daneben gibt an, wie viele Objekte die Kachel enthält. Hier werden also drei Kundenaufträge angezeigt, wenn Sie die Kachel anklicken. Das bedeutet jedoch nicht, dass nur drei Aufträge im System existieren; welche angezeigt werden, steuert die jeweilige Ansicht.

In Abbildung B.13 sehen Sie die Ansicht **Meine offenen Kundenaufträge**, die standardmäßig vorgeschlagen wird, wenn Sie die Kachel aus Abbildung B.12 anklicken.

Abbildung B.13: Ansicht »Meine offenen Kundenaufträge«

Die Kachel zeigt also nicht grundsätzlich die offenen Kundenaufträge, sondern die offenen Kundenaufträge des Benutzers, der die Kachel angeklickt hat – eben »Meine« offenen Kundenaufträge. Gesteuert wird das in der Ansicht durch den Eintrag **=$[CURRENT_USER]** im Feld **Benutzersignatur**.

Sie können durch Klick auf den Button ⌄ alternative, vorgefertigte Ansichten wählen, siehe Abbildung B.14. Durch Klick auf den Button Verwalten (**Verwalten**) können Sie eine alternative Ansicht zur Standardansicht der Kachel machen.

Wie in Abbildung B.15 dargestellt, ist der Radiobutton **Standard** unter der gewünschten Ansicht zu aktivieren. Beim nächsten Klick auf die Kachel wird dann die alternative Ansicht standardmäßig verwendet.

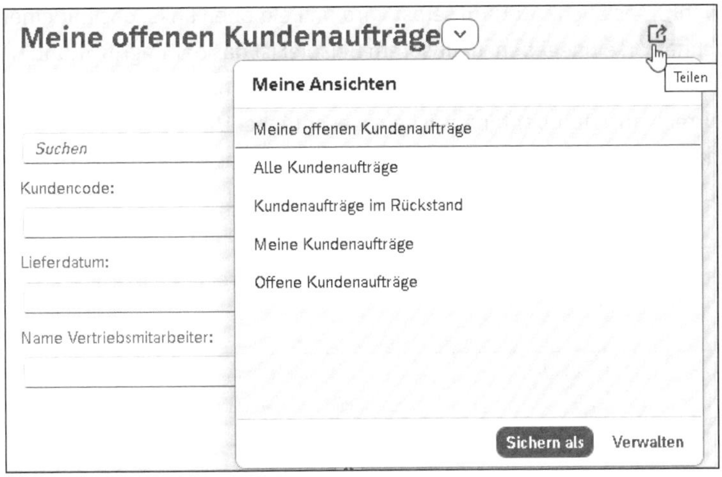

Abbildung B.14: Alternative Ansichten wählen

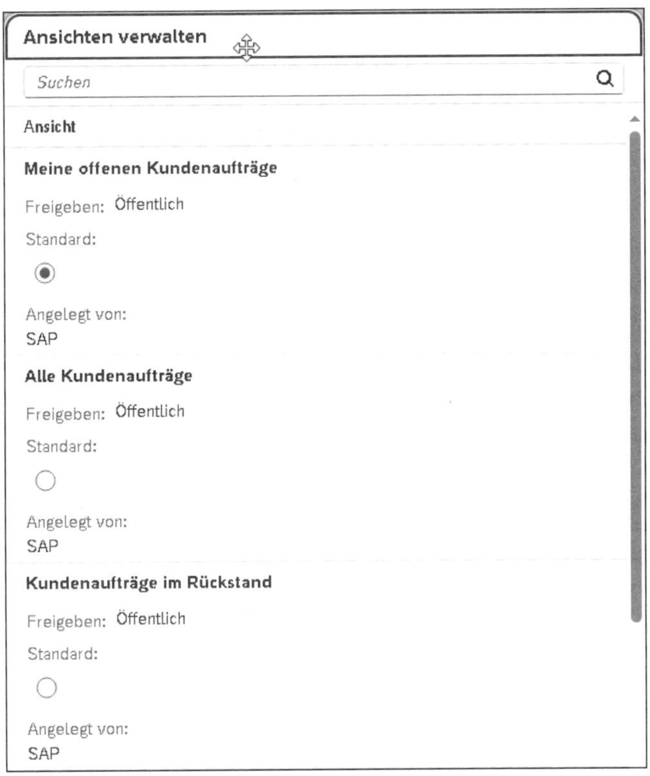

Abbildung B.15: Ansichten verwalten

Ebenfalls im Kopfbereich der Listenansicht befindet sich die *Suchfunktion*. Abbildung B.16 zeigt die Suche nach Kunden. Im Feld **GP-Typ** wurden alle Typen (Kunden, Lieferant,

Interessent) ausgewählt. Das Suchkriterium selbst wird im Feld oben links, das mit einer Lupe gekennzeichnet ist, eingegeben. In unserem Beispiel ist das der Begriff »Kunde«. Im Unterschied zum klassischen Client ist hier keine *Wildcard* (*) notwendig. Groß- und Kleinschreibung ist irrelevant. Darüber hinaus ist ein wesentlicher Unterschied, dass sich der Suchbegriff nicht auf ein bestimmtes Feld bezieht, in dem er eingegeben wird. Es werden alle Felder der Listenansicht nach dem Suchbegriff durchsucht.

Abbildung B.16 macht das deutlich: Der Begriff »Kunde« wird sowohl in der Spalte **GP-Typ** als auch in der Spalte **Gruppenname** gefunden; alle entsprechenden Datensätze werden angezeigt.

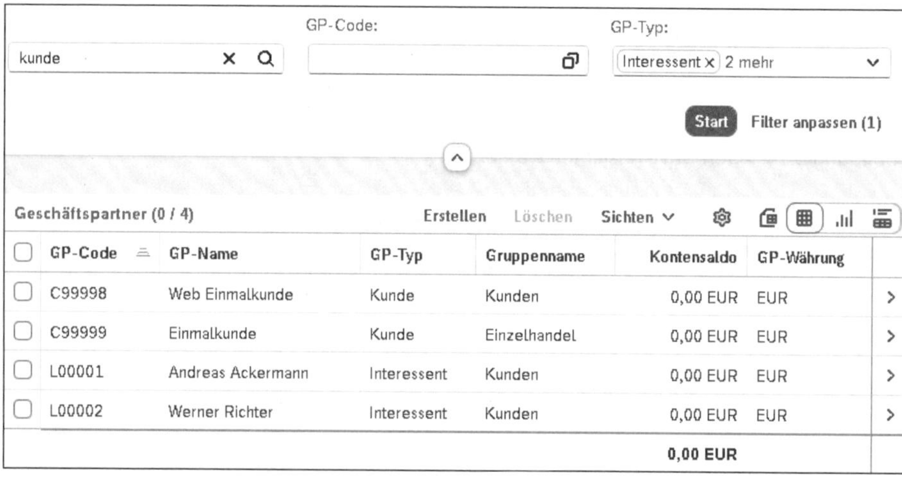

Abbildung B.16: Suche nach Kunden

Immer wenn Sie am Bildschirm einen goldenen Pfeil > C20000 sehen, ist eine *Schnellansicht* des Objekts rechts neben dem goldenen Pfeil verfügbar. Abbildung B.17 zeigt ausgehend von einem Kundenauftrag die Schnellansicht eines Kunden. Die für die Schnellansicht dieses Objekts vorgesehenen Daten werden in einem kleinen Fenster neben oder unter dem Objekt dargestellt.

Soll mehr Information angezeigt werden, wählen Sie den Peil nach unten in der rechten unteren Ecke des Schnellansichtsfensters. Es öffnet sich nun der Button **Auf aktueller Registerkarte mehr anzeigen** (siehe Abbildung B.18)

Es wird nun im gleichen Browserfenster der Datensatz in der Detailansicht angezeigt. Mehr zur Bearbeitung und zu den Optionen einer Detailansicht erfahren Sie in Abschnitt B.2.3, »Detailansicht«.

Soll die ursprüngliche Information – in unserem Beispiel ein Kundenauftrag – erhalten bleiben, dann ist stattdessen der Button Mehr anzeigen (**Mehr anzeigen**) zu wählen. Wählen Sie diese Option, öffnet sich die Detailansicht in einer neuen Registerkarte des Webbrowsers. Das Ausgangsobjekt – in diesem Beispiel der Kundenauftrag – bleibt in der ursprünglichen Registerkarte bestehen.

Abbildung B.17: Schnellansicht eines Kunden

Abbildung B.18: Mehr Informationen in der gleichen Registerkarte anzeigen

Eine weitere Kachelart ist die *Analysekachel*. Abbildung B.19 zeigt ein Beispiel, das sehr grobe Informationen zu Kundenumsätzen liefert. Im Wesentlichen zeigt diese Kachel die Gesamtumsätze des laufenden Jahres gegliedert nach Kundengruppen.

Abbildung B.19: Analysekachel zu Umsätzen

Hauptaufgabe dieses Kacheltyps ist es aber nicht, unmittelbar detaillierte Informationen zu liefern. Diese werden erst sichtbar, wenn Sie auf die Kachel klicken und sich die entsprechende *Übersichtsseite* öffnet. Abbildung B.20 zeigt ein Beispiel dafür, und zwar eine Übersichtsseite zu verschiedenen Darstellungen von Umsatzanalysen. Diese Darstellungen werden *Analysekarten* genannt. Handelt es sich um grafische Darstellungen, dann sprechen wir von *Analysediagrammen*.

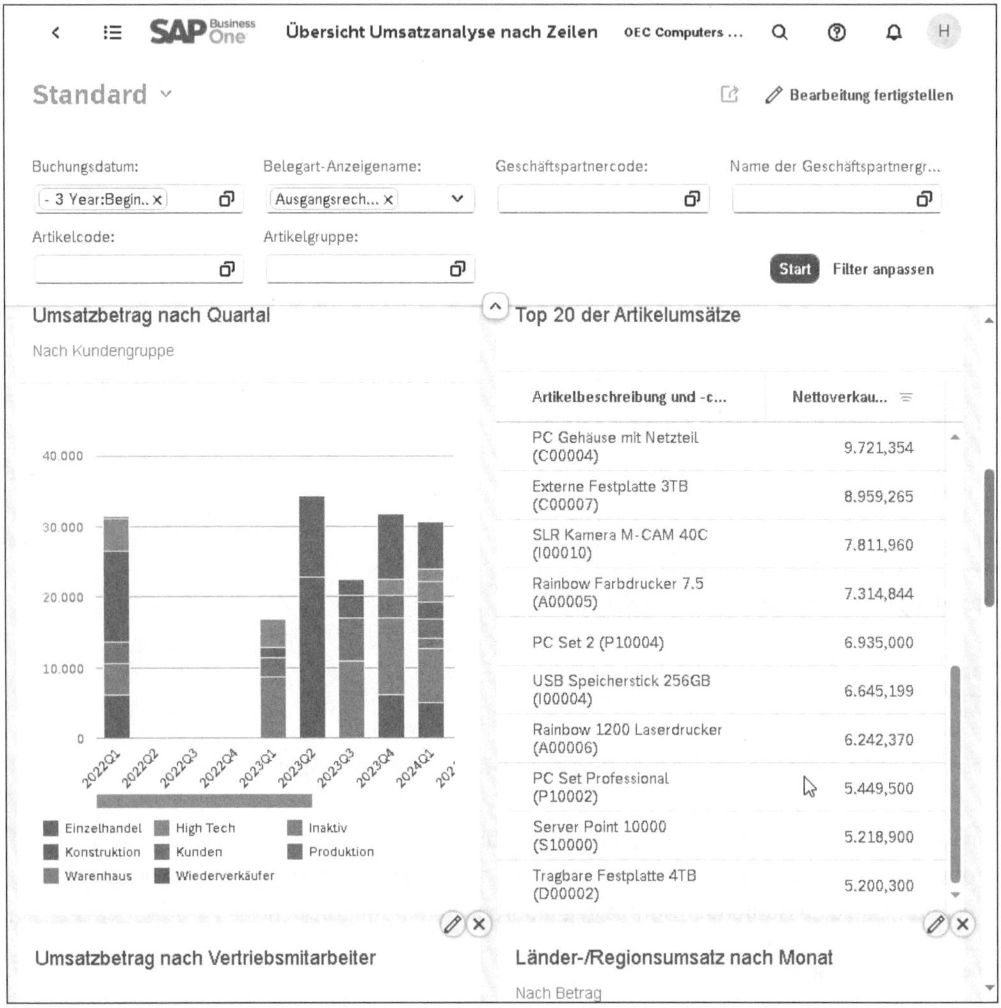

Abbildung B.20: Übersichtsseite zur Umsatzanalyse

Durch Klicken auf die Funktion [Bearbeiten] können Sie die Zusammensetzung dieser Übersichtsseite bearbeiten, indem Sie Analysekarten entfernen, bestehende Analysekarten bearbeiten oder neu erstellte Analysekarten hinzufügen. Wenn Sie die Funktion aktivieren, erscheinen am rechten oberen Rand jeder Analysekarte zwei Symbole. Mit dem Symbol [×] entfernen Sie die Analysekarte von der Übersichtsseite. Mit dem Symbol [✎] bearbeiten Sie eine bestehende Analysekarte. Abbildung B.21 zeigt das Bearbeitungsbild einer Analysekarte. Der SAP-Webclient bietet eine Reihe von Optionen zur Veränderung der Darstellung an.

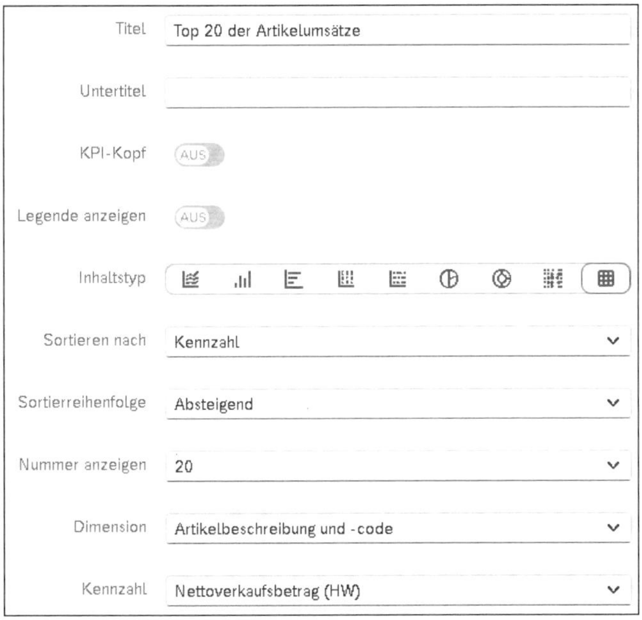

Abbildung B.21: Analysekarte bearbeiten

Nach erfolgter Bearbeitung ist die Analysekarte unter dem ursprünglichen oder einem neuen Namen zu speichern und wird automatisch auf der Übersichtsseite angezeigt. Wählen Sie danach rechts oben die Funktion [Bearbeitung fertigstellen], um den Bearbeitungsmodus zu beenden.

B.2.3 Detailansicht

Wie schon erklärt, springen Sie mit dem Symbol [>] aus der Listenansicht in die *Detailansicht*. Die genauen Funktionen der Detailansicht sind davon abhängig, welches Objekt in dieser Sicht gezeigt wird. Im Beispiel aus Abbildung B.22 zeigen wir typische Bedienelemente einer *Transaktion*, im konkreten Fall eines offenen Kundenauftrags. Die Bedienelemente von *Stammdaten-Objekten* sind ähnlich, enthalten aber von Fall zu Fall andere Optionen, die sich aus der Natur des jeweiligen Objekts ergeben. Die Optionen entsprechen in der Regel jenen des »klassischen« Clients und werden daher nicht näher beschrieben. Im Folgenden zeigen wir lediglich Optionen, die spezifisch für den Webclient sind, vom »klassischen« Client abweichen oder anders angeordnet sind.

Ähnlich wie beim »klassischen« Client gibt es *Steuerelemente*, mit denen Sie sich von Datensatz zu Datensatz bewegen können; dies sind die folgenden Buttons im oberen Bildbereich: [⇑ ∧ ∨ ⇓]. Sie erlauben den Wechsel zum ersten, zum vorhergehenden, zum folgenden und zum letzten Datensatz.

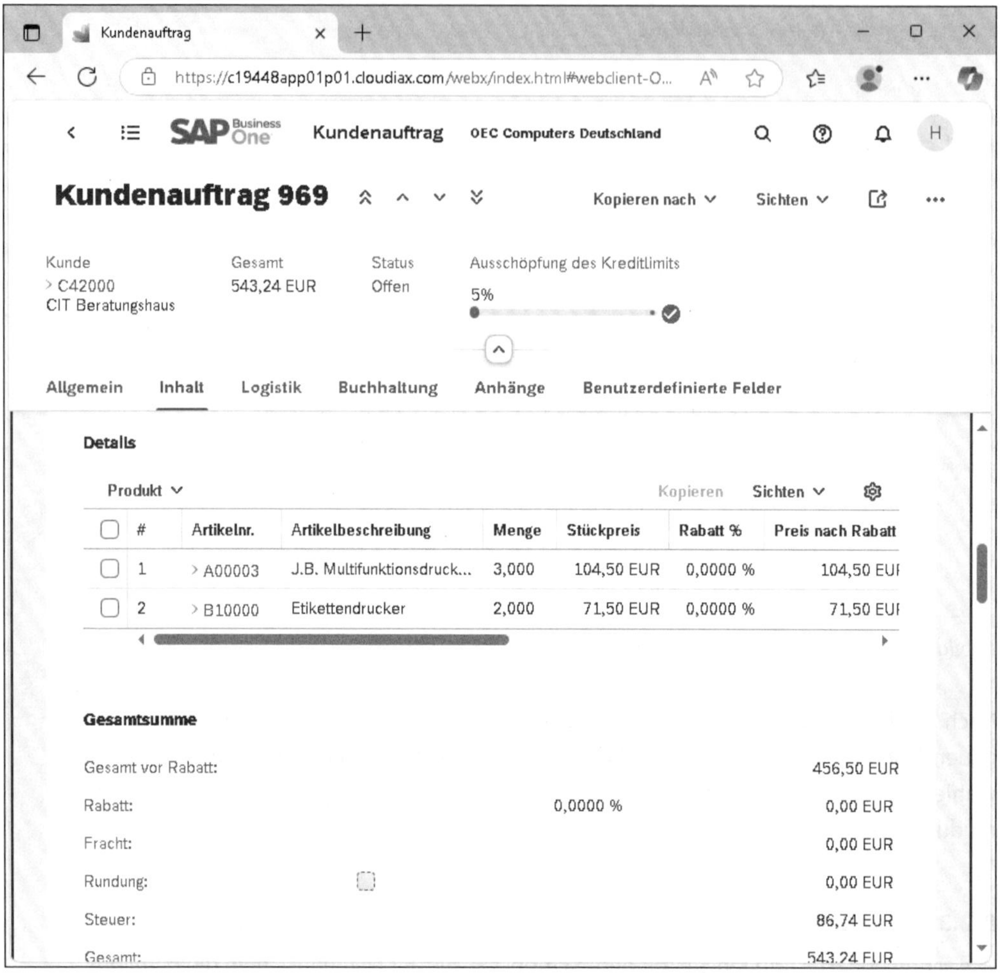

Abbildung B.22: Anzeigen und Bearbeiten eines Kundenauftrags

Mit dem Button [icon] (**Freigeben**) öffnen Sie einen Dialog wie in Abbildung B.23. Diese Optionen entsprechen den Buttons **Vorschau**, **Druck**, **Mailen** und **Formulareinstellungen** im »klassischen« Client.

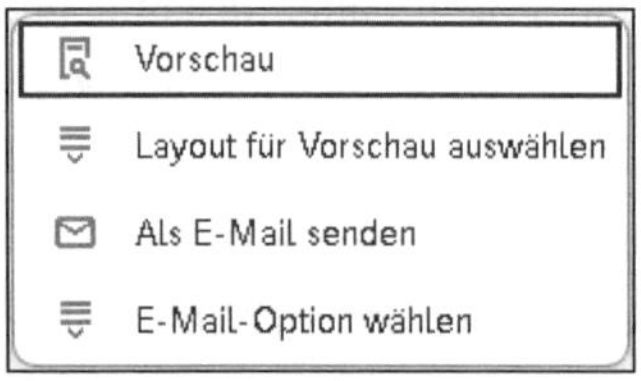

Abbildung B.23: Freigabeoptionen

Mit dem Button ••• (**Zusätzliche Funktionen**) öffnen Sie ein Menü mit den Funktionen aus Abbildung B.24. Sie entsprechen grundsätzlich den Funktionen des »klassischen« Clients bzw. sind selbsterklärend. Die einzige Ausnahme bildet die Funktion **Bearbeiten**. Sie ist notwendig, um den gerade angezeigten Beleg zu bearbeiten, z. B. um im Belegmittelteil weitere Zeilen hinzuzufügen.

Abbildung B.24: Zusätzliche Funktionen des Belegs

Im Bereich unter diesen Funktionen werden wichtige Funktionen des aktuellen Objekts dargestellt. Im aktuellen Beispiel des Kundenauftrags sind das der entsprechende Kunde, Belegbetrag und -status sowie die Ausschöpfung des Kreditlimits des Kunden. Im darunterliegenden Bereich können Sie durch das jeweilige Objekt navigieren (siehe Abschnitt B.2.4, »Navigation«).

B.2.4 Navigation

Die Navigation in größeren Bildbereichen folgt im Webclient durchgängig einem Prinzip und wird anhand des Beispiels des Kundenauftrags aus Abbildung B.25 beschrieben.

Grundsätzlich werden zunächst *alle* Elemente eines Objekts im Webbrowser dargestellt. Sie werden dabei horizontal angeordnet. Oft sind die Informationen thematisch gegliedert. Diese Gliederung entspricht den Registerkarten in den Fenstern des »klassischen« Clients und wird im Webclient oft *Gruppe* genannt. In Abbildung B.25 ist diese Gliederung mit den Bezeichnungen **Allgemein**, **Inhalt**, **Logistik**, **Buchhaltung**, **Anhänge** und **Benutzerdefinierte Felder** versehen. Die Gruppe **Allgemein** ist, wie in ❶ gezeigt, sofort sichtbar. Möchten Sie zu Gruppen wechseln, die nicht gleich sichtbar sind, können Sie dazu die Bildlaufleiste am rechten Bildrand ❷ verwenden. Um zielgenauer zu einer bestimmten Gruppe zu wechseln, klicken Sie die Gruppe in der horizontalen Leiste an ❸.

Ganz ähnlich verhält sich die Navigation auf der Startseite, also der Sicht, die unmittelbar nach Start des Webclients angezeigt wird.

Abbildung B.25: Navigation in einer Detailansicht

In Abbildung B.26 sehen Sie, dass auch hier alle Inhalte vertikal angeordnet sind und über die Bildlaufleiste angesteuert werden können. Zusätzlich dazu sind wieder die Gruppen horizontal angeordnet; durch Klick auf eine Gruppe in der horizontalen Leiste springen Sie sofort zu dieser Gruppe. Die Gruppen entsprechen den bereits aus dem »klassischen« Client gewohnten Modulen.

Einen kleinen Unterschied zum »klassischen« Client finden Sie in der Gruppe **Meine Startseite**. Diese lässt sich am besten mit dem Menü vergleichen, das userspezifisch angepasst wurde.

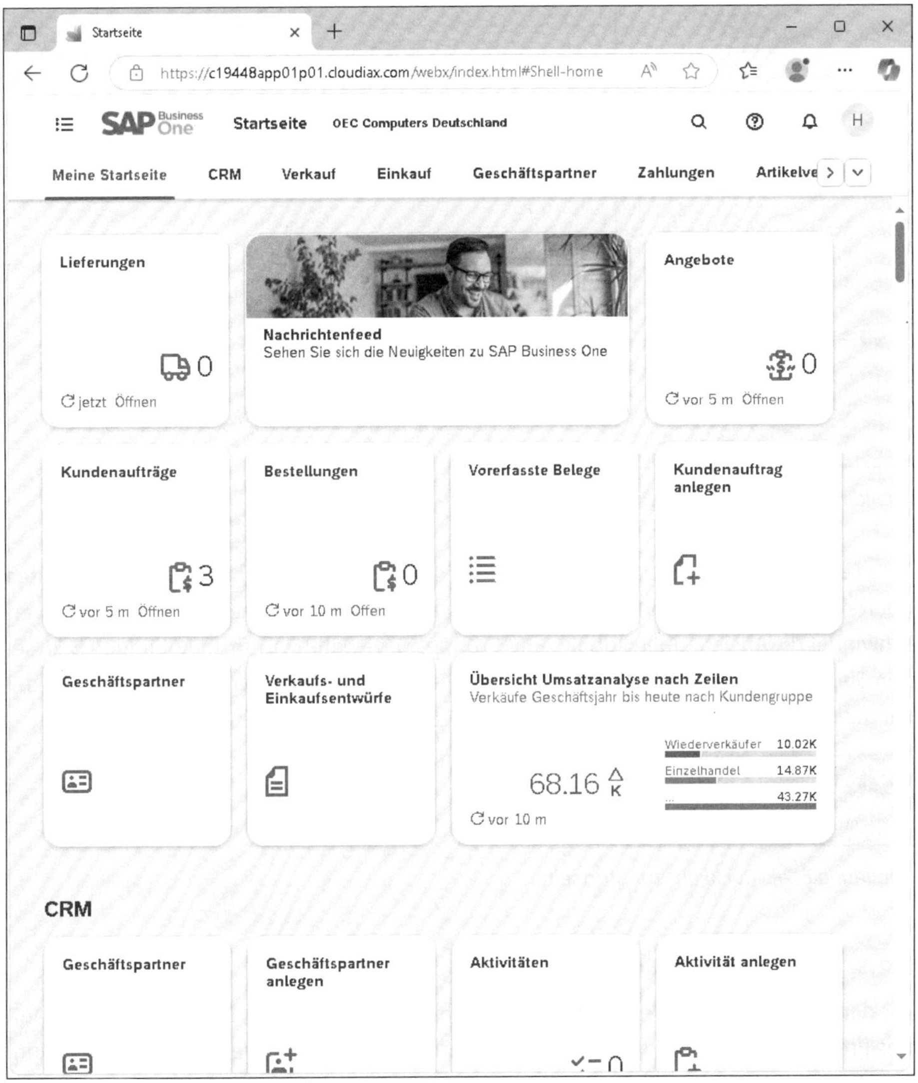

Abbildung B.26: In der Startseite navigieren

Alternativ dazu können Sie auch das »klassische« Menü anzeigen lassen, und zwar indem Sie den Button (**Hauptmenü**) in der linken oberen Ecke wählen. In dieser Ansicht können Sie auch nach Menüeinträgen suchen, indem Sie Teile des Namens eingeben. Beachten Sie aber, dass der Webclient derzeit (Stand 2026) noch über weniger Funktionen verfügt und Sie in diesem Client unter Umständen nicht alle Programmpunkte wiederfinden werden, die Sie aus dem »klassischen« Client kennen.

Durch nochmaliges Klicken auf diesen Button verschwindet das Hauptmenü wieder.

Abbildung B.27: Hauptmenü einschalten

Einen ähnlichen Effekt erzielen Sie, indem Sie den Button [v] (**Mehr Gruppen**) im rechten oberen Bildbereich wählen. Auch hier werden alle Gruppen angezeigt; in diesem Fall verschwindet die Ansicht aber, sobald eine Gruppe ausgewählt wurde. In Abbildung B.28 sehen Sie, dass Sie mit einem Klick auf das SAP-Logo im linken oberen Bildbereich wieder zur Startseite zurückkehren.

Abbildung B.28: Rückkehr zur Startseite

B.2.5 Webclient beenden

Mit der Anmeldung am Webclient haben Sie eine Verbindung zur Datenbank aufgebaut. Das Programm prüft, ob unter Ihrem Benutzernamen die zulässige Anzahl an Verbindungen eingehalten wird. Beenden Sie Ihre Arbeit daher immer über die Option **Abmelden** im Profilmenü.

B.3 Anpassung und Erweiterbarkeit

Neben eigenen Übersichtsseiten und Analysekarten (siehe Abschnitt B.2.2, »Bedienelemente«) können Sie auch eigene Sichten erstellen. Das ist ein Thema für Key-User oder SAP-Consultants. Einfacher ist es, aus den vorhandenen Kacheln genau jene auszuwählen, die Sie täglich brauchen. Klicken Sie dazu rechts oben auf die Initiale Ihres Benutzernamens (siehe Abbildung B.29).

Abbildung B.29: Profil – Anpassung der Startseite

Sie haben nun die Möglichkeit, die Startseite zu bearbeiten, indem Sie die entsprechende Option im Menü auswählen. Abbildung B.30 zeigt, wie die Startseite ihr Aussehen verändert, sobald Sie den Bearbeitungsmodus starten.

Abbildung B.30: Startseite im Bearbeitungsmodus

Sie haben nun folgende Möglichkeiten:

- Sie können Kacheln per Drag and Drop verschieben. Beachten Sie jedoch: Die Position ist nicht fix. Da die Benutzeroberfläche responsiv ist, ordnet das Programm die Kacheln je nach Browserbreite dynamisch an. Sie können daher nur die Reihenfolge innerhalb einer Gruppe ändern.
- Sie können Kacheln entfernen, indem Sie auf den Button [×] im rechten oberen Bereich der jeweiligen Kachel klicken.
- Sie können weitere Kacheln aus dem Vorrat hinzufügen, indem Sie auf das +-Symbol in der leeren Kachel im rechten unteren Bereich klicken.
- Sie können über die standardmäßig ausgelieferten Gruppen neue, individuelle Gruppen definieren.

Abbildung B.31 zeigt so eine neu angelegte Gruppe. Diese Gruppe wird sowohl in der oberen horizontalen Auflistung aller Gruppen als auch auf der Startseite angezeigt.

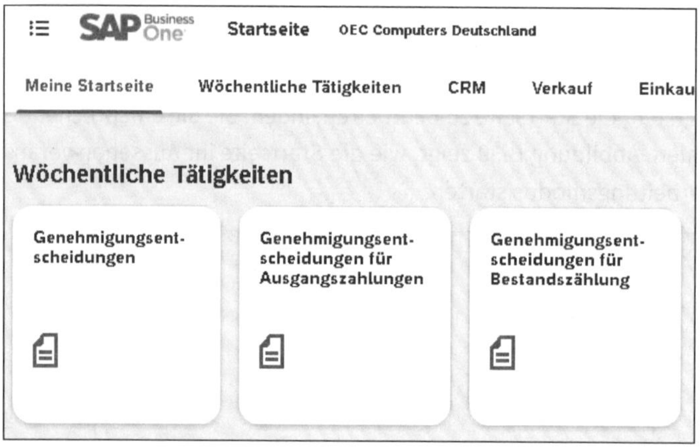

Abbildung B.31: Neu angelegte Gruppe

Sobald Sie alle Einstellungen vorgenommen haben, beenden Sie die Bearbeitung, indem Sie im Profil-Menü die Option [Bearbeitungsmodus verlassen] wählen. Die von Ihnen vorgenommenen Einstellungen werden dadurch gespeichert.

Anhang C
Möglichkeiten für Auswertungen

SAP Business One speichert alle Daten in Datenbanken wie SAP HANA oder Microsoft SQL Server. Das bedeutet: Sie können diese Informationen jederzeit auswerten. In diesem Kapitel lernen Sie die wichtigsten Wege kennen, Ihre Daten abzufragen – praxisnah und ohne Spezialkenntnisse.

Daten allein helfen Ihnen selten weiter: Entscheidend ist, wie Sie die Informationen aufbereiten. Welche Darstellung passt zu Ihrem Ziel? Wer soll die Auswertung nutzen? Wie viel Zeit steht Ihnen zur Verfügung? Dieses Kapitel zeigt Ihnen, welche Auswertungswege SAP Business One bietet und wann sich welcher Ansatz für Sie lohnt.

Denkbar ist daher eine Reihe von benötigten Eigenschaften, die teilweise gegensätzlich sind. Tabelle C.1 zeigt mögliche Ziele ohne Anspruch auf Vollständigkeit. Sie soll eine erste Entscheidungshilfe für die Wahl des richtigen Auswerteinstruments darstellen.

Einfache Auswertung	Erweiterte Auswertung
Sie holen sich Informationen gezielt, wenn Sie sie brauchen (Pull-Strategie).	Sie möchten automatisch auf neue Informationen aufmerksam gemacht werden (Push-Strategie).
Sie benötigen einen Überblick und recherchieren bei Bedarf weiter.	Sie benötigen von Anfang an detaillierte Informationen.
Eine schlichte Darstellung reicht aus.	Die Darstellung soll ansprechend gestaltet sein, etwa für externe Empfänger.
Sie rufen die Daten direkt in SAP Business One ab.	Die Auswertung soll auch Personen ohne SAP-Zugang erreichen.

Tabelle C.1: Mögliche Ziele von Auswertungen

In den folgenden Abschnitten stellen wir Ihnen verschiedene Auswertungsoptionen vor. Alle lassen sich ohne Expertenwissen umsetzen. Zu jeder Option erfahren Sie, welche Ziele aus Tabelle C.1 sie erfüllt.

Auch hier liegt der Fokus auf dem klassischen Client, der am weitesten verbreitet ist. Informationen zum Webclient finden Sie in Anhang B.

C.1 Standardauswertungen

Für viele Auswertungen müssen Sie das Rad nicht neu erfinden: SAP Business One liefert bereits rund 150 Standardberichte mit. Eine Auswahl davon haben Sie bereits in den einzelnen Kapiteln kennengelernt. Das entspricht auch der Anordnung im Hauptmenü (siehe Abbildung C.1).

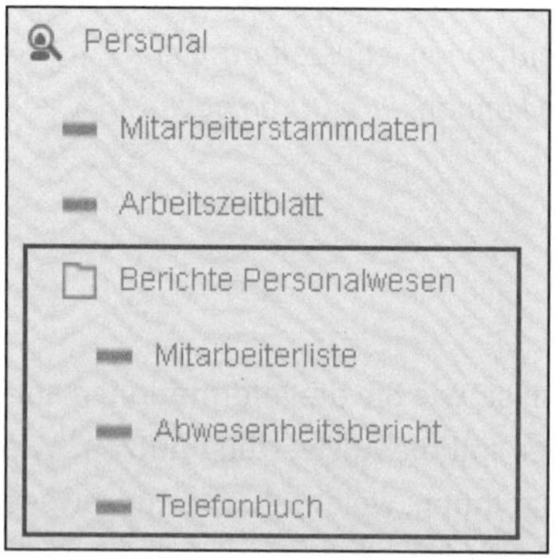

Abbildung C.1: Berichte im Modul »Personal«

Einen Überblick über alle Standardberichte finden Sie am Ende des Menüsystems indem sie entweder den Hauptmenüpunkt **Berichtauswahl** oder **Excel-Bericht und interaktive Analyse** (siehe Abbildung C.2).

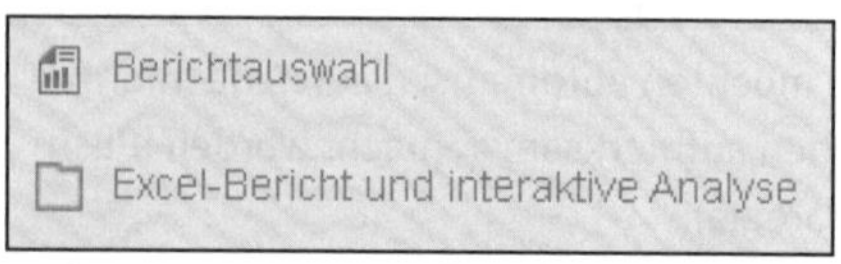

Abbildung C.2: Überblick über sämtliche Standardberichte starten

Der Programmpunkt **Berichtsauwahl** steht Ihnen immer zur Verfügung. Die Option **Excel-Berichte und interaktive Analysen** können Sie nur nutzen, wenn SAP HANA im Einsatz ist, der Programmteil aktiviert wurde und die Systemvoraussetzungen erfüllt sind. Das ist ein weiterführendes Thema, das Sie mit Ihrem Consultant besprechen sollten.

Bei der überwiegenden Zahl der Berichte wird zunächst ein Fenster mit den Auswahlkriterien geöffnet, das mindestens eine Eingrenzung auf bestimmte Datenobjekte (z. B. Kunden, Lieferanten, Artikel, Mitarbeiter) und bestimmte Zeiträume ermöglicht. Abbildung C.3 zeigt die sehr einfachen Auswahlkriterien eines ebenso einfachen Berichts, einer Mitarbeiterliste.

In Abbildung C.4 sehen Sie hingegen die Auswahlkriterien des Umsatzanalyseberichts.

Mit diesen Auswahlkriterien können Sie Ihre Berichte flexibel anpassen. Sie wählen einzelne Objekte aus, grenzen Zeiträume präzise ein oder legen fest, wie die Ergebnisse dargestellt werden sollen, etwa mit Summen.

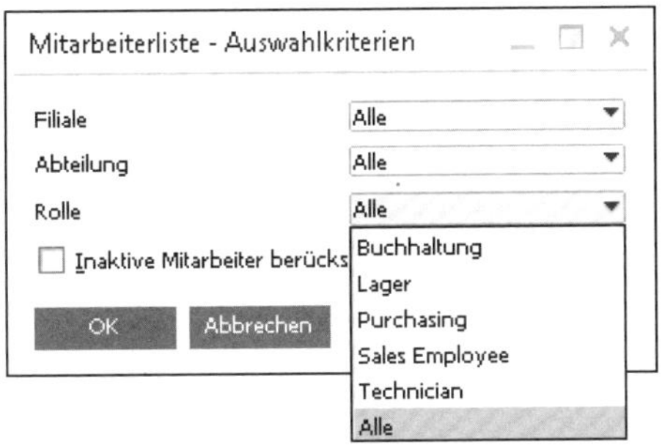

Abbildung C.3: Auswahlkriterien der Mitarbeiterliste

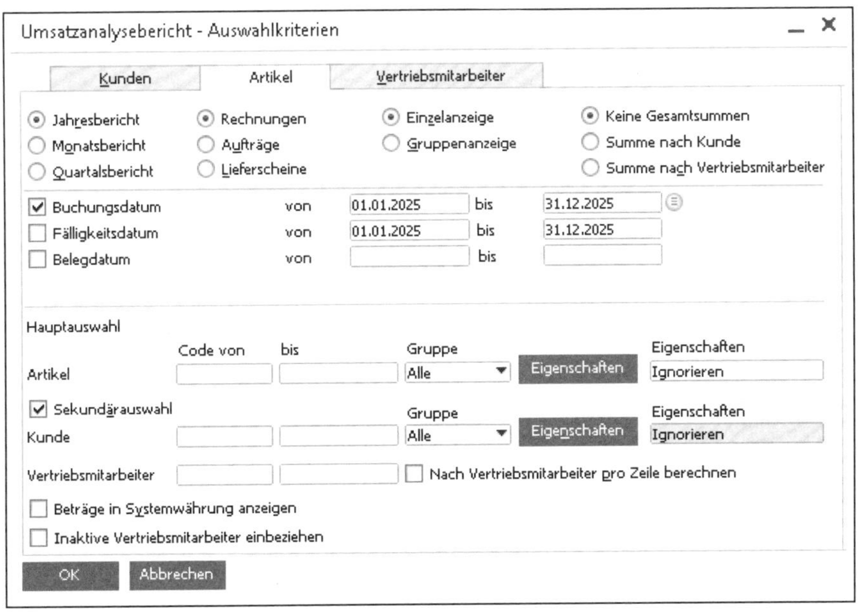

Abbildung C.4: Auswahlkriterien des Umsatzanalyse-Berichts

Ein Programmpunkt kann mehrere Berichte enthalten

Rund 150 Menüpunkte bedeuten nicht 150 Berichte. Tatsächlich sind es weit mehr: Wie Abbildung C.4 zeigt, lassen sich allein durch die Kombination von Registerkarten (Kunden, Artikel, Vertriebsmitarbeiter) und Optionen (Rechnung, Aufträge, Lieferscheine) neun verschiedene Berichte erzeugen:

- Rechnungen (= Umsätze) nach Kunden
- Rechnungen (= Umsätze) nach Artikel
- Rechnungen (= Umsätze) nach Vertriebsmitarbeiter
- (offene) Lieferscheine nach Kunden
- (offene) Lieferscheine nach Artikel

- (offene) Lieferscheine nach Vertriebsmitarbeiter
- (offene) Aufträge nach Kunden
- (offene) Aufträge nach Artikel
- (offene) Aufträge nach Vertriebsmitarbeiter

Sobald der Bericht am Bildschirm erscheint, können Sie die Daten auf verschiedene Weise weiterverarbeiten:

1. Sie können mit den Formulareinstellungen Inhalte in Listen ein- und ausblenden (siehe Abbildung C.5). Damit beeinflussen Sie direkt die Gestaltung des Berichts.

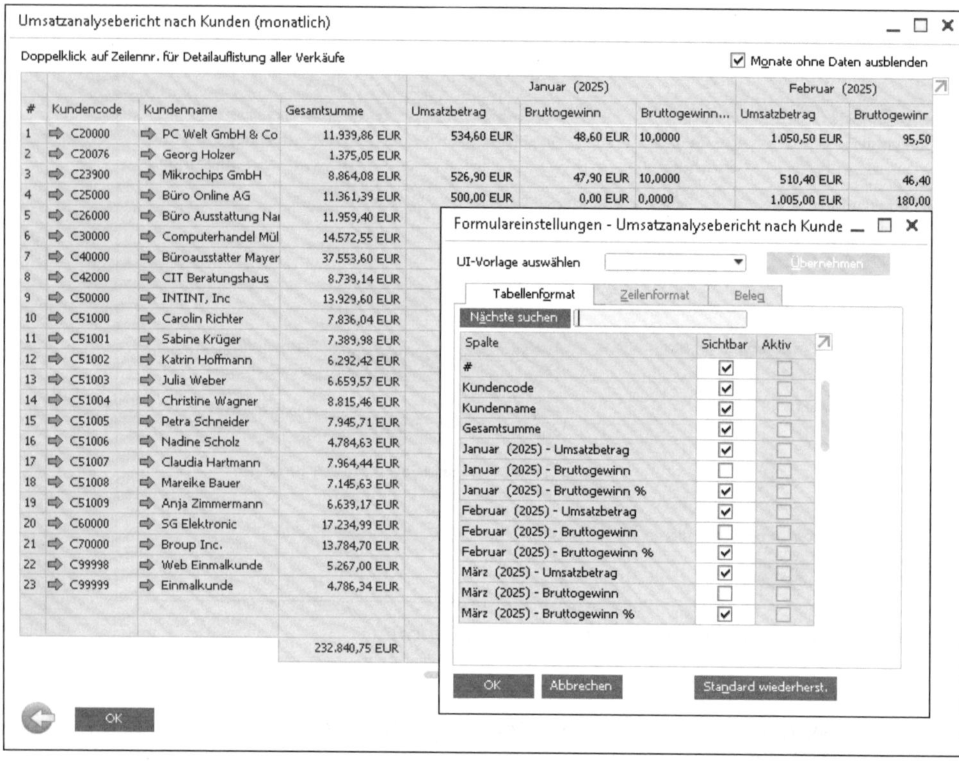

Abbildung C.5: Umsatzanalysebericht und Formulareinstellungen

Wie das geht, haben wir bereits in Abschnitt 18.5.3, »Spalten in Auswahllisten anpassen«, beschrieben. Das Programm merkt sich die Einstellung, die Sie vorgenommen haben. Bei einem neuerlichen Aufruf sieht der Bericht so aus, wie Sie ihn beim letzten Aufruf verlassen haben.

2. Sie können analog zu den Marketingbelegen das Layout des Berichts verändern. Dazu klicken Sie bei geöffnetem Bericht auf den Button (**Layoutdesigner**). Im sich öffnenden Fenster wählen Sie das gewünschte Layout aus (siehe Abbildung C.6).

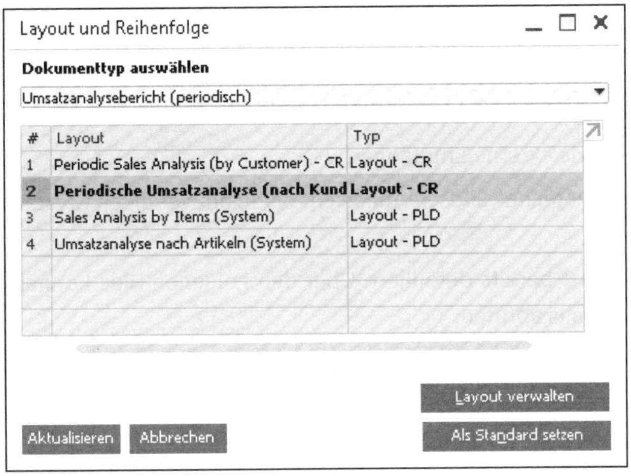

Abbildung C.6: Wahl eines alternativen Layouts für einen Bericht

Es können auch neue Layouts mit dem Print Layout Designer (**Layout – PLD**) oder Crystal Reports (**Layout – CR**) erstellt werden. Diese Aufgaben sollte Ihr Consultant übernehmen. Weitere Informationen finden Sie unter *https://help.sap.com*.

3. Durch Klick auf den Button (**SAP Business One Mailer**) in der Button-Leiste am oberen Bildrand können Sie den Bericht in dem von Ihnen gewählten Layout mailen. SAP erzeugt ein PDF und hängt es automatisch an die E-Mail an (siehe Abbildung C.7).

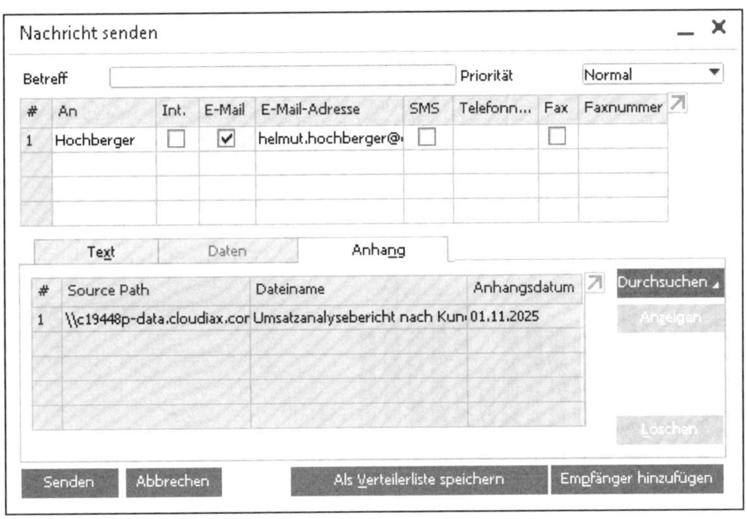

Abbildung C.7: Mailen einer Nachricht

Optional lässt sich auch Microsoft Outlook als Mail-Client nutzen. Ihr Consultant berät Sie zu den Voraussetzungen.

4. Die meisten tabellarischen Berichte lassen sich nach Microsoft Excel exportieren und dort weiterbearbeiten (siehe Abschnitt 18.4, »Aus SAP Business One exportieren«).

Gemessen an den Kriterien aus Tabelle C.1 lassen sich Standardberichte so einordnen:

- Sie eignen sich für interne wie externe Empfänger.
- Die Darstellung reicht von einfacher Bildschirmansicht bis zu aufwendigen Crystal-Reports-Layouts.
- Die Informationen sind meist bereits detailliert. Über den goldenen Pfeil können interne Nutzende weitere Details abrufen.
- Die Berichte müssen aktiv aufgerufen werden – ein automatischer Versand ist nicht vorgesehen.

Im Unterschied zu den »klassischen« Berichten erfolgt die Ausgabe der Berichte im Programmpunkt **Excel-Berichte und interaktive Analysen** in Form von Excel-Pivot-Tabellen (siehe Abbildung C.8).

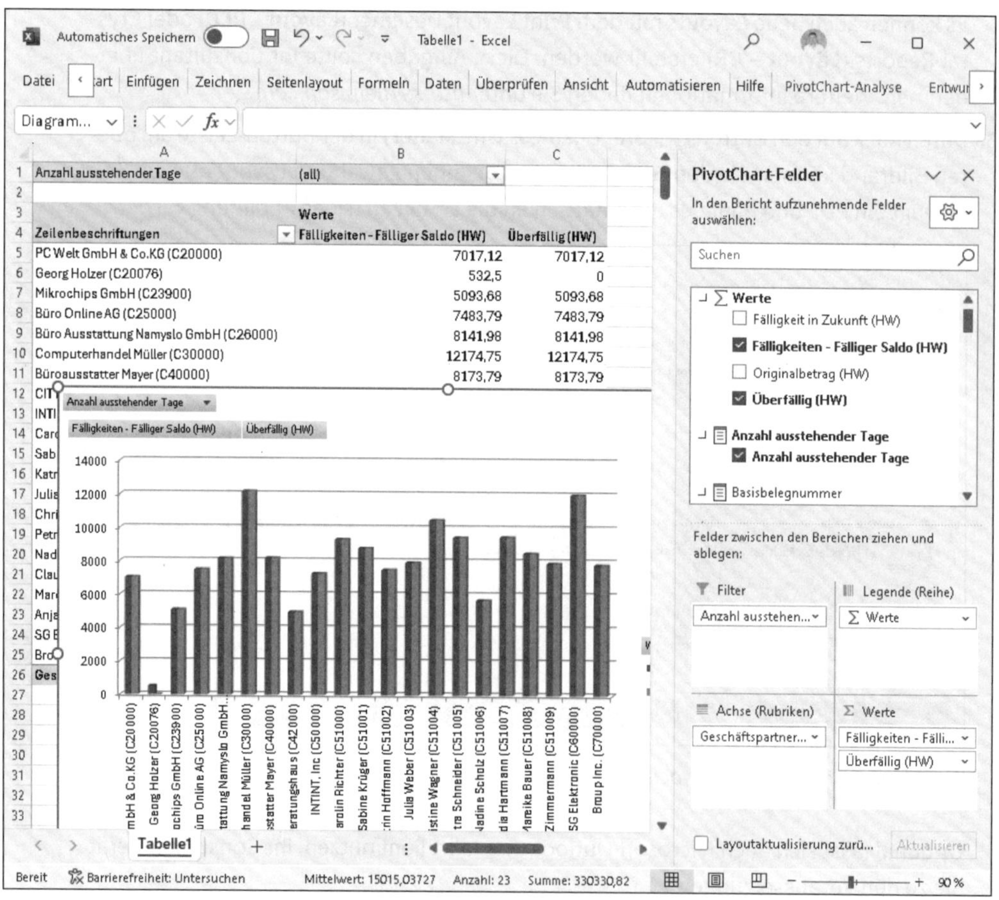

Abbildung C.8: Fälligkeit von Kundenforderungen als Excel-Bericht

Sie müssen keine Verbindung zwischen Microsoft Excel und der Datenbank einrichten. Der Bericht öffnet sich direkt als Excel-Pivot-Chart, und Sie können die Daten mit wenigen Klicks auswerten oder grafisch darstellen, mit Live-Zugriff auf SAP Business One.

Die Eigenschaften ähneln den klassischen Berichten. Allerdings lässt sich der Bericht nicht direkt per E-Mail versenden, und ein Abtauchen in weitere Details über den goldenen Pfeil ist nicht möglich.

C.2 Der Matchcode als schnelles Abfragewerkzeug

Manchmal brauchen Sie nur eine schnelle Antwort auf eine Ad-hoc-Frage, ohne die Auswertung speichern zu müssen. Sie möchten beispielsweise prüfen, ob alle Geschäftskunden eine UID haben. Mit dem Matchcode lässt sich das in wenigen Sekunden abfragen.

Die Anforderung »Liste aller Kunden« lässt sich einfach mit dem Standard-Matchcode umsetzen. Rufen Sie dazu Wählen Sie dazu den Menüpunkt **Geschäftspartner • Geschäftspartner-Stammdaten** an (siehe Abbildung C.9).

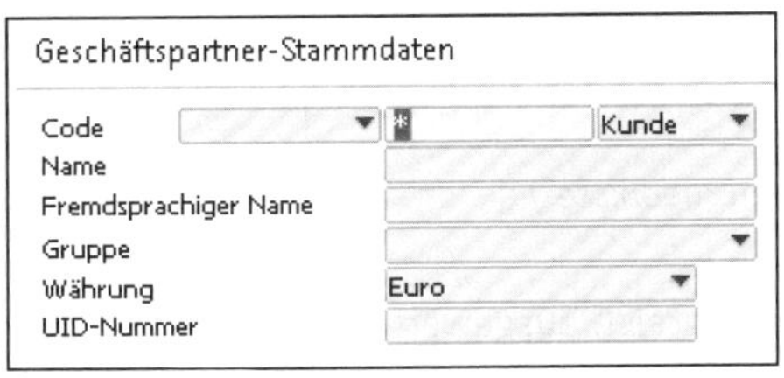

Abbildung C.9: Suche nach allen Kunden

Allerdings enthält diese Liste alle Kunden und nicht nur die Geschäftskunden. Ob es sich um Geschäftskunden handelt oder nicht, würde der Inhalt des Felds **Geschäftstyp** anzeigen. Er müsste den Wert »Firma« beinhalten. Zusätzlich muss die UID angezeigt werden, um die Aufgabe zu erfüllen. Um beide Ziele zu erreichen, öffnen Sie den Matchcode und klicken auf den Button (**Formulareinstellungen**). Es erscheint das in Abbildung C.10 gezeigte Bild.

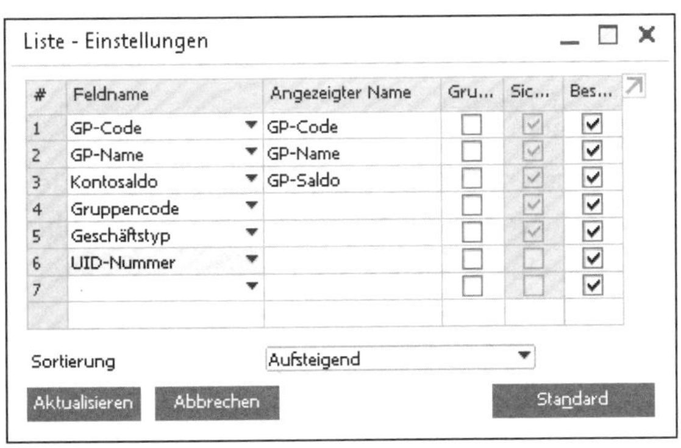

Abbildung C.10: Erweiterung des Matchcodes

Nachdem Sie die zusätzlichen Felder **Geschäftstyp** und **UID-Nummer** ausgewählt haben, klicken Sie auf **Aktualisieren**, schließen den Matchcode und öffnen ihn erneut.

Im Matchcode können Sie nun nach den beiden relevanten Kriterien filtern: dem Geschäftstyp **Firma** und der UID. Klicken Sie in der oberen Button-Leiste auf (**Filtern**). Abbildung C.11 zeigt, dass Ihnen dafür Standardregeln zur Verfügung stehen, z. B. **Gleich** und **Ist leer**.

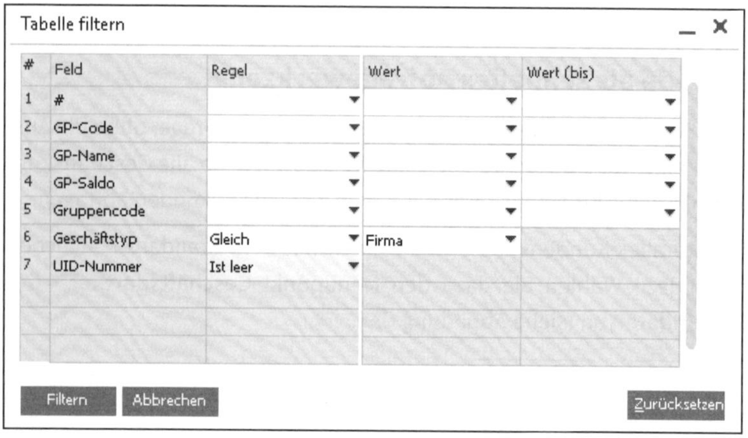

Abbildung C.11: Filtern der Tabelle (des Matchcode-Ergebnisses)

Sie haben nun alle Firmenkunden ohne UID erfolgreich ausgewertet und dafür nur wenige Augenblicke benötigt (siehe Abbildung C.12). Die kleinen Filtersymbole in den Feldern **Firmenkunde** und **UID-Nummer** zeigen an, dass das Matchcode-Ergebnis nach diesen Spalten gefiltert ist.

Gemessen an den Kriterien aus Tabelle C.1:

- Das Matchcode-Ergebnis eignet sich nur für Sie selbst – ein Versand an andere ist nicht sinnvoll, da kein Layout hinterlegt werden kann.
- Die Darstellung lässt sich einfach am Bildschirm anpassen und nach Excel exportieren.
- Die Abfrage muss aktiv aufgerufen werden – ein automatischer Versand ist nicht vorgesehen.

[+]

Datenpflege aus dem Matchcode heraus

Abbildung C.12 zeigt, dass die Option **Fenster sichtbar lassen** aktiv ist. Wählen Sie nun einen Geschäftspartner aus dem Matchcode aus, um ihn zu bearbeiten, bleibt das Matchcodefenster geöffnet. Wenn Sie einen Geschäftspartner fertig bearbeitet haben, können Sie einfach den nächsten Geschäftspartner wählen.

Im nächsten Abschnitt zeigen wir Ihnen eine einfache Alternative, die sich speichern lässt und mehr Gestaltungsmöglichkeiten bietet.

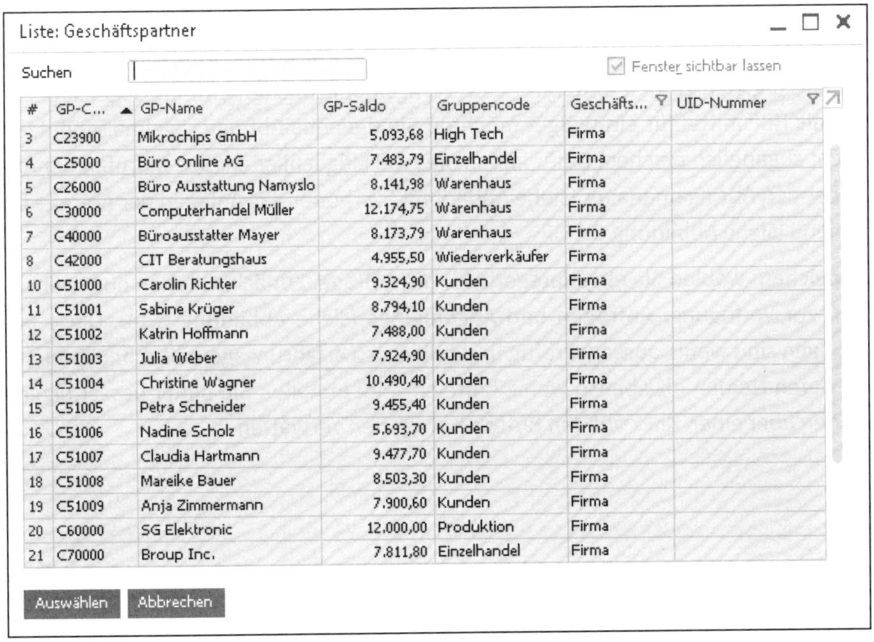

Abbildung C.12: Erweiterter und gefilterter Matchcode

C.3 Abfragegenerator und Abfrageassistent

Wenn Sie die Auswertung »alle Firmenkunden ohne UID-Nummer« regelmäßig benötigen, lohnt es sich, sie als Abfrage zu speichern. Dazu stehen Ihnen der *Abfrageassistent* und der *Abfragegenerator* zur Verfügung.

Beide Optionen führen zum gleichen Ergebnis. Der Abfrageassistent leitet Sie schrittweise durch mehrere Bilder. Im Abfragegenerator erstellen Sie die Abfrage in einem einzigen Bild.

Das Ergebnis ist in beiden Fällen eine Abfrage, die Sie über den Abfragemanager abrufen können. Alle drei Menüeinträge finden Sie im horizontalen Menü unter **Extras • Abfragen** (siehe Abbildung C.13).

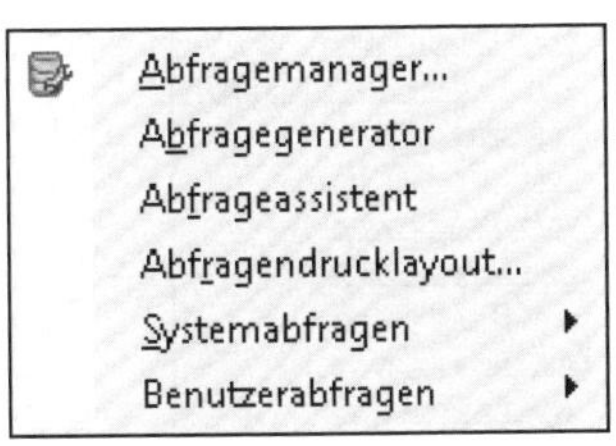

Abbildung C.13: Abfragemanager, -generator und -assistenten starten

Die Erstellung von Abfragen mittels Assistenten haben wir bereits in Abschnitt 3.4.5, »Eigene Widgets erstellen«, beschrieben. Hier ergänzen wir diese Anleitung und ordnen die Option im Vergleich zu den anderen Auswertungsmöglichkeiten ein. Im Gegensatz zur Abfrage als Hilfsmittel für ein Widget möchten Sie die neue Abfrage regelmäßig nutzen und leicht zugänglich machen. Dafür haben Sie zwei Möglichkeiten: Das Aufrufen der Abfrage über den Abfragemanager (siehe Abbildung C.17) oder das Anlegen der Abfrage im Hauptmenü (siehe Abbildung C.18).

Beim Speichern wählen Sie eine Kategorie für die Abfrage. Zunächst stehen nur zwei Kategorien zur Verfügung: **Abfragen** und **Allgemeines** (siehe Abbildung C.14). Diese Bezeichnungen sind wenig aussagekräftig und füllen sich erfahrungsgemäß schnell mit Abfragen, deren Namen oft ebenso wenig hilfreich sind. Erstellen Sie daher besser eigene Kategorien über einen Klick auf den Button **Kategorien verwalten**.

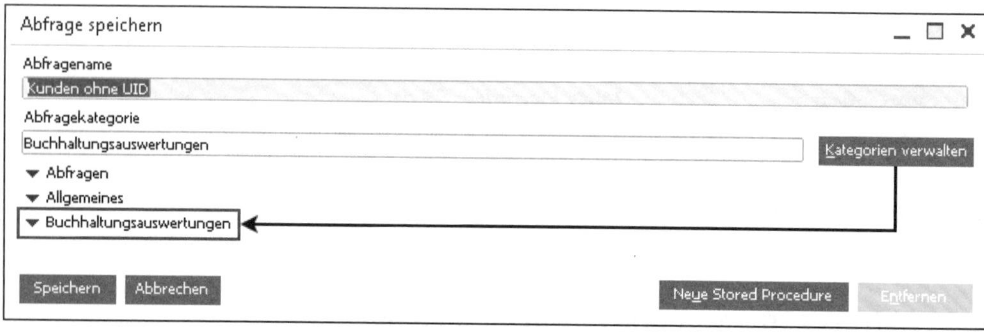

Abbildung C.14: Abfrage in einer neuen Kategorie

Dieses Vorgehen hat einen weiteren Vorteil: Sie können Kategorien berechtigen, indem Sie ihnen eine oder mehrere der maximal 15 Berechtigungsgruppen zuweisen (siehe Abbildung C.16).

Diese Berechtigungsgruppen entsprechen jenen, die in **Administration • Systeminitialisierung • Berechtigungen • Allgemeine Berechtigung** eingestellt werden können (siehe Abbildung C.15).

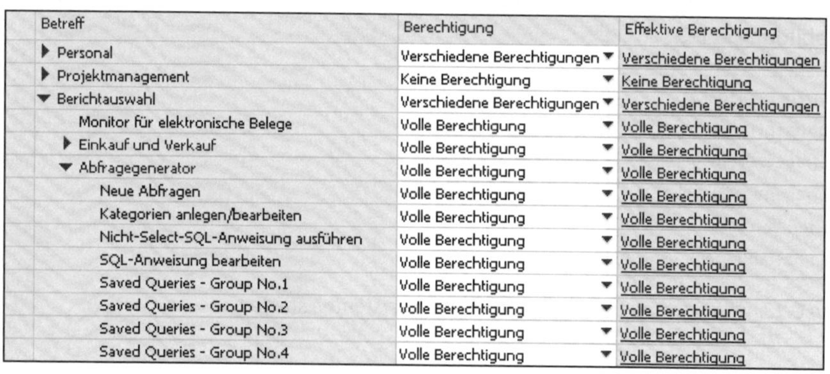

Betreff	Berechtigung	Effektive Berechtigung
▶ Personal	Verschiedene Berechtigungen	Verschiedene Berechtigungen
▶ Projektmanagement	Keine Berechtigung	Keine Berechtigung
▼ Berichtauswahl	Verschiedene Berechtigungen	Verschiedene Berechtigungen
Monitor für elektronische Belege	Volle Berechtigung	Volle Berechtigung
▶ Einkauf und Verkauf	Volle Berechtigung	Volle Berechtigung
▼ Abfragegenerator	Volle Berechtigung	Volle Berechtigung
Neue Abfragen	Volle Berechtigung	Volle Berechtigung
Kategorien anlegen/bearbeiten	Volle Berechtigung	Volle Berechtigung
Nicht-Select-SQL-Anweisung ausführen	Volle Berechtigung	Volle Berechtigung
SQL-Anweisung bearbeiten	Volle Berechtigung	Volle Berechtigung
Saved Queries - Group No.1	Volle Berechtigung	Volle Berechtigung
Saved Queries - Group No.2	Volle Berechtigung	Volle Berechtigung
Saved Queries - Group No.3	Volle Berechtigung	Volle Berechtigung
Saved Queries - Group No.4	Volle Berechtigung	Volle Berechtigung

Abbildung C.15: Berechtigungen von Abfragen

Um eine Kategorie zu berechtigen, klicken Sie im Bearbeitungsfenster auf **Gruppe zuweisen**. Im folgenden Fenster, **Einrichten Berechtigungsgruppen**, wählen Sie die gewünschten Gruppen aus.

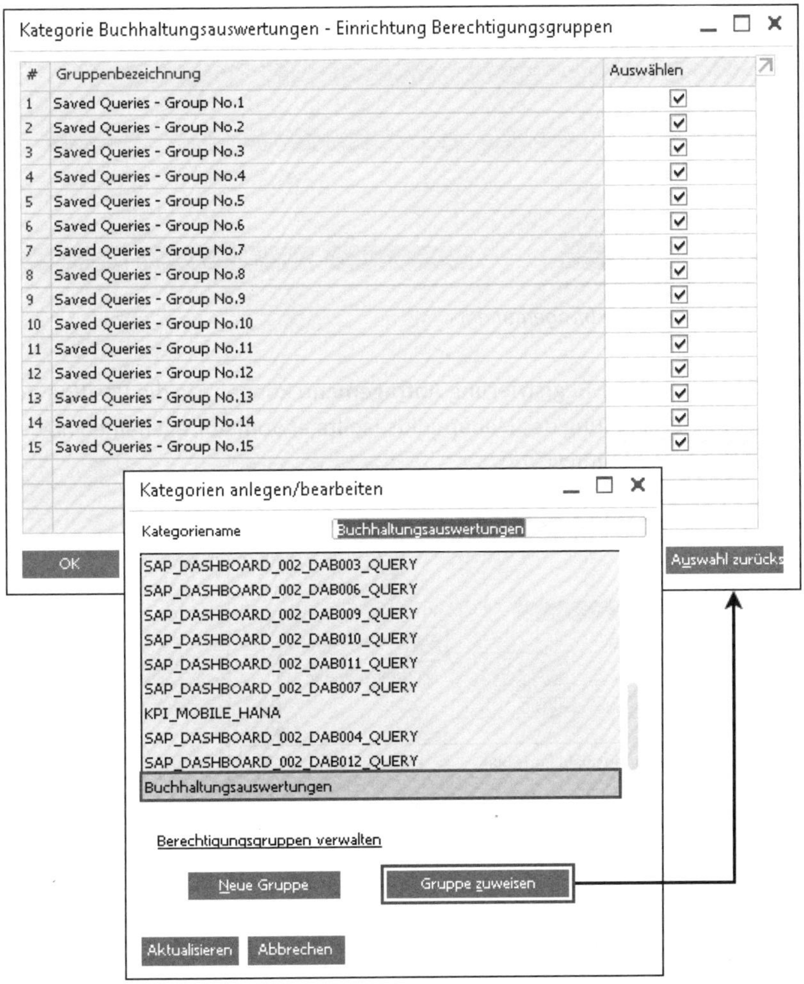

Abbildung C.16: Kategorien bearbeiten

Im Abfragemanager ist die Abfrage nun über eine neue Kategorie zu erreichen (siehe Abbildung C.17).

Noch schneller starten Sie Abfragen über das Hauptmenü. Allerdings sollten Sie das ohnehin umfangreiche Menü nicht übermäßig erweitern. Für wichtige oder häufig genutzte Auswertungen ist diese Option jedoch empfehlenswert. Um die Abfrage ins Hauptmenü einzubauen, markieren Sie sie im Abfragemanager und klicken auf **Zu Menü zuordnen** (siehe Abbildung C.17).

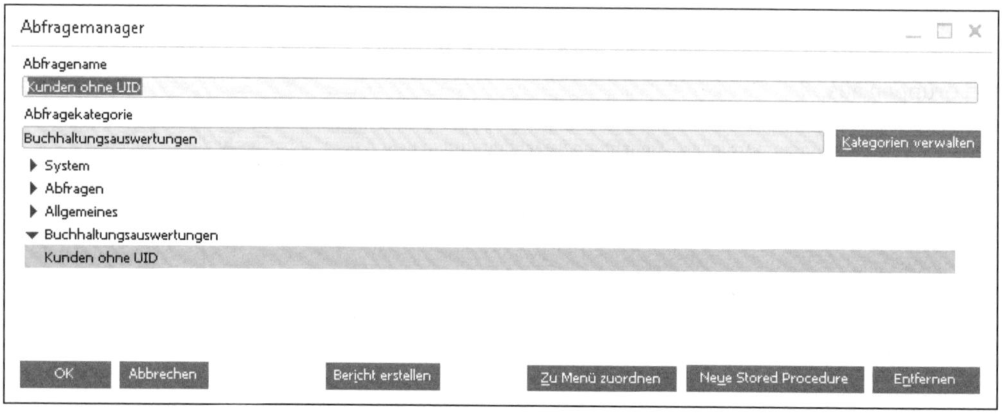

Abbildung C.17: Auswertung im Abfragemanager

Im sich nun öffnenden Fenster **Registrierung Abfragemenü** können Sie die Position des Menüpunkts und die Bezeichnung des Menüpunkts (sollte er vom Abfragenamen abweichen) bestimmen (siehe Abbildung C.18).

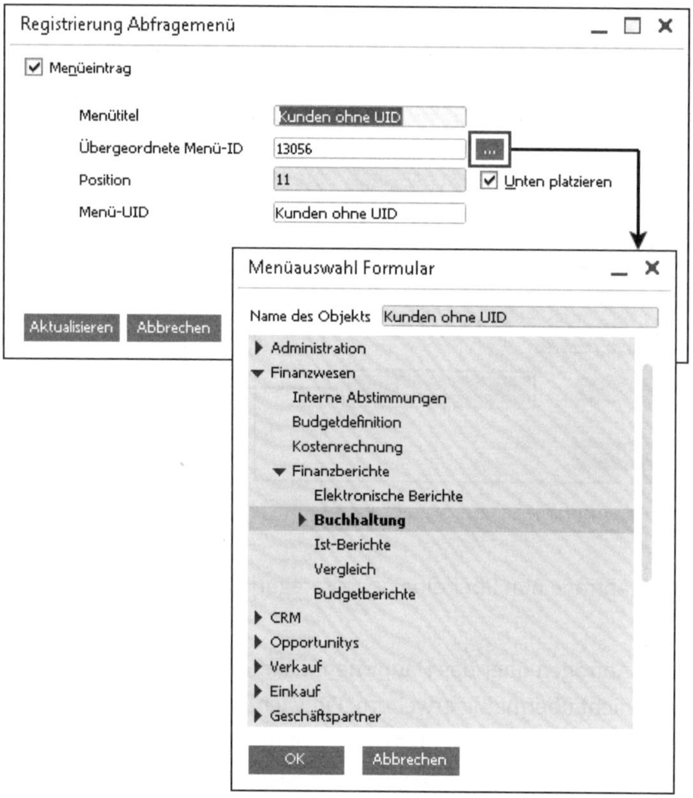

Abbildung C.18: Einen neuen Menüeintrag erstellen

Die notwendigen Menü-IDs zur Platzierung des neuen Menüeintrags müssen Sie natürlich nicht kennen. Wählen Sie den Button links neben dem Feld **Übergeordnete Menü-ID**. In einem zusätzlichen Fenster **Menüauswahl Formular** können Sie die Position in einer Darstellung des Hauptmenüfensters bestimmen.

Der neue Menüpunkt ist nun angelegt und ermöglicht den schnellen Zugriff auf die Auswertung. Die Berechtigungen der Kategorie bleiben aktiv, das heißt, nur Nutzende mit den entsprechenden Rechten können die Auswertung aufrufen.

Optional können Sie für den Bericht auch ein Layout mit dem *Print Layout Designer* (PLD) oder *Crystal Reports* erstellen. Diese Aufgaben sollte jedoch Ihr Consultant übernehmen.

Gemessen an den Kriterien aus Tabelle C.1 lassen sich Abfragen so einordnen:

- Sie eignen sich primär für den internen Gebrauch. Für den Versand per E-Mail ist ein zusätzliches Layout erforderlich.
- Die Darstellung reicht von einfacher Bildschirmansicht bis zu aufwendigen Crystal-Reports-Layouts.
- Der Detailgrad entspricht der Gestaltung der Abfrage. Über den goldenen Pfeil können interne Nutzende weitere Details abrufen.
- Die Abfragen müssen aktiv aufgerufen werden; ein automatischer Versand ist nicht vorgesehen. Bei manchen SQL-basierten Versionen ist jedoch ein automatisierter Versand möglich; sprechen Sie dazu mit Ihrem Consultant.
- Abfragen sind SQL-Querys, die mithilfe einer Benutzeroberfläche erzeugt und ausgeführt werden. Sie bilden damit die Grundlage für viele weitere Auswertungs- und Informationsmöglichkeiten.

An diesen Stellen finden Sie weiterführende Informationen in diesem Buch:

- Widgets (siehe Abschnitt 3.4.5, »Eigene Widgets erstellen«)
- Alarme (siehe Abschnitt 18.1, »Alarmfunktionen«)
- Genehmigungsprozess (siehe Abschnitt 18.2 »Genehmigungsprozess«)

Abfragen bilden eine wichtige Grundlage für weitere Anpassungen von SAP Business One. Es empfiehlt sich daher, dass Key-User entsprechendes Knowhow aufbauen.

C.4 Widgets

Widgets sind kleine Informationsbausteine, die auf dem Cockpit oder in anderen Bereichen von SAP Business One angezeigt werden, etwa als Kennzahlen, Listen oder Grafiken.

Sie sind ausführlich in Abschnitt 3.4.3, »Die Widgets »Workbench« und »Business-Objekt-Anzahl««, Abschnitt 3.4.5, »Eigene Widgets erstellen«, sowie Abschnitt 18.12, »360°-Kundenansicht«, beschrieben. Auf Details zur Aktivierung, Einstellung und Gestaltung gehen wir hier daher nicht ein.

Widgets sind eine besonders interessante Auswertungsform: Die Informationen werden nicht aktiv abgerufen, sondern vom Programm automatisch präsentiert. Nehmen wir unser Beispiel aus dem vorherigen Abschnitt: die Abfrage aller Firmenkunden ohne UID. Wenn Sie diese Abfrage als Zähl-Widget definieren und auf Ihrem Cockpit platzieren, sehen Sie jederzeit auf einen Blick, wie viele Firmenkunden noch keine UID haben.

Abbildung C.19 zeigt dieses Widget. Der Unterschied zum Ergebnis der Abfrage ist klar. Es werden zunächst nicht die Kunden ohne UID angezeigt, sondern nur die Gesamtzahl der betreffenden Kunden. In anderen Worten: die Anzahl der Zeilen, die das Ergebnis der Abfrage liefert. Im Idealfall zeigt das Widget die Zahl 0 – denn alle EU-Firmenkunden sollten eine UID haben.

Abbildung C.19: Widget auf Basis einer Abfrage

Zeigt das Widget eine andere Zahl, klicken Sie einfach auf die Zahl, um die betroffenen Kunden anzuzeigen. Das Ergebnis sehen Sie in Abbildung C.21. Die Darstellung unterscheidet sich von einem normalen Abfrageergebnis, die Inhalte sind jedoch identisch.

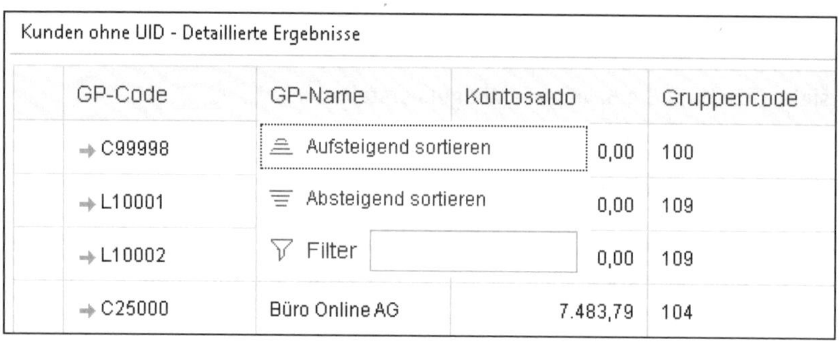

Abbildung C.20: Widget-Tabelle filtern und sortieren

Sie können die Tabelle filtern und sortieren. Die Bedienung unterscheidet sich jedoch von normalen Abfrageergebnissen: Klicken Sie auf eine Spaltenüberschrift, öffnet sich ein kleines Menü zur Eingabe des Filterkriteriums (siehe Abbildung C.20). Operatoren wie **größer**, **kleiner** oder **enthält** stehen nicht zur Verfügung. Sie können nur nach einem Teil des Spalteninhalts filtern. Über den goldenen Pfeil können Sie in detailliertere Informationen abspringen. Ein Versand per E-Mail ist nicht sinnvoll möglich, und ein Layout lässt sich nicht hinterlegen. Die Tabelle können Sie jedoch drucken.

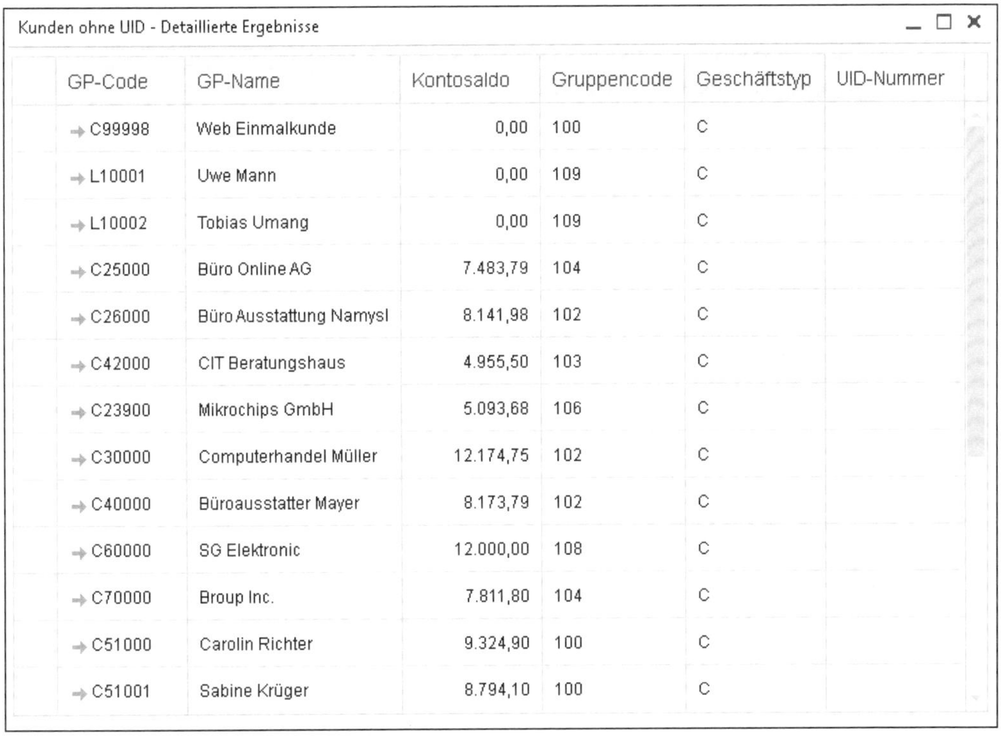

Kunden ohne UID - Detaillierte Ergebnisse

GP-Code	GP-Name	Kontosaldo	Gruppencode	Geschäftstyp	UID-Nummer
C99998	Web Einmalkunde	0,00	100	C	
L10001	Uwe Mann	0,00	109	C	
L10002	Tobias Umang	0,00	109	C	
C25000	Büro Online AG	7.483,79	104	C	
C26000	Büro Ausstattung Namysl	8.141,98	102	C	
C42000	CIT Beratungshaus	4.955,50	103	C	
C23900	Mikrochips GmbH	5.093,68	106	C	
C30000	Computerhandel Müller	12.174,75	102	C	
C40000	Büroausstatter Mayer	8.173,79	102	C	
C60000	SG Elektronic	12.000,00	108	C	
C70000	Broup Inc.	7.811,80	104	C	
C51000	Carolin Richter	9.324,90	100	C	
C51001	Sabine Krüger	8.794,10	100	C	

Abbildung C.21: Details hinter dem Widget

Gemessen an den Kriterien aus Tabelle C.1 lassen sich Widgets so einordnen:

- Sie eignen sich nur für den internen Einsatz, und ein Versand ist nicht möglich.
- Eine Gestaltung ist nicht vorgesehen, weder für das Widget selbst (bei Zähl-Widgets sehen Sie nur eine Zahl) noch für das tabellarische Ergebnis.
- Der Detailgrad entspricht der zugrunde liegenden Abfrage. Über den goldenen Pfeil können Sie weitere Details abrufen.
- Das Widget liefert Informationen automatisch und wird regelmäßig aktualisiert. Nur die Details müssen Sie aktiv aufrufen.

C.5 Enterprise Search

Die letzte Auswertungsoption, die wir hier vorstellen, ist die *Enterprise Search*. Sie ist kein klassisches Berichtswerkzeug für Dritte, sondern hilft Ihnen, Daten über alle Unternehmensbereiche hinweg zu finden. Als Suchfunktion ist sie bereits in Abschnitt 3.6.2, »Nach vorhandenen Datensätzen suchen«, beschrieben. Hier zeigen wir, wie Sie damit punktgenau Abfragen erstellen und speichern können.

Gestartet wird die Enterprise Search über einen Klick auf den Lupen-Button am rechten oberen Bildrand. Es öffnet sich zunächst ein kleines Fenster, in dem Sie das Suchkriterium eingeben (siehe Abbildung C.22).

Abbildung C.22: Suchkriterium in der Enterprise Search eingeben

Auf die Details der Navigation gehen wir hier nicht ein. Stattdessen zeigen wir Ihnen, wie Sie die Suche verfeinern, um gezielter die Daten zu finden, die Sie tatsächlich benötigen.

Suchen Sie etwa nach dem Begriff »PC«, erhalten Sie selbst im überschaubaren Testdatenbestand 1.429 Treffer, also ein extrem großes Ergebnis (siehe Abbildung C.23). Arbeiten Sie im Einkauf, interessieren Sie sich wahrscheinlich nur für Einkaufstransaktionen oder sogar nur für eine bestimmte davon.

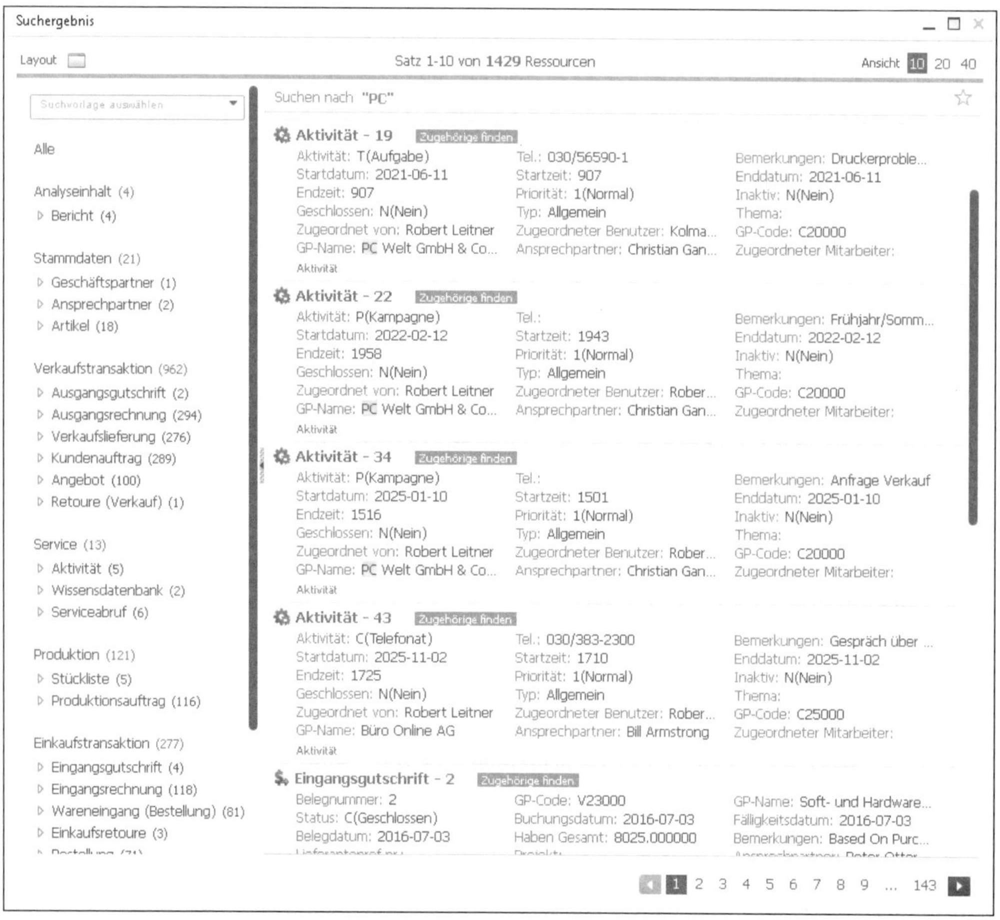

Abbildung C.23: Suchergebnis der Enterprise Search

Um nur ein bestimmtes Objekt wie Eingangsrechnungen oder einen Themenbereich wie Einkaufstransaktionen anzuzeigen, klicken Sie den gewünschten Bereich in der linken Navigation an. Im rechten Bereich erscheinen nun nur noch die passenden Ergebnisse. Um diese Suche zu speichern, klicken Sie rechts oben auf den Button ☆. Es öffnet sich ein kleines Fenster (siehe Abbildung C.24), in dem Sie die Suchvorlage benennen. Klicken Sie anschließend auf **Speichern**. Jetzt können Sie diese Vorlage verwenden, indem Sie nicht nur den Suchbegriff eingeben, sondern durch Klick auf den Button ▼ die Vorlagen öffnen und die Suche durch Klick auf die Vorlage starten.

Abbildung C.24: Suchvorlage definieren

Abbildung C.25 zeigt ein Beispiel dafür.

Abbildung C.25: Enterprise Search mit Suchvorlagen

Das Ergebnis sehen Sie in Abbildung C.26. Die Zahl der Treffer ist auf 277 gesunken, und es werden nur noch Transaktionen angezeigt, die sich im definierten Themenbereich befinden.

Rechts oben ist der Stern-Button nun aktiv ★. Es zeigt an, dass die Suche durch eine Suchvorlage eingegrenzt wurde.

Dass die Enterprise Search kein klassisches Reporting-Instrument ist, aber dennoch sehr nützlich sein kann, zeigt der Vergleich mit den Kriterien aus Tabelle C.1:

- Sie eignet sich nur für interne Anwenderinnen und Anwender. Die Suchvorlagen stehen jedoch allen zur Verfügung.
- Das Ergebnis ist umfassend und ansprechend dargestellt, lässt sich aber nicht drucken oder sinnvoll per E-Mail versenden.

- Die Informationen sind bereits detailliert. Durch Klick auf einzelne Objekte können Sie Details abrufen. Die Anzeige lässt sich durch Suchanpassungen erweitern. Dies erfordert jedoch Kenntnisse der Datenbankstruktur und ist eine Aufgabe für Consultants.
- Die Suche muss aktiv aufgerufen werden – ein automatischer Versand ist nicht vorgesehen.

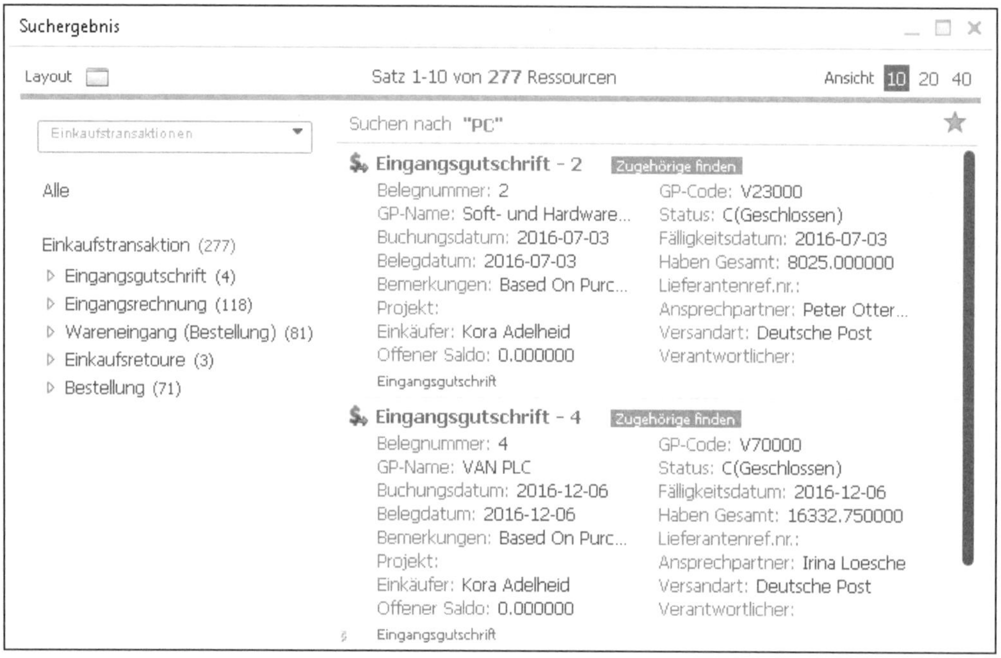

Abbildung C.26: Ergebnis einer Enterprise Search mit Suchvorlage

Insgesamt ist die Enterprise Search ein innovatives und leistungsstarkes Recherchewerkzeug. Wenn Sie SAP Business One mit SAP HANA nutzen, bietet sie deutlich mehr Möglichkeiten als der Matchcode.

Anhang D
Informationen finden

Je erfahrener Sie mit SAP Business One werden, desto mehr Fragen tauchen auf. Viele Antworten können Sie selbst finden. Dieser Anhang stellt Ihnen die wichtigsten Informationsquellen vor: den S-User, die SAP-Hilfe, SAP-Hinweise sowie Trainings und die Learning Journey.

Dieser Anhang beschreibt nur Quellen, die direkt von SAP stammen. Sekundärquellen bleiben unberücksichtigt. SAP kennzeichnet Links unterschiedlich: Ein grauer Pfeil führt zu externen Webseiten, ein grauer Pfeil mit blauer Raute zu SAP-eigenen Seiten. Abbildung D.1 zeigt jeweils ein Beispiel.

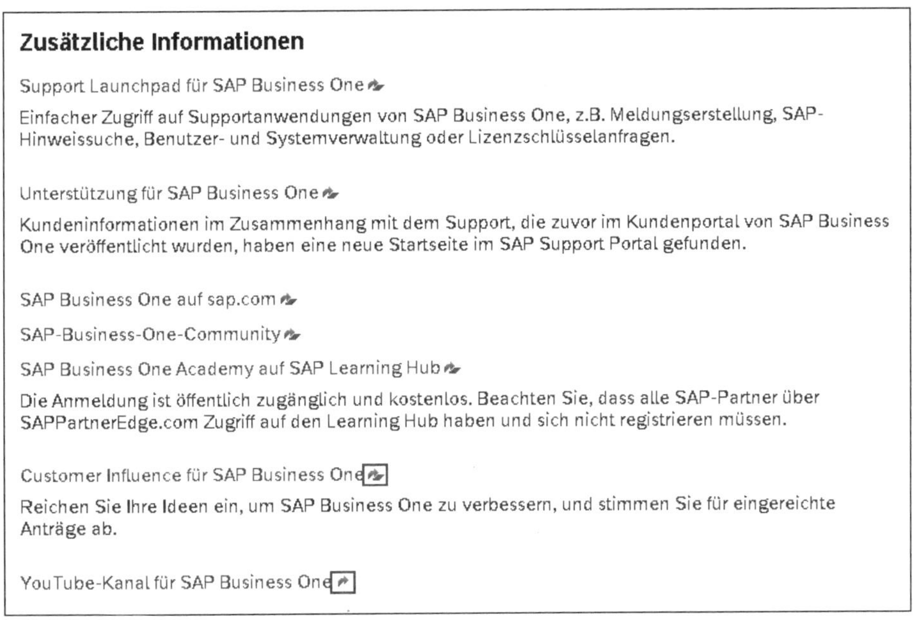

Abbildung D.1: Markierung des Ziels von Webseiten

Wir beschäftigen uns hier nur mit Informationsquellen, nicht mit Serviceanfragen. Diese werden in der Regel über Ihren SAP-Partner im Rahmen von Wartungsverträgen abgewickelt.

D.1 Der S-User

SAP unterscheidet, ob Informationen öffentlich zugänglich sind – diese sind oft mit »Public« gekennzeichnet (siehe Abbildung D.2). Andere Informationen sind Kunden vorbehalten. Um darauf zuzugreifen, müssen Sie sich als SAP-Kunde identifizieren.

Abbildung D.2: Dokument mit der Markierung »PUBLIC«

Diese Identifikation erfolgt über den sogenannten *S-User*. Falls Sie noch keinen haben, bitten Sie Ihren SAP-Partner oder eine berechtigte Person in Ihrem Unternehmen, einen für Sie anzulegen. Die Freischaltung durch SAP dauert in der Regel 24 Stunden. Sobald Sie auf nicht-öffentliche Inhalte zugreifen möchten, werden Sie zur Anmeldung mit Ihrem S-User aufgefordert (siehe Abbildung D.3).

Abbildung D.3: Anmeldung mit dem S-User

Manche Funktionen erfordern zusätzlich eine *Universal ID*. Diese fasst mehrere S-User zu einer Identität zusammen. Auch wenn Sie nur einen S-User haben, müssen Sie ihn mit einer Universal ID verknüpfen. Das können Sie selbst in wenigen Schritten erledigen. Abbildung D.4 zeigt die Aufforderung zur Anlage einer Universal ID.

Geben Sie Ihr Land im Feld **Country/Region** ein und auf Wunsch ein anderes Passwort als beim S-User. Klicken Sie auf **Submit**, und die Universal ID ist angelegt. Die weiteren

Schritte können Sie mit **Next** und **Continue** überspringen. Damit haben Sie Zugriff auf alle Informationen und Funktionen, die SAP für Kunden bereitstellt.

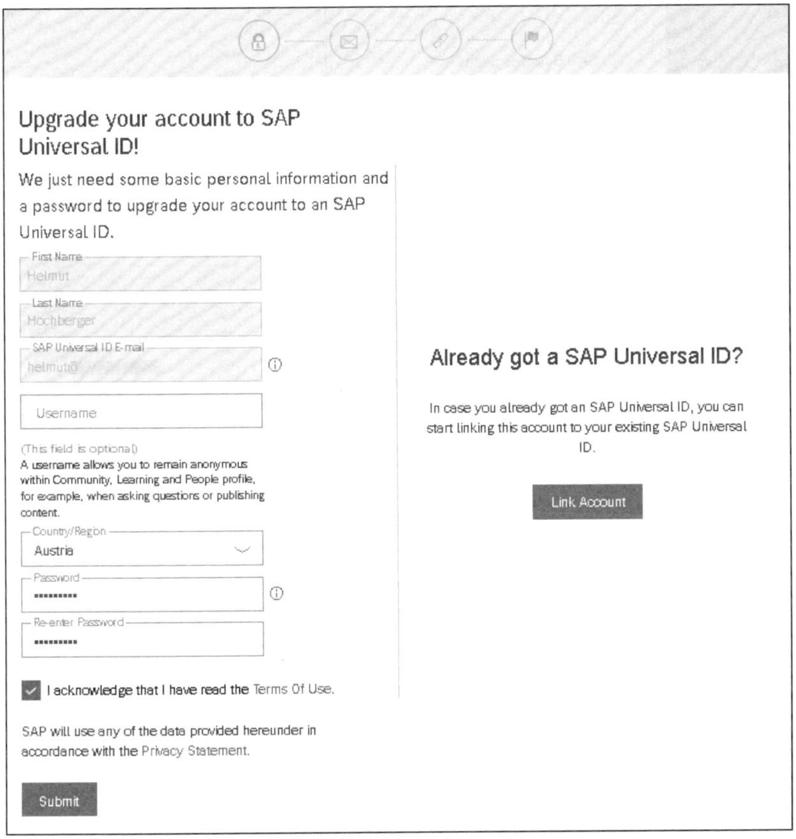

Abbildung D.4: Anlegen einer SAP Universal ID

D.2 SAPs zentrale Informations- und Hilfeseite

Die SAP-Hilfe ist Ihre erste Anlaufstelle, wenn Sie Fragen zu Funktionen von SAP-Anwendungen haben. Unter *https://help.sap.com* finden Sie den zentralen Einstiegspunkt für Dokumentationen und weitere nützliche Recherchefunktionen. Die Seite umfasst alle SAP-Produkte. Navigieren Sie daher zunächst in den Bereich für SAP Business One.

Wählen Sie dazu in der oberen Menüleiste **Products**. Es erscheinen alle SAP-Produktfamilien. Klicken Sie auf **Enterprise resource planning** (ERP), um die ERP-Produkte anzuzeigen (siehe Abbildung D.5).

Es werden nun in einer Kachel die ERP-Produkte angezeigt. Wählen Sie dort **SAP Business One** (siehe Abbildung D.6).

Möchten Sie die Inhalte auf Deutsch oder in einer anderen Sprache anzeigen, stellen Sie diese im oberen Bildbereich ein (siehe Abbildung D.7).

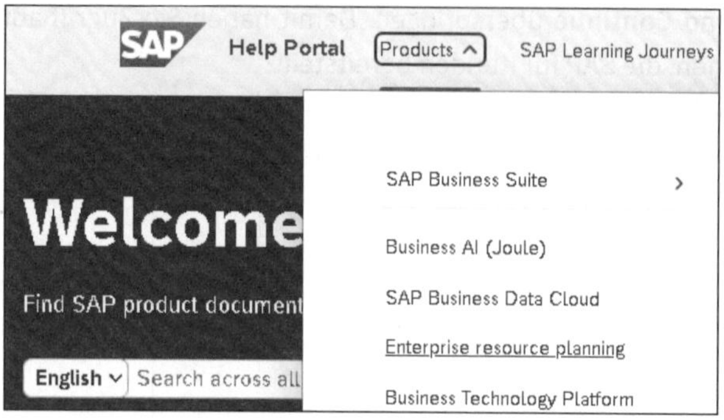

Abbildung D.5: Navigation zum Bereich ERP

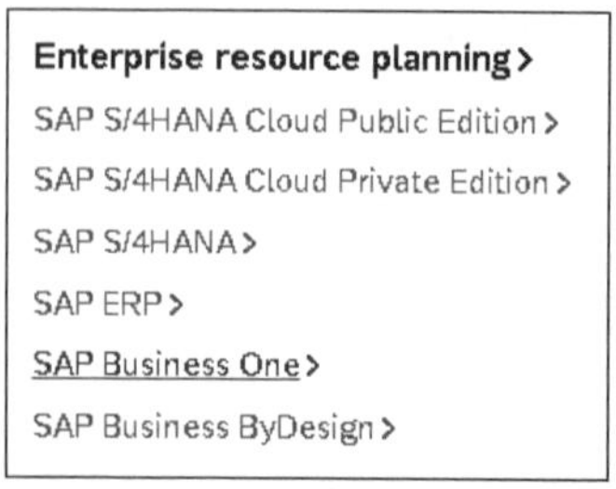

Abbildung D.6: Navigation zu SAP Business One

Abbildung D.7: Sprache wählen

Die meisten Dokumente sind auf Englisch verfasst. Übersetzungen werden maschinell erstellt und können qualitativ schwächer sein. Nutzen Sie daher nach Möglichkeit die englischen Originale.

Die Kacheln darunter führen zu größeren Themenbereichen, die wir im Folgenden kurz vorstellen.

- **SAP Business One**
  Hier finden Sie Dokumentationen zu beiden Versionen (Microsoft SQL oder SAP HANA) von SAP Business One. Die Inhalte unterscheiden sich kaum. Zusätzlich gibt es Informationen zu SAP Business One Analytics und zum Cloud Control Center, beides Spezialthemen für fortgeschrittene Anforderungen.

- **SAP Business One Mobile**
  In diesem Themenblock werden die verschiedenen mobilen Apps für Android und iOS behandelt.
- **Integrationsprodukte für SAP Business One**
  Die Integrationsprodukte umfassen Dokumentationen zur Anbindung an die SAP Business Suite, zum Integration Framework für den Austausch mit Drittsystemen sowie zu SAP Customer Checkout (dem integrierbaren Kassenprogramm).
- **Support**
  Hier finden Sie Dokumente zur Remote Support Platform for SAP Business One. Dieses Werkzeug prüft die Integrität Ihrer Datenbestände und ermöglicht SAP bei komplexen Supportfällen die Mitarbeit.
- **Zusätzliche Informationen**
  Hier werden verschiedene Themen wie Support, Training und Communities zusammengefasst.

Jeder Themenblock ist weiter unterteilt. Die Struktur variiert, enthält aber oft folgende Elemente:

- **Überblick**
  Überblickspräsentationen und PDFs zu dem gewählten Produkt werden angeboten.
- **Neuerungen**
  Die Neuerungen und Besserungen der aktuellen Version werden tabellarisch dargestellt und nach frei wählbaren Kriterien gefiltert und sortiert dargestellt. Abbildung D.8 zeigt einen beispielhaften Ausschnitt.

Abbildung D.8: Beispiel Übersicht »Neuerungen«

Falls Sie nicht das neueste Feature Pack (FP) nutzen, finden Sie in der Dokumentenhistorie auch die Neuerungen älterer Versionen.

- **Implementierung**
  Der Bereich **Implementierung** enthält Informationen zur Installation. Für Anwender ist er in der Regel nicht relevant – für den Eigenbetrieb von SAP Business One jedoch wichtig.

  Drei Dokumente verdienen besondere Erwähnung, da sie seit vielen Versionen gepflegt werden und auch künftig Bestand haben dürften:

  - **Leitfaden zu Hardwareanforderungen für SAP Business One**: Dieses Dokument beschreibt die Hardware-Mindestanforderungen für alle Komponenten von SAP Business One – vom Server über Workstations bis zu Add-ons und Webclient. Es unterscheidet zwischen gehosteten und nicht gehosteten Umgebungen.
  - **Plattform-Support-Matrix für SAP Business One**: Dieses englischsprachige Dokument listet übersichtlich alle erforderlichen Softwarekomponenten wie Betriebssysteme und Server auf. Eine Matrix zeigt, welche SAP Business One-Versionen mit welchen Betriebssystem- und Datenbankversionen kompatibel sind – so sehen Administratoren schnell, ob ihre Systemlandschaft für eine Installation oder ein Update bereit ist.
  - **Administrationsleitfaden für SAP Business One**: Dieses umfangreiche Dokument beschreibt alle Aufgaben für Installation und laufende Betreuung von SAP Business One.

- **Verwendung**
  Dieser Bereich enthält unter anderem das vollständige Benutzerhandbuch (aktuell unter **SAP Business One 10.0**).

  Zusätzlich finden Sie hier länderspezifische Informationen zu gesetzlichen Anforderungen und lokalen Besonderheiten. Da sich diese regelmäßig ändern, lohnt ein gelegentlicher Blick in die für Sie relevanten Abschnitte.

  Besonders nützlich sind die Leitfäden (How-Tos). Während das Handbuch Fenster und Felder einzeln beschreibt, erklären die Leitfäden komplette Geschäftsprozesse – von den Stammdaten bis zu den Transaktionen. Beispiele sind »Arbeiten mit dem Projektmanagement«, »Arbeiten mit Bruttopreisen« oder »Arbeiten mit SAP Crystal Reports«. Über 100 Leitfäden stehen zur Verfügung.

- **Administration**
  In diesem Bereich finden Administratoren spezifische, weiterführende Informationen zu Installation und Betrieb von SAP Business One. Diese Themenbereiche werden in der Regel von Ihrem SAP-Partner abgedeckt.

- **Entwicklung**
  Dieser Bereich richtet sich an Entwickler mit Erfahrung in der Programmierung von Add-ons oder Erweiterungen für SAP Business One.

- **Training und Zertifizierung**
  Dieser Themenblock ist Ihr Absprung zu den SAP-Lerninhalten. Diese sind eine spannende Möglichkeit für Anwendungsexperten und ambitionierte Anwender, ihr Wissen zu SAP Business One systematisch aufzubauen und zu erweitern.

D.3 SAP-Hinweise

In einigen Bereichen werden auch SAP-Hinweise angeboten (auf Englisch: SAP Notes). Um diese anzuzeigen, müssen Sie sich mit Ihrem S-User anmelden. Sie erreichen die Hinweise entweder über einen Hyperlink auf einer Webseite. Abbildung D.9 zeigt ein Beispiel: Aus der Liste der Neuerungen wird auf Detailinformationen im Hinweis verwiesen.

SAP Business One	Gesamte Europäische Union	Finanzmanagement	Administrator Anwendungsbenutzer	Schwellenwertmonitor für One-Stop-Shop-Verfahren (OSS-Verfahren)	Das Reporting für das One-Stop-Shop-Verfahren (OSS-Verfahren) erfolgt für jedes einzelne EU-Land unter Verwendung der spezifischen Steuersätze des Ziellandes. Im Allgemeinen sind die OSS-relevanten Lieferungen innerhalb der EU an Kunden in einem Bestimmungsland steuerpflichtig, sobald die Lieferungen an alle EU-Länder im aktuellen und vorherigen Kalenderjahr kumulativ den Schwellenwert von 10.000 EUR (ohne Umsatzsteuer) überschreiten. Daher ist es erforderlich, die im Steuerbericht gemeldeten relevanten Transaktionen zu überwachen, um zu ermitteln, ob das Unternehmen das Limit in den Lieferungen an EU-Länder kumulativ unter- oder überschreitet. Weitere Informationen zur Überwachung des Schwellenwerts finden Sie im SAP-Hinweis 3520656.

Abbildung D.9: Hyperlink auf einen SAP-Hinweis

Oder Sie machen sich gezielt auf die Suche nach Hinweisen. Wählen Sie dazu *https://me.sap.com/servicessupport*. Sie finden dort ein Fenster **Support-Wissensdatenbank durchsuchen** (siehe Abbildung D.10). In unserem Fall suchen wir Informationen zu »zugferd«.

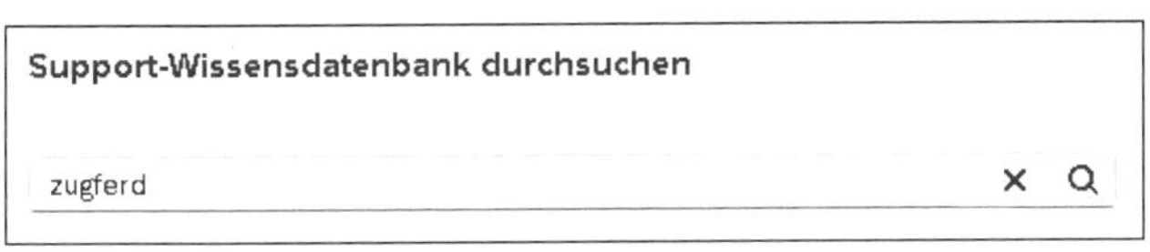

Abbildung D.10: Die Wissensdatenbank durchsuchen

Die Suche durchsucht alle SAP-Produkte. Das Ergebnis kann daher umfangreich ausfallen. In unserem Beispiel sind es 54 Treffer (siehe Abbildung D.11). Schränken Sie die Ergebnisse daher über die Filter im linken Bereich ein. In unserem Beispiel reduziert der Filter **SAP Business One Notes** die Treffer auf drei.

Der Aufbau der Hinweise von SAP ist immer gleich und entspricht der Darstellung in Abbildung D.12.

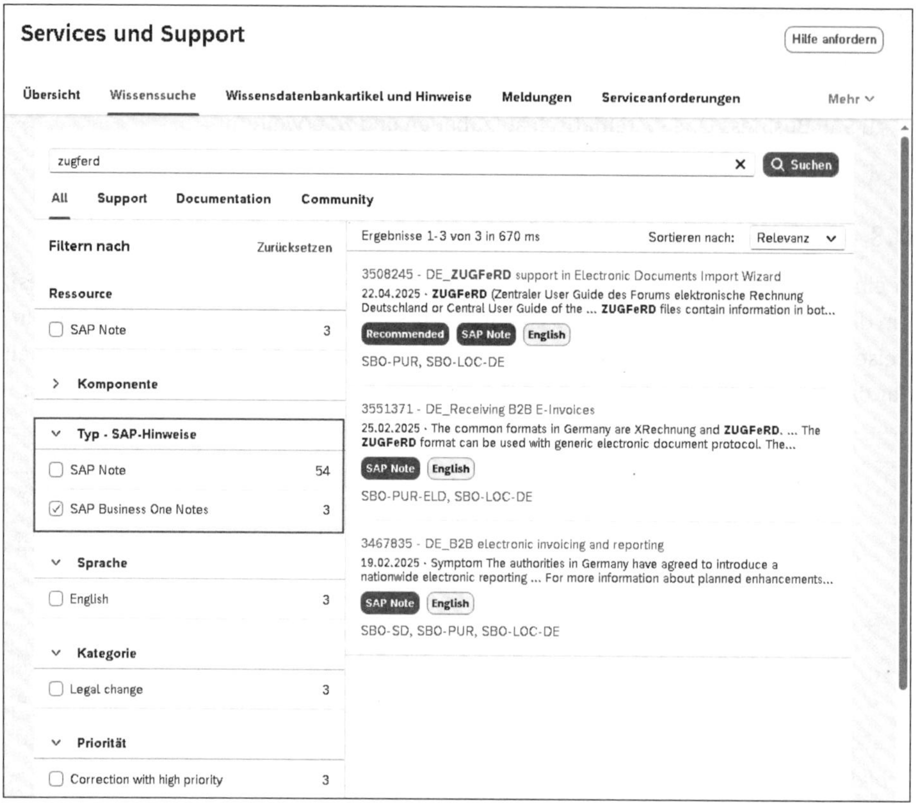

Abbildung D.11: Ergebnis der Suche in der Hinweisdatenbank

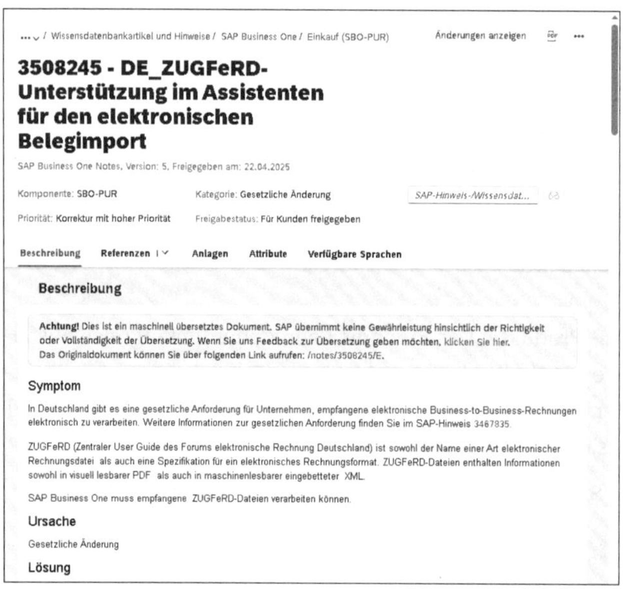

Abbildung D.12: SAP-Hinweis

Der Hinweis beschreibt das erwartete und das tatsächliche Verhalten sowie die Lösung, etwa eine Handlungsanweisung, eine Umgehungslösung oder den Verweis auf eine neuere Version.

D.4 Trainings und Learning Journey

Für alle Interessierten – ob Kunden, Partner oder andere – bietet SAP verschiedene Trainings an. Der Link **Training und Zertifizierung** auf *help.sap.com* führt zunächst zu einer PDF-Präsentation. Diese erklärt das Trainingskonzept und enthält alle weiterführenden Links. Natürlich können Sie den Trainingsbereich auch direkt aufrufen. Wählen Sie dazu *https://learning.sap.com*. Haben Sie bereits eine Universal ID, müssen Sie sich nun damit anmelden. Andernfalls müssen Sie sich nun registrieren, erhalten aber trotzdem kostenlosen Zugang zu den Inhalten.

Abbildung D.13: Anmeldung mit der Universal ID

Nach der Anmeldung können Sie aus einer Vielzahl von Trainings wählen. Die Seite umfasst alle SAP-Produkte. Geben Sie daher »SAP Business One« im Suchfeld ein (siehe Abbildung D.14).

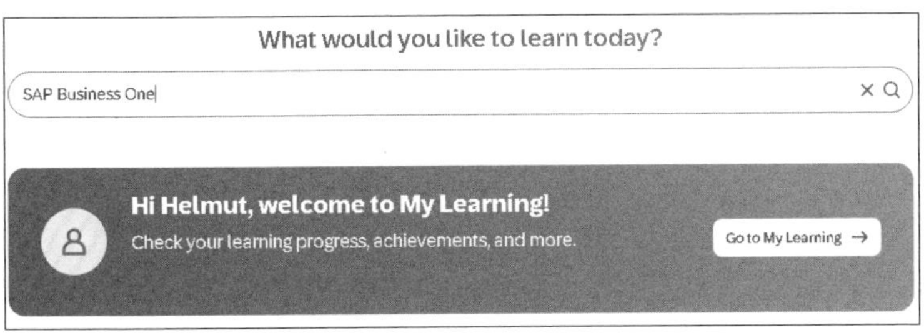

Abbildung D.14: Suche nach SAP-Business-One-Trainings

Das Ergebnis ist eine Vielzahl von Einzelkursen, die sich zu *Learning Journeys* zusammenfassen lassen.

Abbildung D.15: Überblick über einen Kurs

In Abbildung D.15 sehen Sie, dass die Kachel einen Überblick über den Kurs zeigt: Voraussetzungen (z. B. Beginner), Kosten (z. B. Free) und Dauer (z. B. 5 Stunden). Klicken Sie auf die Kachel, um die Sprache zu wählen; Deutsch ist meist verfügbar (siehe Abbildung D.16).

Abbildung D.16: Kurse sind oft auch auf Deutsch verfügbar

Wie Abbildung D.17 zeigt, werden nun die Kursinhalte sichtbar: die einzelnen Einheiten (Units), ihre Themen und die jeweilige Dauer. Mit dem Online-Lernangebot von SAP können Sie Ihr Wissen zu SAP Business One ausbauen und aktuell halten.

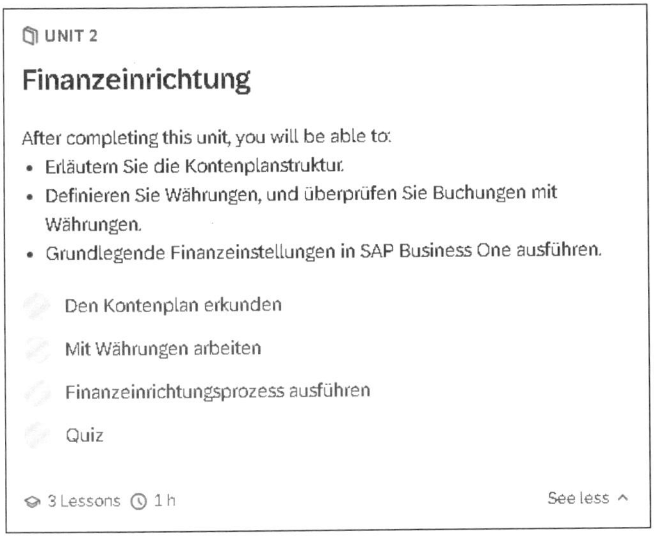

Abbildung D.17: Details einer Kursuntereinheit (Unit)

Der Autor

Helmut Hochberger arbeitet als freiberuflicher Berater im Umfeld von SAP Business One. Zuvor war er von 2003 bis 2024 geschäftsführender Gesellschafter der b1 consulting GmbH, einem SAP-Business-One-Partner der ersten Stunde. Seine Begeisterung für das Programm, dessen erster Claim »Einfach, aber mächtig« lautete, ist in über 22 Jahren nicht verblasst. Auch wenn die Anforderungen komplexer geworden sind und SAP Business One erheblich an Funktionalität gewonnen hat – noch immer fasziniert ihn, wie viel kreatives Potenzial darin steckt und wie einfach es sich freisetzen lässt.

Hochberger studierte Betriebsinformatik an der TU Wien und arbeitete nebenbei bei Management Data, einem Systemhaus im Bankenumfeld. Dort kam er erstmals mit betriebswirtschaftlicher Software in Berührung – Programmen, die noch auf 5,25"-Disketten liefen, aber immerhin Buchungssätze und Belege produzierten. Dem Thema blieb er treu: Elf Jahre arbeitete er als Support- und Marketing-Manager bei der Mesonic Datenverarbeitung GmbH, später als Geschäftsführer der Mesonic Marketing GmbH, danach als Vertriebs- und Marketingleiter bei der Taxolution GmbH, einem Anbieter von Online-Steuerberatungslösungen.

Index

B

C

H

I

L

M

Q

R

S

T

U

V